새로운 서양 문명의 역사

✦ 상 ✦

문명의 기원에서 종교개혁까지

지은이 주디스 코핀·로버트 스테이시

옮긴이 박상익

소나무

새로운 서양 문명의 역사 (상)

1쇄 발행일 | 2014년 3월 1일
5쇄 발행일 | 2023년 1월 25일

지은이 | 주디스 코핀·로버트 스테이시
옮긴이 | 박상익
펴낸이 | 유재현
출판감독 | 강주한
편집 | 박수희·온현정
마케팅 | 장만
디자인 | 박정미
인쇄·제본 | 영신사
종이 | 한서지업사

펴낸 곳 | 소나무
등록 | 1987년 12월 12일 제2013-000063호
주소 | 412-190 경기도 고양시 덕양구 대덕로 86번길 85
전화 | 02-375-5784
팩스 | 02-375-5789
전자우편 | sonamoopub@empas.com
전자집 | post.naver.com/sonamoopub1

ISBN 978-89-7139-092-4 04920
     978-89-7139-091-7 (전2권)

이 도서의 국립중앙도서관 출판시도서목록(CIP)은 서지정보유통지원시스템 홈페이지(http://seoji.nl.go.kr)와
국가자료공동목록시스템(http://www.nl.go.kr/kolisnet)에서 이용하실 수 있습니다.
(CIP 제어번호 : CIP2014004495)

새로운 서양 문명의 역사

상

문명의 기원에서 종교개혁까지

지은이 주디스 코핀·로버트 스테이시

옮긴이 박상익

Western Civilizations

4

제3부
중세

제7장
로마의 후예들:
비잔티움, 이슬람, 서유럽

머리말

1920년대 이래로 서양 문명의 역사에 대한 탐구는 미국의 대학 및 고등학교 교과과정에서 중심적 위치를 차지하고 있다. 그러나 '서양 문명(Western Civilization)'이라는 개념은 모호하고 논란의 여지가 있어 보인다. 그러므로 이 용어의 의미가 무엇인지를 정의하는 것으로부터 이야기를 시작하는 것이 적절해 보인다. 이 책의 저자인 우리는 이 주제를 어떻게 이해하는가?

20세기 대부분의 기간 동안 '서양' 문명이란 곧 '서유럽 문명'을 뜻했는데, 여기에 고대 근동 역사가 덧붙여진 것은 얼마간은 자의적인 일이다. 서양 문명은 수메르에서 시작해 이집트에서 발전하고 그리스에서 꽃을 피운 것으로 설명되었다. 그것은 그리스에서 로마로 확산되었고, 다시 프랑스, 독일, 잉글랜드, 이탈리아, 에스파냐로 전파되었으며, 에스파냐의 식민지 정복자들을 통해 1492년 이후 아메리카 대륙으로 옮겨졌다. 그 결과 서양 문명은 마치 여러 군데 역들을 통과하는 기차와도 같이, 정차할 때마다 새로운 '화물'을 싣지만 기관차와 화물차는 언제나 동일한 것으로 파악되었다.

서양 문명에 대한 이러한 시각은 선택적인 것일 뿐만 아니라 논쟁의 여지가 있는 일련의 가정과 결부되어 있다. 그것은 1800~1950년 사이 유럽 제국주의 열강의 세계 지배를 수천 년에 이르는 역사적 발전의 절정으로 간주하며, 역사가는 마땅히 그렇게 설명해야만 한다고 전제한다. 또한 그것은 19세기와 20세기 유럽의 세계 지배가 유럽의 제국주의 팽창기에 정복된 아프리카, 아시아 및 아메리카 원주민 문명에 대한 서유럽 문명의 우월성을 반영 또는 입증하는 것으로 가정한다.

오늘날의 역사가들은 이 같은 관점이 얼마나 많은 것을 빠뜨리고 있는지를 예리하게 간파하고 있다. 이러한 관점은 유럽 팽창 과정에서 행해진 강탈과 기만을 간과한다. 또한 수많은 다른 문화를 하찮게 여기면서 그 문화들의 세련됨과 역동성과 휴머니티를 무시한다. 비잔티움과 이슬람의 결정적인 중요성을 간과함으로써 유럽 문명의 발전에 관해 오도되고 편협한 설명을 제시한다. 또한 그것은 1492년 이후 남북 아메리카에서 창조된 문명에 대해 그릇된 설명을 제공한다. 그것은 혼합적인 문화이며, 단순히 유럽 문화가 다른 지역에 이식된 것에 그치지 않는다는 식이다. 이렇게 말한다고 해서 서양 문명에 대한 연구를 세계 문명사 연구로 대치시켜야 한다고 주장하는 것은 아니다. 다만 서양의 역사적 발전을 이해하려면 서유럽보다 더 넓은 지리적·문화적 맥락 속에서 바라보아야 한다는 것을 강조할 뿐이다. 패권주의에서 벗어날 때 서양 문명의 다양하고 다채로운 역사는 한층 더 흥미롭게 다가온다.

따라서 우리가 말하는 서양 문명은 '단수형'이 아니라 '복수형'이다. 서양 역사는 단일한 연속적인 문화로 이해되어서는 안 된다. 다수의 서양 문명이 있었고, 그 문명들의 근본 성격은 시간을 경과하면서 현저하게 변화되었다. 우리는 '서양'이란 용어를 기원전 3500년에서 서기 500년 사이 지중해 부근에서 발달한 주요 문명들을 가리키는 지리적 명칭으로 간주한다. 또한 서기 500년 이후 지중해 세계에 등장한 세 개의 문명—고대 그리스·로마 세계는 중세에 접어들어 이슬람 문명, 비잔티움 문명, 라틴 그리스도교 문명 등으로 나뉘었다—을 '서양' 문명으로 간주한다. 이들 세 개의 서양 문명이 상호 의존하면서 주고받은 영향들은 이 책 전반부에서 반복적으로 설명될 것이다. 우리는 1500년 이후 유럽이 접촉하기 시작한 다른 문명과 유럽 사이의 복잡한 관계에 대해서도 동일한 접근방식으로 서술할 것이다.

『새로운 서양 문명의 역사』는 3세대에 걸친 역사가들의 학문적 노력에 기반을 두고 있다. 에드워드 맥널 번즈, 로버트 러너, 스탠디시 미첨은 변화하는 환경과 사회와 문화에 평범한 사람들이 어떻게 다양한 방식으로 반응했는지에 유의하면서 생동감 있는 문체로 이 책을 집필했다. 우리는 그들의 업적을 토대 삼아 전통적인 강점을 고스란히 유지하고자 힘썼다. 우리는 이를 위해 서술방식에 유의했고, 정확성을 양보하거나 복잡성을 무시하지 않으면서 서술의 명료성과 이해가능성을 추구했으며, 정치와 문화를 하나의 공통된 세계사적 경험의 일부로서 제시하고자 했다.

우리는 또한 교사, 학생, 역사학자의 역사적 관심의 변화를 반영해 이 책에 커다란 변화를 주었다. 서양 문명에 대한 지식수준의 확대에 부응해 우리는 서유럽 바깥 세계에 한층 더 주의를 기울였다. 사회사·문화사 및 여성사의 새로운 학문적 업적을 본문의 설명에 융합시키는 동시에 경제사·종교사·군사사에도 한층 주의를 기울였다. 다양한 서양 문명들이 각자의 고유 영역 및 정복 영역을 통치한 다양한 방식에도 각별한 주의를 기울였다. '제국'은 4,000년 이상 서양 역사에서 하나의 일관된 주제였다. 이 책을 개정하면서 우리는 그것의 중요성을 공정하게 평가하고자 했다.

제16판에서 바뀐 점

이 책 전체를 통해 우리는 본문과 시각 자료와 교수법을 통합시키려 했다. 다양한 이미지를 도입하고, 핵심 문제를 반복 서술했으며, 인용 자료에 대한 학습 문제를 추가하고, 본문을 업데이트했다. 이런 변화는 본문을 좀 더 독자에게 친근하게 만들고, 교수와 학생이 다 같이 본문을 그들의 특정한 학습 과정과 관심사에 맞춰 적용할 수 있게 하기 위해서이다.

'제1부 고대 근동'은 이미 제14판에서 완전히 재구성되고 재서술되었다. 그러나 우리는 본문은 물론 도판과 자료 선정에서 많은 변화를 주었다. 제1장에서는 선사 시대 및 최초의 성읍·촌락의 등장에 관련된 설명이 업데이트되었는데, 특별히 차탈휘위크에서 진행 중인 흥미로운 고고학 연구에 주의를 기울였다. 우리는 수메르 종교에 대한 설명을 수정했고 최고 여사제이자 사르곤 1세의 딸 엔헤두안나에 대한 설명을 추가했다. 제2장에서는 하트셉수트의 여성 파라오로서의 역할에 관한 설명을 수정했다.

제2부의 모든 장에서 서술이 한층 다채롭게 개선되었다. 제4장에서 헬레니즘 종교, 특히 '신비 종교'에 관한 설명을 수정했다. 최근의 학문적 성과를 반영해 제정 초기에 로마를 휩쓸었던 새로운 종교의 사례로서 미트라교를 제5장에서 설명했다. 또한 제5장에서 로마 제국의 경제에 대한 새로운 설명을 접할 수 있을 것이다. 제6장에서는 5세기 서로마 제국의 멸망에 대해 완전히 새로운 설명을 제시했는데, 로마 몰락의 돌발성과 그 붕괴가 로마 경제 및 서로마 제국 내의 생활수준에 미친 엄청난 영향을 강조했다. 이 책의 다른 부분과 마찬가지로 제6장에서도 최근까지 연구된 학자들의 견해를 균형감 있게 반영하려고 노력했다.

'제3부 중세'의 제7장에서는 바이킹을 독립된 절로 서술했다. 또한 이슬람교 시아파와 수니파의 분열에 관한 설명을 수정하고, 초기 이슬람 문명의 유럽에 대한 영향을 새롭게 평가했다. 『쿠란』에 나오는 유대인과 그리스도교도에 대한 언급을 '우마르 협정'과 나란히 자료 상자에 새롭게 수록했다. 제8장에는 1096년 제1차 십자군 소집에 관련된 새로운 자료 상자를 추가했다. 중세 전성기의 기후 변화에 대한 새로운 설명도 접하게 될 것이다. 제9장에는 종교적 직책으로서의 왕권에 대한 새로운 자료 상자를 올렸는데, 이를 통해 서임권 투쟁의 쟁점이 무엇이었는지를 좀 더 쉽게 이해할 수 있을 것이다.

'제4부 중세에서 근대로'는 중세 말기를 다룬 완전히 새로운 장(제10장)으로 시작한다. 제10장에서는 흑사병 위기에 직면했던 유럽인의 탁월한 회복력과 창조성을 강조하고 있다. 사회·경제·종교에 미친 전염병의 광범한 영향이 중심 주제이다. 최근 흥미롭게도 역사가와 역학자(疫學者) 사이에서 흑사병이 과연 선(腺)페스트였는지 아니면 전혀 다른 질병이었는지를 놓고 상당한 의문이 제기되고 있다. 이 새로운 장은 이 논쟁에 대한 최근의 설명을 포함하고 있는데 이 논쟁은 아직도 해결되지 않은 채로 남아 있다. 제13장 종교개혁에서는 '개혁과 훈련'이라는 새로운 절과, 결혼과 독신주의에 대한 루터파와 가톨릭의 대립된 입장을 보여주는 새로운 문헌 자료를 접하게 될 것이다.

제5부 '제16장 17세기의 새로운 과학'은 명료하고 이해하기 쉽게 고쳐 썼다. 과학지식·관행·제도의 변화를 강조했다. 지성사에 관한 모든 논의가 그렇듯이, 새로운 사상이 어떻게 등장했으며, 어떻게 철학자·지배자·관료로부터 탐험가·예술가·기술공에 이르는 다양한 사람들의 관심사로 확산·유포되었는지를 중점적으로 설명했다.

제6부에서는 나폴레옹 제국 및 그것이 유럽과 세계에 남긴 유산에 대한 설명을 확대했다. 제21장에서는 남북 아메리카 대륙의 노예제 및 노예제 폐지에 관한 설명을 더 늘렸는데, 그것은 제16장에서 다룬 아이티 혁명에 대한 후속 설명이다. 우리는 이 장을 미국 남북전쟁 앞에 배치시킴으로써 미국의 역사적 발전을 좀 더 포괄적이고 비교사적인 관점에서 볼 수 있도록 했다. '서양'과 같이 정의하기 까다로운 주제를 다룰 경우 어떤 설명방식을 취한다 해도 전부를 다 포괄할 수는 없다. 그러나 우리는 비교사와 세계사에 유념하면서 노예제 폐지의 정치학 같은 주제를 선별해 다루었다. 같은 이유로 제22장에서는 미국의 제국주의에 관한 설명을 확대했다.

제6부는 주제별로 체계화했다. 제19장에서는 사회·경제·문화의 관계에 주목하면서 산업사회—또는 삶의 방식으로서의 산업—에 초점을 맞추었다. 제20장과 제21장은 격동의 19세기 혁명사를 둘로 나누어 해당 주제를 이해하기 쉽도록 서술했다. 제20장은 1789년 프랑스혁명에 대한 반동으로부터 1848년 재발된 혁명에 이르기까지를 다루고, 19세기의 정치 이데올로기와 문화운동에 관해 설명했다. 제21장은 중·동부 유럽의 혁명에서 출발해 이들 혁명이 초래한 주제—다른 지역에서 발생한 민족 및 국가 건설—에 초점을 맞추었다.

제7부에서는 제1차 세계대전을 다룬 제24장을 고쳐 썼다. 전쟁의 장기화와 전면전의 등장에 관한 더 많은 자료를 접하게 될 것이다. 우리는 세계사의 주요 장면이었던 파리평화회의에 대한 서술도 확대했다. 전쟁 범위가 전에 없이 확대되었기에 전쟁의 결과를 처리하기 위한 국제적 기구를 필요로 했는데, 이러한 국제적 관심이 국가적 이해관계와 양립 가능한 것이었는지에 대해서는 논란의 여지가 있다. 그것은 20세기사의 한 주제가 될 것이다. 제국팽창, 민족자결운동의 활성화, 새로운 민족국가 내에서 소수파의 보호 등 파리 평화회의의

다른 핵심 주제도 마찬가지다.

제8부는 거의 다시 쓰다시피 했다. 우리는 인권에 대한 설명을 추가함으로써 세계화에 대한 장을 마무리 지었다. 어째서 인권이란 말이 그토록 갑자기 친근해졌는가? 그 변화는 냉전 말기에 이루어진 극적인 정치적 변화를 강조한다. 그것은 또한 급속한 세계화—그것은 잠재적 가능성과 위험성을 동시에 지닌다—를 겪은 지구촌의 새로운 지평을 반영한다. 끝으로 인권의 역사는 서양의 정치적 전통의 몇몇 핵심 논점을 돌아볼 기회를 제공한다.

서술과 편집의 특징

『서양 문명의 역사』 16판은 최대한 가독성을 높이는 데 목표를 두었다. 힘차고 명료하며 간결하게 서술했을 뿐만 아니라 학생들을 위한 교육 프로그램을 추가했다.

- **제1장 고대 근동의 식량 생산의 기원:** 농업이 가져온 이익과 불이익에 초점을 맞추어 새롭게 확대·재집필했다.
- **제6장 게르만족의 침입과 서로마 제국의 멸망:** 게르만족과 로마의 관계에 대한 새로운 자료를 통해 5세기 서로마 제국의 경제적 붕괴를 좀 더 자세하게 설명했고, 로마인의 다양한 삶의 국면—조세 및 행정체계, 농업체계, 도시생활—이 어떻게 살아남았는지를 설명했다.
- **제10장 흑사병:** 흑사병의 영향은 유럽 전역에 파문을 일으켰다. 그것은 삶의 모든 국면에 영향을 미쳤다. 예를 들면 들에서 일할 수 있는 노동력은 줄어들었지만 먹여야 할 인구도 그만큼 줄어들었다. 곡물가가 치솟았지만 일자리를 구하는 사람이 줄어드는 바람에 임금 또한 상승했다. 그 결과 보통 사람은 더 많은 빵을 구입할 수 있었을 뿐만 아니라 유제품·고기·생선·과일·포도주 등을 정기적으로 구입할 수 있게 되었다. 그 결과 중세 말기 유럽인은 좀 더 균형 잡힌 음식을 섭취했고 결과적으로 종전보다 훨씬 영양 상태가 좋아졌다.
- **제16장 과학과 문화적 변화:** 새로운 '변화'를 다룬 이 절은 과학혁명에서 비롯된 문화적 변화를 살핀다. 17세기에 시작된 과학 및 과학적 방법의 수용은 근본적으로 '근대적'인 것이었다. 이것은 계몽사상에 긴밀한 영향을 미쳤지만 동시에 새로운 기술 및 새로운 제국을 정당화시켜주었다.

🐾 **제24장 베르사유 평화협정:** 베르사유 조약은 미국이 세계 초강대국으로 떠오르는 계기가 되었다. 그것은 최초로 많은 국가를 평화협정에 참여토록 만든 계기이기도 했다. 그것은 또한 전쟁의 범위, 민족 감정의 성장, 복잡해진 국제관계와 경제 네트워크에 주목한 협정이었다.

🐾 **자료 말미에 새롭게 추가된 질문:** 교수들의 요청을 받아들여 수록된 자료들에 관련한 분석 문제를 제시했다. 우리는 상자 아래쪽에 질문을 실었다. 학생들로 하여금 일차 자료에 접근할 수 있게 하고, 그것을 해당 장에 제시된 더 큰 주제에 연결 지을 수 있도록 하기 위함이다.

🐾 **수준 높은 설명이 덧붙여진 지도:** 이 책 전체에 걸쳐 130여 개의 훌륭한 지도가 수록되었다. 25개의 지도는 새롭게 추가된 것이며, 각각의 지도에는 수준 높은 설명을 붙였다. 역사의 발전 과정에 지리적 요인이 끼친 역할을 설명하면서 독자가 역사 읽기에 분석적으로 참여할 수 있게 하기 위해서이다.

🐾 **각 장에 딸린 연표:** 특별한 사건·주제·시대를 중심으로 간략한 연표가 각 장마다 삽입되어 본문의 세부 설명에 대한 로드맵을 제공했다.

🐾 **핵심 문제:** 핵심 문제는 다음 두 가지 유형으로 서술된다. ①각 장 첫머리에 그 장의 내용을 간략하게 소개하는 핵심 질문이 있다. ②절 첫머리에 해당 절이 다루는 내용과 연관된 질문이 다시 서술된다.

옮긴이의 글

이 책은 『서양 문명의 역사(Western Civilizations)』(16판, 2008년)의 완역본이다. 균형 잡힌 서술과 명료한 문체로 1940년대 이래 영어권에서 정평을 얻고 있는 이 책은 각별히 문화사에 큰 비중을 둔 서양사 개설서로도 널리 알려져 있다. 이 때문에 지난 70여 년 동안 영어권에서만 100만 명이 넘는 독자로부터 꾸준히 사랑을 받아왔다. 가히 영어권 최고의 서양사 개설서라고 해도 지나친 말이 아니다.

1941년 번즈(Edward McNall Burns)의 단독 저서로 초판이 간행된 이 책은, 9판(1980)부터 로버트 러너(Robert E. Lerner)와 스탠디시 미첨(Standish Meacham)이 공저자로 참여해 2세대 『서양 문명의 역사』로 재탄생했다. 옮긴이가 1994년에 출간한 『서양 문명의 역사』는 10판(1984)이었다. 이 책은 지난 20년 동안 대학생, 일반인 독자들로부터 크나큰 사랑을 받으면서 서양사 개설서의 표준으로 자리를 잡았다.

다시 세월이 흘렀다. 『서양문명의 역사』는 14판(2002)부터 3세대로 접어들었다. 주디스 코핀(Judith G. Coffin)과 로버트 스테이시(Robert C. Stacey) 두 사람이 공저자로 투입되었다. 이번에 새롭게 번역해 선보이는 『새로운 서양 문명의 역사』는 16판(2008)을 원본으로 삼았다. 3세대 『서양 문명의 역사』의 초판격인 14판의 내용을 15판(2005)에 이어 수정 보완한 책이다. 저자 두 명이 모두 바뀐 데서도 알 수 있듯이 이 책은 기존 2세대 『서양 문명의 역사』와 이름만 같을 뿐 '전혀 다른 책'이다. 그래서 기존 『서양 문명의 역사』와 차별화하는 뜻에서 『새로운 서양 문명의 역사』라고 이름 붙였다.

21세기 맞춤형 서양사 개설서

개설서가 바뀌면 얼마나 바뀌겠느냐고 의문을 제기할 독자가 있을지도 모르겠다. 1970년대의 틀에서 벗어나지 못한 서양사 개설서들이 여전히 서점가에서 꿋꿋하게 버티고 있는 우리의 출판 현실에서 충분히 제기될 수 있는 의문이다. 우리에게 개설서란 두고두고 우려먹는 사골 국물처럼 인식되고 있는 것 또한 사실이기 때문이다.

옮긴이는 이미 1994년에 2세대 『서양 문명의 역사』를 번역하느라 한 차례 힘든 과정을 겪었다. 그때 맺은 인연 때문에 3세대 『서양 문명의 역사』의 번역을 다시 맡긴 했지만 선뜻 내키는 작업은 아니었다. 구판 『서양 문명의 역사』를 번역하던 무렵 30대 후반이었던 옮긴이는, 이 책의 번역 작업을 맡을 무렵 어느덧 50대 후반에 접어들고 있었다. 강의, 연구, 저술 등 이런저런 계획이 밀려 분주한 처지였으므로 다시 이 엄청난 작업을 떠맡기가 쉽지는 않았다.

그럼에도 불구하고 번역 작업을 다시 맡은 데는, 2세대나 3세대나 무슨 큰 차이가 있을까 하는 낙관적 심리도 어느 정도 작용했다. 구판이나 신판이나 크게 다를 바 없을 테니 번역 작업도 별 어려움 없이 진행할 수 있을 것이라 짐작한 것이다. 그러나 그것이 완전한 착각임을 깨닫는 데는 그리 오랜 시간이 필요치 않았다. 책을 검토해보니 고대, 중세, 근대, 현대, 각 시대의 내용과 문장이 완전히 달라져 있었다. 구판과는 전혀 다른 책이었다. 하긴 공저자가 송두리째 바뀌었으니 당연한 일인지도 모른다. 구판에 나온 문장과 동일한 문장을 찾아보기 힘들 정도로 서술 내용에 전면적인 혁신이 도입되고, 각 장과 절마다 학계의 최신 연구 성과가 치밀하게 반영되어 있음을 확인하면서, 구미 서양 사학계의 활력에 놀라움을 금할 수 없었다.

옮긴이가 역사 공부를 하면서 들어본 가장 황당한 말은 '역사는 고정불변이며 따라서 암기과목'이라는 말이다. 물론 과거는 불변이다. 하지만 과거를 바라보는 '눈'은 시대에 따라 변한다. 각 시대마다 사람들은 다른 문제의식을 가지고 살아간다. 문제의식이 다르기에 매 시대마다 과거를 바라보는 시각도 달라진다. 그래서 역사를 '과거와 현재와의 대화'라고 한다. 그러므로 역사는 매 시대마다 새롭게 써야 한다는 것이 역사학의 상식이다. 서양사 개설서에 그 당연한 '상식'—우리에게 요원해 보이는—을 적용했다는 점에서 『새로운 서양 문명의 역사』는 독자들의 주목을 받을 자격이 충분하다. 옮긴이는 이 책이야말로 한국어로 된 유일한 21세기 맞춤형 서양사 개설서라고 자부한다.

번역 작업 순서는 다음과 같았다. 일단 원문의 초벌 번역을 마친 다음, 번역 원고를 원문과 대조하는 작업을 두 번 거쳤다. 이렇게 세 차례 공정을 거친 후 출판사에 넘겨 전문 편집자의 교열 작업을 거쳤다. 그리고 옮긴이에게 되돌아온 원고를 다시 원문과 대조하면서 오역을 잡고 문체를 가다듬은 다음 출판사에 넘겼다. 마지막으로 출판사에서 본문, 지도, 연표 등이 얹힌 조판본이 만들어졌고, 이를 프린터로 출력해 옮긴이가 최종 검토를 했다. 모두 여섯 번의 공정을 거친 셈이다.

편집자의 한 차례 교열을 제외한 다섯 차례의 작업을 옮긴이가 모두 직접 수행했다. 영어권을 대표하는 서양사 개설서라는 평판에 걸맞게 각 시대마다 최신의 연구 성과가 반영되어 있는 책인지라, 단어 하나 문장 하나 허투루 번역했다가는 독자들의 서양사 지식을 오도할 가능성이 매우 컸다. 개설서의 특성상 압축적인 표현이 많아 행여 의미를 놓칠세라 긴장을 늦추지 않고 번역 작업을 했지만, 번역의 길에는 끝이 없는 법, 행여 잘못이 있을까 조심스럽기만 하다. 혹시 있을지도 모르는 오류에 대해서는 독자 여러분의 기탄없는 질정을 바란다. 본문 하단의 주는 독자의 이해를 돕기 위해 옮긴이가 작성한 것임을 밝힌다.

한국어 서양사 개설서의 표준

서양사를 비롯해 우리 인문학은 날이 갈수록 위축되고 있다. 우리 인문학이 처한 현재의 열악한 상황을 미루어 보건대, 국내 저자가 집필한 서양사 개설서가 이 책의 수준을 능가하기란 쉽지 않아 보인다. 아니, 이만한 수준의 서양사 개설서가 다시 우리말로 번역되는 것조차도 상당 기간 기대하기 어려워 보인다. 30년 넘게 역사학 분야에 종사하면서 우리 인문학의 미래를 걱정해온 사람으로서 갖는 솔직한 심정이다. 불길한 예감이긴 하지만(!) 아마도 이 책은 향후 꽤 오랫동안 한국어 서양사 개설서의 표준으로 자리 잡을 것이다.

이 책에서 인명, 지명 등의 외래어 표기는 원어 발음에 따르는 것을 원칙으로 했지만, 기존의 표기법에 문제가 있다고 판단될 경우 과감하게 고쳐 썼다. 대표적인 예로 중·고교 세계사 교과서에서 널리 사용되고 있는 '크리스트교'란 용어를 들 수 있다. 히브리어의 '메시아'를 헬라어로 옮긴 것이 '크리스토스'인데, 이것을 영어에서는 '크라이스트'로, 라틴어·독일어에서는 '크리스투스'로, 프랑스어에서는 '크리스트'로 발음한다. 반세기 넘도록 세계사 교과서에서 일관되게 쓰이고 있는 '크리스트교'는 프랑스어 음가를 채택한 셈인데, 문제는 우리의 그리스도교 수용 과정을 아무리 따져 봐도 그렇게 할 만한 이유를 도무지 찾을 수가 없다는 사실이다. 누군가에 의해 잘못 정해진 선례가 아무런 반성 없이 관행적으로 답습되고 있는 것으로 보인다. 이 책에서는 언론이나 교계의 일반적 관행에 따라 '그리스도교'로 표기했다. 초보적인 용어에서조차 설득력 없는 표기법이 이토록 오랜 세월 이어지고 있는 것은, 우리 인문학과 서양사 교육이 세상과 소통하는 데 얼마나 무관심한지를 말해주는 것만 같다.

세계화를 본격적으로 부르짖기 시작한 것이 1990년대 문민정부 시절부터이건만, 정작 우리나라 고등학교에서 세계사 과목은 극소수만이 선택하는 과목으로 전락했다. 이제 세계사는 교육 과정에서 '사실상' 존재하지 않는 과목이 되었다. 그 결과 대학을 졸업하고도 서양사에 대한 초보적인 지식조차 익히지 못한 인구가 대대적으로 배출되는 지경에 이르렀다. 글로벌 시대에 역행하는 우리의 파행적 역사 교육이 21세기 대한민국의 국가 경쟁력에 심각한 장애를 가져올 것만 같아 매우 우려된다. 그렇다고 몰지각한 정책결정자 탓만 할 수는 없다. 제도야 어찌 되었건, 문제점을 인식한 사람부터 먼저 실천하는 모습을 보이는 것이 옳다. 모쪼록 이 책이 지식 인프라 기근에 허덕이는 우리 사회에 서양사의 최신 고급 연구 성과를 소개해주는 교량이 되어주기를 바란다.

우리의 인문 출판 환경 역시 날이 갈수록 황폐해져서, 현재의 상황은 2세대 『서양 문명의 역사』가 번역·출간되던 1994년보다 한층 나빠졌다. 이제 인문학 부문의 저술·번역 작업은 사명감 없이는 뛰어들기 어려운 일이 되고 말았다. 방향 감각을 잃은 인문 정책 덕분에 일부 인문학자들의 사회봉사 차원의 노력에 의지해 근근이 명맥을 이어가는 우리 인문학의 현실이 안타깝다. 어려운 출판 여건에도 불구하고 5년 넘는 번역 과정을 인내해주고, 편집·제작에 정성을 기울여준 소나무 편집진 여러분에게 고마움을 전한다.

2014년 1월

옮긴이 박상익

제1부
고대 근동

서양 문명의 역사는 지금으로부터 약 1만 3,000년 전 근동에서 시작되었다. 빙하가 서서히 물러가면서 습지, 초지, 가축 등으로 이루어진 새로운 생태계가 지중해 동부 지역에 나타났다. 이 새로운 세계에서 인류는 소규모 수렵·채취집단에서 대규모 농업 기반 사회로 탈바꿈하는 엄청난 변화를 겪었다. 두 번째 거대한 진보는 약 5,000년 전에 이루어졌는데, 최초의 도시들이 처음에는 티그리스와 유프라테스 강 사이에서, 다음에는 근동 전역에서 등장했다.

독립적이고 자율적인 도시의 전통은 곧 규모가 큰 정치 단위로 대치되었다. 고왕국 시대 이집트에서 파라오는 나일강 물줄기를 따라 수백 마일에 달하는 영역을 지배했다. 메소포타미아 아카드 제국의 사르곤 대왕(재위 기원전 2333~2279)은 대제국을 건설했고, 그 후 1,500년 동안 이 제국을 모방하는 지배자들이 잇달아 출현했다. 기원전 1500년경에 이르러 지중해 동부 전역을 아우르는 국제적 경제·외교 체계가 성립되었다.

그러나 기원전 1200년경 이 국제적 체계가 급속히 붕괴하면서 기존 제국들은 대부분 사라져버렸다. 뒤이은 권력 공백으로 중동 지역에는 신흥 국가들이 등장했다. 그러나 제국이 사라진 공백기는 길지 않았다. 청동을 대신해 서서히 철이 도구와 무기의 주요 재료로 사용되면서, 새롭고 좀 더 강력한 근동의 제국들이 등장했다. 철기 제국들은 이전의 청동기 제국들보다 더 크고 우수한 성능의 무기를 갖췄으며, 잘 조직화되었고, 훨씬 공격적인 팽창주의 정책을 구사했다. 기원전 500년경에 이르러 이 제국들 가운데 가장 규모가 큰 제국인 페르시아가 근동 세계의 최고 지배자가 되었다.

종교와 문화 역시 극적으로 발전했다. 이집트의 피라미드, 길가메시 서사시, 호메로스의 서사시, 조로아스터교와 유대교의 종교적 전통은 모두 이 시기가 종말을 고하던 기원전 500년경까지 형성되었다. 후대에 등장한 서양 (즉, 지중해) 세계의 문명은 바로 이러한 토대 위에 서 있었다.

연표: 고대 근동

	정치	사회와 문화	경제	국제 관계
B.C. 40000		구석기 시대 (40000~11000 B.C.)		
		빙하 시대의 종말, 신석기 시대 시작(11000 B.C.)		
10000	이집트 왕조 이전 시기 (c. 10000~3100 B.C.)	비옥한 초승달 지역에서 정주농업 (8500 B.C.)	곡물 보관 시작(9500 B.C.)	
		예리코의 석조 성벽과 탑 (8000 B.C.)	예리코에서 도기 등장 (8000~7000 B.C.)	
			가축 길들이기와 곡물 경작(7000 B.C.)	
6000	사제계급이 통치한 우바이드 문화 (5900 B.C.)		구리 도구 등장 (6000 B.C)	우바이드 문화(메소포타미아) (5900 B.C.)
		이집트와 발칸반도에서 농업 확립 (5000 B.C.)	우바이드 문화, 석조 관개수로 건설(5900 B.C.)	
		교역 증대로 사회계층화 초래 (5000 B.C.)	원거리무역 등장(5000 B.C.)	
		이집트에서 최초의 정주생활 (4750 B.C.)		
4000		우루크 시대(4300~2900 B.C.)		
		석기 시대 끝(4000 B.C.)		
		비옥한 메소포타미아에서 도시 형성(3500~3000 B.C.)	우루크에서 백색 신전 건설 (3500~3300 B.C.)	
			도기 성형 물레(3500 B.C.)	
			우바이드/수메르인 서판에 상징을 새기기 시작(3300 B.C.)	
			바퀴 달린 전차(3200 B.C.)	
			이집트인 요새·신전·주거지 건축 (3200 B.C.)	
			쐐기문자 등장(3100 B.C.)	수메르 문명(3100 B.C.)
3000	이집트 초기 왕조 시기 (3100~c. 2686 B.C.)	청동기 시대 시작(3000 B.C.)	청동 발견(3000 B.C.)	
	메소포타미아 루갈 지배권 등장 (2900~2500 B.C.)	이집트 상형문자 및 신관문자 발달(3000 B.C.)		
	초기 왕조 시대 1기와 2기 (2900~2500 B.C.)			
	이집트 고왕국 (c. 2686~2160 B.C.)	기자의 대피라미드(2640~2510 B.C.)		
	초기 왕조 시대 3기 (2500~2350 B.C.)	우르의 왕묘(2550~2450 B.C.)		
	아카드 제국 시대 (2350~2160 B.C.)	『길가메시 서사시』(2500 B.C.)		아카드의 사르곤 대왕 메소포타미아 정복(2360 B.C.)
	사르곤의 메소포타미아 장악 (2350 B.C.)			
	제1중간기(2160~2055 B.C.)			구티인의 수메르 및 아카드 정복 (2160 B.C.)
	이집트 통일 붕괴(2150 B.C.)			
	우르 3왕조(2100~2000 B.C.)			

정치	사회와 문화	경제	국제 관계	
				B.C. 2000
이집트 중왕국 (2055~c. 1650 B.C.)	인도–유럽어 형태들 등장 (2000 B.C.)	근동에 말이 도입되다 (2000~1700 B.C.)		
미노아 문화의 궁정 시대 (1900~1700 B.C.)		교역의 팽창(1900~1700 B.C.)	미노아 문명 크레타에서 번성 (1900~1500 B.C.)	
함무라비의 수메르–아카드 영토 통일(1792~1750 B.C.)	함무라비 법전(1750 B.C.) 아몬, 이집트 민족신으로 등장 (1550 B.C.)	미노아인, 이집트·아나톨리아·키프로스와 교역하다(1700 B.C.)		
제2중간기(c. 1650~1550 B.C.)			힉소스족의 이집트 침략 (1650~1550 B.C.)	
			히타이트인, 바빌론 공격 (1595 B.C.)	
이집트 신왕국(1550~1075 B.C.)				
	미케네 선문자 B 등장(1500 B.C.)	국제주의로 인해 교역 급성장 (1500 B.C.)	미탄니인, 기병 및 전차 기술 도입 (1500 B.C.)	1500
			미케네 문명 성립(1500 B.C.)	
			국제주의 시대 시작(1500 B.C.)	
투트모세 3세와 하트셉수트의 왕권 장악(1497 B.C.)			히타이트 제국(1450 B.C.)	
			미케네인, 크레타 정복 (1400 B.C.)	
			미케네, 테베, 아테네 등지에서 복잡한 사회 발달(1400~1200 B.C.)	
대왕 아멘호테프 3세 치세 (1387~1350 B.C.)				
아시리아 중왕조 시대 (1362~859 B.C.)				
아멘호테프 4세(나중에 아케나텐) 즉위(1350 B.C.)				
			이집트와 히타이트 제국의 조약 (1286 B.C.)	
			페니키아인(가나안인)의 흥기 (1200 B.C.)	
			미케네 문명의 몰락(1200 B.C.)	
			바다 민족의 근동 약탈 (1200~1179 B.C.)	
			람세스 3세, 바다 민족 물리치다 (1179 B.C.)	
사울, 히브리인의 왕으로 즉위 (1025 B.C.)		팔레스타인인, 레반트에 포도 및 올리브 나무 도입(1050 B.C.)	팔레스타인인, 레반트에서 세력 장악(1050 B.C.)	
다윗 왕 치세(1000~973 B.C.)			이집트 붕괴(1000 B.C.)	1000
솔로몬 왕 사후 히브리 왕국 분열 (c. 933 B.C.)			페니키아인의 카르타고 건설 (800 B.C.)	
아시리아 신왕조 제국 (859~627 B.C.)			아시리아 제국 팽창 (800~700 B.C.)	
사르곤 2세 치세(722~705 B.C.)		아시리아인 철 제련법 숙달 (700 B.C.)		700
	조로아스터교의 창시자 조로아스터(600 B.C.)			
페르시아의 다리우스 1세 치세 (521~486 B.C.)			히브리인의 바빌론 포수 시작 (587 B.C.)	
			아테네, 마라톤 전투에서 다리우스 1세 물리치다(490 B.C.)	
			알렉산드로스 대왕의 페르시아 침공(334 B.C.)	

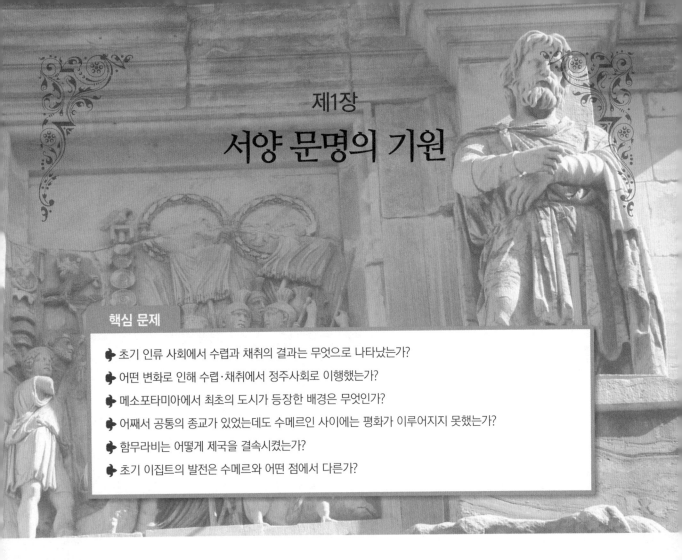

제1장
서양 문명의 기원

핵심 문제

♣ 초기 인류 사회에서 수렵과 채취의 결과는 무엇으로 나타났는가?

♣ 어떤 변화로 인해 수렵·채취에서 정주사회로 이행했는가?

♣ 메소포타미아에서 최초의 도시가 등장한 배경은 무엇인가?

♣ 어째서 공통의 종교가 있었는데도 수메르인 사이에는 평화가 이루어지지 못했는가?

♣ 함무라비는 어떻게 제국을 결속시켰는가?

♣ 초기 이집트의 발전은 수메르와 어떤 점에서 다른가?

지중해 세계의 역사는 호모 사피엔스 사피엔스(현생 인류)의 진화 완성과 더불어 빨라야 약 4만 년 전에 출발했다. 문명은 그보다 더 늦게 시작되었다. 고대 문명의 특징인 국가, 문자, 과학, 예술 등은 도시생활의 산물이었다. 그러나 도시는 빙하기가 끝난 약 1만 3,000년 전과 메소포타미아에서 최초로 진정한 도시가 등장한 약 5,000년 전 사이에 농업과 기술의 발전이 있었기에 가능했다. 그러므로 서양 문명의 역사는 시간적 길이가 매우 짧다. 지질학적 시간으로 보면 그야말로 순간에 지나지 않는다.

세계 최초의 도시들이 왜 오늘날 이라크가 위치한 티그리스 강과 유프라테스 강 사이의 황량한 지역에서 등장했는가라는 질문에 현대 역사학자들은 명쾌한 답을 제시하지 못한다. 어쨌든 일단 도시가 발달하기 시작하자 도시생활의 기본 패턴은 급속하게 근동의 다른 지역으로 확산되었다. 이들 초기 도시들 사이에 교역 네트워크가 서서히 확장되었고, 그와 더불어 인간과 자원을 지배하기 위한 치열한 경쟁이 벌어졌다. 기원전 3천년기에는 독립적 도시들을 영속적 제국으로 통합시키는 작업이 성공을 거두지 못했다. 그러나 기원전 2천년기 중반(기원전 1500년경)에 이르면 고대 근동의 미래가 메소포타미아 도시들 사이의 필사적인 투쟁이 아니라 아나톨리아(지금의 터키)와 이집트의 신흥 제국들 사이의 경쟁에 의해 결정되리라는 것이 확실시되었다.

지금부터 9,000여 년 전 터키 중남부 차탈휘위크(Çatalhöyük)[1]에서 역사상 최초의 소읍(town)이 발달했다. 그 후 2,000년 동안 이 도시는 축구장 30개를 합친 넓이(약 4만 평)만큼 커졌다. 이 도시에는 8,000명가량의 주민이 2,000여 채의 독립 주택에서 살고 있었다. 그러나 차탈휘위크에는 도로가 거의 없었다. 모든 주택은 이웃집에 바짝 붙어서 지어졌는데, 대부분은 기존 주택의 폐허 위에 건축되었다. 사람들은 옆집의 지붕 위를 걸어 자기 집으로 들어갔고, 자기 집 지붕의 구멍으로 사다리를 타고 집 안으로 내려갔다.

벌집 같은 주택에서 살았지만 차탈휘위크 주민의 사회는 정교하게 조직되었고 기술 수준도 높았다. 그들은 모직 천을 짰고 도기를 가마에 구웠으며 주택의 회반죽벽에 정교한 사냥 그림을 그려 넣었다. 인근 카파도키아 산에서 가져온 예리한 흑요석으로 낫, 칼, 창, 화살 등의 도구를 만들었다. 그들은 종교의식을 거행해 조상에게 경의를 표했고, 시신을 주택 마루 밑에 매장했다. 그들은 또한 뛰어난 조각가였다. 그들이 조각한 전신 여성상은 종교적 의미를 지닌 것일 수도 있고 단순히 석기 시대의 에로티시즘을 표현한 것일 수도 있다.

정착 농경민인 차탈휘위크 주민은 곡식·완두콩·렌즈콩 따위를 재배했고 양과 염소를 가축으로 길렀다. 유목민이었던 선조들과 마찬가지로 그들은 과일과 견과류를 채취했고 야생 상태의 소·말·돼지 등을 사냥했다. 남성과 여성의 유골을 비교 조사한 결과, 하는 일과 먹는 음식이 남녀 간에 거의 차이가 없었음이 밝혀졌다. 차탈휘위크 주민은 비교적 건강한 식단과 풍부한 소유물을 가졌지만 주변의 수렵·채취집단보다 수명이 더 짧았던 것으로 보인다. 차탈휘위크 남성의 평균수명은 34세였다. 여성은 출산의 위험과 더불어 일상적인 돌발 사고, 연기 흡입, 전염성 질병 등에 취약해 약 30세밖에 살지 못했다.

차탈휘위크 같은 소읍은 인류 역사상 비교적 최근에 발달된 것이지만, 후대에 발달된 모든 인류 문명의 토대가 된다. 그렇다면 그와 같은 소읍은 언제, 어떻게, 왜 등장하게 되었을까?

---

1) çatal은 터키어로 '갈퀴, 쇠스랑'을, höyük은 '토루, 제방, 방죽'을 뜻한다.

석기 시대의 배경

♣ 초기 인류 사회에서 수렵과 채취의 결과는 무엇으로 나타났는가?

선사 시대란 기록된 문자가 등장한 기원전 3000년경 이전의 시대를 말한다. 선사 시대는 문자가 사용된 시기보다 훨씬 길다. 이 시기에 일어난 모든 중요한 발전은 오직 고고학적 발굴을 통해서만 알 수 있다. 고고학자들은 인간과 비슷한 모습의 영장목(靈長目, Primates)이 400만~500만 년 전 아프리카에서 처음 등장했으며, 도구를 만드는 사람(Homo habilis)—사람속(Homo)에 속하는 종이며, 현생 인류인 호모 사피엔스 사피엔스(Homo Sapiens Sapiens)도 사람속에 포함된다—이 대략 200만 년 전에 진화되었다는 데 대체로 의견을 같이한다. 초기의 사람과(科) 동물은 도구의 대부분을 돌로 만들어 썼으므로 200만 년 전부터 기원전 4천년기까지 모든 인류 문화는 석기 시대에 속한다. 학자들은 이 기나긴 시기를 구석기 시대와 신석기 시대로 나누는데, 두 시기의 경계선은 대략 기원전 11000년이다.

현생 인류는 아프리카에서 약 10만 년 전에서 5만 년 전 사이에 처음 출현했지만, 인간 고유의 특징은 그보다 앞선 구석기 시대부터 이미 점진적으로 진화하고 있었다. 예를 들어 에스파냐의 부르고스 근방에서 발견된 매장지에서 약 50만 년 전에 살았던 하이델베르크인의 시신과 값진 부장품이 출토되었는데, 이것은 그들이 이미 상징 의식으로서의 매장 개념을 발전시켰음을 보여준다. 그보다 나중에, 즉 20만 년 전부터 3만 년 전 사이에 살았던 네안데르탈인은 미술·음악적 재능과 정신적 능력을 보여주는 한층 뚜렷한 증거를 남겼다. 네안데르탈인은 보석을 제작하고(아마도 몸에 착용까지 했으며), 동굴 벽에 그림을 그리고, 시체를 규격화된 타원형 무덤에 상징물인 염소 뿔과 꽃과 함께 매장하는 등 인간과 흡사한 특징을 보였다. 그렇다면 네안데르탈인은 말을 할 수 있었을까? 그들은 언어를 갖고 있었을까? 오늘날의 고고학은 그와 같은 질문에 답변할 수 없다.

그러나 기원전 40000년경 후기 구석기 시대가 시작될 무렵 인간의 발전 속도는 극적으로 빨라졌다. 호모 사피엔스 사피엔스는 나무, 뿔, 뼈 같은 유기물로 만든 낚싯바늘, 화살촉, 재봉바늘 등 좀 더 효과적이고 정교한 도구를 만들기 시작했다. 그러나 변화를 눈으로 확인할 수 있는 가장 놀라운 증거물은 프랑스의 유명한 라스코 동굴벽화이다. 이 그림은 1940년대에 발견되었지만, 고고학자들은 최근 들어서야 이 비범한 사냥 장면들이 소리의 공명이 가장 큰 동굴 속 깊고 어두운 곳에 그려졌다는 사실을 알게 되었다. 그러므로 이 그림들은 소리 또는 음악을 수반하는 의식의 일부였음에 틀림이 없다. 이 그림들은 후기 구석기 시대에 예술적·종교적 개념뿐만 아니라 언어도 발달했음을 보여주는 확실한 증거이다.

그러나 이토록 중대한 발전이 있었지만 후기 구석기 시대에는 인간 생활의 기본 패턴이 거의 바뀌지 않았다. 기원전 11000년 이전의 모든 인간 사회는 구성원이 수십 명 남짓한 수렵·채취자들의 소규모 집단으로 식량을 찾아 끊임없이 이동했다. 한 장소에 오래 머물지 않았기에 그들의 문화 발전 과정을 추적할 수 있는 고고학적 기록은 거의 없다. 그러므로 그들에 대한 우리의 지식은 매우 제한되어 있다.

구석기 시대의 수렵·채취는 중대한 사회·경제·정치적 결과를 가져왔다. 초기 인류는 물건을 운반해줄 가축을 갖지 못했으므로 몸에 지니고 다닐 수 있는 간단한 도구들 말고는 물질적 소유물(재산)을 가질 수 없었다. 지속적으로 물질을 축적할 수 없었기에 구성원 사이에서 부의 불평등 및 그에 수반하는 지위와 신분의 차이는 벌어질 수 없었다. 이들 사회는 고도로 조직화되어 있었지만(초기 사회가 원시적이었으리라고 생각하는 것은 중대한 오류이다), 계급구조는 거의 등장하지 않았다. 한 집단 내부에서 갈등이 생기면 분리해서 떨어져나가는 것이 일반적인 해결책이었다. 또한 이러한 분화과정은 한 집단의 인구가 그 집단을 부양해줄 해당 지역의 자연자원과 적절한 균형을 맞추도록 해주었다.

구석기 시대의 집단 내부에서 노동이 어떻게 분화되었는지는 알 수 없다. 한때 학자들은 남성은 사냥하고 여성은 채취를 했다고 추정했지만, 그런 식의 성별에 따른 추정은 현존하는 수렵·채취사회의 복잡한 현실을 제대로 반영하지 못한다. 그리고 그런 추정은 구석기 시대에도 적용하기 힘들다. 오히려 (어린이와 노인을 제외한) 구석기 집단의 모든 구성원은 집단 내의 기본적 활동에 골고루 참여했을 개연성이 매우 높다. 식량과 도구의 획득은 모든 사람의 일차적 관심사였다. 기능의 전문화—이를 통해 집단의 일부 구성원이 자유롭게 식량 획득 이외의 활동에 종사할 수 있다—는 거의 불가능했다. 전문화가 이루어지려면 저장 가능한 잉여물의 축적이 필요했지만, 구석기 시대의 인류에게는 아직 그런 기술이 없었다.

신석기혁명

♣ 어떤 변화로 인해 수렵·채취에서 정주사회로 이행했는가?

인간의 삶에서 근본적 변화는 신석기 시대의 여명기인 기원전 11000년경에 비로소 일어나기 시작했다. 이 혁신은 인위적 식량 생산, 반영구적·영구적 정착생활, 근거리·원거리무역의 활성화 등을 포함한다. 이 시기에 처음으로 개인과 공동체가 부를 대규모로 축적하는 일이 가능해졌다. 그 영향은 엄청났다. 공동체는 좀 더 안정되었고 인간 사회는 복잡해졌다. 전문화가 진행되었고 그와 더불어 지위와 계급이 구분되었다. 신석기혁명은 기원전 4천년기 말에 진정한 의미의 도시가 등장하기 위한 필수 단계였다.

고대 근동 식량 생산의 기원

구석기 빙하 시대(기원전 40000~11000년경)에 지중해에 인접한 유럽과 아시아 지역의 낮 평균기온은 여름에는 영상 16도, 겨울에는 영하 1도가량이었다. 추위를 좋아하는 사냥감 동물인 순록, 엘크사슴, 멧돼지, 들소, 산양 등이 언덕과 계곡을 배회하고 있었다. 그 후 빙하가 북쪽으로 물러가면서 이들 동물은 빙하를 따라 북쪽으로 올라갔고 몇몇 인류 집단은 사냥감을 따라 이동했다. 그러나 나머지 인류는 뒤에 남아 전혀 다른 세상과 직면했고 전적으로 새로운 세계를 창조했다.

빙하기가 끝난 뒤 3,000~4,000년 동안 지중해 동부 연안 주민은 인류 역사상 가장 획기적인 변화 중 하나를 이루어냈다. 식량 채취에서 식량 생산으로 전환한 것이다. 사람들은 동물을 사육하고 곡물을 경작하기 시작했고, 이로써 주거방식을 더욱 영속적·안정적으로 만들 수 있었다. 한편 안정적 주거는 우리가 문명이라고 부르는 다음 단계의 발전을 위한 길을 닦았다. 도시의 등장, 문자의 발명, 사회적 역할의 발전 등이 그것이다. 이 과정은 수천 년에 걸쳐 일어났기에 오늘날의 감각으로 보면 대수롭지 않은 것으로 보일지도 모른다. 그러나 이 변화는 진정 '혁명적'인 것이었다. 근동 지역에 거주하던 사람들은 수백만 년 동안 이어오던 생활방식을 비교적 짧은 기간에 근본적으로 변화시켰다.

획기적 변화는 이렇게 일어났다. 기원전 11000년경 몸집이 큰 사냥감 동물은 대부분 근동 지역을 떠났다. 그러나 오늘날의 터키, 시리아, 이스라엘, 서부 이란 등지에 거주하던 사람들은 번영을 누렸다. 종전보다 따뜻하고 습해진 기후 덕분에 야생 곡물이 더욱 잘 자랄 수 있는 이상적인 환경이 만들어졌기 때문이다. 이 지역(풍부한 식량 공급과 높은 농업생산성으로 흔히 '비옥한 초승달 지역'이라고 부른다)에서 사람들은 계절 거주 때로는 영구 거주를 유지할 수 있을 정도로 풍부한 농작물을 향유했다. 이로 인해 정주생활로의 전환이 가능해졌다.

이처럼 좀 더 안정적인 식량 공급으로 인해 반영구적·영구적 정착생활이 가능해졌고, 이는 인간의 삶에 엄청난 영향을 미쳤다. 가장 중요한 것은 인구의 급속한 증가였다. 정주 공동체에 거주하는 여성은 수렵·채취 공동체의 여성보다 더 많은 자녀를 출산했기 때문이다. 그러나 정주 공동체 및 곡물 의존적 공동체로의 전환은 위험부담 또한 안고 있었다. 빈번히 발생하는 전염성 질병과 지나친 탄수화물 의존 식단으로 인해 수렵·채취집단보다 유아 사망률이 높아졌기 때문이다. 그러나 출산율 증가는 이러한 불리한 요인을 뛰어넘었던 것으로 보인다. 그 결과 기원전 8000년경에 이르면 인구가 야생 식량 공급 시절보다 많아지게 되었다. 늘어나는 인구를 부양하기 위해서는 계획적인 농경으로 토지의 식량 생산능력을 끌어올려야만 했다.

그러나 체계적이고 조직적인 식량 생산을 위해서는 저장이라는 필수적인 중간 단계가 필요했다. 풍년이 들어도 겨울철에는 곡물을 수확할 수 없었다. 곡물 의존 공동체가 한 장소에서 영구 거주하려면 먼저 수확기와 수확기 사이에 곡물을 보존·저장하는 방법을 고안해내야만 했다. 기원전 9500년경에 이르러 지중해 동부 해안 지역에 살던 사람들은 저장구덩이에 곡물을 보관하는 방법을 찾아냈다. 그들은 곡물이 수확되지 않는 시기에 더 이상 정주지를 떠나지 않아도 되었다.

저장법은 맨 처음 자연 상태에서 식량이 부족해질 때 식량 공급을 보장하기 위한 방편으로 발전되었다. 그러나 신석기 시대 사람들은 이듬해에 더 많은 곡물을 수확하기 위해 따로 종자를 보관하기도 했다. 종자 보관법 발견의 중요성은 아무리 강조해도 지나치지 않을 것이다. 인류는 계획적인 종자 파종을 시작하면서 좀 더 집약적으로 곡물을 경작할 수 있었고, 그 결과 더 많은 인구를 부양할 수 있는 곡물의 수확이 가능해졌다. 또한 종자용으로 따로 보관한 수확물은 들판에서 자라는 야생 곡물을 홍수나 화재 같은 재앙으로 거둬들일 수 없게 된 경우에도 이를 어느 정도 보상해줄 수 있었다. 더욱 중요한 것은, 집약적 파종과 저장법으로 가축 사육에 필요한 안정적이고 예측 가능한 잉여농산물을 확보해 가축을 일 년 내내 기를 수 있게 되었다는 사실이다.

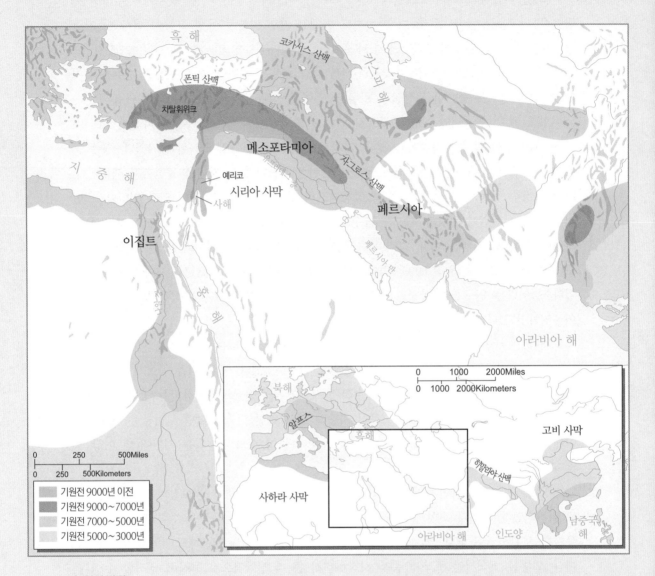

농업의 발달

농업 지역의 확대를 시간 순으로 검토해보라. 최초의 농업은 어떤 지역에서 시작되었는가? 아시아 근동의 농업이 강 계곡에서 시작하지 않고 오히려 후대에 이르러서야 그곳으로 확대된 이유가 무엇인지 생각해보라. 중요한 강들과 농업 발달의 관계에 주목하라. 농업 기술의 확산에 강들은 얼마나 결정적인 역할을 했는가?

완전한 정주 농업이 행해진 최초의 고고학적 증거는 기원전 8500년에서 7000년 사이에 비옥한 초승달 지역에서 찾아볼 수 있다. 기원전 6000년에 이르면 근동 지역 대부분에서 농업—양, 염소, 소, 돼지 같은 가축의 사육도 겸했다—을 일차적 생존수단으로 택했다. 동물성 단백질은 고대 인류의 식단에 나타난 두드러진 특징이었다. 가축 사육은 여러 가지 부가적인 이익을 가져다주었다. 육류, 우유, 가죽, 양모, 뼈, 뿔 등을 좀 더 안정적으로 공급해주었을 뿐만 아니라, 수레와 쟁기를 끌고 곡물을 가루로 빻기 위한 동력을 제공했다.

농업 및 가축 사육으로의 전환이 정확히 어떤 경로로 그토록 신속하고 광범하게 이루어졌는지에 대해서는 논란이 있다. 해당 지역의 비슷한 인구학적·자연적 조건이 농업으로의 전환을 동시다발적이고 자연발생적으로 가능케 했을 것이다. 농사 지식을 가진 인구의 대규모 이주도 새로운 기술을 널리 전파시키는 데 기여했을 것이다. 일부 학자들은 농경 지식이 그 지역 전체로 확산되는 데 교역망이 중요한 역할을 했다고 강조한다. 다른 학자들은 새로운 농업 기반 공동체의 성장이 '모(母)'정주지를 시발점으로 한 계획적인 식민화의 결과라고 믿는다. 그 무렵 농업 기술 발전을 통해 토지의 생산능력이 향상되었다고는 하나, 아직 늘어나는 인구를 감당하기에는 충분치 못했다는 것이다. 늘 그러하듯이, 인류 역사의 심대하고도 근본적인 변화는 어떤 단일한 요인만으로는 충분히 설명되지 않는다. 기원전 5000년에 이르러 농업이 비옥한 초승달 지역을 거쳐 이집트와 발칸 반도까지 확산되는 데는 여러 요인이 일정한 역할을 했을 것이다. 그중 어느 요인이 더 많이 작용했는지는 알 수 없다.

소읍과 촌락의 등장

근동의 가속화된 사회적 진보의 다음 단계는 차탈휘위크 같은 소읍과 촌락의 등장, 그와 동시에 나타난 수공업, 교역, 전쟁 등—이것은 모두 경제적 전문화의 징후이다—이었다. 수백 또는 (아마도) 수천에 달하는 소읍과 촌락이 기원전 7500년에서 기원전 3500~3000년 사이에 근동에서 발달했는데, 그 무렵 일부 소읍은 도시로 발달하기 시작했다. 대부분의 정주지는 규모가 작았지만 인구는 정주지마다 크게 달랐고(전형적인 소읍에는 약 1,000명의 주민이 거주했다), 작은 정주지에서 큰 정주지로의 일관된 성장 같은 것은 없었다. 처음에는 활동 가능한 대부분의 남녀가 들판에서 일했으며, 여성은 직조나 자녀 양육에서도 중요한 역할을 했을 것이다. 그리고 시일이 흐르면서 풀타임 수공업 전문가와 풀타임 상인이 등장했다.

최초의 신석기 소읍 중 하나였던 예리코(Jericho)는 오늘날의 이스라엘과 요르단 사이 분쟁지역에 자리 잡았다. 예리코는 기원전 9000년경 풍부한 맑은 샘물 덕분에 계절적 곡물 생산 정주지로 등장했다. 그러다 기원전 8000년경 예리코 주민은 어마어마한 건축 프로그램을 진행했다. 수많은 주택이 암반 토대 위에 새로 지어졌고, 솜씨 있게 장식된 대규모 석조 성벽이 주거지 서쪽에 건축되었다. 성벽 둘레에는 원기둥형 탑이 축조되었는데, 발굴된 잔존물은 높이가 9미터에 달한다.

이 성벽이 왜 건축되었는지, 그리고 탑의 목적이 무엇이었는지는 알 수 없다. 성벽은 갑작스러운 홍수나 적의 기습에 대응하기 위한 것으로 추정된다. 탑은 파수대였거나 어떤 종교적 이유에서 하늘로 높이 치솟은 것일 수도 있다. 그 기능이 무엇이었건 간에 성벽과 탑은 주민을 위해 사용되었다. 예리코의 초기 정주지는 면적이 약 3.2헥타르(약 1만 평)에 달했으며 약 3,000명의 인구가 살았다. 이들은 최근 들어 경작물로 순화된 밀과 보리 등을 집약적으로 경작—인근 샘터에서 끌어온 물을 관개용수로 썼다—해 식량으로 충당했다.

기원전 8천년기부터 예리코 주민은 최초의 도기를 제작했다. 도기 덕분에 그들은 곡물, 포도주, 기름 등을 전보다 더욱 효율적으로 저장할 수 있었다. 하지만 도기의 가장 큰 이점은 요리였다. 인류역사상 처음으로 죽, 술 등을 만들 수 있게 되었다. 도기 생산은 급속히 근동 전역에 걸쳐 주요 산업이 되었는데, 전파과정에서 신속히 양식이 변화되었기에 우리는 지역별로 나타난 고유한 특징을 식별할 수 있다. 기원전 6500년경부터 도기 파편은 주거 유적지에서 발견할 수 있는 가장 흔한 고고학적 인공물이 되었다. 도기 양식의 변화를 연구함으로써 고고학자들은 문자 사용 이전 시대의 연대기를 상당히 정확하게 (물론 상대적이고 대략적인 것이지만) 작성할 수 있게 되었다.

예리코와 차탈휘위크는 저장 가능한 잉여농산물이 인간의 사회관계에 어떤 영향을 미쳤는지 잘 보여준다. 역사상 최초로 개인이 자신과 후손을 위해 획득하고 축적할 수 있는 부의 크기에 의미 있는 차이가 나타나기 시작했다. 농업에 대한 의존성으로 말미암아, 사회·경제적 차별의 결과가 억압적인 것일지라도 개인이 공동체에서 빠져나오기는 한층 어려워졌다. 그 결과 과거에 비해 사회적 역할이 한층 전문화되었고 훨씬 더 계층적인 인간 사회가 출현했다.

예리코와 차탈휘위크의 주민은 세계를 지배하는 초자연적 힘에 대해서, 그리고 자신들이 그 힘과 어떤 관계를 맺을 것인지에 대해서 사색했다. 이 또한 인류 문화의 발전에서 대단히 중요한 한 걸음이었다. 더욱이 그 힘이 의식(儀式)과 희생의 형식을 갖춘 각별한 전례(典

禮)를 요구한다고 믿게 되자, 공동체의 삶을 좌지우지하는 초자연적 힘과 소통할 수 있는 집단인 사제계급이 출현하게 되었다. 이러한 종교적 리더십은 정치적 형태의 권력—군대 통솔, 방어시설 구축, 피지배자로부터의 재원 조달 등—으로 이어지는 연결고리가 되었다. 공동체의 종교적·군사적·경제적 자원에 대한 지배력을 장악함으로써 촌락의 엘리트들은 지배계급으로 자리 잡게 되었다.

　　교역은 초기 신석기 촌락에서 이루어진 또 다른 중요한 발전이었다. 기원전 5000년에 이르면 원거리 교역망이 근동 전역에서 가동되고 있었다. 물론 지방 교역로는 그보다 오래전부터 있었지만, 고고학적 기록이 거의 남아 있지 않아서 실상을 추적하기 어렵다. 이국적 상품은 원거리 교역의 통상적인 거래품목이었다. 차탈휘위크에서 흑요석과 바다조개는 중요한 상품이었고, 터키석·청금석·비취 같은 준보석류도 주요 거래품목이었다.

　　원거리 교역은 비옥한 초승달 지역 전체에서 상품과 사상의 교류를 촉진시켰다. 그것은 또한 이들 촌락 공동체 내의 사회계층화를 심화시키는 역할을 했다. 높은 사회적 지위는 고급 사치품의 독점을 통해 강화되는 것이었기에, 지역 엘리트들은 공동체 내에서 시장성 있는 상품의 생산을 조직화하고 통제함으로써 원거리 교역을 독점하려 했다. 그리하여 신석기 촌락공동체의 상층 엘리트는 전문성 있는 숙련공에 대한 장악력을 높이기 위해 노력했다.

　　이러한 모든 사회·경제적 변화는 잉여농산물을 통해 전문화가 점점 더 진행되었기 때문에 가능했다. 수렵·채취사회에서는 공동체 구성원 모두가 식량 획득이라는 기본 업무에 종사했다. 그러나 잘 조직된 농업공동체에서는 일부 주민이 노동력의 일부를 농업 이외의 분야—도기나 옷감 만들기, 무기나 도구의 제작, 주택이나 요새의 건설, 교역의 촉진 등—에 투입할 수 있었다. 잉여와 전문화는 또한 사회적 엘리트의 등장을 초래했는데, 그들은 다른 사람의 노동력과 생산물을 조직화함으로써 지배 행위 그 자체를 또 하나의 전문 분야로 변화시켰다. 촌락이 점점 커지고 복잡해지면서 전문화는 더욱 가속화되었고, 마침내 인구의 상당수는 영구적인 비농업 종사자가 되었다. 이것은 진정한 의미의 도시 기반 문명으로 나아가는 핵심적인 단계였다.

선사 시대에서 역사 시대로	
조형 예술품의 등장	기원전 40000년
빙하 시대의 끝	기원전 11000년
정착 농업사회의 시작	기원전 9000년
촌락의 등장	기원전 6500~3000년
문자의 발달	기원전 3300~2500년
도시의 등장	기원전 3100년

메소포타미아 도시 문명의 발달

👉 메소포타미아에서 최초의 도시가 등장한 배경은 무엇인가?

촌락에서 도시로의, 그리고 선사 시대에서 역사 시대로의 전환이 처음 이루어진 곳이 지극히 척박한 환경인 메소포타미아 남부 사막이라는 것은 놀라운 일이다. 이 지역을 그리스인은 '강 사이의 땅'이라고 불렀지만[2] 현대 역사가들은 수메르라고 부른다. 오늘날의 이라크에 자리 잡은 수메르는 1년 강수량이 약 200밀리미터에 불과하고, 여름 기온은 보통 섭씨 44도를 넘는다. 이 지역은 모래땅이어서 관개를 하지 않으면 농사가 불가능하다. 이 평평하고 특색 없는 평야에 물을 공급해주는 티그리스 강과 유프라테스 강은 거센 물살과 예측 불가능성으로 유명하다. 두 강은 걸핏하면 홍수가 났고, 특히 고대의 티그리스 강은 강물이 둑을 넘어 범람하는 바람에 해마다 물줄기가 바뀌는 것으로 악명이 높았다. 그런데도 최초의 도시는 이런 불리한 환경에서 출현했다.

우바이드 문화

우바이드 문화(오늘날 이라크의 알 우바이드에 있는 유적지에서 따온 이름)의 건설자들은 기원전 5900년경 수메르 사막으로 이주한 것으로 보인다. 무슨 까닭으로 여건도 별로 좋지 않은 티그리스 강과 유프라테스 강 사이의 지역으로 이주했는지는 분명치 않다. 기원전 6천년기의 페르시아 만 북부는 지금보다 내륙 쪽으로 160킬로미터가량 더 들어와 있었다. 따라서 우바이드 정주지 일부는 불모의 사막뿐만 아니라 비옥한 늪지대와도 접경하고 있었다. 수메르에 이주한 이유가 무엇이었든 간에 우바이드인은 이주하기 전에 이미 그들만의 독특한 촌락문화를 가지고 있었다. 그들은 운 나쁘게 어려운 환경에 굴러떨어진 수렵·채취집단이 아니었다.

수메르 농업 정주지에서 우리는 관개체계의 흔적을 발견할 수 있다. 우바이드의 농민은 처음에는 비교적 간단한 수로와 저수지를 만들었지만 이내 돌로 쌓은 정교한 수로와 저수

---

2) meso는 '사이', potam은 '강'을 뜻한다.

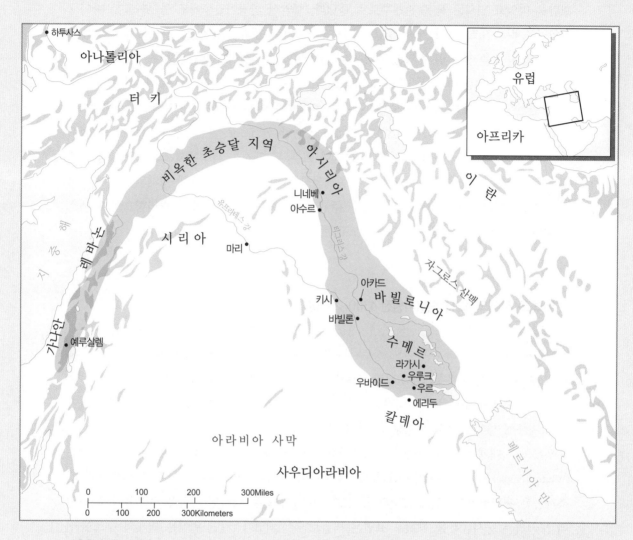

비옥한 초승달 지역

수메르 도시들이 강에 근접해 있음을 주목하라. 티그리스 강과 유프라테스 강이 메소포타미아 문명 형성에서 차지한 핵심적 역할을 고찰하라. 또한 수메르 도시국가들이 얼마나 서로 근접했는지에 유의하라. 이런 현상은 어떤 도전과 기회를 가져다주었는가? 수메르의 영향은 어떤 방향으로 가장 빨리 팽창했는가? 그 이유는 무엇인가?

지를 건설해 계절이 바뀌어도 기능이 유지되도록 했다. 또 그들은 제방을 쌓아 강의 주기적 범람을 막았고 넘치는 물을 관개수로로 돌렸다. 열악한 환경이었음에도 불구하고 우바이드 농업공동체는 직조, 도기 제작, 금속 가공, 교역, 건설 등의 전문가를 지원할 정도로 충분한 잉여농산물을 생산할 수 있었다. 신석기 촌락생활의 전형적인 모습이었다.

수메르 농업 정주지에서는 종교적 기능을 맡은 구조물의 흔적도 발견된다. 단순하고 소박한 신전에서 시작한 그 건물들은 곧 마른 진흙벽돌(이 지역에는 돌이 귀했으므로 우바이드 건축가들은 석재를 사용하기 어려웠다)로 지어진 장엄한 신전으로 발전되었다. 규모가 큰 정주지마다 이런 건축물이 하나씩 있었고, 시간이 흐른 뒤 재건축 과정에서 그 규모는 더욱 확대되었다. 이들 건축물에서 사제계급은 종교의식의 집전자이자 공동체 경제의 관리자로서 활동했다. 그들은 대규모의 신전 건축을 주관했고, 복잡한 관개체계를 관리함으로써 메소포타미아 사막에서 촌락생활이 가능하도록 했다.

우루크 시대의 도시생활(기원전 4300~2900)

기원전 4300년경부터 우바이드 정주지는 고도로 조직화된 대규모 공동체로 번창했다. 새로운 우루크 시대—우루크(오늘날의 와르카)에 있는 유적지 이름을 딴 호칭—는 신석기 우바이드 촌락에서 수메르 도시국가로 넘어가는 전환기에 해당된다. 이런 의미에서 우루크야말로 지중해 세계 최초의 도시문명이라고 할 수 있다.

우루크 시대에는 신전 건축이 정교해지고 규모가 엄청나게 커졌다. 우루크의 백색 신전(White Temple)은 이런 추세를 단적으로 보여준다. 기원전 3500~3300년 무렵 우루크의 건축가들은 평탄한 대지 위에 12미터 높이로 웅대하게 솟은 경사진 기단을 축조했다. 기단의 네 모서리는 동서남북을 향했고 표면은 벽돌로 장식되었다. 기단 위에는 별개의 구조물(신전)이 세워졌는데, 벽돌로 쌓은 신전 건물의 표면을 화려한 백색으로 칠했다.

신전은 수메르 전역에 건설되었는데, 그것은 종교가 도시생활의 중심이었음을 보여준다. 우루크가 급속하게 도시로 성장한 이유는 그곳이 중요한 종교 중심지였기 때문이다. 기원전 3100년에 이르면 이 도시는 면적이 수백 에이커에 달할 정도로 확장되었으며, 거대한 벽돌 성벽 안에는 4만 명의 주민이 거주했다. 도시만 성장한 것은 아니다. 수메르의 대규모 촌락 역시 급속히 성장했다. 대도시가 그랬던 것처럼, 활발한 경제활동은 촌락으로 이주자가 모여들게 된 요인이었다. 급속히 늘어난 인구를 부양하기 위해 수메르의 곡물과 직물 생산량은 우루크 시대를 거치는 동안 무려 열 배나 늘어났다. 교역로 역시 극적으로 확대되었다. 나날이 복잡해지고 중앙 집중화되는 경제를 관리하기 위해 수메르인은 새로운 소통 기술을 발전시키기 시작함으로써 바야흐로 역사 시대에 진입했다. 그 소통 기술은 바로 문자였다.

문자의 발달

우리가 이 장에서 언급한 수많은 혁신과 마찬가지로 문자의 발명은 하루아침에 갑자기 이루어지지 않았다. 기원전 4000년에 이르러 근동의 촌락 주민은 물품 명세목록의 작성과 교역의 편의를 위해 다양한 모양의 진흙 토큰을 사용하고 있었다. 그러다 마침내 새로운 관행이 발달했다. 단일한 거래에 사용된 같은 모양의 토큰을 한데 모아 진흙 단지에 넣고 안에 담긴 토큰의 모양을 일일이 단지 밖에 새겨 넣는 관행이었다. 기원전 3300년에 이르러 사제계급은 볼썽사나운 '토큰 단지 체계'가 필요 없다고 판단했다. 대신 평평한 진흙 판에 기호를 새겨 필요한 정보를 기록했다.

이렇듯 초기 단계의 문자는 경제적 이유에서 기록을 관리하기 위한 수단으로 발달했다. 따라서 한동안 문자는 순수한 그림 형태였다. 각각의 기호는 표시하고자 하는 물건을 닮은 모습으로 진흙에 새겨졌다. 그러나 시간이 흐르고 문자의 사용이 진전되면서 기호는 물체의 형상뿐만 아니라 그 물체와 연관된 개념을 표현하기 위한 용도로도 사용되었다. 예를 들어 '음식 한 그릇'을 나타내는 기호인 '닌다(ninda)'(명사)는 '식량'이나 '영양' 같은 추상적 개념을 표현하기 위해 사용되었고 시일이 흐르면서 그 기호는 특정 발음과 연결되었다. 그래서 수메르의 서기는 '닌다'라는 발음을 사용할 필요가 있으면 '음식 한 그릇'에 해당하는 기호를 가져다 썼다. 나중에는 그 기호에 특수부호를 덧붙여 읽는 이로 하여금 그 기호가 상형문자인지 아니면 표음문자(기호가 나타내는 발음)인지 식별할 수 있도록 했다.

기원전 3100년에 이르러 수메르의 서기들은 뾰족한 나뭇가지 대신 내구성이 있는 갈대 첨필을 사용했는데, 이 첨필이 쐐기 모양의 자국을 남겼기 때문에 우리는 이 문자를 쐐기문자라고 부른다. 쐐기 기호는 진흙 서판에 신속하게 쓸 수 있었고, 갈대는 나뭇가지처럼 쉽게 부러지지 않았다. 그런 다음 진흙 서판을 불에 구워서 영구 기록물로 만들었다. 지금도 수만 점의 진흙 서판이 남아 있다. 그러나 새로운 첨필로는 그들이 표시하고자 했던 물체의 원래 모습(예를 들면 '음식 한 그릇'의 형상)을 정확하게 그리기 어려웠다. 그 결과 쐐기문자는 급속히 추상화 경향을 보였고, 급기야 원래의 상형문자와는 거의 닮은 데를 찾을 수 없게 되었다.

궁극적으로는 수메르어의 모음과 자음 조합을 가능케 하기 위한 기호가 고안되었고, 그 결과 수메르어 기록에 필요한 기호는 1,200개에서 600개로 줄어들었다. 그럼에도 불구하고 쐐기문자의 읽고 쓰기를 배우는 것은 여전히 매우 어려운 일이어서 오직 소수만이 그것을 배우고 익힐 수 있었다. 읽고 쓰기를 배운 사람은 수메르 사회에서 중대한 영향력을 갖게 되었다. 기원전 3천년기 전 기간 동안 서기 양성학교에 입학한 학생은 대부분 엘리트 집안의 아들이었다. 기호가 그토록 다양하고 문자가 그토록 복잡했지만 쐐기문자는 매우 오랜 세월 존속했다. 쐐기문자는 그 후 2,000년이 넘도록 고대 근동의 주요 문자체계로서 존속했고, 심지어 수메르어를 더 이상 구어로 사용하지 않는 사회에서도 사용되었다. 고대 근동 문학의 걸작은 한결같이 쐐기문자로 기록·보존되었으며, 서기 1세기에도 쐐기문자로 문서가 기록될 정도였다.

역사 속으로 들어간 수메르인

♣ 어째서 공통의 종교가 있었는데도 수메르인 사이에는 평화가 이루어지지 못했는가?

기원전 2500년경 이후 수메르인은 경제, 정치, 문학, 종교 등 다양한 목적으로 문자를 사용했다. 이로 인해 우리는 이 시기의 다른 어느 사회보다도 수메르 사회에 대해 많은 것을 알고 있다. 우리는 그들의 정치, 신 개념, 사회·경제구조 등을 이해하기 시작했다. 이런 의미에서 수메르 사회는 최초로 역사 시대—선사 시대가 아닌—에 진입한 사회였다.

수메르 문화의 중심지—우루크, 우르, 라가시, 에리두, 키시 등—는 공통된 문화와 언어를 가지고 있었다. 그러나 수메르어는 전 세계의 다른 어떤 언어와도 연관성이 없어 보인다. 이 때문에 학자들은 다른 지역 출신인 수메르인—주변 민족이 붙여준 이름이다—이 남부 메소포타미아로 이주해 들어간 것인지, 아니면 수메르인의 독특한 문화(언어를 포함해서)가 우바이드 문화를 계승·발전시킨 것인지를 놓고 격렬한 논쟁을 벌이기도 했다. 종교의 연속성을 감안하면 후자의 가능성이 높으며, 실제로 외부로부터의 침입 흔적을 찾아볼 수 없다. 그러나 현재로서는 이 문제에 대해 확정적인 답을 제시할 수 없다.

　언어와 마찬가지로 종교는 수메르 문화권이 공유하고 있던 또 하나의 요소였다. 그러나 공통의 종교가 수메르 도시들 사이에 평화를 가져다주지는 않았다. 각각의 수메르 공동체 는 수메르 종교의 모든 신(약 1,500의 신이 있었다)을 인정했지만, 개별 도시국가의 주민은 자 기 도시를 특정한 신의 소유물로 간주했고, 그들의 (그리고 신의) 도시의 명예를 드높임으로 써 그 신을 영화롭게 하고자 했다. 그리하여 도시 간에 치열한 경쟁이 벌어졌고 종종 전쟁 으로 이어졌다. 물론 수메르 도시국가들 간의 긴장에는 경제적 요인도 있었다. 예를 들어 용수권(用水權) 문제 또는 경작지나 교역로에 대한 접근 문제 등이 갈등의 원인이 되곤 했 다. 그러나 수메르 사회에서 신전의 중요성이 워낙 컸기 때문에 경제적 갈등은 불가피하게 종교적 차원으로 비화되었다. 어떤 도시가 다른 도시에 항복해 독립성을 잃는다는 것은 정 복당한 도시의 신에 대한 처절한 응징을 의미했기 때문이다. 수메르인에게 공통의 문화와 종교는 있었지만 공통의 정부는 불가능했다.

　각 도시에 딸린 경작 가능 토지의 상당 부분은 수호신을 모시는 신전에 속해 있었다. 도 시의 생산물은 대부분 거대한 신전 창고로 들어갔고 사제와 신전 관리가 그것을 주민에게 재분배했다. 기원전 3천년기 동안 거대 신전은 직물업을 통제했고 수천 명의 노예 여성과 아동을 고용한 원시적 형태의 공장을 설립했다. 당연한 일이지만, 신전은 상품의 구매자이 자 판매자로서 원거리무역에서 핵심적인 역할을 수행했다.

　각각의 수메르 도시에는 지배 귀족계급이 있었는데, 신전의 사제와 주요 관리는 이 계급 출신이었다. 그러나 이 고도의 신정적(神政的) 사회에서 최고의 지위에 오른 것은 사제였다. 수메르 문명 초기에 인구의 절반가량은 평민이었다. 작은 농지를 소유한 평민은 자유민으로 서 생계를 유지하면서 신전에 공납을 바쳤다. 또한 신전은 법적으로 자유로운 신분의 하인 을 다수 거느리고 있었는데, 직공 또는 신전 토지의 농업노동자인 그들은 토지를 소유하지 못했다.

　수메르 사회에는 많은 노예가 있었다. 고대 세계가 으레 그렇듯이 수메르 사회의 노예는 대부분 전쟁포로였다. 노예가 수메르 출신일 경우 주인의 노예(대부분의 노예는 여성이었다)에 대한 소유권은 엄격히 제한되어서 3년이 지난 후에는 해방시켜야만 했다. 수메르인이 아닌 노예는 무기한 소유할 수 있었지만, 경우에 따라 노예 스스로 돈을 주고 자유를 살 수도 있 었다. 이러한 안전장치가 있긴 했지만, 수메르의 노예가 주인의 소유물이라는 사실에는 변

메소포타미아 사회의 기원	
우바이드 시대	기원전 5900~4300년
우루크 시대	기원전 4300~2900년
초기 왕조 시대	기원전 2900~2500년
아카드 시대	기원전 2350~2160년
우르 왕조	기원전 2100~2000년

함이 없었다. 주인은 노예를 때리거나 벌을 주었고, 동물처럼 낙인을 찍었으며, 마음대로 사고팔았다. 고대 노예제가 (신대륙에서 행해진) 근대 노예제처럼 잔혹한 것은 아니었을지 모르나 노예로 산다는 것은 지극히 불행한 일이었다.

초기 왕조 시대의 출발(기원전 2900~2500)

기원전 2900년경 수메르 도시국가 사이의 갈등이 심각해졌다. 도시국가의 규모가 커지면서 희소자원을 둘러싼 경쟁은 격렬해졌다. 빈번해진 전쟁은 파멸적이었고 급기야 많은 중심 도시가 버려지거나 파괴되었다. 이 갈등의 시기에 새로운 전쟁 리더십이 등장했는데, 그것은 우루크 시대의 수메르 도시국가에서보다 훨씬 강력한 왕권의 확립으로 귀결되었다. 역사가들은 수메르 문명의 이 단계를 초기 왕조 시대라고 부른다.

전쟁이 수메르인 생활의 일상이 되면서 성공한 전쟁 지도자는 어마어마한 지위와 권력을 얻었으며, 새로운 권위를 표현하기 위해 '루갈(거인)'이라는 새로운 호칭을 취했다. 우루크 시대의 왕과는 달리 초기 왕조 시대의 루갈은 도시의 신을 섬기는 겸손한 종으로 자처하지 않았다. 루갈은 지상에서의 신의 대변자로 자처하면서 신과 자신의 공동 영광을 위해 신의 군대를 이끌고 도시의 가용 자원을 활용하는 것이 자신의 임무라고 여겼다. 이러한 발전 과정을 거치면서 그들은 도시국가 내에서 실로 가공할 권력을 갖게 되었다.

이 새로운 권력이 수메르 사회에 미친 영향이 가장 두드러지게 나타난 사례가 『길가메시 서사시』이다. 세계 역사상 최초의 위대한 문학작품인 이 서사시는 실존했던 길가메시라는 우루크 왕의 전설적인 업적을 자세히 서술하고 있다. 작품이 처음 완성된 뒤 2,000년이 지나서도 여전히 번역되고 필사될 정도로 이 서사시는 근동 전역에 걸쳐 엄청난 인기를 누리면서 지속적인 영향을 미쳤다. 학자들은 지난 세기에 발견된 (일부는 길고 일부는 불충분한) 수많은 단편적인 자료에서 상당한 정도의 줄거리를 복원해냈다. 현존하는 서사시에는 복합적인 요소가 혼재되어 있어서 우리가 읽는 길가메시 이야기는 고대 수메르인이 알고 있던 내용 그대로가 아니다. 그러나 많은 전문가들은 우리가 읽는 이 서사시가 대체로 기원전 3천년기 전반 수메르의 사회와 문화를 반영하고 있다는 데 의견을 같이한다.

서사시에 등장하는 길가메시는 도시문명을 갖지 못한 야만인을 상대해 군사적 정복과 영웅적 위업을 쌓아 명성을 얻은 강력한 루갈이었다. 그는 쌓아올린 명성과 지위를 통해 막강한 권력을 장악했고, 일반인에게 통용되는 행동규범을 무시했다. 서사시 초입에서 사람들은 왕을 존경하면서도 불만을 드러낸다. 그는 백성의 아들들을 너무 오랫동안 전쟁터에 보냈고, 귀족을 존중하지 않았으며, 백성의 아내 및 딸들과 더불어 술잔치를 벌였고, 신성모독적인 행동으로 그들을 실망시켰다. 백성은 위로를 구하며 신들에게 기도했고, 마침내 신들은 들사람 엔키두로 하여금 길가메시에게 도전하도록 했다.

길가메시와 엔키두 사이의 대립 이야기에는 유용한 역사학적 정보가 가득하다. 길가메시는 도시의 창조자였다. 반면 도전자 엔키두는 들사람이었고, 신전 매춘부―이를테면 도시의 전문직 여성―와의 성적 접촉을 통해 문명화되기 전까지는 짐승에 지나지 않았다. 그녀와의 접촉이 있은 후 엔키두는 소박한 생활로 돌아갈 수 없었고 광야의 동물은 더 이상 그에게 말을 건네지 않았다. 수메르 용어로 표현하면 도시화된 그는 문자 그대로 인간이 되었다.

이 이야기는 도시와 광야, 문명과 야만에 대한 수메르인의 이분법을 고스란히 반영해준다. 우리는 수렵·채취자인 엔키두가 수백 년 동안 도시생활을 경험한 수메르인보다 훨씬 자연에 가까웠음을 알고 있다. 그리고 수메르인은 그러한 자연 친화성을 찬양하지 않았다는 사실도 알고 있다. 서사시는 엔키두의 순수성 상실에 대한 동정심을 불러일으키려는 의도가 전혀 없다. 오히려 그 상실 덕분에 엔키두의 운명이 완성될 수 있었다―즉 인간이 되어 처음에는 우루크 왕과 싸웠고, 나중에는 그의 친구가 되었다―고 말한다. 도시화·문명화된 인간의 비문명화된 (즉 야만적인) 인간에 대한 이와 같은 경멸적 태도는 거의 모든 고대 문명에서 일관해서 나타난다. 아리스토텔레스의 '인간은 정치적 동물'이란 말도, 본질적으로 인간은 도시에서 살아야 하는 동물이라는 뜻이다. 그렇지 않으면 완전한 인간이 될 수 없는 것이다.

길가메시와 엔키두 사이의 우정 다음에 나오는 이야기는 수메르인이 광야에 대해 느끼는 공포와 적대감을 보여준다. 두 사람은 숲으로 들어가 훔바바라고 하는 무시무시한 반신반인과 싸우는데 처음에는 훔바바가 이긴다. 그러나 종국에는 두 사람이 승리를 거둔다. 그것은 문명화된 인간이 자연 세계를 상대로 거둔 또 하나의 승리였다. 만일 자연이 승리했다면 그것은 인간과 그의 창조물을 멸망시켰을 것이다.

홍수: 두 가지 설명

『길가메시 서사시』는 신들이 인간을 벌하기 위해 보낸 파괴적인 홍수에 대한 전통적인 이야기를 담고 있다. 이 이야기는 아마도 기원전 3천년기 전반에 등장했을 것이다. 『히브리 성경』에 나오는 비슷한 이야기보다 적어도 1,500년 전의 일이다. 두 이야기의 놀라운 유사성은 고대 근동 문명이 초기 히브리인에게 강력한 문화적 영향력을 행사했음을 보여주는 증거이다.

『길가메시 서사시』

우트나피시팀이 길가메시에게 말했다. "길가메시 그대에게 신들의 비밀을 밝혀주리라. 위대한 신들은 홍수를 내리도록 결정했다. 그들의 아버지 아누는 (비밀의) 서약을 했다. 그러나 에아 신은 거듭해 내게 말했다. '오 슈르팍 사람, 우바르투투의 아들이여. 집을 부수고 배를 건조하라! 소유물을 버리고 생물을 살게 하라! 모든 산 자를 배에 태워라. 네가 건조하는 배는 규격에 맞아야 한다. 길이와 폭이 서로 똑같아야 한다. 아프수처럼 그 위에 지붕을 덮어라.' 나는 무슨 말인지 알아차리고 내 주 에아에게 고했다. '내 주여, 당신께서 명하신 바를 내 기꺼이 준행하겠나이다.' 닷새째 되는 날 나는 배의 외형을 만들었다. 마룻바닥 넓이는 1에이커였고, 갑판의 사방길이는 120큐빗으로 네모지게 만들었다. 그 밑에 갑판 6개를 더 만들어 모두 7개의 갑판을 만들었다. 나는 배에 모든 것을 실었다. 모든 생물을 배에 실었다. 일가친척 모두를 배에 태웠고, 들판의 모든 짐승과 가축 그리고 설계자들도 타게 했다.

나는 날씨를 살폈다. 날씨는 험악했고 무시무시했다! 나는 배에 올라타고 입구를 봉했다. 온종일 남풍이 불었다. 산이 물속에 잠겼고 기습이라도 하듯이 모든 사람을 물속에 가라앉혔다. 6일 낮과 7일 밤 동안 비바람이 몰아쳤고 폭풍우는 육지를 평평하게 만들었다. 이레째가 밝아오자 바다가 잠잠해지고 소용돌이와 홍수가 그쳤다. 이레째 날 나는 비둘기 한 마리를 날려 보냈다. 비둘기는 멀리 날아갔으나 앉을 곳을 찾지 못한 채 돌아왔다. 나는 다시 제비 한 마리를 날려 보냈다. 제비도 앉을 곳을 찾지 못하고 돌아왔다. 이번에는 까마귀를 날려 보냈다. 까마귀는 물이 빠진 것을 알고 먹이를 쪼아 먹으며 까악 하고 울면서 날아가곤 다시 돌아오지 않았다. 그때야 비로소 나는 모든 것을 사방에 풀어놓았다. 나는 산 앞에서 향을 피웠다.

신들은 향기로운 냄새를 맡고 제사상에 꼬여드는 파리 떼처럼 몰려들었다. 그때 엔릴이 도착하더니 배를 보고는 심통을 부렸다. '아직도 살아남은 자가 있구나. 누구도 내 심판을 피할 수 없었을 텐데!' 에아가 입을 열어 투사 엔릴에게 말했다. '어쩌면 이다지도 무자비한 홍수를 퍼부을 수 있었소? 죄인에겐 그 죄를 벌하고 범법자에겐 그 범법을 벌할지나 동정심을 가지고 벌할 것이니, 인류가 끊어지지 않도록, 죽지 않도록 인내해야 할지니.' 그러자 엔릴이 내 손을 잡고 배 안으로 올라갔다. 그는 내 아내도 올라가게 하더니 내 옆에 무릎 꿇게 했다. 그러고는 우리 부부의 이마에 손을 얹더니 우리 사이에 서서 축복을 내렸다."

「창세기」

　주께서는 사람의 죄악이 세상에 가득하고 마음에 생각하는 모든 계획이 언제나 악한 것뿐임을 보시고서, 땅 위에 사람 지으셨음을 후회하시며 마음 아파하셨다. 주께서는 "내가 창조한 것이지만 사람을 이 땅 위에서 쓸어버리겠다. 그것들을 만든 게 후회되는구나" 하고 탄식하셨다. 그러나 노아만은 주님께 은혜를 입었다. 하나님이 땅을 보시니 썩어 있었다. 살과 피를 지니고 땅 위에서 사는 모든 사람의 삶이 속속들이 썩어 있었다. 하나님이 노아에게 말씀하셨다. "내가 반드시 사람과 땅을 함께 멸하겠다. 너는 잣나무로 방주 한 척을 만들어라. 방주 안에 방을 여러 칸 만들고 역청을 안팎에 칠하여라. 그 방주에는 지붕을 만들고 방주 옆쪽에는 출입문을 내라. 내가 이제 땅 위에 홍수를 일으켜서 하늘 아래에서 살아 숨 쉬는 살과 피를 지닌 모든 것을 쓸어 없앨 터이니, 땅에 있는 것들은 모두 죽을 것이다. 그러나 너하고는 내가 직접 언약을 세우겠다. 너는 아들들과 아내와 며느리들을 모두 데리고 방주로 들어가거라. 살과 피를 지닌 모든 짐승도 수컷과 암컷으로 한 쌍씩 방주로 데리고 들어가서 너와 함께 살아남게 하여라. 그리고 너는 먹을 수 있는 모든 먹을거리를 가져다가 쌓아두어라." 땅속 깊은 곳에서 큰 샘들이 모두 터지고, 하늘에서는 홍수 문들이 열려서 40일 동안 밤낮으로 비가 땅 위로 쏟아졌다. 40일이 지나서 노아는 자기가 만든 방주의 창을 열고서 까마귀 한 마리를 바깥으로 내보냈다. 그 까마귀는 땅에서 물이 마르기를 기다리며 이리저리 날아다니기만 했다. 그는 또 비둘기 한 마리를 내보내 땅에서 물이 얼마나 빠졌는지를 알아보려고 했다. 그러나 땅이 아직 모두 물속에 잠겨 있으므로 비둘기는 발을 붙이고 쉴 만한 곳을 찾지 못해 그냥 방주로 돌아와서 노아에게 왔다. 노아는 이레를 더 기다리다가 그 비둘기를 다시 방주에서 내보냈다. 비둘기는 저녁 때가 되어서 그에게 되돌아왔는데 비둘기가 금방 딴 올리브 잎을 부리에 물고 있었으므로 노아는 땅 위에서 물이 빠진 것을 알았다. 노아는 이레를 더 기다리다가 그 비둘기를 내보냈다. 그러나 이번에는 비둘기가 그에게로 다시 돌아오지 않았다. 노아는 주 앞에 제단을 쌓고 모든 정결한 집짐승과 정결한 새들 가운데서 제물을 골라서 제단 위에 번제물로 바쳤다. 주께서 그 향기를 맡으시고서 마음속으로 다짐하셨다. "다시는 사람이 악하다고 하여 땅을 저주하지는 않겠다. 다시는 이번에 한 것같이 모든 생물을 없애지는 않겠다." 하나님이 노아와 그의 아들들에게 복을 주셨다.

분석 문제

1. 『길가메시 서사시』의 의의는 무엇인가? 그것은 왜 씌어졌는가? 『길가메시 서사시』는 고대 메소포타미아에서 무슨 기능을 했는가?

2. 메소포타미아의 지리와 기후는 『길가메시 서사시』에, 그리고 메소포타미아 사람들의 신, 왕, 문명, 내세 관념에 어떻게 영향을 미쳤는가?

3. 『창세기』의 노아 이야기는 『길가메시 서사시』의 우트나피시팀 이야기와 어떻게 다른가? 두 이야기에 나타난 인간과 신의 성격을 비교하라.

수메르 종교

우루크 시대의 수메르인은 신을 적대적이고 변덕스러운 자연의 힘과 동일시했다. 그러나 초기 왕조시대 중반에 이르러 수메르인은 신을 한층 인간적인 견지에서 보았다. 즉, 신들은 무슨 일을 할 것인지 의논하기 위해 서로 모임을 갖는 존재였으며, 정의를 위해 신의 종인 인간에게 멋대로 잔인한 행동을 저지를 수 있는 존재였다. 수메르 도시국가의 지배자인 루갈의 권력이 강해진 것처럼, 수메르의 신들은 화려한 궁전과 신전에 살고 싶어 했고, 가장 값비싼 옷과 보석을 걸치기를 원했으며, 맛있는 음식을 즐기고 싶어 했다. 인간은 신에게 그것들을 갖다 바치는 존재였다. 신들이 인간을 맨 먼저 창조한 이유가 여기에 있었다. 인간이 신을 섬기지 않는다면 굶주릴 것이다. 그러므로 인간과 신 사이에는 호혜적 관계가 성립되었다. 신은 자신을 경배하고 부양해줄 인간이 필요했고, 그에 대한 보답으로 신은 탐탁지 않더라도 인간의 탄원에 귀를 기울여주었다. 모든 인간의 운명은 신의 수중에 있었고, 수메르인은 점과 점성술로 미래의 일을 알아내려고 애썼다. 그러나 모든 지배자가 그러하듯, 신 역시 변덕스럽기 그지없었다. 점이나 별을 통해 자기 운명을 알아낸 사람은 신에게 정성스런 기도와 예배를 올림으로써 운명을 바꿀 수 있었다.

왕은 신 앞에서 특별한 의무가 있었다. 초기 왕조 시대가 진전되면서 이런 밀접한 관계는 더욱 강조되었다. 왕은 신의 재가를 얻어 지배했으므로 모든 다른 사람 심지어 사제와도 분리되었다. 그러나 모든 사람과 마찬가지로 왕 또한 제물, 희생, 축제, 대형 건축공사 등을 통해 신을 영화롭게 할 의무가 있었다. 그의 권력이 큰 만큼 의무 역시 보통 사람보다 더 컸다. 이런 의무를 무시하거나 신 대신 자기 권력을 찬양하는 왕은 그 자신과 백성에게 재앙을 초래하기 마련이었다. 제아무리 왕일지라도 죽음을 피할 수는 없었다. 죽음이 오면 사람은 흙으로 돌아가고 죽은 자의 영혼은 식인강(食人江)을 건너 하계로 들어가는데, 그곳은 침묵과 흑암의 음침한 곳이어서 누구도 되돌아올 수 없었다.

　우루크의 전설적인 왕 길가메시도 신이 모든 인간에게 정해준 운명을 피할 수 없었다. 그의 친구 엔키두는 여신 이난나를 모독했다는 이유로 살해당했다. 엔키두의 죽음을 보고 겁에 질린 길가메시는 불사(不死)를 추구했다. 그는 마침내 깊은 연못에 도달하는데, 연못 바닥에는 영생의 풀이 한 포기 자라고 있었다. 그러나 길가메시가 연못으로 헤엄쳐 들어가 풀을 쥐고 수면으로 올라오자 뱀 한 마리가 풀을 빼앗아 입에 물고 연못 속으로 사라져버렸다. 마침내 우루크의 위대한 왕은 인간만사의 부질없음을 성찰하게 되었다. 자신의 노력도 심지어 우루크의 막강한 성벽마저도 부질없다는 생각에 이르자 길가메시는 이렇게 묻는다. "어쩌자고 나는 이리도 헛된 일로 노심초사하는가? 내가 하는 일에 누군들 관심이나 있을까?"

과학, 기술, 교역

　수메르인의 염세주의는 뿌리 깊은 것이었지만 그렇다고 그들을 무기력하게 할 정도는 아니었다. 신들과의 복잡한 관계 및 적대적인 자연 환경은 오히려 수메르인으로 하여금 높은 수준의 독립성과 창의성을 발휘하도록 했다. 이러한 자질 덕분에 그들은 고대 세계에서 가장 창의력 높은 기술자가 되었다.

　수메르인은 영토 내에 광물자원이 없었지만 최고 수준의 야금기술자가 되었다. 기원전 6000년에 이르러 근동과 유럽의 많은 문화권은 구리로 만든 무기, 도구의 제작법을 익혔다. 메소포타미아에는 구리가 없었다. 그러나 우루크 시대(기원전 4300~2900)에 교역로를 따라 구리 원광석이 수메르에 유입되자 수메르인은 이를 가공해 무기와 도구를 만들었다. 기원전 3000년이 되기 직전 아나톨리아 동부 지역 사람들은 구리를 비소(나중에는 주석)와 합금해 청동을 만들 수 있음을 처음으로 알아냈다. 청동은 구리만큼이나 가전성(可展性)이 높으면서도 녹인 쇳물을 주형에 붓기가 쉽고 일단 냉각되면 구리 이상의 경도를 유지했다. 수메르 및 인접 문화권이 청동기를 이토록 광범위하게 사용했으므로 우리는 청동기 시대가 기원전 3000년경에 시작된 것으로 간주한다.

인류의 기술발달사에서 획을 그은 발명품 목록 가운데 문자와 더불어 최고의 반열에 오르는 것은 바퀴이다. 기원전 4천년기 중반에 이르러 수메르인 도공은 물레를 사용했고, 덕분에 품질 좋은 그릇을 대량 생산할 수 있었다. 또한 기원전 3200년경 수메르인은 당나귀가 끄는 바퀴 달린 전차와 수레를 사용하고 있었다(서아시아인은 기원전 2000~1700년 사이에 동쪽의 침략자들이 들어오기 전까지는 말의 존재를 몰랐다). 바퀴 달린 전차는 주로 전쟁에 사용되었다. 기원전 2600년경에 그려진 그림에는 전차로 적을 짓밟는 모습이 그려져 있다. 그러나 바퀴 달린 수레는 전차보다 훨씬 더 중요한 발전이었다. 작업장의 생산성을 극적으로 향상시켰기 때문이다.

도기 제작 용도로 사용되던 물레가 운송수단으로 이어졌으리라고 추측할 수도 있지만, 둘 사이의 인과관계는 찾을 길이 없다. 이집트인은 늦어도 기원전 2700년에 도기 제작에서 물레를 사용했지만, 교통수단에 바퀴를 사용한 것은 그로부터 1,000년이 지난 뒤의 일이었다. 그들은 그 기술을 (아마도) 메소포타미아에서 배웠을 것이다. 서반구(그리니치 천문대를 지나는 본초자오선 기준 서쪽의 반구로, 아메리카가 여기에 해당된다)에는 16세기까지 바퀴 달린 교통수단이 알려지지 않았다(잉카의 어린이 장난감에 바퀴가 있었을 뿐이다). 수메르인은 바퀴를 발명하지 않았다. 아마도 러시아 남부 스텝에 거주하는 유목민으로부터 그것을 받아들였을 것이다. 하지만 그들은 바퀴를 매우 다양한 용도로 활용함으로써 기술적 가능성의 폭을 크게 확장시켰다.

수메르인은 수학에서도 선구자였다. 수메르 농업의 성격상 수학적 관심이 촉발된 것으로 보인다. 관개수로, 제방, 저수지 등의 정교한 체계 구축을 위해 그들은 정밀한 계산·측량 기법과 지도제작법을 발전시켰다. 농업적 관심은 그들이 발명한 음력에도 영향을 미쳤다. 수메르의 달력은 12달로 이루어졌는데 6개월은 30일씩, 나머지 6개월은 29일씩이었다. 이렇게 되면 한 해가 354일밖에 되지 않았다. 마침내 수메르인은 계절의 순환을 정확하게 예측하려면 몇 년에 한 번씩 1개월을 보태야 한다는 것을 알게 되었다. 하지만 시간을 60의 배수로 나누는 수메르인의 관습은 오늘날에도 남아 있다. 30일을 한 달(실제로 달의 주기와 대체로 부합한다)로 간주하는 우리의 관념뿐 아니라 1시간을 60분, 1분을 60초로 나누는 관념도 수메르인에게서 유래했다. 수학은 수메르 건축에도 기여했다. 수메르인은 그 덕택에 돔과 아치를 건축할 수 있었다. 그로부터 수천 년 뒤 로마인은 수메르인의 업적을 받아들여 이 건축 양식(돔과 아치)을 지중해 세계 전역으로 확산시켰다.

이렇듯 수메르인이 다양한 분야에서 활동할 수 있었던 것은 교역을 통해 원료를 얻을 수 있었기 때문이다. 그들의 본거지에는 자연자원이 거의 없었다. 수메르인은 티그리스 강과 유프라테스 강 상류와 하류, 그리고 거대한 두 강의 지류를 따라 메소포타미아 구릉 기슭에 교역로를 개척했다. 그들은 서쪽으로 사막을 가로지르는 길을 개척했고, 그곳에서 이집트인과 교류하면서 영향을 미쳤다. 그들은 바닷길을 통해 페르시아 만의 주민과 교역했으며 직간접적으로 인더스 문명과 교역했다. 이 촌락에서 저 촌락으로 상품을 운반하던 신석기 시대 상인처럼 수메르인은 상품, 문학, 예술, 문자 등 자신의 도시생활에서 산출된 다양한 문화적 결과물을 전파했고, 더불어 자신의 사상도 곳곳에 확산시켰다. 수메르에 뿌리내린 문명은 이렇듯 고대 근동 세계 전역으로 줄기와 가지를 뻗어나갔다.

초기 왕조 시대의 종말(기원전 2500~2350)

초기 왕조 시대 3기로 일컬어지는 시기에 수메르 도시국가들의 지위, 권력, 재산을 향한 경쟁은 최고조에 달했다. 야심적인 루갈들이 자신과 도시의 명성을 드높이려 했고 도시들 간의 전쟁은 극심해졌다. 신전 귀족계급과 왕권 사이의 긴장이 완화되면서 지배 엘리트 계급의 통합이 강화된 반면 평민의 지위는 더욱 하락했다.

기원전 2550~2450년 사이에 조성된 우르 왕의 무덤은 수메르 엘리트의 재력이 얼마나 대단했는지를 보여준다. 또한 이들 무덤은 수메르인의 사후 개념이 변화되었음을 보여준다. 그 무렵 수메르 사회의 일부 엘리트는 축복받은 내세를 누릴 수 있으며, 무덤이 그런 목적에 기여한다고 믿었다. 수메르인의 이런 관념은 이집트의 파라오에게서 배운 것일까? 현재로서는 다만 추측만 할 수 있을 뿐이다. 그러나 이런 관행을 통해 루갈의 권력이 얼마나 대단해졌으며 수메르 사회에서 지배자와 평민 사이의 간극이 얼마나 크게 벌어졌는지를 이해할 수 있다.

이 시기의 수많은 문헌 자료는 주로 루갈의 군사적 위업을 기록했다. 문헌에는 주요 도시국가들 사이에 치러진 잔인한 전쟁 이야기가 서술되었는데, 각 도시의 루갈은 전투에서 다른 루갈의 군대를 물리친 후 패배한 도시에 조공 납부를 강요함으로써 지배권을 확립하고자 했다. 이것이 수메르인의 전쟁에서 나타난 전통적 패턴이었다. 이 패턴은 수메르의 인구가 증가하고 자원과 교역로 장악을 위한 투쟁이 필사적으로 진행되면서 더욱 강화되었다. 그러나 그러한 지배권은 덧없는 것이었다. 정복당한 도시는 반란을 일으켰고 전쟁의 악순환은 다시 시작되었다. 수메르의 루갈 중 정복한 도시에 중앙집권적인 지배권을 관철시킴으로써 진정한 의미의 지속 가능한 제국을 건설한 사람은 없었다. 그 결과 수메르는 주기적으로 어느 특정한 루갈의 패권 인정을 강요당할 뿐, 개별 도시국가와 그 수호신의 범주를 뛰어넘는 강력한 권위의 지속적 조직체를 만들어내지 못한 채 독립적 도시국가들의 군집으로만 남게 되었다. 이 때문에 수메르는 아카드의 사르곤이 구축한 새로운 형식의 황제 지배권에 직면하자 힘없이 무너지고 말았다.

아카드 제국(기원전 2350~2160)

아카드인은 수메르의 북쪽—메소포타미아 중부—에 널리 퍼져 살던 민족이다. 수메르인은 그들에게 커다란 영향을 미쳤다. 그러나 아카드인은 수메르 문화와 함께 쐐기문자를 채택했으면서도 수메르 언어는 사용하지 않았다. 대신 그들은 독자적인 셈어—셈어족은 아시리아어, 아람어, 히브리어, 아랍어, 에티오피아어를 아우르는 어족이다—를 사용했다. 수메르인은 아카드인을 야만인 취급하는 경향이 있었지만 사실 두 민족은 문화적으로 매우 유사했다.

아카드인의 지도자 사르곤은 수메르 사회의 아웃사이더였기에 전쟁에 대한 수메르인의 전통적 관념과 관행에 얽매이지 않았다. 그는 수메르의 모든 영역을 지배하기 위해 조직적인 정복 프로그램을 세웠다. 수메르인은 사르곤이 자기 목을 조르고 있음을 깨달았지만 이미 때는 늦었다. 기원전 2350년경 사르곤은 수메르를 정복했고 곧이어 메소포타미아 전역을 직접 지배했다.

새로운 수도 아카드에서 사르곤은 아카드어를 말하는 총독들을 파견해 수메르 도시들을 통치했다. 사르곤은 그들에게 요새를 무너뜨리고 세금을 징수하며 자신의 뜻을 실현할 것을 명했다. 이렇게 함으로써 사르곤은 수메르와 아카드의 독립적인 도시국가들을 훨씬 큰 정치적 단위—왕국 또는 제국—로 변화시켰다. 사르곤은 근동 지역을 십자형으로 교차하는 교역로 네트워크를 관리·개척함으로써 그의 제국(인류 역사상 최초의 진정한 제국)을 유지했다. 그 결과 그의 경제적 영향력은 에티오피아에서 인도의 인더스 강 계곡까지 뻗었다. 사르곤의 수도는 전 세계에서 가장 화려한 도시가 되었고, 그는 56년 동안 전대미문의 권력을 행사했다.

　사르곤의 제국주의는 종교적인 측면에도 영향을 미쳤다. 제국의 두 지역을 통일하기 위해 사르곤은 아카드의 신들을 수메르의 유사한 다른 신들과 동일시함으로써 아카드와 수메르의 모든 신을 통합시켰다. 예를 들면 아카드 신 이슈타르를 그에 대응하는 수메르 신(여신 이난나)과 동일한 신으로 간주했다. 그는 한 명의 사제 또는 여사제(사르곤의 친족인 경우가 많았다)로 하여금 수메르 도시들의 주요 신전들을 통합하는 직분에 임명함으로써 경쟁관계에 있는 수메르 도시들 사이의 적대감을 완화하고자 했다. 아마도 이 정책의 가장 성공적인 사례는 사르곤의 딸 엔헤두안나일 것이다. 사르곤은 그녀를 우루크 제1의 신 안과 우르의 최고신 난나의 최고 여사제로 임명했다. 그런데 엔헤두안나 자신은 부왕의 수호신인 이난나와 이슈타르에게 각별히 헌신했던 것으로 보인다. 엔헤두안나가 이난나에게 지어 바친 송가는 세계 역사상 실명이 알려진 저자가 남긴 최초의 문학작품이다. 안과 난나의 숭배자들은 그들의 최고 여사제가 이난나에게 헌신하는 것을 그다지 불쾌하게 여기지 않았음이 분명하다. 엔헤두안나가 확립한 선례는 사르곤 왕조가 멸망한 뒤에도 이어졌으니, 그로부터 여러 세기가 지난 뒤에도 수메르의 왕은 딸을 우르와 우루크를 아우르는 최고 여사제로 계속 임명했다.

　사르곤을 계승한 재능 많은 손자 나람신은 조부와 마찬가지로 반세기 넘는 기간을 다스렸다. 나람신은 아카드의 정복지를 확장하고 원거리 교역로를 공고히 했다. 열정적인 문화 애호가이자 예술의 후원자였던 나람신은 문학 및 예술을 장려했다. 그는 정복활동을 수행하고 상업을 장려함으로써 근동 전역에서 도시의 성장을 자극했다.

　아카드인이 중앙집권적 정치와 제국의 조직에 집중함으로써 수메르의 과거와 단절했다고는 하나, 문화적인 면에서 수메르인과 아카드인은 거의 다를 바가 없었다. 기원전 2200년에 이르면 중부 및 남부 메소포타미아 주민 대부분은 두 언어—수메르어와 셈어—중 하나로 서로 대화를 나눌 수 있었다. 아카드인은 그들만의 아카드 신들을 숭배했지만 수메르인의 신들과 관습을 존중했다. 아카드의 문학과 예술은 수메르에 뿌리를 두고 있었고, 아카드인의 취향에 맞춰 조금씩 변형되었다. 학자들은 수메르-아카드 문화의 종합이 이루어졌다고 말한다. 사르곤 치세 이후 두 문명은 상이한 언어 말고는 사실상 구별이 불가능했다. 새로운 제국적 치장이 있기는 했지만 사르곤과 나람신이 근동 전역에 확산시킨 도시 문명은 여전히 본질적으로 수메르 도시를 모델로 하고 있었다.

우르 왕조(기원전 2100~2000)

나람신의 긴 치세가 끝나자 궁정의 음모가 뒤따랐으며 유약한 후계자들이 계승했다. 이란 고원 출신의 고산족 침입자가 수메르와 아카드를 짧은 기간(기원전 2160~2100) 동안 지배한 뒤 수메르는 다시 한 번 경쟁적이고 독립적인 도시국가의 집합체로 분해되었다. 그러나 기원전 2100년경 우르에서 온 새로운 왕조인 우르 제3왕조가 첫 번째 왕 우르남무와 그의 아들 슐기에 의해 확립되었다. 우르남무는 우르의 평야 지역에 21미터 높이로 솟아 있는 거대한 지구라트를 비롯한 놀라운 건축물을 축조했다. 슐기는 부왕의 업적을 이어받아 자그로스 산맥에 이르기까지 정복했고 그 지역 주민에게 막대한 세금을 강요했다(단일 세금징수소에서 해마다 양 35만 마리를 책임지고 거두어들였다). 슐기는 국가가 운영하는 직물공장을 건설해 양모를 가공하도록 했고 하층계급의 여성과 어린이를 노동력으로 동원했다. 그는 정직한 도량형, 과부와 고아의 보호, 죄인에 대한 사형 제한 등을 요청하는 법전을 공표하기도 했다.

우르남무와 슐기는 사르곤과 나람신을 모델 삼아 왕권을 행사했다. 군사 정복을 수행하고 수메르 정부를 중앙집권화했으며 상업의 팽창과 결속을 촉진하고 예술과 문학을 후원했으며 카리스마적인 황제 지배 이념을 고취했다. 이런 식으로 아카드 지배자들과 우르 제3왕조 지배자들은 향후 수백 년 동안 그 지역에서 영향을 미치게 될 지배 패턴을 수립했다.

기원전 2047년경 슐기가 죽자 유능한 두 아들이 뒤를 이었으나 모두 젊어서 죽고 말았다. 그래서 왕권은 슐기의 손자 이비신에게 넘어갔는데, 그는 구제불능의 한심한 인물이었다. '마마보이'였던 그는 중년에 이르기까지 자신의 초상화를 수염 없는 모습으로 표현했고 심지어 공식 문서에서도 모친을 항상 '엄마'라고 불렀다. 그는 아첨꾼에게 둘러싸여 있었고 치세 동안 제국 관료제는 방만해졌다.

그의 치세에 남겨진 기록물은 시들어가는 제국의 모습을 적나라하게 보여준다. 이비신이 제국 지배권을 서서히 잃어가면서 우르 왕조 지배하의 도시들에서는 왕립 문서보관소가 하나둘 사라진다. 마침내 그는 자신의 어리석음이 초래한 재앙에서 빠져나오기 위해 이쉬비이라라는 아모리족(셈족) 출신 장군에게 의지했다. 이쉬비이라는 교활하고 무자비한 인물로 몇 번씩이나 사태를 악화되도록 방치해두었다가 마지막 순간에 개입해 더 큰 권력을 거머쥐었다. 이쉬비이라의 군사적 능력 덕분에 이비신은 24년간이나 왕위에 머물 수 있었지만 결국 우르마저 적에게 약탈당하는 처지에 놓였다. 그러나 이비신이 포로로 잡혀간 직후 이쉬비이라는 돌연 영웅적 활약으로 침략자들을 물리치고 스스로 우르의 왕권을 주장했다. 이비신은 사라졌지만 그의 이름은 메소포타미아 주민에게 끔찍한 몽매와 가망 없는 무능의 상징으로 수백 년 동안 남아 있었다.

이쉬비이라는 파괴된 우르 제국의 지배권을 온전히 다시 장악할 수 없었다. 영역 내의 수많은 도시는 속박에서 풀려났고, 바야흐로 이쉬비이라와 닮은꼴인 야심적이고 강력한 아모리족 족장들의 지배 아래 놓이게 되었다. 그 뒤 200년 동안 메소포타미아 역사는 옛 수메르-아카드의 주요 도시들에 기반을 둔 아모리 소왕국들 사이의 끊임없는 전쟁으로 점철되었다. 기원전 18세기에 이르러서야 아모리족 출신인 바빌론의 함무라비가 그 지역에 새로운 통일 제국을 건설했다.

수메르 르네상스와 아모리족의 흥기

우르의 지배자들은 공문서를 수메르어로 기록했고, 셈어를 쓰는 아카드인의 영향력을 막기 위해 의도적으로 수메르 문화를 다시 강조했다. 그러나 이 복고적인 수메르 르네상스는 메소포타미아 문화에 거의 영향을 미치지 못했다. 메소포타미아 문화는 그 무렵 셈어 사용 민족—그들은 향후 1,500년 동안 그 지역을 지배했다—의 주도권 아래 놓여 있었기 때문이다. 그들 가운데 특히 아카드인, 아모리인, 아시리아인 등 세 집단이 주목된다(페니키아인, 가나안인, 히브리인을 포함한 다른 민족은 제2장에서 다루게 될 것이다).

아카드인은 메소포타미아에서 뿌리를 내린 최초의 셈어 사용 민족으로 가장 철저하게 수메르 문명에 동화되었다. 그들은 신속하게 도시생활에 적응했고 근동 전역에 도시를 건설했다. 이와 대조적으로 아모리인은 유목민이었다. 그들은 탁월한 군사적 기량으로 수메르와 아카드 도시의 귀중한 동맹국이 (그리고 궁극적으로 지배자가) 되었다. 아모리인도 아카드인처럼 종국에는 도시화되고 말았지만, 거칠고 투박한 고유의 문화적 뿌리를 상당 부분 간직하고 있었다. 북부 메소포타미아는 아시리아인의 고향이었다. 대상(隊商)이었던 그들은 기원전

2000년 직후 아나톨리아(오늘날의 터키) 방면으로 교역로를 개척했다. 수메르-아카드 문화로부터 깊은 영향을 받은 아시리아인은 오랫동안 독자적인 문명을 건설했다. 그러나 한동안 그들은 사촌뻘 되는 남쪽 아모리인의 침입을 막느라 정신이 없었다.

구바빌로니아 제국

♣ 함무라비는 어떻게 제국을 결속시켰는가?

기원전 1792년 함무라비라고 하는 젊은 아모리족 지배자가 바빌론의 왕좌에 올랐다. 바빌론은 같은 이름의 수도를 기반 삼아 성립된 중부 메소포타미아의 미약한 왕국이었다. 함무라비가 권좌에 올랐을 때 바빌론은 그보다 강력한 많은 아모리족 왕국들 사이에 낀 허약하고 불안정한 왕국이었다. 티그리스 강과 유프라테스 강가에 자리 잡은 바빌론은 막대한 경제적·군사적 잠재력을 갖고 있었다. 그러나 정복적인 성향을 드러내는 강력한 적대세력 한가운데 자리 잡았던 까닭에 바빌론은 위태로운 상황에 빠져 있었다.

함무라비는 권력이 야만적 폭력에 기반을 둘 필요가 없음을 이해한 세계 역사상 최초의 지배자였다. 그는 지능적 수법, 정치적 전략, 잔인한 술수 등을 통해 무력만으로는 불가능한 일을 해낼 수 있음을 깨달았다. 시리아의 고대 도시 마리(함무라비가 점령한 도시)에서 발굴된 다량의 서판은 함무라비의 명민함과 뛰어난 재능을 입증해주고 있다.

함무라비는 글을 무기로 사용했지만, 그 수법이 너무나 교묘했기 때문에 그가 겨냥했던 목표는 꽤 세월이 지난 뒤에야 밝혀졌다. 그는 막강한 힘을 가진 이웃들을 직접 상대하려 하지 않았다. 서신과 사절, 속임수 외교, 기만책 등으로 강력한 적들이 서로 불화하게 만들고 그들끼리 무력 충돌하도록 유도했다. 다른 아모리 왕국들이 고비용의 무의미한 전쟁에 빠져들어 힘을 소진하는 동안 함무라비는 그들의 상호 적대감을 부채질하면서 교묘하고도 은밀하게 그들 모두가 자신을 친구로 인식하도록 만들었다. 함무라비는 잠재적 동맹자로서의 가치가 컸기 때문에 이웃 왕국 지배자들은 그의 지원을 기대하고 물자를 제공했다. 함무라비는 때를 기다리면서 조용히 자신의 왕국을 키웠고, 마침내 때가 오자 기진맥진 지쳐버린 이웃 왕국들을 덮쳤다. 그는 이런 정책을 통해 아모리 소왕국을 구바빌로니아 제국으로 변모시켰다.

함무라비 지배 아래 메소포타미아는 전대미문의 정치적 통합을 달성했다. 그의 영토는 페르시아 만에서 아시리아까지 이르렀다. 그 지역의 남반부—과거 수메르와 아카드로 알려졌던 곳—는 그 후 고대 세계에서 바빌로니아로 알려지게 되었다. 영토 통합을 위해 함무라비는 당시까지 거의 알려지지 않았던 바빌론의 수호신 마르둑을 제국의 최고신으로 끌어올리는 중대한 혁신을 가했다. 물론 왕은 수메르와 아카드의 옛 신들도 조심스럽게 숭배했지만, 만신전의 최고 지위에 오른 신은 마르둑이었다. 백성은 원한다면 자기 도시의 옛 수호신을 계속 숭배할 수 있었지만, 그 모든 신은 마르둑에게 충성을 바쳐야만 했다.

종교와 법률

정치적 지배권이 신의 승인에 근거한다는 개념은 물론 새로운 것이 아니었다. 수메르인의 관습과 믿음에 토대를 두고 있었던 그 개념은 사르곤, 나람신, 우르남무, 슐기 등에 의해 온전하게 발전되었다. 함무라비가 시도한 혁신의 특징은 마르둑의 이름으로 메소포타미아 전역에 대한 자신의 지배권을 정당화하고자, 다른 모든 신에 대한 마르둑의 우월성을 이용했다는 점이다. 그는 마르둑의 도시인 바빌론을 지배하는 왕이었기 때문이다. 함무라비는 자기가 섬기는 최고신의 이름으로 전쟁을 정당화하면서 침략전쟁을 벌인 최초의 근동 지배자였다. 이러한 선례는 그 후 근동 정치의 특징이 되었다(이에 대해서는 제2장에서 다룰 예정이다).

함무라비 지배하의 바빌론에서 정치 권력과 종교 관행은 완벽하게 결부되어 있었다. 해마다 열리는 신년 행사에서 바빌로니아인은 마르둑이 수메르인의 혼돈의 신에 대해 승리를 거두는 장면을 재현했는데, 그것은 마르둑이 하늘과 땅의 주신(主神)임을 확인하는 행사였다. 한편 바빌로니아인은 마르둑의 혼돈에 대한 승리가 자연에 대한 예측과 통제를 가능하게 해준다고 믿었고, 따라서 마르둑의 승리는 토지의 다산성과 직접 연관되었다. 이러한 다산성의 지속을 보장하기 위해 신년 행사 기간에 사제들은 마르둑의 승천을 표현하는 신화적 이야기를 노래로 불렀고, 그동안 왕은 신전 매춘부 한 명과 함께 신전에 들어가 제의적인 성관계를 가졌다. 이집트의 파라오, 고대 중국의 황제와 마찬가지로, 바빌로니아의 왕은 인간을 하늘과 땅에 이어주는 관계의 연쇄에서 핵심 고리 역할을 했다.

함무라비는 제국의 결속을 위해 종교에만 의존하지 않았다. 수백 년 동안 누적된 선례와 지배 관행을 바탕으로 그는 자기 이름을 붙인 법령집을 공포하고 이를 돌에 새겼다. 이 법령집에서 왕은 제국 전역에 정의와 자비를 베푸는 근원으로 묘사되었다. 법령이 새겨진 2.4 미터에 달하는 장엄한 돌기둥이 이란 서남부에서 발견되었는데(지금은 파리의 루브르 박물관에 보관되어 있다), 함무라비 법전은 현대적인 의미의 법전은 결코 아니다. 예를 들면 살인자에 대한 처벌 등 많은 항목이 누락되어 있다. 더욱이 현재 남아 있는 함무라비 왕국의 법률 소송 기록에서 이 법전이 인용되거나 언급된 흔적을 찾을 수 없다. 아마도 함무라비 법전은 왕의 정의에 대한 헌신을 널리 선전하는 동시에, 관리들에게 법적 판단에서 왕이 기울였던 것과 같은 관심을 보여줄 것을 촉구할 목적으로 만들어진 일종의 '선언'이었을 것이다.

구바빌로니아 사회

선언적 목적이었음에도 불구하고 함무라비 법전은 바빌로니아 사회구조에 대해 많은 것을 말해준다. 전반적으로 수메르 문명의 복잡한 사회제도는 좀 더 단순하고 억압적인 체제로 바뀌었다. 상층 귀족—궁정 관리, 신전 사제, 군의 고급 장교, 부유한 상인—은 넓은 토지와 막대한 재산을 점유했다. 극소수에 불과한 상층 계급 아래에는 법률상 자유로운 수많은 개인으로 구성된 계급이 있었는데, 그들은 실질적으로 궁정 또는 신전에 예속되거나 유력자의 토지를 임차해야 하는 처지였다. 이들 예속민에는 노동자와 장인, 영세 상인과 농민, 하위직 행정·종교 관리 등이 포함되었다.

바빌로니아 사회의 밑바닥에는 노예가 있었다. 노예 인구는 수메르 시대보다 구바빌로니아 제국에서 훨씬 많아졌고 한층 비참한 대우를 받았다. 그들은 사회 내에서 별개의 집단을 형성했고 쉽사리 식별되었다. 바빌로니아에서 자유민—귀족이건 예속민이건—은 긴 머리에 수염을 길렀다. 그러나 남자 노예는 수염을 깎고 낙인을 찍혔다. 바빌로니아의 일부 노예는 거래를 통해 취득되었는데, 이것은 수메르의 관행에서 일탈한 또 다른 사례이다. 노예 중에는 전쟁포로도 있었고, 자유민이었다가 부채나 범죄에 대한 징벌로 노예가 된 경우도 있었다. 노예는 재산을 모으거나 남에게 돈을 빌려 자유를 얻을 수 있었지만 그런 일은 흔치 않았다.

구바빌로니아 사회는 고도로 계층화된 사회였다. 귀족에 대한 범죄는 예속민에 대한 범죄보다 훨씬 가혹한 처벌을 받았다. 물론 귀족이 다른 귀족에게 범죄를 저질렀을 경우 평민이 귀족에게 죄를 범했을 경우보다 더 심한 처벌을 받았다. 신분에 따라 신부 값(bride-price)[3]과 지참금이 달라지는 등 결혼제도에서도 계급 차이가 드러났다.

함무라비 법전은 바빌로니아 사회에서 여성의 사회적 지위가 어떠했는지를 보여준다. 여성은 난폭하거나 게으르거나 가난한 남편과 이혼할 권리를 갖는 등 일정한 보호를 받을 수 있었다. 만일 남편이 '정당한 이유 없이' 아내와 이혼할 경우 그는 처자식에게 경제적 지원을 해야만 했다. 그러나 그런 보호 장치에도 불구하고 바빌로니아 법률은 아내를 남편의 소유물로 간주했다. 배우자의 명예를 훼손하는 아내는 물에 빠뜨려 죽였으며, 간통 현장이 적발되었을 경우에는 정부와 함께 물에 빠뜨려 죽였다. 반면 남편은 신전 매춘부는 물론이고 노예나 첩과도 마음대로 성관계를 가질 수 있는 법적 권리를 누렸다.

함무라비의 유산

함무라비는 기원전 1750년경에 사망했다. 구바빌로니아 제국은 그의 후계자들 치세에 이르러 위축되었지만 함무라비의 업적은 존속되었다. 함무라비의 행정 개혁은 그의 혁신적 종교 제국주의와 결합해 메소포타미아에 지속가능한 국가를 창출했다. 그 뒤 북방에서 온 침략자들이 수도를 약탈하고 점령할 때까지 2세기 동안 구바빌로니아 제국은 근동에서 중요한 비중을 점했다. 바빌론은 그 후로도 1,000년 동안 그 지역의 가장 중요한 도시로 남았다.

함무라비의 유산은 국경 너머까지 확대되었다. 함무라비의 성공 및 그것을 가능케 한 그의 예리한 안목과 의연함은 고대 근동의 왕권 개념 형성에 중요한 역할을 했다. 함무라비 이후, 통일된 국가 종교는 근동 지배자의 정책에서 점차 중대한 역할을 차지하게 되었다. 함무라비는 또한 정치적 도구로서 문자가 얼마나 효율적인지를 입증해주었다. 외교, 광범한 기록 보존, 국제관계, 이 모든 것은 그 뒤 근동 제국을 특징짓는 것이 되었다. 또한 왕은 그의 영토 안에서 약자의 보호자, 정의의 중재자가 되어야 한다는 요구를 받았다. 함무라비 법전은 메소포타미아 왕들이 만든 기존의 전통에 기반을 둔 것이었지만, 그 뒤 근동의 왕국 또는 제국의 지배자가 입법 활동을 필수적 의무로 간주하게 된 것은 함무라비의 위대성에 영향 받은 것이다.

---

3) 매매혼 사회에서 신부 측에 제공하는 귀중품이나 식료품.

함무라비 법전

왕의 권위로 공포되어 바빌로니아 제국 전역에 선포된 함무라비 법전은 그 법률이 시행된 도시 사회의 영향과 아모리인의 전통적인 조야한 정의 관념의 영향을 보여주고 있다. 기존의 도시적인 법적 전통에 기반을 두고 있었지만, 함무라비는 법의 권위를 삶의 보다 많은 영역에 확장시키는 동시에 범법 행위에 좀 더 엄격한 징벌을 가하고자 했다. 다음 법 조항은 범법자에게 엄격한 처벌을 가하면서도 비상 상황에 대해서는 보호 장치를 제공하려는 함무라비의 법체계를 잘 보여주고 있다.

- 어떤 사람이 다른 사람을 살인 혐의로 고발했으되 유죄를 증명하지 못할 경우 고발자를 사형에 처한다.
- 어떤 사람이 소·양·당나귀·돼지·선박을 절취하면 그 절도범은 절취한 물건이 신전이나 왕궁의 소유일 경우 30배를, 평민의 소유일 경우에는 10배를 배상해야 한다. 만일 배상할 능력이 없다면 그를 사형에 처한다.
- 어떤 사람의 집에 화재가 발생해 다른 사람이 불을 끄러 와서 집주인의 물건을 보아 두었다가 그것을 가져간 경우에는 그 사람을 화형에 처한다.
- 어떤 사람이 왕궁에 속한 남녀 노예 또는 평민 소유의 남녀 노예가 도시에서 도망치는 것을 도와줄 경우 그 사람을 사형에 처한다.
- 임차인이 당해 연도의 집세를 주택 소유자에게 지불했는데 주택 소유자가 임차인에게 임대차 기간 만료 전에 "집을 비우라"고 요구한다면 주택 소유자는 임대차 기간 만료 전에 임차인에게 퇴거를 요구했으므로 임차인이 그에게 준 돈을 박탈당한다.
- 고객이 부주의로 상인에게 지불한 돈의 영수증을 받지 않았다면 영수증이 없는 금액은 계산에 포함되지 않는다.
- 어떤 남성의 아내가 다른 남성과 동침하다가 현장에서 발견되면 두 사람을 한데 묶어 강물에 던진다.
- 여성이 남편을 미워해 "더 이상 당신의 아내가 되고 싶지 않다"고 말한다면 아내의 결함을 밝혀내기 위해 아내의 과거를 조사해야 한다. 아내가 조신하고 과거에 저지른 죄가 없는데도 남편이 가출하거나 아내를 하찮게 여겼다면 아내에게는 책임이 없다. 아내는 지참금을 갖고 친정으로 돌아갈 수 있다.
- 어떤 사람이 다른 사람의 눈을 멀게 만들었다면 그 사람의 눈도 멀게 해야 한다. 만일 같은 신분의 사람의 치아를 부러뜨렸다면 가해자의 치아도 부러뜨린다. 평민의 치

아를 부러뜨렸다면 은화 3분의 1 미나를 지불해야 한다.

분석 문제

1. 함무라비 법전은 가혹했는가, 공정했는가, 아니면 관대했는가? 추방이나 신체절단 같은 형벌은 사형보다는 가혹하지 않았지만, 엄격한 정의는 바빌로니아에서 필수불가결했던가? 법전을 읽어본 경험에 기초해 함무라비가 개명한 지배자였는지 설명하라.

2. 함무라비 법전은 이 법이 시행되었던 도시 사회의 영향을 어떤 방식으로 드러내고 있는가? 고대 근동 도시 사회의 일반적 성격은 어떠했는가?

이집트 문명의 발달

♠ 초기 이집트의 발전은 수메르와 어떤 점에서 다른가?

지중해 세계의 또 다른 중요한 문명은 이집트에서 등장했다. 수메르와 거의 같은 무렵이었다. 그러나 수메르인과는 달리 이집트인은 적대적이고 예측 불가능한 환경 속에서 생존을 위해 고투하지 않아도 되었다. 그들의 땅은 나일 강의 정기적인 여름 홍수로 해마다 새로워졌다. 강물이 뒤에 남긴 비옥한 흑토는 나일 계곡을 지중해 지역에서 가장 풍요로운 농업 지역으로 만들어주었다. 이집트 문명의 특징은 이 근본적인 생태학적 사실에 근거하고 있다.

고대 이집트는 제1폭포—고대 도시 엘레판티네 근처—로부터 나일 강을 따라 북쪽의 지중해까지 1,100킬로미터 이상 뱀처럼 구불구불하게 뻗어나간 좁고도 긴 땅에 자리 잡았다. 이 좁고 긴 띠 모양의 땅—폭이 좁은 곳은 수백 미터였고, 넓은 곳이라도 23킬로미터를 넘지 않았다—의 바깥은 비가 전혀 오지 않아 사람이 살 수 없는 사막이었다. 나일 강 연안의 비옥한 검은 땅과 그 너머의 메마른 붉은 땅 사이의 극단적 대조는 이집트인의 세계관에 깊은 영향을 주었다. 그들은 이집트를 우주의 중심으로 여겼고 이집트 너머의 땅을 문명화된 삶의 바깥 영역이라고 생각했다.

하나의 땅, 하나의 국가, 하나의 문명으로서 이집트는 놀라우리만큼 연속성을 유지했다. 이집트 문화의 뿌리는 늦어도 기원전 5000년까지 거슬러 올라간다. 그리고 이집트는 기원전

30년 이후 로마 제국에 병합될 때까지 독립적인 문화로서 번영을 누리며 존속했다. 이러한 고대 이집트 문화의 독특한 성격은 기원전 3000년경부터 파라오―백성은 그를 신으로 여겼다―에 의해 주도된 강력하고 중앙집권적이며 관료적인 이집트 국가에 속속들이 영향을 미쳤다. 고대의 다른 어떤 문명도 이집트처럼 그토록 긴 세월 그토록 철저하게 통치되지는 않았다.

역사가들은 편의상 고대 이집트 역사를 '왕국'과 '기(期)'로 구분한다. 고대 이집트의 기록자들이 그랬듯이, 현대 역사가들은 강력하면서도 번영과 통일을 누렸던 시기를 고왕국, 중왕국, 신왕국으로 표현한다. 이 세 왕국 사이에는 중앙의 권위가 붕괴된 혼란의 중간기(제1중간기, 제2중간기, 제3중간기)가 끼어 있다. 우리는 이와 같은 전통적 구분법을 따르지만, 그것이 고대 이집트 국가에 대한 중앙집권적인 편향된 시각을 반영하고 있음에 유의해야 한다. 앞으로 보게 되겠지만, 각별히 제1중간기는 파라오 궁정이 아닌 지방 사회의 관점에서 본다면 혼란과 비참함이 훨씬 덜한 시기였다.

왕조 이전 시기(기원전 10000경~3100)

이집트의 선사 시대 또는 왕조 이전 시기는 파라오와 그 왕조가 등장하기 이전의 시기를 말한다. 이 시기에 관련된 정보 수집을 위해 고고학을 활용하기란 지극히 어렵다. 왕조 이전 시기의 많은 주거지는 오늘날 켜켜이 쌓인 침적토 아래 파묻혀 있거나 이미 오래전에 나일 강 물줄기에 의해 소멸되었다. 더욱이 나일 계곡의 풍요로움은 신석기 시대 근동 다른 지역에서 흔히 발생했던 촌락생활로의 전환을 방해하는 결과를 초래하기도 했다. 비옥한 초승달 지역의 경우, 인구 증가는 메소포타미아 사람들로 하여금 기원전 8천년기에 정주농업생활을 선택하도록 만들었다. 이와는 대조적으로 이집트에서는 점증하는 인구가 기원전 5천년기까지도 수렵과 채취로 생계를 유지할 수 있었다.

이집트의 인구 증가는 자연적 증가―풍부한 식량 공급의 결과였다―와 다른 지역에서의 이주가 복합적으로 작용한 결과였다. 기원전 10000년경 이전에는 오늘날의 사하라 사막에 해당하는 지역에서 매우 다양한 식물과 동물이 살고 있었다. 그러나 빙하가 물러나면서 그 지역은 서서히 사막화되었고 사람과 동물은 더 나은 환경을 찾아 다른 곳으로 떠났다. 많은 사람은 나일 계곡으로 향했다. 왕조 이전 시기가 되자 북아프리카, 동아프리카, 서아프

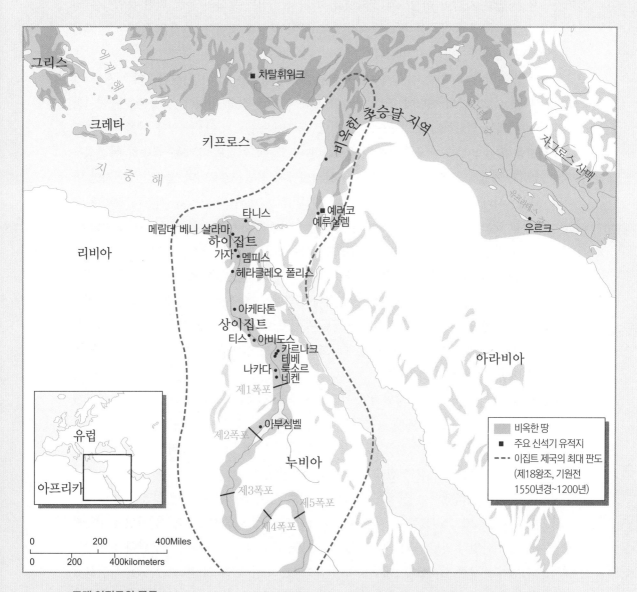

그리스

크레타

키프로스

지중해

에게해

비옥한 초승달 지역

자그로스 산맥

차탈휘위크

예리코
예루살렘

우르크

리비아

타니스
메림데 베니 살라마
하이집트
가자 · 멤피스
헤라클레오 폴리스

아케타톤
상이집트
티스 · 아비도스
카르나크
테베
나카다 · 룩소르
네켄

제1폭포

아부심벨
제2폭포

누비아

제3폭포

제5폭포
제4폭포

아라비아

유럽

아프리카

비옥한 땅
■ 주요 신석기 유적지
--- 이집트 제국의 최대 판도
(제18왕조, 기원전
1550년경~1200년)

0   200   400Miles
0   200   400kilometers

고대 이집트와 근동

이집트의 특이한 지형과 나일 강의 역할에 주목하라. 나일 강 양쪽의 땅은 어떻게 이집트 문화를 외부 영향으로부터 고립시켰는가? 나일 강이 이집트를 강력한 중앙집권 정부 하의 통일 국가로 만드는 데 어떻게 기여했는지를 고찰하라. 이집트와 나일 강의 관계는 어떻게 유익했고, 어떻게 잠재적으로 위험했는가?

리카에서 온 많은 사람이 이집트에 정착했다. 따라서 이집트 문화의 놀랄 만한 통일성은 외부에서 유입된 지극히 잡다한 뿌리를 기반으로 하여 형성된 것이다. 그것은 특정한 민족이나 인종집단이 만들어낸 것이 아니다.

이집트 최초의 영구 거주지는 기원전 4750년경에 등장했는데, 나일 삼각주의 남서쪽 가장자리에 있는 오늘날의 메림데 베니 살라마 부근에 자리 잡고 있었다. 그곳은 인구가 1만 6,000명이나 되는 번창하던 농업 공동체였다(인구 규모에는 논란의 여지가 있다. 땅에 묻힌 잔존물에 바탕을 둔 것인데 그 해석이 쉽지 않기 때문이다). 그 뒤 이집트 경제는 급속히 복잡성을 띠게 되었다. 기원전 3500년경 메림데 베니 살라마에서 불과 5킬로미터 떨어진 주거지인 마디의 주민은 시나이 반도, 근동, 그리고 수백 킬로미터 남쪽의 나일 상류 지역과 광범한 상업적 관계를 맺고 있었다. 구리는 특별히 중요한 수입품이었다. 석기를 금속기로 교체할 수 있게 해주는 물품이기 때문이었다. 그 밖에도 많은 농업 중심지가 나일 삼각주 및 인근 지역에서 발견되었는데, 그곳들은 이미 상당한 정도의 문화적 통일성을 보이고 있었다. 나중에 이 지역은 하이집트(나일 강 하류)로 알려지게 되었다. 삼각주 바깥 지역에서도 이에 비견될 만한 발전이 있었다. 왕조 이전 시기가 끝날 무렵에 이집트의 물질문화와 매장풍습은 삼각주 남단에서 나일 강을 따라 남쪽의 제1폭포에 이르는 상이집트(나일 강 상류) 지역에 이르기까지 대체로 통일성을 유지했다.

소읍의 수는 하이집트가 더 많았지만 이집트 최초의 진정한 도시는 상이집트에서 발달했다. 기원전 3200년에 이르러 네켄, 나카다, 티스, 아비도스 같은 주요 공동체는 높은 수준의 직업적·사회적 전문화를 이룩했다. 그들은 주변을 정교한 요새로 둘러쌌고 지방 신들을 경배하기 위해 세련된 사원과 신전을 건축하기 시작했다.

사원과 신전을 건축했다는 사실은 소읍이 도시로 성장하게 된 이유를 설명해준다. 메소포타미아의 우루크가 그러했듯이, 사원과 신전이 지역의 종교 중심지 역할을 하면서 여행자가 모여들었고 산업의 발달 또한 자극받았던 것이다. 그러나 메소포타미아와 달리 상이집트에서는 여행이 비교적 편리했다. 대부분의 이집트인은 나일 강이 내려다보이는 곳에서 살았고, 거대한 강은 국가를 하나로 통합시키는 간선도로 역할을 했다. 삼각주 남쪽의 띠 모양 지역이 어마어마하게 길이가 길었음에도 불구하고 문화적·정치적 통일성을 이룩할 수 있었던 것은 전적으로 나일 강 덕분이었다.

나일 강은 이집트인을 먹여 살리고 통합시켜주었다. 강은 사람·상품·사상을 이어주는 도관(導管)이었다. 중앙집권적인 지배자는 강의 상류와 하류를 신속하고 효율적으로 오르내리면서 권력을 확대할 수 있었다. 왕조 이전 시기가 끝날 무렵 상이집트 도시들은 티스의 주도 아래 동맹 형태로 결속되었으며, 이 동맹이 가하는 압박으로 말미암아 하이집트 소읍들도 그들 나름의 느슨한 정치조직체를 만들었다. 기원전 3100년에 이르러 두 지역 간의 경쟁으로 상이집트와 하이집트에는 두 개의 초기 왕국이 등장했다.

이집트 왕조와 시대 구분	
왕조 이전 시기	기원전 10000년경~3100년
초기 왕조 시기	기원전 3100~2686년경
고왕국	기원전 2686년경~2160년
제1중간기	기원전 2160~2055년
중왕국	기원전 2055~1650년경
제2중간기	기원전 1650년경~1550년
신왕국	기원전 1550~1075년

이집트의 통일: 초기 왕조 시기(기원전 3100~2686경)

두 개의 이집트 왕국을 통일하려는 의지를 가진 강력한 지배자의 등장과 더불어 이집트 역사는 초기 왕조 시기로 접어든다. 파라오 왕조에 숫자를 매기는 체계는 기원전 3세기의 이집트 사제 마네토가 창안(또는 공식 문서로 기술)했다. 마네토의 작업은 현대 고고학자와 역사학자의 정밀한 조사 결과 대체로 사실에 부합하는 것으로 판명되었지만, 최근의 연구 결과는 제0왕조가 존재했음을 말해주고 있다. 최초의 이집트 통일에 기여한 초기 왕들로 이루어진 이 왕조를 마네토가 빠뜨리고 기록하지 않았던 것이다. 그러나 거의 전적으로 고고학적 증거를 통해서만 알려진 이 지배자들은 어렴풋한 그림자에 지나지 않는다. 그들 중 하나인, 전갈 왕으로 알려진 상이집트의 유력자는 '지팡이 머리 부분'에 새겨진 그림에서 이집트 전역에 대한 지배권을 주장하는 모습으로 표현되었다. 또 다른 인물인 나르메르 왕은 상·하이집트를 모두 지배한 인물로 전설적인 왕 메네스—후대의 이집트인은 그를 상·하이집트를 지배한 왕으로 간주했다—와 동일인으로 보인다. 이 왕들은 상이집트의 아비도스 출신인 것으로 보이며, 사망 후 실제로 그곳에 매장되었다. 그러나 그들의 행정수도는 멤피스였다. 멤피스는 하이집트의 으뜸가는 도시로서 시나이 반도 및 근동과의 교역 중심지였다.

상·하이집트의 정치적 통일에 뒤이어 파라오 지배의 기본 골격이 자리 잡았는데, 그 과정은 향후 3,000년간 지속되었다. 아주 이른 시기부터 파라오는 신과 동일시되었다. 제1왕조와 제2왕조에 이르러 파라오는 지상에 현현한 매의 신, 즉 호루스로 간주되었다. 그러므로 초기 이집트 지배자들은, 단지 신의 은혜를 입은 '죽을 운명의 인간'에 불과했던 수메르의 루갈과는 달리, 파라오가 신적인 본성을 지니고 있다고 주장했다.

초기 파라오들이 어떻게 자신들의 신성성에 대한 주장을 관철시켰는지는 불가사의하다. 그러나 이집트 전역에 대한 지배권을 정당화하는 일은 분명히 매우 어려운 과제였을 것이다. 지방의 시민적·종교적 충성심은 아직 강력했으며, 수백 년 동안 하이집트 사람들은 자신들을 상이집트 주민과 별개의 존재로 간주했다. 하지만 나르메르 팔레트[4]에서 볼 수 있듯이, 통일된 이집트의 정체성을 창출하려는 노력은 매우 이른 시기부터 시작되었다. 이집트 왕권의 신성화 작업이 주도면밀하게 진행되었음을 감안한다고 해도, 그것은 놀라우리만큼 성공적이었다. 제2왕조가 끝날 무렵 파라오는 단지 이집트의 지배자에 그치지 않았다. 어떤 의미에서 파라오는 곧 이집트였다. 파라오는 이집트 땅과 이집트인의 화신이었으며, 이집트 땅과 이집트인을 신에게 연결시켜주는 존재였다.

언어와 문자

이집트 문화의 많은 국면 가운데 후대 사람을 매혹시키는 동시에 당황케 하는 것은 이집트의 상형문자 체계이다. 그리스어로 히에로글리프(hieroglyph)—'신의 말씀'을 뜻하는 이집트어를 그리스어로 번역한 단어—라고 부르는 이 기이하고 정교한 상징은 전혀 판독이 불가능했고, 19세기에 프랑스 학자 샹폴리옹이 로제타스톤을 통해 해독할 때까지 신비스러운 존재로 남아 있었다. 로제타스톤에는 동일한 내용의 텍스트가 세 가지 언어, 즉 그리스어, 민중문자(이집트 문자의 후기 변형), 상형문자로 새겨져 있었다. 샹폴리옹은 그리스어 텍스트를 읽을 수 있었으므로 민중문자와 상형문자를 모두 해독할 수 있었다. 샹폴리옹의 업적을 출발점 삼아 여러 세대에 걸쳐 학자들이 고대 이집트 사회와 언어에 대한 우리의 지식을 끌어올려주었다.

이집트 상형문자의 발전은 기원전 3200년경으로 거슬러 올라간다. 상형문자의 그림문자적인 성격은 초기에 메소포타미아의 영향을 받았음을 보여준다. 그러나 메소포타미아와 이집트의 문자는 서로 매우 달라서 각각 독자적으로 발전된 것으로 보인다. 수메르에서와 마

---

4) 상이집트 왕 나르메르가 하이집트를 정복해 최초의 이집트 통일국가를 이룩한 역사적 사건을 부조(浮彫)로 새긴 높이 64센티미터의 점판암(粘板岩). 기원전 3000년경 제작되었다.

찬가지로 글쓰기는 이집트의 정치와 행정에서 중요한 도구였다. 그러나 수메르의 쐐기문자와는 달리 이집트 상형문자는 표음문자로 발전하지 않았다. 그 대신 이집트인은 신관문자(神官文字, hieratic)라고 하는, 상형문자를 대신할 단순하고 빠른 초서체를 발전시켜 이것을 행정과 상업의 일상 업무에 사용했다. 또한 그들은 서기들이 빠르게 쓸 수 있도록 하기 위해 신관문자의 속기체를 개발했다.

초기 신관문자는 거의 남아 있지 않는데, 글씨를 쓰는 매체인 파피루스가 내구성이 없었기 때문이다. 강가에 자라는 갈대를 두드리고 건조시키는 가공과정을 거쳐 만든 파피루스는 수메르인이 사용한 점토판보다 가볍고 기록하기 쉬웠으며 운반하기도 편리했다. 두루마리로 꿰매어 붙이면 파피루스는 작은 공간에 많은 양의 정보를 기록해 보존할 수 있었다. 다양한 용도를 지닌 이 필기도구의 생산은 고대 전 기간에 걸쳐 이집트의 중요한 산업 중 하나로 자리 잡았고, 파피루스는 이집트의 주요 수출 품목이 되었다. 그러나 파피루스는 이집트의 기후 조건에서 쉽게 부스러지거나 부식되었다. 습도가 높은 곳에서는 보존성이 형편없이 떨어졌고, 당연히 고고학자들은 이를 찾아낼 수 없었다. 그 결과 방대한 분량의 파피루스 문서가 망실되었고 고왕국 시기 이집트에 대한 우리의 지식은 크게 제약받을 수밖에 없다.

고대 이집트인의 언어에 대해서는 오랫동안 논란이 있었다. 초기 이집트인은 근동의 셈어와 다양한 아프리카 어군에 다 같이 연관되어 있었다. 두 언어 모두 '아프리카-아시아 어족'으로 알려진 상위 분류에 속해 있다. 일부 역사언어학자의 가설에 의하면, 초기 이집트어는 뿌리 언어—거기에서 아프리카-아시아 어족이 전개되었다—가 살아남은 경우이다. 선사 시대에 나일 계곡을 드나든 사람들의 이동경로를 고려할 때 이 가설은 사실일 가능성이 매우 높다. 그러나 기원이 무엇이든 이집트어는 장구한 역사를 거쳤다. 고왕국 언어는 살아남아 수천 년 동안 발전을 거듭해 고전 고대에 이르러 콥트어가 되었다. 그것은 오늘날에도 콥트 그리스도교회의 전례에서 사용되고 있다.

고왕국(기원전 2686경~2160)

고왕국의 일상 기록 중 남아 있는 것이 극히 드물기 때문에 이 시기의 역사를 쓴다는 것은 지극히 어렵다. 지배 엘리트의 무덤에서 출토된 장례 문서를 통해 특정 개인의 업적과 일상생활의 흔적을 엿볼 수는 있지만, 이집트 보통 사람들의 삶에 대해서는 알아낼 도리가 없다. 고왕국 시기 이집트인의 역사에 대한 태도는 이 문제를 더욱 어렵게 만든다. 변화하지 않고 순환하는 우주의 본질에 대한 믿음으로 말미암아 그들은 우리가 중요하다고 여기는 역사적 사건에 거의 관심을 갖지 않았다. 그러므로 그 역사를 상세하게 재구성한다는 것은 불가능한 일이다.

그러나 이 시기의 문헌과 예술을 개개인의 관습과 신앙에 관한 자료로 이용할 여지는 얼마든지 있다. 이러한 자료들로부터 명백하게 떠오르는 한 가지 모습은 제3왕조(기원전 2686경~2613)의 파라오들이 오로지 파라오의 영광을 위해 헌신하는 강력한 중앙집권적 행정체계를 이미 구축해놓았다는 사실이다. 파라오 자신이 곧 이집트였기 때문에 이집트의 모든 재원은 그에게 속했다. 원거리 교역은 전적으로 파라오의 통제 아래 있었고, 세금 부과와 노동력 징발 체계는 이미 잘 발달되어 있었다. 왕국을 통치하기 위해 파라오는 중앙에서 주지사들—그리스어로 노마르케스(nomarchés)—을 임명했다. 그들 중 상당수는 파라오의 친족이었다. 고왕국의 파라오는 주지사와 그의 군대를 철저하게 통제했다. 지방에 세력 근거지가 조성되는 것을 미연에 방지하기 위한 조치였다.

고왕국 이집트의 서기는 문자를 해독할 줄 알았다. 글쓰기 능력은 이집트의 방대한 재원을 관리하고 활용하기 위해 반드시 필요했기 때문이다. 문자 해독이 가능한 관료가 이집트의 중앙 또는 지방 정부에 절대적으로 필요했으므로 행정 서기는 권력과 지위를 누렸다. 이제 막 서기 교육을 받기 시작한 어린이마저도 큰 존경을 받아 마땅한 것으로 간주되었다. 서기가 되는 훈련은 몹시 어려웠지만, 중왕국 시기에 작성된 「직업의 풍자」라는 문헌은 훈련 중인 서기에게 그가 받는 교육이 종국에는 얼마나 큰 유익을 가져다줄 것인지, 그의 직업이 다른 직업에 비해 얼마나 더 훌륭한지를 일깨워주고 있다.

임호테프와 계단식 피라미드

고왕국 여명기에는 이집트 역사상 가장 위대한 행정관에 속하는 임호테프가 등장했다. 임호테프는 파라오의 행정관을 거쳐 재상의 지위에 오른 인물로, 제3왕조 초기의 파라오 조세르의 오른팔이었다. 임호테프는 의학, 천문학, 신학, 수학 등에 조예가 있었지만 무엇보다도 그는 건축가였다. 초기의 파라오들은 일찍이 아비도스에서 파라오 무덤의 축조에 막대한 재원을 투입한 바 있다. 그러나 임호테프는 돌을 다듬어 쌓아올린 역사상 최초의 건축물인 계단식 피라미드를 설계한 인물이었다. 그것은 조세르의 마지막 안식처였을 뿐만 아니라 파라오로서의 초월적 권능을 상징적으로 표현해준 건축물이었다.

오늘날의 사카라 부근에 있던 행정수도 멤피스 서쪽에 세워진 계단식 피라미드는 사막 위에 60미터의 높이로 솟아 있다. 이 건축물은 기존의 무덤 형식인 마스타바—꼭대기가 평평하고 옆면이 경사진, 벽돌로 지은 나지막한 정사각형 건축물—를 토대로 디자인했다. 임호테프도 처음에는 아마도 마스타바를 염두에 두고 건축을 시작했을 것이다. 그러나 그 후 생각을 완전히 바꿔 마스타바 위에 작은 마스타바를 쌓아올리고 구조물의 재료를 모두 석회석으로 바꿨다. 이 인상적인 기념물 주변에는 거대한 사원과 묘지가 건립되었는데, 그것은 수도에 있는 조세르의 궁정을 본뜬 것으로 보인다. 이 건축물에는 두 가지 목적이 있었다. 첫째로, 조세르의 카(ka, 사후의 영혼)는 사후의 지배에 필요한 수단을 갖게 되었다. 그리고 둘째로, 움직이지 않는 문과 미로처럼 복잡한 통로를 가진 이 건축물의 설계는 도굴꾼—파라오 무덤의 부장품이 화려해지면서 도둑이 들끓어 골칫거리가 되었다—을 막아낼 수 있을 것으로 기대되었다.

임호테프는 피라미드 설계를 통해 생명의 원천인 태양의 빛이 하늘에서 내려오는 모습을 형상화하고 싶었는지 모른다. 또는 파라오의 카가 하늘로 올라가 내세에서 서쪽으로 여행하면서 태양과 일체가 되게 하기 위한 수단으로서 피라미드를 생각했는지도 모른다. 그러나 설계의 신학적 의미가 무엇이건 간에 그 건축물 배후에 가로놓인 파라오의 어마어마한 권력을 알아차리지 못할 사람은 아무도 없을 것이다. 임호테프의 피라미드는 고왕국 시대의 모든 파라오가 본받는 하나의 선례가 되었고, 더 크고 정교한 피라미드를 지으려는 경쟁심이 종국에는 그들을 파멸로 이끌었다.

고왕국 이집트는 제4왕조(기원전 2613~2494)에 이르러 전성기를 구가했다. 이 시기에 기자의 거대한 피라미드들이 건축되었다. 이 건축물들이야말로 진정한 의미의 피라미드였고 이집트 문명의 영원한 상징이 되었다. 파라오 쿠푸—그리스어로 케오프스(Cheops)—를 위해 지은 대피라미드는 원래 높이가 147미터에 밑변 길이가 230미터였고 230만 개 이상의 석회암 블록으로 지어졌으며 부피가 258만 입방미터에 달했다. 몇 개의 환기구멍, 통로, 시신 안치실을 제외하면, 구조물은 속이 꽉 차 있다. 고대에는 피라미드 외벽 전체가 빛나는 흰색 석회석으로 입혀져 있었고, 꼭대기에는 금박을 입힌 거대한 관석(冠石)이 놓여 있었다. 쿠푸의 후계자인 카프레와 멘카우레를 위해 같은 장소에 건립된 두 개의 거대하지만 다소 규모가 작은 피라미드도 동일한 양식으로 마감되었다. 중세 이슬람 수도 카이로의 지배자들은 피라미드 외벽의 석회석을 뜯어내어 신도시 건축과 요새 축조에 활용했다. 꼭대기의 관석은 일찌감치 사라졌을 것이다. 그러나 아득한 고대에 번쩍이는 석회석으로 치장된 이 피라미드들은 작렬하는 이집트의 태양 아래 찬란한 빛을 발하면서 사방 수십 리 밖에서 누구나 바라볼 수 있는 장엄한 건축물이었을 것이다.

피라미드가 지어진 지 2,000년이 지난 뒤 이집트를 여행한 그리스 역사가 헤로도토스는 대피라미드를 짓기 위해 10만 명의 노동자가 20년의 세월을 바쳤다고 주장했다. 이것은 아마 과장일 것이다. 예나 지금이나 이집트 여행 가이드는 관광객에게 과장된 이야기를 곧잘 들려준다. 헤로도토스의 주장은 이집트 안내인이 한 말을 액면 그대로 믿었기 때문일 것이다. 한때 피라미드가 노예 노동력에 의해 건축되었다고 믿은 적도 있었다. 하지만 실제로 작업에 참여한 것은 수만 명의 농민이었다. 그들은 농토가 물에 잠겨 있는 동안 집중적으로 피라미드 건축에 종사했다. 물론 일부 노동자는 징발되었을 것이다. 그러나 대부분은 기꺼이 건축사업에 동참했다. 그 작업은 그들을 다스리는 신을 영화롭게 하는 것이었고 우주 질서에 자신들을 연결 짓기 위한 봉사였다.

제3왕조와 제4왕조 파라오의 기념물은 그들이 휘두른 권력이 얼마나 대단했는지를 잘 보여준다. 그러나 거대한 피라미드 건축을 위한 대규모 노동력과 재원 투입이 이집트 사회에 엄청난 부담을 안겨주었다는 사실에는 의심의 여지가 없다. 이처럼 고도의 집약적인 자연 자원 활용은 전례가 없는 일이었다. 이집트인 개개인의 삶에 대한 정부의 통제는 나날이 강화되었으며 국가가 고용한 행정 관료의 수는 갈수록 늘어났다. 그 결과 찬란한 문화적 성취로 빛나는 파라오의 수도 멤피스와 그 바깥 이집트 사회 사이의 대조는 더욱 극명해졌다. 제3왕조와 제4왕조의 지배자가 매의 신 호루스의 현현이자 태양신 라의 화신으로 자처하게 되면서 파라오 숭배는 더욱 정교하게 발전했다. 그러나 그와 동시에 파라오의 중앙집권적인 종교적 권위 주장과 이집트인의 지방 신 및 지방 지도자에 대한 지속적인 충성심, 이 둘 사이의 간극은 나날이 벌어지고 있었다. 이 긴장은 궁극적으로 고왕국의 종말을 가져왔고, 급기야 제1중간기에 이르러 중대한 변화를 가져오게 되었다.

고왕국 이집트의 사회

고왕국 이집트의 사회적 피라미드는 지극히 경사가 가팔랐다. 꼭대기에는 파라오와 그의 가족이 있었다. 제3왕조와 제4왕조 시기 동안 그들의 위신과 권력은 대단한 것이어서 다른 모든 이집트인과 확연히 구분되었다. 귀족계급이 있긴 했지만 제5왕조가 등장할 때까지 그들은 명백히 종속적이었고 일차적 역할은 파라오 정부의 사제나 관리로서 봉사하는 것이었다. 서기는 통상 귀족 자제 중에서 선발해 훈련시켰다. 그러나 파라오에 종속되기는 했을 지언정 이집트의 엘리트 계층은 상당히 호화롭게 살았다. 그들은 넓은 영지를 소유했고 이국적인 물품과 화려한 가구를 즐겨 사용했다. 그들은 애완동물로 개, 고양이, 원숭이 등을 길렀고, 사냥과 고기잡이를 스포츠로 즐겼다.

극소수의 왕족과 귀족 아래에는 이집트의 나머지 모든 사람이 있었다. 대부분의 이집트인은 가난했으며, 간소한 진흙벽돌 주택에서 혼잡한 환경 속에서 살았다. 그러나 번영을 구가하던 시기에는 숙련된 공인들―보석세공인, 금세공인 등―의 신분이 상승되어 좀 더 나은 여건의 삶을 누렸다. 물론 그렇다고 해서 그들을 부르주아 계급 비슷하게 생각해서는 안 된다. 도기장이, 직조공, 석공, 벽돌공, 양조업자, 상인, 학교 교사 등도 어느 정도 인정을 받으면서 대다수의 다른 이집트인에 비해 높은 생활수준을 누렸다. 하지만 이집트인의 절대다수는 농민이었고, 그들은 농업과 건축공사에 필수적인 육체노동을 제공하는 비숙련노동자였다. 그들 아래에는 노예가 있었는데, 그들은 토착 이집트인이라기보다는 주로 전쟁포로였다. 파라오 지배가 신정적 성격을 갖고 있었고 파라오가 이집트의 재원을 어마어마한 규모로 소비하기는 했지만, 이집트 사회가 특별히 억압적이었던 것으로 보이지는 않는다. 노예도 재산의 소유, 처분, 상속을 하는 등 어느 정도 법적 권리를 누렸다.

고왕국의 여성

이집트 여성은 고대 세계의 기준으로 보면 매우 높은 수준의 법률적 지위와 보호를 누렸다. 그들은 서기 훈련을 받거나 주요 공직에 오를 수는 없었지만, 높은 신분의 여성들 사이에 오고간 짤막한 개인 서신들을 보면 여성도 어느 정도 문자 해독을 할 수 있었음을 짐작할 수 있다. 제6왕조 말기 니토크리스 여왕처럼 위기의 시기에는 왕족 여성이 파라오의 권력을 떠맡기도 했다(대개 남장을 하고 등장하긴 했지만). 이집트 여성은 단독으로 법정에 설 수 있었으며, (이혼 소송을 포함해) 각종 고소를 할 수 있었고, 자신을 변론하고 증언도 했다. 심지어 남성 보호자나 대리인―고대의 다른 사회에서는 반드시 필요했다―없이도 재산을 소유할 수 있었다.

이런 모든 점에도 불구하고 이집트가 본질적으로 엄격한 가부장적 사회라는 사실에는 변함이 없다. 여사제직을 제외하면 여성은 공직에서 배제되었다. 대부분의 이집트인은 일부일처제를 견지했지만, 유력자는 첩과 여성 노예로 이루어진 하렘을 거느릴 수 있었다. 더욱이 기혼이건 미혼이건 이집트 남성은 누구나 법의 저촉을 받지 않고 성적 자유를 누릴 수 있었다. 하지만 부인이 그런 짓을 했다가는 혹독한 법적 처벌을 받았다. 남녀 간의 성적 구분은 엘리트 계층보다는 농민에서 한층 덜했다. 농민 여성은 수확기에 종종 들에 나가 일했으며, 비천하지만 중요한 많은 일들을 맡아 했다. 그러나 고대 세계가 대개 그러하듯이, 우리는 이집트 농민의 삶을 어디까지나 지배계급의 눈을 통해서만 살필 수 있을 뿐이다.

과학과 기술

거대한 기념물을 축조하는 업적을 달성했지만 이집트인은 기술 전반에서 그랬듯이 과학과 수학에서도 수메르인과 아카드인에 비해 뒤쳐져 있었다. 하지만 시간 계산법에 관한 한 이집트인은 주목할 만한 발전을 보였다. 종교적·농업적 이유로 이집트인의 천문학은 대체로 태양을 관찰하는 데 치중했다. 그들이 발전시킨 태양력은 메소포타미아의 태음력에 비해 훨씬 더 정확하고 정밀했다. 수메르인은 하루를 나누고 계산하는 방법을 우리에게 남겨주었다. 하지만 율리우스 카이사르에 의해 로마에서 채택된 이집트 태양력은 현대 서양 달력의 직계 조상이 되었다. 이집트의 교육은 대개 읽기와 쓰기에 국한되었는데, 이런 한계를 고려하면 임호테프 같은 지극히 박식한 인물이 출현한 것은 정말 놀라운 일이다. 이집트인은 효과적인 관개·치수체계를 고안해냈지만, 바퀴 등의 노동력 절감 방안을 수메르인보다 훨씬 뒤늦은 시기에 이르기까지 채택하지 않았다. 인구가 조밀했던 이집트에서는 농민 노동력이 사실상 무제한 공급되었기 때문인 것으로 보인다. 메소포타미아의 루갈이 제정한 법률이나 기타 민간 기록에 해당하는 것을 고왕국 이집트에서는 찾아볼 수 없다. 고왕국 이집트인은 기록된 법률을 필요로 하지 않았다. 파라오, 즉 살아 있는 신이 선언하는 것이 곧 법이었던 것이다.

이집트인의 종교와 세계관

고왕국 이집트인은 이집트가 다른 모든 문명권과 전적으로 다르다고 여겼다. 인간의 종류에는 이집트인과 야만인 둘만 있었고, 둘 사이의 구분은 절대적이었다. 이집트인으로서의 정체성은 무엇보다도 중요했다. 이집트인과 이방인 사이의 근본적 차이에 비하면 그 밖의 모든 구분은 대단한 것이 못 되었다(물론 성적 차별만은 예외였다). 이집트인의 우월성에 대한 확신은 자국의 독자성에 대한 자의식에서 비롯된 것이다. 이집트는 나일 강에 의해 양육되었으며, 강을 에워싼 잔인한 사막과 광대한 바다에 의해 보호를 받고 있었다. 이집트인에게 이집트가 세계의 중심이란 사실은 재론의 여지없는 자명한 것이었다.

이집트인은 다양한 세계 창조 신화를 만들어냈지만 인간이 어떻게 존재하게 되었는지에 대해서는 관심이 없었다. 이집트인의 관심을 사로잡은 것은 '생명 그 자체'가 끝없는 쇄신의 순환 속에서 어떻게 재창조되는가 하는 것이었다. 이러한 순환적 개념은 이집트인의 우주관에 반복적이고 예측 가능한, 그리고 궁극적으로 정적인 경향성을 부여했다. 이집트인은 많은 현상을 순환적인 사건으로 간주했는데, 그들이 해마다 반복되는 나일 강의 순환에 의존해 살았다는 점을 생각하면 이는 놀라운 일이 아니다.

이집트 종교의 핵심에는 오시리스와 이시스 신화가 가로놓여 있다. 두 신은 오빠와 여동생이자 남편과 아내였다. 그들은 이집트 종교에 등장하는 최초의 아홉 신들 중 두 신이었다. 오시리스는 지상에서 왕권을 장악한 최초의 왕이었는데, 그의 동생인 세트가 왕권을 탐냈다. 세트는 오시리스를 배신하고 그를 살해한 다음 관에 넣고 밀봉했다. 각고의 노력 끝에 이시스가 오시리스의 시신을 되찾았지만, 세트는 형의 시신을 다시 빼앗아 여러 조각으로 난도질해 이집트 전역에 뿌렸다(그러므로 이집트 전체를 오시리스라고 부를 수 있으며, 그를 위한 사당이 이집트 전역에 세워졌다). 단념을 모르는 이시스는 미라 제작의 신인 아누비스에게 도움을 청했고, 둘은 오시리스의 시신을 한데 모아 재결합했다. 그런 다음 이시스는 오시리스를 부활시켰고, 이시스는 오시리스에게서 아들을 임신했는데 그가 자라서 호루스 신이 되었다. 호루스는 어머니의 마술에 힘입어 세트와 그 부하들의 공격을 막아냈다. 호루스와 세트는 공석이 된 오시리스의 왕좌를 놓고 경쟁했고 마침내 호루스가 승리해 아버지의 복수를 했다.

이 신화는 이집트인에게 지극히 중요했다. 오시리스 이야기는 죽음에서 다시 살아나는 생명에 관한 신화이다. 그러나 부활 이야기는 아니다. 오시리스가 일시적으로만 살아났기 때문이다. 죽음에서 되살아난 새로운 생명의 이야기는 이집트 초기 농업 정주지에서 등장한 관념이 구체화된 것으로 보인다. 농민은 시신을 풍성한 부장품과 함께 각별한 주의를 기울여 매장했다. 오시리스를 통해 구체화된 생명 지속—리드미컬하고 순환적이고 불가피한—

의 약속으로 말미암아 그는 이집트에서 매우 중요한 농업신이 되었다.

이집트의 죽음 숭배

오시리스는 이집트인의 죽음 숭배에서 중요한 신이었다. 수메르인과 달리 이집트인은 죽음과 지하세계를 슬프게 바라보지 않았다. 죽음은 불쾌한 통과의례가 아니었다. 그것은 현세의 삶과 비슷하거나 좀 더 나은 사후세계로 가기 위해 견뎌야만 하는 필수불가결한 통로였다. 그러나 그 통로는 저절로 갈 수 있는 곳이 아니며 온갖 위험으로 가득 차 있었다. 죽은 자의 '카'는 두아트라는 지하세계를 배회하면서 재판소를 찾아다닌다. 그곳에는 오시리스와 42명의 재판관이 있어 카의 운명을 결정한다. 악마와 악령은 카가 재판소에 가는 것을 방해하며, 따라서 그 여행은 시간이 오래 걸린다. 그러나 재판소에 도착하는 데 성공해서 유덕하다는 판정을 얻어내면 영혼은 오시리스의 한 부분이 되어 불멸을 누린다. 이런 이유 때문에 죽은 자를 '오시리스'라고 부르곤 했다.

죽음에 대한 이런 믿음 때문에 이집트인은 이를 다루는 정교한 종교의식을 발전시켰다. 무엇보다도 시신을 보존하는 것이 중요했다. 바로 그 때문에 이집트인은 시체를 방부 처리해서 미라로 만드는 복잡한 기술을 발전시켰다. 시체를 건조시킨 다음 내장을 모두 제거했다(심장은 그대로 두는데, 최후 심판에서 핵심적인 역할을 하기 때문이었다). 그리고 시체를 보존하기 위해 화학 처리를 했다. 매장하기 전에 장례용 마스크를 미라 얼굴 위에 놓았다. 수백 미터 길이의 리넨 천으로 온몸을 칭칭 감은 뒤에도 누구의 시신인지 식별할 수 있게 하기 위해서였다. 죽은 자의 지하세계 여행을 돕기 위해 음식, 옷, 집기와 그 밖의 중요 물품을 무덤 속 시신 옆에 비치했다.

'관(棺) 문서' 또는 '사자(死者)의 서(書)'도 시신 곁에 두었다. 이 문서에는 죽은 자가 두아트를 여행하는 데 필요한 것—주문, 마술 등—을 기록했다. 이러한 지식은 죽은 자가 온갖 위험을 헤치며 오시리스에게로 나아가는 데 도움을 준다. 그것은 또한 죽은 자의 심장이 최종 시험에 대비할 수 있도록 도와준다. 오시리스를 비롯한 재판관들 앞에 도달한 죽은 자는 '부정 고백'을 한다. 죄악이 장황하게 열거되면 이를 부정하는 답변을 하는 형식이다. 그런 다음 아누비스 신이 재판관들 앞에서 죽은 자의 심장의 무게를 잰다. 심장을 여신 마아트의 깃털과 함께 저울에 올려놓는 것이다. 심장과 깃털이 완벽하게 평형을 맞출 경우에만 죽은 자는 오시리스의 일부로서 영생을 얻는다. 기원전 3천년기에는 이런 죽음 의식이 왕족에게만 특별히 허용되었지만, 중왕국에 이르면 대부분의 이집트인이 이런 의식을 치를 수 있었다.

　이집트인이 죽음을 대하는 방식을 보면, 마치 그들이 죽음 문제에 강박적으로 집착하는 유별난 죽음 문화를 갖고 있었던 것으로 오해하기 쉽다. 그러나 이집트인의 관습과 신앙은 대체로 삶을 긍정하는 것이었다. 그들은 오시리스(그가 생명 회복의 신이라는 점을 기억하라)와 지하세계를 두려움이 아닌 희망으로 바라보았다. 우주의 순환적 본질과 생명의 원상회복능력에 대한 이집트인의 신념은 태양 활동주기에 대한 해석에서도 드러난다. 이 믿음에 의하면, 매일 아침 여신 누트로 인격화된 하늘은 태양신—종종 라 신과 동일시된다—을 출산한다. 그러면 태양신은 낮 배를 타고 죽음의 땅을 향해 하늘바다를 가로질러 서쪽으로 항해를 한다(오시리스는 종종 '서쪽—죽은 자의 땅—의 지배자'로 일컬어졌다). 낮 배를 탄 태양신의 진로는 관찰이 가능하다. 그것은 하늘을 가로지르는 평화롭고도 질서 있는 여정이다. 그러나 밤 배를 탄 태양신의 여행은 두려움으로 가득 차 있다. 거대한 뱀이 지하세계를 지나가는 태양신의 진로를 방해하기 때문이다. 그러나 밤의 가장 깊은 곳에서 태양신은 미라가 된 오시리스의 시신에 도달한다. 두 신—오시리스와 태양신—은 하나가 되고, 그 덕분에 태양신은 (그의 어머니 누트가 여명과 함께 다시 한 번 태양신을 출산할 수 있을 때까지) 여행을 계속할 힘을 얻는다. 생명은 언제나 승리를 거둔다.

　삶, 죽음, 삶의 회귀, 이렇듯 끝없는 순환을 한데 묶어주는 존재는 마아트였다. 이집트어의 많은 단어가 그러하듯 이 단어 역시 정확하게 번역하기가 어렵다. 조화, 질서, 정의, 진리 등이 모두 마아트의 개념 범주 안에 들어가지만, 개별적인 어떤 단어도 마아트의 의미를 모두 포괄하지는 못한다. 추상적 개념인 동시에 마아트라는 이름의 여신으로 인격화되기도 하는 이 존재는 우주를 고요하고 반복적이고 예측 가능한 방식으로 운행한다. 그러므로 수메르인과는 달리 초기 왕조 시기와 고왕국 시대의 이집트인은 지극히 자신만만하고 낙관적이었다. 그들은 스스로 우주의 중심에 살고 있다고 믿었다. 그들의 땅은 마아트에 의해, 그리고 파라오를 통한 마아트와의 접속에 의해 안정과 평화가 보장된 낙원이었다. 그리고 파라오는 이집트인을 지배하는 신들이 지상에 현현한 존재였다. 기원전 3천년기에 장기간에 걸친 번영을 가져다준 나일 강의 범람과 외부 세계와의 지리적 고립 덕분에 이집트인은 완벽하게 질서 잡힌 낙원에 대한 믿음을 유지할 수 있었다. 그들은 그 낙원 안에서 거의 변화를 의식하지 못했다.

프타호텝의 교훈

이집트 문학은 종종 중요 인물을 상대로 한 '교훈' 형태를 취했다. 공직에 있을 때 어떻게 처신해야 하는지에 대한 조언을 제공하기 위해서였다. 이 문서는 제5왕조의 고위직 관리가 아들에게 주는 조언이다. 이 '교훈' 텍스트의 현존하는 가장 오랜 사본은 중왕국 시대 것이지만, 여신 마아트를 강조하는 것으로 보아 기원전 2450년경 고왕국 시대에 작성된 것으로 보인다.

지식이 있다고 교만하지 말 것이며 학식이 있다고 우쭐대지 말라. 학식 있는 사람뿐만 아니라 무식한 사람과도 의논하여라. 기술에는 한계가 없으며 어떤 기술자도 완벽하지 않다. 친절한 말은 값진 녹옥(綠玉)처럼 숨겨져 있지만 방앗간의 노예 소녀들이 먼저 알아본다.

만일 네가 좋은 목적을 추구하는 많은 사람의 행동을 통솔하는 지도자라면 너의 정책에 차질이 있어서는 안 된다. 영원한 여신 마아트야말로 위대하다. 그것은 오시리스 시대 이래로 바뀐 적이 없다. 율법을 어긴 자는 벌을 받는다. 무지한 사람에게 그것은 올바른 방침이다. 악을 행한 사람은 결코 항구에 안전하게 도달할 수 없다. 악이 부를 가져다줄지 모른다. 그러나 영속하는 것은 마아트의 권능이다. 그리고 인간은 "나는 그것을 아버지에게서 배웠다"고 말할 수 있다.

네가 주인, 형제 또는 친구의 자격으로 들어가는 집에서, 또는 네가 가는 어느 곳에서든, 우정을 오래 나누고 싶다면 여인의 접근을 경계하라. 그런 일이 벌어진 어떤 곳에서도 번영은 오지 않는다. 거기에는 지혜가 없다. 수많은 사람은 죽음이 건네주는 것을 맛봄으로써 꿈처럼 짧은 순간에 자신의 미덕에서 멀어진다. 여자를 탐하는 자는 어떤 일도 이룰 수 없다. 만일 네가 군주의 자문위원 자리에 오른다면 이것을 명심하라. 침묵은 수다보다 훨씬 가치가 있다. 난제를 해결할 방법을 알고 있을 때만 발언하라. 훌륭한 조언을 베푸는 사람은 예술가이다. 말하기는 다른 어떤 기술 이상으로 어렵기 때문이다.

분석 문제

현자이자 조언자인 프타호텝의 교훈의 핵심은 파라오가 여신 마아트의 뜻에 일치하게 행동하라는 것이다. 마아트란 무엇이며, 프타호텝은 왜 그것을 그토록 중요시했는가? 모든 고대 문명은 마아트 같은 존재를 받아들였는가?

고왕국의 종말

아직 완전히 밝혀지지 않은 여러 원인 때문에 제5왕조·제6왕조(기원전 2494~2181)에는 파라오의 권력이 서서히 쇠퇴했다. 피라미드 건축이 계속되었지만 이 시기의 건축물은 기술, 숙련도, 규모 등에서 평범한 수준에 머물렀다. 이는 파라오의 위축된 권력을 반영하는 것이었다. 네켄에서 태양신 라를 섬기던 사제들은 허약한 파라오에게 적대적인 태도를 보였으며, 급기야 파라오를 호루스/라의 화신에서 끌어내려 단지 신의 아들에 불과한 존재로 격하시켰다. 파라오의 지위 하락을 가장 극적으로 드러낸 것은 주지사가 세습적인 지방 귀족계급으로 변질되기 시작했다는 사실인데, 강력한 제3왕조와 제4왕조의 왕이라면 이런 상황을 결코 용납하지 않았을 것이다. 귀족세력이 강해진 나머지 제6왕조의 파라오였던 페피 1세는 귀족 출신 여성과 결혼했고 그 결혼으로 태어난 아들이 후계자가 되기도 했다.

학자들은 지방 관료와 사제가 어떻게 파라오의 권력을 흡수했는지에 대해 확실히 알지 못한다. 추측건대 제4왕조의 어마어마한 건축비 투입이 경제적 침체를 초래한 나머지 수도 멤피스 바깥에서 물질적 결핍과 더불어 불평불만이 쏟아졌을 것이다. 기후 조건의 변화로 나일 강의 범람이 불규칙해지고 그 결과 지방에 기근이 닥쳐 아사자가 발생했음을 보여주는 증거도 있다. 고왕국 후기의 한 부조(浮彫)에는 눈이 튀어나오고 갈빗대가 앙상하게 드러난 울부짖는 이집트인들이 묘사되어 있다. 이 고통스러운 이미지는 오늘날 동북 아프리카를 황폐하게 만들고 있는 기근과 고통을 연상케 한다. 사태를 더욱 악화시킨 것은 남쪽 누비아에서 소국들이 등장했다는 사실이다. 그것은 아마도 이집트인이 이웃을 침공한 데 대한 반응이었을 것이다. 뛰어난 조직과 장비로 누비아인은 제1폭포 일대의 귀금속 광상에 이집트인이 접근하는 것을 차단했고 그것은 이집트 경제를 더욱 악화시켰다.

이렇듯 이집트가 어려움을 겪게 되자 자연히 마아트와의 연결고리를 자처하던 파라오의 입지도 약화되었다. 그리고 파라오를 대신해 지방 지배자와 종교 당국이 지방의 안정과 질서의 유일한 실질적 보호자로 등장하기 시작했다. 제1중간기가 시작되던 기원전 2160년경에 이집트는 더 이상 하나의 통일 국가가 아니었다. 멤피스의 중앙 정부는 붕괴되었고 이집트 역사의 고대적 패턴이 다시 나타났다. 헤라클레오폴리스에 기반을 둔 북부 권력 중심지와 테베에 거점을 둔 남부 체제가 서로 대립했다. 두 왕조는 제각기 이집트 전체를 대표하는 정당한 파라오임을 주장했다.

정치적 혼란에도 불구하고 제1중간기에는 이집트 사회에 중대한 발전이 있었다. 부는 고왕국에 비해 훨씬 더 넓고 고르게 분배되었다. 문화, 특히 예술 부문도 마찬가지였다. 한때 멤피스의 파라오 궁정이 독점하던 재원을 이제는 지방이 차지했고, 지방 엘리트는 지방 사회의 보호자이자 지방 예술가의 후원자로 등장했다. 그 결과 이집트 사회 전역에 다양한 형태의 문화가 급속히 전파되었다. 이러한 문화는 원래 파라오의 궁정에서 발전된 것이었지만 이제는 이집트 사회 전체가 향유하게 되었다.

대립하는 두 파라오 왕조 사이의 전쟁은 기원전 2055년까지 계속되었다. 바로 그해에 테베의 멘투호텝 2세가 북부를 정복하고 통일 이집트의 지배자임을 선포했다. 그의 치세와 더불어 이집트 역사의 중왕국 시대가 시작되었다.

중왕국 이집트(기원전 2055~1650경)

남부의 테베를 중심으로 한 통일 정부 수립과 더불어 이집트는 중왕국 시대로 접어들었다. 멘투호텝 2세가 죽은 직후 재상인 아메넴헤트가 왕권을 찬탈하고 이집트의 찬란한 제12왕조를 확립했다. 아메넴헤트는 테베를 권력 중심지로 유지하면서 멤피스 남부에 새로운 수도를 건설했다. 새 수도의 이름 잇토이는 '아메넴헤트가 두 땅을 소유했다'는 뜻이다. 제12왕조는 약 200년 동안 권력을 유지하면서 탁월한 파라오를 연이어 배출했다.

제12왕조에서 이집트인은 남부의 교역 잠재력을 한층 철저하게 활용했다. 그들은 푼트(소말리아 해안으로 추정된다) 지역 원정에 나서 누비아 국경까지 근접했다. 그 후 기원전 19세기에 이르러 누비아는 이집트의 지배권 아래에 들어갔고, 팔레스타인과 시리아의 소국 및 공국은 이집트의 정치적·경제적 영향력에 휘둘리게 되었다. 그러나 이집트의 세력 회복에도 불구하고 이집트인은 동북 지역을 자국 영토로 통합시키지 못했다. 대신 아메넴헤트 1세는 시나이에 '왕의 성벽'을 축조해 근동 접경으로부터의 침략에 대비했다.

제12왕조 시기에 이집트 변방을 따라 건립된 거대한 방어 요새는 파라오가 풍부한 재원을 갖고 있었음을 보여주지만 동시에 이집트인의 세계관에 급격한 변화가 있었음을 드러낸다. 마아트로 표상되는 평온함과 고요함은 이미 사라졌다. 중왕국 이집트인은 국경선 밖의 세계를 의심과 두려움으로 바라보았다. 중왕국 파라오가 정복지를 왕국에 통합시키려고 하지 않았기 때문에 이집트는 아직 하나의 제국이 아니었다. 하지만 고왕국 이집트인과 달리 중왕국 이집트인은 이집트 국경 바깥에서 일어나는 사건에 적극적이고 직접적인 관심을 보였다.

파라오의 지위도 변화되었다. 중왕국의 파라오 중 어느 누구도 고왕국에서처럼 자신을 고요하고 확신에 차 있는 모습으로 그리지 않았다. 파라오는 신적인 왕으로서 특별한 지위를 계속 누렸지만, 그의 권위는 저 멀리 떨어져 우뚝 솟은 그의 존재 자체에서 비롯된 것이 아니었다. 중왕국의 파라오는 자신을 선한 목자이자 이집트 백성을 돌보는 사람으로 묘사했고 또한 그렇게 비쳐지기를 기대했다. 마아트는 이런 의무를 이행하는 데 별 도움이 안되었다. 오직 이집트를 적대적인 바깥세상으로부터 힘써 보호하는 것만이 신민이 원하는 평화와 번영과 안정을 가져다줄 수 있었다. 제12왕조의 위대한 파라오의 초상화는 그 시대의 관심사와 고뇌를 통렬하게 반영하고 있다.

이집트인은 이집트를 완벽하고 누구도 범접할 수 없는 낙원이라고 여겼던 고왕국의 이상을 상실했다. 중왕국의 문학은 이런 태도의 변화를 잘 보여준다. 가장 대중적인 문학 형식은 「메리카레 왕의 교훈」, 「아메넴헤트의 교훈」처럼 왕에게 주는 '교훈'이었다. 이 문학의 특징은 냉소와 체념이었다. 예를 들면 파라오는 아무도 믿어서는 안 된다. 형제도, 친구도, 제아무리 절친한 동료라도 마찬가지이다. 파라오는 무자비하고 잔인하게 지방 귀족의 야심을 분쇄해야 하며, 분란의 소지가 있는 모든 것에 대한 감시를 늦춰서는 안 된다. 백성들 위한 수고의 대가로 그들에게 감사나 보상을 기대해서는 안 된다. 파라오는 연년세세 새로운 위험과 강력한 도전자가 국내외에서 출현하리라는 것을 각오해야 한다. 이집트의 국수주의는 지속되었다. 그러나 그들의 자신만만한 고립주의는 산산조각 났다.

중왕국 이집트인의 갑작스러운 태도 변화는 충격적이다. 그러나 그들의 불안감에는 근거가 있었다. 이집트인은 서서히 그들의 의지와 상관없이 훨씬 넓은 세계로 끌려들어가고 있음을 의식하고 있었다. 그러나 이집트가 여전히 지극히 독특한 문화권으로 남아 있었다는 바로 그 사실 때문에, 두 땅의 변경 너머에 있는 드넓은 세계는 더더욱 낯설고 두렵고 잠재적 위험성을 가진 것으로 비쳐졌다. 중왕국 파라오는 바빌론 지배자 함무라비의 세력 증대와 제국적 야심에 겁을 집어먹고 있었다. 그러나 그들은 곧 더 큰 위험이 가까운 곳에 있음을 알게 되었다.

네페르티의 예언

이 문서는 고왕국 시대에 선포된 예언 형식을 취하면서 제1중간기에 이집트에 닥친 재앙을 예고했다. 이것은 실제로는 제12왕조의 건설자인 파라오 아메넴헤트 1세가 죽은 직후 중왕국 시대에 작성되었다. 아메넴헤트 치세 이전의 혼란을 아메넴헤트가 확립한 평화와 대비시킴으로써 이 문서는 아메넴헤트의 왕위 찬탈과 그 아들의 왕위 계승—아메넴헤트가 그의 궁정 근위대에 살해당한 뒤—을 정당화하고자 했다.

오, 행동을 개시하라 나의 심장이여! 그대가 태어난 이 땅을 위해 통곡하라! 거짓이 창궐한다. 보라, 악이 아무런 해도 입지 않은 채 난무하고 있다. 땅은 황폐하고 누구도 그것을 돌보지 않는다. 호소하는 사람도 없고 통곡하는 사람도 없다. 즐거운 곳은 사라져버렸다. 물고기를 먹이 삼는 새들이 사는 양어장도, 물고기와 새들이 뛰노는 연못도 사라졌다. 모든 즐거움이 쫓겨났고, 땅은 유랑하는 탐욕스러운 아시아인으로 말미암아 고통 속에 던져졌다. 적들이 동쪽에서 출현했다. 아시아인이 이집트로 들어온 것이다. 우리에게는 국경 요새가 없다. 이방인이 점령해버렸다. 누구도 약탈자가 누군지 관심을 기울이지 않는다. 어떤 사람은 야간 공격을 예상할 것이다. 요새는 침탈되고 모든 사람의 눈에서 잠이 달아날 것이다. 땅은 곤궁에 빠졌건만 지배하는 자들은 넘쳐난다. 땅은 파멸되었으나 세금은 막대하다. 흉작으로 곡식은 귀해졌는데 도량형기는 크다. 마치 풍년이 든 것처럼 시행되고 있기 때문이다.

그러나 그때 남쪽에서 한 왕이 올 것이다. 그의 이름은 아메니로 불릴 것이며 의로움을 입을 것이다. 그는 타세티(누비아) 여인의 아들일지니, 네켄 왕가의 자손이다. 그는 흰색 왕관을 받고 붉은 왕관을 머리에 쓸 것이다. 그는 두 세력을 통일시킬 것이다. 그의 치세에 백성은 기뻐할지니, 이 사람의 아들은 그의 이름을 영원히 떨칠 것이기 때문이다. 아시아인은 그의 칼 앞에 쓰러질 것이요, 리비아인은 그의 불 앞에 쓰러질 것이다. 반역도는 그의 진노 앞에 쓰러지며, 적들은 그를 두려워한 나머지 자빠질 것이다.

그때 마아트는 그녀의 왕좌로 돌아오고, 혼돈은 사라질 것이다. 이런 일들을 보게 되는 사람에게 기쁨이 있을지니, 그는 왕을 섬기게 되리라.

분석 문제

'네페르티의 예언'은 중왕국 이집트인이 느꼈던 불안을 어떤 식으로 드러내고 있는가? 무엇이 이런 걱정과 근심을 초래했는가?

결론

기원전 11000년경부터 동부 지중해 세계는 수렵·채취사회에서 정주 농업·목축사회로 서서히 전환되었다. 잉여농산물을 생산·저장할 수 있는 능력에 힘입어 큰 규모의 촌락이 등장했고, 그 결과 높은 수준의 기능적 전문화 및 재산과 지위의 차별이 나타났다. 수메르에서는 기원전 4천년기에 최초의 도시가 등장했다. 이 도시들은 정교한 신전 건물과 도시의 신들을 위한 사당을 갖춘 종교 중심지이기도 했다. 기원전 2500년경에 이르러 쐐기문자라고 하는 세련된 형태의 문자가 신전에서 이루어진 교역과 경영의 중요한 도구로 등장했다.

기원전 3천년기에는 대도시가 등장했고, 도시들은 서로 더욱 격렬하게 전쟁을 벌였다. 메소포타미아 도시국가들은 이제 왕들의 지배를 받게 되었다. 각 도시의 왕은 자신의 지배권이 신의 승인을 얻은 것이라고 주장했고, 권력과 부로 말미암아 그와 신민 사이의 거리는 더 크게 벌어졌다. 기원전 2350년경 수메르인의 정치생활은 셈어를 사용하는 아카드인에 의해 변화되었다. 아카드인의 정복활동으로 세계 역사상 최초로 진정한 제국이 탄생했다. 이 제국은 향후 메소포타미아 지배자들이 열렬히 흉내 내고 싶어 하는 모델이 되었다.

이러한 정치적 변화에도 불구하고 메소포타미아 문명은 수천 년 동안 수메르의 뿌리를 간직하고 있었다. 근동 사람들은 쐐기문자를 자신들의 언어를 기록하기 위한 기본 문자로 계속해서 사용했다. 그리고 수메르어는 기원전 2000년경 구어로서는 사멸되었지만, 일상 언어에서 사라진 지 수백 년이 지난 뒤에도 문학과 교육을 위한 언어로 살아남았다. 새로운 사람들이 이 지역으로 옮겨왔지만, 그들은 수백 년 전 수메르에서 확립된 도시생활에 적응해서 살았다. 그들은 수메르의 유산을 흡수했고 정치적·종교적 전통에 순응했다.

근동 문명의 또 다른 중심지인 이집트에서는 기원전 3000년경 정치적 통합이 이루어졌다. 통합과정은 나일 강 체계의 중요성에 힘입은 것이었다. 그 후 이집트는 강력하고 중앙집권적인 관료제—살아 있는 신으로 추앙받는 파라오를 우두머리로 한—의 지배를 받게 되었다. 그러나 상이집트와 하이집트가 구분되긴 했지만, 고왕국과 중왕국의 이집트는 결코 정복을 통해 유지되는 제국은 아니었다. 이집트 사회는 고도로 통합되었으면서도 지극히 지방적인 사회였다. 대대적인 규모로 재원을 동원할 수 있었지만 그것은 거의 언제나 국내적인 목적을 위한 것이었다.

메소포타미아 문명과 이집트 문명이 갖는 외견상의 차이 배후에는 근본적인 생태학적 차이가 있었다. 이집트인은 수메르인과 달리 두려운 환경에서 삶을 이어가기 위한 불안한 투쟁을 할 필요가 없었다. 해마다 나일 강의 범람이 계속되는 한 이집트인은 어려움 없이 먹고살 수 있었고 사회적 긴장도 비교적 적었다. 이런 사실은 이집트 예술에 신뢰와 안정의 분위기를 가져다주었는데, 이런 분위기는 메소포타미아에서는 전혀 찾아볼 수 없는 것이었다.

두 문명에는 많은 유사성이 있었다. 기원전 3천년기에 두 문명은 다 같이 정치적 통합, 정교한 종교생활, 종교적·정치적 리더십의 통합과정을 겪었다. 두 문명은 대규모 건축사업을 벌였고 거대 규모의 사원·기념물·관개시설 등에 재원을 투입했다. 그러나 동시에 이들 두 문명은 외부 세계에 대한 관심 없이 자국 문제에만 함몰되어 있었다. 서로 교역관계가 있긴 했지만, 그리고 얼마간의 기술 이전이 있긴 했지만, 두 문명 사이에는 이렇다 할 정치적 또는 문화적 상호작용이 거의 없었다. 의도와 목적이 무엇이었든 간에 그들은 별개의 세계에서 살았다. 그러나 이런 상대적 고립에 변화가 일어날 조짐이 보였다. 다음 천년기에 근동 세계에는 영토에 기반을 둔 대제국이 등장해 메소포타미아와 이집트에, 그리고 두 문명 중간 지역의 삶에 변화를 가져왔다. 우리는 제2장에서 이러한 발전 과정에 대해 설명하고자 한다.

제2장
고대 근동의 신과 제국, 기원전 1700~500년

핵심 문제

❧ 인도-유럽어족은 근동의 삶에 어떤 영향을 미쳤는가?

❧ 신왕국 이집트는 고왕국 및 중왕국과 어떻게 다른가?

❧ 후기 청동기 시대 국제체제의 중요한 특징은 무엇인가?

❧ 미케네 문화와 미노아 문화는 얼마나 닮았나?

❧ 왜 페니키아 도시들은 초기 철기 시대에 번영했을까?

❧ 아시리아 제국의 세력 기반은 무엇이었는가?

❧ 페르시아 제국은 근동의 앞선 제국들과 어떻게 다른가? 이 차이는 어떻게 설명할 수 있는가?

❧ 히브리 종교는 어떤 발전 과정을 거쳐 다신교에서 유일신교로 바뀌었는가?

기원전 2천년기의 고대 근동은 새로운 인구집단의 출현에 의해, 그리고 조직적인 군사 정복으로 건설된 광대한 영토 기반 제국의 등장에 의해 변화되었다. 이러한 이주와 정복의 여파로 엄청난 파괴와 격변이 있었다. 그러나 그것은 광범위한 문화적 동화를 가져왔고 경제적 통합을 강화시켰으며, 동부 지중해 세계 대부분을 포괄하는 단일한 국제체제를 가능케 했다.

특히 후기 청동기 시대(기원전 1500~1200)는 외교, 교역, 국제주의가 증대된 시기였다. 이 시대의 두 거대 제국 세력은 신왕국 이집트와 아나톨리아(오늘날의 터키)의 히타이트 제국이었다. 그러나 이 두 제국 말고도 수많은 소국이 동부 지중해 해안을 따라 등장했고, 이 소국들은 이 시기에 움트기 시작한 교역과 세계주의 문화에 온전히 참여했다. 기원전 13세기에 이르러 발칸 반도 남부에서 이란 서부 변경에 이르는 지역에 자리 잡은 나라들은 하나의 광범한 문화적·경제적 네트워크 속에 흡수되었다. 기원전 1250년에 이르러 이 초기 국가들은 번영을 위해 많은 부분 상호의존하고 있었다.

하지만 이 국제체제는 해당 국가들이 생각했던 것보다 훨씬 취약한 것으로 드러났다. 기원전 1200년경 에게 해에서 발원한 새로운 침략의 물결이 그리스에서 이집트에 이르는 지역에 정치적·경제적 붕괴를 초래했고 후기 청동기 시대의 거의 모든 대제국을 파멸시켰다. 수백 년 된 정치·경제·군사 중심지들이 사라졌고 그들의 위대한 문화적 성취도 함께 소멸의 길을 걸었다. 그 결과 기원전 1천년기 초입에 새로운 세계가 등장했는데, 그 세계는 과거의 근동 대제국들과는 전혀 다른 방식으로 조직되었다.

새로운 시대가 밝아오면서 서서히 철이 청동을 대신해 도구와 무기의 주요 재료로 사용되었다. 새롭고 더 거대하고 잔인한 제국들이 등장했고, 신과 인간의 관계에 대한 새로운 사상이 낡은 사상을 대신해 나타났다. 철기 시대 근동에서 서양 세계의 가장 영속적인 양대 종교 전통인 유대교와 조로아스터교가 탄생했다. 두 종교는 종교, 정치, 윤리, 그리고 인간과 자연의 관계에 대한 개념을 근본적으로 바꿔놓았다. 철기 시대는 서양 문명에서 숙명적인 역사적 갈림길이었다. 새로운 요소와 낡은 요소가 뒤섞여 들어가 고대 근동 세계의 모습을 뒤바꿔놓았다.

인도-유럽어족의 이주

♦ 인도-유럽어족은 근동의 삶에 어떤 영향을 미쳤는가?

1786년 인도에서 근무하던 영국인 판사 윌리엄 존스(William Jones)는 선사 시대에 대한 지식을 송두리째 뒤바꾸는 동시에 역사언어학 연구를 공식적으로 출범시키게 될 대단한 발견을 했다. 여가 시간을 산스크리트어—인도의 주요 언어들은 산스크리트어에서 파생했다—연구에 할애한 존스는 산스크리트어가 단순한 우연으로는 설명할 수 없으리만큼 라틴어 및 고대 그리스어와 문법과 어휘 면에서 흡사하다는 사실을 발견했다. 흥미를 느낀 그는 계속해서 초기 게르만어, 유럽의 고대 켈트어, 고대 페르시아어 등을 연구한 끝에 이 언어들 역시 산스크리트어와 현저히 유사하다는 사실을 발견했다. 그는 이 모든 언어가 지금은 사멸된 공통의 언어적 근원에서 전개된 것이 틀림없다고 결론지었다. 그로부터 한 세대가 지난 뒤 존스가 그 존재를 확인한 고대 언어 및 그로부터 파생된 후기 언어들은 (인도에서 아일랜드에 이르기까지 폭넓게 분포되어 있음을 고려해서) 인도-유럽어로 불리게 되었다.

존스 이후 학자들은 인도-유럽어 및 그 언어의 사용자들에 관한 연구에 많은 노력을 기울였다. 그러나 여전히 논란의 여지가 남아 있다. 이 언어의 원래 형태인 원시 인도-유럽어(Proto-Indo-European: PIE)를 특정 시기에 단일한 인구집단이 사용했는가? 인도-유럽어는 어떻게 확산되었는가? 정복에 의해? 거래와 교역에 의해? 단순한 이주와 완만한 침투에 의해? 아니면 '물결 전진 모델(wave-of-advance model)'—원시 인도-유럽어를 사용하는 농경민이 경작할 새로운 땅을 찾아 새로운 정주지에 자리를 잡아가면서 그들의 언어가 서서히 전파되었다고 하는 가설—을 따라서? 이 언어의 확산과정을 특정한 도기 형태나 매장 관습에 의해 고고학적으로 추적할 수 있는가? 아니면 그 유물은 언어의 변천과는 무관한가? 오늘날 우리는 이러한 질문에 대한 제대로 된 답을 갖고 있지 않다.

분명한 것은, 인도-유럽어라는 언어 형태가 기원전 2000년 직후 근동과 동부 지중해 지역에서 나타나기 시작했다는 사실이다. 이 시기에 초기 형태의 페르시아어와 산스크리트어를 말하는 사람들이 이란 고원으로 밀려들어갔고, 히타이트인은 아나톨리아 중부에 있는 그들의 역사적 고향에 도달했다. 같은 시기에 인도-유럽어를 말하는 다른 집단이 에게 해 연안으로 이동했고 토착 언어 집단과 결합해 초기 형태의 그리스어를 만들어냈다. 인도-유럽어를 말하는 또 다른 집단은 동쪽으로 향했고 일부는 중국 서부까지 도달한 것으로 추정된다.

인도-유럽어족이 이 시기에 근동으로 이동한 유일한 새로운 집단은 아니었다. 셈어 사용 집단 또한 그 지역으로 진입했다. 맨 먼저 아카드인이, 계속해서 아모리인, 아시리아인, 페니키아인, 가나안인이 그 뒤를 이었다. 그들의 이주는 엄청난 영향을 미쳤다. 기원전 2천년기 이후 서양 문명은 셈어 또는 인도-유럽어를 말하는 문화에 의해 지배받게 되었다. 그러나 엄청난 격변을 초래하기는 했지만, 그들이 과거의 흔적을 철저히 지워버리고 새로운 출발을 시도한 종말론적인 파괴자였던 것은 아니다. 처음 옛 문명과 맞닥뜨렸을 때는 거칠게 굴었을지 모르나, 그들은 신속히 적응하면서 기존의 도시생활과 조직을 확대·발전시켰다.

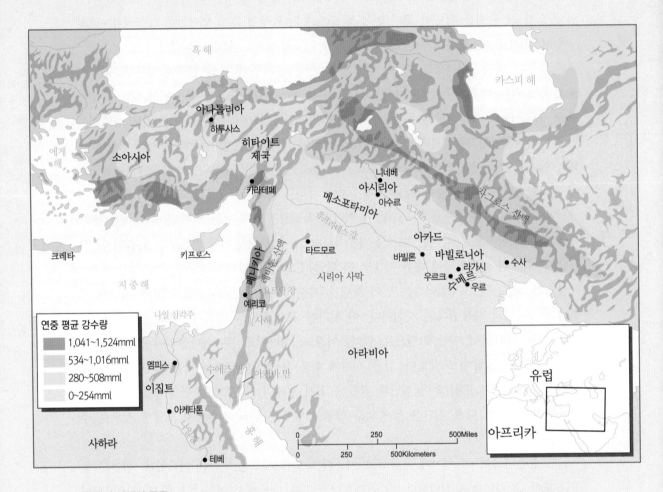

청동기 시대의 근동

수메르와 이집트의 옛 중심지들 간의 지리적 연관성, 그리고 바빌로니아, 아시리아, 페니키아, (아나톨리아의) 히타이트 같은 새로운 문명들 간의 지리적 연관성에 주목하라. 신흥 문화들 중 어느 것이 수메르의 영향을 가장 많이 받았을까? 그 이유는? 어떤 문화가 교역의 다리 역할을 했을까? 그리고 메소포타미아 도시 모델의 확산 과정에서 그들이 수행한 역할은 무엇이었는가? 주요 문명이 어디에 자리를 잡았는지 주목하라. 그리고 그것이 지도에 표시된 평균 강수량과 어떤 관계가 있는지도 유념하라. 그와 같은 비교는 도시 활동과 환경 요인(기후 등)의 관계에 대해 무엇을 말해주는가?

아나톨리아의 흥기

제1장에서 보았듯이, 도시 문명은 메소포타미아 남부와 중부, 즉 수메르와 아카드 지역에서 처음 형성되었다. 그러나 북쪽의 아시리아인 역시 도시 모델을 채택했고 그것을 인근 아나톨리아 지역에 전파하는 데 결정적인 역할을 했다. 아나톨리아의 산악 지대는 놀라우리만큼 자연자원이 풍부했지만 수메르인과 아카드인은 그것을 거의 개발하지 않았다. 그 지역의 경제를 개발하고 아나톨리아—특히 고전기에 카파도키아로 알려진 지역—에서 도시생활의 확산을 가속화시킨 것은 아시리아였다. 그렇게 함으로써 아시리아는 아나톨리아가 나중에 주요 제국 세력으로 흥기할 수 있는 토대를 닦았다.

기원전 1900년에 이르러 아시리아 대상(隊商)들은 아나톨리아 지역에, 그리고 메소포타미아와 아나톨리아 사이 지역에 광범한 교역 네트워크를 조직하기 시작했다. 아시리아인은 그 지역에서 군사적 이익을 추구하지 않았다. 대신 그들은 카파도키아의 지방 지배자들—신석기 후기의 대규모 촌락과 흡사한 요새를 지배했다—과 우호관계를 구축했다. 아시리아 상인들은 지방 유력자의 군사적 보호에 의지해 교역을 조직화했고, 그것은 카파도키아와 아나톨리아의 지배자들을 부유하게 만들어주었다. 아시리아의 유력 가문들은 각기 다양한 분야의 교역을 맡아 가격을 결정하고 교역로를 지정했으며 자기들끼리 이익을 나누었다. 아나톨리아의 교역 중심지에서 멀리 떨어진 지역에 거주하면서도 아시리아인은 카파도키아 문화에 엄청난 영향을 미쳤다. 아시리아인은 왕의 고문과 관료로서 봉사했고, 도시의 유력 가문과 혼사를 맺었다. 그 과정에서 그들은 메소포타미아 문명과 그 부산물을 아나톨리아 및 북부 시리아로 가져다주었다.

히타이트인과 카시테인

아시리아의 기여에 힘입은 도시화의 물결을 따라 아나톨리아, 북부 시리아, 메소포타미아 전역에 새로운 왕국과 새로운 인구집단이 출현했다. 히타이트인은 기원전 2000년경 아나톨리아에 정착한 수많은 인도-유럽어족 중 하나였다. 그러나 여러 세기를 거치면서 히타이트인과 그 언어는 그 지역의 여러 민족 사이에서 소수 지배계급 및 지배 언어가 되었다.

히타이트 지배자들은 중앙 아나톨리아의 번창한 도시들—특히 카파도키아—에 자리를 잡았다. 그들은 한동안 뿔뿔이 흩어진 채 정치적 독립 상태에 머물러 있다가 기원전 1700년경 이들 도시국가 중 한 도시의 지배자가 히타이트인을 하나의 왕국으로 통일했다. 그로부터 약 50년이 지난 뒤 그 왕국의 후계자는 전사 귀족을 좀 더 효율적인 군대로 조직했다. 그는 왕국의 변경을 확장하고 그 일대의 전략적 요충지인 산악 요새 하투사스를 점령했다. 왕은 새로운 수도 이름을 따서 자신의 이름을 하투실리스로 바꾸었다. 그가 히타이트 고왕국의 창시자이다.

히타이트인은 격렬한 군사 문화를 표출하면서 청동기 시대 최강의 군대를 전투에 배치했다. 히타이트 왕은 전쟁 치르는 일과 거칠고 야심만만한 전사 귀족을 장악하는 데 가장 큰 힘을 쏟았다. 이러한 군사적 전통과 나란히 히타이트인은 자신들의 언어를 법률 기록 등에 사용하기 위해 쐐기문자를 채택하는 등 피정복자의 습속을 열정적으로 수용했다.

하투실리스 1세 치세에 히타이트인은 아나톨리아 고원 전역을 지배했다. 아시리아인과 마찬가지로 히타이트인은 이 풍요로운 지역의 교역로를 장악하려고 애썼다. 아시리아인과 달리 히타이트인은 군사적 정복도 서슴지 않았다. 이 두 가지 이유(교역로 장악과 군사적 정복 활동) 때문에 히타이트인은 구리와 비소를 운송하는 육상 교역로에 각별한 관심을 가졌다. 비소는 구리와 섞어 청동—기원전 2천년기에 도구와 무기를 만드는 기본 재료였다—을 만드는 데 필요한 금속이었다. 약탈과 교역을 병행하면서 하투실리스는 히타이트 왕국을 경제적·군사적 강국으로 변화시켰다.

하투실리스의 손자이자 계승자인 무르실리스 1세(재위 기원전 1620경~1590)는 한층 더 역동적이고 야심만만했다. 그는 유프라테스 강 상류 지역을 지배하고자 했으며 북부 시리아의 작지만 강력한 왕국들을 복속시키고자 했다. 눈부신 원정 끝에 그는 동남쪽의 메소포타미아로 향했다. 진군하면서 전리품과 공물을 징수했고 마침내 바빌론의 전설의 성문 앞에 이르렀다. 바빌론은 아직 아모리 왕국의 중심지였고, 함무라비의 먼 후손이 지배하고 있었다. 무르실리스 1세는 기원전 1595년 바빌론을 약탈해 그곳에 수백 년 동안 축적된 재화를 탈취했다. 그런 다음 폐허가 된 도시를 방치한 채 물러났다.

그 뒤 근동 역사에 일종의 암흑기가 이어졌는데, 그 이유는 이 시기에 관한 사료가 매우 드물기 때문이다. 바빌론 약탈 이후 수백 년 동안은 격동기였던 것으로 보인다. 카시테인으로 알려진 집단이 황폐한 도시 바빌론으로 이주해 구바빌로니아 왕국을 장악했다. 카시테인의 기원과 언어에 대해서는 논란이 많다. 그러나 기존의 메소포타미아 침입자들과 마찬가지로 카시테인은 그곳에서 마주친 기존 문명에 신속히 적응했다. 그들은 그 뒤 500년 동안 바빌로니아 지역을 평화와 번영 속에서 지배했다.

이와는 대조적으로 히타이트인은 통치 영역에 전혀 안정을 가져다주지 않았다. 무르실리스의 세력이 커지자 전사 귀족들은 긴장했다. 그들은 중앙집권화된 왕권에 지위와 권력을 순순히 양도할 준비가 되어 있지 않았다. 무르실리스는 본국에서 발생한 소요 때문에 속히 바빌론을 포기해야만 했다. 수도 하투사스로 돌아온 직후 그는 궁정 내부의 음모에 의해 암살당하고 말았다. 그가 암살당한 뒤 100여 년 동안 히타이트의 세력은 쇠락을 거듭했다.

고대 근동의 변화	
셈어 사용 민족의 수메르 침입	기원전 2000년
인도–유럽 어족의 근동 도래	기원전 2000년
아시리아인에 의한 교역 네트워크 조직	기원전 1900년
구바빌로니아 제국의 흥기	기원전 1800년
히타이트·카시트·미탄니 왕국의 성립	기원전 1800~1400년

미탄니 왕국

히타이트인과 마찬가지로 미탄니인도 인도–유럽어족의 소수민족이었다. 그들은 유프라테스 상류의 원주민 사이에서 지배계급으로 군림했다. 이들 전사 귀족계급은 기원전 1550년경 북부 시리아를 침입했다. 이미 무르실리스에 의해 황폐화된 지역을 장악한 그들은 유프라테스 상류 지역과 북부 시리아를 통합해 미탄니 왕국을 만들었다.

미탄니인은 말이 끄는 가볍고도 바퀴에 살 달린 전차—궁수를 싣고 들판을 누비면서 적을 공포에 몰아넣었다—를 비롯해 근동의 전쟁 방식에 다양한 혁신을 가져왔다. 그들은 말 조련과 기병 전술의 달인이기도 했다. 이런 혁신을 통해 그들은 한동안 히타이트인을 서쪽에 꼼짝 못하도록 묶어두었고, 동쪽의 막강한 아시리아를 예속적인 위치로 밀어붙였다. 그러나 미탄니인의 적들이 전차로 무장을 하고 보병과 기병을 보호하기 위해 비늘 있는 갑옷을 착용하기 시작하자 군사적 세력균형은 급속히 미탄니인에게 불리하게 돌아갔다.

14세기에 왕실 내부의 싸움으로 허약해진 미탄니 왕국은 재기한 히타이트의 침공 앞에 무너지고 말았다. 히타이트인은 몰락한 미탄니 왕국을 히타이트와 아시리아 간의 완충 국가로 남겨두었다. 그러나 북부 시리아에서 미탄니 왕국이 붕괴했다는 것은 바야흐로 이집트인과 히타이트인 사이에 직접적인 군사적 충돌이 임박했음을 의미했고, 그것은 두 제국에 다같이 어마어마한 결과를 초래했다. 그러나 이러한 갈등 상황과 이집트 신왕국이 어떻게 제국 세력으로 성장했는지를 이해하려면 중왕국 말기의 이집트로 돌아갈 필요가 있다.

2천년기의 이집트

♣ 신왕국 이집트는 고왕국 및 중왕국과 어떻게 다른가?

이집트는 기원전 2천년기 초 왕조 교체로 인해 변화를 겪었다. 제1중간기를 거치는 동안 서아시아와 누비아 출신 외국인들이 대규모로 '우주의 중심'—이집트—에 밀려들었다. 일부는 이주자로, 또 다른 일부는 용병으로 들어왔다. 이것은 이집트를 대규모 군사적 침공으로부터 보호해주는 결과를 가져왔다. 그러나 중왕국 파라오가 기원전 2000년 직후 테베에서 중앙 정부를 회복했을 무렵에는 과거 고왕국 이집트인이 마아트에 대해 가졌던 확신은 이미 사라지고 없었다. 중왕국 이집트는 불안정하고 불확실한 곳이었다. 그들은 더 이상 국경 밖의 사건을 느긋하게 무시할 수도 없고, 그렇다고 해서 누비아·시나이·중동에 적극 개입하는 제국 세력도 될 수 없는 자신들의 위상을 불안하게 느끼고 있었다. 모든 지역과의 상업적 접촉은 점점 확대되었고 그 지역들에서 이집트의 영향력은 커지고 있었지만, 그 어느 것도 중왕국 이집트인들로 하여금 안정감을 느끼게 만들지는 못했다.

그들의 걱정거리는 기원전 1700년 이후에 더욱 커졌다. 그 무렵 이집트는 힉소스인—'외국 땅의 지배자'라는 뜻의 이집트어 '헤카 카수트(heka khaswt)'를 그리스어로 옮긴 말—이라는 외국 군대에게 정복당했다. 힉소스인의 정확한 기원은 알 수 없지만, 아마도 중동에서 온 셈어를 말하는 민족이었을 것이다. 그들은 동부 삼각주에 왕국을 건설한 다음 하이집트 지역 대부분을 지배했다. 이러한 정복과 더불어 이집트의 중앙 권력은 다시 한 번 무너졌고 이집트는 제2중간기에 돌입했다(기원전 1650경~1550).

우리는 힉소스인에 대해 아는 것이 많지 않다. 그리고 우리가 갖고 있는 지식은 대부분 후대에 전해진 이집트인의 지극히 과장된 선전에 기반을 둔 것이다. 한 가지 분명한 것은 그들이 파라오의 정부를 접수했고 이집트의 선례를 끌어와 자신의 지배를 정당화했다는 점이다. 일부 힉소스 지배자들은 자기 이름에 '라'를 붙이기도 했다(비록 후대의 이집트인은 그들을 일컬어 '라 없이 지배한 자들'이라고 부르긴 했지만 말이다). 힉소스인은 에게 해 유역, 시리아, 팔레스타인 등과의 긴밀한 경제적·외교적 유대를 이어가면서 많은 부분 외래적인 물질

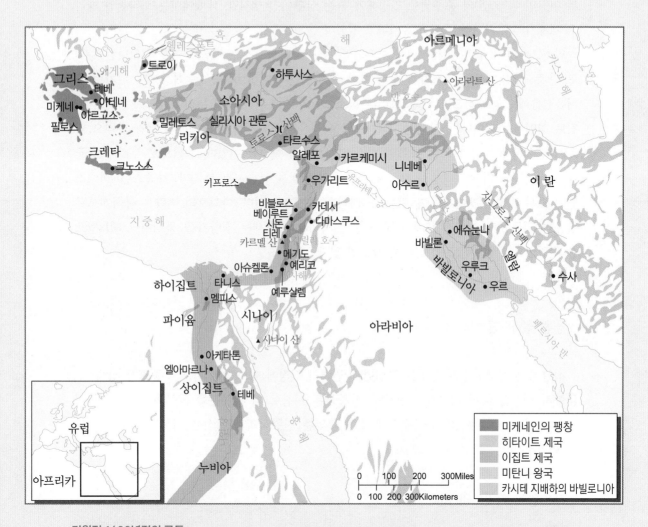

기원전 1400년경의 근동

도시 모델의 확산은 어떻게 우리의 지리적 초점을 확대하도록 만드는가? 지중해 동부 해안의 도시 증가를 눈여겨보라. 이것은 근동의 이 지역에서 발생한 교역의 흥기에 대해 무엇을 말해주는가? 당시의 주요 제국들과의 관계는 물론 에게 해 해역의 신흥 문명과의 관계에서도 이 지역이 중심적인 역할을 했음에 유의하라. 후기 청동기 시대 세계에서 교역은 얼마나 결정적인 중요성을 가졌는가?

문화를 이어갔다. 하지만 상이집트에서는 힉소스인의 지배권이 완벽하지 못했다. 이따금 북부 이방인(힉소스인)의 종주권을 인정해야 하는 상황이긴 했지만, 테베에서는 토착적인 파라오 체제가 미약하나마 독립을 유지하고 있었다.

힉소스인의 지배권은 1세기가량 지속되었는데, 후대에 그것은 이집트 역사의 크나큰 수치로 간주되었다. 무르실리스가 암살당한 후 힉소스인이 이집트를 근동 최강국의 위치로 끌어올렸음에도 불구하고 말이다. 그러나 힉소스인의 정복은 남쪽의 누비아인으로 하여금 이집트 지배에서 벗어나 '쿠시'라는 독립 왕국을 세울 수 있도록 했다. 테베의 토착 파라오 왕조 입장에서 누비아 왕국은 북쪽의 힉소스인보다 더 큰 위협이었다. 그러므로 누비아 왕국의 독립은 남부의 파라오들로 하여금 민족주의 감정을 분출시켜 북쪽의 '가증스런' 힉소스인에 맞선 해방 전쟁에 나서게 만든 또 하나의 동기가 되었다. 파라오의 전략은 궁극적으로 성공을 거두었다. 기원전 16세기 말 남부의 파라오 아모세는 침략자를 물리치고 제18왕조를 수립함으로써 이집트 역사의 새 장을 열었다.

신왕국(기원전 1550~1075)

신왕국 시기의 이집트 문명은 장엄함과 권력의 절정에 이르렀다. 기존의 종교적·경제적·문화적·정치적 삶이 이어지긴 했지만, 신왕국은 이집트 역사와 문화에서 획기적인 전환점을 이루었다. 제국주의와 군국주의에 초점을 맞춘 신왕국의 역동성은 이집트의 모든 부문을 변화시켰다.

제18왕조 파라오의 지배

제18왕조는 이집트를 250년 이상 지배했다. 이 시기에는 현저한 변화가 있었다. 가장 중요한 것은 이집트 사회에 새로운 형태의 귀족이 흥기했다는 점이다. 새로운 귀족계급은 군사령관과 장교들로 구성되었다. 그들의 부는 전쟁을 통해 얻어졌는데, 약탈에 의한 것도 있었지만 봉사의 대가로 파라오에게 받은 왕실 소유지(토지에 결박된 노예도 포함)도 있었다.

제18왕조는 전투를 통해 세워졌다. 아모세는 힉소스인을 물리치고 이집트를 재통합하여 명성을 얻었다. 그 뒤 아모세와 그의 계승자들은 남쪽 누비아에 관심을 돌렸다. 그 무렵에는 금이 근동의 상업과 재무의 표준이었다. 이런 상황에서 이집트가 번영을 도모하려면 누비아의 풍부한 금광을 장악할 필요가 있었다. 투트모세 1세(재위 기원전 1504경~1492) 치세에 이집트인은 동북쪽으로 진출하며 팔레스타인과 시리아 지역으로 깊숙이 들어갔다. 이 위대한 파라오는 남으로 제4폭포에서 북으로 유프라테스 기슭에 이르는 영토를 지배했다. 과거의 어떤 파라오도 그토록 광대한 영토에 대한 지배권을 행사하지 못했다. 그의 성공은 일시적인 것으로 끝나지 않았다. 이집트인은 향후 400년 동안 북쪽의 중동 및 근동에서 군사적 우월성을 유지했다. 남쪽의 수단에서는 투트모세가 사망한 뒤 1세기가 넘도록 파라오들이 거대한 신전 및 조각상 조성 사업을 수행하고 있었다.

신왕국 파라오들은 공격이 최선의 방어라는 단호한 전략을 구사했다. 힉소스의 지배라는 당혹스런 사태를 경험한 그들은, 또 다른 침입에 대비하는 수준을 뛰어넘어, 위험 지역에서 적극적으로 이집트의 무력을 과시함으로써 동일한 사태의 재발을 막겠다고 굳게 결심했다. 이집트인은 또한 힉소스인이 구사한 전투 전술을 부분적으로 채택했다. 힉소스인이 이집트인을 상대로 사용했던 말이 끄는 전차를 새로운 적에 맞서 싸우는 효과적 수단으로 활용한 것이다.

하트셉수트 여왕과 투트모세 3세

군사활동은 제18왕조의 위기가 될 수도 있었던 한 사건으로 말미암아 기원전 15세기에 절정에 달했다. 기원전 1479년 투트모세 2세가 젊은 나이로 죽고 미래의 투트모세 3세가 후계자가 되었다. 종전 같았으면 그와 같은 사태는 흔히 정치적 불안정이나 왕조 교체로 이어졌을 것이다. 그러나 이 경우에는 가족 정치와 탁월한 개인 역량이 결속력과 연속성을 강화하는 요인으로 작용했다. 신왕국에서 파라오—그는 신의 현현이었다—는 자격 갖춘 여성을 공식 '왕비'로 취하는 관습이 있었다. 새로 즉위한 파라오는 선왕의 딸, 즉 자신의 누이나 의붓누이와 결혼했던 것이다. 그러나 이러한 남매의 결합만이 후계자를 생산하는 통상적 방법은 아니었다. 파라오는 후처와 첩들로 이루어진 대규모의 하렘을 거느리면서 그들을 통해 후손을 보았던 것이다. 투트모세 2세의 경우가 그랬다. 그의 왕비는 누이인 하트셉수트였지만, 다른 여성과의 사이에서 후계자인 아들을 얻었다.

투트모세 2세가 죽자 하트셉수트는 의붓아들이자 조카인 투트모세 3세—부왕 사망 시 어린아이였다—의 섭정이 되었다. 미망인이 된 왕비가 섭정 노릇을 하는 것은 신왕국에서는 흔한 일이었는데, 이는 이집트 여성이 다른 고대 근동 문화권 여성에 비해 상대적으로 높은 지위를 누렸음을 보여준다. 그러나 하트셉수트의 경우에서 주목할 일은, 섭정이 된 지 몇 해 되지 않아 그녀 스스로 파라오임을 선언했고 그림과 조각 등에서 스스로를 파라오의 특징인 남성적 외모와 가짜 수염을 붙인 형상으로 묘사했다는 사실이다. 그녀는 남자인 체하지도 않았고—조각상과 초상화에 새겨진 비문에는 그녀의 진짜 성(性)이 항상 명기되어 있었다—투트모세 3세의 왕좌를 찬탈하지도 않았다. 투트모세 3세는 계속해서 그녀의 공동 지배자로 표현되었다. 그러나 하트셉수트와 투트모세 3세가 공동 통치하던 20년 동안 그녀는 정부 내에서 확실한 주도권을 쥐고 있었고, 그녀의 정치적 수완은 제18왕조와 이집트의 지속적 성공에 결정적 역할을 했다. 여러 차례에 걸친 성공적인 군사 원정이 그녀의 이름으로 기록되었고, 후대의 이집트 장인들이 1,000년 동안 모방하게 될 표준을 만들어낼 정도로 예술이 활짝 꽃을 피웠다. 그러나 그녀를 가장 유명하게 만든 것은 장엄한 장제전(葬祭殿, mortuary temple)이었다. 고대 이집트 건축의 불가사의 중 하나로 꼽히는 이 장제전에는 그녀와 그녀의 부왕인 투트모세 1세가 묻혀 있다. 하트셉수트 이후 신왕국에서 이토록 무덤을 드러내놓고 눈에 띄게 조성한 파라오는 거의 없었다. 오히려 파라오들은 테베 부근의 저 유명한 왕들의 계곡에 묻히는 것이 관행처럼 되어 있었다. 왕들의 계곡은 멀리 떨어져 있어서 파라오들의 무덤을 숨기기에도 좋고 도굴꾼들로부터 안전을 기할 수 있으리라고 판단했기 때문이다.

투트모세 3세는 기원전 1458년 하트셉수트가 죽을 때까지 그녀의 그늘에 묻혀 살았다. 그 뒤 그는 30년가량을 더 통치하다가 죽었다. 치세 말년에 그는 자신이 언제나 단독으로 지배했다는 인상을 남기기 위해 하트셉수트의 기념물들을 손상시키고 비문에서 그녀의 이름을 지웠다. 이렇듯 배은망덕하기는 했지만 투트모세 3세는 위대한 파라오였다. 그는 모두 17번에 이르는 군사 원정을 감행해 팔레스타인 깊숙한 곳에 있는 메기도(Megiddo)를 장악하고 이곳을 전략 거점으로 삼았다. 그는 여세를 몰아 시리아 해안에 있는 주요 항구들을 점령했다. 그의 아들 아멘호테프 2세(재위 기원전 1428경~1400)는 부왕의 시리아 정복 사업을 이어받아 오론테스 강을 건넜고 이집트의 지배권을 시리아 내륙 지방까지 확대했다.

이들 원정은 이집트의 세력을 증대시키려는 의도뿐만 아니라 미탄니 왕국의 경제적·군사적 세력을 약화시키려는 의도를 갖고 있었다. 이 점에서 원정은 대단히 성공적이었다. 하지만 아이러니한 결과가 초래되었다. 바야흐로 미탄니 왕국은 너무나 세력이 약해진 나머지 히타이트인이 시리아와 메소포타미아에 대한 야심을 다시 드러낼 수 있게 되었던 것이다.

아시리아인 역시 미탄니에 대한 예속 상태를 벗어났으며, 향후 이집트에 대해 미탄니인보다 훨씬 더 큰 공격성을 드러내게 되었다. 그러나 당시에는 미탄니 왕국 멸망의 장기적 결과가 아직 분명히 드러나지 않았다. 제18왕조는 군사적 성취의 기쁨을 마냥 만끽했다.

투트모세 3세와 아멘호테프 2세 덕분에 얻은 어마어마한 권력과 부에 더해 제18왕조는 단호함과 잔인성으로도 이름이 높았다. 그러므로 '대왕(The Magnificent)'으로 알려진 아멘호테프 3세(재위 기원전 1390경~1352)는 조부와 증조부처럼 군사적 정복활동을 굳이 할 필요가 없었다. 그의 임무는 이집트가 이미 확보한 영토를 효율적으로 관리하고 기왕에 획득한 경제적·외교적 이점을 활용하는 것이었다. 아멘호테프 3세는 그 일을 노련하고 차분하게 수행했다. 파라오는 케프티우(Keftiu)—통상 성경의 '갑돌(Caphtor, 키프로스)'과 동일시되지만 크레타일 가능성이 크다—지역을 포함한 광대한 영역에서 공물을 받았다. 그는 미탄니인과 조약을 체결하고 최소한 두 명의 미탄니인 공주를 자신의 하렘에 받아들였다. 아멘호테프 3세는 근면함을 계속해서 유지하고 외교적 이익을 관리하면서 선조들이 투입한 노력의 열매를 거두어들이는 것 말고는 달리 할 일이 없었다.

종교적 변화와 종교적 도전

제18왕조의 위대한 정복은 이집트에 막대한 전리품을 가져다주었다. 이렇게 축적된 부의 상당 부분은 거대한 사원과 무덤, 각종 기념물과 곳곳에 세워진 기념 석주들—이 모든 것은 우리에게 많은 역사적 정보를 제공해준다—을 통해 파라오 개인을 찬양하는 데 쓰였다. 또한 약탈물의 상당 부분은 정복활동을 수행한 군사 귀족계급에게 돌아갔다. 그러고도 남은 상당량의 재화는 이집트의 성공에 대한 감사 제물로 신들을 위해 사용되었다. 이집트 전 지역의 신전은 정복의 혜택을 한껏 누렸고, 신전이 부유하고 강력해지자 사제도 부유하고 강력해졌다. 하지만 그 어떤 신전도 테베의 아몬(Amon) 신전만큼 대단하지는 않았다.

아몬 신전

테베는 제18왕조의 수도였다. 그러므로 아몬은 그 도시의 수호신으로서 왕조의 정체성을 확인해주는 중요한 역할을 했다. 그러나 아몬은 단순한 지방신 이상의 존재였다. 중왕국 이집트를 거치면서 아몬의 능력과 인기가 확대되었다. 그는 점차 태양신 라와 동일시되거나 통합되었다. 그 결과 신왕국에서 아몬-라(Amon-Ra)로 공식화되었다. 기원전 1550년에 이르러 아몬-라는 마치 이집트의 민족신처럼 되었고, 테베에 기반을 둔 제18왕조는 아몬-라를 중심으로 이집트인을 결집시켜 힉소스에 맞서 싸웠다. 그러므로 신왕조는 아몬에게 감사할 충분한 이유가 있었다. 아몬의 도움이 이집트 재통일에 결정적으로 기여했기 때문이다.

테베의 아몬 신전에 베풀어진 각별한 은전과 그곳에 맡겨진 막대한 부 때문에 아몬 사제들은 강력한 정치적·경제적 세력이 되었다. 아멘호테프 3세 치세 말에 아몬 신전 사제계급은 관료계급을 능가하는 정치적 영향력을 행사했고, 사제가 파라오 궁정의 유력 인사가 되었다. 왕조의 명성은 아몬의 명성과 완벽하게 일치했지만, 그런 관계 속에서 주도권이 어느 쪽에 있는가는 불투명해지기 시작했다.

아케나텐 치세(기원전 1352~1336)

이 모든 요인은 역사상 가장 흥미로운 한 인물에게서 운명적으로 교차했다. 아멘호테프 3세가 죽자 그의 아들 아멘호테프 4세가 뒤를 이었다. 아멘호테프 4세는 일찍이 아몬 숭배보다 태양신 숭배에 기울어져 있었다. 아멘호테프 4세의 초기 비문에서 라는 아몬의 일부가 아닌 별도의 신—그것은 태양광으로 가시화 된다—으로 찬양되었다. 라에게 헌신한 아멘호테프 4세는 라의 상징으로서 전통적인 매(또는 매의 머리를 한 남자)의 형상 대신 아텐(Aten)—아텐은 태양 그 자체이며 그 빛은 땅을 향해 비친다—을 내세웠다. 그런데 아멘호테프 4세는 여기에서 그치지 않고 훨씬 더 앞으로 나아갔다. 그는 자기 이름을 아멘호테프(아몬이 기뻐한다)에서 아케나텐(Akhenaten, '아텐에게 이익이 되는 사람')으로 바꿨다. 아케나텐이 되고 나서 그는 북쪽의 멤피스와 남쪽의 테베 중간에 새로운 수도를 세우고 아케타톤(Akhetaton, 아텐 신의 효력이 미치는 곳)—지금의 엘-아마르나(el-Amarna)—이라고 명명했다. 그래서 대단히 독특하고도 단명했던 이 아케나텐 치세는 오늘날 아마르나 시대로 불린다.

아케나텐은 이집트 종교와 문화에 많은 혁신을 가져왔다. 아텐 숭배는 아몬 숭배에 비해 엄격한 일신교였다. 테베의 아몬 신학이 아몬 이외의 신들을 아몬의 다양한 국면으로 인식했던 반면, 아케나텐은 오로지 아텐에 의해 구현된 빛의 생명력만을 인정했다. 아텐은 고대 이집트의 신들과는 달리 예술적 기법으로 포착하거나 묘사할 수 없었다. 그러므로 아텐의 이미지—아마르나 시대 예술의 가장 중요한 특징이다—는 '빛'에 해당하는 이집트 상형문자를 정교하게 다듬어 표현했다.

생명에 대한 긍정은 아케나텐 종교개혁의 핵심이었다. 아텐은 태양에서 뻗어나간 광선들 끝에 손이 달린 모습으로, 각각의 손은 '생명'을 의미하는 고대 이집트의 상형문자 앙크(ankh, ☥)를 쥐고 있었다. 아케나텐은 자신의 초상화를 기이한 모습으로 그리게 했는데, 이런 독특한 표현이 이데올로기에 기인한 것인지, 아니면 그 자신의 신체적 특성을 반영한 것인지는 불분명하다. 아케나텐의 모습은 선조들의 확신에 찬 남성적인 모습과는 전혀 달리 목과 팔이 길고 코가 과장되었으며 입술은 이례적으로 통통했다. 그의 눈은 고양이 눈 같고 앞으로 나온 배는 임신한 여성의 조각상을 연상케 한다. 전반적인 느낌은 양성구유(兩性具有) 같지만, 그 의미는 불분명하다. 아케나텐은 분명 가정적인 사람이었고 아름다운 왕비 네페르티티와 함께 자녀들과 놀아주기를 좋아하는 매우 인간적인 파라오로 그 자신을 표현했다. 아마르나 시대에는 지극히 인간적인 분위기가 넘쳤는데, 그것은 초기의 파라오 묘사와 비교하면 다분히 '평민적인' 것이었다.

아케나텐이 종교적·문화적 혁명을 단행한 동기가 무엇인지에 대해서는 학자들 사이에 아직도 논쟁이 그치지 않고 있다. 일부 학자들은 그가 전통의 굴레를 벗어던지기 위해 비범한 상상력과 통찰력을 실천에 옮긴 세계 최초의 혁명적 지식인이라고 간주한다. 다른 학자들에 따르면 그는 라가 아몬에 흡수·통합된 것을 탐탁지 않게 여긴 나머지 전통적 태양신 숭배를 재천명하고자 한 반동적 인물이었다. 또 다른 학자들은 그가 새로운 종교체제를 구축함으로써 아몬 신전 사제들의 영향력을 박탈하고자 한 주도면밀한 정치가였다고 평가한다.

이런 다양한 해석이 상호 배타적인 것은 아니다. 정치와 종교는 고대 근동에서 서로 긴밀하게 연관되어 있었고, 그리스와 로마에서도 마찬가지였다. 그러나 자신의 왕조를 아텐과 동일시했다는 것은 아케나텐의 종교혁명이 정치혁명이기도 했다는 점을 입증한다. 왜냐하면 아케나텐 혁명은 왕조의 정당성을 새로운 토대 위에 재정립할 것을 요청했기 때문이다.

아케나텐은 이러한 혁명을 위해 엄청난 노력을 쏟았지만 대부분의 이집트인은 그를 따르지 않았다. 우리의 관점에서 볼 때 전통적인 이집트 종교는 지극히 복잡 미묘한 것이었다. 하지만 분명 이집트인은 파라오가 그들에게 주고자 했던 고매하고 자비롭되 비인격적인 신보다는 전통적 종교를 더 선호했다. 강력한 아몬 사제집단도 아케나텐의 종교혁명에 완강하게 저항했다. 사태를 더욱 꼬이게 만든 것은 아케나텐이 군사 문제에 무관심했다는 사실이다. 새로운 신을 위해 너무나 헌신한 나머지 그는 이집트의 대외적인 이익을 등한시했다. 반란이 뒤따랐고 아케나텐은 군사 귀족의 지지를 상실했다. 아케나텐의 혁명은 실패로 끝났다.

그의 실패는 제18왕조 쇠퇴의 전조였다. 아케나텐 사후 잠시 동안 스멘크카레가 뒤를 이었지만, 궁극적으로 그를 계승한 인물은 투탕카텐[1](재위 기원전 1333~1323)이었다. 투탕카텐은 이름을 투탕카몬(투탕카멘이라고도 부른다)으로 바꿨는데, 이는 아케나텐의 이단을 거부하고 아몬과 그 사제계급을 복원시켰음을 드러내기 위해서였다. 아케나텐의 새로운 수도는 버림받았고 그에 대한 기억은 저주받았다. 그 도시가 오늘날에도 보존상태가 매우 좋은 까닭은 그 후 아무도 그곳에 관심을 갖지 않았기 때문이다. 아케나텐은 단지 '아케나텐 이단'으로만 후대에 기억되었다. 그의 기념물들은 전국적으로 파손되었다. 피해가 막심했다. 아케나텐 치세가 끝난 뒤 이집트의 국제적 위상은 놀라울 정도로 추락했고, 투탕카몬은 병약한 10대 소년이었다. 소년 왕이 요절하고 난 후 혼란기를 거쳐 기원전 1323년 군사령관 호렘헤브가 왕좌에 올랐다. 호렘헤브는 약 30년 동안 정치적 안정을 유지했지만 아들이 없었다. 그는 또 다른 장군인 람세스 1세에게 왕위를 넘겼다. 람세스는 제19왕조의 창시자로서 근동 지역에서 이집트의 영광을 되살렸다.

후기 청동기 시대의 국제체제

♣ 후기 청동기 시대 국제체제의 중요한 특징은 무엇인가?

기원전 1500년 이후 이집트를 포함한 많은 나라의 운명은 폭넓은 국제관계의 맥락에서만 파악할 수 있다. 향후 300년 동안 근동 왕국들의 운명은 지중해 동·중부 전역에 걸쳐 형성된 단일한 국제체계와 뒤얽히게 되었기 때문이다.

---

1) 1922년에 손상되지 않은 상태로 발굴된 무덤으로 유명하다. '아마르나 혁명'을 이끈 아케나텐이 죽은 뒤 즉위했으며 전통 종교를 되살렸다. 그의 미라를 의학적으로 분석한 결과를 보면, 투탕카텐은 바로 전에 이집트 왕을 지낸 스멘크카레(아케나텐의 사위이면서 공동으로 다스렸다)의 동생인 것으로 여겨진다. 투탕카텐은 아케나텐과 스멘크카레가 죽은 뒤 어린 나이에 왕이 된 것 같다. 그는 왕위 계승권을 강화하기 위해 아케나텐의 셋째 딸과 결혼했다. 즉위할 때 그는 아직 어렸기 때문에 호렘헤브 장군 등의 조언을 받았다. 투탕카텐은 즉위한 지 늦어도 4년 뒤에는 이름을 투탕카멘으로 바꾸고, 옛날 신들의 신전 및 그들을 섬기는 제사장들을 부활하는 한편 아케나텐의 방침이 잘못되었음을 인정하는 포고령을 발표했다. 그는 아몬 신을 섬기는 제사장들에게 이처럼 굴복했지만, 아케나텐이 유일신으로 섬긴 태양신 아텐을 금지하거나 박해하지는 않았다.

아케나텐, 히브리인, 유일신교

아케나텐 종교혁명의 위대한 기념물 중 하나는 「아텐 송가(頌歌)」이다. 생명을 부여하는 아텐 신의 미덕을 찬양하는 내용이다. 아케나텐은 아텐 신을 이집트 종교체계의 정상에 올려놓으려 했다. 아케나텐의 실험은 이집트에서는 실패로 끝났지만 고대 히브리인을 포함한 지중해 동부 지역 다른 사회의 종교 전통을 형성하는 데 중요한 역할을 했다.

「아텐 송가」

살아계신 아텐이여, 생명의 기원이시여! 당신께서는 지평선 위로 아름답게 떠올랐습니다. 동쪽 지평선 위로 솟아오를 때 당신께서는 온 땅을 당신의 아름다움으로 물들였습니다. 당신께서는 은혜롭고 위대하며 빛을 발하며 온 땅을 굽어봅니다. 당신의 빛은 당신께서 만드신 삼라만상의 경계까지 모든 땅을 에워쌉니다.……당신이 서쪽 지평선으로 저물 때 땅은 죽음처럼 어둠에 묻힙니다. 그들은 머리를 감싼 채 방에서 잠들어 있습니다. 그들은 머리에 베고 있는 모든 것을 도둑맞으면서도 그것을 알지 못합니다.……

여자 안의 싹을 창조하신 이여, 남자 안의 씨앗을 만드신 이여. 당신은 어머니의 몸 안에 있는 아들에게 생명을 주십니다. 당신께서는 그의 슬픔을 가라앉히고 위로를 주십니다. 당신은 자궁 안의 어린 것을 돌보십니다. 당신은 만드신 모든 것을 양육하기 위해 숨을 불어넣습니다.……당신께서 하신 일을 어떻게 흉내 내겠습니까? 그것은 우리 인간에게는 감춰져 있습니다. 오, 유일하신 신이시여, 당신과 같은 분은 달리 없습니다! 당신은 당신의 뜻에 따라 홀로 세상을 창조했습니다. 사람, 가축, 짐승 등 지상에 있는 발로 걸어 다니는 모든 것과 공중에서 날개로 날아다니는 모든 것을.

세상은 당신의 뜻에 따라 당신의 손으로 만들어졌습니다. 당신이 솟아오르면 그것은 살아나고, 당신이 저물면 그것은 죽습니다. 당신은 생명 그 자체입니다. 만물은 당신을 통해서만 생명을 얻기 때문입니다.

『구약성서』 「시편」 104편

내 영혼아 주님을 찬송하여라. 주 나의 하나님, 주님은 더없이 위대하십니다. 존귀와 권위를 갖추셨습니다. 빛으로 휘감으셨습니다. 옷감을 펼치듯이 하늘을 펼치시고……땅의 기초를 놓으셔서 땅이 영원히 흔들리지 않게 하셨습니다. 옷으로 몸을 감싸듯 깊은 물로 땅을 덮으시더니, 물이 높이 솟아서 산들을 덮었습니다. 그러나 주께서 한 번 꾸짖으시니 물이 도망치고……주님은 들짐승들이 뜯을 풀이 자라게 하시고, 사람들이 밭갈이로 채소를 얻게 하시고, 땅에서 먹을거리를 얻게 하셨습니다. 사람의 마음을 즐겁게 하는 포도주를 주셨습니다.……주께서 어둠을 드리우시니 밤이 됩니다. 숲 속의 모든 짐승은 이때부터 움직입니다. 젊은 사자들은 먹이를 찾으려고 으르렁거리며 하나님께 먹이를 달라고 울부짖습니다.

주님, 주께서 손수 만드신 것이 어찌 이리도 많습니까? 이 모든 것을 주께서 지혜로 만드셨으니, 땅에는 주님이 지으신 것으로 가득합니다.……이 모든 피조물이 주님만 바라보며 때를 따라서 먹이 주시기를 기다립니다. 주께서 그들에게 먹이를 주시면 그들은 받아먹고, 주께서 공급해주시면 그들은 좋은 것으로 배를 불립니다. 그러나 주께서 얼굴을 숨기시면 그들은 떨면서 두려워하고, 주께서 호흡을 거두어들이시면 그들은 죽어서 본래의 흙으로 돌아갑니다.

분석 문제

1. 「아텐 송가」는 유일신 사상을 어떻게 표현했는가? 이미 신적인 존재로 인정되던 파라오가 왜 종교혁명을 시도했을까? 그리고 왜 실패했을까?

2. 「시편」 104편에 나오는 신의 위대함에 대한 찬양은 창조의 질서를 언급하고 있다. 이 질서 개념은 이집트인의 마아트 개념과 어떻게 다른가? 히브리인의 유일신교는 아케나텐의 유일신교와 어떻게 다른가? 왜 다신교는 유일신교 이전에 등장했는가?

후기 청동기 시대는 초강대국의 시대였다. 앞서 보았듯이 제18왕조의 위대한 파라오들은 이집트를 정복 국가로 변모시켰고 근동 전역에서 두려움과 존경의 대상이 되었다. 그러나 미탄니 왕국에 대한 그들의 압박 전략은 기원전 1450년 이후 히타이트 제국의 부흥을 초래했다. 미탄니 왕국에 치명타를 날린 것은 히타이트인이었다. 이로써 그들은 이 지역 북부의 패권을 다시 장악했다. 아시리아인도 재기했고, 바빌로니아의 카시테 왕국은 당대의 경제적·군사적 국제관계에서 주요 세력으로 남아 있었다. 이들 강력한 제국 사이에 규모는 작지만 중요성이 큰 수많은 국가들이 등장했다. 그들은 시리아 해안과 하천 계곡을 따라 집결되어 있었고, 서쪽으로 키프로스와 에게 해까지 세력을 뻗고 있었다.

국제 외교

국제관계에서 전쟁은 여전히 대표적인 현상으로 남아 있었다. 하지만 후기 청동기 시대의 강대국들은 시일이 경과하면서 교역과 외교의 안정에 도움이 되는 세력균형을 발전시켰다. 국제주의는 함무라비 시대 이후 이미 어느 정도 존재하고 있었다. 그러나 기원전 14세기에 이르면서 하나의 국제적 규범이 발달했다. 이 규범 속에서 많은 국가의 지배자들은 보호와 안정이 교역을 번영케 하는 반면, 전쟁은 파괴적일 뿐 궁극적으로 모두에게 손해라는 것을 이해하게 되었다.

아케나텐이 수도로 삼았던 엘-아마르나에서 현대 고고학자들이 발굴한 기록들은 이러한 국제 외교 규범의 전모를 명료하게 보여준다. 중대 현안을 놓고 각국 지도자들 사이에 때로 의사소통의 혼란이 일어나기도 했지만, 그들은 대체로 서로 평화로운 관계를 유지했다. 이 시기에는 외교 언어가 발달해서 유력한 지배자들이 서로를 '형제'라고 불렀고, 군소국 군주들은 파라오와 히타이트 왕 같은 막강한 지배자들에게 경의와 존경을 표하면서 '아버지'라고 불렀다. 이러한 의전을 제대로 지키지 않는 것은 상대에게 커다란 실례를 범하는 일이었다. 기원전 13세기의 어느 아시리아 왕은 히타이트 지배자 하투실리스 3세에게 '형제'라는 칭호를 썼다가 호된 질책을 받았다. "시종일관 나를 '형제'라고 부르다니 도대체 이게 무슨 경우인가? 그대와 내가 같은 어머니에게서 태어난 자식이라도 된다는 말인가? 천만의 말씀. 내 부친과 조부께서도 아시리아 왕에게 '형제'란 호칭을 쓴 적이 없었다. 그러니 나를 형제이자 위대한 왕이라 쓰는 버릇을 그만두라!"

이 시기의 지배자들은 푸짐한 선물을 서로 돌렸고 결혼 동맹을 맺기도 했다. 전문 외교 사절들이 근동의 세력 중심지들을 오가며 값진 선물을 실어 나르는가 하면 정치적으로 민감한 문제를 다루었다. 이집트에서는 그 사절들이 상인인 경우가 많았다. 그들은 외교문제를 다룰 뿐만 아니라 파라오를 상대로 교역 가능성을 탐문하기도 했다.

국제 교역

후기 청동기 시대에는 교역이 국제 관계의 중요 요소가 되었다. 지중해 동부 해안을 오르내리는 해상무역이 번창하면서, 우가리트(Ugarit)와 비블로스(Byblos) 같은 소규모 해안 중심지가 강력한 상업 도시국가로 탈바꿈했다. 동부 지중해의 해안 대도시들은 다양한 상품을 거래하는 부유한 중계무역항이 되었다. 울루 부룬(Ulu Burun)에서 발굴된 대형 난파선에서도 나타났듯이, 상선 한 척의 화물칸 내부에도 아프리카 내륙 지방에서 발트 해 연안에 이르는 온갖 지역에서 생산된 수십 종의 물품이 가득 차 있었다. 강대국들은 국제 시장에서의 물품 유통에 대한 의존도가 높아지면서, 기존의 육상 교역로에 대한 지배권을 계속해서 유지하고 활용했다. 상업은 급속히 후기 청동기 모든 제국의 생명줄이 되어가고 있었다.

풍요롭고 수익성 높은 교역로들은 예술의 모티프, 문학·종교 사상, 건축 양식의 발전, 그리고 도구와 무기의 제작 기법 발전 등에도 기여했다. 과거에는 그와 같은 영향력이 완만하고 불규칙하게 확산되었지만, 후기 청동기 시대에는 의도적·계획적으로 세계주의가 발전하고 있었다. 이집트인은 가나안인의 유리 제품을 즐겼고, 청동기 시대 그리스인은 이집트의 부적을 높이 평가했으며, 우가리트의 상인은 그리스의 도기와 양모 제품을 극구 찬양하고 선망했다. 다른 문화권의 물품에 대한 이와 같은 적극적인 갈망의 사례는 끝도 없이 열거할 수 있다.

이러한 세계주의는 특히 상업도시에서 두드러졌다. 우가리트의 예를 들어보자. 복잡한 상거래와 다양한 언어 때문에 도시 상인들은 근동 대부분 지역에서 통용되던 쐐기문자보다 단순한 형태의 문자를 발전시켰다. 그 결과 청동기 시대 말기에 우가리트 알파벳이 등장했다. 약 30개의 자음만으로 이루어진 우가리트 알파벳은 모음을 읽는 사람이 추측해야만 했으므로 전달의 명료성은 일부 희생되었다. 그러나 이 알파벳 체계는 쐐기문자에 비해 배우기 쉽고 융통성도 있어서 항구도시에서 이루어지는 긴박한 거래 내역을 기록하는 용도로 적합했다.

시장, 자원, 교역로의 탐색은 국제적인 경제경쟁을 가속화했지만 한편으로는 각 문화 사이의 이해를 증진시키는 성과도 가져왔다. 카데시 부근에서 치러진 이집트-히타이트 전투(기원전 1275경) 이후 막강한 제19왕조의 람세스 2세는 끝없는 전쟁보다는 북방 인접국들과의 우호적 관계를 통해 더 많은 것을 얻을 수 있음을 깨달았다. 그가 히타이트인과 체결한 조약은 기원전 13세기 이 지역의 지정학적 안정에 밑거름이 되었고 경제적 통합을 촉진시켰다. 하지만 더 큰 규모의 통합은 동시에 더 큰 상호의존을 의미했다. 이 국제체제에서 어느한쪽이 어려움을 겪는다면 그 영향은 반드시 다른 지역까지 미칠 것이었다.

팽창과 취약성

수백 년이 경과한 뒤 동부 지중해 전역에 걸쳐서 교역 및 외교 시스템의 통합이 이루어졌다. 그러나 이 시스템은 멀리 확장될수록 취약해졌다. 이러한 취약성은 새로 편입된 시장이 낮은 수준의 문명을 지닌 사회였다는 사실로 인해 더욱 심각해졌다. 거칠고 호전적인 정신을 지닌 그들은 신뢰할 수 없는 파트너였고, 하나로 통합된 후기 청동기 시대 세계에서는 한층 더 위험한 상대였다. 이제 그들의 이야기를 알아보기로 하자.

미케네인과 근동: 타와갈라와스 서신

기원전 1260년경 히타이트 왕 하투실리스 3세는 다음의 서신을 아히야와의 왕에게 보냈다. 학자들에 의하면, 아히야와는 '아카이오이'—호메로스는 '아카이아'라고 칭했다—라 자칭했던 초기 그리스인에 대한 히타이트식 호칭이다. 이 편지에서 우리는 하투실리스가 아나톨리아 서부 도시 밀라완다(고전기의 밀레토스)의 정치·경제 구조를 뒤엎은 이 그리스 왕(그는 왕이자 전사였다)의 모험에 얼마나 큰 존경을 바쳤는지를 읽을 수 있다.

나는 타와갈라와스란 자의 무례하고 불성실한 행동에 대해 불평을 좀 털어놓아야겠습니다. 우리는 루카(아나톨리아 서부의 리키아) 땅에서 알게 되었는데, 그는 히타이트 제국의 봉신(封臣)이었습니다. 나는 고위 관리 한 명을 보내 그를 내게 데려오게 했습니다. 그는 무례하게도 내가 보낸 관리의 지위가 충분히 높지 않다고 불평을 늘어놓았습니다. 그는 나의 특사를 공개적으로 모욕하고, 자신을 그 지역의 분봉왕으로 선포할 것을 요구하고는 공식 접견마저 거부했습니다. 할 수 없더군요. 나는 그가 나의 분봉왕이 되고 싶다면 내가 그곳에 도착했을 때 그의 군대가 이잘란다에 있어서는 안 된다고 명했습니다. 하지만 내가 이잘란다에 도착해서 무엇을 보았는지 아십니까? 타와갈라와스의 군대가 나의 적과 한 편이 되어 싸우고 있더군요. 나는 그들을 물리치고 수많은 포로를 잡았습니다.……물론 아트리자 요새는 당신과의 조약을 존중해 고스란히 남겨두었습니다. 얼마 전 히타이트 신민인 피자마라두스란 자가 나의 포로 7,000명을 훔쳐 당신의 도시 밀라완다로 도망쳤습니다. 나는 그에게 귀환을 명했지만 그는 복종하지 않았습니다. 나는 당신께 서신을 드립니다. 선물이나 인사말 따위는 배제하고 분명한 메시지를 내게 보내줄 것을 청합니다. 밀라완다에 있는 당신의 대리인 아트파스에게 피자마라두스를 인도할 것을 명했노라고 내게 말해주십시오. 하지만 아무런 조치가 없기에 나는 그를 붙잡으러 갑니다. 나는 당신의 도시 밀라완다에 들어갑니다. 피자마라두스에게 할 말이 있기 때문입니다. 그곳에 사는 당신의 신민들은 내 말을 듣는 것이 좋습니다. 그러나 나의 방문은 성공적이지 않습니다. 나는 타와갈라와스를 요구합니다만 그는 본국에 없습니다. 나는 피자마라두스를 만나고자 합니다만 그는 바다로 가버렸습니다. 당신은 대리인 아트파스를 내게 보냈습니다. 나는 아트파스와 그의 동생이 피자마르두스의 딸들과 결혼했음을 압니다. 그들은 나를 만족시킬 것 같지도 않고 당신에게 이 모든 사안을 공정하게 설명할 것 같지도 않습니다.……피자마르두스가 끊임없이 나의 영역을 침범하면서 아내와 가족, 그리고 나의 7,000명 포로를 당신의 보호 아래 두고자 한다고 말하고 다니는 것을 알고 계시는지요?……그가 아히야와를 나를 공격하기 위한 지렛대로 사용토록 하지 마십시오. 당신과 나는 친구입니다. 윌루사(트로이 영토의 일리오스로 추정) 문제에 합의한 후 우리 사이엔 아무런 다툼도 없었습니다. 이번 문제는 나의 잘못입니다. 그리고 이런 일이 또다시 발생하지 않도록 할 것을 약속드립니다. 나의 밀라완다 점령에 관해서는 부디 친선 방문으로 간주해주십시오.……우리 사이의 문제에 관한 한 잘못은 우리에게 있는 것이 아니라 사자(使者)들에게 있습니다. 그들을 재판해 목을 베고 수족을 절단합시다. 그리하여 앞으로는 온전한 우정을 지켜가도록 합시다.

분석 문제

1. 히타이트 왕 하투실리스 3세는 어째서 명예와 존경에 대해 그토록 강렬한 감정을 갖고 있는가? 그는 왜 아히야와 왕에게 불만을 토로하는 편지를 썼는가?

2. 문명국가들에게 기대되는 확고한 행동 기준이 존재했는가? 고대 국가 중 어느 나라가 그것을 준수했고 어느 나라가 그것을 위배했는가? 국제 질서 속에서 어떤 상이나 제재가 그들에게 주어졌는가?

에게 문명: 미노아와 미케네

♣ 미케네 문화와 미노아 문화는 얼마나 닮았나?

　　고대 그리스인은 영웅적인 과거에 대한 수많은 전설을 소중히 간직했다. 머나먼 그 시절에 거인들은 신들과 서로 어울렸고, 강력한 왕국들—후대의 고전 그리스 세계에 알려진 그 어떤 왕국보다도 크고 강력했다—은 힘과 영광을 얻기 위해 싸웠다. 그러나 오랜 세월 학자들은 그리스 역사에 선사 시대가 있으리라고는 상상하지 못했다. 트로이 전쟁, 테세우스와 미노타우로스, 오디세우스의 모험 등에 관한 이야기는 전설—아무런 역사적 근거도 없는 그리스인의 상상력의 산물—로 여겨졌다. 그러므로 그리스 역사는 기원전 776년—최초의 올림픽 경기가 열렸다고 기록된 해—에 시작되었다. 청동기 시대의 그리스는 지중해 세계 또는 후대의 영광스러운 고전 그리스에 아무런 영향을 미치지 못한 것으로 간주되었다.

　　19세기 말의 아마추어 고고학자 하인리히 슐리만(Heinrich Schliemann)은 이 '신화'가 역사적 사실이라고 확신했다. 호메로스 서사시를 길잡이 삼아 그는 아나톨리아 서북 해안 부근에서 트로이 유적지를 찾아냈다. 그는 또 그리스 본토에서 한때 강력했던 수많은 요새를 발견했는데, 여기에는 미케네의 전설적인 왕 아가멤논의 고향도 있었다. 그 후 아서 에번스 경(Sir Arthur Evans)은 크레타 섬의 크노소스에서 거대한 궁전을 찾아냈다. 에번스는 이 부유하고 장엄한 문명을 미노스 왕—한때 크레타를 거점으로 삼아 에게 해를 지배했다고 후대 그리스인이 믿었던 막강한 지배자—의 이름을 따 미노아 문명이라고 명명했다.

　　초기의 결론에 많은 오류가 있긴 했지만, 슐리만과 에번스의 발견은 그리스 문명과 그 뿌리에 대한 재평가를 하지 않을 수 없도록 만들었다. 오늘날에는 '청동기 그리스'(그리스 신화 속 미케네에 토대를 둔 강력한 왕국 이름을 따서 '미케네 그리스'로 부르는 경우가 더 많다)가 기원전 2천년기 지중해 세계의 대단히 중요한 부분이었으며, 고전 그리스 문화의 기초가 이 시기에 수립되었다는 점이 확실시되고 있다. 역사적 증거의 한계로 인해 이 문화의 많은 부분은 아직 설명이 불가능한 상태로 남아 있다. 그러나 그 중요성만은 더 이상 부정되지 않는다.

미노아 해양 제국

기원전 5세기에 아테네의 역사가 투키디데스는 미노스 왕이 '해양 제국(thalassocracy)'을 지배했다고 기록했다. 하지만 에번스가 크노소스를 발견하기 전까지 투키디데스의 주장은 터무니없는 이야기로 여겨졌다. 물론 오늘날에는 그의 주장이 정확한 것으로 인정받고 있다.

미노아 문명은 기원전 1900년에서 1500년까지 번영을 누렸다. 이집트 중왕국, 히타이트 고왕국과 같은 시기였다. 그러나 크레타에서 문명의 흔적은 기원전 2500년에도 찾아볼 수 있다. 기원전 1900년에 이르러 이 문화는 고도의 물질적 수준에 도달했고 세련된 건축 기술을 발달시켰다. 그 결과 기원전 1900년에서 1500년까지의 미노아 문명은 '궁정 시대(Palace Age)'라고도 불린다. 근동 지역과 마찬가지로 미노아 궁정에서는 배급 경제가 핵심적 역할을 했다. 수합한 재원을 궁정 관료가 적정성을 판단해 배급했던 것이다. 또한 궁정은 직물, 도자기, 금속세공품 등의 생산 중심지였다. 인상적인 궁전 건축물이 이 시기부터 크레타에서 출현했다. 훌륭한 벽화와 실내 배관이 구비된 크노소스의 화려한 궁전은 면적이 수 에이커에 달했고 수백 개의 방과 구불구불한 복도로 이루어져 있었다. 발굴자들은 즉각 이 궁전이 그리스 영웅 테세우스가 무시무시한 미노타우로스를 죽인 저 유명한 라비린토스(Labyrinthos)—미궁(迷宮)—이야기의 원천임을 알아챘다.

미노아의 성공 요인은 해외 무역에 있었다. 그들은 이국적인 상품을 대량으로 이집트, 서남 아나톨리아, 키프로스 등과 거래했다. 미노아인은 키프로스를 경유해 오늘날의 레바논과 시리아에 해당하는 지중해 동부 해안 지역과도 거래했다. 이들 교역로를 따라 예술적 영향도 함께 전파되었다. 대표적인 예로, 미노아 양식의 미술은 이 시기부터 나일 삼각주와 지중해 동부 해안 지역에도 등장했다.

미노아의 궁전은 요새화되어 있지 않았다. 이 사실은 미노아 프레스코화에 묘사된 쾌활하고 목가적인 장면과 겹쳐져 20세기 초의 학자들로 하여금 미노아인이 평화를 사랑하며 상업에만 관심을 가졌던 사람들이라고 결론짓도록 만들었다. 두 손에 뱀을 쥐고 야생동물을 길들이는 모습으로 그려진 모신(母神)에 대한 미노아인의 숭배는, 미노아인의 삶이 평화로웠음을 나타내는 또 하나의 증거이자 미노아 문화의 강력한 모계제적 요소를 보여주는 흔적으로 간주되었다.

그러나 이 같은 낭만적 상상은 오늘날에는 그릇된 것으로 판명되었다. 크레타는 지리적으로 고립되어 있었기 때문에 육상 방어의 필요성이 적었지만, 미노아인의 광범한 무역 네트워크를 고려할 때 그들이 막강한 해군력을 보유하고 있었으며 적대세력이 크레타 해안에 접근하기도 전에 저지할 수 있었던 것이 분명하다. 미노아 문명에서 황소 숭배—근동의 부계사회와 긴밀하게 연관된 특징이다—에 관한 증거는 얼마든지 찾을 수 있다. 인신 희생이 미노아 종교의 공식적인 부분이었다는 증거도 나온다. 미노아 문화에서 여성은 저 유명한 미노아 직물—크레타 섬의 주요 수출품 중 하나—의 생산자로서 매우 중요한 존재였다. 그러나 미노아 사회는 평화적인 사회도 아니었고 모계제적인 사회도 아니었다.

미노아인에 관해 많은 부분이 아직 알려지지 않고 있다. 그들은 문자를 가지고 있었는데, 에번스는 비슷하지만 훨씬 명료하고 표현력이 좋은 또 다른 문자인 선문자 B—이 또한 에번스가 발견하고 이름 붙였다—와 구분하기 위해 이것에 선문자 A라는 이름을 붙였다. 그러나 우리는 선문자 A로 기록된 언어가 인도-유럽어가 아니라는 점만을 확인할 수 있을 뿐 아직도 해독하지 못하고 있다. 학자들은 미노아 문화가 언제 어떻게 해서 에게 해의 다른 섬과 해안 지역에 확산되었는지를 알아내기 위해 문자 대신 도자기 파편 등의 고고학적 유물에 의지한다.

미노아 상업 활동의 한 축은 그리스 본토였다. 도자기, 금속세공품, 직물 등 그리스 본토에 남아 있는 다양한 유물은 미노아의 기술 및 수공업자들이 크레타에서 본토로 이동했음을 보여준다. 그러나 미노아 크레타와 미케네 그리스의 관계가 정확히 어떠했는지에 대해서는 아직도 의견이 분분하다. 기원전 1600년 이전의 미노아인은 본토의 그리스인보다 훨씬 세련되었으며, 그 결과 그리스 산악 지대의 주민을 적어도 상업적으로—아마도 정치적으로도—지배할 수 있었을 것이다. 영웅 테세우스와 라비린토스의 신화에 따르면, 영웅은 미노스 왕이 부과한 무거운 조공으로부터 아테네인을 해방시키기 위해 볼모로 크레타에 갔다. 이 이야기는 크레타가 본토의 그리스인을 지배했던 시절의 기억을 간직하고 있는 것 아닐까?

미노아인과 그리스 본토의 긴밀한 접촉은 미케네 그리스에 다양한 발전을 가져다주었다. 즉, 그리스 본토는 물질문화 수준이 높아졌을 뿐만 아니라, 이 시기 근동 지역의 두드러진 특징이었던 국제적인 상업·외교 관계의 네트워크에 점점 더 긴밀하게 끌려들어갔다. 본토 주민은 요새화된 거대한 궁전의 건축법을 익혔는데, 그것은 미노아의 궁전과 히타이트인이 선호한 위압적인 성채의 건축 양식을 혼합한 건축물이었다. 그리스인은 미노아인에게서 글 쓰는 법도 배웠다. 그들은 선문자 A를 받아들여 자신의 언어에 잘 맞도록 변형시켰다. 그 결과 나타난 것이 에번스가 선문자 B라고 이름붙인 문자였다. 그것은 그리스 최초의 문자였다.

미케네인

1950년대의 선문자 B 해독은 고대 그리스를 연구하는 학자들이 청동기 시대 연구에 몰입하게 된 결정적 계기가 되었다. 그전까지만 해도 학자들은 슐리만과 에번스 등이 발굴한 감명 깊은 유적지들이 고전기 그리스 문명과 연관을 갖는다고 생각하지 않았다. 선문자 B가 고대 그리스어의 방언이라는 사실은 그리스 역사가 청동기 시대로 거슬러 올라간다는 사실을 결정적으로 확증해주었다. 과연 미케네 그리스는 무슨 역할을 했단 말인가?

그리스어를 사용한 인도-유럽어족은 오랜 기간에 걸쳐 파상적으로 그리스에 이주해 들어갔다. 이주 초기는 기원전 2천년기 초입에 발생한 수많은 그리스 중요 유적의 파괴 및 새로운 건축 양식과 도자기양식의 등장과 시기적으로 일치하는 것으로 보인다. 또 다른 중요한 주민과 물자의 이동은 기원전 1600년경에 일어났다. 그리스어를 사용하는 다양한 집단은 그들끼리도 섞였고 펠라스기인(Pelasgians)[2]이라고 알려진 비(非)인도-유럽어족 주민과도 섞였다. 그러나 '그리스인'이 탄생한 단일한 결정적 순간 같은 것은 없었다. 탁월한 미케네 연구자 존 채드윅(John Chadwick)이 말했듯이, 청동기 중기·후기의 그리스 주민은 언제나 그리스인이 '되어가는' 과정에 놓여 있었다.

미케네 문명은 그 과정의 절정을 보여준다. 기원전 1500년에 이르러 전사들이 지배하는 막강한 요새가 그리스 곳곳에 등장했다. 이 전사들은 묘비에 자신의 무용을 자랑하는 기록을 남겼고 전쟁 도구를 부장품으로 함께 묻었다. 이들 초기 지배자의 권력은 전투에서의 지휘능력이 얼마나 탁월한지 그리고 추종자들에게 얼마만큼이나 약탈물로 보상을 할 수 있는지에 달려 있었다. 그들 중 강력한 지배자들은 그리스를 경유하는 주요 항로의 전략 거점에 대한 지배권을 유지했다. 그들은 바다에서 가까운 곳에 머물며 상업 및 해적 활동에 종사했다. 고대 세계에서 상업 활동과 해적 행위의 구분은 모호했고, 그것은 19세기에 이르기까지 마찬가지였다. 고대와 근대의 다른 수많은 해상 민족과 마찬가지로 미케네인은 할 수만 있으면 약탈을 했고 그것이 불가능할 때는 교역을 했다.

---

2) 기원전 12세기 그리스에 살던 종족. 펠라스기라는 이름은 고대 그리스인만 사용했다. 호메로스, 헤로도토스, 투키디데스 같은 몇몇 그리스인에 의하면, 그들은 트라케, 아르고스, 크레타, 칼키디키 등지에 살았다. 기원전 5세기까지 남아 있던 펠라스기인 마을에서는 그리스어가 아닌 공용어를 사용했다. 어느 고대 종족이 스스로 펠라스기라는 이름을 사용했는지는 불분명하다. 후기에 이르러 그리스인은 에게해 주변의 모든 원주민을 펠라스기인이라고 불렀다.

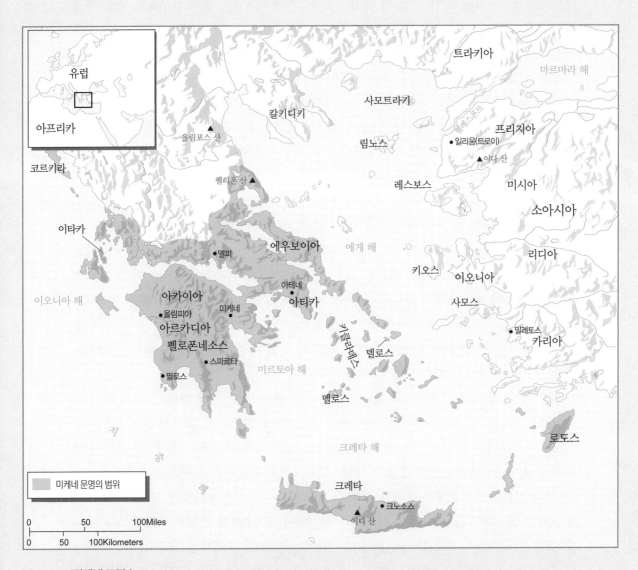

미케네 그리스

그리스의 산악 지형 및 특이한 지형이 만들어낸 수천 킬로미터에 달하는 해안선에 주목하라. 그리스에는 큰 강이 거의 없고 그나마 있는 강들마저 외해에서 멀리 떨어져 있음을 유념하라. 고대 '그리스'의 지도는 언제나 소아시아 서부 해안과 에게 해 섬들을 포함하고 있음을 주목하라. 바다로 에워싸인 이 건조하고 산 많은 지역은 그리스 문명의 성격과 경제적 이해관계에 어떤 영향을 미쳤는가? 근동 모델은 그리스에 적합했을까?

시간이 흐르면서—아마도 미노아 문화의 영향으로—미케네의 궁정 요새들은 한층 복잡한 사회로 발달했다. 요새는 정치적 중심지이자 경제적 잉여물의 비축과 분배를 위한 장소로 활용되었다. 기원전 13세기에 이르러 몇몇 지배자들은 인구 10만에 달하는 왕국을 건설했는데, 이는 고전기의 전형적인 그리스 도시국가를 무색하게 하는 규모였다. 왕국의 궁전은 근동의 모델을 차용해 건축되었지만 그 거대한 규모가 그리스의 풍경에 썩 잘 어울리지는 않았다. 전쟁에서도 미케네인이 근동의 예를 모방하는 데는 한계가 있었다. 미케네의 왕들은 동시대 근동의 왕들이 애용하던 전차를 소중히 여겼지만, 실제로 전차는 그리스의 바위투성이 지형에서는 무용지물이었다.

미케네 그리스인은 근동 청동기 시대의 마지막 시기에 중요한 역할을 했다. 기원전 1400년경 그들은 크레타 섬을 정복하고 크노소스를 점거해 미케네인의 중심지로 활용했다. 만일 이집트의 아멘호테프 3세가 언급한 '케프티우(Keftiu)'가 크레타를 의미한다면 파라오는 크레타의 미케네 정복자들과도 협상을 했을 것이다. 서부 아나톨리아에서는 적어도 한 명의 미케네 왕이 히타이트 왕을 '나의 형제'라고 부를 정도로 영향력을 행사했다. 미케네인은 근동에서도 전사와 용병으로서 대단한 명성을 누렸다. 미케네인이 요새에 거주하는 엄청난 수의 인구를 부양할 수 있었던 것은 상업과 약탈 덕분이었다. 주변 배후지만으로는 그 많은 인구를 유지할 엄두도 낼 수 없었을 것이다.

전쟁 사령관인 왕을 우두머리로 한 강력한 궁정, 전사 귀족, 지방 관료, 국가의 토지 보유 규제, 경제적 재분배, 거대한 영토의 왕국 등 미케네 세계의 정치적·상업적 기반은 고전기 그리스보다는 동시대 근동 세계와 더 닮은 모습이었다. 그럼에도 불구하고 우리는 후대에 등장하는 그리스 문명의 중요한 특징—그리스어도 포함—의 기원을 미케네로 소급할 수 있다. 선문자 B 서판에는 상당한 경제적·정치적 권리를 지닌 사회집단 '다모스(damos)'가 언급되어 있다. 이것은 후대의 많은 그리스 도시에서 정치권력의 완전한 위임을 요구한 대중 집단 '데모스(demos)'의 선구일 것이다. 서판에는 제우스, 포세이돈, 디오니소스, 데메테르 등 고전 시대부터 친근했던 그리스 신들의 이름도 기록되어 있다. 그러나 그 밖의 신들은 아예 존재하지 않거나 전혀 다른 이름이 붙여진 채 정체성이 모호하다. 하지만 무엇보다도 중요한 것은, 고전기 그리스인이 초인적 업적을 달성했다고 여긴 전설적인 미케네 선조들의 후예로 자처했다는 사실이다. 실제로 후대의 그리스인은 미케네 선조들에 대해 아는 것이 거의 없었다. 그러나 선조들에 대해 알고 있다고 생각했다는 바로 그 사실이 그리스인의 상상력에 미친 영향은 대단한 것이었다.

　　미케네 세계는 기원전 13세기 말경 스스로의 무게를 감당치 못하고 무너진 것으로 보인다. 붕괴의 계기가 무엇이었는지는 불분명하다. 자연재해, 한발, 기근, 질병, 사회불안 등 갖가지 원인이 제시되었다. 오늘날 우리의 지식으로는 어느 것이 옳은지 그른지

후기 청동기 시대의 문명	
미노아 문명	기원전 1900~1500년
미케네 문명	기원전 1600~1200년
근동 국제체제	기원전 1550~1200년
신왕국 이집트	기원전 1550~1075년

입증할 길이 없다. 그러나 미케네 붕괴가 초래한 결과는 한층 명료하다. 미케네는 상업·정치·군사적 관계의 국제적 네트워크에서 지극히 중요한 일부분이었고, 따라서 미케네 세계의 붕괴는 근동 세계 전역에 엄청난 반향을 일으켰다.

바다 민족과 청동기 시대의 종말

　　미케네 세계가 붕괴되자 근동 전 지역에 파괴의 물결이 북에서 남으로 휩쓸고 지나갔다. 이 참화의 본질은 모호하다. 왜냐하면 이 사건은 파괴를 자행하면서 이집트에 도달할 때까지 자신들이 통과한 경로의 모든 흔적을 철저히 지워버린 한 민족의 소행이기 때문이다. 기원전 1176년 람세스 3세가 가까스로 승리를 거두지 못했더라면, 우리는 그토록 신속히 후기 청동기 시대의 국제 체계를 무너뜨린 침입자들의 정체에 대해 아무것도 알지 못했을 것이다.
　　침입자들을 물리친 뒤 승리를 기념하기 위해 조성한 메디네트 하부(Medinet Habu) 신전의 비문과 부조(浮彫)에서 람세스 3세는 그들을 '바다 민족[3]'이라고 불렀다. 바다 민족의 여러 집단들은 이집트인에게 낯익은 존재였다. 이집트인은 한때 바다 민족을 용병으로 고용한 적이 있었고, 때로는 적국의 왕에게 고용된 바다 민족에 맞서 싸운 적도 있었다. 그들의 무기와 의상에 대한 람세스의 묘사에서 분명히 알 수 있는 사실은, 바다 민족이 대부분 에게 해 사람들이었다는 점이다. 그중 가장 유명한 집단은 펠레세트(Peleset)였는데, 그들은 이집트에게 패한 후 그들의 이름을 딴 해안 지역인 팔레스타인으로 물러나 거주했다.
　　북쪽에서 시작된 파괴의 물결은 미케네 그리스의 궁극적인 붕괴를 초래했다. 북부 교역

---

3) 청동기 시대 말경, 특히 기원전 13세기에 아나톨리아 동부, 시리아, 팔레스타인, 키프로스, 이집트를 침략한 공격적인 선원 집단. 히타이트 제국 같은 고대 강국을 멸망시킨 장본인으로 여겨진다. 이들의 침략으로 고대 근동지방의 기록이 갑자기 중단되었기 때문에 격변의 정확한 정도와 원인은 지금도 확실하지 않다. '바다 민족(Sea Peoples)'에 대한 주요 증거는 주로 이집트의 문헌과 삽화에 바탕을 두고 있다.

네트워크의 붕괴는 미케네 왕국들에 중대한 영향을 미쳤음에 틀림없다. 미케네 왕국들은 인구 과잉, 심각한 식량 부족, 끊임없는 전쟁 등이 동시다발적으로 발생하는 그야말로 종말론적인 상황에 직면했다. 절망에 빠진 피난민의 행렬이 에게 해 일대에서 빠져나와 도망쳤다. 북부의 상업 활동 쇠퇴는 히타이트인의 경제를 황폐화시켰고 히타이트 왕국은 무서운 속도로 무너져 내렸다. 우리는 성난 파도처럼 밀려온 적에 맞서 하투사스를 구하고자 필사적으로 싸웠던 히타이트 왕의 기록을 통해 몇 가지 단편적인 사실을 엿볼 수 있을 뿐이다.

지중해 해안선을 따라가다 보면 우리는 다른 단서를 발견하게 된다. 우가리트 왕은 키프로스에 있는 '형제' 알라시아의 왕에게 편지를 보내 즉각적인 지원을 요청했다. 그러나 안타깝기 짝이 없는 일이지만, 우리가 오늘날 그의 편지를 읽을 수 있는 것은 전적으로 편지를 기록한 진흙 서판이 그의 궁전을 파괴해버린 화재로 말미암아 단단하게 구워진 덕분이다. 편지는 발송되지도 못했다. 우가리트는 멸망했고 바다 민족은 전진을 계속했다.

바다 민족의 팽창은 지중해 세계의 수많은 문명을 파괴했다. 파괴가 전면적인 것은 아니었다. 모든 도시가 사라진 것은 아니다. 상업도 소멸되지 않았다. 그러나 히타이트 제국은 사라졌고 허약하고 단명한 수많은 공국이 그 자리를 대신했다. 동부 지중해 연안의 대규모 국제도시들은 폐허가 되었고, 새로운 집단들—때로 바다 민족의 분견대들—이 해안에 거주했다. 미케네 그리스의 요새들 역시 붕괴되었다. 그리스는 그 다음 세기(기원전 11세기)에 인구의 90퍼센트가 줄어들었고, 향후 250년 동안 이어진 문화적·경제적 고립의 암흑시대에 돌입했다. 이제 그리스인은 그들의 독특한 환경에 어울리는 새로운 도시를 다시 만들어내야만 했다.

이집트는 이 침략에서 살아남았다. 그러나 주요 교역 파트너들이 멸망당했기에 이집트 역시 기나긴 쇠퇴 국면에 접어들었다. 아시리아도 침략의 여파로 고통을 겪었다. 그 후 여러 세기 동안 아시리아인은 생존을 위해 싸웠다. 남쪽에 있던 카시테인의 평화롭고 풍요로운 지배체제 역시 바빌론 경제와 함께 붕괴하고 말았다.

바다 민족의 침략 이후 수백 년 동안 근동에는 거대 제국이 등장하지 않았다. 500년 동안 치밀하게 다듬어졌던 후기 청동기 시대의 국제 체계는 사라졌다. 그러나 그 파괴의 흔적을 따라 새로운 전통과 새로운 문화적 실험이 등장했다. 새로운 정치적·종교적 지형이 모습을 갖췄고, 철에 기초한 새로운 야금술이 청동기를 대신하기 시작했다. 후기 청동기 시대의 타고 남은 재에서 한층 더 지속적이고 활력 넘치는 문화가 솟아나왔다. 그것은 철기 근동 문화였다.

초기 철기 시대의 소국들

🔷 왜 페니키아 도시들은 초기 철기 시대에 번영했을까?

후기 청동기 시대의 세력균형이 무너지면서 근동의 지정학적 판도는 크게 변했다. 아나톨리아에서는 히타이트 제국이 붕괴한 폐허 속에서 인도-유럽어족으로 이루어진 소왕국들이 마치 조각그림판처럼 자리를 잡았다. 동부 지중해 해안의 레반트—오늘날 이스라엘·레바논·시리아 등이 자리 잡고 있는 지역—도 비슷한 양상이었다. 수백 년 동안 이 지역은 이집트와 히타이트의 지배를 받았다. 이들 두 제국의 쇠퇴와 더불어 생긴 힘의 진공으로 말미암아 이 지역에는 새로운 국가들이 출현했다. 정치적·군사적인 면에서 초기 철기 시대의 소국들은 기껏해야 이류 국가에 지나지 않았다. 그러나 그들이 서양 문명의 지적·종교적 발달에 미친 영향은 지대한 것이었다.

페니키아인

페니키아인은 우가리트어, 히브리어, 아모리어 및 그 밖의 서부 셈어계 방언과 긴밀하게 연관된 셈어를 사용한 가나안인이었다. 그들은 문화적·정치적으로 고대 근동에 확고하게 뿌리내리고 있었다. 페니키아 도시들은 제각기 독립되어 있었다. 수메르인이 그랬던 것처럼, 페니키아인의 첫 번째 충성 대상 역시 페니키아인이라고 하는 추상적 개념이 아니라 각자의 '도시'였다. 레반트 본토에 자리 잡은 개개의 페니키아 도시들은 제각기 세습 왕가의 지배를 받았다. 그러나 페니키아인이 개척한 해외 식민지에서는 새로운 정부 형태가 등장했다. 소수의 엘리트 가문이 권력을 공유한 것이다. 이 귀족적 정부 형태는 로마를 포함한 많은 서부 지중해 도시의 모델이 되었다.

후기 청동기 시대에 대부분의 페니키아 도시들은 이집트의 지배를 받았다. 기원전 1200년 이후 이집트 제국의 영향력이 소멸되자 그들은 기왕에 갖고 있던 상업적 장점을 활용할 기회를 얻게 되었다. 페니키아 도시 구블라(Gubla)는 이집트 지배하에서 번창하는 상업 중심지였고, 그 당시 높이 평가받던 이집트의 필기용구인 파피루스의 중계무역항이었다. 파피루스 무역은 철기 시대 내내 이어졌고, 그리스인이 이 도시에 붙인 비블로스(Byblos)[4]라는 이름은 '책'을 뜻하는 그리스어 비블리온(biblion)의 어원이 되었다. 페니키아 근해의 뿔고동에서 채취한 값비싼 자줏빛 염료로 인해 페니키아인(Phoenician)이라는 그리스어는 '자줏빛 민족(purple people)'을 의미하게 되었다. 페니키아 직물은 상인들이 가는 곳마다 높은 값을 받았다. 안티레바논 산맥의 목재—특히 삼나무—와 유명한 가나안 유리도 비싼 값을 받았다. 또한 페니키아인은 전문적인 금속 세공인, 상아 조각가, 선박제조공 등으로도 활약했다.

페니키아의 도시들

깊은 계곡으로 갈라진 해안 산맥을 따라 자리 잡은 페니키아의 도시들은 바다에 면해 있었다. 페니키아인은 상인이자 뱃사람으로 유명했다. 그들은 또한 공격적인 식민지 개척자들로서, 페니키아 사회 내부의 상업적 경쟁과 환경의 제약이라는 이중의 압박에 직면해 있었다. 기원전 10세기 말에 이르러 페니키아 상인은 지중해의 이쪽 끝에서 저쪽 끝까지를 누볐으며, 아마도 대서양을 향한 모험도 시작했을 것이다. 우리는 페니키아인이 프랑스 북서부의 브르타뉴와 잉글랜드의 콘월—유명한 주석 산지—까지 모험을 감행했다는 증거를 가지고 있다. 그리스 역사가 헤로도토스는 페니키아의 상인 모험가들이 아프리카 남단을 돌아 항해했다고 주장한다. 기원전 9세기 말 티레 출신의 식민지 개척자들은 오늘날의 튀니지에 카르타고를 건설했다. 카르타고는 궁극적으로 서부 지중해를 제패했고 수백 년 뒤에는 로마와 충돌하게 되었다.

문화적 영향

페니키아인의 광범한 식민 활동과 상업적 노력은 지중해 전 지역의 문화에 영향을 미쳤다. 페니키아인의 초기 해외 무역 파트너 중에는 그리스인이 있었다. 페니키아인은 미케네 요새들이 붕괴된 뒤 그리스 세계에서 도시생활이 재탄생하는 데 중요한 역할을 했다. 그들

---

4) 레바논 베이루트 시에서 북쪽으로 약 32킬로미터 떨어진 곳에 있던 지중해 연안의 고대 항구도시.

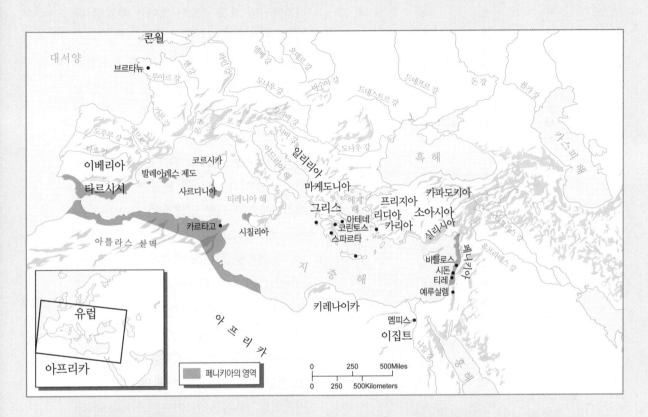

페니키아인의 식민 활동

이 지도를 121쪽의 팔레스타인 상세 지도와 비교해보라. 페니키아 도시국가들에게 해외 식민 활동은 왜 그토록 중요했는가? 페니키아인은 부분적으로 필요에 의해 떠난 것일 수도 있다는 점을 고려하라. 페니키아인의 식민 활동이 서부 지중해에 집중되어 있음을 주목하라. 그런 다음 페니키아인이 동부 지중해에서도 가장 적극적인 상인이었음을 유념하라. 그들의 서부 식민 활동은 페니키아인의 목적에 대해 무엇을 말해주는가? 그리고 그 식민 활동은 동부와 서부의 문명 수준 차이에 대해 무엇을 말해주는가?

페니키아어	히브리어	고전 그리스어	현대 알파벳
𐤀	א	A	A
𐤁	ב	B	B
𐤂	ג	Γ	G
𐤃	ד	Δ	D
𐤄	ה	E	E
𐤅	ו	Y	V
𐤆	ז	Z	Z
𐤇	ח	H	H
𐤈	ט	Θ	T
𐤉	י	I	Y
𐤊	כ	K	K
𐤋	ל	Λ	L
𐤌	מ	M	M
𐤍	נ	N	N
𐤎	ס	Ξ	S
𐤏	ע	O	O
𐤐	פ	Π	P
𐤑	צ		TZ
𐤒	ק		Q
𐤓	ר	P	R S
𐤔	ש	Σ	S
𐤕	ת	T	T

알파벳의 발전

이 표는 페니키아 알파벳이 히브리인, 그리스인, 로마인(현대 영어 알파벳은 여기서 유래되었다)에 의해 채택되면서 어떻게 문자 형상이 변화되었는지를 보여준다.

은 근동의 예술적·문학적 감수성도 전해주었다. 그러나 그리스인의 삶에 대한 페니키아인의 가장 중요한 기여는 두말할 나위 없이 알파벳이다.

앞에서 보았듯이, 30개의 알파벳이 청동기 시대 말기에 우가리트에서 발전되었다. 기원전 1100년경 페니키아인은 이 문자체계를 22개로 정리했다. 이 간단하고 유연한 문자체계는 상업과 회계를 편리하게 해주었을 것이다. 그들이 문자를 몰랐던 그리스인에게 자신의 발명품을 나누어준 이유는 알 길이 없다. 페니키아인은 자신에게 익숙한 상업 관행과 기록 보존 습관을 그리스인에게도 장려하고 싶었던 것으로 보인다. 그러나 어떤 식으로 설명하든 그리스인은 자신이 페니키아인에게 진 빚이 크다는 것을 잘 알고 있었다. 후대의 그리스 전설은 그들의 알파벳 발명을 그리스에 정착했던 페니키아인 카드모스(Kadmos)의 공으로 돌렸다. 그 흔적은 그리스 문자(알파, 베타, 감마, 델타)와 페니키아 문자(알렙, 베트, 기멜, 달렛)의 흡사한 명칭에서, 그리고 〈표〉에서 보이는 문자 형태의 현저한 유사성에서 분명히 드러난다.

팔레스타인인

페니키아에서 레반트 해안을 따라 남쪽으로 내려가면 팔레스타인인의 영토가 있다. 아마도 팔레스타인인의 문화만큼 역사적으로 좋지 않은 평판을 얻은 문화도 찾아보기 힘들 것이다. 팔레스타인인은 히브리 민족의 성경 전승에서 악당으로 묘사되었다. 오늘날에도 영어의 '필리스틴(philistine)'은 촌스럽고, 교양 없고, 무지한 사람을 일컫는 형용사로 계속 사용되고 있다.[5] 그들의 오명은 초기 철기 시대 레반트에서 그들이 누린 독특한 지위에서 기인했다. 람세스 3세에게 패배한 바다 민족 중 하나인 펠레세트인의 후예인 그들은 레반트에 정착한 뒤 도시화했으며, 빠른 시일 안에 그 지역의 다른 목축민들에 비해 우월한 지위에 올랐다. 그들의 이웃 목축민 중 하나가 히브리인이었다. 그들에게 팔레스타인인은 최대의 적이었다.

팔레스타인인은 여러 세대에 걸쳐 주변 민족들과 다른 별개의 정체성을 유지했다. 새로운 고고학적 발굴을 통해 이 정체성이 에게 해에서 활동한 그들의 과거에 확고하게 뿌리내리고 있음이 밝혀졌다. 우리는 팔레스타인인의 언어—남아 있는 기록이 거의 없는데다 그들은 점차 가나안 방언을 사용했다—를 알지 못한다. 그러나 그들은 물질문화, 행동, 조직 등 모든 면에서 미케네 세계와 긴밀한 유사성을 보여준다. 팔레스타인인은 에게 해 본거지에서 레반트로 포도나무와 올리브 나무를 전해주었다. 신종 작물의 재배를 통해 얻은 이익으로 그들은 강력한 군대를 양성했고, 기원전 12세기와 11세기에 이 지역을 지배했다. 그들은 남부 레반트에서 금속 가공의 독점권을 확실히 장악했고, 이 때문에 그들의 적대 세력들은 사실상 무기 제조가 불가능했다.

팔레스타인인은 5개의 요새—이른바 펜타폴리스(pentapolis)—에 세력 기반을 두고 있었다. 해안의 가자(Gaza), 아슈켈론(Ashkelon), 아슈도드(Ashdod), 내륙의 에크론(Ekron), 가트(Gath) 등이었다. 도시라기보다는 요새에 가까웠던 팔레스타인 중심지들은 후기 미케네 세계의 요새화된 궁정과 놀랍도록 닮았으며, 실제로 동일한 기능을 했던 것으로 보인다. 이 중무장한 요새들을 거점 삼아 팔레스타인인은 농업 생산의 조직화 및 주요 교역로 통제를 통해 주변 지역을 지배하고자 했다. 독립적인 영주들이 각각의 팔레스타인 요새를 지배했고 그들 사이에는 당연히 긴장과 대립이 있었다. 그러나 팔레스타인인은 그리스 서사시의 영웅들이 그랬듯이, 전쟁이라는 하나의 목적을 위해 그들 사이의 차이점을 접고 단결할 수 있었다.

팔레스타인인을 그들의 입장에서 이해한다는 것은 어려운 일이다. 사실상 아무런 기록도 남기지 않았기 때문이다. 우리는 일차적으로 그들의 적이었던 히브리인을 통해 그들을 알

---

5) 영국 빅토리아 시대의 시인이자 비평가인 매튜 아널드(Matthew Arnold)는 『교양과 무질서(Culture and Anarchy)』(1869)에서 당대의 영국인을 '야만인(Barbarians)'(귀족계급), '속물(Philistines)'(중간계급), '우중(愚衆, Populace)'(노동계급)으로 구분했다.

철기 시대 제국의 발전	
페니키아인이 이집트로부터 독립 획득	기원전 1200년
팔레스타인인의 군사적 지배	기원전 1100~1000년
이스라엘 왕국의 통합	기원전 1000~973년
아시리아 세력의 부활	기원전 883년
페르시아의 바빌론 패퇴 및 병합	기원전 539년

고 있다. 히브리인은 처음에는 그들을 두려워했다가 나중에는 경멸했다. 다른 근동 문화와 마찬가지로 히브리인의 역사적 전통은 적들을 비방하는 것이었다. 예를 들면 그들은 모압인과 암몬인이 롯과 그의 딸들 사이에 근친상간으로 태어난 자손이라고 선언했는가 하면, 팔레스타인인과 페니키아인의 문화적 관행을 "주께서 보시기에 사악하다"고 깎아내렸다. 우리는 그와 같은 악담에 오도되어서는 안 된다. 잔인하고 오만한 골리앗, 배신한 요부 들릴라, 이 두 사람은 『히브리 성경』에 등장하는 가장 악명 높은 팔레스타인인이지만, 팔레스타인 사회의 성격을 제대로 이해하기 위한 아무런 근거도 제공하지 않는다. 하지만 불행히도 우리는 판단의 근거로 삼을 만한 다른 자료를 갖고 있지 못하다.

히브리인이 팔레스타인인을 두려워할 충분한 이유가 있었다. 후기 청동기 시대에 이들에게 해 전사들은 대단히 유능한 용병이었다. 레반트에 근거를 확립하자마자 그들은 즉각 이 지역의 취약하고 조직화가 덜 된 이웃 민족을 정복하고 착취하기 시작했다. 히브리인이 거주하던 구릉지에 대한 팔레스타인인의 압박은 끈질기게 계속되었다. 그들은 거룩한 언약궤가 보관된 실로(Shiloh)의 성전을 위협했다. 언약궤란 히브리인의 신 야훼가 시나이 산에서 모세에게 준 최초의 율법 서판이었다. 히브리 전승에 의하면 이스라엘 지파들은 언약궤를 앞세워 팔레스타인인에 맞서 싸웠지만 전투에 패했고 실로의 성전도 파괴되고 말았다. 그 후 팔레스타인인은 히브리 땅 곳곳에 수비대를 주둔시키고 히브리인이 금속 가공 기술을 습득하지 못하도록 막았다. 또한 그들은 조공을 거뒀고, 성경에 따르면 정복 민족 특유의 학정을 저질렀다.

히브리인

우리는 이 장 끝부분에서 히브리인의 문화적 경험, 그들의 일신교적 신개념을 다룰 기회를 가지려 한다. 이 절에서는 철기 시대 레반트에서 히브리 사회가 이룩한 정치적 발전에 주목하고자 한다. 그러나 히브리 사회에 대해 어떤 방식으로 논의하든 간에 종교적 개념 및 관행은 언급되지 않을 수 없다. 모든 고대 문화가 그러하듯이 히브리인은 처음에는 정치와 종교를 분리하지 않았다. 후대에 정치와 종교가 분리된 것은 그들의 남다른 신학, 그리고 그 신학이 한 민족으로서 그들의 발전에 미친 영향 때문이었다. 히브리 종교 전통의 탄력성과 그것이 후대의 서양 문명 발달에 미친 중대한 영향력이 없었더라면 우리는 초기 히브리인에 관해 장황하게 논의할 이유가 없다. 그러나 히브리인은 지대한 영향을 미쳤고, 따라서 히브리 문화는 세계 역사상 가장 중요한 문화 가운데 하나로 꼽힌다.

기원

역사가들은 히브리인의 독특한 업적 중 하나인 『히브리 성경』—그리스도교의 『구약성서』—덕분에 커다란 축복을 누리고 있다. 성경은 무엇과도 비교할 수 없는 귀중한 역사 자료로서 그 안에는 문화적 관행과 역사적 사건에 관한 놀라우리만큼 상세한 이야기가 가득 차 있으며, 동시에 서양 세계의 가장 중요한 종교 전통의 발전 과정에 대한 안내자 역할을 해준다. 그러나 그것은 현대인이 알고 있는 바와 같은 의미의 역사서는 아니다. 성경은 신원 미상의 작가와 편찬자들이 수백 년 동안 쌓아올린 모자이크식 저작이다. 일부 역사적 설명을 담고 있기는 하지만, 그것은 본질적으로 초월적 창조주와 그의 특별한 민족으로 선택된 히브리인과의 관계에 대한 이야기이다. 그것은 둘 사이에 맺어진 계약에 관한 이야기이며, 둘 사이의 관계를 거듭해서 시험하고 또 재확인하는 시련의 이야기이다.

성경의 첫 다섯 책(모세 5경)에 수록된 역사 이야기는 특히 논란거리가 되고 있다. 믿을 수 없으리만큼 장수한 일련의 족장들(예컨대 므두셀라는 900살 이상을 산 것으로 되어 있다)로 인해 초래된 연대기적인 난관은 차치하고서라도, 이 다섯 책에 실린 이야기의 많은 부분은 근동의 다른 문화에서 차용한 것으로 보인다. 창조와 홍수 이야기는 수메르인에게도 비슷한 이야기가 있다. 족장들의 율법과 관행은 분명 그들 이전의 후르리인[6]의 것이다. 모세의 어린 시절 이야기는 사실상 사르곤 전설의 복사판이다. 이집트 탈출 이야기는 역사적 관점에서 문제가 있다. 「여호수아서」는 이집트에서 돌아온 히브리인이 토착 가나안인을 정복하고 추방했다고 설명하지만, 고고학 및 언어학의 증거에 의하면 히브리인은 본질적으로 내륙 거주 가나안인이었다. 바다 민족의 침략이 있은 뒤 이집트를 떠난 히브리 난민과 한데 뒤섞

---

6) 기원전 2천년기에 중동의 문화와 역사에서 중요한 역할을 했던 민족. 후르리인(Hurrian)에 대한 최초의 기록은 기원전 3천년기 말의 것이다. 그 기록에 따르면 후르리인의 거주지는 티그리스 강 동쪽 지역과 자그로스의 산악 지대였다.

이긴 했지만, 그들 대부분은 수세기 동안 계속해서 가나안에 거주하고 있었다. 중대한 종교적·문화적 발전이 기원전 2천년기에 일어난 것이 분명하다. 그러나 성경의 처음 다섯 책들은 정확한 역사적 기록이라기보다는 회고적인 추정이나 정당화인 것으로 보인다.

성경 중에서도 이른바 역사서로 분류되는 문헌들은 정보의 신뢰성이 좀 더 높다. 그러나 그중 어느 것도 고고학적 증거에 의해 확증하기가 매우 곤란하다. 예를 들면 「판관기」에서 히브리인은 메마르고 거친 환경을 떠돌다가 식량 생산이 가능한 샘물과 계곡 언저리에서 이제 막 영구 정착을 하기 시작한 유랑 목자 무리로 나타난다. 히브리인은 12개 지파로 이루어졌는데, 지파란 전쟁, 가축 약탈, 사법 분쟁 등에서 서로 돕고 보호하는, 확장된 씨족 단위이다. 각 지파는 한 명의 판관이 지배했는데, 그는 전쟁 사령관, 대제사장, 분쟁 중재자 등 씨족 기반 사회에서 권력자가 떠맡는 전형적인 역할을 수행했다. 기원전 12세기 중반에 이르러 이들 지파는 대략적이나마 각자의 거주 지역을 구분했다. 남쪽 거주자들은 스스로를 유다라고 불렀고, 북쪽 거주자들은 이스라엘이라고 불렀다.

히브리인과 팔레스타인인

하지만 이런 집단적 호칭 때문에 인식의 오류를 범해서는 안 된다. 히브리 지파는 일치된 행동을 하기 위한 효율적 메커니즘을 거의 갖지 못했다. 그 사실은 팔레스타인인이 기원전 1050년경 레반트 해안 지역을 정복했을 때 분명히 드러났다. 절멸의 위험에 직면한 히브리인은 내륙 구릉 지역을 기반으로 필사적인 저항을 펼쳤다. 그러나 팔레스타인인의 위협에 대처하기 위해서는 좀 더 빈틈없는 '민족적' 형태의 정부가 필요했다. 그러므로 기원전 1025년경 한 지파의 경건한 판관인 사무엘이 사울을 왕으로 선택해 팔레스타인인에 대한 히브리인의 저항 운동을 이끌도록 했다.

그러나 사울은 얼마 지나지 않아 사무엘의 불만을 샀다. 사무엘은 한창 전투를 수행 중인 사울 왕에 대한 지지를 철회했다. 사울은 장수로서도 유능하지 못했다. 그는 팔레스타인인의 구릉지 침공을 막아내긴 했지만 계곡과 해안 평야에서는 그들을 물리치지 못했다. 그러므로 사무엘은 젊은 전사 다윗을 지지하게 되었다. 다윗은 원래 사울의 보좌관이었지만 사울을 떠나 대중적 지지를 얻고자 했다. 독자적인 군사 원정을 수행하면서 다윗은 연거푸 팔레스타인인에게 승리를 거두었다. 반면 사울의 군대는 빈번히 실패했는데, 성경은 이를 사울의 부적합성에 대한 신의 징벌로 표현했다. 그러나 다윗은 엄밀한 의미에서 민족 영웅은 아니었다. 사울이 그를 궁정에서 쫓아낸 직후 다윗은 히브리인과 팔레스타인인 사회의 접경 지역에서 도망자 신세를 면치 못하다가, 나중에는 팔레스타인을 섬기는 용병 노릇을 했다. 사울이 죽음을 맞이한 결정적 전투에서 다윗은 팔레스타인 용병으로서 사울과 맞서 싸웠다. 사울이 죽은 직후 다윗은 왕이 되었다. 그는 처음에는 고향인 유다의 왕이었다가 나중에는 사울의 고향인 이스라엘의 왕도 겸하게 되었다.

히브리 왕국의 결속

기원전 1000년경 다윗이 왕위에 오르면서 고대 히브리 정치사의 가장 영광스러운 시대가 열렸다. 다윗은 때마침 다가온 새로운 기회들을 활용해 왕국을 강화했다. 가장 중요한 것은, 이집트가 11세기 말에 급속히 쇠퇴하면서 팔레스타인 경제를 약화시키는 동시에 팔레스타인 사회를 분열시켰다는 점이다. 교활하고 기회주의적인, 그러면서도 탁월한 리더십으로 다윗은 팔레스타인인을 남쪽의 좁은 해안 지역으로 바짝 밀어붙였다. 그는 인근의 모압인과 암몬인을 물리치면서 요르단 강 동안 및 사해 동쪽으로 지배권을 확대시켰다. 기원전 973년 다윗이 사망할 무렵 그의 왕국은 북쪽의 유프라테스 강 중류에서 남쪽의 아카바 만까지, 그리고 서쪽의 지중해 해안으로부터 동쪽의 요르단 강 건너 시리아 사막까지 뻗었다. 이제 이스라엘은 근동 정치의 주요 세력이었다. 인접 제국인 이집트와 아시리아의 일시적 쇠퇴로 말미암아 이스라엘의 위상은 드높아졌다.

권력과 위신이 커나가면서 다윗은 대단히 인기 없는 과세 제도와 강제 노역을 신민에게 부과했다. 그의 목표는 예루살렘에 영광스러운 정치적·종교적 수도를 건설하는 것이었다. 예루살렘은 원래 가나안 사람의 정착지였다. 하지만 다윗은 이 도시를 왕국의 수도로 만들었다. 그것은 영리한 선택이었다. 새로 정복한 도시인 예루살렘은 이스라엘 12개 지파 중 어느 지파와도 연고가 없었고 그들 사이에 있었던 해묵은 갈등의 범주 밖에 위치하고 있었다. 지리적으로도 예루살렘은 유다의 남부 지파들(다윗은 그 일원이었다)과 이스라엘의 북부 지파들(사울은 그곳 출신이었다) 사이에 놓여 있었다. 다윗은 이 도시를 종교 중심지로 신성화하는 작업에 착수했다. 예루살렘을 언약궤의 보관장소로 정하고 히브리 신 야훼의 사제들을 재조직했다. 이런 조치를 통해 다윗은 새로운 민족 정체성을 만들어내고자 했다. 그는 다윗 가문을 구심점으로 삼고, 다윗 가문과 야훼와의 관계를 중점적으로 부각시킴으로써 이스라엘과 유다 사이의 해묵은 분열을 극복하고자 했다.

사울의 기름부음 받음에 대한 두 가지 설명

판관 사무엘은 사울을 이스라엘 최초의 왕으로 기름부음으로써 이스라엘 정치사의 새로운 장을 열었다. 그러나 사울의 왕권은 성공적이지 못했다. 궁극적으로 사무엘은 사울을 반대하고 사울의 경쟁자(이자 사위인) 다윗을 지지했다. 사울의 즉위에 대한 사무엘의 상반된 두 가지 입장은 나중에 떠오른 사울 지지자와 다윗 지지자 사이의 긴장을 반영한다. 첫 번째 글은 왕권에 대한 일부 히브리 예언자들의 이중적인 생각을 보여준다.

「사무엘기 상」 8:4~22, 10:20~25

이스라엘의 모든 장로가 모여서 라마로 사무엘을 찾아갔다. 그들이 사무엘에게 말했다. "보십시오, 어른께서는 늙으셨고, 아드님들은 어른께서 걸어오신 그 길을 따라 살지 않습니다. 그러므로 이제 모든 이방 나라들처럼 우리에게 왕을 세워주셔서 왕이 우리를 다스리게 해주십시오." 그러나 사무엘은 왕을 세워 다스리게 해달라는 장로들의 말에 마음이 상해 주께 기도를 드렸더니, 주께서 사무엘에게 말씀하셨다. "백성이 너에게 한 말을 다 들어주어라. 그들이 너를 버린 것이 아니라 나를 버려서 자기들의 왕이 되지 못하게 한 것이다. 그들은 내가 이집트에서 데리고 올라온 날부터 오늘까지 하는 일마다 그렇게 하여 나를 버리고 다른 신들을 섬기더니 너에게도 그렇게 하고 있다. 그러니 너는 이제 그들의 말을 들어주되, 엄히 경고해 그들을 다스릴 왕의 권한이 어떠한 것인지를 알려주어라." 사무엘은 왕을 세워달라고 요구하는 백성에게 주께서 하신 모든 말씀을 그대로 전했다. "너희를 다스릴 왕의 권한은 이러하다. 그는 너희의 아들들을 데려다가 그의 마차와 말을 다루는 일을 시키고 마차 앞에서 달리게 할 것이다.……그는 너희의 딸들을 데려다가 향유도 만들게 하고 요리도 시키고 빵도 굽게 할 것이다. 그는 너희의 밭과 포도원과 올리브 밭에서 가장 좋은 것을 가져다가 왕의 신하들에게 줄 것이며……그는 또 너희의 양떼 가운데서 열에 하나를 거두어갈 것이며 마침내 너희까지 왕의 종이 될 것이다." 이렇게 일러주어도 백성은 사무엘의 말을 듣지 않았고, 그래서 사무엘은 이스라엘 사람들에게 "각자 자기의 성읍으로 돌아가라"고 일렀다.

사무엘이 이스라엘 모든 지파를 앞으로 나오게 하니 주께서 베냐민 지파를 뽑으셨다. 사무엘이 베냐민 지파를 각 집안별로 앞으로 나오게 하니……기스의 아들 사울이 뽑혔다. 사람들이 그를 찾았지만 보이지 않았다. 그래서 사람들이 다시 주께 여쭈어보았다. "그 사람이 여기에 와 있습니까?" 주께서 말씀하셨다. "그는 짐짝 사이에 숨어 있다." 사람들이 달려가 거기에서 그를 데리고 나왔다. 그가 사람들 가운데 섰는데 다른 사람들보다 어깨 위만큼은 더 커 보였다. 사무엘이 온 백성에게 말했다. "주께서 뽑으신 이 사람을 보아라. 온 백성 가운데 이만한 인물이 없다." 그러자 온 백성이 환호성을 지르며 "임금님 만세!" 하고 외쳤다. 사무엘이 왕의 권리와 의무를 백성에게 알려준 다음 그것을 책에 써서 주 앞에 보관해두고, 온 백성을 각자의 집으로 돌아가게 했다.

「사무엘기 상」 9:1~10:1

베냐민 지파에 기스라고 하는 유력한 사람이 있었다.……그에게는 사울이라고 하는 아들이 있었는데 잘생긴 젊은이였다.……키도 보통 사람보다 어깨 위만큼 더 컸다. 그런데 사울의 아버지 기스는 자기가 기르던 암나귀 몇 마리를 잃고서 자기 아들 사울에게 "종을 하나 데리고 가서 암나귀들을 찾아보라"고 말했다. 그들이 성읍으로 올라가 성읍 안으로 들어가서 보니, 사무엘이 마침 신전으로 올라가려고 맞은쪽에서 나오고 있었다. 사울이 오기 하루 전에 주께서 사무엘에게 알리셨다. "내일 이맘때 내가 베냐민 땅에서 온 한 사람을 너에게 보낼 것이니, 너는 그에게 기름을 부어 나의 백성, 이스라엘의 영도자로 세워라. 그가 나의 백성을 블레셋 사람의 손에서 구해낼 것이다. 나의 백성이 겪는 고난을 내가 보았고 나의 백성이 살려달라고 울부짖는 소리를 내가 들었다."……사울이 성문 안에 있는 사무엘에게 다가가서 말했다. "선견자의 집이 어디에 있는지 알려주십시오." 사무엘이 사울에게 대답했다. "바로 내가 그 선견자요. 앞장서서 신전으로 올라가시지요.……사흘 전에 잃어버린 암나귀들은 이미 찾았으니 그것은 걱정하지 마십시오. 지금 온 이스라엘 사람들의 기대가 누구에게 걸려 있는지 아십니까? 바로 그대와 그대 아버지의 집안입니다!" 사울이 대답했다. "저는 이스라엘 지파 가운데서도 가장 작은 베냐민 지파 사람이 아닙니까? 그리고 저의 가족은 베냐민 지파의 모든 가족 가운데서도 가장 보잘것없는데, 어찌 저에게 그런 말씀을 하십니까?"……사무엘은 사울과 함께 바깥으로 나갔다. 성읍 끝에 이르렀을 때에 사무엘이 사울에게 "저 종을 앞에 먼저 보내십시오" 하고 말했다. 그 종이 한참 앞서서 가니 사무엘이 다시 사울에게 "내가 하나님의 말씀을 들려드리겠으니 잠깐 서 계십시오"라고 말했다. 사무엘이 기름병을 가져다가 사울의 머리에 붓고 그에게 입을 맞춘 다음에 이렇게 말했다. "주께서 그대에게 기름을 부으시어 주의 소유이신 이 백성을 다스릴 영도자로 세우셨습니다."

분석 문제

1. 「사무엘기 상」 8장 1~4절에 따르면 예언자 사무엘의 아들들은 정직하지 못한 판관들이었고, 이스라엘 장로들은 사무엘에게 '모든 이방 나라들처럼' 왕을 세워달라고 요청했다. 이것은 대중의 여론을 표현한 것이었는가, 아니면 왕정 지지파의 견해였는가? 이스라엘인은 왜 자치를 할 수 없었는가? 그들은 왜 판관과 예언자에게 의지하려 들지 않았는가?

2. 통일 이스라엘을 다스린 세 왕의 시대에 관해 언급한 성경의 간략한 역사 서술은 그들의 개인적 강점과 약점을 어떻게 드러내는가? 그것은 국가가 맞이한 위험을 어떻게 설명하는가? 그 역사는 신의 간섭을 보여주는가?

3. 유대 성경 저자들(사제와 예언자)은 율법의 준수 여부, 이방 종교에 맞서는 투쟁의 열정, 예루살렘 성전 예배에 대한 지원 여부에 따라 왕들을 심판했다. 고대 이스라엘의 이러한 신정정치는 이집트·메소포타미아의 신정정치와 비교하면 어떻게 다른가?

솔로몬 왕 치세(기원전 973∼937)

다윗의 아들 솔로몬은 부왕의 정책을 계승하되 이를 대대적으로 확장시켰다. 그는 언약 궤를 보관하기 위해 예루살렘에 거대한 성전을 건축했다. 야훼 숭배에 대한 솔로몬의 가시적 후원은 히브리 성서 기자들에게 강렬한 인상을 심어주었다. 그들은 솔로몬 치세를 히브리 황금시대로 묘사했다.

그러나 「잠언」의 지혜에도 불구하고 솔로몬은 무자비하고 때로 잔인한 지배자였다. 그의 야훼 숭배 장려는 전제적 지배와 국왕 권력 확대를 수반한 것이었다. 솔로몬은 300명의 부인과 700명의 첩으로 이루어진 거대한 하렘을 갖고 있었는데, 그들 상당수는 백성이나 동맹국 신민 중에서 충원되었다. 그는 자신의 궁전—성전은 궁전의 일부였다—에서 고대 근동의 유력자들처럼 지배했다. 사치스러운 취미와 통치 계획의 자금을 조달하기 위해 솔로몬은 수많은 억압적인 과세 및 행정 제도를 시행했다. 그는 자국을 통과하는 대상(隊商)에게 관세를 부과했다. 티레의 페니키아 왕 히람의 도움을 받아 솔로몬은 아카바 만 상류를 거점으로 한 상선단을 구축했다. 이 선박들은 홍해와 그 너머 해역을 왕래하면서 남부 네게브에서 솔로몬의 노예가 채굴한 황금과 구리 등을 거래했다. 일찍이 이스라엘에 이토록 많은 재화가 쏟아져 들어온 적은 없었다.

그러나 그것만이 전부가 아니었다. 솔로몬은 백성을 징집해 대규모 상비군을 갖추었다. 그들은 전차 및 기병 부대 장비를 갖추었고, 외국에서 구입한 말을 활용했다. 야심찬 건축 계획을 수행하기 위해 솔로몬은 백성, 특히 북부 농업 지역의 백성에게 해마다 4개월씩 강제 노역을 부과했다. 이런 억압을 이스라엘 백성은 감당할 수 없었다. 북부 주민은 왕이 거하는 수도에 대한 반항심으로 들끓었고, 솔로몬이 사망한 뒤 후계자인 아들은 반란에 직면했다. 오래지 않아 연합 왕국은 둘로 갈라졌다. 다윗 가문은 수도를 예루살렘으로 한 남왕국 유다를 지배했고 북부의 10개 지파는 동맹을 맺고 수도를 세겜[7]으로 한 이스라엘 왕국을 세웠다.

---

7) 그리짐 산과 에발 산을 동서로 잇는 통로상에 있던 팔레스타인의 주요 도시.

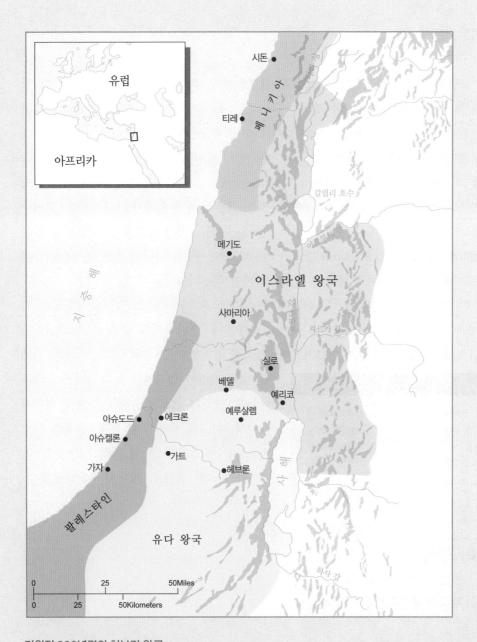

시돈

티레

페니키아

갈릴리 호수

메기도

이스라엘 왕국

사마리아

실로

베델

예리코

예루살렘

아슈도드

에크론

아슈켈론

가트

가자

헤브론

팔레스타인

유다 왕국

유럽

아프리카

지중해

사해

하사 강

0   25   50Miles

0   25   50Kilometers

기원전 900년경의 히브리 왕국

지도의 축척에 유의하면서 이 세계의 크기가 상대적으로 작다는 점을 유념하라. 팔레스타인인과 페니키아인은 히브리인에게 어째서 그토록 노골적인 문화적 도전이 되었는가? 팔레스타인인과 페니키아인은 지리적으로 또는 다른 국면에서 어떤 이점을 얻었는가? 솔로몬 왕 사후 이스라엘 왕국의 분열은 특히 남부의 예루살렘 및 성전의 위상과 관련해 어떤 정치적·지리적 결과를 초래했는가?

북왕국과 남왕국

이러한 분열은 히브리인을 정치적으로 약화시켰을 뿐만 아니라 종교적으로도 심각한 결과를 초래했다. 북왕국 이스라엘의 첫 왕 여로보암 1세는 이스라엘 주민의 예루살렘 성전 순례와 헌신이 이스라엘의 재원을 고갈시킨다고 보고 이를 중단시키려 했다. 따라서 그는 단(Dan)과 베델에 옛 성소 두 개를 부활시켜, 대중성은 있되 신학적으로 금기시되었던 가나안 종교에 호소했다. 그 결과 여로보암과 그 후계자들은 성전 중심적이고 친유대적인 히브리 성서 편찬자들의 분노를 샀다. 성서 편찬자들은 그들을 우상숭배자로 규탄했다. 그러나 이는 회고적인 관점일 뿐이다. 고고학과 성서 기록은 야훼 숭배가 남과 북을 막론하고 일신교와는 거리가 멀었음을 입증한다. 이방적인 의전과 제례, 특히 가나안 신인 바알 및 아세라 숭배는 수백 년 동안 히브리 종교가 지녔던 현저한 특징이었다.

두 히브리 왕국은 수백 년 동안 독립을 유지—북왕국은 기원전 722년까지, 남왕국은 기원전 586년까지—했지만 근동의 급변하는 정치 상황은 두 분단국가를 점점 더 허약하게 만들었다. 다윗과 솔로몬이 창출한 히브리 연합 왕국이 흥기한 것은, 때마침 그 지역의 전통적 제국 세력이 일시적으로 약화되었기 때문이었다. 그러나 솔로몬 사후 몇 세대 지나지 않아서 히브리인을 비롯한 근동·중동의 약소 민족들은 메소포타미아에 세력 기반을 둔 아시리아 제국의 위협을 받는 처지가 되었다.

히브리 사회의 변화	
민족국가 형성을 위한 초기의 노력	기원전 1025년
다윗이 이스라엘 왕으로 즉위	기원전 1000년
이스라엘과 유다로 분열	기원전 924년
유다의 멸망과 바빌론 포수(捕囚)의 시작	기원전 586년

아시리아 제국

❖ 아시리아 제국의 세력 기반은 무엇이었는가?

아시리아인은 셈어를 사용한 민족으로 원주지는 북부 메소포타미아였다. 제1장에서 보았듯이, 기원전 1900년에 이르러 아시리아인은 지리적 이점을 활용해 메소포티미아와 아나톨리아 사이의 교역로를 장악했다. 그들은 아나톨리아 고원 전역에 도시 사회를 확산시키는 데 중요한 역할을 했다. 그러나 그 후 그들은 공격적인 이웃 민족들—처음에는 함무라비의 구바빌로니아 제국, 다음에는 이집트, 미탄니인, 히타이트인, 그리고 최종적으로 바다 민족—에 맞서 스스로를 보호하기 위해 지속적인 투쟁을 벌여야만 했다.

수백 년에 걸친 생존 투쟁은 아시리아인의 세계관에 엄청난 영향을 미쳤다. 기원전 9세기부터 아시리아인은 침략자로 변신했다. 그들은 장기간에 걸쳐 조직적으로 잔인하게 주변 민족을 희생 제물 삼으면서 세력을 확장했다. 두려움의 대상이기는 했지만, 아시리아인의 침략은 주변 민족의 종교적·정치적 전통 형성에 크게 기여했다. 그들은 근동 문화를 에게 해 연안에 확대시켰고 새로운 형태의 제국 조직을 만들었다. 또한 광대한 세계 제국을 성공적으로 통치하기 위해서 해야 할 행동과 하지 말아야 할 행동이 무엇인지에 대한 중요한 교훈을 남겼다.

아시리아 중왕조 시대(기원전 1362~859)

기원전 14세기 미탄니 왕국의 쇠퇴를 통해 아시리아인은 거대 세력권을 구축할 수 있는 첫 번째 기회를 얻었다. 히타이트인의 압력이 서쪽으로부터 미탄니를 약화시키자 지방의 아시리아 유력자들은 동쪽에서 세력을 확대했다. 마침내 유력자들 중 한 사람인 아슈르의 총독이 도시 수호신의 이름을 따 스스로를 아시리아의 왕으로 선포했으니, 그가 바로 아슈르-우발리트 1세(재위 기원전 1362~1327)이다. 그와 그의 후계자들은 북부 메소포타미아로 세력을 확대했으며, 바빌로니아의 카시테 왕국—아시리아인은 카시테 왕들을 찬탈자로 간주했다—을 공격했다. 하지만 그들은 그 지역의 미묘한 세력균형을 흔드는 일은 하지 않았다.

그러나 기원전 1244년 투굴티-니누르타 1세가 왕위를 계승한 후 아시리아는 더 이상 자제력을 발휘하지 못했다. 투굴티-니누르타 1세는 강력한 정복자로서 히브리 성서에는 님루드(Nimrud)란 이름으로 기록되었고, 그리스 전승에는 니노스(Ninos)로 기억되었다. 투굴티-니누르타 1세는 바빌론으로 쳐들어가 카시테 왕과 수호신 마르두크를 볼모로 잡고 스스로를 바빌론의 왕으로 선포했다. 그러나 투굴티-니누르타 1세는 바빌로니아에 대한 지배권을 유지하기 위해 그 뒤로도 계속해서 정복 전쟁을 수행했다. 여기에다 바빌로니아 신들에 대한 신성모독까지 더해지자 신민은 그를 외면했고 기원전 1208년경 그를 살해했다.

주변 민족이 아시리아 영토를 가로지르는 주요 교역로에서 서로 보복을 일삼고 통상로 장악을 도모하자 아시리아는 한 세기 동안 쇠퇴의 길을 걸으며 여러 차례 거의 멸망 직전의 상황에 내몰렸다. 그러나 죽기 살기의 필사적인 전투를 거듭해서 치르는 동안 그들은 고도의 군국주의 민족으로 단련되었다. 이러한 생존 투쟁은 아시리아 중왕조 시대가 끝날 때까지 계속되었다. 그 무렵 잔인하지만 총명했던 지배자 아슈르나시르팔 2세(재위 기원전 883~859)가 아시리아 세력을 부흥시키고 아시리아 신왕조 제국을 건설했다. 그의 무자비한 지배권 아래 아시리아인은 해마다 공격적인 군사 원정을 수행했다. 아시리아의 표적이 된 민족은 공납을 바치거나 아시리아 군대의 전면적 침공에 직면해야만 했다. 아시리아 군대는 아슈르나시르팔 통치하에서 야만성과 사악함으로 이름을 떨쳤다. 탁월한 근동 학자 옴스테드(A. H. Olmstead)는 아슈르나시르팔의 정책을 '계산된 공포(Calculated frightfulness)'라고 묘사했는데, 그것은 군사적 공포 전략 및 약탈에 의한 보호금 징수를 일컫는 절묘한 호칭이다.

아시리아 신왕조 제국(기원전 859~627)

아슈르나시르팔과 그의 아들 샬메네세르 3세(재위 기원전 853~827)의 정복활동은 아시리아의 팽창정책에 대한 강력한 저항 운동을 불러일으켰다. 북왕국 이스라엘은 샬메네세르 3세의 침공을 저지하기 위해 시리아-팔레스타인 지역의 다른 여러 국가들과 동맹을 맺었다. 궁극적으로 이 연합 작전은 성공적이었다. 전황은 교착 상태에 빠졌다. 동맹군의 저항으로 샬메네세르 3세는 서북쪽의 아르메니아인과 동북쪽의 메디아인을 상대로 거둔 작은 성공에 만족해야 했다. 그러나 아시리아 내부에서 일어난 대대적인 반란으로 그의 치세는 끝나고 말았다. 그가 서쪽에서 획득한 것들도 물거품이 되고 말았다. 그러나 휴지기는 길지 않았다. 티글라트-필레세르 3세라는 이름의 찬탈자가 기원전 744년 아시리아 왕좌를 차지하면서 서부 지역에 대한 대규모 원정을 준비했다. 치세 초기에 그는 수십 년간 세금을 바치지 않았던 서부의 왕국들에 공납을 요구했다. 거부한 왕국들은 즉각 아시리아의 맹공격에 희생물이 되고 말았다.

기원전 727년 티글라트-필레세르 3세가 죽자 정복당한 여러 나라들이 반란을 일으켰다. 그들은 찬탈 군주의 죽음과 더불어 아시리아 왕조의 불안정성이 재연되리라는 기대를 품었을 것이다. 그러나 티글라트-필레세르의 아들 샬메네세르 5세는 강력하게 반란을 진압했다. 그가 전투 중 사망하자 휘하 군사령관 하나가 그 자리를 차지하고 사르곤 2세(재위 기원전 722~705)라는 이름을 취했다. 아시리아인 특유의 정체성과 역사의식을 지닌 사르곤 2

세는 아카드의 사르곤을 '첫 번째' 사르
곤으로 간주했다. 이렇게 함으로써 그
는 거의 1,500년 전에 존재했던 근동 제
국—아카드 제국—의 직접적인 계승자
임을 주장한 것이다. 사르곤 2세가 세운

철기 시대 아시리아의 발전	
아시리아의 영향력 재확립 시작	기원전 1362~883년
아슈르나시르팔 2세 신아시리아 제국 수립	기원전 883~859년
사르곤 왕조 탄생	기원전 722년
아시리아 멸망	기원전 612~605년

왕조를 사르곤 왕조라고 하는데, 이 왕조가 지배한 한 세기는 아시리아 역사에서 가장 찬란
한 시대였다.

사르곤 왕조는 아시리아 제국의 국경선을 서부 이란에서 지중해 해안까지 확장했다. 짧은
기간이지만 그들은 이집트의 일부를 정복하기도 했다. 사르곤은 이스라엘 왕국을 멸망시키
고 그 왕좌에 올랐으며, 남왕국 유다를 위협해 충성스럽고 얌전한 신민으로 머물게 했다.
이란에 있던 고대 엘람 왕국도 사르곤 왕조 시대에 함락되었다. 기원전 7세기에 이르러 아시
리아는 고대 근동에서 타의 추종을 불허하는 세력이 되었다.

정부와 행정

아시리아 신왕조 제국은 적국과 자국 신민 모두에게 군사적인 공포와 협박을 서슴지 않
는 무장 국가였다. 아시리아 제국의 꼭대기에는 왕이 있었는데, 그는 세습 군주이자 아슈르
신의 지상 대변자였다. 왕은 군사적 지도자인 동시에 제국의 으뜸가는 종교적 상징이었다.
군대가 전장에 나가 있지 않을 때 왕은 '위대한 신' 아슈르의 환심을 사기 위한 정교한 희
생과 의식을 올리는 데 시간을 할애했다. 점과 신탁은 아시리아 종교의 핵심적 특징이었다.
아시리아 왕은 대제사장으로서 자연의 징조를 통해 아슈르의 뜻을 분별할 수 있어야 했다.
왕의 주변에는 총독, 고위 사제, 군사령관 등이 망라된 광범한 관료진이 포진했는데, 그
들의 직책은 아시리아의 맥락에서 결코 상호 배척적인 것이 아니었다. 행정관은 아시리아
사회의 최고 계급을 형성하면서 왕을 대신해 지방 권력을 행사했다. 군사적 용맹을 통해 지
배한 민족이었지만 아시리아인은 교통 및 통신의 중요성을 잘 이해하고 있었다. 그들은 광
범한 도로망을 구축했고, 그것은 수백 년 동안 근동을 가로지르는 교통·통신의 기반 역할
을 했다. 또한 아시리아인은 사신과 첩자를 활용해 신민과 지방 총독의 동태를 왕궁에 보
고하도록 했다.
지방 총독은 공물 징수, 군대 모병, 아시리아의 지배권 유지, 왕령 집행 등을 맡았다. 전

통에 관심 많은 민족답게 아시리아인은 함무라비 법전에 기초해 법률을 만들었지만, 몇몇 처벌 조항은 한층 가혹했다. 아시리아인은 생식(生殖)을 방해한다고 여겨지는 행동을 가장 엄격하게 처벌했다. 동성애와 낙태에 대한 처벌은 각별히 야만적이고 소름끼쳤다. 또한 아시리아 법률은 엄격한 가부장제를 지지했다. 오직 남편만이 이혼할 권리를 가졌고, 아내에게 구타, 신체 절단, 심지어 살해에 이르기까지 다양한 처벌을 가할 수 있는 법적 권한을 가졌다.

아시리아의 군사적·종교적 기풍

아시리아인의 종교적·정치적·군사적 기풍은 아시리아가 생존을 위해 분투하던 무렵에 형성되었다. 일단 아시리아인이 지배권을 장악하게 되자 이런 기풍은 아시리아 제국의 무자비하고 잔인한 정복의 기반이 되었다. 아시리아의 군사적·종교적 기풍의 두 가지 근본적인 성격은 성전(聖戰)과 공포를 통한 공물 착취였다. 아시리아인은 그들의 신인 아슈르가 군사 정복을 통한 아슈르 종교의 확장을 요구한다고 확신했다. 그러므로 아시리아 군대는 왕보다는 신에게 속해 있었다. 그리고 아슈르의 최고권을 받아들이지 않는 모든 사람은 그 사실만으로 아슈르의 백성—아시리아인—의 적이었다. 그러므로 패배한 도시의 신들에게 가해진 굴욕적인 제의(祭儀)는 아시리아 정복의 일반적인 특징이었다. 정복당한 신들은 아시리아 수도로 이송되어 아슈르 신전에 볼모로 잡혔다. 패배한 도시에는 아슈르의 형상(보통 태양 원반을 배경으로 궁수의 머리와 어깨가 그려졌다)이 설치되었고 피정복민족은 아슈르를 숭배해야만 했다. 아슈르 숭배 때문에 피정복민이 과거에 섬기던 신들을 완전히 포기해야만 했던 것은 아니다. 그러나 아시리아인의 견지에서 볼 때 아슈르가 제국의 모든 민족에게 최고의 신이어야 한다는 데는 의문의 여지가 없었다. 시간이 흐르면서 다른 신들은 본래의 성격을 잃고 점점 더 아슈르의 축소판 신들로 변했다. 아슈르는 점차 저 멀리 떨어진 초월적인 존재, 즉 아시리아 제국의 모든 사람이 숭배해야만 하는 국가 종교의 신이 되었다.

아시리아인에게 공물이란 처음에는 약탈을 의미했다. 그러나 적을 일거에 패배시키고 공물 부과를 제도화하는 대신, 아시리아인은 패배한 적들에게 해마다 군사적 공격을 거듭하면서 무력으로 공물을 강탈해갔다. 이 전략은 피정복민을 두려움에 휩싸이게 만들고, 아시리아 군대를 상시 전투 대기 상태로 유지시킬 수 있었다. 그러나 어려움도 뒤따랐다. 거듭되는 정복은 피정복민의 충성심을 이끌어내지 못했고, 피정복민은 반란을 일으켜도 더 잃을 것이 없다는, 될 대로 되라는 식의 절망 상태에 내몰렸다. 해마다 반복되는 아시리아의 공격은 아시리아 군대를 강하게 했을 뿐만 아니라 피정복민의 군사력 또한 강화시켰다. 기원전 9세기 말에 이르면 이 지역의 많은 민족은 아시리아의 수법에 익숙해졌다. 아시리아는 티글라트-필레세르 3세에 이르러서야 해마다 반복되는 침략에 의한 공물 강탈정책을 포기하고 정통적인 공납 체계를 갖추었다.

아시리아의 전쟁 방식은 야만적인 것으로 악명이 높았다. 물론 고대 세계의 전쟁은 언제나 잔인했다. 포로의 신체 절단, 목 베기, 강간, 인구의 대량 강제 이주, 노예화 등은 아주 흔한 일이었다. 그러나 아시리아인은 그러한 야만성을 고대의 다른 어떤 제국에서도 찾아볼 수 없는 방식으로 즐기고 찬양했다. 그들이 남긴 예술품과 비문에는 적의 학살과 고문을 한껏 즐기던 그들의 모습이 잘 나타나 있다. 미소를 머금은 아시리아 궁수들은 도망치는 적의 등을 향해 활을 쐈고, 무자비한 병사들은 함락된 유다의 성읍 주민들을 성벽 꼭대기에서 집어던져 땅에 박힌 말뚝에 찔려죽도록 했다.

군대는 기원전 9세기에 이르러 강력한 세력으로 발전했다. 많은 고대 사회들이 그러했듯이 아시리아는 처음에는 농민으로 구성된 계절제 병력을 활용했다. 그러나 아슈르나시르팔 2세(기원전 859년 사망) 치세부터 아시리아는 10만 명이 넘는 대규모 상비군을 유지했다. 대규모 철 제련법을 익힌 아시리아인은 9세기에 이르면 전사들을 고급 철제 무기로 무장시켜 청동기에 의존하던 적대 세력을 압도했다.

아시리아는 일찍이 볼 수 없었던 기민한 전략 전술을 구사했는데, 그것은 상당 부분 군대 조직에 기인한 것이었다. 아시리아 군대의 핵심은 중무장 장갑 돌격대였는데, 그들은 다양한 공격 무기와 긴 방패로 무장했다. 아시리아 돌격대는 전장에서 적의 보병을 격파하고 적국의 도시 주민을 제압하는 주력 부대였다. 적의 보병을 괴롭히고 그들의 진형을 깨부수기 위해 아시리아인은 투석기와 창으로 전초전을 개시했다. 아시리아인은 궁수와 전차를 결합시켰는데 이는 역사상 유례가 없는 일이었다. 신속하고 효율적인 두 바퀴 전차는 궁수 한두 명과 방패 든 병사 두 명을 태우고 전장을 종횡무진 누볐다. 전차는 대단히 기동성 높은 사대(射臺)가 되었고 훈련된 궁수가 그 위에서 적을 궤멸시킬 수 있었다. 아시리아인은 전사 개개인이 갑옷으로 무장한 말에 올라타고 활을 쏘거나 무거운 창을 휘두르는, 진정한 의미의 기병부대를 발전시켰다.

어떤 적도 개활지에서 아시리아의 복합 전술을 당해낼 수 없었다. 요새화된 성 안에 들어앉아서 방어에만 힘쓸 뿐이었다. 그러나 아시리아는 고도의 기술을 가진 전투 공병대를 투입해 성벽을 무력화시켰다. 그들은 투석기, 포위기계, 공성 망치, 공성 탑 등을 건조했다. 도시의 성벽은 아시리아의 군사 공격 앞에서 결코 안전한 피난처가 될 수 없었다. 도시가 함락된 뒤에는 지극히 악랄한 잔학 행위가 뒤따랐다. 그들은 통상적인 신체 절단에 더해 포로들을 산 채로 태워죽이거나 가죽을 벗기기도 했다.

에사르하돈 왕의 센지를리 비문

아시리아 왕 에사르하돈이 북부 시리아에 세운 기념비는 그의 치세를 볼 수 있게 해주는 중요한 기록 중 하나이다. 본문(이집트 및 시리아 해안의 페니키아에 대한 그의 승리를 선포하는 기록) 옆에는 오른손에 컵을, 왼손에 직장(職杖)을 들고 있는 에사르하돈의 모습이 그려져 있다. 그의 왼손은 또한 포로로 잡힌 이집트 왕과 시리아 지배자—그들은 자비를 애원하고 있다—를 꽁꽁 묶은 밧줄을 쥐고 있다. 비문은 아시리아 왕권에 대한 짐짓 과장된 선전, 고대 수메르-아카드와의 역사적 연속성, 아시리아 정복을 특징짓는 잔인성 등을 드러내고 있다(본문에 나오는 아슈르, 아누, 바알, 에아, 이슈타르 등은 신 또는 여신의 이름이다).

신들의 아버지이자 나의 사제들을 사랑하는 아슈르, 나를 지명한 전능하고 탁월한 아누, 나의 왕조를 건립한 고귀한 주 바알, 전지하고 현명한 에아……나를 편드는 전투의 여신 이슈타르……이들 모두가 나의 운명을 결정했으니, 그들은 왕에게 그들의 은총과 힘과 권능을 허락했으니……왕이 바친 희생 제물을 위대한 신들은 사랑했고……그들의 무기를 아낌없이 왕에게 선물했으니……왕은 모든 땅을 그의 발아래 굴복시키고 공납과 세금을 부과했다. 원수들의 정복자요 적들의 파괴자인 왕의 발걸음은 폭풍과도 같고 그의 행동은 성난 늑대와도 같으리니……왕의 전투 개시는 막강하니, 그는 타오르는 화염이며 꺼지지 않는 불꽃이다. 우주의 왕이요 아시리아 왕인 센나케리브의 아들이며, 우주의 왕이자 아시리아 왕이며 바빌론 총독이자 수메르-아카드의 왕인 사르곤의 후예인……나는 막강하다. 나는 전능하다. 나는 영웅이다. 나는 거인이다. 나는 굉장하다. 나는 명예롭다. 나는 대단하다. 나는 다른 어떤 왕보다도 위대하며 아슈르의 선택을 받았다. 위대한 주께서는 나의 강한 행동의 광대함을 백성에게 보이기 위해 전 세계 네 지역에서 나의 왕권을 강력하게 만드셨고 내 이름을 위대하게 하셨다.……이집트와 쿠시의 왕 티르하카로 말하자면……나는 그의 수많은 병사들을 죽였고 그를 창으로 다섯 차례나 가격해 회복 못할 정도로 부상을 입혔다. 그의 왕도 멤피스를 반나절 만에……나는 포위하고, 함락하고, 파괴하고, 황폐시키고, 불태워버렸다.……나는 이집트로부터 쿠시를 뿌리째 뽑아냈으니, 그곳을 빠져나와 내게 항복한 자는 하나도 없었다.

분석 문제

1. 고대의 비문과 연대기는 왕의 업적을 묘사할 때 종종 과장을 했다. 우리는 에사르하돈의 실제 업적과 그의 허풍스런 자랑을 식별할 수 있을까? 이 비문은 어떤 기능을 했을까?

2. 아시리아인은 패배한 적에 대한 오만함과 잔인성으로 명성이 높았다. 본문의 어느 부분이 이런 명성을 잘 보여주고 있는가?

3. "나는 그의 수많은 병사들을 죽였다"고 에사르하돈은 자랑했다. 『구약성서』의 "사울은 수천 명을 죽이고, 다윗은 수만 명을 죽였다"(「사무엘기 상」 29:5)는 구절을 상기해보라. "눈에는 눈, 이에는 이"(「출애굽기」 21:24, 「레위기」 24:20, 「신명기」 19:21)라고 한 히브리인의 잔인한 정의가 아시리아 법률을 반영하고 있다면 여러분은 놀라지 않겠는가? 아시리아는 고대 근동의 다른 문화들에 어떤 지속적인 영향을 미쳤는가?

아시리아의 종말과 그 유산

사르곤 2세의 후계자들은 아시리아 특유의 군사정책을 지속하면서 문화 부문에도 큰 힘을 쏟았다. 사르곤의 계승자 센나케리브(재위 기원전 704~681)는 고대 아시리아 도시 니네베를 재건하고 둘레에 15킬로미터나 되는 이중 성벽을 쌓아 요새화했다. 그는 그곳에 거대한 궁전을 건설하고 대리석, 상아, 외국산 목재 등으로 대규모 단(壇)을 세웠으며, 5킬로미터 밖에서 맑은 물을 끌어오는 수로 등 어마어마한 관개체계 건설을 명했다. 그의 아들 에사르하돈(재위 기원전 681~669)은 정복된 도시 바빌론을 재건했다. 그는 예술과 과학의 후견인으로 유명했다.

에사르하돈의 아들 아슈르바니팔(재위 기원전 669~627)은 아시리아 지배자 가운데 가장 위대한 인물로 꼽힌다. 그는 제국 전역에 막강한 군사력을 떨쳤고 한동안 이집트 삼각주 지역 전부를 지배했다. 이집트에서 실행된 아시리아의 모험이 궁극적으로 실패하고 난 뒤 그는 국내 개혁에 관심을 돌렸다. 그는 전통적 수단—군사적 공포와 종교적 제국주의—이 아닌 방식으로 제국을 통치하는 방안을 모색했다. 선왕과 마찬가지로 아슈르바니팔은 계몽된 아시리아 군주였다. 그는 아시리아를 신민과 주변국들을 대상으로 한 항구적인 전쟁 상태에 함몰된 무장 국가가 아닌, 지속 가능한 제국으로 변화시키기를 희망했다.

고대 근동 연구자들은 아슈르바니팔에게 큰 빚을 지고 있다. 다른 아시리아 왕들과 마찬가지로 그는 메소포타미아의 풍부한 문화적·역사적 전통을 강하게 의식하고 있었고, 그 지역에 대한 아시리아 지배권의 정당성을 주장하기 위해 이런 역사적 유산에 대한 소유권을 주장했다. 그러나 아슈르바니팔은 여기에서 그치지 않고 한걸음 더 나아갔다. 그는 아시리아의 위대한 수도 니네베에 대형 도서관을 건립하도록 명했는데, 이 도서관에는 메소포타미아의 모든 위대한 문학작품이 아시리아 쐐기문자로 필사돼 비치되었다. 이 도서관은 왕의 의사소통과 공식 활동을 위한 문서보관소의 역할도 했다. 이 값진 역사적 문헌들이 19세기까지 살아남아 재발견되고 보존된 것은 천만다행이었다. 현존하는 『길가메시 서사시』 판본들은 모두 니네베에서 발견된 아시리아 판에 의거한 것이다.

기원전 627년 아슈르바니팔이 사망했을 때 아시리아 제국의 세력은 절정에 달한 것처럼 보였다. 국경선은 안정되었고 이웃 나라들과는 평화를 유지했다. 왕들은 수도를 장엄한 예술품과 공중정원으로 꾸몄다. 아시리아의 종말은 그 돌발성 때문에 더욱 극적이었다. 막강한 아슈르바니팔 치세가 끝난 지 15년도 못 되어 니네베는 폐허로 변했다. 그로부터 몇 년이 지난 뒤 아시리아 제국은 더 이상 존재하지 않았다. 제국이 건설될 때 그랬던 것처럼, 신속하고도 폭력적인 방식으로 사라져버렸다.

에사르하돈과 아슈르바니팔의 개혁 노력에도 불구하고 아시리아인에 대한 증오심은 광범하게 남아 있었다. 아시리아가 저지른 수백 년간의 만행은 결코 잊히지 않았다. 아슈르바니팔 사후 인도-유럽어계인 이란의 메디아인과 한때 바빌로니아 남부를 지배했던 셈어계의 칼데아인 사이에 제휴가 성립되었다. 기원전 626년 동맹군은 남부 바빌로니아에서 반란을 일으켰다. 기원전 612년 그들은 아시리아 수도 니네베를 함락하고 불태웠다. 기원전 605년 칼데아인(신바빌로니아인으로도 알려져 있다)은 유프라테스 강 상류 지역에 남아 있던 아시리아의 마지막 남은 세력을 파멸시켰다. 메디아인은 이란 고원으로 철수해 그들의 종주권을 확대했다. 칼데아인은 메소포타미아와 레반트에서 압도적인 제국 세력으로서 아시리아의 지위를 물려받았다.

칼데아인은 증오의 대상이었던 아시리아인보다 별로 나을 게 없는 것으로 판명되었다. 그들은 정복당한 적을 고국에서 대량 추방하는 등 악명 높던 아시리아인과 다를 바 없는 잔학 행위를 저지름으로써 피정복 신민들의 증오심을 촉발했다. 이런 정책 중 가장 잘 알려진 사례는 기원전 587/586년 무자비한 칼데아 왕 네부카드네자르의 예루살렘 함락이다. 그는

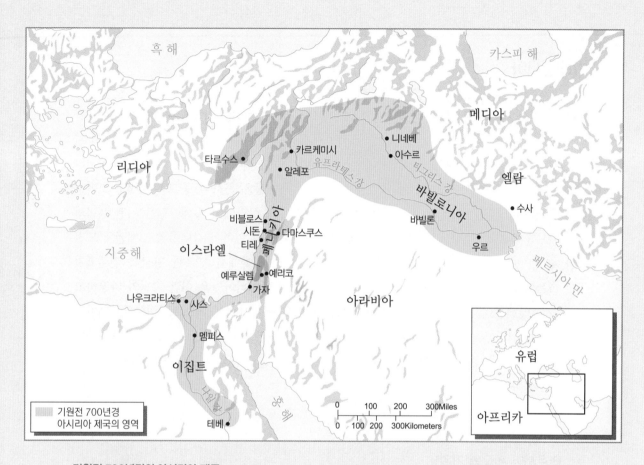

기원전 700년경의 아시리아 제국

아시리아 제국의 지리적 환경에서 무엇이 가장 인상적인가? 아시리아인은 시리아 내륙 지역은 내버려둔 채 왜 강 계곡과 해안에 관심을 집중했는가? 메소포타미아에서의 그들의 상황은 아시리아인의 역사적 정체성에 어떤 영향을 미쳤는가? 이집트의 위치에 주목하라. 아시리아인은 어째서 그들의 폭력적인 정복에도 불구하고 이집트를 영구히 정복한다는 것이 불가능하다고 생각했는가?

성전을 파괴하고 수만 명의 히브리인을 바빌론으로 강제 이주시켰다. 이 추방 사건은 유대 역사에서 '바빌론 포수(Babylonian Captivity)'로 알려져 있다.

페르시아

♣ 페르시아 제국은 근동의 앞선 제국들과 어떻게 다른가? 이 차이는 어떻게 설명할 수 있는가?

약탈과 공포 위에 세워진 칼데아 제국(기원전 612~539)은 매우 단명했다. 칼데아는 아시리아 제국과 같은 막강한 군대도 갖지 못했고, 아시리아인 같은 군사적·종교적 열정도 보여주지 못했다. 그러나 아시리아 제국 몰락 이후의 권력 공백 상황에서 칼데아인은 어떤 세력의 도전도 받지 않았다. 근동의 다른 거대 세력들은 너무 멀리 있어서 칼데아의 지배권에 도전할 수 없었다. 인도-유럽어계의 리디아인은 서부 아나톨리아에서 부유한 왕국을 건설했지만 그들의 관심은 에게 해와 그리스 방면에 있었다. 한편 메디아인은 이란 고원의 다양하고 긴밀히 연관된 여러 민족에 대한 지배권 확보를 도모하며 사실상 메소포타미아 및 레반트 정치와 거리를 두고 있었다. 과거 엘람 왕국의 지배자였던 페르시아인은 이 무렵 메디아에 종속되어 있었다. 그러나 장차 칼데아인을 타도하고 고대 근동을 재통일하게 될 세력은 바로 페르시아였다.

페르시아 제국의 기원

페르시아 만 동부 해안에 거주했고 인도-유럽어계의 언어를 사용했으며 메디아인의 지배를 받았다는 사실을 제외하면, 기원전 6세기 중반 이전의 페르시아인에 대해서는 알려진 것이 거의 없다. 페르시아인은 세상에 알려져 있지 않다가 키루스라는 비범한 군주와 더불어 갑자기 역사에 등장했다. 기원전 559년 페르시아 한 부족을 지배했던 키루스는 오래지 않아 페르시아인 전체의 지배자가 되었다. 기원전 549년경 그는 메디아인의 구속을 벗어던지고 페르시아 만에서 소아시아 할리스 강에 이르는 영토의 지배권을 주장했다. 그 결과 키루스는 리디아 왕국의 이웃나라가 되었다. 리디아인은 금과 은의 생산자로서 그리고 메소포타미아와 에게 해 사이 육상 교역의 중개인으로서 엄청난 번영을 누리고 있었다. 그들은 아나톨리아 서부 해안의 부유한 그리스 도시들을 지배했고 고대 근동에서 최초로 상품과 용역의 교환수단으로 귀금속 주화를 사용했다.

키루스가 리디아와 국경을 마주했을 당시의 리디아 왕은 크로이소스였다. 그는 자신이 지배하던 그리스인의 문화를 지극히 찬양했고, 얼마나 부자였던지 "크로이소스처럼 부유하다"라는 표현이 지금도 영어권에 남아 있을 정도이다. 새로운 이웃을 불신한 크로이소스는 기원전 546년 페르시아인에 대한 예방 전쟁에 나섰다. 리디아 왕국을 정복으로부터 지키기 위해서였다. 헤로도토스에 의하면 크로이소스는 즉각 공격해야 할지 여부를 그리스의 델피에 신탁을 요청했다. 신탁은 만일 그가 할리스 강을 건너면 큰 나라를 파멸시킬 수 있다고 답했다. 크로이소스는 공격했다. 하지만 그가 멸망시킨 것은 자신의 나라였다. 키루스는 크로이소스의 군대를 격파하고 리디아를 페르시아에 병합했다.

키루스는 기원전 539년 메소포타미아를 침략했다. 어찌나 전격적인 침공이었던지 단 한번의 전투도 치르지 않고 바빌론을 장악했다. 일단 그가 바빌론에 머물자 칼데아 제국 전부가 그의 것이 되었다. 키루스는 네부카드네자르 시대 이후 바빌론에 포로로 잡혀 있던 히브리인들을 이스라엘에 돌아가도록 허락하고 반(半)독립적인 속국을 세우도록 했다. 키루스는 다른 피정복 민족에게도 상당한 정도의 자치권—특히 종교적 자율—을 허용했고, 이로 인해 아시리아와 칼데아의 지배를 받던 민족들은 페르시아의 지배를 환영했다. 키루스는 기원전 530년 아랄 해 근방에 원정 갔다가 전투 중 입은 부상으로 죽었다. 그는 세계 역사상 전대미문의 거대한 제국을 남겼다. 그러나 페르시아의 팽창은 그의 사후에도 지속되었다. 기원전 525년 그의 아들이자 계승자인 캄비세스는 이집트를 정복했다.

페르시아 제국의 결속 강화

캄비세스는 선왕의 군사적 위대성을 이어받은 후계자이자 탁월한 장군이었다. 그러나 그의 치세에는 많은 어려움이 밀어닥쳤다. 동시대인들과 후대의 역사가들은 이 젊은 왕의 정신상태가 온전했는지 여부를 놓고 논란을 벌여왔다. 여하튼 그는 젊은 나이에 아들도 남기지 못한 채 죽었다. 페르시아 제국은 후계 문제가 마무리되지 못한 상태에서 다루기 힘든 피정복 지방들의 느슨한 집합체로 남게 되었다.

짧은 내전 기간이 지난 후 키루스와 그의 아들을 섬기던 귀족 핵심 세력은 왕실의 방계 혈족을 새로운 왕으로 세웠다. 캄비세스의 후계자로 등극한 다리우스 1세는 기원전 521년에서 486년까지 페르시아를 지배했고, 행정 개선을 통해 선왕들이 군사적으로 획득한 영토를 결속시키고자 노력했다. 다리우스 1세는 제국을 20개의 사트라프(satrap, 태수) 통치구역—사트라프 령—으로 나누고 각 구역의 행정을 사트라프가 맡도록 했다. 사트라프들은 폭넓은 권력을 누렸고 상당한 정치적 재량권을 행사했다. 그러나 그들은 공물을 바쳐야 했고, 형식적 자치권을 가진 히브리 왕국 등의 속국들이 그랬듯이 중앙 정부에 절대적 충성을 바쳐야만 했다.

키루스의 관용정책을 고수한 다리우스 1세는 제국 내의 다양한 민족이 고유의 관습과 제도를 유지하도록 허용하는 한편, 표준화된 화폐 및 도량형 제도를 강제로 시행했다. 페르시아인은 제국 전역에서 소액의 공물 납부를 요구했다. 그들은 피정복민을 괴롭히는 가혹한 세금이나 군법 또는 종교 관행을 강요하는 데는 관심이 없었다. 수백 년에 걸친 아시리아와 칼데아의 전제정치 이후에 등장한 페르시아의 온건한 통치는 근동 전역에서 환영을 받았다.

다리우스 1세는 위대한 건설자이기도 했다. 그는 새로운 왕궁과 수도를 건설했는데, 그리스인은 그것을 페르세폴리스('페르시아의 도시')라고 불렀다. 그는 이집트 내륙 지방과의 교역 편의를 위해 나일 강에서 홍해에 이르는 운하를 건설토록 했고, 농업 생산을 늘리기 위해 페르시아 고원과 시리아 사막 가장자리에 관개 시설을 설치했다. 다리우스 1세는 또한 광대한 영토에서 상업과 교통을 증진시키기 위해 아시리아의 도로 체계를 확장했다. 가장 유명한 것은 '왕도(Royal Road)'였다. 이 길은 페르시아 만 부근 수사에서 에게 해 부근 사르디스(옛 리디아의 수도)까지 약 2,500킬로미터에 달했다. 이 길을 오간 정부 특사들은 최초의 우편배달부였다. 그들은 한 역참에서 다른 역참까지 중계 구간을 맡아 소식과 물자를 실어 날랐다. 역참과 역참 사이의 거리는 말을 타고 하루 달리는 거리였다. 각 역참에는 새로운 말과 기수가 대기하고 있다가 앞선 '우편배달부'가 가져온 것을 운반했다. 제국의 광범한 정보 네트워크는 이 우편 체계를 기반으로 가동되었고, 광대한 제국 전역에서 일어나는 일들이 낱낱이 왕에게 보고되었다. 다리우스 1세가 창설한 '정보국'은 페르시아 역사의 전 시기 동안 '왕의 눈과 귀'로서 명성을 떨쳤다.

다리우스 1세는 매우 탁월한 행정가였다. 그러나 그는 그리스 방면으로 페르시아 세력을 확장함으로써 군사 전략상 엄청난 실책을 범했다. 키루스의 리디아 정복으로 페르시아는 소아시아 서부 해안의 그리스어 사용 도시들을 지배하게 되었다. 그러나 이 도시들은 페르시아를 경멸했다. 그들은 그리스 도시국가들이 그랬듯이 자유를 동경했다. 그 결과 기원전 499년에서 494년까지 아시아의 그리스인들은 독립을 위한 전쟁을 벌였고 한동안 아테네의 병력 지원을 받았다. 아테네인은 아시아의 그리스인과 연합해 페르시아의 행정 중심지 사르디스를 불태웠다. 다리우스 1세는 아시아에서의 봉기를 진압한 후, 에게 해 건너편으로 군대를 보내 아테네를 응징하고 유럽의 그리스인에게 자신의 지배권을 과시하고자 했다. 490년의 마라톤 전투에서 아테네인은 다리우스 1세에게 평생 한 번뿐인 패배를 안겨주었다. 480년 그의 아들이자 계승자인 크세르크세스가 대군을 동원해 보복을 감행했다. 그리스인을 짓밟고자 한 것이다. 그러나 아테네인과 스파르타인의 영웅적 저항에 직면한 그는 1년 뒤 물러나고 말았다. 이 시점에서 페르시아인은 그들이 세력 팽창이 한계에 이르렀음을 깨달았다. 이후 그들은 아시아 영토에만 집중했고 그리스인의 더 이상의 팽창을 저지하는 일에만 경제적·외교적 역량을 쏟았다.

사실 기원전 479년부터 알렉산드로스 대왕의 소아시아 침공(기원전 334)에 이르기까지 그리스인은 내부적으로 도시들 간의 경쟁에 휘말려 있어서 페르시아에 아무런 도전도 할 수 없는 형편이었다. 그것은 페르시아의 입장에서는 행운이었다. 이 시기의 페르시아 제국은 궁정 음모와 지방의 반란으로 인해 정치적 불안정에 시달리고 있었기 때문이다. 그럼에도 불구하고 페르시아 문화의 세계시민적 성격과 그들이 보여준 전반적인 관용정책은 거대한 제국을 유지하는 데 기여했다. 아시리아나 칼데아와는 달리 페르시아는 신민의 충성심—때로는 애정—에 의지할 수 있었다. 페르시아인은 지방 제도와 관행의 조화, 숙련된 관료제를 통한 안정적이고 일관된 행정, 중앙과 지방의 신속한 의사소통 등에 기반을 둔 제국 모델을 확립했다. 마케도니아인과 로마인은 나중에 이 모델로부터 많은 것을 배웠다.

조로아스터교

페르시아의 정치적 유산보다 더 지속적인 영향력을 미친 것은 조로아스터교로 대표되는 종교적 유산이었다. 이 종교는 그리스도교와 이슬람교 등장 이전까지만 해도 불교, 유대교와 더불어 세계 3대 종교 중 하나였다. 이 종교의 창시자는 조로아스터(페르시아 이름 자라투스트라의 그리스어)였다. 조로아스터는 기원전 600년경의 페르시아인으로 간주되지만, 그가

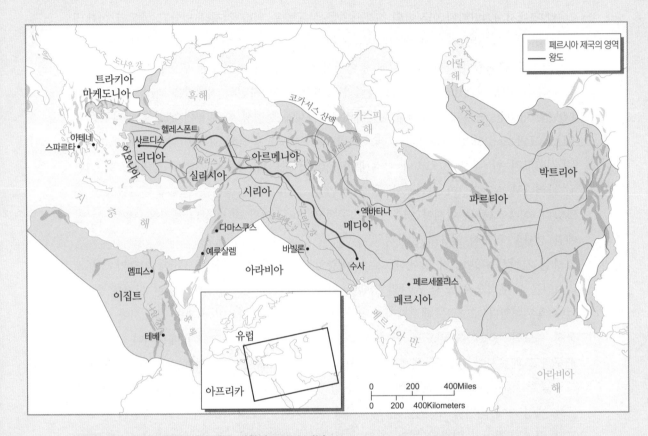

다리우스 1세 시대의 페르시아 제국, 기원전 521~486년
초기에 비해 거대해진 페르시아 제국의 영토는 무엇을 말해주는가? 이 지도에서는 왜 왕도를 특별히 표시했을까? 페르시아 중심부와 행정 중심지 네 곳—페르세폴리스, 수사, 엑바타나, 사르디스—의 위치를 고찰하라. 이렇듯 여러 곳에 산재한 '수도'는 무슨 목적을 갖고 있었는가? 제국 서북부 변경 지역을 살펴보라. 페르시아는 왜 이 방향으로의 확대에 관심을 갖고 있었는가?

쓴 것으로 알려진 일부 저작들 때문에 그보다 400년 전에 살았던 인물로 추정되기도 한다. 조로아스터는 다신교, 동물 희생, 마술 등을 근절함으로써 페르시아인의 전통 관습을 개혁하고 종교를 의식이 아닌 윤리의 관점에서 재정립하고자 했다. 논란이 있기는 하지만 완벽한 종교 신앙체계를 발전시키려 했다는 점에서 우리는 그를 역사상 최초의 진정한 신학자라고 부를 수 있다.

조로아스터는 우주에 하나의 최고신이 존재한다고 가르쳤다. 그는 그 신을 아후라-마즈다, 즉 '지혜로운 주(主)'라고 불렀다. 아후라-마즈다는 빛과 진리와 의로움을 구체화한 신이었다. 그에게는 분노도 악도 없으며 그의 빛은 특정 부족만이 아니라 모든 곳에 비친다. 조로아스터는 아후라-마즈다만으로는 악과 고통에 대한 설명이 불가능했으므로 상반되는 신적 존재인 아리만을 상정했다. 아리만은 불충하고 사악한 신으로서 어둠과 악을 주관했다. 조로아스터는 아후라-마즈다를 아리만보다 더욱 강력한 존재로 제시했다. 그러나 후대의 조로아스터교 사제집단인 마기(Magi)[8]는 창시자의 사상에서 이원론적 측면을 강조했다. 그들은 아후라-마즈다와 아리만이 대등한 경쟁관계에 있으며 최고권을 놓고 필사적인 투쟁을 하고 있다고 주장했다. 그들에 따르면, 오직 최후의 날이 되어야 빛이 어둠에 대해 결정적인 승리를 거두며 그때 아후라-마즈다는 아리만을 제압해 그를 심연으로 던져버린다.

조로아스터교는 개인적인 종교로서 공식적·제의적 종교와는 달리 사적이고도 영적인 요구를 했으며, 초기의 근동 종교와 달리 신적인 왕의 권력을 찬양하지 않았다. 그러나 페르시아 왕조가 조로아스터교의 가르침에 헌신했기에 페르시아 정부의 활동에서 조로아스터교의 비중이 커졌다. 그것은 페르시아 지배의 절충주의와 관용을 설명해준다. 피정복 민족에게 자신의 문화적 관행을 강요하려 했던 아시리아·칼데아·이집트와는 달리 페르시아 왕들은 상이한 민족의 집합체를 통할하는 것이 자신의 할 일이라고 보았다. 그들은 피정복민의 관습과 종교 신앙을 관용할 태세를 갖추고 있었다. 메소포타미아 유력자들이 스스로를 '진정한 왕'이라고 부른 것과는 달리 페르시아 지배자들은 페르시아 대왕의 우산 아래 있는 다른 왕들의 정당성을 인정한다고 넌지시 내비치면서 '왕 중 왕' 또는 '위대한 왕'이라는 칭호를 취했다. 이 같은 정신은 페르시아 건축에서도 나타난다. 그들은 메소포타미아, 바빌로니아, 아시리아, 이집트, 그리스의 영향을 자유롭게 받아들이면서도 페르시아만의 독특한

---

8) 단수형은 마구스(magus). 종교의식을 전문적으로 맡았던 고대 페르시아의 사제집단. 원래 이란어를 그리스어로 번역한 마고이(magoi)가 라틴어식으로 변화해 마구스가 되었다. 이 말에서 매직(magic, 마술)이라는 단어가 나왔다.

양식을 창조했다.

아후라-마즈다는 특정 종족이나 국가를 지지하지 않았다. 다만 아후라-마즈다의 진리와 정의를 떠받드는 개인들을 보살폈다. 인간은 자유의지를 갖고 있으며 죄를 지을지 여부를 선택할 수 있다. 조로아스터교는 사람들에게 죄 짓지 말고 신실할 것, 온 힘을 다해 서로 사랑하고 도울 것, 관대한 친절을 베풀 것 등을 권면했다. 그렇게 하는 사람은 내세에서 보상을 받을 것이었다. 이 종교는 심판의 날에 죽은 자들의 부활이 있으며, 그들은 천국 또는 불구덩이에 넘겨진다고 가르쳤다. 조로아스터교의 성경인 『아베스타』(수백 년을 거치면서 누적 편찬된 경전)에는 의로운 자들에 대한 보상이 명시되어 있다.

조로아스터교의 교의는 유대교·그리스도교와 여러 면에서 흡사하다. 조로아스터교의 윤리적 보편성은 히브리 예언자의 가르침과 닮았고, 천국과 지옥은 그리스도교의 내세관과 닮았다. 심판의 날에 대한 관심은 유대교·그리스도교와 흡사하다. 그러나 이런 유사성을 어느 한 종교가 다른 종교로부터 빌려온 것으로 간단히 생각해서는 안 된다. 고대 근동의 종교적·지적 전통은 광범한 문화적 상호 영향을 특징으로 하는 세계 속에서 형성되었다. 하나의 사상이나 종교 신앙의 뿌리를 단일한 원천에서 더듬어 찾는다는 것은 불가능하다. 조로아스터교, 유대교, 그리스도교는 모두 철기 시대 근동 세계의 풍요로운 문화적 토양에서 등장했다. 당연히 세계 종교의 이념 그 자체도 이런 환경 속에서 출현했다.

히브리 유일신교의 발전

♣ 히브리 종교는 어떤 발전 과정을 거쳐 다신교에서 유일신교로 바뀌었는가?

철기 시대 근동에서 발생한 모든 문화적 발전 가운데 유일신교—창조주이자 만유의 지배자인 하나의 신에 대한 믿음—만큼 서양 문명에서 큰 비중을 갖는 것은 없다. 그 공로는 전통적으로 히브리인에게 돌려졌고 그것은 정당하다. 그러나 히브리인이라고 해서 항상 유일신교를 믿은 것은 아니다. 야훼에 대한 배타적 숭배를 주장했던 사람들—야휘스트(Yahwists)로 불리는 집단—은 시끄럽고 독단적이기는 했지만 히브리 사회의 소수파였다. 히브리인이 궁극적으로 야훼를 우주의 유일한 신적 존재로 받아들이고 배타적 종교관을 가진 민족으로서의 정체성을 확립하는 과정은 히브리 사회가 형성되기까지의 거칠고 혼란스러웠던 환경을 염두에 둘 때에만 비로소 설명이 가능하다.

일신 숭배에서 유일신교로

히브리 유일신교의 등장은 다신교 풍토의 세계에서 이루어졌다. 배타적인 야훼 숭배를 옹호한 후대의 사람들에게 초기의 히브리 역사는 당혹스럽기 짝이 없는 것이었다. 기원전 12세기에서 10세기까지 히브리인은 예외 없이 야훼 이외의 신들, 특히 이웃 가나안인의 신들을 숭배했다. 야훼 스스로도 자기 백성에게 "내 앞에 다른 신들을 두지 말라"고 명령함으로써 암암리에 그의 백성이 숭배하던 다른 신들이 실재한다는 점을 인정한 것으로 보인다. 「판관기」에서 야훼는 모압인의 신 케모시(Chemosh)[9]와 대등한 모습으로 등장한다. 아자젤(Azazel)[10] 같은 히브리 자연신 또는 통속적인 가나안 신 엘(El)[11]—'엘'은 히브리어의 어휘 조성(예를 들면, '베델' 등)에서 중요한 요소이다—에서는 더욱 오래된 다신교적 경향을 엿볼 수 있다. 솔로몬은 예루살렘 성전에 바알의 상징물과 아세라(Asherah)[12]를 위한 제단을 포함시키기도 했다. 배타적 야훼 숭배를 옹호한 종교적 순수파의 항의에도 불구하고 후대의 히브리 왕들은 비(非)야휘스트적 종교 관행을 지속했다.

다신교 관행이 그 뒤로도 지속되기는 했지만, 기원전 1천년기가 시작할 무렵 히브리 종교는 민족적 일신 숭배—하나의 신에 대한 배타적 숭배를 하되 다른 신의 존재를 철저히 부인하지 않음—의 새로운 단계로 확실히 옮아갔다. 이런 일이 구체적으로 어떻게 일어났는지는 불분명하다. 모세는 종종 야훼 숭배의 우월성을 처음 강조한 인물로 평가받지만, 본격적인 야훼 숭배는 훗날 레위인—제사장의 권위에 대한 독특한 주장으로 히브리 사회 내

---

9) 『구약성서』에서는 그모스라고 한다. 고대 서부 셈족의 신이다. 모압인이 그들의 최고신으로 섬겼다.

10) 유대인 전설에 나오는 마귀 또는 악령.

11) 셈어로 '신'이라는 뜻이다. 서부 셈족의 주요 신을 말한다. '엘'은 긴 턱수염과 때로는 두 날개를 지닌 노인으로 묘사되는 경우가 많다. 후르리인의 신 '쿠마르비'와 그리스인의 신 '크로노스'에 해당된다. 『구약성서』에서 '엘'은 일반적으로 신을 가리키는 용어로 사용되었고 야훼와 동의어로 사용되기도 했다.

12) 고대 서부 셈족의 여신이며 최고신의 아내. 바알의 아내로서 아세라는 보통 바알라트라는 이름으로 불린다. 『구약성서』에서 아세라라는 단어는 여신을 가리킬 뿐만 아니라 아세라 숭배와 관련된 목조 신상을 나타내기도 한다.

에서 종교적 엘리트가 된 지파—의 후원 덕분이었다. 야훼 숭배의 제의적 요소와 예언자적 요소를 모두 옹호한 레위인은 히브리 사회와 가나안 사회에서 전통적으로 숭배되던 다른 신들보다 야훼를 우위에 놓고 찬양함으로써 자신들의 세력과 위신을 드높이려 했다.

레위인은 다른 히브리인에 비해 높은 수준의 문자해독능력을 갖추고 있었다. 한 사회의 전통과 의식을 형성하는 수단으로서 문자의 힘은 대단한 것이며, 이것은 고대 세계에서 한 층 두드러졌다. 고대 세계에서 문자는 일종의 마술적 분위기를 자아냈으며 텍스트의 권위는 문자 그대로 경외심을 일으키는 것이었다. 그러므로 히브리인의 종교적·정치적 주권에 대한 끊임없는 위협이 가해지던 시절에 레위인의 문자해독능력은 야훼 숭배의 유지 및 장려에 크게 기여했다. 물론 다윗 가문도 마찬가지였다. 그들은 야훼 숭배를 장려하고 이를 예루살렘에 집중시킴으로써 히브리인의 정치적·종교적 정체성을 우주 최고신(유일한 신은 아니지만)인 야훼 숭배와 연결했다.

그럼에도 불구하고 다른 신들에 대한 숭배는 이어졌다. 가나안의 다산 숭배는 기원전 8세기와 7세기에 인기가 높아졌는데, 그것은 야휘스트들이 요구한 엄격한 도덕성에 대한 반동이었을 것이다. 예레미야 시대에 이르기까지 히브리 종교가들은 계속해서 이방 종교를 매도하고 야훼의 백성이 야훼에 대한 믿음을 지키지 않을 경우 나타나게 될 파멸적 결과를 경고했다. 그러나 다른 신들보다 우월했음에도 불구하고 기원전 8세기와 7세기의 야훼는 야휘스트들이 보기에도 얼마간 제약이 있는 신으로 비쳐졌다. 야훼는 육체를 입고 있으며 때로 변덕스럽고 성을 잘 내는 존재로 여겨졌다. 야훼는 전능하지도 않았다. 그의 권능은 히브리인이 점유하고 있는 영토에 국한되었다.

이러한 다신교적 잔재에도 불구하고 기원전 8세기 중반에는 히브리인의 서양 종교사상에 대한 가장 중대한 공헌이 이루어졌다. 그 하나는 독특한 초월 신학이었다. 야훼는 자연의 일부가 아니라 전적으로 자연 밖의 존재였다. 그러므로 야훼는 순수한 지적 또는 추상적 견지에서, 그리고 그가 창조한 자연계의 운행과는 전혀 동떨어진 존재로 이해될 수 있었다. 초월적 신의 원리를 보완하기 위해 야훼는 거룩한 명령에 의해 인간을 자연의 지배자로 지명했다. 「창세기」의 유명한 구절에서 야훼는 아담과 이브에게 명령을 내린다. "생육하고 번성하여 땅에 충만하여라. 땅을 정복하라. 바다의 고기와 공중의 새와 땅 위에서 살아 움직이는 모든 생물을 다스려라"(1:28). 이 구절은 "그렇게 하여 신들은 평안하게 될지니"라며 인간이 단지 신들을 섬기기 위해 창조되었다고 한 바빌로니아의 창조 설화와 극명한 대조를 보여준다. 끝으로, 완전히 발달한 것은 아니지만 이 시기 히브리 종교사상은 보편적인 윤리적 가치를 담고 있었다. 바빌로니아 홍수 설화에서 성미 까다로운 한 신은 시끄러운 소음으로 잠을 방해했다는 이유로 인간을 파멸시키기로 결심했다. 그와 반대로 「창세기」에서 야훼는 인간의 사악함에 대한 응답으로 홍수를 내리지만 '노아는 의인이었기' 때문에 노아와 그의 가족을 구원했다.

일신 숭배 시기에 히브리인은 도덕적 가르침, 제의, 금기 등을 준수함으로써 야훼를 숭배했다. 엄밀한 형태의 십계명(기원전 7세기 이후부터 알려지기 시작했으며 그 내용은 「출애굽기」 20장 3~17절에 기록되었다)은 바빌론 포수 이전 시기에는 존재하지 않았을 것이다. 그러나 그 시기에도 히브리인은 살인, 간음, 거짓 증언, 이웃의 물건 탐하기 등을 금지한 계명을 지키고 있었다. 여기에 덧붙여 그들은 일곱 번째 날의 노동 금지와 새끼를 어미젖에 삶지 말 것 등의 종교적 규범을 지켰다. 그러나 야훼가 히브리 공동체에 요구한 도덕 기준은 히브리인이 이방인을 상대할 경우에도 반드시 구속력을 갖는 것은 아니었다. 예를 들면 이자를 받고 돈을 빌려주는 일은 히브리인 사이에는 용납되지 않았으나 히브리인과 비(非)히브리인 사이에는 허용되었다. 이런 구별은 전투에서의 민간인 살해와 같은 문제에도 적용되었다. 히브리인이 가나안 영토를 정복했을 때 "이 성들에서 탈취한 노략물과 가축은 이스라엘 자손이 모두 차지했고, 사람들만 칼로 쳐서 모두 죽이고, 숨 쉬는 사람은 하나도 남기지 않았다"(「여호수아기」, 11:14). 야휘스트들은 이런 잔인한 정책에 의문을 제기하기보다는 이를 신의 직접적인 명령으로 믿었다. 야훼가 가나안인으로 하여금 저항하게 만들었기에 그들을 살육할 이유가 충분하다는 것이다. "여호수아가 이들 원주민을 조금도 불쌍하게 여기지 않고 전멸시켜서 희생 제물로 바친 까닭은, 주께서 그 원주민들이 고집을 부리게 하시고, 이스라엘에 대항해 싸우다가 망하도록 하셨기 때문이다. 그래서 여호수아는 주께서 모세에게 명하신대로 그들을 전멸시킨 것이다"(「여호수아기」, 11:20).

솔로몬 사후 히브리 왕국 분열과 더불어 야훼 숭배에 중대한 지역적 차이가 나타났다. 북왕국 지배자들은 주민의 예루살렘 종교 행사 참여를 제지했고, 이 때문에 성경 전통을 발달시킨 예루살렘 야휘스트로부터 경멸을 받았다. 히브리인의 분열과 정체성 상실은 아시리아로 인해 가속화되었다. 아시리아는 사르곤 2세 치세에 북왕국을 속주로 흡수하고 2만 8,000명에 달하는 히브리인—저 유명한 '이스라엘의 잃어버린 10지파'—을 아시리아 제국 내부에 강제 이주시켰다. 남왕국 유다는 살아남았지만 아시리아의 속국이 되는 편이 유리하다고 판단했다. 그러나 앞서 보았듯이 아시리아와의 정치적 합병은 아시리아 신 아슈르를 받아들인다는 것을 의미했다.

아시리아의 위협은 도리어 야휘스트 예언자들로 하여금 일신 숭배가 아닌 배타적 유일신교를 강력하게 요구하도록 만드는 자극제가 되었다. 예언자들은 종교적인 만큼이나 정치적 인물이었다. 그들은 아시리아에 대한 군사적 저항이 부질없는 짓임을 잘 알고 있었다. 히브리인이 한 민족으로서 살아남고자 한다면 그 지역의 다른 민족들과 차별화되는 야휘 숭배를 강화해야만 했다. 그러므로 기원전 8세기와 7세기에 예언자들이 했던 주장, 즉 야휘만이 숭배 받아야 하며 다른 신은 존재하지 않는다는 주장은 아시리아인의 적극적인 아슈르 옹호정책에 대한 공격적 반응이었다. 야휘스트의 철저하고 배타적인 유일신교 주장에는 타협의 여지가 전혀 없었다. 히브리인은 오직 야휘 숭배에 의해서만 아시리아의 종교적 제국주의에 맞서 싸울 수 있었다.

'예언자'라는 말은 오늘날에는 미래를 예견하는 사람이란 뜻이 되고 말았지만, 원래의 의미는 '설교자'—좀 더 정확히 말하면, 신적인 영감에서 비롯된 절박한 메시지를 전하는 사람—였다. 최초의 히브리 예언자는 아모스와 호세아였다. 그들은 기원전 722년 이스라엘이 아시리아에 멸망하기 전 북왕국을 상대로 설교했다. 이사야와 예레미야는 기원전 586년 유다가 멸망하기 전 남왕국에서 예언 활동을 했다. 에스겔과 제2이사야(「이사야서」는 두 명 또는 아마도 세 명의 저자에 의해 집필되었다)는 바빌론 포수 기간에 '바빌론 강가'에서 예언 활동을 했다.

일부 강조점에 차이가 있지만, 예언자들의 메시지는 일관된 종교사상 체계를 형성하고 있다고 간주해도 좋을 정도도 매우 흡사하다. 다음 세 가지 신조가 예언자들의 핵심적 가르침이다.

1. 예언자들은 절대적 유일신교를 가르쳤다. 야휘는 우주의 지배자이다. 그는 자신의 목적을 이루기 위해 히브리인 아닌 다른 민족을 이용하기도 한다. 다른 민족의 신은 거짓 신이다.

2. 야휘는 오직 정의의 신이다. 그는 오로지 선을 의도하며, 세상의 악은 그로부터가 아니라 인간으로부터 온다.

3. 야휘는 의롭기 때문에 그의 민족 히브리인에게 무엇보다도 윤리적 행동을 요구한다. 그는 의식과 희생보다는 정의를 추구하고, 억눌린 자들을 풀어주고, 고아들을 보호하며, 과부들을 변론하는 것을 좋아한다.

기원전 8세기의 예언자 아모스는 '예언 혁명'을 대표했으며, 오늘날까지 반향이 울려 퍼지는 야훼의 다음과 같은 경고를 선포함으로써 인류 문화사에 한 획을 그었다.

> 나는 너희가 벌이는 절기 행사들이 싫다. 역겹다. 너희가 성회(聖會)로 모여도 도무지 기쁘지 않다. 너희가 나에게 번제물이나 곡식제물을 갖다 바친다 해도 내가 그 제물을 받지 않겠다. 너희가 화목제로 바치는 살진 짐승도 거들떠보지 않겠다. 시끄러운 노랫소리를 내 앞에서 집어치워라! 너의 거문고 소리도 듣지 않겠다. 너희는 다만 공의가 물처럼 흐르게 하고 정의가 마르지 않는 강물처럼 흐르게 하여라(「아모스서」, 5:21~24).

유대교의 형성

야휘스트들은 야훼 유일신교야말로 히브리인의 민족정체성의 토대라고 주장함으로써, 아시리아 지배하에서 히브리인의 생존을 가능케 했다. 기원전 7세기 말 아시리아의 위협이 사라지자 야휘스트는 종교적·정치적 승리를 거두었다. 유다의 새로운 왕 요시아(재위 기원전 621~609)는 확고한 유일신론자로서 예레미야 등 예언자들을 그의 궁정에 불러들였다. 아시리아 세력이 무너지자, 요시아는 자신이 종교적 관행을 정화할 수 있는 위치에 서 있음을 깨달았다. 그는 모세 율법을 다시 쓰고 수정하는 일, 거룩한 예배 장소에서 부패 사제와 이방 풍속을 추방하는 일에 힘을 쏟았다. 「신명기」가 발견되고 그것이 모세가 쓴 책으로 크게 환영받은 것은 바로 이 시기였다. 「신명기」가 『히브리 성경』에서 가장 단호하게 유일신교를 천명한 책이라는 점으로 미루어보아, 이것은 요시아가 추구한 종교·정치 계획에 모세의 권위를 부여하기 위한 의도로 요시야 치세에 (또는 그 직전에) 작성된 것으로 보인다.

야휘스트에게는 실망스럽기 그지없는 일이었지만, 요시아는 아시리아 잔류 세력에 대한 이집트 군대의 지원을 막기 위해 파라오에 맞서 싸움을 벌이던 중 메기도 전투에서 사망하고 말았다. 그의 죽음과 더불어 유일신론자들은 세력을 잃었다. 예레미야는 가택 연금되었고, 공개적인 발언권을 거부당하다가 마침내 이집트로 이송돼 그곳에서 살해되었다. 그는 시종일관 히브리인의 타락을 질타하면서 야훼에 대한 불복종 때문에 과거 아시리아에게 멸망당했듯이 앞으로 칼데아인에게 멸망당하게 될 것이라고 경고했다.

요시아 왕이 죽고 한 세대가 지난 뒤 예레미야의 예언이 이루어졌다. 네부카드네자르 휘하의 칼데아인은 예루살렘을 정복하고 성전을 파괴했으며 수천 명의 히브리인을 바빌론으로 데려갔다. 바빌론 포수는 그곳에 끌려간 히브리인에게 수많은 도전을 안겨주었다. 가장 중대한 도전은 그들의 종교적·윤리적 정체성을 유지하는 일이었다. 정체성 고수를 주도한 것은 애국적 야휘스트들이었다. 세월이 흘러 페르시아의 키루스가 바빌론을 함락한 뒤, 고향 땅 팔레스타인으로의 귀환에 앞장섰던 사람들이 바로 야휘스트들이었다. 야휘스트들의 예언 전통은 이국땅에서도 지속되었다. 예언자 에스겔은 오직 종교적 순수성을 통해서만 구원을 얻을 수 있다고 강조했다. 종교적 순수성이란 모든 이방 신을 무시하고 오직 야훼만을 인정하는 것이었다. 에스겔은 국가·제국·왕권은 종국에는 문제가 되지 않는다고 말했다. 그는 나훔과 예레미야 같은 선배 예언자들의 암묵적 의견—그들 역시 인간의 권력과 존재의 덧없음을 말했다—을 명시적으로 말했다. 유배당한 히브리인에게 중요한 것은 창조주 신이 자기 형상대로 인간을 창조했다는 것, 그리고 창조주 신과 그의 선민 사이의 관계였다.

바빌론 포수 기간에 이루어진 종교적 관행과 정치적 정체성의 분리는 기존의 예언 전통을 더욱 강화시켰다. 그럼에도 불구하고 포수 시대는 보편 종교로서 유대교가 등장하는 데 결정적인 역사적 역할을 했다. 바빌론에서 유대교는 히브리 민족종교 이상의 것이 되었다. 야훼 숭배는 더 이상 어떤 특정 정치적 실체나 왕조와 결부되지 않았다. 왜냐하면 기원전 586년 이후에는 히브리 국가도 히브리 왕조도 존재하지 않았기 때문이다. 야훼 숭배는 특정 장소와도 결부되지 않았다. 성전 파괴 및 히브리 민족 추방에도 불구하고 유대교는 바빌론과 예루살렘에서 살아남았다. 고대 세계에서 이것은 유례를 찾을 수 없는 놀라운 일이었다. 고대 민족 중 중심 종교 성지에서 그토록 오랜 세월 쫓겨나 있었으면서도 살아남은 경우는 히브리인 이외에 달리 찾아볼 수 없다.

키루스가 바빌론의 히브리인에게 성지로 돌아가 성전을 재건해도 좋다고 허락한 기원전 538년 이후 예루살렘은 다시 한 번 히브리 종교의 중심 성지가 되었다. 물론 바빌론에서 돌아온 망명자들과 성지에 남아 포수 기간 변화된 유대교의 영향을 받지 않은 히브리인 사이에 종교적 충돌이 발생하기도 했지만, 포수 기간 유대교 내부에서 이루어진 새로운 발전은 영구히 지속되었다. 이런 갈등과 대립이 나타났다는 것은 바빌론에서 유대교가 얼마나 크게 변화했는지를 보여주는 증거이기도 하다.

점차 유대교의 종교적 가르침은 윤리적 관점에서 제시되었다. 거주 지역이나 정치적 정체성과는 상관없이 모든 인류가 창조주에게 져야 할 의무를 강조한 것이다. 반면 제의적 요구와 종교적 금기는 유대인만의 배타적 의무로 남았다. 그런 요구와 금기는 야훼와 그의 백성을 묶는 특별한 계약을 상징했는데, 이는 기원전 5세기 말 느헤미야에 의해 엄격히 강화되었다. 그러나 시간·자연·장소·왕권을 초월해 편재하는 창조주 신에 대한 관념은 제2성전 유대교에서 종전보다 한층 더 강력해졌고, 그 후 그리스도교와 이슬람교에서 채택되었다. 야훼가 질투하는 신이며 추종자들이 다른 신을 숭배하는 것을 허락하지 않는다는 히브리인의 주장도 같은 과정을 거쳤다. 고대 세계의 맥락에서 이 두 가지 요소—민족 종교와 보편 종교—는 매우 독특한 이념으로서 그 후로도 1,000년 동안 온전히 이해되거나 받아들여지지 못했다. 그러나 그 독특성에도 불구하고 히브리인이 발전시킨 초월적 유일신교는 서양 문명의 종교관에서 하나의 근본적 성격이 되었다.

결론

기원전 1700년부터 기원전 500년까지는 제국의 시대였다. 기원전 2천년기의 두 강대 세력은 신왕국 이집트와 아나톨리아의 히타이트였다. 그러나 이 시기에 미노아 크레타, 미케네 그리스, 미탄니 왕국, 중왕조 아시리아 등 보다 작은 규모의 제국도 등장했다. 이 모든 제국은 국제 교역 및 외교의 정교한 네트워크에 의해 유지되었다. 후기 청동기 시대에 이르러 그들 모두를 결속시킨 국제체계가 등장한 것이다. 그러나 청동기 시대 모든 제국의 핵심에는 매우 오래된 사회조직 모델—수메르에서 발달된 메소포타미아 도시국가—이 가로놓여 있었다. 신왕국 이집트를 제외하면 어떤 제국도 통일된 영토 국가에 근접하지 못했다. 대부분의 제국은 도시들—지배권을 정당화하기 위해 신적인 승인을 주장한 왕들이 통치하는 곳—의 집합체일 뿐이었다.

기원전 1200년에서 1000년 사이 바다 민족이 초래한 참화는 이 국제적 체계를 끝장내고 말았다. 이집트의 세력 하락과 시기적으로 겹친 이 침략을 틈타 근동과 중동에서 페니키아인, 팔레스타인인, 히브리인, 리디아인 등 많은 소수 민족이 새롭게 국가를 세울 수 있는 기회를 얻었다. 알파벳, 주화, 배타적 유일신교, 상업적 식민지화 등 초기 철기 시대의 중요한 문화적·경제적 발전은 상당 부분 이들 군소 국가에서 시작되었다. 그러나 초기 철기 시대 지중해 세계의 지배적인 국가들은 여전히 서아시아를 중심으로 한 거대한 제국들이었으니,

처음에는 아시리아, 다음에는 칼데아, 마지막에는 페르시아였다.

기원전 2천년기 중반 이후로는 극적인 변화가 거의 없었던 것처럼 보일지도 모른다. 하지만 그러한 지리적 연속성에 현혹되어서는 안 된다. 초기 철기 시대의 제국들은 1,000년 전 근동을 지배했던 반독립적 도시국가들의 집단과는 사뭇 달랐다. 이들 새로운 제국은 초기 제국들에 비해 한층 높은 수준의 통합을 달성했다. 이들은 수도, 중앙 관리 커뮤니케이션 체계, 정밀한 행정 구조를 지니고 있었으며, 공격적 제국주의를 전능한 신이 부여한 종교적 의무라고 정당화해주는 이데올로기를 가지고 있었다. 그들은 전대미문의 대군을 거느렸고, 청동기 시대의 제국들에서는 상상도 할 수 없었던 철저한 복종을 신민에게 요구했다. 그러나 그들은 전능했던 것은 아니다. 아시리아의 경우에서 볼 수 있듯이 작은 국가들의 연합은 때로 제국을 물리칠 수 있었다. 그러나 전반적으로 이 제국들은 크고 강했으며 기존의 어떤 제국보다도 철저한 정치적·종교적 복종을 요구했다.

거대한 제국들이 신들의 뜻을 구현하기 위한 선택된 도구라고 자처했던 바로 그 시기에 초기 철기 시대의 인격적인 유일신교 전통이 등장했다. 모든 고대 종교가 그러했듯이 숭배와 희생은 조로아스터교와 유대교에서 모두 중요한 종교적 의무였다. 각별히 조로아스터교는 제국주의 이데올로기와 완벽하게 양립할 수 있었고 페르시아 제국의 정신적 추동력이 되었다. 반면 유대교는 아시리아와 칼데아 바빌로니아의 종교적 제국주의에 저항하는 투쟁 과정 속에서 형성되었다. 조로아스터교와 유대교는 모두 개인의 윤리적 행동을 종교의 근본 요소로서 새롭게 강조했다. 두 종교는 종교적 가르침의 근거가 될 권위 있고 성문화된 경전을 발전시키는 데 앞장섰다. 이런 발전은 서양의 종교생활에 엄청난 영향을 미쳤고 궁극적으로 그리스도교와 이슬람교는 그것을 각자의 제국적 전통을 수립하기 위한 모델로 삼게 되었다.

제2부
그리스·로마 세계

THE GREEK AND ROMAN WORLDS

그리스와 로마의 고전 문명은 기원전 6세기부터 서기 6세기까지 지중해 세계를 지배했다. 두 문명은 고대 근동의 전통과 업적에 크게 의존했지만, 제각기 이전 세계와 다른 독특한 차별성을 드러냈다. 그러나 그리스와 로마는 다 같이 후대에 발달한 모든 서양 문명의 묘판이 되었다.

기원전 8세기에 시작한 그리스 문명은, 에게 해와 아드리아 해 일대에서 성장한 서로 적대적이고 개성적이며 지극히 독립적인 도시국가들이 발전시켰다. 하지만 그리스 문명이 지중해 세계와 근동 세계를 아우르는 공통의 문화로 성립한 것은, 알렉산드로스 대왕의 정복활동을 통해 그리스에서 페르시아를 거쳐 인도와 이집트에 이르는 하나의 제국이 창출된 기원전 4세기 말에 이르러서였다.

중부 이탈리아에서는 로마가 이탈리아 반도에 대한 지배권을 서서히 확장하고 있었다. 기원전 2세기와 1세기에 로마는 지중해 세계 및 서유럽 전역으로 지배권을 확대했다. 서기 1세기 말에 이르러 로마는 알렉산드로스 제국보다 더 큰 제국을 건설했다. 조직과 규율, 그리고 비범한 문화적 적응력 덕분에 로마 제국은 그 후로도 400년 동안 유지되었다

연표: 그리스·로마 세계

	정치	사회와 문화	경제	국제 관계
B.C. 1150		그리스의 암흑시대 (1150~800 B.C.) 그리스에 페니키아 알파벳 도입 (900 B.C.)	에게 해에서 그리스 교역 증가 (1000~800 B.C.)	
	그리스 폴리스의 탄생 (800 B.C.)	상고기 그리스 (800~480 B.C.) 호메로스의 『일리아스』와 『오디세이아』 (800 B.C.) 최초의 그리스 식민지 (800~600 B.C.) 최초의 올림픽 경기 (776 B.C.)		카르타고 건국 (800 B.C.) 로마 건국 (753 B.C.)
	스파르타가 메시니아인을 노예로 삼다 (700~680 B.C.) 킬론, 참주 혐의로 추방 (632 B.C.)			
600	중장비보병이 군사적 표준이 되다 (600 B.C.) 타르퀴니우스 오만 왕, 로마 왕 즉위 (543 B.C.)		솔론, 환금작물과 도시 산업 장려 (600~550 B.C.)	밀레토스, 강력한 식민지 세력 되다 (600~400 B.C.)
500	로마 공화국 (500~27 BC) 크세르크세스, 다리우스를 계승 (486 B.C.) 평민 반란과 12표법 (480 B.C.)	소포클레스, 『오이디푸스』 저자 (496~406 B.C.) 그리스 조각의 등장 (490~480 B.C.) 그리스 문명의 황금시대 (480~323 B.C.)	아테네, 올리브유, 포도주, 도기의 주요 수출국 되다 (500 B.C.)	이오니아 혁명 (499~494 B.C.) 페르시아의 에레트리아 약탈 (490 B.C.) 그리스 동맹 결성 (480 B.C.) 페르시아 군, 살라미스에서 패배 (480 B.C.)
	페리클레스, 아테네 스트라테고스 선출 (462~461 B.C.)	소크라테스 (469~399 B.C.) 투키디데스 (460~400 B.C.) 소피스트 등장 (450 B.C.) 아테네 파르테논 신전 건축 (447~438 B.C.) 플라톤, 『국가』 저자 (429~349 B.C.) 아리스토텔레스, 『니코마코스 윤리학』 저자 (384~322 B.C.)		아테네, 델로스 동맹의 패권 장악 (450 B.C.) 펠로폰네소스 전쟁 (431~404 B.C.) 코린토스 전쟁 (395~387 B.C.)
	필리포스 치세 (359~336 B.C.) 알렉산드로스 3세 (대왕) 치세 (336~323 B.C.)	그리스인의 서아시아 이주 (325~225 B.C.) 에우클레이데스, 『기하학 원리』 (300 B.C.)	알렉산드로스, 그리스와 아시아 사이의 통상로 정복 (323 B.C.)	필리포스 2세, 그리스 동맹을 물리치고 코린토스 동맹 결성 (338 B.C.) 알렉산드로스 대왕 치세 (336~323 B.C.) 프톨레마이오스, 이집트에서 왕조 수립 (332 B.C.) 알렉산드로스, 페르시아 군 패배시키다 (331 B.C.)
300			로마 최초의 표준 주화 (269 B.C.)	셀레우코스, 페르시아에서 왕조 수립 (281 B.C.) 포에니 전쟁 (264~146 B.C.)
	로마의 노예 반란 (146~130 B.C.)			
100		키케로 (106~43 B.C.)	로마 경제, 100만 명의 노예에 의존 (100 B.C.)	카르타고 멸망 (146 B.C.)
	스파르타쿠스 반란 (73~71 B.C.)	베르길리우스, 『아이네이스』 저자 (70~19 B.C.) 호라티우스 (65~8 B.C.)		
	카이사르, 폼페이우스를 물리침 (48 B.C.) 옥타비아누스, 황제 즉위 (27 B.C.) 원수정 시대 또는 제정 초기 (27 B.C.~180 A.D.)	리비우스, 『로마사』 저자 (59 B.C.~17 A.D.) 오비디우스, 『변신』 저자 (43 B.C.~17 A.D.)		

정치	사회와 문화	경제	국제 관계	
	예수 (c. 4 B.C.~c. 30 A.D.)			A.D. 10
	타르수스의 사울, 또는 사도 바울 (10~67)			
	그리스도교도 로마에 등장 (40)		클라우디우스, 브리튼 침공 (48)	
	「마가복음」 기록 (70)		로마군, 예루살렘 성전 파괴 (70)	
로마의 평화 (96~180)		로마인, 트라야누스 치세에 수로·도로 기술에서 탁월, 새로운 조세 제도 발달 (98~117)		100
로마 제국 3세기의 위기 (180~284)		로마 제국, 질병과 낮은 출산율 때문에 인구 1/3 감소 (180~284)	로마군, 예루살렘 시 파괴 (135)	
	신플라톤주의 (200~300)			
전제정 시대 또는 제정 말기 (284~610)		디오클레티아누스 치세에 통화 안정, 새로운 화폐제도 도입 (284~305)	고트족, 로마군을 패배시키고 도나우 강 건너다 (251)	
디오클레티아누스, 군인황제 (284~305)				
	수도원 제도의 성장 (300년대)			300
	그리스도교 대박해 (303~313)			
콘스탄티누스의 서로마 제국 지배 (312~324)	콘스탄티누스의 그리스도교 개종 (312)			
콘스탄티누스, 콘스탄티노플에서 로마 제국 지배 (324~337)			니케아 공의회, 아리우스파 정죄 (325)	
	성 히에로니무스 (c. 340~420)			
	성 암브로시우스 (c. 340~397)			
	성 아우구스티누스, 『고백』·『신국론』의 저자 (354~430)		서고트족, 로마군 패퇴 (378)	
	그리스도교, 로마의 국교가 되다 (c. 392)			400
			서고트족, 로마 약탈 (410)	
			반달족, 바다 방면에서 로마 약탈 (455)	
	성 베네딕투스 (480~547)			
유스티니아누스 황제, 동로마 지배 (527~565)				
『로마법 대전』 (534)			유스티니아누스, 동고트족으로부터 로마 탈환 (536)	
			롬바르드족, 이탈리아 북부 장악 (568)	
교황 그레고리우스 1세 (590~604)	성 그레고리우스 대교황 (590~604)			

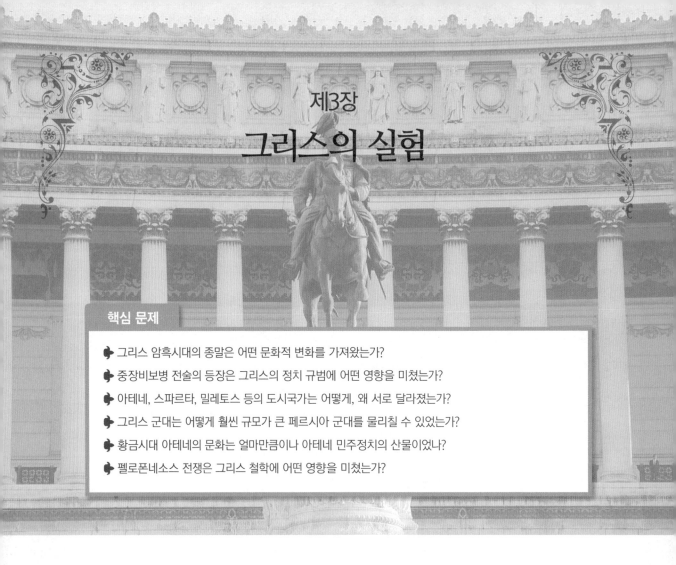

제3장
그리스의 실험

핵심 문제

🔹 그리스 암흑시대의 종말은 어떤 문화적 변화를 가져왔는가?

🔹 중장비보병 전술의 등장은 그리스의 정치 규범에 어떤 영향을 미쳤는가?

🔹 아테네, 스파르타, 밀레토스 등의 도시국가는 어떻게, 왜 서로 달라졌는가?

🔹 그리스 군대는 어떻게 훨씬 규모가 큰 페르시아 군대를 물리칠 수 있었는가?

🔹 황금시대 아테네의 문화는 얼마만큼이나 아테네 민주정치의 산물이었나?

🔹 펠로폰네소스 전쟁은 그리스 철학에 어떤 영향을 미쳤는가?

미국인이나 유럽인이 고대 세계를 생각하면서 가장 흔히 떠올리는 이미지는 아테네의 아크로폴리스이다. 아련한 빛으로 물든 신전과 사당은 오랜 연륜과 쇠락한 모습에도 불구하고 여전히 강한 인상을 주고 있다. 그리스 문화의 상징물에 내면화된 합리성, 조화, 평정 등은 '서양'의 본질—아시리아와 페르시아 같은 동양 문화의 미신과 전제에 대한 이성과 자유의 승리—을 나타내는 것으로 많은 사람들의 눈에 비쳐졌다.

그와 같은 안이하고도 아전인수적인 비교는 고대 그리스와 고대 근동 문화에 대해 말해준다기보다는 현대 서양인들이 갖고 있는 편견에 대해 더 많은 것을 말해준다. 실제로 그리스 문명은 미케네 시대부터 오늘에 이르기까지 이웃 근동 지역으로부터 엄청난 영향을 받아왔다. 고전기 그리스 문명은 페니키아, 아시리아, 이집트가 없었다면 결코 등장할 수 없었다.

하지만 기원전 1천년기에 이루어진 그리스 문명의 개화(開花)는 서양 문명 발달의 분수령이었다. 청동기 시대가 붕괴된 뒤 역사적 경험을 쌓기 시작한 철기 시대의 그리스인은 이웃의 근동 문명과는 현저히 다른 가치관을 갖게 되었다. 그리스인은 인간의 존엄성, 개인의 자유, 참여적 정부, 예술적 혁신, 과학적 탐구, 정치적 실험, 인간정신의 창조적 능력에 대한 신념 등의 가치를 신봉했다. 물론 현실은 종종 그들의 이상에 미치지 못했지만 말이다(모든 인간사가 다 그런 것 아니던가).

민주주의, 평등, 정의, 자유 등에 대해 오늘의 우리가 알고 있는 의미는 그리스인이 받아들였던 의미와는 사뭇 다르다. 그렇지만 근대 서양은 집요하고 다투기 좋아하며 원기 왕성한 이 민족이 만들어낸 제도와 신념에 충분히 공감할 수 있다. 그리스인의 소규모 사회는 문화적 혁명을 출발시켰고 기존의 다른 어떤 문명과도 차별화된 독특한 문명을 창조해냈다. 근대 서양의 민주주의는 이러한 그리스적 실험의 유일한 상속자였다. 아니, 그 실험이 없었더라면 근대 서양의 민주주의는 상상도 할 수 없었을 것이다.

그리스의 암흑시대(기원전 1150~800)

♦ 그리스 암흑시대의 종말은 어떤 문화적 변화를 가져왔는가?

기원전 12세기 말이 되자 미케네 문명의 마지막 흔적은 사라졌고 그리스는 기록이 없는 암흑시대로 접어들었다. 그리스 본토는 기원전 1200년 이후 100년 남짓한 기간에 인구의 90퍼센트가 줄어들었다. 아테네를 제외한 거대한 성채들은 청동기 시대 말기의 대화재로 파괴되었다. 아테네의 인구도 꾸준히 감소했다. 많은 주민은 남부 그리스 산악 지대로 또는 바다 건너 키프로스 섬과 아나톨리아 해안으로 도망쳤다. 그리스의 역사적 전승에 따르면, 주민들의 탈출은 북방 출신의 새로운 그리스인 집단—도리아인—이 남하함으로써 가속화되었다. 오늘날의 학자들은 이 전승의 진실성에 의문을 품고 있다. 하지만 도리아 방언 사용자(스파르타인과 코린토스인 등)와 '기존의' 이오니아-아티카 방언 사용자(아테네인, 에게해 섬 주민, 아나톨리아 해안 주민 등) 사이의 긴장관계는 그리스 역사의 고전기가 끝날 때까지 지속되었다.

암흑시대 초기의 인구 감소는 그리스의 사회조직, 경제, 물질문화 등에 엄청난 영향을 미쳤다. 주거지는 그 규모가 축소되었을 뿐만 아니라, 외적에 취약한 해안 지역을 떠나 내륙 지방으로 옮겨졌다. 도자기와 매장 유물은 이 무렵의 그리스가 근동 문명의 중심에서 동떨어진 정체되고 낙후된 세계였음을 말해주고 있다. 인접한 그리스인 공동체들 사이에도 경제적 교류가 거의 없었다. 몇몇 촌락에는 족장이 있었지만, 족장의 주택과 재산은 일반 주민과 거의 다를 바 없었다. 자급자족적인 가족집단의 정치적·경제적 평등을 기본 유형으로 하는 암흑시대의 역사적 배경은 그 후 고전기 그리스인의 정치사상에 엄청난 영향을 미쳤다.

종교와 의식(儀式)은 그리스 사회구조의 일부였다. 그러나 그리스인은 신들을 의혹의 시선으로 바라보았고, 신들을 필수불가결한 긍정적인 세력으로 바라보지 않았다. 신들은 변덕스러웠고 인간적인 모든 결점을 갖고 있었으며, 초인적인 힘을 휘둘렀고 인간사에 개입하기를 즐겼다. 그리스인이 보기에 신들은 달래고 비위를 맞춰야 할 대상이었으며 전적으로 신뢰할 수 있는 존재가 아니었다. 그리스인은 신적인 개입보다는 인간 개개인의 정신력에 의존하는 경향이 강했다. 하지만 그들은 인간의 성취를 지나치게 자랑스러워하지 않는 휴브리스(hubris, 지나친 자만)[1]의 개념을 발달시키기도 했다. 휴브리스는 신들의 주목을 끌고 그들의 지위를 위협하는 것이었기에, 신들은 그런 기미를 보인 인간을 징벌하기 일쑤였다.

호메로스와 영웅 전승

기원전 1000년에 이르러 그리스의 고립은 종식되었다. 그리스 사회는 점점 복잡해졌고, 그리스 본토의 물질적 발전과 번영을 반영하기라도 하듯 도자기 또한 정교해졌다. 그리스 상인에게 도자기는 해외의 사치품과 교환·거래할 수 있는 값진 상품이었다.

암흑시대 그리스 경제에서 상업이 중요한 비중을 차지하게 되자 부가 늘어나고 사회계층화가 뚜렷해졌다. 소규모의 귀족집단이 등장했고 그들은 자신의 특권을 '최고 인간'으로서의 우수한 자질의 반영이라며 정당화했다. 그들은 상업, 약탈, 해적질 등으로 부를 획득했다. 그러나 암흑시대 그리스에서 귀족의 지위를 확립하기 위해서는 부 하나만으로는 충분치 못했다. 위대한 인간이란 노래 부르는 자, 행동가, 전투의 승리자여야 했고, 무엇보다 신들

---

1) 고전 그리스 윤리·종교 사상에서, 질서 있는 세계 속에서 인간의 행동을 규제하고 있는 한계를 불손하게 무시하는 자만 또는 교만을 일컫는 말이다.

의 총애를 받아야 했다. 간단히 말해 그는 영웅이 되어야 했다.

암흑시대 말기 그리스의 영웅적 이상과 관련해 우리가 알고 있는 내용의 대부분은 호메로스가 지은 것으로 알려진 서사시 『일리아스』와 『오디세이아』에서 비롯되었다. 이 놀라운 서사시—서양 문학사상 최고의 작품 중 하나—는 기원전 800년 이후에 기록되었지만, 그보다 훨씬 더 오래된 구전 전승에 뿌리를 두고 있다. 이 때문에 역사가들은 복잡하고 난해한 사료들을 분석하지 않을 수 없다. 호메로스의 시는 청동기 시대 말기에 지어졌지만, 수백 년에 걸친 반복된 낭독을 거치면서 시에서 묘사된 사회적·정치적 맥락은 후대의 상황을 반영하게끔 변화되었다. 그 결과 호메로스 서사시에서 표현된 사건들은 청동기 시대의 것이지만, 이 서사시가 보여주는 사회는 대체로 암흑시대 말기의 그리스 사회이다.

호메로스는 경쟁과 지위를 최고의 관심사로 여긴 전사 엘리트들이 만들어낸 세계를 그리고 있다. 값비싼 선물과 환대를 나누면서 귀족들은 상호간에 우의를 다졌다. 어떤 면에서 귀족들은 그들이 지배한 지역 사회보다 귀족들 상호간에 더 강한 유대감을 갖고 있었다. 그러나 이 유대감이 그들 사이의 대립과 경쟁을 완화시켜주지는 않았다.

귀족 가문 간의 경쟁은 트로이 전쟁 기간에 그랬던 것처럼 종종 폭력으로 치닫곤 했다. 그러나 그것은 종교적 형태의 영웅 숭배를 창출하기도 했다. 영웅 숭배는 어느 유력 가문이 인근의 장엄한 미케네 무덤을 자기네 조상의 무덤이라고 주장하고, 그 무덤에 제물을 바치는 등의 의식을 헌신적으로 거행함으로써 시작되었다. 이런 헌신은 휘하의 추종자와 하인들에게로 확대되었고, 때로는 공동체 전체가 스스로를 그 지방 영웅과 동일시하기도 했다. 그 결과 영웅적 이상은 그리스 사회에 깊숙이 스며들었다. 호메로스 서사시는 고전기와 그 후에 이르기까지 영웅적 이상을 널리 전파했다.

암흑시대에서 탈출한 그리스	
페니키아 알파벳의 채택과 개량	기원전 900~800년
에게 해 전역에서 상선 활동 증가	기원전 900~800년
그리스 인구의 급격한 증가	기원전 900~700년
주요 정치 단위로서 폴리스의 흥기	기원전 800년

외국과의 접촉 및 폴리스의 흥기

기원전 9세기에 에게 해 전역에 걸쳐 극적인 변화가 있었다. 그리스인과 페니키아인의 접촉이 강화된 것이다. 가장 중요한 것은 그리스인이 페니키아 알파벳을 채택했다는 사실이다. 그들은 불필요한 자음을 모음으로 전환하는 등 페니키아 알파벳을 개량했다. 호메로스

그리스인의 손님에 대한 우정과 영웅적 이상

그리스에서 진정한 국가 조직이 재등장하기 전 공동체들 사이의 관계는 대체로 촌락의 지도적 가문들 사이의 개인적 친분 또는 대대로 이어오던 가문들 간의 인연에 의존하고 있었다. 선물이나 환대를 주고받는 등 손님에 대한 우정에 기초해 형성된 유대관계는 이 관계에 들어간 당사자들에게 진지한 의무를 부과했다. 호메로스의 『일리아스』에 묘사된 그리스 영웅 디오메데스와 트로이 편에서 싸운 뤼키아 사람 글라우코스 사이의 만남에서 볼 수 있듯이, 서로에게 경의를 표하는 것은 영웅적 이상의 일부였다. 손님에 대한 환대는 고대사 전 시기에 걸쳐 그리스 사회의 중요한 가치로 남아 있었다.

이때 힙폴로코스의 아들 글라우코스와 튀데우스의 아들이 서로 싸우기를 열망하며 양군의 한가운데로 달려 나갔다.……목청 좋은 디오메네스가 먼저 말을 걸었다. "가장 뛰어난 자여! 필멸의 인간 중에 그대는 대체 뉘시오? 남자의 영광을 높여주는 싸움터에서 내 일찍이 그대를 본 적이 없소. 그러나 지금 그림자가 긴 내 창을 기다리는 것을 보니 대담성에서는 그대가 모든 이를 크게 능가하는 것 같구려. 하지만 내 힘에 맞서는 자식들의 부모들은 모두 불행하도다.……"

그에게 힙폴로코스의 영광스러운 아들이 대답했다. "튀데우스의 기상이 늠름한 아들이여! 그대는 왜 내 가문을 묻는 것이오?……그대가 원한다면 많은 사람들이 알고 있는 우리 가문을 그대도 잘 알도록 내 말해주겠소.……그래서 벨레로폰테스는 뤼키아로 가셨고……광대한 뤼키아의 왕이 그분을 진심으로 존중해주셨소.……왕은 그분이 신의 당당한 후예임을 알고……자기 딸을 아내로 주고……그분의 아내는 현명한 벨레로폰테스에게 세 아이를 낳아주셨으니, 이산드로스와 힙폴로코스와 라오다메이오가 곧 그들이오.……힙폴로코스께서는 나를 낳으셨으니, 나는 곧 그분에게서 태어났음을 밝히는 바요. 그리고 그분께서는 나를 트로이로 보내시며 항상 제일인자가 되고 남보다 뛰어난 인물이 되어……선조들의 이름을 욕되게 하지 말라고 신신당부하셨소. 나는 이러한 가문과 혈통에서 태어났음을 자랑으로 여기고 있소."

이렇게 말하자 목청 좋은 디오메네스가 기뻐했다. 그래서 그는 풍요한 대지 위에 창을 꽂고 백성의 목자에게 상냥한 말을 건넸다. "그렇다면 그대는 먼 옛날 부조(父祖) 때부터 나의 빈객이오. 고귀한 오이네우스가 일찍이 나무랄 데 없는 벨레로폰테스를 자신의 궁전에 유숙케 하시며 스무날 동안 대접한 일이 있었으니까요. 더구나 그분들은 아름다운 우정의 선물까지 교환했지요.……그러니 앞으로 아르고스의 한복판에서는 내가 그대의 주인이 되고, 내가 뤼키아에 가면 그곳에서는 그대가 나의 주인이 될 것이오. 우리는 무리들 사이에서라도 서로의 창을 피하기로 합시다.……내가 죽일 수 있는 트로이인과 이름난 동맹군들은 얼마든지 있으며, 그대도 할 수만 있다면 죽일 수 있는 아카이오족이 얼마든지 있으니까요.……"

이렇게 말하고 두 사람은 전차에서 뛰어내려 서로 손을 잡고 우정을 다짐했다.

_호메로스, 『일리아스』 6:119~233.

분석 문제

1. 『일리아스』에서는 글라우코스와 디오메네스의 만남에서 무엇을 영웅적인 것이라고 말하고 있는가? 양측은 자신의 신분을 어떻게 밝히는가?

2. 서로 싸우는 대신 글라우코스와 디오메네스는 친구가 되기로 결정하고 '서로의 창을 피하기로' 했다. 적대 진영의 전사가 서로 친구가 될 수 있는가? 그러고도 계속해서 상대방을 죽일 수 있는가? 전쟁은 전사들 사이에 형제애 또는 우애를 조성할 수 있는가? 대학생들 사이에도 우애의 정신이 조성될 수 있는가? 그것은 모든 맥락에서 바람직한 것인가?

서사시의 소용돌이치는 멜로디와 힘은 이제 귀로 들을 수 있을 뿐만 아니라 기록도 할 수 있고 읽을 수도 있게 되었다. 또한 페니키아인은 그리스에 근동의 많은 예술적·문학적 전통을 소개했다. 그리스인은 그것을 자기네 목적에 맞게 혼합하고 수정했다.

페니키아인은 그리스인에게 항해라고 하는 새로운 활동영역을 열어주기도 했다. 기원전 10세기까지 대부분의 그리스인 상인은 본토에서 페니키아인이 와주기만을 기다릴 뿐이었다. 그러나 암흑시대가 끝날 무렵 그리스인은 페니키아의 설계를 본뜬 상선을 건조해 직접 모험 상인이 되는가 하면 해적질을 하기도 했다. 상업 활동이 증가하면서 수많은 그리스인이 본토·섬·아나톨리아 사이를 이동하기 시작했는데, 그것은 기원전 8세기와 7세기 에게 해에서 분출하게 될 식민지 팽창을 예고하는 것이었다.

경제적·문화적 발달은 그리스 인구의 극적인 증가로 이어졌다. 아테네는 기원전 9세기와 8세기 초 인구가 네 배로 증가했다. 급속한 인구 증가는 농지가 부족한 산악 지형인 그리스의 재원을 고갈시켰다. 작은 촌락이 성읍으로 성장하면서 본시 대립적이었던 공동체들은 한층 빈번하게 접촉하게 되었다. 이들 성읍 주민들 사이에는 일정한 수준의 경제적·정치적·사회적 협력이 필수적으로 요구되었다. 그러나 암흑시대 그리스 사회의 영웅적 가치관 때문에 이런 협력은 용이하지 않았다. 개개의 지방 공동체는 독자적인 전통적 자율성과 독립을 소중히 여겼고 고유의 종교 의식을 거행했으며 귀족 지도층을 존경했다. 그렇다면 이들 공동체를 어떤 기반 위에서 통합할 수 있단 말인가?

이 도전에 대한 그리스인의 해법은 폴리스(polis)였다. 그리스의 폴리스는 공식적·비공식적 조직의 독특한 혼합체였다. 폴리스에서 정치적(political)이란 단어가 파생되기는 했지만 많은 그리스인은 폴리스를 국가라기보다는 사회적 집합체로 생각했다. 고대 역사 자료들에는 아테네인, 스파르타인, 테베인이란 말이 폴리스보다 훨씬 자주 사용되었다. 폴리스 자체를 거론할 때에도 그리스인은 폴리스의 모든 주민을 확대된 가족—그것은 다시 부족, 씨족, 세대 같은 좀 더 작은 규모의 혈연 기반 집단으로 나뉜다—의 구성원으로 언급하는 경우가 많았다.

폴리스는 크기와 조직이 서로 크게 달랐다. 그러나 구조상 대부분의 폴리스는 아스티(asty)라고 하는 정치적·사회적 중심지 인근에 조직되었다. 아스티에서는 시장과 중요한 집회가 열렸고, 그곳 노천에서 기본적인 정치 업무가 행해졌다. 도시화된 아스티 주변에는 코라(khora), 즉 '땅'이 있었다. 대형 폴리스의 코라는 아스티 말고도 수많은 다른 성읍과 촌락을 부양했다. 아티카 전 지역에 거주하는 모든 주민은 아테네 시민으로 간주되었다. 그러므로 아테네 시민의 대부분은 농민이었는데, 그들은 폴리스의 문제에 참여하기 위해 아스티로 가곤 했지만 도시 중심지에 거주하지는 않았다.

시노이키스모스(synoikismos, 함께 모여살기)는 그리스인이 초기의 폴리스 형성 과정을 어떻게 설명했는지 보여준다. 시노이키스모스는 정복이나 흡수를 통해 또는 인접 공동체 간의 상호 협력을 통해 등장했다. 무엇이 시노이키스모스의 출현을 가속화했는지에 대해서는 논란이 있다. 일부 폴리스는 아테네의 아크로폴리스처럼 방어 가능한 언덕 주변에 형성되었다. 그리스인은 신전 부근에 도시 중심을 건설하는 근동(특히 페니키아)의 관행을 본받았을 것이다. 그러나 그리스 폴리스의 중앙 신전 부지가 항상 도시 성벽 안에 위치했던 것은 아니다. 예를 들어 아르고스에서 헤라에게 봉헌된 거대한 신전은 주거지에서 수마일 떨어진 곳에 자리 잡고 있었다. 더욱이 많은 그리스 도시에서 신전 건축은 폴리스 형성의 원인이라기보다는, 지배 엘리트들이 폴리스를 찬양하고 자신의 영광을 빛내기 위해 서로 경쟁하는 과정에서 나타난 결과물이었다. 그리스인의 생활이 전반적으로 다 그랬지만, 초기 그리스 폴리스의 형성 과정에는 표준적 유형이란 존재하지 않았다.

아티카 반도

이 지도는 아티카 반도에 산재한 수많은 도시국가—폴리스—에 초점을 맞추었다. 지도는 에우보이아, 보이오티아, 메가리스 등의 인근 영역도 보여주고 있다. 이들 영역의 자연적 경계선은 어디인가? 아티카 지역 다른 폴리스들의 시민은 아테네에 살지 않았으면서도 아테네 시민으로 간주되었다. 그 이유는 무엇인가?

상고기 그리스(기원전 800~480)

🔊 중장비보병 전술의 등장은 그리스의 정치 규범에 어떤 영향을 미쳤는가?

폴리스가 등장하고 읽고 쓰기 능력이 회복되면서 상고기(Archaic Age)가 시작된다. 400년에 달하는 암흑시대에 어둠 속의 퇴보를 겪은 후 그리스 문명은 깜짝 놀랄 만한 역동성과 에너지를 분출했다. 상고기 그리스는 그 성취 때문만이 아니라, 종교·사회·정치 등 다방면에서 적극적으로 새로운 방향을 모색했다는 점에서도 탁월하다. 그러므로 이 시기를 실험의 시대로 부르는 것은 대단히 적절하다.

식민지 개척과 범그리스주의

에게 해 전역에서 행해진 그리스인의 소규모 모험 상업과 이주는, 기원전 8세기와 7세기에 이르러 대대적인 식민지 개척 노력으로 발전되었다. 각각의 식민지는 하나의 독립된 조직으로서, 모(母)도시에 정서적 유대는 갖되 정치적 의무는 갖지 않았다. 기원전 6세기 말까지 그리스인은 흑해에서 서부 지중해에 이르는 지역에 수백 개의 새로운 식민지를 건설했고 이로써 지중해 세계의 문화 지도는 영구히 변화되었다. 아나톨리아 서부 해안은 그 후 중세 말기까지 그리스 문화의 보루로 남게 되었다. 많은 그리스인이 남부 이탈리아와 시칠리아에 거주했고 로마인은 그 지역을 마그나 그레키아(Magna Graecia), 즉 '위대한 그리스'라고 불렀다. 기원전 4세기에 이르면 마그나 그레키아에 거주하는 그리스인이 그리스 본토 거주 그리스인보다 더 많아졌다. 그리스 식민지는 서쪽으로 프랑스와 에스파냐 남부 해안에도 분포되어 있었다.

식민지 개척의 동기는 다양했다. 코린토스 등의 폴리스는 지리적 위치로는 축복을 받았지만 토지의 빈약한 농업생산성으로 저주를 받았다. 그러므로 상업이 그들의 원동력이 되었다. 기원전 8세기 코린토스를 지배한 귀족 일문은 상업 활성화 방안으로 아드리아 해와 시칠리아 해안에까지 식민지를 건설하는 등 야심만만한 식민지 개척 계획을 밀어붙였다. 인구 압력과 정치적 혼란에 직면한 다른 폴리스들은 과잉 인구와 정치적 불만세력의 배출구로서 식민지 정책을 활용했다.

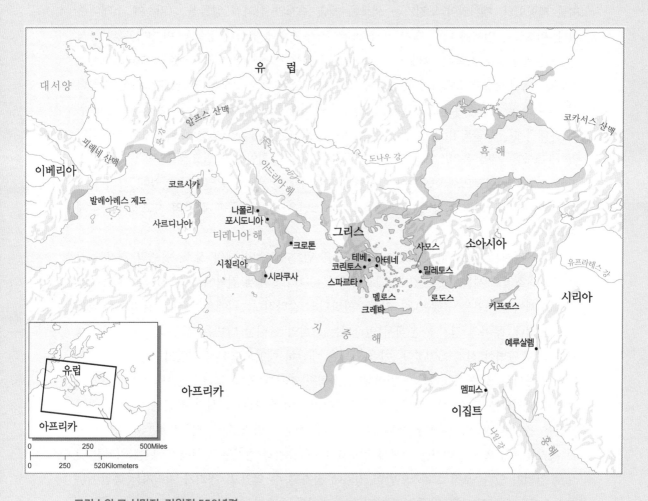

그리스와 그 식민지, 기원전 550년경
이 지도를 111쪽 페니키아인의 식민 활동 지도와 비교하라. 그리스인과 페니키아인은 각기 다른 영역에 식민지를 개척했다. 이것을 어떻게 설명할 것인가? 그리스 식민지는 페니키아 식민지와 서로 경쟁관계에 있었는가? 그러한 갈등이 가장 분출하기 쉬운 지역은 어디였는가?

식민지 팽창은 그리스인에게 다른 문화—특히 이집트 및 페니키아 문화—와 접촉할 기회를 제공했다. 페니키아 도자기는 새로운 예술 주제와 신화적 인물을 그리스에 소개해주었다. 이집트는 인체에 대한 초기 그리스인의 조각 표현에 엄청난 영향을 미쳤다. 그와 동시에 다른 문화와의 접촉은 그리스인으로 하여금 그들 공통의 정체성과 헬라인(그리스인은 스스로를 이렇게 불렀다)으로서의 독자성에 대한 예민한 의식을 갖도록 만들었다. 강한 자의식의 그리스 정신이 존재하기는 했지만, 지극히 독립적이었던 폴리스들 사이에서 더 큰 단위의 유대관계는 도출되지 않았다. 수메르인이 그랬듯이 그리스인 또한 배타적이고 개별적이었다. 그들은 개별 폴리스보다 더 큰 단위의 항구적 정치연합의 필요성을 느끼지 않았다. 또한 그들은 언어적으로 이오니아계 방언과 도리아계 방언으로 분열되어 있었다. 그러나 이처럼 까다로운 정치적 성향에도 불구하고 그리스인은 점차 공통의 문화와 사고방식을 갖게 되었다.

그리스 정신은 '델포이(Delphoe) 신탁소' 같은 범그리스적인 제의 장소, 올림픽 경기와 같은 범그리스적 축제를 발달시켰다. 델포이에서는 그리스 세계 전역에서 온 사람들이 아폴론의 여사제에게 조언을 구했는데, 그녀는 땅바닥의 갈라진 틈 위에 앉아서 유칼립투스 잎을 씹고 있었다. 무아의 경지 가운데서 언급되는 그녀의 난해한 답변은 곁에서 시중드는 사제들에 의해 완벽한 시로 옮겨졌다. 이런 답변은 대단히 애매모호해서 시일이 흐른 뒤에도 신탁이 틀렸다는 것을 증명하기가 어려웠다. 올림픽 경기를 통해 그리스인은 신들의 왕인 제우스에게 경의를 표했는데, 경기장은 올림피아의 거대한 제우스 신전 부근에 있었다. 그리스인은 올림픽 경기에 대단한 자부심을 갖고 있었다. 그리스 역사가들은 4년 주기의 올림픽 경기를 기준으로 연대기를 기록할 정도였다. 첫 올림픽 경기는 기원전 776년에 치러진 것으로 알려져 있다. 오직 그리스인만이 경기에 참가할 수 있었고, 경기가 치러지는 동안에는 그리스인들 사이의 모든 전쟁은 중단되었다. 경기의 우승자는 어마어마한 명성을 얻었으며, 소속 폴리스 내에서 사회적 지위는 물론 정치적 권력마저 얻었다. 예상할 수 있는 일이지만, 그와 같은 경쟁은 폴리스 사이의 다툼과 대립을 멈추는 데 거의 도움이 되지 않았다. 하지만 그것이 그리스인에게 정치적·언어적 차이에도 불구하고 같은 문화를 공유하고 있다는 인식을 강화시켜준 것만은 사실이다.

중장비보병 전투

암흑시대 동안 그리스 공동체의 군사력은 시간적·경제적 여유가 있고 호메로스의 전사 영웅이 되기 위한 훈련을 받은 엘리트에 의존하고 있었다. 평민 보병은 전투에서 일대일 결투를 벌인 귀족 전사의 추종자로서 부차적 역할만을 수행했다. 군사적 무용을 귀족이 독점함으로써 귀족계급은 초기의 폴리스에서 엄청난 정치적·사회적 권력을 갖게 되었다. 그 결과 귀족은 경제뿐만 아니라 정치적 직분과 사제직까지 장악했다.

그러나 상고기에 도입된 중장비보병 전술은 귀족의 군사적 우위를 종식시켰다. 중장비보병은 창 또는 짧은 칼로 무장했으며 크고 둥근 방패, 몸통갑옷, 투구, 손목받이, 정강이받이 등을 착용했다. 전투 시 중장비보병은 8열종대로 어깨를 서로 맞댄 팔랑크스(phalanx)라는 밀집대형을 유지했다. 각각의 중장비보병은 왼손에 방패를 들고 옆에 서 있는 병사의 방패 없는 오른쪽을 보호했다. 각각의 중장비보병은 오른손에 창이나 단검 같은 찌르는 무기를 들었으므로, 적의 입장에서 보면 전진하는 팔랑크스는 꿰뚫을 수 없는 성벽과 다름없었다. 제1열의 병사가 쓰러지면 뒤에 있던 병사가 앞으로 나와 그 자리를 메웠다. 팔랑크스 전체의 실질적인 무게 중심은 제1열의 뒤편에 놓여있었다. 병사 개개인은 자기 방패로 앞줄의 병사를 밀쳐냄으로써 공격을 지원했다. 밀집대형과 무거운 장비(방패 포함 약 30킬로그램)는 오직 한 가지 기술, 즉 단결력을 요구했다. 팔랑크스가 온전히 유지되는 한 그 누구도 맞설 수 없었다.

언제, 어디서, 어떻게 중장비보병 전술이 처음 등장했는지는 알 수 없다. 아마도 그리스인은 아시리아인에게 그 전술을 배웠을 것이다. 그러나 그것이 어디에서 왔든지 일단 중장비보병 전술이 그리스에 도입되자 모든 폴리스가 앞 다투어 그 전술을 채택했다. 기원전 7세기에 이르러 중장비보병 전술은 (그에 수반된 밀집대형 훈련과 더불어) 그리스인이 치른 모든 전쟁에서 기본 전술이 되었다.

그 결과는 사회적·정치적 혁명이었다. 모든 폴리스는 독립을 유지하기 위해 중장비보병 군대를 필요로 했고, 갑옷과 투구를 장만할 능력이 있는 농민은 상고기 폴리스 내에서 하나의 정치적·사회적 세력—중장비보병계급—이 되었다. 중장비보병 전투는 커다란 희생을 요구했고, 폴리스의 생존을 위해 필수불가결한 존재가 된 남성들은 자신이 정책결정 과정에서 아무런 역할도 하지 못하는 상황을 참을 수 없었다. 한때 학자들은 중장비보병계급의 동요만으로도 귀족으로부터 양보—정책결정 참여 및 '평등한' 정의를 보장하는 성문법 작성—를 얻어내기에 충분했을 것이라고 믿었다. 그러나 정치적 변화를 가져온 진정한 동력은 불만을 품은 귀족들로부터 나왔다.

귀족문화와 참주정의 등장

기원전 7세기와 6세기에 귀족들은 여전히 그리스 폴리스들을 지배하고 있었다. 대립적인 귀족 가문들 사이에서 영향력 확대를 위한 투쟁은 일상적이었다. 귀족 가문은 새로운 법률을 이용해서 그리고 식민지 원정 함대를 파견함으로써 경쟁자를 제압하려 했다. 그러나 이렇듯 자기들끼리 서로 다투기는 했지만, 귀족들은 제각기 폴리스 내에서 모든 공적인 권력을 장악하고 있었다. 그들은 많은 시간을 할애해야 하는 정치적 직무를 급료를 받지 않으면서도 감당할 수 있는 유일한 사회구성원이었기 때문이다.

상고기의 귀족들은 부·권력·영광을 누렸을 뿐 아니라 독특한 문화와 특유의 생활방식을 영위했다. 직책을 갖고 정치에 참여하는 것도 귀족적 생활방식의 일부였다. 엘리트 남성들이 (때로 엄청난 양의) 포도주를 즐기면서 친목을 도모하는 향연, (서사시로부터 술 취해 부르는 음란한 노래에 이르는 다양한) 시, 댄스 대회, (음악과 성적 서비스를 제공한) 고급 창녀, 이 모든 것이 귀족적 생활방식을 구성하는 요소들이었다. 귀족 여성은 사회적·정치적 활동뿐만 아니라 이런 모임에서도 배제되었다. 그러므로 향연은 단순한 사교 행위 이상의 것이었다. 그것은 폴리스 내 남성 귀족 생활의 핵심이었다.

동성애는 상고기 귀족문화의 또 다른 중요한 국면이었다. 귀족의 동성애는 사회 관습에 의해 규제되었다. 20대 후반에서 30대 전반의 나이로 정치적으로 상승기에 접어든 남성은 10대 중반까지의 나이 어린 귀족 소년을 연인·피보호자로 간주했다. 두 사람은 긴밀하고 개인적인 유대관계를 맺었는데, 여기에서 성적 관계는 중요한 역할을 했다. 성인 남자와 소년 사이의 이런 긴밀한 유대는 어린 연인에게 유익하다고 간주되었다. 소년은 정부와 사회의 작동방식을 배웠고, 나이 많은 연인은 소년이 성장한 뒤 유리한 정치적·사회적 연결고리를 제공해주었다. 실제로 플라톤은 진정한 사랑이란 두 명의 남성 연인 사이에서만 존재할 수 있다고 주장했다. 오직 이런 관계 속에서만 남성은 그의 성격에 걸맞은 상대를 찾을 수 있기 때문이었다.

가치관, 사상, 관습, 이념, 이 모든 것이 상고기 귀족의 정체성을 고스란히 드러내주었다.

그러므로 엘리트 세계 밖에 있는 사람이 폴리스의 공적 생활에 참여한다는 것은 불가능했다. 그런데 상고기 중반에 이르러 귀족 엘리트 집단의 규모는 더욱 축소되었다. 이제 소수의 귀족이 경쟁자를 밀어내면서 시민 생활을 통제하는 폴리스 내의 고위 관직을 독점하게 되었고, 다수 귀족은 자신의 문화에서 소외된 채 그 안을 바라보고만 있었다. 소외된 귀족들의 입장에서, 이 문제의 해결방안은 가까운 곳—중장비보병—에 있었다. 중장비보병 역시 정치권력에서 배제된 자신들의 처지에 불만을 품고 있었던 것이다.

기원전 7세기에 정치권력 집단의 규모가 축소되면서 귀족집단 사이에 폭력이 늘어났고, 그것은 궁극적으로 대안적 정부 형태로서의 참주정이 흥기하는 계기가 되었다. 참주(tyrannos)란 원래 그리스어가 아니라 리디아어에서 온 말이다. 그것은 전통적인 헌정체제에서 벗어난 방식으로 권력을 장악해 휘두르는 사람을 가리키는 말이었다. 그러므로 상고기 그리스에서는 참주가 반드시 부패한 지배자를 의미하는 것은 아니었다. 고전기 그리스의 사상가들은 상고기 참주들의 방만한 권력을 두려워했고, 아리스토텔레스는 참주정을 순수한 형태의 군주정, 즉 세습 왕정의 왜곡이라고 비난했다. 그러나 상고기의 참주정은 종종 폭넓은 정치적 자치권을 향유하는 방향으로 나아가는 길을 열어주기도 했다.

그리스의 참주는 대개 엘리트 사회로부터 배제되었거나 폴리스 내 귀족 파당의 다툼에 염증을 느낀 귀족이었다. 참주가 되려 하는 자는 중장비보병계급에게 그들의 무력이 권력을 가져다줄 수 있다고 설득했고, 이 경우 참주는 반대급부로 중장비보병에게 참정권을 확대했다. 참주가 권력의 고삐를 놓지 않은 채, 중장비보병에게 새로운 경제적·사법적 이익만을 제공하는 경우도 있었다. 이것은 근본적으로 불안정한 상황이었다. 왜냐하면 일단 첫 참주가 중장비보병의 희망사항을 충족시키고 나면, 참주정 자체는 민중—데모스—이 더 큰 권력을 획득하는 데 걸림돌이 되고 말기 때문이다. 이런 이유로 참주정은 2대 이상 지속된 경우가 드물었다. 참주정은 귀족정이 민주정 같은 좀 더 폭넓은 참여를 보장하는 정부 형태로 향해 나아가는 중간역 구실을 했다.

어떻게 참주가 될 것인가

　　기원전 5세기의 역사가 헤로도토스는 페리안드로스─코린토스의 두 번째 참주(기원전 627~587)─가 연장자인 밀레토스의 트라시불로스에게 참주 권력을 유지하는 최선의 방책이 무엇인지를 묻는 장면을 들려준다. 다음 인용문은 페리안드로스가 보낸 사자에게 제시한 트라시불로스의 답변, 그리고 그의 답변에 대한 코린토스인의 반응을 서술하고 있다. 헤로도토스의 참주정에 대한 부정적 태도는 후기 고전기의 전형적인 반응이라 할 수 있다. 하지만 페리안드로스(와 그의 부친)는 편협한 귀족체제를 무너뜨리고 코린토스의 상업적 번영을 증대시키는 데 중요한 역할을 했다.

　　페리안드로스는 처음에 아버지(킵셀로스)보다 더 온건했으나 사자를 통해 밀레토스의 참주 트라시불로스와 사귀고부터는 킵셀로스보다 훨씬 더 피에 굶주렸다.……트라시불로스는 페리안드로스가 보낸 사자를 데리고 도시 밖으로 나가 곡식밭으로 데리고 들어가더니 곡식 사이를 지나가며 사자가 코린토스에서 찾아온 까닭을 되풀이해서 물었다. 그러면서 그는 다른 이삭보다 웃자란 이삭이 보이면 모조리 베어 던지는 것이었다. 그리하여 마침내 곡식 중에서 가장 잘되고 키가 큰 것을 다 망가뜨렸다. 그리고 밭을 다 지나자 트라시불로스는 페리안드로스의 사자를 말 한 마디 없이 돌려보냈다. 사자가 코린토스로 돌아오자 페리안드로스는 트라시불로스의 조언이 듣고 싶었다. 그러나 사자는 아무 대답도 듣지 못했다고 말했다. 그리고 자기 농토를 망가뜨리는 그런 정신이상자에게 페리안드로스가 그를 보낸 것에 놀랐다며 트라시불로스의 행동을 본 대로 전했다. 그러나 페리안드로스는 트라시불로스의 행동을 이해했다. 그는 트라시불로스가 탁월한 시민들을 죽여 없애라고 조언했음을 알아차렸고, 그때부터 자기 시민들에게 온갖 만행을 저질렀다. 말하자면 아버지 킵셀로스가 죽이고 추방하다 만 것을 아들 페리안드로스가 완수했던 것이다.

_헤로도토스, 『역사』 v. 92.

분석 문제

1. 그리스의 참주들은 때로는 공포에 의해, 때로는 대중의 지지에 의해 지배했다. 그리스 참주 지배의 긍정적 측면은 무엇인가? 트라시불로스는 단지 하나의 악랄한 사례에 지나지 않는, 귀족적 미덕을 결여한 반영웅적 성격의 인물이었는가?

서정시

　상고기 그리스 문화의 특징을 잘 보여주는 장르는 서정시이다. 이 새로운 문학 양식은 기원전 7세기에 시작되어 그 후로도 지속되었다. 그리스 문학사상 최초의 기념비적 작품은 호메로스의 서사시이다. 웅대한 스케일의 이 서사시에는 암흑시대 그리스 사회의 영웅주의가 넘쳐흐른다. 호메로스의 뒤를 이은 헤시오도스(기원전 700년경 활동)는 전통적 관점이 깃든 짧은 서사시를 지었다. 그의 『신통기(Theogony)』는 신들과 피조세계의 기원을 서술했다. 『노동과 나날(Works and Days)』은 그의 교활한 형과 고향의 엘리트들에 대한 통렬한 비난으로서, 힘든 노동의 대가, 폴리스에서 정의의 가치, 이웃을 잘 대접하는 일의 중요성 등의 주제를 다루었다.

　다음 세대 시인들의 작품은 소소한 주제를 다루었지만 지극히 개인적인 특성으로 인해 더 큰 호소력을 가졌다. 그들은 시 안에서 시인 자신에 대해 언급하곤 했다. 시인은 인습적인 수사를 회피하고 관심 있는 주제에 집중했다. 몇몇 시인은 당시의 대표적인 관습과 가치관을 노골적으로 조롱했다. 파로스의 아르킬로코스(기원전 680~640년경)는 자신의 용병 복무를 기념하며 이렇게 썼다. "어떤 야만인이 내 방패를 휘두른다. 내가 버린 방패였다./ 나는 도망쳤지만 그건 아무 문제도 안 된다./ 또 하나를 구할 수 있으니까." 영웅주의와 전투에서의 용감무쌍은 이제 그만! 아르킬로코스는 기꺼이 무기를 버리고 목숨을 건지기 위해 도망쳤다. 그는 또한 정절 없는 연인 및 그녀와 함께 달아난 친구에 대한 분노를 표출하면서, 그녀를 모든 까마귀의 먹잇감이 되는 무화과나무에 비유했으며, 도망친 친구가 노예 신세로 트라키아의 황폐한 땅에 내던져지기를 소망했다.

　서정시인 가운데 가장 유명하고 세련된 인물은 사포(기원전 620~550 활동)였다. 그녀는 레스보스 섬의 폴리스 미틸레네에서 살았다. 사포는 때로 남성에 대한 낭만적 갈망과 성적 욕망을 아름답고 통렬한 시로 썼지만, 여성에 대한 성적 갈망은 더욱 열정적이었다. 그녀의 한 유명한 시에서 이렇게 읊었다. "내게는 그분이 마치 신처럼 여겨진다./ 그분은 당신의 눈앞에 앉아서/ 부드러운 당신의 말에/ 그리고 당신의 애정 어린 웃음소리에 귀를 기울인다./ ……내가 잠시라도 당신을 바라보았다면/ 목소리는 잠겨 말 나오지 않고/ 혀는 그대로 정지된 채 즉시/ 살갗 밑으로 불길이 달려 퍼지고/ 눈에 비치는 것이란 아무것도 없어/ 귀는 먹먹하고/ 식은땀이 흘러내릴 뿐/ 온몸은 와들와들 떨리기만 할 뿐/ 풀보다 창백해진 내 모습이란 마치/ 숨져 죽어버린 사람 같으니." 사포의 다른 시는 이렇게 시작한다. "어떤 이들은 잘 정렬된 기병대가/ 또 어떤 이들은 보병들의 행진이, 또 어떤 이들은 일련의 함대가/ 검은 대지 위에서 가장 아름다운 것이라고 말하네./ 그러나 나는 어떤 사람이 누군가를 사랑하는 것이야말로 가장 아름다운 일이라고 말하고 싶네."

물론 몇몇 서정시인은 여전히 군인다운 미덕을 상찬하고 영웅주의를 찬양했다. 하지만 이 시기의 서정시에서 나타난 내밀한 묘사는 서양 역사상 처음으로 등장한 전적으로 새로운 국면, 즉 당대의 지배문화와 충돌하는 경우에도 자신의 느낌을 당당히 표출하는 개인을 우리에게 보여준다.

상고기의 폴리스

♣ 아테네, 스파르타, 밀레토스 등의 도시국가는 어떻게, 왜 서로 달라졌는가?

상고기의 폴리스들은 매우 상이한 방향으로 발전했다. 이러한 다양성을 설명하기 위해 기록이 잘 남아 있는 세 개의 폴리스, 즉 아테네, 스파르타, 밀레토스를 살펴보고자 한다. 하지만 그 어느 폴리스도 폴리스 전체의 역사적 발전의 전형(典型)이 아니라는 점을 염두에 둘 필요가 있다. 그리스에는 약 1,000개의 폴리스가 있었다. 우리는 그들 대부분에 관해 아는 것이 거의 없다. 하지만 그 가운데서 대표적인 폴리스의 모습을 설명한다는 것이 불가능해 보이지는 않는다.

아테네

아테네인은 그들의 도시가 청동기 시대 이래 존속해왔다고 믿었다. 이런 믿음은 그리스 세계에서 그들이 가졌던 정체성과 자긍심의 핵심을 이루는 것이었다. 그러나 아티카가 암흑 시대 그리스에서 가장 인구 많고 번영을 누린 지역이었다고는 해도, 아테네 자체는 암흑시대에 별로 비중이 크지 않았고 그런 상황은 상고기 초기에도 마찬가지였다. 이 시기에는 코린토스가 그리스의 대표적인 상업 도시였고, 스파르타는 단연 군사 국가였으며, 에게 해의 섬들은 아나톨리아 중부 해안 지역과 더불어 문화의 중심지 역할을 했다.

아테네는 농업 위주의 경제활동을 하면서 암흑시대에 등장했다. 아테네의 귀족들은 상업 활동으로 이익을 얻었더라도 그것을 토지에 재투자했다. 상고기 초기의 아테네 엘리트들은 상업을 생계수단으로 삼는 것을 부끄럽게 여겼다. 물론 궁극적으로 이 도시가 지닌 에게 해 지향성은 아티카 해안의 뛰어난 항구들과 더불어 아테네를 상업적이고 해양적인 폴리스로 만들었다. 그러나 기원전 6세기까지만 해도 아테네의 귀족계급은 확고히 토지에 뿌리를 내리고 있었다.

귀족의 아테네 지배는 선출직 행정관(귀족이 독점)과 국가평의회(전직 행정관으로 구성)에 의거하고 있었다. 기원전 7세기 초 아르콘이라 불리는 귀족 관리들이 아테네의 행정권을 좌우했다. 9명의 아르콘은 폴리스의 시민적·군사적·종교적 기능을 주관했다. 아르콘의 임기는 1년이었고 임기를 마친 뒤에는 아레오파고스 회의의 종신의원이 되었다. 아레오파고스는 아테네의 실권을 장악하고 있었다. 아레오파고스가 아르콘을 선출했으므로 누가 장차 아레오파고스 의원이 될 것인지도 아레오파고스가 결정한 셈이었다. 아레오파고스는 또한 고등법원 역할을 함으로써 아테네의 사법 절차에 막대한 영향력을 행사했다.

7세기를 거치는 동안 아테네 사회는 인구의 상당수가 채무노예(인신을 담보로 돈을 빌려주는 관행이 있었고 채무를 이행하지 못할 경우 채권자의 노예가 되었다)로 전락한 결과 경제적·사회적 갈등의 골이 깊어졌다. 귀족 파벌 사이의 대립 또한 폴리스를 불안정하게 했다. 기원전 632년 저명한 귀족 킬론은 참주정 수립을 기도했지만 결국 신변안전을 약속받고 포기했다. 그러나 킬론의 정적들은 안전을 보장하겠다는 약속을 어기고 킬론의 지지자들을 살해했으며 당사자인 킬론은 추방해버렸다. 험악한 분위기가 한동안 이어졌다.

킬론의 쿠데타 실패에 뒤이은 끝없는 보복 살해의 악순환은 아테네에서 최초의 성문법이 만들어지는 계기가 되었다. 기원전 621년 귀족 드라콘이 법안 작성의 책임을 맡았다. 그는 각별히 살인죄를 가혹한('매우 엄격한, 가혹한'이란 뜻을 가진 영어 단어 'draconian'은 그의 이름에서 연유한다) 형벌로 다스리려 했다. 그러나 아테네를 안정시키려던 그의 시도는 실패로 끝났고 폴리스는 내란 직전의 상황에 몰렸다. 파국을 피하고자 기원전 594년 귀족과 중장비보병은 솔론을 1년 임기의 단독 아르콘에 임명하고 아테네 정부 개편의 전권을 부여했다. 솔론은 상인으로서 명성과 재산을 얻은 귀족이었는데, 바로 이 점 때문에 아테네 사회의 모든 사람으로부터 신뢰를 받았다. 그는 아무런 이해관계를 갖고 있지 않았던 것이다.

솔론의 정치적·경제적 개혁은 훗날의 아테네 민주정치 발전에 기초를 놓았다. 그는 채무노예 관행을 금지했고 외국에 팔려간 아테네인 채무노예를 되사오도록 기금을 조성했다. 그는 아테네인에게 올리브나무와 포도나무 경작을 장려하면서, 아테네를 상업 강국으로 만드는 데 필수불가결한 환금작물 경작 및 도시 공업(도자기, 기름 생산, 선박 건조 등) 진흥에 박차를 가했다. 그는 또한 참정권을 확대해 폭넓은 시민이 배심원으로 참여하는 법정을 설치했고, 아레오파고스의 결정에 불만을 품은 아테네인 누구라도 이 법정에 항소할 수 있도록 했다. 그는 재산 자격을 갖춘 자가 정무직에 오를 수 있도록 함으로써 귀족으로 태어나지 않은 사람이라도 재산 축적을 통해 권력에 접근할 수 있도록 했다. 그는 또한 아테네 민회—에클레시아(ekklesia)—에 아르콘 선거권을 부여했다. 이것은 중대한 발걸음이었다. 18세 이상의 모든 아테네 자유민 남성은 민회에 참여할 수 있었기 때문이다.

그러나 솔론의 개혁은 성공하지 못했다. 귀족계급은 그가 너무 과격하다고 생각했고 민중은 철저하지 못하다고 생각했다. 뒤이은 혼란 가운데 기원전 546년 귀족 페이시스트라토스가 마침내 참주로서 집권하는 데 성공했다. 페이시스트라토스는 솔론이 의도했던 대로 정부 기관이 작동되도록 조치를 취했고 대규모 공공 토목사업에 착수했다. 그러나 페이시스트라토스는 겉으로는 온건하게 지배하는 것처럼 보였지만, 이면에서는 외국 용병을 이용해 조용하고도 지속적인 협박을 가했으며 체제 비판자들을 잔인하게 탄압했다. 솔론 개혁을 실현함으로써 페이시스트라토스는 민중의 힘을 강화시켰고 자치정부에 대한 선호를 부추겼다. 그는 죽는 날까지 인기 있는 지배자로 남았다. 하지만 그의 아들들은 인기가 없었다. 귀족 간의 다툼으로 한 아들이 살해당한 직후, 다른 아들은 스파르타의 무력 지원에 의해 추방되었다.

페이시스트라토스 가문의 지배가 막을 내린 후, 기원전 510년에는 스파르타의 후원을 받은 귀족들의 반혁명 체제가 일시적으로 들어섰다. 그러나 이미 두 세대에 걸쳐 권력에 접근한 경험이 있는 아테네 민중은 엘리트 과두정의 복귀에 관심이 없었다. 역사상 처음으로 대중이 자발적으로 봉기해 정부를 전복했다. 그들은 클레이스테네스를 중심으로 뭉쳤다. 클레이스테네스는 귀족이었지만 페이시스트라토스 체제를 유능하게 보필했고, 참주정 몰락 뒤에는 민중의 대의를 옹호했다. 기원전 508/7년 아르콘으로 선출된 클레이스테네스는 재빨리 귀족 권력을 제한하는 조치를 취했다. 아테네 인구를 10개의 선거 '부족'으로 재조직함으로써 그는 아티카 내부의 지역주의 표출을 억제시켰다. 지역주의야말로 귀족이 영향력을 행사하는 중요한 근거였기 때문이다. 그는 아테네 민회를 더욱 강화하고 아티카 전 지역으로 민주적인 정부 조직을 확대했다. 그는 오스트라키스모스(ostrakismos, 도편추방) 제도를 도입했는데, 이로써 아테네인은 해마다 추방하고 싶은 인물을 결정할 수 있었다. 오스트라키스모스에 의한 추방 기간은 10년이었다. 클레이스테네스는 이런 권력을 행사하는 민중이라면 내전 상황이 오더라도 참주의 복귀를 막아내고 파벌 싸움을 진정시킬 수 있으리라고 믿었다.

<table>
<tr><td colspan="2">상고기 그리스의 변화</td></tr>
<tr><td>그리스 폴리스들의 범그리스적 식민지 팽창</td><td>기원전 800~400년</td></tr>
<tr><td>중장비보병 전술이 그리스 전투의 표준이 되다</td><td>기원전 725~650년</td></tr>
<tr><td>참주 정치의 등장</td><td>기원전 700~600년</td></tr>
<tr><td>스파르타의 군국화</td><td>기원전 600년</td></tr>
<tr><td>솔론의 개혁</td><td>기원전 594년</td></tr>
<tr><td>클레이스테네스의 개혁</td><td>기원전 508년</td></tr>
</table>

기원전 500년에 아테네는 그리스 세계에서 올리브유·포도주·도자기의 주요 수출국이 되었다. 기원전 6세기의 정치적 투쟁을 겪으면서 아테네는 다른 폴리스들보다 한층 민주적인 기풍을 갖게 되었고 그와 동시에 중앙 정부 조직을 강화시켰다. 이렇게 해서 아테네는 기원전 5세기에 맡게 될 임무와 역할—그리스 문화의 전형이자 독자적 방식의 참여 민주정 실현—에 대한 준비 태세를 갖추었다.

스파르타

펠로폰네소스(그리스 남부의 가장 큰 반도)의 남부에 위치한 스파르타는 아테네와는 모든 면에서 대조적이었다. 아테네는 문화가 발달되고 세련되었으며 세계시민적이었다. 스파르타는 소박하고 조야하며 전통적이었다. 보는 이의 관점에 따라 양측에 사용된 형용사는 칭찬일 수도 비판일 수도 있다.

스파르타는 네 개(궁극적으로 다섯 개)의 촌락이 합쳐 폴리스를 형성했다. 이런 통일 과정의 흔적 때문인지 스파르타는 전 역사를 통해 두 왕실과 두 왕위 계승 혈통을 갖춘 이원 왕정을 유지했다. 나이나 능력으로 두 왕 가운데 누가 더 큰 영향력을 행사할지를 결정했지만, 어느 쪽도 다른 쪽보다 우위에 놓이지 않았다. 이런 상황으로 인해 스파르타 내부에는 정치적 음모가 성행했다.

스파르타 체제는 스파르타 서부의 농업생산력이 높은 메시니아 지역에 의존하고 있었다. 기원전 720년경 스파르타는 메시니아를 정복하고 주민을 노예로 삼았다. 헤일로타이(heilotai, 노예가 된 메시니아인을 이렇게 불렀다)는 그 지역에 남아 스파르타 시민 몫으로 배분된 땅에서 농사를 지어주는 신세로 전락했다. 그러나 기원전 650년경 헤일로타이가 인접 도시들의 지원을 얻어 반란을 일으켰고, 짧은 기간이나마 스파르타는 존망의 위기에 처했다. 마침내 스파르타가 승리했다. 하지만 반란의 충격은 스파르타 사회에 영속적인 변화를 가져

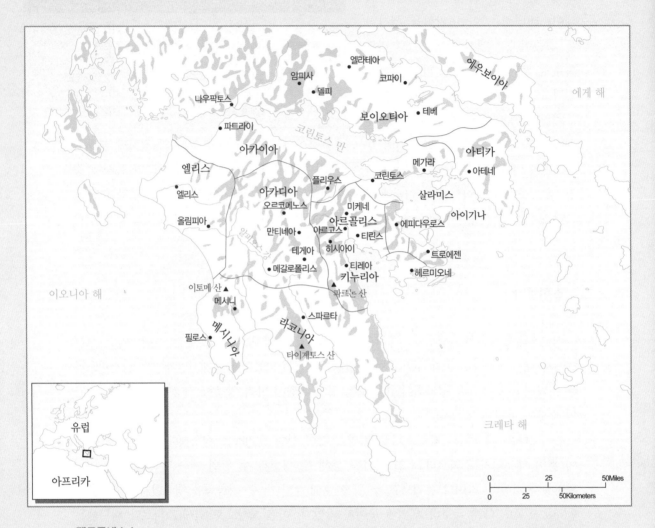

암피사
엘라테아
코파이
델피
나우팍토스
보이오티아
테베
에우보이아
에게 해
파트라이
코린토스 만
아카이아
메가라
아티카
엘리스
아테네
아카디아
플리우스
코린토스
엘리스
오르코메노스
미케네
살라미스
올림피아
아르골리스
아이기나
만티네아
아르고스
에피다우로스
테게아
티린스
히시아이
메갈로폴리스
트로에젠
티레아
헤르미오네
이토메 산
키누리아
이오니아 해
파르는 산
메시니
스파르타
라코니아
필로스
메시니아
타이게토스 산
크레타 해

유럽

아프리카

0 25 50Miles
0 25 50Kilometers

펠로폰네소스

펠로폰네소스 반도에 위치한 고도의 군국주의 사회 스파르타는 라코니아로 알려진 남부 지역을 지배했다.
스파르타의 지정학적 위치는 대외정책에 어떻게 영향을 미쳤는가? 지정학적 요인이 아테네와 스파르타 사이
의 대립을 불가피하게 만들었는가?

왔다.

더 이상의 반란을 용납하지 않기로 작정한 스파르타는 그리스에서 가장 군국주의적인 폴리스가 되었다. 기원전 600년 스파르타는 모든 재원을 중장비보병 유지에 투입했다. 군대가 어찌나 막강했던지 스파르타인은 자신만만하게 도시를 요새화하지 않은 채 내버려둘 정도였다. 스파르타 체제는 스파르티아타이(Spartiatai)—동등자 또는 동료(Homoioi)라고도 한다—라고 불리는 스파르타 시민 전원을 밀집보병의 직업 전사로 만들었다. 아테네 사회가 민주적인 방향으로 변화하고 있을 무렵, 스파르타의 시민은 '귀족화'했고 모든 시민은 중장비보병 팔랑크스의 일급 전사가 되었다.

스파르타 사회는 전쟁을 위해 조직되었다. 스파르타 관리는 갓 태어난 아기가 계속 양육해도 될 정도로 건강한지 여부를 심사했다. 심사에서 탈락한 아기는 산 속에 버려졌다. 키울 가치가 있다고 인정된 어린이는 7세가 되면 국가가 운영하는 공교육기관인 아고게(agoge)에 들어갔다. 소년소녀는 12세가 될 때까지 함께 군사 훈련, 체육 등의 신체 단련과 경기에 참가했다. 그런 다음 소년들은 병영에서 생활하며 본격적으로 군사 훈련을 받았다. 소녀들은 18세 무렵 결혼할 때까지 계속해서 글 읽기와 글쓰기 교육을 받았다.

병영 훈련은 매우 엄격했다. 훈련의 목적은 스파르타의 젊은 남성을 신체적 어려움에 익숙하도록 만드는 것이었다. 18세가 된 청년은 피디티온(phidition, 복수는 phiditia)[2]—공동 식사 클럽이자 전투 형제단—이란 집단에 들어가기를 원했다. 여기에 들어갈 수 없다는 것은 그 청년이 온전한 스파르티아타이가 될 수 없으며 시민으로서의 권리를 상실한다는 것을 의미했다. 피디티온에 받아들여진 남성은 30세가 될 때까지 병영에 남았다. 20세에서 30세 사이에 결혼했지만 병영에서 거주하는 전사들은 아내를 남몰래 은밀히 만나야만 했다. 이것은 스파르티아타이 부부의 출산율이 현저하게 낮았던 이유를 부분적으로 설명해준다. 30세가 지난 뒤 스파르타 남성은 가족과 함께 살 수 있었다. 그러나 그는 60세가 될 때까지 현역으로 군복무를 했다. 물론 45세가 넘은 뒤에는 밀집보병 전투에 참가하지 않았다.

30세 이상의 모든 스파르타 남성 시민은 민회인 아펠라(apella)의 구성원이 된다. 아펠라는 28명의 장로와 두 명의 왕으로 구성된 위원회인 게루시아(gerousia, 원로원)가 상정한 안건에 대해 토론 없이 가부만을 투표했다. 게루시아는 폴리스의 주요 정책 결정 기구였으며 가장 중요한 법정이었다. 구성원은 60세 이상으로 아펠라에서 종신직으로 선출되었다. 스파르타

---

2) 아티카 저자들은 아티카어로 시시티온(syssition)이라는 번역어를 사용하기도 했다.

의 최고행정관인 에포로스(ephoros)는 매년 아펠라에서 선출되었으며, 교육제도를 감독하고 스파르타 전통의 수호자로서 활동했다. 에포로스는 전통을 수호하기 위해 출정 중인 왕이 오류를 범할 경우 그를 군사령관직에서 해임할 수도 있었다. 에포로스는 스파르타의 비밀경찰인 크립테이아(krypteia)를 감독했으며, 가장 유망한 젊은 스파르티아타이 중에서 요원을 선발했다. 크립테이아 요원은 시민을 감시하기도 했지만, 주요 임무는 헤일로타이 속으로 침투해 잠재적 반란자를 색출하고 살해하는 것이었다.

스파르타의 정책은 헤일로타이와 스파르티아타이 사이의 불안정한 관계에 의해 결정되는 경우가 많았다. 헤일로타이는 스파르티아타이보다 인구가 10배나 많았고 메시니아에는 늘 반란의 기운이 끓어오르고 있었다. 헤일로타이는 출정 시에는 방패와 창을 운반하거나 수하물 담당자로서 스파르타 시민을 보좌했다. 특이하게도 출정 중에 헤일로타이가 반란을 일으킨 사례는 찾을 수 없다. 그러나 헤일로타이는 국내에서는 늘 감시대상이었다. 스파르티아타이는 해마다 정례적으로 헤일로타이에 대한 전쟁을 선포했는데, 자유를 얻기 위한 어떤 시도도 용납하지 않겠다는 의지를 천명하는 행사였다. 그러나 스파르티아타이는 잠자리에서도 편히 쉴 수 없었다. 스파르타인은 외국에 군대 파병하기를 극도로 꺼렸다. 장기간 자리를 비울 경우 본국에서 헤일로타이의 반란이 있을까 두려워한 것이 부분적인 이유였다. 헤일로타이 노예제는 스파르타 체제의 존립을 가능하게 했지만, 적대적 노예 주민에 대한 의존은 스파르타의 활력에 심각한 제약을 가했다.

스파르티아타이는 상업에 종사하는 것이 금지되었다. 부는 군사적인 미덕을 추구하는 데서 멀어지게 만들 우려가 있었기 때문이다. 스파르티아타이는 자기 땅에서 농사를 지어서도 안 되었다. 스파르타 국가의 경제활동은 헤일로타이 또는 펠로폰네소스의 다른 도시에 거주하는 자유민—페리오이코이(perioikoi), 즉 '주변 거주자'—에게 맡겨졌다. 페리오이코이는 스파르타 사회 내에서 일정한 권리를 보장받고 보호받았으며 일부는 관련 사업을 통해 부자가 되었다. 그러나 그들은 스파르타 국가 내에서 아무런 정치적 권리도 갖지 못했고, 스파르타는 그들을 외국인으로 대하는 정책을 폈다. 시민으로서의 권리를 상실한 스파르티아타이는 페리오이코이가 되었다.

스파르타인은 의도적으로 혁신이나 변화를 거부했다. 그들은 그리스의 '전통적 체제'—낡은 귀족 체제—의 보호자로 자처했다. 이런 역할을 자임하면서 스파르타는 인접 국가에 참주정이 수립되는 것을 방해했고 일단 수립되면 그것을 전복하려 했다. 그리스 세계는 스파르타의 엄격한 전통 옹호를 찬양했지만, 스파르타 사람처럼 살고자 하는 그리스인은 거의 없었다.

스파르타 체제의 결정적 약점은 인구 문제였다. 범죄 행위, 비겁한 행동 등 스파르티아타이의 지위에서 탈락하는 경로는 다양했다. 그러나 스파르티아타이가 되는 유일한 방법은 출생에 의한 것이었다. 그리고 스파르티아타이는 낮은 출산율로 인해 적정 수준의 인구를 도저히 유지할 수 없었다. 그 결과 스파르티아타이의 인구는 상고기에는 1만 명에 달했으나 기원전 4세기 중반에는 1,000명에 지나지 않았다.

밀레토스와 이오니아 사상혁명

그리스 본토에서 에게 해를 가로지르면 아나톨리아의 그리스 도시들이 있었다. 상고기의 밀레토스는 이오니아(아나톨리아 서부 해안 중부의 좁고 긴 땅) 최고의 상업적·문화적·군사적 중심지였다. 밀레토스는 오랫동안 그리스 세계의 한 부분이었지만 근동 또한 밀레토스 문화 형성에 중대한 영향을 미쳤다. 이오니아는 그리스 서사시의 탄생지였다. 근동의 문학이 호메로스 서사시에 얼마만큼이나 영향을 미쳤는지에 대한 논의는 지금도 계속되고 있다. 밀레토스가 이룩한 그 밖의 창조적 결과물에서도 근동의 영향이 보인다. 근동 장식 예술의 오랜 주제인 환상의 동물들은 기원전 7세기와 6세기의 밀레토스 도자기에 빈번히 등장했다. 밀레토스 지식인은 근동의 문학적·학문적 전통을 익히 알고 있었다. 어떤 작가는 페르시아 왕실 칙령의 과장된 서두("다리우스 대왕은 이렇게 말하노라……")를 자기 방식으로 받아들여("밀레토스의 헤카타이오스는 이렇게 말하노라. 그리스인은 말이 많고 어리석도다.") 전혀 다른 견해를 피력하곤 했다.

해안의 이오니아인과 내륙의 리디아 왕국 사이의 긴밀하고도 까다로운 관계는 대단히 폭넓은 문화적 교류를 가져왔다. 리디아인이 발명한 주화가 그리스 세계에 도입된 것은 이오니아인을 통해서였다. 한편 이오니아인은 소아시아 내륙을 그리스화하는 데 결정적인 역할을 했다. 리디아의 압박—그들은 아나톨리아 해안에 좋은 항구를 확보하고자 했다—을 받은 이오니아 주요 도시들은 마침내 이오니아 동맹을 결성했고, 독립적인 폴리스들의 정치적·종교적 동맹으로서 유사시 상호 원조를 서약했다. 이것은 그리스 세계에서 맺어진 최초의 동맹이었다.

밀레토스인은 수많은 식민지를 건설했는데 특히 흑해 주변에 많았다. 그들은 이집트에서

175

도 적극적이었는데 그곳에 있는 그리스인의 주요 무역 거점들은 밀레토스인이 조성한 것이었다. 밀레토스인의 식민지 건설 노력은, 소아시아 다른 지역과의 교역에서 그들이 누린 유리한 지위와 결합해 커다란 부를 안겨주었다. 기원전 6세기에 밀레토스의 세력은 절정에 이르렀는데, 참주였던 트라시불로스는 리디아의 침공을 성공적으로 막아냈고 밀레토스의 해운 이익을 보호하기 위해 함대를 건설했다. 그러나 그가 죽은 후 지속적인 리디아의 압력 및 사모스 섬과의 경쟁으로 인해 밀레토스는 6세기를 거치는 동안 서서히 쇠락의 길을 걸었다.

밀레토스는 그리스의 추상적 사고와 철학의 중심지이기도 했다. 기원전 6세기부터 소크라테스 이전 철학자들(pre-Socratics, 위대한 철학자 소크라테스 이전에 등장했으므로 이렇게 불린다)은 자연(kosmos)과 신과 인간의 관계에 대해 진지한 의문을 제기했다. 그들의 설명은 신적인 힘을 무시하거나 숫제 배제하곤 했기 때문에 보통의 그리스인들은 그들을 의혹의 눈으로 바라봤다. 이른바 밀레토스학파는 세 명의 사상가—탈레스(기원전 624~548/545), 아낙시만드로스(기원전 610~546/545), 아낙시메네스(기원전 545년경 활동)—로 이루어진다. 세 사람은 모두 근동 학문의 옛 전통을 바탕으로 삼았지만, 전형적인 그리스인답게 그것을 제각기 자기 식으로 소화했다. 천체의 운행을 계산하고 관찰하면서 밀레토스학파 사상가들은 천체가 곧 신들이라는 기존의 통념을 거부하고, 자신이 관찰한 것에 대한 물리적 설명을 시도했다. 신들의 의지가 아닌 인간의 관찰을 사고의 시발점으로 삼음으로써, 밀레토스학파는 물리적 세계를 설명하기 위한 합리적 이론을 만들기 시작했다.

도시를 감돌고 있는 세계주의적 분위기에 자극받은 밀레토스 철학자들은, 인간 세계에서 자신의 위치를 성찰하기 시작하면서 이른바 '이오니아 사상혁명'을 출발시켰다. 그리스인 최초로 세계지도를 그린 밀레토스의 헤카타이오스는 드넓은 지역을 여행하면서 이질적인 문화와 그 신들에 대해 연구한 뒤 그리스인의 어리석음에 관한 글을 썼다. 콜로폰의 크세노파네스는 트라키아인(그리스 북쪽 지방에 사는 야만족)이 푸른 눈과 붉은 머리카락을 갖고 있는 신을 믿었던 반면, 에티오피아인은 그들의 신을 검은 피부에 곱슬머리를 가진 모습으로 그린다고 지적했다. 그는 인간이 그들의 형상대로 신을 만드는 것이지 그 반대는 아니라고 결론지었다. 크세노파네스는 만일 소가 말을 할 줄 알고 물건을 만들 줄 안다면 소와 닮은 신을 우상으로 만들어 기도할 것이라고 결론지었다. 이런 상대주의는 당대에는 생소한 것이었지만, 그 후 그리스 철학에서 하나의 뚜렷한 흐름으로 자리 잡았다.

종교적 믿음과 철학적 사고 사이의 균열 확대는 서양 철학사의 획기적인 발전이었다. 그

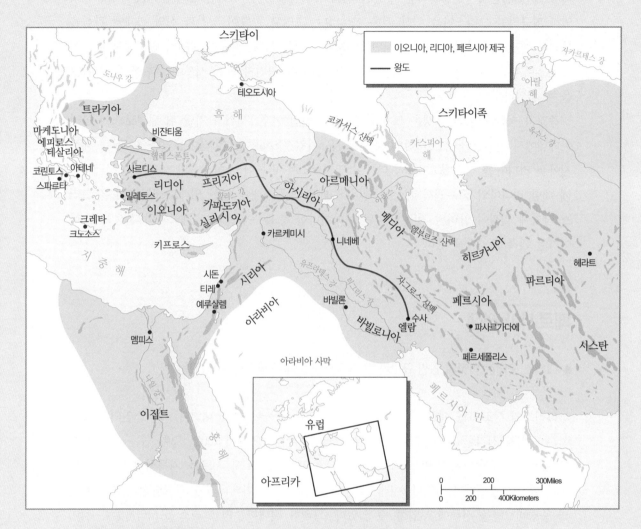

이오니아, 리디아, 페르시아 제국

기원전 7세기와 6세기에 이오니아 해안의 그리스 도시국가들은 그리스 문화와 상업의 선두주자였다. 그러나 기원전 5세기에 그들은 이 지위를 아테네에 빼앗겼다. 이오니아의 지정학적 위치는 이 변화를 어떻게 설명해 주는가? 그리고 이 변화는 이오니아인의 페르시아 제국에 대한 태도를 어떻게 변화시켰는가?

러나 그 균열은 흔히 생각하는 것만큼 완벽하지는 않았다. 철학은 소수를 위한 지적 유희였지 평균적인 그리스인을 위한 것은 아니었다. 그리고 철학이 인간과 신의 관계에 관심을 돌리자 폴리스의 가장 진보적인 시민들마저도 기겁을 했다. 평균적 시민의 일상생활에서 신들은 너무나 중요한 부분이어서 종교의 철학화 같은 경건치 못한 시도에 위협을 느끼지 않을 수 없었다.

종교와 철학 사이의 투쟁은 크세노파네스의 선언 이후 1세기가 지난 뒤 밀레토스가 아닌 아테네에서 일어났다. 이오니아의 사상혁명은 기원전 546년 이후 잦아들었다. 이 무렵 페르시아는 리디아를 정복했고, 그와 더불어 밀레토스를 비롯한 소아시아의 그리스 도시국가들에 대한 리디아의 종주권까지 손에 넣었다. 페르시아 지배에 대한 밀레토스의 저항은 그리스 세계에 일찍이 알려진 적이 없었던 어마어마한 충돌—페르시아 제국과의 전쟁—으로 나아가는 기폭제 역할을 했다.

페르시아 전쟁

♣ 그리스 군대는 어떻게 훨씬 규모가 큰 페르시아 군대를 물리칠 수 있었는가?

그리스의 상고기는 페르시아와의 극적인 투쟁과 더불어 막을 내렸다. 그리스인의 적개심이 솟구치기 시작할 무렵 페르시아는 세계 최강의 제국으로서 100만 명이 넘는 무장 병사를 동원할 수 있었다. 반면 그리스는 폴리스들의 집합체로서 서로를 지독하게 의심했으며 죽기 살기로 경쟁하고 있었다. 이례적인 거대 폴리스였던 아테네와 스파르타는 각기 1만 명의 중장비보병을 전투에 투입할 수 있었다. 그러나 절대다수의 그리스 도시국가들은 각기 수백 명의 병사밖에는 제공할 수 없었다. 20년 동안 페르시아의 정복 위협이 그리스를 에워싸고 있었다. 마침내 그리스의 자유에 대한 직접적인 위협이 사라지자, 전쟁의 경험은 그리스 세계를 송두리째 변화시켰다.

이오니아의 반란(기원전 499~494)

페르시아 전쟁에 대한 기록의 대부분은 역사학의 아버지 헤로도토스가 남겼다. 그의 역사 서술은 그가 살았던 5세기 중반 아테네의 지적 풍토를 여러모로 반영해주고 있다. 그는 지리적·문화적 결정론을 드러내면서 페르시아와 그리스 전쟁의 원인을 유럽과 아시아 사이의 해묵은 증오심에 돌렸다. 그러나 그는 전쟁의 직접적인 원인이 밀레토스에서의 정치적 투쟁에 있다고 설명했다.

기원전 501년 아리스타고라스—페르시아가 임명한 밀레토스의 꼭두각시 참주—는 다리우스 대왕의 총신으로서 누렸던 자신의 전성기가 얼마 남지 않은 것을 걱정하는 마음이 점점 커졌다. 꼭두각시에서 애국자로 돌변한 그는, 밀레토스인과 다른 이오니아인에게 페르시아 지배에 대한 반란을 선동했다. 그는 또한 그리스 본토에 군사적 지원을 요구했다. 스파르타인은 외국에 군대 파견하기를 거부했지만, 아테네 및 에레트리아(에우보이아 섬의 도시국가)는 동족인 이오니아인에게 25척의 선박과 선원을 파병하는 데 동의했다. 이 소규모 병력은 리디아의 옛 수도 사르디스(당시 페르시아의 행정 중심지)를 함락하고 모조리 불태워버렸다. 그러고 나서 아테네인과 에레트리아인은 이오니아인을 내버려둔 채 배편으로 본국에 돌아갔다. 남은 반란군은 5년 동안 용감한 투쟁을 벌였지만 기원전 494년 페르시아의 우월한 군사력에 압도당하고 말았다.

그러나 다리우스 대왕은 소아시아의 그리스 신민들이 에게 해 건너편의 동족에게 기대를 품을 수 있는 한 또 다시 자유에 대한 갈망을 느끼게 되리라는 것을 잘 알고 있었다. 다리우스 대왕은 아테네와 에레트리아에게 교훈을 주기 위해 징벌 원정에 착수했다. 왕은 에게 해를 가로지르는 원정에 휘하 장군 중 가장 뛰어난 장군 두 명과 2만 명의 병력을 보냈다. 기원전 490년 여름 에우보이아에 상륙한 페르시아 군대는 에레트리아를 약탈·방화하고 주민을 포로로 잡아 페르시아에 끌고 갔다. 그런 다음 좁은 해협을 건너 아티카의 마라톤 평야에 상륙했다.

페르시아 전쟁	
리디아 왕 크로이소스가 아나톨리아의 그리스 도시국가 정복	기원전 560년경
페르시아 왕 키루스가 리디아를 정복하고 그리스 도시국가들을 지배	기원전 546년
이오니아인의 반란	기원전 499~494년
마라톤 전투	기원전 490년
크세르크세스의 그리스 침공	기원전 480년
테르모필라이 전투와 살라미스 해전	기원전 480년
플라타이아 전투	기원전 479년
아테네 주도로 델로스 동맹 결성	기원전 478~477년

마라톤 전투와 그 이후

위험이 임박했음을 알아챈 아테네는 스파르타에 지원을 요청했지만 종교행사 때문에 도울 수 없다는 답변만 들었다. 인근의 작은 폴리스인 플라타이아만이 아테네에 지원군을 제공했다. 아테네의 팔랑크스는 단독으로 막강한 페르시아에 맞서야만 했다. 수적으로 열세인데다 페르시아군을 상대할 기병을 갖지 못한 채, 아테네의 팔랑크스는 페르시아군 진영을 마주한 두 언덕 사이에 자리 잡았다. 여러 날 교착 상태가 이어진 뒤 아테네 장군 밀티아데스는 페르시아군이 말에게 물을 먹이고 있는 중이며 페르시아 보병(1만 명의 아테네 중장비보병보다 수적으로는 우월했지만 장비는 빈약했다)이 취약하다는 정보를 입수했다. 밀티아데스는 공격을 지휘해 페르시아군을 격파하고 페르시아에 괴멸적 손실을 입혔다. 헤로도토스는 페르시아군 전사자가 6,400명에 달했고 아테네군 전사자는 192명뿐이었다고 전한다. 페르시아군은 쫓기듯 철수했다.

아테네는 세계 최강의 제국을 패배시켰고, 그 위업을 스파르타의 도움 없이 달성했다. 아테네인의 자부심은 하늘을 찌를 듯 치솟았고 많은 사람들이 민중의 승리를 뽐냈다. 그러나 아테네 정치인 테미스토클레스는 그리스가 아직 페르시아의 최후를 본 것은 아니며 페르시아군은 반드시 훨씬 더 큰 규모로 돌아올 것이라고 믿었다. 기원전 483년 아테네인은 아티카 변방에서 매장량이 풍부한 은광을 발견했다. 테미스토클레스는 아테네인을 설득해 뜻밖의 횡재를 나누어 가질 것(당시의 관행이었다)이 아니라 200척의 최신식 전함을 건조하는 데쓰도록 했다. 아테네는 또 다른 페르시아의 위협이 임박했던 바로 그 시점에 그리스 세계최강의 해군 국가로 변신하게 되었다.

크세르크세스의 침공

기원전 486년 다리우스 대왕이 사망하자 아들인 크세르크세스가 뒤를 이었다. 크세르크세스는 그리스 전체를 정복하기 위해 대대적인 육로 침공을 준비했다. 600척 규모 선단의 지원을 받은 크세르크세스의 대군(병력은 최소 15만 명에서 최대 30만 명으로 추정)은 기원전 480년 사르디스를 출발해 유럽과 아시아를 가르는 좁은 해협에 배다리를 가설하고 그 위를 건넜다. 아테네를 상대하기 위해 유능한 장군들을 보낸 부왕과는 달리, 크세르크세스는 원정군을 직접 지휘했다.

수많은 그리스 도시들이 즉시 항복했다. 그러나 아테네·스파르타·코린토스를 비롯한 30여 도시들은 항복을 거부하고 페르시아의 위협을 물리치기 위해 그리스 동맹을 결성했다. 수적으로 열세인 그리스 동맹군은 스파르타의 군사적 지휘를 받으며 테르모필라이 고개[3]에서 크세르크세스를 맞았다. 3일 동안 그리스군은 페르시아 대군을 막아냈고 그동안 그리스 함대는 아르테미시움[4] 근방에서 페르시아 함대와 교전했다. 스파르타가 주도한 테르모필라이 전투는 실패로 끝났지만, 그들의 희생 덕분에 테미스토클레스가 이끈 그리스 함대는 페르시아군에게 엄청난 손실을 입히고 나서 안전하게 남쪽으로 철수했다.

아테네를 더 이상 지킬 수 없음을 깨달은 테미스토클레스는 아테네인을 설득해, 아테네를 포기하고 아티카 해안 건너편에 있는 살라미스 섬으로 피난하도록 했다. 9월 초 아테네인은 페르시아군이 아테네를 불태우는 것을 지켜보았다. 그러나 시간은 테미스토클레스의 편이었다. 크세르크세스의 대군은 보급을 함대에 의존하고 있었다. 가을에 에게 해를 항해하는 것은 악천후 때문에 위험했으므로 페르시아군은 불리한 계절이 다가오기 전에 결전을 치러야 했다.

9월 말 수적으로 우세한 페르시아 함대는 그리스인이 살라미스에서 도망치려 한다고 판단하고 엘레우시스 만으로 진입했다. 그러나 그곳에는 임전 태세를 갖춘 테미스토클레스의 그리스 함대가 기다리고 있었다. 그리스군은 크세르크세스가 엘레우시스 만 언덕의 왕좌에 앉아 지켜보는 가운데 페르시아 함대를 괴멸시켰다. 이듬해 그리스 군대는 플라타이아 전투에서 승리를 거둠으로써 페르시아군을 그리스 본토에서 완전히 몰아냈다. 고분고분하지도 않고 수적으로도 열세였던 그리스 폴리스들은 모든 역경에도 불구하고 지중해 세계 최강 제국을 물리쳤다. 그것은 그리스 역사의 전환점으로서 고전기(또는 황금시대)의 도래를 알리는 사건이었다.

---

3) 아테네에서 북서쪽으로 약 136킬로미터 지점에 있는 좁은 고개.
4) 에우보이아 섬 북쪽의 해협.

그리스와 페르시아의 전쟁

당신이 크세르크세스라고 가정하고 기원전 480년 그리스 정복에 나섰다고 치자. 당신의 군사 전략에 지정학적 고려는 얼마만큼이나 영향을 미치겠는가? 크세르크세스의 시도는 실패했다. 당신 같으면 무엇을 달리 시도하겠는가? 페르시아군의 원정은 그리스 정복에 성공할 수 있었을까?

고전기 그리스의 황금시대

♣ 황금시대 아테네의 문화는 얼마만큼이나 아테네 민주정치의 산물이었나?

 살라미스 전투를 치른 지 반세기 만에 아테네의 국력과 위신은 눈부시게 상승했다. 동부 지중해 최강의 해군국이 되었고 스파르타와 맞먹는 군사력을 갖게 되었다. 또한 아테네는 델로스 동맹의 맹주로 떠올랐다. 델로스 동맹은 페르시아에 대한 지속적인 전쟁을 서약한 폴리스 집단이었다. 동맹의 리더로서 아테네는 기금과 재원을 관리했다. 그 덕분에 아테네인은 (탁월한 정치지도자 페리클레스의 표현에 의하면) 그들의 폴리스를 '그리스의 학교'로 만들 수 있었다. 기원전 5세기에는 그리스 문화의 가장 위대한 업적이 산출되었고 아테네 민주정치가 활짝 꽃을 피웠다. 그러나 이 두 가지 성과는 아테네와 동맹국 사이의 불편한 관계라는 대가를 치르고 얻어진 것이었다. 기원전 430년대에 이르면 동맹국들은 자유 폴리스라기보다는 아테네의 속국처럼 비쳐지기 시작했던 것이다.

페리클레스 시대의 아테네

 클레이스테네스의 개혁은 추첨에 의한 주요 관직의 선출 등 그리스 민주정의 새로운 실험이었다. 오직 하나의 핵심 직책 스트라테고스(strategos, 장군)만 전통적 투표방식으로 선임되었다. 한 사람이 여러 해 반복해서 스트라테고스로 선출될 수 있었기 때문에 아테네의 가장 유능하고 야심적인 인물들은 이 직책을 노렸다. 테미스토클레스가 스트라테고스였고, 기원전 470년대와 460년대에 델로스 동맹을 이끌어 페르시아를 상대로 멋진 승리를 거둔 키몬도 스트라테고스였다. 그러나 키몬은 델로스 동맹 탈퇴를 기도한 폴리스를 동맹의 적으로 규정짓고 해당 폴리스의 반란을 무력으로 탄압해 동맹을 아테네 정책의 수단으로 변질시키기도 했다.

 키몬은 군사적 성공을 통해 아테네의 가장 유력한 정치인이 되었다. 그러나 기원전 460년대에 들어 아테네의 정치 상황이 급변했다. 솔론이 수립한 네 계급[5] 중 가장 낮은 계급인

---

5) 솔론은 시민계층을 재산 소유의 정도에 따라 제1계급(pentakosiomedimnoi), 기사계급(hippies), 농민계

테테스(노동계급)가 정부 내에서의 더 큰 역할을 요구하며 목소리를 높인 것이다. 배의 노를 젓는 직분을 맡은 그들은 아테네 함대의 척추 역할을 맡았지만, 시민으로서는 폴리스 정부에서 거의 아무런 영향력도 갖지 못했다.

테테스의 대의를 옹호하기 위해 등장한 인물은 역설적이게도 아테네의 가장 유서 깊은 귀족 가문 출신인 페리클레스였다. 키몬의 정치적 경쟁자인 페리클레스는 키몬을 물리치기 위해 테테스에게 더 큰 권력을 부여하는 정책과 반스파르타적인 외교정책을 들고 나왔다. 페리클레스는 기원전 462~461년 스트라테고스로 선출되었고, 키몬은 오스트라키스모스에 의해 아테네에서 추방당했다. 그 후 페리클레스는 개혁을 밀어붙여 아테네를 좀 더 완전한 형태의 민주정 체제로 만들었다. 그는 모든 아테네 시민에게 민회에서 찬반 투표만이 아니라 법률의 발의·수정 권한까지 행사할 수 있도록 했다. 그는 또한 출석자에게 일당을 지급함으로써 가난한 시민이 민회 및 아테네 법정에 참여할 수 있도록 했다. 이런 조치를 통해 테테스는 정치적 지배세력이 되었고, 그런 권력을 안겨준 지도자에게 충성했다.

페리클레스는 야심적인 공공건축 계획과 신들—특히 아테나 여신—을 위한 화려한 축제로 아테네 민주정을 찬양했다. 그는 또한 예술·과학·문학의 넉넉한 후원자로서 당대의 걸출한 인물들을 아테네로 끌어들였다. 그의 대중주의적 정치활동은 아테네인의 우월감을 고무시키는 그의 능력과 결합해, 향후 30년 동안 스트라테고스로 재선될 수 있는 기반이 되었다. 이 시기 아테네의 문화는 전에 없는 번영을 누렸다. 궁극적으로 페리클레스는 재앙을 불러온 지도자로 판명되었다. 그러나 페리클레스 시대의 아테네는 서양 문명의 역사에서 대단히 극적이고 찬란한 순간을 연출했다.

문학과 연극

페리클레스 시대의 아테네가 그리스 황금시대에 위대한 문학을 산출한 유일한 도시는 아니었다. 그러나 고전기 그리스 문학에 대해 우리가 갖고 있는 지식의 대부분은 아테네에서 산출된 시와 연극(비극과 희극)에 관한 것이다. 서사시와 서정시는 5세기 초 이미 그리스 문학의 형식으로 확립되어 있었다. 그러나 연극은 디오니소스 신에게 바쳐진 아테네 봄 축제

급(zeugitai), 노동계급(thetes)으로 나누어 각각 정치적 지위를 부여했다.

에서 합창단이 신을 위해 불렀던 송시(頌詩)에서 발전된 혁신이었던 것으로 보인다. 디오니소스제를 처음 조직화한 것은 참주 페이시스트라토스였고, 그것을 비극을 상연하는 축제로 전환시킨 것은 클레이스테네스였을 것이다. 그러므로 아테네의 연극은 처음부터 후원자인 아테네 국가의 정치적·종교적 상황과 긴밀하게 연관되어 있었다. 그러나 디오니소스 송시를 등장인물과 합창단을 갖춘 진정한 연극으로 변화시킨 것은 위대한 비극작가 아이스킬로스(기원전 525~456)의 업적이었다. 그는 연극에 두 번째 (나중에는 세 번째) 인물을 등장시켜 인물 간의 대화를 가능하게 하면서 무대 위에서 처음으로 인간적 갈등을 표현했다. 연출은 여전히 매우 단순했지만 비극이 주는 정서적 효과는 압도적이었다.

아리스토텔레스는 비극의 목적이 관객의 동정심과 두려움을 유발하고 그런 감정을 카타르시스를 통해 깨끗이 씻어내는 것이라고 선언했다. 대단히 유력한 표현이긴 하지만, 이것으로 그리스 비극을 이해하기에는 너무 제한적이다. 비극의 근본 주제—정의와 법, 영웅을 파멸로 몰아넣는 충성과 의무의 상반된 요구—는 호메로스로부터 나온 것이다. 대부분의 비극은 전설을 통해 익히 알려진 이야기를 들려주었다. 딸을 희생 제물로 바친 아가멤논, 남편 아가멤논을 살해한 클리템네스트라, 아가멤논의 아들 오레스테스의 복수, 뜻하지 않게 아버지를 살해하고 어머니와 결혼한 오이디푸스 왕의 이야기 등이 그것이다. 그러나 비극은 동시대의 단면을 드러내기도 했다. 아이스킬로스는『페르시아 사람들』에서 페르시아 왕 크세르크세스의 눈을 통해 아테네가 살라미스 해전(아이스킬로스도 이 전투에 참전했을 것이다)에서 거둔 승리의 이야기를 들려주었다. 이 작품에서 크세르크세스는 비극적 영웅이 되었다. 소포클레스(기원전 496~406)의 걸작『콜로노스의 오이디푸스』는 아테네가 스파르타와의 비참한 전쟁을 치르던 중 상연되었다. 에우리피데스(기원전 485~406)의『트로이의 여인들』은 기원전 415년에 상연되었는데, 그해는 시라쿠사 원정으로 아테네가 펠로폰네소스 전쟁에서 패배를 향해 곤두박질치는 분수령이 된 시점이었다. 정의와 법의 충돌, 가족에 대한 효도와 시민적 책임 사이의 대립적인 의무에 관한 이야기인 소포클레스의『안티고네』는 비극을 가장 잘 다루었다. 이 이야기는 가장 위대한 성취와 실패를 겪었던 아테네의 역사적 맥락에서 소재를 택했다.

희극은 한층 더 직접적인 정치적 함의를 지닌 장르였다. 희극은 투박하고 풍자적이고 거침없었으며, 익살·부조리·비속함 등이 넘쳐났다. (시인이자 비평가인 피터 레비[Peter Levi]에 따르면) 그리스 희극의 주제는 섹스, 농촌 생활, 좋았던 옛날, 악몽 같은 정치, 종교의 기묘함, 도시의 기이한 풍습 등이었다. 아테네의 가장 위대한 희극작가 아리스토파네스(기원전 448경

~382)는 자신을 불쾌하게 또는 재미나게 하는 모든 것을 조롱했다. 소크라테스의 철학, 에 우리피데스의 비극, 그리고 특히 클레온 같은 동시대의 제국주의적이고 호전적인 정치인들 이 그 대상이었다. 무엇보다도 아리스토파네스는 아테네를 파멸로 이끌고 있다고 그 자신이 (정당하게) 믿었던 유력한 정치인들을 일상적으로 거칠게 공격한 사회비평가였다. 그는 자신 에게 공격당한 정치인들 때문에 스스로를 변론하기 위해 몇 번씩이나 법정에 끌려갔다. 그 러나 정치인들은 그의 희극에 분노했음에도 불구하고 감히 극장을 폐쇄할 엄두는 내지 못 했다. 극장 또한 민주정 아테네의 중요한 정신적 일부였던 것이다.

페리클레스 시대의 아테네는 그리스 산문 발달의 비옥한 토양이기도 했다. 기원전 6세기 의 그리스인은 시를 통해 사상을 표현했다. 밀레토스의 사상가들과 크세노파네스는 그들의 사상을 시로써 기술했고 솔론 역시 시를 이용해 정치 개혁을 정당화했다. 그러나 기원전 5 세기에는 산문이 독특한 문학 양식으로 등장했는데, 이는 아테네인의 문자 해독률이 높아 진 현상을 반영한 것으로 보인다. 헤로도토스는 아테네에서 그의 『역사(Historiae)』를 받아 들일 준비가 되어 있는 시장을 발견했다. 그보다 나이 어린 동시대의 역사가 투키디데스(기 원전 460경~400경)는 아테네와 스파르타 사이의 전쟁의 역사를 썼다. 이들 두 역사가는 역 사에 대한 새로운 접근법을 발전시키면서 자신들이 사용한 사료의 신뢰성을 강조하고 역사 적 사건에 대한 인간적 설명을 추구했다. 산문의 발전으로 기원전 4세기에는 한층 풍부한 문학적 업적이 산출되었다. 플라톤과 아리스토텔레스의 위대한 철학 논고들, 위대한 아테 네 웅변가들의 감동적인 정치·입법 연설 등이 그것이다. 우리는 다음 장에서 이를 다룰 것 이다.

예술과 건축

황금시대의 그리스인은 연극에서와 마찬가지로 미술에서도 천재성을 발휘했다. 그들의 희극적 재능—활기, 유쾌한 관능, 음탕한 기지—은 특히 흑회식도기(黑繪式陶器)[6]에서 잘 볼 수 있는데, 그림에 등장하는 인물들은 못된 성적 장난을 즐기는 개구쟁이처럼 보인다. 좀 더 엄숙한 작품으로는 신전과 공공장소에 세운 대리석 조각상과 부조가 있었다. 아테네

---

6) 기원전 700년경 코린토스에서 시작되어 기원전 530년경까지 인기를 누렸던 그리스의 도기 유형.

의 조각가들은 인간의 위대성을 주제로 삼았고 인체의 아름다움을 자연주의적면서도 이상화된 형상으로 묘사했다.

기원전 5세기 그리스 조각의 가장 놀라운 발전은 균형이 잘 잡힌 자연주의적인 누드가 출현했다는 점일 것이다. 이런 발전은 기원전 490~480년경 아테네에서 처음 나타났다. 이것은 전례가 없는 일로서, 인간의 존엄과 자유라는 그리스적 이상이 페르시아 전쟁에서 승리를 거둔 사실과 관련이 있다. 모든 페르시아인이 노예처럼 지배자에게 머리를 조아린 것과는 달리 자신들은 정치적·사회적 평등을 향유하고 있다고 확신했기에, 그리스인은 꾸밈없는 인체의 고귀함을 돌에 새겨 찬미하는 것으로써 인간 존엄성에 대한 그들의 이념을 표출했다.

아테네인은 건축에서도 탁월했다. 모든 그리스 신전은 조화와 안정의 느낌을 자아내는 데 목표를 두고 있었지만, 기원전 447~438년에 건축된 아테네의 파르테논은 그중에서도 가장 아름다운 건축물로 꼽힌다. 이 멋지고 사치스럽고 복잡한 건축물은 페리클레스가 아테네인을 부추겨서 만들었다. 아테네인은 파르테논을 그들의 수호여신인 아테나에 대한 헌신의 상징이자 아테네인의 힘과 용기에 대한 자신만만한 찬양으로 여겼다.

아테네 남녀의 일상생활

페리클레스는 유명한 장례 연설 끝부분에서 아테네의 기혼여성들에게 세 가지를 당부했다. 아테네를 위해 더 많은 자녀를 낳아 기를 것, '여성 고유의 본성' 이상의 약점을 보이지 말 것, 수다쟁이가 되지 말 것 등이었다. 그의 언급은 고전 그리스, 특히 아테네에서 남성이 여성에 대해 어떤 태도를 갖고 있었는지를 잘 말해준다.

민주정치의 성장은 양성 간의 평등을 촉진하기보다는 오히려 반대의 결과를 가져왔다. 암흑시대에 귀족 여성은 때로 비범한 아름다움·지혜·용기를 지닌 것으로 묘사되었으며, 정치·군사 문제에 예리한 분별력으로 조언했고, 주변 세계에 대해 적극적인 역할을 수행했다. 그러나 귀족적 이상이 민주적 이상으로 대치되면서 여성의 운명은 그늘 속의 삶이 되고 말았다. 중장비보병과 그 평등정신에 대한 강조는 남성의 집단 훈련을 장려했고 남성 간의 긴밀한 관계—때로 동성애적 관계—를 발전시켰다. 또한 그러한 평등정신은 부의 과시—특히 여성에 의한—를 억제했다. 대신 보병에 전사 인력을 공급하기 위한 자녀 양육이 여성의 의무가 되었다. 공공장소는 운동경기나 정치집회 같은 남성의 독점적 활동영역이 되었고, 사적 공간은 자녀 양육, 옷감 짜기 등 여성의 활동영역으로 치부되었다. 기원전 5세기에 이르면 지체 높은 여성은 격리되어 살았고 여간해서는 집 밖으로 나오지 않았다.

아테네의 소녀들은 14세—생물학적 가임기가 되자마자—가 되면 자기보다 두 배 이상 나이 많은 남자와 결혼할 수 있었다(그보다 더 젊은 남성은 전쟁에 투입되었을 것이다). 소녀의 아버지는 딸의 취향에 상관없이 결혼을 주선했고, 남편이 그녀를 부양할 수 있도록 지참금을 딸려 보냈다. 그러나 법적으로 아내는 남편의 소유물이었다. 아내가 새 가정으로 들어간 뒤에는 대개 자녀 출산이라고 하는 공식 일상이 시작된다. 자녀의 터울은 보통 2~4년이었는데, 이는 통상 젊은 아내가 사망 전(통상 35세 무렵 사망했다)까지 4~6명의 아이를 낳는다는 것을 의미했다.

여성이 문 밖에 나가는 경우는 거의 없었다. 다른 남성의 눈에 띄는 것은 상스러운 일로 여겨졌기 때문이다. 장보기 등의 일은 노예가 맡아 했다. 집 안에서도 여성은 손님이라도 오게 되면 안채로 물러나야만 했다. 지나친 부와 여유의 과시에 거부감을 보인 민주정 아테네의 이데올로기 때문에 여성은 한가하게 앉아 있어서는 안 되었다. 그들이 주로 한 일은 아마 옷감 짜기였을 것이다. 그러나 여성이 하는 일은 기본적으로 비천한 것이었으므로 남성은 그 일에 종사하는 여성을 낮추어 봤다. 현존하는 자료에 의하면 일반적으로 남편은 아내에게 정서적 애착을 거의 갖지 않았고 자연적 열등자로 간주했다. 의미심장한 한 구절에서 헤로도토스는 리디아의 어느 왕에 대해 말했다. "이 칸다울레스는 자신의 아내와 사랑에 빠졌는데, 그 환상은 기이한 결과를 가져왔다."[7] 아내와 사랑에 빠진 것을 '환상'이라고 표현하고 있음에 유의할 필요가 있다. 아테네의 한 웅변가는 이렇게 말했다. "우리는 쾌락을 위해 매춘부를 얻고, 매일매일의 육체적 시중을 위해 첩을 거느리며, 적법한 자녀를 낳아줄 충실한 주부를 얻기 위해 아내를 갖는다."

---

7) 헤로도토스는 『역사』에서 이렇게 말한다. 기게스는 리디아의 왕 칸다울레스(Candaules)가 가장 아끼는 시종이었다. 칸다울레스는 자신의 부인인 왕비가 얼마나 아름다운지를 자랑하기 위해 기게스에게 몰래 왕비의 알몸을 보도록 유도한다. 기게스는 왕이 시키는 대로 침실에 들어가 문 뒤에 숨어서 왕비의 알몸을 보고 나오는 순간 그가 나가는 뒷모습을 그만 왕비에게 들키고 말았다. 왕비는 기게스에게 불호령을 내린다. "왕비의 알몸을 볼 수 있는 사람은 오직 왕 한 사람뿐 그대가 죽든지 왕을 죽이고 리디아 왕국을 책임지든지 한 가지만 선택하라." 기게스는 할 수 없이 왕비의 명에 따라 칸다울레스를 죽이고 왕위를 찬탈한 다음 왕비와 결혼했다.

스파르타가 헤일로타이에게 의존했듯이 아테네 사회는 노예에 의존했다. 노예제가 없었더라면 아테네인이 정치·사상·예술 등에서 이룩한 비범한 성취는 전적으로 불가능했을 것이다. 정부의 공직을 모든 자유민이 서로 나누어 교대로 맡는다고 하는 아테네의 이상은, 자유민이 정치에 참여하는 동안 농사와 실업과 가사를 도맡아 돌봐줄 노예가 없었다면 실현 불가능한 것이었다. 실제로 아테네 민주정치의 각종 제도는 기원전 500년경 아테네의 광업과 상업이 확대되면서 비로소 온전히 작동하기 시작했다. 아테네인은 그 덕분에 북부와 동부에서 노예를 대대적으로 사들일 수 있었던 것이다. 자유와 노예제는 불가분의 관계에 놓여 있었다.

아테네 노예제는 광범하게 시행되기는 했지만 그 규모는 작았다. 노예는 통상 많은 인원이 한 팀을 이루지도 않았고 공장에서 일하지도 않았다. 유일한 예외는 국가 소유의 은광이었는데, 여기서는 많은 수의 노예가 비참한 환경에서 고통스럽게 일했다. 그러나 대부분의 노예는 아테네인 가정에서—비교적 가난한 가정에서도—널리 소규모로 소유되었다. (가정의) 하인과 (농장의) 노동자로 일한 노예가 철저히 야만적인 취급을 당한 경우는 거의 없었다(물론 주인은 마음대로 매를 때리거나 성적인 착취를 할 수 있었지만). 그러나 노예는 온전한 인간으로 취급 받지도 못했다. 이렇게 된 데는 자연이 어떤 사람은 노예 노동을 위해 선택했고, 어떤 사람은 자신들처럼 정치활동을 위해 선택했다고 간주한 아테네 자유인의 관념이 큰 역할을 했다.

자유민 입장에서 페리클레스 시대 아테네의 일상생활은 많은 매력을 지니고 있었다. 남성 시민은 상당한 정도의 사회적·경제적 평등을 누렸다. 소규모 농업과 상업이 일반적이었고, 제품 생산을 담당하는 직공 개개인이 소유한 가게에서 소규모의 산업 활동—대부분 도자기 및 무기 제조—이 이루어졌다. 다수의 노동자를 고용한 공장은 드물었지만 점차 늘어나는 추세였다. 기원전 5세기 아테네에서 규모가 가장 큰 편에 속했던 한 방패 공장에서는 120명의 노동자가 일했고, 공장의 소유권은 거류 외국인이 갖고 있었다. 일부 시민은 다른 시민보다 더 많은 부를 소유했다. 하지만 최고 부유층은 재산 일부를 공공 축제나 해군 장비를 위해 기부해야만 했다. 기원전 5세기의 아테네는 자극적이고 화려한 세계주의적 상업과 문화의 중심지였다. 아테네인은 자신들의 도시에 대해 터무니없을 정도의 긍지와 자부심을 갖고 있었다.

동맹의 구축과 펠로폰네소스 전쟁

♣ 펠로폰네소스 전쟁은 그리스 철학에 어떤 영향을 미쳤는가?

아테네인은 자신들이 누구보다도 자유롭다고 간주했지만, 그들의 자유는 노예 상태의 다른 사람들에게 의존한 것이었다. 노예가 노동력의 대부분을 제공했다. 한편 델로스 동맹에 가입한 아테네의 동맹국들이 제공한 재원은 아테네의 위대한 성취를 가능케 했다. 동맹국으로부터 아테네로 흘러든 잉여 재원이 없었다면 페리클레스가 수행한 사업—정치 참여자에 대한 일당 지급, 거대한 건축 사업(또한 가난한 시민에 대한 고용 사업), 아테네의 연극 후원—중 어느 하나도 실현이 불가능했을 것이다. 이런 정책의 시행은 아테네를 막강한 세력으로 만들었고 민주정을 활력 넘치게 했으며 페리클레스의 인기와 권력 유지에 기여했다. 그러나 아테네의 민주적 성취는 동맹—그것은 하나의 제국으로 변질되었다—에 대한 지배권에 기초하고 있었다.

기원전 470년대 이후 동맹국들이 이탈 움직임이 보이자 아테네는 그러한 시도를 가차 없이 격파했다. 기원전 450년대를 거치면서 반란은 줄어들었다. 그러나 기원전 440년대 초 페리클레스는 그리스 세계의 유일한 경쟁 세력이었던 스파르타를 상대로 좀 더 공격적인 정책을 밀어붙였다. 운신의 폭을 넓히기 위해 그는 페르시아와 정식으로 강화 조약을 체결했다. 강화 조약 이후 델로스 동맹은 존재이유가 사라졌다. 아테네는 동맹국들을 강제로 묶어둘 명분을 찾지 못했다. 그렇지만 상당수 도시들은 동맹에 대한 충성을 그대로 유지했다. 그들은 공납을 바치고 아테네와의 우호적 관계를 통해 경제적 이익을 누렸다. 그러나 다른 도시들은 더 이상 동맹에 남지 않으려 했다. 아테네는 동맹국들을 붙잡아두기 위해 더 큰 강제력을 발휘해야만 했다. 충성심을 확보하기 위해 아테네 수비대를 설치하는가 하면, 아테네인 식민지 개척자들—그들은 아테네 시민권을 계속해서 유지했다—을 그곳에 이주시켰다.

그리스 문화의 맥락 속에서 그런 행동은 혼란스럽기 그지없는 일이었다. 델로스 동맹은 페르시아에 맞서 그리스의 독립을 유지하기 위해 맺은 것이었다. 이제 많은 그리스인은 아테네가 전제적인 제국이 되고 말았다고 비난했다. 비난에 앞장 선 도시는 코린토스였다. 코린토스의 경제적 입지는 아테네의 에게 해 지배로 심각하게 위협받고 있었다. 코린토스는 펠로폰네소스 동맹(그리스인은 '스파르타와 그 동맹국'이라고 불렀다)의 맹주 스파르타와는 긴밀한 동맹국이었다. 아테네와 스파르타 사이에 마침내 전쟁이 터졌을 때 위대한 역사가 투키디데스는 아테네의 세력 증대 및 그것이 스파르타에 심어준 두려움과 시기심이 전쟁의 원인이라고 주장했다. 근대의 어떤 역사가도 투키디데스보다 나은 설명을 제시하지는 못했다. 아테네 민주정과 그 지도자들의 입장에서 아테네의 문화적·정치적 우월성을 보장해주는 토대인 제국을 포기한다는 것은 상상할 수 없는 일이었다. 그러나 기원전 430년대에 이르러 아테네는 스파르타와 그 동맹국의 이익을 위협하지 않고서는 제국을 유지할 수 없었다.

펠로폰네소스 전쟁의 발발

몇 차례의 충돌이 있은 후 기원전 431년 아테네와 스파르타는 전쟁 상태에 돌입했다. 아테네는 육상에서는 스파르타를 패배시킬 수 없었다. 그러나 스파르타와 동맹국들은 바다에서 아테네를 대적할 만한 함대를 보유하지 못했다. 이에 페리클레스는 대담한 전략을 구상했다. 그는 아티카의 전 인구를 아테네 성벽과 항구 안으로 밀어 넣고 지방을 스파르타에 내주었다. 한편 우월한 아테네 함대는 아테네에 대한 해상 보급 임무를 수행하면서 스파르타 해안 지역을 습격했다. 역사상의 수많은 전쟁이 그러하듯 양측은 결말이 속히 올 것으로 믿었다. 그러나 전쟁은 27년 동안이나 질질 끌었다.

스파르타는 아티카의 농경지와 목초지를 약탈했고 아테네가 주요 전투에 중장비보병을 내보내지 못하도록 했다. 한편 아테네는 여러 차례 전격 기습을 단행해 헤일로타이의 반란을 조장하는 데 성공함으로써 스파르타에게 엄청난 타격을 가했다. 시간은 아테네의 편인 것처럼 보였다. 그러나 기원전 429년 포위당한 도시의 과밀한 인구 집중으로 말미암아 발진티푸스가 발병했고 페리클레스를 포함한 아테네 인구의 3분의 1이 사망했다. 페리클레스의 죽음으로 민주적 정치 세력—페리클레스에 의해 등장했다—을 통솔할 수 있는 인물이 그 밖에 없다는 사실이 분명해졌다. 그의 계승자들은 대부분 선동가·야심가로서 권력을 추구하는 민중의 본능에 영합했다. 그들 중 가장 성공적이었던 인물은 클레온이라는 전쟁광이었다. 아리스토파네스의 독설의 대상이기도 했던 그는 기원전 425년 스파르타의 강화 제안을 거부하고 전쟁을 계속하다가 4년 뒤 전사했다.

아테네의 유능한 지도자 니키아스의 주선으로 한동안 휴전이 이어졌다. 그러나 아테네 민중은 긴 평화를 원치 않았고, 이내 매력적이고 화려하지만 파렴치하기 그지없던 귀족 알키비아데스의 마력에 빠져들었다. 알키비아데스는 기원전 415년 아테네인을 설득해 적개심에 다시 불을 붙였고 머나먼 시칠리아의 도시국가 시라쿠사에 대한 경솔한 공격을 감행했다. 그러나 원정은 실패했고 수천 명의 아테네인이 시칠리아에서 죽거나 노예가 되었다.

시라쿠사에서의 재앙 소식은 아테네 민중의 희망을 산산조각 냈다. 즉각 욕설과 비난이 시작되었다. 많은 정치 지도자들이 폴리스에서 쫓겨났고, 기원전 411년에 이르러 민중의 사기는 극도로 떨어졌다. 함대의 노잡이들이 도시에서 떠나 있는 동안 아테네인은 사실상 민주정을 절멸시키는 투표를 했고, 400명의 시민으로 구성된 과두정을 수립했다. 사모스 섬에 머물던 아테네 함대는 알키비아데스의 지휘 아래 민주적 망명정부를 선언하는 것으로 응수했다. 과두정은 단기간 내에 끝났고 기원전 409년 아테네의 민주정은 복원되었다. 그러나 전쟁이 그러한 좌절감과 자포자기 감정을 이끌어낼 수 있었다는 사실은 결코 좋은 전조가 아니었다.

전쟁의 종식

스파르타도 전쟁을 끝낼 가망은 없었다. 아테네는 갖가지 문제를 안고 있었지만 함대는 여전히 무적이었다. 마침내 스파르타는 페르시아에 도움을 청했다. 페르시아는 스파르타 함대를 건조하는 데 필요한 황금과 해군 전문가를 제공했다. 기원전 407년에 이르러 유능하고 야심적인 스파르타 총사령관 리산드로스는 에게 해 전역에서 아테네 해군을 괴롭혔다.

전쟁 막바지에 가장 혼란스러웠던 상황은 아테네인이 걷잡을 수 없는 내분에 빠져들었다는 것이다. 예를 들어 다음과 같이 일이 벌어졌다. 기원전 406년 아테네는 아르기누사이 해전[8]에서 대승을 거두었으나 교전이 끝난 후 갑자기 밀어닥친 폭풍 때문에 아테네군 사령관들은 전투 중 좌초된 전함의 선원을 구출하는 작업에 어려움을 겪었다. 이로 인해 많은 선원들은 익사했고 아테네에서는 엄청난 항의가 분출되었다. 항의를 부추긴 선동가들은 여론조작 재판을 벌여 장군들—그들은 어리석게도 아테네로 귀환했다—을 처형토록 했다. 처형된 사람 중에는 페리클레스의 아들도 있었는데, 그는 이렇게 아버지가 도입한 민주정의 희생자가 되었다. 아테네는 이런 식으로 경륜 많고 유능한 수많은 지휘관을 죽이거나 추방했다.

그 결과는 충분히 예측할 수 있는 것이었다. 리산드로스는 기원전 404년 지도부가 허약

---

8) 레스보스 섬 동쪽의 아르기누사이(Arginusae) 섬 근처에서 벌어졌던 해전.

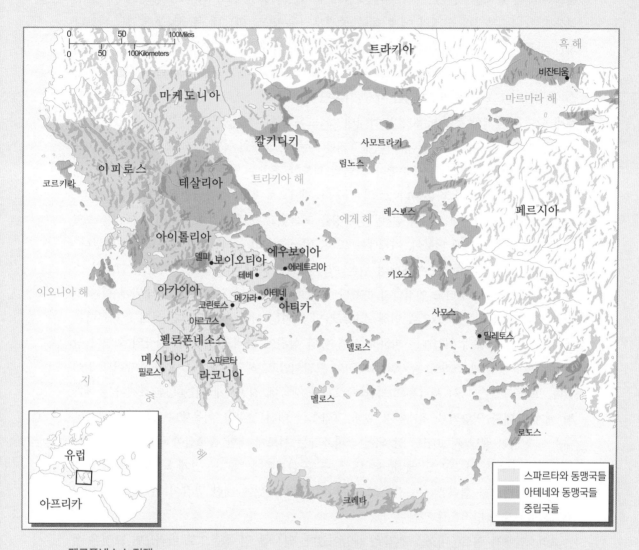

펠로폰네소스 전쟁

펠로폰네소스 전쟁 발발 당시 아테네와 스파르타 사이의 세력균형을 고찰하라. 어느 쪽이 지리적 이점을 갖고 있었는가? 중립 국가들 중 어느 쪽이 전쟁 참여로 세력균형을 깨뜨릴 수 있었는가? 지리적 위치는 두 교전 세력 및 동맹국들로 하여금 어떤 전략적·군사적 선택을 하도록 강제했는가?

해진 아테네 함대를 격파했다. 아테네는 함대 없이는 식량 공급도 도시 방어도 불가능했다. 리산드로스는 무방비 상태의 에게 해를 종횡무진 누볐고, 아테네 동맹국들에 친스파르타적인 과두정을 수립토록 했다. 마침내 리산드로스는 아테네를 포위했고 불가항력의 처지에 빠진 아테네는 항복했다. 코린토스와 테베는 아테네를 파괴할 것을 스파르타에 요구했다. 스파르타는 그 요구는 거부했지만 대신 가혹한 조건을 부과했다. 아테네 성벽을 허물고 아테네 함대를 해체할 것이며, 30명의 아테네인으로 구성된 과두정을 받아들이라는 것이었다.

전쟁 이후의 상황은 암담했다. 아테네의 30명 참주는 18개월 동안 지배하면서 1,500명 이상의 정적을 살해하고 재산을 몰수했다. 그들의 과도한 조치는 민주파를 필사적으로 저항하게 만들었다. 스파르타 왕 파우사니아스의 신중한 개입으로 간신히 참극만은 면할 수 있었다. 기원전 401년 말 아테네는 다시 한 번 민주정을 회복했고 전쟁 기간보다 온건한 행태를 보였다. 하지만 앞으로 보게 되듯이, 아테네는 또 한 번 잔인하고 근시안적인 행동으로 치달았다.

승리를 거둔 스파르타는 아테네의 뒤를 이어 그리스 세계의 조정자가 되었다. 그러나 스파르타는 그 누구로부터도 인정받지 못했다. 전쟁에서 입은 막대한 손실, 아테네에 훨씬 못 미친 에게 해 통치능력 등으로 인해 스파르타의 처지는 더욱 악화되었다. 이제 스파르타는 전 역사 시기를 통해 어떻게든 피하고 싶어 했던 상황에 몰리고 말았다. 제국의 외연이 광범하게 확장된 결과 스파르타는 인적 자원이 고갈되었고, 헤일로타이에 대한 장악력도 떨어졌다. 또한 그들은 다시 세력을 회복한 페르시아 제국에 직면하게 되었다. 페르시아는 에게 해 세계에 대한 영향력을 확대하기 위해 그리스의 내전 상황을 이용했다. 그 결과 펠로폰네소스 전쟁이 끝난 지 10년도 안 되어 스파르타는 서로에 대한 증오심이 극도에 달했던 네 폴리스—아테네, 아르고스, 테베, 코린토스—를 한꺼번에 적으로 맞게 되었다. 서로 미워했던 네 폴리스가 협력했다는 것은 스파르타의 세력 우위에 대한 반감이 단기간에 얼마나 고조되었는가를 단적으로 말해준다.

그리스인에게 펠로폰네소스 전쟁은 재앙이었다. 역사를 긴 호흡으로 바라보면 그것은 폴리스 체제의 한계를 입증하는 것이었다. 폴리스 특유의 경쟁적 분위기는 파국적 결함임이 판명되었다. 그러나 그리스인은 전쟁으로부터 아무런 교훈도 얻지 못했다. 전쟁은 도덕적 타락을 불러오고, 기존의 모든 확실성에 대한 의문을 가져왔다. 민주정은 붕괴되었고 제국은 비틀거렸으며 스파르타의 과두정은 새롭게 직면한 도전에 대응할 능력이 없음이 증명되었다. 신들마저도 혼란에 빠진 듯 보였다. 아테네의 위대한 철학자 소크라테스(기원전 469~399)가 도덕적·정치적 삶을 새롭고 확고한 원칙 위에 재확립하고자 시도한 것은 이런 환경에서였다. 그러나 그의 업적을 이해하려면 그가 태어나기 전 반세기 동안 발전된 철학적 사고의 역사를 간략하게 추적해야 한다.

피타고라스학파와 소피스트

페르시아의 소아시아 정복 이후 수많은 밀레토스 철학자들이 시칠리아와 이탈리아로 도망쳤다. 그 결과 철학적 사유는 그리스의 '서쪽 끝 지역'에서 계속되었지만, 그것은 자유를 상실한 그리스인의 고통을 반영해 비관주의와 종교적 색채로 물들었다. 그 대표적 사상가는 피타고라스였다. 피타고라스는 기원전 530년경 사모스 섬에서 남부 이탈리아로 이주해 그곳 크로톤 시에서 학파—절반은 철학적, 절반은 신비주의적인—를 창설했다. 피타고라스와 그의 추종자들은 명상적 삶이야말로 최고의 선이라고 간주했으며 그것의 추구는 육체적 욕망을 정화해야만 가능하다고 믿었다. 그들은 사물의 본질은 물질이 아니라 수(數)라고 믿었다. 그들은 수학과 음악이론 연구에 전념했고 화성법을 발견했으며 수를 홀수와 짝수로 나누었다. 피타고라스학파는 오늘날 피타고라스의 정리—직각삼각형의 직각을 포함하는 두 변의 제곱의 합은 빗변의 제곱과 같다($a^2+b^2=c^2$)—로 알려진 옛 바빌로니아의 가설을 증명했다. 그러므로 비록 피타고라스학파가 물질세계에서 등을 돌렸다고는 해도, 그들은 여전히 세계의 규칙성과 예측가능성을 추구하는 그리스 특유의 정신을 보여주고 있었다.

페르시아 전쟁의 승리로 그리스인은 자신감 상실—피타고라스학파에 의해 표출된—을 극복할 수 있었다. 선두는 아테네였다. 강화된 시민 개개인의 힘은, 어떻게 지금 여기에서 개인이 최선의 행동을 할 수 있을 것인가에 관한 철학적 탐구를 고무시켰다. 그러한 세속적 지혜 배양의 요구를 충족시키기 위해 새로운 교사집단이 출현했다. 그들은 소피스트로 알려졌는데, 소피스트란 말은 단순히 '현인'이란 뜻이었다. 밀레토스학파나 피타고라스학파와는 달리 소피스트는 직업적인 교사들로, 지식을 팔아서 생계를 유지했다.

소피스트는 일관된 철학을 가진 학파가 아니었다. 그러나 그들의 활동은 일정 정도 공통된 흐름을 보여주었다. 대표적 인물은 기원전 445~420년경 아테네에서 활동했던 프로타고라스였다. "인간은 만물의 척도"라는 그의 유명한 말은, 선·진리·정의 등이 인간의 필요와 이해관계에 따라 변하는 상대적인 것이라는 뜻이다. 종교 문제에서 프로타고라스는 불가지론자였다. 그는 신이 존재하는지 또는 신이 무엇을 하는지 알지 못한다고 선언했다. "그런 지식을 얻는 데는 많은 장애물―주제가 모호한데다 인생은 짧으니까―이 있기 때문"이었다. 신들에 관해 전혀 아는 바가 없었기 때문에 그는 옳고 그름의 절대적 진리나 영원한 기준은 있을 수 없다고 결론 내렸다. 만일 감각적 인식이 지식의 유일한 원천이라면 인식하는 개개인에게 타당한 개별적인 진리만 존재할 수 있었다.

그러한 가르침은 아테네인에게 위험스러운 것으로 받아들여졌다. 소피스트는 개별적인 새로운 상황을 그 상황의 견지에서 검증하라고 사람들을 부추김으로써, 역사상 최초로 일상적 삶을 철학적 토론의 주제로 삼았다. 그러나 프로타고라스 같은 소피스트의 상대주의는, 현명한 사람이란 다른 사람을 조종하는 방법을 가장 잘 알고 있으며 자신의 욕망만 채우는 사람이라는 식의 가르침으로 타락하기 쉬웠고, 따라서 극악무도하고 잔인한 행동을 합리화하는 데 사용될 수 있었다. 일부 비평가들에게 그와 같은 사상은 반민주적이었고, 또 다른 사람들에게 그것은 무신론과 무정부상태를 연상케 하는 것이었다. 궁극적 진리가 없다면 그리고 선과 정의가 개인의 변덕에 따라 단지 상대적인 것에 불과하다면, 종교·도덕·국가·사회 자체가 유지될 수 없었다. 이런 확신은 진리가 실재하며 절대적 기준이 존재한다는 이론에 바탕을 둔 새로운 철학 운동의 성장을 이끌었다. 이러한 새로운 철학적 흐름을 창시한 인물이 소크라테스였다.

그리스 철학의 발전	
밀레토스학파의 등장	기원전 600~500년
피타고라스학파가 남부 이탈리아에 등장	기원전 530년
소피스트의 등장	기원전 450년
소크라테스의 죽음	기원전 399년

소크라테스의 생애와 사상

소크라테스는 생계를 위해 가르칠 필요가 없을 정도로 부유했다. 아테네 보병의 일원으로서 두 차례 참전했던 그는, 아테네가 소피스트의 수치스러운 가르침으로 타락하고 있다고 믿은 열렬한 애국자였다. 그러나 그는 슬로건이나 내세우기 좋아하는 지각없는 애국자는 아니었다. 그는 아테네인의 삶을 윤리적 확실성이라는 확고한 토대 위에 재건하기 위해, 진리라고 추정되는 모든 것을 엄밀하게 검증하기를 원했다. 그런 헌신적 이상주의자가 동포에 의해 죽임을 당했다는 것은 통렬한 아이러니가 아닐 수 없다. 펠로폰네소스 전쟁이 끝난 직후인 기원전 399년, 아테네가 패전과 격심한 내전의 충격에서 막 빠져나오려 할 무렵 한 민주 정파는 소크라테스가 국가에 위협이 된다고 판단했다. 민주 법정은 이에 동의했고 불경건과 '젊은이를 타락'시켰다는 혐의로 그에게 사형을 선고했다. 친구가 탈옥을 주선했지만 소크라테스는 대중의 판단을 수용하고 폴리스의 법을 따르기로 결심했다. 그는 조용히 독배를 마시고 죽었다.

소크라테스는 기록을 전혀 남기지 않았기 때문에 정확히 그가 무엇을 가르쳤는지 알기 어렵다. 그러나 동시대의 기록—특히 그의 제자인 플라톤의 기록—은 몇 가지 사실을 분명히 해주고 있다. 첫째, 소크라테스는 전해 내려오는 가설을 엄밀히 검증했다. 스스로를 '등에(쇠파리)'라 부른 그는 끊임없이 동시대인에게 '소크라테스적'인 질문을 던지면서, 그들이 확실하다고 생각하는 모든 것이 그릇된 전제에 기반을 둔 검증되지 않은 편견에 불과하다는 사실을 보여주려 했다. 플라톤에 따르면 소크라테스는 세상에서 가장 현명한 인물이라는 신탁을 받았고 소크라테스는 이에 동의했다. 즉, 모든 다른 사람은 자기가 무엇인가를 안다고 생각하지만, 그는 자신이 아무것도 모른다는 것을 알기 때문에 가장 현명하다는 것이다. 둘째, 그는 낱말에 대한 확실한 정의의 토대 위에서 철학적 사고를 하려 했다. 셋째, 그는 물질세계에 대한 연구보다 윤리학에 관심을 기울였다. 그는 사물은 왜 존재하며 왜 성장하는지 그리고 왜 소멸하는지 등에 대한 밀레토스 철학자들의 전통적인 논의에서 비켜났다. 대신 소크라테스는 사람들에게 자신과 사회를 위한 올바른 행동의 원리가 무엇인지 성찰하라고 촉구했다. 사람은 언제나 자신의 삶과 행동의 의미를 고찰해야 한다. 왜냐하면 소크라테스의 유명한 경구에 따르면 "검증되지 않은 삶은 살 가치가 없기" 때문이다.

이 모든 것들은 소크라테스를 마치 소피스트의 일원인 것처럼 비쳐지게 만들었다. 사실 그는 재판에서 자신이 소피스트가 아님을 주장해야 했다. 소피스트와 마찬가지로 그는 '시장의 철학자'였고 사람들의 삶을 향상시키기 위해 전통과 인습을 의심하도록 했다. 그러나 소크라테스와 소피스트 사이의 가장 큰 차이점은 소크라테스가 진리—그것이 무엇인지에 대해 언급하지는 않았지만—에 대한 믿음을 갖고 있었다는 점, 그리고 그가 삶의 모든 국면에서 편의성 대신 절대적 선의 기준을 적용했다는 점에 있었다. 그러나 소크라테스의 죽음으로 인해, 폴리스 재건을 위해서는 진리의 확실한 구조를 밝히는 체계를 구축하는 등 소크라테스보다 한걸음 더 나아갈 필요성이 있다는 사실이 분명해졌다. 소크라테스의 수제자인 플라톤이 펠로폰네소스 전쟁의 참화 이후 떠맡게 된 임무가 바로 이것이었다. 그 작업을 통해 플라톤은 후대 모든 서양의 철학적 사고의 토대를 놓게 되었다.[9]

---

9) 영국의 철학자 화이트헤드(Alfred North Whitehead, 1861~1947)는 "서양 철학사는 플라톤의 주석에 지

소피스트 철학에 대한 두 가지 관점

소피스트로서의 소크라테스

많은 사람에게 소크라테스의 이미지는 자기 시대의 압도적 편견에 도전하고 소피스트에 반대한 현인 사상가로 각인되어 있다. 그러나 당대의 소크라테스는 그렇게 보편적인 찬사의 대상이 아니었다. 아리스토파네스의 희극 『구름』에서 주인공 스트레프시아데스—아들의 낭비벽으로 파산했다—는 소크라테스의 '사고력 교습소(Thought Shop)'에 간다. 소크라테스는 그와 그의 아들 페이디피데스를 웅변가로 만들어 소송에서 이겨 부자가 되게 만들어줄 수 있었기 때문이다. 희극 전편을 통해 아리스토파네스는 소크라테스가 본질적으로 일개 소피스트—언어 게임과 논리적 속임수를 가르치기 위해 고용된 교사—에 불과하다고 암시한다.

스트레프시아데스: 내 아들(페이디피데스)에게 두 가지 논리를 다 가르쳐주십시오. 그것이 무엇이든 옳은 것과 그른 것을 말입니다. 더 못한 것은 옳지 못한 말로 더 나은 것을 넘어뜨리지요. 둘 다가 안 된다면 옳지 못한 것만이라도 꼭 가르쳐주십시오.

소크라테스: 자, 나는 간다오. 대신 두 논리를 여기에 보내겠소. 그는 두 논리에게서 직접 배우게 될 거요.

스트레프시아데스: 그러나 명심하시고 내 아들이 모든 정당한 것에 대해 반론을 제기할 수 있도록 해주십시오.

참 논리: 자 이리 와서 관객에게 자네의 모습을 보이게나.

거짓 논리: 어디든 자네 좋은 곳으로 가게. 나는 관객이 많은 곳일수록 자네를 확실히 말로 칠 수 있을 테니까.

참 논리: 무슨 재주를 쓸 생각인가?

거짓 논리: 몇 가지 신식 수법으로.

참 논리: 그래, 신식 수법이 번창하는 것은 (관객을 가리키며) 이 지각없는 자들 덕분이지…… (페이디피데스에게) 그대는 밤낮 아고라에서 남의 성생활 추문이나 주절거리는, 또는 법정에서 시시껄렁한 잡담이나 하면서 언쟁을 일삼는 녀석이 되고 싶지는 않겠지……

거짓 논리: 이곳 사고력 교습소에 온 사람들은 나를 열등한 논리라고 부르는데, 이는 내가 그릇된 법률이나 고발자를 마치 대단한 무엇이라도 되는 것처럼 증명하는 방법을 고안해냈기 때문이오. 열등한 논리를 사용하고서도 소송에서 이긴다는 것은 얼마나 큰 가치를 갖는 일이겠소?……그대가 유부녀와 사랑에 빠져 재미를 보고 있다가

현장에서 잡혔다고 칩시다. 그대는 자신의 행동에 대해 할 말이 머릿속에 아무것도 떠오르지 않을 겁니다. 하지만 내 제자가 되어 배운다면 그대는 하고 싶은 일을 마음대로 하고도 아무 탈이 없을 겁니다.……남의 여자와 간통을 하다가 붙잡히면 이렇게 말하면 됩니다.……"내가 무슨 잘못을 했소? 제우스를 보시오. 그분도 언제나 성적 욕망의 노예였지 않소? 하물며 인간인 내가 신보다 더 위대할 것으로 기대했단 말이오?"

스트레프시아데스: (소크라테스에게) 제가 드린 사례금을 받으셨는지 모르겠군요. 그런데 제 아들이 조금 전 우리가 듣고 있던 논리를 배웠는지요?

소크라테스: 배웠지요.

스트레프시아데스: 거룩한 사기꾼, 얼마나 대단한가!

소크라테스: 그렇소 당신은 이제 모든 소송에서 이길 수 있을 거요.

스트레프시아데스: 내가 돈을 꿀 때 그 자리에 증인들이 있었어도 말입니까?

소크라테스: 수천 명의 증인이 있었다 하더라도 그렇다오.

_아리스토파네스, 『구름』 중에서

궤변의 실제 사례: 밀로스의 대화

아테네 정치인 니키아스에 의해 기원전 421년 입안된 휴전 기간 동안 아테네와 스파르타는 다함께 협정의 정신이 아닌 문구에 집착하면서 '더러운 전쟁'을 계속했다. 이 기간에 양측은 투쟁 재개를 준비하고 있었다. 에게 해의 섬 밀로스—원래는 스파르타의 식민지였다—는 그때까지 아테네와 스파르타 사이에서 중립을 유지하고 있었다. 그러나 기원전 416년 아테네는 그들에게 항복을 요구했고, 아테네 사절은 "힘이 곧 정의"라는 싸늘한 논리를 펼침으로써 자신의 입장을 정당화했다.

아테네인: 우리는 그럴듯한 명분으로 여러분을 괴롭히고자 하지 않습니다. 페르시아를 타도했다고 우리 제국에 무슨 권리가 있다고 여기거나, 여러분이 저지른 잘못 때문에 공격하려 하자는 것이 아닙니다. 그런 이야기를 길게 한다고 해서 여러분의 신뢰를 얻지도 못할 것입니다. 마찬가지로 여러분이 스파르타의 식민지 처지이면서도 스파르타 편에 가담하지 않았다느니, 우리에게 고약한 일을 저지르지 않았다느니 하는 따위 변명으로 우리에게 무슨 영향을 줄 것이라고 생각하지는 맙시다. 우리 모두 감정에 충실하도록 합시다. 여러분이나 우리 모두, 세상 이치가 다 그런 거지만, 권리란 힘이 대등한 자들 사이에서나 문제가 된다는 것을 잘 알고 있습니다. 강자는 그들이 할 수 있는 것을 하고, 약자는 그들이 당해야 하는 일을 겪을 수밖에 없

는 것이지요.…… 힘들이지 않고 여러분을 지배하는 것이 우리의 관심사이며, 여러분은 우리 모두에게 좋은 일이 무엇인지를 잊지 않기 바랍니다.

밀로스인: 여러분의 지배에 굴복하는 것이 어째서 우리에게 좋은 일이 될 수 있습니까?

아테네인: 여러분은 무서운 피해를 당하기 전에 항복하는 이점을 누릴 수 있고, 우리는 여러분을 파멸시키지 않는 이익을 얻을 수 있기 때문입니다.

밀로스인: 여러분은 우리가 중립국으로서, 적이기보다는 친구로서 어느 진영에도 가담하지 않고 있는 상태를 인정할 수 없습니까?

아테네인: 그럴 수 없습니다. 여러분의 적개심은 여러분의 우정만큼 우리를 해롭게 하지 않습니다. 여러분의 우정은 우리가 허약하다는 인상을 우리의 피지배자들에게 주고, 여러분에게는 우리의 힘에 대한 증오심만을 가져다줄 뿐입니다.

밀로스인: 여러분의 피지배자들은 여러분과는 무관한 도시와, 여러분의 식민도시이면서 모반했다가 진압된 많은 도시를 여러분이 동일시하는 것을 공정하다고 생각하겠습니까?

아테네인: 정의라는 점에서는 어느 쪽이나 마찬가지라고 생각할 것입니다. 독립을 유지할 수 있는 것은 그 도시가 강하기 때문이며, 우리가 공격하지 않는 것은 그 점을 두려워하기 때문입니다. 그러므로 우리의 제국을 확장하는 것과 별개로 여러분을 복속시켜 우리의 안전을 확보해야 합니다.……

밀로스인: 무엇 때문에 지금보다 적을 더 많이 늘리고, 적이 될 생각도 없는 사람들마저 본의 아니게 적 쪽으로 몰아넣을 필요가 있겠습니까?……전쟁이라는 것은 수적인 우열보다 운에 좌우되는 일이 많은 것을 우리는 알고 있습니다. 굴복은 곧 절망을 의미하지만 저항 행동은 여전히 우리에게 희망을 남겨두고 있습니다.

아테네인: 희망은 위기의 위안자입니다. 힘을 가진 자가 희망을 갖는다면 해를 입을지언정 멸망하는 일은 없을 것입니다. 그러나 희망이란 본질상 과장되기 마련입니다. 모든 것을 희망에 거는 사람은 파멸을 당하고 나서야 실체를 보게 됩니다.……허약한 주제에 운명의 변화에 모든 것을 거는 사람이 되지 마십시오. 가시적 희망이 완전히 사라졌을 경우 인간적인 방법으로 얻을 수 있는 안전을 포기한 채 보이지 않는 예언이나 점괘에 의지하지 마십시오. 그런 허망한 것들은 희망을 가진 인간을 파멸로 인도합니다.……여러분은 스파르타인이 수치스러워 한 나머지 여러분을 도우러 올 것이라고 믿고 있습니다. 우리는 여러분의 단순함을 축복할지언정 결코 여러분의 어리석음을 시기하지 않습니다.……여러분은 편익과 안전이 합치하며 정의와 명예

가 위험을 무릅쓰고서라도 지켜질 수 있으리라고 생각합니다만, 스파르타인이 위험을 자초할 가능성은 거의 없습니다.……우리가 제해권을 확보하고 있는 한 그들이 바다를 건너 한 작은 섬에 올 가능성은 없습니다.

밀로스인: 스파르타인이 여기 오는 데 실패한다면 그들은 여러분의 본토 및 여러분의 동맹국들을 찾아갈 것입니다.……그러면 여러분이 소유하지 않은 곳 대신 여러분의 본국과 동맹국을 위해 싸워야 할 것입니다.

아테네인: 한때 그랬던 것처럼 여러분이 말한 그대로 될지도 모릅니다. 하지만 그런 양동작전이 수행된다 해도 아테네는 어떤 위협에도 포위를 푼 적이 없다는 사실을 확인하게 될 뿐입니다.……그러므로 여러분은 조국의 존망이 이 한 번의 토의에 달려 있음을 명심하고 심사숙고하기 바랍니다.

_투키디데스, 『펠로폰네소스 전쟁사』 제5권

분석 문제

1. 소크라테스는 소피스트로 살기를 거부하고 '약한 논거로 강한 논거를 이기는' 기술—소피스트 철학의 특징—을 가르치기를 거절했다고 전한다. 아리스토파네스는 『구름』에서 소크라테스가 '모든 상황에서 이길 수 있는' 논쟁의 기술을 가르친 것으로 묘사했다. 여러분이 직접 텍스트를 읽어본 결과 소크라테스는 진정 소피스트였다고 판단되는가? '닮고 닮은(sophisticated)'의 참된 의미는 무엇인가?

2. 고전 그리스에서는 과거에 비해 수사법 및 설득의 철학이 더욱 중요해졌다. 이것은 폴리스의 정치와 어떤 관계가 있는가?

결론

르네상스 이래 유럽인은 스스로를 고전기 그리스인의 후예라고 생각했고, 그리스인을 자신과 닮은꼴이라고 상상하곤 했다. 그러한 무비판적인 찬양은 그리스인과 서양인 모두를 오해하는 것이다. 그리스의 일부 지식인이 종교적 회의주의를 견지하긴 했지만, 그리스인은 세속주의자도 합리주의자도 아니었다. 민주정치의 개념을 고안하긴 했지만, 아테네 남성 인구의 일부만 정치 문제에 참여할 수 있었을 뿐이다. 스파르타는 인구의 대부분을 농노 상태로 예속시켰고 아테네는 노예제를 당연시했다. 그리스 세계 전 지역에서 여성은 이른바 가부장제—아버지와 남편이 주도하는 억압적 체제—에 의해 착취당했다. 그리스의 정치는 제국주의와 침략전쟁으로 점철되었다. 그리스인은 경제면에서는 이렇다 할 성과를 결코 거두지 못했고 상업을 경멸했다. 끝으로 아테네인마저도 온전한 관용을 누렸다고 말할 수 없다. 자기 의견을 표현했다는 이유만으로 죽임을 당한 것은 소크라테스만이 아니었다.

그러나 서양 문명의 역사에서 그리스인의 실험이 막중한 의의를 갖는다는 점은 부인할 수 없다. 그리스 문화의 역사적 의의는 그것을 메소포타미아 및 고대 이집트 문화와 비교해 보면 분명히 알 수 있다. 메소포타미아와 이집트 문명은 전제와 초자연주의의 지배를 받았고 개인이 집단에 종속되었다. 고대 근동 세계의 전형적인 정치체제는 강력한 사제집단의 지원을 받은 절대군주였다. 문화는 주로 지배자의 위신을 높여주는 도구였고 경제생활은 궁정과 사원에 의해 통제되었다.

반면 그리스 문명은—특히 아테네의 경우—자유, 경쟁, 개인의 성취, 인간적 명예 등의 이상 위에 건설되었다. 자유를 의미하는 그리스어—엘레우테리아(eleutheria)—는 그 어떤 고대 근동 언어로도, 심지어 히브리어로도 번역이 불가능했다. 그리스 문화는 서양 역사상 처음으로 등장한, 인간 지성의 수월성에 기초한 문화였다. 그리스인이 탐구를 두려워하는 주제는 없었다. 헤로도토스의 글에서 한 그리스인(이번에는 스파르타인)은 페르시아인에게 이렇게 말한다. "그대는 노예 상태에 대해서는 잘 알지만 자유에 대해서는 아는 바가 없다. 만일 조금이라도 자유의 맛을 보았다면 그대는 우리에게 창뿐만 아니라 도끼까지 들고서 자유를 얻기 위해 싸우라고 조언할 것이다."

그리스 문명이 서양 세계에 얼마나 지속적 영향력을 미쳤는지 판단하려면 그것이 남긴

나지 않는다(All western philosophy consists of footnotes to Plato)"라고 말했다.

몇몇 단어—정치, 민주정, 철학, 형이상학, 역사, 비극 등—를 떠올리면 된다. 이 모든 사상과 행동은 인간의 삶을 이루 헤아릴 수 없으리만큼 풍요롭게 만들어주었는데, 그것들은 그리스인이 고안하기 전까지는 인류에게 알려진 적이 없었다. 서양인이 갖고 있는 휴머니티(humanity)—인류 전체와 개개 인간의 본성 안에 있는 고상한 임무—라는 개념 자체가 그리스에서 온 것이다. 그리스인에게 존재의 목적은 자신의 인간적 잠재력을 최대한 발전시키는 것이었다. 사람이 되려는 노력을 그리스어로 파이데이아(paideia)라고 하는데, 이 말은 모든 자유인은 자신의 조각상을 깎는 조각가라는 뜻이다. 로마인은 그리스로부터 파이데이아의 이상을 받아들이면서 그것을 후마니타스(humanitas)라고 불렀는데, 영어 단어의 휴머니티는 바로 여기에서 나온 것이다. 로마인은 '그리스는 휴머니티가 발명된 곳'이라고 언급함으로써 그들이 그리스인에게 신세졌음을 인정했다. 당연히 그들의 말은 옳다.

제4장
그리스의 팽창

M·AGRIPPA·L·F·COS·TERTIVM·FECIT

핵심 문제

- 기원전 4세기에 용병의 수가 늘어나게 된 배경은?
- 플라톤의 이상적 폴리스가 아리스토텔레스의 그것과 다른 이유는?
- 마케도니아 정복의 탁월한 성공은 무엇 때문인가?
- 세 개의 주요 헬레니즘 왕국의 특징은?
- 헬레니즘 경제에서는 어째서 물질적 번영이 그토록 불균등하게 분배되었는가?
- 에피쿠로스 철학과 스토아 철학의 관계는 어떠했는가?
- 헬레니즘 건축과 조각의 으뜸가는 주제는 무엇이었는가?
- 이 시기에 왜 과학과 의학이 발달했는가?
- 헬레니즘 시대에는 고전기 그리스의 폴리스 기반 문화에 비해 어떤 변화가 일어났는가?

그리스 최고의 비극은 서로가 서로를 죽이는 정치적 투쟁 문제를 해결하지 못했다는 것이다. 그리스에서 기원전 5세기는 아테네와 스파르타 사이의 파멸적인 소모전이 치러지던 시기였다. 기원전 4세기에도 비슷한 양상이 이어졌다. 주요 폴리스들—스파르타, 그 다음에는 테베, 그리고 다시 아테네—은 그리스 세계 내의 지배권 장악을 위해 온갖 수단을 동원했다. 그러나 그리스인의 독립적인 기질은 그러한 지배권을 장기간 참아낼 수 없었다. 한 폴리스가 그 목적에 거의 도달한 것처럼 보이면 적대 폴리스들이 연합해 그것을 좌절시켰다.

지방적 차이를 버리고 공동의 대의를 위해 단결하라는 요청이 비등했지만 그리스인은 지방
주의와 배타주의의 폐습에서 빠져나오지 못했다.

사회적·경제적 어려움 또한 가중되었다. 이 문제는 폴리스 간의 전쟁뿐만 아니라 폴리스
사회 내부의 이념 갈등에서 비롯된 내전으로 말미암은 것이었다. 평등이라는 오랜 이상에
대한 믿음은 빈부격차가 벌어지면서 쇠퇴했다. 부자는 점차 정치에서 물러났고, 많은 자유
시민은 가난에 찌든 자유민이 되었다가 결국 노예로 전락했다. 그 결과는 절망과 냉소였다.

그렇다고 창조적 에너지가 사라진 것은 아니었다. 철학, 과학, 문학 등은 기원전 4세기에
꽃을 피웠다. 유능한 인물들이 굴곡 많은 공적인 삶에서 벗어나 정신적 삶에 관심을 기울
였기 때문이다. 폴리스 체제가 쇠퇴하면서 진지한 사상가들은 폴리스가 무엇인지, 그것이
어떻게 그리고 왜 기능을 하는 것인지, 어떻게 해야 개선될 수 있는지에 관해 논의했다. 그
러나 유감스럽게도 가장 위대한 사상가들마저도 폴리스라고 하는 협소한 지방적 세계 내부
에 갇혀 있었다.

그리스 세계의 암울한 균형은 마케도니아 왕국의 갑작스러운 출현으로 무너졌다. 마케도
니아 왕 필리포스 2세의 비범한 정복활동은 그리스를 통일시켰다. 그의 아들 알렉산드로스
의 정복활동은 그리스 문화를 군사력에 의해 이집트, 페르시아를 거쳐 인도에까지 확대시
켰다. 알렉산드로스의 제국은 지속되지 못했다. 그러나 알렉산드로스 제국이 형성한 세계
주의적이고 그리스적인 문화—그리스 문화(Hellenic culture)와 대비되는 헬레니즘 문화(Hel-
lenistic culture)—는 거의 1,000년 뒤 이슬람이 흥기할 때까지 근동 세계에서 가장 강력하고
폭넓은 문화적 영향력을 미쳤다.

기원전 4세기 폴리스의 실패

❖ 기원전 4세기에 용병의 수가 늘어나게 된 배경은?

기원전 4세기 초에는 그리스 문화의 위대한 시대가 지속되고 있다는 증거를 찾아보기 어
려웠다. 펠로폰네소스 전쟁의 결과 스파르타는 그리스 세계에서 가장 강력한 세력이 되었지
만 스파르타는 뜻밖의 승리로 얻은 우월한 지위에 걸맞은 재능을 보여주지 못했다. 스파르
타 본국의 정치인들은 스파르타 군대를 스파르타 국경 밖에 내보내는 것이 현명한 일인지를

놓고 의견이 크게 엇갈렸다. 한편 국외의 스파르타인은, 종속된 동맹국들을 강압적으로 다루었던 아테네인만큼의 자제력과 신중함도 보여주지 못했다. 기원전 395년 그리스의 상당수 폴리스들—오랫동안 서로 적대적이었던 아테네, 아르고스, 코린토스, 테베를 포함해서—이 힘을 합쳐 스파르타에 맞서 싸웠다. 이것이 코린토스 전쟁(기원전 395~387)이다. 외부 중재 세력—사실상 페르시아가 구성하고 보증해주었다—이 그리스인에게 억지로 강화를 밀어붙인 덕분에 스파르타는 가까스로 문제를 해결할 수 있었다. 이런 양상은 향후 50년 동안 몇 번이나 반복되었고 그러는 동안 주도권은 서서히 페르시아에게로 넘어갔다.

헤게모니 쟁탈전

코린토스 전쟁 이후 스파르타는 4년간 테베에 수비대를 주둔시켰다. 이것은 폴리스의 자유에 대한 심각한 모욕이었다. 테베인은 자치권을 회복한 뒤 에파미논다스를 지도자로 선출했다. 그는 열렬한 애국자이자 군사적 천재였다. 그리스인은 일찍이 수십 년에 걸쳐 경무장 척후병과 궁수를 추가하는 등의 조치를 통해 중장비보병 팔랑크스의 기본 형태를 개량했다. 에파미논다스는 여기에서 한걸음 더 나아갔다. 스파르타 체제를 모방해 그는 동성애자 150쌍으로 구성된 '테베 신성군단'이라는 엘리트 중장비보병 부대를 창설했다. 에파미논다스는 경무장 부대도 창설했다. 기원전 370년대 초 그는 스파르타와 다시 한 번 자웅을 겨룰 준비를 마쳤다.

테베와 스파르타의 군대는 기원전 371년 레욱트라에서 조우했다. 에파미논다스는 일반적인 전술 관행을 피해 최정예부대(신성군단)를 대형의 우측이 아닌 좌측에 배치했다. 그는 좌측의 팔랑크스를 50열 종대로 배치했다. 그는 이 기습작전을 소나기 같은 활과 창 공격으로 위장했다. 양측이 마주치자 막강한 테베군 좌익이 스파르타의 우익을 박살냈고, 최정예부대가 쇄도하면서 스파르타 팔랑크스는 붕괴되고 말았다. 에파미논다스는 전투 승리의 여세를 몰아 메시니아로 행군해 들어가 헤일로타이를 해방시켰다. 스파르타의 지배권, 나아가 스파르타 사회는 종말을 고했다. 에파미논다스는 단숨에 스파르타를 일개 지방 세력으로 격하시켰다.

테베의 세력이 커지자 테베에 대한 그리스 도시국가들의 적대감도 커졌다. 기원전 371년 아테네는 테베를 도와 스파르타에 맞섰지만, 기원전 362년 테베와 스파르타가 다시 싸우려하자 아테네는 스파르타와 동맹을 맺었다. 테베군이 다시 한 번 승리했지만 에파미논다스는 전투에서 죽었고 그와 더불어 테베의 헤게모니도 사라졌다. 아테네는 델로스 동맹보다 공정하게 조직된 해군 동맹을 수립해 이 공백을 메우려 했다. 그러나 아테네는 제 버릇 못 버린 채 이내 동맹을 악용했고, 해군 동맹은 반란으로 인해 해체되고 말았다. 그 결과 그리스는 수많은 적대적인 소국들의 군집으로 남았고, 서로 싸우는 과정에서 모든 폴리스의 세력이 약해졌다.

폴리스들은 또한 내부 혼란에 시달리고 있었다. 아테네는 30명의 참주가 과두정의 평판을 망쳤던 까닭에 다른 도시들이 겪었던 정치혁명을 모면할 수 있었다. 그러나 그리스 세계의 다른 지역에서는 민주정 지지파와 과두정 지지파 사이의 투쟁이 악화일로였다. 심지어 스파르타에서도 시민권을 잃은 한 스파르티아타이가 스파르타 사회의 불만세력을 규합해 반란을 획책하다가 적발되었다.

그리스의 폴리스 쇠퇴	
스파르타의 그리스 폴리스 주도권 장악	기원전 404년
그리스 전역에서 물가 50퍼센트 상승	기원전 400~350년
코린토스 전쟁	기원전 395~387년
테베군이 레욱트라에서 스파르타군을 물리침	기원전 371년

사회적·경제적 위기

폴리스들 간의 끊임없는 전쟁에 국내의 정치투쟁까지 겹치면서 그리스 세계 전역의 사회와 경제는 엄청난 타격을 입었다. 아테네와 스파르타 같은 부유한 도시도 전쟁을 치르는 와중에 재원이 고갈되었다. 많은 사람의 재산이 멸실되었고 많은 보통 사람들이 자신의 가정에서 밀려나 노예로 전락했다. 그리스 전역에 걸쳐 지방 소읍들은 약탈을—그것도 반복해서—당했다. 농경지도 마찬가지였다. 과수원과 포도원은 특히 파멸적이었다. 올리브나무와 포도나무는 열매를 맺기까지 기르려면 오랜 시일이 걸리기 때문이었다. 점차 경작 가능한 농지마저도 생산성이 예전보다 떨어졌다. 그 결과 기원전 4세기의 생활수준은 급격히 악화되었다. 전반적인 물가가 50퍼센트가량 상승(일부 품목의 가격은 3~4배 상승)했지만 임금은 같은 수준에 머물렀다. 세금은 늘어났고, 아테네의 부자들은 공공 극장과 건축물의 건립, 전함의 유지·보수, 축제 상연 등에 개인 재산을 출연해줄 것을 요청받았다. 그렇게까지 했건만 국가의 재화는 두 번 다시 기원전 5세기처럼 흘러넘치지 않았다. 참주들이나 페리클레스가 단행했던 것과 같은 야심적인 공공 지출은 기원전 4세기의 폴리스에서는 더 이상 나타나지 않았다.

도시의 많은 주민은 실직 상태에 빠졌다. 전쟁 기간에 남성은 소속 도시를 위한 군복무에 나서 노잡이 또는 병사의 일자리를 얻을 수 있었다. 도시에 평화가 찾아오면 많은 사람이 용병으로 복무했다. 시칠리아와 이탈리아의 그리스 도시 국가들은 그리스 본토 출신의 용병을 고용했다. 스파르타는 소아시아에서의 원정 활동을 지원하기 위해 그리스 본토의 용병을 고용했다. 페르시아 왕위 주창자 또한 국왕인 친형을 몰아내기 위해 그리스 용병을 고용했다. 이들 그리스인은 페르시아 제국 내륙으로 깊숙이 침투해 들어가 싸웠고, 왕위 주창자가 전투에서 사망하자 1만 명의 그리스 용병은 자력으로 살길을 찾아 빠져나왔다.[1] 이 사건은 비교적 소규모의 그리스 군대일지라도 페르시아 땅에서 얼마나 대단한 성과를 거둘 수 있었는지를 잘 보여준다.

문화적·지적 반응

♠ 플라톤의 이상적 폴리스가 아리스토텔레스의 그것과 다른 이유는?

기원전 4세기 폴리스 사회의 붕괴는 철학, 예술, 정치사상 등에 엄청난 영향을 미쳤다. 때로 학자들은 기원전 4세기 문화를 기원전 5세기의 위대한 예술적·지적 성취로부터의 쇠퇴라고 간주한다. 그러나 기원전 4세기의 문화에 대한 일방적인 평가는 정당하지 않다. 그것은 기원전 5세기와 4세기의 역사적 연속성뿐만 아니라 이 시기에 이루어진 새로운 발전의

---

1) 페르시아 왕 아르타크세르크세스 2세의 아우 키루스는 형을 왕위에서 축출하고 스스로 왕이 되기 위해 용병을 모집한다. 기원전 401년 3월 그는 1만 명이 넘는 그리스인 용병을 이끌고 내륙으로 행군하기 시작했다. 같은 해 9월 키루스 군은 바빌론 부근에서 페르시아 대왕의 군대와 마주친다. 키루스는 이 전투에서 전사하고, 그리스인 용병대는 졸지에 적국의 한복판에서 고립무원의 처지에 놓이게 된다. 게다가 키루스를 따르던 페르시아인들은 키루스가 죽자 즉시 대왕 편이 된다. 설상가상으로 그리스인 용병대를 이끌던 지휘관들은 협상차 페르시아 군 진영에 갔다가 포박되어 처형된다. 이런 절망적인 상황에서 새로운 지휘부가 선출되는데 아테네 출신의 크세노폰도 그중 한 명이다. 이들은 열띤 토론 끝에 페르시아인의 중재 제의를 거절하고 자력으로 살 길을 찾기로 결정한다. 온갖 역경을 무릅쓰고 흑해 연안에서 소아시아에 이르는 지역을 전전한 이들의 이야기는 크세노폰의 『아나바시스』에 상세히 기술되어 있다.

독창성과 창의성을 과소평가하는 것이다.

예술과 문학

조각가들은 이미 인물상에서 고도의 리얼리즘을 성취했다. 리얼리즘은 고전기 예술의 현저한 특징이기도 했다. 하지만 기원전 4세기에 접어들어 예술가들은 대상을 이상화된 근엄한 형태로 묘사하기보다는 눈에 보이는 대로 표현하고자 했다. 기원전 4세기의 예술가들은 또한 활력과 동작에 좀 더 관심을 기울였는데, 이런 추세는 향후 헬레니즘 시대의 숨 막힐 듯한 아름다운 작품들에서 절정에 달한다.

이와 대조적으로 연극은 엄청난 변화를 겪었다. 기원전 4세기의 작가들 가운데 아테네 황금시대의 위대한 비극작가들에 견줄 수 있는 작가는 없었다. 관객은 동시대 작가들의 작품보다 소포클레스, 아이스킬로스, 에우리피데스의 비극을 더 선호한 것으로 보인다. 기원전 4세기에는 천재적인 희극작가 아리스토파네스의 뒤를 이을 만한 작가도 등장하지 않았다. 그러나 이미 아리스토파네스 생전에 그의 신랄하고 풍자적인 스타일은 좀 더 온건하고 덜 자극적인 드라마—오늘날의 텔레비전 코미디 비슷한—에 자리를 내주고 있었다. 기원전 4세기와 3세기에 등장한 신희극[2]의 토대를 놓은 것은 바로 이 새로운 스타일이었다.

기원전 4세기의 연극에 나타난 가장 놀라운 발전은 사회적·정치적 의미의 소거였다. 이 시대의 관객은 연극을 오락과 도피의 수단으로 간주했다. 그들은 사회나 저명인사에 대한 통렬한 고발—아리스토파네스가 그 선구자였다—에 더 이상 관심이 없었다. 희극의 유머는 이제 사람 잘못 알아보기, 복잡한 가족 관계, 희극적인 오해, 예절 파괴 등에 바탕을 두고 있었다. 비슷한 추세는 기원전 4세기에 등장한 새로운 문학 장르인 소설에서도 분명히 드러났다. 여기에서도 연인들은 엄청난 장애물에 직면하지만, 위험한 모험과 긴 이별 뒤에 재결합하면서 늘 행복한 결말로 마무리된다.

이 시대의 가장 유명한 희극 작가는 메난드로스(기원전 342~292)였다. 그의 작품 대부분은 단편으로만 남아 있다. 현대의 일부 비평가들은 그의 희극을 인위적이고 부자연스럽다

---

2) 기원전 320년경부터 3세기 중반까지 당대의 아테네 사회, 특히 그 사회의 보편적인 문제와 가정 문제를 가볍게 풍자한 그리스의 희극.

고 평한다. 그러나 메난드로스의 동시대인과 로마인(그들의 희극 전통은 메난드로스 및 그의 시대 작가들의 작품에 토대를 두고 있었다)에게는 일상생활을 다룬 공허하고 낙천적인 희극이 오히려 커다란 호소력을 가졌다.

플라톤과 아리스토텔레스 시대의 철학과 정치사상

소크라테스에 의해 시작된 지적 변화는 그의 수제자인 플라톤에 의해 훌륭하게 실행되었다. 기원전 429년경 아테네의 귀족 가문에서 태어난 플라톤은 청년 시절 소크라테스 서클에 가입했지만 곧 스승의 사형 선고를 목격했다. 이 경험은 플라톤에게 지울 수 없는 인상을 남겼고, 그때부터 죽을 때(기원전 349)까지 플라톤은 직접적인 정치 참여를 피하는 대신 소크라테스의 가르침에 기반을 둔 철학 체계를 구축해 소크라테스를 옹호했다. 플라톤은 아테네에서 아카데미아라고 불리는 비공식 교육기관(건물, 수업료, 정해진 커리큘럼이 없었다)을 통해, 그리고 소크라테스가 주요 화자로 등장하는 대화편(연극 형태로 표현된 논고)을 저술하면서 철학 체계를 구축했다. 플라톤의 대화편 중에서는 『파이돈』, 『향연』, 『국가』가 가장 중요한데, 이 저작들은 현존하는 최초의 철학 전집인 동시에 불멸의 문학작품이기도 하다.

플라톤은 그가 살던 두 세계로부터 영향을 받았다. 청년 시절 그는 스승이 소피스트의 상대주의에 맞서 싸우는 모습을 지켜보았다. 그리고 성인이 되어서는 절대적 진리에 대한 확신을 잃어버린 채 급속히 변화하는 세계 속에서 살게 되었다. 플라톤은 회의주의를 물리치고 소피스트를 반박하기 위해 윤리의 확고한 기초를 제공할 필요가 있다고 생각했다. 그는 이데아(Idea) 이론을 통해 이 작업을 수행했다. 그는 상대성과 변화야말로 인간이 감각으로 인식하는 세계의 특징이라고 인정했다. 그러나 그는 세상의 겉모습이 철학의 적합한 기초라고 여기지 않았다. 더 높고 영적인 영역이 존재하며, 그 영역은 오직 정신만이 이해할 수 있는 영원한 형태 또는 이데아로 이루어져 있다. 이 불변의 이데아는 단순한 추상이 아니라 실재하는 물질을 갖고 있다. 개개의 이데아는 지상의 물체들의 원형, 또는 그 물체들 사이의 관계였다. 그러므로 의자, 나무, 외형, 색깔, 비례, 아름다움, 정의 등의 이데아가 존재한다. 최고의 이데아는 선의 이데아로서, 그것은 우주의 대의이자 지도 원리였다. 인간이 감각으로 인식하는 사물은 최고의 실재인 이데아의 불완전한 모방일 뿐이며 사물의 그림자와도 같은 것이다. 선을 이해하고 명상함으로써 인간은 미덕을 통한 완성이라고 하는 궁극적 목적을 달성할 수 있다.

　혼란으로 가득한 사회에서 유덕한 삶을 살기 어렵다는 것을 이해한 플라톤은 그의 가장 유명한 대화편인 『국가』에서 정치학을 본격적으로 다루었는데, 이것은 역사상 최초로 서술된 체계적 정치철학 논고이다. 자유와 평등보다는 사회적 조화와 질서를 추구했기에 플라톤은 인민 대부분—농민, 직공, 상인—이 지적으로 우월한 '보호자' 집단에 의해 통치되는 엘리트 국가를 옹호했다. 보호자는 지성과 성품의 천부적인 우월함 때문에 선택된다. 모든 보호자는 처음에는 병사로 복무하면서 사유재산 없이 공동생활을 한다. 그들 중 가장 지혜로운 자로 판명된 사람은 더 많은 교육을 받고 궁극적으로 '철학자 왕'이 된다. 이 계몽된 지배자는 삶의 모든 국면이 선의 이데아에 종속되도록 하며, 가장 현명한 자를 후계자로 선택한다. 후대의 주석자들은 가장 현명한 자의 지배에 매력을 느끼면서도 플라톤에게 '누가 보호자를 보호할 것인가'라는 질문을 던진다. 플라톤은 적절히 교육받은 지배자는 권력이나 부에 의해 타락하지 않는다고 전제하고 있으나, 그 명제는 아직까지 현실에서 입증되지 않고 있다.

아리스토텔레스의 사상

　그러한 실용적 관심은 플라톤의 수제자 아리스토텔레스(기원전 384~322)에게서 더욱 전형적으로 나타났다. 아리스토텔레스는 의사의 아들로 태어났으며, 부친으로부터 자연 현상에 대한 신중한 관찰의 중요성을 배웠다. 그는 정신만이 이해할 수 있는 사물이 있다고 하는 플라톤의 전제를 받아들였다. 하지만 그의 철학 체계는 인간 정신이 감각적 경험의 이성적 조직화를 통해 우주를 이해할 수 있다는 확신에 기초를 두고 있었다. 플라톤과는 대조적으로 아리스토텔레스는 물질의 객관적 실재를 믿었고, 물체에 대한 체계적 조사에 그것이 어떻게 작동하는가에 대한 이성적 탐구를 더함으로써 자연적 질서 및 그 안에서의 인간 위치를 온전히 이해할 수 있다고 가르쳤다.

　아리스토텔레스는 논리학, 형이상학, 윤리학, 시, 정치학 등에 관한 독립적이되 서로 연관되어 있는 논고들을 통해 대단히 폭넓은 주제를 탐구했다. 그는 역사상 최초의 논리학자였고, 아마도 가장 위대한 논리학자일 것이다. 그는 어떤 전제로부터 필연적으로 하나의 타당한 결론이 도출되는 사고 형식인 삼단논법을 확립했고, 실체·양(量)·관계·공간 등 모든 철학적·과학적 분석의 토대가 되는 정밀한 범주를 확립했다. 아리스토텔레스의 핵심적 믿음은 우주의 모든 사물은 형상이 질료에 남긴 흔적으로 이루어져 있다는 것이다. 이것은 플라톤주의(물질을 무시하는 경향이 있다)와 순수한 유물론(우주의 모든 형식은 물질과 물질의 우발적 충돌일 뿐이라고 본다) 사이의 타협이었다. 아리스토텔레스에게 형상은 질료의 세계를 형성하는 중대한 힘이며, 따라서 휴머니타라고 하는 실재하는 형상은 배 속의 태아가 궁극적으로 하나의 인간 존재가 될 때까지 이끌어준다. 모든 사물은 목적 있는 형상을 갖고 있으므로 아리스토텔레스에게 우주는 목적론적이었다. 즉, 모든 사물은 생득적으로 그 나름의 독자적인 목적을 향해 나아간다. 그러므로 아리스토텔레스의 우주는 지속적인 운동 상태이며 그 안에 있는 모든 사물은 궁극적인 완성된 형상(이것을 그리스어로 목적인[目的因, te-los]이라고 한다)을 향해 움직인다.

아리스토텔레스의 도덕철학은 그의 『니코마코스 윤리학』에서 가장 완벽하게 표현되었다. 물론 그의 사상의 주요 국면은 『국가』에도 포함되어 있다. 아리스토텔레스는 최고의 선이 개개 인간의 정신과 신체의 조화로운 기능에 있다고 가르쳤다. 인간은 이성적 능력 덕분에 동물과 다르며, 이성을 적절히 구사함으로써 행복을 찾는다. 대부분의 사람에게 이것은 실제 문제에서 이성을 사용하는 것을 의미한다. 선한 행동은 유덕한 행동이며, 미덕이란 황금의 중용—무모함과 비겁함보다 용기, 과도한 방종이나 금욕적 거부보다는 절제—을 추구하는 데 있다. 그러나 실천적 삶보다 나은 것은 명상적 삶이다. 그런 삶은 태생적으로 이성적 능력을 최고도로 발휘할 수 있는 능력을 갖춘 소수의 사람에게만 허용된다. 그러므로 아리스토텔레스는 철학자야말로 가장 행복한 사람이라고 믿었다. 그러나 그는 철학자라 할지라도 방해받지 않고 명상에만 전념할 수는 없다는 것을 잘 알고 있었다. 실천적 인간이기도 했던 그는 철학자일지라도 명상적 삶에 현실 세계의 실천적 삶을 융합할 필요가 있다고 보았다.

플라톤은 정치를 목적—초자연적인 선의 올바른 추구—을 이루기 위한 수단으로 간주한 반면, 아리스토텔레스는 정치를 목적 그 자체—선한 삶의 집단적 실행—라고 생각했다. 그러나 아리스토텔레스는 일부 사람—야만인—은 완전한 인간이 아니며 따라서 태어날 때부터 노예라고 생각했다. 그는 여성을 폴리스의 삶에서 배제했고 완전한 인간과는 거리가 있다고 보았는데, 그 이유는 여성은 인간의 이성적 능력이 최고도로 행사되는 국가 생활에 참여할 능력이 없기 때문이었다. 반면 모든 남성 시민은 국가 생활에 참여할 수 있었는데, 그것은 아리스토텔레스가 말했듯이 '인간(남성)은 정치적 동물'(그리스어에 충실하게 옮기자면 '폴리스의 동물')이기 때문이었다. 그러나 그는 민주정을 최상의 정부 형태로 보지 않았다. 플라톤과 마찬가지로 아리스토텔레스는 민주정치를 '저급한' 정부 형태로 보았다. 그가 선호한 것은 군주정·귀족정·민주정의 요소가 견제와 균형에 의해 융합된 정체였다. 그러한 정부는 자유인이 자연의 신분질서 안에서 신과 동물의 사이에 위치하는 존재로서 이성적 잠재능력을 실현하게 해준다.

독창성이 뛰어나긴 했지만, 플라톤과 아리스토텔레스는 자신들이 속한 사회를 개혁하기 위한 방안을 제시하지 않았다. 두 사람이 상상한 완전 사회는 농업에 종사하는 수천의 가구로 이루어진, 서로 얼굴을 맞대고 살아가는 소규모 참여 사회였다. 물론 그리스 문명은 그와 같은 세계로부터 출발했다. 하지만 기원전 4세기의 정치 현실은 매우 달랐다. 어쨌든 플라톤과 아리스토텔레스가 그 문제를 숙고했다는 사실은 그들이 폴리스에 잘못된 점이 있음을 인식했다는 증거가 된다. 그러나 두 사람이 제시한 답변은 현존 정치체제의 재구성이지 새로운 대안은 아니었다.

크세노폰과 이소크라테스

소크라테스의 지적 전통을 이은 또 다른 인물은 플라톤과 동시대 사람인 크세노폰이었다. 크세노폰은 페르시아가 고용한 그리스 용병대에 들어가 싸웠고 소아시아에서 스파르타 왕 아게실라오스를 위해서도 싸웠다. 동족인 아테네인이 스승 소크라테스에게 저지른 행태에 환멸을 느낀 크세노폰은 생애 대부분의 기간을 스파르타 영토에서 안락한 망명객으로 살았다. 그곳에서 크세노폰은 역사책(페르시아의 용병으로 싸운 1만 명의 그리스인 이야기 등), 전기, 소크라테스에 대한 비망록, 이상적 왕권에 대한 논고, 스파르타 헌정, 영지 관리(『오이코노미코스(Oikonomikos)』라는 책은 영어 단어 economics[경제]의 어원이 되었다), 사냥개 훈련에 관한 책 등을 썼다. 대부분의 그리스인과 마찬가지로 크세노폰은 본보기와 모범을 통해 훌륭한 정부를 만들어내야 한다고 생각했다. 이 때문에 그는 도덕성의 고양에 기여하지 못하는 사실을 윤색하거나 생략해버렸다. 그는 세상이 나쁜 쪽으로 변화했다고 생각했는데, 이런 시각은 크세노폰이 그토록 찬양했던 스파르타를 에파미논다스가 무력화시키는 과정을 지켜보았기 때문에 생겨났다. 크세노폰은 테베 지도자를 어찌나 경멸했던지 그의 저서[3]— 투키디데스의 『펠로폰네소스 전쟁사』의 속편에 해당한다—에서 에파미논다스의 이름을 아

---

3) 크세노폰은 투키디데스에 대한 개인적인 존경심으로 투키디데스가 끝맺지 못한 저술을 완성했다. 그의 『그리스 역사』는 투키디데스의 저술을 이은 기원전 411~362년의 그리스 역사이다.

예 언급조차 하지 않았다.

아테네 웅변가 이소크라테스(기원전 436~338)는 무언가 단단히 잘못되고 있음을 알았다. 그러나 그가 제시한 해법 역시 그리스 폴리스의 전면적 개편이나 좀 더 포괄적 형태의 정치조직 창출은 아니었다. 그는 그리스 세계를 통합시킬 수 있는 비전과 능력을 지닌 인물의 주도 아래 페르시아를 대대적으로 침공할 것을 제안했다. 이소크라테스는 생애 대부분을 그런 인물을 찾아다녔다. 그래서 그는 때로는 스파르타의 아게실라오스에게, 때로는 그리스의 다른 강력한 참주들에게 호의를 보이곤 했다. 생애 말년에 접어들어 그는 그 일에 적합한 인물로, 대부분의 아테네인이 그리스인으로 간주하지도 않던 마케도니아 왕 필리포스 2세를 염두에 두기 시작했다. 이소크라테스는 필리포스에게 공개 서신을 보내 그리스 세계의 병폐를 낱낱이 고하고 끝없는 자멸의 악순환 속에서 허덕이는 그리스를 구하기 위해서는 단호한 조치가 필요하다고 선언했다.

마케도니아의 흥기와 알렉산드로스의 정복

♣ 마케도니아 정복의 탁월한 성공은 무엇 때문인가?

기원전 4세기 중반에 이르러 그리스는 극도의 정치적·사회경제적 혼란에 빠진 나머지, 그리스 북쪽 변경 지역에서 마케도니아 왕국의 세력이 커지는 것을 초기에는 거의 알아채지 못했다. 사실 그리스인은 그럴 이유도 없었다. 기원전 4세기에 이르기까지 마케도니아는 허약한 왕국으로서, 왕실은 귀족을 장악할 힘도 없었고 내부적으로는 계략과 살해 음모가 들끓고 있었기 때문이다. 기원전 360년대까지만 해도 마케도니아는 주변 야만인들에게 포위된 채 붕괴 위기에 직면해 있었다. 마케도니아의 몇몇 왕들이 그리스 문화를 궁정에 도입하려고 노력했지만 그리스인은 마케도니아인을 야만인으로 취급했다. (기원전 5세기 말의 한 왕은 에우리피데스와 소포클레스를 마케도니아에 초대하는 데 성공했다. 그러나 소크라테스는 초대를 받고도 거절했다.) 그러므로 젊고 정력적인 마케도니아 왕 필리포스 2세가 발칸 남부 지역을 통합했을 때, 많은 그리스 애국자들은 이 사태를 기원전 5세기 페르시아 야만인의 접근과 다를 바 없는 하찮은 일로 여겼다.

필리포스 2세의 치세(기원전 359~336)

필리포스 2세는 그의 형이 야만인의 침입에 맞서 싸우다 어린 아들을 남겨두고 전사한 뒤 마케도니아 왕위에 올랐다. 필리포스 2세는 처음에는 소년의 섭정이었지만 곧 가식을 접고 왕위를 찬탈했다. 기원전 356년에 이르러 그는 분명 자신을 왕으로 간주하고 있었다. 같은 해 그는 아들을 낳았다. 필리포스 2세는 아들의 이름을 알렉산드로스라고 짓고 후계자로 지명했다.

필리포스 2세가 당면한 첫 번째 문제는 북쪽 국경을 안정시키는 것이었다. 전쟁과 외교 수완을 결합시켜 그는 발칸 남부의 부족들을 복속시키고 그들의 영토를 마케도니아에 합병했다. 필리포스 2세의 성공은 그의 주도하에 이루어진 마케도니아 군대 개편에 힘입은 바 컸다. 소년 시절 필리포스 2세는 에파미논다스 궁정에 볼모로 가 있었다. 관찰력이 예리한 이 청년은 테베의 장군 에파미논다스를 관찰하면서 많은 것을 배웠다. 필리포스 2세는 마케도니아 팔랑크스를 느슨한 농민군에서 고도로 훈련되고 무장이 잘된 군대로 탈바꿈시켰다. 필리포스 2세는 치세 초기에 획득한 광물자원 덕분에 전문적인 직업 군대를 운용하기에 충분할 정도의 부를 손에 넣었다. 그가 소유한 금광 한 곳에서 생산하는 금이 델로스 동맹이 매년 거두는 공물의 최대치에 해당할 정도였다. 필리포스 2세는 정예 기병대—컴패니언(Companions)—를 조직했는데, 그들은 왕의 곁에 붙어서 왕과 함께 싸웠다. 필리포스 2세는 그들에게 일치단결과 왕실에 대한 충성을 요구했다. 필리포스 2세는 전도유망한 귀족 계급의 자제들을 수도인 펠라로 불러들여 컴패니언의 신병으로 충원했다. 그들은 그곳에서 왕자인 알렉산드로스와 함께 훈련을 받았다. 일련의 왕실 혼인을 통해 필리포스 2세는 많은 인접 왕국과 친선을 도모하고 동맹을 맺었다.

마케도니아의 성장은 그리스 세계 일각에서 경각심을 불러일으켰는데, 그중 가장 유명한 인물은 아테네의 웅변가 데모스테네스였다. 같은 그리스인이면서도 이소크라테스 같은 사람은 필리포스 2세를 그리스의 우환에 대한 잠재적 해결방안으로 간주한 데 반해, 데모스테네스 등은 필리포스 2세가 믿을 수 없는 야만인이며 그의 궁극적 목표는 폴리스들의 독립을 끝장내고 그리스를 그의 지배권 아래 종속시키는 것이라고 믿었다.

필리포스 2세가 위협적인 존재라는 데는 의심의 여지가 없었다. 그러나 데모스테네스를 비롯한 아테네인은 그의 진정한 목적을 오해하고 있었다. 필리포스 2세가 북쪽에서 세력을 확장한 것은 아테네를 겨냥한 것이 아니었다. 그것은 오히려 국경의 안전을 확립하고 페르시아 침공에 필요한 재원을 확보하기 위한 것이었다. 기원전 348년부터 그는 그리스의 주요 폴리스들, 특히 아테네와의 화해를 열망했다. 한때 그는 아테네에 동맹 체결을 제안하면서 자신의 페르시아 제국 침공 작전에 아테네가 전투 함대를 제공해줄 것을 요청했다. 그 대가로 아테네의 그리스에 대한 헤게모니를 인정하겠다는 것이었다. 그러나 아테네는 데모스테네스의 조언에 따라 필리포스 2세에 대한 협력을 거부했다. 이 잘못된 계산은 아테네의 파멸로 귀착되었다.

간절한 외교적 노력을 기울였음에도 불구하고 아테네와의 합의를 도출하지 못하자 마케도니아는 아테네, 테베 및 수많은 군소 폴리스를 상대로 전쟁에 돌입하게 되었다(스파르타는 초연한 입장이었다). 기원전 338년의 카이로네아 전투에서 마케도니아는 아테네와 그 동맹국들에게 가까스로 승리를 거두었다. 그 후 필리포스 2세는 그리스 본토의 대표들을 코린토스로 소집해 그곳에서 새로운 동맹을 결성했다. 그는 주요 그리스 폴리스들의 독립성을 대체로 유지시켰다. 코린토스 동맹의 주요 목적은 필리포스 2세를 군사령관으로 선출하고 페르시아 침공에 필요한 병력을 제공하는 데 있었다. 그러나 동맹은 서로 싸움을 일삼던 그리스의 폴리스들 사이에 평화를 정착시키는 데도 상당한 기여를 했다.

필리포스 2세는 페르시아 영토 침공이라는 꿈을 실현하지 못했다. 기원전 336년에 열린 한 축제에서 원한을 품은 젊은 귀족이 경기장으로 뛰어들어 그를 암살했다. 왕권은 이제 스무 살 청년에게 돌아갔다. 그는 카이로네아 전투에서 부왕의 기병대를 지휘한 알렉산드로스 3세였다. 그리스인에게 그는 알렉산드로스 폴리오르케테스(Alexandros Poliorcetes)—도시 약탈자—라는 이름으로 알려지게 되었다. 하지만 정복자에게서 그리스인보다 한층 강렬한 인상을 받은 로마인은 그를 알렉산드로스 대왕이라고 불렀다.

필리포스 2세에 대한 두 가지 관점

마케도니아의 필리포스 2세는 아테네인 사이에 격렬한 반응을 불러일으켰다. 우리는 그들의 눈을 통해, 그리고 사료의 본질에 입각해 그를 평가해야 한다. 다음 인용문들에서 볼 수 있듯이, 필리포스 2세를 그리스의 구원자로 보는가 아니면 야만인 정복자로 보는가에 따라 그의 행동을 매우 상반되게 해석할 수 있다.

이소크라테스, 「필리포스에게」

(전쟁과 평화에 관한) 이런 질문을 숙고하면서 나는……헬라의 위대한 국가들은 이제 서로간의 다툼을 그만두고 국경을 넘어 아시아에서 전쟁을 치를 결심을 해야 한다는 것을 깨달았습니다.……나는 헬라인 간 화합의 대의와 야만인 정복의 대의를 지지해줄 것을 귀하에게 충고합니다.……나는 귀하의 이해관계 중 그 어느 것도 소홀히 함이 없는 가운데 아르고스와 라케다이몬(스파르타)과 테베와 아테네를 화해시켜야 한다고 주장합니다. 만일 귀하가 이들 도시국가를 단결시킬 수만 있다면 다른 도시국가들을 단합시키는 것은 어렵지 않습니다.……네 도시국가가 건전한 상식을 갖도록 설득할 수만 있다면 귀하는 다른 도시국가들 또한 많은 불행으로부터 구원할 수 있을 것입니다.……귀하와 이들 도시국가 사이에는 어떤 다툼도 일어나서는 안 됩니다. 그러나 불행히도 우리 모두는 본성상 옳은 일보다 그릇된 일에 빠져들기 쉽습니다.……미래를 위해 귀하는 그와 같은 일이 다시 일어나지 않도록 주의해야 합니다. 그리고 귀하가 그들에게 어떤 봉사를 할 수 있는지를 성찰해야 합니다. 그것은 귀하가 귀하와 이들 도시국가 모두에게 가치 있는 방식으로 행동했음을 분명히 보여줄 것이기 때문입니다.……그리스의 강대국들에게 이익이 된다는 외양을 취하면서 동시에 그들 못지않은 이득을 귀하가 얻는 것은 좋은 일입니다.……귀하는 이들 도시국가가 전쟁으로 말미암아 얼마나 피폐해졌는지 알고 있습니다.……그리고 이제 아마도 어떤 사람은 내가 귀하에게 불가능한 일에 착수할 것을 설득하려 한다고 말하면서 나의 제안을 반대하려 할 것입니다.……나는 이 세상의 다른 어느 누구도 이들 도시국가를 화해시킬 수 없음을 인정하지만, 이런 종류의 일은 귀하에게는 조금도 어렵지 않습니다. 왜냐하면 나는 세상 사람들이 가능성도 없고 상상할 수도 없다고 간주했던 과제들을 귀하가 성공적으로 수행했음을 잘 알고 있기 때문입니다.

_『이소크라테스』, 1권.

데모스테네스, 「올린토스에 관하여」

아테네인이여, 나는 필리포스의 능력을 일일이 열거하고자 하지 않습니다. 그리고 그런 논거를 바탕으로 여러분이 대처할 것을 요청하지도 않습니다. 이 문제에 대한 모든 보고는 그의 용기에 대한 찬사입니다만, 그것은 우리의 무능에 대한 증거로 보입니다. 그의 분수에 맞는 정도 이상으로 올라가면 갈수록 그는 세상의 칭송을 얻을 것입니다. 하지만 여러분이 스스로의 기회를 제대로 활용하지 못하면 못할수록 여러분은 더 큰 불명예를 자초하게 됩니다.……어떤 한 사람이 실제로 한 행동에는 관심을 보이지 않은 채 그를 일컬어 맹세를 저버린 신의 없는 사람이라고 말하는 것은 언어폭력일 뿐입니다.……나는 두 가지 이유에서 자초지종을 다 말씀드릴 필요가 있다고 생각합니다. 필리포스는 하잘것없는 실체가 드러나고 말 것입니다. 그의 막강한 무력에 맞서는 사람들은, 그가 처음에 일궈낸 커다란 업적의 기반이 된 모든 속임수가 바닥날 것이며 그의 쾌주가 이제 한계에 이르렀음을 알게 될 것입니다.……그는 자신이 접촉한 모든 사람의 눈을 속였습니다. 그는 각 정파의 어리석음을 교묘히 이용했으며, 그들이 그의 사람됨에 무지하다는 점을 악용했습니다. 그의 권력은 이런 방법에 의해 얻어졌습니다.……위기에 대한 조심스러운 대처가 지금보다 더 절실한 적은 없었습니다.……필리포스가 아티카를 공격하려던 그의 군대를 돌이켜 당면한 그의 적을 압박할 때 아무도 그를 막지 않는다면……나는 우리가 (위협받고 있는 동맹국들에 대한) 책임을 회피할 경우 자초하게 될 치욕 말고는 아무런 위험도 알지 못합니다.

_『데모스테네스』, 1권.

분석 문제

1. 이소크라테스는 필리포스 2세에게 자문하면서 그리스 국가의 이상적 통합을 염두에 두었던 것으로 보인다. 기존의 국가 통합 시도는 왜 불행으로 끝났는가? 이소크라테스는 필리포스가 어떻게 성공할 수 있으리라고 생각했는가?

2. 필리포스 2세는 불화하는 그리스인을 통일시키는 것 말고도 관심사가 많았다. 통일은 그의 원대한 계획을 성취하는 데 어떤 도움을 주었는가? 그의 원정은 도덕적으로 정당한 것이었는가?

3. 필리포스 2세의 리더십을 찬양하는 대신 데모스테네스는 그리스인의 무능을 공격했다. 그리스인은 무엇을 이룩했고 무엇을 이룩하지 못했는가?

알렉산드로스의 정복과 그의 치세(기원전 336~323)

알렉산드로스에 대한 역사가들의 평가는 다양하다. 생전에 이미 그의 인물과 업적에 관한 낭만적 전설이 형성되었던 것도 다양한 평가가 나오게 된 요인이었다. 학자들은 알렉산드로스에게서 몽상가, 천재, 학살자의 모습을 보았다. 그의 행동은 그야말로 세계를 변화시켰고 고립된 소규모 문화에 머물던 본토의 그리스 문화를 오늘날의 아프가니스탄과 파키스탄에 이르기까지 멀리 확산시켜 세계적 문화로 바꾸어놓았다.

알렉산드로스의 군사적 승리는 잘 알려져 있다. 부왕 사망 직후 그리스에서의 일어난 반란을 진압하고 나서, 기원전 334년 그는 다리우스 3세 지배하의 페르시아를 침공할 준비를 마쳤다. 당시의 페르시아는 10여 년에 걸쳐 내정 면에서 취약성을 드러내고 있었다. 다리우스 3세는 젊은 귀족이었던 자신을 왕좌에 앉혀 꼭두각시처럼 다루려 했던 한 교활한 대신의 힘으로 왕이 된 인물이었다. 그러나 '꼭두각시' 다리우스는 자신만의 복안을 갖고 있었다. 다리우스 3세는 대신을 죽인 뒤 찾아온 몇 년간의 평화기—알렉산드로스가 아시아에 등장할 때까지—에 페르시아를 훌륭하게 다스렸다.

마케도니아 왕은 소아시아 서북 지역에서 원정을 시작해 잇달아 놀라운 승리를 거두었다. 한때 다리우스 3세는 서쪽 영토를 알렉산드로스에게 제공하는 대가로 그의 가족(알렉산드로스가 전투에서 포로로 잡았다)을 돌려받고 평화 조약을 맺자는 제안을 하기도 했다. 알렉산드로스의 야전사령관 파르메니오는 충고했다. "제가 알렉산드로스라면 받아들이겠습니다." 알렉산드로스는 대답했다. "내가 파르메니오라면 나 또한 그랬겠지." 침공을 시작한 지 3년 만에 알렉산드로스는 아나톨리아와 시리아-팔레스타인 해안을 정복했고, 이집트를 페르시아 제국으로부터 떼어냈다. 이집트에 머무는 동안 알렉산드로스는 자신이 이룬 업적을 돌아보면서 스스로의 초인적 자질을 확신하게 된 것으로 보인다. 실제로 많은 사람들의 눈에 알렉산드로스는 올림포스 산정에서 시시한 싸움이나 일삼는 신들보다 한층 더 위대한 업적을 이룩한 것으로 비쳐졌다. 올림포스의 신들은 알렉산드로스와 휘하 유능한 장군들의 업적에 견주어도 한없이 작아지고 있었다.

기원전 331년 다리우스 3세는 알렉산드로스의 그리스-마케도니아 군대에 맞서 싸우기 위해 오늘날의 이라크 북부 지역에 제국의 병력을 집결시켰다. 이 가우가멜라 전투에서 알렉산드로스는 페르시아 군대를 괴멸시켰다. 다리우스 3세는 구릉지로 도주했다가 알렉산드로스의 환심을 사고 싶어 했던 지방 총독에게 잡혀 살해당했다. 그러나 페르시아의 새로운 왕이 된 알렉산드로스는 자신의 선왕을 살해한 죄를 물어 그 총독을 처형했다. 이듬해 봄 알렉산드로스는 페르시아의 수도 페르세폴리스를 파괴해 더 이상 페르시아인의 저항 구심점 역할을 할 수 없게 만들었다.

그 후 몇 년 동안 알렉산드로스는 박트리아(오늘날의 아프가니스탄) 산악 지대에서 군사 원정을 했는데, 이것은 원정 기간에 치렀던 가장 힘든 싸움이었다. 마침내 그 지역 대부분을 정복하는 데 성공했지만 그곳에 대한 장악력은 미약했다. 알렉산드로스는 박트리아인 중에서 록사네를 왕비로 취했다. 그는 그곳에서 인더스 강 계곡으로 이동했다가 격렬한 저항에 직면했다. 인더스 강 하구에서 그의 병사들이 반란을 일으키고 공격을 거부한 것이다. 알렉산드로스는 하는 수 없이 그들을 이끌고 바빌론으로 향했고 기원전 324년 말에야 그곳에 도착했다.

알렉산드로스가 그의 새로운 제국으로 무엇을 하려고 했는지는 설명하기 어렵다. 일부 학자들은 그를 약탈자에 불과하다고 평가한다. 호메로스의 영웅들—그는 자신이 그들의 후손이라고 주장했다—을 방불케 하는 영광만을 이기적으로 추구하면서 정복과 약탈을 일삼았다는 것이다. 하지만 다른 학자들은 원정로를 따라 그리스적인 도시들을 체계적으로 건설한 것을 지적하면서 이런 견해에 반박한다. 이 새로운 도시들은 지방 주민을 통치하기 위한 주둔지였을 뿐만 아니라 그리스 문화의 중심지 역할도 했다는 것이다. 장교들에게 강요한 기상천외한 집단 결혼도 주목된다. 그는 장교들에게 아내를 제쳐놓고 페르시아 귀족 여성을 신부로 맞이하도록 강요했다. 제국 내의 인종차별을 철폐하고자 했던 알렉산드로스의 몽상적 야망을 고려할 때, 이 사건은 마케도니아나 페르시아가 아닌 그와 그의 후계자에게만 충성하는 새로운 귀족계급을 만들어내려던 시도로 여겨진다. 알렉산드로스는 임무를 재배정하기 위한 시도의 일환으로 수많은 장교 및 퇴역 병사들을 새 영토에 이주시켰지만, 그곳에 행정조직을 창출해내려는 실질적 노력은 기울이지 않았다. 현존 사료에 의하면 아라비아 또는 이탈리아·시칠리아 방면에 대한 추가 정복 계획이 있었던 것으로 보인다. 알렉산드로스에 대한 우리의 지식으로 판단하건대, 그가 기왕에 성취한 정복만으로 만족했으리라고는 상상하기 어렵다.

우리는 앞으로도 확실한 사실을 알아낼 수 없을 것이다. 기원전 323년 5월 말 알렉산드로스는 말라리아 증세로 쓰러졌다. 그는 의사의 조언을 무시한 채 호메로스 서사시의 왕 노릇을 계속했고 과음과 과로에 빠졌다. 알렉산드로스는 평생 수많은 전투를 치르면서 빈번히 부상을 입었고 당연히 그의 몸은 만신창이 상태였다. 몸 상태는 급속히 나빠졌고 급기

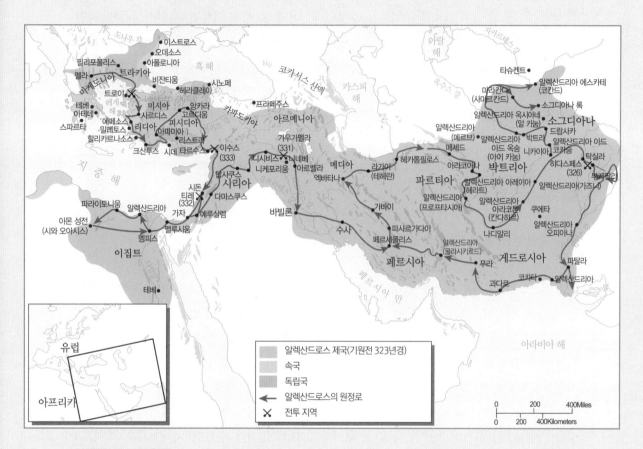

알렉산드로스 제국(기원전 323년경)
속국
독립국
알렉산드로스의 원정로
전투 지역

알렉산드로스의 원정

알렉산드로스 대왕의 정복은 동쪽으로 인더스 강까지 뻗은 페르시아 제국의 광대한 지역에 그리스 문화를 확산시켰다. 알렉산드로스의 이름을 딴 수많은 도시에 주목하라. 알렉산드로스와 그 추종자들은 이미 고도로 도시화되어 있던 지역에 왜 그토록 많은 새로운 도시를 건설했는가?

마케도니아의 정복

필리포스 2세, 마케도니아 왕으로 즉위	기원전 356년
아테네의 패배와 코린토스 동맹 형성	기원전 338년
알렉산드로스의 페르시아군 격퇴	기원전 331년
알렉산드로스의 죽음	기원전 323년

야 기원전 323년 6월 10일 사망했다. 아직 33세가 채 되기 전이었다. 동료와 신하들은 그의 임종 침상을 둘러싸고 제국을 누구에게 물려줄 것인지를 물었다. 어떤 자료에 의하면 무의식상태에 빠진 알렉산드로스의 얼굴에 일그러진 미소가 감돌면서 이렇게 속삭였다고 한다. "가장 강한 자에게." 이 말은 지위와 무용에서 오직 알렉산드로스에게만 뒤질 뿐이라고 믿었던 수많은 유능하고 야심만만한 장군들의 귀에 자못 의미심장하게 들렸을 것이다.

헬레니즘 왕국들

♣ 세 개의 주요 헬레니즘 왕국의 특징은?

알렉산드로스 사후 치열한 투쟁이 전개되었다. 제국의 영역을 고스란히 유지하기 원하는 자들이 있었고, 자신의 왕국에 경계선을 긋기 원하는 자들도 있었다. 그리고 후자 중에는 가능한 한 최대한의 몫을 차지하려는 자들이 있었다. 위대한 정복자가 죽은 뒤 2세대에 걸쳐 일어난 전쟁과 음모는 너무나 복잡다단해서 일일이 설명할 수 없을 정도이다. 그러나 기원전 275년에 이르러 군사적·정치적 권력의 축이 세 개 등장했다. 이 셋은 공통의 배경을 가졌고 다 같이 그리스-마케도니아 지배계급의 통치를 받고 있었지만 제각기 독특한 특징을 가졌다. 이 시기의 뚜렷한 특징 중 하나는 고대의 정치가 부활했다는 것이다. 특히 근동과 이집트가 심했는데, 그곳에서는 알렉산드로스 대왕의 계승자들에 의해 우후죽순처럼 도시들이 뻗어나갔으며 신격화된 군주 개념이 부활했다.

프톨레마이오스 왕조 이집트

알렉산드로스가 바빌론에서 사망한 후 측근들은 제국의 운명을 결정짓기 위해 회합을 가졌다. 우선 당장 제국은 통합을 유지했다. 그러나 프톨레마이오스(기원전 367~283)는 이집트 총독 자리를 요구했다.[4] 알렉산드로스의 다른 장군들은 찌는 듯한 더운 날씨의 이집트 땅을 프톨레마이오스에게 기꺼이 양보한 것으로 보인다. 그러나 프톨레마이오스는 이집트가 갖고 있는 엄청난 잠재력, 그리고 이집트가 사실상 외부 공격으로부터 난공불락이라는 사실을 꿰뚫어보고 있었다. 프톨레마이오스는 이집트에 가자마자 그곳을 자신이 지배하는 독립 왕국으로 만드는 일에 착수했다. 그가 수립한 왕조는 향후 300년 동안 이집트를 지배하게 되었다. 가문의 남자 후계자들이 모두 프톨레마이오스라는 이름을 취했으므로 프톨레마이오스 왕조 이집트라고 부른다.

알렉산드리아—알렉산드로스가 세운 거대한 해안 도시—에서 통치한 프톨레마이오스 왕조의 왕들은 번창하던 수도 알렉산드리아에 거주한 그리스인과 마케도니아인 앞에서는 마케도니아 왕으로 행세했다. 그러나 알렉산드리아 바깥에서는 이집트 파라오의 전통인 각종 장식물과 상징물로 에워싸인 채 파라오 행세를 했다. 프톨레마이오스 왕조는 결코 정치적 실패작이 아니었다. 특히 기원전 3세기는 프톨레마이오스 왕조 이집트에게 번영과 국내 평화의 시기였다. 그러나 아무리 까마득한 고대일지라도 사람들은 마케도니아 왕실과 그들이 지배한 고대의 땅 사이의 간극을 잘 알고 있었다. 지리학자들은 알렉산드리아를 이집트 '의' 알렉산드리아가 아닌 이집트 '옆의' 알렉산드리아로 표현했다. 과거의 이집트 지배자들을 모방하려 애쓰긴 했지만, 마케도니아인 지배계급은 대체로 신민을 경멸했다. 예컨대 프톨레마이오스 왕조의 마지막 지배자인 클레오파트라 7세에 이르기까지 프톨레마이오스 왕조의 어떤 지배자도 이집트어를 배우려고 하지 않았다.

고대의 파라오에게 그랬던 것처럼, 프톨레마이오스 왕조에게도 이집트의 모든 영토는 근본적으로 왕실의 이익을 위해 착취당하는 왕토였다. 이집트의 이런 전통을 뒷받침해준 것은, 정복된 땅—창으로 빼앗은 땅—은 약탈물이며 개인의 이익과 영광을 위해 활용되는 것이 당연하다고 간주한 마케도니아의 이념이었다. 프톨레마이오스 왕조는 이집트 모든 지방에서 최대한 부를 쥐어짜내려 했다. 이렇게 획득한 부의 대부분은 알렉산드리아에 쌓였다. 왕실은 이집트 농민의 삶을 개선하는 데 아무런 관심도 없었다. 고대 세계에서는 절망적인 가난이야말로 가난한 신민을 사근사근하고 충성스럽게 유지시켜준다고 하는 관념이 드물지 않았다. 그러나 프톨레마이오스 왕조는 그 정도가 지나쳤다. 그 결과 기원전 3세기

---

4) 알렉산드로스 휘하의 군사령관으로서 명성을 확고히 했던 프톨레마이오스는 뛰어난 외교술과 전략적 능력을 지닌 정치가이기도 했다. 그는 이집트의 사트라프(총독)로서 인접한 리비아와 아라비아 지역까지 관장하게 되었다.

말부터는 토착 농민들이 정례적으로 위협적인 반란을 일으켰다.

그렇지만 프톨레마이오스 왕조 이집트는 헬레니즘 왕국들 가운데 가장 오래 살아남았다. 왕조는 국가의 부를 과학 및 예술의 후원에 사용했다. 왕조 초기 알렉산드리아에는 박물관과 도서관이 설립되었다. 이 도시는 헬레니즘 세계 최고의 지식인들을 끌어모으는 학문 중심지가 되었고, 심지어 아테네를 대신하는 지위에까지 올랐다. 당시의 아테네는 오늘날의 대학도시와 비슷한 위상을 차지하고 있었을 뿐이다. 알렉산드리아에서는 천문학, 응용과학, 물리학 분야에서 획기적 발전이 있었다. 의학은 프톨레마이오스 왕조 치세에 크게 발전했다. 그리스 본토의 각종 금기로부터 자유로워진 이집트 거주 그리스인 의학자들은 죽은 범죄자의 시신에 대한 부검을 허락받았고, 이로써 해부학이 독립적인 과학 분과로 성립될 수 있었다. 물론 프톨레마이오스 왕조는 이기심 없는 후원자는 아니었다. 그들은 자신들이 후원한 연구 활동으로 얻어질 실질적인 이득보다는, 후원을 통해 얻게 될 영광과 위신에 관심이 더 많았다. 하지만 동기가 무엇이었든지 간에 알렉산드리아의 학문은 지중해 세계에 영속적인 영향을 미쳤다.

셀레우코스 왕조 아시아

알렉산드로스 대왕의 광대한 아시아 영토는 기원전 281년 결국 마케도니아인 셀레우코스(기원전 355~280)의 수중에 떨어졌다. 셀레우코스는 알렉산드로스 생전에는 고급 장교 축에 들지 못했지만, 알렉산드로스의 걸출한 후계자들 사이에 조성된 두려움과 의심을 교묘히 이용해 알렉산드로스 사후의 혼란스러운 정국을 성공적으로 헤쳐 나갔다.

그토록 광대한 영역을 통치한다는 것은 축복인 동시에 저주이기도 한 것으로 판명되었다. 셀레우코스가 창시한 페르시아 왕조인 셀레우코스 왕조는 전 역사 시기를 통해 왕위 계승 문제를 안고 있었다. 동부 지역에 대한 왕조의 장악력이 각별히 취약하다는 것—알렉산드로스 생전에도 사정은 마찬가지였다—을 셀레우코스는 익히 알고 있었다. 그러므로 그는 인더스 강 계곡의 상당 부분을 인도의 위대한 전사왕(戰士王) 찬드라굽타에게 양도하고 그 대가로 평화와 전투 코끼리 부대를 얻었다. 기원전 3세기 중반에 이르러 셀레우코스 왕조는 박트리아에 대한 지배권도 잃었다. 박트리아에서는 바야흐로 인도-그리스 국가들이 그들만의 독특한 문화와 함께 등장하고 있었다(박트리아의 그리스 왕인 메난드로스는 불교 전승에도

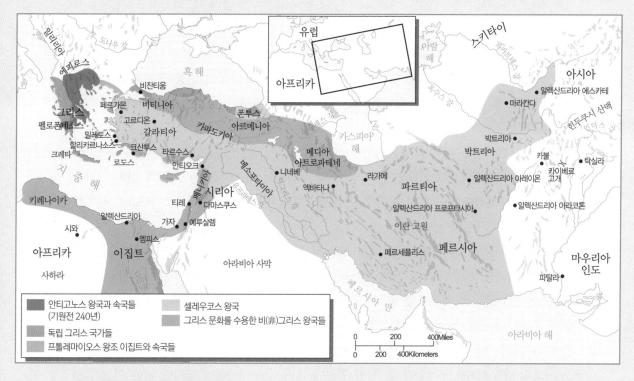

지도 안 지명:

유럽
아프리카
스키타이
아시아
일리리안
도나우 강
흑해
에피로스
비잔티움
그리스
펠로폰네소스
페르가몬
비티니아
고르디온
갈라티아
밀레토스
할리카르나소스
크산투스
로도스
크레타
지중해
타르수스
안티오크
페니키아
시리아
티레
다마스쿠스
예루살렘
가자
알렉산드리아
키레나이카
시와
멤피스
아프리카
이집트
사하라
아라비아 사막
페르시아 만
아라비아 해
폰투스
카파도키아
아르메니아
메소포타미아
니네베
엑바타나
메디아
아트로파테네
라가에
카스피아 해
박트리아
박트리아
파르티아
알렉산드리아 아레이온
알렉산드리아 프로프타시아
이란 고원
페르시아
페르세폴리스
파탈라
마라칸다
힌두쿠시 산맥
알렉산드리아 에스카테
카불
카이베르 고개
탁실라
알렉산드리아 아라코톤
마우리아 인도

범례:
■ 안티고노스 왕국과 속국들 (기원전 240년)
■ 독립 그리스 국가들
■ 프톨레마이오스 왕조 이집트와 속국들
■ 셀레우코스 왕국
■ 그리스 문화를 수용한 비(非)그리스 왕국들

0   200   400Miles
0   200   400Kilometers

알렉산드로스 대왕과 헬레니즘 세계

알렉산드로스 제국을 계승한 세 왕국의 위치에 주목하라. 각각의 왕국이 우리가 지금까지 배운 세 개의 주요 문명 축—이집트, 고대 근동, 에게 해—에 기반을 두고 있음을 유념하라. 그와 같은 전통적 노선에 따른 알렉산드로스 제국의 분열은, 그가 죽지 않고 계속 지배했을 경우의 제국 지속가능성에 대해 무엇을 시사하고 있는가?

기록되어 있으며 그 자신이 불교에 심취했던 것으로 보인다). 기원전 260년대에는 소아시아 서부에 대한 지배권도 잃었다. 셀레우코스 왕조의 중심지는 이제 시리아-팔레스타인, 메소포타미아, 페르시아 서부가 되었다. 여전히 부강한 왕국이었지만 알렉산드로스가 남겨준 부강함에는 훨씬 못 미쳤다.

프톨레마이오스 왕조가 그랬듯이 셀레우코스 왕조도 신민에게 두 가지 성격을 보여주었다. 그 하나는 페르시아와 메소포타미아 신민을 위해 고대 근동의 전통에 뿌리를 두었고, 다른 하나는 헬레니즘에 크게 경도된 해안 지역 주민을 위해 그리스 전통에 뿌리를 내리고 있었다. 셀레우코스의 아들인 안티오코스 1세(재위 기원전 280~262)는 사르곤이나 함무라비를 연상케 하는 선언을 했다. "나는 안티오코스, 위대한 왕, 정당한 왕……바빌론의 왕, 만국의 왕이니라." 셀레우코스 왕조는 제국 전역의 신민이 왕조의 신적 지위와 신적 영광을 인지하도록 장려했다. 셀레우코스 왕조 아시아의 대도시들에는 살아 있는 지배자를 숭배하기 위한 성소와 사원이 건립되었다.

셀레우코스 왕조 지배자들은 알렉산드로스의 전통을 이어받아 제국 전역에 새로운 도시들을 건설했다. 그들은 이 도시들의 성격이 근본적으로 그리스적이라고 생각했지만, 많은 도시들은 안티오크의 경우처럼 번화한 상공업 도시로 발전했다. 이 새로운 도시들은 상당수의 유능한 전문가·상인을 동쪽으로 끌어들여 상공업을 촉진했고, 셀레우코스 왕조는 그들에게 다양한 세금·관세·부과금을 부과했다. 셀레우코스 왕조의 관료제는 프톨레마이오스 왕조의 관료제보다 조직화가 덜 되긴 했지만, 인구가 무려 3천만 명이나 되는 이 제국에서는 대강대강 세금을 거둬들여도 상당한 수입을 확보할 수 있었다. 그러나 과거 페르시아인이 그랬듯이 셀레우코스 왕조 역시 수입을 자본 개선에 재투자하지 않았다. 대신 그들은 거대한 국고에 부를 저장했다. 그러나 그들은 충분히 확보한 현금을 활용해 정부를 원활하게 작동시켰을 뿐만 아니라, 프톨레마이오스 왕조와의 전쟁이 잇달아 벌어진 기원전 3세기 내내 국경을 방어할 수 있었다. 그러나 기원전 2세기에 이르러 상황이 달라졌다. 안티오코스 3세는 로마와의 전쟁에서 패배한 후, 전쟁 배상금을 지불하기 위해 신전과 사유재산을 수탈해야만 했다.

안티고노스 왕조 마케도니아와 그리스

신흥 왕국들은 알렉산드로스 정복을 통해 거대한 부를 쌓아올렸다. 그러나 마케도니아 본국은 그렇지 못했다. 게다가 마케도니아 본국은 알렉산드로스가 사망한 때부터 안티고노스 장군이 지배권을 수립한 기원전 276년까지 내정이 지극히 불안정했다. 마케도니아는 풍부한 지하자원과 에게 해 무역에 대한 영향력, 그리고 그리스 본토에 대한 종주권을 힘의 원천으로 삼고 있었다. 더욱이 마케도니아인은 여전히 계승 국가들의 최정예 군대에 선발될 수 있었고, 마케도니아 안티고노스 왕조의 왕들은 헬레니즘 세계의 군주들이 간절히 원하던 권력, 즉 한때 필리포스 2세와 알렉산드로스가 다스렸던 영토의 지배권을 갖고 있었다.

안티고노스는 스토아 철학(이 장 후반부에서 설명)의 영향을 받았기에 왕권을 고귀한 노역, 즉 향유하기보다는 견뎌내야만 하는 직분으로 간주했다. 이런 성향에다 국내 재원의 빈약함까지 겹쳐서 그는 셀레우코스 및 프톨레마이오스와의 패권 경쟁은 엄두도 내지 못했다. 안티고노스 왕조의 정책은 이들 두 세력이 서로 전쟁 상태를 유지하고 마케도니아 세력권에서 멀찌감치 떨어져 있게 하는 것이었다. 그 결과 안티고노스와 그 후계자들은 알렉산드로스보다는 필리포스 2세와 유사한 정책을 추구했다. 그들은 북부 변경 지역을 확고히 하고 강력한 상비군을 유지했으며 다루기 힘든 그리스인을 남쪽에 얌전히 있도록 했다.

그러나 안티고노스 왕조 지배하의 그리스인은 고분고분하지 않았다. 그리스 세계에서는 두 신흥 세력—아이톨리아 동맹과 아카이아 동맹—이 자유의 갈망과 야만인에 대한 투쟁의 거점 역할을 했다. 두 동맹은 그리스 정치조직에서 전혀 새로운 시도였다. 고전기의 방어적 성격의 동맹들과는 달리 이 두 동맹은 진정한 정치 통합을 구현했으며 어느 정도 중앙집권화된 정부 기능을 갖추고 있었다. 두 동맹에 속한 폴리스의 시민은 국가평의회—외교 정책과 군사 문제, 반역 재판, 동맹의 총사령관(동시에 최고행정관) 및 부사령관에 대한 매년 선출 등을 담당—에 참여했다. 새로운 회원국은 기존 회원국과 동등한 자격으로 가입했고 동맹 폴리스의 모든 시민은 동맹 전역에서 공동시민권을 가졌다. 또한 이 연방체제의 전역에서는 동일한 법률, 도량형, 화폐, 사법 절차 등이 적용되었다. 협력과 통합의 수준이 상당해서 제임스 매디슨, 존 제이, 알렉산더 해밀턴 등은 아카이아 동맹을 미국 연방주의를 옹호하는 모델 중 하나로 채택할 정도였다.[5]

---

5) 제임스 매디슨(James Madison), 존 제이(John Jay), 알렉산더 해밀턴(Alexander Hamilton) 등은 1787년 제

상업의 발달과 도시화

♣ 헬레니즘 경제에서는 어째서 물질적 번영이 그토록 불균등하게 분배되었는가?

헬레니즘 세계는 원거리무역, 재정, 도시 등의 발달에 힘입어 전반적인 번영을 누렸다. 알렉산드로스의 정복은 이집트에서 페르시아 만까지 뻗은, 그리고 그리스어를 사용하는 통치자들과 새로이 형성된 상인집단이 주도하는 광대한 상권을 활짝 열었다. 이 정복은 또한 약탈로 획득한 대량의 페르시아 금화와 은화, 보석, 그릇 등을 유통시킴으로써 상업 경제를 자극했다. 공업 또한 번성했는데, 이는 전제적 지배자들이 교역을 통한 세입 증대 방편으로 제조업을 적극 장려했기 때문이다.

새로운 모험 상업은 프톨레마이오스 왕조 이집트와 셀레우코스 왕조 지배하의 서아시아 지역—중심지는 시리아—에서 특히 활발했으며 수익성도 좋았다. 프톨레마이오스 왕조와 셀레우코스 왕조는 상업을 장려하기 위해 모든 편의를 제공했다. 항만이 개선되었고 해상 치안을 확보하기 위해 전함이 파견되었으며 도로와 운하가 건설되었다. 프톨레마이오스 왕조는 지리학자들을 고용해 원격지로 가는 새로운 통로를 찾아내고 귀중한 시장을 개척하기도 했다. 그 결과 이집트에서는 대단히 다양한 제품들이 거래되는 활기찬 상업이 발전했다. 알렉산드리아 항구에는 아라비아의 향신료, 에티오피아와 인도의 황금, 브리튼의 주석, 소아시아의 고급 카펫, 그리고 중국에서 온 비단까지 흘러들어왔다. 정부와 일부 상인은 종종 20~30퍼센트에 이르는 높은 이윤을 획득했다.

도시는 정치적·경제적 이유로 인해 헬레니즘 시대에 크게 성장했다. 경제적 동기와는 전혀 별개로 그리스인 지배자들은 비그리스인 주민에 대한 지배권을 유지하기 위해 그리스인 관리들—특히 그리스인 병사들—을 받아들였다. 그렇게 해서 등장한 정주지 중 상당수는 새로이 건립된 것이었다. 알렉산드로스 대왕은 그리스인의 지배를 위한 전초기지로서 약 70개의 도시를 건설했고, 그 후 2세기 동안 그의 후계자들은 약 200개의 도시를 추가로 건설했다. 상공업의 팽창 및 정부 사무소의 증가도 도시화를 가속화하는 요인이었다.

일부 중심 도시들의 인구 증가는 가히 폭발적이었다. 시리아의 안티오크는 100년 동안 인

정된 미국의 연방헌법을 지지하고 그 비준을 위해 노력했다. 연방주의(Federalism)는 미국의 각 주보다 미국 전체의 이익을 내세우는 통합 우선 이념이다.

구가 4배 증가했다. 티그리스 강가의 셀레우키아는 원래 허허벌판이었지만 200년도 안 되어 인구가 수만 명에 이르는 대도시로 성장했다. 헬레니즘 도시 중 가장 크고 유명했던 이집트의 알렉산드리아는 인구가 50만 명에 달했다. 로마 제국 이전에 등장한 고대의 어떤 도시도 규모와 장대함에서 이 도시를 능가하지 못했다. 도시의 거리는 잘 포장되고 반듯하게 구획되어 있었으며, 화려한 공공건물과 공원, 박물관, 50만 권의 두루마리를 소장한 도서관 등이 있었다.

헬레니즘 경제는 전반적으로 성장했지만 모든 사람이 번영을 향유한 것은 아니었다. 여전히 농업은 헬레니즘 세계의 주요 산업이자 일차적인 부의 원천으로 남아 있었고, 특히 소농은 헬레니즘 군주들의 착취적인 세금정책으로 심각한 곤란을 겪었다. 공업 생산이 증대했다고는 하지만 공업은 여전히 개별 직공의 육체노동에 기반을 두고 있었고, 그들 대부분은 가난을 면치 못했다. 헬레니즘 도시들의 넘쳐나는 인구 때문에 실업 문제는 지속적인 관심사였다. 일자리를 얻지 못한 사람들은 살아남기 위해 구걸, 도둑질, 매춘 등을 하지 않을 수 없었다.

새로운 경제 환경에서 번영을 누린 사람들도 상업 활동 고유의 불확실성 때문에 심한 기복을 겪었다. 예를 들어 사치품 직물 판매로 큰 재미를 본 상인이 거금을 투자해 잔뜩 상품을 사들였다가 고객의 취향이 변해 낭패를 당하는가 하면, 상품 수송을 위해 보낸 배가 침몰하는 등의 위험한 상황도 있었다. 상인은 호경기와 불경기의 급격한 기복에 시달려야 했다. 이를테면 가격 상승 국면에서 큰돈을 벌 수 있을 것으로 생각한 상인이, 상승 추세를 이용할 요량으로 부채를 떠안았다가, 취급 품목의 공급이 수요를 갑자기 초과해 채권자에게 갚을 돈마저 없어 빈털터리가 되는 상황을 맞이하곤 했다. 전체적으로 헬레니즘 세계의 경제 지형은 그야말로 극단을 달리는 것이었는데, 헬레니즘 사상과 문화를 고찰할 때 그 같은 상황을 염두에 둘 필요가 있다.

헬레니즘 문화: 철학과 종교

💢 에피쿠로스 철학과 스토아 철학의 관계는 어떠했는가?

헬레니즘 철학은 두 가지 경향을 드러냈는데 이 둘은 헬레니즘 문명 전체를 나란히 관류

했다. 첫째, 에피쿠로스 철학과 스토아 철학으로 대표되는 주류 시대정신은 이성을 인간 삶의 고뇌를 해결하는 열쇠로 보았다. 아리스토텔레스에 의해 결합된 철학과 과학이 바야흐로 분리되는 시점에 이르렀지만, 이 시대정신은 분명 그리스적 영향의 표현이었다. 둘째, 회의주의와 다양한 종교를 통해 구현된 비주류적인 또 다른 시대정신은, 이성을 거부하고 진리에 도달할 가능성을 부인했으며 신비주의에 귀착하거나 신앙에 의존했다. 헬레니즘 시대의 철학자와 종교가는 제각기 차이가 있었지만, 전반적으로 한 가지 점—즉, 인간 존재가 시련으로부터 해방될 필요성이 있다는 점—에서는 일치했다. 인간적 이상을 표현해줄 수단으로서의 자유로운 시민적 삶이 쇠퇴하면서, 삶을 의미 있게 하거나 적어도 버틸 수 있게 만들어줄 대안이 필요했던 것이다.

에피쿠로스 철학과 스토아 철학

에피쿠로스 철학과 스토아 철학은 모두 기원전 300년경에 등장했다. 에피쿠로스 철학의 창시자인 에피쿠로스(기원전 342경~270)와 스토아 철학의 창시자인 제논(기원전 300년 이후 활동)은 모두 아테네에 거주했다. 에피쿠로스 철학과 스토아 철학은 몇 가지 공통점을 갖고 있었다. 두 철학은 사회의 복리가 아닌 개인의 선에 관심을 가졌다는 점에서 개인주의적이었다. 그리고 두 철학은 영적 실체의 존재를 부정했다는 점에서 물질주의적이었다. 그들은 심지어 신과 영혼도 물질로 이루어져 있다고 선언했다. 또한 스토아 철학과 에피쿠로스 철학은 모두 보편주의적 요소를 포함하고 있었다. 두 철학은 이 세상에 사는 모든 인간은 똑같다고 가르치면서 그리스인과 비그리스인 사이의 차별을 인정하지 않았던 것이다.

그러나 여러 면에서 두 철학 체계는 매우 달랐다. 스토아학파는, 우주란 하나의 질서 잡힌 전체로서 그 안에서 모든 모순은 궁극적으로 선에 귀착된다고 가르쳤다. 따라서 악은 상대적인 것이었다. 인간에게 일어나는 불행은 우주의 궁극적 완성을 위한 필연적인 부수 사건일 따름이었다. 발생하는 모든 일은 합리적 목적에 따라 엄격하게 결정된 것이다. 어떤 개인도 자기 운명의 주인이 아니다. 인간은 자신의 운명을 받아들이거나 또는 그것에 저항할 수 있다는 점에서만 자유롭다. 그러나 운명을 받아들이건 저항하건 인간은 운명을 극복할 수 없다. 인간의 최상의 의무는 우주의 질서가 선하다는 것을 알고 그 질서에 복종하는 것이다. 그러한 체념을 통해 지고의 행복이 얻어질 것이며, 지고의 행복이란 곧 마음의 평정에 있는 것이다. 그러므로 진정으로 행복한 개인은 이성적 본성에 의해 우주적 목적에 자신의 삶을 완벽하게 합치시키고, 자신의 영혼에서 모든 슬픔과 괴로움을 씻어내는 사람, 그리고 자신이 겪는 악운에 대해 투덜거리거나 저항하지 않는 사람이다.

스토아학파는 스스로의 철학과 조화가 잘되는 윤리적·사회적 이론을 발전시켰다. 지고의 선이 마음의 평정에 있다고 믿은 스토아학파는 당연히 의무와 자제를 중요한 덕성으로 강조했다. 그들은 악이 세상에 만연함을 인식하고 서로에게 관용을 베풀고 용서할 것을 가르쳤으며, 공공문제에의 참여를 합리적 정신을 지닌 시민의 의무로서 권유했다. 그들은 노예제와 전쟁을 비난했지만, 결코 이들 악덕에 반대하는 실천적인 행동을 하지 않았다. 그들은 폭력적 수단에 의한 사회 변화로 인해 초래되는 결과가 그들이 치유하고자 하는 병폐보다 더 나쁠 것이라고 믿었다. 스토아 철학은 일정한 한계에도 불구하고 헬레니즘 시대의 가장 고귀한 산물로서 평등주의, 평화주의, 인도주의 등을 가르쳤다.

에피쿠로스학파는 유물론적 '원자론'에 관한 그들의 철학을 기원전 5세기 후반의 그리스 철학자 데모크리토스로부터 가져왔다. 이 이론에 의하면 우주의 궁극적인 요소는 원자인데, 원자는 무수히 많으며 파괴할 수 없고 더 이상 나눌 수도 없다. 우주의 모든 물체 또는 유기체는 원자의 우연한 결합의 산물이다. 그러므로 에피쿠로스와 그의 추종자들은 우주에 아무런 궁극적 목적도 없으며, 따라서 최고의 선은 쾌락—육체적 욕망의 적당한 만족, 최고의 미덕과 이전에 누렸던 만족감을 명상하면서 얻는 정신적 쾌락, 그리고 무엇보다도 죽음 앞에서의 영혼의 평온—이라고 결론지었다. 영혼이 물질이며 따라서 육체가 죽으면 영혼도 함께 죽는다는 것, 우주가 스스로 작동한다는 것, 어떤 신도 인간사에 개입하지 않는다는 것을 이해하는 개인은 죽음이나 그 밖의 초자연적 현상을 두려워하지 않을 것이다. 그 결과 에피쿠로스학파는 경로는 다르지만 스토아학파와 동일한 일반적 결론—마음의 평정보다 나은 것은 없다—에 도달했다.

에피쿠로스학파의 실천적인 도덕적 가르침과 정치학은 공리주의에 입각해 있었다. 스토아학파와는 달리 그들은 미덕 자체를 목표라고 주장하지 않았다. 그들은 인간이 선해야 하는 단 한 가지 이유는 자신의 행복을 증대시키기 위해서라고 가르쳤다. 마찬가지로 그들은 절대적인 정의 같은 것이 있다고 생각하지 않았다. 법률과 제도는 그것이 개인의 복리에 기여하는 한에서만 정당하다는 것이다. 모든 사회에는 안전과 질서를 유지하는 데 필수적인 일정한 규칙이 있다. 이 규칙이 지켜지는 유일한 이유는 그렇게 하는 것이 각 개인에게 이롭기 때문이다. 에피쿠로스는 국가를 단지 편익을 위한 것으로 간주했고, 현명한 사람은 정치에서 적극적인 역할을 맡지 말아야 한다고 가르쳤다. 세상의 악은 인간의 노력에 의해서는 제거될 수 없기 때문에 현명한 개인은 은둔해 철학을 연구하고 뜻 맞는 소수의 친구들과 나누는 교제를 즐기기 마련이었다.

회의주의

에피쿠로스학파보다 한층 현저하게 패배주의적 철학을 천명한 것은 회의주의학파였다. 회의주의는 기원전 200년경 카르네아데스의 영향 아래 그 인기가 절정에 달했다. 회의주의학파에게 영감의 원천이 된 것은, 모든 지식은 감각적 인식으로부터 나오며 따라서 지식은 제한적·상대적이라는 가르침이었다. 이러한 가르침에서 회의주의학파는 어떠한 것도 확증할 수 없다는 결론을 도출했다. 감각적 인상은 인간을 속이기 때문에 어떠한 진리도 확실한 것이 못 된다. 인간은 사물이 이러이러하게 '보인다'고 말할 수 있을 뿐 그것이 '진정 무엇인지' 알지 못한다. 인간은 초자연적인 것, 인생의 의미, 또는 옳고 그름에 대한 명확한 지식을 갖고 있지 않다. 그러므로 현명한 진리 추구자라면 판단을 유보한다. 이것만이 인간을 행복으로 인도할 수 있다. 만일 절대적 진리에 대한 무익한 탐구를 포기하고 선과 악의 문제에 연연하지 않는다면 인간은 마음의 평정—삶이 허락하는 최고의 만족이다—을 얻을 수 있을 것이다. 회의주의학파는 정치·사회 문제에 관해 에피쿠로스학파만큼도 관여하지 않았다. 그들이 추구한 이상은 이해할 수도 개혁할 수도 없는 세계로부터 도피하는 것이었다.

종교

헬레니즘 종교 역시 정치 참여로부터의 도피 수단을 제공했다. 도시국가 시대의 그리스 종교는 폴리스를 보호하는 신들에 대한 예배를 강조했다. 지역과 신의 연관성에 대한 인식은 헬레니즘 시대에도 계속 이어졌다. 그러나 기원전 3세기와 2세기의 뿌리 없는 세계주의적 환경 속에서 그 같은 도시지향적인 종교는 호소력을 잃었다. 그 대신 사회의 엘리트 구성원들 상당수는 스토아 철학, 에피쿠로스 철학, 회의주의에 끌렸다. 반면 보통 사람들은 현세에서는 정교한 의식을 제공하고 내세에서는 구원을 제공하는 감성적인 인격적 종교를 받아들이기 시작했다.

특히 그리스어 사용 공동체에서는 극단적인 금욕적 속죄, 신과의 신비적 합일, 내세의 구원 등을 강조하는 종교들이 많은 추종자를 거느렸다. 이들 신비 종교—구성원의 신원이 비밀에 부쳐졌고 은밀히 의식이 거행했기에 이렇게 부른다—가운데 가장 유명한 것은 디오니소스 숭배였는데, 이것은 디오니소스 신의 죽음과 부활의 신화에 기반을 두었다. 이집트의 이시스 숭배도 죽음과 부활이라는 동일한 주제를 전했다. 조로아스터교도 마찬가지였다. 조로아스터교 사제들은 모든 물질을 악이라고 주장하면서 고행의 실천을 통해 내세의 영묘한 기쁨을 누릴 수 있는 영혼을 준비하라고 신도들에게 요구함으로써 점차 이원론적 성향을 띠게 되었다.

헬레니즘 세계의 사람들이 그랬던 것처럼 신들 또한 새로운 땅으로 이주했다. 그리스의 신과 여신들에게 바쳐진 신전들이 근동 전역에 확산되었으며, 동시에 근동의 신들에게 바쳐진 신전들이 그리스 본토의 도시들에 건립되었다. 이집트의 알렉산드리아는 이집트 신화와 근동 신화가 그리스어를 사용하는 사람들을 위해 기록되고 재구성된 도시라는 점에서 각별한 중요성을 갖는다. 헬레니즘 세계의 다른 곳과 마찬가지로 그곳에서는 그리스 종교와 비그리스 종교가 결합해 그야말로 현기증이 날 정도로 수많은 다양한 종교를 만들어냈다.

그와 같은 융합 흐름에 대해 거센 저항을 펼친 곳—팔레스타인 유대인이 그 대표적 사례였다—에서조차 헬레니즘 문화는 깊숙이 뿌리를 내렸으며, 특히 상층계급에서 확고한 기반을 다졌다. 그리스의 영향은 팔레스타인 바깥의 유대인 공동체에서 한층 두드러졌다. 기원전 2세기 말에 이르러 팔레스타인 밖에 거주하는 유대인 인구는 팔레스타인 거주 유대인 인구를 압도하고 있었다. 이들 그리스어 사용 유대인 공동체의 필요에 부응해『히브리어 성경』의 그리스어 판(『70인 역 성서』라고 한다)이 등장했고, 이 성경은 그 자체로서 권위 있는 문서가 되었다. 전설에 의하면 70명의 학자가 제각기 독립적으로 히브리어를 그리스어로 번역했는데도 하나하나의 번역이 모두 완벽하게 일치했고, 이는『70인 역 성서』가 신적 계시의 소산임을 입증한 것이라고 한다.

이스라엘에 대한 그리스의 영향

그리스 문화는 헬레니즘 세계 전역에서 강력한 매력을 발산했다. 비교적 문화적으로 고립되어 있던 이스라엘에서도 그 영향력은 컸다. 기원전 2세기 예루살렘 유대인 상층계급의 그리스화된 생활방식은 마카베오라는 토착 히브리 왕조가 반란을 일으킨 원인이 되었다. 마카베오 왕조는 그리스 문화가 유대인의 삶에 들여온 '타락'을 공격했다. 다음 인용문에서 보이듯이 성전의 고위 사제마저 야손이라는 그리스식 이름을 갖고 있었다.

그 무렵(안티오코스 4세 치세, 기원전 175~164) 이스라엘에서는 배교자들이 생겨 많은 사람을 선동하면서 "주위의 이방인과 맹약을 맺읍시다. 그들을 멀리하고 지내는 동안 얼마나 많은 재난을 당했습니까" 하고 꾀었다. 이 말이 그럴듯해 백성 중에서 여럿이 왕에게 달려가 이방인의 생활풍습을 받아들이자고 청해 허가를 받았다. 그들은 곧 이방인의 풍속을 따라 예루살렘에 운동장을 세우고 할례 받은 흔적을 없애고 거룩한 계약을 폐기하고 이방인과 어울렸다. 이렇게 그들은 자기 민족을 팔고 악에 가담했다.……안티오코스가 왕위를 계승했을 때 오니아스의 동생 야손이 부정한 수단으로 대제사장직을 손에 넣었다.……야손은 왕의 승낙을 받아 직권을 쥐자마자 자기 동족의 생활을 그리스식으로 바꿔놓았다.……사제들은 제단을 돌보는 일에 열성이 없어져 성전을 우습게 생각하고 희생제물을 바치는 일을 할 생각도 안 했으며, 원반던지기를 신호로 경기가 시작되기가 바쁘게 경기장으로 달려가서 율법에 어긋나는 레슬링 경기에 다른 사람들과 함께 휩쓸렸다. 이렇게 선조 때부터 내려오는 명예로운 전통을 짓밟고 그리스 문화를 가장 영광스럽게 생각했다.……4년마다 티레에서 열리는 경기에 왕이 임석했는데 추잡한 야손은 예루살렘의 안티오코스 청년단원 중에서 대표를 뽑아 헤라클레스 신에게 희생제물을 바칠 비용으로 은 300드라크마를 들려서 참관인으로 보냈다.……유대인들이 차마 견딜 수 없을 만큼 악은 날로 더해만 갔다. 이방인은 이 성전 안에서 온갖 방종과 향락을 일삼았다. 그들은 거룩한 성전 경내에서 창녀와 놀아나고 부녀자를 농락했다.……제단에는 율법에 금지된 부정한 고기를 쌓아놓았다.

_『구약 외경』, 「마카베오 상」 2장; 「마카베오 하」 4~6장.

분석 문제

1. 유대인은 헬레니즘 문화를 접하기 전 여러 차례에 걸쳐 종교 지도자들에게 복종하지 않았다. 히브리 사제 및 예언자들은 왜 그리스 문화를 그토록 위험하다고 생각했는가? 무엇 때문에 그들은 타락을 두려워했는가?

2. 예루살렘에 체육관을 건축하는 일은 왜 유대인을 모욕하는 특별한 상징이 되었는가? 그 계획을 멈출 수는 있었는가? 고립주의를 주장함으로써 유대인은 헬레니즘 계승 왕국의 지배자들에게 저항한 것인가, 아니면 특전을 요구한 것인가?

헬레니즘 문화: 문학과 예술

♣ 헬레니즘 건축과 조각의 으뜸가는 주제는 무엇이었는가?

헬레니즘 시대의 문학과 예술은 과거 그리스인이 이룩한 업적의 다양한 국면들을 극단으로 추구하는 경향을 보였다. 작가나 예술가는 전제적 후원자에게 강한 인상을 주고자 형식적 기교만을 보여주려고 애썼다. 헬레니즘 시대의 더욱 커진 삶의 불확실성 때문에 예술 소비자들은 좀 더 극적이고 덜 난해한 예술 표현 형식에서 만족감을 얻고자 했다. 어떤 식으로 설명을 하든지 간에 분명 이 시기의 예술은 시민적 삶의 표현이라기보다는 하나의 상품이 되었다. 예술 작품은 수적으로 늘어났고 폭넓게 보급되었다. 오늘날까지 이름이 전해지는 헬레니즘 시대 작가는 1,100명을 넘는다. 그들의 작품 대부분은 그저 그런 수준이지만 그 가운데 일부는 문학과 예술의 영원한 걸작으로 남아 있다.

전원문학

헬레니즘 시의 가장 뛰어난 형식은 전원시였다. 전원시는 목자와 숲 속 요정들의 환상적인 세계를 묘사한 새로운 장르였다. 이 장르의 고안자는 기원전 270년경 알렉산드리아의 대도시를 배경으로 작품 활동을 한 그리스인 테오크리토스였다. 테오크리토스는 도피주의를 판매하는 상인이었다. 도시의 소음 한가운데서 전제적인 지배자들과 부대끼면서 혼잡하고 너절한 환경 속에서 살았던 그는 안개 낀 시골의 매력을 찬미하고 시골 사람들의 소박한 즐거움을 이상화했다. 그의 전원시 중에는 이런 구절도 나온다. "나의 시골 노래를 시작하라. 감미로운 뮤즈여, 시작하라. 나는 에트나에서 온 티르시스, 이것은 티르시스의 아름다운 목소리일지니." 많은 사람들은 이 시의 비현실성에 이질감을 느꼈다. 들판의 목자가 어떻게 이런 세련된 표현을 할 수 있단 말인가? 그러나 다른 독자들은 그의 시적 화려함을 즐겼다. 전원시를 창조한 테오크리토스는 헬레니즘 세계의 범주를 뛰어넘는 하나의 영속적 전통—그것은 베르길리우스와 밀턴 같은 거장에 의해 채택되었고 후대의 시각 예술에도 풍부한 주제를 제공해주었다—을 확립했다. 현대의 작곡가 클로드 드뷔시의 〈목신의 오후〉 서곡은 알렉산드리아의 이 도피주의 시인에게서 영감을 얻었다.

전원으로의 도피

　헬레니즘 시대의 혼란스러워진 도시와 사회적 격동으로 말미암아 많은 사람은 시와 산문에 표현된 소박한 전원적 즐거움이 가득한 상상의 세계로 은거하는 것을 동경했다. 테오크리토스(기원전 300년경 시라쿠사 출생)는 불안해하던 도시인에게 그와 같은 소박한 삶에 대한 환상을 들려준 시인 중 한 사람이었다.

　내가 노래를 마치자 그는 꾸밈없는 웃음으로 목자의 지팡이를 내게 건네주었는데, 그 지팡이는 우리가 공유하는 이상의 징표였다. 픽사로 향하는 왼쪽 길로 접어든 그는 우리와 헤어졌다. 에우크리토스와 나는 청년 아민타스와 함께 프라시데모스의 농장으로 향하는 길로 접어들었다. 그곳에서의 환대에 행복해 하면서 우리는 향긋한 갈대와 풋풋한 포도나무 잎으로 만든 침상에 털썩 주저앉았다. 머리 위에는 느릅나무와 포플러 숲이 조용히 흔들리고 있었다. 님프의 동굴에서 흘러나오는 물소리가 들렸다. 볕에 그을린 매미가 그늘진 덤불 속에 앉아 요란하게 울어댔다. 멀리서 청개구리가 가시덤불 사이를 지나가면서 거칠게 투덜댔다. 종달새와 홍방울새들이 노래했다. 비둘기 한 마리가 끙끙댔고 갈색 벌들이 못가를 빠르게 날면서 윙윙거렸다. 청량한 공기는 여름 냄새를 풍겼고 수확의 냄새로 가득 찼다. 우리는 느긋하게 사지를 뻗었다. 발치에는 배, 양옆에는 사과가 있었다. 자두나무가 열매 무게를 못 이기고 가지를 동쪽으로 늘어뜨리고 있었다. 포도주 항아리에서 떼어낸 봉인은 4년 된 것이었다. 험준한 파르나소스 산의 신천(神泉)인 카스탈리아 샘을 자주 찾는 님프들이 내게 말한다. 헤라클레스가 폴루스의 동굴에서 키론으로부터 그런 포도주를 받아 마신 적이 있느냐고.……미소 짓는 여신이 양귀비와 곡식단을 쥐고 있는 동안 또 다른 한 해의 곡식더미 위에서 키질을 할 수 있을지니.

분석 문제

1. 테오크리토스는 시골을 목가적으로 그렸지만 그의 시는 실제 이상으로 환상적인 면을 포함하고 있다. 유복한 도시 사람들이 들뜬 기분에 목자 흉내를 내는 동안 농사는 누가 지었는가?

산문

헬레니즘 산문 문학은 역사가와 전기작가들이 주도했다. 가장 심오한 역사가는 기원전 2세기 그리스 본토에 살았던 폴리비오스였다. 폴리비오스에 의하면, 역사적 발전은 순환적으로 진행되며 민족은 필연적으로 성장과 쇠퇴의 단계를 거쳐 가기 때문에 그 민족에게 과거에 어떤 일이 생겼는지를 안다면 그 민족이 어디로 갈 것인지를 정확하게 예측할 수 있었다. 역사학적 방법론이라는 관점에서 보면 고대의 모든 역사가들 중 폴리비오스를 능가하는 인물은 투키디데스 한 사람뿐이다. 그는 사회적·경제적 요인의 중요성을 포착하는 데는 오히려 투키디데스를 능가했다. 그 시대의 전기(傳記)는 대부분 경박하고 수다스러웠는데, 그것이 당시에 엄청난 인기를 누렸다는 것은 헬레니즘 시대의 문학적 취향이 어떠했는지를 단적으로 말해준다.

건축

전제적인 지배 스타일에 부응이라도 하는 듯 헬레니즘 건축은 장엄하고 장식적이었다. 기원전 5세기와 4세기 그리스 건축의 특징인 균형과 절제 대신 헬레니즘의 공공건축은 그리스적 요소를 채택하되 페르시아 군주와 이집트 파라오에게 눈높이를 맞추었다. 두 개의 전형적 사례가 있었다(불행히도 둘 다 오늘날 남아 있지 않다). 하나는 높이가 거의 120미터에 달하고 위로 오를수록 점차 가늘어지는 3층 구조에 꼭대기의 등불을 받치기 위한 8개의 기둥으로 이루어진 알렉산드리아의 대형 등대였고, 다른 하나는 푸른색 회반죽을 칠한 돌로 건축된, 동시대인이 '공중으로 솟았다'고 표현한 알렉산드리아 성채였다. 소아시아 페르가몬에 있는 어마어마한 제우스 제단(근대에 이르러 베를린으로 옮겨졌다)과 대형 야외극장은 높다란 언덕을 마주하고 있었다. 에페소스의 도로는 대리석으로 포장되어 있었다. 크기야 어찌되었건 헬레니즘 건축의 특징을 잘 드러낸 것은 코린토스식 기둥이었는데, 그것은 과거 그리스 건축물을 주도했던 소박하고 위엄 있는 도리스식·이오니아식 기둥에 비해 한층 장식적이었다.

조각

아마도 헬레니즘 문화가 이룩한 모든 결과물 가운데 가장 영향력이 큰 것은 조각일 것이다. 종전의 그리스 조각이 인간을 이상화하고 엄격한 절제로써 그리스인이 가진 중용의 이상을 표현하려 한 것과는 달리, 헬레니즘 조각은 극단적인 자연주의와 노골적인 화려함을 강조했다. 조각가들은 얼굴의 주름살, 팽창한 근육, 옷의 복잡한 주름 등을 장황하게 묘사했다. 거북한 자세는 대리석 조각가들에게 가장 큰 도전이었다. 조각가들은 팔다리를 뻗거나 한쪽 다리로 균형을 잡는 등 실생활에서는 보기 힘든 자세를 작품으로 표현하고 싶어했다. 헬레니즘 조각은 부유한 개인 후원자를 위해 제작되었으므로 착상과 기교면에서 무언가 독특한 것—소장가가 그 독특함을 남에게 자랑할 수 있는 것—을 창조하는 것이 주목적이었다. 그러므로 복잡성이 그 자체로서 찬양되는가 하면, 극단적 자연주의가 기형적으로 양식화된 것은 놀라운 일이 아니었다. 그러나 현대인은 그런 작품을 보고 인식의 충격을 경험하곤 한다. 왜냐하면 헬레니즘 조각의 현란하고 과장된 자세는 미켈란젤로와 그 추종자들에게 엄청난 영향력을 미쳤고, 19세기와 20세기의 현대 조각가들에게도 영감을 주었기 때문이다. 헬레니즘 조각의 가장 유명한 작품들—그것들은 헬레니즘 시대 미학적 이상의 다양한 국면들을 드러냈다—로는 다음을 들 수 있다. 먼저 〈빈사의 갈리아인〉은 기원전 220년경 페르가몬에서 제작되었는데, 뒤틀린 인체를 더할 나위 없는 솜씨로 표현했다. 〈사모트라키의 승리의 날개〉는 기원전 200년경의 작품으로, 흐르는 옷자락을 돌덩이가 아닌 진짜 옷인 것처럼 묘사했다. 기원전 1세기의 〈라오콘 상〉은 조각예술 역사상 가장 치열한 감정과 복합적인 구성을 보여주었다.

과학과 의학

♠ 이 시기에 왜 과학과 의학이 발달했는가?

헬레니즘 시대는 17세기 이전까지 과학의 역사를 통틀어 가장 찬란했던 시대였다. 여기에는 두 가지 중요한 이유가 있다. 하나는 메소포타미아, 이집트의 과학이 그리스인의 학문과 호기심에 결합됨으로써 지적 탐구에 엄청난 자극을 주었다는 사실이다. 다른 하나는 많은 헬레니즘 지배자들이 과학 탐구의 통 큰 후원자로서, 마치 조각가들에게 보조금을 지급한 것처럼 과학자들—지배자들에게 예속된 처지였다—에게도 보조금을 지급했다는 것이다.

한때 그와 같은 후원이 실용적인 동기에 의해 이루어졌다고 간주된 적이 있었다. 지배자들은 과학의 진보가 그들 영역 내의 산업 성장을 촉진하고 나아가 자신의 물질적 편익을 증대시키리라 믿었다는 것이다. 그러나 현대의 헬레니즘 문명 연구자들은 기술을 통한 노동력 절감을 위해 산업 혁신을 원했던 지배자가 과연 존재했는지에 대해 회의적이다. 왜냐하면 당시는 노동력이 저렴했을뿐더러 전제적 군주는 노동계급의 고통에 추호의 관심도 없었기 때문이다. 과학과 물질적 편익의 관계도 달리 생각해야 한다. 헬레니즘 세계 지배자들은 곁에서 부채질해주는 노예를 충분히 거느리고 있었으므로 대외적 위신—그것은 굽실대는 아랫것들을 통해 얻어졌다—을 실추시키는 기계장치 따위를 도입할 생각은 전혀 없었다.

물론 일부 지역에서는 실용적인 목적이 과학 후원의 동기가 되었다. 특히 의학 및 군사 기술과 관련된 분야에서 그랬다. 그러나 과학 연구를 후원한 지배자의 주요 동기는 어디까지나 위신을 드높이기 위한 것이었다. 지배자들은 마치 조각작품을 자랑하듯이 과학적 장치를 손님들 앞에서 뽐낼 수 있었다. 그리스어 사용 유한계급 사이에서는 순수한 이론적 업적마저도 찬탄의 대상이었다. 그러므로 마치 현대 미국의 어느 미식축구 팀이 우승할 경우 해당 도시의 시장이 그 영광을 누리는 것처럼, 획기적인 과학 발전을 후원한 헬레니즘 군주는 위신을 드높일 수 있었다.

천문학, 수학, 지리학

헬레니즘 시대의 주요 과학은 천문학, 수학, 지리학, 의학, 물리학이었다. 헬레니즘 시대 초기의 천문학자 가운데 가장 유명한 인물은 '헬레니즘 시대의 코페르니쿠스'로 불리는 사모스의 아리스타르코스(기원전 310~230)였다. 그의 주요 업적은 지구와 기타 행성이 태양의 주위를 공전한다고 추론해냈다는 데 있다. 이 견해는 그의 계승자들에게는 받아들여지지 않았다. 왜냐하면 이 관점은 아리스토텔레스의 가르침에 위배되었고, 인간이 우주의 중심이며 따라서 지구도 우주의 중심이어야 한다는 그리스인의 확신과도 상충되었기 때문이다. 아리스타르코스의 명성은 후대에 등장한 알렉산드리아의 프톨레마이오스(2세기에 활동)의 평판에 가려지고 말았다. 프톨레마이오스는 독창적인 발견은 거의 하지 못했지만 다른 사람들이 해놓은 연구를 체계화시켰다. 그의 주요 저작인『알마게스트(Almagest)』—모든 천체는 지구 주위를 회전한다는 지구 중심설에 입각해 논지를 전개했다—는 고대 천문학의 고전적 결론으로서 중세 유럽에 전달되었다.

천문학과 밀접한 관련이 있는 과학은 수학과 지리학이었다. 헬레니즘 시대의 가장 유명한 수학자는 기하학의 아버지로 일컬어지는 에우클레이데스[6]였다. 19세기 중반에 이르기까지 그의『기하학 원리』—기원전 300년경 집필된 이 책은 다른 사람들의 저작들을 집대성한 것이다—는 기하학 분야의 기초 입문서였다. 헬레니즘 시대의 가장 독창적인 수학자는 평면 및 구면 삼각법의 기초를 놓은 히파르코스(기원전 2세기에 활동)였다. 헬레니즘 시대의 지리학 발전은 천문학자이자 알렉산드리아 도서관의 사서였던 에라토스테네스(기원전 276경~196경)의 업적에 힘입은 바 크다. 그는 수백 마일 간격으로 놓인 해시계를 이용해 200마일(320킬로미터) 이내의 오차로 지구의 둘레를 계산해냈으며, 서쪽으로 항해해 동아시아에 도달할 수 있는 가능성을 최초로 제시했다. 그의 계승자들 중 한 사람은 지구를 다섯 개의 기후대로 나누었으며(그것은 오늘날에도 인정받고 있다), 밀물과 썰물을 달의 영향력에 의한 것으로 설명했다.

의학

헬레니즘 시대의 과학은 의학 분야에서도 진보를 이룩했다. 의학 발전에 특히 지대한 공헌을 한 인물은 알렉산드리아에서 활동한 학자 칼케도니아의 헤로필로스(기원전 335경~280경)였다. 헤로필로스는 고대의 가장 위대한 해부학자였으며 인체 해부를 최초로 실행한 것으로 보인다. 그의 업적으로는 뇌를 자세히 설명하면서 (아리스토텔레스와는 달리) 뇌가 인간 지성을 관장하는 기관임을 주장했다는 점, 맥박의 중요성을 발견하고 그것을 질병 진단에 이용한 점, 동맥에는 (아리스토텔레스의 가르침처럼 혈액과 공기의 혼합물이 차 있는 것이 아니라) 혈액이 있을 뿐이며 혈액을 심장으로부터 신체 각 부분으로 운반하는 기능을 갖고 있다는 사실을 발견한 점 등이다. 기원전 3세기 중반 알렉산드리아의 에라시스트라토스는 생체 해부를 통해 신체 기능에 관한 상당한 지식을 얻어냈다. 그는 심장의 판막을 발견했고 운동

---

6) 영어 사용권에서는 유클리드(Euclid)로 알려져 있다.

신경과 감각신경의 차이를 구별했다. 더욱이 그는 사람의 몸이 네 가지 '체액'으로 이루어져 있다는 히포크라테스의 이론을 반박했고 과도하게 피를 흘리게 하는 치료방법을 비난했다. 그러나 불행히도 4체액설과 사혈법(瀉血法)은 2세기에 로마 제국의 위대한 의학자인

헬레니즘 세계의 과학 선구자들	
칼케돈의 헤로필로스	기원전 335년경~280년경
에우클레이데스	기원전 330?~270?년
사모스의 아리스타르코스	기원전 310~230년
시라쿠사의 아르키메데스	기원전 287년경~212년
에라토스테네스	기원전 276년경~196년경

갈레노스에 의해 다시 부활했고, 갈레노스가 끼친 해로운 영향력은 18세기까지 계속되었다.

물리학

기원전 3세기 이전의 물리학은 철학의 한 분야였다. 물리학은 시라쿠사의 아르키메데스(기원전 287경~212경)에 의해 비로소 독립된 실험과학이 되었다. 아르키메데스는 부력 또는 비중의 법칙을 발견했으며 지렛대, 도르래, 나사 등의 원리를 과학적으로 정확하게 공식화했다. 그의 발명품 중에서 복합 도르래, 선박용 스크루 프로펠러 등은 특기할 만하다. 그는 기계기술 분야에서 고대의 가장 위대한 천재로 간주되고 있지만, 자신의 정교한 기계장치들을 높이 평가하지 않았고 오히려 순수과학 탐구를 더욱 좋아했다. 전설에 의하면 그는 목욕을 하면서 숙고하던 중 '아르키메데스의 원리'(비중)를 발견했는데, 근사한 생각이 떠오르자 벌거벗은 채로 거리로 뛰쳐나가면서 "유레카(나는 발견했다)"라고 소리쳤다고 한다.

폴리스의 변형

◆ 헬레니즘 시대에는 고전기 그리스의 폴리스 기반 문화에 비해 어떤 변화가 일어났는가?

헬레니즘 시대에 이집트와 소아시아에서는 거대한 왕국들이 세워졌고 그리스 세계에서는 아카이아 동맹 같은 새로운 형태의 정치조직이 등장했다. 그렇다면 고전기 그리스 문화의 토대였던 폴리스는 어떻게 되었을까?

폴리스가 쇠퇴했다는 주장은 어느 정도 그릇된 인상에서 비롯된 것이다. 일부 폴리스들

은 상업 중심지로서 계속 번창했다. 위대한 헬레니즘 왕국들이 도시들의 집합체였다는 점, 그리스-마케도니아 지배자들이 대부분 폴리스 세계의 문화적·정치적 유산을 계속 보존했다는 사실을 기억하는 것도 중요하다.

그러나 헬레니즘 세계의 폴리스—알렉산드리아나 안티오크처럼 외곽으로 뻗어나간 대도시가 아니라도—는 여러 면에서 고전기 도시와 근본적으로 달랐다. 앞서 보았듯이, 기원전 4세기에 이루어진 변화는 이미 그리스의 사회적·정치적 삶을 분열시키고 있었다. 알렉산드로스의 정복활동은 많은 그리스인에게 본국의 구속과 제약에서 탈출할 수 있는 기회를 제공했다. 알렉산드로스는 자신도 의식하지 못하는 가운데 그리스어 사용자에게 경제적 기회로 가득 찬 세계주의적인 무대를 활짝 열어준 셈이었다. 기원전 300년에 이르러 코이네 그리스어(Koine Greek)[7] 기반 문화는 정치적·지리적 경계를 뛰어넘어 지중해 동부와 서아시아를 포괄했다. 이 거대하고 활기찬 세계에 그리스인이 쏟아져 들어가면서 그리스 본토의 인구는 기원전 325~225년 사이에 절반으로 줄어들었다. 수십만 명의 그리스인이 한 재산 모으기 위해 본토를 떠나 거대 제국들과 세계주의 도시들로 이루어진 지중해 세계—이 세계의 규모는 페리클레스 시대의 아테네인으로서는 상상조차 할 수 없을 정도로 거대했다—로 향했다.

이런 변화는 그리스 문화와 폴리스에 엄청난 영향을 미쳤다. 고전기 그리스 문화의 모태가 된 암흑시대의 소규모 공동체와 상고기의 도시국가들은 사실상 모든 사람이 서로가 서로를 직접 알고 지내는 사회로, 수많은 사회적·정치적 유대를 통해 시민이 결속되어 있었다. 그리스의 정치 참여 전통은 고대의 다른 어떤 문화가 성취했던 것보다 더 큰 참정권을 시민들에게 안겨주었다. 그리스 세계의 모든 시민은 크건 작건 간에 그가 속한 사회 및 그 사회의 제도, 신, 군대, 문화생활 등에서 일정한 지분과 이해관계를 가지고 있었다.

이렇듯 깊이 아로새겨진 그리스적 사고방식은 헬레니즘 도시들의 소용돌이치는 세계주의 속으로 옮겨지면서 커다란 변화를 겪었다. 한 인간과 시민으로서의 삶을 규정짓던 모든 것이 대부분 사라졌다. 국가 정치와의 긴밀한 연계는 지방적 차원에서조차도 사라져버렸다. 그리스 본토에서의 충일했던 사회적·가족적 유대관계를 대신해 헬레니즘 왕국의 평균적 그리스인이 의지할 수 있는 사람은 직계가족밖에는 없었다. 그 결과 그리스적 삶의 전통적 가

---

7) 기원전 4세기 후반 아티카 방언을 중심으로 이오니아 방언을 추가하고 여러 방언의 공통 요소를 추출해 덧붙여서 만든 공통 그리스어가 코이네이다. 코이네는 『신약성서』의 언어이며, 현대 그리스어의 근원이다.

치관과 헬레니즘 시대의 사회적·정치적 현실 사이에는 돌이킬 수 없는 괴리가 나타났다.

결론

　고전기 그리스의 시각에서 판단할 때 헬레니즘 문명은 그리스 문명의 퇴보 국면으로 보일지도 모른다. 헬레니즘 시대의 독재 정부들은 아테네 민주정과 비교할 때 비위에 거슬린다. 그리고 헬레니즘의 사치 성향은 과거 그리스의 취향과는 달리 저급하게 보일는지도 모른다. 헬레니즘의 최고 수준 문학작품에서도 위대한 그리스 비극의 영감에 찬 위엄을 찾아볼 수 없었고, 헬레니즘 철학자 중 어느 누구도 플라톤과 아리스토텔레스의 심오함에 이르지 못했다. 그러나 헬레니즘 문명은 고전기 그리스가 달성할 수 없었던 독자적인 업적을 이룩했다. 대부분의 헬레니즘 도시는 과거의 그리스 도시보다 훨씬 많은 공공 편의시설—박물관, 도서관 등—을 제공했다. 그리고 수많은 헬레니즘 사상가, 저술가, 예술가는 새로운 사상, 인상적인 새로운 장르, 그리고 상상력이 넘치는 새로운 양식을 후대에 남겼다. 과학적 진보 역시 헬레니즘의 지적 창의성—그것은 헬레니즘 세계의 중요한 특징이었다—을 입증해주었다.

　후대의 역사적 발전에 대한 헬레니즘 시대의 가장 중요한 기여는 헬레니즘이 그리스와 로마 사이의 가교 역할을 했다는 점일 것이다. 어떤 경우 헬레니즘의 기여는 단순한 보존 역할에 그치는 것이었다. 고대 로마인이 고전기 그리스 사상에 대해 알고 있는 거의 모든 지식은 헬레니즘 시대 도서관에 보존된 그리스의 철학·문학 문서의 사본을 통해 습득한 것이었다. 그러나 다른 영역에서의 전달은 변형을 수반했다. 예를 들어 헬레니즘 예술은 기존 그리스 예술에서 비롯되었고 그와 연계되어 있었지만 전혀 다른 예술로 발전되었는데, 이 '그리스와 닮은(Greek-like)' 예술은 로마인의 취향과 예술적 업적에 지대한 영향을 미쳤다. 연극도 마찬가지였다.

　결론적으로 헬레니즘 문화의 두 가지 특징—헬레니즘 세계주의와 헬레니즘 근대성—을 각별히 언급해두고자 한다. 세계주의자(cosmopolitan)는 '세계 도시(universal city)'를 의미하는 그리스어에서 비롯된 말이다. 그리고 서양인 가운데 세계주의의 이상을 가장 잘 실현시킨 것은 헬레니즘 시대의 그리스인이었다. 기원전 250년경 그리스의 유한계급은 시칠리아에서 인도 국경까지 여행할 수 있었고, 가는 곳마다 문학과 이상을 공유하는 그리스어 사용자를 만날 수 있었다. 이들 그리스인은 특정 도시국가나 왕국에 배타적 충성심을 지닌 민족주의자가 결코 아니었다. 그들은 스스로를 세계의 시민으로 간주했던 것이다.

헬레니즘 세계주의는 한편으로는 페르시아 세계주의의 산물이었으며 다른 한편으로는 로마 세계주의의 등장에 기여했다. 그러나 그것은 페르시아, 로마와는 달리 결코 제국적이지 않았다. 다시 말해서, 헬레니즘 세계주의는 초국가적인 국가에 의한 구속으로부터 전적으로 자유로웠다. 비록 그것이 종속 주민에 대한 착취에 의해 달성되기는 했지만 말이다. 헬레니즘 문명의 다른 국면은 현대인에게 한층 친숙할 것으로 보인다. 권위주의적 정부, 지배자 숭배, 경제적 불안정, 극단적 회의주의가 열정적인 신앙과 나란히 공존했다. 합리적 과학이 불합리한 미신, 화려한 예술, 과시적인 예술품 수집 등과 더불어 공존했다. 헬레니즘 시대의 이런 특징으로 인해 사려 깊은 역사학자들은 그 시대를 우리 시대와 가장 밀접한 관련성을 지닌 시대 중 하나로 간주한다.

로마 문명

♣ 에트루리아인과 그리스인은 초기 로마 사회에 어떤 영향을 미쳤는가?

♣ 초기 로마 공화정은 얼마나 민주적이었는가?

♣ 기원전 3세기와 2세기 로마가 이룬 영토 팽창의 결과는 무엇이었는가?

♣ 제국의 팽창은 로마 사회와 문화에 어떤 영향을 미쳤는가?

♣ 후기 공화정의 사회 투쟁을 야기한 것은 어떤 문제였는가?

♣ 아우구스투스 체제는 왜 성공했는가?

♣ 원수정 시대의 많은 비평가들은 왜 로마 여성의 행실을 집중적으로 비판했는가?

♣ 로마 제국을 멸망 직전의 상황으로 몰고 간 요인은 무엇이었는가?

♣ 로마 문명은 3세기에 최후를 맞이했는가?

그리스인이 페르시아에 맞서 싸우고 뒤이어 내전 상태에 휘말리는 사이에 새로운 문명이 중부 이탈리아의 테베레 강가에서 등장하고 있었다. 기원전 4세기 말 로마는 이미 이탈리아 반도의 지배적인 세력이 되어 있었고, 그 후 500년 동안 로마의 세력은 착실히 성장했다. 서기 1세기에 이르러 로마는 서유럽 대부분과 헬레니즘 세계 대부분을 지배했다. 로마는 지중해 세계를 최초로 통일했고 지중해를 '로마의 호수'로 만들었다. 로마 제국은 그리스의 제도와 사상을 지중해 세계 서부뿐만 아니라 브리튼, 프랑스, 에스파냐, 루마니아 등에도 전했다. 그 결과 로마는 유럽을 고대 근동의 문화적·정치적 유산과 연결하는 거대한 역사적 교량의 건설자가 되었다. 로마가 없었다면 오늘의 유럽은 존재하지 않았을 것이다.

로마는 그리스 문화로부터 엄청난 영향을 받았지만 그 자체로도 하나의 독특한 문명이었다. 로마인은 그리스인보다 전통적 가치에 한층 더 집착했다. 로마는 오랜 농업적 전통, 가정을 지키는 신들, 엄격한 군사적 가치 등을 존중했다. 그러나 제국이 성장하면서 로마인은 세계를 문명화할 신성한 사명—로마인 특유의 천재적 재능인 법률과 정치 기법을 가르침으로써—을 갖고 있다고 자부하게 되었다. 로마의 위대한 서사시인 베르길리우스(기원전 70~19)는 로마의 역사적 사명에 대한 자긍심을 『아이네이스』에서 표현했는데, 이 서사시는 도시국가 로마의 건국에 관련하여 로마인이 소중히 간직했던 전설 하나를 들려주고 있다. 여기에서 트로이의 안키세스는 그의 아들 아이네아스에게 예언적인 말을 들려준다. (베르길리우스의 설명에 따르면) 아이네아스는 로마 시의 건설자가 될 인물이었다. 로마인에 대해 언급하면서 안키세스는 아들에게 그의 백성의 미래에 관해 이렇게 말한다.

> 다른 자들은 청동을 두들겨
> 살아 숨 쉬는 것 같은 형상들을 만들어내고(나는 그렇게 믿는다)
> 대리석에서 살아 있는 얼굴을 이끌어낼 것이며,
> 다른 자들은 탁월한 웅변으로 변론할 것이며,
> 또 다른 자들은 하늘의 운동을 막대기로 추적하며
> 언제 별들이 뜰 것인지 예언해줄 것이다.
> 로마인이여, 너는 명심하라. (이것이 네 예술이 될 것이다.)
> 권위로써 여러 민족들을 다스리고, 평화를 관습화하고,
> 패배한 자들에게는 관대하고,
> 교만한 자들은 전쟁으로 분쇄하도록 하라.
> _베르길리우스, 『아이네이스』 제6권.

로마에 정복당한 모든 민족이 그런 경험을 반긴 것은 아니다. 그러나 모든 민족이 그 정복에 의해 변화되었다.

246

초기 이탈리아와 로마 왕국

♣ 에트루리아인과 그리스인은 초기 로마 사회에 어떤 영향을 미쳤는가?

이탈리아 반도의 지세는 로마의 발전에 결정적인 영향을 미쳤다. 고대 이탈리아에는 상당한 면적의 숲과 그리스보다 훨씬 비옥한 땅이 있었다. 그러나 이탈리아는 결코 평화로운 곳이 아니었다. 이탈리아에는 엄청난 매장량의 대리석과 소량의 납·주석·구리·철(엘바 섬)·은 등이 있었다. 하지만 그 밖의 광물자원은 거의 없었다. 이탈리아의 긴 해안선에는 좋은 항구가 단지 몇 개뿐이었고, 그나마 대부분 그리스와 근동의 반대편인 서해안 쪽에 자리 잡고 있었다. 안심이 될 만한 자연적 방어물도 없었다. 알프스는 유럽에서 유입되는 인구에 대한 장애물 구실을 사실상 하지 못했고, 이탈리아의 낮은 해안 지대는 바다로부터의 정복에 취약했다. 간단히 말해서 이탈리아는 매력적일 만큼 풍요로웠지만 방어가 취약한 곳이었다. 로마인은 이탈리아 땅에 정착하는 순간부터 엄격한 군대 사회였다. 다른 침략자들에 맞서 그들의 정복지를 지속적으로 지켜내야만 했기 때문이다.

에트루리아인

이탈리아 반도의 초기 주요 거주자는 에트루리아인으로 알려진 비(非)인도-유럽어 민족이었다. 에트루리아인에 대한 우리의 지식은 극히 제한되어 있다. 그들의 언어가 그리스어 알파벳으로 기록되긴 했으나 아직 완전히 해독되지 않았기 때문이다. 에트루리아인의 정착은 후기 청동기 시대까지 거슬러 올라가며, 그들은 일찍이 그리스 및 아시리아와 빈번히 접촉하고 있었던 것으로 보인다. 기원전 6세기에 에트루리아인은 북부 및 중부 이탈리아에 독립적 도시국가들의 연맹체를 수립했다. 그들은 세련된 금속 세공인이자 예술가·건축가였으며, 나중에 로마인은 그들로부터 아치와 볼트에 대한 지식을 포함해 많은 것을 배웠다. 에트루리아인은 그리스인과 알파벳을 공유했고, 또한 (동물 형상이 아닌) 인간 형상의 신들을 숭배하는 종교를 공유했다.

그리스의 관습과는 달리 에트루리아 여성은 비교적 높은 사회적 지위를 누렸다. 에트루리아 여성은 공공생활에 참가했고, 연극 공연과 운동 시합(둘 다 그리스 여성에게는 금지된 일이었다)에 참여했다. 에트루리아 여성이 춤을 춘다는 사실은 그리스인과 로마인에게 충격적인 일이었다. 에트루리아인 아내는 남편과 더불어 식사를 했고 공식 연회에서 남편과 같은 소파에서 함께 기댔으며 죽은 뒤에는 묘지에 함께 묻혔다. 일부 에트루리아 가문에서는 모계로 혈통을 따졌다. 기원전 5세기와 4세기의 로마 여성은 그리스 여성보다는 사회적으로 덜 격리되어 있었지만 에트루리아 여성만큼 자유를 누리지는 못했다.

그러나 다른 측면에서 로마 사회는 에트루리아로부터 엄청난 영향을 받았다. 로마의 아치와 볼트뿐만 아니라 잔인한 검투 경기, 동물 내장이나 새가 나는 모습으로 장래를 점치는 관습 등은 에트루리아인에게서 비롯된 것이다. 거대한 석조 신전과 거기서 치러지는 의식을 중심으로 도시생활을 하는 로마인의 관습 또한 에트루리아인에게서 받아들인 것이다. 로마 건국에 관한 로마인의 가장 유명한 두 가지 전설―트로이의 아이네아스 이야기와 부모에게 버림받은 뒤 늑대에 의해 양육된 로물루스와 레무스 쌍둥이 형제 이야기―도 에트루리아인에게서 비롯된 것으로 보인다.

로마인은 이탈리아의 그리스인 거주자들에게서도 크게 영향을 받았다. 그리스 본토에서 온 이주민은 기원전 8세기에 이탈리아 남부와 시칠리아에 대대적인 규모로 정착하기 시작했고, 기원전 7세기 말 이탈리아의 그리스 문명은 그리스 본토와 맞먹을 정도로 발전했다. 피타고라스와 아르키메데스, 플라톤 등은 한동안 그리스인 거주 이탈리아 지역에서 살았는데, 그곳은 아테네와 스파르타 사이에 벌어진 펠로폰네소스 전쟁에서 주요 전장이 되었다. 그리스인으로부터 로마인은 알파벳, 여러 가지 종교 관념(그리스의 영향과 에트루리아인의 영향을 분리하기 어렵지만), 예술과 신화의 상당 부분을 받아들였다. 로마의 고급문화는 광범하고도 철저하게 그리스적인 것에서 영감을 얻었고 또 그것을 모방했다.

로마의 흥기

로마인은 기원전 2천년기에 알프스를 넘어 이탈리아로 흘러온 인도-유럽어 사용 민족 집단의 후손이다. 최근의 고고학 연구는 로마 시의 기원을 늦어도 기원전 10세기로 소급하고 있는데, 이는 로마인의 전승에서 도시 건설 연대로 간주한 기원전 753년보다 수백 년 앞선 것이다. 테베레 강가에 자리 잡은 로마는 많은 전략적 이점을 갖고 있었다. 상선―대형 전함은 불가능했다―이 테베레 강을 거슬러 로마까지는 항해할 수 있었지만 그 이상은 올라가지 못했다. 그러므로 도시는 바다로부터의 공격 위험 없이 항구로서의 기능을 할 수 있었다. 로마의 유명한 언덕들은 방어를 더욱 용이하게 했다. 로마는 또한 테베레 강을 가로지르는 가장 좋은 여울목에 위치했으므로 자연스럽게 육지와 강의 교차로가 되었다. 라티움(라틴인, 즉 로마인의 땅)과 에트루리아(에트루리아인의 본거지) 사이의 국경 지대에 위치했다는 점도 이 도시의 상업적·전략적 중요성을 높였다.

　라티움의 지형—자연적 장애물이 거의 없는 넓고 탁 트인 평원—은 로마가 이웃 공동체를 다루는 방식에 영향을 미쳤다. 일찍이 로마인은 다른 라틴 공동체들과 통상권(commercium, 라틴인 사이에 체결된 모든 계약은 라티움 전역에서 강제력을 갖는다), 통혼권(conubium, 라틴인은 남편과 아내가 속한 공동체 내에서 법적 승인을 얻고 결혼할 수 있다), 이주권(migratio, 한 도시에 거주하는 라틴인은 다른 도시로 이주할 수 있으며 그곳에서 여러 해 머물 경우 이주 도시의 시민권을 획득했다) 등 일련의 공동권을 확립했다. '라틴권(Latin Right)'으로 알려진 이 특권은 수메르나 그리스의 도시들을 분열시켰던 완고한 지역주의 및 질시·의심과 크게 대조된다. 라틴권을 라티움 밖으로 기꺼이 확대하려 했던 로마인의 의지야말로 나중에 로마인이 이탈리아 반도 전역으로 팽창할 수 있었던 핵심 요인이었다.

　전설에 따르면 로마의 정치체제는 처음에는 왕정이었다. 부족장인 왕은 마치 한 집안의 가장이 가솔에게 하듯이 신민에게 사법권을 행사했다. 원로원(senatus)—또는 장로회의(라틴어 senex는 '노인'이란 뜻)—은 공동체를 구성하는 여러 씨족의 우두머리들로 구성되었다. 그러나 이 원로원의 초기 기능은 불분명하다. 아마도 로마 왕에 대한 자문기구였을 것이다.

　그러나 왕정은 오래가지 못했다. 전설에 의하면 기원전 534년 에트루리아 참주 타르퀴니우스 오만왕(Tarquinius Superbus, 영어로는 Tarquin the Proud)이 로마의 왕권을 장악했다. 에트루리아의 권력 장악은 로마를 번영하는 촌락에서 진정한 의미의 중심 도시로 변화시켰다. 타르퀴니우스가 로마의 전략적 이점을 이용해 라티움 및 남쪽의 풍요한 농업 지역 캄파냐를 지배했기 때문이다. 그러나 타르퀴니우스는 로마인을 매우 잔인하게 지배했다. 결정적인 모욕 사건은 기원전 510년에 있었다. 그해 타르퀴니우스의 아들 섹스투스는 로마의 귀부인 루크레티아를 성폭행했다. 루크레티아가 '치욕스러운' 삶을 포기하고 자살을 결행하자 로마인은 반란을 일으켰다. 그들은 에트루리아인의 전제정치뿐만 아니라 왕정 자체를 완전히 철폐해버렸다.

　루크레티아 이야기는 아마도 애국적 전설일 것이다. 그러나 기원전 500년경 로마 정치체제에서 왕정이 종식되고 공화정이 들어서는 변화(그 변화가 갑작스런 것인지 점진적인 것인지는 알 수 없다)가 있었던 것은 사실이다. 그 후 로마인은 마치 그리스인이 참주에 대해 가졌던 것과 동일한 두려움과 경멸로 왕권을 바라보게 되었다. 루크레티아의 진실이 무엇이든 간에 그것은 초기 로마인이 정부와 가족에 대해 갖고 있던 태도의 많은 부분을 말해주고 있다.

루크레티아의 능욕

　로마 역사가 리비우스는 기원전 1세기 후반에 『로마사』를 편찬했다. 현존하는 그의 논고는 대부분 로마 초기 역사에 관한 것이다. 그가 다룬 로마 초기의 사건들은 역사학적 견지에서 진실성에 의문이 있지만, 로마인이 오랫동안 소중하게 생각한 이상과 가치관을 이해하는 데 도움을 준다. 에트루리아 귀족에게 능욕당한 루크레티아와 이 사건에 뒤이은 혁명(전통적으로 기원전 509년에 발생한 것으로 간주됨)이 그 대표적인 예라 할 수 있다.

　젊은 귀족들은 여가시간의 대부분을 분별없는 쾌락에 탐닉하는 데 허비했다. 하루는 그들이 섹스투스 타르퀴니우스의 거처—콜라티누스도 그 자리에 있었다—에서 술을 마시다가 우연히 아내들을 주제로 이야기꽃을 피웠다. 그들은 자신의 아내에 대한 찬양을 늘어놓았다. 그러던 중 콜라티누스가 외쳤다. "멈춰! 무슨 말이 필요 있겠나? 몇 시간 내로 내 아내 루크레티아의 비할 데 없는 우월성을 명백하게 입증할 수 있는데 말이야. 우리는 모두 젊고 튼튼하잖나. 로마로 말을 달려서 우리 눈으로 우리의 아내가 어떤 여자인지 직접 확인하면 되지."……어두워질 무렵 그들은 로마 시에 도착했다. 귀부인들이 한 무리의 어린 친구들과 함께 사치스러운 저녁 파티를 즐기고 있었다. 그러자 그들은 말을 달려 콜라티아로 갔다. 그들은 거기에서 루크레티아가 전혀 다른 일을 하고 있는 것을 보았다. 이미 밤늦은 시간이었지만 그녀는 자택 거실에서 분주한 하녀들에게 둘러싸인 채 등불을 켜고 열심히 실을 잣고 있었다. 여성의 미덕을 겨룬 콘테스트에서 어떤 아내가 승리를 거두었는지는 자명해졌다.……

　며칠 뒤 섹스투스는 콜라티누스 몰래 자신에게 후한 대접을 베풀었던 루크레티아의 집으로 갔다.……그는 온 집 안이 조용해질 때까지 기다렸다가, 사방이 고요해지자 칼을 뽑아들고 루크레티아의 방으로 향했다.……섹스투스는 자신의 사랑을 강요하고 위협했다.……그러나 죽음의 두려움도 그녀의 의지를 꺾을 수 없었다. 섹스투스는 소리쳤다. "죽음마저도 그대를 움직일 수 없다면, 수치는 그대를 움직일 수 있겠지요. 나는 먼저 그대를 죽인 다음 노예 한 명의 목을 따서 그의 벌거벗은 몸을 그대 곁에 뉘어 놓겠소."……아무리 결연한 의지를 지닌 숙녀일지라도 이런 무서운 위협에는 저항할 수 없었다. 루크레티아는 포기하고 말았다. 섹스투스는 그녀를 겁탈하고 성공을 자랑스러워하면서 도망쳤다.

(자신의 아버지와 남편에게 사건의 전말을 밝힌 후) 그녀는 말했다. "섹스투스에게 합당한 일이 무엇인지 두 분께서 결정하세요. 물론 내게는 아무런 잘못도 없습니다. 하지만 나는 기꺼이 내 몫의 벌을 받겠습니다. 루크레티아는 부정한 여자가 마땅히 져야 할 책임을 회피하는 선례를 만들지 않겠습니다." 이 말을 마친 그녀는 옷 안에서 칼을 꺼내더니 가슴을 찌르고는 앞으로 쓰러졌다. 그녀의 아버지와 남편은 커다란 슬픔에 휩싸였다. 그들이 하릴없이 비통하게 울고 있을 때 브루투스(친척)가 루크레티아의 몸에서 피 묻은 칼을 뽑아들면서 외쳤다. "이 여인의 피와 신들의 이름을 걸고 맹세하노니, 칼이든 불이든 무슨 수단을 써서라도 루키우스 타르퀴니우스 수페르부스와 그의 사악한 아내와 모든 자녀를 끝까지 찾아가 복수하겠다. 그리고 그들은 물론 어느 누구라도 로마에서 다시는 왕이 되지 못하게 하리라!"

분석 문제

1. 리비우스는 도덕적 타락이 로마 공화정 몰락의 원인이라고 믿었다. 그가 들려준 일화는 어떤 역사적·정치적 기능을 수행했는가? 만일 이 이야기가 사실이 아닌 전설이었다면 리비우스와 그의 독자에게 어떤 영향을 미쳤을까?

2. 루크레티아의 강간 이야기가 전설—실제 일어난 사건의 사실적 보고가 아닌 심오한 진실에 대한 생생한 묘사—일 경우 그 이야기가 갖는 상징적 의의를 생각해보라. 루크레티아의 가해자 섹스투스는 타르퀴니우스 오만왕의 아들이자 바람둥이 왕자였다. 범법 행위에 대응해 브루투스는 섹스투스뿐만 아니라 참주 왕과 그의 모든 가족에 대한 복수를 맹세했다. 어떻게 해서 에트루리아 왕 타르퀴니우스의 치세는 '고결한' 나라인 모국 로마에 대한 능욕과 동일시되었는가?

초기 공화정

◆ 초기 로마 공화정은 얼마나 민주적이었는가?

초기 로마 공화정의 역사는 끊임없는 전쟁의 역사였다. 처음에 로마인은 수세에 놓여 있었다. 그러나 시일이 경과하면서 로마인은 다른 라틴인 영토를 정복하고 남부 이탈리아의 에트루리아인과 이탈리아 남단에 있던 그리스인의 도시들을 정복하는 등 세력을 점차 확장했다. 로마인은 통상 정복한 도시에 무거운 부담을 지우지 않았지만, 패배한 적들에게 젊은 이를 로마 군대에 입대시킬 것을 요구했다. 로마는 또한 정복된 많은 도시에 라틴권을 확대시켰고, 그들에게 로마의 정치적·군사적 성공에 동참할 기회를 제공했다. 그 결과 로마 군대는 거의 고갈되지 않는 인적 자원을 확보하게 되었다. 기원전 3세기에 이르러 로마 군대는 무려 30만 명에 이르렀는데, 이것은 고대 또는 중세 세계의 기준으로는 어마어마한 규모였다.

기나긴 투쟁은 로마 국가의 농업적·군사적 성격을 강화시켰다. 새로운 토지의 획득으로 가난한 로마 시민은 새로운 로마 식민지에서 농민으로 살아갈 수 있었다. 이런 식으로 늘어나는 인구를 수용하면서 로마는 놀라우리만큼 오랜 기간 철저한 농업문명 국가로 남을 수 있었다. 그 결과 로마는 그리스나 페니키아에 비해 선박 건조나 상업 분야에 대한 관심을 상대적으로 늦게 가졌다. 지속적인 전쟁으로 로마인 사이에는 엄격한 군사적 이상이 확립되었다. 우리에게 친숙한 로마의 군사적 영웅에 관한 전설은 대부분 초기 공화정 시대에 만들어졌다. 예를 들면 호라티우스 코클레스[1]는 단신으로 적군 전체에 맞서 싸워 전략 거점 교량을 방어했고, 퇴역 군인이자 정치인인 킨킨나투스[2](종종 미국 초대 대통령 조지 워싱턴과 비교되곤 한다)는 전쟁 소식을 듣자마자 일하던 농장을 떠나 조국 로마를 위해 싸우고자 전쟁터로 향했다.

---

1) 기원전 6세기 후반에 활동한 것으로 전해지는 로마의 영웅.
2) 로마 공화정이 위기에 처했을 때 사욕 없는 헌신적인 자세로 나라를 위해 일하다가, 위기가 끝나자 권력을 내놓음으로써 명성을 얻은 로마의 정치가.

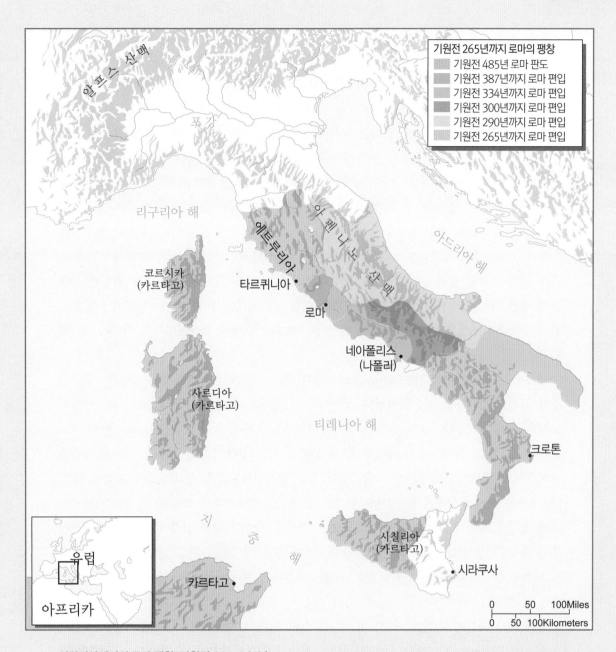

이탈리아에서의 로마 팽창, 기원전 485~265년

이 지도는 중부 및 남부 이탈리아에서의 초기 로마 팽창 모습을 보여준다. 이러한 팽창 형태는 로마가 마주친 위협에 관해 무엇을 시사해주는가? 로마는 에트루리아가 로마와 그토록 가까이 있었음에도 불구하고 왜 에트루리아 정복을 오랫동안 미뤘는가? 이탈리아 반도의 지배세력으로 변신함으로써 기원전 265년 이후의 로마는 누구의 이익을 위협하게 되었는가?

253

초기 공화정의 정부

로마는 완만한 정치 발전 과정을 겪었다. 왕정의 교체마저도 매우 보수적이었다. 왕정 타도의 주요 결과는 집정관(consul)이라는 두 명의 선출직 관리가 왕을 대신했다는 점, 그리고 원로원이 공공기금 처분권 및 민회의 모든 활동에 대한 거부권을 가짐으로써 위상이 높아졌다는 점이다. 집정관은 민회인 켄투리아(comitia centuriata)에서 선출되었지만, 로마 민회는 집단들의 모임이었기 때문에 고대 아테네의 민회와는 달랐다. 로마 민회의 각 집단은 한 표씩을 행사했고, 통상 가장 부유한 시민으로 구성된 집단이 먼저 투표하도록 되어 있었으므로 가난한 집단들이 투표하기도 전에 다수결에 이르곤 했다. 그 결과 1년 임기의 집정관은 귀족의 이해관계를 대표하는 원로원 의원 중에서 선출되기 십상이었다. 두 명의 집정관은 과거 왕이 가졌던 것과 같은 완전한 행정적·사법적 권력을 행사했으며, 상대 집정관의 행동에 대한 거부권 행사에 의해 피차 권력을 제한받았다. 둘 사이에 다툼이 일어나면 원로원이 소집되어 결정을 내렸다. 중대한 비상시국에는 한 명의 독재관이 6개월 이내의 임기로 임명되었다.

공화정 수립 후 파트리키우스(patricius)로 불린 초기 귀족계급의 정치적 지배권은, 시민 인구의 거의 98퍼센트를 점유하면서도 정치권력에 접근할 수 없었던 플레브스(plebs, 평민)의 도전을 받기 시작했다. 그들 사이에 벌어진 200년간의 투쟁을 신분투쟁(Struggle of the Orders)이라고 한다. 플레브스는 다양한 구성 성분을 지닌 집단이었다. 일부는 상업과 농업을 통해 부를 쌓았지만, 대부분은 소농, 상인 또는 도시빈민이었다. 플레브스는 불만이 많았다. 그들은 전시에 군복무를 해야만 했지만 공직에서 배제되었다. 그들은 자신이 사법재판에서 차별적 판결로 희생을 당한다고 느꼈다. 그들은 자신이 어떤 법적 권리를 갖고 있는지조차 몰랐다. 성문법이 없었고 파트리키우스만이 법률 해석권을 갖고 있었기 때문이다. 가장 나빴던 것은 채무로 말미암은 억압이었다. 채권자는 채무자를 로마 밖에서 노예로 팔아치울 수 있었기 때문이다.

이런 불만 때문에 기원전 5세기 초 플레브스의 반란이 일어났다. 이 반란으로 파트리키우스는 호민관(tribunus)이라는 새로운 관리의 선출에 동의하지 않을 수 없었다. 호민관은 파트리키우스의 불법적인 행동에 거부권을 행사함으로써 플레브스를 보호할 수 있었다. 이 승리에 뒤이어 법률의 성문화가 이루어졌다. 그 결과 등장한 것이 기원전 450년경의 저 유명한 12표법(Law of Twelve Tables)—나무판(table)에 기록되었기 때문에 붙여진 이름—이다.

후대의 로마인은 이 법을 마치 인민자유헌장이라도 되는 것처럼 추앙했지만, 실제로는 결코 그런 것이 아니었다. 이 법은 채무노예제마저도 폐지하지 않을 정도로 고대의 관습을 대부분 이어받은 것이다. 하지만 적어도 이제는 법률에 대한 명확한 정의와 설명이 존재했다. 그로부터 한 세대가 흘러간 뒤 플레브스는 하위직 행정관의 피선거권을 얻었고, 기원전 367년 경에는 최초의 플레브스 출신 집정관이 선출되었다. 플레브스는 점차 원로원에도 진출했다. 플레브스의 궁극적 승리는, 기원전 287년 로마 평민회(concilium plebis)—플레브스만으로 구성된 좀 더 민주적인 의회—가 제정한 법령이 원로원의 승인 여부와 상관없이 로마 정부에 대해 구속력을 갖는다고 규정한 법률이 통과됨으로써 얻어졌다. 영어의 인민투표(plebiscite)[3]란 단어는 이 로마 평민회의 결의에서 유래되었다.

로마인의 보수적 성향과 공화정의 헌정적 안전장치들로 말미암아 이러한 개혁이 명확히 자리 잡기까지는 매우 오랜 시일이 걸렸다. 그럼에도 불구하고 이런 다양한 개혁들은 중대한 결과를 초래했다. 성공한 플레브스는 로마 사회와 정부의 상층으로 뻗어나갈 수 있었기 때문에 로마 귀족계급은 (적어도 어느 정도는) 출생에 의한 귀족에서 재산에 의한 귀족으로 변화했다. 로마 정치에서 재산이 지나치게 중요한 요인이 되지 않도록 하기 위해 원로원 의원이 직접 상업에 종사하는 것을 금지하는 법률도 통과되었다. 그러나 이러한 제약은 기사계급(equestrian order)이라고 하는 중요한 계급의 흥기를 가속화시켰을 뿐이다. 이 계급은 재산가인 동시에 원로원에 대한 영향력도 있지만, 정치보다 사업을 선택한 사람들이다. 그러나 기사계급과 원로원은 칼로 무 썰 듯이 깔끔하게 분리되지는 않았다. 주요 가문 구성원 중 일부는 기사계급이 되어 정치와 거리를 두고 살면서 형제와 사촌들의 정치활동에 자금을 제공했다. 그런가 하면 정치에 몸담은 형제들은 가문이 관여한 사업체에 파트너 자격으로 암암리에 도움을 주었다. 한편 대를 이어가며 선거에 승리한 소수의 가문은 점점 더 위상이 높아지고 지나칠 정도로 영향력이 막강해졌다. 그 결과 기원전 1세기에 이르면 강력한 로마 귀족들마저도 스스로 도시 내의 정치적 영향력에서 사실상 배제되어 있다고 느끼게 되었다. 그 결과 일부 귀족은 훼손된 공공이익의 옹호자로 자처하면서 실제로는 사사로운 정치적 이익을 추구했다.

역사학자들은 기원전 4세기에서 기원전 2세기까지의 로마가 얼마나 민주적이었는지를 놓

3) 시민 전체 또는 특정 지역 주민을 대상으로 통치자나 정부의 선택, 국가의 독립·합병·정책결정 등을 묻는 투표를 일컫는다. 인민투표는 몇 가지 대안 가운데 하나를 선택하는 형식이 아니라 특정 정부 형태나 조치에 관한 정당성 여부를 가리기 위해 사용된다.

로마의 흥기, 기원전 753년~3세기

전설상의 로마시 건설	기원전 753년
라틴권 확립	기원전 493년
로마 공화국 수립	기원전 500년경
신분 투쟁	기원전 450년경~287년
12표법	기원전 450년경
로마 평민회의 권력 획득	기원전 287년
기사계급의 성립	기원전 3세기

고 논의를 거듭하고 있다. 공화정은 최고권이 시민조직체에 있고 관료가 시민에게 책임을 진다는 점에서 왕정과 구분된다. 그러나 공화정이 반드시 민주정인 것은 아니다. 권력을 과두세력이나 특권집단에게 부여하는 체제가 될 수 있기 때문이다. 로마 헌정은 경쟁하는 정부기구들—민회, 원로원, 그리고 집정관, 호민관, 재판관, 행정관 등—

사이의 타협과 절충을 통해 과두 지배를 보장했다. 이런 체제 속에서는 어떤 개인이나 혈연집단이 압도적으로 강력해질 수도 없었고, 인민 의지의 직접적 표현이 로마 정치에 부적절하게 영향을 미칠 수도 없었다. 그러므로 그리스 역사가 폴리비오스가 볼 때 로마 헌정은 군주정·과두정·민주정 원리의 이상적인 절충이었다. 즉, 그가 보기에 그것은 완벽한 아리스토텔레스적 정체(政體)였다.

문화, 종교, 도덕

초기 공화정 로마의 정치 변화는 매우 완만하게 진행되었다. 지적·문화적 변화도 마찬가지였다. 문자가 기원전 6세기에 도입되었지만, 로마인은 법률·보고서·비문 이외에는 문자를 거의 사용하지 않았다. 교육은 대체로 아버지에서 아들로 전수되는 가르침—남성적인 스포츠, 실제적 기술, 군사적 미덕 등—에 국한되었다. 그 결과 로마인의 삶에서 문학은 귀족계급 사이에서조차 오랫동안 작은 부분으로 남았다. 전쟁과 농업이 인구 대다수의 주요 직업이었다. 도시에는 소수의 기술공이 있었고 상업의 발전도 미미하나마 있었다. 그러나 기원전 289년까지 공화정 로마에 표준 화폐제도가 없었다는 사실은 로마에서 상업이 상대적으로 비중이 작았음을 말해준다.

공화정 초기의 종교적 특징은 로마 역사 전 시기를 통해 유지되었다. 여러 면에서 그것은 그리스 종교를 닮았는데 이는 로마 종교가 그리스 종교로부터 직접 영향을 받았다는 점을 감안하면 전혀 놀라운 일이 아니다. 로마의 주요 신들은 그리스 신들과 동일한 역할을 맡았다. 주피터는 하늘의 신으로서 제우스에 상응했고, 넵튠은 바다의 신으로서 포세이돈에 상응했으며, 비너스는 사랑의 여신으로서 아프로디테에 상응했다. 그리스인과 마찬가지로 로마인은 교리나 성사(聖事)를 갖고 있지 않았고 사후의 보상과 징벌을 크게 강조하지도 않았다. 그러나 두 종교 사이에는 중요한 차이점이 있었다. 하나는 로마인이 문자 그대로 조상을 숭배했다는 점이다. 가정을 지키는 신들 중에는 죽은 조상이 포함되었고, 그들에 대한 숭배가 가정의 지속적 번영을 보장해준다고 간주되었다. 또 다른 점은 로마의 종교와 정치생활이 긴밀한 관계였다는 것이다. 종교와 정치는 고대 세계에서 언제나 긴밀하게 결부되어 있었다. 그러나 국가를 거대한 가정으로 간주한 로마인은, 국가도 가정과 마찬가지로 로마의 신들이 지속적이고 적극적인 지원을 베풀어줘야만 번영할 수 있다고 믿었다. 그러므로 로마 국가는 사제단에게 사실상 정부기구 역할을 하도록, 즉 도시의 신들을 숭배하고 공공의식을 주관하며 신성한 전통의 수호자로서 봉사하도록 했다. 사제는 직업 종교가가 아니라 유력한 귀족이었다. 그들은 사제직을 돌아가면서 맡았고 동시에 로마 국가의 지도자로서 복무했다. 그들이 사제 겸 정치인으로서 맡은 이중 역할 때문에 로마의 종교는 그리스에서보다도 공공 및 정치생활 구조에서 한층 필수불가결한 부분이 되었다.

로마인은 신들이 가정과 도시에 번영·승리·풍작의 축복을 내려주기를 기대했다. 로마인은 애국, 의무, 남자다운 자제심, 권위와 전통에 대한 존중 등을 도덕률로 강조했다. 로마인이 중요하게 생각한 미덕은 용기, 명예, 자제, 조국과 가정에 대한 충성 등이었다. 로마인의 일차적 의무는 자기 행동을 통해 조상을 명예롭게 하는 것이었지만, 가장 큰 명예는 로마를 위해 자신을 희생하는 일이었다. 그러므로 공화정의 복리를 위해 시민은 자신의 생명은 물론, 필요하다면 가족과 친구까지도 기꺼이 희생시킬 각오를 해야만 했다. 로마인은 군율을 위반한 자기 아들을 죽인 몇몇 집정관의 냉혹함을 깊은 경외심으로 우러러보았다.

카르타고와의 숙명적인 전쟁

♣ 기원전 3세기와 2세기 로마가 이룬 영토 팽창의 결과는 무엇이었는가?

기원전 265년에 이르러 이탈리아 반도 대부분을 지배하게 되자 로마인은 해외로 눈을 돌리기 시작했다. 역사가들은 로마인이 계획적으로 정책을 수립해 지배권 확대를 추진했는지, 아니면 현상(status quo) 변화—로마인은 현상 변화를 로마의 안정에 대한 위협이라고 간주했다—에 대한 반응으로 우연히 정복활동이 확대되었는지에 대해 의견이 엇갈린다. 아마도 진실은 두 극단 사이의 어디엔가 있을 것이다. 사정이야 어찌되었건, 에트루리아인에 대한 최종적인 승리를 거둔 지 1년 뒤인 기원전 264년을 기점으로 로마는 해외 국가들을 상대로 한 전쟁을 벌였고, 이 전쟁들로 말미암아 로마의 역사는 그때까지와는 전혀 다른 길을 걷게 되었다.

포에니 전쟁

가장 중요했던 전쟁으로 카르타고와의 투쟁을 꼽을 수 있다. 카르타고는 오늘날의 튀니지에서 북아프리카 해안을 따라 지브롤터 해협까지 뻗어 있었고, 여기에 에스파냐 일부, 시칠리아, 사르디니아, 코르시카까지 포함하고 있던 거대한 해상 제국이었다. 카르타고는 기원전 800년경 페니키아인의 식민지로 건설되었지만 그 후 부유하고 강력한 독립 국가로 발전했다. 해군력, 상업적 활력, 주요 지하자원의 관리 등에서 기원전 3세기의 카르타고는 로마보다 훨씬 우월했다.

로마와 카르타고의 기나긴 투쟁을 포에니 전쟁이라고 한다. 로마인은 카르타고인을 포에니(Poeni)—즉 페니키아인—라고 불렀기 때문이다. 제1차 포에니 전쟁은 기원전 264년에 시작되었다. 전쟁의 원인은, 이탈리아 본토 건너편 시칠리아 섬의 항구인 메시나에 대한 지배권을 카르타고인이 장악할까봐 로마인이 대단히 두려워했기 때문이다. 23년간 치열한 전쟁이 이어졌다. 마침내 241년의 평화협상에 의해 카르타고는 시칠리아를 로마에 내주고 막대한 배상금을 지불하지 않으면 안 되었다. 그 결과 시칠리아는 로마 최초의 해외 속주가 되었다. 전쟁이 끝나고 몇 년 후 로마 원로원의 한 파벌은 협상을 재조정해 코르시카와 사르디니아를 로마 영토에 편입시켰다. 카르타고의 분노를 산 것은 당연한 일이었다.

로마인은 카르타고를 물리치기 위해 대단히 힘겹게 싸웠으므로, 그들의 적이 지중해 다른 해역으로 지배권을 확대하려는 시도를 결코 용납하지 않았다. 기원전 218년 로마는 카르타고가 에스파냐에서 지배권 확대를 기도하자 이를 로마에 대한 위협으로 간주하고 선전포고로 응수했다. 다시 전개된 투쟁을 제2차 포에니 전쟁이라고 하는데 이 전쟁은 16년 동안 치러졌다. 초기에 로마는 카르타고 명장 한니발의 현란한 전술 때문에 수세에 몰렸다. 한니발은 전투 코끼리를 포함한 에스파냐 군대를 거느리고 남프랑스를 거쳐 알프스를 넘어 이탈리아로 진격했다. 카르타고군을 이탈리아 영토에 맞이한 로마는 가까스로 패배를 모면했다. 오직 지연전술만이 로마를 구할 수 있었다. 시간은 상대편을 보급물자 부족과 각종 문제에 시달리도록 붙잡아둘 수 있는 자의 편이었다. 한니발이 로마의 라틴 동맹세력의 지지를 얻어내는 데 실패했다는 것도 전세를 결정지은 중대 요인이었다. 라틴 동맹은 로마의 관대한 처우에 힘입어 끝까지 로마의 흔들림 없는 지지자로 남았던 것이다.

로마의 풍부한 인적 자원과 규율, 그리고 긴밀한 동맹은 궁극적으로 한니발이라는 군사적 천재를 상대로 승리를 거두었다. 기원전 212년부터 로마인은 이탈리아와 시칠리아는 물론이고, 에스파냐에서도 카르타고인을 수세로 밀어붙였다. 에스파냐 공격 책임자였던 푸블리우스 코르넬리우스 스키피오는 그 후 북아프리카를 침공했고, 기원전 202년 카르타고 근처의 자마에서 한니발을 물리쳤다. 그의 승리로 제2차 포에니 전쟁은 종식되었고, 스키피오는 '아프리카누스'—아프리카의 정복자라는 뜻—라는 별명을 얻었다.

카르타고는 아프리카의 카르타고 시와 인근 지역을 제외한 모든 영토를 포기해야 했으며, 제1차 포에니 전쟁이 끝났을 때보다 세 배나 많은 배상금을 물어야 했다. 그러나 로마의 카르타고에 대한 의심은 강박적인 수준이었다. 기원전 2세기 중반에 이르러 카르타고는 예전의 번영을 부분적으로 회복했고, 이것은 로마인의 불쾌감을 자아내기에 충분했다. 켄소르(감찰관) 카토 등 영향력 있는 원로원 의원들은 카르타고 국가의 완전한 멸망을 봐야만 만족할 수 있었다. 카토는 원로원에서 행한 자신의 모든 연설을 "카르타고는 멸망되어야 한다"는 말로 마무리하면서 끊임없이 경고했다. 원로원은 이에 동의했고, 기원전 149년 사소한 일을 트집 잡아 카르타고인에게 카르타고 시를 포기하고 내륙 지방으로 적어도 16킬로미터 떨어진 곳으로 이주하라고 요구했다. 상업국가에게 이것은 사실상 사형선고에 해당하는 요구였고, 카르타고는 당연히 이를 거부했다. 아마도 로마는 카르타고가 거부하리라는 것을 잘 알고 있었을 것이다. 그리하여 기원전 149~146년에 제3차 포에니 전쟁이 벌어졌다. 로마인이 마침내 카르타고 성벽을 파괴했을 때 가공할 학살 사태가 벌어졌다. 승리를 거둔 로마의 장군—아프리카누스의 손자인 스키피오 아이밀리아누스—은 화염에 휩싸인 카르타고를 바라보면서 "영광스런 순간이지만, 같은 운명이 언젠가 나의 조국에도 닥칠 것만 같은 이상한 느낌이 든다"고 되뇌었다. 학살에서 살아남은 5만 5,000명의 카르타고인은 노예로 팔려가고 한때 위용을 뽐내던 이 도시는 철저히 파괴되었다(그 땅에 소금을 뿌렸다는 로마의 전설은 명백한 과장이다. 왜냐하면 한 세대가 지난 뒤 로마의 한 정치인이 그 자리에 로마 식민지를 건설할 것을 제안했기 때문이다).

카르타고와의 전쟁	
제1차 포에니 전쟁	기원전 264~241년
제2차 포에니 전쟁	기원전 218~201년
제3차 포에니 전쟁	기원전 149~146년
카르타고 시 파괴	기원전 146년

영토 팽창

카르타고와의 전쟁으로 로마 영토는 엄청나게 늘어났고, 시칠리아, 북아프리카, 에스파냐 등지에 새로운 해외 속주가 만들어졌다. 이것은 로마에 막대한 부—특히 시칠리아·아프리카의 곡물과 에스파냐의 은—를 가져다주었을 뿐만 아니라, 유럽 역사에 가장 중요한 영향력을 끼친 요인 중 하나인 서부 팽창정책의 출발점이 되기도 했다.

로마의 해외 팽창은 동부 지중해 세력들과 충돌을 일으켜 또 다른 정복으로 나아가는 길을 열었다. 제2차 포에니 전쟁이 벌어지고 있는 동안 마케도니아의 필리포스 5세는 카르타고와 동맹을 맺었다. 곧바로 그는 그리스에 대한 공격 태세를 취했고, 그가 이집트에 대해 모종의 계획을 세우고 있다는 소문도 돌았다. 로마는 군대를 보내 필리포스 5세를 그리스에서 쫓아냈다. 10여 년 뒤 셀레우코스 왕조의 안티오코스 3세도 그리스를 상대로 비슷한 계획을 시도했으나 로마 군대에 의해 좌절되었다. 애당초 로마는 그 두 원정에서 그리스를 군사적으로 정복할 계획이 없었다. 그러나 기원전 146년 그리스와 마케도니아는 모두 로마의 속주가 되고 말았다. 셀레우코스 왕조의 아시아는 영토 대부분을 잃었고 프톨레마이오스 왕조의 이집트는 로마의 제해권과 상업적 이익의 제물이 되었다.

후기 공화정의 사회와 문화

♠ 제국의 팽창은 로마 사회와 문화에 어떤 영향을 미쳤는가?

로마가 무심코 저지른 그리스와 소아시아 정복은 후기 공화정의 경제적·사회적·지적 삶을 변화시켰다. 새로이 로마로 유입된 막대한 재화는 로마 사회 내의 사회적·경제적 불평등을 증대시켰으며 검소하고 자기희생적인 로마의 전통적 가치관을 훼손했다. 소농은 농토를 떠나 도시로 향했다. 그들은 귀족이 소유하고 노예가 경작하는 대농장인 라티푼디아(latifundia)—단수형은 라티푼디움(latifundium)—와 도저히 경쟁할 수 없었다. 노예가 로마 사회에서 맡은 기술공, 상인, 하인으로서의 역할은 더욱 커졌다. 로마의 헬레니즘 동방 지배는 후기 공화정의 문화생활에 광범한 영향을 미쳤다. 그 영향이 얼마나 컸던지 공화정 말기에 이르러 로마인은 자신이 그리스를 정복했는지 아니면 그리스가 로마를 정복했는지를 놓고 공

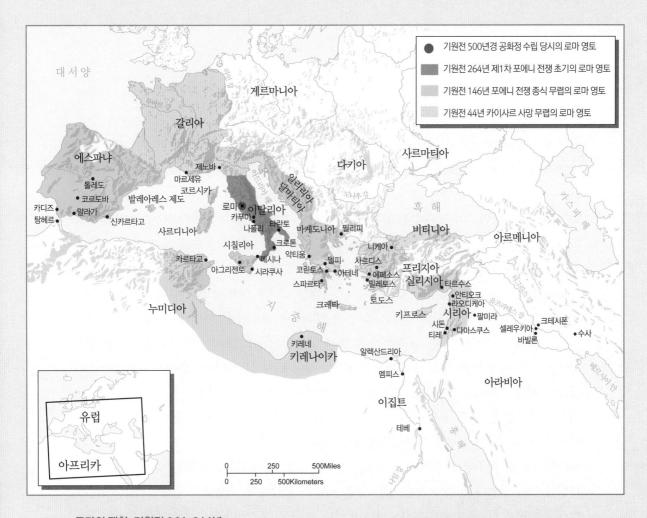

● 기원전 500년경 공화정 수립 당시의 로마 영토

기원전 264년 제1차 포에니 전쟁 초기의 로마 영토

기원전 146년 포에니 전쟁 종식 무렵의 로마 영토

기원전 44년 카이사르 사망 무렵의 로마 영토

로마의 팽창, 기원전 264~244년

율리우스 카이사르가 사망한 기원전 44년에 이르러 로마 세계는 지중해 동부와 서부를 통합한 하나의 제국을 이루었다. 제국의 두 부분은 서로 어떻게 달랐는가? 이런 차이점은 로마의 제국 지배 방식에 어떤 영향을 미쳤는가? 율리우스 카이사르가 로마의 영토를 로마의 뿌리인 지중해에서 멀리 떨어진 갈리아로 확대하면서 어떤 문제점이 발생했는가?

공연히 의문을 제기할 정도였다.

경제적·사회적 변화

고대 세계가 대체로 그랬던 것처럼 로마인 역시 노예제를 당연하게 여겼다. 그러나 로마인이 당시까지 겪었던 역사적 경험은, 지중해 서부와 동부 정복으로 인해 어마어마하게 늘어난 노예 인구에 대해서는 아무런 대비책도 가르쳐주지 못했다. 앞서 설명했듯이, 기원전 146년 카르타고 시가 멸망한 후 카르타고인 5만 5,000명은 노예가 되었다. 그로부터 얼마 되지 않아 15만 명의 그리스인이 같은 운명을 맞았다. 기원전 2세기 말에 이르면 이탈리아에만 100만 명의 노예가 있었다. 그 결과 이탈리아는 역사상 노예 의존도가 가장 높은 경제생활을 영위하게 되었다.

노예의 대부분은 로마 귀족계급이 소유한 광대한 (그리고 점점 규모가 커가던) 영지에서 농업노동자로 일했다. 이 영지의 일부는 과거 이탈리아 내에서 로마인이 행한 정복의 결과물이었다. 그러나 그 밖의 영지는 귀족이 수천 명에 달하는 소농의 토지를 사들임으로써 구성한 것이었다. 이들 소농은 거대 규모 라티푼디아를 상대로 해서는 곡물 생산에서 가격경쟁력이 없음을 깨닫고 토지를 팔아치운 것이다. 특히 에스파냐와 그리스 원정에 여러 해 동안 동원되었던 병사들은 가족 농장을 유지하기가 어려웠다. 병사들은 전쟁과 제국 덕분에 획득한 막대한 이익을 토지에 투자하려는 귀족에게 자신들의 농장을 (종종 아주 후한 가격에) 매각해버리고 도시로 이주했다. 그러나 도시에는 일거리가 없는 경우가 빈번했다. 로마는 산업화로 이행한 적이 없었다. 노예가 모든 힘든 일을 떠맡은 상황에서, 산업화의 전제조건인 기술 개발에 뛰어들게 할 만한 동기부여는 전혀 없었다. 대규모 제조업이 없는 현실에서 도시인구는 실업상태에 놓였고, 그들은 정치적으로 대단히 강력한 폭발성을 가지고 있었다. 기원전 1세기에 로마의 100만 주민 중 거의 3분의 1이 국가로부터 곡물 무상배급을 받고 있었다. 무상으로 곡물을 배급한 이유는, 첫째 그들의 생존을 위해, 둘째 그들을 침묵시키기 위해서였다.

로마의 경제는 기원전 3세기 중반까지만 해도 근본적으로 농업적이었다. 상업 경제와는 거리가 멀었다. 그러나 다음 세기—기원전 2세기—에 접어들어 로마는 동방 정복으로 인해 헬레니즘 세계의 정교한 상업 경제 속으로 완전히 편입되고 말았다. 격심한 경제 변화의 최대 수혜자는 공화정 로마의 네 계급 중 두 번째에 속한 기사(나머지 세 계급은 원로원 귀족,

평민, 노예였다)였다. 해외 무역 상인이었던 기사들은 로마의 해외 사치품에 대한 게걸스러운 수요 덕분에 엄청난 이익을 얻었다. 기사들은 속주에서 로마 정부의 대리인 역할을 하면서 광산 운영, 도로 건설, 세금 징수 등의 업무를 수행했지만, 그런 와중에서도 사욕 추구를 게을리 하는 경우는 없었다. 그들은 또한 로마 국가와 고통받는 개인들에게 돈을 빌려준 대금업자이기도 했다. 대출금에 대한 이자율은 턱없이 높았고, 국가가 채무를 상환하지 못할 경우 국가는 대금업자에게 속주의 힘없는 주민을 착취해도 좋다고 승인하곤 했다.

토지를 잃은 평민이 경제 변화로 인해 큰 고통을 당한 것은 사실이다. 그러나 노예야말로 로마의 변화로 말미암아 가장 큰 희생을 치른 계급이었다. 로마의 노예는 거의 인간으로 간주되지 않았고, 가축과 매한가지로 단지 생산을 위한 도구로 취급되었다. 노예 중 일부는 전쟁포로로 잡혀온 교양 있는 외국인이었다. 하지만 노예 소유주의 기본 방침은 노예의 기력이 고갈돼 죽거나 늙은 후 해방되어 혼자 사는 날까지 그들로부터 가능한 한 많은 노동력을 뽑아내는 것이었다. 정복전쟁의 결과 노예를 구하기가 쉬워졌고 가격도 저렴했기에 로마의 노예제는 고대의 다른 문명들에 비해 훨씬 더 비인간적이고 잔인한 제도가 되었다. 때로 가내 노예는 관대한 처우를 받았고, 로마 시내의 일부 노예 기술공은 개인 점포 운영을 허락받기도 했다. 하지만 노예 대부분의 운명은 끔찍한 것이었다.

노예는 로마의 식량 공급을 위한 농업 생산과 도시 상점에서의 노동을 대부분 떠맡았다. 노예는 또한 수많은 비생산적 활동에 투입되었다. 일부 사업가는 소유 노예를 검투사로 훈련시켜 구경거리를 위해 짐승이나 다른 검투사에 의해 죽임을 당하도록 했다. 사치스러운 생활 때문에 수천 명의 노예가 가내 서비스에 종사했다. 부유한 가문에서는 노예를 문지기, 쓰레기 운반인, 시중꾼, 하인, 그리고 자녀의 가정교사로 부렸다. 일부 대갓집에서는 목욕 후 주인의 마사지 전담 노예 또는 샌들 전담 노예를 따로 두기도 했다. 이런 모든 하인 직분을 노예가 맡아 수행했다.

노예 노동에 대한 극단적 의존은 상대적으로 저렴한 노예 구입 가격과 결합해 로마인으로 하여금 기계 과학과 노동력 절감 장치의 발명에 무관심하도록 만들었다. 물레방아와 조야한 형태의 증기기관이 로마 전 역사를 통해 로마인 사이에 알려져 있었다. 하지만 로마인은 이에 관심을 거의 보이지 않았다. 값싼 노동력이 끊임없이 공급되는 한 그들에게는 그런 장치가 필요치 않았던 것이다.

가정생활과 여성의 지위

새로운 영토 획득으로 인해 가정의 성격과 여성의 지위에도 변화가 나타났다. 초기의 로마 가정은 가족 구성원에 대한 남편의 절대적 권력에 기반을 두고 있었다. 그러나 기원전 2세기를 거치면서 두 가지 법률적 혁신으로 가부장적 지배방식에 큰 변화가 왔다. 하나는 자유 결혼의 도입이었다. 이로써 남편에게 귀속되었던 아내 소유의 친정 부친 재산 지분은 이제 그녀의 몫으로 남게 되었고, 그녀 사후에는 그녀의 부친 또는 부친의 상속자에게 귀속되었다. 또 다른 하나는 자유 결혼과 더불어 도입된 새로운 이혼 법규로, 이제 남편만이 아니라 아내도 이혼 소송을 제기할 수 있게 되었다.

이런 변화는 재산이 한 가문에서 다른 가문으로 옮겨감으로써 노예 유입으로 조성된 대농장의 규모가 축소되는 것을 방지하기 위한 것이었다. 이들 변화는 아내의 법적 독립성을 높여주었다. 노예제 역시 부유한 여성에게 크나큰 실질적 독립성을 가져다주었다. 노예가 자녀 양육과 가사노동 등 여성의 전통적 임무를 떠맡기 때문이다. 상류계급의 로마 여성은 이제 더 많은 시간을 가정을 떠나 다양한 사회적·지적·예술적 활동에 참여하기 시작했다.

동방의 헬레니즘 세계 정복은 로마 상류계급의 생활 속에 그리스적 사상과 관습이 대대적으로 유입되는 계기가 되었다. 초기의 로마인은 문화생활의 소박함에 자부심을 갖고 있었다. 그러나 이제 로마의 상류계급은 그리스 문화를 세련됨의 지표로 간주하기 시작했고 그것을 추구할 만한 재력도 갖추고 있었다. 라틴어와 그리스어의 2개 국어 사용은 점차 흔한 일이 되었고, 그리스 문학은 하나의 표준이 되어 로마 작가들은 그것에 자신을 맞추게 되었다. 로마의 어린이는 그리스어 교육을 받았고 연극과 문학이 유행처럼 확산되었다. 지중해 세계를 정복한 로마인은 헬레니즘 그리스인이 시리아와 이집트에서 즐겼던 음식도 재빨리 도입해 즐겼다. 일부 로마인은 그러한 변화에 강하게 반발했다. 그들에게는 '훌륭한 옛 로마의 전통'—가부장적 권위와 엄격한 군율—이 흐늘거리는 유약한 삶의 유혹에 자리를 내준 것으로 보였다. 그들의 저항은 상당한 반향을 불러일으키긴 했지만 거대한 변화의 조류를 막아낼 수는 없었다. 바야흐로 로마는 농민 공화국에서 복잡다단한 사회로 돌이킬 수 없이 변화해버렸다. 새로운 사회에서 가난한 자와 부자 사이에는 거대한 간극이 생겨났고, 남성과 여성 모두 개인적 자율성이라는 새로운 관습을 갖게 되었다.

에피쿠로스 철학과 스토아 철학

후기 공화정은 그리스 철학 사상으로부터 깊은 영향을 받았다. 에피쿠로스 철학을 표명한 가장 대표적인 로마인은 시인 루크레티우스(기원전 98~55)였다. 그는 『사물의 본성에 관하여』라는 장편 철학시를 저술했다. 이 작품에서 루크레티우스는 모든 초자연적인 존재에 대한 공포―그는 이 공포가 마음의 평화에 가장 큰 방해가 된다고 생각했다―가 제거된 우주에 대해 설명했다. 그는 신의 존재를 인정하기는 했으나, 신이 우주를 창조하지도 지배하지도 않으며 다만 영원한 평화 속에서 살고 있다고 생각했다. 인간 정신을 포함해 세상에 존재하는 모든 사물은 원자들의 우연한 결합의 결과물이다. 정신은 물질과 떼려야 뗄 수 없이 긴밀하게 연결되어 있기에 죽음은 완전한 사멸을 뜻한다. 그러므로 인격의 일부가 내세에 살아남아 보상받거나 징벌 받는 일은 있을 수 없었다. 루크레티우스가 생각한 훌륭한 삶에 대한 개념은 간단하다. 인간에게 필요한 것은 향락이 아니라 '평화롭고 깨끗한 마음'이라는 것이다. 루크레티우스의 철학 사상은 독창적인 것이 아니었다 하지만 장엄한 표현과 감동적 열정을 담은 음악적 리듬 때문에 그는 역사상 가장 위대한 시인 중 하나로 꼽힌다.

스토아 철학은 기원전 140년경 로마에 도입되었고, 이내 로마의 수많은 고위 공직자가 이에 귀의했다. 그들 중 가장 위대한 인물은 '로마 수사학의 아버지'라고 일컬어지는 키케로(기원전 106~43)였다. 키케로는 플라톤과 아리스토텔레스를 포함한 수많은 철학자의 영향을 받았지만, 그 무엇보다도 스토아 철학의 영향을 많이 받았다. 키케로의 도덕 철학은 미덕을 행복의 충분조건으로 그리고 마음의 평정을 최고선으로 본 스토아 철학의 전제에 입각했다. 그는 이성의 인도 아래 슬픔과 고통을 초월한 사람을 이상적 인간상으로 생각했다. 키케로가 그리스의 스토아 철학자와 달랐던 점은 적극적인 정치적 삶을 받아들였다는 것이다. 이런 점에서 그는 국가에 대한 봉사라고 하는 로마의 오랜 전통을 대변하는 인물이라고 할 수 있다. 키케로는 자신이 독창적인 철학자라고는 결코 주장하지 않았으며, 오히려 자신의 목표가 그리스 철학의 가장 좋은 것을 서방에 도입하는 것이라고 생각했다. 그는 그 방면에서 대단히 성공적이었다. 그가 쓴 풍요롭고 우아한 라틴어 산문 문체는 그 누구도 능가할 수 없었기 때문이다. 키케로의 산문체는 라틴어 작문의 표준이 되었고 그것은 오늘날에도 여전하다. 비록 위대한 사상가는 아니었지만, 키케로는 고대의 사상을 라틴어로 중세 및 근대 유럽에 전달해준 가장 큰 공로자였다.

루크레티우스와 키케로만 후기 로마 공화정의 빼어난 저술가였던 것은 아니다. 바야흐로 상류계급에서는 그리스어 습득 및 그리스 대중문학의 라틴어 개작이 유행했다. 그 결과 문학적 가치를 지닌 작품들이 등장했는데, 그 가운데는 플라우투스(기원전 257경~184)의 난잡한 희극, 카툴루스(기원전 84경~54경)의 열정적인 연애시, 율리우스 카이사르의 힘찬 종군기 등이 있다.

종교

로마인의 종교 신앙도 공화정 후기 2세기 동안 여러모로 변화를 겪었는데, 이 또한 주로 로마와 헬레니즘 세계의 상호작용 때문에 나타난 일이었다. 가장 주목할 만한 것은 동방 신비 종교들의 확산이었다. 이들 종교는 전통적인 로마 종교보다 감성적인 종교를 갈망하던 대중을 만족시켰으며, 처참하게 땅에 짓밟힌 그들에게 영생의 보상을 약속해주었다. 이집트로부터는 이시스와 오시리스(오늘날에는 세라피스로 더 잘 알려져 있었다) 숭배가, 소아시아로부터는 거세된 사제 및 난폭한 주신제를 동반한 지모신(地母神) 숭배가 들어왔다. 그러나 이들 새로운 종교의 유혹에도 불구하고 대다수의 로마인은 가정과 도시를 지켜주는 전통적 신들에 대한 숭배를 계속 이어갔다. 로마의 다신교는 배타적 종교가 아니었다. 전통적인 신들이 합당한 존중을 받기만 한다면 새로운 신들은 얼마든지 추가되고 숭배될 수 있었다.

그리스 사치 풍조의 영향

루키우스 리키니우스 루쿨루스(기원전 106?~57)는 독재관 술라의 추종자이자 로마의 최고 귀족이었다. 그는 동방에서 로마 군대를 훌륭하게 지휘했다. 하지만 군대에 대한 엄격한 규율 요구 및 기사·원로원 의원의 부패에 대한 불관용 등으로 많은 정적을 만들었다. 그는 정복활동으로 부자가 되었으며, 정적에 맞서 자신의 정치권력을 유지하는 일이 피곤해지자 공직에서 은퇴했다. 플루타르코스의 『영웅전』에서 따온 이 글은 동방의 사치품이 로마 엘리트 계급에 미친 영향을 여실히 보여준다. 그들은 어마어마한 부를 획득했고 개인적 쾌락을 위해 공직을 포기하고 난 뒤 그 부를 한껏 즐겼다.

실제로 루쿨루스의 생애는 고대 희극과 마찬가지로 처음에는 정치와 전쟁의 장면을 보이고, 나중에는 좋은 음식 먹고 마시기와 잔치와 온갖 유흥의 장면만을 보였다. 여기서 내가 온갖 유흥이라고 한 말은 호화로운 주택과 주랑 현관과 목욕탕 등을 가리킨다. 그림이니 조각이니 하는 것은 말할 것도 없다. 그는 전쟁에서 번 막대한 재산을 골동품을 구입하느라 물처럼 탕진했다. 그 결과 사치가 극을 달리는 루쿨루스의 정원은 오늘날에도 로마의 황제들이 가지고 있던 정원들 중에서도 가장 호화로운 정원으로 꼽히고 있다. 스토아학파의 철학자 투베로는 루쿨루스가 나폴리 해안에 지은 집을 구경했는데, 산 밑을 파서 산이 넓은 터널처럼 공중에 둥실 떠 있게 하고, 집 주위에는 외호와 고기를 기르는 연못을 파서 바닷물을 끌어넣었으며, 또 바다 가운데에도 별장을 지어놓은 것을 보고서 그를 로마의 크세르크세스 왕이라고 불렀다. 루쿨루스는 투스쿨룸에도 여러 채의 훌륭한 별장을 가지고 있었는데, 조망대와 방마다 앞이 탁 트인 커다란 발코니와 드나들 수 있는 주랑 현관이 있었다. 폼페이우스가 그를 만나러 이곳에 왔다가, 여름에는 참 살기 좋게 되어 있으나 겨울에는 살 수 없게 되어 있다며 그를 비난했다. 이 말을 듣고 루쿨루스는 실실 웃으며 이렇게 대답했다. "그렇다면 나를 두루미나 황새만도 못한 사람으로 아시오? 계절 따라 집을 바꾸면 되지 않소?"…… 루쿨루스의 일상 연회도 보라는 듯이 사치스러웠다. 자줏빛 덮개를 씌운 좌석과 식탁, 값진 보석으로 장식된 접시, 무용과 연극뿐만 아니라 가장 값진 여러 가지 음식, 가장 공을 들이는 조리방법 등 서민의 감탄과 시기의 대상이 되었다.……카토는 그의 친구이자 처남이었으나 그의 생활습관을 매우 못마땅하게 생각하고 있었으므로, 원로원에서 어떤 젊은이가 검약과 절제를 찬양하며 길고도 지루한 연설을 하고 있는 것을 듣고 있다가 일어서서 이렇게 말했다. "자, 그만하시지. 당신은 얼마나 오랫동안 크라수스처럼 돈을 벌고, 루쿨루스처럼 살고, 이 카토처럼 말할 작정이오?"

_플루타르코스, 『영웅전』, 「루쿨루스」.

분석 문제

1. 왜 플루타르코스는 군대와 정계의 실력자였다가 은퇴해 어릿광대 같은 생활을 한 루키우스 리키니우스 루쿨루스의 생애를 서술하고 있는가? 이 잡담 같은 이야기에서 무엇을 배울 수 있는가?

2. 공직을 떠났지만 루쿨루스에게는 여전히 술라, 폼페이우스, 카토 같은 유력한 친구들이 있었다. 그것은 그가 여전히 정치적 영향력을 갖고 있었음을 의미한다. 그의 부와 향락 그리고 군사적 개입은 로마 정치를 어떻게 타락시켰는가?

후기 공화정의 사회 투쟁

♣ 후기 공화정의 사회 투쟁을 야기한 것은 어떤 문제였는가?

기원전 146년 제3차 포에니 전쟁이 끝난 후 기원전 30년경까지의 시기는 거대한 혼란의 시기였다. 계급투쟁, 암살, 대립하는 독재자들 사이의 필사적 투쟁, 전쟁, 반란 등은 이 시기에 매우 흔히 벌어진 일이었다. 심지어 노예들도 총체적 무질서에 한몫 거들었다. 약 7만 명의 노예가 기원전 134년 시칠리아에서 로마군을 패퇴시켰다. 이 반란은 나중에 로마군에 의해 진압되었다. 노예들은 기원전 104년 또다시 시칠리아를 약탈했다. 그러나 가장 위협적이었던 것은 스파르타쿠스(기원전 ?~71)라는 노예가 주도한 노예 반란이었다. 검투사 훈련을 받았던(그것은 경기장에서 최후를 맞이한다는 것을 의미했다) 스파르타쿠스는 일단의 도망 노예와 함께 나폴리 근교의 베수비오 산으로 도주해 그곳에서 막대한 수의 다른 도망 노예들을 끌어 모았다. 기원전 73년에서 71년까지 도망 노예들은 그의 리더십 아래 로마의 진압군을 물리치고 남부 이탈리아 대부분을 압도했다. 하지만 결국 그들은 패배했고 스파르타쿠스는 전사했다. 포로로 잡힌 약 6,000명의 노예는 경고의 의미로 카푸아에서 로마에 이르는 긴 도로(약 240킬로미터)를 따라 십자가에 매달린 채 처형되었다.

그라쿠스 형제

기원전 133년 그라쿠스 형제가 주도한 사회적·경제적 개혁 기도와 더불어 로마 지배계급 사이에 광범한 투쟁이 시작되었다. 그라쿠스 형제는 귀족 가문 출신이었지만 정부 소유 토지를 농지 없는 평민에게 제공해 사회적·경제적 압박을 완화하자고 제안했다. 그라쿠스 형제와 원로원 동맹 세력은 농토를 얻게 될 수많은 피보호민이 선거에서 보여줄 충성심으로 얻게 될 정치적 이익을 노린 것이 사실이다. 하지만 티베리우스 그라쿠스에게는 로마 농민의 삶의 질 문제와 그에 수반되는 군대의 병력 부족 문제를 해결하고자 하는 충정이 있었던 것으로 보인다. 로마 군대에 복무하려면 일정한 재산 자격을 갖추어야 했고, 로마의 정복활동이 확대되던 시기에 시민군은 징집으로 충원되었다. 기원전 133년 티베리우스 그라쿠스는 호민관으로서, 국유지 임차인이나 보유자의 토지 보유 한계를 시민 1인당 300에이커로 제한하고, 여기에 가구 내 자녀 한 명마다 150에이커를 추가하는 법률을 제안했다. 이렇게 해서 남는 토지는 잘게 나누어 빈민에게 분배하자는 것이었다. 보수 귀족들은 길길이 뛰면서 이 제안에 반대했다. 그리고 티베리우스의 동료 호민관인 마르쿠스 옥타비우스에게 이 법안에 거부권을 행사하라고 종용했다. 그러자 티베리우스는 옥타비우스의 호민관직을 박탈했는데 이는 법에 어긋나는 행동이었다. 그 후 티베리우스는 자신의 임기가 끝나자 재선을 기도했다. 그러나 티베리우스의 두 가지 조치는 모두 독재권을 위협하는 것으로 비쳐졌고, 보수적인 원로원 의원에게 역공의 빌미를 제공했다. 몽둥이로 무장한 그들은 선거가 진행되는 동안 미쳐 날뛰면서 급기야 티베리우스와 그의 추종자들을 살해했다.

9년 후 티베리우스의 동생 가이우스 그라쿠스가 개혁 투쟁을 재개했다. 궁극적으로 티베리우스의 토지법은 원로원에 의해 시행되었다. 하지만 가이우스는 개혁이 그보다 더욱 확대되어야 한다고 믿었다. 기원전 123년 호민관에 선출되고 122년에 재선된 그는 비특권층의 이익을 위해 다양한 법률을 제정했다. 첫째, 테베레 강가에 거대한 공영 곡물창고를 건립해 로마의 곡물가격을 안정시켰다. 둘째, 사익을 위해 속주를 착취한다고 의심되는 총독들에 대한 장악력을 높이고, 기사계급에게 원로원 귀족의 행정권 남용을 견제할 수 있는 사법권을 부여했다. 더 많은 지지 세력을 얻기 위해 가이우스는 이탈리아 내 방대한 동맹세력에게 완전한 로마 시민권을 부여했는데, 이 조치는 로마의 정치적 지형을 완전히 뒤바꿔놓았다. 이러한 조치들은 기득권 세력을 극심한 분노로 들끓게 했고, 그들은 자신들의 정적을 제거하기로 결심했다. 로마 원로원은 가이우스 그라쿠스를 범죄자로 선포하고 공화정을 수호하기 위한 모든 조치를 취할 수 있는 권한을 집정관들에게 부여했다. 이어진 투쟁에서 가이우스는 살해되었고 약 3,000명에 달하는 추종자들 또한 보복 살해되었다.

귀족의 반동

그라쿠스 형제의 몰락 이후 대외 전쟁에서 명성을 얻은 두 명의 장군이 연달아 지배권을 장악했다. 그 첫 번째 인물은 마리우스였다. 그는 기원전 107년 평민의 지지로 처음 집정관직에 올라 그 후 여섯 차례나 재선되었다. 그러나 마리우스는 정치인의 자질을 보여주지 못했다. 추종자들이 보기에 그는 장군이 군대를 배경으로 얼마나 쉽사리 반대파를 제압할 수 있는가를 보여준 것 말고는 이룬 것이 없었다. 부분적으로는 정치적 동기에서, 그리고 부분적으로는 인력 부족 사태에 대응하기 위해 마리우스는 군 복무에 필요한 재산 자격 조건을 완전히 없애버렸다. 그 후 도시빈민 및 농토 없는 지방 거주자로부터 충원된 로마 병사의 수가 점점 늘어났다. 그 결과 로마 군대는 공화정 자체보다 사령관 개인의 이익에 더 큰 충성을 바치게 되었다. 그들이 섬기는 장군의 성공이야말로 소속 부대의 가난한 병사에게 가장 확실한 보상을 약속해줄 수 있었기 때문이었다.

기원전 86년 마리우스가 죽자 보수 세력은 군대를 통한 권력 장악의 기회만을 엿보았다. 그들 중에서 승리를 거둔 자는 술라였는데, 그 역시 전쟁에서 큰 공을 세운 장군이었다. 기원전 82년 종신 독재관으로 선출된 술라는 가차 없는 정적 숙청 작업을 벌였다. 그는 원로원의 권력을 확대하고(내전 과정에서 원로원 구성원이 대폭 감소되었기에 그는 자기에게 충성을 바치는 자들로 빈자리를 채웠다), 호민관의 권한을 제한했다. 3년 동안 로마를 지배한 후 술라는 자신의 임무가 완수되었다고 판단하고 향리로 은퇴해 사치와 일락에 탐닉했다.

폼페이우스와 율리우스 카이사르

술라의 조치는 결과적으로 이기적인 귀족계급에게 지배권을 넘겼다. 그러나 곧이어 새로운 지도자가 등장해 인민의 대의를 옹호했다. 그들 중 가장 두드러진 인물은 폼페이우스(기원전 106~48)와 율리우스 카이사르(기원전 100~44)였다. 한동안 그들은 정치 지배권 장악을 획책하며 제휴했다. 그러나 종국에는 대중의 지지를 얻기 위해 싸우는 경쟁자가 되었다. 두 사람 모두 큰 성공을 거두기는 했지만, 엘리트 기득권 세력으로부터 온전히 인정받지는 못했다. 그러나 두 사람은 당시의 규범과 규칙이 그들의 개인적 재능과 야심을 펼치는 데 지극히 큰 장애가 된다고 판단했다. 폼페이우스는 시리아와 팔레스타인의 정복자로서 명성을 얻었다. 한편 카이사르는 갈리아 정복 사업에 온갖 노력을 기울였다. 그의 노력으로 로마 국가에는 오늘날의 벨기에, 라인 강 서쪽의 독일, 프랑스 등의 영토가 추가되었다. 그 결과 카이사르의 명성은 크게 높아졌고 그에 대한 군대의 충성심 또한 투철해졌다. 그러나 카이사르 군대로 인해 갈리아인은 엄청난 희생을 치러야 했다. 카이사르의 원정으로 약 100만 명의 갈리아인이 사망하고 약 100만 명이 노예로 사로잡힌 것으로 보인다.

로마에서 여러 차례 소요가 있은 후인 기원전 52년, 원로원은 폼페이우스를 지지하고 그를 단독 집정관으로 추대했다. 갈리아에 머물러 있던 카이사르는 마침내 국가의 공적으로 낙인이 찍혔고, 폼페이우스는 원로원파와 공모해서 카이사르의 정치권력을 박탈하려 했다. 그 결과 두 사람 사이에는 격렬한 전쟁이 벌어졌다. 기원전 49년 카이사르는 루비콘 강을 건너 이탈리아로 들어와 로마로 진군했다(카이사르의 이 행동은 그 후 운명적 결단을 말해주는 이미지가 되었다). 폼페이우스는 이탈리아 지배권 탈환에 필요한 군대를 규합할 목적으로 동방으로 도망쳤다. 기원전 48년 두 경쟁자가 거느린 군대는 그리스의 파르살루스에서 마주쳤다. 이 싸움—파르살루스 전투(Battle of Pharsalus)—에서 폼페이우스가 패배했고, 그는 얼마 뒤 카이사르 지지자들에 의해 살해되었다.

그 후 카이사르는 클레오파트라(그녀는 카이사르의 아이를 임신했다)의 궁에서 이집트 정치에 개입했다. 그러고 나서 그는 소아시아로 또다시 군사 원정을 떠났다. 이 원정에서 그는 어찌나 신속하게 승리를 거두었던지 "왔노라, 보았노라, 이겼노라!(veni, vidi, vici)"라고 전황을 보고할 수 있을 정도였다. 그 후 카이사르는 로마로 귀환했다. 이제 감히 그의 권력에 도전할 사람은 없었다. 거느리던 퇴역 병사들의 도움으로 그는 원로원을 위협해 원하는 모든 것을 얻어냈다. 기원전 46년 그는 10년 임기의 독재관에 취임했고 2년 후에는 종신 독재관이 되었다. 그는 그 밖에도 자신의 권력을 돋보이게 할 만한 칭호는 모조리 끌어다 붙였다. 그는 원로원으로부터 전쟁과 평화에 대한, 그리고 국가 세입 관리에 관한 모든 권한을 획득했다. 사실상 그는 법률보다 상위에 있었다. 항간에는 그가 왕이 되려 한다는 소문까지 나돌았다. 이런 두려움은 그에 대한 암살로 이어졌다. 기원전 44년 3월 15일 로마를 공화정으로 되돌리기를 원한 브루투스, 카시우스 등의 지휘를 받은 공모자 집단이 그를 살해한 것이다.

한때 역사가들은 카이사르를 초인적 영웅으로 떠받들었지만, 오늘날에는 대단치 않은 인물로 여기는 경향이 있다. 그러나 카이사르에 대한 평가에서 두 극단은 피해야 할 것이다. 확실히 그는 '로마를 구원하지도' 않았고 역사상 가장 위대한 정치인도 아니다. 그는 공화정을 경멸했고 향후 로마의 정치 문제를 더욱 어렵게 만들었기 때문이다. 그러나 그가 독재관으로서 취한 몇 가지 조치는 영속적인 흔적을 남겼다. 그는 그리스 천문학자의 도움을 받아 1년을 365일로 정했다(그리고 매 4년마다 1일을 추가했다). 이 율리우스력—1582년 교황 그레고리우스 13세가 이를 수정(그레고리우스력)—은 오늘날까지 사용되고 있다. 영어의 '7월'은 율리우스의 이름을 따서 'July'라고 부른다. 카이사르는 수천 명의 에스파냐인과 갈리아인에게 시민권을 부여함으로써 이탈리아인과 속주민 사이의 차별 철폐를 향한 중요한 첫걸음을 내디뎠다. 그는 또한 버려진 땅에 휘하의 퇴역 병사 상당수와 일부 도시 빈민을 정착

공화국 말기의 투쟁, 기원전 146~27년	
제3차 포에니 전쟁	기원전 149~146년
시칠리아의 노예 반란	기원전 134~104년
그라쿠스 형제의 개혁	기원전 133~122년
마리우스의 지배	기원전 107~100년
술라 독재관 되다	기원전 82년
스파르타쿠스의 노예 반란	기원전 73~71년
폼페이우스 단독 집정관 되다	기원전 52년
카이사르 단독 집정관 되다	기원전 48년
카이사르 독재관 되다	기원전 46년
카이사르 암살	기원전 44년
옥타비아누스, 안토니우스, 레피두스의 지배	기원전 42~31년
옥타비아누스 단독 집정관 되다	기원전 31년
옥타비아누스 황제 되다	기원전 27년

시킴으로써 경제적 불평등 해소에 기여했다. 그러나 이런 개혁보다 훨씬 중요한 것은 권력을 장악하기 전 카이사르가 장기적인 안목을 갖고 서유럽 방면에 노력을 기울였다는 점이다. 폼페이우스와 알렉산드로스가 명성과 재물을 노리고 동부 지중해로 진출했던 것과는 대조적으로, 카이사르는 서북 유럽의 잠재적 중요성을 인식한 최초의 로마 지도자였다. 그는 갈리아를 로마 세계에 편입시킴으로써 로마에 막대한 농업적 부를 가져다주었고, 당시만 해도 야만 상태에 머물러 있었던 서유럽에 세련된 생활과 문화를 가져다주었다. 그 후 카이사르가 정복한 지역에서 탄생한 서유럽 문명은, 만일 카이사르가 없었더라면 사뭇 다른 방향으로 발전했을 것이다.

제정 초기(기원전 27~서기 180)

♣ 아우구스투스 체제는 왜 성공했는가?

율리우스 카이사르는 유언을 통해 외조카의 아들인 옥타비아누스(기원전 63~서기 14)를 자신의 양자이자 제1상속자로 지명해놓고 있었다.[4] 18세의 청년으로 아드리아 해 건너편 일리리아에서 카이사르를 위해 활동하고 있다가 카이사르의 사망 소식을 접한 옥타비아누스는 급히 로마로 돌아와 상속권을 주장했다. 그러나 그는 곧 카이사르의 막강한 두 친구인 안토니우스 및 레피두스와 힘을 합쳐야만 한다는 것을 깨달았다. 이듬해 세 사람은 카이사르를 암살한 정치 파벌을 소탕할 목적으로 동맹을 결성했다. 그들이 택한 방법은 새로운 지도자들로서는 내놓고 자랑할 만한 것이 아니었다. 그들은 반대파의 주모자들을 추적해 잡아 죽

---

4) 옥타비아누스의 어머니 아티아는 율리우스 카이사르의 누이인 율리아의 딸이었다.

이고 재산은 몰수했다. 희생자 가운데 가장 유명한 사람은 키케로였다. 그는 안토니우스가 보낸 자객에게 잔인하게 살해되었다. 키케로는 카이사르 암살 모의에 가담한 적이 전혀 없었지만, 집정관 임기 중 안토니우스를 적대시하면서 그를 국가의 공적으로 낙인찍었던 것이다. 정작 암살 당사자인 브루투스와 카시우스는 이탈리아를 빠져나가 군대를 조직했다. 그러나 그들은 결국 기원전 42년 필리피 근방에서 안토니우스와 옥타비아누스에게 패배하고 말았다.

반대파인 '공화정 지지파'가 사실상 분쇄되자 동맹 구성원들 사이에 긴장이 고조되었다. 긴장의 주요 원인은 옥타비아누스에 대한 안토니우스의 질투 때문이었다. 그 후의 싸움은 동방과 서방의 대결이 되었다. 안토니우스는 동쪽으로 가서 클레오파트라와 동맹을 맺었는데, 그것은 옥타비아누스와의 권력 투쟁에서 이집트 왕국의 재원을 활용할 수 있으리라는 기대 때문이었다. 나이가 적었던 옥타비아누스는 이탈리아와 서유럽에서 세력을 확고히 했다. 그것은 위험을 무릅쓴 행동이었다. 옥타비아누스는 로마의 소용돌이치는 정국 속에서 자신의 지위를 유지하면서 동시에 퇴역 병사들의 재정착 문제를 다루어야만 했던 것이다. 그러나 이탈리아는 옥타비아누스에게 인력을 제공했고, 그에게 로마의 보호자이자 안토니우스에 맞서는 로마 전통의 수호자 이미지를 구축할 기회를 부여했다. 옥타비아누스는 교묘한 수완을 구사해, 안토니우스를 로마 여왕이 되고 싶어 하는 외국 여성 군주—클레오파트라—의 손아귀에 잡힌 인물로 낙인찍었다. 카이사르와 폼페이우스 간의 대결에서 그랬듯이, 승리는 또다시 서방으로 돌아갔다. 악티움 해전(기원전 31)에서 옥타비아누스의 군대는 안토니우스와 클레오파트라의 군대를 격파했고, 안토니우스와 클레오파트라는 그 후 곧 자살했다. 로마가 동방 세력에 의해 장악되지 않으리라는 것이 이제는 분명해졌다. 이집트는 더 이상 독립 국가가 아니었고 로마는 지중해 전역의 최고 지배자로 군림했다.

아우구스투스 정치 체계

악티움 해전의 승리는 로마 역사상 가장 영광스럽고 번영된 새로운 한 시대의 출발을 알리는 것이었다. 로마로 돌아온 옥타비아누스는 완전한 평화의 회복을 선언했다. 이것은 이탈리아 주민에게 커다란 위안이었다. 그들은 10년 동안 내전을 치르면서 쓰라린 고통을 겪었기 때문이다. 옥타비아누스는 4년 동안 집정관으로 통치하다가 원로원으로부터 임페라토르(imperator, 황제)와 아우구스투스(augustus)라는 칭호를 받았다. 역사가들은 이 단계를 로마 제국의 출발점으로 간주하지만, 이런 시대구분은 다소 자의적이다. 왜냐하면 옥타비아누스는 호칭이 바뀌기 이전에도 이후와 마찬가지로 막강했기 때문이다. 더욱이 당시에 '임페라토르'란 말은 '승리한 장군'을 의미할 뿐이었고, '아우구스투스'는 '덕망 있는' 또는 '존경받을 만한'이란 뜻이었다. 그러나 후대의 계승자들이 기존 호칭과 더불어 '황제(emperor)'라는 칭호를 정식으로 채택하게 되면서, 점차 황제가 로마 국가 지배자의 일차적인 칭호가 되었다. 옥타비아누스가 선호한 칭호는 좀 더 겸손한 것이었다. 그것은 '첫 번째 시민'이란 뜻의 프린켑스(princeps)[5]였다. 이런 이유로 해서 그와 그의 후계자들이 지배했던 시기를 원수정 시대(Principatus)—또는 제정 초기—라고 부름으로써 공화정 시대(기원전 500경~27), 3세기의 위기(180~284), 전제정 시대(Dominatus, 284~610)—또는 제정 말기—등의 다른 시대들과 구분하고 있다.

옥타비아누스—오늘날에는 아우구스투스로 불린다—는 독재자로 보이지 않으려고 결심했다. 그러므로 그는 대부분의 공화정 제도를 그대로 두었다. 비록 공화정 제도가 독립적 권력을 거의 행사하지 못하게 됐지만 말이다. 이론적으로 원로원과 시민은 최고 권력으로 남았다. 그러나 실질적으로는 아우구스투스가 군대를 장악하고 정부 정책을 결정했다. 다행히 그는 유능한 지배자였다. 그는 제국 전역에 걸쳐 새로운 화폐제도를 시행했다. 로마 시에 경찰과 소방을 포함한 공공 기구를 도입했으며 군대를 재조직했다. 그는 도시와 속주에 과거보다 더 많은 실질적 자치권을 허용했다. 또한 그는 낡고 부패한 징세제도를 폐지했다. 징세관이 징수한 세금에 비례해 보상을 받는 종전의 제도는 불가피하게 독직과 부정으로 귀결되었다. 이제 아우구스투스는 자신의 대리인을 징세관으로 임명하고 일정한 봉급을 지급했으며 엄격한 감독 아래 두었다. 아우구스투스는 속주에 새로운 식민지들을 건설했고, 이탈리아의 잉여 자유민을 식민지로 이주시켰다. 그 결과 새로운 식민지들은 사회적·정치적 긴장의 주요 근원을 제거했고, 로마 심장부와 제국의 다른 광대한 지역들의 통합을 강화하는 효과를 가져왔다.

아우구스투스는 로마 전통 도덕의 엄격한 수호자로 자처했다. 그는 신전들을 재건하고 로마인의 이방신 숭배를 금지시켰다. 로마인의 출산율을 끌어올리기 위해 결혼하지 않은 시민

---

5) 프린켑스는 라틴어로 '제1인자' 또는 '원수'라는 뜻이다. 아우구스투스(재위 기원전 27~서기 14)로부터 디오클레티아누스(재위 284~305)에 이르기까지 로마 황제들이 비공식적으로 사용한 칭호이다. 프린켑스에서 중세의 '군주(prince)'라는 칭호가 나왔다.

을 벌했고 과부는 남편이 죽은 지 2년 내로 재혼하도록 했다. 그는 또한 간통을 처벌하는 법을 도입하고 이혼을 하기 어렵게 만들었다. 메시지를 분명히 전달하기 위해, 아우구스투스 시대는 황실 가족을 가정적 미덕과 성도덕의 모범으로 선전했다. 그러나 이런 선전은 부분적으로만 성공했을 뿐이다. 황제 자신이 혼외정사를 저질렀다는 사실이 널리 알려져 있었기 때문이다. 아우구스투스는 딸 율리아의 난잡한 성생활 때문에 그녀를 머나먼 섬으로 추방하기도 했다.

아우구스투스 이후 트라야누스(재위 98~117) 시대에 이르기까지 로마 제국은 팽창에 팽창을 거듭했다. 아우구스투스는 로마의 다른 어떤 지배자보다 많은 영토를 획득했다. 그가 파견한 장군들은 중부 유럽으로 진군해 오늘날의 스위스·오스트리아·불가리아 지방을 정복했다. 로마 군대는 지금의 중부 독일에서만 패배를 경험했고, 진로가 막히게 되자 아우구스투스는 라인 강과 도나우 강을 로마의 북방 경계선으로 확정했다. 그 후 43년에 클라우디우스 황제는 브리튼 섬을 정복하기 시작했고, 다음 세기(2세기) 초에는 트라야누스가 도나우 강을 건너 다키아(지금의 루마니아) 지방을 로마 영토에 편입시켰다. 트라야누스는 메소포타미아도 정복했지만 그 때문에 페르시아의 파르티아인 지배자들의 적대감을 샀다. 그의 뒤를 이은 하드리아누스는 정복을 멈추고 브리튼 북부에서 방어정책—하드리아누스 성벽이 그 상징이다—에 착수했다. 바야흐로 로마 제국의 영토 팽창은 한계에 봉착했다. 3세기에 이르러 로마의 판도는 축소되기 시작했다.

아우구스투스가 40년의 지배를 마치고 14년에 사망하자 그의 탁월한 정치적 실험도 사라졌다. 그러나 그가 구축한 체제는 대단히 정교한 것이어서, 로마는 거의 2세기 동안 그의 개혁의 열매인 평화와 번영과 안정을 누렸다. 68년에 있었던 단기간의 내전을 제외하면 황제 사이의 권력 이양은 대체로 평화롭게 이루어졌고, 제국의 관료제는 타락한 황제가 등장한 시절에도 원활하게 작동되었다. 그러나 로마가 전제적 제국이 되었다는 것은 숨기려야 숨길 수 없는 사실이 되고 말았다. 유능한 인물들이 아우구스투스의 뒤를 이어받았지만, 그 가운데 프린켑스의 진정한 권력을 감출 만큼 세련된 황제는 거의 없었다. 그의 계승자들 가운데 상당수는 원로원과 원만한 관계를 맺지 못했다. 원로원의 엘리트 의원 대부분이 당대의 역사가였던 까닭에 많은 황제들은 공정치 못한 평가를 받았다. 티베리우스(재위 14~37)와 클라우디우스(재위 41~54)는 모두 유능한 행정가였지만 원로원과의 긴장관계로 인해 때로 극단적 조치를 취했고, 이로 인해 엘리트들의 분노를 사곤 했다. 네로(재위 54~68)와 도미티아누스(재위 81~96)는 원로원 귀족계급에게는 욕을 먹었지만 로마와 속주의 대중 사이

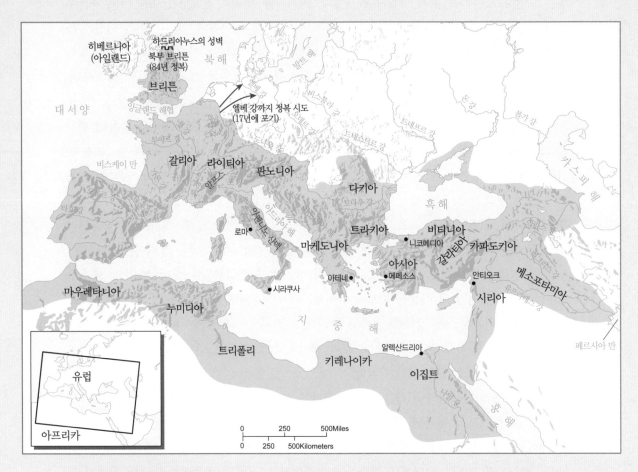

로마 제국의 최대 판도, 97~117년

2세기에 이르러 로마는 지중해 연안을 벗어나 북부 및 중부 유럽까지 팽창했다. 이 팽창은 대체로 유럽 주요 하천망을 따라 이루어졌다. 왜 그렇게 되었다고 생각하는가?

에서는 인기가 높았다. 실제로 도미티아누스의 속주 정치 개혁 및 원로원 특권 무시는 귀족 계급의 적대감을 산 원인인 동시에 신민의 존경과 숭배를 촉발시킨 원인이었다.

아우구스투스 체제의 절정은 96년부터 180년 사이였다. 이른바 '5명의 훌륭한 황제(五賢帝)'—네르바(재위 96~98), 트라야누스(재위 98~117), 하드리아누스(재위 117~138), 안토니누스 피우스(재위 138~161), 마르쿠스 아우렐리우스(재위 161~180)—의 치세였다. 다섯 명의 황제 모두 유능한 행정가였고 아우구스투스의 계승자로서 손색이 없는 지배자임을 입증했다. 그들은 본질적으로는 독재정치를 펼치면서도 원로원을 존중하는 공화정 형태를 유지했다. 180년까지 그들 중 어떤 황제도 자기보다 더 오래 살아남은 아들을 두지 못했기에 제위 계승에 적합한 인물을 택해 양자로 받아들였다. 그 결과 그들은 왕조 정치의 어려움—1세기의 원로원 역사가들이 가장 두려워했던 일 중 하나—을 피해갈 수 있었다.

아우구스투스 시대로부터 마르쿠스 아우렐리우스 시대까지 그토록 광대한 영토를 성공적으로 통치했다는 것은 분명 로마의 최대 업적에 속하는 일이다. 200년 동안 로마의 외부에는 적대 세력이 거의 없었다. 지중해는 이제 단일한 군사력의 지배 아래 들어갔다. 로마 관리들은 스코틀랜드 국경으로부터 페르시아 국경까지 지배했다. 동시대의 한 웅변가는 이렇게 자랑했다. "문명 세계 전부가 낡고 짐스러운 무기를 내려놓았다. 마치 축제일 같았다.……곳곳에 체육관, 연못, 기념물, 신전, 작업장, 학교 등이 들어섰다. 초기부터 병들어 있었던 문명 세계는……이제야 바른 지식으로 건강한 상태를 회복했다."

아우구스투스의 지배에 대한 두 가지 관점

아우구스투스 자신의 변론

아우구스투스는 선동의 달인으로서 자신의 행동을 화려하게 포장하는 탁월한 능력을 갖고 있었다. 다음 자료는 후대에 기억되기 바라는 자신의 업적을 아우구스투스가 직접 쓴 것으로 두 개의 청동 기둥에 새겨졌다.

다음은 전 세계를 로마 제국으로 통합시킨 신성한 아우구스투스의 업적과 그가 로마 국가와 인민을 위해 지출한 돈에 관한 기록이다.

1. 나는 19세의 나이에 솔선해서 내 개인 재산으로 군대를 모집했고 이를 활용해 한 정파의 독재에 시달리던 공화국을 해방시켰다.
2. 나는 내 아버지를 암살한 자들을 추방하고 그들의 범죄를 법 절차에 따라 보복했다.
3. 나는 전 세계의 땅과 바다에서 수많은 전쟁을 치렀다. 내전도 있었고 외국과의 전쟁도 있었다.
5. 나는 인민과 원로원에 의해 주어진 독재관직을……거부했다.……나는 집정관직도 거부했다.
6. 로마 원로원과 인민의 동의를 통해 나는 법률과 도덕을 수호하는 최고권을 가진 단일한 보호자로 선출되었다. 나는 선조의 전통을 거스르는 어떤 직위도 받아들이기를 거부했다.
7. 나는 40년 동안 원로원 의원의 직위를 유지했다.……나는 대신관(pontifex maximus)이자 복점관(卜占官)이었고, 희생제 실행 15인단의 일원, 종교 연회를 주최하는 7인단의 일원, 아르발 사제단의 일원, 종군사제단의 일원이었다.
9. 원로원은 집정관과 사제들이 매 5년마다 나의 건강을 위한 서약을 바쳐야 한다는 포고령을 내렸다.……전체 시민단은 하나가 되어……모든 신전에서 나의 건강을 위해 지속적으로 기도를 바쳤다.
17. 나는 네 차례나 사재를 헐어 국고를 지원했으며……20년 이상의 군복무를 마친 병사들에게 보너스를 지급했다.
20. 나는 카피톨(주피터 신전)과 폼페이의 극장을 막대한 비용을 들여 수리했으며, 이들 건물에 내 이름을 새기지 않았다. 나는 폐허가 되기 직전의 수많은 수로를 보수했다.…… 나는 82개소의 신전을 수리했다.……나는 플라미니우스의 도로를 재건했다.
34. 만장일치의 결의로 최고권을 획득한 나는 국가를 내 자신의 권력에서 분리시켜 로마 원로원과 인민의 지배 아래로 넘겼다.……그 후 내 권력은 모든 사람을 능가했지만 나는 행정부의 내 동료들 이상의 권력을 갖지 않았다.
35. 이 문서를 작성할 당시의 내 나이는 76세였다.

_『아우구스투스 업적록(Res Gestae Divi Augusti)』.

역사가 타키투스의 아우구스투스 치세 평가

2세기 초 원로원 의원이자 역사가로 활동했던 타키투스는 14년의 아우구스투스 죽음을 계기로 『연대기』를 기록하기 시작했다. 타키투스는 아우구스투스 시대 사람들의 말을 인용해 두 가지 상반된 평가를 제시했다. 타키투스는 이런 문학적 장치를 종종 애용했다. 하지만 외관상 공정해 보이기는 하지만 여기에 타키투스 자신의 견해가 들어가 있다는 점에는 의심의 여지가 없다.

지적인 사람들은 다양한 말로 아우구스투스를 찬양하거나 비판했다. 한쪽 의견은 이렇다. 자식 된 도리와 국가적 위기가 법을 준수할 겨를도 없이 그를 내전으로 밀어 넣었다. 이것은 점잖은 방법으로는 시작도 지속도 할 수 없는 일이었다. 그는 부친 살해자들에 대한 복수를 위해 안토니우스와 레피두스에게 많은 양보를 했다. 레피두스가 늙고 게을러졌을 때, 그리고 안토니우스가 방종에 빠졌을 때 국가의 혼란을 치유할 유일한 방법은 단일 지배체제의 구축뿐이었다. 그러나 아우구스투스는 자신이 왕이나 독재관이 됨으로써가 아니라 원수정을 수립함으로써 국가의 질서를 회복했다. 제국의 변경은 대양에 또는 먼 강들에 이르렀다. 군대, 속주, 함대, 이 모든 체제가 상호 연관되어 있었다. 로마 시민은 법률의 보호를 받았다. 속주민은 관대한 처우를 받았다. 로마 시는 화려하게 치장되었다. 군대는 신중하게 운용되었으며, 절대 다수를 위한 평화 유지만을 목적으로 삼았다.

반대 의견을 이랬다. 자식의 도리와 국가의 위기는 핑계거리에 불과했다. 실제로 옥타비아누스—미래의 아우구스투스—의 동기는 권력에 대한 탐욕이었다. 탐욕에 사로잡힌 그는 금품으로 제대 군인을 움직여 군대를 일으키고—이때 그는 아무런 공직도 없는 성장기 소년에 지나지 않았다—뇌물로 집정관의 군대를 끌어 모아 섹스투스 폼페이우스[폼페이우스의 아들]를 지원한다는 구실을 내걸었고, 원로원 포고령으로 법무관의 지위와 신분을 찬탈했다.……곧이어 집정관 두 명은……정적에 의해 죽임을 당했다. 한 명은 상처에 고의적으로 독을 넣음으로써, 다른 하나는 옥타비아누스의 사주를 받은 자기 부하 손에 죽었다. 여하튼 두 집정관의 군대를 넘겨받은 것은 옥타비아누스였다. 그런 다음 그는 반항하는 원로원을 압박해 자신을 집정관으로 추대하도록 만들었다. 그러나 안토니우스를 처치하라고 그에게 맡겨진 군대를 그는 국가에 대항하는 용도로 써먹었다. 그의 사법 살인과 토지 배분은 그것을 실행한 사람들에게도 역겨운 일이었다. 사실 카시우스와 브루투스는 옥타비아누스가 그들의 반대파를 승계했기에 죽임을 당한 것이다. 하지만 개인적 원한이 공공의 이익에 우선해서는 안 된다. 다음으로 그는 그럴듯한 평화조약을 앞세워 섹스투스 폼페이우스를 기만했고 레피두스를 거짓 우정으로 속였다. 그러자 일련의 조약 및 옥타비아누스 여동생과의 결혼이라는 미끼에 넘어간 안토니우스는, 기만적인 관계에 대한 형벌로 자신의 목숨을 내주었다. 그 후 분명히 평화가 정착했다. 하지만 그것은 피투성이의 평화였다.……그의 사생활에서도 잡음이 끊이지 않았다. 그는 티베리우스 클라우디우스 네로의 아내[리비아를 탈취했고, 터무니없게도 사제들에게 임신 중인 여자와 결혼하는 것이 그녀를 위한 것인지 여부를 질문했다. 그런 다음 그의 친구 푸블리우스 베디우스 폴리오의 방탕이 있었다. 그러나 정녕 리비아는 어머니로서는 국가의 재앙이었고, 계모로서는 카이사르 가문의 재앙이었다.

_타키투스, 『연대기』 i. 9~10.

분석 문제

1. "아우구스투스 황제는 선동의 달인이었다." 그가 가장 중요하게 생각한 업적 목록—"신성한 아우구스투스"로 시작한다—은 공화국 해방을 위해 청년 시절 치렀던 원정들, 율리우스 카이사르의 죽음에 대한 복수를 상기시키며, 공인된 법적 형식에 충실하다. 전통적인 로마의 영웅들처럼 아우구스투스는 거듭해서 명예를 거부하고 크게 주저하면서 권력을 받아들였다. 그 업적 목록을 믿은 사람은 누구였는가? 아우구스투스가 설득하려 한 대상은 누구였는가?

2. 타키투스는 리비우스처럼 모럴리스트 역사가였는가? 아우구스투스에 대한 그의 전반적 평가는 어떠했는가?

로마화와 동화

로마의 평화(Pax Romana)는 보편적인 것은 아니었다. 로마 군대는 브리튼에서 부디카 여왕[6]의 반란이 일어나자 수만 명을 학살했다. 로마 속주들 가운데 가장 저항적이었던 유다에서, 로마 군대는 반란을 빌미로 70년에 예루살렘 성전을 파괴했고, 135년에는 또 다른 반란을 빌미로 예루살렘 도시 전체를 파괴하고 주민을 학살했으며 생존자를 제국 전역에 뿔뿔이 흩어버렸다. 이 기간에 유다에서는 50만 명 이상이 살해당했고 같은 수의 사람이 노예가 되었다. 한편 예루살렘은 하드리아누스 황제 시대에 아일리아 카피톨리나(Aelia Capitolina)라는 이름의 이교 수도로 재건되었다. 그 후 500년 동안 유대인은 그곳에 거주하는 것이 금지되었다.

그러나 이런 식의 격렬한 반란은 유다에서조차도 흔한 일은 아니었다. 로마 제국이 군대

---

6) 고대 브리튼의 여왕으로서 로마의 지배에 반대해 60년에 반란을 주도했다. 타키투스에 따르면 그녀는 반란 중에 7만 명의 로마인과 친로마파 브리튼인을 학살했다고 한다.

를 기초로 하고 있다고는 해도 제국은 결코 군대식으로 통치되지 않았다. 로마는 공통의 문화적·정치적 생활에 주민을 동화시킴으로써 광대한 영토를 지배했다. 지방의 신들은 로마의 신으로 편입되었고, 로마의 신들이 모셔진 판테온에 안치되었다. 많은 도시가 건설되었고 도시생활에 필요한 편의시설—공중목욕탕, 신전, 원형경기장, 수로, 포장도로 등—이 도입되었다. 시민권이 확대되었고 유능한 속주민은 로마의 고위 공직자로 출세할 수 있었다. 트라야누스와 하드리아누스 같은 인물은 황제의 지위에까지 올랐다.

제국의 변경 지역도 이런 시각에서 이해할 필요가 있다. 역사가들은 편의상 제국의 국경선을 언급하긴 하지만 실제로 이 국경선은 대단히 유동적이며 침투성이 높았다. 그래서 국경선보다는 '변경 지역'이란 말이 더욱 적절하다는 것, 그리고 이 변경 지역에서 속주 로마인과 그 너머에 사는 비(非)로마인 사이에 긴밀한 문화적 상호작용이 일어났다는 점을 이해할 필요가 있다. 그 결과 로마의 영향력은 변경 지역 너머까지, 즉 동쪽의 라인 강과 도나우 강을 건너 독일 중심부와 고트족 거주지까지 파급되었다. 3세기에 변경 수비대가 제국의 내전에 투입되기 위해 철수했을 때, 수많은 로마화된 게르만족과 고트족은 때로는 약탈자로서, 하지만 대개는 정주자이자 기대에 부푼 로마인으로서 제국으로 이동했다.

원수정 시대의 문화와 생활

♣ 원수정 시대의 많은 비평가들은 왜 로마 여성의 행실을 집중적으로 비판했는가?

후기 공화정 시대에 시작된 문화적·지적 변화는 원수정 시대에 열매를 맺었다. 이 시기에 세 명의 탁월한 스토아 철학자가 로마에 살았다. 거부로서 한때 네로 황제의 자문관이었던 세네카(기원전 4~서기 65), 노예였던 에픽테토스(60?~120), 그리고 황제 마르쿠스 아우렐리우스(121~180)가 그들이다. 그들 모두는 내적 평정이야말로 인간이 추구해야 할 궁극적 목표이며 참다운 행복은 우주의 자애로운 질서에 복종함으로써만 찾을 수 있다고 생각했다. 그들은 미덕 자체를 목적으로 삼았으며, 인간 본성의 죄악성을 개탄했고 양심에 복종할 것을 당부했다. 세네카와 에픽테토스는 깊은 신비적 갈망을 철학의 일부라고 천명함으로써 스토아 철학을 거의 종교처럼 만들었다. 그들은 우주를 전능한 신—그는 만사를 궁극적인 선이 되도록 규정한다—에 의해 지배되는 신성한 존재로 숭배했다. 로마 최후의 스토아 철학자인 마르쿠스 아우렐리우스는 한층 더 운명주의적이고 비관적이었다. 그는 질서 있고 이성적인 우주의 개념을 거부하지 않았지만, 인간을 사악한 운명—먼 미래에 이루어질 전 존재의 완성에 의해서도 온전히 보상받을 수 없는—에 의해 시달리는 존재로 생각했다. 그럼에도 불구하고 그는 인간이라면 마땅히 고귀한 삶을 살아야 한다고 강조했다. 천박한 탐욕에 자신을 내던지거나 분노의 저항으로 스스로를 포기해서는 안 되며, 고통을 위엄 있게 인내하고 죽음에 평안히 순종하는 데서 만족을 이끌어내야 한다고 그는 말했다.

황금시대와 백은시대의 문학

원수정 시대의 로마 문학은 보통 두 시기로 나뉜다. 아우구스투스 치세에 작성된 황금시대의 작품, 그리고 1세기와 2세기 초에 집필된 백은(白銀)시대의 작품이 그것이다. 황금시대 문학의 대부분은 활기차고 긍정적이며 희망적이었다. 유의할 점은 이 시기 문학의 상당수는 아우구스투스 정부를 선전하려는 목적을 갖고 있었다는 사실이다. 로마가 배출한 가장 위대한 시인 베르길리우스(기원전 70~19)가 대표적이다. 목가시집인『전원시(Eclogues)』에서 베르길리우스는 자연과 조화를 이루는 이상적인 인간의 삶을 표현하면서 다른 한편으로는 암암리에 아우구스투스를 그러한 평화와 풍요를 가져다준 인물로 찬양했다. 베르길리우스의 걸작인『아이네이스』는 트로이의 영웅 아이네아스(카이사르와 아우구스투스 가문은 아이네아스를 자신들의 선조라고 주장했다)에 관한 서사시인데, 아이네아스는 로마 민족 형성에서 중요한 역할을 한 것으로 평가되었다. 숭고하면서도 힘 있고 감동적인 운율의 시로 이루어진『아이네이스』("전쟁과 한 남자를 나는 노래하노라"로 시작한다)는 전쟁과 노고를 통해 이루어진 위대한 국가 건설의 과정을 들려주면서 로마의 위대한 미래를 예언한다.

황금시대의 다른 작가로는 호라티우스(기원전 65~8), 리비우스(기원전 59~서기 17), 오비디우스(기원전 43~서기 17) 등이 있었다. 그중 호라티우스는 가장 철학적이었다. 그의『송시(Odes)』는 쾌락을 정당화한 에피쿠로스 철학과 고통 앞에서의 의연함을 강조한 스토아 철학을 결합시켰다. 리비우스의『로마사』는 종종 역사적 사실의 측면에서 신뢰성이 떨어지지만, 애국적 감정에 호소하는 극적인 이야기로 가득하다. 오비디우스는 라틴 황금시대의 작가 가운데 전형적인 인물은 아니었다. 그의 문학은 영웅적 확신보다는 풍자적 경향을 띠고 있었기 때문이다. 그의 시인으로서의 주요 업적은 그리스 신화를 지극히 세련되게 고쳐 쓴 15권짜리 『변신(Metamorphoses)』인데 이 작품은 위트와 에로티시즘으로 충만하다. 아우구스투스는 『아이네이스』는 매우 좋아했지만, 오비디우스의 시에 나타난 냉소와 방종은 몹시 싫어해 그를 로마에서 추방해버렸다. 아우구스투스는 스스로를 엄격한 도덕가로 보이고 싶어 했던 반면, 오비디우스는 여자를 유혹하는 방법이라든가 자신과 유부녀—로마 원로원 의원 부인—의 간통 사건(아마도 상상력의 산물일지도 모르지만) 따위의 주제를 다루었던 것이다.

백은시대의 문학은 황금시대에 비해 차분함이나 균형감이 부족했고, 문학적 효과를 인위적 방법으로 이끌어내곤 했다. 페트로니우스와 아풀레이우스는 로마인의 삶에서 이국적이고 천박한 국면을 이야기로 풀어냈다. 이 작가들의 목적은 가르침을 베풀거나 정신을 고양시키는 것이 아니라 재미있는 이야기를 들려주거나 재치 있는 문구를 멋들어지게 표현하는 데 있었다. 그러나 두 명의 다른 작가는 전적으로 다른 관점을 제시했다. 풍자 작가인 유베날리스(60?~140)는 동시대인의 도덕적 타락에 대한 분노를 거침없이 글로 썼다. 그는 신랄하고도 압축적인 수사적 문구로 인해 널리 인용되는 인기 작가가 되었다. 타키투스(55?~117?)의 저술 역시 로마 사회에 대해 비슷한 태도를 보여주었다. 원로원 역사가이기도 했던 타키투스는 동시대의 사건들을 냉철한 분석적 입장에서가 아니라 대체로 도덕적 규탄을 목적으로 서술했다. 그의 『연대기(Annals)』는 아우구스투스가 건설하고 그의 후계자들이 지배한 정치체제에 대한 교묘하고도 통렬한 서술이다. 그의 『게르마니아(Germania)』는 야만인인 게르만족의 남성적인 미덕과 퇴폐적인 로마인의 나약한 악덕 사이의 차이점을 극명하게 대조시키고 있다. 유베날리스와 마찬가지로 타키투스는 아이러니한 기지와 현란한 금언의 대가였다. 그의 저작 속에서 한 야만인 족장은 로마인의 정복을 빗대어 이렇게 말한다. "그들은 황무지를 만들어놓고 그것을 평화라고 부른다."

로마 사회에 대한 통렬한 비판

5현제가 다스린 절정기에도 로마 사회에 대한 비판은 있었다. 가장 유명하면서도 공감을 불러일으켰던 비판자는 유베날리스였다. 그는 공공도덕의 전반적 쇠퇴에서 엘리트 계층의 퇴폐풍조에 이르기까지 모든 것을 공격했다. 그의 언어는 신랄했으며, 자신의 우아한 시에 비속성—지금도 여전히 충격적 느낌을 자아낸다—을 가미하기를 주저하지 않았다. 아리스토파네스의 작품이 그러하듯이, 그의 주제는 다분히 시사적이며 그 정확한 의미는 알 수 없다. 물론 청중은 그가 암시하는 바를 이해했고, 공적 문제에 대한 그의 통렬한 비난은 한층 개인적이고도 예리하게 들렸다. 정숙한 루크레티아의 사례와 동시대 여성에 대한 그의 묘사를 비교해보라.

무슨 생각으로 비너스는 술을 마셨던가? 우리의 고주망태 미인들은 한밤의 굴 정찬에서는 앞뒤를 분간하지 못한다. 그녀들은 향기 좋은 고급 포도주를 거품덩어리 조개에서 단숨에 들이켰다. 천장은 현기증 나게 빙빙 돌고 식탁은 춤을 추며 불빛은 모두 두 개로 보인다. 그대는 스스로에게 물어보리라. 왜 악명 높은 마우라는 친구 툴리아와 함께 정결의 제단을 지나가면서 무언가 안다는 듯이 비웃으며 코를 킁킁거렸느냐고. 툴리아는 그녀에게 뭐라고 속삭이는가? 밤이면 그들은 이곳 쓰레기더미에 비틀대며 용변을 본다. 여신상에 대고 길게 오줌을 내갈긴다. 휘영청 달빛 아래 그들은 차례로 돌아가며 서로를 올라타고는 마침내 집으로 간다. 그러므로 그대는 이튿날 아침이면 여느 대저택으로 향하는 길에 그대의 마누라가 내지른 오줌을 첨벙대며 밟고 지날 것이다. 착한 여신의 신비 의식도 악명이 높다. 플루트 선율이 허리를 자극하면, 열광한 남근 숭배 여성은 울부짖고 머리를 마구 흔들면서 포도주에 취해 발광하며 욕정에 불타오른다.……혈통에 걸맞은 재능을 보인 이 숙녀들은 모든 목적을 이룬다. 여기에는 거짓도 없고 치레도 없다. 각각의 행동은 진지하게 이루어지며, 네스토르 또는 프리아모스의 늙고 식어빠진 물건마저도 여지없이 흥분시키고 만다.

_유베날리스, 『여섯 번째 풍자』.

예술과 건축

　로마의 예술은 원수정 시기에 처음으로 로마 고유의 특징을 갖게 되었다. 이 시기 이전에 로마 예술로 간주되어온 것은 실상은 헬레니즘 동방에서 수입한 것이었다. 로마 정복군은 그리스와 소아시아에서 조각상, 부조, 대리석 기둥 등의 전리품을 마차에 가득 싣고 이탈리아로 가져왔다. 이것들은 부유한 사업가들의 소장품이 되어 그들의 화려한 저택을 장식하는 데 사용되었다. 수요가 늘어나자 로마의 기술공은 수백 개의 복제품을 만들었다. 그러나 그 어느 것도 진정한 의미의 로마 예술 양식을 대표하지는 못했다.

　아우구스투스의 후원에 힘입어 원수정 시대에는 좀 더 로마다운 예술이 발달했다. 이 예술품들은 흔히 알려진 것보다 훨씬 다양한 것이어서, 장엄한 공공 건축물에서 개인 주택의 벽화까지 광범한 영역에 걸쳐 있다. 로마의 건축물은 대체로 웅장했는데, 그 당당한 조화와 균형은 로마의 기술자가 발전시킨 콘크리트 기술에 의해 가능했다. 규모가 가장 큰 공공 건축물로는 돔의 직경이 무려 42미터에 달하는 판테온, 5만 명의 관객이 검투 경기를 관람할 수 있는 콜로세움 등이 있었다. 공공 기념물에 새겨진 것을 제외하면 로마의 조각 중 화려한 것은 별로 없었다. 이 시기의 부조는 섬세함과 자연스러움으로 특히 유명하다. 심지어 주화에 새겨진 황제의 초상도 실물과 아주 흡사했다. 주화의 이미지를 해마다 다시 새겨 넣었으므로 우리는 주화의 발행 연도에 따라 황제의 이마가 넓어지고 두 턱이 생겨나는 과정을 추적할 수 있다. 그러나 로마인이 보여준 가장 독창적이고 심오한 예술은 회화였다. 로마인은 진한 색감을 좋아했다. 경제적 여유가 있는 사람들은 화려한 벽화와 모자이크(작은 색유리나 돌 조각을 짜 맞추어 만든 그림)로 주변을 온통 에워쌌다. 이런 그림은 환상적인 바다 경치에서 몽환적인 풍경과 내향적인 초상화에 이르기까지 실로 다양한 시각적 효과를 자아냈다.

　로마인이 건축에서 이룬 업적은 그들의 우수한 기술 수준과 긴밀한 관계가 있다. 로마인은 훌륭한 도로와 교량을 건설했는데, 그 대부분이 지금도 남아 있다. 트라야누스 치세에는 11개의 수로가 설치되어 인근 언덕으로부터 로마 시로 물을 공급했다. 이 수로들은 매일 3억 갤런에 달하는 물을 로마에 공급했으며, 이 물은 식수와 목욕용으로 그리고 훌륭하게 설계된 하수시설에 물을 흘러내리게 하는 데 사용되었다. 물은 정교한 관로(管路)를 통과해 부호들의 주택으로 흘러가 정원과 연못과 풀장에 도달했다. 네로 황제는 로마 중심부에 유명한 황금저택(Domus Aurea)을 지었다. 이 저택에는 찾아오는 손님에게 향수를 뿜어주는 파이프가 설치되어 있었고, 약효 성분이 녹아 있는 물이 쏟아지는 목욕탕이 있었으며, '바다같이 넓은' 연못이 있었다. 게다가 연회장의 둥근 천정은 밤낮으로 마치 하늘처럼 회전했는데, 이 모든 것은 난봉꾼 네로의 이미지를 고착시키는 데 기여했다. (네로는 걸어 들어오면서 이렇게 말했다고 한다. "마침내 나는 인간답게 살 수 있게 되었도다.")

원수정 시대의 귀족 여성

원수정 시대 로마 사회의 가장 놀라운 국면 중 하나는 상류계급 여성의 역할이 매우 컸다는 점이다. 앞에서 보았듯이, 후기 공화정 로마의 부유층 여성은 고전기 그리스 여성에 비해 가정에 덜 얽매어 있었다. 이런 경향은 원수정 시대에 더욱 두드러졌다. 물론 로마의 여성은 자신의 이름도 갖지 못한 채 아버지 이름에 여성 어미를 붙여 이름으로 대용하곤 했다. 예를 들면 율리우스에서 율리아, 클라우디우스에서 클라우디아, 마르키우스에서 마르키아라는 이름이 나왔다. 하지만 그와 동시에 로마 여성은 남편으로부터 매우 독립적인 지위를 갖고 있었다. 여성은 결혼할 때 통상 남편의 이름을 취하지 않았다. 법률에 의해 형식상 남성 보호자의 감독 아래 놓이긴 했지만, 부유층 여성은 자기 재산을 소유했고 모험적 사업에 투자를 했으며 자유의사로 공공 자선활동을 했다. 여성은 정무직에는 오를 수는 없었지만 여사제와 시민 후원자로서 활동할 수 있었다. 이 두 가지 역할 때문에 여성은 공공 문제에서 상당한 영향력을 행사할 수 있었다. 가사를 돌봐줄 수많은 노예와 자기 소유의 재산이 있었기에 부유층 여성은 지적·예술적 활동에 자유롭게 참여할 수 있었다. 어떤 여성은 시를 썼고, 어떤 여성은 철학을 연구했으며, 또 다른 여성은 문학 살롱을 주관했다. 또한 그들은 상당한 정도의 성적 자유를 누렸는데, 이는 고대 세계의 여타 지역에서는 유례를 찾아볼 수 없는 것으로서, 보수적인 현대 남성이 봐도 충격으로 받아들일 것이다. 로마의 귀족 여성은 흔히 자신의 초상화를 그리게 하거나 돌로 조각하도록 했다. 황제의 아내나 딸의 얼굴이 주화 속에 새겨진 경우도 많았다. 여성이 주화에 등장한 이유는 황제가 자기 가문의 위대성을 선포하기 원했기 때문이거나, 그 여성들이 실제로 중요한 국사(國事)—비공식적인 것이긴 했지만—를 맡아보았기 때문이다.

하층계급 여성의 삶에 대해서는 알려진 것이 드물다. 그들 대부분은 나이가 차면 결혼을 했고, 상점주인의 아내는 가족 부양 업무에서 특별히 중요한 역할을 했을 것이다. 출산의 위험 속에서 살아남은 기혼 여성은 보통 3~4명의 자녀를 낳았지만, 그들 모두가 성년이 될 때까지 살아남는 것은 아니었다. 사망률은 높았고, 특히 여성 사망률이 높았다. 로마 여성의 평균 수명은 34세, 남성은 40~46세였다. 이 통계에 여성 노예 인구를 포함시킨다면 여성의 평균 수명은 더 짧아질 것이다.

검투 경기

현대적 관점에서 볼 때 원수정 시대 로마 문화는 깜짝 놀랄 정도의 잔인성 때문에 혐오감을 준다. 검투 경기는 이미 새로울 것이 없었지만, 이 시기에 와서 달라진 점은 경기가 수천 명의 관중을 수용할 수 있는 원형경기장에서 진행되었다는 사실이다. 평민과 귀족은 물론이고 황제도 이 경기를 관람했으며, 경기는 갈수록 유혈이 낭자한 잔인한 것으로 변했다. 검투사들은 손에 칼과 삼지창을 들었고, 주먹에 쇠나 납이 박힌 가죽 끈을 감고 죽을 때까지 싸웠다. 한쪽 검투사가 치명적 부상을 입고 쓰러지면, 관중은 그의 목숨을 살려줄 것인지 아니면 상대편 검투사가 그 자리에서 그를 죽일 것인지 결정해줄 것을 요청받았다. 검투 경기가 벌어지는 막간에는 죄수들이 경기장에 풀려나와 짐승에게 갈가리 찢기고 먹이가 되었다. 경기장에 피가 흥건히 고이면 새로 모래를 한 겹 뿌리고 다시 경기를 진행했다.

대부분의 검투사는 죄수나 노예였지만 때때로 신분 높은 자원자도 있었다. 마르쿠스 아우렐리우스 황제의 망나니 아들인 콤모두스는 여러 차례 검투사로서 싸웠다. 그는 군중의 갈채를 즐기면서 자신이 헤라클레스라고 상상했다.

로마법

로마가 후대에 남긴 최대의 유산 가운데 하나는 법체계이다. 로마 법체계는 기원전 450년경의 12표법 공표와 더불어 시작되어 서서히 발전해온 결과물이다. 여러 세기를 거치면서 이 원시적 법규는 관습의 변화를 반영한 새로운 선례와 원칙에 의해 변화되었다. 새로운 선례와 원칙으로는 스토아 철학 같은 새로운 철학 사상, 재판관의 판결, 그리고 법무관(praetors)—특정 사건에서 법률을 정의·해석하고 재판관에게 지침을 전달할 권한을 갖는다—

의 고시(edicta) 등을 들 수 있다.

그러나 가장 획기적인 변화는 원수정 시대에 일어났다. 변화의 부분적 원인은 로마 제국의 성장과 더불어 로마법의 관할 구역이 광대한 영역—이탈리아의 시민뿐만 아니라 멀리 떨어진 속주민까지 포함—으로 확대된 데 있었다. 그러나 이 무렵 로마의 법사상이 급속히 발달한 가장 큰 이유는, 아우구스투스 이래 누대의 로마 황제들이 소수의 탁월한 법학자들을 지명하여 법정 심리 중인 사건에 대해 법률적 조언을 제공할 수 있도록 조치했기 때문이다. 이 방침에 따라 선임된 법학자들 중 대표적 인물로는 가이우스, 울피아누스, 파피니아누스, 파울루스 등이 있다. 그들 대다수는 최고위 법관의 직분을 갖고 있었지만, 그들이 명성을 얻은 것은 무엇보다도 법학자 및 법률 저술가로서였다. 이들의 법률적 견해는 체계적인 법철학을 구체화했고 후대의 모든 로마 법제의 토대가 되었다.

이들 법학자에 의해 발달된 로마법은 크게 시민법, 만민법, 자연법의 세 갈래로 구분되었다. 시민법이란 로마 및 그 시민들에 대한 법으로서, 성문법과 불문법의 두 가지 형태로 존재했다. 여기에는 원로원의 법령, 황제의 칙령, 정무관의 고시, 그리고 법적 효력을 갖는 고대의 관습이 포함되었다. 만민법은 민족에 관계없이 누구에게나 통용되는 법률로서 초보적 형태의 국제법이었다. 이 법은 노예제와 사유재산을 정당화했고 상거래·동업·계약의 원칙을 규정했다. 만민법은 시민법보다 우월하지는 않았지만 각별히 제국의 외래 거주자에게 적용됨으로써 시민법을 보완했다.

로마법에서 가장 흥미롭고 여러모로 가장 중요했던 부분은 자연법이었다. 그것은 법적 관행의 소산이 아니라 철학의 소산이었다. 스토아 철학자들은 자연의 이성적 질서라는 관념을 발전시켰는데, 이성적 질서란 정의와 권리를 구체화한 것이었다. 그들은 모든 인간이 자연적으로 평등하며 정부도 침범할 수 없는 기본 권리를 가지고 있다고 주장했다. 그러나 '법적 원리로서의 자연법'의 아버지는 헬레니즘 스토아 철학자가 아니라 로마의 키케로였다. 그는 이렇게 선언했다. "진정한 법은 자연과 조화하는 올바른 이성이다. 올바른 이성은 모든 인간이 공통으로 갖고 있으며 영원불변하다. 이 법을 침범하는 규정을 만드는 것은 종교에 의해 금지된다. 우리는 그것을 일부분일지라도 철회할 수 없다. 우리는 원로원이나 인민을 통해 우리 자신을 자연법에서 자유롭게 할 권리 또한 갖고 있지 않다." 이 법은 국가 자체보다 우위에 놓여 있었고, 그것을 위배하는 모든 지배자는 자동적으로 폭군이 되었다.

위대한 법학자들은 대부분 스토아 철학자들이 설파한 자연법 개념에 동의했다. 법학자들은 이 법이 자동적으로 시민법을 한정한다고 여기지는 않았지만, 그럼에도 자연법이야말로 인간의 법이 마땅히 따라야 할 이상이라고 생각했다. 물론 로마의 지방 법정에서 통용된 실정법은 자연법과는 거리가 멀었다. 하지만 법률적 원리로서 추상적인 정의 개념의 발달이야말로 로마 문명이 이룩한 가장 고귀한 업적 중 하나였다.

원수정 시대 이탈리아의 경제

제조업의 성장과 도자기·직물·금속·유리제품의 대량생산 덕분에 이제 로마의 빈민조차도 과거의 어느 지중해 사회와도 비교할 수 없을 정도의 물질적 풍요와 가정적 안락함을 누릴 수 있었다. 상인은 전문화되었고 대량생산된 상품을 제국 전역으로 실어 보냈다. 상공업은 대단히 성공적이었고 취급하는 물량도 엄청났다. 로마 시에는 지금도 2세기와 3세기의 도기 파편으로 쌓아올린 45미터 높이의 언덕이 있다. 이 도기들—암포라(amphora, 복수형은 amphorae)—은 로마에서 소비할 올리브유를 서남 에스파냐로부터 실어 나르는 용기로 사용되었다. 역사가들은 이 도기 파편 언덕이 약 5,300만 개의 암포라로 이루어졌을 것으로 계산한다. 이 도기의 용량을 모두 합치면 대략 15억 갤런의 올리브유를 담을 수 있다.

그러나 정교하고 복잡하면서도 부스러지기 쉬운 이 경제 세계에는 피로의 징조가 있었다. 상류계급은 도시와 시골의 저택에서 호화스럽게 살았다. 그러나 지방에 있는 귀족 소유의 대규모 라티푼디움에서는 전쟁 포로 노예의 수가 줄면서 노동력 부족 현상이 시작되었다. 이 같은 노동력 부족은 사회·경제적 지위가 하락한 소농들에 의해 제한적으로만 채워졌다. 다시 말해서 다수의 소농은 대농장에서 반노예적 농업노동자인 콜로누스(colonus)의 지위로 전락하고 말았다. 게다가 제국 서반부, 특히 이탈리아는 동부 속주들에 대해 현저한 무역역조 현상을 겪고 있었다. 서로마의 벌크 화물, 특히 포도주, 곡물, 기름, 도기 등이 대규모로 동쪽으로 운송되었지만, 그것은 동부 속주들, 인도, 중국 등지에서 서로마로 흘러든 사치품에 지불된 대금에 비하면 미미한 규모였다. 제국의 세입이 동쪽에서 서쪽으로 지속적으로 흘러와 군대와 제국의 행정을 지원하는 한 후기 원수정의 경제체제는 비교적 안정적일 수 있었다. 그러나 그러한 현금 흐름이 고갈되거나 동서간의 교역로가 붕괴되는 사태가 닥칠 경우 제국 서반부의 경제는 급속히 위기 국면으로 빠져들 수밖에 없었다.

3세기의 위기(180~284)

♣ 로마 제국을 멸망 직전의 상황으로 몰고 간 요인은 무엇이었는가?

180년 마르쿠스 아우렐리우스가 사망하면서 자애로운 황제가 지배하던 5현제 시대는 막을 내렸다. '5현제'가 정치적으로 성공한 이유 중 하나는 앞의 네 황제들이 아들이나 친인척이 아닌 유능한 젊은이를 골라 제위를 계승시켰기 때문이다. 그러나 마르쿠스 아우렐리우스는 선임 황제의 관행을 깨뜨림으로써 불행한 결과를 초래했다. 그는 로마의 황제 중 가장 철학적이고 사려 깊은 지배자였지만, 아들 콤모두스가 자제심이나 통치능력을 갖지 못한 방탕한 청년임을 알아챌 만큼 지혜롭지는 않았다. 어떤 면에서 마르쿠스 아우렐리우스는 손발이 묶인 상태였다. 즉, 아들 아닌 다른 인물을 계승자로 삼을 경우 군대의 강력한 저항을 받게 되어 있었던 것으로 보인다. 콤모두스는 선왕이 주도했던 고비용이 소요되는 전쟁에서 발을 뺌으로써 즉각 군대를 소외시켰다. 이것은 매우 현명한 조치였지만, 군대와 원로원으로부터 나쁜 평판을 얻게 된 원인이었다. 그 후 그는 원로원의 요구사항 들어주기와 원로원을 들볶아 복종시키기의 양자 사이에서 오락가락 행보를 취했다. 두 방법이 모두 성공하지 못할 경우 콤모두스는 황제의 측근 한두 명을 처형함으로써 그들을 달래려 했다. 당연한 일이지만 그 결과 유능한 인물들은 콤모두스를 위해 일하기를 꺼렸다. 또한 그는 고귀한 신분에 대한 사람들의 전통적인 기대를 저버리고 공적·사적으로 변태적인 취향에 탐닉했으며, 심지어 콜로세움에 검투사로 나서기도 했다. 그의 변덕스럽고도 잦은 폭력 행위로 인해 궁정 내부에서는 반역 음모가 싹트기 시작했으며, 192년 급기야 그의 레슬링 코치가 콤모두스를 목 졸라 죽이고 말았다. 그 후의 사태는 악화일로였다. 콤모두스의 뒤를 이을 분명한 후계자가 없었기에 속주들의 군대가 제각기 황제 후보를 옹립했고, 그 결과 내란이 뒤따랐다. 여기서 속주 군사령관 출신인 셉티미우스 세베루스(재위 193~211)가 승자로 떠올랐다. 바야흐로 속주 군대가 임의로 제국 정치에 개입할 수 있음이 분명해졌다.

세베루스 왕조

세베루스와 그 계승자들은 원로원이 지닌 이론상의 권리마저 묵살한 채 노골적인 군사 독재를 자행함으로써 사태를 더욱 악화시켰다. 임종의 자리에서 세베루스는 두 아들에게 이렇게 충고했다. "아들들아, 병사들을 부유하게 하고 나머지는 묵살하여라." 그의 아들 카라칼라(재위 198~217)는 동생이자 공동 황제인 게타(재위 209~212)를 죽인 살인자였다. 카라칼라는 세금을 징수하는 일과 탐욕스러운 군대에 (특히 인기가 더 높았던 동생을 암살한 뒤 군대를 달래기 위해) 보너스를 지급하는 데 필사적으로 매달린 나머지 제국 내의 모든 자유민에게 로마 시민권을 주었다. 이것은 계몽적 군주의 행동이라기보다 로마 국가의 과세 기반을 확충하기 위한 것이었다. 이 과정에서 한때 광대한 제국을 결속시키는 소중한 접착제 구실을 했던 로마 시민권은 싸구려가 되고 말았다. 그 뒤의 세베루스 왕조 계승자들도 나을 것이 없었다. 엘라가발루스(재위 218~222)는 동방의 태양 숭배를 로마의 국교로 삼으려 했고 원로원 회의석상에서 당시의 성도덕 관습을 조롱하는 언행도 서슴지 않았다.

몇몇 탁월한 황실 여성이 왕조와 제국을 지키기 위해 싸우지 않았더라면 결과는 파멸적이었을 것이다. 셉티미우스 세베루스의 아내 율리아 돔나는 아들인 카라칼라를 대신해 제국 운영을 도왔고 아들의 사악한 성품을 억제하는 데 큰 역할을 했다. 그녀는 217년 카라칼라가 암살당하자 스스로 목숨을 끊었다. 율리아 돔나의 여동생 율리아 마이사는 황제 엘라가발루스와 그의 후계자인 세베루스 알렉산데르의 할머니였다. 그녀의 정치적 영향력은 대단했으며, 엘라가발루스의 방탕으로 국가가 위험에 빠지게 되었을 때 그를 실각시키는 데 중요한 역할을 했다. 그녀의 딸 율리아 마마이아는 세베루스 알렉산데르의 어머니로서 어린 아들의 치세(재위 222~235) 동안 대단한 영향력과 인기를 누렸고 정부 내에서 거의 섭정과 같은 권력을 행사했다. 그러나 그들은 왕조 창설자 셉티미우스에 의해 시작된 거대한 흐름을 막아내지 못했다. 군대의 중요성이 점점 커지면서 통제가 점차 불가능해진 것이다. 일단 잔인한 무력의 효용성이 공공연하게 드러나자 야심을 지닌 장군이라면 누구든지 대권 장악의 꿈을 꾸게 되었다. 세베루스 알렉산데르와 율리아 마마이아는 군대가 반기를 든 235년에 살해되었다. 그 후 50년 동안 내전이 끊임없이 이어졌다. 235년에서 284년까지 무려 26명의 '군인 황제'가 등장했으며, 그중 단 한 사람만을 제외하고는 모두 폭력에 의해 목숨을 잃었다.

3세기 위기의 절정

235년부터 284년까지 반세기 동안 정치적인 혼란에 더해 몇 가지 다른 요인이 제국을 멸망 직전의 위기로 몰아넣었다. 내전은 경제의 토대를 잠식했다. 농업과 상업이 훼손되었을 뿐만 아니라, 야심을 품은 장군들이 화폐를 변조하고 속주 시민에게 터무니없는 세금을 부과함으로써 병사들을 부자로 만들어주었기 때문이다. 그 결과는 인플레이션이었다. 지주, 소농, 기술공이 가장 큰 고통을 받았다. 수많은 사람이 비참한 가난에 빠져들었다. 전쟁과 기근에 이어 질병이 창궐했다. 마르쿠스 아우렐리우스 치세에도 천연두로 추정되는 무서운 전염병이 제국 전역을 휩쓸어 군대와 주민의 상당수를 죽음으로 몰고 간 적이 있었다. 3세기 중반에 창궐한 역병은 또다시 엄청난 인구를 죽음으로 몰아넣었다.

가뜩이나 인구 감소로 어려움을 겪는 시점에서 로마는 설상가상으로 또 다른 시련에 직면해야만 했다. 3세기 중반에 외적의 침입을 받게 된 것이다. 질병으로 인해 병력이 줄고 로마의 군대가 서로 싸우고 있는 사이에, 서쪽의 게르만족과 동쪽의 페르시아인이 옛 로마 방어선을 돌파했다. 251년 고트족은 황제 데키우스(재위 249~251)를 전투에서 살해하고 도나우 강을 건너 발칸 반도를 멋대로 유린했다. 그보다 더 굴욕적인 재난이 있었다. 황제 발레리아누스(재위 253~260)가 260년에 벌어진 전투에서 페르시아군에게 사로잡혀 무릎을 꿇은 채 페르시아 지배자의 발판 노릇을 했던 것이다. 황제가 사망하자 그의 시신은 박제된 채 매달려 전시되었다. 서부의 속주들은 로마의 보호 능력에 절망한 나머지 한동안 독립된 제국이라도 되는 것처럼 떨어져나갔다. 정녕 아우구스투스의 시대는 흘러간 먼 옛날이었다.

신플라톤주의

3세기의 문화가 고뇌로 가득 찬 것이었음을 이해하기란 어려운 일이 아니다. 현존하는 조각상에서도 우리는 그 시대의 고뇌를 읽을 수 있다. 황제 필리푸스(재위 244~249)의 흉상은 마치 자신이 곧 전쟁에서 죽음을 맞이하리라는 것을 알고 있는 듯한 표정이다. 절망감이 확산되자 현세에 대한 체념을 권장하는 새로운 철학이 등장했다. 그중 하나가 신플라톤주의였다. 신플라톤주의는 느슨하게나마 플라톤 사상의 정신주의적 경향에 토대를 두고 있었지만, 진정한 창시자는 플로티노스(204~270)였다. 플로티노스는 이집트인으로서 로마에 와서 로마 상층계급 사이에 많은 추종자들을 거느렸다.

신플라톤주의는 세상의 악을 독특한 창조 신앙에 입각해 설명한다. 플로티노스의 가르침에 의하면 모든 존재는 신으로부터 비롯되며, 신은 연속적인 유출(流出, emanations)의 흐름 안에 있다. 그 과정의 첫 단계는 세계영혼(world-soul)의 유출이다. 이 세계영혼으로부터 신성한 이념(divine ideas) 또는 영적 모형이 나오고, 다시 여기에서 개체의 영혼이 나온다. 유출의 맨 마지막 단계는 물질이다. 그러나 물질은 그 자체의 형태나 속성을 갖고 있지 않다. 그것은 단지 신으로부터 나온 정신적 빛이 다 타버리고 남은 찌꺼기에 불과하다. 그러므로 물질계는 신적인 영역으로부터 완전히 차단되어 있다.

플로티노스의 두 번째 신조는 신비주의였다. 인간의 영혼은 본래 신의 일부분이었지만 물질과 결합하면서 그 신적인 근원으로부터 분리되었다. 인생의 최고 목표는 신과의 신비한 합일이며 그 합일은 명상을 통해 그리고 영혼을 육체의 멍에로부터 해방시킴으로써 달성할 수 있다. 인간은 마땅히 육체를 가지고 있다는 사실을 부끄럽게 여겨야 하며 가능한 모든 방법을 동원해 육체를 복종시켜야만 한다. 그러므로 신플라톤주의의 세 번째 주요 신조는 금욕주의였다.

플로티노스의 계승자들은 기이한 미신을 점차 더 많이 받아들여 플로티노스의 철학을 희석했다. 그러나 불합리한 관점과 국가에 대한 철저한 무관심에도 불구하고 신플라톤주의는 3세기와 4세기에 로마에서 대단한 인기를 얻었으며, 스토아 철학을 거의 완벽히 대치하기에 이르렀다. 그것은 그리스도교에도 상당한 영향을 미쳤다(제6장 참조). 신플라톤주의보다 더 로마 사회의 전통적 가치에 철저히 대립각을 세운 철학은 상상하기 힘들다. 그러므로 신플라톤주의의 유행은 3세기의 위기에 의해 로마 사회와 정부가 얼마나 크게 변질되었는지를 보여주는 뚜렷한 증거이다.

서로마의 지배: 대차대조표

❧ 로마 문명은 3세기에 최후를 맞이했는가?

로마는 하루아침에 이루어지지 않았지만, 하루아침에 망한 것도 아니다. 다음 장에서도 살펴보겠지만 284년 로마는 다시 강력한 지배권을 회복했다. 그 후 로마는 서로마에서 약

200년 동안, 그리고 동로마에서 1,000년을 더 존속했다. 그러나 재건된 로마는 종래의 로마와는 판이했다. 그러므로 여기에서 일단 로마 문명의 특징에 관한 설명을 중단하고, 로마가 현저히 다른 사회로 변질된 이유를 다루는 편이 적절할 것이다(물론 이 부분에 대해서는 제6장에서 상세하게 검토하기로 한다).

로마 제국의 쇠망에 대한 설명

로마의 쇠망 원인에 대해서는 다른 어떤 문명의 멸망에 대한 연구 이상으로 많은 연구가 이루어졌다. 쇠퇴의 원인에 대한 이론은 지극히 다양했다. 최근에 등장한 가장 기괴한 설명은 아마도 로마가 주방 조리기구를 통해 섭취한 납의 영향으로 멸망했다는 주장일 것이다. 그러나 이것이 사실이라면 우리는 로마가 왜 그토록 오랫동안 번영을 누렸는지에 대해서도 질문해야 한다. 도덕론자들은 유베날리스, 페트로니우스 등의 저술에서 나타난 음란과 폭식에 관한 묘사에서 로마 쇠퇴의 이유를 찾는다. 그러나 이런 해석은 이들 증거 대부분이 명백히 과장되었다는 점, 그리고 그런 증거들이 대부분 원수정 시대 초기에 작성된 것이라는 점을 간과하고 있다. 제국이 명백히 몰락의 길을 걷고 있던 원수정 후기에 로마의 도덕성은 금욕적 종교의 영향으로 오히려 한층 더 엄격해져 있었다. 가장 단순한 해석 중 하나는 로마 멸망의 원인이 게르만족의 격렬한 공격에 있다는 설명이다. 그러나 게르만족은 로마 역사의 전 시기를 통해 항상 로마를 공격할 준비가 되어 있었다. 게르만족의 공격은 로마가 이미 내부적으로 취약해 있을 때만 성공했다. 실제로 4세기 이후 게르만 부족들은 로마를 파괴하는 것보다 로마의 일부가 되는 데 더 많은 관심을 가졌다. 5세기에 서로마 제국을 유린한 게르만 부족들의 상당수는 사실상 로마의 동맹자들이었다. 그들은 로마의 편협, 실정, 권력남용에 자극받아 제국을 침입했던 것이다.

정치적 실패

그러므로 로마의 가장 심각한 내부 문제가 무엇이었는지에 집중하는 것이 최선이다. 내부 문제 가운데 일부는 정치적인 것이었다. 원수정 시대 로마 정체의 가장 뚜렷한 결함은 명확한 제위 계승법이 없었다는 것이다. 특히 지배자가 갑자기 사망했을 경우 그 뒤를 누가 이을 것인지가 확실치 않았다. 현대 미국에서 대통령의 죽음은 온 국민에게 충격을 안겨주겠지만 국민은 적어도 향후 어떤 일이 일어날 것인지를 알고 있다. 그러나 로마 제국에서는 누구도 앞일을 예측할 수 없었고, 대개의 경우 내전으로 번지기 마련이었다. 아우구스투스는 대단한 업적을 이룩했지만 제위 계승 문제는 그가 구축한 체계의 가장 큰 약점이었다. 사실상의 독재 지배이면서도 형식상 공화정을 표방하고 있었으므로, 어떤 황제일지라도 황제—공식적으로는 존재하지 않았다—지위의 질서 있는 계승을 위해 할 수 있는 일이란 거의 없었다. 공화정 로마에 대한 존경심이 남아 있는 한 권력 이양은 얼마간 원활하게 이루어질 수 있었다. 그러나 235년에서 284년까지 전쟁과 불안정은 상승효과를 일으키면서 사태를 악화시켰다. 내전이 촉발된 또 다른 원인은 개혁을 위한 헌정 수단이 결여되어 있었다는 점이다. 180년 이후에 전개된 사태가 대부분 그러했듯이, 체제가 민심의 지지를 잃을 경우 체제 변화의 유일한 수단은 체제 전복 이외에는 없었다. 그러나 군인 집단이 황제 체제의 성공과 실패를 좌우하는 결정적 요인이 되면서 폭력에의 의존은 더 큰 폭력을 초래할 뿐이었다.

경제 위기

로마 제국은 경제적인 문제도 안고 있었다(비록 여기에서 이끌어낼 역사적 교훈은 명확하지 않지만 말이다). 로마의 가장 심각한 경제 문제는 노예제 및 노동력 부족에 기인한 것이었다. 로마 문명은 도시에 기반을 두고 있었고, 로마의 도시들은 대체로 노예가 생산하는 잉여농산물로 살아갔다. 노예는 지나치게 혹사되었던 까닭에 노예 인구의 현상 유지가 불가능했다. 트라야누스 시대에 이르기까지 로마는 정복에 의해 충원된 노예 인력으로 노예제를 유지할 수 있었지만, 그 후 로마 경제는 극심한 인력난에 시달리기 시작했다. 지주는 더 이상 사람 목숨을 함부로 다룰 수 없었고, 병영 노예제는 종식되었으며, 도시 인구를 부양하기 위한 농촌의 잉여농산물도 줄어들었다. 불황 타개를 위한 기술 향상이 등한시된 것도 노예제 때문이었다. 후대의 서양 역사에서 볼 수 있듯이, 잉여농산물은 기술혁명의 결과였다. 그러나 로마의 지주들은 기술 문제에 관심을 기울이는 것은 품격을 떨어뜨리는 일이라 간주해 이에 무관심했다. 일할 수 있는 노예 노동력이 존재하는 한 노동력 절감에 무관심했고 기계 장치에 관심을 갖는 것을 천박함의 표시로 여겼다. 지주들은 '고상한 일'에 관심을 쏟음으로써 자신의 고귀함을 입증하려 했지만 고매한 명상에 잠겨 있는 동안 그들의 잉여 농산물은 사라지고 있었다.

노동력 부족은 로마의 경제 문제를 크게 악화시켰다. 대외 정복이 끝나고 노예제가 사양길에 접어들면서 농경지에 머물 인구가 많이 필요해졌다. 그러나 야만인의 지속적인 압력으로 군복무에 필요한 인력 또한 계속 필요했다. 이렇듯 사태가 최악으로 치닫는 상황에서 2세기와 3세기의 전염병 창궐은 인구를 격감시켰다. 마르쿠스 아우렐리우스 치세로부터 284년 강력한 지배권이 재등장하기까지 질병, 전쟁, 출생률 감소로 로마의 인구는 약 3분의 1가량이 줄어들었다. 그 결과 농업노동력도 충분치 못했고 외적과 싸울 병력도 부족해졌다.

이 모든 사태에도 불구하고 반드시 기억해야 할 점은, 로마가 가난에 시달리지 않았다는 사실이다. 재화는 여전히 동쪽으로부터 로마 사회로 흘러들어왔다. 하지만 특히 서반부 속주들에서 극소수 가문에 부가 집중되는 경향이 나타났다. 이들 가문은 대단히 광범위한 특권을 확보했지만 그들이 로마 국가의 재정에 기여하는 바는 거의 없었다. 그 결과 도시를 유지하는 부담은 그것을 감당할 능력이 없는 지방 엘리트들이 떠안게 되었다. 이들이 경제적으로 몰락하거나 아예 도시에서 도망치면서 고전기 로마 문명의 도시 기반 및 그에 수반된 시민적 이상이 훼손되었다. 지역적 차이 또한 점차 두드러졌고, 그 결과 서반부 속주들 사이에서 분리주의 운동이 나타났다. 시민들이 헌신적인 노력을 기울였더라면 로마는 멸망을 면했을 것이다. 그러나 이제 공공의 이익을 위해 열심히 일하려는 사람이 거의 없었다. 궁극적으로 로마의 쇠퇴는 시민들이 로마를 지키는 일에 관심이 결여된 결과였다. 그러므로 로마 세계는 일격에 무너졌다기보다는 흐느낌 속에서 종말을 맞이했던 셈이다.

로마의 업적

서로마의 쇠퇴에 주목한다고 해서 로마 사회가 이룩한 놀라운 성공을 간과해서는 안 된다. 지구상의 어떤 국가도 그토록 큰 영토를 포괄하지 못했고, 세계 인구의 그토록 많은 부분을 그토록 오랜 기간 지배한 국가도 없었다. 로마의 지배권은 기원전 1세기부터 서기 5세기까지 서반부에서 활력을 유지했다. 동반부에서 로마 제국은 1453년까지 살아남았다. 이런 성공은 통신, 교역, 여행 체계 등을 창안하고 유지할 수 있었던 로마 정부의 능력에 기인한 것이었다. 로마 이전의 어떤 국가도 그런 능력을 갖지 못했고 근대에 이르기까지 어떤 국가도 또다시 그런 능력을 보여주지 못했다. 이런 성공은 로마 경제의 기초 체력이 버텨주었기 때문에 가능했다. 3세기에 이르러 로마 경제가 상당 부분 몰락하고 천정부지의 인플레이션이 기승을 부렸지만, 로마인은 그 시점까지 400년 동안—근대적인 시장경제 구조와 안전장치 없이—비교적 안정된 통화와 번창한 국제 교역을 유지했다.

그러나 가장 근본적인 차원에서 본다면 로마 제국의 생존은 정치적 업적의 산물이었다. 로마의 정치 체계는 근대의 어떤 제국도 필적할 수 없으리만큼 포용적이었다. 로마는 비로마인에게 시민권을 확대하고 속주민에게 원로원 의원직은 물론 궁극적으로 황제의 지위에까지 오를 수 있도록 기꺼이 허용함으로써 권력의 일부를 제국 구성원에게 나누어주었다. 이것은 근동이나 그리스의 어떤 제국에서도 상상할 수 없었던 일이다. 페르시아인은 외래 종교 관습에 관용적이었고 아테네인은 시민에게 정치적 권리를 관대하게 허용했지만, 실질적인 정치적 권력을 국외자에게 확대한다는 것은 있을 수 없는 일이었다. 초기 이탈리아의 라틴권으로부터 카라칼라 치세의 제국 주민 전원에 대한 시민권 허용에 이르기까지, 참정권의 확대는 로마인이 성공을 거둘 수 있었던 핵심 요인이었다. 한 탁월한 로마사가가 언급했듯이, 만일 영 제국이 로마인처럼 기꺼이 참정권을 확대했었더라면 미국혁명은 결코 일어나지 않았을 것이다.

결론

우리는 현대인과 로마인 사이에 비슷한 점이 많다고 믿기 쉽다. 첫째로 로마가 다른 어떤 고대 문명보다 시간적으로 우리와 가깝기 때문이다. 그리고 둘째로 로마는 현대인과 비슷한 기질을 갖고 있는 것처럼 보이기 때문이다. 로마의 역사가 19~20세기의 영국 및 미국 역사와 닮았다는 점이 종종 관심의 대상이 되곤 했다. 미국과 마찬가지로 로마 경제는 단순한 농업사회에서 복잡한 도시 체계로 발전하면서 실업, 심각한 소득불균형, 재정 위기 등의 문제를 안고 있었다. 영국과 마찬가지로 로마 제국은 정복에 의해 건설되었다. 영국 및 미국과 마찬가지로 로마 제국은 로마의 정복을 통해 세계가 누리게 된—또는 누리게 되었다고 주장한—평화를 찬양함으로써 스스로를 정당화했다.

그러나 궁극적으로 이런 비교는 피상적인 것이다. 로마는 근대 사회가 아닌 고대 사회였으며, 근대 서양의 어떤 사회와도 현저하게 다른 사회였다. 앞서 언급했듯이, 로마인은 산업

활동을 경멸했다. 또한 그들은 근대 국민국가의 개념도 갖지 않았다. 그들의 제국은 통합된 영토를 지닌 국가라기보다 도시들의 집합체에 가까웠다. 로마인은 대의 정부를 발전시키지도 않았으며 제위 계승 문제를 해결하지도 못했다. 로마인의 사회적 관계 역시 오늘날의 그것과는 비교할 수 없는 것이었다. 로마 경제는 근대의 어떤 사회와도 비교할 수 없으리만큼 노예제에 의존하고 있었다. 기술은 원시적이었고 사회적 계급 격차는 극단적이었으며, 양성 관계도 지극히 불평등했다. 로마의 종교는 종교 관행과 정치생활이 불가분의 관계에 있다는 전제에 기초하고 있었고 로마 황제는 (특히 동반부에서) 살아 있는 신처럼 숭배되었다.

그럼에도 불구하고 로마 문명은 후대의 문화에 지대한 영향을 미쳤다. 로마의 건축 형식은 오늘날 미국 정부의 많은 건물의 디자인에서 살아남아 있다. 그리고 로마의 복식은 오늘날 수많은 그리스도교 성직자의 의상에서 찾아볼 수 있다. 6세기 황제 유스티니아누스의 법전(제6장 참조)을 통해 로마법은 중세를 거쳐 오늘날까지 이어 내려오고 있다. 미국의 판사들은 지금도 가이우스, 울피아누스 등이 만든 법률 금언을 인용하고 있으며, 3세기의 법적 선례는 대부분의 유럽 대륙 국가 및 미국의 루이지애나 주 법체계에서 여전히 타당하다. 로마의 조각은 사실상 모든 현대 조각의 근간이 되었으며, 로마 작가들의 글은 20세기에 이르기까지 유럽과 미국에서 산문 작문의 표준이었다. 심지어 가톨릭교회의 조직도 로마 국가의 구조를 적용한 것이다. 오늘날 교황은 대제사장(pontifex maximus)이라는 칭호를 가지고 있는데, 그것은 황제가 로마 국교의 수장으로서 지녔던 호칭이기도 하다.

로마가 후세에 미친 가장 큰 공헌은 그리스 문명을 제국 전역에 전달하는 역할을 맡았다는 점일 것이다. 마침내 통일된 로마 제국이 붕괴되었을 때 세 개의 상이한 후계 문명—비잔티움, 이슬람, 서유럽—이 등장해 로마가 점유했던 영역을 차지했다. 이들 문명은 제각기 독자적인 종교 전통을 지니고 있었고, 그들이 받은 로마 유산의 상이한 국면을 각기 채택·적용했다. 그러나 이들 세 개의 서양 문명은 모두 로마를 경유해 그리스로부터 이어받은 문화적 유산—도시생활, 세계주의, 제국주의, 학문 등—을 공유하고 있었다. 그리스의 문화적 유산들은 서양을 인류 역사의 독특한 실험장으로 영구히 자리매김했다.

이 문화적 유산은 로마의 묘비명이 될 것이었다. 그리고 3세기 중반에는 이 묘비명이 로마 제국의 운명에 종지부를 찍는 데 필요한 유일한 물건처럼 보였을 것이다. 그러나 로마 제국은 붕괴되지 않았다. 로마 제국은 그 후로도 수백 년 동안 생명을 이어갔다. 로마는 3세기, 4세기, 아니 5세기에도 멸망하지 않았다. 로마 제국은 변형되었고, 이 변형된 국가에서 로마의 유산은 중세의 서양 문명으로 흘러들어갔다. 우리는 이제 이런 변화에 대해 알아보고자 한다.

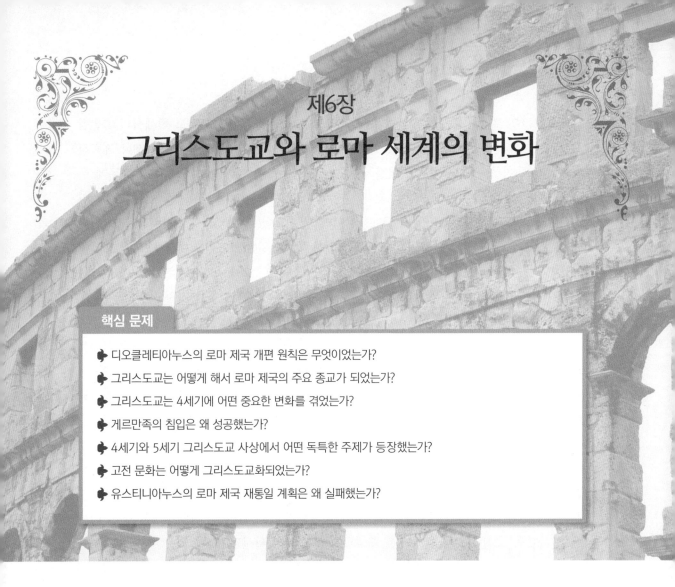

제6장
그리스도교와 로마 세계의 변화

핵심 문제

♦ 디오클레티아누스의 로마 제국 개편 원칙은 무엇이었는가?

♦ 그리스도교는 어떻게 해서 로마 제국의 주요 종교가 되었는가?

♦ 그리스도교는 4세기에 어떤 중요한 변화를 겪었는가?

♦ 게르만족의 침입은 왜 성공했는가?

♦ 4세기와 5세기 그리스도교 사상에서 어떤 독특한 주제가 등장했는가?

♦ 고전 문화는 어떻게 그리스도교화되었는가?

♦ 유스티니아누스의 로마 제국 재통일 계획은 왜 실패했는가?

로마 제국은 180년 이후 쇠퇴했지만 그렇다고 해서 아주 멸망한 것은 아니었다. 284년 용맹스러운 군인 황제 디오클레티아누스는 제국을 재정비해 로마에 새로운 생명력을 불어넣었다. 4세기의 전 기간을 통해 로마 제국은 계속 지중해를 장악했다. 5세기에 이르러 제국의 서부가 게르만어 사용 침입자의 정치적 지배권 아래 들어갔다. 그러나 로마의 제도는 이새로운 게르만 왕국들에서도 계속 작동했다. 6세기에 이르러 유스티니아누스 황제가 서부 지중해 해안 지역의 상당 부분을 재정복했다. 7세기에 접어들어 비로소 로마 제국의 동반부와 서반부의 분열이 영속적이라는 것이, 그리고 그 후 두 지역이 근본적으로 다른 방향으로 발전하게 되리라는 것이 분명해졌다. 이러한 전환과 더불어 고전 고대 세계는 종말을 고하게 되었다.

역사가들은 로마의 제도가 오랜 기간 존속했다는 사실을 과소평가하고 중세사의 출발점을 3세기, 4세기 또는 5세기로 잡곤 한다. 물론 역사학에서의 시대구분이란 언제나 개략적이며, 역사학자들이 역사 발전의 어떤 국면을 강조하는가에 따라 크게 달라지기 때문에 이런 접근방식을 마냥 무시할 수만은 없다. 분명 고대 세계로부터 중세 세계로의 이행은 점진적이었고 많은 '중세적' 요소가 서유럽에서 이미 3세기부터 나타나고 있었다. 그러나 오늘날에는 고대사가 284년 이후에도 계속되었다고 보는 것이 일반적이다. 고대사는 로마 제국이 7세기에 지중해에 대한 지배권을 상실할 때까지 지속되었다. 284~610년의 기간은 비록 전환기이기는 하지만(물론 모든 시대가 전환기이다) 그 나름의 뚜렷한 특징을 가지고 있었으며, 이런 의미에서 로마 시대도 중세도 아닌 고대 말기라고 표현하는 것이 좋을 듯싶다.

세 가지 중요한 문화적 경향이 고대 말기를 특징지었다. 첫째로 로마 세계 전역에 그리스도교가 확산되고 승리를 거두었다. 초기 그리스도교는 제정 말기(전제정 시대)에 수많은 사람들을 끌어 모았던 다양한 내세 종교들 중 하나에 지나지 않았다. 그러나 4세기에 접어들어 그리스도교는 로마의 국교로 채택되었고, 그 후 서양 문명 발전의 가장 중요한 요인 중 하나가 되었다.

처음에는 도시에서 도시로, 그 다음에는 도시에서 시골로 전파된 그리스도교의 점진적 확산은 고대 말기 세계의 전반적 특징인 거대한 문화적 동화 과정의 한 부분이었다. 새로운 문화적 발전은 과거 어느 때보다도 광범하게 확산되었고 각계각층의 다양한 사람들이 여기에 참여했다. 그러나 로마 문화가 한층 획일화되고 널리 확산되면서 그것은 투박해지고 평범해졌다. 그 결과로 나타난 현상은 고전기 고급문화의 하향 평준화였다. 우리는 그것을 통속화라고 부른다.

지중해 세계 외부에서 온 문화적 영향력은 특히 로마 제국 서반부에 강한 충격을 주었다. 로마인은 이 과정을 야만화(barbarization)라고 불렀는데, 이 말은 '이방인'을 뜻하는 그리스어 바르바로스(barbaros)에서 유래했다. 야만인 문화는 반드시 미개한 것은 아니었지만 분명 비도시적이고 비그리스적이었다. 지중해 세계 엘리트의 눈에는 이 사실만으로도 오명을 덮어씌우고 낙인찍기에 충분했다. 그럼에도 불구하고 야만인의 영향력은 처음에는 군대에서 다음에는 전 사회에 걸쳐 꾸준히 증대되었다. 이러한 과정 중 그 어느 것도 파국적이지 않았다. 그러나 마침내 6세기 말 그리스도교화, 통속화, 야만화의 세 가지 요인이 한데 결합해 고대 지중해 세계에 종지부를 찍었다.

제국의 재편

♣ 디오클레티아누스의 로마 제국 개편 원칙은 무엇이었는가?

3세기 중반의 혼돈은 로마 제국을 멸망시킬 수도 있는 것이었다. 로마 제국이 이 시기에 파멸을 모면한 것은 284~305년에 통치한 디오클레티아누스라는 걸출한 군인 황제의 노력 덕분이었다. 디오클레티아누스는 로마 제국의 정치·경제에 근본적 개혁을 단행했다. 가장 중요한 것은 황제의 권위와 위신을 회복했다는 사실이다. 그렇게 함으로써 디오클레티아누스는 후대의 로마·비잔티움 황제 모두를 위한 권력 기반을 닦았다.

디오클레티아누스 치세

아우구스투스와 마찬가지로 디오클레티아누스는 자신의 황제 직분이 존엄하다는 것, 그리고 그것을 유지하는 데 정치적 상징이 중요하다는 것을 잘 알고 있었다. 그러나 권력의 실체를 공화정의 외양 속에 감추려 했던 아우구스투스와는 달리, 디오클레티아누스는 신민 앞에서 가면을 쓰지 않고 전제군주로 자처했다. 그가 취한 칭호는 프린켑스('첫 번째 시민')가 아니라 도미누스(dominus, '군주 또는 주인')였다. 그는 왕관을 쓰고 금으로 수놓은 자색 비단 가운을 걸쳤으며, 궁정에 페르시아식 배례 의식을 도입했다. 관료는 계급을 나타내는 정교한 직함을 가졌다. 탄원자는 자신이 만나도 좋다고 허락받은 관료의 지위의 높고 낮음에 따라 자신이 얼마나 중요한 인물로 대접받는지를 판단할 수 있었다. 디오클레티아누스 자신은 출입구·방·커튼 등으로 겹겹이 싸인 미로 뒤에 모습을 감춘 채 궁정의 일상 업무와 거리를 두고 있었다. 그를 알현하는 행운을 얻은 사람은 그 앞에 무릎을 꿇어야만 했고, 특전을 받은 극소수의 사람에게는 그의 옷자락에 입을 맞추는 것이 허용되었다. 3세기 초 군인 황제들은 병사 및 신하들과 너무 친밀한 관계를 맺음으로써 경멸을 샀다. 그 자신 군인 황제였던 디오클레티아누스는 그들의 전철을 밟지 않기로 한 것이다.

디오클레티아누스는 아우구스투스 전통과의 단절을 위한 또 하나의 시도로서 제위 계승의 공식 원칙을 제정했다. 제국이 너무 커져서 한 사람의 막강한 지배자가 효율적으로 통제할 수 없게 되었음을 깨달은 디오클레티아누스는 제국을 반으로 나눈 다음 서반부를 자신이 신임한 후배인 막시미아누스에게 맡기고 더 부유한 동반부를 자신이 맡았다. 두 명의 '아우구스투스'—디오클레티아누스와 막시미아누스는 자신들을 그렇게 불렀다—는 각기 '카이사르'라는 이름의 부제(副帝)를 한 명씩 선정해 영토를 분할 통치하도록 했다. 이 제도—사분 통치(tetrarchy)로 알려져 있다—는 분권화를 통해 제국을 좀 더 효과적으로 다스리기 위한 것인 동시에 아우구스투스 정치체계의 치명적 약점임이 입증된 그리고 3세기 제국에 엄청난 타격을 가했던 제위 계승 논란을 종식시키기 위한 것이었다.

디오클레티아누스는 정력적인 행정 개혁가이기도 했다. 그는 군대에 대한 긴밀한 사적 통제권을 유지하기는 했지만, 군대를 민간 지휘계통에서 분리시키고자 했다. 3세기에 그랬던 것처럼 또다시 로마 군대가 황제를 옹립하거나 폐위시키는 일이 있어서는 안 되었다. 제국의 경제를 잠식했던 어마어마한 인플레이션을 잡기 위해 디오클레티아누스는 통화를 안정시켰으며, (그다지 성공적이지 못했지만) 법적 강제력에 의해 물가와 임금을 안정시키고자 했다. 그는 과세액을 조정하고 새로운 (그리고 지극히 인기 없는) 소규모 징세기구를 설치하는 등 조세제도를 개혁했다. 또한 그는 제국의 행정수도를 이탈리아에서 오늘날의 터키에 있는 니코메디아로 옮겼다.

로마는 제국의 정신적·상징적 수도로 남았다. 원로원이 그곳에서 계속해서 회합을 가졌기 때문이다. 그러나 디오클레티아누스는 원로원의 조언을 거의 필요로 하지 않았고, 동반부와 서반부 간의 경제적 격차로 인해 수도로서는 니코메디아가 로마보다 한층 적합했다. 제국은 이제 관료에 의존하고 있었기 때문이다.

콘스탄티누스의 치세

305년 디오클레티아누스는 스플리트(Split, 크로아티아의 항구도시)에 궁전을 짓고 제위에서 물러나 양배추를 재배했다. 동시에 그는 동료 막시미아누스에게도 은퇴를 종용했다. 그 결과 두 명의 부제가 평화롭게 제위를 승계했다. 그러나 평화는 오래가지 않았다. 디오클레티아누스의 계승자들 사이에서 곧 내란이 일어났고, 이 내란은 최초의 부제 두 명 가운데 한 사람의 아들인 콘스탄티누스가 승리할 때까지 계속되었다. 콘스탄티누스는 312~324년 아우구스투스로서 서로마에서 통치했고, 또 한 명의 아우구스투스는 동로마를 지배했다. 324년 콘스탄티누스는 권력 공유를 중단했고, 죽던 해인 337년까지 재통합된 제국 전부를 단독으

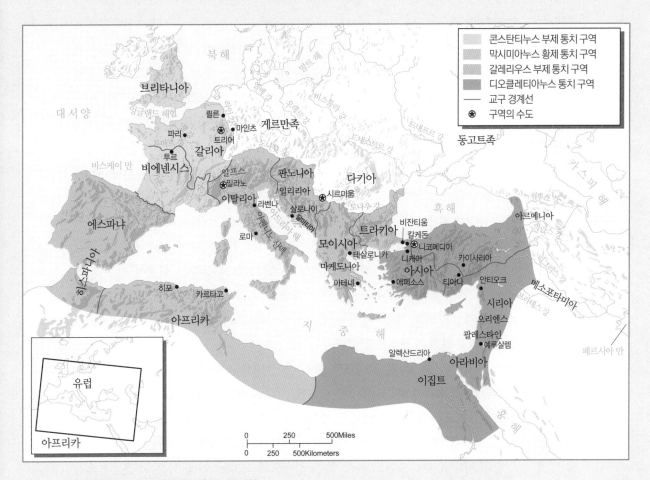

디오클레티아누스의 제국 분할, 304년경

로마 제국의 붕괴를 막기 위한 필사적인 시도로 디오클레티아누스는 제국을 반으로 나누었다. 자신은 동반부를 지배하고 막시미아누스는 서반부를 지배하게 되었다. 그들은 각각 '카이사르'를 한 명씩 두었고, 이로써 이른바 사분 통치가 수립되었다. 이 지도에 나타난 분할과 구획은 후대에 자리 잡게 될 지중해 및 유럽 역사의 성격을 얼마만큼이나 반영하고 있는가?

로 지배했다.

그리스도교를 선호했다는 사실(다음 절에서 살펴보겠지만 이것은 실로 획기적인 결정이었다)을 제외하면, 콘스탄티누스는 다른 모든 점에서 디오클레티아누스와 같은 노선을 따라 통치했다. 두 사람 모두 칙령에 의해 그리고 광범한 첩보·정보 네트워크에 의존해 제국을 통치했다. 적절한 수의 병력을 확보하기 위해 디오클레티아누스는 세습 군복무를 선포한 바 있었는데, 콘스탄티누스는 이 정책을 확대해 농민과 기술공이 부친의 직업을 세습하도록 했다. 이런 규제 조치는 광범하게 시행될 수 없었지만 디오클레티아누스와 콘스탄티누스가 제국에 시행하려 했던 사회적·정치적 통제가 어떤 성격의 것이었는지를 분명히 보여준다.

예술과 건축 역시 이러한 새로운 획일주의를 반영했다. 디오클레티아누스가 스플리트에 건축한 궁전은 마치 군인의 병영처럼 설계되었다. 그가 로마에 건축한 목욕장은 면적이 약 30에이커(약 12만 평방미터)에 달하는 어마어마한 규모였지만 우아함과는 거리가 멀었다. 4세기 황제들의 모습을 조각한 흉상은 모두 무표정하고 무감각한 닮은꼴이어서 서로 구분할 수 없을 정도였는데, 이것은 3세기의 자연주의적이고 개성적인 흉상과는 현저히 다른 모습이었다. 4세기의 흉상은 점점 과장되고 선동적인 모습을 취했다. 로마의 포룸 근방에 있는 콘스탄티누스의 조각상은 앉아 있는 황제의 모습을 실물의 7배 크기로 만들었는데, 커다란 눈은 황제의 정신적 통찰력을 강조하고 있다.

콘스탄티누스는 자신의 숭고함을 기리고자 324년부터 새로운 수도를 건설하고 그 이름을 콘스탄티노플이라고 지었다. 고대 도시 비잔티움에 건설된 이 새로운 수도는 로마 문명의 무게중심이 계속 동쪽으로 옮겨가고 있음을 보여주는 분명한 증거였다. 흑해 입구 유럽과 아시아의 경계에 위치한 콘스탄티노플은 통신·무역·방어의 요충지로서 커다란 이점을 지니고 있었다. 삼면이 바다로 둘러싸이고 육지 쪽은 성벽으로 보호된 이 도시는 1453년 오스만 튀르크에 의해 정복될 때까지 로마 제국의 정치적·경제적 중심지로 남게 되었다.

그러나 한 가지 결정적인 부분에서 콘스탄티누스는 디오클레티아누스가 수립한 선례를 포기했다. 제위를 자기 가족 내부에서 승계시킴으로써 콘스탄티누스는 800년 전에 팽개쳤던 왕정을 로마에 다시 들여왔다. 한술 더 떠서 콘스탄티누스는 사후에 제국을 세 아들에게 분할해서 나누어주었다. 내전이 벌어지게 된 것은 당연한 일이었고, 이 싸움은 세 아들이 지지했던 그리스도교 유형의 차이 때문에 더욱 격렬해졌다.

콘스탄티누스의 후손 사이에서 벌어진 투쟁은 4세기의 대부분 기간 동안 이어졌다. 이 다툼은 제위를 노린 찬탈자들의 도전으로 인해 간헐적으로 중단되었을 뿐이다. 그러나 이 충돌은 3세기의 내전처럼 심각한 것은 결코 아니었고, 수시로 유능한 지배자가 등장해 제국을 재통합할 수 있었다. 제국을 통합시킨 마지막 인물은 테오도시우스 1세(재위 379~395)였다. 그는 자신의 휘하 관리 한 명을 죽였다는 이유로 수천 명의 무고한 테살로니키 시민을 보복 학살한 잔인한 인물이었으나, 외적의 침입을 막아냄으로써 제국을 지키려 애썼기 때문에 '대제'라는 칭호를 얻었다. 그러나 테오도시우스도 죽기 전 제국을 두 아들에게 나누어주었다. 곧이어 다루게 되겠지만, 그것은 비참한 결과를 가져왔다.

4세기에 제위를 둘러싼 투쟁이 벌어지는 동안 로마 제국의 역사에는 커다란 변화가 있었다. 가장 근본적인 것은 제국 동반부와 서반부의 분열이 심화되었다는 사실이다. 그리스어를 사용하는 동반부는 인구가 늘어나고 번영을 누리면서 제국 정책의 중심으로 떠오른 반면, 라틴어를 사용하는 서반부는 가난해졌고 제국의 정치적·경제적·문화적 삶의 주변부로 밀려나게 되었다. 서반부의 많은 도시는 이제 동반부에서 넘어오는 자금으로 지탱했다. 이런 자금이 고갈되거나 군부대가 다른 곳으로 이동하면 도시는 쇠퇴했다. 심지어 로마 시마저도 제국 내에서 변두리가 되고 말았다. 황제들이 서반부에 머물 경우에도 밀라노나 라벤나 또는 라인 변경의 트리어를 더 편리하게 여겼다. 4세기 초 이후 로마에 거주한 황제는 한 명도 없었고, 황제가 로마 시를 방문한 것은 두 번뿐이었다.

동반부와 서반부의 분열만이 제국의 유일한 위기는 아니었다. 분리주의 운동이 브리튼, 갈리아, 에스파냐, 독일 등지에서 반복해서 나타났는데, 그 지역의 주민들은 스스로를 별개의 독립적인 갈리아 제국 시민으로 생각하기 시작했다. 이집트인은 농토에 매겨진 고율의 세금으로 심한 타격을 입었고, 북아프리카인들은 황제들—그들은 일차적으로 페르시아인, 고트족, 훈족에 맞서 동부 변경을 방어하는 데만 관심을 쏟고 있었다—로부터 무시를 당하고 있다고 느꼈다. 황제의 전제적 지배라는 겉모습 뒤에서 4세기의 로마 제국은 다양한 이질적 부분들로 서서히 해체되고 있었다.

4세기 황제들(재위 기간)	
디오클레티아누스	284~305년
갈레리우스	305~311년
콘스탄티누스	312~337년
배교자 율리아누스	360~363년
테오도시우스 대제	379~395년

그리스도교의 등장과 승리

❧ 그리스도교는 어떻게 해서 로마 제국의 주요 종교가 되었는가?

1세기와 5세기 사이에 그리스도교는 유다에서 초라하게 시작해 로마 세계의 공식 국가 종교로 성장했다. 그 후 그리스도교는 오늘날까지 서양 문명의 형성 과정에서 하나의 (또는 유일의) 지배적인 세력이 되었다. 그리스도교도의 입장에서 볼 때 그들의 종교가 이룩한 비범한 성장과 영향력은 그 종교의 진리성을 입증하는 것이다. 그러나 역사가의 입장에서 그것은 엄청난 해석상의 문제를 제기한다. 과연 우리는 어떻게 초대 그리스도교의 호소력을 설명할 수 있을까? 그 궁극적 성공을 예측 가능한 또는 필연적인 것으로 만들지 않고서 말이다.

이것을 규명하려면 그리스도교가 초기 역사의 여러 단계를 거치면서 다양한 집단의 사람에게 호소력을 지녔으며 그들 개개의 집단이 그 호소력을 각기 다른 방식으로 이해했다는 점을 처음부터 염두에 둘 필요가 있다. 그리스도교는 예수의 가르침으로 시작되었고 30년경 유다와 갈릴리의 유대인에게 전파되었으며, 2세기와 3세기에 동부 지중해의 그리스어 사용 도시 주민 사이에 확고히 뿌리를 내렸다. 그 후 콘스탄티누스 시대부터 그리스도교는 황실 가족의 호감을 샀고 궁극적으로 로마 제국의 국교가 되었다. 우리는 예수의 생애로부터 시작해서 이러한 단계들을 차례대로 살펴볼 것이다.

예수의 생애

예수가 역사적 실존 인물이라는 데는 의심의 여지가 없다. 그는 사실 고대 세계에서 존재가 잘 입증된 인물에 속한다. 그러나 그에 관해 상세한 것을 알아내기란 매우 어렵다. 일부 반대 세력—로마 총독 폰티우스 필라테[1]와 대제사장 가야바[2] 등—이 그에 대해 말한 내용이 알려져 있기는 하지만, 엄밀한 의미에서 예수를 언급한 동시대의 자료는 찾아보기 어

---

1) 티베리우스 황제 시대 로마의 유대 총독(26~36)으로 예수를 재판하고 그에게 십자가형을 내렸다.
2) 37년 이전부터 유대의 대제사장을 지냈고, 그리스도의 사형을 판결한 최고 재판소(Sanhedrin)의 의장.

렵다. 예수에 대해 언급한 최초의 기록은 그의 추종자 중 하나인 사도 바울이 50년대와 60년대에 쓴 편지들이다. 예수의 생애를 서술한 네 복음서와 사도행전은 모두 70년에서 100년 사이에 작성되었다. 이 저술들은 후대의 여러 자료들과 함께 『신약성서』 안에 포함되어 있다. 『신약성서』는 그리스도교도의 저작 모음집으로서 1세기에서 3세기 사이에 『히브리 성경』에 추가되었다. 이 시기에는 다른 자료들도 유포되어 있었는데, 그 자료들 중에는 지금은 사라져버린 예수 어록—복음서 기자들은 이 어록을 참고했다—도 포함되어 있었다. 그러므로 2세기의 도마복음서처럼 상당히 늦게 작성된 비성서적 자료에도 예수의 가르침에 관한 믿을 만한 내용이 수록되어 있을 가능성이 있다. 그러나 대부분의 역사가들은 예수의 생애에 대한 설명을 하기 위해 1세기 자료에 의존하는 것을 선호한다.

예수는 기원 원년 직전에 갈릴리의 유대인 집안에서 태어났다. 그가 정확히 서기 1년에 태어난 것은 아니다(우리가 사용하는 연대 체계의 이런 오류는 6세기의 한 수도사 때문에 빚어진 일이다). 예수가 30세 되던 무렵 설교자이자 도덕개혁가인 세례 요한은 "나보다 더 능력이 있는 이요, 나는 그의 신발 끈을 풀 자격도 없다"고 환호하며 예수를 맞이했다. 그 후 예수의 생애는 설교와 치병과 가르침의 연속적 과정이었는데, 활동 지역은 주로 갈릴리와 유다 지방이었다. 그러나 30년경 그는 유월절—흥분하기 쉬운 유대인 군중이 대규모로 도시에 밀려드는 종교 축일—기간에 공개적으로 메시아로서 예루살렘 입성을 감행했다. 세 복음서의 설명에 의하면 예수는 성전 제물을 취급하는 상인 및 환전상을 물리적으로 공격함으로써 규율을 위반했다. 예루살렘의 종교 지도자들은 신속히 예수를 체포해 로마 총독 폰티우스 필라테에게 넘겨 판결을 내리도록 했다. 필라테의 주요 관심사는 자칫하면 시끄러워지기 쉬운 종교 축일 동안 되도록 조용히 평화를 유지하는 것이었다. 당연한 일이지만 그는 예루살렘 종교 지도자들과도 좋은 관계를 유지하고 싶어 했다. 그는 본보기 삼아 예수를 십자가 처형으로 징계하기로 했다. 십자가 처형은 로마에 대한 반역 죄인에게 내려지는 형벌이었다.

이것으로 이야기는 끝났을지도 모른다. 그러나 예수의 처형 직후 예수가 살아 있으며 일부 추종자 앞에 나타났다는 소문이 돌기 시작했다. 추종자들이 선포한 바에 따르면, 예수는 죽음에서 부활했고 40일 후에 승천했으며 최후의 날에 다시 오겠다고 약속을 했다. 생전의 예수는 종교적 교사이자 치유자였다. 그러나 죽은 뒤의 예수는 그 이상의 존재로 나타났다. 그의 전 생애는 추종자들에 의해 재해석되었다. 이러한 재해석의 증거가 바울의 편지와 마태복음서, 마가복음서, 누가복음서, 요한복음서로 우리에게 전해오고 있다.

지도 내 표기:

유럽

아프리카

시돈

티레

페니키아

카이사레아 필리피

가울란티스   트라코니티스

갈릴리   가버나움   바타나이아

막달라   갈릴리 호수

세포리스   티베리아스   아우라니티스

나사렛

카에사레아

사마리아

자르카 강

아슈도드   예리코

아슈켈론   예루살렘   쿰란

가자   베들레헴

유다

이두메아   마사다

사해

하사 강

지중해

요르단 강

0   25   50 Miles

0   25   50 Kilometers

—— 기원전 10년경 헤롯 왕 영역 경계선

예수 시대의 유다와 갈릴리

1세기 유다의 몇몇 도시들의 이름에 주목하라. 로마의 점령은 그들의 정치 및 일상생활에 어떤 영향을 미쳤는가? 일부 유대인이 로마 지배에 저항한 이유는 무엇인가? 로마의 지배는 예수 운동에 대한 유대인의 태도와 반응에 어떤 영향을 미쳤는가? 사해문서가 발견된 곳은 어디인가? 그 문서는 고대 유대인에 관해 무엇을 보여주고 있는가?

예수와 제2성전 시대 유대교

1947년 한 베두인 소년이 1세기의 어느 시기엔가 쿰란 근처 동굴에 숨겨졌던 유대교 문서를 발견했다. 그러나 사해 두루마리(Dead Sea Scrolls)로 알려진 이 문서 다발은 1980년대 중반 이후에야 학자들이 널리 이용할 수 있었다. 이 두루마리들은 예수 시대 유대교의 관습과 믿음에 대한 우리의 지식에 그야말로 혁명을 일으켰다. 자료의 대부분은 유대교가 지극히 다양했음을 보여주었다.

예수가 태어났을 때는 로마가 유다를 정복한 지 아직 한 세대가 되지 못했다. 지방에서는 민족주의적 성향의 산적 집단들이 빈번히 발호했다. 도시와 촌락에는 반란의 소문이 무성했고 이스라엘 성지에 대한 유대인의 지배권을 회복시켜줄 메시아에 대한 희망이 감돌고 있었다. 정치적 목표를 지닌 가장 극단적 부류는 열심당(Zealots)이었다. 그들은 무력으로 로마인을 물리치고자 했다. 그들의 활동은 마침내 두 번의 파멸적인 반란으로 이어졌다. 그 첫 번째 반란은 66~70년에 일어났는데, 로마인의 보복 조치로 말미암아 예루살렘의 유대교 성전이 파괴되었다. 두 번째 반란은 132~135년에 일어났는데, 예루살렘 도시가 파괴되었고 거주하던 유대인 인구 전원이 추방되었다.

이러한 정치적 상황은 필라테가 예수에 대한 처형을 결심한 동기를 이해하는 데 매우 중요하다. 그러나 필라테의 예수 처형은 예수가 실제로 무엇을 가르쳤는지, 그리고 그의 가르침이 추종자들에게 어떻게 이해되었는지에 대해서는 말해주는 것이 거의 없다. 이것을 알아보려면 동시대 유대교 내의 분열상을 살피는 편이 훨씬 유용하다.

유대인이 바빌로니아에서 돌아와 성전을 재건한 뒤 수백 년 동안 유대교는 야훼와 선민 사이의 계약 관계에 기초한 비타협적인 유일신 종교가 되었다. 그러나 기원전 1세기에 이르러 그 계약이 유대인에게 요구하는 바가 무엇인지에 대한 이해 방식에서 중대한 차이점이 나타났다. 예수의 가르침을 이러한 논란의 문맥에서 이해할 필요가 있다.

토라(모세오경, 즉 『히브리 성경』의 처음 다섯 책)를 소중히 여기는 성문(成文) 전통의 수호자들은 세습 성전 사제 및 그들의 귀족 동맹 세력—이 집단은 사두개파로 알려져 있다—이었다. 고대 세계가 으레 그렇듯이 종교 당국과 정치 권력 사이의 동맹은 긴밀했다. 로마 정복 이전 예루살렘 성전의 대제사장은 하스몬 왕조—기원전 2세기에 시리아의 셀레우코스 왕조로부터 독립을 얻어냈다—의 유대인 왕이 임명했다. 그러나 로마가 정복한 이후 대제사장은 로마에 의해 임명되었다. 그 결과 사두개파는 성전 종교 의식에서 핵심 역할을 맡고 있었음에도 불구하고 불가피하게 반역자라는 오명을 얻게 되었다.

사두개파의 으뜸가는 종교적 경쟁 세력은 바리새파였는데, 그들은 율법 교사이자 설교자로서 어떤 의미에서 제1성전 시대 예언자적 전통의 계승자였다. 율법의 요구가 오직 사제에게만 적용된다고 간주한 사두개파와는 반대로, 바리새파는 야훼의 613개 계명 전체가 유대인 모두에게 관련된다고 주장했다. 율법 해석자였던 그들은 시내 산에서 야훼가 모세에게 성문 및 구두로 토라를 수여했다는 점을 자신들의 권위의 근거로 삼았다. 성문 토라는 성경 안에 포함되어 있었지만 구두 토라—성문 토라를 어떻게 해석하고 일상생활에 적용할 것인지를 설명했다—는 교사가 학생에게 말로 가르치는 가운데 모세 시대부터 당시에 이르기까지 여러 세대에 걸쳐 구전되고 있었다.

바리새파는 율법의 엄격한 준수를 강조했지만, 그것을 매우 유연하게 일상생활에 적용하곤 했다. 예를 들어 바리새파는 이웃사람과 함께 안식일(유대인은 안식일에 모든 일, 심지어 음식을 집 밖으로 운반하는 일도 해선 안 되었다)에 저녁식사를 할 수 있게 하고자 기꺼이 동네 전부를 한 집으로 간주했다. 안식일 규례를 지키기 위함이었다. 그들은 개인에 대한 보상과 징벌이 이루어지는 내세의 존재를 믿었다. 그들은 설교를 통해 적극적으로 개종자를 찾았고 메시아의 임박한 도래—신이 그의 백성에게 약속했다—를 기다렸다. 모든 국면에서 그들은 좀 더 전통적인 사두개파와 달랐다. 에세네파 등 다양한 분파 집단은 한층 더 급진적이었다. 에세네파는 수도원 성격의 집단으로서 금욕과 회개에 의한, 그리고 다른 유대인과의 엄격한 분파적 분리를 통한 영적 해방을 갈망했다.

일부 학자들은 예수의 삶에 에세네파의 영향이 있었을 것으로 간주하지만, 당대의 유대인은 예수를 급진적 바리새파로 여겼을 것이다. 율법의 윤리적 요구—신에 대한 사랑과 이웃에 대한 사랑, 내게 해코지를 하거나 악을 행하는 사람에게도 선을 행할 의무—에 대한 예수의 강조, 내세와 임박한 '하나님 나라'의 도래에 대한 확고한 믿음, 율법의 문자가 아닌 정신에 복종할 것을 촉구한 점 등은 모두 바리새파의 믿음과 잘 부합한다. 하지만 예수는 이런 원리를 바리새파보다 한층 더 확장시킨 것으로 보인다. 예를 들면 제자들이 들판의 곡식을 꺾어 먹음으로써 안식일 율법을 위반했을 때 예수는 그들을 정당화하면서 이렇게 선포했다. "안식일이 사람을 위해 있는 것이지 사람이 안식일을 위해 있는 게 아니다." 바리새파의 이론을 이런 식으로 확장시켰으므로 예수의 가르침은 바리새파가 중요시 한 율법 준수 개념의 토대를 완전히 허물어뜨릴 위험성을 갖고 있었다.

유대교의 다양한 분파들 가운데 어느 집단도 획일적이지 않았다. 가장 분파적 성향이 컸던 에세네파도 내부적으로 다양한 믿음과 관습을 포용하고 있었다. 그리고 유대인 대다수는 자신을 그들 집단 중 어느 하나와 동일시하려 하지 않았다. 사두개파도 더 큰 규모의 성전 사제단 내의 한 분파로 간주되었을 뿐이었다. 예수 시대의 유대인 대다수에게 유대교란 해마다 몇 차례씩 명절마다 예루살렘 성전 방문하기, 매년 성전 세금 납부하기, 그리고 기본적인 종교 계율 준수하기—아침저녁으로 기도를 올리기, 할례(남성)와 정화 의식(특히 여성) 행하기, 안식일 노동 금지, 돼지고기·피·조개 따위의 음식 금지—등을 의미했다.

예수는 그런 율법을 확대 해석하고자 했다. 그렇다고 해서 그가 율법을 폐기하려 했다는 증거는 없다. 그가 유대인 사회 전반에서 논란이 된 이유는 그의 제자들이 그를 메시아—이스라엘을 적으로부터 구원해줄—라고 주장했기 때문이다. 그의 죽음과 부활이 있은 뒤 그와 같은 주장은 더욱 크고 강력해졌지만, 제자들은 극히 소수의 유대인들에게만 설득력을 가졌을 뿐이다. 그러나 예수의 제자들이 유대인 아닌 이방인에게 설교하기 시작하면서 그들은 그리스 신학 사상을 원용해 예수의 메시아로서의 역할을 재해석하기 시작했다. 제자들이 선포한 바에 따르면, 예수는 이제 단순히 유대인만을 위한 메시아가 아니었다. 예수는 '그리스도'('기름부음을 받은 자'라는 그리스어에서 유래한 말)요 신의 거룩한 아들로서 모든 인류의 죄를 위해 고통 받고 죽임을 당하기 위해 세상에 왔고, 죽음에서 부활해 하늘로 올라갔으며 세상 끝 날 인류를 심판하기 위해 돌아올 것이었다.

헬레니즘 세계에서의 그리스도교 성장

예수의 메시아성에 대한 새로운 신학적 이해의 발전에서 핵심적인 역할을 한 인물은 사울(10~67)이었다. 사울은 소아시아 동남부의 타르수스에서 태어난 유대인이었다. 철두철미한 바리새인이었던 사울은 처음에는 예수의 추종자를 박해했다. 그러나 실명(失明)을 통해 회심을 경험한 뒤 그는 예수 운동에 참여하면서 이름을 바울로 바꾸었고, 그리스와 소아시아의 그리스어 사용 비유대인 공동체를 상대로 새로운 믿음을 해석하고 설교하는 데 온갖 노력을 기울였다. 이방인(비유대인)의 사도를 자처한 바울은 유대교 율법의 속박을 거부하면서 그것이 예수를 따르는 자들의 구원에 적절치 않다고 선언했다. 이런 그의 입장은 처음에는 예루살렘의 유대인 그리스도교도들—예수의 동생인 야고보가 이끈 집단—의 반발을 불러일으켰다. 그러나 격렬한 토론 끝에 바울이 승리를 거두었다. 일부 그리스도교도는 여전히 유대교 율법을 준수했지만, 바야흐로 이 신앙 운동의 미래는 유다와 갈릴리 바깥에 형성된 비유대인 개종자들에게 달려 있었다.

새로운 개종자의 주류가 누구였는지는 명백하게 밝혀지지 않고 있다. 1세기에 이르러 꽤 큰 규모의 유대인 공동체가 로마 시를 포함한 동부 지중해 세계의 주요 도시에 등장했다. 이 공동체들은 이미 유대교의 종교 사상을 그리스의 지적·문화적 맥락 속에서 새롭게 해석하고 있었다. 바울의 경우가 보여주듯이 그리스화된 유대인 중 일부에게 새로운 그리스도교의 가르침은 매력적인 것이었음에 틀림없다. 하지만 그리스도교는 그리스어 사용 유대인 공동체 주변에 모여든 비유대인 집단—'경건한 이방인들(God-fearers)'—에게 훨씬 더 큰 호소력을 가졌던 것으로 보인다. 경건한 이방인들은 유대교 율법의 모든 가르침을 따르지는 않았다(대부분의 그리스인과 로마인은 할례를 특히 두려워했다). 하지만 그들은 유일신교와 철두철미한 도덕 기준 때문에 유대인을 존중했고 유대인의 삶을 본받으려고 했다. 그러나 그리스도교는 평범한 그리스인 사이에도 침투해 들어가야만 했다. 그리스인은 그리스도교와 외견상 비슷한 다른 종교들(미트라교와 세라피스 숭배 등)—이 종교들 또한 정교한 입교 의식(그리스도교의 세례 같은)과 구원을 위한 특별한 종교 지식의 중요성을 강조했다—에 이미 익숙해 있었다.

그리스도교와 다른 신비 종교 사이의 차이점은 두드러졌다. 동시대의 다른 종교들도 그리스도교와 마찬가지로 인격적 회심을 통한 개인의 변화를 강조했지만, 다른 종교와 달리 그리스도교는 강력한 공동체적 특성을 지니고 있었다. 조직 구조는 그리스도교 초기부터 발전했다. 2세기 중반 로마의 그리스도 교회는 주교—그는 사제, 부제, 고해신부, 퇴마사 등의 하위직을 거느렸다—를 두고 있었다. 여성 역시 초기 그리스도교 공동체에서 매우 중요한 역할을 맡았다. 여성은 후원자와 기부자(로마 상층계급 여성이 신흥 종교에서 종종 맡았던 역할)로서뿐만 아니라 주요 직책(여성 주교나 사제는 없었지만 여성 부제는 있었다)을 맡기도 했다. 상대적으로 높았던 여성의 지위는 당시로서는 대단히 이례적인 것이었고, 그리스도교를 미트라교와 분명히 차별화하는 것이었다. 미트라교에서는 여성이 교단에서 직책을 갖기는커녕 아예 입교조차 허용되지 않았던 것이다. 또한 그리스도교도가 자선을 통해 가난한 신자를 돕는다는 사실은 널리 알려져 있었다. 그리스도교는 사회 각계각층에서 폭넓은 지지자들을 끌어 모았지만, 각별히 당시의 급변하던 경제 상황 속에서 생계수단마저 상실한 빈민(예를 들어 도시의 기술공)에게 각별한 호소력을 가졌던 것으로 보인다.

이 모든 요인은 새로운 종교의 호소력—특히 2세기와 3세기에 그리스도교 개종자의 대

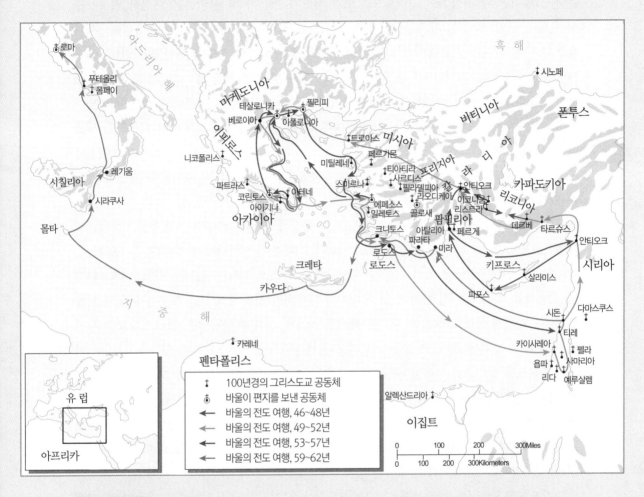

바울의 전도 여행

왜 바울의 메시지와 예수 운동은 지중해 세계의 비유대인에게 호소력을 가졌는가? 바울과 예루살렘의 그리스도교도 유대인을 갈라놓은 주요 문제는 무엇이었는가? 바울의 그리스 세계 여행은 어떤 결과를 가져왔는가?

313

부분을 이루었던 그리스어 사용 도시 거주민에 대한 호소력—이 어디에 있었는지를 설명해 준다. 그렇지만 왜 사람들이 그리스도교도가 되고자 했는가 하는 의문은 여전히 역사가들이 분명히 답할 수 없는 채로 남아 있다. 그리스도교의 구원에 대한 약속이 특별히 3세기 혼돈의 세계 속에서 개종자에게 강력한 유인으로 작용했다는 설명이 제시되곤 한다. 아마 그랬을지도 모른다. 그러나 이 주장은 그리스도교가 3세기에 성장했고 그리스도교도가 내세를 믿었다고 하는 사실에만 근거를 두고 있다. 우리는 정확한 인과관계를 증명할 방법이 없다. 다만 우리는 2세기와 3세기 지중해 세계의 많은 인구가 그리스도교의 가르침을 믿었다는 사실, 그리고 그리스-로마 사회 및 유대인 사회가 그들에게 불만을 품고 비난했음에도 불구하고 그들이 기꺼이 그 가르침을 받아들였다는 사실, 이 두 가지만을 분명히 말할 수 있을 뿐이다.

그리스어 사용 공동체 내에서의 그리스도교 성장이 가져온 궁극적인 결과를 말해둘 필요가 있다. 그것은 그리스도교와 유대교 사이에 적대감이 생겨났다는 것이다. 두 종교는 2세기와 3세기를 거치면서 각기 위상을 재정립했다. 그리스도교는 새로운 그리스 문화 환경에 적응했고, 유대교는 성전 파괴 및 유대인의 대대적인 성지 추방이란 새로운 현실에 적응했다. 이 시기에 유대교 율법의 새로운 해석을 시도한 유대교 학자들은 그리스도교를 무시했다. 그들이 보기에 그리스도교는 미트라교나 세라피스 숭배와 다를 바 없었다. 그러나 그리스도교도는 유대교를 무시할 수 없었다. 그리스도교는 『히브리 성경』에 기록된 대로 예수가 신이 이스라엘에게 약속한 구세주라고 하는 믿음에 기초해 있었다. 그러므로 유대인 대부분이 예수가 구세주라는 주장을 거부한다는 것은 그리스도교도의 입장에서는 그리스도교 신앙에 대한 지속적인 비난으로 간주되었다. 그리고 이것은 그리스도교 메시지 전체의 신뢰성을 (적어도 잠재적으로) 침해하는 것이었다.

그리스도교도는 『히브리 성경』이 그리스도교에 부적절하다고 선언했던 마르키온—2세기의 그리스도교 신학자—처럼 대응할 수도 있었다. 그러나 대다수의 그리스도교도는 그리스도교의 유대교적 뿌리를 부인하지 않았다. 대신 그들은 메시아 예언 및 신과 이스라엘 사이의 계약을 재해석하면서 이제 자신들이야말로 참된 이스라엘이라고 주장했다. 유대인이 예수를 메시아로 받아들이지 않았을 때 신은 유대인을 거부하고 그리스도교도를 새로운 선민으로 삼았다는 것이다. 세상 끝 날이 오면 유대교는 소멸될 것이며, 그때까지 유대교가 존속하는 유일한 이유는 예수에 관해 그리스도교가 옳았고 유대교가 틀렸음을 증명—유대교 자체의 메시아 예언 및 유다 백성의 비극을 통해—하기 위해서였다.

그리스도교와 로마 제국

그리스도교가 로마 제국 내에서 소수파 종교로 머무는 한 그런 태도는 로마 국가 내 유대인의 지위에 아무런 영향도 미치지 못했다. 2세기와 3세기 내내 유대교는 로마 제국 내에서 합법적인 종교로 남아 있었다. 유대인의 믿음과 관습에 대한 로마인의 태도가 어찌되었든 간에 로마인은 유대인이 조상 대대로 이어온 종교적 관습을 유지하고 있다는 사실을 존중했다.

반면 그리스도교는 하나의 혁신이었으며, 전통적 로마인의 입장에서 볼 때 종교에서 새로움이란 바람직한 일이 아니었다. 그렇지만 로마 국가의 그리스도교에 대한 공식적 입장은 대체로 무관심으로 일관했다. 1세기와 2세기에 국가의 공식 신들을 숭배하지 않는다는 이유로 지방 행정관이 박해를 가한 경우가 있긴 했지만, 로마 당국은 대체로 그리스도교도를 관대하게 대했다. 3세기에 중앙 정부에 의한 조직적 박해가 일부 있었다. 마지막 박해는 디오클레티아누스 치세 말기와 그의 계승자 갈레리우스 치세 초기에 있었다. 그러나 간헐적으로 단기간 행해졌기에 치명적 손상을 입히지는 못했다. 3세기 초 그리스도교는 박해로 뿌리 뽑을 수 없을 정도로 많은 추종자를 거느리고 있었고, 마침내 갈레리우스는 311년 사망 직전에 관용령을 발표했다.

그러나 여전히 그리스도교도의 숫자는 그리 많지 않았다. 신뢰할 만한 통계자료가 존재하지 않지만, 오늘날 대부분의 학자는 300년에 로마 제국 전체 인구의 1~5퍼센트만이 그리스도교도였을 것으로 믿고 있다. 상대적으로 그리스도교도가 많았던 제국 동부에서도 그리스도교도의 인구는 약 10퍼센트에 불과했는데, 이마저도 넉넉하게 잡은 수치이다. 그리스도교도 인구는 계속 늘어났다. 그러나 콘스탄티누스 황제의 도움이 없었더라면 그리스도교는 제국의 다수파 종교가 되지 못했을 것이다.

콘스탄티누스의 그리스도교 개종은 역사가들을 당혹스럽게 만든다. 그는 청년 시절 그리스도교에 접촉했음에 틀림없다. 그는 황제의 지위에 도전한 시점에 이미 명목상으로는 그리스도교도였을지도 모른다. 그러나 그가 신앙에 헌신하게 된 것은 밀비우스 다리 전투(312)를 준비하던 중 하늘에서 그리스도교의 상징을 목격하고 하늘에서 "이 징표로 승리하라"고 선포하는 목소리를 듣고 난 뒤의 일이었다. 콘스탄티누스는 병사들에게 그 상징을 방패에 그려 넣으라고 명령했다. 그날의 승리에 힘입어 콘스탄티누스는 황제의 자리에 오를 수 있었다.

황제로서 콘스탄티누스는 그리스도교 성직자들에게 호의를 보였고 제국 전역에서 교회 건축을 후원했다. 치세 말기에 그는 다른 모든 행정 업무보다 그리스도교 지원에 더 많은 비용을 지출했다. 그러나 콘스탄티누스는 그리스도교를 제국의 국교로 만들지도 않았고 다른 종교를 금지하지도 않았다. 그러나 그는 그리스도교를 황실 가족이 총애하는 종교로 만들었고 거의 순식간에 그리스도교를 제국의 지배계급이 받아들여도 좋을 만큼 탁월하고 (잠재적으로) 수지맞는 종교로 변모시켰다. 점차 제국의 여타 주민들도 그 뒤를 따랐다. 4세기 말에는 제국 인구의 절대다수가 그리스도교도였고 주교들은 그들이 사목하는 도시에서 압도적인 정치적 영향력을 갖게 되었다.

콘스탄티누스는 그의 궁정에 이교도 및 그리스도교도 관리를 함께 거느리면서, 공적인 언동에서 비그리스도교도를 자극하지 않도록 유의했다. 그러나 그의 계승자들은 점점 더 비타협적인 성향을 갖게 되었고, 경쟁 종교들에게 관용을 허락하지 않았다. '배교자' 율리아누스(재위 360~363) 치세는 일시적으로 예외적인 시기였다. 그는 그리스도교 신앙을 버리고 전통적인 로마의 이교를 부활시키려 했다. 그러나 율리아누스는 페르시아와의 전투에서 사망했고 그와 더불어 친이교적인 칙령도 철회되었다. 그리고 황궁 주변의 그리스도교도 관료들은 황제의 권력을 이교 탄압에 사용해야 한다고 강력하게 주장했다. 마침내 테오도시우스 대제(재위 379~395)는 이를 실행에 옮겨 제국 내의 모든 이교 숭배를 금지시키고, 로마의 원로원 의사당에서 승리의 여신 제단을 철거했다. 그로부터 15년 후 로마가 서고트족에게 약탈당했다. 이교도들은 그 인과관계에 주목했다.

그리스도교도 박해

플리니우스와 트라야누스 황제가 주고받은 서한

3세기까지만 해도 로마 제국 정부는 그리스도교를 박해하지 않았다. 플리니우스 같은 지방 행정관은 이 새로운 종파—그들은 이 새로운 종파가 터무니없기는 하지만 특별히 위험하지는 않다고 생각했다—를 적법 절차에 따라 처리하고자 했다. 그러나 플리니우스도 트라야누스 황제도 로마 정부가 그리스도교도를 적극적으로 찾아내 처벌하기를 바라지는 않았다.

서한 97: 플리니우스가 트라야누스에게

폐하, 저는 의심스러운 모든 일을 폐하에게 문의하는 것을 신성한 규칙으로 삼고 있습니다. 저의 우유부단함을 씻어내고 무지를 깨우쳐줄 분이 폐하 말고 달리 누가 있겠습니까? 그리스도교 신앙을 고백하는 자들의 재판에 참석해본 적이 없기에 저는 그들 범죄의 성격이나 그들에 대한 처벌 수위뿐 아니라 그들에 대한 조사를 얼마나 깊이 파고들어야 하는지에 대해서도 아는 바가 없습니다.……

그리스도교도라고 고발되어 제 앞에 불려온 사람들을 관찰하는 방법은 다음과 같습니다. 저는 그들에게 그리스도교도인지 여부를 물었습니다. 그들이 그렇다고 자백하면 저는 같은 질문을 반복하면서 동시에 위협을 가했습니다. 그래도 그들이 같은 자백을 하면 저는 즉각 그들에 대한 처벌을 명했습니다. 그들의 견해가 무엇이든 간에 반항적이고 완고한 고집은 교정되어 마땅하다는 것이 저의 믿음이기 때문입니다.……

그러나 이 범죄는 (항상 그렇듯이) 박해를 받는 동안에도 확산되었습니다. 같은 성격의 사건이 여럿 발생한 것입니다. 한번은 제게 익명의 제보가 들어왔습니다. 심문 과정에서 그리스도교도임을 거부하거나 거부한 적이 있는 수많은 사람들에 대한 고발이었습니다. 그들은 저를 따라 신들에 대한 기도를 반복했고, 술과 유향으로 폐하의 조각상(이런 목적을 위해 다른 신상들과 함께 가져다놓도록 제가 명령을 내렸습니다) 앞에서 종교의식을 바쳤습니다. 그들은 그리스도의 이름을 욕하기도 했습니다.……그러므로 저는 그들을 방면하는 것이 타당하다고 생각했습니다.……

저는……종교활동을 주관하는 두 명의 여자 노예를 고문해 [그리스도교 의식과 신앙에 대한] 실체적 진실을 캐낼 필요가 있다고 판단했습니다. 그러나 저는 우스꽝스럽고 터무니없는 미신밖에는 발견할 수 없었습니다. 그러므로 저는 이 문제와 관련된 모든 절차를 중단하는 편이 낫다고 생각했습니다. 먼저 폐하의 고견을 듣기 위해서입니다. ……이 전염성 강한 미신은 도시에만 국한되지 않고 시골 마을에서도 영향력이 확산되고 있습니다. 하지만 이 악폐를 치유하고 확산을 저지하는 것은 아직은 가능해 보입니다. 한때 거의 버려지다시피 했던 신전들을 사람들이 다시 찾기 시작했습니다. 신성한 제전들은 오랫동안 중단되었다가 다시 시작되었습니다.……뉘우치는 자들에게 용서를 베풀 경우 이 그릇된 종교에서 돌이켜 마음을 고쳐먹는 사람들의 수가 얼마나 될 것인지는 쉽사리 상상할 수 있습니다.

서한 98: 트라야누스가 플리니우스에게

친애하는 플리니우스여, 귀하에게 소환된 그리스도교도에 대한 귀하의 조치는 대단히 적절했다. 이런 성격을 지닌 모든 사건에 대해 획일적인 계획을 수립한다는 것은 불가능하다. 그리스도교도를 찾아내려고 애쓰지 말라. 그러나 그들이 귀하에게 소환되어 유죄가 입증된다면 그들은 단죄되어야만 한다. 하지만 여기에는 단서가 따른다. 당사자가 그리스도교도임을 부인하고 우리의 신들에 대한 기도를 올림으로써 그가 그리스도교도가 아님을 입증할 경우 (설령 그가 전에 그럴 만한 의심을 샀더라도) 그가 잘못을 뉘우치기만 하면 용서하도록 하라. 익명의 밀고는 어떤 형태의 기소 절차에서도 받아들여져서는 안 된다. 그것은 매우 위험한 선례를 세우는 결과가 되며, 짐의 통치가 표방하는 형평성에도 결코 부합하지 않는다.

_『플리니우스 서한집』.

분석 문제

1. 플리니우스와 트라야누스는 친구 사이였다. 그러나 플리니우스는 자신이 수행하는 사법 절차에 대한 황제의 승인을 조심스럽게 구했다. 그는 그리스도교도가 된다는 것만으로 범죄가 성립되는지 확신할 수 없었다. 그러나 그는 교회 소속 여부에 관련된 거짓말이 위증죄에 해당하며, 황제에 대한 숭배 의식 거부가 반역죄에 해당한다는 것, 그리고 이 모두가 처벌되어야 할 범죄라는 것을 분명히 알고 있었다. 이것은 명예, 정당성, 정의에 대한 로마의 공식적 이상에 대해 무엇을 말해주고 있는가?

2. 심문을 진행하는 동안 통상 더 많은 정보를 얻어내기 위해 신민에게 고문이 가해졌다. 그러나 플리니우스가 두 명의 여부제(女副祭)를 고문했을 때 그는 '우스꽝스럽고 터무니없는 미신'만 찾아냈을 뿐이다. 그는 이로부터 어떤 결론을 얻어냈는가? 이런 미신을 물리치는 최선의 방법을 무엇이라고 생각했는가?

4세기 그리스도교의 새로운 상황

♦ 그리스도교는 4세기에 어떤 중요한 변화를 겪었는가?

그리스도교는 정치적 영향력이 커지고 사회적으로 존경을 받게 되자 교리, 조직, 성향에서 중대한 변화를 겪었다. 그 결과 4세기 말의 그리스도교는 불과 100년 전 디오클레티아누스와 갈레리우스 치세의 박해받던 그리스도교와는 여러 면에서 대단히 다른 종교가 되어 있었다.

교리 논쟁

그리스도교의 승리가 초래한 한 가지 결과는 격렬한 교리 논쟁이 불타올랐다는 것이다. 물론 그리스도교도는 이전에도 교리 문제로 의견이 일치하지 않았다. 그러나 그리스도교가 미미한 소수파 종교에 머물러 있는 한 이런 의견 불일치는 정치적·사회적 중요성을 거의 갖지 못했다. 그러나 콘스탄티누스가 제위에 오른 뒤 이러한 불일치는 주교들과 그 반대파 사이에 정치적 논쟁(심지어는 폭동)까지 초래할 수 있었고 교회를 지지하는 황제의 권위를 훼손할 수도 있었다. 그러므로 필요하다면 그리스도교도 황제가 직접 논쟁에 적극 개입해서라도 해결하지 않을 수 없는 상황이었다.

가장 근본적인 교리 논쟁은 삼위일체의 본질을 둘러싸고 아리우스파와 아타나시우스파 사이에 벌어졌다. 아리우스파는 아리우스라는 사제를 추종하는 사람들이었다. 그리스 철학의 영향을 받은 그들은 예수가 그리스도로서 신과 동등하다는 생각을 거부했다. 그들은 성자인 예수가 성부에 의해 시간 속에서 창조되었으며, 따라서 성자는 성부와 함께 영존할 수도 없고 성부와 동일한 본질을 갖지도 않는다고 주장했다. 성 아타나시우스의 추종자들은 정반대로 주장했다. 그리스도는 성자임이 분명하지만 그럼에도 불구하고 완전한 신이었다. 그러므로 성부·성자·성령은 모두가 동등하며 동일한 본질로 이루어졌다는 것이다. 오랜 싸움 끝에 아타나시우스파가 승리를 거두었고 아리우스주의는 이단으로 선언되었다. 그러나 아리우스주의는 그 후로도 200년 동안 계속해서 추종자들을 거느렸다.

정통(orthodoxy)—그리스어로 '올바른 가르침'이란 뜻—의 중요성에 대한 이러한 새로운 강조는 4세기 그리스도교의 가장 중요한 발전 중 하나였다. 그것은 향후 교회사 전 시기에 영향을 미쳤다. 초기부터 그리스도교는 구원을 위한 올바른 믿음의 중요성을 강조했다. 그러나 그리스도교가 주장한 믿음은 처음에는 대단히 단순했다. 하나의 신이 존재한다, 예수는 그리스도이다, 구원을 얻기 위해서는 죄 짓기를 삼가고 세례를 받고 교회에 들어가야만 한다는 식이었다. 4세기에 이르러 그리스도교 신학은 이미 상당히 복잡해져 있었다. 그리스도교 지식인들은 그들의 믿음이 가장 엄격한 철학적 검증에도 끄떡없이 견딜 수 있음을 증명해야만 했다. 그리스도교를 참된 철학으로 제시하기 위해 그리스도교 신학을 그리스·로마의 철학적 전제와 양립이 가능하도록 만들어야 했다. 그러나 그리스·로마 사상에 수많은 다양한 학파가 있었듯이 그리스도교 교리에 관해서도 수많은 다양한 해석이 등장했다.

이런 논쟁을 해결하기란 지극히 어려웠다. 논쟁에는 교리상의 차이뿐만 아니라 지역적·정치적 차이도 개입되었다. 논쟁은 까다로운 권위 문제까지 야기했다. 2세기와 3세기의 교리 논쟁은 지방 공의회에서 주교들 간의 토론에 의해 해결되었지만, 논쟁에서 진 쪽이 평결을 받아들이기를 거부할지라도 공의회는 결정 사항을 받아들이게 할 강제력이 없었다. 그러나 이제는 이해관계가 한층 커졌다. 4세기의 교리 논쟁은 종종 정치적 의미를 가졌고 황제 자신도 여기에 관련되었다. 그 결과 로마 국가는 점점 교회 정치에 휘말려들었는데, 특히 제국 동반부가 심했다. 콘스탄티누스는 325년 니케아 공의회―아리우스주의를 정죄했다―를 소집하고 주관함으로써 국가가 종교에 개입하는 첫걸음을 내디뎠다. 그의 계승자들은 한걸음 더 나아갔다. 그리스도교도 황제들은 공의회를 주관했고 황제가 지상에서 (그리스도교 교리의 방향을 결정할 자격을 갖는) 그리스도의 대리인 역할을 맡는다고 주장했다. 어떤 황제는 군대를 파견해 황제가 결정한 정통 교리를 받아들이지 않는 그리스도교 집단을 박해하기도 했다. 그러한 결정을 거부한 자들은 이단으로 낙인을 찍힌 채 법적 처벌과 교회의 징계를 받았다.

아우구스투스 이래 로마 황제들은 로마 이교의 시민적 의식을 주관하는 종교 당국자로서 행동했다. 콘스탄티누스와 그의 계승자들은 이제 이 전통적인 황제의 역할이 그리스도교화된 로마 제국의 새로운 현실에 어떻게 적용될 수 있는지를 보여주었다.

교회 조직의 성장

4세기에 이루어진 종교와 황제권의 결속은 교회 내부 조직에도 영향을 미쳤다. 앞에서 보았듯이 교회의 직책은 적어도 2세기부터 존재하고 있었다. 그러나 4세기의 교회는 한층 명확히 규정된 계서제적 조직이 되어 있었다. 도시에 자리 잡은 주교(흔히 유력 지방 가문 출신이었다)는 인근 지역의 사제와 부제에 대한 지배권을 주장하기 시작했다. 주교 사이에도 차등적 위계가 나타났다. 대도시를 지배하는 주교는 대감독(metropolitan)―오늘날의 대주교(archbishop)―으로 불렸는데, 그는 해당 속주 전체의 사제들에 대해 권위를 가졌다. 4세기에는 그보다 높은 지위인 총대주교(patriarch)라는 직위가 등장했고, 그는 로마, 예루살렘, 콘스탄티노플, 안티오크, 알렉산드리아 등 유서 깊고 규모가 큰 그리스도교 공동체를 다스릴 주교들을 임명했다. 그 결과 400년에 이르러 그리스도교 성직자는 총대주교, 대주교, 주교, 사제, 부제 등의 명확한 계서제적 체계를 갖추게 되었다. 여성은 이 계서제에서 단호하고도 철저하게 배제되었다.

이러한 발전의 절정은 로마 주교의 수위권(首位權) 또는 교황권(papacy)의 등장이었다. 로마 주교가 교회의 다른 총대주교들에 대해 수위권을 주장한 근거는 여러 가지였다. 로마 시는 사도 베드로와 바울이 순교한 곳으로서 신도들의 각별한 존중을 받고 있었다. 베드로는 로마의 첫 번째 주교로 널리 인정받고 있었고, 『신약성서』는 예수가 베드로를 지상에서의 대리인으로 임명하고, 그에게 그리스도교도가 천국에 들어갈 수 있을지 여부를 결정할 수 있는 권한을 부여했다고 말했다(「마태복음서」 16:18–19). 그 후의 로마 주교들은 베드로의 후계자를 자처하면서 예수가 베드로에게 부여한 것과 동일한 권한을 행사할 수 있다고 주장했다.

또한 로마 주교들은 교회 내에서 다른 주교들에 비해 세속적인 이점을 누렸다. 동반부 주교들과 달리 330년 이후 로마 주교들의 주변에는 황제가 거의 얼씬도 하지 않았다. 그리하여 로마 주교는 콘스탄티노플의 총대주교보다 훨씬 독립적으로 행동할 수 있었다. 한편 동반부 황제의 입장에서는, 제국 서반부에서 황제권과 유사한 통제권을 유지하기 위한 방편으로 교황의 서로마 주교들에 대한 수위권 주장을 지지하는 것이 편리했다. 아마도 이것이 445년 황제가 내린 칙령의 배경이었을 것이다. 동로마 황제 발렌티니아누스 3세는 모든 서로마 주교들이 교황의 사법권에 복종할 것을 명했다. 수백 년 세월이 흐른 뒤 이 칙령은 교황의 서유럽 교회에 대한 지배권을 정당화하기 위해 인용되기에 이른다. 그러나 그 당시에는 교황을 제외한 모든 사람이 그것을 무시했다. 대부분의 동방 주교들은 교황의 전체 교회에 대한 수위권 주장을 말도 안 되는 파렴치로 간주했고, 서유럽 주교들도 교황에게 관심을 보이지 않았다. 그럼에도 불구하고 4세기와 5세기에 로마 주교의 위신은 커졌다. 교황은 아직 군주제적 지배자는 아니었지만 궁극적으로는 그 방향으로 나아가게 되었는데, 교황이 주장한 수위권의 근거는 바로 여기에 있었다.

4세기에 이루어진 교회 조직·행정의 효율성 증대는 교회가 로마 세계를 지배하는 데, 그리고 신자들의 필요에 부응하는 데 기여했다. 주교 중심의 행정 조직은 5세기에 이르러 로마 제국이 쇠퇴하고 궁극

그리스도교의 성장, 서기 1~5세기	
예수의 생애	기원전 4년경~서기 30년경
바울의 전도 여행	46~62년
예루살렘 성전 파괴	69~70년
유대인 예루살렘에서 추방	132~135년
콘스탄티누스, 최초의 그리스도교도 황제 되다	312년
니케아 공의회	325년
그리스도교가 로마 국교 되다	392년
교리 논쟁 시기	4~5세기

적으로 붕괴하게 되면서 특히 서로마에서 중요성을 갖게 되었다. 혼돈이 깊어가면서 서로마 주교들은 도시 정부의 많은 기능을 떠맡았고 로마 지배의 흔적을 보존했다. 그러므로 야만인 군대가 당도했을 때 그들이 협상 대상으로 만난 상대는 대개 지방 주교들이었다.

수도원 제도의 확산

대부분의 그리스도교도는 교회가 점점 더 많은 행정 책임을 떠맡는 것을 자연스러운 일로 받아들였다. 종교와 정치는 로마 제국의 역사 전체를 통틀어 언제나 긴밀하게 연관되어 있었다. 그러나 일부 그리스도교도가 보기에 새로운 세계는 예수와 사도의 소박한 신앙과 동떨어진 것이었다. 수도원 제도는 그러한 환멸에서 파생된 결과물이었다. 현대인은 수도사라고 하면 명상과 기도의 생활에 헌신하기 위해 공동체 생활을 하는 사제집단을 연상한다. 그러나 최초의 수도사들은 사제가 아닌 평신도였다. 그들은 거의 대부분 고독하게 살았으며 질서정연한 기도와 예배 생활보다는 극단적인 자기부정의 삶을 추구했다.

수도원 제도는 3세기에 그 시대의 고뇌에 대한 대응으로서 등장했지만, 그리스도교 내부에서 지배적인 운동이 된 것은 4세기에 들어서의 일이었다. 수도원 제도가 호소력을 지닌 데에는 두 가지 이유가 있다. 하나는 그리스도교도에 대한 박해가 끝나자 때로 극단적인 금욕주의가 순교의 역할을 대신했다는 점이다. 그러나 더욱 중요한 것은, 수도원 제도가 4세기 교회의 세속화에 대한 반동이라는 사실이다. 세속적 유혹을 피하고자 했던 그리스도교도는 사막과 숲으로 도망쳤다. 그들은 황제의 종교에 참여하기 위해 몰려든 남녀가 영위하던 안락한 삶과는 동떨어진 금욕적 삶을 실천했다. 사교 클럽을 지향하는 그리스도교도로 가득 찬 교회 안에서, 일부 순수한 신자들은 수도원이야말로 구원을 위한 유일한 확실한 방도라고 간주했다.

수도 생활은 제국 동반부에서 처음 등장했는데, 그곳에서 4세기에 급속히 퍼졌다. 초기의 수도사는 대부분 은자로 살면서 극단적인 자기부정과 겸손의 삶을 실천했다. 어떤 사람은 소처럼 풀을 뜯어먹으며 살았고, 또 어떤 사람은 작은 우리 속에 스스로 갇혀 살았는가 하면, 또 다른 사람은 목에 무거운 물건을 매단 채 생활하기도 했다. 키리아쿠스라는 수도사는 도저히 견딜 수 없을 때까지 두루미처럼 한 발로 여러 시간 동안 서 있었다고 한다. 또 다른 수도사인 성 시메온 스틸리테스는 37년 동안이나 높은 돌기둥 위에 살면서 자학적인 고행을 했고 그동안 돌기둥 아래로 군중이 몰려와 '그의 몸에서 떨어지는 구더기들'에게 경배를 바쳤다.

그러나 얼마 지나지 않아 수도사들은 좀 더 조직적이고 규칙적인 접근방식이 수도원 운동에 도움이 된다는 것을 깨달았다. 동반부에서 새롭고 공동체적인 수도 생활을 창도한 가장 중요한 인물은 성 바실리우스(330경~379)였다. 바실리우스는 수도사들이 지나치게 금식을 하거나 육체를 상하게 하는 것을 금하는 지침을 제시했다. 대신 그는 수도사들이 유익한 노동에 종사하면서 스스로를 단련하도록 했다. 그는 청빈과 겸손의 의무를 실천할 것, 매일 많은 시간 침묵 속에서 종교적 명상을 할 것을 권면했다. 그러나 그는 수도사들이 가능한 한 세상으로부터 멀리 떨어져 살 것을 촉구했다. 그 결과 바실리우스 수도회는 수도원 바깥세상의 교화라는 점에서 서유럽의 베네딕투스 수도회만큼 영향력을 발휘하지 못했다.

서유럽의 초기 수도 생활은 제국 동반부에서처럼 신속하게 확산되지 않았다. 6세기에 들어 누르시아의 성 베네딕투스(480경~547경)가 유명한 라틴 수도 계율을 작성함으로써 비로소 서유럽에서 수도원 제도가 급속히 성장했다. 하지만 그 무렵까지만 해도 수도원은 다양한 형태를 취하고 있었고, 베네딕투스 수도회는 그 가운데 하나일 뿐이었다. 그 후 8세기에 접어들어서야 베네딕투스가 설립한 수도회가 서유럽 수도원 제도의 중심적인 지위에 올랐다. 하지만 13세기부터 베네딕투스 수도회는 다시 한 번 여러 수도회와 경쟁관계에 놓이게 되었다. 그러나 중세 시대에 베네딕투스 수도회의 영향력은 막강한 것이었다. 여기서는 그 기원만을 다루기로 하고, 그 영향력에 대해서는 차후 상세히 설명하기로 한다.

베네딕투스 계율은 상당 부분 '대가(大家)의 계율(Regula magistri)'이라는 기존의 한층 더 엄격했던 라틴 텍스트를 본뜬 것이다. 하지만 베네딕투스는 그로부터 매우 다른 텍스트를 만들어냈다. 그가 '초심자를 위한 단순한 계율'이라고 이름 붙였듯이, 베네딕투스 계율은 간결하고 유연하며 온건한 것으로 유명하다. 계율은 기도, 학습, 공동 예배 등의 자세한 일과 시간표를 정해놓았다. 수도사가 어떻게 공동생활을 할 것인지에 대한 지침을 정한 것이다. 이를테면 무엇을 먹어야 하는가(소박한 음식을 충분히 먹었는데 소량의 포도주가 허용되었고, 육류는 병자와 특별한 경우에만 먹을 수 있었다), 수도원에서의 노동은 어떻게 행해져야 하는가에 관한 것이었다. 베네딕투스에 의하면 '게으름은 영혼의 적'이었기 때문에 육체노동이 장려되었다. 물론 개인적인 공부와 명상의 시간도 확보되었다. 그러나 이 모든 문제에서 베네딕투스는 많은 부분을 개별 수도원장의 재량에 맡겼다. 수도원장은 수도원의 지도자로서 휘하의 모든 수도사는 그의 명령에 복종해야만 했다.

베네딕투스 수도원에 들어가고자 하는 사람은 긴 수습 기간을 거쳐야만 했다. 그 기간이 끝나면 그들은 수도사로서 최종적인 평생 서약을 할 수 있었다. 학자들은 때로 베네딕투스 서약이 '청빈, 순결, 복종'을 요구한다고 압축해서 표현하지만 이는 잘못된 것이다. 물론 그것들은 중요한 미덕이었다. 하지만 그것들이 베네딕투스 수도사가 헌신해야 할 계율의 본질은 아니었다. 오히려 베네딕투스 수도회가 중요하게 여기는 삶의 미덕은 착실함, 인내심, 수도생활에의 헌신 등이었다. 수도 생활의 목적이 대개 그러하듯이 계율의 목적 또한 수도사로 하여금 신의 뜻에 부응하는 삶을 살 수 있도록 변화시키는 것이었다. 계율은 이런 변화가 달성될 수 있도록 해주는 수단일 뿐이었다.

여성, 결혼, 몸에 대한 태도의 변화

4세기에 나타난 그리스도교의 광범한 변화는 여성의 지위에 각별한 영향을 미쳤다. 앞에서 보았듯이 초대 교회에서 여성은 대단히 중요한 역할을 했다. 성 바울은 선교 여행 시 유력한 여성들의 지원에 크게 의존했다. 그는 「갈라디아인에게 쓴 편지」(3:28)에서 그리스도교도 사이에는 노예든 자유인이든 남성이든 여성이든 영적인 차별이 없다고 선언했다. 모두가 신 앞에서는 동등했다. 상층계급 여성은 로마 등지의 초대 교회에서 중요한 후원자 역할을 하기도 했다. 초대 교회에서는 수많은 여성 순교자가 나왔고, 일부 교회에서 여성은 교사, 예언자, 지방 집회의 관리자 등을 맡았다. 여성의 역할은 초대 교회에서 분명 논란거리였다. 그러나 『신약성서』에서 표출된 다양한 의견은 초대 교회가 결코 획일적인 가부장제를 지지하지 않았음을 분명히 보여준다.

3세기와 4세기에는 금욕주의가 성장하면서 여성을 '육체적' 존재로 비하하는 경향이 노골화되었다. 당연히 수도사는 여성과의 접촉을 철저히 피했고, 그것이 사막과 숲으로 도망친 이유 중 하나였다. 그리스도교 성직자들 또한 고대 말기 세계를 특징지었던 청교도적인 성적·사회적 태도에 휩쓸렸다. 하지만 예수의 제자 중 여러 명이 결혼생활을 했고 초대 교회에서는 사제와 주교가 기혼자라 해도 얼마든지 용인되었다. 실제로 로마 세계에서 결혼은 사회적으로 존중받을 수 있는지 여부를 결정하는 매우 중요한 지표였다. 결혼하지 않은 남성은 의혹의 시선을 받곤 했다. 오직 철학자들만 관행상 결혼을 하지 않아도 무방했다. 그러나 4세기를 거치는 동안 사제와 주교도 철학자들처럼 결혼을 하지 말아야 하며 이미 결혼했다면 아내와 성관계를 갖지 말아야 한다는 사상이 발전되었다.

　남녀를 불문하고 동정(童貞)은 교회 안에서 지고의 영적 표준으로 받아들여졌다. 결혼은 평신도에게만 허용되었지만 그것은 성적 금욕의 의지를 결여한 사람에게 주어지는 차선책일 뿐이었다. 성 히에로니무스는 이런 관점을 지극히 세속적으로 표현했다. 즉, 동정은 밀, 결혼은 보리, 혼외 성관계는 소똥에 불과하다는 것이었다. 사람이 소똥을 먹을 수 없기에 신은 보리를 허락했다. 그러나 가장 바람직한 음식은 밀이었다. 결혼의 목적은 간음을 방지하고 자녀를 생산하기 위한 것이었다. 그러나 히에로니무스는 원칙적으로 결혼을 찬양했다. 더 많은 동정의 남녀를 세상에 보내주기 때문이었다.

　여성은 천성적으로 남성보다 음란하다고 간주되었는데, 이런 성적 폄하는 남성의 여성에 대한 태도에 터무니없는 부정적 영향을 미쳤다. 그러나 결혼을 거부함으로써 또는 결혼을 동정에 대한 바람직하지 않은 대안으로 격하함으로써, 그리고 세상으로부터의 수도원적 은둔을 찬양함으로써, 4세기의 그리스도교는 몸과 국가에 대한 초기 로마의 관점에서 결정적으로 멀어지게 되었다. 전통적으로 로마인은 시민의 몸을 국가를 위해 봉사하기 위한 존재로 여겼다. 남성은 병사이자 아버지로, 여성은 어머니이자 아내로 간주했다. 그러나 이제 그리스도교도는 그의 몸이 국가가 아닌 신에 속한 것이며, 신을 온전히 섬긴다는 것은 더 이상 자녀 출산을 통해 국가에 봉사하지 않는다는 것을 의미한다고 주장했다. 이것은 그야말로 혁명적인 태도 변화로서, 고대 세계가 고대 말기를 거치면서 서서히 소멸하고 있음을 보여주는 또 다른 징표였다.

주교의 독신생활에 대한 태도 변화

감독, 사제, 부제는 2세기 중반에 이르러 초대 그리스도교회의 핵심으로 떠올랐다. 3세기 초의 교회 지침서인 『사도들의 가르침(Didascalia Apostolorum)』에서 보이듯이, 4세기까지 이들 직책을 가진 그리스도교도는 결혼하는 것이 당연시되었다. 그러나 4세기부터 특히 서유럽에서 이런 직분을 가진 사람에게 독신생활을 요구하는 움직임이 일어나기 시작했다. 이런 변화는 4세기의 그리스도교도 및 비그리스도교도 사이에 공히 금욕주의를 성스러움의 표상으로 찬미하는 경향이 늘어났음을 반영한다.

『사도들의 가르침』

모든 회중의 교회에서 감독과 사제의 직분에 임명된 목자는 '흠이 없고 책망 받을 일이 없어야' 한다(「디모데전서」 3:2, 「디도서」 1:7). 모든 악으로부터 멀리 있어야 하며, 나이는 50세 이상이어서 이제는 젊은 날의 행위와 악마의 육욕에서 벗어나 있고, 거짓 형제들의 비방과 불경함에서 비켜나 있어야 한다.……그러나 가능하다면 교육을 받은 인물이어야 하고 가르칠 수도 있어야 한다. 하지만 만일 그가 글을 알지 못한다면 언변이 유창하고 노련해야 한다. 그는 원숙한 나이에 이르러야 한다.

그리고 그는 신중하고 고상하고 안정적이며 예의 바른 사람이어야 한다. 포도주를 과음해서는 안 되며, 악의를 품어서는 안 된다. 그는 조용하고 경쟁심이 없어야 한다. 그리고 돈을 사랑해서는 안 된다. 정신 연령이 어려서는 안 된다. 의기양양한 나머지 사탄의 심판에 떨어지지 않도록 하기 위함이다. 스스로를 높이는 사람은 굴욕을 당할 것이기 때문이다.

그러나 감독은 '한 아내의 남편이며 가정을 잘 다스리는 사람'이어야 한다(「디모데전서」 3:2, 4). 그러므로 감독 자리에 앉고자 안수 받을 때 이런 점을 입증하도록 하라. 그가 과연 정결한 인물인지, 그의 아내 또한 신자이며 정결한 여성인지, 그가 하나님을 두려워하는 가운데 자녀를 양육하고 훈계하고 가르쳤는지, 가족이 그를 두려워하고 존경하며 모두가 그를 존경하는지를 말이다. 그의 가족이 그에게 저항하고 순종하지 않는다면 하물며 집 밖의 사람들이 그의 가족이 될 수 있으며 그에게 순종할 수 있겠는가?

교황 다마수스 1세(재위 366~384)의 사제 독신생활에 관한 서한

이것은 무엇보다도 감독에 관한 것이지만 동시에 사제와 부제들에 관련해 결정된 사항이기도 하다. 그들의 의무는 [성찬의] 거룩한 희생에 참여하는 것이며, 그들의 손은 세례의 은총을 전하고 그리스도의 몸을 현현케 하는 것이다. 우리만이 아니라 거룩한 성경 또한 그들에게 온전한 정결함을 요구한다.……만일 감독이나 사제 자신이 하나님을 위하기보다 이 세상을 위해 자녀를 갖는 데 관심을 갖는다면, 어떻게 과부와 처녀에게 금욕을 설교할 수 있으며 다른 사람에게 침대를 정결히 유지하라고 권면할 수 있겠는가? 바울은 왜 "너희들은 육이 아닌 영에 속해 있다"(「로마서」 8:9)고 말했으며 "아내 있는 자는 없는 사람처럼 살라"(「고린도전서」 7:29)고 권했는가? 사람들에게 그렇게 타일렀던 그가 사제에게 육욕적인 행동을 그렇게 호락호락 허용했겠는가? 그는 또한 "정욕을 채우려고 육신의 일을 꾀하지 말 것"(「로마서」 13:14)과 "모두가 나처럼 살기를 바란다"(「고린도전서」 7:7)고 말했다. 그리스도를 섬기는 자로서 우두머리 지위에 앉은 자가 섬김의 규칙을 지킬 수 없다는 말인가?……우상 숭배자들조차도 그들의 경건치 못한 의식을 거행하고 마귀에게 희생을 바치기 위해, 스스로에게 여자 문제에서 순결을 요구하고 특정 음식을 절제함으로써 정결을 유지하려 하지 않는가? 여러분은, 살아계신 하나님을 섬기며 영적 희생을 바쳐야 할 사제들은 항상 순결하게 살아야 하는가, 아니면 전적으로 육의 일에 관여해 육의 일을 보살피는 데 자신을 바쳐야 하는가를 나에게 질문한다.……성행위는 불결한 것이다.……하나님의 신비가 더럽혀지고 믿음 없는 그런 종류의 사람들에게 맡겨지지 않는 것은 이런 이유에서이다 ……그들은 당연히 "살과 피는 하나님 나라를 유업으로 받을 수 없고, 썩을 것은 썩지 않을 것을 유업으로 받지 못한다"(「고린도전서」 15:50)는 것을 잘 알고 있다. 그런즉 사제나 부제가 어찌 동물과 다름없는 행동을 하면서 스스로를 격하시키겠는가?

분석 문제

1. 두 자료에 의하면 그리스도 교회의 지도자들은 어째서 현세적 자질과 영적 자질의 균형을 갖춰야만 하는가? 선량한 도덕성만으로 충분치 않은가? 어째서 감독은 나이가 많아야 하고(50세 이상) 적어도 한 번은 결혼한 적이 있어야 하는가?

2. 초대 그리스도교도는 결혼에 대해 뒤섞인 관점을 가졌다. 일부는 예수가 그들 생전에 다시 온다고 믿었다. 만일 세상의 종말이 온다면 그들에게는 이 세상에서든 천국에서든 결혼이 필요 없었다. 『신약성서』에서 예수는 결혼식에 참례하여 물을 포도주로 바꾸는 첫 번째 기적을 행했다. 그러나 예수와 바울은 독신생활을 칭찬하기도 했다. 바울은 결혼을 독신으로 살 수 없는 연약한 사람을 위한 도덕적 타협이라고 보았다. "욕정에 불타는 것보다는 결혼하는 것이 낫다"(「고린도전서」 7:9). 『사도들의 가르침』은 결혼에 대해 어떤 관점을 보여주는가?

게르만족의 침입과 서로마 제국의 멸망

♣ 게르만족의 침입은 왜 성공했는가?

그리스도교가 로마 제국을 내부로부터 변화시키는 동안 제국은 변경 밖에서 밀어닥친 새로운 압력에 직면했다. 3세기와 4세기 동안 페르시아의 세력이 증강되면서 로마 제국은 동부 변경에 고비용의 대규모 병력을 유지하는 부담을 떠안게 되었다. 동부에서 대규모 병력을 유지하기 위해 제국은 서부에 주둔해야 할 병력을 감축하지 않을 수 없었다. 부분적으로 이러한 병력 감축의 결과 서로마 제국은 3세기 중반 게르만 부족들로부터 파상적인 공격을 당했다. 그러나 4세기에 접어들어 로마인과 게르만족의 관계는 전반적으로 평화로웠고 제국은 농업적·상업적으로 번영을 유지했다. 그러나 5세기 초에 들어 게르만족의 새로운 파상 공격이 제국 서반부를 놀라우리만큼 신속하게 휩쓸었다. 이런 파괴의 와중에서 새로운 게르만 왕국들이 서유럽과 북아프리카에 등장했는데, 그것은 이 지역의 역사와 문화를 영구적으로 바꿔놓았다.

게르만족과 로마의 관계

게르만족은 로마인의 눈에 야만인으로 비쳐졌다. 왜냐하면 그들은 도시에 살지도 않았고 문맹이었기 때문이다. 그러나 게르만족은 결코 미개인이 아니었다. 그들은 정주 농업인이자 세련된 금속 세공인으로서 수백 년 동안 로마 세계와 교역하고 있었다. 게르만족 병사는 로마 군대에서 친숙한 존재였다. 스틸리코[3]라는 게르만인은 게르만족의 서로마 제국 침입이 시작되던 5세기 초에 사실상 서로마 제국의 군사 지도자였다. 일부 변경 지역에서는 인구 적은 오지의 로마 수비대 강화를 위해 게르만 부족 전원이 동맹자로서 로마 국경 안쪽에 정주하고 있었다. 4세기 말에 많은 게르만 부족들이 그리스도교를 받아들였다. 비록 그들이 믿은 그리스도교는 아리우스 이단이기는 했지만 말이다. 이러한 모든 상호작용을 통

---

3) 스틸리코(Stilicho, 365경~408)는 로마인과 반달족의 혼혈아로 태어났다. 그는 직업 군인으로 테오도시우스 황제가 총애하는 조카딸 세레나와 결혼했다. 385년경 그는 근위대장으로 임명되었으며 393년 또는 그전에 육군 총사령관이 되었다.

해 게르만인은 로마 문명에 매우 친숙했고 그것을 매우 좋아했다.

서로마 제국의 붕괴를 초래한 사태의 전말은 4세기 중반 중앙아시아에서 시작되었다. 훈족으로 알려진 전사집단이 서쪽으로 이주해 흑해 북부 및 동부 지역으로 밀려들어왔다. 훈족의 침입으로 수많은 다른 민족—그들 중 가장 중요한 민족은 고트족—이 남쪽과 서쪽으로 이주해 들어와 도나우 강가의 로마 변경 지역을 괴롭혔다. 고트족은 로마인에게 정복되었던 적은 없지만 여러 세기 동안 로마 국가의 피보호민이었다. 376년 고트족의 인구가 너무 많고 저항이 필사적이어서 무력으로 쉽사리 쫓아버릴 수 없게 되자, 로마는 그들이 도나우 강 건너 제국 국경 내에 정착할 것을 허용했다. 식량과 보급품을 받는 대가로 고트족은 그들의 뒤를 따라 제국으로 흘러드는 다른 야만족의 침입에 맞서 그 지역을 수비하는 임무를 맡았다.

그러나 로마는 약속했던 식량과 보급품을 공급하지 않았다. 그 대신 로마의 지방 관료들은 굶주린 고트족에게 식량을 제공하는 대가로 그들 자신과 자녀를 노예로 팔 것을 강요했다. 378년 고트족은 반란을 일으켰다. 그들을 진압하기 위해 파견된 로마 군대는 아드리아노플 전투에서 패배했고, 원정군을 지휘했던 황제 발렌스가 전사했다. 새로운 황제 테오도시우스 대제(재위 379~395)는 고트족이 요구한 보급품과 농토를 제공하고 그들을 로마 군대—고트족 군사 지도자 휘하—에 편입시킴으로써 신속히 평화를 회복했다. 한동안 고트족 문제는 해결된 것처럼 보였다.

그런데 테오도시우스는 죽기 전에 제국을 두 아들에게 분할해 물려주었고, 두 아들의 고문들은 즉각 상대방을 음해하는 일에 착수했다. 이처럼 유리한 상황을 맞이한 고트족은 알라리크의 리더십 아래 단결해 다시 한 번 반란을 일으켰다. 동로마 황제는 그들을 매수해 경쟁자인 서로마 황제를 공격하도록 했다. 즉각 고트족의 이탈리아 침공이 뒤따랐다. 한편 훈족은 계속 서쪽으로 이동해 오늘날의 헝가리에 이르렀고, 게르만어를 사용하는 여러 집단을 서쪽으로 밀어붙여 로마 제국의 라인 강 변경 방면으로 이동하도록 했다.

406년(또는 407년) 말 폭풍이 밀어닥쳤다. 반달족이 이끈 게르만 부족 연합 집단이 얼어붙은 라인 강을 건너 갈리아를 침공했다. 그들을 격퇴하기 위해 서로마 제국 군대의 지휘관인 스틸리코는 알라리크 지휘 하의 고트족과 동맹을 맺었다. 그러나 몇 달 뒤 궁정에서 벌어진 쿠데타로 스틸리코가 밀려나자 고트족도 서로마 제국 침공에 가담했다. 410년 그리스도교도인 고트족이 로마 시를 함락하고 약탈했다. 그러나 로마는 식량이건 토지건 내놓을 것이 거의 없었다. 고트족은 이동을 계속해 마침내 갈리아 남부와 에스파냐에 정착했고 그곳

게르만족의 로마 침입, 5세기	
아드리아노플 전투에서 고트족 승리	378년
반달족, 라인 강을 건너 갈리아, 에스파냐, 북아프리카 침입	406~407년
서고트족의 로마 약탈	410년
반달족의 로마 약탈	455년
오도아케르, 로물루스 아우구스툴루스 폐위시킴	476년
동고트족 테오도리쿠스의 이탈리아 지배	493~526년

에서 서고트 왕국을 수립했다. 반달족 역시 에스파냐를 향해 떠났지만 최종적으로 지브롤터 해협을 건너 북아프리카의 풍요로운 농경 지역에 정착했다. 455년 그들은 바다를 건너 로마를 공격했다. 프랑크족, 부르군트족, 알라만족 등의 게르만 부족은 신속히 반달족의 뒤를 따라 라인 강을 건너 갈리아로 향했고 그곳에서 그들의 왕국을 건설했다. 5세기 중반에 이르면 훈족마저 저 유명한 사령관 아틸라의 지휘 아래 침공에 가담했다.

476년 무기력한 찬탈자이자 서로마의 마지막 황제인 로물루스 아우구스툴루스('작은 아우구스투스'라는 뜻)는 게르만족, 훈족, 로마인—제국에 불만을 품은—등의 혼성 군대를 지휘한 오도아케르에 의해 쫓겨났다. 이 사건으로 서로마 제국은 멸망을 맞이했다. 그러나 동반부에는 한 명의 로마 황제가 여전히 건재한 가운데 제국 서반부에 대한 지배권을 계속 주장했다. 그러나 그 당시 동로마 황제가 서로마의 정국에 영향력을 미칠 수 있는 방법은 한 야만인 왕에게 다른 야만인 왕을 폐위토록 뒤에서 사주하는 것뿐이었다. 즉, 황제 제노(재위 474~491)는 이탈리아에 대한 직접 지배권을 주장하기 위해 테오도리쿠스에게 동고트족 군대를 발칸 반도에서 로마로 이동시켜 오도아케르를 제거토록 했다. 약 10년에 걸친 격렬한 전투 끝에 고트족은 이탈리아에서 훈족을 완전히 몰아냈다. 테오도리쿠스는 이탈리아에 동고트 왕국을 세웠고 황제의 지원 아래 526년 사망할 때까지 통치했다.

게르만족 침입의 성공과 그 영향

5세기의 서로마 제국 붕괴는 여러모로 놀라운 일이었다. 제국에 침입한 군대는 전체 병력이 10만 명에 불과한 소규모였고 군사령관들의 다툼으로 내부적으로 분열되어 있었다. 일단 침입이 시작되자 행군 과정에서, 제국에 불만을 품은 로마인과 제국 내에 이미 정착한 게르만 동맹자들이 합류함으로써 군대의 규모가 커졌을 것이다. 그러나 그 숫자는 여전히 많지 않았다. 서로마 제국이 이미 붕괴 상태에 접어든 것도 아니었다. 최근의 고고학 연구에 따르면 400년경 서로마 제국의 인구는 안정적이었고 지방 경제는 활력이 있었으며 지방 및 원거리 교역망은 여전히 활발하게 돌아가고 있었다. 그러나 500년에 이르러 서로마 제국의 경제적·정치적 세계는 사라져버렸다. 이런 돌발적이고도 전면적인 붕괴를 어떻게 설명할 것인가?

서로마 제국이 스스로를 방어할 수 없었던 원인은 무엇보다도 군사적 실패 때문이었다. 이 같은 실패의 배후에는 여러 가지 연관된 문제가 가로놓여 있었다. 서로마 제국의 군대는 이미 5세기 초부터 허약한 상태였다. 정예 병사들은 일찌감치 더 부유한 제국 동반부를 지키기 위해 철수해버렸고 남아 있는 군대는 병력도 지원도 형편없었다. 군대의 자급자족 능력을 강화하다보니 병사들은 갈수록 더 '민간인화'되었다. 400년에 이르러 많은 병사가 결혼했고 일부 병력은 직접 농사를 지어 식량을 조달했기 때문에 비상시에도 병력 이동이 어려웠다. 군대 지원을 위한 재원을 늘리기도 쉽지 않았다. 이미 과중한 세금을 더 올리려 했다가는 불만을 품은 납세자들이 반란을 일으킬 우려마저 있었다. 시민의 사기도 낮았다. 4세기의 제국 관료체제는 귀족들에게서조차 충성심을 이끌어내지 못했다. 한편 게르만족은 두려움의 대상으로 여겨지지 않았다. 여러 세기에 걸쳐 그들은 로마 사회에서 익숙한 구성원이 되어 있었다. 그 결과 5세기의 침공에서 로마인과 게르만족의 전면 충돌은 거의 없었다. 침입한 게르만 군대가 싸워보지도 않고 승리하는 경우도 빈번했다. 제국 주민이 자체 방어에 관심을 갖지 않았기 때문이다. 전투를 치른 경우에도 대개 양측 군대 모두가 로마인·게르만족·훈족으로 구성된 혼성 부대였으며 각기 해당 군대 총사령관의 이름을 걸고 싸웠다.

전반적인 사기는 동로마 제국이 더 높았던 것으로 보인다. 하지만 동로마 제국이 5세기의 침입을 견디고 살아남을 수 있었던 핵심 원인은, 동로마가 서로마에 비해 부유했고 따라서 서로마보다 군사력을 잘 유지할 수 있었기 때문이다. 5세기에 이르러 서로마의 많은 도시는 과거에 비해 규모가 크게 줄어들었다. 행정 중심지나 군사 중심지로 전락한 경우도 흔했다. 반면 동로마의 도시들은 여전히 산업과 교역의 풍요로운 중심지였다. 동로마는 세금으로 거두어들일 재산이 더 많았으므로 제국 관료제의 부담을 감당하기가 서로마보다 용이했다. 또한 국경선의 길이도 짧았고 군대에 대한 지원도 풍부했다. 침입자들을 매수해 그들의 관심을 서로마 쪽으로 돌릴 수도 있었다. 이런 모든 이유로 동로마는 침몰을 면했고, 5세기를 거치는 동안 번영을 누리기도 했다. 반면 이 시기에 서로마는 허우적대다가 침몰하고 말았다.

우리가 살펴보았듯이, 동로마와 서로마의 경제력 차이는 수백 년 동안 존재했다. 그러나 그 차이는 5세기의 침입으로 인해 더욱 벌어졌다. 침입자들이 약탈하고 점령한 모든 영토는

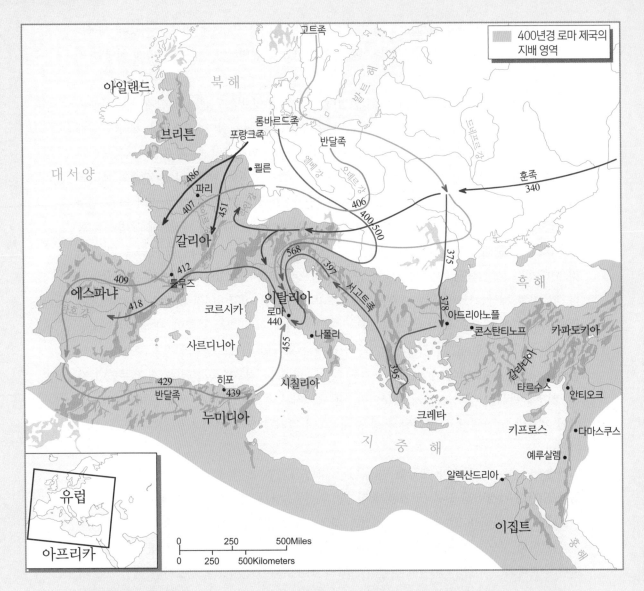

야만족의 로마 제국 침입

야만족 군대의 다양한 침입 경로는 침입자의 정체성과 침입 동기에 대해 무엇을 말해주고 있는가? 로마 시가 이미 서로마 제국에서조차 더 이상 수도 역할을 하지 못하고 있었음에도 그토록 다양한 군대가 로마 시를 공격한 이유는 무엇이었는가?

고스란히 서로마 제국의 세입 감소를 의미했다. 상실의 규모는 엄청났다. 410년 고트족의 약탈이 있은 지 10년 후 로마 시의 세입은 종전의 15퍼센트에 불과했다. 게르만족의 갈리아·에스파냐 공격도 세입 감소를 초래했다. 420년경 이후 침입자들은 그들의 왕국을 세우기 시작했고 그 지역은 로마 제국 정부에 대한 세금 납부를 전면 중지했다. 439년 반달족이 북아프리카—로마의 서부 속주 중 가장 부유한 지역—를 점령했을 때, 로마 정부의 세입은 아직 제국 지배 아래 남아 있던 이탈리아 지역에서 거두어들인 것이 전부였다.

서로마 제국 붕괴의 경제적 결과는 심대했다. 400년경 서로마 제국의 경제는 저가의 고품질 소비재의 대량 생산—제국 전역에 대량으로 운송, 보급되었다—을 그 특징으로 하고 있었다. 그러나 500년에 이르러 이 세계는 사라졌다. 지역 차원의 교환 체계는 간신히 살아남았지만 대규모 상품의 원거리 교역은 제국 동반부에서만 살아남았다. 기술 숙련도—특히 도자기 생산 분야에서—역시 심각한 수준으로 떨어졌다. 생활수준도 하락했고 서로마 제국의 인구도 감소했다. 실제로 서유럽 전체 인구는 향후 1,000년 동안 4세기의 수준을 회복하지 못했다.

서로마 제국 거주 로마인의 삶은 다른 부문에서는 한층 완만한 변화를 겪었다. 로마의 조세제도는 대개 살아남았다. 물론 이제는 그 수입이 새로운 야만인 지배자의 돈주머니로 들어갔지만 말이다. 로마의 법률·행정체제도 마찬가지였다. 농경지의 경우 로마의 농업 방식은 대부분의 지역에서 종전과 다름없이 지속되었고 지주도 동일 인물인 경우가 많았다. 로마 귀족은 시민 생활을 계속해서 지배했다. 한편 로마의 도시들은 도시 인근 지역을 계속 지배했는데, 특히 갈리아 남부와 에스파냐에서 그러했다. 야만인의 침입은 로마 문화를 종식시키지 않았고, 새로운 이주자에 대한 로마 문화의 영향력을 단절시키지도 않았다. 이탈리아 정복자인 테오도리쿠스는 이렇게 말하기를 좋아했다. "유능한 고트 사람은 로마인이 되기를 원하지만, 오로지 보잘것없는 로마인만이 고트 사람처럼 되기를 원한다."

로마화된 야만인과 야만인화된 로마인

시도니우스 아폴리나리스(430경~480경)의 두 서한은 '로마인'과 '야만인' 사이의 경계가 급속히 허물어지던 5세기 말 서로마 제국의 문화적 동화 양상을 보여준다. 시도니우스는 갈리아의 저명한 로마 속주 가문 출신이었다. 그는 시와 산문에서 당대의 가장 탁월한 라틴어 문장가 중 한 사람이었다. 그는 나중에 주교가 되었고 죽은 뒤에는 그 고장의 성인으로 추앙되었지만, 그의 서한집(다음 글은 여기에서 발췌했다)은 그의 그리스도교 신앙보다는 남부 갈리아 서고트족의 후기 로마 문학에 대해 더 많은 것을 말해주고 있다. 아르보가스트는 프랑크족 혈통으로서 트레브의 총독이었고, 시아그리우스는 갈리아의 오랜 로마 가문 출신으로 로마 최후의 갈리아 총독이다.

시도니우스가 벗 아르보가스트에게

존경하는 각하. 각하의 벗 에미넨티우스가 각하께서 친히 쓰신 서한을 제게 전해주었습니다. 세 가지 매력을 지닌 우아하기 그지없는 편지였습니다. 그 첫 번째 장점은 저의 비천한 처지에 맞춰 스스로를 낮추도록 자극하시는 사랑에 있을지니, 저는 풋내기는 아니로되 작금 낮은 신분에 있는 사람이기 때문입니다. 두 번째 미덕은 각하의 겸손입니다.……세 번째 매력은 각하의 품위에서 연원하고 있으니, 그 품위로 말미암아 각하는 서투른 부분에 대해서조차 가장 유쾌한 고백을 하십니다. 사실상 각하는 로마 수사학의 깊은 샘물에서 길어 마시고, 모젤 강 유역에 사시면서도 테베레 강의 진정한 라틴어를 구사하시기 때문입니다. 각하는 야만인들과 친밀하시지만 야만주의와는 사뭇 거리가 멀고, 무력뿐만 아니라 언어에서도 고대의 지도자들—칼 못지않게 펜을 익숙하게 다루던 인물들이지요—과 대등하십니다.

그 결과 로마 언어의 광휘는, 그것이 어딘가에 있다면, 다름 아닌 각하의 내면에 살아 숨 쉬고 있습니다. 그것은 벨기에와 렌에서는 이미 오래전에 사라져버렸습니다. 로마법이 우리 변경에서 더 이상 시행되지 않고 있음에도 불구하고 각하와 각하의 수사법 덕분에 로마의 언어는 비틀거리지 않습니다. 이 때문에……저는 각하의 빛나는 정신 속에 우리의 사라져가는 문화가 남아 있음을 크게 즐거워합니다. 꾸준한 독서로 이를 확장하신다면 각하는 하루하루가 지날 때마다 마치 사람이 짐승보다 우월한 것처럼 교육받은 사람은 무지한 사람보다 탁월하다는 것을 스스로 발견하시게 될 것입니다.

시도니우스가 벗 시아그리우스에게

귀하께서는 집정관의 증손이시며, 그것도 남계(男系)로 그러합니다. 비록 그것이 우리 앞에 놓인 사안과는 상관이 없지만 말입니다. 귀하는 시인의 후손이시며, 귀하의 선조께서는 시인의 문학적 영예 때문에 행정관의 영예로서도 받지 못한 조각상을 받으셨습니다.……그분의 후예로서 귀하가 지닌 교양은 각별히 이런 국면에서 시인의 기준에 조금도 뒤떨어지지 않습니다. 그러므로 저는 귀하가 독일어를 그토록 쉽게 익힌 것에 대해 이루 형언할 수 없는 놀라움을 느낍니다.

그러나 저는 귀하가 소년 시절 자유학과의 학업을 훌륭하게 이수했음을 기억합니다. 그리고 귀하가 종종 수사법 교사 앞에서 당차게 웅변으로 변론하시던 모습을 분명히 기억하고 있습니다. 그런 만큼 귀하는 어떻게 해서 이민족의 정확한 발음을 그토록 빨리 내면화하여 습득했는지를 제게 알려주십시오. 교사의 회초리를 맞아가며 베르길리우스를 읽고, [키케로의] 훌륭한 달변을 공들여 익힌 뒤……귀하는 마치 낡은 둥지에서 젊은 독수리가 날아오르듯이 내 눈 앞에서 활짝 피어났습니다.

귀하는 내가 그것을 얼마나 기뻐하는지 모릅니다. 귀하 앞에서 야만인이 자신의 언어로 야만스런 농지거리 늘어놓기를 두려워한다는 이야기를 들을 때도 마찬가지입니다. 게르만족의 구부정한 장로들은 귀하가 글을 번역할 때 놀라워하면서, 그들 상호간의 거래가 있을 때 귀하를 심판자이자 중재인으로 삼습니다.……이 사람들은 몸과 마음이 모두 뻣뻣하고 거칠지만 귀하를 기꺼이 맞아들여 가르침을 구합니다. 그리고 그들의 토착어는 로마의 지혜와 결합합니다.

가장 똑똑한 사람이 되는 것, 그 한 가지만 남았습니다. 쉬는 시간에도 지칠 줄 모르는 열정으로 읽기에 관심을 기울이십시오. 그리고 교양 있는 사람으로서 두 언어 사이에 올바른 균형을 잡으십시오. 웃음거리가 되지 않기 위해 라틴어에 대한 이해력을 유지하고, 그들을 비웃기 위해 다른 언어를 익히시길. 안녕히.

분석 문제

1. 시도니우스 아폴리나리스가 아르보가스트에게 쓴 편지의 주제는 무엇인가?

2. 시아그리우스에게 쓴 편지에서 시도니우스는 시아그리우스가 '독일어를 그토록 쉽게 익힌 것'에 대해 감탄했다고 말한다. 그는 시아그리우스가 '자유학과의 학업을 훌륭하게 이수'했음을 기억한다. 그것은 시아그리우스의 공무 수행에 어떤 도움이 되는가? 시도니우스는 야만인이 시아그리우스 앞에서 자기 언어를 말할 때 실수할까봐 두려워하는 것을 왜 즐거워하는가? 시도니우스는 왜 그에게 글 읽기를 계속할 것과 라틴어 및 독일어 구사 능력을 함께 유지할 것을 조언하는가?

서양 그리스도교 사상의 형성

♣ 4세기와 5세기 그리스도교 사상에서 어떤 독특한 주제가 등장했는가?

4세기와 5세기에 서로마 제국이 쇠퇴하자 서양의 몇몇 그리스도교 사상가들은 향후 800년 동안 세계를 주도하게 될 신학 사상을 만들어냈다. 정치적 쇠퇴와 신학적 발전의 동시 발생은 우연이 아니었다. 서로마 제국이 붕괴하자 그리스도교 사상가들은 고전기의 유산이 소멸되고 있으며 신은 세상을 일시적인 시험장소로밖에는 여기지 않는다고 생각하게 되었다. 그러면 그리스도교도는 어떻게 살아야 하는가? 신은 그들에게 무엇을 요구하는가?

이러한 문제에 대한 답변을 서유럽 교회 네 명의 위대한 교부들이 제시했다. 성 히에로니무스(340경~420), 성 암브로시우스(340경~397), 성 아우구스티누스(354~430), 성 그레고리우스 대교황(540~604)이 그들이었다. 히에로니무스, 암브로시우스, 아우구스티누스는 동시대인으로서 서로 영향을 주고받았다. 우리는 여기서 그들의 저작들을 다룰 것이다. 교황 그레고리우스의 업적은 제7장에서 다룰 것이다.

성 히에로니무스와 성 암브로시우스

성 히에로니무스의 가장 위대한 업적은 히브리어와 그리스어로 된 성경을 라틴어로 번역했다는 것이다. 『불가타(Vulgata) 성경』('공동번역'이라는 뜻의 라틴어 editio vulgata에서 유래)으로 알려진 히에로니무스의 번역은 최초의 라틴어 성경은 아니었지만 이내 표준 성경으로 자리 잡았고 16세기까지 그 지위가 유지되었다. 히에로니무스의 번역은 강건한 구어체의 명료한 번역이었다. 번역으로 표현된 그의 활기찬 산문과 시는 향후 1,000년 동안 모든 라틴어 저자에게 영향을 미쳤다. 히에로니무스는 성경을 어떻게 해석해야 하는지를 보여준 영향력 있는 주석가이기도 했다. 성경 구절을 문헌적·역사적으로뿐만 아니라 우의적·상징적으로 해석하는 서양의 전통은 대부분 히에로니무스에서 비롯된 것이다.

히에로니무스는 엄격한 금욕주의자이자 수도원 제도의 열렬한 옹호자였다. 그는 동시대의 수많은 여성들과 정중한 인간관계를 맺고 있었지만, 다른 한편으로는 지독한 여성혐오주의자였다. 그는 뛰어난 독창적 사상가는 아니었지만 다른 사람의 사상을 설득력 있게 표현함으로써 막대한 영향력을 행사했다. 그는 또한 그리스도교도가 고전 학문—그것이 그리스도교적 목적에 철저히 종속된다는 전제하에—을 연구해야만 한다는 주장을 펼쳤다. 그러나 히에로니무스는 자신의 고전에 대한 사랑을 신에 대한 사랑에 온전히 종속시켰는지를 확신하지 못했다. 한번은 그가 꿈에서 천국의 문에 도달했는데, 신은 그가 그리스도의 제자라기보다는 키케로의 제자에 속한다고 책망했다고 한다.

히에로니무스는 무엇보다도 학자였다. 반면 성 암브로시우스는 단연 현세적 인물이었다. 밀라노 대주교였던 암브로시우스는 귀족 출신이었다. 그는 테살로니카의 무고한 양민을 학살했다는 이유로 그리스도교도 황제인 테오도시우스 대제를 꾸짖을 정도로 대담했다. 물론 테오도시우스는 여전히 황제였다. 그러나 암브로시우스는 신앙 문제에 관한 한 "황제는 교회 위가 아니라 교회 안에 있다"고 선언하면서, 황제가 그리스도교도로서 죄를 회개할 때까지 그를 교회 안에 들이지 않았다. 마침내 테오도시우스는 항복하고 밀라노에 있는 암브로시우스의 교회에 와서 고백성사를 했다. 이 유명한 사건은 종교 문제에 관한 한 서유럽 교회가 황제의 권력 앞에서도 자율성을 지켜냈음을 잘 보여준다.

히에로니무스와 마찬가지로 암브로시우스도 키케로의 찬양자였다. 그가 성직자의 도덕적 의무에 대해서 쓴 『성직자의 의무에 대하여(De officiis ministrorum)』(386)는 키케로의 『도덕적 의무에 관하여(De officiis)』를 정교하게 모방한 작품이다. 그러나 키케로와는 달리 암브로시우스는 인간 행동의 시작과 끝은 사회적·정치적 진보가 아니라 신에 대한 경배를 위한 것이 되어야 한다고 주장했다. 더욱 근본적인 것은, 암브로시우스는 신이 거룩한 은혜의 권능을 골고루 나누어줌으로써 모든 그리스도교도에게 도움을 베풀지만 일부 신자에게는 다른 신자보다 더 많은 은혜를 허락한다고 주장한 점이었다. 은혜의 신비—신은 왜 특정인에게 더 많은 은혜를 허락하는가—에 관한 암브로시우스의 강조는 그의 제자인 히포의 성 아우구스티누스에 의해 다듬어지고 확장되었다.

성 아우구스티누스의 생애와 사상

아우구스티누스는 라틴 교부 중 가장 위대한 인물이다. 그는 실로 역사상 가장 영향력이 큰 그리스도교 사상가에 속한다. 아우구스티누스가 그 후 중세 사상에 끼친 영향은 이루 헤아릴 수 없을 정도지만, 그의 신학은 프로테스탄티즘의 발달에도 심대한 영향을 미쳤다.

20세기에 들어서도 수많은 그리스도교 사상가들이 신아우구스티누스주의자로 자처할 정도이다.

아우구스티누스의 그리스도교가 그토록 폭넓은 영향력을 미친 이유는, 그가 자신의 삶을 그리스도교에 대한 탐구로 시작했기 때문이다. 어머니가 그리스도교도였지만, 그는 이런 저런 철학 체계를 섭렵하면서 그 어느 것에서도 지적인 또는 영적인 만족을 얻지 못한 채 33세가 되던 해까지 세례받기를 망설였다. 다른 종교에 대한 회의, 성 암브로시우스의 은혜에 대한 가르침의 호소력, 그의 『고백』에 감동적으로 묘사된 신비적 경험 등으로 인해 아우구스티누스는 387년 그리스도교 신앙을 진심으로 받아들이게 되었다. 그 후 그는 교회에서의 지위가 급속히 상승해 395년 북아프리카 도시 히포의 주교가 되었다. 그는 이 직책에 머물면서 몹시 분주한 생애를 보냈지만(그는 430년 반달족으로부터 히포를 방어하던 중 사망했다), 그런 가운데서도 시간을 할애해 그리스도교 신앙의 가장 근본적인 문제를 분석한 100편에 달하는 심원하고 복잡하며 감동적인 논고들을 집필했다.

성 아우구스티누스의 신학은 하나의 근본적인 문제를 중심으로 삼고 있었다. 즉, '만일 인간이 완전한 선을 본성으로 갖는 전능한 신의 피조물이라면 인간성은 어떻게 해서 그토록 심각하게 죄악으로 물들어 있는가?' 아우구스티누스는 인간성의 타락에 대해 추호도 의심하지 않았다. 이에 대한 아우구스티누스의 가장 생생한 묘사가 『고백』에 등장한다. 이 저작에서 그는, 어린 시절 다른 소년들과 함께 이웃집 정원에서 배를 훔쳤는데 자신들이 배를 훔친 이유는 굶주렸거나 그 배가 보기에 아름다워서가 아니라 단지 죄악 자체가 좋아서였다고 말한다. 인간이 선을 모르기 때문에 악을 행한다는 주장을 아우구스티누스는 받아들일 수 없었다. 인간의 악한 본성은 지식의 결여를 뛰어넘는 깊은 뿌리를 갖고 있었다.

악의 문제에 대한 아우구스티누스의 대답은 에덴동산으로 거슬러 올라간다. 신은 최초의 인간인 아담과 이브에게 신의 뜻을 따를 것인지 자신의 뜻을 따를 것인지 결정할 자유를 주었다. 금단의 열매를 따먹음으로써 아담과 이브는 신의 의지가 아닌 자신의 의지를 따르기로 선택했다. 아우구스티누스는 이렇게 말한다. "그 후 신은 인간에게서 신성한 권능(은혜)—인간은 오직 이 은혜에 의해 인간적인 의지를 극복하고 신을 따를 수 있다—을 거둠으로써 아담과 이브의 후손을 제멋대로 살게 두었다." 그러므로 세상을 괴롭히는 모든 악은 궁극적으로 자신의 욕망을 신보다 우위에 두려는 인간의 선천적 경향이 빚어낸 결과물이었다.

신이 모든 인간을 저주해 지옥에 넣는다 하더라도 신은 정당하다. 그러나 신은 자비로운 분이기도 해서 그의 아들 예수의 희생을 통해 인류 가운데 일부를 선택해 구원을 베푼다. 그러나 그 누구도 타고난 본성만으로는 구원받을 자격은커녕 그리스도교도가 되는 데 필요한 은혜도 얻지 못한다. 오직 신만이 선택을 한다. 일부에게는 은혜를 허락하고 다른 일부에게는 허락하지 않음으로써 신은 인류 중 일부를 구원하고 나머지를 저주받도록 예정했다. 만일 인간이 이에 대해 불공정하다고 반발한다면 이에 대한 아우구스티누스의 대답은 다음과 같다. 첫째, 만일 엄격한 공정성이 유지된다면 인간은 모조리 정죄 받아 지옥에 떨어질 것이다. 둘째, 신의 선택은 전능함 속에 가려진 하나의 신비로서 인간의 이해 범주를 크게 벗어나 있다.

우리가 보기에 이와 같은 엄격한 예정설은 실질적으로 무기력과 운명론만 초래할 것처럼 보인다. 그럼에도 불구하고 아우구스티누스와 후대의 아우구스티누스 추종자들은 이 교리를 전혀 그렇게 바라보지 않았다. '선택된' 사람은 당연히 선을 행한다. 그러나 누가 선택되고 누가 선택되지 않았는지는 아무도 모르기 때문에 모든 사람은 신이 허락하는 한 선을 행하도록 노력해야만 한다. 아우구스티누스가 선행의 핵심 지침으로 제시한 것은 사랑의 교리였다. 이 사랑의 교리란 탐욕의 삶과 세상을 사랑하는 삶이 아니라 신에 대한 사랑에 헌신하는 삶, 신을 위해 이웃 사랑에 헌신하는 삶을 의미했다.

410년의 로마 함락을 그리스도교도의 탓이라고 비난하는 사람들에게 답하기 위해 아우구스티누스는 그의 가장 유명한 저작 가운데 하나인 『신국론』을 썼다. 이 저작에서 그는 인류 역사에 대한 해석에 예정설을 적용시켰다. 아우구스티누스는 창세 이래 최후 심판에 이르기까지 모든 인류는 두 개의 대립하는 사회로 나뉜다고 주장했다. 두 집단이란 '인간을 따라 사는', 즉 스스로를 사랑하는 자들과 '신을 따라 사는 자들'이다. 전자는 '인간의 도시'에 속한다. 그들이 얻는 보상은 그들이 세상에 쌓아놓은 부와 명성과 권력이다. 인간의 도시는 쓸모없는 것이 아니다. 세상 지배자들은 평화와 질서를 가져오며, 따라서 그리스도교도의 복종을 받을 자격이 있다. 그러나 오직 구원받기로 예정된 사람들, 즉 '신의 도시' 구성원이 된 사람들만이 심판의 날에 영생의 옷을 입게 된다. 그러므로 그리스도교도는 그들의 본향이 하늘나라임을 잊지 말고 마치 여행자나 순례자인 것처럼 세상에서 행동해야 한다. 아우구스티누스는 누구도 최후 심판의 정확한 날짜를 알지 못한다고 주장했다. 그러나 심판은 언제가 되건 반드시 오기 때문에 모든 인간은 의로운 삶을 영위함으로써 그에 대비한 최선의 노력을 기울여야만 한다.

성 아우구스티누스는 그리스도교 신학의 중대하고도 새로운 국면을 공식화했지만, 그는 자신이 성경에서 발견한 진리를 이끌어낸 것에 지나지 않는다고 믿었다. 실제로 그는 오직 성경만이 알아야 할 가치 있는 모든 진리를 담고 있다고 확신했다. 그러나 그는 또한 성경의 많은 부분이 모호하게 표현되어 있으며, 따라서 성경을 철저하게 이해하려면 상당한 정도의 교육이 꼭 필요하다고 믿었다. 그 결과 아우구스티누스는 일부 그리스도교도가 자신처럼 자유학과(liberal arts)[4] 교육을 받아도 좋다고 허락했다. 단 그 교육은 성경 연구라는 본연의 목적에 충실해야만 했다. 그러므로 아우구스티누스는 히에로니무스와 더불어 서양의 그리스도교도가 고전 시대의 문학적·교육적 전통을 보존해야 할 근거를 제공한 셈이다. 그러나 우리는 아우구스티누스가 오직 엘리트에게만 자유학과 교육을 허용했다는 데 유념해야 한다. 대부분의 사람은 주입식 교리 학습으로 신앙을 배워야 했다. 그는 또한 고전 사상 그 자체를 위해 고전을 연구하느니보다는 차라리 라틴어와 그리스어 학문에 관해 전혀 모르는 편이 낫다고 생각했다. 그는 경건이야말로 인간의 참다운 지혜라고 주장했다.

고전 사상과 중세 사상을 이어준 보이티우스

아우구스티누스의 수많은 추종자 가운데 가장 흥미롭고 영향력이 컸던 인물은 로마 귀족인 보이티우스였다. 그는 480년경에서 524년까지 살았다. 보이티우스는 고대 철학에 관심을 가지고 있었으며, 세련된 키케로의 문체로 글을 썼다. 로마의 귀족 가문 출신이란 점 때문에 그는 종종 '최후의 로마인'으로 불렸다. 그러나 사실 그는 아우구스티누스와 마찬가지로 고전 연구의 의의가 그리스도교적 목적에 봉사하는 데 있다고 보았다. 그의 가르침은 근본적으로 아우구스티누스적인 것이었다.

보이티우스는 아우구스티누스보다 한 세기 뒤에 살았으므로 고대 세계가 끝나가고 있음을 한층 분명히 인식할 수 있었다. 그의 목표는 소책자, 번역서, 주해서 등을 저술함으로써 고전 학문의 진수를 가능한 한 많이 보존하는 것이었다. 그는 일곱 자유학과(문법, 수사학, 논리학, 산수, 기하학, 천문학, 음악) 중 산수와 음악에 관한 소책자를 집필했는데, 그것은 그리스도교도가 해당 학과에 관해 마땅히 알아야 할 기본 지식을 요약한 것이었다. 그러나 그가 가장 심혈을 기울인 분야는 논리학이었다. 그는 아리스토텔레스의 논리학 저작 및 또

---

4) 오늘날에는 '인문학'으로 번역된다.

다른 고대 철학자인 포르피리오스(234경~305경)의 논리학 개론서를 그리스어에서 라틴어로 번역했다. 그는 또한 초보자의 이해를 돕기 위해 이들 저작에 대한 설명을 곁들인 주해서를 썼다. 로마의 저술가들이 논리학에 거의 관심을 둔 적이 없었으므로, 보이티우스의 번역서와 주해서는 그리스 사상과 중세 사상을 연결하는 유일한 결정적인 고리가 되었다. 그 저작들은 또한 라틴어에 논리학 어휘를 제공했다. 수백 년이 흐른 뒤 12세기 서유럽에서 논리학에 대한 관심이 부활했는데, 그것은 무엇보다도 보이티우스의 업적에 바탕을 둔 것이었다.

보이티우스는 아리스토텔레스 논리학의 해석자였지만 그의 세계관은 아리스토텔레스적이라기보다는 아우구스티누스적이었다. 이 점은 그의 그리스도교 신학 관련 논고들, 그리고 무엇보다도 그의 걸작인 『철학의 위안』에서 잘 나타난다. 보이티우스가 『철학의 위안』을 쓴 것은 생애 말년의 일이었다. 그는 동고트 왕국 테오도리쿠스 왕의 관리로 봉직하다가 반역 혐의로 사형 선고를 받고난 뒤 옥중에서 죽음을 기다리면서 이 책을 저술했다(역사학자들은 그에게 씌워진 혐의에 정당성이 없다고 간주한다). 이 책에서 보이티우스는 인간의 행복이 무엇인가라는 해묵은 질문을 던지고 나서 행복이란 부귀나 명예 같은 현세적인 보상이 아니라 오직 '최고선'인 신에게서만 얻을 수 있다고 결론을 내렸다. 그러므로 인간의 삶은 신을 추구하는 데 바쳐져야만 한다. 보이티우스는 『철학의 위안』에서 신학자가 아닌 철학자로서 말하고 있기 때문에 그리스도교적인 계시 또는 구원에서 신의 은혜가 갖는 역할에 관해서는 언급하지 않았다. 그러나 그가 근본적으로 아우구스티누스적인 메시지를 전하고 있다는 점만은 의심의 여지가 없다. 『철학의 위안』은 중세에 가장 널리 애독되는 책 가운데 하나가 되었다. 그 이유로는 다음의 세 가지를 들 수 있다. 첫째, 이 책은 대단히 훌륭한 문장으로 씌어졌다. 둘째, 이 책은 고전적 사상을 그리스도교 사상 체계에 적용시키고 종속시켰다. 셋째, 무엇보다도 이 책은 인생의 진정한 의미를 일깨워주는 것으로 여겨졌다. 세월이 흘러 모든 세상사가 실로 황량하고 공허하게 보였을 때 신을 위해 사는 것만이 인생에서 의미를 갖는다고 하는 보이티우스의 유려하고도 철학적인 문장은 진정 위안이 되었던 것이다.

4~6세기 서유럽 그리스도교 사상의 형성	
성 히에로니무스, 히브리어·그리스어 성경을 라틴어로 번역	340년경~420년
성 암브로시우스, 종교 문제에 관한 교회의 자율권 확대	340년경~397년
성 아우구스티누스, 『고백』·『신국』 등 저술	354~430년
보이티우스, 고전사상과 중세사상의 가교를 놓다	480~524년
카시오도루스, 수도사의 고전 문헌 연구 및 필사 옹호	490년경~583년경

서유럽 고전 문명의 그리스도교화

♣ 고전 문화는 어떻게 그리스도교화되었는가?

앞에서 보았듯이 고대 말기의 그리스도교 지식인 가운데 고전적 전통을 버리려고 한 사람은 아무도 없었다. 그러나 그들 모두에게 고전적 전통은 심각한 도전이 아닐 수 없었다. 무엇보다도 고전적 전통은 철저히 이교적이었고, 황제가 공식적인 그리스도교도가 된 뒤부터 이교는 그리스도교에 대한 중대한 위협이었다. 고전 학문은 또한 혼합주의와 연관되어 있었다. 혼합주의란 그리스도교와 이교의 믿음을 함께 받아들이는 태도로서 4세기 귀족문화의 두드러진 특징이었다. 고전 문학과 철학의 유혹적인 매력에 대한 거부감은 없었다. 히에로니무스는 심판의 날에 신이 자신을 그리스도의 제자가 아닌 키케로의 제자로 판단할까 걱정했다. 아우구스티누스는 마니교 같은 이교 철학의 유혹에서 벗어나기 위해 오랜 세월을 싸웠는데, 마니교는 세상에 악이 존재하는 이유를 설명하기 위해 대립하는 두 신—선의 신과 악의 신—의 존재를 말했다.

그리스도교 사상가들은 철학자를 여전히 선한 삶에 관한 지혜를 주는 존재로 찬양하는 세계 속에서 살고 있었다. 그리스도교 지식인—그리스도교 성직자—은 철학자로 인정받기를 간절히 원했고, 따라서 이교 철학을 그리스도교 교리로 대치하고자 했다. 하지만 그렇게 하자면 고전 유산을 그리스도교화하는 방법이 필요했고, 그것을 지적으로 납득할 수 있는 방식으로 그리스도교 대중에게 전달해야만 했다. 서로마 제국의 정치적 붕괴와 서로마 문화의 야만화로 인해 그 작업의 필요성은 더욱 절실해졌다. 이런 맥락에서 4·5·6세기의 그리스도교 지식인들은 로마인과 야만인을 위한 고전 라틴 문화의 보존 및 재해석에 노력을 기울였다.

이 과정은 두 가지 형식을 취했다. 첫째는 기원전 5세기에서 서기 2세기 사이에 그리스와 로마에서 산출된 고전 텍스트의 진수를 선별해내는 일이었다. 선별 작업의 상당 부분은 이미 이루어져 있었다. 대체로 3세기와 4세기의 로마 독자들은 고전기 그리스의 과학·수학 저작에 거의 흥미를 갖지 않았다. 그들은 동물우화집—해마다 성(性)을 바꾸는 하이에나, 귀를 통해 임신하는 족제비 등에 관한 흥미로운 이야기를 담은 책—을 선호했다. 그들은 플라톤과 아리스토텔레스의 철학 저술 및 고전기 그리스 극작가들의 문학작품에도 큰 관심을 보이지 않았다. 그들은 신플라톤주의(제5장 참조)를 선호했는데, 이 사상은 세계의 배후에 가로놓인 신적인 원리를 전제하면서 모든 존재를 하나의 지속적 과정—물질세계는 이 신성으로부터 유출되었다가 다시 신성으로 복귀한다—의 일부로 파악하는 유사 신비주의 이론이었다. 문학 부문에서 로마 말기에는 희극과 소설을 선호했는데, 그중에서 페트로니우스의 『사티리콘(Satyricon)』은 외설적이긴 하지만 결코 틀에 박힌 작품은 아니었다.

두 번째 도전은 고전 문화의 목적을 그리스도교도에게 이해시키는 일이었다. 200년경 테르툴리아누스는 이 문제에 관해 이렇게 언급했다. "아테네(고전 학문의 상징)가 예루살렘(그리스도교 구원의 상징)과 무슨 상관이 있단 말인가?" 테르툴리아누스의 대답은 "아무 관계도 없다"는 것이었다. 그러나 이 답변은 4세기 이후의 변화된 그리스도교회의 현실에는 어울리지 않았다. 히에로니무스와 아우구스티누스는 고전 전통의 그리스도교화에 대해 좀 더 낙관적이었다. 그러나 대체로 초기의 수도원 운동은 테르툴리아누스와 맥락을 같이했다. 베네딕투스 수도회는 나중에 라틴 문학 텍스트의 필사와 보존에 중요한 기여를 했지만, 정작 베네딕투스 자신은 고전 문화 예찬자가 아니었다. 정반대로 그는 수도사들에게 오직 그리스도만—문학이나 철학이 아니라—을 섬기라고 권했다. 그러나 동시대의 수도원 운동가들과 달리 그는 수도사들이 성경 공부에 충분할 정도로 잘 읽을 수 있어야 한다고 믿었다. 이를 위해서는 수도원 내에서 학교 교육을 실시할 필요가 있었다. 특히 태어나자마자 수도원에 넘겨져 양육되는 소년들에게 절실하게 필요했다. 그러나 베네딕투스에게 고전 학문 보존은 수도원의 적절한 임무가 아니었다.

카시오도루스와 베네딕투스 수도회의 학문 전통

베네딕투스 수도회의 학문 전통 발달에 추진력을 제공한 인물은 베네딕투스가 아니라 테오도리쿠스 궁정의 관리 카시오도루스(490경~583경)였다. 초기에 카시오도루스는 야만인 주군을 위해 『고트족의 역사』를 썼다. 이 책은 고트족의 역사를 로마 역사의 일부로 다루면서 로마라는 거울에 비친 고트족의 모습을 보여주었다. 또한 그는 공식 서한집 여러 권을 작성해 궁극적으로 출판까지 했는데, 이 서한집은 그가 고전 수사학의 수련을 받았음을 보여준다. 그러나 생애의 마지막 40년 동안 카시오도루스는 종교에 관심을 돌려 「시편」에 대한 주석서를 집필하는가 하면 남부 이탈리아 비바리움에 수도원을 설립하기도 했다.

카시오도루스는 수도사를 위한 『교육방법론(Institutiones divinarum et saecularium litterarum)』

을 썼는데, 이 책은 그의 저작 중 가장 영향력이 컸다. 성 아우구스티누스의 영향을 받은 카시오도루스는 성경과 교부들을 올바로 이해하려면 고전 문헌 교육이 필수적이라고 믿었다. 그의 『교육방법론』은 기본적으로 고전기의 핵심 이교 문학 저술들을 망라한 도서목록 겸 해설서였는데, 그것은 수도사가 좀 더 난해하고 벅찬 신학 및 성경 연구에 들어가기 전에 미리 알아두어야 할 내용이었다. 카시오도루스는 『교육방법론』을 통해 고전 문헌의 표준을 마련했는데, 이 표준은 중세 말기에 이르기까지 그리스도교 교육 관행에 영향을 미쳤다.

이런 책들을 공급하기 위해 카시오도루스는 필사본 제작을 장려했는데, 그는 이러한 필사가 성 베네딕투스가 요구했던 육체노동(manual labor, 말 그대로 손으로 하는 노동)의 일종이며, 그것이 들판에서 하는 일보다 수도사에게 더욱 적합한 일이라고 주장했다. 베네딕투스 수도사들이 이러한 카시오도루스의 사상에 공감하게 되면서, 베네딕투스 수도원들은 라틴어 사용 서유럽에서 고전 문헌 보존·연구의 중심지로 떠올랐다. 중세 초기에 베네딕트 수도사들이 카시오도루스를 본받아 필사와 보존 작업을 해주지 않았더라면, 카툴루스와 오비디우스의 '외설적인' 시를 포함한 고전 라틴 문헌은 오늘날 한 편도 남아 있지 않을 것이다.

고전 문학 전통을 보존하고 그리스도교화하는 데 적극적인 다른 인물들도 있었다. 교황 심마쿠스(재위 498~514)의 요청으로 프리스키아누스(500년경 활동)는 향후 중세 라틴어 문법의 표준이 될 논저[5]를 집필했다. 다른 교황의 요청으로 6세기의 학자 디오니시우스 엑시구스는 로마 교회법을 수집·편찬했다. 또한 교황 아가페투스(재위 535~536)는 로마에 최대 규모의 그리스도교 도서관을 건립했는데, 나중에 그의 친척인 교황 그레고리우스(재위 590~604)는 이 도서관에서 성 아우구스티누스에 대한 지식을 얻었다. 물론 이러한 모든 노력은 귀족적인 지식 엘리트—그들은 6세기 라틴 서유럽에서 급속히 수가 줄어들고 있었다—를 겨냥한 것이었다. 그러나 이와 같은 그리스도교화된 고전 문화가 귀족적인 그리스도교 주교들뿐만 아니라 그들이 섬긴 야만인 지배자들에게도 공동 자산이 되었다는 사실은 부정할 수 없다.

보이티우스와 카시오도루스는 모두 동고트족 테오도리쿠스의 궁정에서 활동했는데, 테오도리쿠스는 6세기 야만인 세계에서 가장 철저하게 로마화된 지배자였다. 그러나 고전 문화 전통을 확대·보존하고 그리스도교화하고자 했던 그들의 모든 노력에는, 이 세계가 덧없

---

5) 프리스키아누스가 쓴 『문법의 기초(Institutiones grammaticae)』는 유럽에서 라틴어뿐만 아니라 문법 전체의 교육에 깊은 영향을 미쳤다.

는 존재에 불과하다는 그들의 인식이 깃들어 있었다. 테오도리쿠스는 콘스탄티노플의 황제에 의해 선임된 대리인으로서 이탈리아를 다스렸다. 로마 문명을 크게 예찬한 그는 농업과 상업을 장려하고 공공 건축물과 도로를 개량했으며, 학문을 후원하고 종교적 관용정책을 유지했다. 요컨대 그는 지난 수백 년 동안 등장했던 어떤 정부보다도 개명된 정부를 이탈리아에 수립했다. 그러나 이 모든 것도 신민의 지독한 불신—그것은 결국 테오도리쿠스 치세 말년에 왕국을 분열시키고 말았다—을 씻어내지는 못했다. 그들이 제아무리 '로마인다움'을 표방했다 할지라도 테오도리쿠스와 고트족은 아리우스 이단이었고, 이에 반해 이탈리아의 지방 주교들과 지주들은 정통 삼위일체 교리를 신봉한 그리스도교도였다. 바로 이 사실 때문에 이탈리아 귀족들은 테오도리쿠스가 아닌 콘스탄티노플의 황제—테오도리쿠스의 후견인—에게 진심에서 우러난 충성을 바쳤던 것이다. 523년 콘스탄티노플의 황제가 유대인, 이교도, 이단자(황제는 필경 아리우스파를 겨냥했을 것이다)의 공직 취임을 금지하는 칙령—그것은 이탈리아에도 적용되었다—을 공포했을 때 마침내 파란이 벌어졌다. 카시오도루스는 테오도리쿠스에 대한 충성심을 견지했지만, 보이티우스는 이탈리아를 황제의 지배 아래로 되돌리려 했다는 혐의로 고발당해 감옥에 갇히고 말았다. 테오도리쿠스의 말년은 삼위일체 교리 신봉 그리스도교도에 대한 지속적인 박해로 점철되었다. 526년 그가 왕위를 계승할 아들을 남기지 못한 채 사망하자 종교적 긴장은 왕국을 분열을 더욱 가속화시켰다. 그로부터 10년 뒤 테오도리쿠스의 두려움은 사실로 확인되었다. 새로운 황제 유스티니아누스가 동고트족의 이탈리아를 재정복해 아우구스투스의 로마 제국을 재건하려 한 것이다.

동로마 제국과 서로마 제국

♦ 유스티니아누스의 로마 제국 재통일 계획은 왜 실패했는가?

524년 보이티우스가 테오도리쿠스에 의해 처형당한 것은 여러 면에서 중대한 역사적 전환점이었다. 보이티우스는 탁월한 철학자이자 세련된 라틴어 문장가였다. 서유럽은 보이티우스만 한 철학자와 문장가를 향후 수백 년 동안 배출하지 못했다. 또한 보이티우스는 평신도였는데, 이는 보이티우스 이후 수백 년 동안 서유럽의 거의 모든 저술가가 사제 또는 수도사였다는 점과 대조된다. 보이티우스의 처형은 이탈리아 동고트 왕국의 정치적 붕괴를 알리는 사건이었다. 왜냐하면 이 사건은 아리우스파와 가톨릭 그리스도교도가 야만화된 서유럽에서 공존할 수 없음을 보여주었기 때문이다. 실제로 얼마 후 동고트 왕국은 동로마 제국에 의해 멸망되었다. 한편 동고트 왕국의 멸망은 동로마 제국과 서로마 제국을 궁극적으로 결별시킨 요인이었다. 그것은 동시에 옛 로마 세계를 결정적으로 해체시킨 중대한 요인이었다.

유스티니아누스에 의한 로마 제국 부흥 노력

동고트족 정복은 로마 황제 유스티니아누스(재위 527~565)가 기획하고 주도한 거대한 로마 부흥계획의 일환이었다. 수도를 콘스탄티노플에 둔 동로마 제국은 테오도시우스 이래로 외부적으로는 야만인으로부터의 압력에, 내부적으로는 종교 불화에 직면해 있었다. 그러나 동로마는 이러한 침략과 분열을 잘 견뎌내고 정치적·경제적 통일성을 유지했다. 동로마 제국—오늘날의 그리스, 터키, 중동 대부분, 이집트—은 그리스어와 시리아어를 사용한 반면, 유스티니아누스는 서부 속주(오늘날의 세르비아) 출신이었고 라틴어를 사용했다. 그는 자신을 로마 제국의 상속자라고 생각했고, 로마가 누렸던 권력의 회복과 서로마의 재탈환을 열망했다. 기민하고 결단력 있는 황후 테오도라—유스티니아누스 치세에 대단히 중요한 영향력을 행사했다—의 도움으로 유스티니아누스는 서로마를 탈환하고 로마 제국을 회복하기 위해 정력적으로 활동했다. 그의 노력은 궁극적으로 실패로 돌아갔다. 하지만 그의 활동은 지중해 세계 전역에 항구적인 영향을 미쳤다.

로마법 편찬

유스티니아누스의 가장 중요하고도 영속적인 업적 가운데 하나는 로마법을 편찬했다는 것이다. 이것은 옛 로마 제국과의 연속성을 강조하기 위한 시도의 일환이자 자신의 위신과 절대권력을 높이기 위한 것이었다. 법률의 편찬은 반드시 필요했다. 왜냐하면 3세기와 6세기 사이에 법령의 양이 계속 불어나서 방대한 규모의 법규 중에는 서로 모순되거나 이미 쓸모없게 된 요소가 많아졌고, 더욱이 주변 환경이 급격히 변화되어 옛 법률 중 상당수가 더 이상 적용될 수 없었다. 527년 유스티니아누스는 제위에 오르자마자 즉각 법률을 개정하고 체계화해 새로운 환경과 조화를 이루도록 하고, 그것을 확고한 통치 기반으로 삼고자 했다.

이 작업을 추진하기 위해 그는 법무장관인 트리보니아누스의 주관 아래 법전편찬위원회를 구성했다. 위원회는 2년 만에 노력의 첫 결과물인 『칙법휘찬(Codex Constitutionum)』(529)을 발표했다. 이 법전은 하드리아누스 치세로부터 유스티니아누스 치세에 이르기까지 공표된 모든 법률을 체계적으로 개정했다. 그 후 이 법전의 부록으로 『신칙법(Novellae Constitutiones post Codicum)』(534~565)이 편찬되었다. 『신칙법』에는 유스티니아누스와 그 직후 계승자들이 제정한 법률이 포함되었다. 532년 위원회는 위대한 법학자들의 저작들을 간추린 『학설휘찬(Digesta)』을 완성했다. 위원회의 마지막 결과물인 『법학제요(Institutiones)』는 『학설휘찬』과 『칙법휘찬』에 반영된 법적 원리를 담은 교과서였다. 이들 네 법전을 합쳐서 『로마법 대전(Corpus Juris Civilis)』[6]이라고 부른다.

유스티니아누스의 『로마법 대전』은 찬란한 업적이었다. 『학설휘찬』 하나만으로도 "당시까지 전 세계에 출간된 모든 법률서 중 가장 뛰어나고 중요한 책"이라고 평가받을 수 있다. 『로마법 대전』은 그 후 동로마에서 모든 법적 발전의 토대가 되었다. 반면 서유럽에서는 『로마법 대전』이 처음에는 거의 알려지지 않았으며, 중세 초기 법률의 대부분은 테오도시우스 2세(재위 408~450)가 5세기에 편찬한 법률에 근거를 두고 있었다. 그러나 유스티니아누스의 『로마법 대전』은 12세기 이후 서유럽에서도 철저히 연구되었다. 그것은 행정 업무는 물론 중세 말기와 근대 초기 유럽의 법률체계에도 영향을 미쳤다. 19세기의 『나폴레옹 법전』(프랑스, 에스파냐, 라틴아메리카의 상당 부분, 미국의 루이지애나 주 등에서 지금도 통용되고 있다)은 근본적으로 유스티니아누스의 『법학제요』에 현대적인 옷을 입힌 것에 불과하다.

『로마법 대전』은 서양의 정치사상에 지극히 중요한 영향을 미쳤다. "군주가 하고 싶어 하는 것은 법적 강제력을 갖는다"는 격언에서 보듯이 이 법전은 황제에게 무제한의 권능을 허용했고, 그 결과 중세 말기와 근대 초기의 유럽 지배자들은 절대주의의 근거로서 이 법전을 채택했다. 그러나 『로마법 대전』은 입헌주의에 대해서도 어느 정도의 이론적 근거를 제공했다. 왜냐하면 이 법전은 주권자의 권력이 인민에 의해 위임된 것이라고 주장했기 때문이다. 통치권이 인민에게서 비롯된 것이기 때문에 이론상으로는 인민에게 통치권을 되돌려주는 것도 가능했다. 또한 『로마법 대전』이 국가를 오늘날의 법인(法人)처럼 하나의 추상적 실체

---

6) 『유스티니아누스 법전(Codex Justinianus)』이라고도 부른다.

로 파악했다는 점은 대단히 중요하고 커다란 영향을 남겼다. 중세의 국가관에 따르면, 국가는 지배자의 사유물 또는 죄악 통제를 위한 초자연적 고안물이었다. 국가를 그 나름의 이해관계와 목적을 지닌 공적 실체로 바라보는 현대의 국가 개념은 중세 말기에 『로마법 대전』의 정신이 부활하면서 힘을 얻게 되었다.

유스티니아누스의 군사 정복

유스티니아누스의 서로마 제국 재정복 사업은 처음에는 성공적이었다. 533년 유스티니아누스의 유능한 장군 벨리사리우스는 서북 아프리카의 반달 왕국을 정복했고, 536년에는 이탈리아를 정복하는 듯했다. 이탈리아에서 동고트 왕국 가톨릭 신민의 환영을 받았던 것이다. 그러나 이탈리아 원정의 초기 성공은 허망한 것이었다. 전쟁은 수십 년을 질질 끌다가 563년에야 기진맥진한 동로마군이 고트족의 마지막 전초기지를 항복시켰다. 유스티니아누스는 이미 서북 아프리카와 에스파냐 해안 지역을 재정복했기 때문에, 565년 그가 사망할 무렵 지중해는 다시 한 번 '로마의' 호수가 되었다. 그러나 재정복에 쏟아 부은 비용이 너무나도 컸으므로 곧 동로마 제국의 존립마저 위태로운 지경에 빠지고 말았다.

유스티니아누스의 서로마 원정은 두 가지 실책을 범했다. 첫째는 엄청난 비용이었다. 벨리사리우스는 작전 수행을 위한 충분한 병력을 거느려본 적이 거의 없었다. 그는 고작 8,000명의 병력으로 이탈리아 원정을 시작했다. 유스티니아누스는 장군들이 필요로 하는 병력을 조달하기 위해 강압적으로 세금을 징수했고, 그 조치는 이집트와 시리아 같은 핵심 지역 주민들의 제국에 대한 충성심을 약화시켰다. 이탈리아와 북아프리카의 삼위일체 교리를 신봉하는 그리스도교도들마저 해방의 대가로 자신들이 치러야 할 비용에 분노했다. 또한 유스티니아누스는 서로마 원정에 집중하느라 동로마 본국에 다가온 위험—특히 페르시아의 세력 강화—에 주의를 기울이지 못했다. 페르시아의 위협에 대처하기 위해 유스티니아누스의 계승자들은 이탈리아와 북아프리카에 투입된 병력을 빼내야만 했다. 이 조치로 인해 서로마의 두 지역이 모두 야만인의 추가 침공 위험에 노출되었고, 게다가 빼낸 병력은 동로마 제국의 안전을 보장하기에도 충분치 못했다. 610년 이후 동로마 제국은 영웅적인 한 황제의 노력에 의해 제국을 재편함으로써 페르시아에 의한 멸망을 피할 수 있었다. 그러나 앞으로 보게 되듯이, 이러한 재편의 결과 지중해 동부 세계와 서부 세계를 재통합하려던

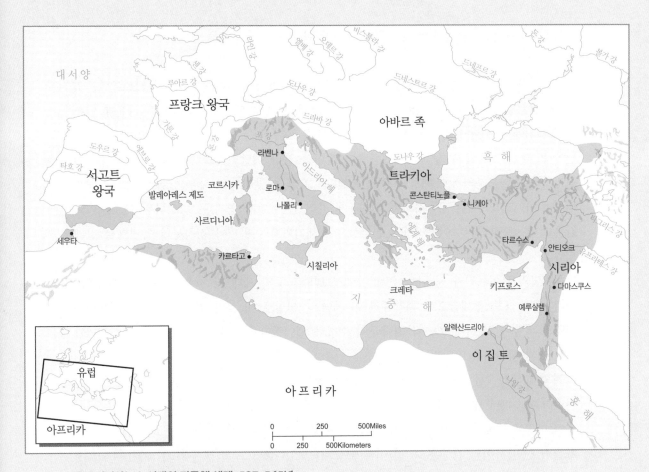

대서양

프랑크 왕국

루아르 강

아바르 족

대서양

도우르 강

엘베 강

도나우 강

드네스트르 강

불가 강

드네프르 강

세느 강

비스툴라 강

오데르 강

타호 강

서고트
왕국

라벤나

흑 해

도나우 강

트라키아

발레아레스 제도

코르시카

로마

인드리아해

콘스탄티노플

니케아

사르디니아

나폴리

에게 해

티그리스 강

유프라테스 강

세우타

카르타고

시칠리아

크레타

키프로스

타르수스

안티오크

시리아

다마쿠스

지 중 해

예루살렘

알렉산드리아

이 집 트

나일 강

홍 해

아프리카

유럽

아프리카

| 0 | 250 | 500Miles |
| 0 | 250 | 500Kilometers |

유스티니아누스 시대의 지중해 세계, 527~565년

이 지도를 332쪽의 지도와 비교하라. 유스티니아누스는 구 로마 제국 영토의 어떤 부분을 재정복하지 않았는가? 유스티니아누스의 재정복에는 전략적 설득력이 있었는가? 새롭게 재편성된 로마 제국의 영토를 유스티니아누스 사후에도 계속 유지하기 위해서는 무엇이 필요했겠는가?

유스티니아누스의 꿈은 마침내 종말을 고하게 되었다.

유스티니아누스의 서로마 제국 재정복의 영향

유스티니아누스가 벌인 정복 전쟁은 이탈리아 북부와 중부 지역을 아수라장으로 만들었다. 로마 부근의 수로들이 끊겼고 일부 농촌 지역은 늪으로 되돌아갔다. 그 땅 가운데 일부는 20세기에 들어서야 다시 배수가 이루어졌다. 유스티니아누스가 사망하고 3년이 지난 568년에 또 다른 게르만 부족인 롬바르드족이 혼란을 틈타 이탈리아를 침공해 북부 지역—이탈리아 반도의 3분의 1에 해당—을 정복했다. 그 후 이탈리아는 북부의 롬바르드족, 남부의 동로마, 그리고 이들 둘 사이에 위태롭게 자리 잡은 교황 영지 등으로 나뉘어졌다. 이와 같은 북부·중부·남부 이탈리아의 분열상은 19세기까지 이탈리아 정치사의 특징으로 남게 되었다.

동로마의 북아프리카 지배는 이탈리아에서보다 불과 몇 세대 더 지속되었을 뿐이다. 종교적 분쟁과 과중한 세금으로 허약해진 이 지역은, 이집트 및 로마 지배하의 다른 아프리카 지역과 더불어 7세기에 이슬람 침략군의 수중에 떨어졌다. 그 후 그리스도교는 북아프리카에서 거의 사라지고 말았다.

지중해 북쪽에서 유스티니아누스가 지중해 해안 지역을 정복하긴 했지만, 서고트 왕국은 여전히 에스파냐 내륙 지역을 지배하고 있었다. 동로마 제국 군대가 떠난 뒤 서고트족은 그들이 예전에 지배했던 해안 지역을 다시 접수했다. 그러나 아리우스파인 서고트족과 그들의 가톨릭 신민 사이의 긴장은 587년 이후에도 계속되었다(서고트 왕 레카레드는 587년 마침내 정통 그리스도교로 개종했다). 서고트족 왕들, 그들의 가톨릭 주교들, 그리고 지중해 해안 지역의 로마화된 주민들, 이 세 집단 사이의 적대감은 서고트 왕국이 멸망하는 날까지 이어졌다. 서고트 왕들은 비잔티움을 모범으로 삼아 지배하려고 노력했지만, 그들의 왕국은 8세기 초에 무슬림 군대가 지브롤터 해협을 건너오자 급속히 붕괴하고 말았다. 8세기 말에 이르면 그리스도교도 지배자들은 이베리아 반도의 북쪽 끝

유스티니아누스에 의한 로마 제국 부흥, 527~568년	
유스티니아누스 치세 시작	527년
『로마법 대전』 공표	529~534년
북아프리카의 반달 왕국 정복	533년
이탈리아 재정복	536년
고트족 마지막 전진기지 격파	563년
지중해 세계 지배	563~565년
유스티니아누스 사망	565년
롬바르드족의 북이탈리아 정복	568년

지방과 바르셀로나 인근 지역만을 지배하고 있었다. 향후 300년 동안 에스파냐는 무슬림 세계의 중요한 부분으로 편입되었다.

결론

건국 초기부터 로마는 정복한 지역의 다른 문화를 흡수하는 데 비상한 능력을 보여주었다. 그 과정에서 로마와 제국은 서서히 변화를 겪었다. 그러나 변화의 속도는 3세기 중반부터 현저히 빨라졌다. 그러므로 오늘날 역사가들은 3세기 중반부터 7세기 초까지를 그 이전의 고전기 로마 세계와 구분해 '고대 말기'라고 부르곤 한다. 이 기간에는 종전보다 훨씬 많은 이주자가 로마 제국으로 밀려들어왔다. 그들은 토지와 기회를 갈망했으며 로마의 물질적·문화적 혜택에 동참하기를 열망했다. 특히 서로마 제국에서는 4세기와 5세기에 새로운 이주자의 수가 급증했고, 그 결과 제국의 변경 지역과 중심 지역 사이에는 더 이상 차이점을 찾아볼 수 없게 되었다.

같은 시기 국내의 문화적 상황은 로마를 변화시키고 있었다. 그리스와 로마 세계의 교양과 문화는 서서히 더 많은 사람들에게 확산되었다. 그러나 그 과정에서 교양과 문화는 점점 더 품격이 떨어졌다. 마침내 제국은 그리스도교화되었다. 그리스도교화의 첫 단계는 설득에 의해 이루어졌다. 콘스탄티누스와 그의 후계자들로 인해 사람들은 새로운 종교로의 개종을 매력적인 일로 받아들이게 되었다. 그러나 그리스도교화의 다음 단계는 강제적으로 시행되었다. 그리스도교는 마침내 전체 로마 제국의 국교가 되었다. 그 결과 그리스도교 문화와 로마 말기 통치방식 사이의 새로운 융합 움직임이 콘스탄티노플 황궁뿐만 아니라 속주에서까지 전개되기 시작했다.

그러나 고대 말기 세계의 지중해 중심적 성격은 여전히 변하지 않았다. 서로마 제국에 새로운 정치적 단위들이 등장했음에도 불구하고 5세기와 6세기의 로마 문명은 확고하게 지중해에 중심을 두고 있었다. 그러나 그 또한 곧 변화를 겪게 되었다. 7세기에 접어들어 지중해 세계의 통일성은 마침내 깨졌고, 그 자리에 지극히 상이한 세 개의 서양 문명—비잔티움, 서유럽, 이슬람—이 등장했다. 그것은 고전 세계에 종말을 고하고 중세의 출발을 알리는 것이었다. 우리는 이제 그 발전 과정을 살펴볼 것이다.

제3부
중세

THE MIDDLE AGES

'중세(Middle Ages)'라는 말은 17세기 유럽인이 고대 그리스·로마의 영광스런 성취와 자신들이 살던 근대(Modern Ages) 사이에 놓여 있다고 간주한, 길고도 암울한 단절의 시기를 표현하기 위해 만든 말이다. 이 말은 너무나 널리 사용되고 있어서 바꿀 수 없는 역사 술어가 되고 말았다. 그러나 오늘날 어떤 진지한 역사가도 예전처럼 중세라는 말을 경멸적으로 사용하지는 않는다. 정반대로 오늘날 대부분의 학자들은 중세—대략 600년에서 1500년 사이—야말로 세 서양 문명의 문화적·정치적·종교적 토대가 확립된 시기였다고 주장한다. 중세는 비잔티움 문명이든, 이슬람 문명이든, 또는 유럽 문명이든 모두 서양 문명의 역사에서 매우 역동적이고 창조적인 시대였다.

그러나 600년에서 1500년까지의 시기는 유럽 문명에 관한 한 진정한 의미의 '중세'였다. 이슬람 세계에서 이 시기는 새로운 문명이 탄생하고 팽창하고 성숙했던 시기였다. 이슬람 문명은 고전 고대에 크게 의존했지만 과거의 유산을 전혀 새로운 종교적 비전으로 융합시켰다. 비잔티움 문명의 경우, 1453년 오스만튀르크에 의해 비잔티움 제국이 정복당함으로써 중세가 끝났다. 유럽 문명에서도 중세란 용어는 독자를 혼란스럽게 한다. 이슬람 문명과 마찬가지로 유럽 문명은 7세기부터 형성되었지만 정치·종교·예술 면에서 진정으로 유럽 특유의 전통이 등장한 것은 12세기 이후의 일이었다.

연표: 중세

	정치	사회와 문화	경제	국제 관계
570	이슬람교 창시자 무함마드 탄생 (570) 교황 그레고리우스 1세(성 그레고리우스 대교황)(590~604) 비잔티움 황제 헤라클리우스 즉위 (610)	수도원의 성장(600~700) 히즈라(622)		
				아부 바크르 지휘하의 아랍인, 시리아에서 비잔티움 군대 격퇴 (636) 아랍인, 안티오크·다마스쿠스·예루살렘 정복(636)
	시아파와 수니파 분열(661) 우마이야 가문의 이슬람 세계 지배(661~750)		지중해 세계의 경제적 통일성 끝남(650)	무슬림의 콘스탄티노플 공격 (677, 717)
700	카롤링거 왕조, 메로빙거 왕들과 권력 공유(717~751) 아바스 가문의 이슬람 세계 지배 (750~1258) 피핀, 프랑크 왕국 왕으로 즉위 (751)	성상파괴 논쟁 시작(717)	농업혁명(700~1300)	아랍인, 서고트 에스파냐 정복 (711~717)
800	샤를마뉴, 신성 로마 황제 대관 (800) 샤를마뉴 사망(814)			루스족, 콘스탄티노플 약탈(860)
900		클뤼니의 수도원 개혁 (900~1050) 이슬람 문명의 중간기 (900~1250) 로마네스크 건축의 등장 (900~1150) 아비세나, 『의학 정전』 저자 (980~1037)	철제 말굽 발명(900) 루스족, 키예프 근방에서 공국 수립(900년대)	
1000	카페 왕조(987~1328) 로마·비잔티움 교회의 분열 (1054) 작센전쟁 발발(1073) 서임권 투쟁(1075~1122)	유럽 인구 3배 증가(1000~1300) 『롤랑의 노래』(1050) 수도사의 수 10배 증가 (1066~1200) 피에르 아벨라르(1079~1142) 시토 수도회 번성(1090~1153) 빙엔의 힐데가르트(1098~1179)	쟁기질을 위한 직렬식 멍에 발명 (1050) 물방아가 유럽에서 널리 사용 (1050)	오토 1세 레히펠트 전투에서 헝가리인 격퇴(955) 헤이스팅스 전투, 노르만인의 잉글랜드 정복(1066) 만치케르트 전투, 투르크인의 아나톨리아 점령(1071) 제1차 십자군(1095~1099)

정치	사회와 문화	경제	국제 관계	
	고딕 건축 융성(1100~1300)	장원 영주들, 현금을 받고 농노에게 자유 허용(1100년대)		1100
보름스협약, 왕의 세속 권력과 성직자의 영적 권리 구분(1122)	우마르 카이얌,『루바이야트』저자(1123 사망)			
	아베로에스, 에스파냐 철학자, 신학자, 의사(1126~1198)			
	남부 프랑스의 카타르파 (1150~1300)			
	기사도의 흥기(1150)			
	트루바두르 시인, 유럽을 방랑 (1150~1300)			
신성 로마 황제 프리드리히 1세(바르바로사)의 치세(1152~1190)				
	크레티앵 드 트루아, 아서 왕 로망스의 저자(1165~1190)	풍차 대중화(1170년대)		
	성 도미니쿠스(1170~1221)			
	로마 교황, 모든 성당학교가 교사 한 명씩 채용할 것을 명령(1179)			
	아시시의 성 프란체스코 (1182~1226)			
			무슬림 지도자 살라딘의 예루살렘 재함락(1187)	
	교회 밖에서 극장 등장(1200)			1200
	『엘 시드의 노래』와 북유럽의 사가 기록(1200년대)			
마그나 카르타(1215)			십자군의 콘스탄티노플 약탈 (1204)	
제4차 라테란 공의회(1215)	성 토마스 아퀴나스,『신학대전』 저자(1225~1274)		잉글랜드, 노르망디·앙주·브르타뉴에서 퇴거(1204)	
			몽골의 동부 슬라브 지역 정복 (1200년대)	
			몽골의 키예프 장악(1240)	
			몽골, 아바스 칼리프국 멸망 (1258)	
잉글랜드 의회 등장(1272~1307)	단테 알리기에리,『신곡』저자 (1265~1321)			
프랑스 3부회 성립(1285~1314)	피렌체의 조토, 화가(1267~1337)			
프랑스 왕 필리프 4세 (1285~1314)	윌리엄 오컴(1285~1349)			
			유대인, 남부 이탈리아·잉글랜드·프랑스에서 추방(1288~1306)	

제7장
로마의 후예들: 비잔티움, 이슬람, 서유럽

핵심 문제

🏵 비잔티움 제국은 어떻게 거의 1,000년을 살아남았는가?

🏵 이슬람교는 어떻게 해서 그토록 신속하게 확산되었는가?

🏵 이슬람 세계의 정치적 통일성은 어떤 요인에 의해 깨졌는가?

🏵 무엇이 7세기 서유럽의 경제적·사회적 변화를 일으켰는가?

🏵 샤를마뉴는 그리스도교와 왕권의 관계를 어떻게 규정지었는가?

서양 문명의 역사에서 새로운 시대는 7세기에 열렸다. 600년 무렵 콘스탄티노플에 거주한 로마 제국 지배자들은 그들의 제국이 통일된 지중해 세계를 지배한다고 자부할 수 있었다. 그러나 7세기 말에 이르러 고대 그리스·로마 세계의 뒤를 이은 세 개의 다른 문명—비잔티움 문명, 이슬람 문명, 서유럽 문명—이 제각기 독자적인 언어와 생활방식을 갖고 등장했다. 7세기부터 11세기까지의 서양 문명의 역사는 이들 세 신흥 문명권 사이의 경쟁과 상호작용의 이야기이다. 세 문명권은 공통으로 물려받은 고대 말기 유산의 상이한 국면을 제각기 보존·확대시켰다.

동로마 제국의 속주들이 그랬듯이, 610년 이후의 비잔티움 문명은 그리스어를 사용했다. 비잔티움 문명은 로마의 관료적·제국적 전통을 강렬한 그리스도교 신앙과 결합시켰다. 이런 융합은 4세기에 콘스탄티누스와 그 후계자들이 이미 선구적으로 실행한 바 있었고, 그 후 동로마 제국에서 정교하게 다듬어졌다. 이와 대조적으로 이슬람 문명은 아랍어를 사용했다. 이슬람 문명은 이들 세 문명 중에서 (지리적·문화적으로) 가장 세계주의적이었으며 가장 광대한 영역을 지배하고 있었다. 이슬람 세계는 제국 지배의 두 가지 핵심 특징—로마의 팽창주의 이상과 문화적·종교적 동화정책의 이상—을 계승했다. 이슬람은 헬레니즘 세계의 철학적·과학적 관심과 페르시아의 문학·예술을 결합시킴으로써 중세 초기에 가장 역동적인 혼합 문화를 창조했다.

중세 초기의 서유럽 그리스도교 문명은 라틴어에 뿌리를 두었지만, 그 밖에도 게르만어, 켈트어 및 라틴어 파생 방언들로부터 중요한 문화적 영향을 받았다. 비잔티움·이슬람과 달리 서유럽은 카롤링거 왕조 치세의 짧은 기간을 제외하면 로마의 제국적인 이상을 거의 이어받지 않았다. 그러나 서유럽은 로마의 법률 및 지방 정부의 이상, 그리고 그와 더불어 고대 로마의 공화정 전통으로부터 크게 영향을 받았다. 중세 초기 서유럽 문명의 관점에서 보면 법률과 라틴 그리스도교야말로 로마가 이룩한 문화적 성취의 절정이었다. 그것은 로마 문화의 핵심이었다. 로마화된다는 것은 중세 초기 유럽이 간직한 보편적인 열망이었다. 만일 한 문명의 수준을 그것이 이룩한 최고의 철학과 문학으로 평가한다면 중세 초기 서유럽 문명은 비잔티움이나 이슬람에 비해 뒤떨어진 문명이었다. 서유럽은 로마를 계승한 세 문명 가운데 경제적으로 가장 뒤떨어졌고 정치와 종교의 조직 면에서 가장 취약했다. 그러나 12세기에 이르러 라틴 서유럽 문명은 군사적·경제적·종교적인 면에서 경쟁자들에게 더 이상 밀리지 않았다. 오히려 서유럽은 팽창과 정복의 비범한 한 시대를 출발시켰고, 그로 인해 궁극적으로 근대 초기 및 근대 세계에서 압도적인 위치에 서게 되었다.

비잔티움 제국과 문화

♣ 비잔티움 제국은 어떻게 거의 1,000년을 살아남았는가?

비잔티움 역사의 출발 시점을 정확하게 말한다는 것은 불가능하다. 비잔티움 제국은 고대 로마 제국을 단절 없이 계승했기 때문이다. 이 때문에 역사가들 사이에 비잔티움 문명의 역사가 언제 시작했는가를 두고 많은 논란이 있었다. 어떤 역사가는 비잔티움적인 특징이 디오클레티아누스(재위 284~305)의 동방화 정책과 더불어 나타났다고 주장한다. 다른 역사가들은 콘스탄티누스(재위 306~337)가 수도를 로마에서 콘스탄티노플로 옮긴 때부터 비잔티움의 역사가 시작되었다고 주장한다(콘스탄티노플은 그 후 비잔티움 세계의 중심 도시가 되었다). 그러나 디오클레티아누스와 콘스탄티누스는 통합된 하나의 로마 제국을 지배했다. 앞서 살펴보았듯이, 로마 제국의 서반부가 게르만족에게 넘어간 뒤인 6세기에 동로마 황제였던 유스티니아누스(재위 527~565)는 스스로를 아우구스투스의 후계자로 자처하고 서로마 지역을 탈환하기 위해 분투했다. 유스티니아누스 치세는 분명 비잔티움 문명의 역사에서 중요한 전환점이었다. 그의 치세에는 '로마적'이라기보다 '비잔티움적'이라 할 수 있는 새로운 형태의 사상과 예술이 구현되었기 때문이다. 그러나 이것은 여전히 주관적인 강조의 문제로 남아 있다. 즉, 어떤 학자는 새로워진 모습을 강조하지만, 다른 학자들은 유스티니아누스가 라틴어를 사용했고 옛 로마의 회복을 꿈꾸었다는 사실을 들어 이의를 제기한다. 새로운 왕조가 등장한 것은 610년 이후의 일이었다. 이 왕조는 동쪽에 기원을 두었고 그리스어를 사용했으며 온전히 동방적·비잔티움적인 노선을 취했다. 그러므로 비잔티움 역사의 출발을 디오클레티아누스, 콘스탄티누스 또는 유스티니아누스로 하자는 주장에는 물론 일리가 있다. 하지만 우리는 610년의 헤라클리우스 황제 즉위부터 이야기를 풀어나가고자 한다.

610년을 비잔티움 역사의 출발점으로 잡는 것은, 그 시점부터 1071년까지 비잔티움 군사사·정치사의 동향이 동쪽으로부터의 부단한 침입에 대한 항거로 특징지어졌다는 점에서도 그렇다. 헤라클리우스가 즉위했을 무렵 비잔티움 제국은 페르시아인에 의해 존립을 위협받고 있었다(당시 페르시아인은 비잔티움 제국의 아시아 영토 대부분을 정복했다). 614년 페르시아인은 승리의 상징으로 예수가 십자가 처형을 당한 진품 십자가의 일부로 믿어졌던 유물을 예루살렘에서 가져갔다. 이 유물은 동로마 황제들의 그리스도교적 정통성을 뒷받침해주는 유력한 상징물이었다. 헤라클리우스는 각고의 노력으로 비잔티움의 군사력을 만회해 대세를 뒤집으며 페르시아인을 철저히 격멸해 예루살렘을 탈환하고, 627년 그 십자가를 되찾아왔다. 하지만 그 직후 여태껏 조용하기만 했던 아라비아에서 새로운 군대가 일어나 비잔티움 영토를 침공하기 시작했다. 신흥 종교인 이슬람교 정신에 충만한 아랍인은 비잔티움인이 페르시아와의 전쟁으로 기력이 쇠약해진 틈을 타 파죽지세로 세력을 확장했다. 650년에 이르러 그들은 페르시아인이 7세기 초에 점령했던 비잔티움 영토를 대부분 장악했다. 여기에는 예루살렘도 포함되었는데, 이 도시는 그 후 그리스도교도와 유대교도뿐만 아니라 이슬람교도의 성지가 되었다. 아랍 군대는 페르시아 본토마저 정복하더니 신속히 북아프리카를 가로질러 서쪽으로 진군했다. 이 지역에서는 오래전부터 비잔티움의 지배에 대한 불만이 고조되어 있었다. 지중해 세력으로 떠오른 아랍인은 바다로 진출했다. 677년 그들은 함대로 콘스탄티노플을 정복하려 했으나 실패했고, 717년 재차 수륙 양면작전으로 이 도시를 정복하려 했다.

717년 아랍인의 콘스탄티노플 정복 위협으로 비잔티움의 운명은 다시 내리막길을 걸었다. 그러나 그 위기는 한 세기 전 페르시아의 위협을 격파했던 헤라클리우스만큼이나 결단력이 단호했던 레오 3세(재위 717~741)의 반격으로 극복되었다. 오늘날의 화염방사기와 비슷한 '그리스의 불(Greek fire)'이란 이름의 비밀병기와 강력한 군사력으로 레오는 바다와 육지에서 아랍의 군대를 격퇴할 수 있었다. 717년 레오가 치른 콘스탄티노플 방어전은 유럽 역사상 중요한 전투 가운데 하나였다. 만일 그때 이슬람 세력이 콘스탄티노플을 함락했더라면 그들이 유럽의 나머지 지역을 휩쓰는 것을 저지할 방법은 거의 없었다. 그러나 비잔티움은 그후 수십 년 동안 소아시아의 대부분을 재정복했고, 그곳은 이후 300년 동안 비잔티움 제국의 심장부가 되었다.

그러나 11세기에 접어들어 비잔티움은 또 다른 새로운 이슬람 세력인 셀주크투르크족에 의해 종전에 획득한 영토를 모두 잃고 말았다. 1071년 셀주크족은 소아시아의 만치케르트에서 비잔티움 군대를 전멸시켰다. 이 놀라운 승리를 통해 그들은 비잔티움 동부 지역을 압도했다. 콘스탄티노플은 이제 헤라클리우스나 레오 3세 시대와 비슷한 처지로 돌아갔다. 비잔티움은 그 후 400년 동안 대체로 수세에 몰려 있었다. 근근이 버티던 비잔티움 제국은 결국 1453년 오스만 투르크족의 지배하에 들어갔다. 투르크족은 지금도 콘스탄티노플을 계속 지배하고 있다(그들은 이 도시의 이름을 이스탄불로 바꿨다).

비잔티움 제국, 610~1100년	
헤라클리우스 황제 즉위	610년
아랍인, 비잔티움 영토 대부분 장악	650년경
콘스탄티노플, 아랍인에게 함락 직전	717년
비잔티움인, 소아시아 대부분을 재정복	717~750년
아랍과 비잔티움의 교착 상태	750~950년
비잔티움인, 시리아 대부분 재정복	950년경~1000년
셀주크투르크인, 비잔티움 제국 동부지역 침략	1071년
제1차 십자군	1095~1099년

안정의 원인

콘스탄티노플이 함락된 것은 전혀 놀라운 일이 아니다. 정작 놀라운 것은 비잔티움 제국이 그처럼 수많은 적대세력의 위협에도 불구하고 그토록 오랫동안 존속할 수 있었다는 사실이다. 이러한 놀라움은 비잔티움 제국의 국내 정치가 극도로 혼미했다는 사실을 알고 나면 더욱 커진다. 비잔티움의 권력은 철저히 콘스탄티노플의 황궁에 집중되어 있었고 지배자들은 과거 로마 제국 황제와 마찬가지로 신이 부여한 절대적 황제권을 주장했기 때문에 음모와 폭력 이외에는 반대 의견을 표출할 방법이 전혀 없었다. 그 결과 비잔티움의 역사는 거듭되는 음모와 반란으로 점철될 수밖에 없었다. 신체 일부를 절단하거나 살해하거나 또는 장님으로 만들어버리는 일은 예사로 벌어졌다. 비잔티움 제국은 막후 정치로 너무나 유명해, 지금도 영어에서 '비잔티움적인(byzantine)'이란 말은 고도로 복잡하고 교활한 막후 공작을 일컫는 말로 사용되고 있다. 그러나 다행스럽게도 제국에는 지극히 유능한 황제들이 적절한 시기에 등장해 막강한 권력을 효과적으로 휘둘렀다. 더욱 다행스러웠던 것은 극심한 궁정 반란의 와중에도 관료 기구는 항상 효율적으로 운영되었다는 것이다.

효율적 관료제는 비잔티움의 성공과 장수의 주요 원인 중 하나였다. 학식 있는 관료가 교육과 종교를 감독했으며 모든 형태의 경제활동을 통합했다. 콘스탄티노플의 제국 관료는 물가와 임금을 규제했으며, 면허 제도를 관할했고, 수출을 통제했으며, 안식일의 준수를 강제했다. 심지어 전차 경주마저도 엄격한 정부 관리 아래 있었다. 콘스탄티노플 주민은 정부의 명령에 의해 특정 팀을 응원하도록 할당되었다. 또한 육군과 해군, 궁정, 외교를 관료적 방식으로 규제했으며, 그 덕분에 이들 분야는 당시로서는 유례를 찾아볼 수 없으리만큼 강한 조직력을 갖췄다.

비잔티움 제국이 오래 버틸 수 있었던 또 하나의 원인은, 적어도 11세기까지는 국가의 경제 기반이 비교적 건전했다는 점이다. 비잔티움 동유럽에서는 고대 말기와 마찬가지로 상업과 도시가 계속 번영했다. 9세기와 10세기의 콘스탄티노플은 극동의 사치품과 서유럽의 원료를 거래하는 중요한 상업 중심지였다. 제국은 또한 비단 생산 등 자국의 산업을 보호·장려했으며, 11세기에 이르기까지 안정된 금·은 화폐 주조로 유명했다. 콘스탄티노플(때때로 인구가 100만 명에 육박했다)만 제국의 중심 도시였던 것은 아니다. 어떤 시기에는 안티오크가 번영했고, 테살로니카, 트레비존드 같은 번잡한 대도시들은 비잔티움 역사가 끝날 때까지 꾸준히 번영했다.

역사학자들은 비잔티움의 상업과 공업을 강조한다. 왜냐하면 비잔티움의 상공업이 상당 기간 동안 매우 높은 수준에 도달해, 국가를 지탱해줄 잉여 부의 대부분을 제공해주었기 때문이다. 그러나 비잔티움 경제의 핵심은 다름 아닌 농업이었다. 비잔티움 농업사는 부유한 귀족·수도원이 소유한 대규모 영지의 토지 잠식에서 벗어나고자 했던 독립적 소농의 투쟁으로 점철되었다. 비잔티움의 자유농민은 11세기까지 국가의 입법 조치 덕분에 가까스로 존립할 수 있었다. 그러나 1025년 이후 귀족계급이 정부 권력을 장악하면서 자유농민은 가난한 소작농으로 전락하기 시작했다. 이것은 수많은 불행한 결과를 초래했다. 그중 하나는 농민이 외적에 맞서 저항하는 데 관심이 줄어들었다는 것이다. 1071년 만치케르트 전투의 패배는 정부가 근시안적으로 귀족계급의 야심에 영합한 결과였다.

비잔티움 종교

　지금까지 우리는 군사 원정 및 정치·경제 부분에 관해 말하면서 그것이 마치 비잔티움 사람들 삶의 핵심인 양 다루었다. 물론 오늘날의 시각에서 보면 그것이야말로 핵심이다. 그러나 비잔티움 사람들이 가장 큰 관심을 기울였던 것은 제국의 종교적 정통성이었다. 비잔티움 사람들은 종교적인 신조와 관련된 글 몇 구절을 놓고도 죽기 살기로 싸웠다. 이와 같은 종교적 열정은 종교적으로 갈등이 심한 시대에는 큰 해를 끼칠 수 있었지만 비잔티움 제국에 강한 확신과 사명감을 부여할 수도 있었다.

　비잔티움의 교리 논쟁은 황제들이 적극적인 역할을 함으로써 매우 복잡하게 얽혔다. 황제들은 교회에서 막강한 권력을 행사했으며, 몇몇 황제는 종교 논쟁에서 옳고 그름을 결정짓기도 했다. 그럼에도 불구하고 특히 지방의 분리주의에 직면했을 경우, 황제들은 자신이 믿는 교리를 신민 모두에게 믿도록 강제할 수 없었다. 제아무리 비잔티움 정부의 권위가 막강하다 해도 그런 수준까지 관철될 수는 없었다. 동부의 많은 속주를 상실하고 교리가 정교하게 다듬어진 뒤인 8세기에 들어서야 비로소 종교적 평화가 가까이 온 것으로 보인다. 그러나 바로 그 무렵 일어난 성상파괴 논쟁(Iconoclastic Controversy)으로 말미암아 평화는 다시 한 세기 동안 깨지고 말았다.

　성상파괴주의자는 성상(icons)—그리스도와 성인의 형상—에 대한 숭배를 금지하고자 했다. 성상파괴주의자가 볼 때 그 같은 성상 숭배는 이교적인 냄새를 풍기는 일이었다. 그들은 사람이 만든 우상을 누구도 숭배해서는 안 되며 그리스도는 너무나 거룩한 존재여서 인간의 솜씨로는 표현할 길이 없다고 믿었다. 그리고 십계명(「출애굽기」 20:4)에서도 '새긴 우상'에 대한 숭배가 금지되었기 때문에 성상 금지는 논의의 여지가 없는 당연한 일이었다. 이에 대해 전통주의자는 반박했다. 숭배되는 것은 성상 자체가 아니라 성상 배후의 거룩한 실재라는 것이다. 비잔티움 예술이 일반적으로 그러하듯이, 성상은 지상의 인간에게 천국의 모습을 흐릿하게나마 볼 수 있게 해주는 창문 역할을 해주는 것이었다.

성상파괴 운동은 이사우리아 왕조의 레오 3세가 시작했고 그 후 콘스탄티노스 5세(재위 740~775)가 더욱 강력한 에너지로 추진했다. 그들의 동기가 무엇이었는지를 놓고 많은 역사가들이 논쟁을 벌였다. 레오 3세는 717년 이슬람의 침략으로부터 콘스탄티노플을 구출한 황제였다. 그런데 이슬람교도는 모든 종교적 형상을 '사탄의 역사(役事)'로 간주해 철저히 반대했다(『쿠란』, V. 92). 그러므로 레오의 성상파괴주의는 이슬람교도가 그리스도교에 제기한 가장 중요한 비판에 응답하는 동시에, 그리스도교 제국이 신을 올바르게 믿고 있음을 확실히 하기 위한 시도였을 것이다. 이 운동 배후에는 정치적·경제적 고려도 작용했을 것이다. 황제들은 급진적인 새로운 종교 운동을 천명함으로써 교회에 대한 황제의 통제권을 재천명하고 아울러 점차 세력이 커지던 수도원을 제압하고자 했을 것이다. 실제로 수도원은 성상 숭배를 구실로 삼아 세력을 키우고 있었고, 그 결과 콘스탄티노스 5세는 그들을 철저히 박해함으로써 막대한 수도원 재산을 차지할 수 있었다.

9세기에 이르러 성상파괴 논쟁은 원점으로 되돌아가는 것으로 낙착되었다. 즉, 다시 성상 숭배를 허용하는 것으로 결말이 났다. 그러나 이 문제를 에워싸고 한 세기 동안 벌어졌던 혼란은 몇몇 심각한 결과를 가져왔다. 그 하나는 황제의 명에 의해 수많은 종교 예술품이 파괴되었다는 것이다. 현존하는 8세기 이전의 비잔티움 종교 예술품은 대부분 성상파괴주의 황제들의 손이 닿지 않았던 이탈리아나 팔레스타인 등지의 것들이다. 논쟁의 또 다른 결과는 그리스어를 사용하는 동유럽과 라틴 서유럽 간에 종교적인 틈새가 크게 벌어졌다는 것이다. 8세기까지만 해도 비잔티움 황제들의 긴밀한 동맹자였던 교황은 성상파괴 운동을 강력하게 반대했다. 성상파괴주의는 결국 성인 숭배에 의문을 제기하는 것이었고, 교황의 수위권은 교황이 성 베드로의 후계자라는 주장에 토대를 둔 것이었기 때문이다. 8세기 교황의 성상파괴주의 반대는 동유럽과 서유럽의 관계를 악화시켰고, 그것은 프랑크 왕국의 지도자 샤를마뉴가 800년 크리스마스에 서유럽에서 새로운 로마 황제로서 즉위함으로써 절정에 달했다.

성상파괴 운동의 궁극적 실패로 인해 비잔티움 종교가 원래 지녔던 몇몇 주요 특징이 다시금 강조되었고, 그것은 9세기부터 비잔티움 제국의 역사가 끝날 때까지 압도적으로 유지되었다. 그 특징 중 하나는 정치적 통합과 군사적 성공을 얻어내는 열쇠로서 제국의 전통적·정통적 신앙이 새롭게 강조되었다는 점이다. 종교적 전통은 교리의 올바름과 정치적 정당성을 확인하는 시금석이 되었다. 한 성상파괴 반대자는 이렇게 말했다. "만일 천사나 황제가 전에 네가 듣지 못하던 복음을 말하거든 귀를 막아버려라." 이러한 전통 강조는 종교 갈등을 경감시켰고, 그 결과 9세기와 10세기에 정통 교리는 새로운 지지자를 얻었다. 그러나 그것은 또한 제국 내에서 콘스탄티노플 종교 전통의 헤게모니를 강화시켰고, 시리아 그리스도교나 아르메니아 그리스도교 같은 경쟁관계에 놓여 있던 종교 전통을 더욱 소외시키는 결과를 초래했다. 이단에 대한 두려움은 종교에서는 물론이고 그와 연관된 지적인 문제에서도 자유로운 사고를 금지하는 결과를 가져왔다. 비잔티움 황제들은 콘스탄티노플에 대학을 설립하고 지원도 했지만 결코 의미 있는 수준의 지적 자유를 허용하지 않았고, 이 점은 12·13세기 서유럽 대학이 누렸던 자유분방한 지적 분위기와 극명하게 대비되었다.

비잔티움 문화

비잔티움인의 생활은 종교에 의해 지배되었다. 그러나 비잔티움인이 그리스도교에 전념했다고 해서 그로 인해 고대 그리스의 유산에 대한 존경심이 억제되는 경우는 결코 없었다. 비잔티움의 학교는 놀라울 정도로 그리스 고전 문학, 특히 호메로스에 기초해 교육을 베풀었다. 호메로스의 서사시에서 딱 한 줄만 인용해도 비잔티움 궁전 주변의 교육받은 청중은 즉시 인용된 문구 전부를 알아차릴 수 있을 정도였다. 영어 사용권에서는 오직 『킹 제임스 성경』만이 비잔티움의 호메로스에 비견되는 수준의 문화적 침윤에 도달했다. 17세기의 성경과 마찬가지로, 호메로스는 비잔티움인에게 문학적 모델이자 교훈적인 교과서요 동시에 개인의 덕성과 지혜를 함양하는 지침서였다.

또한 비잔티움의 학자들은 플라톤의 철학, 투키디데스의 역사를 집중적으로 연구했다. 아리스토텔레스의 저작도 알려져 있었지만 그다지 관심을 끌지 못했다. 대체로 비잔티움인은 그리스의 과학·수학 전통을 경시했고 철학에 대한 관심도 제한되어 있었다. 예를 들면 유스티니아누스는 알아야 할 가치가 있는 모든 것은 이미 다 알려졌다고 선포하면서 플라톤 이후 존속했던 아테네 철학 아카데미를 폐쇄했다. 알렉시우스 콤네누스(재위 1081~1118) 황제 역시 아리스토텔레스 논리학의 교육을 중단시켰다. 물론 비잔티움 문화는 전통의 창조적 복원을 존중했다. 하지만 독창성은 비잔티움의 지적 생활이 지향하는 바가 결코 아니었다. 혁신 아닌 보존이야말로 비잔티움 고전주의의 특징이었다. 그럼에도 불구하고 그와 같은 헌신적 고전주의는 비잔티움의 지적·문학적 생활을 풍요롭게 했으며 그리스 고전을 보존해 후세에 전달하는 데 기여했다. 오늘날 우리가 가지고 있는 그리스 고전 문헌의 대부분은 전적으로 비잔티움의 필사자들이 사본을 제작한 덕분에 살아남을 수 있었다.

비잔티움의 고전주의는 속인 교육제도의 산물이었는데, 이 교육제도는 남성뿐만 아니라 여성에게도 적용되는 것이었다. 동시대의 서유럽 그리스도교 세계 및 이슬람 세계와 견주어 볼 때 비잔티움의 여성 교육에 대한 관심은 정말 비범하기 그지없는 것이었다. 귀족이나 부유한 가문의 소녀는 학교에는 가지 않았지만 가정교사에게 교육을 받았다. 9세기에서 11세기까지 비잔티움 세계의 교육받은 여성들은 플라톤이나 피타고라스처럼 대화를 나눌 수 있다고 칭송을 받았다. 비잔티움의 가장 저명한 여성 지식인은 왕녀인 안나 콤네나였다. 그녀는 아버지 알렉시우스의 전기를 세련된 문장으로 저술했는데, 호메로스와 에우리피데스를 자유자재로 인용했다. 탁월한 문필가 외에 비잔티움 제국에는 여의사도 있었는데, 서양 다른 사회에서 최근까지도 그런 사례가 극히 드물었음을 생각하면 대단한 일이 아닐 수 없다.

건축 및 예술 분야에서 비잔티움의 업적은 한층 더 익숙하다. 비잔티움 건축의 가장 훌륭한 예는 콘스탄티노플의 성 소피아(Santa Sophia, 거룩한 지혜라는 뜻) 성당인데, 이 건축물은 6세기에 유스티니아누스 황제가 엄청난 비용을 들여 축조한 것이다. 우리가 비잔티움 역사의 출발점으로 잡는 시기보다 앞서 건축되기는 했지만, 그것은 전형적인 비잔티움 건축 양식의 특성을 가졌다. 이 성당의 목적은 인간의 업적에 대한 자부심이 아니라 그리스도교의 내적·영적 특징을 상징하기 위한 것이었다. 이 때문에 성당의 설계자는 건물의 겉모습에는 거의 신경을 쓰지 않았다. 바깥벽에는 회를 바른 벽돌만 사용했을 뿐 대리석 외장재, 우아한 기둥, 조각으로 장식된 프리즈(frieze, 小壁) 등도 사용하지 않았다. 그러나 내부는 전혀 달랐다. 화려한 색채의 모자이크와 금박, 영롱한 대리석 기둥, 반짝이는 보석처럼 햇빛을 굴절시키기 위해 붙인 색유리 등으로 장식되었다. 경이로운 느낌을 강조하기 위해 건물 바깥으로부터 전혀 빛이 들어오지 못하도록 하고 실내에서만 조명을 하도록 되어 있었다.

성 소피아의 건축 구조는 건축 역사상 전적으로 새로운 것이었다. 교회는 십자가 형태로 설계되었고, 중앙의 정사각형 위에 거대한 돔이 놓였다. 가장 큰 문제는 돔의 원둘레를 그 아래에 놓이게 될 정사각형에 어떻게 맞추는가 하는 것이었다. 그 해결책은 중앙 정사각형의 네 귀퉁이에 세워진 기둥에 거대한 아치를 올려 세우는 것이었다. 이때 돔의 가장자리는 아치의 쐐기돌 위에 놓으며, 아치 사이에는 석조물로 채워진 곡면의 삼각형이 드러난다. 경탄을 자아내는 힘을 지닌 건축 구조이며, 동시에 장엄함과 섬세한 처리가 돋보이는 양식이다. 성 소피아의 거대한 돔은 직경이 32미터이며 바닥에서 꼭대기까지의 높이가 약 54미터

비잔티움의 고전주의

11세기 비잔티움의 어느 학자가 쓴 이 시는 교양 있는 비잔티움인이 자신의 그리스도교적 세계와 고대 그리스 철학자들의 세계의 연속성을 어떻게 느끼고 있었는지를 잘 보여준다.

그리스도께서 플라톤과 플루타르코스를 영원한 저주에서 구원해주시길

만일 어떤 이교도들을 징벌에서 면제해주시기를 원하신다면, 나의 그리스도여,

저를 위해 플라톤과 플루타르코스를 용서해주소서,

두 사람의 가르침이나 삶의 방식은 주의 율법과 매우 가깝습니다.

주께서 신으로서 만물을 지배한다는 것을 그들이 모른다 할지라도,

이 문제에서는 오직 주의 사랑만이 필요합니다.

사랑이 많으신 주께서는 아무런 대가를 요구하지 않으시면서 모든 사람을 기꺼이 구원코자 하십니다.

분석 문제

1. 11세기 비잔티움 학자의 기도 시는 플라톤, 플루타르코스뿐만 아니라 자기 자신에 대해서도 경건한 소망을 피력한다. 그는 이교 고전과 그리스도교를 동시에 간직하고자 한다. 그리스도교의 관점에서 이런 입장은 어떤 문제를 야기하는가?
2. 플라톤의 작품(예를 들면 『국가』)이 정통 그리스도교에 수용되려면 무엇이 변경되어야 하는가? 플라톤의 대화편은 그리스도교를 지지하는가? 그리스도교는 플라톤이 없었다면 매우 달라지지 않았을까?

에 달한다. 돔의 둘레에는 수많은 창문이 있어서 돔은 마치 받침기둥 없이 허공에 두둥실 떠 있는 것처럼 보인다.

비잔티움과 서유럽 그리스도교 세계

성상파괴 논쟁 이후 동방 그리스도교와 서유럽 그리스도교의 관계는 긴장 상태에 놓였다. 그 이유는 부분적으로 (800년 샤를마뉴 이래) 서유럽이 제국임을 자처한 데 대해 콘스탄

티노플이 분개했기 때문이다. 그러나 근본적인 이유는 둘 사이의 종교적 차이가 점점 벌어지고 있었기 때문이다. 비잔티움의 관점에서 볼 때 서유럽인은 거칠고 무지몽매했으며 진지한 신학자들이라면 누구나 습득하고 있었던 그리스어를 해독할 수 없었다. 반면 서유럽인이 볼 때 비잔티움인은 오만하고 유약하고 종교적으로도 이단에 빠지기 쉬워 보였다. 1054년 로마 교황이 동방교회에 대한 우위를 선포함으로써 종교 분열이 촉발되었고 분열은 좀처럼 해소되지 않았다. 그 후 십자군 원정은 둘 사이의 갈라진 틈에 결정적인 쐐기를 박아버렸다.

1204년 콘스탄티노플이 약탈된 뒤 서유럽인에 대한 비잔티움의 증오심은 격렬해졌다. 한 비잔티움인은 "우리와 그들 사이에는 이제 깊은 골이 패여 있다. 우리 사이에는 단 하나의 공통된 생각도 찾아볼 수 없다"고 기록했다. 한편 서유럽인은 비잔티움인을 일컬어 "햇볕을 쏘일 가치조차 없는……쓰레기 중의 쓰레기"라고 말했다. 동유럽인은 해가 서쪽으로 진다는 사실을 암시하면서 서유럽인을 어둠의 자식이라고 불렀다. 이 같은 양측의 증오심으로 인해 이득을 본 것은 투르크인이었다. 1453년 그들은 콘스탄티노플을 정복하고 그 후 곧장 빈(Wien)까지 이르는 유럽 동남 지역 대부분을 정복했다.

이 기나긴 증오의 역사는 잠시 미뤄두고(다음 장에서 좀 더 자세히 다룰 예정이다), 우리는 서유럽이 얼마나 비잔티움에게 신세졌는가를 살피는 것으로 비잔티움 문명에 대한 설명을 끝내는 것이 좋을 듯하다. 비잔티움 제국은 7세기에서 11세기에 이르기까지 이슬람에 대한 방파제 구실을 하면서 그리스도교 서유럽이 독립을 유지하는 데 기여했다. 서유럽인은 고전 그리스 문헌이 서유럽에 전혀 알려지지 않았던 기간 동안 이 문헌을 보존하는 데 힘쓴 비잔티움 학자들에게 문화적으로 큰 신세를 졌다. 비잔티움 예술 또한 오랜 세월에 걸쳐 서유럽 예술에 엄청난 영향력을 미쳤다. 베네치아의 성 마가 교회는 비잔티움의 영향을 잘 보여준다. 조토와 엘 그레코 같은 서유럽의 위대한 화가들도 비잔티움의 영향을 크게 받았다. 라벤나와 팔레르모 같은 도시에서 비잔티움의 모자이크를 감상하는 여행자들은 경탄을 금치 못한다. 또한 이스탄불을 여행하는 사람들은 아직도 성 소피아 대성당을 바라보며 깜짝 놀라곤 한다. 보석으로 치장된 아름다움 속에 비잔티움 동유럽의 광명이 지금도 아른거리고 있다.

이슬람교의 성장

♣ 이슬람교는 어떻게 해서 그토록 신속하게 확산되었는가?

　　출발점은 불분명하지만 1453년의 멸망 시점은 분명한 비잔티움 역사와는 대조적으로, 이슬람 문명의 역사는 7세기 무함마드의 생애와 더불어 시작되는 출발점은 분명하지만 그 끝은 오지 않았다. 무슬림으로 알려진 이슬람교도는 오늘날 전 세계 인구의 약 7분의 1을 차지하고 있다. 그들은 아프리카로부터 중동과 구소련을 거쳐 남아시아·인도네시아에 이르기까지 분포하고 있다. 모든 무슬림은 공통의 신앙과 공통의 생활방식을 견지하고 있다. 이슬람교는 항상 추종자에게 특정한 예배 형식의 준수뿐만 아니라 일정한 사회적·문화적 규범의 준수도 요구했기 때문이다. 이슬람교는 종교적 요청과 일상생활의 규범을 온전히 일치시킨 가운데 범세계적인 사회를 건설하고자 했던 거대한 실험이었고, 이 점에서 실로 유대교나 그리스도교를 능가한다. 우리는 여기서 이슬람교의 초기 역사를 더듬어보되, 주로 서쪽으로의 팽창에 초점을 맞출 것이다. 그러나 이슬람교가 여러 방향으로 팽창해갔다는 사실, 그리고 이슬람교가 궁극적으로 유럽이나 서아시아의 역사에 대해 미친 것만큼이나 아프리카와 인도의 역사에도 많은 영향을 미쳤다는 사실을 잊어서는 안 될 것이다.

이슬람교의 흥기

　　이슬람교의 발상지는 아라비아였다. 아라비아는 이슬람교 창시 이전까지는 너무나도 낙후되어 있어서, 인접한 두 거대 제국인 로마와 페르시아는 그들의 지배권을 아랍인의 영토로 확장시킬 가치조차 없다고 생각했다. 대부분의 아랍인은 베두인족으로서 낙타를 타고 다니는 유목민이었다. 그들은 가축의 젖과 사막의 오아시스에서 자라는 농작물로 생계를 유지했다. 6세기 후반에 들어 아라비아에는 원거리 통상로의 변동으로 말미암아 경제생활에 활기가 솟았다. 비잔티움 제국과 페르시아 제국 간의 오랜 전쟁으로 아프리카와 아시아를 왕래하던 대상(caravan)들은 다른 지역보다 아라비아를 안전한 통행로로 선호하게 되었다. 몇몇 도시가 성장해 이러한 교역의 발전을 주도하고 이익을 챙겼는데, 그중에서 가장 두드러진 도시는 메카였다. 메카가 번영한 이유는 주요 통상로의 교차점에 위치했을 뿐만 아니라 오랫동안 지방 종교의 중심지였기 때문이다. 메카에는 순례자의 성소인 카바 신전이 있었다. 카바 신전에는 '흑석'이라고 불리는, 제각기 다른 신들을 섬기던 많은 사람이 함께 기적의 유물로 숭배하던 운석이 있었다. 이 신전을 관리하면서 메카 일대의 경제생활을 주도한 것은 쿠라이시 부족이었다. 이 부족은 상인과 사업가들로 구성된 귀족계급으로서 그 지역에서 작은 정부 역할을 수행하고 있었다.

이슬람교의 창시자인 무함마드는 570년경 메카의 쿠라이시 부족의 한 가문에서 태어났다. 어려서 고아가 된 그는 부유한 과부를 섬기며 일하다가 나중에 그녀와 결혼해 경제적 안정을 얻게 되었다. 중년에 이르도록 그는 다른 메카 시민과 거의 다를 바 없이 부유한 상인으로서 살았다. 610년경 무함마드는 종교적 체험을 하게 되는데, 이 체험은 그의 생애뿐만 아니라 궁극적으로 전 세계의 많은 부분을 변화시켰다. 그때까지 아랍인은 다신교 숭배자였으며, '알라(Allah)'라는 한층 강력한 신의 우월성을 어렴풋이 인식하고 있었을 따름이다. 610년 무함마드는 알라 이외에는 신이 없다는 음성을 하늘로부터 들었다. 그는 회심(回心) 체험의 결과 철저한 유일신교도가 되었다. 그 후 그는 새로운 종교의 토대가 되는 또 다른 메시지를 듣게 되었다. 그 메시지는 쿠라이시 부족에게 유일신에 대한 믿음을 선포할 '예언자'로서의 소명을 받아들일 것을 명했다. 초기에 그는 국한된 범위의 개종자밖에는 얻지 못했다. 쿠라이시 부족 지도자들이 새로운 종교가 성립되어 카바 신전과 메카가 지방 예배 중심지로서의 지위를 상실하고 그에 수반하는 경제적 이익을 잃지 않을까 우려했기 때문이다. 그러나 북쪽에 있던 도시 야트립에는 그와 같은 문제가 없었다. 또한 그 도시의 지도자들은 무함마드에게 그곳으로 이주해 지방적 대립과 갈등의 중립적 중재자로서 활동해달라고 부탁했다. 622년 무함마드와 추종자들은 그 초청을 받아들였다. 그들의 이주—아랍어로는 헤지라(Hegira 또는 Hijrah)라고 한다—가 무함마드가 성공할 수 있는 출발점이 되었던 까닭에 무슬림은 그해를 이슬람교의 기원 원년으로 삼는다. 그리스도교도가 그리스도의 탄생을 그들의 기원 원년으로 삼은 것처럼, 무슬림은 그들의 역제(曆制)를 622년 헤지라에서 시작한다.

무함마드는 야트립의 이름을 메디나(Medina, '예언자의 도시')로 바꾸고 얼마 후 도시의 지배권을 장악했다. 그 과정에서 그는 의도적으로 개종자 집단을 종교적 공동체인 동시에 정치적 공동체로 조직했다. 그러나 그는 계속해서 메카에 있는 초기의 추종자를 지원할 방법을 모색했고 쿠라이시 부족 내에서 자신의 정치적·예언자적 권위를 확고히 하고자 했다. 그는 추종자들을 이끌고 메카 이외의 지역을 여행하는 쿠라이시 부족 대상을 습격하기 시작했다. 쿠라이시 부족이 방어에 힘을 기울였지만, 종교적 열정에 타오른 무함마드 집단은 몇 해 뒤 그들을 굴복시키는 데 성공했다. 사막에서 여러 차례 전투를 치른 후 630년 무함마드는 메카에 개선했다. 그 후 쿠라이시 부족은 새로운 신앙을 받아들였다. 카바 신전은 계속 보존되었을 뿐만 아니라 이슬람교의 주요 성지가 되어 오늘에 이르고 있다. 메카 정복과 더불어 아라비아 전역의 다른 부족도 새로운 신앙을 받아들였다. 무함마드는 632년에 생애를 마감했지만, 죽기 전에 자신이 창시한 종교가 성공을 거두는 것을 볼 수 있었다.

이슬람교의 종교적 가르침

'이슬람(islam)'이란 말은 '복종'을 의미하는데, 이슬람교 신앙은 전능한 창조주인 알라—그리스도교나 유대교의 신과 마찬가지로 전능한 신—에 대한 절대적 복종을 요구한다. 그러므로 무슬림은 '알라 외에 신이 없다'고 믿었다기보다는 '유일신 외에는 신이 없다'고 믿었다고 표현하는 것이 더욱 정확하다. 이렇듯 엄격한 유일신교를 가진 무슬림은 무함마드를 신의 마지막 예언자, 가장 위대한 예언자라고 믿었을 뿐 신이라고 믿지는 않는다.

신의 심판이 임박했으므로 만인은 전적으로 신에게 복종해야 한다. 인간은 신을 섬기는 새로운 인생을 시작할 것인지 여부를 선택해야 한다. 섬기기로 결단을 내린다면 신은 그를 축복으로 인도할 것이지만, 그렇지 않다면 신은 그로부터 돌아설 것이며 그는 구제의 가망 없는 사악한 인간이 되고 말 것이다. 심판의 날에 경건한 자는 기쁨으로 가득한 낙원에서 영생을 누리게 되지만 저주받은 자는 영원한 불과 고통의 장소로 보내질 것이다. 믿는 자는 삶의 지침을 『쿠란』에서 찾을 수 있다. 『쿠란』은 신이 무함마드에게 보여준 계시를 편찬한 것이며, 따라서 이슬람의 성경이다. 믿는 자는 철저한 도덕적 정직성과 동정심을 가져야 하며, 종교적 의무—기도와 금식, 메카 순례, 『쿠란』 음송 등—를 성실하게 준행해야 한다.

이슬람교가 많은 부분에서 유대교나 그리스도교와 흡사하다는 것은 결코 우연이 아니다. 무함마드는 분명 두 종교로부터 영향을 받았다(메카와 메디나에는 유대인이 꽤 많이 살고 있었고, 무함마드는 간접적이긴 했지만 그리스도교 사상을 알고 있었다). 이슬람교는 엄격한 유일신 사상, 개인의 도덕성과 동정심에 대한 강조, 계시에 의해 기록된 성경에 의존한다는 점 등에서 두 종교와 무척 비슷하다. 무함마드는 『쿠란』을 종교적 권위의 궁극적 원천이라고 선언했지만, 『히브리 성경』과 그리스도교의 『신약성서』를 거룩한 영감에 의해 기록된 책으로 인정했다. 무함마드는 그리스도교로부터 최후 심판의 교리, 육체의 부활 및 그 후의 보상과 징벌의 교리, 천사에 대한 믿음(그는 신의 첫 번째 메시지가 천사 가브리엘을 통해 그에게 주어졌다고 믿었다) 등을 받아들인 것으로 보인다. 그러나 무함마드는 예수 그리스도를 위대한 예언자 가운데 하나로 인정하기는 했지만, 그리스도의 신성은 믿지 않았다. 또한 그는 자신이 『쿠란』을 하늘에서 받아 이 세상에 전했다는 것 이외에는 아무런 기적도 주장하지 않았다.

이슬람교에는 성사나 사제가 없다. 모든 신자는 중재자 없이 신앙생활을 해야 할 책임이 있다. 이슬람교에는 사제 대신 신앙과 율법 문제를 조언해주고 논쟁의 심판관 역할을 하는 신학자만 있을 뿐이다. 무슬림은 모스크에서 함께 기도하게 되어 있지만 기도문 같은 것은 없다. 성직자가 없다는 점에서 이슬람교는 유대교에 더 가깝다. 두 종교의 유사성은 이슬람교가 거룩한 공동체의 신앙생활과 사회적·정치적 삶 사이의 긴밀한 관계를 강조함으로써 더욱 커졌다. 그러나 이슬람교는 알라의 지배 아래 세계를 단일한 신앙을 갖는 공동체로 통일시킬 것을 열망했다는 점에서 유대교와 다르다.

이슬람교의 정복

범세계적 영향력 확대를 향한 이슬람의 움직임은 무함마드가 사망한 뒤에 시작되었다. 무함마드는 후계자에 대한 아무런 계획도 세운 바 없었기 때문에 그가 죽은 직후 이슬람 공동체가 과연 존속할 수 있을지 여부마저 불투명했다. 그러나 무함마드 측근들은 무함마드의 장인 아부 바크르와 초창기 이래의 열렬한 추종자였던 우마르의 지도하에 아부 바크르를 '칼리프(caliph, 예언자의 대리인)'로 지명함으로써 신속히 주도권을 잡았다. 그 후 약 300년 동안 칼리프는 무슬림 전체의 종교적·정치적 최고권자로 군림했다. 아부 바크르는 칼리프가 되자마자, 무함마드를 추종했으되 후계자의 권위를 받아들이지 않은 아랍의 여러 부족을 복종시키기 위한 군사 원정을 개시했다. 성공적으로 군사활동을 전개하면서 아부 바크르의 세력은 아라비아의 경계를 넘어 북쪽으로 확대되기 시작했다. 그곳에서 그들은 비잔티움 제국과 페르시아 제국의 저항을 거의 받지 않았다.

아부 바크르는 즉위 2년 만에 사망했지만, 우마르가 칼리프의 지위를 계승해 비잔티움과 페르시아에 대한 정복활동을 계속 지휘했다. 그 후 아랍인은 승리에 승리를 거듭했다. 636년 아랍인은 시리아의 비잔티움 군대를 패주시키고, 순식간에 그 지역 전체를 휩쓸면서 안티오크, 다마스쿠스, 예루살렘 등 주요 도시를 장악했다. 637년 그들은 페르시아의 주력 부대를 격멸하고 페르시아의 수도 테시폰으로 진격해 들어갔다. 일단 행정 중심지가 함락되자 고도로 중앙집권화된 페르시아 제국은 더 이상 저항을 하지 못했다. 그 후 651년에 이르러 아랍인은 페르시아 정복을 마무리했다. 이제 이슬람 군대는 서쪽으로 방향을 돌려 북아프리카로 향했다. 그들은 646년 비잔티움 제국으로부터 이집트를 탈취했고, 그 후 수십 년 동안 북아프리카 나머지 지역을 장악했다. 콘스탄티노플을 함락하려던 677년과 717년의 시도는 실패했다. 그러나 711년 아랍인은 북아프리카를 가로질러 서고트족이 지배하던 에스파냐로 진격해 들어가 그 지역의 대부분을 신속히 정복했다. 그 결과 이슬람은 불과 100년도 안 되는 동안에 고대 페르시아 제국의 전부와 옛 로마 지중해 세계의 상당 부분을 정복했다.

이 엄청난 팽창 속도를 어떻게 설명할 수 있을까? 이 문제에 대한 가장 좋은 접근방식은 무엇이 정복자들을 밀어냈는가를 살핀 다음, 어떤 주변 여건이 그들의 활동에 도움을 주었는가를 살피는 것이다. 널리 알려진 것과는 반대로 이슬람의 초기 팽창은 종교적 십자군 운동을 통해 이루어진 것이 아니었다. 아랍인은 처음에는 다른 민족을 개종시키는 일에는 전혀 관심이 없었다. 오히려 그들은 피정복민이 개종하지 않기를 원했으며, 그렇게 함으로써 통치자이자 세금징수자 집단으로서의 위상을 견지하고자 했다. 그러나 그들의 팽창 동기가 종교적인 것이 아니었다고 해도 종교적 열정이 대단히 중요한 역할을 한 것만은 사실이다. 이제껏 무질서하기만 했던 아랍인에게 칼리프의 명령을 받들도록 하고, 그들 자신이 신의 뜻을 수행하고 있다는 느낌을 갖도록 만든 것은 다름 아닌 종교의 힘이었다. 아랍인을 이렇듯 사막 바깥으로 밀어낸 진정한 요인은 비옥한 토지와 약탈물에 대한 욕망이었으며, 그들의 정복활동이 계속 추진력을 얻을 수 있었던 것은 진군 과정에서 그들의 목표가 매우 수월하게 달성되었기 때문이다.

아랍인이 이슬람의 종교적 열정에 휩싸여 있던 시기에 그들의 주요 적대 세력은 허약해져 있었다. 비잔티움인과 페르시아인은 상호간의 오랜 전쟁과 야만인들과의 전쟁으로 인해 기진맥진해진 나머지 새로운 노력을 투입할 수 없었다. 더욱이 이집트, 북아프리카, 소아시아 지역의 주민은 관료적 지배자의 가혹한 재정적 요구에 넌더리를 내고 있었다. 이슬람의 정복은 강압적인 징세로부터, 그리고 그 지역 일대에서 이단적 그리스도교 집단을 박해한 콘스탄티노플 종교 당국의 핍박으로부터 벗어나게 해주었다. 아랍인은 유대인이나 그리스도교도들에게 개종을 강요하지도 않았고 비잔티움·페르시아 정부보다 세금도 적게 거두었다. 그러므로 주민들은 옛 지배자보다 새로운 지배자를 더 환영하곤 했다. 시리아의

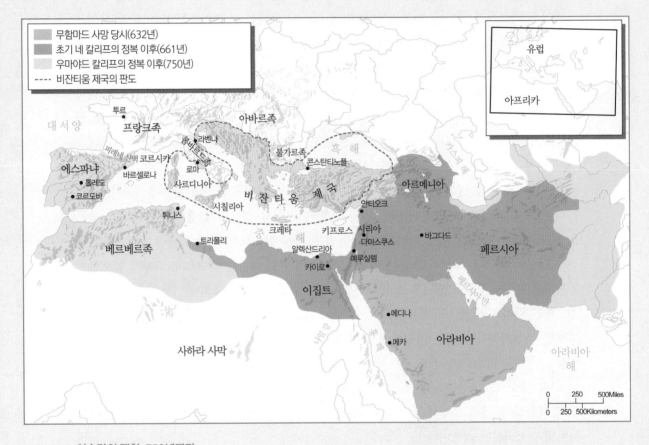

무함마드 사망 당시(632년)
초기 네 칼리프의 정복 이후(661년)
우마야드 칼리프의 정복 이후(750년)
----- 비잔티움 제국의 판도

유럽

아프리카

이슬람의 팽창, 750년까지

이 지도는 무함마드 시대로부터 8세기 중반까지 이슬람의 착실한 전진을 보여준다. 무함마드 사후 한 세대 동안의 급속한 팽창에 주목하라. 이슬람의 조직과 열정의 어떤 국면이 무슬림 군대의 확대에 기여했는가? 신속한 전진은 비잔티움 제국과 페르시아 제국 같은 적들의 준비 태세에 관해 무엇을 말해주는가? 적들은 왜 저항에 성공하지 못했는가? 이슬람이 동부 지중해 너머로 확대된 이후에도 콘스탄티노플 함락은 역대 무슬림 지배자들에게 왜 그토록 중요했는가?

한 그리스도교도 저술가는 "원수를 갚으시는 신께서는 아랍인을 도구로 사용하시어 로마
인(즉, 비잔티움 제국)의 손에서 우리를 구원해주셨다"고 말할 정도였다. 이러한 이유로 말미
암아 이슬람교는 이집트와 이란 사이의 지역에 급속히 확산되고 뿌리를 내려 오늘에 이르
고 있다.

이슬람 지배하의 무슬림, 유대교도, 그리스도교도

「우마르 협정」

　　칼리프 우마르(재위 634~644)는 예루살렘을 정복하고 나서 도시 주민들을 보호하기 위한 헌장을
공포했는데, 이 헌장에는 무슬림 정복자와 그리스도교도 신민 사이의 관계가 어떻게 되어야 하는지
가 규정되었다. 현존하는 「우마르 협정」에는 관련 규정이 포함되어 있지만, 이 규정은 애당초 「협정」
원본에는 없었던 것으로 보인다. 그럼에도 불구하고 이 협정은 중세 초기 무슬림 지배하의 그리스도
교도와 유대교도에게 어떤 규칙이 적용되었는지를 정확하게 묘사하고 있다.

　　이 서한은 여러 도시의 그리스도교도들이 알라의 종이자 신실한 신도들의 사령관인 우
마르 앞으로 보내는 것입니다. 그대가 우리를 향해 진격했을 때 우리는 우리와 후손의 안
전, 우리의 재산과 우리 종파 구성원의 안전을 보장해줄 것을 요청했습니다. 그리고 그대
에 대한 우리의 의무를 다음과 같이 다짐했습니다.
　　우리는 우리 도시 또는 도시 근교에 새로운 수도원, 교회, 암자, 또는 수도자 독방을 짓
지 않겠습니다. 우리는……그 건축물 중 폐허가 된 것, 또는 무슬림 구역에 있는 것을 복
원하지 않겠습니다.
　　우리는 행인과 여행자를 위해 대문을 활짝 열어두겠습니다. 우리는 우리 거주지역을 지
나가는 무슬림에게 사흘치 식사와 숙소를 제공하겠습니다.……
　　우리는 우리 자녀에게 쿠란을 가르치지 않겠습니다.
　　우리는 성스러운 공공 종교의식을 지키지 않겠습니다. 우리는 누구도 개종시키려 하지
않겠습니다. 우리는 친족 중 누군가 자발적으로 이슬람을 받아들일 경우 이를 방해하지
않겠습니다.
　　우리는 무슬림에게 경의를 표하며 그들이 앉고자 할 때 우리의 자리에서 일어나겠습니다.
　　우리는 어떤 식으로든 무슬림을 닮으려 하지 않겠습니다.……
　　우리는 안장에 오르지 않겠습니다.

우리는 칼 또는 어떤 종류의 무기도 소지하지 않으며 운반하지도 않겠습니다.……

우리는 십자가나 성경책을 무슬림의 통행로나 시장에 펼치지 않겠습니다. 우리는 교회 안에서 조용히 박수를 치겠습니다. 우리는 교회 예배에서 노래 부를 때는 물론 무슬림 앞에서도 목소리를 높이지 않겠습니다. 우리는 장례식에서도 목소리를 높이지 않겠습니다.……

우리는 그들보다 집을 높이 짓지 않겠습니다.……

유대교도와 그리스도교도에 대한 『쿠란』의 시각

굴욕과 빈궁이 [유대교도에게] 덮쳐 알라의 노여움이 그들에게 임했다. 그들이 알라의 계시를 믿지 않고 예언자들을 부당하게 살해했기 때문이다. 그들이 알라에 반항하고 배반한 것은 이런 이유에서이다.(2: 61)

종교에서 강요는 금물이다. 옳은 길은 잘못된 길과 명백히 구분된다. 우상을 버리고 알라를 믿는 자는 결코 절단될 수 없는 견고한 손잡이를 잡은 것과 같다. 알라께서는 모든 것을 들으시고 또 아신다.(2: 256).

성경의 일부를 받고 있으면서도 오류를 받아들이고 또 너희에게 길을 잘못 인도하려고 하는 자들을 너희는 보지 못했는가? 그러나 알라께서는 너희의 적이 누구인지를 잘 알고 계신다. 알라를 친구로 삼으면 그것으로 충분하다. 또한 알라를 조력자로 삼는다면 그것으로 충분하다. 유대교도 중에는 일부러 내용을 왜곡해……이 종교를 조롱하고 있다.……그러나 알라께서는 그들을 저주하며 단지 소수를 제외하고는 참된 믿음을 갖지 못하게 하신다.(4: 44~46).

그대는 믿는 자에 대해 더 심한 적의를 가진 것이 유대교도와 다신교도라는 것을 볼 수 있을 것이다. 또 그대는 믿는 자에 대해 더욱 친숙한 애정을 갖고 있는 것이 "우리는 그리스도교도입니다" 하고 자칭하는 사람들임을 분명히 알게 될 것이다. 왜냐하면 그들 중에는 사제라든가 수도사가 있어서 쓸데없이 교만하게 굴지 않기 때문이다.(5: 82).

유대교도는 "신의 아들 에스라"라고 말하며 그리스도교도는 "신의 아들인 그리스도"라고 말한다. 이것은 그들의 입바른 말이고, 지난날 불신자들이 하던 말을 따라 하고 있는 것이다. 알라께서 그들을 토벌해주시길! 참말이지 얼마나 위선의 길을 걷고 있는 자들인가! 그들은 알라를 따돌리고 자기들의 율법학자나 수도사를, 또 마리아의 아들 그리스도를 주님으로 숭배하고 있다. 그들에게 유일한 신을 숭배하라고 그렇게 명령하였는데도 말이다. 알라는 그들이 알라 외에 숭배하는 어떤 신들보다도 위대하다.(9: 30~31)

분석 문제

1. 무슬림은 왜 다른 종교를 관용했는가? 그들이 다른 종교를 그릇된 것으로 믿었다면 왜 그것을 박해하지 않았는가? 초대 그리스도교는 관용의 종교였는가?

2. 「우마르 협정」은 지배자에 대한 그리스도교도의 약속이 길게 나열되어 있다. 이 모든 약속이 준수되었을 경우 그것이 그리스도교 공동체에 미친 장·단기적 영향은 무엇이었을까? 그것은 그들에게 유리한 거래였는가?

3. 『쿠란』에 의하면 무슬림은 유대교도와 그리스도교도를 어떻게 취급해야 하는가?

시아파와 수니파의 분열

아랍인은 정복활동에는 성공했다. 하지만 후계자 문제에 따른 분란 때문에 무슬림 세계는 곧 분열되기 시작했다. 644년 칼리프 우마르가 죽자 우트만이 그 뒤를 이었다. 그는 허약한 지도자인데다 우마이야 가문에 속했는데, 이 가문은 메카의 부유한 부족으로 초기에 무함마드의 소명을 받아들이기를 거부했었다. 우트만의 반대 세력은 예언자(무함마드)의 사촌이자 사위인 알리를 중심으로 세력을 규합했다. 알리는 그의 전사정신과 무함마드와의 혈연관계 때문에 더욱 적합한 칼리프로 여겨졌다. 656년 우트만이 폭도에 의해 피살되자 알리 지지자들은 알리를 새로운 칼리프로 선언했다. 그러나 강력한 우마이야 가문과 그 지지자들은 알리를 인정하지 않으려 했다. 그 후 알리는 살해되고 우트만파가 승리를 거두었다. 661년 우마이야 가문의 다른 인물이 칼리프의 지위를 차지했고, 우마이야 가문은 750년까지 다마스쿠스에서 이슬람 세계를 지배했다.

그러나 알리의 추종자들은 패배를 인정하지 않았고, 시일이 경과함에 따라 소수 종파인 시아파─시아(shia)는 아랍어로 '파당'이라는 뜻이다─로 결속되었다. 이 종파는 오직 알리와 그의 아내 파티마(무함마드의 딸)의 후계자만이 무슬림 공동체(움마)의 정당한 지배자가 될 수 있다고 주장했다. 시아파는 최초의 두 칼리프─아부 바크르와 우마르─치세에 발달된 종교 관행─순나(sunna)─을 구속력 있는 것으로 받아들이지 않았다. 반면 시아파의 반대 세력은 순나를 구속력 있는 것으로 간주했기에 수니파로 불렸다. 10세기에 굳어진 이러한 분열은 오늘날에도 계속되고 있다. 다수파인 수니파의 박해를 수시로 당하면서 시아파는 기꺼이 순교를 감수했고, 자기들만이 유일하고 참된 이슬람 신앙을 지키고 있다는 깊은 신념을 갖게 되었다. 중세의 시아파는 때때로 이집트와 북아프리카에서 정치권력을 장악하기도 했다. 그러나 시아파의 대다수는 그보다 훨씬 동쪽에 거주했다. 오늘날 시아파는 이란을 지배하고 있으며, 이라크에서 가장 큰 무슬림 집단이지만, 전 세계 이슬람 인구의 약 10분의 1에 불과하다.

우마이야 왕조와 아바스 왕조

661년 우마이야 가문이 승리함으로써, 10세기까지 이어지는 좀 더 안정적인 칼리프 국가 시대가 열렸다. 이 시기에는 두 가지 중요한 통치 노선이 있었다. 즉, 우마이야 왕조는 서방 지향성을 보였고, 그 계승자인 아바스 왕조는 동방 지향성을 보였다. 우마이야 왕조의 수도는 과거 비잔티움의 영토였던 시리아의 다마스쿠스였고, 우마이야 칼리프 국가는 종전처럼 비잔티움 관료를 계속 임용하는 등 여러 면에서 비잔티움의 계승자처럼 행동했다. 우마이야 왕조는 지중해 세계의 지배와 콘스탄티노플 정복에 정력을 쏟았다. 그러나 비잔티움 제국의 수도에 대한 717년의 대공세가 실패로 끝나자 우마이야 왕조는 급격히 세력이 약해졌다. 새로운 방향이 설정되는 것은 시간문제일 따름이었다.

새로운 방향은 새로운 왕가인 아바스 왕조가 750년에 세력을 장악하면서 나타났다. 아바스 왕조의 통치는 비잔티움적인 요소보다 페르시아적인 요소를 강조했다. 이러한 변화는 수도를 다마스쿠스에서 이라크의 바그다드로 옮긴 데서 잘 나타났다. 아바스의 제2대 칼리프 알 만수르(재위 754~775)는 폐허가 된 옛 페르시아 도시 근방에 새 수도를 건설했다. 아바스 왕조는 페르시아를 본뜬 행정 운영 및 절대주의 통치방식을 수립했다. 그들은 대규모 직업 군대와 사치스럽고 세련된 궁정을 유지하기 위해 무거운 세금을 부과했다. 『아라비안나이트』에 묘사된 세계가 바로 그곳이었다. 『아라비안나이트』는 아바스 왕조 시대 바그다드에서 저술된 이야기들을 집성한 것이다. 이야기의 주요 등장인물인 하룬 알 라시드는 786년에서 809까지 실제로 칼리프로서 지배했다. 그의 사치스럽고 잔인한 지배는 아바스 왕조 권력의 절정을 보여준다.

750년 이후 우마이야 왕조는 에스파냐에서만 지배권을 유지했다. 에스파냐의 우마이야 왕조와 페르시아의 아바스 왕조는 서로가 예언자의 유일한 정통 계승자라고 주장하면서 냉랭한 관계를 유지했다. 그러나 두 왕조의 수도가 너무나 멀리 떨어져 있었기에 적개심이 전쟁으로 번진 적은 거의 없었다. 대신 두 왕조는 문학과 문화의 후원활동을 통한 우월성 경쟁에 돌입했다. 철학자, 예술가, 특히 시인이 두 왕조의 궁정에 밀려들어왔고, 궁정은 중요한 문화적·지적 중심지가 되었다. 『아라비안나이트』는 이러한 경쟁의 한 결과물일 뿐이었다. 칼리프 알 하켐 2세(재위 961~976)는 코르도바에 장서 규모 40만 권이 넘는 도서관을 건립했는데, 같은 시기 서유럽에서는 고작 100권의 장서를 갖춘 수도원조차 학문의 중심지로 간주되고 있었으니, 이 무렵 두 문명의 수준 차가 얼마나 컸는지를 짐작할 수 있다. 로마 제국 이후로 지중해 세계에서는 이슬람 문명과 비교될 만한 문명이 사실상 전무했다.

비잔티움과 서유럽의 그리스도교도 입장에서 아바스 칼리프국은 그들이 거둔 문화적 성취 때문만이 아니라, 그들의 동방 지향성이 서부 지중해에 대한 군사적 압력을 상당한 정도 경감시켜주었다는 점에서도 중요한 의미를 가졌다. 1세기 동안 우마이야 왕조의 압박에 시달리던 비잔티움 제국은 비로소 어느 정도 기력을 회복할 수 있었다. 서쪽에서는 갈리아의 프랑크 왕국이 아바스 왕조 집권으로 이득을 보았다. 우마이야 왕조가 에스파냐에 대한 지배권을 유지했으므로, 프랑크 왕국의 위대한 지배자 샤를마뉴(재위 768~814)는 하룬 알 라시드의 아바스 칼리프국과 외교적·상업적 관계를 유지하면서, 공동의 적인 우마이야 왕조와 대립각을 세웠다. 둘 사이의 관계를 보여주는 가장 유명한 상징은 하룬 알 라시드가 샤를마뉴에게 선물한 코끼리였다. 그러나 더욱 중요한 것은 아바스 왕조의 은이 북쪽의 러시아와 발트 해를 경유해 라인란트로 유입되어, 프랑크 왕국의 수출품인 모피, 노예, 꿀, 가죽 등과 교환되었다는 사실이다. 인도와 극동에서 온 보석, 비단, 향신료 등 사치품 역시 아바스 제국을 통해 북쪽과 서쪽으로 흘러들어 프랑크 왕국에 도달했다. 아바스 세계와의 교역 활동은 카롤링거 르네상스가 이룩한 비범한 업적의 물질적 토대가 되었다.

이슬람의 확산, 622~750년

무함마드가 메카에서 추방(헤지라)	622년	이집트 침입	646년
무함마드의 메카 귀환	630년	페르시아 제국 정복	651년
무함마드 사망	632년	시아파, 수니파의 분열	661년
아부 바크르가 칼리프 되다	632년	북아프리카 정복	646~711년
우마르가 칼리프 되다	634년	우마이야 왕조	661~750년
안티오크, 다마스쿠스, 예루살렘 점령	636년	에스파냐 침입	711년
페르시아 수도 점령	637년	아바스 왕조의 시작	750년

이슬람 세계의 변화

♣ 이슬람 세계의 정치적 통일성은 어떤 요인에 의해 깨졌는가?

  9세기와 10세기를 거치면서 아바스 왕조의 세력은 급속히 쇠퇴했다. 그 후 오랫동안 권력의 지방 분산이 이어졌는데, 그것은 11세기의 우마이야 에스파냐도 마찬가지였다. 아바스 세력이 약화된 주요 원인은, 그들의 경제 기반인 티그리스-유프라테스 유역의 농업생산력이 점차 고갈되었기 때문이다. 생산력 고갈의 원인은 환경 위기 및 남부 이라크 소택지에서 농사짓던 노예화된 아프리카 노동인구의 반란 때문이었다. 북아프리카·이집트·시리아의 지방 지배자들이 세입의 많은 부분을 가로채면서 아바스 제국의 조세 수입은 줄어들었고, 아바스 칼리프들은 그들이 구축한 방대한 행정 업무와 신식 용병 부대를 유지할 수 없었다. 이 신식 용병 부대의 병력은 대개 노예로 충원되었는데, 그들은 칼리프의 직위가 아니라 그들을 고용한 칼리프 개인에게 충성을 바쳤다. 얼마 되지 않아 군대는 군대 자체의 이익을 지키기 위해 칼리프를 세우기도 하고 살해하기도 하는 막강한 세력이 되었다. 아바스의 수도 바그다드의 재건 사업을 포함한 막대한 비용의 건축 공사는 재정적·군사적·정치적 위기를 한층 가중시켰다.

  아바스 위기의 배후에는 이슬람 세계의 장래에 엄청난 중요성을 갖게 될 두 가지 근본적인 요인이 가로놓여 있었다. 하나는 지역주의의 성장이었고, 또 다른 하나는 수니파와 시아파 사이 및 시아파 내부에서의 격심한 종교적 분열이었다. 909년 파티마 왕조로 알려진 지방 시아파 왕조가 아바스 제국의 북아프리카 지역에 대한 지배권을 장악하면서 지역적·종교적 적대감이 한꺼번에 증폭되었다. 969년 파티마 왕조는 이집트 정복에도 성공했다. 한편 또 다른 시아파 집단—파티마 왕조와 아바스 왕조 공동의 적—이 927년에 바그다드를 공격했으며, 930년에는 메카를 공격하고 카바를 빼앗았다. 그 후 아바스 왕조의 제국에 대한 실질적 지배권은 완전히 무너졌다. 몽골족의 침입으로 결정적인 패배를 당한 1258년에 이르기까지 아바스 칼리프국은 바그다드에서 근근이 살아남았다. 하지만 아바스 제국은 사실상 930년대에 이미 사라졌다. 그 대신 동방의 무슬림 세계에는 두 국가—독립적인 이집트 왕국과 페르시아에 기반을 둔 새로운 무슬림 국가—를 중심으로 한 새로운 질서가 등장하기 시작했다.

  에스파냐 우마이야 왕조의 약화는 경제적 붕괴보다는 정치적 실패 및 왕위 계승 혼란의 결과였다. 9세기와 10세기의 이슬람 에스파냐는 대단히 부유한 농업 및 상업 지역이었다. 그러나 9세기 중반부터 부흥한 북·동부 에스파냐의 그리스도교 왕국들이 가한 군사적 압력은 우마이야 칼리프국 내부에 정치적 어려움을 가중시켰다. 11세기 초에 이르러 에스파냐의 통일된 우마이야 칼리프국은 마침내 해체되었고, 대신 소규모의 타이파(taifa)—에스파냐어로 파벌 또는 당파를 뜻한다—왕국들이 들어섰는데, 이 왕국들 가운데 일부는 북부의 그리스도교 군주들에게 조공을 바치고 있었다. 1085년 대도시 톨레도가 그리스도교 군주인 레온의 알폰소(알폰소 6세) 수중에 떨어졌다. 이에 경악한 알모라비데(Almorávide)로 알려진 북아프리카의 이슬람 순수주의자들이 이슬람 에스파냐 침공에 나섰다. 그들은 그리스도교 세력의 전진을 저지하면서 이슬람 에스파냐와 자신들의 북아프리카 제국을 결합시켰다. 비슷한 성격의 집단인 알모아데(Almohade)도 12세기에 유사한 활동을 되풀이했다. 그러나 알모라비데도 알모아데도 이슬람 에스파냐의 서로 적대적인 소왕국들을 재통합하는 데 성공하지 못했다. 이 지역의 왕국들은 에스파냐 그리스도교 군주들의 세력 확대에 떠밀려 차례로 멸망하고 말았다. 최후의 무슬림 왕국인 그라나다 공국은 1492년 그리스도교도에게 함락되었지만, 그리스도교도의 에스파냐 재정복은 13세기 중반에 사실상 완결되었다.

　11세기 이슬람 에스파냐 지배자들의 무절제와 무능이 우마이야 칼리프국의 몰락에 일정한 역할을 했던 것은 사실이다. 그러나 이슬람 세계의 파멸에는 개별 칼리프의 실패를 뛰어넘는 더 큰 요인이 작용하고 있었다. 이슬람 사회는 유대인과 그리스도교도에 대해서만은 종교적 관용을 베풀었다. 그들은 '성경의 백성'으로서 무슬림 지배자에게 특별세를 납부함으로써 자신의 종교를 유지할 수 있었지만, 그 밖의 이교도들은 이슬람교로 개종해야만 했다. 그러나 초기 정복 단계에서의 이상주의는 시일이 지나면서 희미해졌다. 그 결과 이슬람 세계 내부에서 민족적 긴장이 격화되었고 분열은 점점 더 심해졌다. 아랍인, 투르크인, 베르베르인, 사하라 사막 이남 아프리카인, 페르시아인 사이의 민족적 긴장은 가뜩이나 심각했던 지역적 분열—이슬람 정복이 있기 전부터 수백 년 동안 그 지역의 특징이었다—을 더욱 복잡하게 만들었다. 무슬림 세계의 정치적 불안정을 더욱 악화시킨 것은 이슬람교 자체의 비타협적 유일신론과 종교적 평등주의였다. 아바스 왕조의 일부 무슬림 지배자에게서 볼 수 있듯이, 페르시아의 반신적(半神的) 지배권을 자임한 군주들은 빈번히 신성모독이란 이유로 암살당하곤 했다. 이슬람 신앙의 보편성과 이슬람 세계의 현실—지역적 배타성, 민족적 적대감, 수니파·시아파 간의 종교적 대립 등—사이의 긴장은 이렇듯 이슬람 제국의 정치적 통합을 훼손시켰다.

무슬림 사회와 문화, 900~1250년

이슬람 세계의 정치적 분열이 곧 문화적 쇠퇴를 의미하진 않았다. 사실 이슬람 문명은 중간기, 특히 900년경에서 1250년경 사이에 크게 번영했다. 칼리프국의 몰락에도 불구하고 이 시기 이슬람의 지배권은 오늘날의 터키와 인도 지역까지 팽창했다. 이슬람 역사는 하룬 알라시드 시대 이후 서서히 쇠퇴한 것이 아니다. 오히려 이슬람의 가장 창조적 문화는 9세기말에 접어들면서 꽃피기 시작했다.

이슬람 문화와 사회는 초기부터 이례적으로 세계주의적이고 역동적이었다. 무함마드는 사막의 아랍인이 아니라 진보적 사상의 영향을 받은 도시 상인이었다. 그 후 이슬람 문화는 몇 가지 이유로 말미암아 고도로 세계주의적 성격을 띠게 되었다. 먼저 이슬람 문화는 비잔티움과 페르시아의 세련된 문화를 이어받았다. 또한 이슬람 문화의 중심지는 극동과 서유럽 사이의 원거리무역 교차로에 있었다. 끝으로 무슬림 거주지역의 번창한 도시생활은 대부분 농업과 균형을 이루었다. 무역의 비중이 컸다는 것은 지리적인 이동성이 매우 컸음을 의미했다. 게다가『쿠란』은 모든 무슬림의 평등을 강조했기 때문에 무함마드의 가르침은 사회적 유동성을 더욱 촉진했다. 그 결과 바그다드와 코르도바의 궁정에서, 그리고 그 뒤를 이어받은 무슬림 국가들의 궁정에서는 누구나 능력만 있으면 높은 지위에 오를 수 있었다. 또한 문자 해독률이 매우 높아서—1000년경 전체 무슬림 남성의 약 20퍼센트가『쿠란』의 아랍어를 읽을 줄 알았다—많은 사람들이 교육을 통해 신분 상승을 꾀할 수 있었다. 공직의 세습을 거의 인정하지 않았기 때문에 '새로운 인재들'은 각자의 기량과 재능으로 최고 지위까지 오를 수 있었다.

무슬림 사회의 평등주의와 관용에 한 가지 중대한 예외가 있었으니, 그것은 여성이었다. 사회적 지위가 대단히 유동적이었기 때문에 성공한 남성은 지위와 명예를 유지하고 증진시키는 일에 매우 큰 관심을 기울였다. 남성은 세속적 소유물을 확보하거나 증대시킴으로써 이를 달성했는데, 세속적 소유물의 범주에는 여성도 포함되었다. 한 남성이 소유한 여성은 그의 지위를 위해 가장 소중한 존재였으므로 누구도 그녀를 넘보아서는 안 되었다.『쿠란』은 한 남성에게 4명의 부인을 허용했다. 그러므로 여성이 매우 귀해졌고 결혼한 여성은 다른 남성으로부터 격리되었다. 높은 지위의 남성은 여러 명의 여종과 첩을 거느릴 수 있었다. 이 여성들은 모두 그의 저택에 있는 하렘이란 곳에 거주하며 거세된 환관의 보호를 받았다. 하렘의 여성은 저마다 돋보이기 위해 경쟁했으며, 자기 자녀를 잘되게 하고자 각종 음모에 가담했다. 대규모의 하렘은 부유층만이 유지할 수 있었지만, 거의 모든 계층이 이런 관행을 모방했다. 여성을 재산으로 간주하는 이러한 관행은 여성의 지위를 격하시켰고 성생활에서 남성의 우월적 지위를 강조했다. 상층 사회에서는 남성 간의 동성애가 용인되었는데, 고대 그리스 세계와 마찬가지로 그들의 관계는 통상 유력한 성인이 미성년자를 지배하는 식이었다.

이슬람 종교생활에 헌신하고자 하는 남성에게는 크게 두 가지 길이 있었다. 하나는 울라마(ulama)인데, 그들은 학식 있는 사람들로서 종교와 율법의 모든 국면을 연구하고 이에 대한 조언을 제공하는 것을 임무로 삼았다. 그들은 통상 전통과 엄격한 신앙생활을 강조했는데, 공공생활에 지대한 영향력을 행사했다. 그들을 보완하는 역할을 한 것은 수피(sufis)였다. 그들은 종교적 신비주의자로서 독신생활을 하지 않았다는 점과 사회로부터 은둔하지 않았다는 점을 제외하면 그리스도교의 수도사와 비슷했다. 울라마가 종교 율법을 강조한 데 비해 수피는 명상과 황홀경을 강조했다. 같은 수피끼리도 공통의 프로그램을 갖지 않았고, 실제로 제각기 매우 다른 행동양식을 보였다. 서양인은 일부 수피를 '회전 탁발승'이라고 불렀는데, 이 명칭은 그들의 춤에서 유래한 것이다. 그들과는 달리 고행자(faqirs)로 불리는 수피들이 있었는데, 이들은 시장에서 뱀 마술을 부리는 사람으로 서양인에게 알려져 있다. 또 다른 수피는 조용하고 명상적인 사람들로서 기이한 의식을 행하지 않았다. 수피는 통상 형제단으로 조직되었으며, 아프리카나 인도 같은 외방 지역의 개종사업에 종사했다. 이슬람 세계 전체를 통틀어 가장 진지한 종교적 추진력을 제공한 것은 수피 사상이었다. 울라마와 수피가 공존할 수 있었다는 것 자체가 이슬람 세계의 문화적 다원주의를 보여주는 훌륭한 지표라고 할 수 있다. 그러나 종교적 성향의 여성들에게 그리스도교 세계의 수녀원에 견줄 수 있는 진입로가 전혀 주어지지 않았다는 것은 이슬람의 다원주의가 성적 차별을 뛰어넘지 못했음을 보여준다.

무슬림의 철학, 과학, 의학

중세 이슬람 철학은 고대 그리스 철학에 굳건히 뿌리를 내리고 있었다. 이슬람교가 등장하기 전에도 많은 그리스 철학 문헌이 셈어의 방언인 시리아어로 번역되었고, 뒤이어 번역을 목적으로 하는 '지혜의 집(House of Wisdom)'이라는 특수학교를 설립한 바그다드의 아바스 궁정의 후원으로 많은 그리스 철학 문헌이 아랍어로도 번역되었다. 이러한 영향으로 10세기 말에 이르면 아리스토텔레스, 포르피리오스, 플로티노스, 플라톤 등의 저술에 대한 아랍어 번역을 쉽게 구해볼 수 있게 되었고, 이슬람 세계 전역에 걸쳐 이들 철학자에 대한 연구가 집중적으로 이루어졌다. 위대한 무슬림 철학자 아비세나(이븐 시나, 980~1037)는 18세가 되기도 전에 페르시아 변방의 소읍 부하라에서 아리스토텔레스의 모든 저작을 읽을 수 있었다.

중세 이슬람 철학에 가장 큰 영향을 미친 두 사상은 아리스토텔레스 철학과 신플라톤주의였다. 이슬람 철학자들은 매우 상이한 이들 두 가지 철학적 전통을 서로 조화시키려 했고, 두 철학을 이슬람교의 교의와 일치시키려고 노력했다. 아리스토텔레스 철학과 신플라톤주의를 조화시키는 것은 어떤 의미에서 쉬운 일이었다. 이슬람 철학자들이 공부했던 많은 아리스토텔레스 번역본과 주해서는 이미 신플라톤주의의 영향을 깊숙이 받아들이고 있었고, 아리스토텔레스 철학과 신플라톤주의는 세계의 영원성, 현존 세계의 합리성(또는 합리적 필연성), 인간의 선악 선택의 자유 등 상당히 많은 가설을 공유하고 있었기 때문이다.

그리스 철학을 이슬람 신학과 조화시키는 것은 이보다 어려웠다. 유대교나 그리스도교와 마찬가지로 이슬람교는 하나의 전능한 신이 순수 의지의 행동으로 세계를 창조했으며, 세계는 신의 의지가 허용하는 한에서만 존속할 것이라고 굳게 믿었다. 이슬람 신학은 또한 개인 영혼의 불멸을 믿었는데, 그것은 아리스토텔레스 철학 및 신플라톤주의와 정면으로 충돌했다. 예정과 자유의지를 두고서도 충돌했다. 중세 무슬림 신학자들이 신자 개개인의 선악 선택의 책임을 강력히 강조하긴 했지만, 실제로 모든 무슬림은 신의 적극적 의지가 없는 한 어떤 선도 행해질 수 없다는 데 의견을 같이했다. 때로 이런 확신은 일종의 운명론으로 치달았는데, 그것은 그리스 철학의 전제와 완전히 어긋나는 것이었다.

이슬람 철학자들은 이런 도전에 대해 제각기 다른 입장을 취했다. 알 파라비(878~950)는 이슬람 신학의 결론을 옹호하기 위해 아리스토텔레스 논리학을 원용했지만, 피조 세계가 신으로부터 유출되어 신에게 되돌아간다고 하는 그의 신플라톤주의 때문에 신비주의적 입장에 서게 되었고, 그 결과 주류 신학과 충돌했다. 아마도 아비세나는 위대한 이슬람 사상가들 가운데서도 가장 독창적인 인물일 것이다. 그는 인간 의식의 실재 및 신의 존재에 대한 증명을 한 것으로 유명하다. 그러나 신플라톤주의 때문에 그 또한 세계의 영원성 및 세계-신 관계에 대해 이단적 입장에 서게 되었다. 한편 알 가잘리(1058~1111)는 훨씬 철저한 아리스토텔레스주의자로서, 알 파라비와 아비세나를 종교적 이단 혐의로 공격했다. 그러나 알

가잘리 자신은 아리스토텔레스 철학과 이슬람 신학 사이의 충돌을 신비한 회심 체험—이로 인해 그는 마침내 수피즘에 경도되고 말았다—을 통해서만 해결할 수 있었다. 모든 다양한 입장의 철학자들에게 관점을 온건히 하라고 한 그의 충고는 거의 효과를 거두지 못했고, 그의 철학적 신비주의는 너무나 독특한 것이어서 널리 받아들여지지 못했다.

알 가잘리의 계승자인 에스파냐인 아베로에스(이븐 루슈드, 1126~1198)는 신비주의—아비세나와 알 가잘리의 사상의 중요한 특징—에 등을 돌렸다. 당대 최고의 합리주의자이자 가장 위대한 아리스토텔레스 연구자인 아베로에스는 아리스토텔레스 저작에 관한 일련의 주해서를 썼는데, 그는 아리스토텔레스 저작에서 모든 신플라톤주의 흔적을 일소하려 했다. 이들 주해서는 아랍어에서 라틴어로 번역되었고, 아퀴나스와 단테를 포함한 13세기 그리스도교도 지식인의 아리스토텔레스 독해 방향에 영향을 미쳤다. 아비세나와 마찬가지로 아베로에스는 의사이자 이슬람 율법·신학 전문가였지만, 아비세나와는 달리 신학을 철저히 철학에 종속시켰다. 아베로에스는 신학과 철학이 모두 진리는 진리이되 다른 방식의 진리라고 간주했다. 철학적 주장은 그것의 문자적 의미에서 참된 반면, 신학적 진술은 비유적 또는 상징적으로 해석될 때에만 참되다. 그리고 오직 철학자들만이 신학적 진술이 문자 그대로 참인지를 구분할 수 있다. 왜냐하면 철학자들만이 문자적 의미의 전문가이기 때문이다.

이런 관점은 에스파냐의 근본주의적인 알모아데 지배자들에게 받아들여지지 않았다. 그들은 아베로에스의 저작들을 불에 태운 뒤 그를 모로코로 추방했고 그는 그곳에서 1198년에 죽었다. 그의 죽음은 이슬람 철학의 전환점이 되었다. 그 후 이슬람 철학은 알 가잘리가 택한 방향대로 수피 신비주의와 뒤섞이거나, 이슬람교 정통의 요구에 지나치게 구속된 나머지 하나의 독립된 분야로서 살아남지 못했다. 그러나 900년에서 1200년 사이의 전성기 이슬람 철학은 비잔티움이나 서유럽에서 등장한 어떤 철학보다도 수준 높고 정교한 것이었다.

이슬람 철학자들은 탁월한 의사와 과학자를 겸하곤 했다. 이슬람 세계에서 철학은 물질적 보상을 거의 가져다주지 않았지만, 성공한 의사와 점성술사는 특히 지배자와 궁정에 연결될 경우 부와 권력을 누리는 지위에 오를 수 있었다. 점성술과 의학은 모두 자연 현상에 대한 세심하고 정밀한 관찰에 의존하는 응용과학이었다. 이슬람 과학자들의 천체 관측은 대단히 정밀한 것이어서, 일부 천문학자들은 정지된 지구 주위를 태양과 행성이 도는 것이 아니라 지구가 자전을 하면서 태양 주위를 공전한다고 결론지었다. 이런 이론은 고대 그리스 철학자의 가설과 충돌했으므로 널리 받아들여지지 않았다. 그럼에도 불구하고 그 이론은 16세기 유럽의 천문학자로서 최초로 지동설을 주장했던 코페르니쿠스에게 얼마간 영향을 주었을 것이다.

이슬람 의학자들의 업적 또한 탁월했다. 아비세나는 결핵의 전염성을 발견했고 늑막염과 그 밖의 다양한 신경성질환에 대해 설명했으며, 이들 질병이 오염된 물이나 흙을 통해 전염 될 수 있다고 기록했다. 그의 『의학정전』은 17세기까지 이슬람 세계와 서유럽에서 권위 있는 교과서로 사용되었다. 또한 라지(865~925)는 임상 작업을 통해 홍역과 천연두의 차이를 발견 했다. 후대의 이슬람 의사들은 소작법(燒灼法)과 지혈제의 유용성을 익혔고 위암을 진단했 으며 독약의 해독제를 처방했고 안질환 치료에서 주목할 만한 발전을 이룩했다. 그들은 선 페스트의 전염성을 인식했고, 그 병이 옷을 통해 전파될 수 있음을 지적했다. 무슬림 의사 들은 또한 병원 설립 및 개업의 면허제의 선구자였다. 페르시아, 시리아, 이집트의 주요 도 시들에는 34개소 이상의 대형 병원이 자리 잡고 있었다. 각 병원에는 질병에 따라 독립된 병실, 의약 처방을 위한 약국, 그리고 도서관이 갖추어져 있었다. 수석 내과의사와 외과의 사들은 학생과 졸업생을 상대로 강의하고 시험을 치러 개업의 면허증을 발급했다. 심지어 거머리(당시의 표준적 의료행위였던 사혈에 사용되었다) 사육자도 정기적으로 거머리를 검사 받 아야 했다.

이슬람 과학자들은 광학, 화학, 수학 등에서도 중요한 성과를 거두었다. 이슬람 물리학자 들은 돋보기의 원리, 빛의 속도·투과·굴절 등을 연구했다. 이슬람 화학은 연금술에서 발전 했다. 연금술은 헬레니즘 시대 그리스인의 학문체계로서, 모든 금속은 본질적으로 동일하 며 따라서 제대로 된 기술만 적용하면 비금속(卑金屬, base metal)을 금으로 변환시킬 수 있다 고 하는 원리에 근거했다. 이슬람 연금술사들은 금을 만들지 못했지만 수많은 신물질과 화 합물을 발견했는데, 그중에는 탄산소다, 명반(황산알루미늄), 붕사, 질산은, 초석, 질산, 황산 등이 있다. 또한 이슬람 과학자들은 증류·여과·승화의 화학적 과정을 처음으로 서술했다.

이슬람 수학자들은 그리스의 기하학과 인도의 산술을 통합시켰다. 이른바 아라비아 숫자 (그러나 그 기원은 인도에 있다)를 활용해 이슬람 수학자들은 자릿값('0'이 핵심이다)에 기초한 십진법을 발전시킬 수 있었다. 그들은 대수(代數, algebra)와 연산(演算, algorithm)에서 근본적 인 발전을 이룩하기도 했다(두 영어 단어의 어원은 아랍어이다). 또한 그들은 천체 운동을 연 구한 그리스 기하학의 성과에 입각해 구면 삼각법에서 커다란 진보를 이룩했다. 그 결과 그 들은 수학 지식의 모든 영역을 통합·발전시켰는데, 그것은 16세기 이후 서유럽에서 더욱 발 전하게 되었다.

문학과 예술

아랍 세계는 이슬람교로 개종하기 전부터 시를 하나의 문학 형식으로서 고도로 발달시켰다. 그 후 시는 우마이야 궁정과 아바스 궁정에서 출세의 방편이 되었다. 모든 시가 아랍어로 쓰인 것은 아니다. 특히 아바스 궁정에서는 페르시아어로 시를 쓴 문인이 큰 명성을 얻었다. 이들 시인 중 서양인에게 가장 널리 알려진 인물은 우마르 카이얌(1048~1123)이다. 그의 시 「루바이야트(Rubaiyat)」가 19세기 영국의 시인이자 번역자인 에드워드 피츠제럴드(1809~1883)에 의해 대중적인 영시로 번역되었기 때문이다. 피츠제럴드의 번역에 오역이 많기는 하지만, 우마르의 시에 나타난 쾌락주의("포도주 한 주전자와 빵 한 덩어리, 그리고 그대")는 이 시기에 등장한 수많은 이슬람 시의 공통 주제가 무엇이었는지를 여실히 보여준다. 특히 서정시에는 제약이 전혀 없었다. 한 시인은 자신의 애인에 관해 이렇게 썼다. "격렬한 입맞춤으로 그의 입을 어찌나 탐닉했는지 그의 이가 거의 다 빠져버리고 말았다." 이 구절에서 볼 수 있듯이 이 시의 상당 부분은 노골적으로 동성애를 다루었다. 하지만 이 시를 짓고 낭송한 궁정 엘리트 집단 내부에서 그것은 전혀 문제가 되지 않았다.

유대인도 이 엘리트 문학 세계에 참여했는데 특히 에스파냐에서 활발했다. 그들은 히브리어와 아랍어로 포도주, 섹스, 노래 등을 예찬하는 감각적이고 유희적인 시를 썼다. 이슬람 에스파냐에는 유대인의 종교 문화도 활짝 꽃을 피웠다. 이 시기의 가장 위대한 유대인 학자는 모세스 마이모니데스(1135~1204)였다. 유대 율법에 대한 체계적 주해서인 『토라 평전』으로 그는 '제2의 모세'라는 칭호를 얻었다. 마이모니데스 이전에도 수많은 유대교 학자들—문법학자, 성서주해가, 법학자 등—이 있었다. 하지만 에스파냐 내에서는 그의 뒤를 잇는 학자가 더 이상 등장하지 않았다. 마이모니데스는 알모아데에 의해 추방당한 신세였다. 그는 처음에는 북아프리카로, 다음에는 이집트로 쫓겨났고, 카이로에서 이슬람 지배자의 궁정 의사가 되었다. 그의 인생 역정은 12세기 이슬람 세계 전역에 불어 닥친 종교적 반동의 기류를 고스란히 보여준다. 이 반동의 기류는 마침내 이슬람의 문화적 전성기를 처음에는 에스파냐에서, 그리고 마침내 전 지중해 세계에서 끝장내고 말았다.

이슬람 철학이 그랬듯이 이슬람 예술은 대단히 절충적이었다. 이슬람 예술의 중요한 영감의 원천은 비잔티움과 페르시아의 예술이었다. 건축은 아마 이슬람 예술에서 가장 독특한 분야일 것이다. 이슬람 건축의 특징적 요소—돔, 원주, 아치—는 맨 처음 비잔티움에서 도입된 것이지만, 시일이 흐르면서 구근 모양의 돔, 말굽 모양의 아치, 뾰족탑, 돌로 만든 장식 격자, 뒤틀린 원주, 모자이크, 색채 줄무늬 등의 요소를 지닌 독특한 건축 양식으로 변형되었다. 이슬람 예술가들은 페르시아로부터 복잡하고 비자연주의적인 디자인을 받아들인 다음, 이것을 풍부하고 감각적인 색감(비잔틴 예술도 이 점을 공유했다)으로 모든 미술품에 장식적 요소로 사용했다. 이슬람 신학은 알라에 대한 모든 예술적 표현을 우상숭배로 간주했기 때문에 인간의 모습을 그리는 예술을 금기시하는 편견이 보편적으로 조성되어 있었다. 이 것은 회화와 조각의 발전을 제약하는 경향이 있었다. 그러나 이슬람 예술가들은 화려한 양모 카펫과 바닥 깔개, 훌륭한 가죽 세공, 무늬를 넣어 짠 비단과 태피스트리, 상감 세공 금속 공예품, 유약 입힌 유리 그릇, 채색 도자기 등에 아랍어 서체, 뒤얽힌 기하학 문양, 식물, 열매, 꽃, 환상 속의 동물 등을 그려 넣었다(이 또한 페르시아의 영향을 받은 것이다). 이들 복잡한 디자인은 때로 놀라우리만큼 현대적으로 보인다. 비구상적이고 추상적이기 때문이다.

상업과 공업

7세기 아라비아의 경제는 비교적 원시적이었지만 무함마드의 후예들이 정복한 많은 지역은 부유하고 고도로 도시화되어 있었다. 특히 시리아·이집트·페르시아는 지중해 세계의 교차로에 위치해 아프리카, 유럽, 인도, 중국 사이의 주요 교역로들을 연결하고 있었다. 이슬람교로 개종했다고 해서 이 지역들의 경제적 중요성이 줄어들지는 않았다. 오히려 더 커졌다. 이슬람 세계의 성장에 비례해 무슬림의 무역 활동도 성장했기 때문이다. 10세기에 이르러 이슬람 상인은 러시아 남부와 적도 아프리카에 진출했으며, 동쪽으로는 인도·중국으로 뻗은 대상 통로를 지배했다. 무슬림 세계에서 출항한 선박은 인도양, 페르시아 만, 카스피해를 가로질러 새로운 항로를 구축했고, 한동안 지중해 세계를 석권했다. 그러나 10·11세기에는 서유럽 그리스도교도 상인이 지중해 해상 통로에 대한 지배권을 점차 장악했다. 그들은 16세기에는 인도양까지 장악했는데, 이러한 사태의 진전은 이슬람 세계의 경제에 심각한 타격을 입혔다.

중세 초기 무슬림 상업의 성장은 공업 부문에서 다양한 발달이 있었음을 보여준다. 이라크의 모술은 면직물 제조업의 중심이었고, 바그다드는 유리제품, 보석류, 도자기, 비단을 전문으로 했다. 다마스쿠스는 우수한 품질의 강철 제품과 '다마스크(damask)'로 알려진 무늬를 넣어 짠 비단으로 유명했다. 모로코와 에스파냐는 가죽 제품으로 유명했고, 톨레도는 뛰어

포도주를 찬양하는 히브리인의 시

10세기와 11세기 이슬람 에스파냐의 궁정에서 유대인 시인과 관료들은 동시대 아랍어를 본뜬 새로운 양식의 히브리 운문을 쓰기 시작했다. 사무엘 하 나기드(Samuel ha-Nagid)는 그들 중 가장 탁월한 시인에 속했다. 그는 이슬람 왕국 그라나다의 군사 지도자이자 유대인 공동체의 우두머리였다. 세 권의 시집 외에도 그는 히브리어 문법과 유대교 율법에 관한 논고를 썼다.

그대가 신에게 진 빚은 의롭게 사는 것,

신이 그대에게 진 빚은 그대에게 보상을 주는 것.

시간을 신을 섬기는 데만 쓰지 않도록 할지니,

일부는 신에게 바치고 일부는 그대 자신을 위해 사용하라.

신에게 하루의 반을 바치고 나머지는 일을 하되,

밤새 술 주전자에게 쉴 틈을 주지 말라.

등불을 밝혀라! 크리스털 술잔으로 불을 밝혀라.

가수들을 쫓아내라! 술병이 현악기보다 낫다.

노래도, 포도주도, 친구도 풀밭보다 못하지 않다.

오, 어리석은 자들이여, 이들 셋이야말로 인생의 가장 큰 보상이다.

분석 문제

1. 이 시는 유대교의 율법과 전승에 부합하는가? 왜 부합하는가? 또는 왜 부합하지 않는가?
2. 사무엘 하 나기드의 경력―시인, 장군, 법률가―은 중세 에스파냐 유대인과 무슬림 공동체의 관계에 대해 무엇을 말해주는가?

난 품질의 도검류를 제조했다. 약품, 향료, 카펫, 태피스트리, 수단(繡緞), 모직물, 공단, 금속 제품 등 이슬람 수공업자들이 만든 많은 제품이 무슬림 상인을 통해 지중해 세계에 퍼져나갔다.

종이에 대해서는 각별히 언급할 필요가 있다. 무슬림은 중국인으로부터 제지법을 배워 신속하게 제지법의 거장이 되었다. 8세기 말 바그다드 한 도시에만 종이와 책을 판매하는 점포가 100개 이상 있었다. 종이는 파피루스나 양피지에 비해 생산·보관·필기가 훨씬 용이

했다. 그 결과 11세기 초에는, 거의 4,000년 동안 파피루스 생산의 중심지였던 이집트에서도 종이가 파피루스를 대신하게 되었다.

종이의 보급은 이슬람 세계에 혁명을 초래했다. 이슬람 문명의 수많은 특징들—관료제적인 기록 보관, 고급 문헌 및 서적 생산(특히 『쿠란』 사본), 그리고 쿠파체(Kufic script)로 알려진 표준형 흘림체 아라비아 서체에 이르기까지—은 종이를 광범하게 이용할 수 없었더라면 결코 등장하지 못했을 것이다. 서유럽인은 13세기에 이르러서야 제지법을 익혔다. 하지만 일단 제지법을 익히자 그들은 급속히 이슬람 종이 시장을 잠식해 들어갔다. 15세기 말에 이르러 무슬림 세계는 종이의 대부분을 서유럽에서 수입하게 되었다. 유럽에서 만든 종이에는 종종 이슬람교에 어긋나는 그리스도교 상징 워터마크가 새겨져 있었음에도 말이다.

이슬람 경제의 서유럽에 대한 영향

이슬람 문명이 이룩한 문화적·경제적·지적·정치적 성취는 12세기까지 라틴 그리스도교 유럽을 완벽하게 압도했다. 마침내 라틴 유럽이 진보의 발걸음을 내딛기 시작했을 때, 유럽은 이슬람 세계로부터 배운 지식에서 큰 도움을 받았다. 이슬람 세계가 유럽에 미친 경제적 영향력이 얼마나 컸는가는 아랍어나 페르시아어를 어원으로 한 수많은 영어 단어—교통(traffic), 관세(tariff), 창고(magazine), 알코올(alcohol), 모슬린(muslin), 오렌지(orange), 레몬(lemon), 알팔파(alfalfa), 사프란(saffron), 설탕(sugar), 시럽(syrup), 사향(musk) 등—를 보면 쉽게 알 수 있다. 유럽인은 관개체계, 제지법, 알코올 증류 등을 포함한 많은 무슬림 기술을 도입했다. 영어의 제독(admiral)이란 말도 아랍어에서 온 것인데, 이것은 아랍어 직함인 토후(emir)에서 파생된 말이다.

라틴 유럽은 지적·과학적인 면에서도 무슬림 세계에 큰 신세를 졌다. 무슬림으로부터 온 이 분야의 어휘를 살피면 저간의 사정을 이해할 수 있다. 연금술(alchemy), 대수학(algebra), 연산(algorithm), 알칼리(alkali), 역서(almanac), 합성물(amalgam), 아라비아 숫자(cipher), 소다(soda), 영(zero) 등이 모두 아랍어에서 파생된 단어이다. 알데바란(Aldebaran, 황소자리의 일등성), 베텔주스(Betelgeuse, 오리온자리 중 크고 빨간 일등성) 같은 수많은 별 이름도 마찬가지이다. 이슬람 문명은 그리스의 철학 및 과학 지식이 라틴어 사용 세계에서 거의 완전히 잊혔던 시기인 중세 초기에 이를 보존하고 확대했다. 오늘날까지 전해지는 주요 그리스 과학 저술의 대부분이 아랍어로 번역되었다. 그리고 12세기 이후, 무슬림, 유대인, 라틴 그리스도교도 학자들은 이들 저서를 다시 아랍어에서 라틴어로 번역(중역)했다. 특히 아리스토텔레스 저작을 보존·해석했다는 것은 이슬람의 서유럽 문화에 대한 가장 영속적인 기여 가운데 하나였다. 대략 1150년에서 1250년 사이에 현존 아리스토텔레스 저작의 3분의 2가량이 아랍어 텍스트에서 라틴어로 중역되었고, 이로써 유럽 그리스도교도 학자들은 처음으로 아리스토텔레스를 읽을 수 있게 되었다. 그 무렵의 그리스도교도 학자들은 이슬람 주해가들, 특히 아베로에스의 도움을 받아가며 아리스토텔레스의 사상을 공부했다. 아베로에스의 권위는 실로 대단한 것이어서, 라틴어 권역의 학자들은 다른 주해가들은 아예 존재하지도 않는다는 듯이 그를 '주석자(the Commentator)'라고 불렀다. 이슬람 수학자들이 인도로부터 받아들인 아라비아 숫자는 이슬람 세계가 남긴 또 하나의 매우 중요한 지적 유산이다. 누구라도 로마 숫자로 장부 정리를 해보면 아라비아 숫자의 중요성을 금세 알 수 있을 것이다.

또한 이슬람 세계는 그리스도교 유럽의 상상력과 자아 인식에 엄청난 영향을 미쳤다. 비잔티움 문명은 그리스도교 유럽과 너무 긴밀하게 연관되었을뿐더러, 11세기 이후 너무나 쇠약해져서 이런 역할을 제대로 할 수 없었다. 중세 전성기와 중세 말기의 유럽인은 비잔티움의 그리스인은 경멸했지만 무슬림에 대해서는 존경과 경외를 바쳤다. 그들이 그렇게 한 것은 당연한 일이다. 절정기—절정은 영어로 zenith인데, 이 말 또한 아랍어에서 유래했다—의 이슬람 문명은 분명 전 세계에서 가장 위대한 문명 중 하나였기 때문이다. 비록 느슨하긴 했지만 이슬람 문명은 아랍인, 페르시아인, 투르크인, 이집트인, 아프리카인, 인도인 등 다양한 민족을 하나의 공통된 문화적·종교적 세계로 통합시킴으로써 다양성을 지닌 하나의 사회를 창출했으며, 독창적인 발견과 성취에 의해 찬란한 유산을 남겼다. 그 유산은 지금도 여전히 세계에 영향력을 미치고 있다.

중세 초기의 서유럽 그리스도교 문명

♣ 무엇이 7세기 서유럽의 경제적·사회적 변화를 일으켰는가?

서유럽의 7세기 역시 고대 말기와 중세 초기 세계를 잇는 전환기였다. 6세기 말 프랑크 왕국의 연대기 작가인 투르의 그레고리우스(538경~594)는 자신이 도시, 교역, 과세, 지방 행정 등에서 아직 확연히 로마적인 세계 안에서 살고 있다고 생각했다. 그레고리우스는 자신이 로마 원로원 가문 출신임을 자랑스러워했고, 자신을 비롯한 가문의 남성 인척이 타고난 권리와 지위에 의해 주교가 되어 교구 도시 및 인근 지역을 다스리는 것이 당연하다고 간주했다. 같은 계급에 속한 여느 사람들과 마찬가지로 그레고리우스는 여전히 라틴어를 말하고 썼다. 물론 600년 전 키케로가 썼던 세련된 산문과는 확연히 달랐지만 그것은 분명 라틴어였다. 키케로 시대에 비해 많이 바뀐 라틴어이긴 했지만, 제프리 초서(1343~1400) 시대 이후 오늘날까지 영어가 변화된 것보다는 변화의 정도가 덜한 라틴어였다. 물론 그레고리우스는 서로마 제국이 이제 프랑크족, 서고트족, 롬바르드족 왕들의 수중에 놓여 있음을 잘 알고 있었다. 그러나 그는 이 왕들을 로마인으로 보았다. 그들은 로마를 모델로 삼아 지배했고 프랑크족은 콘스탄티노플에 있는 로마 황제의 승인을 얻어 지배하고 있었기 때문이다. 또한 이 야만인 왕들이 모두 정통 가톨릭 그리스도교로 개종한 사실 때문에 그레고리우스는 흡족해했다. 그레고리우스가 볼 때 이 개종 사건은 그들의 '로마인다움'을 강화시켰고, 따라서 야만인 왕들의 지배권에 세속적·종교적 정통성을 부여하는 것이었다.

그러나 그로부터 200년 뒤 프랑크 지배자 중 가장 위대한 인물인 샤를마뉴가 서유럽의 새로운 로마 황제로 즉위했을 때, 투르의 그레고리우스가 지난 날 가졌던 로마 세계와의 직접적인 연속성에 대한 느낌은 사라지고 없었다. 샤를마뉴가 제국의 문화·종교·정치에 대한 개혁에 착수했을 때 그의 목표는 자기 시대로부터 까마득히 멀리 떨어져 있다고 여겼던 로마 제국을 부활시키는 것이었다. 샤를마뉴는 '로마 제국의 부활'을 추구했다. 몰락한 제국을 되살리겠노라는 구호를 통해 그는 자기 시대가 로마와 '단절'되어 있음을 시인한 셈이다. 투르의 그레고리우스와 샤를마뉴의 사이 어디에선가 서유럽인과 로마의 관계가 파열되고만 것이다. 교양 있는 유럽인은 자신이 로마 제국의 연장선상에서 살고 있지 않다고 여겼고, 따라서 로마 제국 재건의 꿈을 꾸기 시작했다. 로마와의 단절에 대한 인식은 7세기를 거치는 동안 형성되었다. 그것은 심대한 경제적·종교적·문화적 변화의 결과였다. 그것은 서유럽 문명의 역사에 새로운 출발을 알리는 것이었다.

경제적 해체와 정치적 불안정

앞에서 살폈듯이 서로마 제국의 경제는 3세기 이후로 점점 더 지방 분권화하고 있었다.

그러나 지중해 세계는 6세기 말까지도 상당히 통합이 잘된 경제 단위로 남아 있었다. 550년에도 단일한 금화가 로마 제국의 동서 양쪽에서 여전히 통용되고 있었다. 비단, 향신료, 칼, 보석 같은 사치품은 서쪽으로 계속 흘러들어갔고, 노예, 포도주, 곡물, 가죽제품 등은 북아프리카, 갈리아, 에스파냐에서 동쪽의 콘스탄티노플, 이집트, 시리아 등지로 여전히 운송되고 있었다. 그러나 650년에 이르러 지중해 세계의 경제적 통일성은 깨지고 말았다. 이런 분열은 부분적으로 유스티니아누스의 서로마 제국 재정복 시도에 따른 파괴와 재앙으로 말미암은 것이었고, 부분적으로는 이집트·북아프리카의 농경지에 대한 가혹한 세금 징수의 결과였다. 과도한 징세에 대한 지역 농민의 분노는 이슬람 정복의 길을 예비하는 것이었다. 무슬림 약탈자의 해적 행위 역시 7세기 지중해 세계의 경제를 파괴하는 데 한몫했다. 물론 무슬림은 신속하게 막강한 영향력을 지닌 해상 교역자로 변신했고, 길게 보면 무슬림 정복은 지중해 상업 패턴의 파괴보다는 재건에 더 기여했다.

그러나 서유럽에서 일어난 7세기 경제 변화의 가장 중요한 원인은 내부에 있었다. 이탈리아, 갈리아, 에스파냐의 도시들은 계속 쇠퇴하고 있었다. 주교들은 여전히 도시에서 다스리고 있었고 시장에는 사치품이 어느 정도 공급되고 있었지만, 서유럽의 왕과 귀족은 7세기를 거치면서 시장에서 양식을 구매하기보다는 거주지를 시골로 옮겨 가능한 한 사유지에서 생산되는 농산물로 살아갔다. 농경지, 특히 대규모 영지는 경작이 불가능하게 되었다. 영지 소유주는 점점 독립적 성향을 드러내는 농민을 통제하기가 어려워진 것이다. 교역이 쇠퇴하자 영주의 통행료 수입도 줄었다. 로마 말기의 토지세 제도 또한 붕괴되고 있었다. 자유민인 프랑크족과 고트족이 세금 면제를 주장하면서, 로마 주민과 농민만 세금 납부자로 남았기 때문이다. 서유럽의 화폐제도 역시 와해되었다. 630년대 이후 시작된 이슬람 정복 때문에 서유럽에서는 금 공급량이 심각한 수준으로 줄어들었다. 그러나 금화는 일찌감치 대단히 품귀해져서 지방 시장에서는 사용되지 않은 지 오래였다. 660년대 이후 서유럽 지배자들은 기축 통화를 금화에서 은화로 바꾸었다. 유럽은 그 후 1,000년 동안 은화를 기축 통화로 삼았다.

그 결과 7세기 서유럽은 기본적으로 이중 경제 체계를 유지하게 되었다. 부유층 사이에서는 금·은·사치품이 유통되었지만, 농민은 주로 물물교환을 하거나 상거래의 편의를 위한 다양한 대체 통화에 의존했다. 영주는 농민에게서 식량을 지대로 거두었지만, 이렇게 납입된 곡물, 포도주, 육류 등을 7세기 귀족 사회의 위신을 드높여주던 물품인 무기, 보석, 비단 등으로 교환하기는 어려웠다. 영주의 권력이 군사적 추종자들의 위신을 높여주는 선물 제공 능력의 유무에 좌우되는 세계에서, 농민의 지대를 현금으로 전환할 수 없다는 것은 심각한 결함이었다. 그것은 무기와 보석을 추종자들에게 제공하려 하는 유력자들이 이런 물품을 상인과 직인에게 구입하거나, 그것이 여의치 않을 경우 약탈과 공납을 통해 얻어내야 한다는 것을 의미했다. 어느 쪽을 택하건 선물의 확보 과정이 불안정하다는 점에서는 마찬가지였다.

7·8·9세기의 성공한 지배자들은, 부유하되 방어에 취약한 영지—손쉽게 공격해 많은 이득을 얻어낼 수 있는 영지—에 인접한 영지의 영주인 경우가 많았다. 그와 같은 '부드러운 변경'은 지배자에게 토지와 부—추종자들에게 분배할 수 있는—를 제공해주었다. 이런 식의 성공을 거둔 영주는 추종자의 수를 늘릴 수 있었다. 추가적인 정복활동이 연이어 수행되는 한 권력과 부의 확대 과정은 계속될 것이었다. 그러나 약탈과 정복으로 획득한 권력은 근원적으로 불안정했다. 몇 차례의 패배를 당하기만 해도 그 모든 과정이 송두리째 뒤집힐 수 있었다.

중세 서유럽에서 권력의 불안정성을 가중시킨 또 다른 요인은, 중세 초기의 모든 왕조가 왕위 계승 절차를 제어하는 데 어려움을 겪었다는 사실이다. 5세기와 6세기의 침입 기간에 권력을 확립한 왕들은 해당 지역의 전통적인 왕실 가문 출신이 아니었다. 더욱이 그 시기에 서로마 제국을 장악한 야만인 군대는 단일 종족으로 구성되어 있지도 않았다. 그들은 대개 다양한 종족—불만을 품은 상당수의 로마인 포함—으로 구성되어 있었다. 그들의 통일성이란 대부분 그들을 이끌던 카리스마적인 전사왕(戰士王)에 의해 창출된 것이었는데, 이 카리스마는 세습에 의해 전달되기 어려웠다.

5세기와 6세기 서로마 제국에 왕국을 수립한 야만인 집단 가운데 오직 프랑크족만이 단일한 왕조를 확립하는 데 성공했다. 이 왕조에서 향후 250년 동안 프랑크족의 왕이 배출되었다. 이 왕조는 프랑크족의 위대한 전사왕 클로비스(재위 481~511)가 확립했다. 그는 정통 가톨릭 그리스도교로 개종함으로써 자신의 왕조와 갈리아의 막강한 로마 주교들 사이에 동맹관계를 수립했다. 하지만 이 왕조는 클로비스의 전설적인 조부인 '바다의 용(sea dragon)' 메로베치(Merovech)의 이름을 따서 메로빙거 왕조로 알려지게 되었다. 우리는 이런 주장을 진지하게 받아들일 필요는 없다. 하지만 그것은 클로비스의 조부가 누구였는지 아무도 확신하지 못했다는 것을 말해준다.

그러나 메로빙거 왕조는 갈리아 내에서 왕권을 주장할 수 있는 유일한 가문이 아니었다. 서고트족의 에스파냐, 앵글로색슨족의 잉글랜드, 롬바르드족의 이탈리아에서는 대립하는 왕가들이 훨씬 더 많았다. 더욱이 왕위 계승권은 왕가의 장남에게만 국한되지 않았다. 중세 초기 유럽은 왕의 모든 아들(그리고 종종 왕의 사촌형제와 조카)이 왕권을 주장할 수 있는 세계였다. 서고트족의 에스파냐에서는 왕이 죽은 뒤 이어진 피투성이의 왕위 계승 다툼이 그 지역에 거주하던 로마인을 어찌나 소름끼치게 만들었던지, 로마인은 왕위 계승 절차에 대한 통제 불능 상황을 질병―'고트족의 병(morbus Gothorum)'―이라고 불렀을 정도이다. 갈리아의 프랑크족은 왕권 주장을 메로빙거 왕가의 후손에 국한시키는 데는 성공했다. 하지만 왕국을 여러 지역으로 분할하고 각 지역마다 다른 왕을 앉히는 메로빙거의 관행 때문에 메로빙거 갈리아는 수많은 내란을 피할 수 없었다.

메로빙거 갈리아

메로빙거 왕조의 대립적인 왕들 사이에 벌어진 잔인한 투쟁은, 그들의 경쟁자이자 계승자였던 카롤링거 왕조가 덮어씌운 오명과 결합해 메로빙거 왕조 지배방식의 진정한 장점과 세련된 수완을 가리기 일쑤다. 로마 말기의 지방 행정은 메로빙거 왕조 시기에 대부분 살아남아 있었다. 문자해독능력은 메로빙거 행정의 중요한 요소였고 카롤링거 왕조는 메로빙거 왕조가 남겨준 기반 위에 건설되었다. 샤를마뉴 치세와 관련된 문화적 르네상스가 7세기 말에 이미 시작된 것이다. 예를 들면 뤼세이유 등지의 메로빙거 수도원에서는 성경을 비롯한 호화스러운 필사본들이 제작되고 있었다.

수도원은 메로빙거 왕조 시대―특히 7세기―에 현저히 늘어났는데, 그것은 이 나라가 얼마나 부유했는지를 보여준다. 700년 무렵 갈리아에 분포했던 약 550개의 수도원 가운데 300개 이상이 7세기의 100년 동안 건립되었다. 프랑크 왕국의 주교 관구 또한 메로빙거 왕조에서 번영을 누렸는데, 그들이 소유한 전체 토지의 4분의 3가량은 7세기 말에 획득한 것이었다. 이와 같은 대대적인 부의 재편성은 프랑크 왕국의 경제적 무게 중심에 근본적 변화가 있었음을 말해준다. 600년경 갈리아의 부는 로마 말기의 전 시기를 통해 항상 그랬듯이 여전히 남부에 편중되어 있었다. 그러나 750년에 이르러 왕국의 경제 중심은 루아르 강 이북 라인란트로부터 서쪽으로 북해까지 뻗어 있는 영토에 놓여 있었다. 7세기에 갈리아에 건립된 새로운 수도원은 대부분 그곳에서 기반을 잡았다.

이 같은 남부에서 북부로의 부의 이동 배후에는, 북부 프랑스의 비옥한 점토질 토양을 경작하기 위한 길고도 성공적인 노력이 가로놓여 있었다. 이런 노력은 무겁고 바퀴 달린 쟁기—풀로 덮인 대지를 파 들어가고 무거운 진흙을 뒤집을 수 있는—의 발전에 의해, 그리고 이 쟁기를 끌 가축(주로 소였지만 때로는 말도 이용되었다)을 부리는 데 도움을 주는 편리한 각종 마구(馬具)에 의해 가능했다. 점차 기후가 따뜻해지면서 습한 북부 토지의 비옥도가 향상되었고, 작물의 성장기간이 늘어나 좀 더 효율적인 윤작 체계가 가능해졌다. 식량이 풍부해지면서 인구가 늘기 시작했다. 북부 프랑스는 여전히 울창한 숲에 의해 분리된 채 띄엄띄엄 섬처럼 흩어진 거주지들로 이루어져 있었지만, 750년에는 600년에 비해 인구가 한층 더 조밀한 지역이 되었다. 이러한 모든 발전은 카롤링거 시대와 그 다음 시대까지 계속될 것이었다. 카롤링거 왕조가 북부에서의 이런 농업 번영의 결실을 향유하기는 했지만, 그것을 가능케 한 발전 과정은 앞선 시대인 7세기의 메로빙거 왕조에서 시작된 것이었다.

수도원 제도와 개종

중대한 발전은 7세기의 종교생활, 특히 수도원에서 나타났다. 7세기에 그리스도교 유럽 전 지역에 걸쳐 수도원 건립이 급격히 늘어났다. 수도원은 4세기 이래 갈리아, 이탈리아, 에스파냐 등지에 산재했지만, 대부분은 남부 에스파냐, 갈리아, 북부 이탈리아 등 로마화가 고도로 진행된 도시들에 자리 잡고 있었다. 갈리아—이 지역의 메로빙거 왕들은 가톨릭을 신봉했다—에서는 이미 6세기부터 왕들이 수도원과의 결합을 도모하기 시작했다. 에스파냐, 이탈리아, 잉글랜드 등처럼 지배자가 과거 아리우스 이단이었거나(에스파냐, 이탈리아) 또는 이교도였던(잉글랜드) 지역에서, 수도원과 왕국의 결합은 이들 지역의 왕조가 가톨릭 그리스도교로 개종한 7세기에 들어서야 비로소 이루어졌다. 갈리아의 메로빙거 왕들과 프랑크 왕국 수도원 사이의 관계는, 왕실과 주요 귀족 가문이 대대적인 수도원 건립 운동—그것은 서유럽의 정신적 지형을 영구히 바꾸어놓았다—을 벌이기 시작한 6세기 말에 이르러 대단히 밀접해졌다.

7세기에 건립된 새로운 수도원은 대개 의도적으로 시골에 자리를 잡았고, 수도원은 해당 지역을 그리스도교화하기 위한 지속적 투쟁 과정에서 중요한 역할을 했다. 종종 그들은 면책특권(immunity)으로 알려진 특전을 허락받았다. 그 덕분에 수도원은 지방 주교의 통제로부터 자유로워졌고 설립자에게만 종속되었다. 이 새로운 시설은 이중 수도원(double monasteries)—남성 수도원과 여성 수도원이 함께 있다—이거나 여성 수도자만을 위한 수녀원 (convents)인 경우가 많았다. 어느 쪽이든 수도원은 대체로 왕실 여성—왕의 미망인, 왕녀, 때로는 현재의 왕비—가운데서 발탁된 수녀원장(abbess)에 의해 통솔되었다.

수도생활은 중세 초기 왕실 및 귀족 여성에게 아주 매력적인 것이었다. 수도원은 그녀들에게 사회적으로 공인된 영역을 제공해주었다. 그녀들은 그 안에서 자신의 삶에 대한 영향력—수도원 바깥에서는 거부되었던—을 상당한 정도 행사할 수 있었다. 수도원은 그녀들에게 사회적으로 명예로운 지위를 부여했다. 그곳에서 그녀들은 자기 가문에 영향을 미칠 수 있었다. 또한 유괴나 강간 또는 가문의 외교적·왕조적 이해관계 증진 명목으로 추진되는 강제 결혼으로부터 보호받을 수 있었다. 수도생활은 또한 수도원 바깥세상에서는 구원의 가망이 지극히 위태롭고 불확실하게 여겨졌던 시기에 구원을 보장해주었다. 그러나 수녀원이나 이중 수도원은 왕실 남성에게도 유리한 것이었다. 그들이 수도원을 건립하고 지원한 이유 중 하나도 여기에 있었다. 수녀원은 왕의 미망인같이 성가신 잠재적 여성 권력자를 은퇴시키기에 적합한 위엄 있는 장소였다. 성스러운 여성의 기도는 왕국을 위한 신의 가호를 얻어내는 데 각별한 효능이 있는 것으로 간주되었다. 그리고 출산 가능한 왕실 여성의 수를 제한함으로써 수녀원은 잠재적 왕위 주창자의 수를 줄이는 데도 기여했다. 그러므로 왕실 여성의 수녀원 배치는 중세 초기 왕국들을 주기적으로 분열시키곤 했던 왕위 계승 다툼을 완화하는 중요한 방법이었다.

새로운 수도원 중 상당수는 7세기의 세계를 특징지었던 활발한 선교활동에서도 중요한 역할을 했다. 수도원 선교활동의 가장 잘 알려진 예는 앵글로색슨 잉글랜드의 개종이다. 북부 잉글랜드의 그리스도교화 사업은 아일랜드에서 건너온 수도사들의 주도로 6세기 말에 시작되었다. 그러나 결정적인 순간은 597년에 왔다. 그해 교황 그레고리우스 1세가 파송하고 캔터베리의 성 아우구스티누스(히포의 성 아우구스티누스와 혼동하지 말 것)가 이끈 40명의 베네딕투스 수도사들은 로마 그리스도교의 전통을 잉글랜드 동남부의 켄트 왕국에 도입했다. 초기 단계에서 약간의 차질이 있었지만, 7세기 말에 이르러 잉글랜드 전 지역이 로마 그리스도교 세계의 영역 안으로 들어갔다. 잉글랜드 수도사들은 프리슬란트와 작센 지역에서 선교활동을 시작했다. 프랑크 왕국의 선교사들 또한 이들 지역에서 적극적으로 활동했는데, 그들은 저지대 지방과 서남쪽의 바스크 지역에서도 적극적이었다. 그러나 교황과 갈리아의 입장에서 결정적으로 중요했던 것은, 잉글랜드 수도사들이 교황에 대해 각별한 충성심을 갖고 있었다는 사실이다.

교황 그레고리우스 1세

로마 교황과 베네딕투스 수도회 사이의 새로운 동맹을 주도한 인물은 교황 그레고리우스 1세(재위 590~604)—그레고리우스 대교황—였다. 그의 시대에 이르기까지 로마의 교황들은 대체로 콘스탄티노플의 황제 및 동방 그리스도교의 종교적 위세에 예속되어 있었다. 그러나 이탈리아에서 비잔티움의 영향력이 쇠퇴하고 있는 상황에서, 그레고리우스는 콘스탄티노플과의 단절을 막기 위해 안간힘을 쓰면서도, 다른 한편으로는 좀 더 자율적이고 서유럽 지향적인 라틴 교회를 창출하는 방안을 모색하고 있었다. 신학자—위대한 라틴 교부 가운데 네 번째 서열에 놓인다—로서 그는 전대의 교부인 히에로니무스와 암브로시우스 그리고 특히 히포의 아우구스티누스의 신학적 업적을 바탕으로 서유럽적인 특징이 묻어나는 독자적 신학 체계를 수립했다. 그의 신학은 죄 사함을 위한 고해와, 영혼이 천국에 이르기 전 정화되는 장소로서 연옥의 관념을 강조했다(서유럽인의 연옥에 대한 믿음은 그 후 동서 교회 간에 중요한 교리상의 차이가 되었다). 그레고리우스는 주교의 평신도에 대한 목회적 보살핌의 중요성을 강조하면서 이 주제와 관련해 간소한 라틴어 산문으로 작성된 영향력이 매우 큰 책을 펴냈는데, 이 책은 중세 초기에 가장 널리 활용된 주요 서적 중 하나였다. 그레고리우스가 작곡했다 하여 〈그레고리오 성가〉로 알려진 무반주 성악으로 부르는 힘찬 라틴 기도문 성가가 오늘날까지 전해오고 있다. 하지만 이 성가의 작곡 과정에서 그레고리우스가 어떤 역할을 했는지에 대해서는 추측만 할 수 있을 뿐이며 논쟁의 여지가 있다. 이 모든 혁신은 서유럽 그리스도교를 그리스어 사용 동유럽으로부터 종교적·문화적으로 독립시키는 데 기여했다.

그레고리우스는 또한 선대의 로마 교황들을 빼닮은 정치가이자 통치자였다. 이탈리아 내에서 그는 교황 영지 및 세입의 노련한 운영과 기민한 외교적 수완을 통해 교황권을 야만인 롬바르드족의 위협으로부터 지켜냈다. 그는 비잔티움과 좋은 관계를 유지하면서 동시에 서유럽 교회 주교들에 대한 교황의 수위권을 주장했다. 무엇보다도 그는 베네딕투스 수도회를 후원했다. 그레고리우스의 후원으로 성 베네딕투스 계율은 서유럽의 대표적인 수도원 계율이 되었고, 베네딕투스 수도사는 중세 초기 서유럽에서 가장 중요한 선교집단으로 떠올랐다. 베네딕투스 선교사인 잉글랜드인 성 보니파키우스(675경~754)와 성 윌리브로드(658경~739)는 각별히 주목할 만한 업적을 남겼다. 프리지아와 독일에서의 그들의 선교활동으로 두 지역이 서유럽 가톨릭교회의 품 안에 들어갔고, 그것은 향후 중세 초기 유럽을 변화시키게 될 교황과 프랑크 왕국 간 동맹의 기초가 되었다. 그레고리우스는 생전에 그러한 동맹이 실현되는 것을 볼 수 없었지만 서유럽 교회의 활력을 북돋운 그의 정책은 그 동맹에 지대한 공헌을 했다.

카롤링거 왕조의 흥기

♣ 샤를마뉴는 그리스도교와 왕권의 관계를 어떻게 규정지었는가?

갈리아에 자리 잡은 메로빙거 왕조의 취약성은 7세기 말에 접어들어 점점 더 분명해졌다. 메로빙거 왕가 중심지인 네우스트리아[1]의 귀족 가문과 변경 지역인 아우스트라시아의 귀족 가문 사이의 긴장이 점차 고조되었다. 아우스트라시아 귀족은 라인 강 동쪽의 '부드러운 변경'으로 끊임없이 밀고 들어가는 과정에서 부와 군사력을 획득했다. 반면 네우스트리아에 기반을 둔 메로빙거 왕조는 손쉬운 정복지를 갖지 못했다. 게다가 그들은 7세기를 거치는 동안 보유 토지의 상당 부분을 교회에 헌납했다. 메로빙거 왕들이 연달아 단명하면서 일은 더욱 복잡하게 꼬였고, 아우스트라시아와 네우스트리아 사이에 내전이 벌어졌다. 687년 아우스트라시아 귀족 지도자인 헤르스탈의 피핀(피핀 2세)은 '궁재(宮宰)' 지위를 무력으로 쟁취하는 데 성공했고, 아우스트라시아와 네우스트리아 두 지역에 대한 지배권 장악을 도모했다. 그러나 피핀 가문이 메로빙거 궁정에 대한 지배권을 확보한 것은, 717년 피핀의 사생아인 카를 마르텔(마르텔은 '망치'라는 뜻)이 두 지역에서 반대파를 물리친 뒤의 일이었다. 그 후 메로빙거 왕조의 왕은 카를 마르텔과 그의 아들들이 지배한 왕국에서 이름뿐인 왕 노릇을 했다.

카를 마르텔은 클로비스의 뒤를 이은 프랑크 왕국 제2의 건설자로 간주되곤 한다. 그가 이런 칭호를 얻을 수 있었던 이유는 두 가지이다. 첫째, 그는 733년 또는 734년(전통적인 연대인 732년은 오류로 밝혀졌다)에 메로빙거 왕조 수도인 파리에서 240킬로미터쯤 떨어진 투르(푸아티에가 아니다)에서 에스파냐 방면으로부터 침략한 무슬림 군대를 격퇴했다. 무슬림 군

---

1) 메로빙거 프랑크 왕국의 북동쪽 지역(오늘날 프랑스의 동쪽, 독일의 서쪽, 벨기에, 룩셈부르크, 네덜란드)을 아우스트라시아(동쪽의 땅), 서부 지역(오늘날 프랑스 북부 지역)을 네우스트리아(새로운 땅)로 구별해 불렀다.

대는 정규군이 아닌 약탈자의 무리였지만, 이 침공은 우마이야 왕조의 서북 유럽 공략에서 절정을 이루는 사건이었다. 카를은 이 전쟁의 승리로 크게 위신을 높일 수 있었다. 둘째, 그에 못지않게 중요한 것은, 카를이 잉글랜드의 베네딕투스 수도회와 동맹을 맺었다는 사실이다. 당시 베네딕투스 수도회는 프리지아와 독일에 대한 개종사업을 진행하는 중이었다. 카를 가문은 오래전부터 이 지역에 대한 정복 및 식민사업에 적극적이었으므로, 그는 선교사업과 프랑크 왕국의 팽창이 나란히 진행될 수 있다는 점을 분명히 이해했다. 카를은 성보니파키우스와 그 추종자들의 개종 사업을 기꺼이 지원했다. 한편 잉글랜드의 베네딕투스 수도사들은 마르텔과 그 후예들을 교황과 접촉하게 해주었고, 프랑크 왕국 교회에 대한 마르텔의 개혁—및 장악—노력을 지원했다.

카를 마르텔은 741년 죽었다. 마르텔은 결코 왕이 되고자 하지 않았지만, 생애 만년에 그는 명백히 갈리아의 유일한 실질적 지배자였다. 따라서 737년 메로빙거 왕이 죽었을 때 그는 아무런 거리낌 없이 새로운 왕의 선임을 주관했다. 그러나 743년 마르텔의 두 아들 카를로만과 피핀(피핀 3세)은 정통 왕권의 위엄에 굴복했고, 뒤이어 새로운 메로빙거 왕이 왕위에 올랐다. 750년 카를로만은 공적 생활에서 은퇴해 수도원에 들어갔고, 피핀은 직접 왕권을 장악하기로 결심했다. 왕조의 변화를 이끌어내기 위해서는 프랑크 교회의 지원이 필요했다. 그러나 메로빙거 갈리아의 주교들이 교황의 인가 없이 그런 찬탈 행위를 지지할 가능성은 거의 없었다. 피핀은 단념하지 않았다. 그의 가문은 성 보니파키우스를 지원했기에 피핀은 일찍이 로마에서 호평을 얻고 있었다. 그리고 교황은 성상파괴 문제를 놓고 비잔티움 황제들과, 그리고 중부 이탈리아 지배권을 놓고 롬바르드 왕들과 치열한 다툼을 벌이고 있었기에 피핀의 왕권 찬탈에 기꺼이 협력했다. 교황은 강력한 신흥 국가인 프랑크 왕국의 지배자가 이탈리아에서 롬바르드에 맞서 교황의 이익을 보호하는 책무를 비잔티움 황제를 대신해 떠맡아주기를 기대했던 것이다.

751년 성 보니파키우스는 교황 사절 자격으로 성유식을 베풂으로써 피핀을 프랑크 왕으로 인정했다. 새로운 국왕에게 성스러운 기름을 붓는 의식은 성경에서 따온 아이디어였다 (예언자 사무엘은 이스라엘의 첫 왕 '사울'에게 기름을 부었다). 『구약성서』와 결부된 이런 권력은 피핀의 아들인 샤를마뉴(따라서 그는 '다윗'이 되었다)와 손자인 루트비히 경건왕(그는 '솔로몬'이 되었다) 치세에 확대되었다. 그러나 751년 당시의 시점에서 보면, 『구약성서』와의 연관은 오히려 마지막 메로빙거 왕의 폐위 과정, 그리고 메로빙거 왕조의 피라고는 한 방울도 섞이지 않은 새로운 국왕이 거의 300년 만에 처음으로 프랑크 왕국의 왕위에 오르는 과정이 얼마나 생경하고 불안정했는지를 강조하는 인상을 주었을 뿐이다. 756년 피핀은 이탈리아의 롬바르드족에 대한 군사 원정에 착수함으로써 교황에게 진 빚을 갚았다. 그러나 원정의 성과가 여의치 않자 피핀은 이를 포기하고 본국으로 돌아갔다. 피핀의 즉위는 새로운 프랑크 왕국이 '가톨릭교회 및 베네딕투스 수도회 세력 범주'에 진입했음을 상징적으로 보여준다. 그러나 당시의 피핀은 새로운 왕국의 지배권을 장악하기에도 버거울 지경이었다.

샤를마뉴 치세

가톨릭교회, 프랑크 왕국, 베네딕투스 수도회 사이의 새로운 제휴가 공고해진 것은 피핀 3세의 아들 샤를마뉴 치세(768~814) 때의 일이다. 샤를마뉴의 라틴어 이름은 카롤루스 마그누스(Carolus Magnus)인데, 새로운 왕조인 '카롤링거'의 이름은 여기서 유래한 것이다. 768년 샤를마뉴가 왕위에 올랐을 때 프랑크 왕국은 아우스트라시아, 네우스트리아, 아키텐 등 적대 지역으로 분열될 가능성이 있었다. 그러나 경이로운 군사 원정을 통해 샤를마뉴는 프랑크인을 결속시켰고, 그들을 이끌고 정복에 나서 이탈리아의 롬바르드 왕국, 작센을 포함한 독일 대부분, 중부 유럽 일부, 카탈루냐 등을 병합했다. 성공적인 정복활동은 새로운 카롤링거 왕조에 대한 신의 재가를 확증해주는 일이었다. 정복활동으로 획득한 약탈품, 전리품, 새로운 땅 등으로 샤를마뉴는 프랑크족 추종자들에게 현기증이 날 정도로 어마어마한 부와 영광을 안겨주었다. 샤를마뉴에게 정복된 사람들의 상당수는 이미 그리스도교도였다. 그러나 작센 지역에서 샤를마뉴 군대는 20년이나 원정활동을 한 끝에 마침내 이교도 작센인을 굴복시키고 그들에게 그리스도교 개종을 강요했다. 독일은 이렇게 해서 프랑크 왕국의 영토에 강제 통합되었다. 여기서 중요한 것은 샤를마뉴가 수행한 작센 정복 사업이 정복과 개종을 연결시켰다는 점이다. 정복과 개종의 통합은 향후 1,000년 동안 서유럽 그리스도교 사상의 특징을 이루게 되었다.

광대한 정복지를 지배하기 위해 샤를마뉴는 주백(州伯, counts)—라틴어 comites는 '추종자들'이라는 뜻이다—이라 불린 프랑크 귀족들을 임명해 관할 지역의 지방 행정을 주관하도록 했다. 주백의 여러 의무 중에는 재판 집행과 군대 모병이 있었다. 샤를마뉴는 궁정 관리, 통행세 수납, 국왕 영지 관리, 세금 징수 등의 업무를 감독할 지방 행정관 네트워크도 확립했다. 또한 샤를마뉴는 은화 1파운드를 240페니로 정한 화폐제도를 창안했는데, 이 제

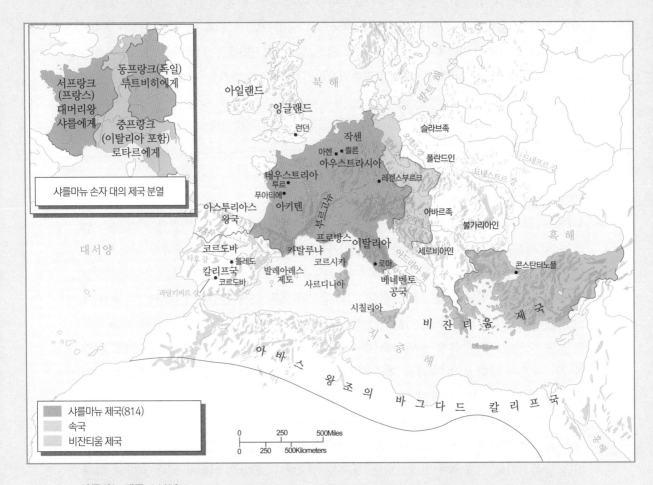

지도 내 텍스트:

서프랑크(프랑스) 대머리왕 샤를에게
동프랑크(독일) 루트비히에게
중프랑크(이탈리아 포함) 로타르에게
샤를마뉴 손자 대의 제국 분열

아일랜드
북해
잉글랜드
런던
작센
아헨 · 쾰른
아우스트라시아
레겐스부르크
네우스트리아
투르
푸아티에
아키텐
아스투리아스 왕국
슬라브족
폴란드인
드네스트르 강
드네프르 강
발트해
아바르족
불가리아인
흑해
대서양
코르도바
톨레도
칼리프국
코르도바
타호 강
과달키비르 강
카탈루냐
발레아레스 제도
프로방스
이탈리아
코르시카
사르디니아
로마
베네벤토 공국
세르비아인
콘스탄티노플
비잔티움 제국
아드리아 해
시칠리아
지중해
아바스 왕조의 바그다드 칼리프국
홍해

샤를마뉴 제국(814)
속국
비잔티움 제국

0 250 500 Miles
0 250 500 Kilometers

샤를마뉴 제국, 814년

814년 샤를마뉴는 과거 서로마 제국 영토의 대부분을 망라하는 제국을 건설했다. 로마 제국을 재현했다는 그의 주장은 정당했는가? 그의 로마 지배는 그의 주장을 어떻게 강화해주었는가? 그것은 그의 가문과 교황청의 전통적 동맹관계를 어떻게 복잡하게 만들었는가? 왼쪽 위의 작은 지도를 주목하라. 어떤 힘이 작용했기에 샤를마뉴 제국은 지도에 보이는 국경선을 따라 분열되었는가?

도는 프랑스에서는 프랑스 혁명 시기까지 지속되었고, 영국에서는 1970년대까지 이어지다가 마침내 십진법에 기초한 통화로 대치되었다. 앞서 살폈듯이, 이 새로운 화폐제도에 사용된 은의 대부분은 아바스 제국에서 왔다. 스칸디나비아 상인은 러시아와 발트 해를 경유해 라인란트로 가져간 은을 (샤를마뉴가 작센인 상대의 전쟁에서 포로로 잡은) 노예, 모피, 직물 등과 교환했고, 그것들을 다시 바그다드로 수출했다.

카롤링거 왕조의 행정이 일반적으로 그렇듯이, 이 새로운 화폐제도는 문서와 훈령을 규칙적으로 활용함으로써 유지되었다. 그러나 샤를마뉴는 자신의 의도를 알리기 위해 문서에만 의존하지 않았다. 그는 궁정에서 특별 임무를 띤 대리인—'영주의 사절'을 정기적으로 파견해, 지방을 순회하면서 왕의 훈령을 직접 하달하고 지방 행정관을 감시하도록 했다. 샤를마뉴의 통치 체제는 결코 완전하지 않았다. 지방 관리는 지위를 남용했고, 귀족은 자유농민을 부자유한 농노로 만들려 했으며, 지방 법정에서는 정의가 실행되기보다는 거부되는 경우가 빈번했다. 그러나 샤를마뉴 체제는 로마 멸망 이후 유럽에 등장한 가장 훌륭한 정부였으며, 그 후 300년 동안 서유럽 지배자들은 샤를마뉴 체제를 모델 삼아 행정 체계를 구축했다.

그리스도교와 왕권

치세 전 시기를 통해 샤를마뉴는 그리스도교도 왕으로서의 책임감을 진지하게 느꼈다. 그러나 제국이 확대되면서 그는 스스로를 프랑크 왕국의 지배자일 뿐만 아니라 통일된 그리스도교 사회 및 그리스도교 국가의 지배자이기도 하다는 인식을 갖게 되었다. 그는 그리스도교 국가를 군사적·정신적으로 적들로부터 방어해야 한다는 의무감을 느꼈다. 카롤링거 세계는 비잔티움·이슬람과 마찬가지로 종교적 영역과 정치적 영역을 구분 짓지 않았다 (두 영역의 구분은 12세기 이후에야 유럽인의 삶을 특징짓게 되었다). 특히 그리스도교도 사이에서 왕권이란 교회를 보호하고 그리스도교도들을 지키며 그들의 구원을 장려하기 위해 신이 제정한 신성한 직책으로 간주되었다. 그러므로 종교적 개혁은 정의와 영토 수호 못지않게 왕권의 핵심 사안이었다. 어떤 의미에서 왕국의 종교생활에 대한 왕의 책임은 다른 책임보다 훨씬 더 중요한 것이었다. 신민의 삶이 신을 기쁘게 하지 못한다면 어떤 왕국도 번영할 수 없었기 때문이다.

국왕의 정신적 책무에 관한 이런 사상은 8세기 말에 처음 등장한 것은 아니다. 하지만 그것은 샤를마뉴가 휘둘렀던 비범한 권력으로 말미암아 새로운 중요성을 얻게 되었다. 중세 초기의 다른 왕들과 마찬가지로 샤를마뉴는 주백이나 다른 관리를 다루듯이 주교와 수도원장을 마음대로 임명하고 해임했다. 그는 또한 프랑크 왕국 교회의 기도문을 변경했고, 프랑크 왕국 수도원의 예배 규율을 개혁했고, 그리스도교 신앙 고백문의 변경을 선포했고, 이교적 습속을 금지했고, 프랑크 왕국 농민에게 십일조(농업 생산물의 10분의 1을 교회에 바쳐야 했다)를 강요했고, 작센의 피정복민에게 세례를 포함한 기본적인 그리스도교 의식을 강제했다. 신이 선택한 새로운 이스라엘—프랑크 왕국—이 성경 속의 이스라엘 백성이 신에게 불순종할 때마다 마주쳐야 했던 운명을 피하려면 샤를마뉴는 마땅히 그러한 조치를 취해야만 했다.

중부 이탈리아에서 막강한 정치권력을 지닌 샤를마뉴는 교황의 보호자이기도 했다. 서유럽 그리스도교의 정신적 지도자로서 교황의 역할을 조심스럽게 인정하긴 했지만, 샤를마뉴는 교황을 프랑크 왕국의 여느 주교와 마찬가지로 대했다. 그는 교황 선출을 주관하고 재가했으며 교황을 적으로부터 보호해주었다. 796년 교황 레오 3세 선출 직후 샤를마뉴는 그의 권위와 교황의 권위의 관계를 이렇게 설명했다. 샤를마뉴는 레오에게 이런 편지를 썼다.

거룩한 미덕의 도우심에 따라 밖으로는 이교도의 침략과 비그리스도교도의 약탈로부터 모든 거룩한 그리스도 교회를 군사력으로 지켜내고, 안으로는 가톨릭 신앙을 고백함으로써 교회를 강건하게 하는 것이 우리의 임무입니다. 중재자로서의 교황 성하와 우리를 인도하고 베푸시는 하느님과 더불어 우리 그리스도교도들이 모든 곳에서 거룩한 이름을 대적하는 자들을 누르고 승리할 수 있도록, 그리고 우리 주 예수 그리스도의 이름이 온 세상에 널리 알려질 수 있도록, 교황 성하께서는 우리의 군대를 도울 의무가 있습니다.

카롤링거 르네상스

카롤링거 르네상스—카롤링거 궁정 중심의 문화적·지적 번영—에도 그와 비슷한 이상이 가로놓여 있었다. 성경에 나오는 히브리 왕 다윗과 솔로몬이 그랬던 것처럼, 샤를마뉴와 그의 아들 루트비히 경건왕은 문학과 학문의 후원자 역할을 진지하게 받아들였다. 그 과정에서 그들은 지적·문화적 중심으로서의 궁정이라는 이상을 고안해냈고, 그것은 19세기 말까지 서유럽인의 문화적 삶에 엄청난 영향을 미쳤다. 그러나 카롤링거 왕조의 학문 지원 배후에는 고전 학문이 그리스도교적 지혜의 토대이며 그 지혜가 신의 백성의 구원에 필수적이라는 확신이 가로놓여 있었다. 그러므로 학문을 후원한다는 것은 그리스도교 군주의 으뜸가는 의무였다.

고전 학문과 그리스도교적 지혜를 장려하기 위해 샤를마뉴는 유럽 전역에서 학자들을 초빙했다. 그들 가운데 잉글랜드의 베네딕투스 수도사 앨퀸도 있었는데, 고전 라틴어 문법의 권위자였던 그는 샤를마뉴 궁정의 지적 우두머리가 되었다. 카롤링거 시대 학자들은 상당량의 독창적인 라틴 시와 다량의 신학·목회 문헌을 산출했다. 하지만 이제 그들은 앨퀸의 지도 아래 고전 라틴 문헌의 대조, 교정, 필사 등에 가장 큰 노력을 기울이게 되었다. 라틴 문헌 중 가장 중요한 것은 라틴어 성경이었는데, 누대에 걸친 필사자들의 오류로 인해 훼손되어 있었다. 이런 오류를 찾아내 바로잡기 위해 앨퀸과 동료들은 가능한 한 많은 다양한 성경 사본을 수집해 단어 하나하나를 일일이 대조했다. 그들은 모든 사본을 검토하고 그중 올바른 판본을 결정한 뒤 새롭게 교정된 사본을 만들고 다른 사본들을 파괴했다. 그들은 또한 글자 형태를 간소하게 하고 단어와 단어 사이에 공간을 확보한 새로운 글씨체를 개발함으로써 후대의 필사자들이 새롭게 교정된 텍스트를 오독할 가능성을 크게 줄여주었다. 15세기 르네상스 학자들에 의해 다시 수정되기는 했지만, 이 새로운 글씨체—카롤링거 소문자(Carolingian minuscule)—는 현재 유럽에서 출판되고 있는 거의 모든 서적의 인쇄에 사용되는 활자체의 바탕이 되었다.

수도사의 고전 연구 중요성을 강조한 샤를마뉴

샤를마뉴와 그 시대 사람들은 그리스도교도 왕이라면 마땅히 신민의 구원에 전적인 책임을 져야 한다고 생각했다. 이 목적을 달성하기 위해 샤를마뉴는 왕국 내에서 고전 및 그리스도교 문헌 연구를 장려하는 것이 필수적이라고 믿었다. 이 서한의 사본은 프랑크 왕국 각지의 거의 모든 수도원에 전달된 것으로 보인다.

하느님의 은혜로 말미암아 프랑크족과 롬바르드족과 로마 귀족의 왕 카를이 바우굴프 수도원장과 귀하의 모든 회중에게 보내노라.……여러분의 헌신이 널리 알려질지니……우리와 우리의 신실한 조언자들은 주교 관구와 수도원들─그리스도의 은혜에 따라 우리는 이들을 다스리도록 위임받았다─이 그들의 규례와 거룩한 종교의 관행에 의해 규정된 생활 방식에 더하여, 문헌을 공부하고 가르치는 일에 헌신해야 한다고 판단하기에 이르렀다.…… 그리하여 올곧은 삶으로 하느님을 기쁘시게 하고자 하는 사람들이 올바른 언어생활에 의해서도 하느님을 기쁘시게 하기를 원하노라.……근자에 일부 수도원에서 우리에게 서한을 종종 보내왔는데……우리는 이들 서한의 대부분이 정서적으로는 건전하되 그 언어가 거칠고 천박하다는 것을 알게 되었다. 그러므로……우리는 그들의 문헌 지식의 부족이 성경 이해에서의 좀 더 심각한 지혜의 결여로 이어지지 않을까 두려워하기 시작했다. 우리는 말씀에서의 오류가 위험스러우며, 교리상의 오류는 더더욱 위험하다는 것을 익히 알고 있다. 그러므로 우리는 여러분에게 촉구하노니, 문헌 공부를 소홀히 하는 일이 없도록 할뿐만 아니라, 배움에 노력을 기울여 성경의 신비를 한층 쉽고 정확하게 꿰뚫어볼 수 있기를 바라노라. 성경 본문 내용에는 상징적인 표현과 비유 등이 있는바, 문헌 연구에 대한 가르침을 충분히 받은 사람이 성경을 읽고 그 영적인 의미를 한층 신속하게 이해하게 되리라는 데에는 의심의 여지가 있을 수 없다.……우리는 여러분이 교회의 병사들답게 안으로는 경건하고 밖으로는 학식이 있기를, 선한 삶에서 순결하고 언어생활에서 박식하기를 원하노라. 그리하여 하느님의 이름으로 여러분에게 다가오는 사람과 여러분과의 거룩한 교제를 통해 영감을 얻고자 하는 사람들이 여러분을 바라보는 것만으로도 강건함을 얻게 되기를, 그리하여 읽기와 성가에서 드러난 여러분의 지혜를 통해서도 배움을 얻을 수 있고, 그 결과 기쁨 속에서 전능하신 하느님께 감사를 드리게 되기를 바라노라.

샤를마뉴와 서로마 제국의 부활

샤를마뉴 생애는 800년 크리스마스에 로마에서 절정에 달했다. 그날 그는 교황 레오 3세에 의해 새로운 서로마 황제의 관을 썼다. 여러 세기가 지난 뒤 교황들은 이 사건에서 교황이 맡은 역할을 신성 로마 황제(12세기에 이르러서야 일반적인 호칭이 되었지만, 편의상 샤를마뉴 이후의 서유럽 황제들을 가리키는 호칭으로도 쓸 수 있다)에 대한 교황의 정치적 수월성의 선례로 인용했다. 그러나 800년 당시의 시점에서 교황 레오는 샤를마뉴의 꼭두각시에 지나지 않았다. 훗날 샤를마뉴는 자신에게 관을 씌우려던 레오의 계획을 미리 알았더라면 그날 교회에 가지 않았을 것이라고 말했지만, 교황 레오가 샤를마뉴의 사전 인지 내지 동의 없이 그런 대관식을 치렀으리라고는 생각하기 어렵다. 적어도 그 대관식은 비잔티움인―그들은 샤를마뉴와 이미 긴장관계에 있었다―을 분노케 할 것이 분명했기 때문이다. 황제 칭호가 프랑크 왕국의 왕인 샤를마뉴의 지위에 보태주는 것도 없었다. 그렇다면 그는 왜 그것을 받아들였고, 나아가 813년 그것을 아들 루트비히 경건왕에게 물려주었는가?

역사가들은 알지 못한다. 그러나 명백한 것은 이 사건이 갖는 상징적 중요성이다. 800년까지는 콘스탄티노플에서 지배하던 로마 황제만이 아우구스투스 황제의 직계 후예임을 주장할 수 있었다. 비잔티움은 비록 서유럽에 대한 영향력을 대부분 잃었다고는 하나 여전히 서유럽을 막연하게나마 제국의 변방 정도로 간주하고 있던 터였다. 샤를마뉴의 황제 칭호 채택은 비잔티움인의 뺨을 후려친 것과 다름없었다. 비잔티움인은 이미 샤를마뉴와 바그다드의 아바스 왕조 칼리프 하룬 알 라시드―비잔티움의 적이었다―와의 관계를 수상쩍게 바라보고 있었다. 그러나 서유럽의 시각에서 그 사건은 서유럽인의 자신감과 독립성을 내외에 천명한 것이었고, 그 사실은 그 후로도 결코 잊히지 않았다. 때로 중단되기도 했지만,

샤를마뉴 제국의 흥기, 717~814년	
카를 마르텔, 궁재가 되다	717년
카롤링거 왕조가 메로빙거 왕들과 권력 공유	717~751년
피핀, 프랑크 왕국의 왕이 되다	751년
샤를마뉴, 피핀 계승	768년
샤를마뉴, 신성 로마 황제의 관을 쓰다	800년
루트비히 경건왕의 황제 즉위	813년
샤를마뉴 사망	814년

서유럽인은 19세기에 이르기까지 로마 황제의 머리에 계속해서 관을 씌워주었다. 그러므로 샤를마뉴의 각별한 의도가 무엇이었든 간에 그가 서로마 제국을 부활시킨 것은 서유럽 문명의 자의식 발달 과정에서 매우 중요한 단계였음이 분명하다.

카롤링거 제국의 붕괴

814년 샤를마뉴가 죽었을 때 그의 제국은 외아들 루트비히 경건왕에게 온전히 넘어갔다. 그러나 루트비히 치세에 제국은 급속히 분열되기 시작했다. 843년 루트비히가 사망했을 때 제국은 세 아들에게 분할되었다. 서프랑크(그 후 프랑스가 되었다)는 대머리왕 샤를에게, 동프랑크(독일이 되었다)는 독일인 루트비히에게, 그리고 라인란트에서 로마까지 뻗은 이른바 중왕국은 황제 칭호와 함께 로타르에게 넘어갔다. 856년 로타르의 혈통이 끊기자 동프랑크와 서프랑크 사이에는 로타르의 영토와 황제 칭호를 취하기 위한 내전이 벌어졌다. 로타링기아(또는 프랑스어로 알자스-로렌)로 알려진 이 영토는 제2차 세계대전이 끝날 때까지 프랑스와 독일 사이에 적개심의 발화점으로 남게 되었다.

카롤링거 제국의 붕괴 원인은 루트비히 경건왕의 정치적 무능 때문인 것으로 여겨지곤 했지만 이것은 지나치게 단순한 해석이다. 루트비히는 무능한 지배자가 아니었다. 그는 부왕이 건설한 제국의 통일을 유지하고자 노력했지만 거의 불가항력적인 상황에 직면했다. 샤를마뉴 제국은 성공적인 정복의 기반 위에 건설되었다. 그러나 814년에 이르러 샤를마뉴 제국의 경계는 최대 판도까지 확장되었다. 샤를마뉴는 서쪽으로 에스파냐의 우마이야 지배자와 마주했고, 북쪽으로 바이킹과 마주했다. 동쪽으로 진출한 샤를마뉴 군대는 이미 정복된 독일 영토에서의 정주에 몰두한 나머지 그 너머에 있는 슬라브족의 땅으로 밀고 들어갈 여유가 없었다. 그러나 프랑크 왕국을 정복활동으로 밀어낸 압력—추종자들을 격려·보상해줄 전리품, 땅, 약탈물 등의 필요성—은 샤를마뉴가 거둔 성공으로 인해 한층 더 커졌다. 샤를마뉴 치세의 프랑크 왕국에서 주백의 숫자는 대략 100명에서 300명으로 3배가 늘어났다. 하지만 루트비히 경건왕은 300명의 주백을 900명으로 늘릴 수 없었다. 그것을 가능케 해줄 재원이 없었던 것이다.

황제가 자신에게 보상해줄 능력이 없다는 사실에 좌절한 프랑크 왕국 귀족들은 서로를 물어뜯었다. 루트비히의 싸우기 좋아하고 다루기 힘든 아들들 사이에 내전이 발발했고, 아우스트라시아인, 네우스트리아인, 아키텐인 사이에 지역적 적대감이 다시 불붙었다. 중앙의 황제 권위가 무너지자 8세기 카롤링거 세계의 핵심 집단인 자유농민은 강력한 지방 귀족의 지배 아래 놓였다. 귀족은 그들을 마치 부자유한 농노처럼 취급해 토지에 결박시키고 그곳을 떠나지 못하게 했던 것이다. 같은 시기 아바스 제국의 국내 혼란으로 인해 바이킹 상인이 아바스의 은을 카롤링거 영역으로 들여오던 교역로가 파괴되는 일이 발생했다. 그러자 바이킹은 해안선을 따라 하천망을 거슬러 오르며 파괴적 약탈을 자행했다. 이런 복합적인 압력 아래 카롤링거 제국은 완전히 해체되었고 유럽의 새로운 정치 지형이 만들어지기 시작했다.

바이킹

스칸디나비아 상인은 카롤링거 시대가 시작하던 무렵 유럽의 북해와 발트 해 항구에서 이미 익숙한 얼굴들이었다. 그들은 북부 러시아에서 상인 거류지를 건립하고 그곳에서 출발해 러시아 하천망을 따라 (흑해를 통과해) 비잔티움까지, 그리고 (카스피 해를 통과해) 아바스 칼리프국에 이르기까지 교역로를 열었다. 그러나 790년대부터 스칸디나비아 침략자들(적들에게는 약탈자를 뜻하는 '바이킹'으로 알려졌다)은 북유럽의 해안 항구들을 공격하기 시작했다. 맨 처음 이런 침략 행위는 약탈품, 몸값, 공물 징수, 노예매매 등을 통해 이익을 얻고자 하는 욕망을 추진력으로 삼고 있었다. 그러나 9세기 중반에 이르러 양상이 바뀌었다. 바이킹은 수천 명의 군대를 조직해 공격을 가했고, 그들의 목표는 잉글랜드, 스코틀랜드, 아일랜드, 북부 프랑스 등지를 정복해 독립적인 공국을 건설하는 것이었다. 11세기 초 바이킹은 아이슬란드, 그린란드, 뉴펀들랜드에 정주지를 확립했다. 바이킹 지도자들은 스코틀랜드, 아일랜드, 노르망디(북방 사람, 즉 바이킹의 땅이란 뜻), 러시아 등지에서 공국을 통치했다. 바이킹 군대는 덴마크 국왕 크누트를 잉글랜드 왕위에 올리기도 했다. 그러나 그 뒤 바이킹 공격의 위협은 줄어들었다. 스칸디나비아에서는 그리스도교로의 개종이 10세기 말부터 급속히 진행되었다. 한편 프랑스, 스코틀랜드, 아일랜드, 잉글랜드 등지의 바이킹 지배자와 정주자들은 서북 유럽의 문화·정치 세계에 급속히 동화되었다. 1066년 노르망디의 바이킹 군대가 헤이스팅스 전투에서 승리를 거두고 잉글랜드를 정복했다. 그러나 정복당한 잉글랜드인(그들 상당수는 바이킹 침략자의 후손이었다)은 1066년의 노르망디 정복자들을 바이킹이라기보다는 프랑스인으로 간주했다.

바이킹이 유럽에 어떤 영향을 주었는지에 대한 논란이 계속되고 있다. 분명한 것은 착한 바이킹, 나쁜 바이킹 식의 흑백논리는 가능하지도 않고 도움이 되지도 않는다는 것이다. 바이킹 침략의 파괴성을 부인할 수는 없지만, 바이킹만이 9세기와 10세기 혼란의 유일한 원인이었던 것은 아니다. 카롤링거 프랑스의 내전, 남부 이탈리아와 프로방스에서의 무슬림 공격, 동남부 독일에서 헝가리인의 공격, 그리고 거의 모든 지방에서 벌어졌던 정치적 대립 등 실로 다양한 요인이 카롤링거 이후 세계의 혼돈에 지대한 영향을 미쳤다. 바이킹이 무질서의 근원이기만 했던 것은 아니다. 아일랜드와 동부 잉글랜드에서 바이킹은 새로운 도시들을 건립했고, 그 지역에서 로마 시대 이후 처음으로 고품질 도기의 대량생산을 시작했다. 원거리 상인으로서 바이킹은 처음에는 9세기 초에, 다음으로 10세기 전반에 다량의 은을 서유럽에 반출했고 이를 통해 유럽 경제에 활력을 주었다. 그리고 우리가 곧 보겠지만, 바이킹의 공격을 막아내는데 성공한 유럽 여러 지역의 지배자들은 승리를 통해 얻은 높은 위상에 힘입어 과거보다 훨씬 강력한 왕국과 공국을 건설할 수 있었다. 수도원에 무수히 많은 공격을 가함으로써 바이킹은 카롤링거 르네상스의 지적·예술적 업적을 상당 부분 파괴했다. 그러나 바이킹의 광범위한 지정학적 영향력은 그들의 라틴 그리스도교로의 개종과 결합하여, 유럽의 문화적·정치적 결속을 긴밀히 함으로써 유럽 세계를 하나로 묶어내는 데 기여했다.

카롤링거 시대의 유산

하나로 통합된 그리스도교 유럽이라고 하는 카롤링거 왕조의 비전은 9·10세기의 혼돈 속에서 무너졌다. 유럽 내부에는 새로운 정치적 분열이 일어났고, 그것은 향후 대단히 중대한 결과를 가져왔다. 잉글랜드는 단 한 번도 샤를마뉴 제국에 편입된 적이 없었고, 그때까지 서로 적대적인 여러 앵글로색슨 소국들로 분열되어 있었지만, 알프레드 대왕(재위 871~899)과 그 후계자들의 치세에 처음으로 하나의 통일 왕국으로 등장했다. 알프레드와 그 후계자들은 군대를 재편하고 지방 정부에 새로운 활력을 불어넣었으며, 새로운 도시를 건설하고 잉글랜드 법률을 편찬했다. 알프레드는 궁정 학교를 설립했고 앵글로색슨 문자 등 민족문화의 여러 분야에 대한 관심을 장려했다. 이 모든 활동에서 알프레드는 카롤링거 제국을 직접적인 모델로 삼고 있었다. 바이킹의 공격에 맞서 웨스트색슨 왕국을 방어하는 데 성공했다는 업적에 더해, 알프레드와 경쟁관계에 있던 다른 앵글로색슨 왕조들이 바이킹에 의해 파멸되었기에, 알프레드와 그 후계자들은 하나로 통합된 잉글랜드 왕국의 지배권을 주장할 수 있었다. 양모 교역으로 왕국의 부가 증대한 것도 왕권 강화에 기여했다. 1000년에 이르러 잉글랜드는 서유럽 그리스도교 세계에서 행정적으로 가장 세련된 국가가 되었다.

10세기 유럽 대륙에서 가장 강력한 군주는 작센 공이었는데, 그는 카롤링거 왕실의 대가 끊긴 뒤 919년 독일(동프랑크)의 왕이 되었다. 잉글랜드의 웨스트색슨 왕처럼 독일의 작센 왕들은 카롤링거 왕조를 직접 모델로 삼아 왕권을 확립했다. 그러나 작센 왕들은 자신이 공유하고 있던 카롤링거 유산의 다른 국면에 의존하고 있었다. 10세기 잉글랜드는 중앙집권화된 화폐 및 사법 체계, 그리고 도시와 상업에 대한 광범한 지배권을 통해 매우 효율적인 행정제도를 지닌 왕국이 되어 있었다. 반면 10세기 독일의 왕권은 상업과 행정에서의 이익보다는 정복활동의 성공으로 얻어진 이익에 더 크게 의존하고 있었다. 8세기의 카롤링거 왕조는 작센에서의 성공적인 정복활동에 의지해 권력을 구축했다. 마찬가지로 작센을 근거지로 한 10세기 독일 오토 왕조의 왕들은 동부의 '부드러운 변경'인 슬라브 영토에 대한 성공적인 정복활동을 바탕으로 권력을 구축했다. 그들은 또한 카롤링거 왕조를 모델로 삼아 조심스럽게 그리스도교도 군주의 이미지를 키웠다. 955년 오토 1세는 샤를마뉴가 소지했던 성스러운 창을 지니고 이교도인 헝가리인과의 결정적인 전투에서 승리를 거두었다. 이 승리로 오토는 중부 유럽의 지배자로서 그리고 샤를마뉴의 황제 지위를 이어받을 자격을 갖춘 인물로서 자리매김했다. 962년 로마에 간 오토는 교황 주재하에 서로마 황제로 대관했다. 당시 교황은 젊고 방탕하기 짝이 없는 요하네스 12세였다. 그는 오토를 로마에서 벌어진 당파 싸움에서 자기에게 유리하게 이용하고 싶어 했다. 그러나 오토는 교황 요하네스가 더 이상 자신을 이용할 일이 없어졌음에도 불구하고 본국에 돌아가기를 거부했다. 교황 요하네스의 행동을 괘씸하게 여긴 오토는 요하네스를 폐위하고 새 교황을 선출했다.

황제가 된 오토는 독일 교회에 대한 지배권의 강화를 원했고, 북부 이탈리아와 부르고뉴—한때 황제 로타르가 장악했던 중왕국의 일부—에서 황제권을 주장하여 각종 이권을 챙기고 싶었다. 물론 교황권 보호는 카롤링거 식의 황제를 표방한 오토가 이행해야 할 책임이었다. 하지만 오토는 한층 구체적인 목표인 이권 확보를 얻어내기 위해 교황의 지원이 필요했다. 그러나 오토는 자신이 로마에 상주하지 않는 한 교황을 통제할 수 없을뿐더러, 북부 이탈리아에서 급속히 성장하고 있던 지극히 독립적인 성향의 도시들을 장악하기란 더더욱 어렵다는 것을 재빨리 알아챘다. 반면 그가 이탈리아에 너무 오래 머물 경우 작센에서의 권위는 무너지게 되어 있었다. 지방 영주들이 동부의 슬라브 영토에서 정복활동을 통해 이익을 챙기기 시작했기 때문이었다. 작센에서의 지방적 차원의 관심과 이탈리아에서의 황제로서의 관심, 이 둘을 조화시키는 문제는 오토 1세도, 그의 아들(오토 2세, 재위 973~983)도, 그의 손자(오토 3세, 재위 983~1002)도 해결할 수 없었던 딜레마였다. 그 결과 작센 귀족은 황제로부터 점점 거리를 두게 되었다. 이런 거리두기는 1024년 이후 극적으로 가속화되었다. 그해 독일 왕위는 새로운 왕조인 잘리어 왕조―작센이 아닌 프랑켄에 본거지를 둔 왕조―에 넘어갔다. 잘리어 왕조의 하인리히 4세가 작센 및 동쪽 슬라브 영토에 있는 구 왕실 토지에 대한 지배권을 재천명한 것은 1070년대에 들어서였다. 그의 지배권 재천명은 왕실과 작센 귀족계급 사이에 내전을 촉발시켰고, 그것은 독일뿐만 아니라 서유럽 전체에 엄청난 파장을 일으켰다. 이 작센 전쟁의 결과에 대해서는 제9장에서 상세하게 다룰 것이다.

카롤링거 왕조가 남긴 다양한 유산은 10세기 지중해 세계에도 남아 있었다. 카탈루냐에서는 카롤링거 왕조에 의해 임명된 주백의 계승자들이 10세기 전 시기를 통해 공법과 토지법을 계속해서 주관하고 있었고, 자유농민은 새로운 땅에 정주해 번영을 누렸으며, 고전 학문과 그리스도교 학문은 개혁된 베네딕투스 수도원 및 성당에서 번성했다. 주백은 국유지와 통행세―팽창일로의 교역활동에 대해 부과했다―에서 수입을 얻었다. 바르셀로나 시는 카탈루냐 주백의 보호 아래 원거리 교역 시장 및 지역 시장으로 급속히 성장했다. 아키텐에서도 푸아티에 및 툴루즈 주백은 카롤링거 왕조의 기반 위에 11세기까지 계속 권력을 유지했다. 그러나 결국 11세기에 이르러 아키텐과 카탈루냐 두 지역에서 카롤링거 공권력의 전통은 무너지고 말았다.

10세기 서유럽, 특히 카롤링거 왕조를 모델로 한 지배자들의 영역에서는 도시의 성장이 두드러졌다. 앵글로색슨 잉글랜드에서 웨스트색슨 국왕들은 새로운 도시들을 세우고 기존 도시들의 성장을 장려했다. 그들은 화폐 주조를 규제하고 시장의 성장을 장려했다. 세금을 주화로 납부하도록 요구한 것도 이를 위해서였다. 1066년 잉글랜드가 노르망디인에게 정복되었을 때 잉글랜드 인구의 10퍼센트 이상이 도시에 거주했을 정도로 잉글랜드는 11세기 유럽에서 가장 도시화된 국가였다. 저지대 지방과 라인란트에서는 원거리 교역(특히 양모 원사와 모직물)과 작센 산악 지대에서 발견된 은광 덕분에 도시가 급속히 성장했다. 카탈루냐의 경우, 바르셀로나의 성장은 이 나라의 정치적·사회적 삶을 바꾸기 시작했다. 한편 아키텐에서는 푸아티에와 툴루즈 두 도시가 지중해와 대서양 연안 유럽을 잇는 육상 교역로에 위치한 지리적 이점을 활용해 번영을 누렸다.

10·11세기 이탈리아에서의 도시 성장은 카롤링거 식의 유력한 지배자가 없는 상황에서 이루어졌다. 10세기 이탈리아의 도시 번영은 비잔티움 황제가 동부 지중해에서 무슬림 해적 진압 작전에 성공한 덕분에 가능했다. 10세기 이탈리아에서 가장 번영한 도시들은 비잔티움이 통제하던 지역에 자리 잡고 있었다. 북쪽에는 베네치아, 남쪽에는 아말피·나폴리·팔레르모 등이 있었다. 그들은 비잔티움과 무슬림 세계에서 서유럽으로 비단과 향신료 등의 사치품을 실어 나르는 해운업에 종사함으로써 번영을 누렸다. 그러나 11세기에 있었던 노르망디인의 남부 이탈리아 침공은 이러한 교역 체계를 붕괴시켰고, 투르크의 소아시아 침공은 비잔티움의 관심을 동쪽으로 돌리게 만들었다. 11세기 말에 이르러 북부 이탈리아 도시들의 해군은 동부 지중해를 제패했고, 그 결과 이들 도시의 주민은 비잔티움 세계와 무슬림 세계와 서유럽을 오가며 수익성 좋은 물품의 중개상 역할을 함으로써 이익을 챙겼다.

그러나 이런 발전은 카롤링거 왕조의 중심부에는 거의 아무런 영향도 주지 못했다. 그곳에서 카롤링거 식의 왕권은 10세기를 거치면서 무너지고 말았다. 바이킹 침략, 경제 붕괴, 지방 영주의 세력 증대 등이 복합적으로 작용한 결과였다. 어떤 지역에서는 일부 카롤링거 제도들—공공 법정과 중앙에서 주조된 주화 등—이 주백과 공작의 수중에서 살아남기도 했다. 그들은 앙주, 노르망디, 플랑드르, 아키텐 같은 새롭고 자율적인 영방 공국을 수립하기 위해 이 제도들을 활용했다. 하지만 프랑스 다른 지역에서는 카롤링거 세계와의 미미한 연속성마저 사라져버렸다. 프랑스에는 샤를마뉴 옛 영토의 서쪽 지배자로 인정받는 한 명의 왕이 아직 있었다. 그러나 987년 이후 프랑스의 왕은 더 이상 카롤링거 왕조 출신이 아니었다. 새로운 카페 왕조는 바이킹에 맞서 도시를 방어한 파리 주백으로서 명성을 떨친 뒤 왕권을 차지했다. 그러나 프랑스 카페 왕조의 왕들이 옛 왕조를 파멸로 몰고 간 요인들을 극복하고 프랑스 왕권을 새로운 기초 위에 재건하기 시작한 것은 한 세기가 지난 뒤의 일이었다.

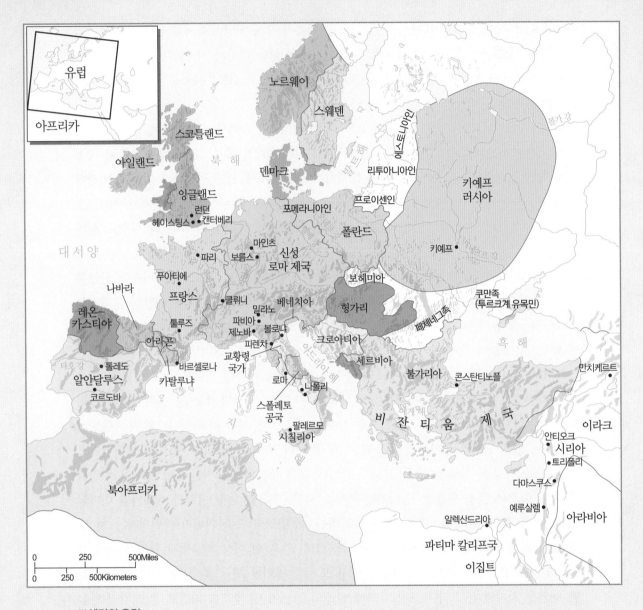

유럽

아프리카

노르웨이

스웨덴

스코틀랜드

아일랜드

북 해

덴마크

에스토니아인

리투아니아인

키예프
러시아

볼가 강

잉글랜드

런던

헤이스팅스 · 캔터베리

포메라니아인

프로이센인

대서양

파리

마인츠

보름스

폴란드

키예프

푸아티에

신성
로마 제국

나바라

프랑스

클뤼니

밀라노

베네치아

보헤미아

쿠만족
(투르크계 유목민)

레온-
카스티야

툴루즈

파비아

제노바

볼로냐

헝가리

페체네그족

흑 해

아라곤

피렌차

교황령
국가

크로아티아

톨레도

바르셀로나

세르비아

만치케르트

알안달루스

카탈루냐

로마

니폴리

불가리아

콘스탄티노플

코르도바

스폴레토
공국

비 잔 티 움 제 국

이라크

팔레르모

시칠리아

안티오크

시리아

북아프리카

트리폴리

다마스쿠스

예루살렘

아라비아

알렉산드리아

파티마 칼리프국

이집트

| 0 | 250 | 500Miles |
| 0 | 250 | 500Kilometers |

11세기의 유럽

이 지도는 1050년에 등장한 정치세력들의 배치 상황을 보여준다. 이 지도에 기초해 어떤 정치적 실체가 12세기 유럽 세계를 지배하게 되리라고 예상하는가? 그 이유는? 키예프 러시아의 지정학적 위치를 고찰하라. 그것은 서유럽에 어떤 영향을 미쳤는가? 러시아는 어떤 점에서 서유럽으로부터 고립되었는가?

결론

카롤링거 왕조 몰락의 비참한 광경은 750년에서 1000년 사이 서유럽에서 이렇다 할 발전이 없었음을 말해주는 것일지도 모른다. 그러나 이런 인상은 대단히 잘못된 것이다. 비잔티움이나 무슬림 세계와 비교할 때 서유럽이 지적·문화적으로 낙후되었던 것은 분명하다. 아마도 1000년경이 800년경보다 한층 더 심각했을 것이다. 정치적으로는 서유럽의 어떤 지배자도 비잔티움 황제나 코르도바의 우마이야 칼리프의 권력에 필적하지 못했다. 경제적으로도 서유럽은 완제품과 사치품을 수입하고 모피·가죽·노예를 수출하는 등 비잔티움과 이슬람에 의존하고 있었다. 그러나 안을 들여다보면 서유럽 사회는 착실하게 점점 더 강해지고 있었다. 붕괴된 카롤링거 세계의 변두리에서는 도시화가 급속히 진행되고 있었다. 원거리 교역 역시 성장하고 있었다. 이탈리아 상인은 콘스탄티노플에서 활발하게 움직였고, 무슬림 상인은 남부 이탈리아 항구에서 흔히 볼 수 있었다. 앵글로색슨 상인은 이탈리아, 저지대지방, 라인란트 등지를 정기적으로 찾았다. 라인란트의 유대인 상인은 무슬림 이집트의 유대인 공동체와 적극적인 교역을 펼쳤고, 바이킹 상인은 발트 해에서 러시아를 거쳐 흑해에 이르는 교역로를 다시 열었고, 노브고로트에서 더블린에 이르는 광대한 지역에서 도시들을 건설하느라 분주했다.

서유럽의 경계 역시 확장되고 있었다. 1000년경 서유럽의 경계는 발트 해에서 지중해까지, 피레네 산맥에서 폴란드까지 확대되었다. 더욱이 이 광대한 영토 안에 있는 모든 지배자는 그리스도교도이거나 곧 그리스도교도가 될 사람들이었다. 라틴 그리스도교회는 아직은 매우 분열되어 있었다. 그러나 교황의 보호 아래 개혁적인 베네딕투스 수도원들이 새롭게 연합해 한층 더 통합된 중앙집권적 교회를 향해 나아가고 있었다(제9장에서 좀 더 자세하게 다루어진다). 정치적 전망은 그다지 밝지 않았다. 그러나 10세기 서유럽의 혼돈 속에서 바야흐로 영방 공국 및 왕국이 출현하기 시작했다. 중세 초기의 유럽은 비잔티움이나 이슬람 세계만큼 전쟁 준비가 잘 갖추어진 사회는 아니었다. 분명 이것은 유리하기도 하고 불리하기도 했다. 그러나 11세기 이후 서유럽 사회는 군사화했고, 그것은 유럽·비잔티움·무슬림 세계 사이에 발생한 세력균형의 변화에서 결정적 변수로 작용했다.

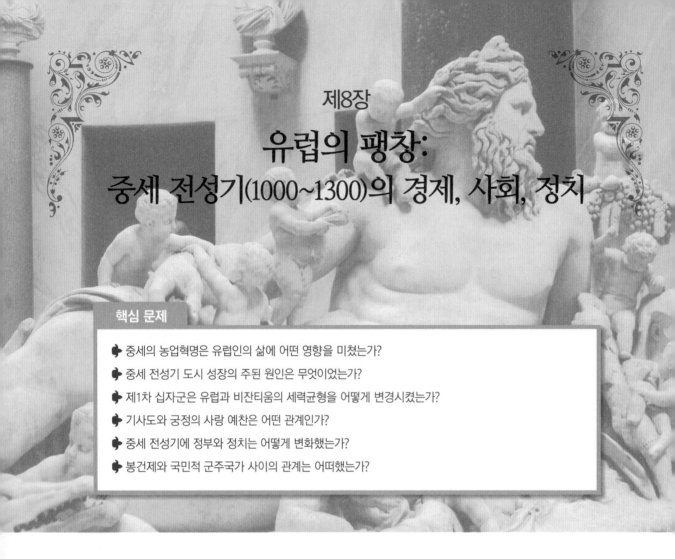

제8장

유럽의 팽창:
중세 전성기(1000~1300)의 경제, 사회, 정치

핵심 문제

♣ 중세의 농업혁명은 유럽인의 삶에 어떤 영향을 미쳤는가?

♣ 중세 전성기 도시 성장의 주된 원인은 무엇이었는가?

♣ 제1차 십자군은 유럽과 비잔티움의 세력균형을 어떻게 변경시켰는가?

♣ 기사도와 궁정의 사랑 예찬은 어떤 관계인가?

♣ 중세 전성기에 정부와 정치는 어떻게 변화했는가?

♣ 봉건제와 국민적 군주국가 사이의 관계는 어떠했는가?

1000년에서 1300년 사이에 서유럽, 비잔티움, 이슬람 세계의 세력균형은 엄청나게 변했다. 1000년경의 유럽은 정치적으로 분열되었고, 바이킹, 헝가리인, 무슬림에게 군사적으로 위협받고 있었다. 서유럽의 도시들은 성장하기 시작했지만, 그 어떤 도시도 비잔티움과 이슬람 세계의 고대 지중해 도시들과 규모나 세련됨에서 비교가 되지 않았다. 경제적으로 서유럽은 면직물, 비단, 향신료, 금을 여전히 비잔티움과 이슬람 상인에게 의존하고 있었다. 문학과 학문에서의 불균형은 더욱 컸다. 유럽인은 비잔티움과 이슬람이 고전 세계로부터 물려받은 풍부한 문화적·지적 유산의 일부에만 접근할 수 있었을 뿐이다. 시칠리아, 베네치아, 에스파냐(무슬림 장악 지역) 이외의 서유럽인은 아랍어도 그리스어도 할 줄 몰랐다. 심지어 1,000년 이상 서유럽의 학문 언어였던 라틴어마저 점점 외국어가 되어가고 있었다. 알프레드 왕은 잉글랜드 그리스도교회의 예배를 제대로 인도할 만한 라틴어 실력을 갖춘 인물을 찾아보기 어렵다고 불평했다. 1세기 뒤 잉글랜드와 독일의 라틴어 수준은 다소 향상되었다. 하지만 프랑스와 이탈리아에서는 사정이 더 안 좋았을 것이다.

그러나 1300년 무렵 유럽은 그리스·로마의 뒤를 이은 세 후계 문명 중에서 군사적·경제적·정치적으로 가장 막강한 세력이 되었다. 헝가리, 폴란드, 스칸디나비아, 보헤미아는 이제 온전히 가톨릭 유럽 세계의 일원이 되었다. 정복과 개종 사업을 병행하면서 유럽의 그리스도교도는 동쪽으로 프로이센, 리투아니아, 리보니아, 발칸 반도를 향해 힘차게 경계를 확장시켰다. 그들은 무슬림 에스파냐와 비잔티움 콘스탄티노플을 정복했다. 그들은 또한 중동에 라틴 왕국을 수립했고 수도를 예루살렘에 두었다(하지만 1300년에 다시 잃었다). 유럽 해군은 지중해를 제패하고 흑해와 카스피 해에 전진기지를 확보했으며, 그 덕분에 유럽 상인은 동방의 사치품을 서유럽으로 실어 나르는 원거리 교역로를 장악할 수 있었다. 유럽의 선교사와 상인은 이 교역로를 따라 중앙아시아로 거슬러 올라가 몽골 및 중국과 접촉하기 시작했다. 이탈리아 상인들은 서쪽으로 지브롤터 해협을 통과해 해상 교역로를 열었고 급기야 지중해와 북대서양 세계를 연결했다.

유럽의 교역 팽창—지역 상업과 원거리무역 모두 팽창했다—은 도시화를 수반했다. 1300년에 이르러 유럽에는 인구 5만~10만의 도시가 10여 개, 그보다 작은 규모의 도시가 수백 개 있었다. 도시의 성장은 전반적인 인구 증가를 반영하는 것이었는데, 유럽의 인구는 1000년에서 1300년 사이에 약 세 배 늘어났다. 그러나 경제는 더욱 빨리 성장해서, 일인당 부가 늘어났고 생활수준이 올라갔다. 그러나 이런 경제적 소득이 모든 인구에게 균등하게 분배되지는 않았다. 정부는 더욱 강력해졌고 사회계층화는 심해졌다. 새로운 부 때문에 사회 엘리트계층 사이에 사치품에 대한 수요가 늘어났고, 농업, 상업, 건설 등에 막대한 규모의 투자가 이루어졌다. 그것은 또한 놀라울 정도로 새로운 종교적·문화적·지적 발전을 촉발시켰는데, 이에 대해서는 다음 장에서 다루기로 한다.

모든 부문의 성장이 영속적으로 이루어질 수는 없었다. 1300년에 이르러 서유럽의 자연자원이 인구를 먹여 살릴 수 있는 한계치에 도달하면서 유럽인의 생활수준은 낮아지기 시작했다. 강력한 정부를 가진 국가들은 좀 더 안정적으로 국내 평화를 유지할 수 있었지만, 그 대신 신민에게 더 큰 경제적 부담을 요구하지 않을 수 없었다. 정복과 지배를 위한 대규모 군대와 군사 원정을 감당하기 위해서였다. 14세기에는 기근, 전쟁, 흑사병으로 인해 유럽 인구의 적어도 3분의 1이 감소했고, 그 결과 중세 전성기의 경제적·정치적·사회적 질서는 근본적인 변화를 겪었다. 그러나 이런 후퇴에도 불구하고 중세 전성기에 서유럽이 견지한 비잔티움과 이슬람 세계에 대한 상대적 우월성은 그대로 유지되었고, 그 바탕 위에 근대 초기 유럽의 세계 제국들이 건설되었다.

중세의 농업혁명

♣ 중세의 농업혁명은 유럽인의 삶에 어떤 영향을 미쳤는가?

전근대 사회의 경제가 모두 그렇듯이 중세 서유럽의 경제도 농업에 의존하고 있었다. 농업의 진보는 느릿느릿 이루어졌고, 그런 만큼 600년에 걸쳐 일어났던 농업의 변화를 '혁명'이라고 부르는 것은 터무니없는 일처럼 보인다. 그러나 서유럽에서 700년에서 1300년 사이에 있었던 농업 변화는 대단히 폭이 넓었고 또 그 결과가 엄청난 것이어서, 이보다 더 유명한 18세기 초의 농업혁명에 견주는 것도 무리는 아니다. 따뜻해진 기후에 걸맞은 기술적인 혁신, 새로운 윤작 체계, 농기구·가축·방아에 대한 투자 증대는 유럽 농업의 생산성을 극적으로 끌어올렸다. 농업생산성이 향상되면서 잉여농산물의 시장 출하도 늘어났고, 그것은 생산 전문화와 규모의 효율성으로 이어졌다. 이런 변화가 없었다면 서유럽은 세 배나 늘어난 인구를 부양할 수 없었을 것이고 중세 전성기 세계를 만들어낸 건축, 선박, 서적, 군대, 예술 등에 대한 대대적인 투자도 불가능했을 것이다.

기술의 진보

중세 전성기의 농업생산성 향상을 가능케 한 기초적인 기술의 진보는 중세 초기에 이미 이루어졌다. 지중해의 천경(淺耕) 쟁기(scratch plow)와는 달리, 끝에 쇠로 만든 보습이 달려 있고 한 쌍의 소나 말에 의해 움직이는 무거운 바퀴 쟁기(heavy-wheeled plow)는 북부 유럽의 비옥하고 습한 토지를 깊숙이 갈아엎을 수 있었다. 그 결과 땅에 공기가 통하게 되었고 침수된 지역에 탁월한 배수효과를 가져다주었다. 새로운 쟁기 덕분에 노동력을 절약하면서 쟁기질을 자주 할 수 있었고 잡초를 손쉽게 제거할 수 있었다. 헝겊을 덧댄 어깨띠(padded collars)를 비롯한 마구가 개량되면서 쟁기 끄는 소의 효율이 높아졌고, 처음으로 말이 숨 막히지 않으면서 무거운 짐을 끌 수 있었다. 소는 14세기까지 유럽에서 쟁기 끄는 가축으로 가장 널리 이용되었다. 소는 말에 비해 값이 저렴했고 힘이 좋았으며 질병에 강했고 죽으면 고기를 먹을 수 있었다. 말의 경우 쇠로 만든 편자가 발달하고(900년경) 직렬식 멍에(tandem harnessing)가 개발(1050년경)되어 말들이 앞뒤로 서서 수레를 끌 수 있게 된 후 한층 빠르고 효율적인 수레 끄는 동물로 활용되었다. 그러므로 12·13세기에 농산물의 시장 거래가 늘어나면서 유럽 농촌 지역에 말의 보급도 늘어나게 되었다.

　그 밖의 노동력 절감 장치도 중세 전성기의 농업생산성을 높였다. 무거운 바퀴 쟁기가 등장했지만, 곡물 경작 노동의 대부분은 여전히 개별 농민의 손에 들린 농기구로 행해졌다. 중세 전성기에 철이 흔해지면서 손으로 쥐는 농기구의 성능은 꾸준히 개량되었다. 끝에 쇠가 붙은 호미·갈퀴·삽은 8세기 농민이 사용했던 나무 농기구보다 훨씬 효율적이었다. 쇠로 만든 낫의 수가 늘어나자, 특히 여성 노동에 의한 건초 모으기와 곡물 수확이 수월해졌다 (여성의 농업 노동은 특히 수확기에 대단히 중요했다). 외바퀴손수레도 간단해 보이지만 중요한 기술 혁신이었다. 써레는 쟁기질을 한 후 밭을 평평하게 고르고 파종된 씨앗을 흙과 뒤섞는 데 사용되었다. 기술은 요리법과 영양 공급에도 영향을 미쳤다. 쇠 냄비는 음식을 데우기보다는 삶는 용도로 사용되었고 식품의 오염 가능성을 막아주었다. 공동 화덕은 삶을 때보다 음식의 영양소를 더 많이 보존해주었다.

　방아는 식량 생산 과정의 또 다른 중대한 기술 혁신이었다. 로마인은 물방아의 존재를 알았지만, 대개 사람이나 가축의 힘으로 움직이는 연자맷돌로 곡물을 빻았다. 그러나 1050년경부터 북유럽에서는 물방아의 제작이 크게 성행했고 효율성도 꾸준히 개선되었다. 프랑스의 한 지역에서는 11세기에 14개였던 물방아가 12세기에 들어 60개로 늘어났다. 프랑스 다른 지역에서는 850년에서 1080년 사이에 약 40개의 물방아가 제작되었고, 1080년에서 1125년 사이에는 40개가 추가로 제작되었는가 하면, 1125년에서 1175년 사이에 다시 245개가 제작되었다. 물방아 제작의 복잡한 기술을 완벽하게 터득한 유럽인은 이제 풍력 이용에 관심을 돌렸다. 그 결과 1170년경부터 물살이 빠른 하천을 갖지 못한 네덜란드 등의 평원 지대에서 풍차가 급속히 늘어났다. 풍차의 본래 기능은 곡식을 빻는 일이었지만 곧 제재소의 톱 구동, 직조, 기름 짜기 등에 응용되었으며, 대장간에서 쇠를 단조하는 용도와 종이 제조를 위해 펄프를 으깨는 데 활용되었다. 풍차의 중요성은 아무리 강조해도 지나치지 않는다. 물방아와 풍차는 18세기에 증기기관이 발명될 때까지 전 세계 제조업의 유일한 기계 동력원이었다.

풍차와 직렬식 멍에를 제외하면, 중세 농업혁명의 배후에 가로놓인 기술 혁신의 대부분은 이미 카롤링거 왕조 시대에도 알려져 있었다. 그러나 이런 혁신들은 11세기 중반 이후에야 비로소 유럽의 농업 생산에 결정적인 영향을 미칠 정도로 널리 보급되었다. 이렇게 기술 혁신의 전파가 늦어진 원인에 대해 다양한 설명이 제시되었는데, 기후 변화가 일정 정도 영향을 미쳤음에 틀림없다. 8·9세기부터 유럽의 평균 기온은 대략 1도 내지 2도 올랐는데, 이로 인해 그린란드에서도 농사를 지을 수 있었고 남부 잉글랜드에서는 포도주를 생산할 수 있게 되었다. 그러나 따뜻해진 기후는 토지를 건조시키고 생육기간을 늘려줌으로써 북부 유럽에서는 이롭게 작용했지만, 높아진 온도와 강우량 감소는 지중해 농업에서는 그와 똑같은 정도로 해로운 것이었다. 물리적 안전이 확보된 것도 일정한 정도 역할을 했다. 바이킹, 헝가리인, 무슬림의 공격이 줄어들었고, 좀 더 강력한 정부가 1세기 전보다 더 나은 국내 평화를 유지해준 것이다. 그러나 가장 근본적인 변화는 경영 마인드를 지닌 농민과 영주의 자신감─농업 개선에 노동력과 자금을 투입하면 많은 이익을 얻을 수 있으리라고 하는─이 커진 데 있었다.

농산물의 수요 확대야말로 그 무엇보다도 농민과 영주의 농지에 대한 투자를 자극하고 고무했다. 식량 수요가 증가한 것은 중세 전성기의 경제를 전진하도록 만든 두 가지 근본적인 경제적 요인─즉, 유럽 인구의 급속한 증가와 효율성이 높아진 상품 시장─때문이었다.

장원제, 농노제, 농업생산성

800년에서 1050년 사이 잉글랜드, 북부 프랑스, 서부 독일 등지에서는 무거운 바퀴 쟁기 사용이 늘어난 동시에 농민의 주거 형태에도 근본적 변화가 나타났다. 중세 초기에 대부분의 자유농민은 개별 소농지에 거주하면서 독립적으로 농사를 지었고, 지주에게 관습적인 지대를 납부했다. 그러나 9세기부터 이들 개별 농민 보유지의 상당수가 촌락 거주 농민이 공동으로 경작하는 대규모 공동 경작지에 합쳐지기 시작했다. 그렇게 해서 등장한 지대, 집세, 부과금, 벌금, 농지 등의 복합체를 '장원(manor)'이라고 부른다.

어떤 지역에서는 거주 형태 변화의 동력이 농민으로부터 나왔다. 대규모 농지는 소규모 농지보다 더 효율적으로 경작될 수 있었다. 투자비용이 적게 들었고 쟁기 하나와 10여 마리의 황소만 있으면 촌락 하나를 충분히 감당할 수 있었기에, 모든 농민이 각자의 쟁기와 황소를 보유할 필요가 없었다. 공동 경작지는 생산성도 높아서 농민은 새로운 작물과 새로운 윤작제를 실험할 수 있었고, 공동 방목지에서는 더 많은 가축을 기를 수 있었다. 촌락에 거주하는 농민은 교구 교회, 빵공장, 대장간, 방앗간, 선술집 등을 공동으로 운영할 수 있었다. 그들은 이웃과 더불어 대화와 교제를 나누는가 하면 함께 축하하고 슬퍼했다. 힘들고 고달픈 자연 환경 속에서 살아야 했던 농민들에게 이런 것들은 무시해도 좋을 사소한 일이 아니었다.

장원제가 농민에게 제공하는 이점은 많았다. 하지만 장원제 등장에 주도적 역할을 하고 또 그로부터 가장 많은 이득을 얻은 것은 영주였다. 영주의 입장에서는 개별 농지에 흩어진 농민보다 촌락에 모여 사는 농민을 통제하고 이용하기가 한층 쉬웠다. 장원제에서 영주는 농민이 생산한 농작물에 대해 더 많은 지분을 요구할 수 있었다. 장원의 공동 경작지는 대개 좁은 띠 모양의 땅(strip, 地條)으로 구분되었고, 하나 걸러마다 개별 농민에게 할당되었다. 개개의 토지 보유 농민은 영주에게 지대를 납부했지만, 그 토지에서 자신의 수익도 얻어 갔다. 그러나 영주는 지대 이외에 공동 경작지 전체 면적의 3분의 1 내지 2분의 1에 달하는 토지를 영주 직영지라고 주장하면서, 직영지에서 생산되는 모든 농산물을 자기 몫으로 차지했다. 영주 직영지를 경작하기 위해 장원 영주는 수많은 자유농민을 데려다 농노로 삼았다.

농노는 유럽에 수백 년 전부터 있어 왔고, 장원제가 한 번도 뿌리내린 적이 없는 지역에도 있었다. 그러나 장원제의 발달이 (에스파냐, 북부 이탈리아, 남프랑스, 중부 독일 등지에서보다) 각별히 북유럽에서 농노제(serfdom)의 발생 가능성을 크게 높였다는 점에는 의문의 여지가 없다. 자유농민과 달리 농노는 영주의 허락 없이는 토지나 영주를 떠날 수 없었다(하지만 실제로는 도시 거주를 위해 많은 농노가 허락을 받고 떠났다). 농노는 보수를 받지 않고 영주를 위해 정기적으로 노동했다. 그들은 간통을 하거나 결혼하거나 또는 사망했을 때 굴욕적인 벌금을 물었다. 그들은 영주가 주재하는 장원 법정의 재판에 예속되었다. 노예와 마찬가지로 그들의 예속적인 지위는 대대로 세습되었다. 그러나 노예와는 달리 농노의 영주에 대한 의무는 관습에 의해 정해졌고, 영주는 농노를 토지와 분리해서 매각할 수 없었다.

새로운 윤작제

농업생산성의 관점에서 볼 때 장원제의 가장 큰 이점은 새롭고 더 효율적인 윤작제의 채택이 가능해졌다는 사실이다. 수백 년의 경험을 통해 농민은 같은 땅에 같은 작물을 연속해서 경작할 경우 지력이 고갈된다는 것을 알고 있었다. 이런 어려움에 대한 전통적 해결책은 토지를 둘로 나누어 절반의 땅에는 가을에 곡물을 심어 봄에 수확하고 나머지 절반은 휴경지로 묵혀두는 것이었다. 이 방법은 지중해의 건조하고 빈약한 토양에서 중세 전 시기를 통해 가장 일반적인 경작법이었다. 그러나 북유럽의 습하고 비옥한 토양에 살던 농민은 삼포윤작제(three-field crop rotation system)가 지속 가능한 농업생산성의 증대를 가져올 수 있음을 깨닫게 되었다. 삼포윤작제에서 토지의 3분의 1은 목초지(牧草地)로 활용하면서 묵혀두곤 했는데, 그렇게 함으로써 동물 배설물이 토지를 비옥하게 해주었다. 다른 3분의 1에는 겨울밀이나 호밀을 가을에 심어 이른 여름에 수확했고, 또 다른 3분의 1에는 다른 작물—보통은 귀리나 보리, 때로 콩이나 알팔파, 클로버, 살갈퀴(vetch, 콩과의 풀) 같은 가축사료용 작물—을 봄에 심어 가을에 거두었다. 토지는 3년 주기로 순환되었다.

삼포 윤작제는 해마다 경작지 면적을 50~67퍼센트 늘려주었다. 경작지의 확대 못지않게 중요한 것은, 콩이나 사료 작물(그것은 밀과 호밀 경작으로 인해 땅에서 빠져나간 질소를 되돌려주었다)이 윤작제의 한 부분으로 정착하면서 밀과 호밀의 단위 면적당 수확량이 높아졌다는 사실이다. 또한 작물의 성장 계절이 둘로 나뉘면서 삼포 윤작제는 자연 재해로 인한 손실에 대한 보험 역할을 어느 정도 해주었다. 삼포 윤작제는 새로운 형태의 식량을 생산하기도 했다. 귀리는 사람과 말이 모두 먹을 수 있었고, 콩은 단백질을 제공함으로써 빵과 맥주—북부 및 중부 유럽 농민의 식단에서 대표적인 두 가지 식품—로부터 곡류 탄수화물만을 주로 섭취하는 식단의 문제점을 보완해주었다. 추가로 얻어지는 사료는 동물을 건강하게 하고 쟁기 끄는 가축의 효율성을 높여주었으며, 장원 경제를 다양하게 만들었고, 육류와 우유를 통해 식단에 단백질을 보태주었다. 새로운 삼포 윤작제는 노동력을 연중 골고루 분산시켜주었고, 농민은 잡초 제거, 토양 산성화 방지, 공동 경작지의 시비(施肥) 등에 더욱 관심을 기울일 수 있었다.

장원제의 한계와 농노제

예속적 농민이 영주 직영지에서 노동하는 중세 전성기의 고전적 장원제는 결코 유럽 농업의 대표적 형태가 아니었다는 점에 유의할 필요가 있다. 장원제는 대체로 잉글랜드, 북부 프랑스, 서부 독일에 국한되었다. 게다가 12세기 말에 이르면 이들 지역에서조차 장원제는 무너지기 시작하고 있었다. 영주는 부역을 현금 지불로 전환했고, (현금 지불을 조건으로) 농노를 해방시켰으며, 영지에서 거두는 농산품보다는 현금지대에 의존해 살아가기 시작했기 때문이다.

13세기에 농노제가 쇠퇴한 이유는 복잡한데, 그것은 유럽 모든 지역에서 동일한 결과를 초래하지도 않았다. 유럽 경제가 점차 화폐경제화됨에 따라 많은 영주는 농산품 판매에 직접 관여하는 위험을 떠안기보다는 농민으로부터 현금을 받아내는 것이 더욱 편리하다고 생각했다. 그러나 이런 전략 역시 위험했다. 인플레이션이 심해진 13세기의 상황에서 농민에게 부과하는 지대를 인상할 수 없었던 영주들은 실질 수입이 크게 줄었고, 그 결과 많은 기사와 군소 영주들이 경제 위기에 직면했다. 이와 대조적으로 중세 유럽에서 농업경제가 가장 상업화되어 있었던 잉글랜드와 카탈루냐에서는 농노제가 서유럽의 다른 곳보다 오래 지속되었고, 화폐경제의 발달이 훨씬 늦었던 오스트리아와 폴란드에서도 (북부 에스파냐에서 그랬듯이) 농노제는 13세기를 거치는 동안 확대되었다. 그러므로 상업화와 농노제 쇠퇴 사이에는 단순한 인과관계가 성립하지 않는다. 그러나 유럽 대부분의 지역에서 공통적으로 나타난 현상도 있었다. 즉, 13세기 들어 영주가 현금을 받고 농노를 해방시키면서 농노와 자유농민을 구분하기가 점점 어려워졌다는 점이다. 그러나 프랑스에서조차 일부 봉건적인 의무는 1789년 프랑스 혁명 시기까지 끈질기게 남아 있었다. 중·동부 유럽과 러시아에서는 농노제가 중세 말기에 부활해 18·19세기까지 존속했다.

도시와 상업의 성장

❧ 중세 전성기 도시 성장의 주된 원인은 무엇이었는가?

농업혁명은 중세 전성기 상업혁명의 기반이었다. 새로운 상업 발전의 토대는 9세기와 10세기에 마련되었다. 1000년경 작센의 하르츠 산맥에서 캐낸 은은 잉글랜드, 플랑드르, 라인란트 세 지역 간의 삼각무역을 활성화시켰다. 즉, 잉글랜드의 양모 원사는 플랑드르로, 플랑드르의 모직물은 라인란트로 운반되었고, 라인란트의 상인은 그것을 멀리 이탈리아와 비잔티움에 내다팔았다. 북해 일대에서는 수백만 개의 은화가 유통되었고, 북해 인근에는 잉글랜드, 스칸디나비아, 라인 강 유역 등지에서 유통되는 화폐를 교환해주는 통합 환전 체계가 발달했다. 잉글랜드 상인은 콘스탄티노플과 북부 에스파냐에서 적극적으로 활동했고, 북부의 은을 비잔티움의 비단, 이슬람의 향신료, 아프리카의 금 등과 교환했다. 스칸디나비아 상인과 전사의 활동범위는 그보다 훨씬 넓었다. 그들은 아일랜드에 도시들을 세우고 노르망디와 남부 이탈리아에 공국을 건설했으며, 발트 해에서 흑해(거기서 다시 콘스탄티노플까지)와 카스피 해(거기에서 다시 아바스 제국까지)에 이르는 러시아 교역로를 따라 노브고로트와 키예프 같은 무역 전진기지를 건설했다.

상업

11·12세기에 북부 이탈리아의 신흥 도시들에서는 원거리 상업이 크게 발달했다. 베네치아, 피사, 제노바의 해군이 거둔 일련의 승리 덕분에 이들 도시는 콘스탄티노플, 알렉산드리아, 서유럽을 오가는 해운업의 주도권을 장악했다. 서유럽 귀족과 교회의 번영으로 동방 사치품을 위한 새로운 시장이 형성되었고, 중세 전성기 유럽의 대내적 안전성이 확보된 덕분에 상인들은 종전에 비해 안정적으로 사치품을 공급할 수 있었다. 12세기에 프랑스 중부의 샹파뉴에서는 조직화된 시장이 등장했다. 그곳에서 플랑드르 상인은 이탈리아인에게 옷감을 팔았고, 이탈리아 상인은 무슬림 향신료와 비잔티움 비단을 플랑드르인, 프랑스인, 독일인에게 팔았다. 그러나 1300년에 이르러 이탈리아 상인들이 이탈리아와 북유럽의 대서양 항구들 사이에 직통 해상 교역로를 개척하면서 이들 시장은 쇠퇴하기 시작했다. 이제는 양모원사를 잉글랜드로부터 이탈리아로 직접 수입하는 편이 실속이 있었고, 이탈리아의 피렌체 같은 도시는 자체적으로 모직물의 생산 및 끝손질을 할 수 있었다. 이탈리아의 섬유산업이 성장하면서 플랑드르의 섬유산업이 쇠퇴했지만, 그것은 유럽이 단일 통합 경제권으로 변화했음을 보여주는 또 하나의 징표였다.

원거리무역은 재산을 날리기 십상인 위험한 사업이었다. 해적의 출몰은 흔한 일이었고 지중해는 선원들에게 위험한 바다로 악명이 높았다. 상인들은 유서 깊은 혈통을 주장할 수 없었고 노골적으로 돈벌이에 관심을 보였으므로 토지 귀족계급의 경멸을 받았다. 그러나 그들의 용기만은 부인할 수 없었다. 밀라노와 피렌체의 시민군은 전투 현장에서도 적군의 귀족 전사보다 한 수 위였다. 그러나 중세 전성기에 이탈리아인이 새로운 교역로를 개척하는

데 성공한 가장 큰 요인은 상인과 귀족들이 선박, 화물, 짐 싣는 동물 등에 막대한 자금을 기꺼이 투자했기 때문이다. 이런 투자를 촉진하기 위해 이탈리아 상인은 새로운 동업 계약 형식, 새로운 회계 방식(복식 부기 포함), 새로운 신용 기법(비잔티움과 무슬림의 사례를 일부 본받았다)을 발전시켰다. 새로운 신용 제도는 서유럽 그리스도교회와 일부 충돌하기도 했다. 교회는 거의 모든 형태의 금전 대출을 고리대금으로 정죄했기 때문이다. 그러나 새로운 상업경제의 연료인 자본에 대한 수요는 불가항력적인 것이었다. 서서히 태도에 변화가 나타났다. 13세기부터는 교회 지도자들 가운데서도 상인에 대해 호의적으로 언급하는 인물이 나타났다. 13세기의 교회 지도자였던 성 보나벤투라는, 신이 구약 시대에는 다윗 같은 목자에게, 신약 시대에는 베드로 같은 어부에게 각별한 은혜를 보였지만, 당대에 이르러서는 아시시의 성 프란체스코(1182~1226) 같은 상인에게 은혜를 베풀었다고 주장했다.

그러나 중세 전성기의 상업혁명과 도시혁명의 주요 원인을 원거리무역에 있다고 생각하는 것은 잘못이다. 물론 일부 도시는 그런 교역에서 큰 자극을 받았고, 실제로 베네치아(1300년 인구 약 10만 명), 제노바(8만 명) 같은 주요 도시의 성장은 원거리무역 없이는 불가능했을 것이다. 그러나 파리(1300년 인구 20만 명), 피렌체(10만 명), 밀라노(8~10만 명), 런던(6~8만 명) 등의 대도시를 포함한 대다수 도시의 번영은 일차적으로 주변 후배지(後背地)의 풍요에 의존하고 있었다. 이들 도시는 후배지로부터 식량, 원료, 인구를 공급받았다. 경제생활 전반의 활력이야말로 중세 전성기 도시 성장의 주요 원인이었던 것이다. 원거리교역은 유럽인의 삶에 나타난 이 거대한 경제적·상업적 변화의 한 국면에 불과했다.

도시

크건 작건 간에 도시는 도시 주변 지역과 공생 관계 속에서 존립했다. 도시는 시장과 상품을 제공하고 지방은 도시민에게 식량을 공급해주는 식이었다. 도시는 더 나은 삶을 찾는 자유농민과 도망농노의 지속적 이주를 통해 팽창했다. 일단 도시가 번창하기 시작하자 많은 도시는 특정 부문을 전문화하기 시작했다. 파리와 볼로냐는 일류 대학들의 근거지가 되었고, 베네치아, 제노바, 쾰른, 런던 등은 원거리무역의 중심지가 되었으며, 밀라노, 피렌체, 헨트, 브뤼헤 등은 제조업을 특화했다. 가장 중요한 도시 산업은 모직물(베네치아에서는 면직물)의 생산 및 끝손질이었다. 도시 제조업은 대부분 소규모 개인 소유 작업장에서 개별 기

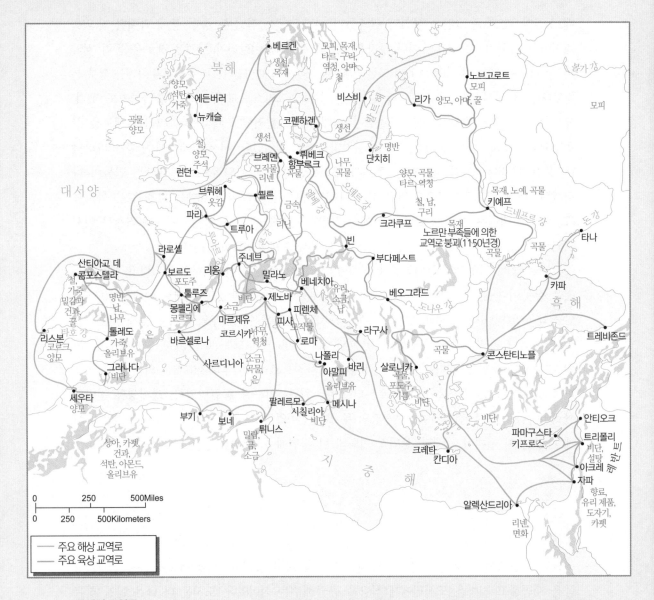

중세의 교역로

이 지도는 11~12세기 유럽의 원거리 교역로를 상세히 보여주고 있다. 교역로와 강은 어떤 관계였으며, 그 이유는 무엇이었는가? 농업혁명과 상업의 부활이 서유럽 주요 교역로의 확대에 결정적 영향을 미친 이유는? 잉글랜드, 브뤼헤, 라인 계곡 사이의 교역로가 급격히 늘어난 것은 어떤 요인 때문이었는가? 각 지역이 특정 상품에 전문화되면서 어떤 교역 유형이 등장했는가?

술공이 맡았는데, 그들의 생산활동은 길드로 알려진 전문가협회에 의해 규제되었다.

통상 자기 분야의 전문가로서 자신의 점포를 운영하는 장인 수공업자만이 수공업자 길드의 정회원이 될 수 있었다. 그 결과 길드는 독점 유지와 경쟁 제한을 통해 대체로 부유하고 성공적인 조합원의 이익을 도모했다. 이런 목적을 이루기 위해 고용 조건은 엄격하게 규제되었다. 만일 도제나 직인(journeyman)—프랑스어의 journeé(아침부터 저녁까지의 '하루'를 가리키며, 넓은 의미로는 '하루의 일'을 뜻한다)에서 유래한 말로, 도제 기간은 끝났지만 아직 장인을 위해 일하는 사람을 가리킨다—이 장인이 되고 싶다면 자신의 '작품(masterpiece)'을 한 점 생산해 길드의 장인들에게 인정을 받아야만 했다. 만일 시장이 현재 인원 이상의 장인 수공업자를 감당할 수 없을 정도로 취약하다고 판단되면 작품을 산출했다고 해도 그 수공업자는 자신의 점포를 열 수 없었다. 일부 도시에서는 그런 지위와 자격을 갖지 못한 직인의 결혼을 금지시키기도 했다. 수공업자 길드는 가격과 임금을 규제했고, 시간 외 작업을 금했으며, 생산방법과 조합원이 사용할 재료의 품질에 관한 세부 사항을 규정했다. 길드는 또한 종교단체, 자선단체, 음주클럽 같은 중요한 사회적 기능을 수행했다. 형편이 어려운 조합원을 보살피는가 하면 사망한 장인 수공업자의 유가족을 지원하기도 했다.

상인도 길드를 설립했는데, 일부 도시에서는 상인 길드의 세력이 막강해져 상인 길드 조합원이 된다는 것은 곧 도시 정부에 복무하기 위한 필수조건이 되었다. 수공업자 길드—상인 길드보다 수는 많지만 세력은 약했다—와 마찬가지로 상인 길드는 경쟁 제한 및 획일적 가격 정책에 의해 지방 시장을 통제했다. 그들은 시민 자격 취득의 승인 여부를 통제하기도 했다. 본질적으로 길드는 배타적 조직이었다. 그들은 그리스도교도임을 표방했으므로 거의 예외 없이 유대인과 무슬림에게 문호를 닫았다. 그들은 또한 일반 임금노동자, 특히 여성 임금노동자의 경제적 기회를 크게 제한했다. 여성은 길드에서 자동적으로 배제되지는 않았고 일부 수공업자 길드는 여성만으로 조직되기도 했다. 하지만 도시 임금노동자로서 여성이 중요한 역할을 해냈음에도 불구하고, 남성 주도적인 길드 문화로 인해 여성은 여성 노동 및 임금 조건에 대해 아무런 영향력도 행사할 수 없었다.

현대인의 눈으로 보면 대부분의 중세 도시는 1300년에 이르러서도 여전히 절반 정도는 시골처럼 보일 것이다. 거리는 포장이 안 되어 있는 경우가 많았고 주택마다 채마밭이 딸려 있었으며 곳곳에 가축이 보였다. 12세기 초의 한 프랑스 왕위 계승권자는 파리의 거리를 말 타고 가던 중 멋대로 돌아다니는 돼지에 말의 발이 걸려 넘어지는 바람에 목숨을 잃었다. 위생 조건은 열악했고 동물과 사람의 배설물에서 나는 악취가 진동하곤 했다. 14세기에 한 런던 시민은 자기 집 오물을 여러 달 동안 이웃집 지하층으로 흘려보냈는데, 지하층이 오물로 가득 차 도로에 넘치기 시작한 뒤에야 그의 위법행위가 적발되었다. 이런 세계에서는 질병이 만연했다. 특히 최하층 도시 빈민이 거주하는 인구과밀지역이 심했다. 도시 사회의 모든 계층에서 출산율은 낮았고 유아사망률은 높았다. 대부분의 도시는 지방에서의 지속적인 인구 유입 덕분에 인구를 유지했다. 화재는 언제나 위험 요인이었고 경제적 갈등과 가문 간의 대립은 유혈 폭동으로 치닫기 일쑤였다. 그러나 이 모든 것에도 불구하고 도시민은 그들의 새로운 도시와 생활방식에 큰 자부심을 가졌다. 12세기의 도시 거주자가 쓴 한 유명한 런던 찬가는, 도시의 번영과 경건함과 완벽한 기후(!)를 자랑하면서 빈발하는 화재만 제외하면 런던의 유일한 골칫거리는 '바보 같은 술주정뱅이들'뿐이라고 설파했다. 도시에 대한 자부심은 수많은 다른 유럽 도시에서도 마찬가지였다. 도시민은 그들만의 뚜렷한 정체성과 공동체적 특권―상인, 기술공의 특권과 자치 도시의 특권―을 주장했다.

비잔티움, 이슬람, 십자군

♣ 제1차 십자군은 유럽과 비잔티움의 세력균형을 어떻게 변경시켰는가?

9세기와 10세기에 아바스 칼리프국이 쇠퇴하자 비잔티움 제국의 세력은 팽창했다. 9세기 중반 비잔티움의 입지는 불안했다. 무슬림 함대가 시칠리아와 크레타를 함락했고 이교도인 슬라브족의 발칸 이주는 발칸 지역에 대한 비잔티움의 지배권을 급속히 잠식했다. 제국의 동쪽 국경선은 8세기 초와 달라지지 않았지만 변경에 대한 무슬림의 압박은 계속되었다. 흑해와 카스피 해로 흘러가는 러시아 하천망을 따라 입지를 확보한 바이킹(루스족) 침입자와 상인이 새로운 적으로 등장했다. 루스족의 가장 중요한 교역 상대는 아바스 왕조로서, 그들은 노예, 꿀, 밀랍, 모피 등을 아바스의 은이나 인도의 향신료, 중국의 비단 등과 거래했다. 그러나 루스족은 콘스탄티노플로 가는 길도 잘 알고 있었다. 비잔티움 황제와 군대가 동부 변경에서 무슬림을 상대하기에 분주했던 860년, 일단의 루스족 함대가 흑해로 항해해 콘스탄티노플을 약탈했다.

비잔티움의 부흥

1025년에 이르러 비잔티움의 위상은 변했다. 수세기 동안의 선교 침체기를 겪은 후 9세기의 비잔티움 선교사들—가장 유명한 인물은 키릴루스와 메토디우스 형제—은 발칸의 슬라브족을 정교 그리스도교로 개종시켰고, 슬라브족을 위해 고대 교회 슬라브어(Old Church Slavonic)로 알려진 문어(文語)를 고안하고 키릴 문자(Cyrillic alphabet)—오늘날도 불가리아, 세르비아, 러시아 등에서 사용되고 있다—를 발명했다. 그리고 즉각 군사적 정복이 이어졌다. 황제 바실리우스 2세(재위 976~1025, 별명은 '불가르족의 학살자')가 사망한 1025년, 비잔티움은 그리스, 불가리아, 그리고 오늘날의 세르비아를 제국에 병합했다. 비잔티움인은 키예프를 거점으로 한 루스 왕국과 군사적·상업적 동맹관계를 수립함으로써, 루스족으로 하여금 이슬람을 등지고 콘스탄티노플로 선회하게 만들었다. 911년 700명가량의 루스족이 비잔티움 함대와 함께 무슬림 지배하의 크레타를 공격했다. 945년에는 루스족과 통상조약이 체결되었다. 957년 키예프의 그리스도교도 왕비 올가는 콘스탄티노플을 국빈 방문해 극진한 환대를 받았다. 989년 황제 바실리우스 2세는 키예프 왕 블라디미르에게 군사 원조를 요청했다. 황제의 정적인 바르다스 포카스—제국 동쪽 변경의 유력 귀족 가문 출신—를 상대로 한 내전에서 승리를 거두기 위해 군대가 필요했던 것이다. 블라디미르의 지원에 대한 대가로 바실리우스는 여동생 안나를 블라디미르에게 시집보냈고, 블라디미르는 백성들과 함께 세례를 받고 정교로 개종했다. 러시아는 오늘날까지도 정교회의 보루로 남아 있다.

930년대에서 970년대 사이에 비잔티움은 동부 및 동남부 변경에서 아바스 왕조에 대한 일련의 원정에 성공을 거두고, 7세기 이래 비잔티움이 차지하지 못했던 영토를 탈환해 재정복했다. 재정복된 영토에 살던 주민의 대부분은 이슬람이 지배한 3세기 동안 그리스도교도로 남아 있었다. 하지만 각별히 아르메니아인과 시리아인은 자신들만의 독특한 그리스도교 전통을 지키면서 교리적·언어적으로 콘스탄티노플의 그리스어 사용 교회와 대립각을 세웠다. 수백 년 동안 종교적 정통(orthodox, '올바른 믿음')의 토대 위에서 정체성을 규정했던 제국 입장에서 그와 같은 '이단'의 혼합은 제국 통합의 토대를 위협하는 일이었다.

더욱 중요했던 것은, 동부 지역 정복으로 지방 귀족 가문—그들은 정복활동을 주도하는 과정에서 이득을 얻었다—의 세력이 크게 신장되었고, 그 결과 제국 수도인 콘스탄티노플 바깥에 처음으로 새로운 권력 구심점을 만들어냈다는 사실이다. 비잔티움 정치는 제국 동부의 귀족 가문들과 수도의 제국 관료 사이의 갈등과 대립으로 인해 10세기 내내 혼

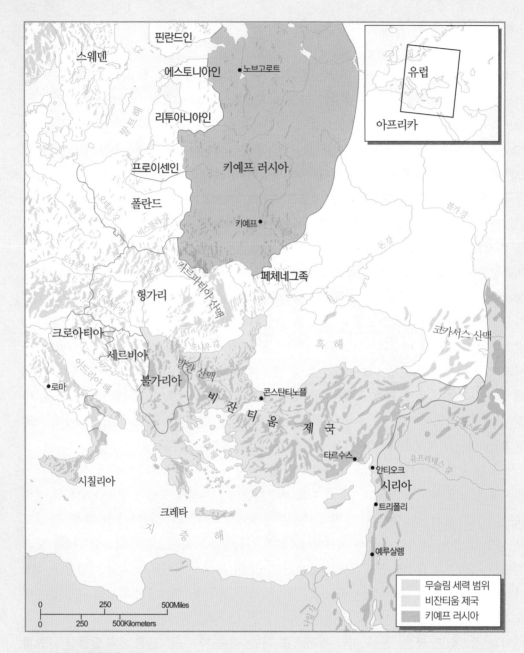

지도 안의 지명:
핀란드인
스웨덴
에스토니아인
노브고로트
리투아니아인
프로이센인
키예프 러시아
폴란드
키예프
카르파티아 산맥
헝가리
페체네그족
크로아티아
코카서스 산맥
세르비아
흑해
발칸 산맥
볼가리아
비잔티움 제국
로마
콘스탄티노플
시칠리아
타르수스
안티오크
시리아
크레타
트리폴리
지중해
예루살렘

유럽
아프리카

0 250 500Miles
0 250 500Kilometers

무슬림 세력 범위
비잔티움 제국
키예프 러시아

1025년경의 비잔티움 제국
11세기의 비잔티움 제국은 어떤 도전에 직면했는가? 무슬림 및 신흥 키예프 러시아의 지배 영역을 주목하라. 근동 지역에 대한 무슬림의 장기간에 걸친 영향력은 비잔티움 문화의 성격에 어떤 영향을 미쳤는가? 키예프 러시아의 지배 영역은 어떻게 해서 비잔티움에게 잠재적인 경제적·군사적 압력으로 작용했는가?

란에 빠졌다. 이들 중 한 가문의 우두머리가 반란을 기도하자 황제 바실리우스 2세는 동부 유력 가문들을 무자비하게 진압했다. 그 뒤 황제는 비잔티움 군사력의 방향을 서쪽으로 틀었고 베네치아 해군의 도움을 받아 불가리아를 정복했다. 그러나 동부 유력 가문들에 대한 견제는 일시적인 효과만을 거두었다. 바실리우스가 사망한 뒤 제위는 노쇠하고 무능한 친족에게 넘어갔다. 그 결과 초래된 권력 공백 속에서 귀족 전사 가문들은 지방에 대한 지배권을 한층 강화한 반면, 궁정은 제국의 지출 증대와 더불어 세입이 감소되는 상황을 맞이했다. 부족한 세입을 메우기 위해 황제들은 비잔티움 금화를 변조했다. 그 결과 1040년에서 1080년 사이에 금화 가치는 50퍼센트나 떨어졌고, 베네치아·제노바·피사가 동부 지중해 교역로에 대한 지배권을 공고히 하던 바로 그 시기에, 비잔티움의 상업적 토대는 훼손되고 말았다. 1081년에 이르러 동부의 유력 가문들이 알렉시우스 콤네누스를 제위에 올려놓고 의기양양해 있을 때, 비잔티움 제국은 지중해 세계에서 이미 절름발이 세력이 되어 있었다.

비잔티움 제국, 900~1204년	
아바스 지배자에 대한 원정 성공	930~970년
러시아가 정교로 개종	911~989년
황제 바실리우스 2세	976~1025년
투르크의 침입(만치케르트 전투 패배)	1071년
알렉시우스 콤네누스 치세	1081~1118년
제1차 십자군	1095~1099년
제4차 십자군의 콘스탄티노플 함락	1204년

비잔티움 황제에 대한 충고, 11세기

　이 작자 미상의 문헌은 11세기 어느 비잔티움 황제에게 보낸 것이다. 이것은 황제의 나태와 제국 동부 변경 귀족의 세력 증대에 대한 저자의 관심을 드러내고 있다. 저자가 여기에서 제기한 문제는 1081년 동부의 귀족 중 하나인 알렉시우스 콤네누스가 황제로 즉위함으로써 그 절정에 이르렀다.

　거룩하신 주 하느님께서 폐하를 황제의 권좌에 올리시고 은혜로써 폐하를 현세의 신으로 불러 폐하께서 뜻하는 바대로 행하도록 하셨습니다. 그러므로 폐하의 행동은 온전한 이해력과 진리로 충만되어야 하며 폐하의 가슴에는 정의가 임해야 합니다. 그러므로 균형 잡힌 눈으로 모든 사람―권력을 가진 사람들과 그 밖의 모든 사람들―을 바라보고 행동하십시오. 어떤 사람에게 무언가를 악랄하게 강요하면서, 다른 사람에게 이익을 베푸는 일은 하지 마십시오.……모든 사람을 평등하게 대하십시오.……

황제는 모든 사람의 모범이자 본보기입니다. 모든 사람이 황제를 우러러보고 황제의 행동을 모방합니다. 황제의 행실이 선하면 사람들은 황제를 재빨리 따르려 합니다. 그러나 황제가 사악하고 비난받을 짓을 한다면 사람들은 똑같이 따라할 것입니다. 그러므로 간청하노니, 네 가지 미덕을 준수하십시오. 용기(영혼의 용기를 말하는 것입니다), 정의, 절제, 지혜가 그것입니다.……

황제 폐하, 인간에게는 천성적으로 편안하고자 하는 욕망이 있습니다. 하지만 도움이 되기는커녕 오히려 해를 끼치는 관행이 만연하고 있습니다. 즉 황제께서는 통치하시는 동쪽과 서쪽 지방을 두루 돌아보시지 않고, 오직 콘스탄티노플에서만 시간을 보내고 계십니다. 마치 그곳에 갇혀 계신 듯이 말입니다. 만일 누군가가 폐하를 한 도시에 가둔다면, 폐하께서는 그곳을 떠나려는 노력을 해야 할 것입니다. 그러나 사실인즉 폐하께서 그런 일을 스스로 하고 계신 것입니다. 그러니 무어라 말해야 하겠습니까? 폐하의 지배권 아래에 있는 지방과 속주로 가십시오. 그리하여 빈민이 어떤 고통을 당하고 있으며 폐하께서 보낸 세금징수원들이 무슨 짓을 하고 있는지 직접 눈으로 보십시오. 빈민이 어떤 학대를 당하고 있는지 확인하십시오. 그리고 모든 잘못된 일을 시정하십시오. 그리하면 비잔티움의 속주들과 폐하의 지배권 아래 있는 백성들이 이 나라를 다스리는 한 분의 황제이자 주인이 계시다는 것을 알게 될 것입니다. 그러면 폐하께서는 전국 각지에 있는 속주와 요새와 지방들이 어떤 강점을 갖고 있으며, 어떤 어려움이 있는지, 그리고 어떤 이점이 있는지를 직접 아시게 될 것입니다. 그러면 폐하의 대리인에 대해 반역이나 반란이 일어나지 않을 것이며, 폐하께서 지배하는 모든 영역이 평화로울 것입니다.

저는 폐하의 중신들이……저의 충고를 건전치 못하다고 폐하께 간언하리라는 것을 잘 압니다. 그들은 폐하께서 군대와 측근들을 거느리고 지방과 속주를 순행하시면 폐하께서 그들에게 중압감을 줄 것이라고 말할 것입니다. 그들은 만일 폐하께서 비잔티움을 떠나시면 다른 자가 폐하의 제위를 차지할 것이라고까지 말할 것입니다. 이런 생각을 떠올리게 되면 웃음이 나옵니다. 폐하께서 국정 운영을 맡기시고 궁전에 남겨두신 중신은……만일 그가 강력하고 적합한 인물이라면 대단히 유능할 것입니다. 그는 언제나 방심하지 않고 해야 할 바를 차질 없이 수행할 것입니다.

분석 문제

1. 저자가 황제를 '현세의 신'이라고 부른 것은 어떤 의미인가?

2. 뜻하는 바대로 행하는 것이 허용되었다면 황제는 어째서 자신의 욕망과 자의적 성향을 억제해야만 하는가? 지배하는 영역을 여행하는 것은 황제에게 어떤 영향을 주는가?

투르크의 침입

11세기 말의 비잔티움은 여러 방면에서 새로운 위협에 직면했다. 베네치아·제노바·피사가 동부 지중해의 해상 지배세력으로 등장해, 이슬람 북아프리카(이집트 포함)와 서유럽 사이의 수익성 좋은 교역을 상당 부분 차지해버렸다. 세력이 커지던 파티마 왕조 이집트는 비잔티움 제국의 동남쪽 시리아 접경 지역에서 비잔티움의 이익을 갉아먹기 시작했다. 그러나 가장 큰 재앙은 새로운 수니파 무슬림 세력인 셀주크투르크가 중앙아시아에 등장해 비잔티움 제국 핵심부인 소아시아로 이동하기 시작했다는 것이다. 투르크가 아르메니아를 함락했을 때 황제가 그들을 물리치려 했지만 동부의 귀족 가문들은 지원을 거절했고, 만치케르트에서의 결정적인 전투(1071)에서 황제군은 전멸했다. 바야흐로 투르크에게는 아나톨리아 전부를 장악하는 길이 활짝 열렸고, 비잔티움 제국의 가장 부유하고 생산적인 지역이 단번에 투르크의 수중에 떨어졌다. 같은 해 또 다른 투르크 집단이 시아파 파티마 왕조로부터 예루살렘을 탈취하고 거룩한 도시에 대한 수니파의 지배권을 회복했다. 그로부터 5년 뒤 시리아와 소아시아의 거의 모든 지역이 투르크의 수중에 놓이게 되었다. 서쪽의 발칸 슬라브족 역시 이 무렵 반란을 일으켰고, 가뜩이나 심각한 수준으로 고갈된 비잔티움의 국고를 더욱 소진시켰다.

그러나 1090년대에 알렉시우스 콤네누스는 국고를 다시 채우고 비잔티움의 발칸 지배권을 회복했으며, 투르크 원정을 계획하기 시작했다. 11세기를 거치는 동안 서유럽의 기사들은 전 세계에서 가장 효율적인 중무장 기병이 되어 있었다. 알렉시우스는 1085년의 한 전투—그는 이 전투에서 노르만인의 그리스 침공을 물리쳤다—에서 이 기사들과 대결한 적이 있었다. 하지만 알렉시우스는 투르크 경무장 기병을 물리칠 병력으로 그들을 데려다 쓰고 싶었다. 중무장 기병 부대를 모집하기 위해 알렉시우스는 교황 우르바누스 2세에게 사람을 보냈다. 알렉시우스는 수천 명 규모의 분견대만 있으면 소아시아에서 투르크가 가져가는 이권을 되찾을 수 있으리라 예상했다. 그로부터 채 1년도 되기 전에 교황은 10만 명의 서유럽인으로 구성된 대규모 십자군을 편성해 거룩한 도시 예루살렘을 그리스도교 세계로 되돌리려 했다.

제1차 십자군

우르바누스 2세의 소집에 그토록 엄청난 반응이 나온 이유는 복잡하다. 우르바누스 2세 자신은 십자군을 네 가지 목적을 달성하기 위한 수단으로 보았을 것이다. 첫 번째 목적은 정교회를 다시 교황권과 화해시키는 것이었다. 두 교회의 관계는 1054년 교황 사절과 콘스탄티노플 정교회 총대주교가 서로를 파문함으로써 깨지고 말았다. 만일 우르바누스 2세가 두 교회를 통합하는 데 성공한다면, 그는 그레고리우스의 교황군주국가 계획—이 계획의 목적 중 하나는 모든 주교와 교회에 대한 교황의 수위권을 확립하는 것이었다—을 실현하는 크나큰 업적을 이룰 수 있었다. 두 번째 목적은 우르바누스 2세의 최대 적인 독일 황제 하인리히 4세를 곤경에 빠뜨리는 데 있었다. 하인리히와 교황은 제각기 그리스도교 세계 내에서의 수월성을 주장하면서 20년 넘도록 전쟁 상태에 있었다. 예루살렘 회복을 위한 강력한 십자군을 호소함으로써 우르바누스 2세는 교황이야말로 서유럽 그리스도교 사회의 정당한 지도자임을 확실히 해두고 싶었을 것이다(제9장 참조). 셋째, 우르바누스는 대규모 병력을 외부로 방출시킴으로써 유럽의 대내적 평화를 달성하고자 했다. 10세기부터 프랑스의 많은 주교와 수도원장은 비전투원에 대한 공격을 금지하고('신의 평화[Peace of God]'), 특정한 축일에 전투 행위를 금지하는('신의 휴전[Truce of God]') 평화운동을 지원했다. 제1차 십자군 운동을 선언한 1095년의 클레르몽 공의회에서 우르바누스 2세는 이 평화 운동에 대한 교황의 전폭적인 승인을 처음으로 공표했다. 실제로 우르바누스는 소집된 기사들에게 만일 싸우기를 원한다면 해외로 나가 그리스도교의 대의를 위해 정당하게 싸우라고 말했다. 끝으로 예루살렘 성지의 회복이라는 목표 자체가 우르바누스 2세에게 중요한 동기가 되었다. 예루살렘은 중세 지리학자들 사이에서 지구의 중심이자 예수의 고향이었기 때문에 그리스도교의 가장 거룩한 성지로 인정받고 있었다. 서유럽의 순진하고 무식한 기사들과 우르바누스 2세(그는 남프랑스의 기사 가문 출신이었다)가 보기에, 그리스도교도 기사들이 주 그리스도를 위해 무슬림에게 탈취된 그리스도의 고향을 되찾는 것은 지극히 당연한 일이었다.

우르바누스 2세의 요청에 대한 반응은 예상을 훨씬 뛰어넘었다. 교황의 소집이 있은 지 1년도 되지 않아 서유럽 전역에서 몰려온 10만 명의 남성, 여성, 아이들이 콘스탄티노플을 향해 행군하고 있었다. 그들은 예루살렘으로 떠나기 전에 콘스탄티노플에 집결할 생각이었다. 모든 대규모 계획이 다 그러하듯이 십자군 참가자들의 동기는 무척이나 다양했다. 일부는 동방에서 땅을 획득하거나 공국을 설립하고 싶어 했고, 다른 일부는 단순히 모험을 기대하고 참가했다. 주군을 수행한 종자들의 수가 제법 많았는데, 그렇게 하는 것이 그들의 의무였기 때문이다. 어떤 사람은 모호한 예언과 묵시적 열정에 사로잡혀 참가했다. 대부분의 사람들은 여행 기간이 얼마나 길어질 것인지 또는 어느 방향으로 가야 하는지도 모른 채 참가한 것으로 보인다.

그러나 제1차 십자군의 가장 중요한 동기는 종교적인 것이었다. 몇몇 대영주—그들은 대부분 남부 이탈리아에서 온 노르만인이었다—를 제외하면, 십자군 참가자가 동방에서 새로운 땅을 얻는다는 것은 가능성도 없었고 원하는 바도 아니었다. 실제로 1099년 이후 예루살렘의 라틴(십자군) 왕국이 직면한 최대 문제 중 하나는 동방에 머물고자 한 십자군이 극히 드물었다는 사실이다. 서약한 바를 완수한 뒤 십자군 대다수는 고향으로 돌아갔다. 그러한 여행에서는 목숨을 잃을 위험이 매우 높았고 여행에 드는 비용은 어마어마했다. 십자군에 참가한 기사들은 여행 경비에 조달하기 위해 최소한 2년치 수입을 손에 쥐고 가야 했다. 그만한 자금을 모으기 위해 대부분의 기사들은 땅을 저당 잡히고, 가족, 친구, 수도원, 상인 등으로부터 막대한 돈을 빌렸다. 운이 좋아 고향으로 무사히 돌아간다면 부채 상환 방안부터 찾아내야 했다. 경제적 이익의 관점에서 아무리 합리적 판단을 내리더라도 십자군은 어리석은 짓이었다. 그러나 그것은 그리스도교도의 영혼에 위안을 주는 일이었다. 여러 세기 동안 순례는 가장 인기 있는 그리스도교 고해 형식이었고, 예루살렘 순례는 그중에서도 가장 성스럽고 효험이 큰 순례로 간주되었다. 우르바누스 2세는 클레르몽에서 이 점을 분명히 하면서, 십자군 참가자에게는 교회에서 요구하는 모든 다른 고해가 면제된다고 약속했다. 십자군 설교자들은 여기서 한걸음 더 나아가 대사(大赦)를 약속했다. 즉, 십자군 참가자에게는 그때까지 그들이 범한 모든 죄에 대한 내세에서의 연옥 형벌이 완전히 면제되며, 십자군 원정 도중 죽은 자의 영혼은 곧장 천국으로 올라간다는 것이었다. 대사는 실로 파격적인 은사였기에 군중은 그것을 얻고자 몰려들었다.

십자군 설교자들은 그리스도의 병사가 동방에서 그리스도의 적에게 복수를 해야 한다고 강조했다. 그러나 일부 십자군은 임무 수행을 위해 예루살렘에 도착할 때까지 마냥 손 놓고 기다리고만 있는 것은 어리석은 일이라고 생각했다. 무슬림은 예루살렘에서 예수의 땅을 차지했다. 하지만 그리스도교 신학은 유대인이 예수의 죽음에 책임이 있다고 주장했다. 11세기를 거치면서 라인란트의 대도시들과 북부 프랑스의 소도시들에서는 유대인 공동체가 성장하고 있었다. 십자군 무리의 유대인 공동체 공격은 1096년 북부 프랑스에서 시작되었고, 십자군의 동방 이동과 더불어 라인란트까지 급속히 확산되었다. 수백 명의 유대인이 마인츠, 보름스, 슈파이어, 쾰른 등지에서 살해되었고, 십자군 기사들의 손에 죽임을 당하지 않는 대가로 수백 명의 유대인이 강제로 세례를 받았다. 그들을 제지하려는 교회 당국의 노력이 있었음에도 불구하고, 유대인에 대한 공격은 13세기에 이르기까지 그리스도교 십자군의 일상적이고도 당연한 행동방식으로 자리 잡았다.

알렉시우스 콤네누스는 자신의 호소에 대한 서유럽의 반응의 본질과 규모에 경악한 나머지, 십자군이 최대한 빨리 콘스탄티노플을 지나쳐 소아시아로 빠져나가도록 하기 위해 온갖 노력을 기울였다. 그러나 서유럽 십자군과 비잔티움 황제 사이의 견해 차이가 이내 분명해졌다. 알렉시우스는 예루살렘 원정에는 관심이 없었다. 그는 십자군이 무슬림에게서 빼앗은 영토를 비잔티움 제국에 돌려줄 것을 약속해달라고 요구했다. 십자군의 눈에 이것은 배신으로 비쳐졌다. 이런 인상은 십자군의 행군 과정에서 콘스탄티노플에 기대했던 보급품 공급이 제대로 실현되지 않자 확신으로 굳어졌다. 알렉시우스의 입장에서 십자군 집단은 위협적이었다. 특히 그들 가운데 불과 10년 전 비잔티움 제국을 정복하려 했던 노르만인 지도자들이 여럿 섞여 있었다는 사실은 경악 그 자체였다. 그러나 십자군은 자신들이 신에게서 임무를 부여받았다고 생각했다. 그들은 특정 무슬림 지배자들과 싸우기 위해 다른 무슬림 지배자와 기꺼이 동맹을 맺으려고 한 비잔티움 황제의 태도를 납득할 수 없었다. 나아가 그들은 비잔티움인이 실제로는 십자군 원정을 훼방하고 있으며, 심지어 십자군에 맞서 무슬림을 지원하고 있다는 결론을 내렸다. 그들의 의심은 근거 없는 것이었다. 하지만 이런 의심은 비잔티움 제국이 그리스도교 세계의 예루살렘 회복 노력에 대한 장애물에 불과하다는 서유럽인의 확신을 증폭시키는 결과를 가져왔다.

많은 어려움 끝에 제1차 십자군은 성공을 거두었다. 1098년 십자군은 안티오크를 함락했고 시리아 해안 대부분을 점령했다. 1099년 말 그들은 예루살렘을 함락하고 무슬림·유대인·그리스도교도 주민을 무자비하게 살육했다. 그들이 승리를 거둘 수 있었던 중요한 이유는 십자군의 적인 무슬림이 그 무렵 내부적으로 분열되어 있었기 때문이다. 파티마 왕조는 십자군이 도착하기 불과 몇 달 전 투르크로부터 예루살렘을 재탈환했고, 투르크인은 자기들끼리 서로 전쟁을 하고 있었다. 그러나 서유럽의 전술, 특히 중무장 기사들이 개활지에서 보여준 우월한 전투력 또한 십자군의 성공에 중요한 역할을 했다.

또 하나의 결정적 요인은, 제1차 십자군이 제노바와 피사 해군의 지원을 받았다는 사실이다. 제노바와 피사는 십자군 원정이 성공할 경우 홍해를 거쳐 이집트 알렉산드리아에 이르는 인도 향신료 무역을 장악할 수 있으리라고 기대했다. 이런 의미에서 제1차 십자군은 비잔티움 상업의 쇠퇴를 가속화하는 데 기여했다. 왜냐하면 그 당시 비잔티움은 지중해에서 이탈리아와의 경쟁 때문에 어려움을 겪고 있었고, 콘스탄티노플-바그다드 간 교역로 및 중국으로 가는 중앙아시아 비단길에 대한 투르크의 침공 때문에 힘들어하고 있었기 때문이다. 이 모든 추세는 제1차 십자군이 출발하기 전에 이미 진행되고 있었지만, 라틴 왕국의 건설은 비잔티움의 쇠락을 더욱 가속화했다. 이런 의미에서 제1차 십자군은 비잔티움과 서유럽의 세력균형을 깨뜨리는 데 결정적인 역할을 했다.

십자군 요청, 1074~1100년

이 자료들은 유럽인을 향한 동방 군사 원정 요청이 1074~1100년에 어떻게 전개되었는지를 보여준다. 첫 번째 문헌은 1074년 교황 그레고리우스 7세가 모든 그리스도교도에게 보낸 서신이다. 두 번째 문헌은 1074년 교황 그레고리우스 7세가 독일의 하인리히 4세에게 보낸 서한으로, 장엄한 어조로 자신의 동방 군사원정대 조직 노력을 보고하면서 그 동기를 설명하고 있다. 세 번째 문헌은 1095년 클레르몽 공의회에서 행한 교황 우르바누스 2세의 십자군 요청에 대한 푸셰(Foucher de Chartres)—제1차 십자군 원정 당시 프랑스의 군목이며 연대기 작가—의 설명이다(푸셰는 이 공의회에 참석한 것으로 보인다). 네 번째 문헌은 비잔티움 황제 알렉시우스 콤네누스가 플랑드르 백작 로베르에게 동방 군사 원청 참여를 독려하는 서신의 형식을 취하고 있다. 이 문헌은 1088~1105년 사이에 선동 목적으로 작성된 것이다. 서신에 등장하는 투르크인에 대한 지독한 비난 중 어느 것에도 근거가 없다. 이 서한들은 그레고리우스 7세의 요청보다 우르바누스 2세의 요청이 훨씬 큰 반응을 얻었던 이유를 설명해주는가?

교황 그레고리우스 7세가 그리스 지원을 요청함, 1074년 3월

주교이자 하느님의 종들의 종 그레고리우스가 그리스도교 신앙을 수호하려는 모든 이들에게 문안드리며 사도의 축복을 보냅니다.

우리는 이 서신을 소지한 사람이 최근 바다 건너에서 돌아오는 길에 우리를 만나기 위해 로마에 왔다는 것을 여러분에게 알립니다. 그는 우리가 다른 많은 사람에게서 이미 들었던 이야기를 반복했습니다. 즉, 이교도 민족이 그리스도교도를 정복하고 무섭도록 잔인하게 모든 것을 유린하면서 콘스탄티노플 성벽 부근까지 쇄도하고 있습니다. 그들은 지금 정복한 땅을 전제적 폭압으로 다스리고 있으며 수천 명의 그리스도교도를 마치 양떼처럼 도륙했습니다. 우리가 하느님을 사랑하며 그리스도교도로 인정받고자 한다면, 이 대제국의 불행과 수많은 그리스도교도의 죽음에 슬픔을 느껴야 합니다. 그러나 단지 슬퍼하는 것만이 우리의 의무는 아닙니다. 우리의 구세주가 보이신 모범과 우애는 그들을 위해 우리의 생명을 내놓을 것을 요구합니다.……그러므로 우리가 하느님의 자비와 권능을 믿고 있으며, 모든 가능한 수단을 강구하여 가능한 한 신속히 그리스도교 제국을 지원할 준비를 하고 있음을 기억하십시오. 그러므로 우리는 그리스도를 통해 여러분이 일체가 된 그 믿음에 의지해 여러분에게 간구합니다.……사도의 으뜸인 베드로의 권위에 의해, 여러분의 형제가 입은 상처와 흘린 피, 그리고 비잔티움 제국이 처한 위험에 대해 합당한 동정심을 갖기를 권면합니다. 그리고 그리스도를 위해 형제[즉, 비잔티움인]를 돕는 수고로움을 기꺼이 감수할 것을 여러분에게 권합니다.

즉시 사자를 우리에게 보내 이 문제에 관해 하느님께서 여러분에게 무엇을 계시하셨는지 알려주십시오.

교황 그레고리우스 7세가 국왕 하인리히 4세에게 보낸 편지, 1074년 12월

그레고리우스가 영예로운 왕 하인리히에게 문안을 드립니다.……

나는 바다 건너의 그리스도교도들 상당수가 미증유의 살육으로 이교도에 의해 파멸당하고 있으며 마치 수많은 양떼처럼 날마다 도살당하고 있음에 유의해줄 것을 요청합니다. 그들은 내게 사람을 보내 내가 할 수 있는 어떤 수단이라도 동원해 우리의 형제들을 구원해줄 것을 겸손히 간구했습니다. 그러지 않았다가는 그리스도의 종교가 우리 시대에 완전히 멸망당할 수도─하느님 맙소사!─있다는 것이지요. 그러므로 나는 극도의 슬픔에 사로잡혀 차라리 죽음을 갈망할 정도가 되었습니다. 나는 온 세상을 지배하면서 그들을 소홀히 하느니보다는 차라리 그들을 위해 목숨을 걸고 싶습니다. 나는 일부 그리스도교도를 분기시켜 그들로 하여금 그리스도의 율법을 수호하는 가운데 형제를 위해 기꺼이 목숨을 걸도록 하고 하느님의 자녀들의 고귀함을 대낮보다 밝히 드러내도록 했습니다. 이번 소집에 이탈리아인과 북유럽인은 기꺼이 응했습니다. 신령한 감화력에 의한 것이라고 나는 믿습니다. 아니, 나는 그 점을 절대적으로 그대에게 보증할 수 있습니다. 이미 5만의 병력이 준비를 하고 있으며, 만일 그들이 나를 그들의 지도자이자 성직자로 원한다면 하느님의 적들에 대항하는 군대를 일으켜 주님의 인도 아래 주님의 성묘로 진군해 들어갈 것입니다.

나는 이번 일로 특별한 감동을 받고 있습니다. 왜냐하면 성령의 교리에 관해 우리와 의견을 달리하고 있는 콘스탄티노플 교회가 교황의 협력을 구하고 있기 때문입니다. 아르메니아인은 거의 완전히 가톨릭 신앙에서 멀어졌고, 동방인 대부분은 사도 베드로의 신앙에 의해 그들 사이에 나타난 이질적인 견해를 판정해주기를 고대하고 있습니다.……

나는 그대가 원하는 바에 따라 그대의 충고와 도움을 간청합니다. 그러므로 만일 하느님께서 내가 출발하는 것을 기뻐하신다면 나는 로마 교회를 떠나 하느님 밑에서 그대의 도움으로 성모를 보위하고 하느님의 영광을 위해 성모를 수호할 것입니다.

교황 우르바누스 2세의 클레르몽 설교, 1095년 11월

사랑하는 형제들이여. 어쩔 수 없는 필요에 따라, 하느님의 허락하심에 의해 최고 주교와 온 세상의 최고 성직자가 된 나 우르바누스는 하느님의 종인 여러분에게 전해줄 신성한 훈계를 지닌 전령으로서 이곳에 오게 되었습니다.……

오, 하느님의 아들들이여, 여러분이 예전보다 더 확고하게 자체적인 평화를 지키겠노라고, 그리고 교회의 권리를 지키겠노라고 약속했음에도 불구하고 아직 해야 할 중요한 일이 한 가지 남아 있습니다. 신성한 가르침에 즉각 반응을 보였던 여러분은, 그 의로운 힘을 여러분과 하느님의 공통 관심사이기도 한 다른 문제에도 적용해야 합니다. 동방에 거주하는 여러분의 형제는 여러분의 도움을 절실히 필요로 하고 있습니다. 여러분은 빈번히 약속했던 도움을 그들에게 서둘러 베풀어야만 합니다. 여러분 대다수가 알고 있듯이 투르크인과 아랍인은 그들을 공격해 지중해 해안과 헬레스폰트[다르다넬스]—성 게오르기우스의 팔뚝으로 불립니다—에 이르기까지 비잔티움 제국을 정복했습니다. 그들은 이들 그리스도교도의 영토를 점점 더 많이 점령했고 전투에서 일곱 차례나 승리를 거두었습니다. 그들은 수많은 사람들을 죽이고 포로로 삼았으며 교회를 파괴하고 제국을 유린했습니다.

여러분이 그들을 징계하지 않은 채로 이 상황이 지속된다면 하느님을 따르는 신도는 그들로부터 더 많은 공격을 받을 것입니다. 그러므로 나는 물론이거니와 오히려 주님께서 그리스도의 사절인 여러분에게 간청하고 계십니다. 이 사실을 만방에 공포하라고, 신분의 고하를 막론하고 보병과 기사, 가난한 자와 부유한 자 모두에게 그곳의 그리스도교도를 즉각 지원하라고, 그리고 우리 친구의 땅에서 사악한 민족을 근절하라고 말입니다. 나는 이것을 이 자리에 출석한 사람들에게 말합니다. 하지만 내 말은 이 자리에 없는 사람들에게도 역시 해당하는 것입니다. 더욱이 그리스도께서 그것을 명하십니다.

육지에서나 해상에서 가는 도중에 죽거나 이교도와의 전투에서 목숨을 잃은 모든 사람의 죄는 즉시 사함을 받습니다. 나는 하느님이 내게 부여하신 권능에 의해 이것을 그들에게 허락합니다. 오, 마귀를 숭배하는 그토록 저열하고 천박한 민족이, 전능한 하느님을 믿고 그리스도의 이름으로 영광스럽게 된 사람을 정복한다면 얼마나 수치스러운 일입니까!

우리와 함께 그리스도교 신앙을 고백하는 사람을 여러분이 돕지 않는다면 주님께서는 얼마나 우리를 질책하시겠습니까!

믿음 가진 이들을 상대로 불의하고 사사로운 싸움이나 일삼던 사람으로 하여금 이교도에 맞서 싸우도록 하고, 오래전에 시작된 이 전쟁을 승리로 끝맺도록 합시다. 오랫동안 강도질이나 하던 사람으로 하여금 이제 기사가 되도록 합시다. 형제·친척에 맞서 싸우던 사람으로 하여금 이제 야만인을 상대로 제대로 싸우도록 합시다. 몇 푼 안 되는 돈을 받고 용병 노릇하던 사람으로 하여금 이제 영원한 보상을 얻도록 합시다. 육신과 영혼이 모두 지쳐버린 사람으로 하여금 이제 이중의 영광을 위해 일하도록 합시다. 보십시오! 이편에는 슬픔과 가난이, 저편에는 부요함이 있을 것입니다. 이편에는 주님의 적이 있고, 저편에는 주님의 친구가 있을 것입니다. 떠나는 사람들이 여행을 늦추지 않도록 합시다. 그들이 쓸 경비를 위해 그들의 토지를 임차하고 지대를 거둬줍시다. 그리고 겨울이 지나고 봄이 오자마자 그들로 하여금 안내자이신 하느님과 함께 장도에 오르도록 합시다.

알렉시우스 콤네누스가 플랑드르 백작 로베르에게 보낸 가짜 서한, 1100년경

오, 견줄 데 없는 백작이여, 위대한 신앙의 수호자여, 그리스도교도 그리스인의 가장 위대한 제국이 날마다 페체네그족*과 투르크인에 의해 얼마나 괴롭힘을 당하고 있는지…… 그리고 그리스도교도에 대한 학살과 이루 말로 표현할 수 없는 살인과 폭행이 어떻게 이어지고 있는지 관심을 기울여달라는 것이 나의 요청입니다.……

그들은 그리스도교회의 세례반 위에서 그리스도교도 소년에게 할례를 행하고, 세례반 위에 할례의 피를 흘리며, 소년으로 하여금 세례반 위에 오줌을 누도록 강요합니다. 그런 다음 소년을 교회 밖으로 끌고 가 성삼위의 이름을 모독하도록 강요합니다. 그들은 명령을 따르지 않는 사람을 다양한 방법으로 고문하다가 끝내 죽이고 맙니다. 귀족 여성과 그 딸을 포로로 잡으면 성노리개로 삼습니다. 동물과 다를 바 없습니다. 그들은 여성을 성폭행할 때면 그녀의 어머니로 하여금 그 광경을 지켜보게 하고, 못된 짓을 하는 동안 사악하고도 음란한 노래를 부르라고 강요합니다.……

하지만 그 다음 차례는? 더 나쁜 일이 기다립니다. 그들은 모든 연령과 신분의 남자들—소년, 청년, 노인, 귀족, 하인, 그리고 더욱 악랄한 것은 성직자와 수도사까지—을 데려다 놓고 비역질을 시킴으로써 타락하게 만드니 정말 부끄럽기 짝이 없는 일입니다! 태초 이래 듣도 보도 못한 일도 있으니, 주교마저 데려다 그 짓을 시킨다는 겁니다! 그들은 이미 이런 악랄한 죄악으로 주교 한 명을 죽였습니다.

그들은 성스러운 장소를 수많은 다양한 방법으로 더럽히고 파괴하며, 이보다 더욱 악랄한 짓도 하겠다고 위협합니다. 이런 일을 당하고서야 누가 슬퍼하지 않을 수 있겠습니까? 누가 충격 받지 않겠습니까? 누가 전율하지 않겠습니까? 누가 기도하지 않겠습니까? 예루살렘에서 그리스까지 거의 모든 영역, 그리고 그리스 전역과 그 북부 지역이…… 모두 그들의 침략을 당했습니다. 콘스탄티노플 말고는 남은 땅이 거의 없습니다. 만일 우리가 하느님과 신실한 라틴 그리스도교도의 도움으로 신속히 그들을 구원하지 않는다면, 콘스탄티노플마저도 즉각 그들의 함락 위협에 직면할 것입니다.……

그러므로 하느님의 이름과 그리스도교를 믿는 모든 이들의 신앙심을 위해 우리는 그대에게 간청하노니, 그대의 영지—큰 영지건 작은 영지건 아니면 중간 크기 영지건—에서 충원할 수 있는 모든 신실한 그리스도의 병사들을 지휘해 우리와 모든 그리스의 그리스도교도를 도울 것을 간곡히 요청합니다. 그들은 자신의 영혼의 구원을 위해 싸우면서 그리스 왕국을 해방시킬 것입니다. 과거에 그들이 갈리키아 등지의 서유럽 왕국을 불신자의 굴레에서 해방시켜주었던 것처럼 말입니다. 내 비록 황제라 하지만 내게 더 이상 구원의 방책이 없습니다.……그리고 나는 임박한 투르크인의 도래를 한 도시에서 기다리는 신세가 되었습니다. 나는 콘스탄티노플이 투르크인에게 함락되는 것보다는 차라리 당신네 라틴인에게 종속되기를 바랍니다. 그대는 용맹스럽게 온 힘을 다해 싸워주어야겠습니다. 그리하여 영광스럽고 이루 말로 표현할 수 없는 천국의 축복을 받기를 바랍니다.

[편지는 이어 콘스탄티노플에 있는 수많은 그리스도교 유물들과 도시의 부유함을 설명하고는, 로베르에게 이 모든 것이 투르크인의 수중에 떨어지지 않게 해달라고 당부한다.]

그러므로 아직 시간이 있을 때 행동에 나서 주십시오. 그렇지 않으면 그대는 그리스도교 왕국, 심지어 그리스도의 성묘마저 잃게 될 것입니다. 부디 그대가 내세에서 징벌이 아닌 보상을 얻기를 바랍니다. 아멘.

분석 문제

1. 교황 그레고리우스 7세와 우르바누스 2세의 십자군 요청이 함축하고 있는 메시지를 고찰하라. 어째서 왕과 평민이 힘을 합쳐 미지의 적대적인 지역에 거룩한 십자군 원정을 떠나게 되었는가?

2. 이 서신들의 필자들은 왜 그리스의 그리스도교도에게 가해진 압박을 민족 문제가 아닌 종교 문제로 제시하고 있는가?

3. 제목에 '가짜'라는 말이 들어 있지 않았을지라도 '알렉시우스 콤네누스가 플랑드르 백작 로베르에게 보낸 서한'의 진정성을 의심하게 되는 이유는 무엇인가?

---

* 6~12세기에 흑해 북쪽의 스텝 지역에 살던 투르크계 유목민.

그 후의 십자군

제1차 십자군은 이슬람 세계와 유럽의 세력균형에는 별로 영향을 미치지 못했다. 십자군 왕국은 시리아와 팔레스타인 해안선의 인구 희소한 좁은 띠에 불과했다. 십자군이 홍해를 지배하지 않는 한 이슬람과 인도·극동 간의 주요 교역로는 예루살렘의 종교가 어떻게 바뀌건 영향을 받지 않았다. 이 문제에 관해서는 십자군도 마찬가지였다. 십자군은 그들이 새로 획득한 영토를 통과하는 육상 대상로에 어떤 식으로든 간섭할 의사가 없었다. 한편 무슬림에게 예루살렘 상실은 경제적 손실이라기보다는 단연 종교적 모욕이었고, 그들이 영토 회복을 계획하기 시작한 것도 종교적 이유 때문이었다. 1144년 시리아에 있던 십자군 공국들은 대부분 무슬림에 의해 재탈환되었다. 제2차 십자군에서 프랑스 왕과 독일 황제의 지휘를 받은 그리스도교도 전사들은 잃은 영토를 되찾기 위해 동방으로 왔지만 참패를 당하고 말았다. 그 후 얼마 되지 않아 시리아와 이집트는 위대한 무슬림 지도자인 살라딘 아래 통일되었고, 1187년 살라딘은 마침내 예루살렘을 탈환했다. 이에 맞서 제3차 십자군이 출범했다. 독일 황제 프리드리히 바르바로사, 프랑스의 존엄왕 필리프, 잉글랜드의 리처드 사자심왕이 지휘를 맡았다. 하지만 이 원정도 실패하고 말았다. 바르바로사는 예루살렘으로 가던 도중 소아시아에서 익사했고 존엄왕 필리프는 곧 고국으로 돌아갔다. 리처드 사자심왕의 영웅적 노력 덕분에 라틴 왕국은 그 다음 세기까지 살아남을 수 있었으나 리처드마저도 예루살렘을 탈환하지는 못했다.

그러나 꿈은 사라지지 않았다. 1198년 인노켄티우스 3세가 교황이 되었을 때 그의 주된 야심은 예루살렘 회복이었고, 그는 이를 위해 제4차 십자군을 소집했다. 그러나 그것은 재앙이었다. 독일에서는 내전이 일어났고 잉글랜드와 프랑스 간의 전쟁까지 겹쳐 십자군 참가를 희망하는 기사의 수가 급격히 줄어들었다. 십자군 병력을 성지로 수송하기로 계약 맺은 베네치아인은 예정된 십자군의 절반만 도착하자 운임을 제대로 받을 수 없으리라는 것을 눈치 챘다. 그러자 베네치아인은 1204년 십자군의 방향을 콘스탄티노플로 돌려 성공적으로 공격을 감행했다. 그 결과 베네치아는 막대한 물질적 이익을 얻었다. 하지만 비잔티움 제국은 사실상 파멸되었고, 향후 60년 동안 라틴 속주와 그리스 속주로 영토가 분단되었다. 1261년 베네치아의 경쟁국인 제노바는 새로운 황제권 주창자인 팔레올로구스 왕조의 미카엘 8세를 도와 비잔티움 황제권과 콘스탄티노플 지배권을 회복시켜주었다. 그러나 비잔티움 제국의 판도는 이제 콘스탄티노플 도시로 축소되었고, 소아시아와 발칸 반도는 결국 오스

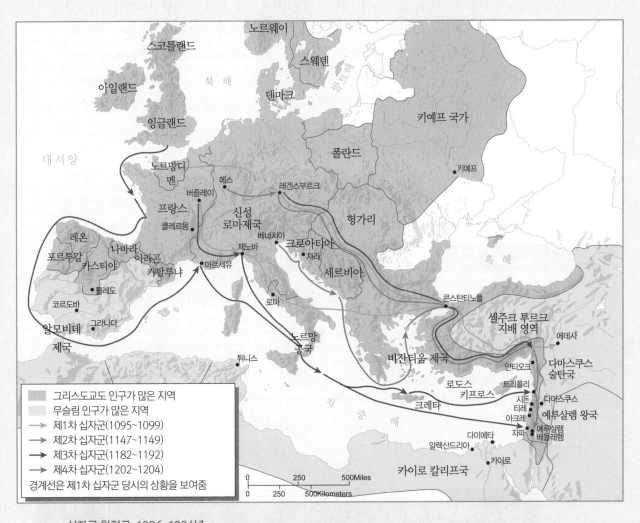

십자군 원정로, 1096~1204년

제1~3차 십자군의 원정로를 비교하라. 세 차례의 원정로는 왜 흡사한가? 제4차 십자군 원정로는 왜 달라졌는가? 제노바는 십자군 출항지로서 왜 베네치아보다 그토록 중요했는가?

만뤼르크에게 정복당하고 말았다.

제4차 십자군의 실패에도 불구하고 예루살렘을 회복하기 위한 서유럽의 노력은 13세기 내내 지속되었다. 그러나 1229년 서로마 황제 프리드리히 2세가 이집트의 술탄과 조약-향후 10년간 예루살렘을 그리스도교도 지배권 아래 두기로 했다-을 체결했을 때를 제외하면 서유럽 지도자 중 누구도 그 목적을 달성하기 위해 직접적인 노력을 기울이지 않았다. 오히려 13세기의 십자군은 주로 이집트를 겨냥했고(1217~1219, 1248~1254), 1270년에는 튀니스를 목표로 삼았다. 이제 십자군은 무슬림의 성지 지배를 지탱해주는 경제적 생명선의 단절을 전략적 목표로 삼고 있었다. 그러나 후기 십자군 전쟁을 설명하면서, 예루살렘(파괴된 이 도시에는 성벽도 없었고 주민도 거의 없었다) 탈환을 명분으로 내세운 십자군의 원정 동기를 이탈리아 상인들의 야심(그들은 이집트를 경유한 극동 무역, 그리고 사하라 이남 아프리카로부터 튀니스를 관통한 황금 무역을 장악하고 싶어 했다)과 분리한다는 것은 불가능하다. 13세기 라틴 왕국의 최대 상업 도시는 예루살렘이 아니라 지중해 연안의 아크레(아코)였다. 1291년 아크레가 무슬림에게 함락되었다. 이 도시의 함락은 성지 회복을 목적으로 한 서유럽의 원정이 사실상 종식되었음을 상징적으로 보여준다(물론 그 후로도 원정 계획은 수립되었다).

십자군	
제1차 십자군(예루살렘 탈환)	1095~1099년
제2차 십자군(셀주크 투르크에게 패배)	1145~1149년
제3차 십자군(프리드리히 바르바로사와 리처드 사자심왕)	1187~1192년
제4차 십자군(콘스탄티노플 약탈)	1201~1204년
제5차 십자군(다미에타 함락)	1217~1221년
평화조약으로 예루살렘 회복	1229~1244년
제6차 십자군(프랑스 루이 9세 패배)	1248~1254년
제7차 십자군(프랑스 루이 9세 사망)	1270년

십자군 원정 출발 준비

성지로 떠나기 전에 십자군은 자신들이 저지른 모든 과오를 바로잡고 남은 문제를 정리해야만 했다. 이것은 참회 순례를 떠나는 모든 사람에게 요구되는 종교적 절차였다. 하지만 그것은 또한 많은 십자군이 여행 도중 죽는다는 현실을 감안한 것이기도 했다. 장 드 주앵빌(1224~1317)은—프랑스의 루이 9세와 함께—제6차 십자군(1248~1254)에 나서기 위한 준비 과정을 설명하면서 원정에 참가하는 사람들의 심정을 명료하게 표현했다.

주후 1248년 부활절, 나는 부하들과 내게 봉토를 받은 모든 사람을 주앵빌로 소집했다. 부활절 전날 내가 소집한 모든 사람이 도착했다. 내 아들 장은 첫 번째 아내에게서 얻은 자식이다.……우리는 그 주 내내 잔치를 열고 춤을 췄다.……

금요일에 나는 그들에게 말했다. "친구들이여, 나는 곧 해외로 떠나려 한다. 내가 돌아올 수 있을지는 나도 모르겠다. 여러분 중 나로 인해 손해를 입은 사람은 앞으로 나오라. 내가 여러분에게 해를 입힌 일이 있다면 하나하나 제대로 돌려놓겠다. 이전에도 내게 요구사항이 있을 경우 나는 그렇게 해왔다." 나는 내 영지에 거주하는 사람들이 만족하게 여기도록 각각의 요구사항을 처리했다. 그들의 결정에 영향을 주지 않기 위해 나는 그들의 토론 자리에서 물러났다. 그런 다음 아무런 이의 제기 없이 그들의 모든 요청을 받아들였다.

나는 가질 자격 없는 돈이라면 1페니도 가져갈 생각이 없기 때문에 로렌의 메스로 가서 내 영지 대부분을 저당 잡혔다. 확언하건대, 내가 성지에 가기 위해 조국을 떠날 때는 모친께서 아직 생존해계셨기 때문에 내 영지에서 나오는 1,000리브르 말고는 수입이 전혀 없었다. 아무튼 나는 떠났고, 7명의 기사와 함께했으며, 내 곁에는 두 명의 기령기사(旗領騎士)*가 있었다. 내가 이런 일들을 알리는 것은, 나를 실망시킨 적 없으신 하느님의 도우심이 없었다면 6년이나 되는 긴 시간 동안 성지에서 머물 수 없었으리라는 사실을 여러분에게 이해시키고자 함이다.……

주앵빌을 떠나던 날 나는 쉬미농 수도원장에게 사람을 보냈다. 그는 시토 수도회의 가장 현명하고 고귀한 수도사로 알려져 있었다.……수도원장은 내게 순례자용 지팡이와 전대를 주었다. 그 후 나는 맨발에 셔츠만 입은 채 곧장 주앵빌을 떠났으며 해외에서 돌아올 때까지 내 성에 한 번도 들어가지 않았다. 그렇게 차려입고 나는 블레쿠르와 생위르벵 등 성유물이 있는 곳을 찾았다.……행여 나의 아름다운 성(城)과 뒤에 남기고 온 두 아이를 그리워하는 마음이 들까봐 나는 한 번도 주앵빌에 눈길을 돌리지 않았다.

분석 문제

1. 봉건 영주는 경우에 따라 자기 소유 영지와 봉신·농민 보유 토지에 대해 세금을 부과할 수 있었다. 장 드 주앵빌은 십자군을 떠나기 전에 관할권 아래의 백성을 어떻게 보살폈는가?

2. 떠나가는 주앵빌은 얼마나 철저하게 영지를 정리했는가? 교육을 받았지만 아직 투박하기만 했던 서유럽인으로서 그는 십자군 출발이 자신의 영지에 어떤 영향을 미칠 것이라고 생각했는가?

*기령기사(knight banneret)란 전투지에서 4각 깃발(일반 기사가 드는 3각 깃발과 구별됨)을 창에 달 수 있는 특권을 가진 중세 유럽의 기사를 말한다.

십자군의 결과

비잔티움 제국에게 십자군 전쟁의 영향은 파멸적이었다. 십자군은 서유럽과 허약해진 비잔티움 제국 간의 경제적·군사적 세력균형에 결정적 변화를 초래했다. 이와 대조적으로 이슬람 세계에서는 십자군의 영향이 훨씬 미미했다. 이슬람과 서유럽 사이의 무역은 시리아·이집트·북아프리카에 대한 십자군의 공격으로 인해 간헐적으로 중단된 적은 있었지만 그래도 꾸준히 계속되었다. 가장 큰 경제적 이익은 이탈리아의 해상 공화국 베네치아와 제노바에 돌아갔다. 하지만 이슬람 상인도 상품 판매를 위해 서유럽 시장에 더 많이 의존하게 되었다. 양측은 군사적 견지에서도 얻는 것이 있었다. 서유럽인은 새로운 축성 기술을 배웠고, 무슬림은 새로운 공성 방법과 중무장 기병 활용법을 배웠다. 끝으로 십자군은 이교도에 맞서 싸우는 성전(聖戰)과 관련하여, 그리스도교와 이슬람교 양측의 교리를 확고히 하는 데도 기여했다. 물론 그리스도교의 성전도 무슬림의 지하드(jihad)도 상대방 교리에서 영향을 받은 바는 거의 없었다. 그러나 그들 사이에 벌어진 충돌은 이슬람 세계와 그리스도교 유럽을 갈라놓고 있었던 상호간 적대감을 한층 더 격화시켰다.

십자군이 서유럽에 미친 영향은 판단하기가 더욱 어렵다. 언뜻 보기에 십자군은 중세 전성기 서유럽의 전반적인 팽창 성공 스토리에 오점을 남긴 하나의 작은 에피소드에 불과하다. 그러나 서유럽인은 중동에서—그린란드와 북아메리카에서 그랬듯이—지나치게 욕심을 부리다가 그만 도를 넘고 말았다. 서유럽인은 자신들이 건설한 식민지를 유지할 수 없었고 마침내 철수하지 않을 수 없었다. 또한 십자군은 유럽인에게 그들이 과거에 전혀 몰랐던 더 넓은 세계를 '새롭게 활짝 열어주지도' 못했다. 그 넓은 세계는 1095년에도 이미 존재했었고, 유럽인은 이미 그 일원이었다. 이슬람 세계와 그 너머 인도·극동과의 무역을 통해 이탈리아의 해상 공화국 제노바와 베네치아는 엄청난 번영을 누렸다. 그러나 이들 교역망은 십자군 이전에도 존재했었고 십자군이 끝난 뒤에도 존속했다. 실제로 십자군은 서유럽과 이슬람 세계 간의 경제적·문화적 교류를 증대시키기보다는 오히려 위축시킨 것으로 보인다.

하지만 그런 사소한 문제를 지적하는 것으로 십자군에 관한 논의를 마무리 짓는 것은 잘못이다. 서유럽 군사력을 배경 삼아 '이슬람 중간상인을 배제하고' 향신료·비단·황금 무역을 독점하려 했던 서유럽 상인들의 야심을, 우리는 13세기의 십자군 전쟁에서 분명히 확인할 수 있다. 이런 충동은 그 후로도 계속 유지되었고, 마침내 16세기 이후 유럽인에 의한 범세계적인 상업·식민 제국의 창출로 이어졌다. 우리는 십자군의 이상이 유럽인의 내면에 지속적인 영향력을 끼쳤다는 사실을 무시하거나 축소하면 안 된다. 십자군은 에스파냐에서는 극적인 성공을 거두었다. 즉, 1110년과 1250년 사이에 카스티야·포르투갈·아라곤의 왕들은 이슬람 세력을 물리치고 이베리아 반도를 재정복했다. 각별히 이베리아에서 십자군은 16세기 말까지 이데올로기적 성격을 견지하면서, 15세기에 이루어진 포르투갈과 에스파냐의 발견 항해 및 16세기의 아메리카 대륙 정복에 중요한 동기를 제공했다. 십자군은 유럽과 이슬람의 관계, 특히 오스만튀르크와의 관계에 영향을 미쳤다. 오스만튀르크는 16세기의 정복 활동으로 빈(Wien)의 대문 앞까지, 그리고 이탈리아 국경까지 접근했다. 최후의 서로마 황제라 할 수 있는 나폴레옹마저도 십자군의 이상으로부터 자유롭지 못했다. 그 또한 (단명하긴 했지만) 성공적인 예루살렘 재정복을 지휘했던 것이다.

중세 전성기의 사회적 유동성과 사회적 불평등

♣ 기사도와 궁정의 사랑 예찬은 어떤 관계인가?

중세 전성기의 늘어난 부는 유럽의 사회구조를 변화시켰다. 10세기까지만 해도 유럽 사회를 '일하는 사람, 기도하는 사람, 전투하는 사람'으로 구분하는 것이 가능했다. 그러나 1300년에 이르면 그러한 표현은 현실과 전혀 부합하지 않게 되었다. 서유럽의 신흥 도시에는 새로운 상인 엘리트와 전문직 엘리트가 등장했다. 1300년경 유럽 사회의 가장 부유한 구성원은 귀족이 아니라 상인과 금융업자였다. 대귀족 가문은 짐짓 상업을 경멸하는 체했다. 그러나 귀족은 '타산적인 사람들'을 멸시하면서도 점점 상업의 세계로 끌려들어갔다. 물론 귀족은 전투를 수행했다. 하지만 기사, 도시민 십자궁수, 농민 장궁수, 시민군, 농민 징집병 등도 전투에 참가했다. 노동 역시 더욱 복잡해졌다. 1300년에 이르러 잉글랜드 농민의 절반은 가족 부양이 불가능할 정도로 경작 면적이 협소했다. 농민은 농사짓기, 임금노동, 사냥, 채취, 구호금 등에 의지해 살아남았고 때로는 번영을 누리기도 했다. 도시와 시골 사이의 격차는 쉽사리 좁혀지지 않았다. 시골 사람은 도시로, 도시 주민은 시골로 자유롭게 이동했다. 온갖 종류의 학교가 등장했고 학교에서 배출된 졸업생들—법률가, 의사, 토지 관리인, 서기, 정부 관료 등—은 대거 신흥 전문가 계층을 형성했다. 그 결과 유럽 사회를 일하는 사람, 기도하는 사람, 전투하는 사람의 세 신분으로 구분해서 말하기란 한층 더 어려워졌다.

부의 증대는 유럽 사회를 더욱 복잡하게 만들었다. 또한 사회는 좀 더 유연해졌다. 하찮은 사람을 고귀하게 만들고 부자를 가난뱅이로 끌어내리는 '운명의 수레바퀴' 이미지는 중세 전성기 유럽인이 좋아하던 표상이었는데, 여기에는 충분한 이유가 있었다. 난파, 화물 도난, 투자 실패, 또는 정치적 계산착오 등은 가장 부유한 가문과 가장 강력한 가문마저도 파멸시킬 수 있었다. 한편 가난한 사람은 능력과 행운만 있다면 때로 최고의 지위까지 올라갈 수 있었다. 특히 교회의 경우 능력 있는 사람에게 출셋길이 활짝 열려 있었다. 국왕에 대한 봉사는 사회적 지위 상승의 또 다른 길이었다. 그러나 운명의 수레바퀴는 사람을 끌어내리기도 했다. 단테 알리기에리는 고향인 피렌체 시 정부에서 승승장구하던 인물이었지만, 1302년 피렌체에서 종신 추방당했다. 그는 추방 중에 쓴 그의 위대한 서사시에서 "남의 손에 있는 빵 부스러기를 맛보는 것이 얼마나 쓰라린 일인지"를 묘사했다.

귀족과 기사

새로운 부는 사회적 유동성을 초래했지만, 동시에 특히 귀족계급 내부에 한층 고도로 계층화된 사회를 창출했다. 카롤링거 시대의 귀족계급은 가문 간 통혼하는 소수의 전통 귀족으로 이루어져 있었다. 그러나 10세기와 11세기를 거치면서 신흥 가문이 기반을 굳히기 시작했다. 그들은 권력과 부에서 옛 카롤링거 귀족에게 밀리지 않았고 때로는 능가했다. 이들 신흥 가문은 카롤링거 왕조를 섬기던 관리의 후손으로, 카롤링거 왕조가 몰락한 틈을 타 독립성을 확보했다. 다른 가문들은 약탈자였다. 그들의 권력은 성(城), 기사, 장원 등에 대한 지배권에 바탕을 두고 있었다. 12세기까지만 해도 카롤링거 귀족 가문은 신흥 가문이 귀족의 계급과 지위를 주장하는 것을 제지할 수 있었다. 그러나 13세기 말 새로운 귀족계급이 서유럽에 출현했다. 신흥 귀족 가문에는 새롭게 떠오른 백작, 성주, 기사 등이 있다. 그뿐만이 아니다. 공작, 백작, 성주(성채 소유자), 기사 사이에 한층 더 세밀한 계급 구분이 이루어졌다.

11세기의 기사는 반드시 귀족은 아니었다. 기사는 오히려 다양한 계층 출신 남성으로 이루어진 사회집단이었다. 11세기에 일부 기사들은 대귀족의 아들이었지만, 다른 기사들은 말을 타고 칼로 무장한 농민에 지나지 않았다. 기사는 하나의 전문화된 전사집단으로서 귀족계급과 결합하면서 어느 정도 사회적 위신을 얻게 되었다. 기사가 귀족계급으로 격상된 것은 12세기와 13세기의 일이었는데, 그것은 중세 유럽 사회의 부의 증대와 직접 연관되어 있었다. 기사의 각종 장비에 소요되는 비용이 상승하자, 13세기 중반에는 기사가 필요로 했던 말, 칼, 갑옷 등을 장만할 여력을 가진 남성의 수가 급격히 줄어들었다. 기사에게 기대되는 가정생활 수준 또한 고급스러워지고 많은 비용이 들었다. 1100년의 기사는 한 벌의 모직 겉옷, 말 두 필, 말구종 한 명만 있으면 그럭저럭 생활을 꾸려나갈 수 있었다. 그러나 1250년의 기사는 여러 필의 말, 비단 옷, 여러 명의 하인과 종자와 말구종을 필요로 했다. 이런 사치스런 생활방식을 유지하기 위해 기사는 주군에게 상당 액수의 연봉을 받거나 1,200에이커 이상의 넓은 토지를 보유해야 했다. 에이커당 지대를 4펜스로 정할 경우 1,200에이커에서는 매년 20파운드의 지대 수입을 올릴 수 있었는데, 20파운드는 13세기 잉글랜드에서 한 남성이 기사 신분을 유지하기 위해 필요한 최소한의 금액이었다. 이해를 돕기 위해 이를 당시의 임금과 비교하면, 하루에 2펜스의 임금을 받는 평범한 노동자의 1년 소득이 1~2파운드 정도였다.

기사도와 궁정의 사랑

기사 신분을 유지하는 비용이 늘어나자 기사의 사회적 위신 또한 올라갔다. 12세기 중반부터 유럽의 왕과 귀족은 '기사도(chivalry)'로 알려진 기사의 행동규범을 신봉하고 장려했다. 그것은 용기, 충성심, 관대함, 무기 다루는 실력, 그리고 참된 귀족의 필수 자질인 예법 등을 강조했다. '기사도'란 말 그대로 '마술(馬術)'이었고, 전쟁터 또는 마상경기에서 말을 타고 하는 싸움은 그 후 오랜 세월 유럽 귀족계급의 정체성에서 중요한 요소로 남게 되었다. 무엇보다도 기사도는 서유럽의 기사와 귀족에게 호소력을 지닌 사회적 이데올로기였다. 왜냐하면 그것은 중세 전성기에 재력이나 권력 면에서 그들과 경쟁관계에 있던 다른 집단들—상인, 법률가, 기술공, 부유한 자유농민 등—과 구별 짓게 만들어주었기 때문이다. 전통적으로 귀족계급은 귀족 조상의 후예라는 사실을 사회적 지위의 핵심 요소로 강조했다. 하지만 사회적 유동성이 큰 중세 전성기에는 상황이 달라졌다. 귀족적인 삶을 영위한 많은 가문들은 실제로는 자랑스러운 선조를 갖지 못했고, 반면 그런 조상을 둔 유서 깊은 가문들은 귀족적인 생활방식을 영위할 만한 재력을 갖지 못했다. 그렇다면 귀족계급의 성립 근거는 무엇인가? 출생과 더불어 부여받은 고귀한 지위인가, 아니면 개인적 성취의 결과물인가?

447

기사도를 기반으로 한 기사계급과 귀족계급의 결합은 양측 모두에게 유익했다. 그것은 전통 귀족 가문으로 하여금 그들의 혈통 속에 미덕이 내재하며, 기사도적인 가치는 귀족 부모 아래 태어난 자들에게서 가장 빈번히 발견된다는 확신을 갖게 해주었다. 한편 (기사다운 언어와 관습을 습득한 상인이나 법률가를 포함한) 기사들에게, 기사도는 자신이 충성, 용맹, 실력 등으로 획득한 사회적 지위를 정당화하는 수단을 제공했다.

기사도는 처음에는 (다양한 사회계층으로 이루어진) 기사계급의 가치 체계로서 시작되었다. 그러나 13세기 말에 이르면 기사도는 귀족(또는 귀족이 되기를 열망하는 사람)을 그렇지 않은 사람과 구별하는 기능을 갖는 계급적 이데올로기가 되었다. 이러한 사회적 구분은 기사만이 기사도적 행동규범을 독점하는 공간인 전쟁터에서 확연히 드러났다. 기사도는 기사에게 상대측 기사를 정중하게 존경심을 갖고 대할 것을 요구했다. 포로로 잡을 경우 그를 죽이기보다는 몸값을 받아야 했고, 몸값을 지불하겠노라는 포로의 말—그의 맹세—을 신뢰해야만 했다. 그러나 그러한 절제와 유보는 평민 병사, 시민군, 궁수에게는 적용되지 않았다. 기사도적 전쟁 규범에 따르면 기사는 그들을 임의로 살육할 수 있었다. 적이 기사가 아니라면 몸값을 받기 위해 포로로 잡아둘 필요도 없었다.

기사도 이데올로기와 긴밀히 관계된 것으로 귀족 여성이 기사 애인의 경배 대상이 되는 이른바 궁정의 사랑(courtly love)이 있었다. 물론 여기에도 사회적 지위라고 하는 중대한 요인이 개입되어 있었다. 궁정의 사랑은 '세련된' 사랑이었고, '예의 바른(courteous)' 사랑은 왕이나 귀족의 궁정에 어울리는 것이었다. 그러나 궁정의 사랑은 귀족 여성(그녀만이 세련된 사랑을 할 수 있으며, 적절한 예법, 시, 영웅적 행동을 통해서만 그녀의 사랑을 얻을 수 있다)과 농민 여성(궁정 예절[courtliness]을 베풀 가치가 없는 여성)을 확연히 구별한다. 귀족 여성은 그녀에게 '구애(court)'함으로써 그 사랑을 얻어낼 수 있지만, 농민 여성은 귀족 남성의 욕망에 따라 강제로 소유할 수 있었다.

궁정의 사랑이라는 새로운 이데올로기는 얼마만큼이나 귀족 남성의 귀족 여성에 대한 태도에 영향을 미쳤는가? 이 질문은 두 가지 이유 때문에 논란에 휩싸여 있다. 하나는 궁정의 사랑에 관해 우리에게 남겨진 자료의 대부분이 문학 형식이고, 역사가들은 문학이 얼마나 정확히 삶을 반영한 것인지에 대해 의견이 제각각이기 때문이다. 또 하나는 여성을 받침대 위에 올려두는 것은 그 자체가 (비록 부드러운 것이기는 하나) 여성의 선택을 구속하는 또 다른 방식이라는 것이다. 그러나 여성에 대한 문학적 태도에 변화가 있었다는 사실만은 의문의 여지가 없다. 12세기 이전까지만 해도 여성은 문학에서 사실상 무시되었다. 그러나 12세기 중반에 들어 귀족 여성은 갑자기 서정시인과 로망스 작가에게 숭배의 대상이 되었다.

궁정의 사랑을 다룬 문학은 비록 이상주의적이고 다소 인위적인 면도 있지만, 과거에 비해 상층계급 여성에게 정중한 태도를 갖게 된 귀족 문화의 특징을 잘 보여준다. 12세기와 13세기의 일부 왕족 여성은 남편이나 아들의 유고시에 사실상 국가를 맡아 통치했다. 우라카 여왕은 1109년부터 1126년 사망할 때까지 레온-카스티야 연합왕국을 통치했다. 헨리 2세의 불굴의 왕비인 아키텐의 엘레오노르(1122?~1204)는 아들인 리처드 1세(사자심왕)가 1190년부터 1194년까지 십자군에 참전한 기간 동안 잉글랜드 정치에서 핵심적인 역할을 했다. 강철 같은 의지를 지닌 카스티야의 블랑슈(1188~1252)는 13세기에 두 차례에 걸쳐서 프랑스를 지극히 훌륭하게 다스렸다. 즉, 한 번은 아들인 루이 9세가 아직 어렸을 때, 그리고 또 한 번은 아들이 십자군에 참전했을 때였다. 물론 왕비는 그 시대의 전형적인 여성은 아니었다. 현대의 관점에서 보면 중세 전성기 귀족 여성은 여전히 많은 제약을 받고 있었다. 그러나 과거의 시점에서 바라볼 때 중세 전성기는 상류계급 여성의 지위가 향상된 시기였다. 그와 같은 사정을 보여 주는 가장 상징적인 예는 체스(서양장기) 게임의 역사에서 찾아볼 수 있다. 12세기 이전까지 체스 게임은 이슬람 세계에서만 행해졌는데 그곳에서 여왕에 상응하는 말(馬)은 왕의 신하인 남성이었고 한 번에 한 칸씩만 대각선으로 움직일 수 있었다. 그러나 12세기 유럽에서 이 말은 여왕으로 바뀌었고, 중세가 끝나기 전에 여왕은 장기판 모든 곳으로 움직이기 시작했다.

정치와 정부

🔹 중세 전성기에 정부와 정치는 어떻게 변화했는가?

중세 전성기의 엄청난 사회적·경제적 변화로 인해 새로운 형태의 정부와 정치가 등장했다. 중세 초기에는 군주정이 서유럽인에게 알려진 유일한 정부 형태였다. 도시는 규모가 작았고 통상 주교나 왕이 지배했다. 왕국은 규모가 작았고, 중세 초기에는 롬바르드족, 서고트족, 서색슨족, 잘리어 왕조 프랑크족 같은 특정 부족들에게나 적합한 정부 형태로 간주되었다. 8세기와 9세기를 거치면서 이들 부족 왕국은 대부분 사라졌고, 그 대신 큰 규모에 강력하고 영토에 기반을 둔 왕국이 잉글랜드와 카롤링거 제국에서 등장했다. 잉글랜드에서는 서(西)색슨 왕국이 9세기의 바이킹 침략에도 살아남아 잉글랜드 연합왕국의 단일한 지배자로 떠올랐다. 독일에서는 오토 왕조가 10세기에 동프랑크 지역의 유일한 왕조로 등장했다. 그러나 프랑스, 카탈루냐, 북부 이탈리아에서는 카롤링거 왕조의 몰락과 더불어 왕권이 사실상 소멸되었다. 그 결과 초래된 권력의 공백 속에서 두 개의 새로운 정치권력 구조가 구 카롤링거 제국 핵심부에 서서히 등장했다. 봉건 공국과 자치도시가 그것이다.

도시 정부

중세 초기의 왕들은 도시의 가치를 잘 알고 있었고, 10세기에 강력한 군주국이 살아남은 지역(예를 들어 잉글랜드와 독일)에서 왕들은 새로운 도시 건설에 적극적이었다. 그러나 플랑드르, 카탈루냐, 북부 이탈리아처럼 9세기 말과 10세기에 왕권이 몰락한 지역에서는 10세기와 11세기에 왕권의 통제가 없는 상황에서 자치도시가 발달했다. 우리는 이미 중세 전성기에 도시를 성장시킨 전반적인 경제적 요인—지방의 점증하던 농업적 부, 인구 증가, 지역 및 원거리 교역망의 발전 등—을 살펴보았다. 이런 요인으로 인해 많은 사람들이 도시로 이주했다. 지방 귀족도 그런 요인에 이끌려 도시로 향했다. 특히 도시가 인접 지역에 대한 지배권을 확대하기 시작하면서, 많은 지방 귀족이 성장하는 도시의 경제적·정치적 삶에 참여했다. 특히 북부 이탈리아에서 귀족의 도시 이주가 많았는데, 그들은 지방에 거주할 때와 마찬가지로 기사·하인·보좌역에 둘러싸인 채 요새화된 도시 성채에 거주했다. 귀족으로 말미암아 도시의 정치생활에는 귀족적 성격이 두드러지게 되었다. 하지만 귀족은 명예를 위해 복수를 서슴지 않는 폭력적 문화를 도시생활에 도입하기도 했다. 13세기 이탈리아의 경우 귀족의 폭력을 통제하기 위해 몇몇 도시(피렌체 등)에서는 귀족의 정부 공직 취임을 전면적으로 금지하려는 시도가 있었다. 그러나 가문 간의 대립으로 말미암은 불안정한 기류는 계속 이어졌다. 그것은 궁극적으로 도시 공화정부의 전통을 약화시켰고, 중세 말기에 들어 밀라노의 비스콘티 가문이나 피렌체의 메디치 가문 같은 유력 귀족 가문이 등장하는 길을 열었다. 그들의 왕조적 지배는 도시 정치의 민주적 형식을 조롱거리로 만드는 것이었다.

12세기와 13세기에 서유럽 대도시의 규모가 얼마나 커졌는지를 고려한다면, 도시 정부 제도가 지극히 비체계적이고 임시방편적이었다는 사실은 놀라운 일이 아닐 수 없다. 왕이나 강력한 봉건 영주의 지배를 받던 도시는 종종 특별한 자유 헌장—도시의 사법권을 규정하고 도시 자치정부의 기본 구조를 수립했다—을 받곤 했다. 북유럽 도시에는 통상 도시의 유력 시민 중에서 선출된 시장과 위원회가 있었다. 다른 도시(로마 등)에는 교황 같은 강력한 지배자가 있어서 독립적 도시 정부 수립 노력을 집요하게 방해했다. 그러나 북부 이탈리아에는 소수의 유력한 영주들—주로 주교들—만이 남아 있었고, 그들은 주민의 도시 자치 정부 구성 요구를 지지하기도 하고 거부하기도 했다. 그러므로 이탈리아의 도시 거주자들은 정부의 각종 제도를 직접 만들어내야만 했다.

12세기의 북부 이탈리아 도시들은 유력자 중에서 선임된 행정관에게 정부를 공식적으로 위임했다. 그러나 비공식적인 시민협의체—코뮌—가 행정관과 더불어 다양한 정부 기능을 담당했다. 심지어 코뮌 자체도 현저히 과두적인 성격을 갖고 있었다. 13세기에 사회계층화가 심화되면서 많은 도시들에서 유력 지배층과 대중적 당파—그들은 도시 정부와 길드를 통제하는 권력구조에서 배제되어 있다고 느꼈다—사이에 틈이 벌어졌다. 갈등을 조정하기 위해 도시는 포데스타(podestá)로 알려진 국외자—대개 법률 교육을 받은 귀족으로, 제한된 임기 동안 사실상의 독재관으로서 지배했다—에게 의지하곤 했다. 그 밖의 도시들은 베네치아를 본받아 민중적 공화정의 외관마저 벗어버린 채 공공연히 과두정의 길을 걸었다. 그러나 1300년에 이르면 원칙적으로 공화정을 표방한 도시들도 사실상 과두정으로 옮겨갔다. 공직의 임기는 점점 늘어났고 도시 정부의 사법적 권리는 확대되었다. 직무에 대한 왕조적 계승의 전통이 시작되었고 그 결과 중세 말기에는 도시 공국이 등장하게 되었다.

봉건제와 국민적 군주국가의 등장

♣ 봉건제와 국민적 군주국가 사이의 관계는 어떠했는가?

이론상 유럽은 10세기와 11세기에도 군주국가들의 대륙이었다. 이 시기에 프랑스와 이탈리아의 왕권은 최저 수준으로 하락했다. 프랑스의 카페 왕조는 프랑스 전체가 한때 한 명의 왕에게 충성했다는 기억을 고스란히 유지하면서, 987년에 카롤링거 왕조를 단절 없이 계승했다. 북부 이탈리아에서는 많은 지방 지배자가 카롤링거 왕조가 내려놓은 왕권을 놓고 서로 경쟁했지만, 962년 이후에는 새로이 제위에 오른 독일 황제 오토에 의해 압도당하고 말았다. 그러나 이탈리아의 오토 왕조도 프랑스의 카페 왕조도 그들이 통치권을 갖고 있다고 주장하는 모든 영역을 실효적으로 지배할 수 없었다. 1000년경 프랑스의 실질적인 정치적·군사적 권력은 왕의 하급자들—공작, 백작, 성주, 기사 등—이 장악했는데, 그들의 권력은 늘어난 지방의 부를 손에 넣을 수 있었기에 가능한 것이었다. 그들이 가진 권력의 상징은 성이었다. 그런데 그 성이란 것이 기껏해야 언덕배기에 말뚝 울타리를 둘러친 나무 성채에 불과한 경우가 흔했다. 그러나 말 탄 기사 병력을 배치할 경우 비록 나무 성채일지라도 위력적인 요새가 될 수 있었고, 그 일대 농민을 겁주기에는 충분했으며, 또한 경쟁관계에 있는 영주의 공격도 충분히 막아낼 수 있었다. 공작, 성주, 기사들은 그들의 성에서 '영주권'을 확립했다. 자급자족적인 영지 안에서 그들은 농민을 상대로 지주로서의 재산권을 행사했을 뿐만 아니라, 화폐 주조, 재판권, 군대 모집, 전쟁 수행, 세금 징수, 관세 부과 등의 공권력까지 휘둘렀다. 1000년경 프랑스는 본질적으로 독립적인 영방 공국으로 이루어진 많은 조각 영토들—백작이나 공작이 통치했다—로 이루어진 왕국이 되었고, 이 공국들은 다시 성주와 기사가 지배하는 더 작은 규모의 영지로 분할되었다.

봉건제의 문제

화폐 주조, 재판, 과세, 방어 등 공권력이 개별 영주에게 귀속된 고도로 지방분권화된 이 정치체제는 흔히 봉건제라고 불린다. 그런데 역사 술어로서 '봉건제(feudalism)'는 여러 면에서 만족스럽지 못하다. 무엇보다도 역사가들이 그것을 매우 다양한 의미로 사용하고 있기 때문이다. 마르크스주의 역사학자는 봉건제를 부가 압도적으로 농업적이며 아직 도시가 형성되지 않은 경제체제(마르크스주의 용어로 '생산양식')라는 의미로 사용한다. 사회사학자는 '봉건 사회'를 상호간의 서약에 의해 결합되고, 장원에 고착된 농노의 노동에 의해 유지되는 귀족적 사회 질서로 특징짓는다. 법률사학자는 봉건제를 하급자가 상급자로부터 토지를 받고 그 대가로 다양한 봉사를 제공하는 토지 보유 체제라고 말한다. 반면 군사사학자는 봉건제를 왕, 공작, 백작이 하급자에게 토지를 하사하고 그 대가로 군사적 봉사를 부담시키는 군대 모집의 한 방법으로 간주한다. 이러한 의미의 과잉을 우려한 최근의 일부 역사학자들은, 중세 유럽의 경제적·사회적·정치적 관계가 지역에 따라 너무나 현저하게 다르므로, 봉건제를 '체제(system)'라고 부르는 것 자체가 잘못된 것이라고 주장하면서, 봉건제란 용어를 아예 포기하자고 제안한다.

그러나 봉건제를 개별 영주에 의해 공권력이 행사되는 정치체제로 규정할 경우, 봉건제가 카롤링거 제국 해체 이후 10세기와 11세기에 프랑스에서 처음으로 온전한 모습을 갖추고 등장했다는 데 대해 전반적으로 의견이 일치한다. 봉건제의 용어와 관습은 프랑스에서 유럽 다른 지역으로 확산되었고, 다양한 지역이나 국가의 특정한 사회적·경제적·정치적 상황에 적응하면서 변화를 겪었다. 마침내 12세기와 13세기에 이르러 봉건제는 계서제적인 법적·정치적 질서—기사는 백작에게, 백작은 왕에게 종속되는 수직적 질서—를 정당화하는 이데올로기로 발달했다. 이렇듯 수정된 형태의 봉건제는 강력한 군주국가를 정당화했고, 그 결과 유럽 국민국가 등장의 기초를 놓았다.

봉건제란 무엇인가? '봉토'(영어로 fee 또는 fief, 라틴어로 feudum)를 어원으로 만들어진 술어인 봉건제는, 가장 단순한 차원에서, 한 사람이 가치 있는 물질—대개는 땅이지만 때로는 통행료나 방앗간의 수입 또는 연금—을 다른 사람에게 제공하고, 그 대가로 일정한 종류의 봉사를 받는 계약을 뜻했다. 그 계약은 종종 불평등했다. 특히 토지가 포함되었을 경우가 그랬는데, 땅은 한 사람이 다른 사람에게 줄 수 있는 가장 값진 선물로 간주되었기 때문이다. 한 사람이 다른 사람에게 봉사할 것을 약속하고 그 대가로 토지를 받을 경우, 통상 토지 수령자는 토지 제공자에게 어느 정도 예속된다는 것을 의미했다. 일부 지역에서 봉토 수혜자는 봉토 제공자의 봉신(vassal)—켈트어로 '소년(boy)'이란 뜻—이 되었고, 제공자는 그의 주군이 되었다. 그들의 새로운 관계는 충성 맹세 의식으로 엄숙히 축성되었고, 봉신은 봉토에 대한 대가로 주군의 '부하(the man)'—프랑스어로 l'homme—가 되었다. 그러나 다른 지역에서는 봉토가 주종 제도 없이도 존재했고, 주종 제도가 충성 맹세 없이도 존재했다. 봉건제니 봉토니 하는 용어 문제는, 한 개인이 봉사에 대한 대가로 다른 사람에게서 토지를 받아 보유함으로써 형성되는 '인간관계'에 비하면 지엽적 문제에 지나지 않는다. 10세기 프랑스의 혼돈 속에서 등장한 봉건제의 핵심은 바로 이 인간관계였다.

중앙 정부 권력이 붕괴된 세계에서 토지를 보유하는 대가로 봉사를 제공하는, 본질적으로 사적인 이 인간관계는 백작, 성주, 기사 간의 사회적·정치적 관계를 조직화하는 중대한 요소가 되었다. 그러나 이 인간관계에는 체계성이라고는 전혀 찾아볼 수 없었다. 봉건제가 귀족 사이에 널리 퍼졌던 북부 프랑스에서조차, 많은 성주와 기사는 토지를 무상으로 점유하고 있으면서도 토지 소유주인 백작이나 공작에게 아무런 봉사도 제공하지 않았다. 봉건적 관계는 반드시 계서제적인 것도 아니었다. 백작이 기사로부터 땅을 받아 보유하는 경우도 있었고, 기사들이 자기들끼리 서로 땅을 주거나 받거나 하기도 했다. 여러 명의 다른 주군으로부터 봉토를 수여 받은 토지 보유자도 많았다. 10세기와 11세기의 봉건제는 봉건적 피라미드—기사는 백작에게서, 백작은 왕에게서 봉토를 하사받는, 체계적이고 계서제적인 토지 보유 및 충성 체계—를 만들어내지 못했다. 이런 종류의 봉건제는 12세기와 13세기에 들어서야 비로소 등장했다. 그 시기에 들어 강력한 왕들은 봉건제가 왕을 정치적·사회적 피라미드의 정점에 두고 질서정연하게 조직화되어야 한다고 주장하기 시작했다.

노르만인의 잉글랜드 정복

봉건제는 잉글랜드에서 처음으로 질서정연하고 계서제적인 토지 보유 및 군사적 봉사 체계로서 등장했다. 그것은 1066년의 노르만 정복으로 말미암아 초래된 특수한 환경 속에서 이루어졌다. 10세기와 11세기 잉글랜드는 서유럽에서 가장 부유했으며 가장 중앙집권적이고 정교한 행정체계를 갖춘 왕국이었다. 그러나 10세기에 프랑스 서북부에 정착한 바이킹—북방 사람(Northmen)으로 알려졌고, 여기서 노르만인(Normans)이란 말이 나왔다—의 후예인 노르망디의 윌리엄 공이 1066년 잉글랜드 왕권을 주장하면서 영국 해협을 건너 잉글랜드 정복에 나섰다. 그에게 다행스러웠던 것은, 새로 즉위한 잉글랜드 왕 해럴드가 이제 막 북부에서 바이킹의 공격을 물리친 끝인지라 전력을 다해 저항할 수 없었다는 점이다. 헤이스팅스 전투에서 해럴드와 잉글랜드 군대는 용감하게 싸웠다. 하지만 원기 왕성한 노르만 군대의 맹렬한 공격을 막아내지는 못했다. 해가 저물 무렵 해럴드는 날아온 화살에 치명상을 입고 말에서 떨어졌다. 해럴드의 군대는 도망쳤다. 노르만인은 전투에서 승리했고 그와 동시에 잉글랜드 왕국을 차지했다. 윌리엄 공은 윌리엄 정복왕이 되었고 새롭게 얻은 노획물을 운용했다.

윌리엄은 노르만인 추종자들에게 광대한 잉글랜드 토지를 하사했다. 왕국의 정복자로서 윌리엄은 잉글랜드의 모든 땅이 궁극적으로 그에게 속하며 잉글랜드의 모든 토지는 일정한 봉사에 대한 대가로 제공되는 것임을 상당한 명분을 가지고 주장할 수 있었다. 노르만 영주들은 노르망디에서 이미 봉사를 제공하는 대가로 토지를 보유하는 관행에 익숙해 있었다. 그러나 1066년 이후 잉글랜드의 봉건제는 노르망디에서보다 한층 더 중앙집권화되었다. 왜냐하면 윌리엄은 잉글랜드 국가의 행정권에 의지해 잉글랜드 왕이 전 국토의 봉건 영주라고 주장할 수 있었기 때문이다.

잉글랜드 왕으로서 윌리엄은 봉건제에 입각하지 않은 다양한 공권력을 행사하기도 했다. 잉글랜드에서는 오직 왕만이 화폐를 주조할 수 있었고, 오직 왕의 화폐만이 유통될 수 있었다. 앵글로색슨 선왕들과 마찬가지로 윌리엄과 그의 아들들 또한 국가 토지세를 거뒀고, 공공 법정에서 재판을 주관했으며, 잉글랜드 주민에 대한 군대 징집권을 행사했다. 노르만 왕들은 지방 정부의 앵글로색슨 관리—셰리프(sheriff)—을 고용해 행정을 맡기고 왕권 수행을 돕도록 했다. 윌리엄은 또한 잉글랜드의 모든 토지 보유자—비록 왕으로부터 직접 하사받은 토지가 전무할지라도—가 궁극적으로 왕에게 충성을 바칠 의무를 갖는다고 주장했다. 그러므로 윌리엄의 왕권은 카롤링거 식의 공권력 전통에 10세기와 11세기 북부 프랑스에서 발달한 새로운 봉건적 권력 및 토지 보유 구조를 강력히 융합시킨 것이었다.

잉글랜드의 봉건 군주국가

윌리엄 이후 2세기 동안 잉글랜드 정치사는 왕에게 유리한 방향으로 봉건제의 고삐를 조이는 과정이었다. 그 결과 왕은 봉건제를 폐지하고 강력한 국민적 군주국가를 창출했다. 그 과정을 '행정적 왕권의 흥기'라고 부른다. 이러한 방향으로 발걸음을 옮긴 첫 번째 왕은 정복왕의 정력적인 아들 헨리 1세(재위 1100~1135)였다. 궁정의 재무 회계를 감독하기 위해 헨리는 회계청(Exchequer)이라는 전문 행정기구를 설치했다. 세입과 지출을 계산하기 위해 체크 무늬 천을 사용했기 때문에 그런 이름이 붙여졌다. 그는 지방을 감독하기 위해 강력한 셰리프를 임명함으로써 기존의 앵글로색슨 지방 행정체계를 강화했다. 그는 또한 순회재판관 제도를 만들어 지방에서 왕의 사법권을 실행하고 셰리프를 견제하도록 했다. 헨리의 위압적인 통치방식은 인기가 없었고, 그 때문에 그의 사망 후 내전이 일어났다. 그러나 그의 통치방식은 잉글랜드에 여러 해 동안 대내적인 평화와 번영을 가져다주었다.

헨리 2세 치세

스티븐 왕(재위 1135~1154)의 치세를 특징지었던 내전이 끝난 후, 잉글랜드 인민은 헨리 1세의 좋았던 그 시절로 다시 돌아갈 수 있게 해줄 왕을 고대했다. 그들은 헨리 1세의 손자인 헨리 2세(재위 1154~1189)가 그런 왕이라고 생각했다. 잉글랜드 왕위에 오를 무렵 헨리 2세는 이미 노르망디, 앙주, 멘, 아키텐의 지배자였다. 그 결과 잉글랜드는 급속히 서부 프랑스의 정치적·문화적 세계에 통합되었다. 그러나 잉글랜드는 헨리 2세의 가장 풍요로운 영토이자 유일한 왕국이었다. 이런 두 가지 이유 때문에 헨리 2세는 스티븐 치세에 잉글랜드가 입은 손상을 복구할 필요성이 절실했다.

헨리 2세는 조부의 행정체계를 놀라운 속도로 회복시켰다. 즉위 1년도 안 되어 회계청이 설립, 가동되었고, 뒤이어 순회재판관의 지방 여행이 재개되었다. 순회재판관의 업무를 원활히 하기 위해, 헨리 2세는 지방 배심원에게, 순회재판관의 마지막 방문 이후 발생한 살인, 방화, 강도 등 주요 범죄를 모두 보고하도록 명령했다. 그는 또 배심원의 역할을 확대해 민사사건의 사실관계 판단을 맡겼다. 이런 혁신은 오늘날의 대배심 및 심리배심 제도의 기원이 되었다. 원고가 민사소송을 국왕 법정에 쉽게 가져올 수 있도록, 헨리 2세는 '영장' 제도를 발전시켜 재판을 원하는 평민에게 저렴한 공식 절차를 제공했다. 평민이 항상 이 제도의 혜택을 본 것은 아니지만, 적어도 그 혜택을 누릴 가능성은 열린 셈이었다. 이러한 법률적 혁신은 대단히 인기가 높았다. 혁신의 결과 많은 사람이 국왕 법정으로 왔고(원고로서 그리고 배심원으로서) 그 때문에 정부에 대한 인민의 애정도 커졌다.

사법제도 개선을 위해 헨리 2세는 교회 법정의 관행도 개혁했다. 그러나 그는 캔터베리 대주교 토머스 베켓의 거센 반대에 부딪쳤다. 헨리 1세 시대에는 성직자가 연루된 형사사건은 주 법정에서 재판을 받았는데, 재판은 셰리프와 교회 당국자가 공동으로 주관했다. 그러나 헨리 2세 시대에 이르러 새롭고 독립적인 교회 법정 제도가 잉글랜드와 유럽 다른 곳에서 발달하여, 범죄 혐의로 기소된 성직자를 재판하고 판결하는 배타적 권리를 주장했다. 교회 법정의 처벌은 국왕 법정보다 훨씬 관대했다. 특히 교회 법정은 상급자를 상해한 성직자에게조차도 사형 판결을 내리는 것이 금지되었다. 헨리 2세는 이것을 부당하다고 생각했다. 「클레런던 헌장(Constitutions of Clarendon)」(1164)에서 헨리 2세는, 고대 관습에 따라 중범죄로 교회 법정에서 유죄가 선고된 성직자는 먼저 성직자의 지위를 상실하며, 그런 다음 국왕 법정에 넘겨져 평신도로서 재판을 받게 해야 한다고 잉글랜드 주교들에게 요구했다. 토머스 베켓은 그 절차에 반대하면서, 그것이 '이중 처벌', 즉 같은 범죄에 대한 두 번의 처벌에 해당한다고 주장했다. 베켓과 헨리 2세는 한때 가까운 친구였다. 그러나 헨리 2세의 진정한 목적이 교회의 권리를 손상시키는 데 있다고 베켓이 고집스럽게 주장하면서 둘 사이의 우정은 깨지고 말았다. 베켓은 교황에게 도망쳤는데, 당시 교황은 헨리 2세의 적인 프랑스 왕 루이 7세의 보호 아래 프랑스에 머물고 있었다. 1170년 베켓은 마침내 잉글랜드로 돌아왔다. 하지만 귀국 직후 4명의 기사들에 의해 캔터베리 대성당에서 살해되고 말았다. 헨리가 휘하의 기사들에게 역정을 내면서 '참견 좋아하는 사제'를 없애기 위해 아무 일도 하지 않는다고 꾸짖은 직후의 일이었다. 베켓은 즉각 순교자이자 성인으로 선포되었다. 헨리 2세는 맨발에 셔츠만 입은 채 베켓의 무덤 앞에 서서 살인을 촉발하는 거친 말을 내뱉은 죄에 대한 성인의 용서를 빌며 회개하지 않으면 안 되었다.

그러나 길게 보면 이 극적인 사건은 헨리 2세와 교황—또는 잉글랜드 교회—의 관계를 심각하게 손상시키지 않았다. 헨리 2세는 자신의 주장—범죄를 저지른 성직자를 국왕 법정에서 재판할 권리, 잉글랜드에서 교황 법정으로의 상고를 제한할 권리 등—을 상당 부분 양보해야만 했다. 그러나 그는 교회 고위직에 성직자를 추천할 권리, 왕의 임석하에 선거를 치르게 할 권리를 갖고 있었다. 그 결과 왕이 추천한 후보는 거의 언제나 그가 지명한 자리에 오를 수 있었다.

헨리 2세의 성공을 입증하는 가장 구체적 증거는 잉글랜드 정부가 그의 사후에도 훌륭하게 작동했다는 점이다. 헨리 2세의 아들로서 허세가 심한 편이었던 리처드 1세 사자심왕은 1189년에서 1199년까지 10년간 잉글랜드를 지배했다. 그러나 그 10년 동안 그가 잉글랜드에 머문 기간은 6개월뿐이었다. 나머지 기간에 그는 십자군 전쟁에 참가하거나 대륙에 있는 자신의 소유를 지키는 데만 관심을 쏟았다. 그럼에도 불구하고 유능한 행정관 및 관리 덕분에 리처드의 정부는 착실하게 효율적으로 운영되었다. 법률 제도는 계속 발달했고 잉글랜드 정부는 세금을 거둬 두 번이나 리처드에게 거액을 조달해주었다. 한 번은 그의 성지 십자군 원정 비용이었고, 다른 한 번은 그가 적에게 사로잡혔을 때 몸값으로 지불되었다. 리처드 1세는 프랑스 존엄왕 필리프에 맞서 프랑스 내 자신의 영지를 지키기 위한 전쟁을 수행할 때도 잉글랜드 정부의 확고한 지원을 받았다.

존 왕과 마그나 카르타

리처드 1세가 그때 살아남았더라면 유럽의 지도는 지금과 많이 달라졌을 것이다. 만일 그가 존엄왕 필리프를 물리쳤더라면 (충분히 그럴 수 있었다) 프랑스의 국경선은 현재와는 크게 달랐을 것이다. 그러나 리처드 2세는 1199년 남프랑스의 작은 성을 포위 공격하던 중 십자궁수가 쏜 화살에 맞고 사망했다. 그의 계승자이자 동생인 존 왕(재위 1199~1216)은 군사 지도자로서의 능력이 훨씬 뒤떨어져서 프랑스에 있던 영토를 거의 다 잃고 말았다. 1204년 말 존엄왕 필리프는 노르망디, 앙주, 브르타뉴, 멘에서 존을 쫓아냈으며, 아키텐(헨리 2세의 왕비인 아키텐의 엘레오노르가 유산으로 남긴 땅)만이 잉글랜드 영토로 남았다.

존 왕은 치세의 남은 기간을 잃어버린 프랑스 영토 회복에 필요한 자금을 마련하는 데 바쳤다. 이를 위해 그는 귀족에게 무거운 벌금을 물리고, 전 인구에 중세를 부과하는 등 자신의 봉건적 특권을 극한까지 휘둘렀다. 1214년 프랑스 원정에 나선 존은 부빈 전투에서 존엄왕 필리프에게 또다시 참패를 당했다. 분노한 잉글랜드 귀족들은 반란을 일으켰다. 1215년 그들은 존 왕을 밀어붙여 후세에 마그나 카르타(Magna Carta)로 알려진 자유 대헌장에서 강탈적인 재무 관행을 포기하도록 했다. 존 왕이 봉건적 권리에 지나치게 의존했던 까닭에, 마그나 카르타의 조항들은 대부분 왕이 향후 봉신의 전통적 권리를 존중해야 한다는 주장을 담고 있었다. 그러나 마그나 카르타는 몇몇 중요한 일반 원칙을 확립하기도 했다. 즉, 왕은 왕국의 동의를 얻지 못하는 한 세금을 걷을 수 없으며, 어떤 자유민도 동등한 신분의 배심원에 의한 판결과 잉글랜드 법률에 의하지 않고서는 왕에 의해 처벌받지 않는다는 것 등이었다. 그러나 무엇보다도 대헌장은 왕이 법률의 규제를 받는다고 하는 원칙을 명시했다는 점에서 중요하다.

미국의 중세사가 스트레이어(J. R. Strayer)가 말했듯이, 마그나 카르타는 전횡적인 정부의 등장을 어렵게 만들었지만, 그렇다고 해서 정부의 중앙집권화를 불가능하게 만든 것은 아니었다. 대헌장이 발표된 후에도 정부의 중앙집권화는 급속히 진행되었다. 존 왕의 아들인 헨리 3세(재위 1216~1277)의 치세에 귀족들은 국왕과 맞서면서 정부 지배권을 놓고 경쟁을 벌이긴 했지만, 그런 와중에도 중앙집권화된 정부는 좋은 것이라는 생각을 갖고 있었다. 헨리 3세의 치세를 거치면서 행정관들은 중앙 및 지방의 재판 제도, 귀족과 평민 모두에게 재산 정도에 따라 세금을 매기는 과세 체계 등 더욱 효율적인 사법·행정제도를 완성시켰다.

중세 잉글랜드의 정부 제도에서 가장 중요하고도 널리 알려진 것은 의회였다. 이것은 1300년 전후 헨리 3세의 아들인 에드워드 1세(재위 1272~1307)의 요청에 따라 점차 독립적인 기구로 자리 잡았다. 의회는 나중에 무제한의 왕권을 견제하는 역할을 하게 되었지만, 최초의 의회는 단연 왕의 고안물이었다. 즉 한 자리에서 귀족, 기사, 도시민의 자문을 구하는 것이 편리하다는 판단 아래 왕이 직접 소집했다. 에드워드 1세는 웨일스, 스코틀랜드, 프랑스 등과의 전쟁 비용을 조달하기 위해 빈번히 의회를 소집했다. 마그나 카르타는 해당 지역

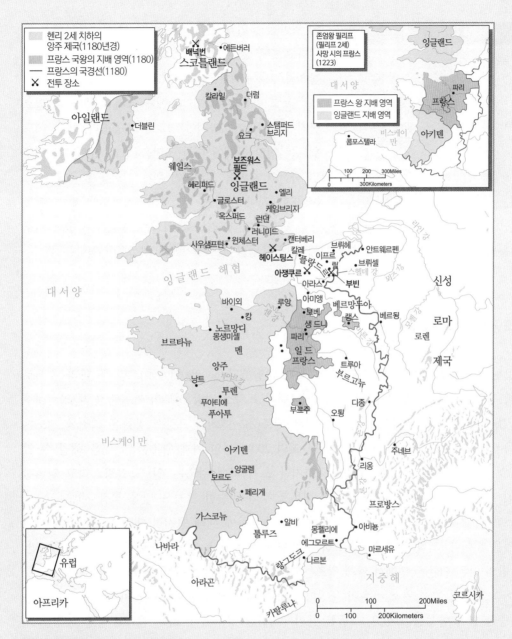

프랑스와 잉글랜드, 1180~1223년

1180년 헨리 2세 제국의 광대한 지리적 영역을 고찰하라. 이 제국을 유지하기 위해 가장 필요한 것은 무엇이었는가? 프랑스의 왕들은 헨리 2세 및 그 후계자들과의 투쟁에서 어떤 이점을 누리고 있었는가? 당시의 시대 상황에서 프랑스인이라는 것은 무엇을 의미했는가? 앙주 왕가와 카페 왕가 사이의 전쟁은 그들의 왕국 내에 국민적 정체성을 등장시키는 데 어떻게 기여했는가?

459

노르만 및 앙주 왕가의 주요 왕들, 1066~1327년	
윌리엄 1세(정복왕)	1066~1087년
헨리 1세	1100~1135년
스티븐	1135~1154년
헨리 2세	1154~1189년
리처드 1세(사자심왕)	1189~1199년
존	1199~1216년
헨리 3세	1216~1272년
에드워드 1세	1272~1307년
에드워드 2세	1307~1327년

의 일반적 동의가 없을 경우 어떤 세금도 부과해선 안 된다고 요구했다. 의회는 그와 같은 동의를 얻어내고 참석자(주로 귀족계급이었지만 주 및 주요 도시에서 온 기사 대표도 빈번히 포함되었다)에게 그런 과세가 왜 필요한지 설득하는 효과적인 경로를 제공했다. 또한 에드워드는 현안 문제에 대한 조언을 듣고, 유력자가 연루된 사건의 재판을 청취하기 위해 의회를 활용했다. 그는 또한 지방 행정을 점검했고, 지방의 불만에 귀를 기울이면서 그에 대처하는 새로운 법률을 공표했다. 그러므로 의회는 재정적·사법적 기구인 동시에 정치적 기구였다. 의회는 14세기 이후 잉글랜드 정치에서 핵심적인 역할을 했다.

프랑스의 봉건적 군주국가

프랑스의 왕권은 잉글랜드보다 훨씬 늦게 발달했지만, 1300년에 이르면 두 나라는 서로 견줄 만한 수준에 도달했다. 10세기를 지나면서 프랑스 지방 정부의 카롤링거 제도는 대부분 붕괴되었다. 그 결과 새로 등장한 카페 왕조(987~1328)의 프랑스 왕들은 그러한 제도를 처음부터 새로 만들어야만 했다. 하지만 거의 200년 동안 카페 왕조는 그 일을 해낼 수 있을 것 같지 않았다. 프랑스 왕이라곤 하지만 초기 카페 왕조는 '일 드 프랑스'라고 알려진 파리 주변의 작은 지역—대략 미국의 버몬트 주와 비슷한 크기[1]—만을 직접 지배했고, 프랑스 여타 지역을 지배하는 독립적인 백작과 공작들에 대해 봉건적 대군주임을 주장할 수 있었을 뿐이다. 하나의 프랑스라고 하는 관념은 카롤링거 시대 이래로 살아남아 있었지만, 그 밖의 다른 모든 국면에서 카페 왕조는 왕국을 처음부터 새롭게 건설해야만 했다.

여러 면에서 카페 왕조는 운이 좋았다. 생물학적 어려움이 있었지만 이 왕조는 300년 동안 중단 없이 아들을 낳았고, 그들은 놀라우리만큼 장수했다. 카페 왕조의 왕들은 평균 30년 동안 통치했다. 그 결과 그들은 왕위 계승 분쟁과 파멸적인 소수파 정부를 모두 피해나갈 수 있었다. 그들은 대단히 비옥한 영토를 지배했고 그 땅은 꾸준히 늘어나는 수입의 원

---

1) 남한의 약 4분의 1 크기.

천이었다. 그들은 또한 독일 황제로부터 도망친 교황의 보호자로서, 그리고 12·13세기에는 유럽의 학문 중심지였던 파리 대학의 후원자로서 크나큰 위신을 얻었다. 그러나 이 모든 것을 뛰어넘어 카페 왕조는 교활하고도 약삭빠른 왕들을 다수 배출했다. 그들은 조심스럽게 힘을 아끼면서 강한 적들이 제 꾀에 넘어가도록 만들었다.

프랑스 왕권의 성장

프랑스 왕권의 착실한 성장은 루이 6세 비만왕(재위 1108~1137) 치세에 시작되었다. 루이는 난폭한 강도떼 귀족들을 굴복시킴으로써 일 드 프랑스에 대한 왕의 지배권을 강화했다. 일단 왕권이 강화되자 농업과 상업이 번영할 수 있었고 파리의 지적 생활이 활기를 띠었다. 루이의 아들 루이 7세(재위 1137~1180)는 경쟁자인 잉글랜드의 헨리 2세에 압도되어 완전히 빛을 잃고 말았지만, 그럼에도 프랑스 군주국가의 재원과 위신을 증대시켰다(루이는 한때 토머스 베켓과 교황 알렉산데르 3세를 동시에 보호한 적도 있다). 그는 헨리 2세의 아들들로 하여금 부왕에게 반란을 일으키도록 부추김으로써 앙주 왕가를 끊임없는 내분 상태에 빠지게 만들었다.

앙주 왕가에 대한 열세를 반전시켜 프랑스에서 진정한 의미의 왕권을 확립한 인물은 루이의 아들 필리프 2세였다. 부왕이 그랬던 것처럼, 필리프 2세도 헨리 2세, 리처드 1세와 직접적인 군사 대결을 해서는 승리를 거둘 수 없다는 것을 잘 알고 있었다. 그러나 존 왕─비방자들은 그를 '물렁한 칼(soft sword)'이라고 불렀다─은 경우가 달랐다. 형의 왕위를 손쉽게 물려받기 위해 존 왕은 필리프 2세에게 충성을 맹세했다. 그러자 필리프 2세는 존 왕의 봉건적 대군주라는 지위를 이용해 존 왕의 프랑스 내 영지에 대한 지배권을 잠식해 들어갔다. 존 왕이 이에 저항하자 필리프 2세는 프랑스에 있는 그의 모든 영지를 프랑스 왕이 몰수한다고 선언했다. 곧 정복 전쟁이 뒤따랐고, 1204년 프랑스에 있던 앙주 왕가의 영지 중 가장 비옥한 지역이 필리프 2세의 수중에 떨어졌다.

필리프 2세는 이제 효과적인 지방 행정체계 구축을 위한 재원을 확보했다. 그는 일찍이 일 드 프랑스에 대한 행정 지배권을 강화하는 조치를 취한 바 있었다. 그는 여기에서 얻은 교훈을 새로이 정복한 노르망디, 멘, 앙주 등의 영토로 확대시켰다. 현명하게도 그는 앙주 왕가가 그곳에 설치한 행정기구의 대부분을 그대로 유지했다. 그 대신 이들 영토를 감독하기 위해 바이(bailli)라는 사법·행정·군사의 전권을 지닌 왕실 관리를 새로 임명했다. 필리프

2세는 바이를 일 드 프랑스의 기사 및 소귀족 중에서 뽑았고 그들을 여러 지역으로 자주 이동시켰다. 이렇게 함으로써 필리프 2세에 대한 그들의 충성심을 확보했을 뿐만 아니라, 왕의 대리인과 통치 담당 지역과의 불미스러운 유착을 사전에 차단할 수 있었다. 또한 필리프 2는 엄격한 재무회계 및 기록관리 체계를 도입함으로써 중앙 행정을 개선했다.

지방의 다양성을 중앙집권화된 왕권과 결합하는 필리프 2세의 행정체계는 향후 500년 동안 프랑스 정치의 특징을 이루었다. 필리프 2세의 아들 루이 8세(재위 1223~1226)는 그 패턴을 새로 정복한 남부 프랑스 영토에 확대시켰고, 그의 아들 루이 9세(재위 1226~1270)는 그것을 더욱 확대, 심화시켰다. 그러나 더욱 중요한 것은, 루이 9세가 국내의 사법권 확립과 국외의 십자군 원정에 비범한 헌신적 노력을 기울임으로써 왕의 행정권 강화를 정당화했다는 점이다. 루이 9세는 13세기 왕권의 전범이 되었다. 죽은 후 그는 교회에 의해 성 루이로 추증되었고, 그의 계승자들은 향후 수세기 동안 '선량한 왕 루이'의 위광에 의존하게 되었다.

그러나 이 위광은 성 루이의 무자비한 손자 필리프 4세 미남왕(재위 1285~1314)에 의해 대부분 탕진되었다. 필리프 4세는 동북쪽의 플랑드르와 아직 잉글랜드에 속한 서남쪽의 영토를 상대로 공격적인 전쟁을 감행했다. 제9장에서 보게 되듯이, 그는 또한 프랑스 교회에 대한 교황의 지배권을 잠식했다. 이들 원정에 비용을 대기 위해 그의 행정부는 탐욕스러운 자금 조달 기구가 되었다. 그러나 막대한 재원을 갖고 있었음에도 필리프 4세는 그의 적인 에드워드 1세의 역량에 미치지 못했다. 에드워드 1세는 신민의 자발적 납세를 통해 현금을 조달했던 것이다. 필리프 4세는 잉글랜드의 의회와 흡사한 대의기구—나중에 삼부회(Estates General)로 불렸다—를 시도했지만, 그것은 프랑스 정치에서 잉글랜드의 의회에 필적하는 역할을 결코 하지 못했다. 이렇게 된 데는 많은 이유가 있겠지만, 가장 근본적인 이유는 프랑스 귀족계급이 왕에 대한 직접세 납부 면제를 관철시키는 데 성공했기 때문이다. 앵글로색슨 시대 이래로 잉글랜드 군주는 귀족들로 하여금 그들이 동의한 세금을 반드시 납부하도록 할 수 있었다. 그러나 초기 카페 왕조 군주들은 프랑스에서 그에 준하는 관행을 뿌리내리게 할 만큼 강력하지 못했다. 필리프 4세도 상황 타개에 도전하기보다 순응하는 것이 낫다고 판단했다. 그러므로 귀족의 면세 특권은 1789년 프랑스 혁명 때까지 프랑스 군주국가의 정치 쟁점으로 남게 되었다.

카페 왕가의 주요 왕들, 987~1328년	
위그 카페	987~996년
루이 6세	1108~1137년
루이 7세	1137~1180년
필리프 2세(필리프 아우구스투스)	1179~1223년
루이 8세	1223~1226년
루이 9세	1226~1270년
필리프 4세	1285~1314년

잉글랜드와 프랑스: 유사점과 차이점

중세 전성기 잉글랜드와 프랑스는 모두 효율적이고 중앙집권적인 군주국가로 발전했고 국가 정체성을 명확히 했다. 1300년에 이르면 프랑스는 유럽에서 가장 강력한 국민적 군주 국가로 자리 잡았고, 잉글랜드는 브리튼 제도 전체를 지배하면서 프랑스 서남부에 대한 지배권을 유지하고자 하는 야심을 지닌 신흥 제국 세력으로 자리 잡았다. 두 왕국은 적대감으로 인해 1290년대에 전쟁을 치른 바 있었고, 이 전쟁은 그 후 200년 동안 간헐적으로 계속되었다.

그러나 유사점에도 불구하고 두 나라는 중세 전성기에 매우 다른 방향으로 발전했다. 이런 차이점은 19세기까지 두 왕국의 역사를 특징지었다. 프랑스보다 작은 나라였던 잉글랜드는 한층 긴밀하게 통합되어 있었다. 잉글랜드 내부에는 (잉글랜드의 웨일스, 스코틀랜드에 대한 지배권 주장을 제외하면) 잉글랜드 왕국의 통일성을 위협하는 지역 언어나 지방 권력이 없었다. 잉글랜드 귀족은 왕에 대해 반란을 일으킬 수 있었고 실제로 반란을 일으킨 적도 있지만, 그럴 경우 지방의 중앙에 대한 불만에서 지원을 이끌어낼 수 없었다. 반면 프랑스에서는 지역적 분리주의가 중요한 힘으로 남아 있었다. 특히 남프랑스는 스스로를 계속해서 피점령지로 간주하고 있었다. 노르만인마저도 파리의 간섭에 짜증을 냈다. 불만 세력인 프랑스 귀족과 잉글랜드 침입자는 향후 수세기 동안 그와 같은 지역주의를 유리하게 활용했다.

또한 두 나라는 매우 다른 방식으로 통치되었다. 잉글랜드의 노르망디 왕가와 앙주 왕가의 왕들은 앵글로색슨 시대로부터 이어온 지방 제도를 기반으로 행정을 구축했다. 그들은 지방민, 특히 지방 기사에게 의존해 지방 정부의 많은 업무를 무보수로 처리할 수 있었다. 그 덕분에 잉글랜드의 행정비용이 저렴해지긴 했지만, 그것은 또한 정부 정책이 대중의 인기를 얻어야만 하며, 그렇지 않을 경우 자발성이 사라지면서 업무가 삐걱대고 멈출 수밖에 없다는 것을 의미했다. 그러므로 잉글랜드 왕들은 대체로 귀족, 기사, 평민으로부터 공식적인 동의를 얻는 데 유의했다. 그 결과 잉글랜드는 점차 인민의 동의를 얻지 않으면 정책을 집행할 수 없는 제한군주국이 되었다.

반면 프랑스 왕들은 한층 크고 부유한 나라를 다스리고 있었다. 부유하고 광대한 영토를 바탕으로 그들은 중앙 및 지방에서 행정부—관료적이고 급료에 의존했다—를 유지하는 데 필요한 경비를 충당할 수 있었다. 관료는 지방 사회에서 독립적 지위를 갖지 못한 왕의 대변자였으므로 왕의 명령에 절대 복종하는 경향이 있었다. 그들의 역할은 지역 분리주의를 조장하는 것이 아니라 통제하는 것이었다. 이것은 카페 왕가의 왕들이 잉글랜드 왕들과는 달리 대의기구에 의존할 필요성이 훨씬 적다는 것을 의미했다. 그 결과 카페 왕조는 여론을 반영하는 효과적인 제도적 장치를 결여하게 되었다. 또한 카페 왕가의 왕들은 초기의 허약성으로 인해 귀족계급에게 세금 납부를 요구하지 못했다. 지속적인 전쟁의 압력을 받아야 했던 중세 말기에 이러한 약점은 파멸적인 것으로 드러났다.

독일

중세 전성기의 독일은 매우 다른 발전 과정을 걸었다. 1050년의 독일은 서유럽에서 가장 강력한 군주국이었다. 수많은 반(半)자치적 공국으로 분열되어 있었지만 독일 황제는 카롤링거 식 기반—교회와의 긴밀한 동맹, 신성한 왕권의 전통, 동쪽 슬라브 영토 정복의 높은 수익성 등—위에서 강력한 군주국을 만들었다. 스위스, 동부 프랑스, 저지대 지방, 북부 이탈리아 등을 포함한 광대한 영토를 통치하기 위해 황제들은 교회와의 제휴에 크게 의존했다. 왕가의 주요 행정관은 대주교와 주교였는데, 그들은 과거 카롤링거 왕들이 그랬듯이 독일 황제에 의해 성직에 임명된 인물들이었다. 심지어 일부 교황들도 황제에 의해 임명되었을 정도였다. 교회 지도층 인사들은 대개 황제의 친척인 경우가 많았고, 지역에 할거하는 공작들의 세력을 견제하는 역할을 맡았다. 독일은 11세기 잉글랜드만큼 행정적으로 정교하지는 않았지만 군주 권력의 효율성에 관한 한 의문의 여지가 없었다. 그것은 잉글랜드와 전혀 다른 기초에 근거하고 있었다.

교황과의 갈등

1056년 하인리히 3세는 어린 아들—하인리히 4세—을 후계자로 남겨놓은 채 세상을 떠났다. 그 시점부터 황제권은 내리막길을 걷기 시작했다. 하인리히 3세는 일군의 개혁 성직자들을 교황에 임명했는데, 그들의 정책에 대해서는 다음 장에서 자세히 설명할 예정이다. 소년 왕 하인리히 4세와 개혁 교황들 사이에는 즉각 갈등이 시작되었다. 갈등은 섭정들(중부 독일 및 남부 독일 출신)과 작센 귀족계급 간에도 표출되었다. 하인리히 4세가 직접 통치를 시작하자 작센 갈등은 더욱 심화되었다. 1073년 이 적대감정은 처참하고도 파괴적인 내전으로 폭발했다.

작센 전쟁이 끝나자마자 이번에는 로마의 개혁 교황들과 새로운 갈등이 생겼다. 다음 장에서 설명될 몇 가지 이유 때문에, 새로이 선출된 교황 그레고리우스 7세(재위 1073~1085)는 교회의 영적 생활을 개혁하려면 먼저 교회를 (황제를 포함한) 평신도의 통제로부터 자유롭게 할 필요가 있다고 확신했다. 하인리히 4세는 황제의 주교 및 수도원장 임명권을 금하려는 그레고리우스 7세의 시도를 거부했고, 그를 교황직에서 쫓아내려는 음모를 꾸미기 시작했다. 그러자 그레고리우스 7세는 작센 귀족계급과 동맹을 맺고 아직 채 아물지 않은 독일의 내전에 다시 불을 지폈다. 이번에는 전세가 하인리히 4세에게 불리하게 돌아갔다. 반란적인 귀족들은 그레고리우스 7세의 지원을 받아 황제의 폐위를 획책하기 시작했다. 그 뒤 서양 중세사의 가장 극적인 장면이 연출되었다. 1077년 한겨울에 하인리히 4세는 허겁지겁 알프스를 넘어 북이탈리아의 카노사 성에서 교황 앞에 부복했다. 그레고리우스 7세는 독일 제후들에게 보낸 서신에서 그 광경을 이렇게 묘사했다. "사흘 동안을 내내 성문 앞에 서서 국왕의 기장(旗章)을 모두 옆에 둔 채 맨발에 허름한 옷을 입고 하인리히는 교황의 도움과 위로를 간청하면서 눈물을 그치지 않았다." 독일 지배자 중 어느 누구도 그 같은 굴욕을 당한 적이 없었다. 그 기억은 향후 수백 년 동안 독일 역사에 깊숙이 아로새겨지게 되었다.

카노사의 사건은 하인리히 4세가 자신의 폐위를 막아내기 위해 선수를 친 사건이긴 했지만 전쟁을 중단시키지는 못했다. 교황과 황제 간의 투쟁은 1122년까지 이어졌다. 그해에 마침내 하인리히 4세의 아들 하인리히 5세는 교황과 타협점에 도달했다. 하지만 그 시점에 제후들은 황제로부터 과거 어느 때보다도 실질적인 독립을 누리고 있었다. 거의 50년 동안이나 끊임없는 전쟁이 이어진 후 제후들은 한층 더 군사화하고 위험스러워졌다. 1125년 하인리히 5세가 상속자 없이 사망하자 제후들은 황제의 세습 계승권에 개의치 않고 새로운 황제를 선출할 수 있다는 주장—그 후 이 원칙에 입각해 그들은 가장 허약한 계승자를 선택하거나 온 나라를 내전에 휩쓸리게 하곤 했다—을 관철시킴으로써 더욱 큰 권력을 얻었다. 교황은 새로운 로마 황제에게 왕관을 씌워줄 권리를 보유함으로써 황제 선출 과정에 간섭할 수 있게 되었다. 몇 가지 명백한 이유 때문에 교황은 지나치게 강력한 독일 군주의 등장을 두려워했다. 교황은 독일 황제를 남부 이탈리아의 노르만인에 대한 균형추 세력으로 존중했지만, 존중한 것과 똑같은 정도로 황제를 두려워했다. 독일 황제가 북부 및 중부 이탈리아를 직접 지배할 경우, 교황—그의 영적 독립성에 그리스도교도의 구원이 걸려 있었다—은 그의 꼭두각시가 될 위험부담을 떠안아야 했다. 이 두려움은 그 뒤 13세기에 교황과 황제 사이의 투쟁을 가중시키는 요인이 되었다.

프리드리히 바르바로사와 하인리히 6세

독일 왕국에 밀어닥친 거센 조류를 막아내려 한 대표 인물은, 12세기의 호엔슈타우펜 왕가의 프리드리히 1세(재위 1152~1190)였다. '바르바로사(Barbarossa)'—'붉은 수염'이라는 뜻—라고 불리는 프리드리히 1세는 자신의 영역을 '신성 로마 제국(Holy Roman Empire)'이라 부름으로써 제국의 독립성과 존엄성을 재천명했다. 신성 로마 제국이란 칭호는 로마 제국으로부터 이어온 보편 제국이며 신의 축복을 받았다는 뜻이다. 동시에 황제는 제후들이 자기 영지 내의 귀족을 복종시키려는 노력을 돕는가 하면, 반대급부로 제후들이 부유하고 독립적인 북부 이탈리아 도시들에 대한 황제의 권리 주장을 지지해줄 것을 기대하는 등 독일 제후들과의 협력관계를 유지하면서 통치했다.

프리드리히 1세는 대체로 이 체제가 온전히 작동하도록 할 수 있었지만, 그 대가로 이탈리아에서의 장기간에 걸친 전쟁 및 교황과의 파멸적인 충돌을 감수해야 했다. 밀라노의 리더십과 교황의 지원 아래 북부 이탈리아 도시들은 롬바르디아 동맹을 맺어 프리드리히 1세의 이탈리아 지배권 주장에 저항했다. 한편 독일 제후들은 엘베 강 동쪽의 비옥한 농토를 식민화함으로써 꾸준히 힘을 키웠다. 그러나 궁극적으로 프리드리히 1세는 롬바르디아 동맹 및 교황과의 타협을 이끌어냈고, 타협의 결과 도시들은 황제에게 거액의 현금을 지불하고 정치적 독립을 얻었다. 1184년 마인츠의 프리드리히 황궁에서는 12세기의 가장 화려한 행사 중 하나가 치러졌다. 이 자리에서 프리드리히 1세는 아들 하인리히가 왕이자 황제로서 자신을 계승하는 것에 대한 제후들의 승인을 얻어내고, 시칠리아 노르만인 왕의 누이와 하인리히의 결혼을 결정했다. 1189년 프리드리히 1세는 제3차 십자군을 떠났고 성지로 가던 도중 사망했다.

바르바로사의 신중한 계획은 아들 하인리히 6세(재위 1190~1197)에 의해 열매를 맺었다. 하인리히 6세는 어려움 없이 부왕의 제위를 물려받았다. 그는 북부 이탈리아 도시들로부터 막대한 수입을 얻었고, 아내의 오빠가 상속자 없이 갑자기 사망하자 시칠리아 왕위에도 올랐다. 그것은 교황이 항상 두려워하던 악몽의 시나리오였다. 바야흐로 막강한 단일 지배자가 북부 및 남부 이탈리아를 동시에 지배하게 되면서, 교황의 중부 이탈리아는 양쪽에서 포위 당한 셈이 되었기 때문이다. 교황에게는 다행스럽게도, 하인리히 6세는 후계자로 이

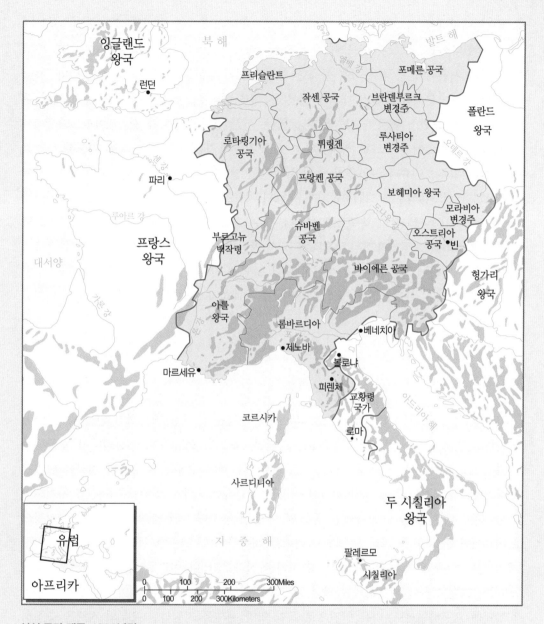

신성 로마 제국, 1200년경

신성 로마 제국의 국경선은 강, 바다, 산맥 중 무엇으로 정해지는가? 이 사실을 어떻게 설명할 것인가? 독일 왕국은 그런 자연적 국경을 가지고 있는가? 중부 이탈리아의 교황령 국가의 위치에 주목하라. 신성 로마 제국과 시칠리아 왕국을 단일 상속자가 물려받으리라는 전망은 왜 교황을 두렵게 만들었는가? 교황의 두려움에는 합당한 근거가 있었는가? 근거가 있었다면 그것은 어떤 이유에서였는가?

제 겨우 3세밖에 되지 않은 아들—미래의 프리드리히 2세—을 남겨둔 채 1197년 32세 나이로 요절했다. 새로운 교황 인노켄티우스 3세는 바르바로사와 하인리히 6세가 독일과 북부 이탈리아와 시칠리아 왕국 사이에 구축한 연결고리를 깨부수는 데 전력을 기울였다. 독일에서 제위 계승 문제를 둘러싼 내전이 벌어지자 인노켄티우스 3세는 두 명의 유력 제위 주창자의 눈치를 보면서 번갈아 지원했다. 교황은 제위 경쟁의 승자가 시칠리아—교황은 시칠리아를 노르만인에게 봉토로 하사했다—를 교황에게 반환해줄 것을 내심 기대하고 있었던 것이다. 비(非)호엔슈타우펜 왕가 출신인 제위 주창자 오토 4세가 최후의 승자가 될 것으로 판단되자 인노켄티우스 3세는 눈치껏 비장의 카드를 썼다. 그는 16세 소년 프리드리히 2세에게 소규모 군대를 딸려 북쪽으로 보냈다. 그는 그토록 나이 어린 소년이 지휘하는 소규모 군대가 승리를 거두리라고는 상상조차 하지 않았던 것이다. 하지만 이 전투에서 오토 4세는 사촌인 잉글랜드의 존 왕과 한편이 되어 운명을 같이 했다. 오토 4세의 군대가 부빈(Bouvines) 전투에서 프랑스의 존엄왕 필리프에게 참패하자 프리드리히 2세는 이론의 여지없는 새로운 독일 왕이 되었다.

프리드리히 2세

프리드리히 2세(재위 1216~1250)는 중세의 지배자 가운데 가장 매혹적인 인물 중 하나였다. 시칠리아에서 자란 프리드리히 2세는 라틴어, 독일어, 프랑스어, 이탈리아어는 물론이고 아랍어도 할 줄 알았다. 그는 학문의 후원자였다. 매사냥에 관한 유명한 저서를 남기기도 했는데, 그 저서는 초기 서양 과학사—관찰에 입각한—에서 영예로운 지위를 차지하고 있다. 그는 진기한 동물을 모아놓은 동물원, 무슬림 궁수대, 베일에 싸인 채 격리된 여성으로 이루어진 하렘 등을 관리, 운영했고 여행할 때마다 그들 모두를 동행시켰다. 프리드리히 2세가 한 도시에 들어가면 그 도시는 충격에 빠졌다. 그러나 이렇듯 이국적인 행태를 보였으면서도 그는 동시에 대단히 인습적인 중세적 지배자였다. 그는 이탈리아에서 황제의 권리를 강하게 요구하면서도, 다른 한편으로 독일 영방 제후를 지원하던 조부의 정책을 충실히 따랐다. 그러나 하인리히 6세 사망 후 이어진 격변의 20년 동안 많은 것이 변했다. 독일에서는 제후들이 이미 고도의 자치권을 누리고 있어서, 그들의 기득권을 인정해주는 것 말고 프리드리히 2세가 할 수 있는 일이란 거의 없었다. 프리드리히 2세는 그들의 특권을 인정하는 대신 그들로 하여금 자신의 아들들(처음에는 하인리히, 다음에는 콘라트)을 황제 사후에 독일 왕으로 선출토록 조치했다. 프리드리히 2세의 가장 큰 골칫거리는 이탈리아였다. 북부 이탈리아의 롬바르디아 동맹 소속 도시들은 또다시 제국에 대한 세금 납부 의무를 거부했다. 한편 시칠리아에서는 노르만인이 창설한 지극히 강력하고도 행정적으로 정교한 왕국이 혼돈에 빠져들었다.

프리드리히 2세는 문제 해결에 뛰어들었다. 1212년부터 1220년까지 그는 독일에 머물면서 독일 귀족계급과의 관계를 공고히 했고 20년 동안 전란을 겪으면서 잃었던 호엔슈타우펜 왕가의 토지를 최대한 회복했다. 또한 그는 1220년에서 1226년까지 시칠리아와 북부 이탈리아에 머물면서 황제의 권력을 재확립했다. 그는 1227년부터 1229년까지 십자군 원정에 나서 이집트 무슬림 지배자와의 협상을 통해 예루살렘 수복에 성공했는데, 그는 무슬림 지배자와 매사냥 취미에 대해 아랍어로 대화를 나누었다. 1230년에서 1235년까지 그는 시칠리아에 머물면서 교황의 침공—실패로 끝났지만—으로 훼손된 황제의 권위를 회복했다. 1235년에서 1237년까지 그는 독일에 머물렀는데 이 시기는 그의 치세의 절정이었다. 그러나 1237년 그는 북부 이탈리아 도시의 고유한 정부 구조를 무시하면서 이들 도시에 대한 황제의 직접 지배권을 요구하는 무리수를 두었다. 그 결과 롬바르디아 동맹과의 장기간의 전쟁이 또다시 발발해 1250년 그가 사망할 때까지 이어졌다. 교황은 이 전쟁에서 핵심적인 역할을 했다. 교황은 프리드리히 2세를 교회에서 파문했고, 그가 사망 후에는 그의 후손 중 어느 누구도 독일이나 시칠리아의 권좌에 다시 오르지 못하도록 금지시켰다. 우리는 과연 교황의 그러한 주장에 실효성이 있었는지 여부를 영원히 알 수 없을 것이다. 왜냐하면 1254년 프리드리히의 마지막 남은 적법한 후계자가 죽고 말았기 때문이다. 이 후계자의 죽음과 더불어 독일에서 실효적인 군주 지배가 계속될 마지막 가능성은 사라져버렸다. 황제들이 계속 선출되었지만 바야흐로 독일에서 군주의 권력은 심각하게 약화되었다. 그 후 독일의 실질적인 정치권력은 수백 명의 영방 제후들 사이에 분할되었고 그들의 대립은 19세기 말까지 독일 정치를 혼란에 빠트렸다.

프리드리히 2세, 천국의 높이를 변경하다

1240년대 프리드리히 2세와 교황 사이에 벌어진 선전전의 결과 프리드리히 2세의 기이한 지적·과학적 취향에 관한 소문이 유포되기 시작했다. 즉, 프리드리히 2세는 신생아를 고립 상태에서 양육하도록 명령을 내려 자연 상태에서 어떤 언어를 말하는지 알아내려고 했으며, 자신이 보는 앞에서 사람의 배를 갈라 소화 과정을 연구하려 했고, 사람을 통 안에 가두어 밀봉한 상태에서 죽음에 이르게 함으로써 영혼이 육체와 함께 죽는다는 것을 증명하려 했다는 등의 소문이다.

다음은 프리드리히 2세의 궁정 점성가 마이클 스콧(1175경~1235경)에 관한 이야기이다. 그는 아리스토텔레스의 저작과 천문학 저술 및 주해서를 아랍어에서 라틴어로 번역한 영향력 있는 학자였다. 교황 지지자로서 프리드리히 2세에 맞서 싸운 프란체스코 수도사 살림베네의 연대기에서 발췌했다.

[프리드리히의 괴벽 중] 일곱 번째 사례를 들겠다. 프리드리히가 한번은 점성가 마이클 스콧에게 그의 궁전과 천국 사이의 거리가 얼마나 되는지 말해달라고 했다. 마이클이 그럴싸하게 대답하자 황제는 그를 데리고 몇 개월 동안 유람 여행을 떠났다. 황제는 그동안 건축가와 석공들에게 궁정의 자기 방을 아무도 눈치 채지 못하게 낮추도록 명령했다. 공사가 끝난 뒤 황제는 점성가와 함께 궁전에 돌아왔다. 황제가 다시 궁전과 천국 사이의 거리를 물었다. 마이클 스콧은 측량을 하더니 천국이 위로 올라갔거나 땅이 아래로 꺼진 것 같다고 대답했다. 그러자 황제는 그가 진짜 점성가라는 것을 알게 되었다.

나는 프리드리히의 다른 괴벽들에 관해 많이 들어서 알고 있지만, 너무 번거로워서 그리고 황제의 어리석은 행동을 일일이 열거하기가 지루해서 침묵을 지키기로 한다.

분석 문제

1. 이 이야기에는 마술적·실제적인 요소와 더불어 우스꽝스러운 요소가 있다. 황제가 과학에 관심을 갖고 있는 것이 왜 괴팍한 일로 간주되었는가?

2. 위의 문제를 논의하기 위해 점성술을 하나의 과학으로 간주할 수 있을 것이다. 하지만 그것이 과학이 아니라면 프리드리히 2세가 점성가를 시험한 것은 무슨 가치를 갖는가?

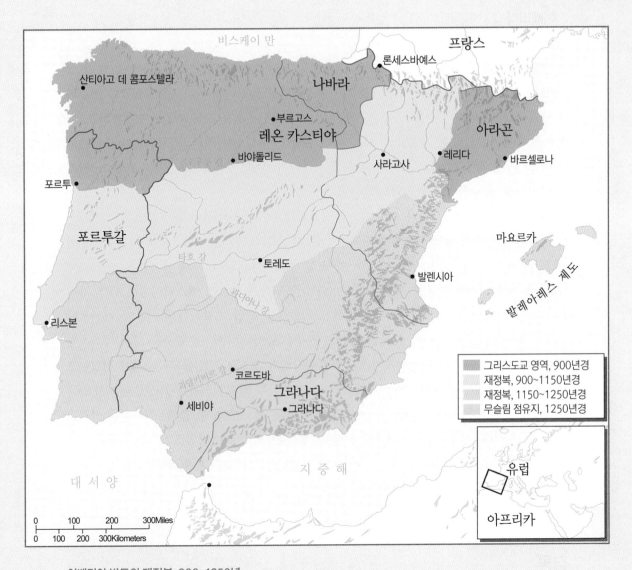

비스케이 만

프랑스

산티아고 데 콤포스텔라

론세스바예스

나바라

부르고스

레온 카스티야

아라곤

바야돌리드

레리다

사라고사

바르셀로나

포르투

마요르카

포르투갈

발레아레스 제도

타호 강

토레도

발렌시아

과디아나 강

리스본

과달키비르 강

코르도바

그라나다

세비야

그라나다

그리스도교 영역, 900년경
재정복, 900~1150년경
재정복, 1150~1250년경
무슬림 점유지, 1250년경

지 중 해

대 서 양

유럽

아프리카

0   100   200   300Miles
0   100   200   300Kilometers

이베리아 반도의 재정복, 900~1250년

900년경 그리스도교 왕국들의 위치와 그 후 수세기 동안 이루어진 그리스도교도 재정복의 진행 상황을 주목하라. 어떤 요인이 이슬람의 초기 침입에서 살아남은 소규모 그리스도교 왕국들을 보호·유지해주었는가? 재정복이 진행되면서 왜 카스티야는 그리스도교 왕국 중 가장 큰 왕국이 되었는가? 어째서 소국인 아라곤과 카탈루냐는 부강한 세력으로서 중요한 지위를 점했는가? 그리스도교도의 이베리아에서의 투쟁과 성공은 십자군 운동에 어떻게 영향을 미쳤는가?

이베리아

이베리아 반도는 독일보다 한층 더 지역적으로 분열되어 있었다. 그러나 독일과 달리 에스파냐는 근대 초기 유럽에서 가장 강력한 군주국가로 등장하게 된다. 중세 전성기 에스파냐 왕국이 가진 힘의 근원은 무슬림 지배하의 이베리아 반도를 성공적으로 재정복하고, 이 정복을 통해 땅, 전리품, 약탈물을 획득한 데 있었다. 중세 전성기의 이베리아에는 네 개의 그리스도교 왕국이 있었다. 북부의 산악 국가 나바라(언제나 상대적으로 비중이 작았다), 서쪽의 포르투갈, 동남쪽의 아라곤과 카탈루냐 연합왕국, 중부의 카스티야 등이었다. 12세기 전시기를 통해 그리스도교 군대는 착실하게 전진했고 1212년 라스 나바스 데 톨로사 전투에서 아라곤-카스티야 연합군이 무슬림에게 거둔 대승은 그 절정이었다. 13세기 말에 이르면 최남단의 소국 그라나다만 무슬림 지배 아래 놓여 있었다. 그라나다가 살아남은 것은 그리스도교도에게 기꺼이 조공을 바쳤기 때문이다. 카스티야는 당시에 에스파냐에서 단연 가장 규모가 큰 왕국이 되어 있었다. 이에 비해 도시화되고 상업 지향적인 아라곤과 카탈루냐 왕국은 부유했다. 카스티야와 아라곤 사이의 전쟁은 중세 말기에 두 왕국을 모두 약화시켰다. 그러나 아라곤의 페르난도와 카스티야의 이사벨의 결혼으로 이들 두 숙적이 결합함으로써 하나의 통일 에스파냐 왕국이 탄생했다. 1492년 두 가톨릭 군주(페르난도와 이사벨)는 에스파냐 최후의 무슬림 영토인 그라나다를 함락했다. 그로부터 몇 달 뒤 이사벨은 크리스토퍼 콜럼버스라는 이탈리아 모험가에게 대서양을 서쪽으로 항해해 인도로 가는 임무를 맡겼다. 콜럼버스는 실패했다. 그러나 그가 우연히 발견한 아메리카 대륙 덕분에 16세기 에스파냐는 유럽 최강의 왕국이 되었다.

결론

1000년의 유럽은 로마 세계에서 등장한 세 개의 서양 문명 중에서 세력이 가장 미약했고 경제적으로 가장 취약했으며 지적으로도 가장 뒤떨어져 있었다. 그러나 1300년에 이르러 유럽은 비잔티움 및 이슬람 세계를 능가했다. 이와 같은 변화는 경제적 기반—효율적 농업, 인구 증가, 상업의 확대 등—덕분이었다. 그 변화는 역동적이고 자신만만하며 유동성 높은 사회를 만들어냈고 그 안에서 개개인은 놀랄 만큼 빠른 속도로 낡은 역할을 버리고 새로운 임무를 맡았다. 그러나 더욱 중요한 것은 서유럽이 이 시기에 겪었던 정치적·군사적 변화였다. 1100년에 이르면 중무장하고 말을 탄 기사가 당대 최강의 군사 병기로 등장했다. 그러나 유럽 각국의 정부가 행정적·정치적 능력을 발전시켜 기사들을 장악하고, 그들로 하여금 산적행위나 강도질 이상의 목표를 추구하도록 지도한 것은 12세기와 13세기에 이르러서의 일이었다.

중세 전성기까지 서유럽 세계는 도시국가와 제국이라는 두 가지 정부 형태만을 알고 있었다. 도시국가는 시민의 충성심을 이끌어내는 데 더욱 효과적이었고, 그 결과 한층 강력하고 적대적인 제국에 맞서 놀라운 승리를 거두곤 했다. 고대 그리스인이 페르시아를 상대로 거둔 승리가 대표적 사례였다. 그러나 도시국가는 빈번히 대내적인 경제적·사회적 대립으로 분열되곤 했다. 장기적으로 그들은 외부 정복자에 맞서 자신을 방어할 만큼 군사적으로 강력하지 못했다. 반면 제국은 전투를 승리로 이끌고 강력한 행정적 관료제를 유지할 수 있었지만, 전반적으로 너무 광대하고 탐욕스러워서 신민으로부터 깊은 충성심을 이끌어낼 수 없었다.

중세 전성기의 국민적 군주국가는 이들 두 극단 사이에서 '황금의 중용'을 달성했다. 국민적 군주국가는 자신을 방어할 만큼 규모가 컸고 세련된 행정 기법을 발전시킬 정도로 부유했다. 또한 제국이었을 경우 감당하지 못하고 붕괴될 수밖에 없는 위기 상황에서도 시민의 참여와 충성심을 충분히 확보할 수 있었다. 1300년경 잉글랜드, 프랑스, 이베리아 반도의 왕들은 공동체, 지역, 교회 등에 대한 열정적 충성심을 신민으로부터 얻어내는 데 성공했다. 그들의 승리는 아직 완전하지는 않았다. 각별히 중세 말기 프랑스는 거의 붕괴 직전의 상황에 놓여 있었다. 그러나 궁극적으로 중세 전성기의 국민적 군주국가는 살아남았고 마침내 근대 유럽 국민국가 건설의 기반이 되었다. 이러한 역사적 계보는 대단히 중요한 것으로서, 중세적 기원을 갖지 못한 근대의 국민적 군주국가는 그 계보를 조작하기도 했다.

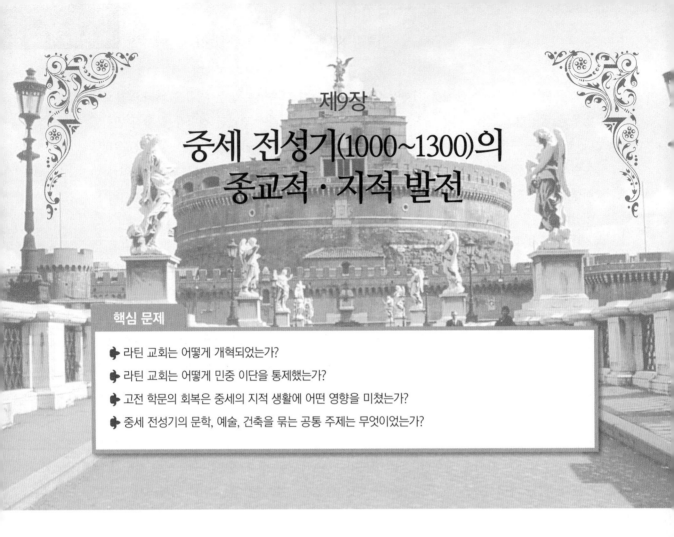

제9장
중세 전성기(1000~1300)의
종교적 · 지적 발전

핵심 문제

- 라틴 교회는 어떻게 개혁되었는가?
- 라틴 교회는 어떻게 민중 이단을 통제했는가?
- 고전 학문의 회복은 중세의 지적 생활에 어떤 영향을 미쳤는가?
- 중세 전성기의 문학, 예술, 건축을 묶는 공통 주제는 무엇이었는가?

중세 전성기의 종교적·지적 변화는 유럽인의 삶을 엄청나게 변화시켰다. 유럽 문명의 근본 성격이 이 결정적인 시기에 일어난 변화로 인해 영구히 변화되었다고 말해도 지나치지 않다. 종교생활의 경우 이 시기에 교황청이 서유럽 그리스도교의 지배적인 조직으로 등장했고, 교회는 평신도에게 그리스도교의 영향력을 확대, 강화시키기 위해 비상한 노력을 기울였다. 교구 교회가 전 유럽에 걸쳐 우후죽순처럼 나타났고 새로운 수도 교단들이 등장했다. 그들의 일차적 목표는 수도원 바깥의 세상에 기여하는 것이었다. 로마 말기 이래 처음으로 설교, 고해, 순례, 기도가 유럽 그리스도교도의 종교생활에서 핵심 요소로 자리 잡았다. 그러나 동시에 그리스도교 신앙의 새로운 양상은 그리스도교도와 비그리스도교도 사이의 종교적·사회적 구분을 강조했다. 그 결과 유럽 사회 내부의 소수 집단에 대한 박해가 늘어났고, 이른바 '박해 사회'가 등장해 이단자, 유대인, 동성애자, 나환자, 무슬림 등에 대한 박해

474

가 교회와 국가의 본질적 요소가 되었다.

중세 전성기에는 지적·문화적 생활에 현저한 부흥이 있었다. 12세기 중반 이후 아리스토텔레스 저작 전부를 포함한 수백 종의 고전 문학·철학 작품이 이슬람 세계에서—그리고 일부는 비잔티움에서—서유럽으로 유입되었다. 이런 새로운 문헌의 자극이 있기 전에도 이미 유럽의 지식인은 신학, 철학, 법학의 근본 문제를 새롭고 엄격한 방식으로 생각하기 시작했다. 지적 혁명('12세기의 르네상스')을 가속화한 것은 대학의 등장과 급속한 성장, 그리고 초등교육의 광범한 확대였다. 새로운 문학 양식인 속어 서정시와 알레고리, 그리고 무엇보다도 로망스가 등장했다. 수백 년 만에 처음으로 유럽에서 독서 대중이 등장하기 시작했다.

교육, 사상, 예술 등에서 중세 초기 유럽은 비잔티움과 이슬람에 비해 침체되어 있었다. 그러나 1300년에 이르러 유럽은 이들 세 문명 가운데 지적·예술적으로 가장 앞서게 되었다. 유럽인은 이제 학문과 예술이 이집트, 그리스, 로마로부터 그들에게 왔으며, 비록 그들은 거인의 어깨 위에 올라탄 난쟁이에 불과하지만, 그들이 올라탄 고대의 지적 거인들보다 더 또렷하게 멀리 볼 수 있게 되었음을 자랑했다. 이런 자랑은 정당한 것이었다. 중세 전성기의 유럽인은 고대의 바탕 위에서 지적·예술적 성취를 이룩했고 또한 그들만의 중요한 공헌을 했다.

교회의 개혁

🖘 라틴 교회는 어떻게 개혁되었는가?

카롤링거 제국 붕괴의 다양한 영향, 바이킹·무슬림·헝가리인의 공격, 지방 귀족 가문의 세력 증대는 9세기와 10세기 유럽의 종교생활에 커다란 재앙이었다. 수백 년 동안 교회 개혁가들은 관구 내 지방 성직자에 대한 주교의 지배권을 강화함으로써 평신도의 종교생활을 개선하고자 했다. 그러나 10세기 중반에 이르러 이 전략은 수포로 돌아갔다. 많은 교구 교회가 방치되거나 파괴되었다. 살아남은 교회는 몇몇 지방 유력 가문의 개인 소유물처럼 간주되었고, 그들은 교회 보호 임무를 빙자해 교회를 억압하곤 했다. 이런 상황에서 교구 교회는 마치 영주 소유의 방앗간, 빵공장, 대장간—농민은 사용료를 지불해야 하고 영주는 그로부터 수익을 얻는다—처럼 장원의 종속물이 되기 일쑤였다. 심지어 주교직마저도 귀족 가문의 수중에 떨어졌다. 귀족은 마치 가족 재산의 일부라도 되는 것처럼 친척을 주교직에 임명하는가 하면, 돈을 받고 주교직을 팔아치웠다. 수도원도 비슷한 사유화 과정을 거쳤다. 일부 수도원은 수도 서약조차 하지 않은 젊은 귀족 자제가 득시글거리는 소굴로 전락했고, 또, 다른 수도원은 기사단을 강제로 떠맡기도 했으며, 평신도가 수도원장 노릇을 하는 수도원도 있었다. 성 베네딕투스의 '수도원 계율'과는 사뭇 거리가 먼 현실이었다.

왕권이 사실상 존재하지 않던 상황에서 주교는 토착 지방 세력에 대해 무방비상태였다. 교황도 사태를 바로잡을 수 없었다. 사실 교황이야말로 지방 세력이 성직자의 영적 자질에 얼마나 부정적인 영향력을 미칠 수 있는지를 보여주는 대표적인 사례였다. 10세기 교황들은 대부분 무능하거나 타락한 인물로서, 그를 배후 조종해 로마 시를 장악하고자 했던 로마 유력 가문의 아들 또는 하수인이었다. 그들 중 몇몇은 정말 놀라우리만큼 방탕했다. 요하네스 12세는 최악이라 할 수 있다. 955년 그는 18세의 나이로 가문 배경에 힘입어 교황이 되었다. 그의 가문은 반세기 동안 로마를 지배하고 있었다. 교황 요하네스 12세는 문맹에 가까웠고 지독히 음탕했다. 비판자들의 주장에 따르면 여성 순례자들은 교황이 치근거릴까 두려워 라테란 궁전으로 들어가지 못했다고 한다. 그는 육욕을 채우던 중 사망한 것으로 알려져 있다. 성행위를 하던 중에 또는 교황이 자기 아내와 한 침대에 있는 것을 발견한 질투심에 사로잡힌 남편의 칼에 살해되었다고 한다. 교황청은 최악의 수준에 이르렀던 10세기에도 성 베드로와 성 바울 무덤의 수호자이자, 서유럽 그리스도교 문명권의 영적 우두머리로서 존경받는 기관이었다. 그러나 성 베드로의 자리를 차지한 교황들은 서유럽 사회의 도덕적·정신적 지도자로서의 자질이 크게 부족했다.

수도원 개혁, 900~1050년

최초의 개혁 움직임은 10세기 유럽의 수도원들에서 등장했다. 부르고뉴 지방의 클뤼니 수도원이 그 출발점이었다. 910년 한 경건한 귀족에 의해 설립된 클뤼니 수도원은 베네딕투스 수도회의 한 수도원이었지만 두 가지 중요한 구조적 혁신을 단행했다. 첫째, 지방 귀족 가문이나 지방 주교의 지배권에서 벗어나고자 클뤼니는 수도원을 교황 직속으로 했다. 둘째, 수많은 산하 수도원을 개혁하거나 신설하는 작업에 착수했다. 종전의 모든 베네딕투스 수도원이 제각기 독립적이고 평등했던 것과 달리, 전 유럽에 클뤼니 수도원의 네트워크를 구축했으며, 모든 수도원으로 하여금 모(母)수도원에 복종하도록 했다. 1049년 클뤼니 소수도원 (priory, 산하 수도원을 이렇게 불렀다)은 67개를 헤아리게 되었다. 각각의 소수도원은 정교한 성무일도(聖務日禱)와 예배—클뤼니 수도원은 이 두 가지로 유명해졌다—를 실천했다. 개개의 소수도원은 지방의 세속 권력 및 교회 권력으로부터 완전히 자유로웠다. 경건하면서도 장수한 수도원장들이 속속 등장했고 그들의 주도 아래 클뤼니 수도원은 높은 영적 기준과 세심하고 정연한 기도 생활로 명성을 떨쳤다. 그러나 클뤼니 수도사들의 관점에서 볼 때 그들의 성공은 종교생활에 대한 외부의 간섭을 완벽하게 배제했기 때문에 가능한 것이었다. 그러므로 클뤼니 수도원은 수도원을 개혁하면서 두 가지를 주장했다. 첫째, 베네딕투스 서약을 모든 수도사에게 엄격히 적용하고, 둘째, 새로운 수도원장과 부수도원장은 수도사들의 자유선거에 의해 선출하며, 성직 매매—성직 매매는『신약성서』에서 예수의 제자들로부터 성령의 권능을 돈으로 사려 했던 시몬 마구스의 이름을 따서 '시모니'라고 부른다—를 금지한다는 것이었다.

클뤼니 수도원의 영향력은 프랑스와 이탈리아에서 가장 강력했다. 두 나라에는 왕권이 사실상 존재하지 않았으므로 왕의 후원에 의한 수도원 개혁이 불가능했다. 그러므로 두 나라와 로타링기아(로렌)에서는 경건한 귀족들이 수도원 개혁 운동을 주도했다. 반면 독일과 잉글랜드에서는 수도원 개혁이 10세기와 11세기에 그리스도교도 왕의 책임하에 이루어졌다. 클뤼니 수도원을 본받아, 왕들은 수도원 내에서 청빈·정결·복종의 엄격한 준수를 요구했고 정교한 집단 성무일도의 순서를 제정했다. 그러나 클뤼니 수도원과는 달리 왕이 앞장서서 개혁 수도원들을 외부 간섭에서 벗어나게 해주었고, 수도원장도 왕이 임명했다(왕은 왕국 내의 주교를 임명해왔다).

수도원 개혁 운동이 유럽 각지에서 나란히 진행된 결과, 수도원 제도는 10세기와 11세기 라틴 그리스도교의 대표적인 정신적 모델이 되었다. 수도사들의 평화롭고도 질서 있는 일상의 예배는 천국의 완벽한 조화를 반영해주는 것으로 비쳐졌다. 그들이 바치는 기도는 정의로운 신의 분노로 파멸에 이를 수도 있는 죄악에 물든 세상을 보호하는 데 효험이 있는 것으로 간주되었다. 수도사들은 '천사 같은 사람들'로 여겨졌고, 그들의 개인적인 청빈·정결·복종은 천국의 미덕을 충실히 나타내주었다. 수도원은 수도원 바깥세상의 신앙생활에도 중대한 영향을 미쳤다. 수세기 동안 수도원은 세상을 떠난 성인들의 유골이 안치된 납골당이자 관리소였다. 유골은 그 성인의 시신을 간직한 수도원을 수호해주는 권능을 가진 것으로 믿어졌다. 10세기부터 수도원은 경건한 평신도들의 주목을 끌기 시작했다. 평신도들은 기적의 치유를 얻기 위해 성인의 유골이 안치된 수도원을 찾았다. 이러한 순례 여행의 대부분은 해당 지역의 성소를 목적지로 삼았다. 에스파냐의 산티아고 데 콤포스텔라와 남부 프랑스의 생트 푸아 교회 등지를 향한 정례적인 장거리 순례 여행 코스도 발달하기 시작했고, 로마와 예루살렘 같은 전통적인 순례 여행지를 향해 떠나는 인구도 늘어났다. 순례 여행은 수도원에서 발달된 새로운 그리스도교 신앙 형태가 수도원 울타리를 넘어 평신도들에게 확산되는 중요한 계기가 되었다.

생트 푸아의 기적

순례와 성물 숭배는 수백 년 동안 그리스도교 관행의 일부이긴 했지만, 10세기 이후 민중 신앙에서 한층 더 중요한 요소가 되었다. 기적을 일으키는 성물을 소장한 수도원은 밀려오는 순례자들 덕에 돈도 벌고 영적 위상도 높였다. 그 결과 수도원 사이에 경쟁이 벌어져 다른 수도원의 성물을 훔치는 경우마저 있었다. 일부 비판자들은 새로운 순례 성지가 우상 숭배를 부추긴다고 우려했다. 다음 글을 쓴 앙제의 베르나르는 그러한 비판자 중 한 사람이었다. 그러나 그는 생트 푸아의 기적에 관한 증거에 이내 솔깃해진 모습이다.

4세기 초의 순교자 생트 푸아의 유골은 9세기에 남프랑스 콩크(Conques)의 수도사들에 의해 도난당했고, 10세기에는 기적적인 치유력으로 유명해졌다. 유골은 성물함에 안치되었다. 생트 푸아 성소를 직접 방문하고 쓴 베르나르의 다음 기록은 그가 이 화려한 성물함에 대해 좋지 않은 첫인상을 받았음을 잘 보여준다.

오베르뉴, 로데즈, 툴루즈 등지에서 지역의 성인들을 금이나 은 따위의 금속 조각상으로 만들어 모신 것은 오래전부터의 습속이다.……그것은 성인의 머리나 신체 일부를 모신 성물함의 역할을 한다. 식자들은 여기에서 미신과 악마 숭배의 흔적을 볼 수 있다. 나 자신은……금과 보석으로 번쩍이는 성 제라르의 조각상을 처음 보았을 때와 똑같은 인상을 받았다. 어찌나 진짜 사람 같은 느낌을 자아내던지, 단순한 사람들은……그것이 기도하는 순례자에게 답례로 윙크를 해준다고 주장할 지경이었다. 나는 부끄럽지만 내 친구 베르네리우스를 바라보고 웃으면서 이렇게 속삭였음을 시인한다. "그 우상에 대해 자네는 어떻게 생각하나? 주피터나 마르스와도 잘 어울릴 것 같지 않아?"……

3일 뒤 우리는 생트 푸아에 도착했다.……우리는 성물함에 다가갔지만 군중이 어찌나 많이 몰려 있던지, 먼저 도착해 바닥에 누워 있는 다른 많은 사람들처럼 엎드릴 수조차 없었다. 운이 없게도 나는 계속 서 있었고, 성물함을 바라보면서 이렇게 기도를 중얼거렸다. "생트 푸아여, 당신의 유골은 이 그럴싸한 가짜 속에서 쉬고 있사오니, 심판의 날에 나를 도우소서." 그리고 이번에는 나의 친구 쪽을 바라보았다.……왜냐하면 이 모든 이성적 존재들이 말없고 생명 없는 물건에게 기도를 바친다는 것은 터무니없는 일이라고 생각했기 때문이다.……

그 후 나는 하느님의 성인에 대해 그런 어리석은 행동을 한 것을 크게 후회했다. 그 무렵 수석 사제였고 나중에 콩크의 대수도원장이 된 돈 아달게리우스가 올다릭이라는 이름의 한 사제에 대한 놀라운 이야기를 들려주었기 때문이다. 어느 날 숭배되던 성상이 다른 장소로 옮겨지게 되었다.……올다릭은 군중이 제물을 바치는 것을 막으면서 성인의 조각상을 모독하고 폄하했다.……다음 날 밤 당당하고도 위압적인 한 귀부인이 그에게 나타났다. 그녀는 말했다. "그대는 어찌 감히 나의 성상을 모독하는가?" 이렇게 말한 귀부인은 자신을 모독한 사제를 지팡이로 후려쳤다.……그는 간신히 살아남아 아침에 자기가 본 것을 이야기했다.

생트 푸아의 성상이 존중되어야 할 것인지 여부는 논의할 필요조차 없다. 거룩한 순교자를 비난한 사람마저 자신의 비난을 철회했기 때문이다. 그것은 사악한 희생 의식이나 점치기 의식이 행해지는 가짜 우상이 아니라, 오히려 거룩한 동정녀—그 앞에서 수많은 신실한 사람이 겸손하고 감동적으로 자신의 죄에 대한 그녀의 효험 있는 중재 기도를 간청하는—에 대한 경건한 기념 행사이다.

분석 문제

1. 중세 유럽인은 왜 성물 숭배를 기꺼이 받아들였는가? 근대에 그와 비슷한 사례가 있는가? 중세의 남녀는 성물 숭배를 통해 무엇을 얻기를 기대했는가?
2. 성물의 기적적인 치유력에 대한 믿음은 중세의 대중 신앙 전반에 대해 무엇을 말해주고 있는가?

교황의 개혁 운동

수도원에서 시작한 개혁 운동은 주교들에게도 영향을 미치기 시작했다. 잉글랜드 왕들은 개혁적 수도사들을 대대적으로 주교직에 임명했다. 독일 왕들은 비(非)수도원 출신 주교들을 교체하지는 않았지만, 주교와 수도원장들에게 청렴성을 엄격하게 요구했다. 왕의 격려에 힘입어 주교들도 주교좌성당을 재건하고 확장했는데, 이는 클뤼니 수도원을 본받아 성당이 신적인 장엄함을 좀 더 잘 드러내도록 하기 위해서였다. 그러나 클뤼니 수도사들은 여기에서 한걸음 더 나아가 교회 전체—주교, 개혁되지 않은 수도원, 심지어 교구 사제까지 포함—의 개혁을 목표로 압력을 가하기 시작했다. 그들은 성직 매매를 집중적으로 공격하고 모든 수도사와 사제에게 청빈과 독신을 요구했다. 독신생활에 대한 요구는 그중에서도 가장 급진적인 것이었다. 4세기와 5세기 일련의 공의회에서 사제의 독신이 선언되기는 했지만, 이런 요구는 그 후 전반적으로 무시되는 분위기였다. 1000년경 유럽 교구 사제는 대부분 기혼자였다. 기혼 주교의 수는 그보다는 적었지만 드물지 않게 찾아볼 수 있었다. 브르타뉴 지방의 돌(Dol) 대주교와 그의 아내는 공개적으로 딸들의 결혼을 축하했고, 그녀들에게 주교 관구에 딸린 토지를 증여했다. 밀라노의 대주교들은 개혁자들의 독신 요구를 단호히 거절했다. 그들의 수호성인인 밀라노의 암브로시우스 주교도 결혼을 했고, 그가 자기 주교 관구 내의 사제들에게 영구히 결혼을 허락했다는 이유에서였다.

1046년까지만 해도 로마 교황청은 개혁과는 사뭇 거리가 멀었다. 그해 독일 황제 하인리히 3세는 로마에 와서 교황권을 주장하던 로마의 지방 귀족 세 명을 모두 폐위시키고 황제의 친척이자 독일의 개혁 수도사인 레오 9세(재위 1049~1054)를 교황으로 임명했다. 레오 9세와 그의 지지자들(대부분 독일인이었지만 일부는 이탈리아인)은 재빨리 교황청을 장악하고, 성직 매매와 성직자 혼인 등 교회의 온갖 비도덕적 행실을 금하는 법령을 공포했다. 이 법령을 실행하기 위해 레오 9세와 그의 측근은 프랑스, 이탈리아, 독일, 헝가리 등지를 두루 여행하면서 성직을 돈 주고 사거나 아내(개혁자들은 '첩'이라 불러야 한다고 주장했다)를 포기하기를 거부한 성직자를 징계, 해임했다. 레오 9세의 개혁 노력은 계서제적 조직으로서의 교회에 대한 새로운 비전을 내포하고 있었다. 이 조직 체계 안에서 사제는 주교에게, 주교는 교황에게 복종해야 했다. 교황은 서유럽 그리스도교 문명권의 정신적·교리적 지도자일 뿐만 아니라 전체 그리스도교회의 법률적·사법적 지배자였다.

레오 9세를 비롯한 개혁 교황들은 세속 지배자들이 지지해주는 지역에서만 법령을 시행할 수 있었다. 이들 세속 지지자 가운데 가장 중요한 인물은 물론 하인리히 3세였다. 그의 보호는 개혁 교황을 로마 귀족 가문으로부터 격리시켜주었는데, 그렇게 하지 않았더라면 귀족들은 교황을 폐위시키고 말았을 것이다. 그러나 1056년 하인리히 3세는 어린 아들을 후계자—나중의 하인리히 4세—로 남겨둔 채 사망했다. 보호자인 황제가 없는 상황에서 개혁자들은 이제 로마의 정치적 파당에 의해 좌지우지되었다. 1058년 재임 중이던 개혁 교황이 사망하자 로마 귀족들은 그 기회를 틈타 그들 자신의 종복 중 한 사람을 교황 자리에 앉혔다. 일시적으로 개혁 운동 전부가 소멸되는 것처럼 보였다. 그러나 개혁자들은 로마 바깥에서 세력을 모아 그들 자신의 교황(니콜라스 2세)을 선출했다. 그들은 중부 및 남부 이탈리아의 노르만인 지배자와 군사 동맹을 맺고 비개혁적 교황을 로마에서 몰아냈다.

1059년 교황 니콜라스 2세는 교황 선출권을 추기경에게만 허용하고 '황제의 권리를 유보하는' 새로운 교황 선출 법령을 공포했다. 이 법령은 두 가지 이유에서 중요하다. 첫째, 그것은 교회 내의 특수 집단인 추기경단(College of Cardinals)의 발전에 이정표가 되었다. 10세기 이래 로마 인근의 교회에서 선발된 일군의 주교와 성직자들은 교황의 조언자 겸 행정 보좌역으로서 중요한 역할을 맡아오고 있었다. 하지만 새로운 교황 선출 법령은 처음으로 추기경의 권리를 명확히 규정했다는 점에서 의미를 갖는다. 그 후 추기경단은 점차 명확한 정체성을 지니게 되었고, 각별히 교황직의 급박한 계승이 있을 경우 교황 정책의 연속성을 확보해주는 중요한 세력이 되었다. 추기경단은 오늘날에도 교황을 선출하고 있다.

이 법령이 중요한 또 다른 이유는, 로마의 개혁파와 독일 황제 간에 불화가 싹트는 계기를 만들었다는 점이다. 1059년의 역사적 상황에서 교황 선출 법령의 의도는, 개혁자들이 취한 기존의 조치들을 정당화하고, 로마 귀족계급의 영향력으로부터 미래의 교황 선거를 보호하려는 것이었다. 그러나 이 법령은 분명 클뤼니 수도원의 이상—자유선거야말로 개혁 교회의 핵심이라고 하는—에 의지하고는 있었지만, 그렇다고 해서 독일 황제로부터 교황의 보호자라고 하는 전통적 역할을 박탈할 의도를 갖고 있지 않았다. 하지만 분명한 사실은 1059년에는 그 역할을 수행할 수 있는 황제가 없었다는 것이다. 그러므로 만일 황제 대신 로마 귀족계급이 다시 복귀하고 개혁을 위한 노력 전체가 물거품이 되고 말 바에는, 차라리 잔인하고 신뢰할 수 없는 노르만인하고라도 동맹을 맺는 편이 더 바람직하다고 판단할 정도였다. 그럼에도 불구하고 교황 선출 법령은 어린 하인리히 4세의 측근 조언자들의 기분을 상하게 했다. 그들은 이 법령을 황제가 지닌 신임 교황 지명권에 대한 도전으로 보았고, 개혁자들이 노르만인과 동맹을 맺은 것에 대해 분노했다. 노르만인이 중부 이탈리아

교회의 개혁 운동, 900~1215년	
수도원 개혁	900~1050년
클뤼니 수도원들	910~1050년
교황의 개혁 운동	1049~1122년
교황 레오 9세	1049~1054년
교황 그레고리우스 7세	1073~1085년
서임권 투쟁	1075~1122년
보름스 협약	1122년
교황 군주국 강화	1100~1216년
『그라티아누스 교령집』	1140년
인노켄티우스 3세	1198~1216년
제4차 라테란 공의회	1215년

의 황제 영토에 대해 어떤 계획을 갖고 있는지에 대해서는 익히 알려져 있었기 때문이다. 이렇듯 어린 왕의 섭정들과 교황청 사이에 형성된 적대감은 하인리히 4세가 성년이 되어가면서 점점 악화일로로 치달았다.

서임권 투쟁

　개혁 운동 역사의 새롭고 중대한 단계는 1073년 교황 그레고리우스 7세의 선출과 더불어 시작되었다. 그레고리우스 7세는 로마인이었고, 그의 선출은 로마 군중의 열렬한 지지에 힘입은 것이었다. 그는 이미 교황청에서 오랜 연륜을 쌓은 널리 알려진 개혁가였고, 로마 군중의 개입이 없었더라도 추기경들에 의해 교황으로 선출될 수 있었다. 그러나 그의 선출 과정은 분명 1059년에 공포된 교황 선출 법령을 위배하는 것이었고, 이로 인해 그레고리우스 7세는 처음 몇 년간 교황으로서 약체를 면치 못했다. 한편 하인리히 4세는 로마와 화해하고 싶었다. 1073~1075년 작센에서 귀족들과 큰 전쟁을 치렀기 때문이다. 그러므로 그레고리우스 7세와 하인리히 4세는 처음에는 서로를 커다란 존경심으로 대했다. 하인리히 4세는 자신과 로마 사이에 문제를 일으킨 어린 시절의 조언자들을 책망했으며 이를 바로잡겠노라고 약속했다. 이에 대한 화답으로 그레고리우스 7세는 교황과 황제를 그리스도의 몸 된 교회의 두 눈이라고 말하면서, 만일 하인리히 4세가 동쪽의 이슬람을 상대로 한 군사 원정을 지휘해준다면 교회를 그의 보호 아래 두겠노라고 약속했다. 표면적으로는 하인리히 4세의 선왕 치세처럼 교황청과 제국 사이의 조화로운 관계가 온전히 복원되는 것처럼 보였다.

　그러나 1075년 말 둘의 관계는 한계점에 도달했다. 그로부터 2세기 동안 서유럽은 교황청과 제국의 충돌로 인해 분열 상태에 놓이게 되는데, 이 충돌은 서유럽 그리스도교 문명권에서 정신적 권위와 세속적 권력의 관계를 영구히 바꾸어놓았다. 표면상 그레고리우스 7세와 하인리히 4세를 갈라놓은 문제는 하인리히 4세 같은 평신도가 주교나 수도원장을 임명하고 그에게 정신적 직책의 상징물을 입혀주는 일―즉 '평신도 서임식'―을 할 수 있는가 하는 것이었다. 그러나 실제로 서임권 투쟁은 그리스도교도 왕권의 본질, 정치적 권력과 종교적 권위의 관계, 성직자에 대한 교황과 군주의 감독권 등에 관한 근본적 문제를 제기했다. 이 모든 문제는 1122년에야 보름스 협약(Concordat of Worms)으로 알려진 타협으로 완전히 해결되었다. 그러나 서임권 투쟁은 하나의 전환점이었다. 이 투쟁으로 신성한 왕권이라는 카롤링거 왕조의 전통이 영구히 종식되고, 모든 세속 지배자에 맞서 교회가 독립적인 사법권을 갖게 되었기 때문이다.

그레고리우스 7세는 헌신적인 교회 개혁자로서, 그가 추구한 목표는 성직 매매와 성직자 혼인 금지 등 다분히 전통적인 것이었다. 그러나 선임 개혁 교황들과는 달리 그레고리우스 7세는 클뤼니 수도원이 목표로 삼았던 모든 교회 직책에 대한 자유 선출이 완전히 실현되기 전에는 그 목표가 달성될 수 없다고 확신했다. 그러므로 그레고리우스 7세는 모든 성직자로 하여금 평신도에게서 교회 직책을 받지 못하도록 금하고, 이런 금지령이 '구원에 필수불가결한 진리'라고 선포했다. 하인리히 4세는 이 법령의 수용을 단호히 거부했다. 카롤링거 식의 왕이자 황제인 자신의 권리를 침해하는 것이었을 뿐만 아니라, 독일과 북부 이탈리아의 주교와 수도원장은 그의 왕국을 통치하는 데 매우 중요한 수단이었기 때문이다. 그러므로 하인리히 4세는 그레고리우스 7세의 금지령을 무시하고 밀라노에 새로운 대주교를 지명해 서임했다. 그레고리우스 7세는 하인리히 4세에게 자신이 성 베드로의 자리에 앉아 있으며, 따라서 하인리히 4세가 천국의 문지기인 성 베드로에게 복종하듯이 자신에게 복종할 의무가 있음을 상기시켜주었다. 그 주장을 관철시키기 위해 그레고리우스 7세는 밀라노 신임 대주교의 서임식에 참석했던 북부 이탈리아 주교들을 포함한 하인리히 4세의 조언자 여러 명을 파문했다. 그러나 하인리히 4세는 그레고리우스 7세에게 복종하기를 거부하고, 그레고리우스 7세의 교황 선출 과정이 1059년의 선출 법령의 조항들을 위배했음을 상기시켰다. 이에 대해 그레고리우스 7세는 하인리히 4세 및 그를 지지한 수많은 독일, 이탈리아 주교를 파문하는 것으로 응수했다.

왕에 대한 파문은 그 자체로는 이례적인 것이 아니었다. 그러나 그레고리우스 7세는 여기서 한걸음 더 나아가, 하인리히 4세가 더 이상 교회의 신실한 아들이 아니며, 따라서 더 이상 독일의 왕이 아니라고 선언하면서 파문을 폐위와 동일시했다. 그레고리우스 7세는 작센 귀족들에게 불과 몇 달 전에 끝난 내전을 재개하라고 부추기는 등 하인리히 4세의 신민에게 반란을 촉구했다. 1077년 하인리히 4세는 알프스 이남의 이탈리아 카노사에서 공개적으로 굴욕적인 항복을 하지 않을 수 없었다. 그러나 교황이 파문을 풀자 하인리히 4세는 그 기회를 놓치지 않고 세력을 재결집해 작센 반대파를 격파하고 그레고리우스 7세를 로마에서 쫓아냈다(제8장 참조). 1085년 늙은 교황은 살레르노에서 망명 생활―사실상 노르만인 동맹자들의 포로였다―을 하던 중 사망했다. 그는 이런 마지막 말을 남겼다고 한다. "나는 정의를 사랑하고 죄악을 증오했다. 그것이 내가 유배된 채 죽는 이유이다."

교황 그레고리우스 7세는 타고난 급진주의자로, 자신의 올바름에 대한 확신은 끝이 없었다. 그는 지난날 콘스탄티노플 총대주교에게 교황의 수월성을 인정해야 한다고 요구함으로써 1054년 비잔티움 교회와의 분열을 촉발시켰던 대표단의 일원이었다. 교황이 되자 그레고리우스 7세는 자신이 성 베드로의 대리인이며 따라서 오류를 범할 수 없다고 확신했다. 그의 사상이 새로운 것이라는 말을 듣고 그는 이렇게 대답했다. "주께서는 '나는 관습이다'라고 말씀하지 아니하고, '나는 진리이다'라고 말씀하셨다." 그의 정책이 평화가 아닌 전쟁을 초래했다는 지적을 받자 그는 성서를 인용해 이렇게 대답했다. "칼로 피 흘리기를 주저하는 자에게 저주가 있으리니." 상궤를 일탈한 왕과 죄를 범한 주교에 맞서 독일 신민의 봉기를 요청한 것은 지극히 혁명적인 일이었다. 심지어 그를 찬양한 사람들마저도 교만으로 인해 몰락한 반역 천사를 상기하면서 그를 '거룩한 사탄'이라고 불렀을 정도이다.

그러나 그레고리우스 7세의 급진적 본능 때문에 그리스도교 문명권에 대한 그의 심원한 전통적 비전이 가려져서는 안 된다. 서임권 투쟁의 궁극적 해결방안은 정신적 직책의 상징은 성직자가 갖고 평신도에게는 세속적 지배의 상징을 허용함으로써 '교회'와 '국가'를 구분하는 것이었지만, 그레고리우스 7세는 그러한 구분으로 만족할 수 없었다. 양측의 투쟁이 그토록 다루기 힘들었던 것은, 하인리히 4세도 그레고리우스 7세도 그리스도교 문명권을 완전히 통일된 종교적·정치적 사회가 아닌 다른 것으로 생각할 수 없었기 때문이다. 하인리히 4세와 그레고리우스 7세는 신민을 천국으로 인도하는 것이 세속 지배자의 책임이라고 하는 카롤링거 왕조의 표준적인 전제를 공유하고 있었다. 그들은 단지 통일된 그리스도교 사회에서 최고권자가 황제인가 교황인가에 대해서만 의견이 일치하지 않았을 뿐이다. 양측은 주교의 영적 직분이 주교가 관리하는 토지 및 군사력과 분리될 수 있는 세계를 상상할 수 없었다. 또한 양측은 전혀 별개의 두 법률 체계가 있어서 교황은 종교 문제를 관장하고 왕은 세속 문제를 관리하는 그런 세계를 상상할 수 없었다. 그러나 정신적 영역과 세속적 영역을 구분하지 않고서는 서임권 투쟁의 해결이 불가능했다. 교황과 황제, 그 어느 쪽도 상대를 완패시킬 만큼 막강하지 않았다. 그리고 전 유럽은 정신적 권위와 세속적 권력이 모두 필요하다는 데 동의하고 있었다.

서임권 투쟁의 결과는 교황 그레고리우스 7세와 국왕 하인리히 4세가 상상했던 것과는 많이 달랐다. 보름스 협약은 세속 서임권이라고 하는 당면 문제에 대한 타협이었다. 독일 황제는 고위 성직자에게 그의 직분을 나타내는 종교적 상징물로 서임하는 것이 금지되었지만, 세속 지배자로서의 권리를 나타내는 상징물로 서임하는 것은 허용되었다. 황제는 그들의 세속적 대군주로 인정되었기 때문이다. 그러므로 독일 황제는 서유럽의 다른 왕들처럼 외견상으로는 자유 선출을 허용했지만 실질적으로는 주교와 수도원장 임명에 상당한 정도의 영향력을 유지했다.

서임권 투쟁은 궁극적으로 서유럽에서 종교와 정치 간의 영속적인 구분을 만들어내는 것으로, 그리고 교회를 종교 권위와 동일시하고 국가를 정치권력과 동일시하는 것으로 귀결되었다. 두 이념은 4세기의 콘스탄티누스 혁명 이래 서유럽에서 찾아볼 수 없었던 것이다. 서임권 투쟁이 시작되었을 때 하인리히 4세의 주요 지지 세력은 그의 주교들이었다. 그레고리우스 7세의 지지 세력은 대부분 작센 귀족계급을 비롯한 불만을 품은 독일 제후들이었다. 그러므로 서임권 투쟁은 결코 '교회 대 국가'의 투쟁으로 시작된 것이 아니었다. 그러나 1122년 그것은 현실로 굳어졌다. 보름스 협약은 왕의 세속 권력과 성직자의 정신적 권위를 구분함으로써 교황과 황제의 대립을 해소했다. 보름스 협약은 주교를 교황이 주도하는 계서제적 성직자단의 한 부분으로 확고하게 자리매김했다. 세속 권력과 정신적 권위 사이의 경계선이 어디인가 하는 것은 중세 유럽에서 지속적인 논란거리가 되었다. 세속적 범죄를 저지른 성직자의 재판은 왕이 해야 하는가, 성직자가 해야 하는가? 재산 상속권이 문제가 될 경우 결혼의 합법성은 누가 판결해야 하는가? 그러나 이 갈등은 어디까지나 사법적인 대립—종교와 정치 사이의 경계를 정하는—이었다. 그것은 종교와 정치 간의 구분이 존재한다는 근본 전제에는 이의를 제기하지 않았다. 그러므로 이 갈등은 법을 통해 해결할 수 있었다. 12세기와 13세기에 서유럽이 교회법과 세속법 체계를 정교화하는 데 그토록 집착했던 이유 중 하나는 바로 여기에 있었다. 그런 측면에서 서임권 투쟁은 유럽사의 분수령을 이루는 것이었다.

종교적 직분으로서의 왕권에 대한 두 가지 관점

서임권 투쟁은 왕권의 본질 그리고 왕권과 교회 사이의 적절한 관계에 대한 근본적인 문제를 제기했다. 많은 소논문과 팸플릿이 쏟아져 나오는 가운데 갈등이 종식된 뒤에도 유럽인은 이 문제를 다양한 관점에서 계속 논의했다. 12세기 초 한 성명 미상의 앵글로-노르만인은 국왕을 그리스도와 주교를 파트너 삼아 교회를 지배해야 할 종교적 인물로 제시했다. 또한 보름스 협약 이후인 1130년대에 작성된 글에서 프랑스의 스콜라 신학자 생 빅토르 위그는 왕에게 육체에 대한 지배권을, 성직자에게는 영혼에 대한 지배권을 할당하면서 지상의 권력과 천상의 권력을 구분할 것을 주장했다.

성명 미상의 앵글로-노르만인이 쓴 글

신적인 권위에 의해 그리고 교황의 법령에 의해 왕은 하느님의 교회에서 임명되었으며 성스러운 도유 및 축복과 더불어 교회의 제단에서 성별되었다. 왕은 주님의 백성인 그리스도교도—그들은 하느님의 거룩한 교회이다—를 지배하는 권력을 갖는다.……그러므로 왕은 성별된 가운데 이 교회를 다스릴 권력을 갖는다. 왕은 교회를 다스리고 교회의 판단과 의로움을 강화시키며, 교회를 그리스도교 율법의 계율에 맞춰 관리한다. 왕은 교회—그것은 하느님의 나라이다—안에서 군림하며 그리스도와 함께 다스리는데, 그것은 교회를 다스리고 보호하고 수호하기 위해서이다.……주교제 또한 성스러운 도유 및 축복과 더불어 제정되고 성별되었으므로 하느님이 주신 교리에 따라 성스러운 교회를 다스릴 수 있다.……그러므로 이 세상에서 사제의 권위와 왕의 권력은 신성한 정부의 권력을 장악한다. 어떤 사람은 사제는 영혼을 지배하는 힘을 갖고 있으며 왕은 육체를 지배하는 힘을 갖고 있다고 말하면서 이런 식으로 권력을 분리하려 한다. 마치 육체 없이도 영혼을 지배할 수 있고 영혼 없이도 육체를 지배할 수 있다는 듯이 말이다. 실상 그것은 어떤 방법으로도 불가능한 것인데 말이다. 만일 육체가 잘 다스려지려면 영혼 또한 잘 다스려져야 하고 그 반대의 경우도 마찬가지이다. 두 가지가 다스려지는 목적은 이렇다. 부활할 때 둘 다 함께 구원을 얻을 수 있게 하려 함이다.……그러므로 왕은 평신도로 불려서는 안 된다. 왕은 주님의 기름부음을 받은 자이며, 은혜로 말미암은 신적 존재이며, 최고권자요, 주인이며, 거룩한 교회의 수호자이자 지도자이며, 형제들의 주인이며, 만인의 숭배를 받기에 합당하며, 최고 사제이기 때문이다. 주교가 그를 성별하기 때문에 주교보다 낮다고 말해서는 안 된다. 작은 자가 큰 자를 성별하고 열등한 자가 우월한 자를 성별하는 경우가 빈번하기 때문이다. 추기경이 교황을 성별하는 경우가 바로 그렇다.

생 빅토르 위그의 글

생명에는 두 가지가 있다. 하나는 지상의 생명, 다른 하나는 천상의 생명이다. 하나는 육체적 생명이며 다른 하나는 영적인 생명이다. 한편으로 육체는 영혼으로 말미암아 살고, 다른 한편으로 영혼은 하느님으로 말미암아 산다. 각각은 그 나름의 미덕을 갖고 있어서 그 미덕에 의해 원기와 자양분을 얻는다.……그러므로 각각의 생명에 따라 나누어진 사람마다 각자에게 상응하는 권력이 귀속되었다. 현세의 삶에 필요한 열정과 사고력을 지닝 평신도의 권력은 세속적이다. 영적인 삶의 미덕을 직분으로 삼은 성직자의 권력은 신적이다. 그러므로 한 권력은 세속적인 권력, 다른 권력은 영적인 권력이라고 부른다.……현세의 권력은 왕을 우두머리로 한다. 영적 권력은 교황을 우두머리로 한다. 현세적인 모든 것 그리고 현세의 생명을 위해 만들어진 모든 것은 왕의 권력에 속한다. 영적인 모든 것 그리고 영적 생명에 포함된 모든 것은 교황의 권력에 속한다. 영적 권력은 명예와 위엄에서 현세적 또는 세속적 권력을 능가한다. 그것은 영적 생명이 현세적 생명보다 가치 있고 영혼이 육체보다 더 가치 있는 것과 마찬가지이다. 영적 권력은 현세적 권력의 존재를 규정하며 현세 권력이 유효한지 여부를 판단한다. 영적 권력 자체는 무엇보다도 하느님이 제정한 것이며, 그것이 오류를 범할 경우 판단은 하느님만이 하신다.

분석 문제

1. 성명 미상 앵글로-노르만인의 견해는 신적 권리에 의한 지배권을 주장한 중세 말기 왕들의 주장을 강화하기 위해 어떻게 이용되었을까?
2. 생 빅토르 위그는 왜 종교적 권력과 세속적 권력을 구별하려 했는가?

교황 군주국가의 강화

보름스 협약은 하나의 타협이었지만, 서임권 투쟁은 전반적으로 교황의 승리였다. 서임권 투쟁은 서유럽 성직자를 교황 지지 세력으로 결속시켰고, 교황이 성직자단 전체에 대한 사법적 수월성을 갖는다는 주장을 강화시켜주었다. 서임권 투쟁의 극적인 전개 과정은 유럽 대중의 신앙에 활기를 불어넣기도 했다. 한 동시대인이 말했듯이, 당시에는 '길쌈하던 아낙네와 작업장의 직공마저도' 서임권 투쟁 말고는 아무것도 화젯거리로 삼지 않았다. 교황 그레고리우스 7세와 그 후계자들은 유럽의 평민들에게 성직 매매를 하는 주교와 결혼한 사제를 배척하라고 촉구했다. 많은 사람이 이에 반응했고 일부는 폭력을 사용하기도 했다. 그 결과 종교 문제에 대한 대중의 관심이 엄청나게 증폭되었고 교회는 이러한 관심과 열정을 종교적 정통의 울타리 안에 쓸어 담기 위해 안간힘을 썼다.

그레고리우스 7세와 마찬가지로 12세기와 13세기의 교황들은 교회에 대한 교황의 군주적 권위를 확립하기 위해 온 힘을 쏟았다. 그러나 그들은 그레고리우스 7세에 비해 훨씬 소극적이어서 교회 정부 기구를 세우는 등의 방식으로 조심스럽게 자신의 목적을 추구했다. 로마에서 특별히 파견된 '교황 특사'는 교황의 명령을 전달, 시행했다. 이 명령은 교황에게 정당한 판결을 받고자 하는 소송 당사자에게서 로마로 쏟아져 들어온 수백 건(나중에는 수천 건)의 소송에서 비롯된 것이었다. 한편 소송 건수가 늘어나자 소송의 해결을 위한 교회법을 취급하는 권위 있는 기구가 발달되었다. 이러한 교회법 발달 과정에서 결정적으로 기여한 인물은 교회법학의 창시자로 불리는 그라티아누스였다. 1140년경 그가 볼로냐에서 편찬한 전임 교황 및 교회 위원회의 방대한 법령집인 『그라티아누스 교령집(Decretum Gratiani)』은 교회법의 표준적인 '정전'이 되었다.

『그라티아누스 교령집』은 성직자가 연루된 사건뿐만 아니라 결혼, 상속, 유언 등 평신도와 관련된 온갖 종류의 사건에 대해서도 교회 재판권을 주장했다. 이 모든 사건이 지방의 교회법정에서 맨 먼저 심리된 것은 아니었지만, 교황은 교황만이 교회법에서 관면(寬免)[1]을 허용할 수 있으며 교황청이 모든 교회법 소송에서 최고 법정이 되어야 한다고 주장했다. 교황의 권력과 교회의 위신이 올라가자 교회법정 소송과 로마 항소는 급속히 늘어났다. 12세기 중반에 이르면 교회법 전문지식의 중요성이 너무나 커져서 기존의 교황이 수도사 출신이었던 것과 대조적으로 교황 대부분이 훈련된 교회법학자들이었다. 순수한 영혼들은 이런 상황을 비난했지만, 그것은 교황 군주국가의 커진 권력과 복잡성이 가져온 불가피한 결과였다.

인노켄티우스 3세 치세

중세 전성기의 가장 유능하고 성공적인 교황으로 인노켄티우스 3세(재위 1198~1216)를 꼽는데 누구도 이의를 제기하지 않을 것이다. 37세에 교황으로 선출된 인노켄티우스 3세는 역대 교황 가운데 가장 젊은 교황 중 하나였으며 가장 강력한 인물이었다. 그는 신학 전문가이면서 교회법에 조예가 깊었다. 그의 주요 목표는 교황의 헤게모니 아래 전체 그리스도교 세계를 통합하고 그레고리우스 7세가 그토록 간절히 염원한 '세상의 올바른 질서'를 확립하

---

1) 관면(dispensation)이란 가톨릭 교회에서 특별한 경우에 신자들에게 교회법의 제재(制裁)를 면제해 주는 행위를 말한다.

는 것이었다. 그레고리우스 7세와 달리 그는 세속적 영역에 대한 왕과 제후의 직접적 지배권에 추호도 의문을 품지 않았다. 그러나 그는 왕과 제후가 죄를 범하면 언제든지 교황이 나서서 그들을 징계해야 한다고 믿었다. 그는 그레고리우스 7세 못지않게 모든 그리스도교도가 성 베드로의 대리인에게 복종할 의무가 있다고 강력히 주장했다. 인노켄티우스 3세는 이렇게 말했다. "모든 이들이 예수께 무릎을 꿇어야 하듯이……모든 사람은 그리스도의 대리인(교황)에게 복종해야 한다."

인노켄티우스 3세는 다양한 방법으로 자신의 목표를 추구했다. 교황권의 독립성을 확고한 지리적 기반 위에 확보하고자 인노켄티우스 3세는 중부 이탈리아에서 교황 영토를 결속, 확대했다. 이런 이유로 해서 그는 종종 교황령 국가(Papal States)—그 마지막 유물이 바티칸 시국이다—의 건설자로 간주되곤 한다. 그는 독일에서 자신이 지지한 후보 프리드리히 2세를 황제 자리에 앉히는 데 성공했는데, 그것은 그의 후임 교황들이 후회하게 될 성공이었다. 그는 프랑스 필리프 2세 존엄왕의 혼인상 불미한 점을 견책했으며, 잉글랜드의 존 왕을 강제해 교황이 선택한 스티븐 랭턴을 캔터베리 대주교로 받아들이도록 하고, 잉글랜드를 교황의 봉토로 양여할 것을 강요하기도 했다. 또한 성공의 정도는 제각기 다르지만, 아라곤, 시칠리아, 헝가리를 상대로 봉건적 대군주에 상응하는 지위를 주장했다. 남부 프랑스가 이단인 알비주아파의 세력 확대로 위협을 받자 교황은 십자군을 소집해 무력으로 토벌했다(나중에 설명할 것이다). 그는 또한 성지 회복을 위한 십자군 원정의 자금 조달을 위해 성직자에게서 처음으로 소득세를 징수했다.

인노켄티우스 3세가 교황으로 있으면서 이룩한 최고의 업적은 1215년 로마에서 제4차 라테란 공의회를 소집한 일이었다. 서유럽 교회 전체를 대표한 이 회의는 신앙의 중심 교리를 명확히 하고 그리스도교 세계 내에서 교황의 리더십을 과거 어느 때보다도 분명하게 천명했다. 교황은 이제 아무런 거리낌 없이 국왕을 견책했고 교회를 지배했다.

13세기의 교황들

인노켄티우스 3세의 치세는 분명 교황 군주국가의 절정이었다. 그러나 그 시기는 또한 장래에 닥칠 파멸의 씨앗이 뿌려진 시기이기도 했다. 적어도 인노켄티우스 3세는 교황이라는 직분의 체통을 손상시키지 않고도 교황령 국가를 관리하고 새로운 수입원을 찾아낼 수 있었다. 그러나 그의 정책을 따른 후임 교황들은 그와 같은 정신적 능력을 지니지 못했기에 흔히 볼 수 있는 탐욕스런 지배자의 모습으로 비쳐지기 시작했다. 더욱이 교황령 국가는 시칠리아 왕국에 인접해 있었기 때문에 인노켄티우스 3세의 후계자들은 곧 인접국 지배자와 충돌하게 되었다. 그런데 그 지배자는 얄궂게도 인노켄티우스 3세의 피보호자(protégé)인 프리드리히 2세였다. 인노켄티우스 3세는 자신이 왕위에 앉혀놓은 프리드리히 2세가 나중에 이탈리아에서 교황의 숙적이 되리라고는 꿈에도 생각하지 못했을 것이다.

처음에는 문제가 분명히 드러나지 않았다. 13세기의 교황들은 계속 교황권을 강화했고 교회 정부를 중앙집권화했다. 그들은 점차 성직 후보자—지위의 고하를 막론하고—를 지명할 권리를 획득했고, 파리 대학에서 가르치는 교과 과정 및 교리에 대한 감독권까지 주장했다. 그러나 그들은 장기간에 걸친 정치 투쟁에도 빠져들었는데, 바로 그 때문에 세속 권력을 잃는 결과를 맞이하게 되었다. 이 투쟁은 교황들이 프리드리히 2세를 파멸시키고자 한 데서 시작했다. 프리드리히 2세가 중부 이탈리아의 교황 지배권을 위협했기 때문에 교황들의 행동은 어느 정도는 자기 방어적인 것이었다. 그러나 프리드리히 2세와의 투쟁에서 교황들은 교황의 정신적 권위를 남용했다. 프리드리히 2세를 파문하고 폐위 선언을 하는 수준을 뛰어넘어 교황은 그에 맞서 싸울 십자군을 소집하기까지 했는데, 그것은 노골적인 정치적 의도로 소집된 최초의 대규모 십자군이었다.

1250년 프리드리히 2세가 사망한 후에도 누대에 걸쳐 교황들은 그의 모든 계승자를 '독사의 무리'라고 부르면서 황제에 대한 십자군을 재천명하고 이를 계속 밀어붙임으로써 사태를 악화시켰다. 그들은 십자군을 실행하고자 기금 조달에 혈안이 되었으며, 급기야 교황의 군사적 후원자로서 프랑스 왕 루이 9세의 동생인 앙주의 카를로를 포섭하는 데 성공했다. 그러나 카를로가 교황을 도운 것은 어디까지나 시칠리아 왕국을 차지하고자 하는 정치적 동기 때문이었다. 1268년 카를로는 프리드리히 2세의 마지막 남성 상속자들을 격파하고 시칠리아를 획득했다. 그러나 그는 그 후 이 지역에서 무리한 세금 징수를 했고, 이에 1282년 시칠리아인은 '시칠리아의 저녁 기도'라는 반란을 일으켜 왕권을 아라곤 왕에게 넘겨주었는데, 아라곤 왕은 프리드리히 2세의 손녀와 결혼한 사이였다. 이에 따라 아라곤 왕이 이탈리아 영토에 들어와 과거 프리드리히 2세가 지배했던 지역을 거의 장악하게 되었다. 이러한 사태를 저지하기 위해 앙주의 카를로와 교황은 프랑스 왕 필리프 3세(재위 1270~1285)를 설득해 아라곤에 대한 십자군을 일으키도록 했다. 그러나 이 십자군은 참담한 실패로 끝났으며, 필리프 3세는 전쟁에서 사망했다. 이 사건의 여파로 필리프 3세의 아들인 필리프 4세는 프랑스의 전통적인 친교황 정책을 바꾸기로 결심했다. 당시의 프랑스는 이미 대단히 강력한 국가가 되어 있었기에 그 결정은 교황에게 치명적인 것이었다. 더욱이 십자군을 오용하고 이를 지원하기 위해 막대한 기금을 조달하는 과정에서 교황의 정신적 권위는 크게 실추되었다. 1291년 성지에 있던 십자군의 마지막 전진기지가 교황 측의 아무런 지원도 받지 못한 채 함락되고 말았다. 교황들은 여전히 아라곤에 대한 실패한 십자군을 재시도하고자 안간힘을 쓰고 있었다. 교황 보니파키우스 8세가 주관한 1300년의 교황 대사면은 로마에 순례하는 모든 십자군에게 완전 면벌부를 제공했는데, 그것은 향후 예루살렘이 아닌 로마가 그리스도교도 순례의 주요 목적지가 될 것임을 은연중에 시인한 것이었다.

교황청을 풍자한 음유시인의 마가복음 패러디

다음 글은 12세기의 자유분방한 라틴 시인이 쓴 전형적인 기도문 및 성경 패러디이다. 성경 구절을 조롱하는 이 시는 마가복음(Gospel of Mark)—마르크(mark)는 은화 3분의 2파운드에 해당한다—으로 익살스러운 재담을 구사했다. 모든 패러디가 다 그렇듯이 이것은 유머이지만, 그 안에 담긴 비난—교황청이 뇌물로 정의를 타락시켰다—은 12·13세기 유럽에 널리 유포되어 있었다.

마르크 은화에 따른 성스러운 복음의 시작이다. 그 무렵 교황이 로마인에게 말했다. "인자께서 우리의 왕이 머무는 곳에게 오시거든, 맨 먼저 그에게 말하라. '친구여, 그대는 왜 왔는가?' 그러나 그가 계속 문을 두드리기만 하고 그대에게 아무것도 주지 않는다면 그를 바깥 어둠 속으로 던져버리라."

어느 가난한 사제가 교황청에 와서 소리쳤다. "교황님의 종인 제게 동정을 베풀어주소서. 가난이 저를 괴롭히고 있습니다. 진실로 저는 가난하며 가진 것이 없습니다. 그러므로 간청하노니, 자비를 베푸시어 저를 불쌍히 여기소서." 그러자 그들은 격노하여 그에게 말했다. "친구여, 그대의 가난이 그대와 더불어 지옥에 떨어지기를. 사탄아 물러서라. 그대에게서 돈 냄새가 나지 않는다. 우리가 진실로, 진실로 그대에게 말하노니, 그대는 마지막 푼돈까지 내놓지 않는 한 주님의 축복에 들어가지 못할 것이다."

그러므로 가난한 사람은 돌아가서 자신의 외투와 겉옷과 소유한 모든 것을 팔아 추기경과 회계원과 교황 시종에게 바쳤다. 하지만 그들은 그에게 말했다. "이렇게 많은 사람에게 그것이 무슨 소용이 있겠느냐?" 그런 다음 그를 내쫓았으니, 그는 밖으로 나가 슬피 울며

위로를 받지 못했다.

이 일이 있은 후 한 부자 사제가 교황청에 왔다. 그는 대단히 부유했으며 기름을 번질번질 바르고 있었는데, 돈을 벌기 위해 살인도 저지르는 자였다. 그는 먼저 회계원에게, 다음으로 교황 시종에게, 다음으론 추기경들에게 선물을 돌렸다. 하지만 그들은 더 많이 받아낼 궁리를 하면서 자기들끼리 의논을 거듭했다. 한편 교황은 추기경과 시종이 많은 선물을 받았다는 이야기를 듣고는 병에 걸려 죽을 지경이 되었다. 그러나 부자는 그에게 금과 은으로 침대를 만들어 보냈고 교황은 즉시 병이 나았다.

교황은 그를 추기경과 각료 자리에 앉히고 그들에게 말했다. "보라, 형제들이여, 누구도 그대들을 헛된 말로 속이지 못하게 하라. 내가 그대들에게 본을 보였나니, 내가 움켜쥔 것을 그대들도 움켜쥘 것이니라."

분석 문제

1. 중세 유럽인은 음유시인의 패러디를 얼마나 진지하게 생각했는가? 음유시인은 무슨 목적으로 패러디라는 문학 형식을 선택했는가?

2. 음유시인은 중세 사회의 파괴적 세력이었는가? 현대에는 누가 그와 흡사한 역할을 맡고 있는가?

교황 군주국가의 쇠퇴

교황 군주국가의 세속권은 보니파키우스 8세(재위 1294~1303) 치세에 마침내 붕괴되었다. 보니파키우스 8세가 겪은 모든 어려움을 그 자신이 초래한 것은 아니었다. 그가 마주친 가장 큰 장애물은 국민적 군주국가가 교황 이상으로 신민의 충성심을 이끌어냈다는 사실이다. 왕권은 착실하게 성장한 반면 교황의 위신은 점점 추락하고 있었기 때문이다. 게다가 불운하게도 보니파키우스 8세는, 무능하지만 지극히 경건한 그리고 재위 1년도 못 되어 사임한 교황의 뒤를 이어받은 인물이었다. 보니파키우스 8세는 경건이나 겸손과는 전혀 인연이 없는 인물이었던 까닭에 전임자와 극명한 대조를 보였고 많은 그리스도교도들이 그에게서 등을 돌렸다. 보니파키우스 8세는 단호하게 지배했고, 1300년 로마에서 최초의 교황 대사면을 주관했다. 그럴싸한 행사였지만, 그것은 그 후의 사건들이 보여주듯이 교황권의 공허한 과시에 불과했다.

잉글랜드 및 프랑스 왕들과의 두 차례에 걸친 논쟁으로 인해 보니파키우스 8세는 몰락의 길을 걷게 되었다. 첫 번째는, 인노켄티우스 3세에 의해 시작된 성직자 납세 문제에 관련된 것이었다. 인노켄티우스 3세는 십자군을 지원하고자 직접 세금을 거두어들였다. 그러나 13세기를 경과하면서 잉글랜드와 프랑스의 왕들은 향후의 성지 십자군 또는 호엔슈타우펜 왕가에 대한 교황의 십자군을 지원한다는 구실로 성직자에게 세금을 부과, 징수했다. 그러더니 13세기 말에 이르러 왕들은 아무런 구실도 대지 않은 채 자신들의 전쟁 자금을 조달하고자 노골적으로 성직자로부터 세금을 거두어들이기 시작했다. 보니파키우스 8세가 그런 시도를 제지하려 한 것은 당연한 일이었다. 그러나 오래지 않아 교황은 잉글랜드와 프랑스 성직자의 지지를 더 이상 얻지 못하고 있음을 깨닫게 되었다. 그러므로 교황은 왕들의 저항 앞에서 물러설 수밖에 없었다.

보니파키우스 8세의 두 번째 논쟁은 프랑스 왕 필리프 4세를 상대로 벌어졌다. 필리프 4세는 성직자에 대한 교회법의 보호 장치를 침범하면서 프랑스 주교 한 명을 반역죄로 재판하려 했다. 교황에 대한 의도적인 도발이었다. 과거 그레고리우스 7세와 하인리히 4세의 투쟁이 그랬듯이 격렬한 선전전이 벌어졌지만 아무도 교황의 말에 귀를 기울이지 않았다. 오히려 필리프 4세가 보니파키우스 8세에 대해 터무니없는 이단 혐의를 걸었고, 사람을 시켜 교황을 체포하고 재판에 회부했다. 1303년 70대의 보니파키우스 8세는 교황 거주지인 아나니에서 필리프 4세의 군대에 체포되어 모진 학대를 당했다. 교황은 지방 시민들에 의해 결국 풀려났지만, 이 사건의 충격은 노인이 감당할 수 없는 것이었다. 교황은 한 달 뒤 죽고 말았다. 그러나 필리프 4세는 계속 압박을 가했다. 그는 새 교황 클레멘스 5세를 밀어붙여 자신의 보니파키우스 8세에 대한 공격의 정당성을 승인토록 했을 뿐만 아니라 자신의 열렬한 가톨릭 신앙에 대해 공개적으로 감사를 표명하도록 만들었다. 그 후 프랑스 군주국가의 국익이 걸린 문제에서 교황의 독립성은 흔적도 찾아볼 수 없게 되었다. 향후 70년 동안 교황은 로마가 아닌 프랑스 국경 인근의 아비뇽에 거주했고 사실상 프랑스의 외교적 이익을 위한 인질로 간주되었다.

프랑스 왕 필리프 4세에 의한 교황 보니파키우스 8세의 굴욕적 패배는, 1300년에 이르러 교황의 수사(修辭)와 현실 사이에 얼마나 큰 간극이 가로놓여 있는지를 실증해주었다. 보니파키우스 8세는 왕은 오로지 교회의 '의지와 허용' 아래에서 지배한다고 선언하면서, 그리스도교 문명권에 대한 교황의 보편적인 정신적·세속적 권력을 지속적으로 주장했다. 그러나 현실에서는 오히려 교황 군주국가가 왕의 의지와 허용 아래 권력을 행사하고 있었다. 민족주의의 성장은 국왕의 정교한 재판, 과세, 선전술 등과 결합해 유럽의 세력균형을 결정적으로 교회에서 국가 쪽으로 기울게 만들었다. 유럽인은 예나 지금이나 여전히 종교적이었다. 그러나 13세기 말부터 경건한 그리스도교도들은 교황보다 국가에 더욱 충성을 바치면서 자국 내에서 도덕적·정신적 쇄신 운동에 앞장섰다. 150년 동안이나 왕권의 종교적 속성이 부단히 침식되다가 마침내 13세기 말의 왕들은 그들의 성스러운 광휘를 회복하기 시작했다. 이런 경향은 중세 말기 전 시기를 통해 이어졌다. 그 추세는 궁극적으로 17세기, 즉 프로테스탄트 종교개혁이 초래한 종교전쟁의 세기가 끝날 무렵에야 꺾이게 되었다. 그 시점에 이르러서야 비로소 서임권 투쟁에 의해 확립된 종교와 정치의 구분이 유럽인 삶의 근본 원리로서 완전히 그리고 확고하게 수립되었다.

종교적 활력의 분출

◆ 라틴 교회는 어떻게 민중 이단을 통제했는가?

　교황 그레고리우스 7세가 앞장선 개혁 운동은 두 가지 이유에서 유럽의 종교 부흥을 자극했다. 그 한 가지 이유는 교회 정화 운동이 대단한 성공을 거두었기 때문이다. 평신도는 이제 성직자를 더욱 존경할 수 있게 되었고 많은 사람이 성직자 되기를 열망했다. 믿을 만한 통계에 의하면, 1066~1200년에 잉글랜드에서 수도 교단에 들어간 인원이 10배나 증가했는데 여기에는 사제 수의 증가가 포함되지 않았다. 그레고리우스 7세의 활동이 종교 부흥에 각별히 기여하게 된 또 다른 이유는 그가 평신도에게 성직자 규제에 참여해줄 것을 공공연히 호소했기 때문이다. 대단한 파급효과를 발휘했던 일련의 서한들을 통해 그는 '간음을 저지르는 사제(결혼한 사제를 포함)'의 죄악을 규탄하고 평신도로 하여금 그들을 설교단에서 추방할 것과 그들이 집전하는 예배를 거부할 것을 당부했다. 이런 조치로 인해 유럽의 여러 지역에서 자정 운동이 확산된 것은 놀라운 일이 아니다. 이렇듯 종교적 열기가 팽배한 가운데 교황과 하인리히 4세의 투쟁 같은 전 유럽인의 관심을 모은 사건까지 벌어짐으로써 서유럽인의 종교적 관심은 엄청나게 증폭되었다. 1050년경까지 대부분의 유럽인은 명목상으로는 그리스도교도였지만, 그레고리우스 7세 시대 이후에 들어서야 비로소 그리스도교는 진정으로 인간의 삶을 이끄는 이상이자 관습이 되었다.

시토 수도회와 카르투지오 수도회

새로이 분출된 신앙심을 잘 보여주는 사례로 12세기의 시토 수도원 운동을 들 수 있다. 1100년경에 이르면 어떤 형태의 베네딕투스 수도원도 성스러움을 열망하는 신도를 온전히 만족시킬 수 없었다. 경건한 그리스도교도는 철저한 금욕주의, 그리고 무엇보다도 강렬한 '내면성'—가차 없는 자기반성과 신에 대한 지식을 얻기 위한 명상적 노력—을 추구했다. 그리하여 수도생활의 이상을 온전히 구현하기 위한 새로운 교단들이 설립되었다. 그중 하나가 카르투지오 수도회였다. 이 수도회의 수도사들은 독방에서 생활했고 육식이 금지되었으며 매주 3일 동안은 빵과 물과 소금만 먹으면서 정진해야 했다. 카르투지오 수도회는 수를 늘리는 데 무관심했기에 줄곧 작은 규모를 유지했다. 그러나 시토 수도회는 달랐다. 1100년경 처음 조직된 시토 수도회는 베네딕투스 계율을 가능한 한 가장 순수하고 엄격하게 준수하고자 했다. 세속적인 유혹을 피하기 위해 그들은 되도록 문명과 동떨어진 숲과 황무지에 새로운 수도원을 건립했다. 그들은 모든 불필요한 교회 장식과 화려한 집기(什器)를 회피했고, 정교한 기도문을 강조한 클뤼니 수도원 방식을 포기하고 명상과 개인적인 기도생활을 존중했으며, 고된 육체노동에 종사했다. 위대한 설교자이자 탁월한 문인이며 당대 유럽 종교계의 가장 영향력 있는 인물이었던 클레르보의 성 베르나르두스(1090~1153)의 카리스마적인 지도 아래 시토 수도회는 크게 성장했다. 1115년에는 산하 수도원이 5곳에 불과했으나, 베르나르두스가 사망한 1153년에는 343곳 이상으로 늘어났다. 이러한 성장은 단지 좀 더 많은 사람이 수도사가 되었음을 의미하는 것만이 아니었다(기존 수도원들은 소멸되지 않았다). 그것은 많은 경건한 평신도가 새로운 수도원을 후원하기 위해 기금과 토지를 헌납했음을 뜻하는 것이었다.

점점 더 많은 사람들이 새로운 수도원에 직접 들어가거나 후원자로서 돕게 되면서 종교적 신앙과 헌신의 성격에 변화가 일게 되었다. 그 대표적인 예로서 성인 숭배를 대신해 예수 그리스도 숭배와 동정녀 마리아 경배가 강조되었다는 점을 들 수 있다. 성인의 유물에 대한 숭배는 새로운 시토 수도회에서 성체 축성 또는 성찬식으로 대치되었다. 물론 성찬식은 그리스도교 신앙에서 항상 중요한 부분이었다. 그러나 그것이 참다운 의미에서 그리스도교 신앙의 핵심이 된 것은 12세기에 이르러서의 일이었다. 신학자들이 성변화(聖變化)의 교리를 분명하게 주장한 것은 바로 그때였기 때문이다. 성변화의 교리란 사제가 미사를 집전할 때 신과 합력해 제단 위의 빵과 포도주를 그리스도의 살과 피로 '변화'시키는 기적을 행한다는 교리이다. 12세기에 일반 대중의 성체에 대한 존경심은 크게 높아져 성별(聖別)된 빵 또는 성체를 들어 올리는 관행이 처음으로 시작되었고, 그 결과 회중 전원이 그것을 볼 수 있게 되었다. 새로운 성체 신학은 사제의 권위를 크게 드높였으며, 또한 신심 깊은 사람들로 하여금 그리스도의 수난을 명상하도록 고무했다. 그 결과 많은 사람이 그리스도와의 긴밀한 동질감을 갖게 되었으며 여러 가지 방식으로 그리스도의 생애를 모방하게 되었다.

동정녀 마리아 경배

12세기에 등장한 그리스도에 대한 새로운 숭배 열기에 버금가는 중요성을 지닌 관행은 동정녀 마리아에 대한 경배였다. 이것은 성체 교리보다 더욱 선례가 없는 것이었다. 왜냐하면 그때까지만 해도 마리아는 서유럽 교회에서 상대적으로 중요성이 없는 인물이었기 때문이다. 12세기에 마리아 경배가 그토록 두드러지게 된 정확한 이유는 충분히 알려져 있지 않다. 그러나 그 이유가 무엇이든 분명한 것은 12세기에 마리아 경배가 서유럽 전역에 걸쳐 널리 성행했다는 사실이다. 시토 수도회는 마리아를 교단의 수호성인으로 삼았을 뿐만 아니라 교단 설립자인 성 베르나르두스는 일생 동안 마리아의 생애와 미덕에 관해 설교했다. 그리고 이 시대에 새로이 건립된 대성당은 모두 마리아에게 봉헌된 것이었다. 노트르담(Notre Dame, '우리의 귀부인'이란 뜻) 성당은 파리뿐만 아니라 샤르트르, 랭스, 아미앵, 루앙, 랑 등 여러 곳에 있었다. 신학적으로 마리아는 인간의 영혼을 구원하기 위해 아들에게 탄원하는 중재자 역할을 했다. 마리아는 만인의 어머니요 무한한 은혜의 저장소로서, 아무리 죄인이라도 그에게 사랑이 남아 있고 궁극적으로 죄를 회개하기만 하면 그를 위해 구원을 간청하는 존재였다. 당시에는 얼핏 신으로부터 버림받은 것처럼 보였던 사람들이 마리아를 경배했기 때문에 구원을 얻게 되었다든가 또는 임종 시 마리아가 기도해준 덕분에 구원을 얻게 되었다는 등 마리아에 관련된 수많은 이야기들이 떠돌고 있었다.

이러한 새로운 숭배의 의의는 여러 가지로 생각할 수 있다. 서유럽 그리스도교에서 처음으로 여성이 중심적인 영예로운 지위를 부여받게 되었는데, 신학자들은 여전히 죄악이 첫 번째 여인인 이브를 통해서 이 세상에 들어왔다고 가르쳤다. 그러나 이제 그들은 두 번째 아담인 그리스도를 낳은 마리아의 도움으로 죄에 대한 승리가 이루어졌다고 설명함으로써 종전의 관점에 균형을 잡아주었다. 또한 마리아를 표현한 예술가와 문인은 여성성과 인간다운 부드러움 그리고 가정생활에 주목할 수 있게 되었고, 이것은 예술 및 문학 양식을 부드럽게 하는 데 기여했다. 그러나 가장 중요한 것은 마리아 경배의 등장이 12세기 서유럽 전체에서 나타난 희망에 찬 낙관주의와 긴밀하게 연관되어 있었다는 사실이다.

빙엔의 힐데가르트

동정녀 마리아만 12세기 종교에서 각별히 중요한 역할을 했던 것은 아니다. 당대의 몇몇 여성도 크나큰 종교적 권위를 얻었다. 가장 널리 알려지고 영향력이 컸던 여성은 독일의 수녀이자 신비주의자인 빙엔의 힐데가르트(1098~1179)였다. 힐데가르트는 자신의 환상을 생생하고 독창적인 라틴어 산문으로 받아쓰게 했는데, 그녀의 글은 흡인력이 대단해서 동시대인들은 그녀가 직접 신의 영감을 받았음을 믿어 의심치 않았다. 교황은 독일을 방문했을 때 그녀를 축복했고 종교 지도자와 세속 지배자는 그녀의 조언을 구했다. 힐데가르트는 약리학, 여성의학 등 다양한 분야에 관한 글을 썼다. 그녀는 종교음악을 작곡하기도 했는데 이 성가의 아름다움은 최근에 들어서야 재발견되었다. 21세기 현대인이 콤팩트디스크 꽂이에서 신비에 가득 찬 그녀의 성가를 찾는 모습을 그녀가 보게 된다면 무척 놀라워할 것이다. 음반가게의 클래식 코너에서 그녀의 작품은 베토벤과 브람스 사이에 '빙엔(Bingen)'이란 이름으로 자리 잡고 있다.

대중적 이단의 도전

12세기의 거대한 종교적 열정은 도를 지나쳐서 교회가 승인한 한계를 벗어나기도 했다. 그레고리우스 7세가 평신도에게 성직자 규제에 힘을 보태줄 것을 요청한 후로는 평신도의 종교적 열정을 통제하기가 어렵게 되었다. 12세기를 경과하면서 교회가 교황 군주국가의 법률과 재무 행정에만 전념하게 되자 일각에서는 한때 그토록 영감을 불어넣어 주던 교회가 목표를 상실하기 시작한 것이 아닌가 하는 의문을 품기 시작했다. 또 다른 어려움은 사제의 기적적 권능이 점점 강조되면서 평신도의 종교적 역할이 제한되었고 평신도가 영적으로 열등한 지위에 놓이게 되었다는 점이다. 그 결과 12세기 후반에는 역사상 처음으로 대규모의 대중적 이단 운동이 전 유럽을 휩쓸게 되었다.

12세기의 대표적인 이단으로는 카타르파와 발도파를 들 수 있다. 카타르파는 남부 프랑스와 이탈리아에서 크게 성행했는데, 모든 물질은 사악한 원리에 의해 창조되었으며 성스러움을 얻기 위해서는 극단적 금욕주의를 실천해야 한다고 믿었다. 카타르파 일부는 신이 둘—선한 신과 악한 신—이라고 주장하기까지 했다. 피조 세계는 전적으로 악한 신의 세력권 안에 있고 영적인 사람은 여기에서 탈출해야만 한다는 것이다. 이러한 가르침은 그리스도교의 가르침과는 완전히 위배되는 것이었지만, 대부분의 카타르파 추종자들은 자신이 진정한 그리스도교도라고 믿었다. 남부 프랑스의 귀족 여성은 카타르파의 유랑 설교자를 숨겨주는가 하면 자기 가족을 새로운 신앙으로 개종시키는 등 카타르파의 확산에 각별히 중요한 역할을 했다.

12세기의 종교적 이단 중 더욱 전형적이었던 것은 발도파였는데, 이 운동은 프랑스 도시 리옹에서 시작되어 남부 프랑스, 북부 이탈리아, 독일 등지로 확산되었다. 발도파는 그리스도와 사도들의 생애를 가능한 한 완벽하게 모방하고자 한 평신도였다. 그러므로 그들은 복음서를 번역하고 연구했으며 청빈한 생활과 설교에 헌신했다. 초기의 발도파는 가톨릭의 교리를 공격하지 않았기 때문에 교회도 처음에는 그들을 간섭하지 않았다. 사실 발도파는 초기에는 카타르파에 맞선 대항 운동처럼 보였을 것이다. 그러나 교황은 그들이 허가 없이 설교하는 것을 금지했으며 이를 거부하자 즉각 그들은 이단으로 정죄했다. 그러자 그들은 더욱 과격해져서 대안적인 교회를 만들고 그 교회가 구원에 이르는 유일한 길이라고 주장했다.

1198년 인노켄티우스 3세가 교황이 되었을 때 그는 나날이 세력이 커지는 이단의 심각한 도전에 직면했다. 그의 두 갈래 대응은 교회의 장래에 실로 결정적인 영향을 끼쳤다. 인노켄티우스 3세는 한편으로는 교황의 권위에 대한 모든 불복종을 짓누르기로 결정하는가 하면 다른 한편으로는 교회의 권위를 받아들이는 이상주의적인 종교 단체를 지원하기로 작정했다. 그 결과 교회 내의 역동적 영성을 좌절시키지 않고도 교황 군주국가를 보호할 수 있었다.

카타르파를 억누르기 위해 인노켄티우스 3세는 북부 프랑스의 귀족들에게, 자기 영지 안에 이단이 번성하도록 허용한 남부 프랑스 귀족에 대한 십자군에 나설 것을 종용했다. '알비 십자군'이라고 알려진 이 원정은 북부의 침략자들이 남부의 수백 명 지주를 강탈하는 정복 전쟁으로 치달았다. 하지만 어쨌든 십자군은 카타르파를 지원한 하부 조직 대부분을 파괴하는 데 성공했다. 교황은 성공의 여세를 몰아 살아남은 이단 세력을 뿌리 뽑기 위한 종교재판의 집행을 고무하고 권면했다. 1252년부터 종교재판에서 고문이 허용되었다. 유죄가 입증된 이단자는 무거운 형벌을 받았으며 일부는 화형대에서 불태워지기도 했다. 발도파에 대해서도 비슷한 절차가 채택되었지만 카타르파만큼 성공적이지 않았다. 14세기 초에 카타르파는 사실상 소멸되었으나, 발도파의 소규모 집단은 스위스와 남부 독일의 산악 지방에서 17세기까지 살아남았다.

또한 인노켄티우스 3세는 사제의 특수한 지위와 교회의 계급제도를 강화하는 새로운 종교 교리를 선언했다. 그는 제4차 라테란 공의회에서 교회에 의해 주관되는 성사가 신의 은혜를 확보하는 불가결한 수단이며 성사 없이는 누구도 구원받을 수 없다는 교리를 재확인했다. 라테란 공의회는 두 가지 성사, 즉 성체와 고해를 강조했다. 성변화의 교리는 공식적으로 규정되었고, 모든 가톨릭 신자는 적어도 일 년에 한 번 사제에게 죄를 고백하고 성체를 받아야만 했다(오늘날도 마찬가지이다). 또한 공의회는 이단을 억제하고 성직자의 독보적 권위를 천명하기 위한 교리 및 규제를 공표했다.

페트루스 발데스의 개종

이단인 발도파의 창시자는 평신도 페트루스 발데스(Petrus Valdes, 영어는 Peter Waldo)였다. 그는 종교적 삶을 위해 가족과 재산을 포기한 성 알렉시스의 생애 이야기를 듣고 감화를 받아 설교와 청빈생활에 접어들었다. 발데스의 생애는 한 세대 뒤에 등장한 성 프란체스코의 생애와 매우 닮았다. 그러나 성 프란체스코가 자신의 종교 운동에 대해 교회의 승인을 얻는 데 성공한 반면, 발데스와 그의 추종자들은 궁극적으로 이단으로 선포되었다. 설교를 금하는 교회의 권위를 받아들이지 않았기 때문이다. 발데스의 생애는 12세기 유럽의 평신도에게 영향을 미친 새로운 정신적 힘이 무엇이었는지를 보여준다.

1173년경 페트루스 발데스라는 리옹 시민이 고리대금업이라는 사악한 수법에 의해 큰돈을 벌었다. 어느 일요일 그는 유랑 이야기꾼 주변에 몰려든 군중 때문에 지체하다가 이야기꾼이 들려준 말에 충격을 받았다. 그는 이야기꾼을 집으로 데려가 성 알렉시스가 그의 아버지 집에서 성스러운 죽음을 맞이한 이야기를 주의 깊게 경청했다. 다음 날 아침 발데스는 자신의 영혼에 관한 조언을 듣기 위해 서둘러 신학교로 향했다. 하느님에게 나아가는 다양한 방법을 듣고 난 뒤 그는 교사에게 그중에서 어떤 방법이 가장 확실하고 믿을 만한 지 물었다. 교사는 주님의 말씀을 인용했다. "만일 네가 온전해지려거든 가진 것을 다 팔아 가난한 사람들에게 주고 하늘에 보물을 쌓도록 하라. 그리고 나를 따르라."

발데스는 아내에게 돌아와 그가 가진 동산 형태의 재산과 부동산 형태의 재산 가운데 어느 하나를 선택하라고 했다.…… 그녀는 이런 상황에 매우 당황스러워하면서 부동산을 선택했다. 그는 자신의 동산 가운데 부당하게 취득한 재산을 원주인에게 되돌려주었다. 동산의 상당 부분을 두 딸에게 양도하고 그녀들을 아내 몰래 퐁트브로 수도회에 데려다놓았다. 그리고 더 많은 재산을 가난한 사람들에게 주었다.

이 시기에 갈리아와 독일 전역에 무서운 기근이 닥쳤다.……5월 27일부터 8월 1일까지 발데스는 자기에게 오는 모든 사람에게 빵과 수프와 고기를 나누어주었다. 8월 15일 성모승천 축일이 오자 그는 거리에서 가난한 사람들에게 돈을 나누어주면서 이렇게 말했다. "여러분은 하느님과 맘몬 두 주인을 섬길 수 없습니다." 그의 주변에 모여든 사람들은 그가 미쳤다고 생각했다. 그러자 그는 높은 곳으로 올라가더니 말했다. "친구와 동료 시민이여, 나는 여러분이 생각하듯이 미친 게 아닙니다.……나는 여러분이 나의 행동을 인정하지 않는다는 것을 잘 알고 있습니다. 나는 나 자신과 여러분을 위해 이런 일을 했습니다. 먼저 나 자신을 위한 것입니다. 왜냐하면 누군가 장차 내가 돈을 갖고 있는 모습을 본다면 내가 미쳤다고 말할 수 있기 때문입니다. 그리고 여러분을 위한 것입니다. 여러분이 돈이 아닌 하느님께 소망을 두기를 원하기 때문입니다."……

1177년 리옹 시민 발데스—그는 금이나 은이나 재산을 갖지 않을 것이며 내일을 위해 걱정하지 않겠다고 하느님께 서약했다—는 개종자들을 얻기 시작했다. 그를 본받아 그들은 소유한 모든 것을 가난한 사람들에게 주고 스스로 기꺼이 청빈에 헌신했다. 차츰 공적으로나 사적으로 그들은 자신의 죄와 다른 사람의 죄를 공격하기 시작했다.……

1178년 교황 알렉산데르 3세는 라테란 궁전에서 공의회를 열었다.……공의회는 이단 신앙 및 이단을 전파하거나 옹호하는 모든 자를 정죄했다. 교황은 발데스를 포용했다. 그리고 그의 자발적인 청빈 서약을 칭찬했다. 하지만 교황은 발데스와 그의 동료가 사제의 요청을 받지 않고 설교자의 직무를 수행하는 것을 금지했다. 그들은 이 지시를 한동안은 복종했지만 나중에는 불복했고, 급기야 파멸에 직면하게 되었다.

분석 문제

1. 페트루스 발데스의 개종은 중세 전성기 유럽인이 직면한 심리적 긴장을 어떻게 예시하고 있는가?

프란체스코 수도회와 도미니쿠스 수도회

앞에서 설명했듯이 인노켄티우스 3세의 정책은 한편으로는 교회 내의 순종적이고 이상주의적인 운동을 지원하는 것이었다. 그들 중 가장 중요한 것은 새로이 등장한 탁발(托鉢)수도회—즉, 도미니쿠스 수도회와 프란체스코 수도회—였다. 탁발수도사는 여느 수도사와 마찬가지로 계율 준수를 서약했지만, 실제 행동은 수도사와 크게 달랐다. 그들은 무엇보다도 사회를 떠나 수도원에 은둔하지 않았다. 대신 그들은 예수와 사도들을 본받아 작은 집단을 이루어 도시와 시골을 유랑하면서 설교와 영적 안내를 베풀었다. 또한 그들은 자발적으로 가난을 받아들이고 구걸로 호구지책을 마련했다. 이런 점에서 그들은 이단인 발도파와 비슷했지만, 그들은 교황에 대한 절대적 복종을 공언했고 직접 이단과 맞서 싸우기도 했다.

도미니쿠스 수도회는 에스파냐의 성 도미니쿠스(1170~1221)가 1216년 교황 인노켄티우스 3세의 인가를 얻어 설립했다. 이 수도회는 특히 이단과의 싸움 및 유대인과 무슬림의 개종에 헌신적이었다. 처음부터 도미니쿠스 수도회는 설교와 공개 토론으로 그 목적을 달성하기를 희망했고, 이 때문에 그들은 자연히 지적 성향을 띠게 되었다. 도미니쿠스 수도회 소속의 많은 수도사들은 그 당시 갓 설립된 유럽의 여러 대학에서 교수직을 가졌으며 철학과 신학의 발전에 크게 기여했다. 13세기의 가장 영향력 있는 사상가였던 성 토마스 아퀴나스는 도미니쿠스 수도회의 수도사로서, 자신의 신학적 노력의 주요 목적이 '이교도', 즉 모든 비그리스도교도를 개종시키는 데 있다고 공언했다. 도미니쿠스 수도회는 항상 학문적 명성을 유지했으나 완고한 이단자를 다루는 데는 법적 절차가 최선의 방도라고 믿었다. 따라서 그들은 중세 종교재판소를 주도하는 심문관이 되었다.

도미니쿠스 수도회와 기원이 전혀 다른 프란체스코 수도회는 교리나 규율에 대한 헌신보다 감성적 열정을 특징으로 삼고 있었다. 성 도미니쿠스와 그의 초기 추종자들이 서임된 사제로서 설교의 직분을 수행한 반면, 프란체스코 수도회를 설립한 이탈리아인 아시시의 성 프란체스코(1182~1226)는 평신도로서 초기에는 사회적 반란자나 이단자와 흡사하게 행동했다. 부유한 상인의 아들로 태어난 그는 부친의 물질주의적인 가치관에 불만을 느끼고 가난한 사람들의 종으로 살기로 결심했다. 자신의 모든 재산을 남에게 준 그는 공개적으로 옷을 벗어던지고 누더기를 걸치고 다니면서 공식적인 허가도 받지 않고 도시의 광장에서 구원을 설교했고 이탈리아 도시들의 어두운 뒷골목에서 버림받은 사람들을 섬겼다.

성 프란체스코는 그리스도의 생애를 철저하게 본받으려 했고, 성체 성사 이외에는 일체의 교리, 형식, 의식에 무관심했다. 그러나 그는 교황의 지원을 얻고자 했다. 1209년 어느 날 그는 누더기를 걸친 작은 무리를 이끌고 로마에 나타나 인노켄티우스 3세에게 복음서의 교훈을 한데 모아놓은 것에 불과한 소박한 계율을 승인해줄 것을 요청했다. 다른 교황 같았으면 평신도 신분의 프란체스코를 구제불능의 비현실적인 종교적 무정부주의자로 간주하고 배척해버렸을지 모른다. 그러나 프란체스코는 철두철미한 복종을 공언했고 인노켄티우스 3세 또한 사람을 보는 안목이 있었기에 프란체스코의 계율을 승인하고 설교를 허락했다. 그 후 교황의 지원에 힘입어 프란체스코 수도회는 확산되었고, 행정적 안정의 중요성과 모든 구성원에 대한 교리 학습의 필요성을 인정하는 등 점차 세련된 모습을 갖춰가긴 했지만, 주로 신앙 부흥 운동 성격을 지닌 옥외 설교에 매진하면서 정통의 울타리 안에서 '사도적인 삶'의 모델을 제시했다. 이렇듯 인노켄티우스 3세는 생명력 있는 새로운 세력을 활용함으로써 교회 내에 종교적 열정이 유지되도록 했다.

13세기 말까지 프란체스코 수도회와 도미니쿠스 수도회는 교황 군주국가와 서로 협력하면서 긴밀한 관계를 유지했다. 교황은 탁발수도사들이 전 유럽에 걸쳐 기반을 잡을 수 있도록 지원했고 종종 그들이 교구 사제의 직무를 침범하는 것도 허용했다. 한편 탁발수도사는 이단과 맞서 싸웠고 교황의 십자군을 설교했으며, 선교 사업에도 적극적이었고 교황을 위한 특수 임무를 수행하기도 했다. 무엇보다도 탁발수도사는 귀감이 되는 신앙적 삶을 통해 그리고 힘찬 설교를 통해 13세기 전 시기에 걸쳐 종교적 열정을 유지시키는 데 기여했다.

프란체스코 수도회와 도미니쿠스 수도회가 이단 운동에 맞선 싸움을 성공적으로 수행한 것은 교회로서는 커다란 승리였다. 그러나 이런 성공에도 불구하고 교회는 아직 유럽인을 충분히 휘어잡았다고 여기지 않았다. 오히려 정반대였다. 카타르파와 발도파에게 승리를 거두었음에도 불구하고, 사실상 이단이 존재하지 않는 곳에서도 이단 색출을 구실로 종교재판 절차가 착실히 뿌리를 내렸다.

유럽의 종교 부흥, 1100~1300년	
시토 수도회 설립	1098년
동정녀 마리아 숭배 시작	1100년경
카타르파 이단 등장	1140년경
발도파 이단 등장	1180년경
성찬에 관한 새로운 신학	1150년경~1215년
프란체스코 수도회 설립	1209년
제4차 라테란 공의회	1215년
도미니쿠스 수도회 설립	1216년

유대인과 그리스도교도

교회는 유대인이 그리스도교 신앙에 위협이 된다고 믿고 이 문제에 점점 더 관심을 갖게 되었다. 물론 대부분의 유대인 공동체는 착취에 가까운 세금 징수와 박해 때문에 1300년경에는 1150년경에 비해 규모도 작아지고 세력도 약해져 있었다. 교회는 대중의 반유대주의적인 거친 공격을 공식적으로 승인하지 않았지만, 그렇다고 해서 대중의 행동에 반대하지도 않았다. 그리하여 1300년에 이르면 많은 보통의 그리스도교도는 자신과 함께 살고 있는 유대인을 사탄의 하수인이라고 믿게 되었다. 유대인은 일상적으로 그리스도교도의 자녀를 십자가에 못 박고, 그리스도교도의 피를 마시며, 성체 성사 때면 그리스도의 몸을 더럽힌다는 것이었다. 유대인을 그리스도교로 개종시키려는 조직적 운동이 실패로 끝나자 그리스도교도들 사이에는 그리스도교 사회에 유대인이 지속적으로 존재하는 배후에 악마적인 무엇인가가 잠복해 있다는 식의 여론이 형성되었다. 유대인의 부에 관련된 갖가지 공상적인 이야기들은 유럽 사회의 반유대주의에 경제적 요인을 덧붙여주었다. 실제로 13세기 유럽 대부분 지역에서 많은 유대인은 대금업으로 생계를 유지하고 있었다.

13세기 전 시기를 통해 교회는 왕들과 협력하면서 유대인의 삶을 점점 더 엄격히 옥죄었다. 그러나 1280년대부터 왕들이 자신의 왕국에서 유대인 신민을 모조리 추방하기 시작했다. 1288년 남부 이탈리아에서, 1290년 잉글랜드에서, 그리고 1306년 프랑스에서 유대인이 추방되었다. 14세기에는 라인란트에서 유대인 추방이 이어졌고, 1492년 에스파냐에서도 유대인 추방이 있었다. 1500년에 이르면 오직 이탈리아와 폴란드에만 유대인 인구가 다수 거주하고 있었는데, 그들은 그곳에서 제2차 세계대전과 나치의 유대인 대학살 때까지 살아가게 되었다.

중세의 지적 부흥

♣ 고전 학문의 회복은 중세의 지적 생활에 어떤 영향을 미쳤는가?

중세 전성기의 중요한 지적 업적은 서로 연결되어 있으되 상이한 네 분야로 나뉜다. 즉, 초등교육과 평신도 문자 해독률의 확대, 대학의 등장과 확대, 고전 지식 및 이슬람 지식의 획득, 새로운 철학 및 신학 사상의 발전 등이다. 이러한 업적은 하나하나가 서유럽의 학문의 역사에서 중세 전성기가 차지하는 비중이 얼마나 큰 것인지를 입증해준다. 이 모든 업적이 합쳐져서 유럽 지성사의 비범한 한 시대가 출발했고, 그것은 17세기 과학혁명까지 지속되었다.

학교의 발달

800년경 샤를마뉴는 제국 내의 모든 주교관구와 수도원에 초등학교의 설립을 명했다. 이 명령이 완전히 시행되었는지는 의문이지만, 어쨌든 카롤링거 왕조 시대에 많은 학교가 설립된 것은 사실이다. 그러나 그 후 바이킹의 침입으로 이 학교들의 존속이 위태로워졌다. 일부 수도원과 주교좌 도시에서 초등교육이 명맥을 유지하기는 했지만 1050년경까지 유럽에서 교육의 기회는 빈약하기 그지없었다. 그러나 그 후로 전 유럽에 걸쳐 엄청난 속도로 학교가 설립되었다. 그 속도가 얼마나 대단했던지 동시대인들도 놀랄 정도였다. 프랑스의 한 수도사는 1115년에 남긴 기록에서 그가 자랄 때인 1075년경에는 "교사가 워낙 귀해서 시골 마을에는 전무하다시피 했고, 도시에서도 찾아보기가 힘들었는데" 어른이 된 다음에는 "수많은 학교들"이 생겨나면서 문법 공부가 "광범위하게" 이루어졌다고 술회했다. 경제 부흥, 도시의 성장, 강력한 정부의 출현 등으로 유럽인은 전에 없이 기초교육에 힘쓸 수 있었다.

중세 전성기의 교육열은 단지 학교가 늘어났다는 것 이상의 의미를 지닌다. 왜냐하면 학교의 성격에 변화가 있었고, 시일이 경과하면서 교과과정과 교육 수혜대상에도 변화가 있었기 때문이다. 첫째로 꼽을 수 있는 근본적인 변화는 12세기에 들어 수도원이 외부인을 교육하던 종래의 관행을 그만두었다는 점이다. 과거에 수도원은 수도사가 아닌 소수의 특권층 자제에게 읽기를 가르쳐왔다. 외부인이 달리 갈 만한 학교가 따로 없었기 때문이다. 그러나 12세기에 이르러 그들을 위한 교육기관이 여럿 등장했다. 이제 유럽 교육의 중심은 성장을 거듭하던 여러 도시에 소재한 성당 학교가 맡게 되었다. 1179년 교황 군주국가는 모든 성당에게 수입금 일부를 별도로 편성해 교사 한 명을 채용하도록 하고, 그 교사로 하여금 빈부 차별 없이 모든 희망자에게 무상으로 교육을 실시하도록 하는 조치를 취함으로써 교육 발전을 적극 지원했다. 교황은 이러한 조치로 우수한 자질의 성직자와 관료를 늘릴 수 있으리라고 믿었는데, 그것은 옳은 판단이었다.

　애당초 성당 학교는 거의 전적으로 사제의 기초 교육을 위해 설립되었고, 교과과정도 교회의 기본적인 예배를 집전하는 데 필요한 문자해독능력을 기르도록 편성되어 있었다. 그러나 1100년 직후 교과과정이 확대되었다. 교회 및 세속 정부의 발달과 더불어 기도문 몇 개를 겨우 읽을 수 있는 정도 이상의 능력을 갖춘 숙련된 관료가 점점 더 필요해졌기 때문이다. 키케로와 베르길리우스의 작품을 비롯한 로마 고전 작가들에 대한 학습을 바탕으로 라틴어 문법과 작문에 대한 철저한 지식이 주입되기 시작했다. 일부 학교들은 철학 특히 논리학의 학습에 초점을 맞추기 시작했는데, 주로 아리스토텔레스와 포르피리오스 같은 고전 저술가에 의존했다. 고전 문학과 철학 텍스트에 대한 이런 새로운 관심을 학자들은 '12세기의 르네상스'라고 부른다.

　1200년경까지 도시 성당 학교의 학생은 대부분 성직자였다. 사제가 아닌 법률가나 관리가 되고자 하는 사람도 일단은 교회의 직분을 갖고 있는 편이 유리하다고 생각했다. 그러나 그 후 학교에 입학한 학생 가운데 성직자도 아니고 장차 성직에 남을 생각도 전혀 없는 사람의 숫자가 증가했다. 그중 일부는 상류 계층 자제로서, 그들은 이제 문자해독능력을 신분의 상징으로 간주하기 시작했다. 다른 부류는 서기(공문서 작성자), 토지 관리인, 상인 등의 지망생으로서 그들은 직업적인 성공을 위해 문자해독 및 산술 능력을 필요로 했다. 통상 이들은 성당 학교가 아닌 좀 더 실용성에 치중하는 학교에 다녔다. 이러한 학교는 13세기를 경과하면서 급속히 성장했고 교회의 통제로부터 완전히 벗어나게 되었다. 이들 학교는 학생뿐만 아니라 교사도 대개 속인 중에서 모집했다. 그리고 시일이 경과하면서 종전의 라틴어에 의한 강의 대신 유럽 각국어에 의한 강의가 시행되었다. 그러나 학교의 입학 자격은 남성에 국한되었다. 일부 속인 여성들이 고등교육을 받기도 했지만 그들은 집에서 가정교사에게 가르침을 받았다.

　속인 교육의 발달은 서유럽 역사에서 대단히 중요한 의미를 갖는다. 교회가 교육에 대한 독점권을 상실하면서 교육의 지향과 목적은 점점 세속화되었다. 평신도는 새롭고도 비종교적인 탐구를 할 수 있었고, 점차 유럽 문화는 전 세계 다른 어떤 문화보다 종교 및 종교에 결부된 전통주의로부터 독립성을 누리게 되었다. 학교의 성장은 또한 속인의 문자 해독률을 크게 향상시켰다. 1340년 피렌체 인구의 약 40퍼센트가 글을 읽을 수 있었고, 15세기 말 잉글랜드 전체 인구 가운데 약 40퍼센트가 문자를 해독할 수 있었다. 1050년경 서유럽에서 문자 해독 가능자는 거의 성직자에 국한되어 있었고 문자 해독률도 서유럽 전체 인구의 1퍼센트 미만이었다는 점을 고려하면 놀라운 혁명이 일어났다고 평가하지 않을 수 없다. 그것이 없었더라면 유럽인이 이룩한 많은 다른 업적은 상상조차 할 수 없을 것이다.

대학의 등장

대학의 등장은 중세 전성기 교육열의 일부였다. 원래 대학이란 성당 학교에서 배울 수 없는 고급 학문—고급 자유학과(liberal arts)와 전문 연구 분야인 법학, 의학, 신학—을 가르치기 위한 기관이었다. 최초의 이탈리아 대학은 볼로냐 대학으로서 12세기를 거치면서 형성되었다. 볼로냐 대학에서는 자유학과도 가르쳤지만, 이 대학은 12세기에 처음 설립된 이래 중세가 끝날 때까지 유럽의 법학 연구 중심지로서 명성을 떨쳤다. 알프스 이북에서 최초로 설립된, 그리고 가장 뛰어난 대학은 파리 대학이었다. 파리 대학은 다른 많은 대학들이 그렇듯이 성당 학교에서 출발했지만, 12세기에는 북유럽 지적 생활의 중심으로 주목받기 시작했다. 그렇게 된 첫 번째 이유는 파리 대학의 학자들이 강력한 프랑스 왕권이 제공하는 평화와 안정—학문 연구의 필수조건이다—을 누릴 수 있었기 때문이다. 두 번째 이유는 파리 인근 지역의 농업생산성이 풍부해서 식량 사정이 좋았기 때문이다. 세 번째 이유는 12세기 전반에 파리 성당 학교가 당대 최고의 카리스마를 뿜어냈던 학자이자 논객 피에르 아벨라르(1079~1142)를 자랑거리로 삼았기 때문이다. 아벨라르의 학문적 업적은 뒤에 설명하겠지만, 그는 전 유럽에서 많은 학생이 떼 지어 모여들게 했다. 당시 유포되었던 전거가 다소 의심스러운 이야기에 따르면, 그의 강의가 어찌나 대단한 명강의로 소문이 났던지, 그의 신학적 입장이 물의를 일으켜 프랑스 '땅'에서 강의하는 것이 금지되자 나무 위로 올라가 강의했는데 그의 강의를 듣고자 학생들이 그 아래로 떼 지어 몰려들었다고 한다. 또 프랑스 '공중'에서 강의하는 것마저 금지되자 강에 배를 띄워 그 위에서 강의하자 학생들이 강둑으로 몰려들었다고 한다. 아벨라르의 학문적 명성에 힘입어 많은 다른 교사들이 파리에 정착하게 되었고, 이에 따라 파리 성당 학교는 프랑스의 그 어떤 성당 학교보다도 다양하고 수준 높은 강의를 제공했다. 바야흐로 1200년에 이르러 파리 성당 학교는 자유학과와 신학을 전문으로 하는 대학으로 발전하고 있었다. 파리에서 공부한 바 있는 인노켄티우스 3세는 파리 대학을 '전 세계를 위해 빵을 굽는 오븐'이라고 비유했다.

강조해둘 것은 대학 제도가 사실상 중세의 발명품이었다는 점이다. '대학(university)'이란 말은 원래 조합이나 길드를 의미했고 중세 대학은 교사나 학생이 자신의 이익과 권리를 보호하기 위해 조직한 교사조합 또는 학생조합이었다. 그러나 대학이란 말은 점차 자유학과를 가르치는 학부와, 법학, 의학, 신학 등의 전공 분야 중 하나 이상의 학부를 구비한 교육기관을 뜻하게 되었다. 볼로냐 대학과 파리 대학은 1200년경 이전에 설립되었고, 13세기에는 옥스퍼드 대학, 케임브리지 대학, 몽펠리에 대학, 살라망카 대학, 나폴리 대학 같은 유명 교육기관이 설립되거나 공식 인가를 받았다.

중세 유럽의 모든 대학은 두 가지 모델 중 하나를 택했다. 이탈리아, 에스파냐, 남부 프랑스 일대에서 표준이 되었던 대학은 대체로 볼로냐 대학이었다. 여기서는 학생이 조합을 결성했다. 학생조합은 교사를 채용하고 그들에게 봉급을 지불했으며, 직무에 태만하거나 강의가 시원찮은 교사를 해고하거나 벌금형에 처했다. 북유럽의 대학은 파리 대학을 모델로 삼았는데, 파리 대학은 학생조합이 아닌 교사조합이었다. 파리 대학에는 4개의 학부—문학부, 신학부, 법학부, 의학부—가 있었고, 각 학부는 학장이 통솔했다. 북유럽 대부분의 대학에서 중심이 된 분야는 문학과 신학이었다. 13세기 말 이전에는 파리 대학 내에 독립된 학료(學寮, college)가 설치되었다. 학료는 본래 가난한 학생들에게 제공된 주택이었지만, 나중에는 주거지뿐만 아니라 교육시설로 사용되었다. 유럽 대륙에서는 이런 형태의 학료가 대부분 소멸되었지만, 옥스퍼드 대학과 케임브리지 대학은 여전히 파리 대학을 본뜬 학료들의 연합 조직 방식을 유지하고 있다. 이들 대학을 구성하고 있는 학료들은 각기 반독립적인 교육 단위이다.

현대의 대학 조직과 학위 제도는 대부분 중세의 제도에서 유래되었지만 실제의 학업 과정은 크게 변화되었다. 중세의 교과과정에는 역사학이나 오늘날의 사회과학 같은 것은 포함되지 않았다. 중세의 대학생은 대학에 입학하기에 앞서 라틴어 문법을 완전히 익혀야만 했다. 라틴어 문법은 초등학교—또는 문법학교—에서 공부했다. 대학 입학은 남성에게만 허용되었으며, 일단 입학하게 되면 약 4년간 자유학과들, 즉 라틴어 문법 및 수사학의 상급 과정을 이수하고 논리학을 완전히 습득해야만 했다. 시험에 통과하면 예비적으로 문학사— 오늘날의 문학사(Bachelor of Arts, B.A.)의 원형에 해당—학위를 받았고, 전문가로서 입지를 확고히 하려면 몇 년을 더 공부해서 상급 학위—문학 석사(Master of Arts, M.A.) 학위 또는 법학, 의학, 신학의 박사 학위—를 받아야 했다. 문학 석사 과정은 표준적인 고전 저작— 에우클레이데스, 특히 아리스토텔레스의 저술—을 읽고 논평함으로써 이수되었다. 박사 학위를 받으려면 좀 더 전문적인 훈련을 받아야만 했다. 신학 박사 학위가 특히 힘들었다. 중세 말기 파리 대학의 신학 박사 학위 과정은 문학 석사 학위를 얻기 위해 약 8년을 소요한 후 12년 또는 13년을 더 공부해야만 했다. 그 기간 내내 학교에 머물 필요는 없었다. 그러므로 40세 이전에 신학 박사가 된다는 것은 매우 드문 일이었다. 실제로 학칙으로 35세 이전에는 누구에게든 학위를 수여하지 않도록 규정되어 있었다. 엄밀히 말해서 박사 학위—의학 박사의 경우도—는 가르칠 수 있는 자격을 인증하는 것이었다. 그러나 실제로 대학의 모든 학위는 학식의 기준으로 인식되어 학문의 길을 걷지 않을 사람에게도 하나의 관문처럼 되어버렸다.

중세의 대학생활은 매우 난폭하곤 했다. 대학 공부를 시작하는 연령이 12살에서 15살 사이였던 까닭에 대부분의 학생은 미성년자였다. 더욱이 모든 대학생은 대학이 인근 주민들과는 다른 독립적·특권적 공동체를 이룬다고 믿었다. 주민은 학생으로부터 경제적 이득을 얻으려 했고, 학생은 본시 시끄러운 것이 자연적 성향인지라 빈번히 폭동이 일어났고 때로는 주민과 학생 간에 격렬한 접전이 벌어지기도 했다. 그러나 학생의 공부는 매우 철저했다. 학문에서 권위의 가치가 크게 강조되었고 책값이 엄청나게 비쌌기에(책은 보통 양피지에 손으로 쓴 필사본이었다), 엄청난 분량을 기계적으로 암기해야만 했다. 학생에게는 학업의 진전과 더불어 공식적·공개적으로 토론을 벌일 수 있는 기량의 연마가 요구되었다. 고급 과정의 토론은 대단히 복잡하고 추상적이어서 때로 여러 날 동안 계속되곤 했다. 중세 대학생과 관련되어 가장 중요한 사실은 1250년경 이후 대학생의 숫자가 대단히 많아졌다는 점이다. 13세기에 파리 대학은 매년 약 7,000명 정도의 학생 수를 유지했으며, 옥스퍼드 대학은 매년 약 2,000명을 유지하고 있었다. 이것은 농민이나 직공보다 상위 신분의 유럽인 남성 가운데 상당수가 고등교육의 혜택을 받을 수 있었음을 의미한다.

고전 학문의 회복

중세 전성기에는 각급 교육기관에서 교육받는 인구가 늘어났을 뿐만 아니라 학문의 질 또한 향상되었다. 학문 수준이 향상된 것은 그리스의 지식을 다시 받아들이고 무슬림이 이룩한 지적 성과를 흡수했기 때문이다. 서유럽인 가운데 그리스어나 아랍어를 할 줄 아는 사람이 사실상 전무했기 때문에, 그리스어와 아랍어로 된 저작들은 라틴어로 번역되어야만 했다. 그러나 1140년경 이전에는 라틴어 번역물이 극히 드물었다. 12세기 중반 이전에는 아리스토텔레스의 수많은 저작 가운데 논리학 저술 몇 권만 라틴어로 번역되었을 뿐이었다.

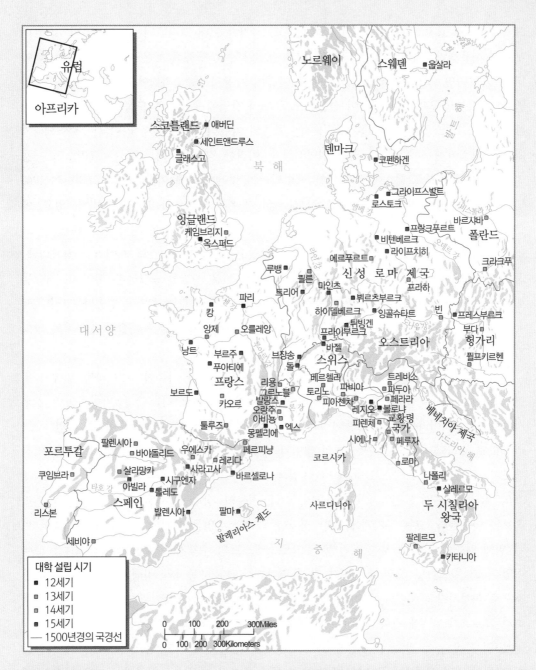

중세 대학의 발흥

이 지도는 중세 유럽 주요 대학의 분포와 설립 연대를 보여준다. 12~13세기의 대학은 왜 프랑스, 잉글랜드, 북부 이탈리아에 주로 설립되었는가? 14~15세기에 설립된 대학의 수와 지리적 분포에 주목하라. 후기에 등장한 이들 대학의 설립 패턴을 어떻게 설명할 것인가?

그러나 그 후 갑자기 번역 사업이 활발해졌고, 급기야 고대 그리스와 아랍의 과학 지식 대부분이 서유럽인에게 알려지게 되었다. 번역 작업이 주로 행해진 곳은 에스파냐와 시칠리아였다. 왜냐하면 그곳의 그리스도교도들은 아랍어 사용자 또는 라틴어 및 아랍어를 구사할 줄 아는 유대인들과 매우 가까이 살았으므로 번역 작업에서 그들의 도움을 받을 수 있었기 때문이다. 그리스 고전 저작들은 처음에는 기존의 아랍어 번역본에서 라틴어로 중역되다가 차차 그리스어 원전으로부터 직접 번역되었다. 이러한 원전의 직접 번역은 그리스어 사용 지역을 여행하면서 그리스어를 습득한 소수의 서유럽인에 의해 이루어졌다. 그리하여 1260년경에는 오늘날 알려져 있는 아리스토텔레스의 저작 거의 전부가 라틴어로 번역되었고, 에우클레이데스(기하학), 갈레노스(의학), 프톨레마이오스(천문학)의 기본 저작도 번역되었다. 그러나 플라톤의 저작은 아직 유럽에 알려지지 않았고, 고전기 그리스의 시인과 극작가의 작품 역시 알려지지 않았다. 대체로 이들 작품은 비잔티움 사람들—그들은 행여 이 저작들이 유출될까봐 노심초사했다—의 소중한 문화재로 조심스럽게 보호되고 있었다. 그러나 서유럽의 학자들은 그리스 사상에 덧붙여 아비세나와 아베로에스 같은 이슬람 철학자와 과학자의 업적에도 친숙해지게 되었다.

그리스와 아랍의 과학 사상과 철학 사상의 진수를 습득한 서유럽은 그 바탕 위에서 독자적인 진보를 이룩할 수 있었다. 이러한 발달은 여러 갈래로 나타났다. 자연과학의 경우 서유럽인은 큰 어려움 없이 기왕에 획득한 지식을 바탕으로 진보를 이룩할 수 있었다. 그리스도교 교리와 배치되는 일이 거의 없었기 때문이다. 13세기 유럽 최고의 과학자는 잉글랜드인 로버트 그로스테스트(1168경~1253)였다. 그는 그리스어에 매우 능통해 아리스토텔레스의 『윤리학』 전체를 번역하기도 했으며, 수학, 천문학, 광학 분야에서 매우 중요한 이론적 진보를 이룩했다. 그는 무지개에 관한 정교한 과학적 설명을 제시했고 물체를 확대해서 보기 위해 렌즈를 사용할 것을 제안했다. 그로스테스트의 수제자는 로저 베이컨(1214경~1294)이었다. 그는 오늘날 그의 스승보다 더 유명한데, 그가 자동차와 비행기의 출현을 예견한 것으로 여겨지기 때문이다. 그러나 베이컨은 사실상 기계에는 별로 관심이 없었다. 그는 오히려 그로스테스트가 광학 부문에서 이룩한 업적을 계승해 렌즈의 성질, 빛의 속도, 시각(視覺)의 본질 등에 관해 설명했다. 그로스테스트, 베이컨, 그리고 옥스퍼드 대학에서 활동한 그들의 몇몇 추종자들은 자연에 관한 지식이 추상적 이성보다 감각적 증거에 입각할 때 더욱 확실하다고 주장했다. 이런 점에서 그들은 근대 과학의 선구자라고 할 수 있다. 그러나 진정한 의미에서의 실험을 하지 못했다는 점에서 그들은 결정적인 한계를 갖는다.

스콜라 철학

중세 전성기 그리스 철학 및 아랍 철학과 그리스도교 신앙의 만남에 관한 이야기는 근본적으로 스콜라 철학의 등장에 관한 이야기이다. 스콜라 철학이란 말은 여러 갈래로 정의할 수 있다. 어원적으로 볼 때 스콜라 철학은 중세 학교에서 행해진 교수 방법 및 학습 방법을 의미할 뿐이다. 그것은 스콜라 철학이 대단히 조직적이며 권위를 존중했다는 것을 의미한다. 그러나 스콜라 철학은 단지 연구 방법에 국한되지 않았다. 그것은 동시에 하나의 세계관이었다. 스콜라 철학의 가르침에 의하면, 인간이 자연적으로—즉, 경험이나 이성에 의해—얻을 수 있는 지식과 신의 계시에 의해 알려진 지식은 근본적으로 양립이 가능한 것이었다. 중세 신학자들은 그리스인이 자연 지식에서의 스승임을, 그리고 모든 계시는 성서 안에 담겨 있음을 믿었다. 그러므로 결과적으로 스콜라 철학은 고전 철학과 그리스도교 신앙을 조화시키는 이론이자 실제였다.

피에르 아벨라르

그 자신은 아직 온전히 스콜라 철학자가 아니었지만 스콜라 철학으로 나아가는 길을 닦은 가장 중요한 사상가 중 하나는 논쟁적인 성격의 소유자인 피에르 아벨라르였다. 그는 12세기 전반에 파리 일대에서 활동했다. 지식인(가르치는 일을 부업으로 하는 성직자나 지식을 추구할 목적을 갖지 않은 학교 교사와 구분된다)으로서의 생애를 의식적으로 추구한 최초의 서유럽인이었던 아벨라르는 논리학에 어찌나 능통했던지, 일찍이 학생 시절부터 당대 일급의 전문가인 스승들—그들이 아벨라르의 교사가 된 것은 불운이었다—을 무색케 만들었다. 다른 사람 같으면 사려 깊게 그러한 우월성을 드러내지 않으려 했겠지만, 아벨라르는 달랐다. 그는 공개 토론에서 상급자들에게 대놓고 굴욕감을 느끼게 함으로써 많은 적을 만들었다. 일이 복잡하게 얽히느라고 아벨라르는 자신이 개인 교습을 하고 있던 엘로이즈라고 하는 재능 있는 젊은 여성을 유혹했다. 엘로이즈가 임신하게 되자 아벨라르는 (엘로이즈의 희망과는 반대로) 그녀와의 결혼을 결행했다. 두 사람은 엘로이즈의 장래를 위해 결혼 사실을 비밀에 부치기로 했다. 그러나 이것은 엘로이즈의 삼촌을 분노케 했다. 왜냐하면 그는 아벨라르가 엘로이즈를 버릴 것이라고 생각했기 때문이었다. 그러므로 그는 사람을 시켜 아벨라르를 거세시키는 것으로 가문의 명예를 위한 복수를 했다. 수도사가 되어 수도원에 도피한 아벨라르는 곧 적들이 자신의 사상을 이단으로 몰기 위해 공작을 꾸미는 것을 알게 되었다. 언제나 시끄럽고 논쟁적인 성격이었던 아벨라르는 수도원에서도 진정한 평안을 찾을 수 없었다. 그는 두 군데 수도원의 수도사들과 다툼을 벌인 끝에 갈라섰으며, 그 후 1132~1141년 파리에서 교사로 정착함으로써 세속 생활로 복귀했다. 그때가 그의 생애에서 절정기였다. 그러나 1141년 그는 다시 한 번 이단 혐의로 기소됐는데, 기소자는 당시 영향력이 막강했던 성 베르나르두스였다. 아벨라르는 교회 회의에서 정죄를 당했다. 얼마 후 이 핍박받던 사상가는 자신의 입장을 공공연히 철회하고 은퇴했으며 1142년에 사망했다.

아벨라르는 『나의 불행에 관한 이야기(Historia Calamitatum)』라는 편지 형식의 글을 통해 자신이 겪은 수많은 시련을 서술했다. 이 글은 서유럽에서 성 아우구스티누스의 『참회록』 이후 등장한 최초의 자서전에 속한다. 처음 읽으면 이 책은 매우 근대적인 것처럼 보인다. 저자가 끊임없이 자기 자랑을 늘어놓으면서 중세 그리스도교적인 겸손의 미덕을 거부하는 것처럼 보이기 때문이다. 그러나 아벨라르가 자신의 불행을 서술한 것은 자랑하기 위해서가 아니었다. 오히려 그의 진정한 의도는 범죄를 행한 부위에 입은 육체적 손상을 통해 자신의 호색에 가해진 징벌, 그리고 첫 번째 정죄 뒤 그의 저술들이 불태워짐으로써 그의 지적 오만에 가해진 징벌이 정당함을 인정하고 도덕적으로 반성하는 데 있었다. 아벨라르는 『너 자신을 알라(Ethica or Scito Te Ipsum)』는 제목의 윤리학 저서에서 인간의 동기에 관한 진지한 내적 성찰과 분석을 촉구했다. 이런 점에서 그는 자기중심주의를 권유하려 했다기보다는, 내적 성찰을 통해 인간성을 차분히 들여다보고자 했던 12세기의 뛰어난 사상가들(아이러니하게도 그의 불구대천의 적수였던 성 베르나르두스도 그들 중 하나였다) 가운데 한 사람이었다.

아벨라르는 『긍정과 부정(Sic et Non)』을 비롯한 수많은 독창적인 신학 저작들을 통해 스콜라 철학의 발전에 지대한 공헌을 했다. 『긍정과 부정』에서 아벨라르는 150개의 신학적 문제에 대한 교부들의 상반되는 주장을 수집함으로써 스콜라 철학의 방법론적 기초를 마련했다. 한때 이 저작은 오만한 아벨라르가 교회 당국의 입장을 난처하게 하기 위해 저술한 것이라고 여겨진 적도 있었지만, 사실은 그 정반대였다. 아벨라르가 진정으로 원한 것은 신중한 연구 방법을 출발시키는 것이었다. 이러한 조심스런 연구 방법을 통해 성경의 최고 권위에는 오류가 없으며 얼핏 모순되어 보이는 권위자들이 실제로는 상호간에 일치하고 있음을 입증할 수 있다는 것이었다. 후대의 스콜라 철학자들은, 근본적인 의문을 제기하고 권위 있는 전거에 서술된 답변을 열거하는 그의 신학 연구 방법을 따르게 되었다. 아벨라르는 『긍정과 부정』에서는 자신의 결론을 제시하지 않았지만, 자신이 쓴 독창적인 신학 저작들에

성 토마스 아퀴나스의 저술

이 분야에서 가장 위대한 업적을 이룬 인물은 파리 대학의 대표적인 스콜라 철학자 성 토마스 아퀴나스(1225~1274)였다. 도미니쿠스 수도회 수도사였던 성 토마스는 신앙이 이성으로 옹호될 수 있다는 원칙을 견지했다. 더욱 중요한 것은 그가 자연계에 대한 지식 및 피조 세계에 대한 연구를 신학적 지혜에 접근하는 정당한 방법이라고 확신했다는 점이다. '자연'은 '은혜'를 보완해주는 것이기 때문이었다. 이 말의 의미는 비록 최고의 진리는 성경의 초자연적인 계시에 의해서만 얻어질 수 있지만, 자연계를 창조한 분은 신이기 때문에 자연을 통해서도 신에게 접근할 수 있다는 것이다. 그리스 철학과 그리스도교 신학을 조화시킬 수 있다는 확신, 인간의 이성과 인간의 경험에 대한 깊은 확신을 지녔던 토마스는 성인 가운데 가장 온화한 인물이었다. 파리 대학 등지에서 오랫동안 가르치면서 그는 논쟁에는 거의 개입하지 않은 채 조용히 두 권의 방대한 신학 저작, 즉 『이단 논박 대전(Summa Contra Gentiles)』과 『신학 대전(Summa Theologica)』을 집필하는 데만 몰두했다. 그는 이 저작들을 통해 신앙을 가장 확고한 토대 위에 놓기를 소망했다.

성 토마스의 방대한 두 권의 『대전』은 그 질서 정연함과 지적 통찰로 인해 경외감을 불러일으킨다. 그는 인간의 지성으로 접근할 수 없는 삼위일체나 성육의 교리 같은 '신앙의 신비'가 있음을 인정했다. 그러나 그는 그 밖의 모든 신학적 문제를 철학적 탐구의 대상으로 삼았다. 이 점에서 성 토마스는 아리스토텔레스의 저작에 크게 의존했다. 그러나 그는 결코 '세례 받은 아리스토텔레스'에 불과한 인물은 아니었다. 오히려 그는 아리스토텔레스의 사상을 그리스도교적 원리에 철저히 종속시킴으로써 자신만의 독창적인 철학적·신학적 체계를 구축했다. 학자들은 이 체계가 성 아우구스티누스의 초기 그리스도교 사상에서 과연 얼마나 벗어나 있는지를 놓고 의견이 엇갈린다. 그러나 분명한 것은 아퀴나스는 인간의 이성에 대해, 인간의 현세적인 삶에 대해, 그리고 인간의 구원에 인간 스스로가 관여할 수 있는 능력에 대해 높은 가치를 부여했다는 사실이다. 성 토마스는 사망한 지 얼마 되지 않아 성인으로 인정받았는데, 이는 그가 이룬 지적 업적이 기적으로 간주되었기 때문이다. 이성주의와 인간의 경험에 대한 확신을 불러일으키는 데 기여했다는 점에서 그의 영향력은 오늘날에도 살아 있다. 좀 더 직접적인 예를 들면, 오늘날 로마 가톨릭교회의 철학은 토마스주의의 방법, 교리, 원리에 입각해 가르쳐지고 있다.

서유럽 중세 사상의 절정

13세기 중반에 성취된 성 토마스 아퀴나스의 업적과 더불어 서유럽 중세 사상은 그 절정에 이르렀다. 중세 문명의 다른 국면들이 같은 무렵 절정에 도달한 것은 결코 우연이 아니다. 프랑스는 루이 9세의 지배하에서 평화와 번영의 완숙기를 구가했으며, 파리 대학은 그 기본 조직을 확고히 했고 프랑스의 위대한 고딕 성당들은 이 시기에 건축되었다. 일부 열렬한 중세 문화 예찬자들은 이런 업적에 주목해 13세기를 '가장 위대한 세기'라고 부른다. 그러한 판단은 각자의 취향에 달린 문제이다. 그리고 많은 사람은 중세인의 삶이 여전히 너무나 고달팠고 종교적 정통성에 대한 요구가 사람들을 옥죄고 있었으므로 과거에 대한 이런 극단적인 찬사는 정당화되기 어렵다고 말할 수도 있을 것이다. 우리의 개인적 판단이 어떻게 내려지든 간에 중세의 지적 생활에 대한 일부 그릇된 인상을 시정하는 것으로 이 절을 마무리 짓는 것이 좋을 듯하다.

우리는 흔히 중세의 사상가들이 대단히 보수적이었다고 생각하지만, 실제로 중세 전성기의 위대한 사상가들은 새로운 사상을 수용하는 데 놀라우리만큼 적극적이었다. 독실한 그리스도교도로서 그들은 신앙의 본질에 대한 회의는 용납할 수 없었지만, 그 밖의 주제에서는 그리스인과 아랍인으로부터 받아들일 수 있는 모든 것을 기꺼이 받아들였다. 아리스토텔레스의 사상이 과거에 수용된 다른 어떤 사상과도 판이하게 달랐다는 점—이성주의를 강조하고 자연의 근본적인 선함과 목적성을 강조했다—을 고려할 때 스콜라 철학자들이 그의 사상을 그토록 신속히 받아들인 것은 '철학의 혁명'이라고 해도 과언이 아니다. 우리가 가진 또 다른 그릇된 인상은, 스콜라 철학자들이 권위의 구속을 크게 받았다고 하는 것이다. 물론 그들은 오늘의 우리보다 권위를 존중했다. 그러나 성 토마스와 같은 스콜라 철학자들은 (신앙의 신비에 관한 계시를 기록한 성서 본문 인용을 제외하면) 권위 있는 저작의 본문을 인용하는 것만으로는 논란을 매듭짓는 데 충분치 못하다고 생각했다. 권위 있는 전거는 무엇이 가능한지 밑그림을 그리기 위해 제시될 뿐이었다. 진리를 입증하는 것은 결국 이성과 경험이었다. 끝으로 스콜라 철학은 '반(反)휴머니즘적'이었다고 간주되곤 한다. 그러나 현대의 학자들은 정반대의 결론에 도달하고 있다. 물론 스콜라 철학자들은 육체보다 영혼에, 현세의 삶보다 내세의 구원에 우위를 두었다. 그러나 그들은 또한 인간 본성의 존엄성을 영광스런 신의 창조물로 찬양했으며 인간과 신의 동역(同役) 가능성을 믿고 있었다. 더욱이 그들은 인간 이성의 능력에 대해 놀라울 정도의 믿음을 가지고 있었다.

문학, 예술, 음악의 만개

♦ 중세 전성기의 문학, 예술, 건축을 묶는 공통 주제는 무엇이었는가?

2)

속어 문학

3)   4)

_____

5)

6)

이 불러일으킨 혁신은 그 후 서유럽 모든 언어권의 서정시인들에 의해 발전되었다. 그들의 시적 기법은 20세기에 에즈라 파운드 같은 문학적 모더니스트에 의해 의도적으로 부활되기도 했다.

12세기 프랑스 문학에서 나타난 또 다른 중요한 혁신은 로망스라고 알려진 긴 설화시의 등장이다. 이런 이름을 갖게 된 이유는 라틴어에서 파생된 속어인 로망스어로 씌어졌기 때문이다. 로망스는 매혹적인 이야기를 들려주었다. 인물 묘사가 탁월했고 주제는 대개 사랑과 모험이었다. 어떤 로망스는 고전기 그리스의 주제를 다룬 것이지만, 가장 유명한 작품은 아서 왕에 관한 것들이었다. 켈트족의 영웅 아서 왕과 그의 기사들이 이룬 전설적인 위업을 소재로 삼았다. 아서 왕의 로망스를 쓴 최초의 위대한 작가는 북부 프랑스의 크레티앵 드 트루아였는데, 그는 1165년에서 1190년 사이에 활동했다. 크레티앵은 새로운 형식의 창안에 기여했으며 주제와 관점에 혁신적 요소를 도입했다. 즉, 트루바두르가 혼외 사랑을 찬양한 데 반해 크레티앵은 결혼 안에서의 낭만적 사랑의 이상을 처음으로 보여주면서 또한 주인공의 행동뿐만 아니라 생각과 느낌까지 묘사했다.

한 세대가 지난 후 크레티앵의 작업은 독일의 위대한 시인 볼프람 폰 에셴바흐와 고트프리트 폰 슈트라스부르크에 의해 이어졌다. 두 시인은 18세기 이전 독일어 사용 작가 중 가장 위대한 인물들이다. 볼프람의『파르치팔(Parzival)』은 사랑과 성배를 찾는 이야기로서, 단테의『신곡(Divina Commedia)』을 제외하면 중세 전성기의 문학작품 가운데 그 어떤 것보다도 섬세하고 미묘하며 웅대하다. 크레티앵과 마찬가지로 볼프람은 진정한 사랑이 결혼을 통해서만 이루어질 수 있다고 믿었다. 그리고『파르치팔』에서 우리는 고대 그리스 이래 서양 문학사상 최초로 영웅의 심리적 성장 과정을 온전히 볼 수 있다. 고트프리트 폰 슈트라스부르크의『트리스탄(Tristan)』은 조금 음울한 작품인데, 트리스탄과 이졸데 사이의 비극적인 불륜의 사랑을 들려주고 있다. 이 작품은 현대 비극적 낭만주의의 원형으로 간주된다. 트루바두르와 달리 그는 사랑의 완성을 죽음에서만 찾을 수 있었다.『파르치팔』과『트리스탄』은 19세기 독일의 작곡가 리하르트 바그너의 오페라를 통해 오늘날 널리 알려지게 되었다.

중세 전성기의 모든 설화가 형식이나 내용 면에서 로망스처럼 높은 경지에 이르렀던 것은 아니다. 새롭게 등장한 매우 색다른 설화 형식은 우화시(fabliau)였다. 우화시는 이솝의 도덕성을 장려하는 동물 이야기에서 비롯된 것이지만, 그 후 훈도나 교훈 목적이 아닌 여흥을 위한 짧은 읽을거리로 발전했다. 그것은 종종 매우 거칠었으며, 때로는 유머가 넘치되 전혀 낭만적이지 못한 방식으로 성관계를 다루곤 했다. 또한 많은 작품에 반(反)성직적 경향이 강해 수도사와 사제를 웃음거리로 만들었다. 우화시는 점증하는 세속화 경향을 표현했다는 점과 조야한 리얼리즘을 처음으로 드러냈다는 점에서 중요하다. 그러한 리얼리즘은 후대에 보카치오와 초서에 의해 완성되기에 이른다.

『신곡』

중세 문학에서 타의 추종을 불허하는 가장 위대한 작품은 단테 알리기에리(1265~1321)의 『신곡』이다. 단테는 생애 전반기에 고향인 피렌체 시의 정치 문제에 적극적으로 뛰어들었고 전 생애 동안 그 도시와 긴밀한 관계를 유지했다. 그는 정치에 참여했던 속인이었음에도 불구하고 당대의 종교, 철학, 문학에 관해 놀라울 만큼 해박한 지식을 가지고 있었다. 그는 성경과 교부들에 대해서뿐만 아니라, 평신도로서는 드물게도 최신의 스콜라 신학까지 훤히 꿰뚫고 있었다. 게다가 그는 베르길리우스와 키케로, 보이티우스를 비롯한 수많은 고전 작가에 통달했으며, 트루바두르의 시와 당대의 이탈리아 시에도 정통했다. 1301년 그는 정치적 격동이 있은 후 피렌체로부터 추방당했고 생애의 나머지 기간을 추방당한 채로 살았다. 그의 주저인 『신곡』은 말년에 쓴 것이다.

단테의 『신곡』은 힘찬 이탈리아어 압운시(押韻詩)로 쓴 기념비적 설화로서 시인이 지옥, 연옥, 천국을 여행하는 과정을 서술하고 있다. 처음에 단테는 자신이 어떻게 '어두운 숲'에서 방황하게 되었는가를 말한다. 여기서 어두운 숲이란 인생 중반에 그가 그리스도교 신앙에서 벗어나 방황하며 겪었던 심각한 위기를 말한다. 그는 로마 시인 베르길리우스의 도움으로 그 절망의 숲에서 빠져나온다. 단테에게 베르길리우스는 고전적인 이성과 철학을 가장 잘 대표하는 인물이었다. 베르길리우스는 단테를 안내해 지옥과 연옥을 통과한다. 그런 다음 단테가 사랑했던 여인 베아트리체가 단테를 맡아 천국을 안내한다. 단테에게 베아트리체는 그리스도교의 지혜와 축복을 상징하는 여인이었다. 이런 과정에서 단테는 역사적인 인물들 및 동시대 사람들을 만나게 되는데, 그들은 자신이 어떤 사연으로 각양각색의 운명을 맞이하게 되었는지 들려준다. 시가 진전되면서 시인은 지혜와 이해력이 성장하고 마침내 새로운 믿음과 확신으로 잃어버린 그리스도교 신앙을 되찾는다.

독자들은 단테의 장엄한 작품에서 각기 다른 경이감과 만족감을 얻게 될 것이다. 이탈리아어를 아는 독자라면 단테의 언어와 이미지의 생동감과 창의성에 경탄할 것이다. 어떤 독자는 단테의 섬세한 구성과 시적 균형미에 압도될 것이다. 어떤 독자는 그의 학식에, 다른

예술과 건축

연극과 음악

중세 전성기의 업적을 살피면서 연극과 음악을 빼놓을 수 없다. 우리의 현대 연극은 고전 연극 못지않게 중세 연극으로부터 영향을 받았다. 중세 전 시기를 통해 라틴 고전 희곡 일부가 필사본의 형태로 알려져 있긴 했지만 한 번도 상연된 일은 없었다. 연극은 교회 안에서 완전히 새롭게 재탄생했다. 중세 초기에는 기도문의 몇몇 구절이 상연되었다. 그러다가 12세기에 들어 라틴어 종교 단막극이 교회 내 상연을 위해 창작되었다. 그 후 급속히 라틴어 희곡 대신 속어 희곡이 등장했고 회중 모두가 그 내용을 이해할 수 있게 되었다. 1200년 경에는 교회 바깥, 즉 교회 앞마당에서 상연됨으로써 예배 시간을 축내지 않아도 되었다. 교회 외부 상연이 이루어지자마자 연극은 일상 세계로 파고들었다. 비종교적인 줄거리가 도입되고 성격 묘사가 확대되었다. 엘리자베스 시대와 셰익스피어로 나아가는 길이 준비된 것이다.

연극이 기도문에서 시작해 그 범위를 훨씬 뛰어넘은 것처럼 음악 또한 마찬가지였다. 중세 전성기까지 서유럽의 음악은 단선율—즉, 화음이 없는 멜로디—이었다. 둘 이상의 조화된 멜로디를 함께 연주하거나 노래하는 것은 중세 전성기에 이루어진 위대한 발명이었다. 10세기에 이런 방식으로 몇몇 실험이 행해진 적이 있었지만, 본질적인 도약이 이룩된 것은 1170년경 파리 성당에서였다. 최초로 대위법에 의해 두 개의 목소리가 두 가지 다른 멜로디로 미사곡을 불렀던 것이다. 같은 무렵에는 악보 체계도 고안되었다. 연주자는 더 이상 기억에만 의존하지 않아도 되었고 음악을 한층 복잡하게 만들 수 있었다. 유럽 음악의 위대성은 모두 이러한 첫걸음이 있었기에 가능했다.

결론

최근 100년 동안 학자들은 중세 전성기의 압도적인 지적·종교적·문화적 변화야말로 12세기 르네상스의 구성 요소라고 지적했다. 이런 범주화는 여전히 적절해 보인다. 더욱 널리 알려진 14·15세기 르네상스와 마찬가지로 중세 전성기의 지적 변화는 고전 텍스트의 회복과 철저한 연구에 힘입은 바 컸다. 그러나 두 시기-12세기와 14·15세기-의 고전 텍스트 활용 방식은 상이했고 독특했다. 두 르네상스 중 어느 것도 단순한 재생이 아니었다. 두 르네상스 운동은 새롭고 독특한 그리스도교 문화에 고전 사상을 창조적으로 적용한 것이었다.

그러나 이탈리아 르네상스 못지않게 12세기 르네상스는 향후 서유럽 문명을 특징지은 한 묶음의 독특한 태도와 사상의 원천이 되었다. 현대인이 갖고 있는 사랑과 우정의 관념, 인간의 동기와 의도에 대한 각별한 흥미, 심리학에 대한 관심, 이 모든 것이 12세기 르네상스에서 비롯되었다. 그리스도교 신앙의 본질적 내면성을 강조하는 태도, 참된 종교는 세상에서의 실천적 자선 활동으로 구체화되어야 한다는 비전, 종교와 정치가 인간의 삶에서 분리된 영역이라고 하는 전제 등도 마찬가지이다. 소수 집단을 규정짓고 박해하려는 현대인의 충동마저도 유대인, 이단자, 성적 소수자를 억압한 12·13세기의 행태에서 그 뿌리를 찾을 수 있다.

학문, 사상, 문학, 건축, 연극, 음악 등에 이토록 중요한 기여를 한 수많은 사람들이 중세 전성기 파리에서 서로 뒤섞여 살았을 것이다. 그중 일부는 틀림없이 노트르담 성당에서 함께 기도했을 것이다. 대표적인 학자들의 이름은 지금도 기억되고 있지만, 나머지 사람들은 이름조차 알려져 있지 않다. 그러나 고대 아테네인이 그랬듯이 그들 모두는 유럽 문명의 형성에 기여했고 수많은 기념비적 업적을 창조했다. 그들의 이름은 잊혔지만 그들의 업적은 지금도 살아 숨 쉬고 있다.

제4부

20세기 역사가

연표: 중세에서 근대로

	정치	사회와 문화	경제	국제 관계
1200	칭기즈 칸의 몽골인 지배 (1206~1227)		실크로드, 유럽과 인도, 중국, 인도네시아 연결(1200년대) 폴로 형제의 중국 여행 (1200년대)	몽골인, 남부 러시아 정복 (1237~1240) 몽골 군대, 사요 강 전투에서 헝가리 군대 궤멸 (1241) 몽골인, 유럽에서 철수 (1241)
1300	중국의 원 왕조 (1279~1368) 오스만 왕조의 흥기 (1300) 교회의 바빌론 유수 (1305~1378)	이탈리아에서 시민적 휴머니즘 시작 (1300년대) 프란체스코 페트라르카 (1304~1374) 조반니 보카치오 (1313~1375) 존 위클리프 (1330경~1384) 제프리 초서 (1340경~1400)	기계식 시계와 나침반 발달 (1300) 탐험가들이 아조레스 제도와 케이프 베르데 제도에 도달 (1300년대) 대기근으로 유럽 인구 1/10 이상 사망 (1315~1322) 대포의 최초 사용 (1330) 유럽에서 은 부족 현상 시작 (1340년대)	백년전쟁 (1337~1453)
	프랑스의 자크리 반란 (1358) 중국의 명 왕조 (1368~1644) 대분열, 콘스탄츠 공의회로 종식 (1378~1417) 피렌체에서 치옴피의 난 (1378) 잉글랜드 농민반란 (1381)	레오나르도 브루니 (1370경~1444) 얀 반 아이크 (1380경~1441) 하이델베르크 대학교 설립 (1385)	흑사병 발병으로 유럽 인구 절반 사망 (1347) 근대 금융의 창시자 메디치가의 번성 (1397~1494)	폴란드와 리투아니아 통합(1386) 오스만인, 코소보 전투에서 세르비아 제국 격파 (1389) 모스크바 대공국 흥기 (1400년대)
1400	이탈리아 영방 교황 국가 (1417~1517)	조반니 아우리스파, 고전 필사본을 가지고 돌아옴 (1423) 산드로 보티첼리 (1444~1510) 이탈리아의 신플라톤주의 (1450~1600) 레오나르도 다 빈치 (1452~1519) 데시데리우스 에라스무스 (1467경~1536)	포르투갈, 대서양에 식민지 건설 (1400~1460) 활판 인쇄술 발명, 구텐베르크 성경 (1454)	투르크, 콘스탄티노플 정복 (1453) 잉글랜드, 보르도 성을 잃다 (1453)
	요크 공작 에드워드, 장미전쟁 후 헨리 6세 축출 (1461) 러시아, 이반 3세 치세 (1462~1505) 아라곤의 페르난도, 카스티야의 이사벨과 결혼, 근대 에스파냐 성립 (1469)	니콜로 마키아벨리, 『군주론』 저자 (1469~1527) 알브레히트 뒤러 (1471~1528) 토머스 모어 (1478~1535) 라파엘로 (1483~1520) 르네상스 전성기 시작 (1490) 가톨릭 종교개혁 시작 (1490)	디아스, 아프리카 최남단을 돌다 (1488) 콜럼버스, 서인도 제도에 상륙 (1492) 질병으로 아메리카 원주민 대량 사망(1492~1538)	프랑스 왕국, 부르고뉴 흡수 (1477) 에스파냐의 그리스도교 군주들, 유대인(1492)과 무슬림(1502) 추방
1500	신성 로마 황제 카를 5세 치세 (1506~1556)	로마 종교재판소 출발 (1500) 로마의 성 베드로 바실리카 예배당 건축 (1500~1520) 교황 율리우스 2세 재위 (1503~1513) 성 프란시스코 사비에르, 아시아 선교사 (1506~1552) 안드레아 팔라디오 (1518~1580) 장 칼뱅 (1509~1564)	바스코 다 가마 인도 도착(1498) 유럽의 곡물 가격 5배 폭등 (1500~1650)	

정치	사회와 문화	경제	국제 관계	
	교황 레오 10세, 로렌초 데 메디치의 아들 (1513~1521)	포르투갈 선박, 향료 제도와 중국에 도달 (1515)		1513
	루터, 95개조 논제 게시 (1517)		코르테스, 아즈텍 제국 정복 (1519~1522)	
	츠빙글리주의, 재세례주의, 칼뱅주의 등장 (1520~1550)		오스만인, 시리아, 이집트, 헝가리 정복 (1510~1540)	
	보름스 국회 (1521)			
	피테르 브뢰헬, 〈추수하는 사람들〉, 〈죄 없는 자들의 대학살〉 화가 (1525경~1569)			
	발다사레 카스틸리오네, 『궁정인』 (1528)		신성로마 황제 카를 5세, 로마 약탈 (1527)	
	미셸 드 몽테뉴 (1533~1592)		피사로, 잉카 제국 전복 (1533)	
	헨리 8세, 잉글랜드 교회의 수장 (1534)			
	칼뱅, 『그리스도교 강요』 (1536)	가격혁명으로 심각한 인플레이션 (1540년대)		
	성 이그나티우스 로욜라, 『영적 훈련』 (1541)	멕시코와 볼리비아에서 은광 발견 (1543~1548)		
	엘 그레코, 〈톨레도 풍경〉 화가 (1541경~1614)			
	트렌토 공의회 (1545~1563)			
	에드먼드 스펜서, 『요정 여왕』 저자 (1552경~1599)		아우크스부르크 화의 (1555)	
에스파냐의 펠리페 2세 치세 (1556~1598)				
잉글랜드의 엘리자베스 1세 치세 (1558~1603)	로마 교회 최초의 금서 목록 (1564)			
	윌리엄 셰익스피어 (1564~1616)			
	교황 피우스 5세 (1566~1572)		오스만인, 레판토 전투에서 합스부르크와 베네치아에 패배 (1571)	
	성 바르톨로메오 축일의 학살 (1572)			
잉글랜드 해군의 에스파냐 무적함대 격퇴 (1588)			펠리페 2세, 포르투갈 병합 (1580)	
프랑스 부르봉 왕조 최초의 왕 앙리 4세 치세 (1589~1610)	토머스 홉스 (1588~1679)	신세계 은 생산량의 절정, 매년 1,000만 온스 생산 (1590년대)		
낭트칙령 (1598)				
스튜어트 왕조의 첫 왕 제임스 1세 치세 (1603~1625)			30년 전쟁 (1618~1648)	1600
	존 밀턴 (1608~1674)	은 유입량 감소로 에스파냐 경제 붕괴 (1620~1640)		
프랑스 재상 리슐리외 추기경 (1624~1642)	블레즈 파스칼 (1623~1662)			
잉글랜드의 찰스 1세 치세 (1625~1649)			스웨덴의 구스타프 아돌프 왕 30년 전쟁 참전 (1630)	
잉글랜드 내전 (1642~1649)				
프롱드의 난, 일련의 프랑스 귀족 반란 (1648~1653)			베스트팔렌 조약 (1648)	
올리버 크롬웰의 잉글랜드 지배 (1649~1658)				
루이 14세 직접 통치 시작 (1651)				
찰스 2세와 왕정복고 (1660~1685)				

제10장

핵심 문제

재빨리 페이지를 넘겨 이탈리아 르네상스—통상 중세 말기의 재난, 죽음, 쇠퇴에 관한 장황한 이야기 뒤에 나오는 장—의 햇살 가득한 풍경으로 넘어가고 싶을 것이다.

14·15세기가 유럽인에게 역경의 시대였다는 사실에는 의문의 여지가 없다. 기근과 전염병이 엄청난 인구를 죽음으로 내몰았고 전쟁은 유럽 대륙 전역에 걸쳐 빈번히 발생했으며 경제는 위축되었다. 그리고 교황은 70년 동안이나 이탈리아에서 추방되었고, 로마로 귀환한 다음에는 위신이 더욱 실추되었다. 그러나 그 시기를 간단히 불행과 어둠의 시대로 규정하는 것은 기근, 전쟁, 전염병에 맞서 유럽인이 보여준 용기와 유연성을 그릇되게 전달할 가능성이 매우 높다. 그것은 또한 우리로 하여금 유럽 사회가 그로부터 400년 동안 이룩한 수많은 근본적 변화를 놓치게 만들 것이다. 유럽 문명은 중세 말기의 거센 도전에도 붕괴하지 않았다. 오히려 그 시기는 중세 전성기의 가장 영속적인 특징을 보존해 근대 초기로 확대시킨 창조와 혁신의 시대였다.

토지의 변화

🔸 기후 변화는 14세기 초 유럽에 어떻게 영향을 미쳤는가?

1300년경에 이르러 중세 전성기의 농업 팽창은 한계점에 도달했다. 1000년에서 1300년 사이에 유럽 인구는 세 배로 늘었다. 늘어난 인구를 부양하기 위해 유럽은 아일랜드에서 폴란드를 거쳐 우크라이나에 이르기까지 온통 곡물 경작지로 뒤덮인 대륙이 되었다. 수백 년 동안 밀, 보리, 호밀, 귀리 등을 경작해온 서유럽의 농업 중심지에서도 곡물 증산 압력으로 인해 농촌 풍경이 극적으로 변화되었고, 그것은 유럽 농업의 장기 지속 가능성을 훼손했다. 숲은 개간되고 습지는 배수 처리되었으며 목초지는 줄어들었다. 이 모두가 더 많은 곡물을 생산하기 위해서였다. 도시 인구의 팽창은 유럽의 곡물 생산자에게 유리한 시장을 제공했고, 크기가 커진 유럽 선박은 곡물 수송을 이전보다 더욱 효율적으로 만들었다. 그럼에도 불구하고 유럽은 간신히 자급자족을 할 수 있을 뿐이었다. 1300년경 유럽 대륙은 인구를 부양할 수 있는 생태학적·기술적 한계점에 도달했다.

14세기 초까지의 농업 환경은 곡류 농작물 집약 경작—유럽 문명의 집약 경작 의존도는 점점 높아지고 있었다—에 대체로 유리했다. 12·13세기에는 따뜻해진 기후 때문에 북유럽의 식물 성장기간이 늘어났고, 그 덕분에 가축에게 풀을 뜯기거나 과수 재배에 더 적합했던 황무지나 소택지에서도 곡물이 자랄 수 있게 되었다. 그러나 13세기 말부터 북극 지방을 시작으로 온난화 추세가 역전되었고, 14세기 중반부터는 유럽의 기온이 점차 하락했다. 이 변화는 대대적인 격동은 아니었다. 연평균 온도가 섭씨 1~2도 내려갔고 그 상태가 500년간 지속되었다. 그러나 이 변화는 강우량에 실질적 변화를 가져오기엔 충분한 것이어서, 작물의 성장기간을 단축시키고 북유럽 곡물 농업의 생산성을 저하시켰다. 특히 그린란드 같은 변경 지역이 타격을 받았다. 그 결과 15세기를 거치는 동안 그린란드에서는 유럽인 거주지가 완전히 사라지고 말았다.

장기적 기후 변화에 직면한 유럽 경제의 취약성은 1315년에 극적으로 드러났다. 그해에 대기근이 유럽을 덮쳐 7년간 지속되었던 것이다. 전쟁이 고통을 더욱 가중시키기는 했지만 대기근의 근본 원인은 기후에 있었다. 우리가 알지 못하는 몇 가지 이유로 말미암아 1310년과 1330년 사이에 북유럽의 겨울은 지독히 추웠고, 여름은 계절에 걸맞지 않게 차고 습했다(아마도 인도네시아의 대규모 화산 폭발에 의한 화산재로 대기가 흐려진 것과 관계가 있을 것이다). 1315년부터 봄과 여름에 폭우가 쏟아져 파종된 밭을 휩쓸어버렸고, 여름에는 이상 저온으로 인해 그나마 살아남은 곡물의 성장이 지장을 받았다. 유럽인은 이런 조건에서 약간의 인명 손실을 감수하며 1~2년 정도는 버틸 수 있었다. 그러나 불리한 기후 조건은 1315~1322년에 거의 끊임없이 이어졌다. 그 결과는 대규모 아사였다. 영양실조로 허약해진 사람과 가축들은 전염병으로 쓰러졌다. 1322년 자연 조건이 호전되기 시작했을 무렵, 알프스와 루아르 강 북쪽의 유럽 인구 가운데 10~15퍼센트는 이미 사라지고 없었다. 그러나 1322년 이후에도 기후는 완전히 정상으로 돌아오지 않았다. 추운 겨울은 1330년까지 계속되었다. 이탈리아에서는 1333년 홍수로 피렌체의 다리가 떠내려갔고, 1343년에는 쓰나미가 아말피 항을 덮쳤다. 지진과 혜성은 불안과 불확실성을 가중시켰다. 그리고 나서 재앙이 밀어닥쳤다. 그 재앙은 너무나 소름끼치는 것이어서 많은 사람은 세상의 종말이 오는 전조라고 생각했다.

흑사병과 그 결과

◆ 흑사병은 유럽에 어떤 경제적 결과를 초래했는가?

　흑사병(Black Death)은 1330년대와 1340년대 몽골에서 중국, 북부 인도, 중동, 크림 반도에 이르기까지 확산된 치명적 질병에 대해 16세기 이후 붙여진 이름이다. 1346년 질병은 흑해에 도달했고, 1347년 제노바의 갤리선이 부주의하게도 질병을 흑해에서 시칠리아와 북부 이탈리아로 옮겼다. 흑사병—영어의 '흑사병(plague)'이란 말은 동시대인이 그 질병을 라틴어로 '타격(plaga)'이라고 부른 데서 비롯되었다—은 이탈리아를 출발해 교역로를 따라 서유럽 전역으로 확산되었는데, 먼저 바닷가 항구를 기습했고 그 다음에 내륙으로 이동했다. 그것은 1348년과 1349년 여름과 겨울에 하루 약 3킬로미터씩 전진하면서 무서운 속도로 확산되었다. 1350년 흑사병은 스칸디나비아와 북부 러시아에 도달했고 그곳에서 다시 남쪽으로 향했으며, 중앙아시아를 거쳐 흑해에 이르러 마침내 전염병의 초기 발생지와 만났다.

　최초의 세계적 대유행이 있고 나서 흑사병은 향후 300년 동안 지속적으로 지역 단위의 유행병으로 발병했다. 15세기 유럽의 거의 모든 지역에서 10년 주기로 흑사병이 새롭게 발병했다. 그러나 흑사병의 공격은 점차 빈도가 떨어지고 치사율도 줄어들었다. 최후의 전 유럽적인 흑사병 발병은 1661년과 1669년 사이에 있었는데, 1665년 런던의 흑사병 유행이 특히 심각했다. 1720년 이후 흑사병은 서유럽에서 더 이상 찾아볼 수 없었다. 하지만 폴란드와 러시아에서는 18세기 말까지 계속 유행했다.

　흑사병의 사망률은 상상을 초월하는 수준이었다. 유럽 인구의 최소한 3분의 1, 아마도 절반가량이 1347~1350년의 첫 흑사병 유행 기간에 사망했다. 그 후로도 인구는 계속 줄었다. 1450년까지 흑사병, 기근, 전쟁 등의 원인이 복합적으로 작용해 유럽 전체 인구 중 50퍼센트 이상이 사망했다. 인구가 가장 많았던 1300년경을 기준으로 하면 3분의 2가 사망했을 것으로 추정된다. 유럽 인구는 17세기 말까지 흑사병 발병 이전 수준으로 완전히 회복되지 못했다.

　어마어마한 인구 감소는 유럽의 풍경에 극적인 영향을 미쳤다. 독일만을 놓고 보면, 1348년 이전까지 존속했던 촌락 가운데 4만 개 이상이 1500년경에는 사라지고 없었다. 파리 근교에서는 1348년 이전의 경작지 가운데 절반 이상이 1450년에는 목초지로 변했다. 그 밖의 지역에서도 버려진 밭과 마을은 숲으로 변했고, 유럽의 삼림 지역은 1348년 이전보다 3분의 1이나 늘어났다. 개선된 곡물 윤작법과 불모지에서의 집약농업 감축은 흑사병 이후 유럽

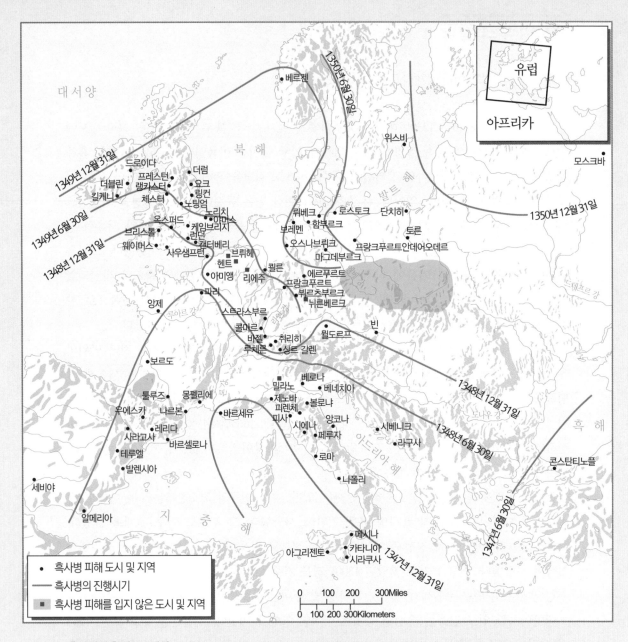

흑사병의 확산, 14세기

흑사병은 어디에서 발원했는가? 그것은 어디를 통해 유럽에 들어갔는가? 흑사병의 맹습은 왜 그토록 파괴적이었는가? 어떤 농업적·경제적·인구학적 요인이 1350년경의 유럽인으로 하여금 이 질병에 그토록 취약하도록 만들었는가? 흑사병의 급속한 확산에 주목하라. 중세 초기나 고대 세계에서 그와 같은 급속한 질병 전파가 있었는가? 도시·상업·여행의 발달은 흑사병의 확산에 어떻게 기여했는가?

532

농업의 생태적 균형을 회복시키는 데 도움을 주었다.

흑사병에 대한 첫 반응은 광란의 공황상태에서 무기력한 은둔에 이르기까지 지극히 다양했다. 사람들은 흑사병이 전염병이라는 사실을 재빨리 알아챘지만, 그것이 정확히 어떻게 확산되는지는 미스터리였다. 중세의 전문가들 대부분은 흑사병이 나쁜 공기를 통해 확산된다고 믿었으며, 감염된 지역을 떠나 도망(그 결과 흑사병은 더욱 빨리 확산되었다)치거나 독기 (나쁜 공기)를 막기 위해 향기 좋은 꽃으로 코를 막으라고 권고했다. 어떤 사람들은 집안에 칩거하면서 위험이 가실 때까지 아무도 집 안에 들이지 않았다. 다른 사람들은 아무것도 하지 않은 채 운명에 모든 것을 내맡겼으며, 또 다른 사람들은 욕망에 몸을 맡긴 채 "먹고 마시고 즐기자. 내일이면 죽을 테니까"라고 외쳤다.

다른 사람들은 희생양을 찾았다. 유대인이 우물에 독을 넣어 흑사병을 번지게 만들었다는 헛소문이 돌기 시작하자 라인란트, 남부 프랑스, 에스파냐(그리스도교 지역)에서는 수많은 유대인 공동체가 공격을 당하고 수천 명의 주민이 학살을 당했다. 유대인에 대한 이런 공격은 에스파냐의 무슬림 지역 또는 무슬림 세계의 다른 지역—이 지역들 역시 그리스도교 유럽 못지않게 흑사병으로 고통을 겪었다—에서는 찾아볼 수 없는 일이었다. 교황 클레멘스 6세(재위 1342~1352)는 전 유럽에 서신을 보내 이런 공격 행위를 저지하려고 애썼다. 교황은 유대인 역시 그리스도교도와 마찬가지로 흑사병으로 죽어가고 있음을 지적하면서 그리스도교도에게 유대인 이웃을 폭력으로부터 보호하라고 명령했다. 그러나 그 서신은 거의 효과를 거두지 못했다. 서신이 도착했을 때는 이미 수많은 가혹행위가 저질러지고 난 뒤였다.

흑사병에 대한 가장 널리 알려진 반응은 '채찍질 고행(Flagellant movement)'이었다. 순회 참회자 무리들이 죄 많은 세상에 흑사병을 내려 보낸 신의 진노를 달래려는 염원으로 채찍으로 피가 나도록 스스로를 매질했기에 그런 명칭이 붙여졌다. 채찍질은 1260년경의 공개 참회 대회에서 처음 등장했지만, 1348년과 1349년에 재연, 확대되었다. 그 무렵 많은 사람들은 세상의 종말이 임박했다고 여겼다. 그러나 채찍질 고행자 주변에 몰려든 통제 불능의 히스테릭한 폭도들은 교회 및 세속 당국 양측의 우려를 자아냈고, 마침내 이 관행은 1349년 말 교황의 명령에 의해 제지되었다.

그러나 우리는 채찍질 고행자의 기이한 행태에 주목은 하되, 그보다 수적으로 훨씬 많았던 정상적인 신도들의 존재를 잊어서는 안 된다. 그들은 각자의 자리를 지키면서 흑사병이 자신의 목숨을 앗아가는 순간까지 죽은 자와 죽어가는 자를 보살폈다. 흑사병으로 수많은 사제가 사망했다는 것은 도망친 사제의 수가 매우 적었으며 도망친 사제가 사제 전부를 대표한 것은 아니었음을 보여준다. 전반적으로 그리스도교 유럽의 성직자는 이 가공할 질병 앞에서 용기 있게 소임을 다했다. 그들의 흑사병에 대한 대응이 경멸받을 만하거나 교구 평신도에게 환멸을 품게 만들었다는 증거는 전혀 없다.

흑사병의 원인

최근까지도 대부분의 역사가들은 흑사병이 선(腺)페스트나 그보다 더욱 치명적인 폐페스트와 패혈성 페스트의 원인이 되는 페스트균이 전 세계적으로 창궐한 결과라고 확신했다. 선페스트는 쥐 등에 서식하는 이에 의해 운반되는데, 감염된 이나 쥐에게 물린 사람만 이 병에 걸린다. 선페스트는 림프계를 공격해 서혜부, 목, 겨드랑이 등에 있는 림프 결절에 거대한 림프선종을 만들어 피부에 부스럼과 뾰루지를 발생시킨다. 폐페스트는 페스트균이 폐를 감염시켰을 때 나타나는데, 감기와 같은 방식으로 전파된다. 패혈성 페스트는 감염된 이가 페스트균을 직접 사람의 혈관에 주입할 때 발병하는데, 불과 수 시간 내―질병의 증상이 뚜렷이 나타나기도 전―에 사망에 이르게 한다.

흑사병에 대한 전통적 설명은 여전히 옳은 것일지도 모른다. 그러나 최근 이런 설명에 대해 전혀 예기치 못했던 방향에서 의문이 제기되고 있다. 에이즈 바이러스에 대한 학자들의 연구 결과에 따르면, 2,000~3,000년 전에 유독 유럽 인구 중에서만 돌연변이 유전자(CCR5-Delta32 돌연변이로 알려져 있다)가 나타났다고 한다. 이 돌연변이 유전자는 에이즈 바이러스가 세포에 진입하는 통로인 T 수용기를 차단함으로써 그 유전자를 보유한 사람들에게 에이즈 바이러스 감염에 대해 완벽한 또는 실질적인 면역성을 갖게 해준다. 이런 종류의 돌연변이가 대개 그렇듯이, 이 돌연변이는 변칙적으로 발생한 것이라서 처음 나타났을 때는 각별한 진화론적 이점을 주지 않았다. 그러나 지금부터 약 700년 전 그리고 그 후 300여 년 동안 이 특별한 돌연변이 유전자를 위해 선택된 '어떤 전염병'이 발생했고, 그 결과 이 유전자를 보유한 사람의 발생 빈도는 오늘날 전체 유럽 인구에서 대략 10명 중 1명꼴이 되었다.[1]

---

1) 유럽인 10퍼센트가 에이즈에 걸리는 것을 막아주는 돌연변이 유전자를 갖고 있으며, 이는 중세 유럽을 뒤덮은 흑사병 혹은 천연두 '덕분'일 가능성이 있다고 과학 전문잡지 『네이처』가 전했다. 이 돌연변이는 백혈구 표면에서 CCR5로 명명된 단백질에 작용해 HIV바이러스가 백혈구 내에 침투해 면역체계를 파괴하는 것을 막는다. 현재 유럽인 10명 중 1명이 CCR5-Delta32로 명명된 돌연변이 유전자를 갖고 있는

발생 빈도는 사르디니아에서는 가장 낮은 4퍼센트였고 스칸디나비아와 북부 러시아에서는 가장 높은 16퍼센트에 달했다.

이 전염병은 흑사병임에 틀림없어 보인다. 만일 CCR5-Delta32 돌연변이가 흑사병에 대한 실질적인 또는 완전한 면역성을 전해주었다면, 그것은 왜 흑사병이 유럽에서는 서서히 사라진 반면 지구상의 다른 지역에서는 20세기에 이르기까지 주기적으로 맹위를 떨쳤는지를 설명해준다. 한 가지 문제는 페스트균이 T 수용기를 통해 인간의 세포에 들어가지 않는다는 사실이다. 만일 흑사병이 페스트균에 의해 발병된 것이 사실이라면 이 특별한 돌연변이 유전자는 어떻게 흑사병에 대한 면역성을 제공할 수 있었는가?

두 가지 설명이 가능하다. 첫째로, 페스트균 자체가 돌연변이를 일으켰을지 모른다. 현대적 형태의 세균은 T 수용기를 통해 세포에 들어갈 수 없지만 중세적 형태의 세균은 아마도 그것이 가능했을 것이다. 두 번째 가능성은 흑사병의 발생이 페스트균에 의한 것이 아닐 수도 있다는 것이다. 우리가 특정할 수 없는 박테리아나 바이러스에 의한, 또는 아직 규명되지 않은 감염에 기인한 것일 수도 있다는 말이다. 현재로서는 이런 설명 가운데 어떤 것이 옳은지 또는 전혀 다른 설명이 흑사병의 원인을 밝히는 해답으로 판명될 것인지를 알지 못한다. 연구는 지금도 진행 중이다. 하지만 그것은 현대 미생물학 및 유전학에 기반을 둔 새로운 역사 해석을 가능케 하는 놀라운 사례를 이미 제공하고 있다.

것으로 조사됐다. 이는 다른 대륙 거주자들에 비해 훨씬 높은 수준이다. 그렇다면 왜 유독 유럽에서 이 돌연변이 유전자가 확대됐을까. 유전학자들은 돌연변이 유전자가 나타난 것을 2,500년 전으로 보고 있다. 이는 HIV바이러스가 출현하기 훨씬 전이다. 영국 리버풀 대학의 크리스토퍼 던칸 교수 연구팀은 수학적 모델링을 통한 분석 결과 이것이 흑사병에 의한 것이 분명하다는 결론을 내렸다. 흑사병이 처음으로 유럽을 뒤덮었던 1347년과 1350년 사이 유럽 인구의 약 40퍼센트가 목숨을 잃었다. 던칸 교수에 따르면 당시에는 2만 명 중 1명만이 CCR5-Delta32 돌연변이 유전자를 가지고 있었다. 그러나 세월이 지나면서, 1660년대 잉글랜드의 대흑사병을 위시해 여러 차례 흑사병이 이어짐에 따라 유전적 돌연변이 보유자도 많아졌다는 것이다(『내일신문』 2005년 4월 11일자). 1665년 흑사병이 아이엠(Eyam)이라는 잉글랜드의 작은 마을을 덮쳤다. 그 마을 사람들은 흑사병으로부터 자신들을 보호하기 위해 외부에서 오는 사람들을 격리했지만, 쥐를 통해 전염되는 흑사병의 공격을 피할 수는 없었다. 1년 뒤에는 마을 사람의 절반이 죽었다. 그로부터 330년이 지난 1996년 아이엠 마을을 후손들을 조사한 결과 이들은 CCR5-Delta32 돌연변이 유전자를 가지고 있었다. 이 돌연변이는 에이즈에 잘 걸리지 않는 사람들에게 이미 발견되었던 유전자이다. 아마도 CCR5-Delta32 돌연변이 유전자를 갖고 있는 사람들이 이미 수천 년 전에 북부 유럽에 있었고, 흑사병 이전에는 소수에 불과했지만 흑사병이 유럽을 휩쓸고 지나갔을 때 살아남아 후손을 많이 퍼뜨린 것으로 보인다(최현석, 『유전자의 비밀지도』, 지성사, 2007, 107쪽).

지방에 미친 영향

흑사병의 경제적·사회적 영향은 어마어마했다. 흑사병이 유행하던 1348~1350년, 수확물은 들판에서 썩어가고 있었고 제조업은 중단되었으며 교역도 붕괴되었다. 기본 생활필수품은 품귀해지고 가격이 상승했으며, 각국 정부는 입법 활동을 통해 흑사병 이전의 가격과 임금으로 복귀시키기 위해 노력했다. 그러나 1375년에 이르러 새로운 인구 구성이 자리 잡자 유럽의 경제 구조에 변화가 나타나기 시작했고, 1400년경 유럽은 새로운 경제 세계에 진입했다.

1350년 이후 지방의 곡물 생산량은 흑사병 이전보다 감소했지만 전체 인구는 그보다 훨씬 줄어들었다. 먹여야 할 인구가 줄고 곡물이 상대적으로 풍족해지면서 곡물 가격이 하락했다. 반면 고용시장에서 경쟁하는 노동자가 줄어들자 임금은 상승하고 일자리 구하기는 좀 더 쉬워졌다. 임금 상승과 빵 값 하락으로 보통 사람은 빵을 더 많이 구입할 수 있었고 유제품, 고기, 생선, 과일, 포도주 등도 보다 안정적으로 구입할 수 있게 되었다. 그러므로 중세 말기의 유럽인은 좀 더 균형 잡힌 식단을 섭취할 수 있었다. 그 결과 유럽인은 과거 수백 년에 비해 한결 나은 영양분을 섭취했고, 유럽인 중 일부의 식품 섭취는 오늘날보다도 나은 수준이었다. 15세기의 쓰레기더미에 대한 최근의 연구 결과, 학자들은 1405년의 스코틀랜드 글래스고 거주자들이 2005년 거주자들보다 더 건강한 식단을 섭취했다고 결론 내렸다!

흑사병의 여파로 경작지와 목초지와 숲 사이의 건전한 생태적 균형이 재확립되었다. 곡물 가격 하락에 직면한 수많은 소농은 곡물 경작지를 줄이고 양과 가축 떼를 늘렸다. 경작지를 목초지로 전환함으로써 노동비용을 줄이고 농지의 전반적인 수익성을 끌어올렸으며, 비료 투입을 늘려 토지의 비옥도를 개선했다. 토지의 구입이 쉬워지자 소농들은 소유 토지 면적을 늘릴 수 있었고, 그것은 규모에 따른 효율성을 향상시켰다. 땔감 수요가 줄어들자 숲도 다시 회복되고 확대되었다.

대지주는 흑사병으로 변화된 경제 환경에 더디게 적응했다. 일부 영주는 소작농에게 추가로 무상노동을 요구함으로써 상승한 임금비용을 벌충했다. 동유럽에서는 영주가 확대일로의 발트 해 곡물 교역에 조달하기 위해 곡물 경작지를 확대함에 따라, 많은 농민이 15세기를 거치면서 처음으로 농노 신분을 강요당했다. 중세 말기의 영주들은 카스티야, 폴란드, 독일 등지에서도 농민에게 새로운 형태의 농노 신분을 강요하는 데 성공했고 그것은 16세기와 17세기까지 지속되었다. 이베리아와 이탈리아에서는 12·13세기 동안 거의 소멸되다시피 했던 노예제가 흑사병 이후 더욱 흔해졌다(중세 말기에 늘어난 노예무역에 대해서는 제11장 참조).

이와는 대조적으로 프랑스—1300년경 프랑스 농민은 유럽의 다른 나라들에 비해 더 자유로운 상태였다—에서는 중세 말기에도 농민이 누린 자유에 거의 변화가 없었다. 지대가 하락했지만 영주는 다른 수수료를 부과함으로써 손실을 보충했다. 그러나 잉글랜드—1300년경 잉글랜드 농노는 프랑스 농노보다 훨씬 많은 부담을 안고 있었다—에서는 중세 말기를 거치는 동안 농노제가 쇠퇴했고 궁극적으로 완전히 소멸되었다. 흑사병에 의해 조성된 사회적 유동성과 경제적 기회의 신세계에서 잉글랜드 농노는 요구가 덜한 영주의 땅으로 이주하거나 도시로 거주지를 옮기는 등 행동으로 불만을 표출하기가 비교적 용이했다. 농노를 영지에 계속 머물도록 하기 위해 잉글랜드 영주는 낮은 지대, 더 많은 가축 제공, 노동조건 완화, 좀 더 많은 개인적 자유 등 유리한 조건을 제시해야만 했다. 그 결과 16세기 초에 이르러 농노제는 잉글랜드에서 사실상 사라지고 말았다.

그러므로 중세 말기 유럽의 부자유한 농민의 입장에서 볼 때, 경제적 조건의 향상은 반드시 영주로부터의 더 큰 개인적 자유 확보를 의미하지는 않았다. 1500년의 시점에서 보면, 잉글랜드와 카탈루냐를 제외한 유럽의 농노는 대부분 흑사병 이전에 비해 영주의 지배권으로부터 자유롭지 못했다. 그러나 자유농민과 도시 거주자의 처지는 달랐다. 흑사병에 의해 조성된 경제적 조건은 그들에게 사회적 유동성과 새로운 기회를 풍부하게 제공했다. 그 결과 농민에서 대영주에 이르기까지 지방 사회의 모든 수준에서 빈부의 격차가 크게 벌어졌다.

도시에 미친 영향

도시는 중세 말기의 변화된 경제 현실을 민감하게 드러내는 바로미터였다. 1300년경 인구의 최고점에 도달한 후 유럽 일부 도시들은 흑사병의 타격을 입기도 전에 이미 인구 감소와 경제적 어려움을 겪고 있었다. 흑사병은 상황을 훨씬 더 악화시켰다. 인구 과밀은 중세 도시생활의 열악한 위생 수준과 더불어 유럽 도시들을 흑사병에 각별히 취약하게 만든 요인이었다. 그러나 전쟁과 경제 위기 또한 수많은 중세 도시들의 인구 감소에 크게 기여했다. 예를 들어 피렌체의 도시 인구는 흑사병의 최초 공격 이후 신속히 원상회복을 할 수 있었다. 그러나 피렌체와 그 주변 지역의 인구는 1338년의 30만 명에서 1427년 10만 명 수준으로 줄어들었다. 남부 프랑스 툴루즈의 인구는 14세기 말까지 꾸준히 유지되다가 1385년에서 1430년 사이에 백년전쟁의 참화로 인해 2만 6,000명에서 8,000명으로 줄어들었다. 반면 런던과 파리는 흑사병으로 인해 단기적인 인구 감소를 겪었을 뿐이다. 두 도시는 흑사병으로 인한 인구 손실을 지방에서 온 새로운 노동자의 대량 이주로 신속히 복구했다. 또한 새로운 이주 노동자의 상당수는 여성이었는데, 그들은 흑사병으로 인한 도시의 노동력 부족 덕분에 유리한 경제적 기회를 얻었다.

1450년 이후 유럽의 도시들은 다시 한 번 성장의 기회를 맞이했다. 1500년에 이르면 유럽 인구의 약 20퍼센트가 도시 지역에 거주했는데, 그것은 2세기 전보다 높은 비율이었다. 15세기 말 도시 성장의 견인차는 흑사병과 상업의 복합적인 영향으로 가능해진 중세 말기의 고도화된 경제적 전문화였다. 농민은 곡물 생산의 압력을 덜 받게 되자 토지에 가장 적합한 농산물을 생산하기 위해 농지 용도를 자유롭게 변경했다. 그 결과 좀 더 전문화되고 효율적인 지역 경제가 등장했다. 스웨덴은 버터를 생산해서 독일과 발트 해 연안의 곡물과 교환했다. 잉글랜드는 모직물을 생산해서 프랑스의 포도주와 이탈리아의 옷감과 교환했다. 카스티야는 가죽을 생산해서 비단, 과일, 곡물 등과 교환했다. 그 밖에도 무수히 다양한 거래가 이루어졌다.

이와 같이 지역 네트워크에 연계된 도시들은 중세 말기의 새로운 경제 환경에서 각별한 이익을 얻었다. 북부 독일에서는 일군의 도시들이 뤼베크와 브레멘의 주도 아래 한자 동맹을 결성했다. 이 도시들은 독일과 발트 해 연안의 곡물을 스칸디나비아와 동부 잉글랜드로 운송했고, 그곳에서 유제품, 생선, 모피, 그리고 (잉글랜드에서) 양모와 모직물을 가져왔다. 북부 이탈리아의 경우 사치품 수요가 늘어나면서, 베네치아의 향신료와 비단 무역상, 밀라노의 고급 직물 생산자, 그리고 피렌체의 은행가와 보석상 등이 새로운 부를 획득했다. 밀라노는 교전 중인 유럽 각국에 갑옷과 무기를 공급하면서 무기 산업으로 번영을 누렸고, 제노바는 벌크 상품—특히 곡물—무역으로 이익을 얻었다.

중세 말기의 모든 도시가 번영을 누린 것은 아니다. 특히 플랑드르 도시들은 심각한 경제 불황으로 어려움을 겪었다. 그러나 전반적으로 유럽의 중심 도시들은 흑사병으로 조성된 새로운 경제 환경에서 이익을 얻었다. 그렇지 않았더라면 유럽 도시들은 15세기에 시작해 19세기 말까지 중단 없이 계속된 유럽 상업 네트워크—아프리카, 아시아, 그리고 궁극적으로 아메리카로 이어졌다—의 놀라운 팽창 과정에 참여할 수 없었을 것이다(이 시기 유럽의 상업, 식민지화, 정복에 대한 자세한 설명은 제11장 참조).

중세 말기의 경제 세계는 새로운 경영과 회계 그리고 금융 기법의 발달을 자극했다. 새로운 형태의 기업 파트너십은 보험 계약의 발달과 더불어 장거리 해상 교역에 따르는 위험부담을 최소화했다. 14세기 중반 이후 이탈리아에서 널리 사용되기 시작한 복식부기는 상인들이 대변과 차변―즉, 이익과 손실―을 전보다 한층 명료하게 파악할 수 있도록 해주었다. 은행 역시 종래의 사업 방식을 상당 부분 바꾸었다. 피렌체의 메디치가는 유럽 주요 도시에 은행 지점망을 설치했지만, 지점들을 신중히 조직화해서 설령 한 지점이 파산하더라도 기존의 지점 제도처럼 은행의 나머지 조직마저 한꺼번에 파멸로 이끌어가지 않도록 했다. 은행은 또한 선진 신용 기법을 실험했다. 심지어 고객이 현금 지불 없이도 지점과 지점 사이에 자금을 이동할 수 있도록 했다. 그와 같은 '장부상 명의변경'은 처음에는 구두 명령에 의해서만 시행되었으나 1400년 이후로는 기록된 명령서에 의해 시행되었다. 이것이 오늘날 사용되는 수표의 효시였다.

중세 말기의 사회 변화

👉 흑사병으로 중세 말기에 얼마나 사회 변화가 있었는가?

기근, 흑사병, 전쟁 등은 중세 말기 유럽의 사회 질서에 엄청난 압박을 가했다. 혁명이 일어나지 않은 것이 오히려 놀라울 정도였다. 그렇지만 1500년의 유럽은 200년 전에 비해 크게 달라져 있었다. 물론 이 모든 변화가 흑사병의 직접적인 결과로 나타난 것은 아니다. 그러나 우리는 거의 모든 변화의 배후에서 흑사병의 흔적을 찾아볼 수 있다.

반란과 폭동

흑사병의 경제적 결과는 궁극적으로 살아남은 자들에게 유리한 것이었다. 그러나 유럽 사회는 흑사병의 여파로 조성된 새로운 세계에 쉽게 적응하지 못했다. 1350~1425년에는 수백 건의 대중 반란이 일어나 중세 말기 유럽을 뒤흔들었다. 1358년 프랑스 파리 부근의 농민들은 방화, 살인, 강간 등을 저지르며 영주에게 반기를 들었다. '자크리(Jacquerie)'로 알려진 농민의 반란이었다(프랑스의 지배계급은 프랑스 농민을 '자크'라는 이름으로 희화화해 불렀다). 1381년 잉글랜드에서도 농민, 기술공, 도시 거주자의 대대적인 반란('농민반란'으로 잘못 알려져 있다)이 런던을 휩쓸었다. 그들은 농노제 철폐, 고정 지대, 프랑스에서의 불리한 전쟁에 대한 책임 추궁 등을 요구했다. 1378년 피렌체에서는 모직 산업에 종사하던 노동자—'치옴피(Ciompi)'—가 높은 실업률과 고용주(양모 산업과 피렌체 정부를 지배했다)의 빈번한 속임수에 시달리다가, 세금 감면, 완전고용, 도시 정부에서의 정치적 대의권 등을 요구하면서 도시 지배권을 장악했다. 그러나 6주가 지난 뒤 치옴피는 세력을 잃었고, 고용주로 구성된 새로운 정부는 모든 개혁 조치를 철회해버렸다.

이들 반란의 동기는 모두 제각각이었다. 하지만 이 시기에 발생한 수백 건의 반란에는 공통점이 있었다. 가장 중요한 사실은 이들 반란이 빵을 요구한 것이 아니었다는 점이다. 반란에 가담한 사람들은 가난하지 않았고 그들의 요구 대부분은 생활필수품에 관한 것이 아니었다. 잉글랜드의 농민반란과 1408년 독일 뤼베크에서의 반란처럼 일부 반란은 새로 도입된 높은 세금 때문에 촉발되었다. 자크리나 치옴피의 반란 같은 경우는 인기 없는 정부가 파벌주의와 군사적 패배로 허약해졌을 때 일어났다. 역사가 새뮤얼 콘(Samuel Cohn Jr.)이 지적했듯이 "곤궁함과 봉건적 강탈이 아닌, 정략, 배신, 부패야말로 반란을 촉발시킨 불똥이었다. 자크리를 초래한 것은 귀족들의 정치적 실패였다. 그들은 잉글랜드인과 프랑스 섭정의 공격으로부터 마을을 방어하는 데 실패했고 적과 내통해 농민의 재산을 마구 약탈했다." 마찬가지로 농민반란의 배후에는 프랑스에서의 잉글랜드 군대의 패배, 그리고 14세의 국왕 리처드 2세 이름으로 다스리던 지배층의 부패가 패배를 초래했다고 하는 반란자들의 확신 등이 가로놓여 있었다. 동일한 관점은 이 시기의 많은 도시 반란에도 적용된다. 콘이 지적했듯이 "기술공과 노동자가 직접 고용주를 공격한 경우는 거의 없었다. 대신 그들의 폭동은 정치를 겨냥했다.……이 시기의 반란들은 지배 귀족 및 상인 과두 세력의 오만, 폭력, 부패에 대한 공격이었다."

그러므로 이 시기의 사회적·정치적 불안의 배후에는 가난과 굶주림이 아니라, 흑사병에서 비롯된 변화된 경제 환경 속에서 촌락 공동체와 도시 노동자가 누렸던 번영과 자신감이 가로놓여 있었다. 삶의 사회적·정치적 조건을 근본적으로 변화시키고자 했던 반란자들의 소망은 대부분 좌절되었다. 왕, 귀족, 도시 과두 세력은 반란이 일어나면 일시적으로 주눅 들기도 했지만 시간이 흐른 뒤에는 거의 언제나 통제력을 되찾고 지배권을 재확립했다. 1425년 이후 대중 반란의 횟수는 줄어들었다. 그러나 결코 완전히 끝난 것은 아니었다. 중세 말기에 확립된 대중 반란의 전통은 그 후 200년 동안 유럽인의 삶에서 중요한 특징으로 남았다.

프루아사르가 본 1381년의 잉글랜드 농민반란

장 프루아사르(1337?~1410?)는 백년전쟁을 서술한 역사서의 저자로 유명하다. 그는 농민전쟁을 직접 목격하지 않았지만 자신이 확보한 잉글랜드 인맥을 통해 정보를 입수했을 것이다. 프루아사르는 기본적으로 자신이 섬겼던 귀족의 관점을 가지고 있었다. 그러므로 그가 1381년의 반란에 동정심을 보였다는 것은 각별한 흥미를 자아낸다. 특히 그가 1358년 프랑스의 자크리 반란에 대해 보였던 철저히 부정적인 시각과 비교할 때 더욱 그러하다.

이 협상과 논의가 진행되는 동안 잉글랜드에서는 평민들 사이에 엄청난 재난과 봉기가 발생했고, 이 때문에 온 나라가 거의 회복 불가능할 정도로 파괴되었다. 어떤 나라도 당시의 잉글랜드만큼 커다란 위험에 직면한 적은 없었다. 반란이 일어난 것은 평민들의 풍요와 번영 때문이었다. 그것은 과거 프랑스에서 일어난 자크리 반란으로 수많은 난동이 일어나고, 그로 인해 프랑스의 귀족 영지가 막대한 피해를 입었던 것과 마찬가지 상황이었다.……

이 고약한 백성들이……반란을 일으킨 이유는, 그들의 말에 따르면 지나치게 예속되어 있었기 때문이다. 악마가 하느님께 반역했듯이 인간이 주님께 반역죄를 범하지 않았더라면, 세상이 처음 시작했을 때 농노란 존재하지도 않았고 존재할 수도 없었다. 하지만 인간들에게는 그만한 자질이 없으니 그들은 천사도 아니고 정령도 아니다. 그들은 영주들과 동일한 형상으로 지음 받은 존재였음에도 불구하고 동물처럼 취급당했다. 그들은 이런 상황을 견딜 수 없었다. 그들은 모두가 동등한 인간이기를 원했다. 주인을 위해 일했다면 그들은 합당한 품삯을 받고 싶어 할 것이다. 그들의 이런 책동은 켄트의 정신 나간 사제 존 볼(John Ball)의 부추김에 힘입은 바가 크다. 그는 일요일 미사가 끝나고 모두가 교회 밖으로 나와 수도원이나 묘지로 갈 때면 주변에 사람들을 모아놓고 이렇게 설교했다.

"선량한 백성이여, 재물을 공동으로 소유하고 농노도 귀족도 없는 세상이 올 때까지는 잉글랜드가 제대로 돌아갈 리 없고 그렇게 될 가망도 없다. 우리는 모두 다 같은 사람이다. 그런데 어찌하여 우리는 영주를 주인이라고 부르는가? 그들에게 어떻게 그런 자격이 있는가? 왜 그들은 우리에게 굴레를 씌우는가? 만일 우리 모두가 아담과 이브 한 부모의 후손이라면, 그들이 소비하는 재산을 우리가 생산하고 기르는 것 말고, 무슨 근거로 그들이 우리의 주인이라고 주장할 수 있는가? 그들은 다람쥐 털과 족제비 털로 안을 댄 벨벳 및 낙타 모직물 의복을 입지만 우리는 거친 천으로 만든 옷을 걸친다. 그들은 포도주와 양념과 좋은 빵을 먹는다. 우리는 호밀, 겉껍질, 지푸라기를 먹고 물을 마신다. 그들은 훌륭한 장원에서 편안히 쉰다. 하지만 우리는 들판에서 비바람 맞아가며 힘들게 땀을 흘린다. 우리의 노동으로부터 그들이 누리는 사치품이 나온다. 우리는 농노로 불리며 그들을 섬기는 일이 굼뜨면 얻어맞는다. 하지만 우리의 불평을 들어줄 군주는 없다. 아무도 우리 말에 귀 기울이지 않으며 공정하게 대해주지 않는다. 왕—그는 젊다—에게로 가자. 그래서 우리가 억압을 당하고 있으며, 우리가 상황의 변화를 원하고 있음을 그에게 알리자. 그게 안 되면 우리 스스로 세상을 바꾸자. 우리가 진지하게 일을 도모하고 단결한다면 농노로 불리며 예속당하고 있는 많은 이들이 자유를 얻고자 우리를 따를 것이다. 그리고 왕이 우리 이야기를 친히 보고 듣는다면 원하건 원치 않건 이러한 악폐를 시정해줄 것이다."

존 볼이 일요일에 마을에서 행한 설교는 이런 식이었다.……많은 평민이 그와 의견을 같이했다.

분석 문제

1. 프루아사르는 프랑스의 자크리 반란에 비해 잉글랜드 평민 봉기에 대해 동정적이었다. 그 이유는 무엇이었을까?

중세 말기의 귀족생활

중세 말기의 일부 영주는 흑사병으로 인해 조성된 새로운 세계에 적응하는 데 실패했다. 곡물 가격이 떨어지고 지대 수입은 오르지 않는데다 노동자와 하인의 임금까지 상승하면서 영주의 재산은 크게 줄어들었다. 그러나 중세 말기는 귀족에게 결코 위기의 시대가 아니었다. 오히려 15세기 유럽의 대귀족 가문들은 대체로 200년 전에 비해 한층 부유해졌다. 흑사병도 중세 전성기에 귀족계급이 유럽 사회에서 확립한 지배적 지위를 손상시키지는 못했다. 하지만 흑사병은 귀족의 세계를 좀 더 복잡하고 불확실하게 만들었다. 그 시기에는 귀족다운 생활방식을 영위하기 위한 비용이 급속히 상승하는 추세였기 때문이다. 그 결과 중세 말기 귀족계급은 흑사병 이전에 비해 자신의 부와 사회적 지위가 불안정해졌다고 느꼈다. 이와 같은 불안정성은 중세 말기 귀족들의 삶의 거의 모든 국면을 물들이고 있었다.

유럽 대부분의 귀족 가문은 중세 전성기에 그랬듯이 그들의 수입을 방대한 규모의 토지에서 얻고 있었다. 그러나 중세 말기의 많은 영주는 비농업적인 수입원을 늘리는 데도 힘을 쏟았다. 카탈루냐, 이탈리아, 독일, 잉글랜드 등지에서 귀족이 모험적인 상업에 투자하는 것은 흔한 일이었다. 그러나 프랑스와 카스티야에서는 소매업에 직접 손대는 것을 사회적 품격이 떨어지는 일로 간주했고, 따라서 전통 귀족 가문에서는 이를 회피했다. 그럼에도 불구하고 상업에서의 성공은 (프랑스와 카스티야에서조차도) 귀족계급으로 진입할 수 있는 하나의 통로였다. 하지만 성공한 상인이 왕이나 제후로부터 '귀족의 지위'를 얻을 경우, 과거의 직업을 포기하고 귀족다운 생활방식에 적응할 것이 기대되었다. 지방의 성이나 도시의 궁정에서 사치에 물든 귀족에 둘러싸여 살면서 기사도의 가치와 관습—가문의 문장(紋章)을 포함—을 받아들이고, 궁정과 전쟁에서 제후를 섬겨야만 했다. 왕이나 주군에 대한 봉사는 중세 말기의 귀족계급에게 더욱 강력하게 요구되었다. 귀족의 부는 지배자만이 수여할 수 있는 은사와 호의—세금 감면과 유리한 결혼을 포함—에 상당 부분 의존하고 있었기 때문이다.

그러나 귀족의 지위를 유지한다는 것은 여전히 불안하고 힘든 일이었다. 무엇이 사람을 귀족으로 만들어주는가? 귀족계급이 명료한 법적 특권을 누리는 국가에서는 선조가 귀족임이 입증되고 공인된 문장이 있으면 법적으로 귀족 가문의 자격을 인정받기에 충분했다. 그러나 이런 종류의 합법적 귀족계급은 우리가 생각하는 것만큼 배타적·폐쇄적이지 않았다. 15세기 카스티야와 나바라에서 전체 인구의 10~15퍼센트가 이 조건에 부합하는 귀족이라고 주장했다. 폴란드, 헝가리, 스코틀랜드에서 법적 특권을 지닌 귀족은 약 5퍼센트에 달했다. 반면 잉글랜드와 프랑스에서는 1~2퍼센트만이 귀족 지위에 따르는 법적 특권을 주장할 수 있었다.

그러나 근본적으로 귀족계급이란 한 개인의 고상한 생활방식에 의해 사회적 신분이 표시되는 존재였다. 기사도, 품격, 정치적 영향력, 하층민과의 차별성, 부의 화려한 과시 등이 모두 합쳐져서 한 가문의 명예를 만들고 이로부터 귀족으로서의 차별성을 얻게 되는 것이다. 그러나 현실적으로는 귀족 가문과 비귀족 가문의 사회적 구분이 선명하지 않은 경우가 빈번했다. 신흥 부호는 귀족을 조상으로 두지 않았어도 귀족처럼 살 수 있었다. 한미한 가문 출신의 남성은 왕에 대한 봉사를 통해 귀족의 지위에 오를 수 있었다. 반면 오랜 전통의 귀족 가문은 상속인의 파산이나 정치적 판단 착오로 졸지에 파멸할 수 있었다. 전쟁터에서도 귀족의 우월성은 위협을 받았다. 중세 말기 군대에서 하층계급 병사, 궁수, 대포 전문가의 중요성이 커지면서 기마 귀족 기사의 지위는 흔들리고 있었다. 귀족계급의 천부적인 우월성에 대한 매우 급진적인 비판도 제기되었다. 1381년의 잉글랜드 반란자들은 이렇게 물었다. "아담이 땅을 파고 이브가 실을 낼 때 누가 젠틀맨이었는가?"

중세 말기 귀족계급의 지위에 논란의 여지가 다분했던 까닭에, 귀족 신분임을 주장하는 자들은 지위의 배타성과 사회적 차별성을 주장하기 위해 정교한 방책을 강구했다. 중세 말기 귀족은 높이가 14미터나 되는 식탁 장식물을 설치하고 여러 날에 걸쳐 수백 가지 요리가 등장하는 호화스러운 잔치를 열었다. 그들은 사치스럽고 값비싼 옷을 걸쳤다. 남성은 몸에 꼭 끼는 상의에 스타킹과 길고 뾰족한 구두를 신었고, 여성은 켜켜이 싼 비단 옷을 입고 화려한 꽃 줄로 만든 머리장식을 드리웠다. 그들은 엄청난 수의 가솔(1400년경 프랑스의 베리 공작은 사냥개 400쌍과 1,000명의 하인을 몰고 다녔다)을 거느리고 정교한 의식의 마상 경기와 호화로운 행렬에 참가했는데, 그런 경우 귀족은 13세기 로망스에 등장하는 기사 영웅으로 분장하고 나타났다. 귀족은 저술가와 예술가를 후원함으로써 그리고 때로는 직접 세련된 시인이 됨으로써 자신의 문화적 취향과 우아함을 강조했다. 귀족계급은 인정받을 때에만 존립이 가능했다. 그리고 인정을 받기 위해서 귀족의 지위는 지속적으로 재천명되어야만 했다.

지배자는 귀족의 권리 주장을 정당화시켜주었다. 사실 지배자는 귀족계급의 으뜸가는 지지자이자 후원자였다. 유럽의 왕과 제후는 잉글랜드의 가터 기사단(Knights of the Garter), 프랑스의 별 기사단(Order of the Star) 같은 기사단을 경쟁적으로 설립했다. 기사단은 전쟁터에서 무용, 충성심, 용맹, 관대, 예의 등 이상적인 기사도의 미덕을 보여준 기사에게 존경심을 표했다. 이들 기사단은 가입 자격이 엄격하게 제한되었지만, 그들이 찬양한 미덕은 마치 귀족계급 전체의 특징이라도 되는 것처럼 간주되었다. 하나의 계급으로서 귀족을 찬양함으로써, 기사단은 귀족계급을 왕과 제후에게 이어주는 연결고리를 강화시켜주었다. 왕과 제후가 추종자인 귀족에게 제공한 수수료, 연금, 결혼 등도 마찬가지 역할을 했다. 귀족 영지에서의 농산물 세입이 감소하던 상황에서, 제후에게 바친 노고에 대한 그 같은 보상은 귀족의 재산 유지를 위해 지극히 중요한 것이었다.

중세 말기 귀족이 거행한 정교한 의식을 단순한 연극적 행위—역사가 요한 호이징가(Johann Huizinga)의 말을 빌면 "꿈의 환상을 실행에 옮기기 위한 대규모 시도"—라고 간단히 결론 내리기 쉽다. 하지만 그것은 오해이다. 중세 말기 지배자는 귀족계급만이 제공할 수 있는 군사적·외교적·정치적 봉사에 의존하고 있었다. 마찬가지로 귀족계급은 왕이나 제후의 궁정에서 행하는 봉사를 통해 얻을 수 있는 관직, 세입, 위신, 사회적 승인 등에 의존하고 있었다. 15세기에 왕과 귀족계급 사이에 맺어진 동맹관계는 상호 필요성에 부응한 것이었고, 그것은 앙시앵 레짐(구제도) 유럽의 가장 특징적이고 지속적인 양상이었다. 프랑스에서는 왕과 귀족계급 사이에 체결된 앙시앵 레짐 동맹이 1789년의 프랑스 혁명까지 지속되었고, 잉글랜드와 독일에서는 제1차 세계대전 발발 무렵까지 지속되었다.

전쟁과 중세 말기 국가의 발전

♦ 중세 말기에는 왜 전쟁이 그토록 지속적으로 이어졌는가?

왕과 귀족계급 사이의 앙시앵 레짐 동맹은 부분적으로는 흑사병으로 조성된 새로운 사회적·경제적 환경에 대한 반응이었다. 하지만 그것은 또한 전쟁의 산물이자, 전쟁이 중세 말기 국가의 발전에 미친 영향력의 산물이었다. 14·15세기에는 유럽 사회의 모든 수준에서 거의 끊임없이 전쟁이 지속되었다. 그리고 전쟁을 치르기 위해 각국 정부는 신민에게 세금을 부과할 권력과 신민의 삶을 통제하기 위한 권력을 새롭게 주장했다. 군대의 규모는 한층 커졌고 군사 기술은 더욱 치명적인 것이 되었다. 전쟁은 더욱 파괴적으로 되었고 사회는 점점 군사화되었다. 이러한 사태 전개의 결과 1500년에 이르러 유럽에서 가장 규모가 크고 성공적인 국가—특히 포르투갈, 에스파냐, 프랑스 등의 국민적 군주국가—는 200년 전에 비해 훨씬 강력하고 공격적인 팽창주의 국가가 되어 있었다. 1500년 당시 이들 신흥 강대국의 영향력은 주로 유럽에 국한되어 있었지만 1600년에 이르러 전 지구로 확산되었다.

잉글랜드, 프랑스, 백년전쟁

백년전쟁은 중세 말기에 있었던 군사적 충돌 중 가장 규모가 크고 가장 오래 지속된, 그리고 가장 광범한 영역에서 치러진 전쟁이었다. 잉글랜드와 프랑스가 주역을 맡았지만 전쟁의 국면 변화에 따라 유럽 열강 대부분이 여기에 휘말려 들어갔다. 일시적 휴전으로 더러

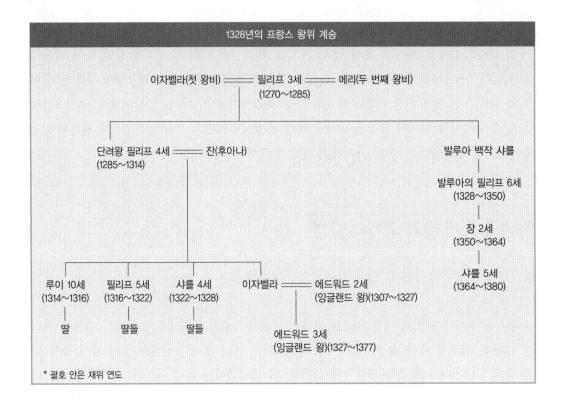

1328년의 프랑스 왕위 계승

이자벨라(첫 왕비) ══ 필리프 3세 ══ 메리(두 번째 왕비)
(1270~1285)

단려왕 필리프 4세 ══ 잔(후아나)
(1285~1314)

발루아 백작 샤를

발루아의 필리프 6세
(1328~1350)

장 2세
(1350~1364)

샤를 5세
(1364~1380)

루이 10세
(1314~1316)

필리프 5세
(1316~1322)

샤를 4세
(1322~1328)

이자벨라 ══ 에드워드 2세
(잉글랜드 왕)(1307~1327)

딸

딸들

딸들

에드워드 3세
(잉글랜드 왕)(1327~1377)

* 괄호 안은 재위 연도

중단되기도 했지만 잉글랜드와 프랑스 사이의 적극적인 전쟁 행위는 1337년부터 1453년까지 이어졌다. 그러나 이 충돌의 뿌리는 1290년대로 거슬러 올라간다. 잉글랜드의 에드워드 1세는 이웃 스코틀랜드 왕국에 대한 정복을 시도함으로써 스코틀랜드가 프랑스와 동맹을 맺도록 자극했다. 전쟁 상황은 1558년까지 지속되었는데, 그해에 잉글랜드가 프랑스 땅에서 소유하고 있던 마지막 영토인 칼레가 프랑스 수중에 넘어갔다. 그러므로 백년전쟁은 엄밀하게 말하자면 '260년 전쟁'이라고 불러도 무방할 것이다.

전쟁에는 여러 가지 이유가 있었다. 충돌의 가장 근본 원인이자 해결하기 어려웠던 문제는, 잉글랜드 왕이 프랑스 왕의 봉신으로서 남부 프랑스의 가스코뉴 공국을 보유하고 있었다는 사실이다. 그러나 중세 말기에 접어들면서 모름지기 왕국이란 국경 안에서 단일한 왕이 지배하는 영토적 실체여야 한다는 확신이 자라났고, 프랑스 왕의 입장에서 가스코뉴의 잉글랜드인은 점점 더 참기 어려운 존재가 되었다. 잉글랜드가 양모 무역을 통해 플랑드르에 있는 신민—그들은 프랑스 왕에 대한 반란을 도모하고 있었다—과 긴밀한 상업적 유대관계를 갖고 있다는 사실은 잉글랜드와 프랑스 사이의 적대감의 불길에 기름을 끼얹었다. 프랑스와 스코틀랜드의 지속적 동맹관계 또한 잉글랜드와의 불화를 심화시켰다. 스코틀랜드인은 1290년대 이래 자국을 정복하려던 잉글랜드에 단호히 저항하고 있었던 것이다.

이 모든 것을 더욱 복잡하게 만든 것은 프랑스의 왕위 계승 다툼이었다. 1328년 필리프 4세의 세 아들 중 막내아들이 뒤를 이어줄 아들을 남기지 못한 채 사망했다. 카페 왕조를 대신해 새로운 발루아 왕조가 들어섰다. 그러나 발루아 왕조의 왕은 여성 상속을 금할 경우에만 카페 왕조의 가장 가까운 상속자임을 주장할 수 있었다. 그렇지 않을 경우 프랑스 왕위의 정당한 계승자는 잉글랜드 왕 에드워드 3세였다. 에드워드 3세의 모후 이사벨라는 프랑스 필리프 4세의 고명딸이었던 것이다. 1328년 에드워드 3세는 겨우 15세였고 사촌인 발루아 왕가의 왕위 계승에 이의를 제기하지 않았다. 그러나 1337년 스코틀랜드 및 가스코뉴에 관련된 문제로 프랑스와 잉글랜드 사이에 전쟁이 벌어지자 에드워드 3세는 자신이 프랑스의 정당한 왕임을 주장했다. 그것은 18세기까지 모든 잉글랜드 왕이 한결같이 견지한 주장이었다.

백년전쟁은 다시 세 시기로 구분된다. 첫 단계는 1337년에서 1360년까지이다. 이 시기에 잉글랜드는 일련의 놀라운 군사적 성공을 거두었는데, 가장 유명한 것은 크레시(1346), 칼레(1347), 푸아티에(1356) 등에서의 전투였다. 프랑스는 잉글랜드보다 적어도 세 배 이상 부유하고 인구도 많았지만, 잉글랜드의 정치 체제는 전인구의 전쟁 동원 능력 측면에서 훨씬 효율적이었다. 에드워드 3세는 금고에 쏟아져 들어온 풍족한 세금 덕분에 경험 많고 훈련 잘된 병사, 귀족, 궁수 등으로 구성된 직업 군대를 고용, 유지할 수 있었다. 프랑스의 필리프 4세와 그의 아들이 동원한 봉건 군대는 규모는 컸지만 형편없는 리더십 때문에 막상 전투가 벌어지면 소규모 잉글랜드 군대의 우월한 전술에 도저히 맞수가 되지 못했다. 잉글랜드 군대는 프랑스의 이곳저곳을 멋대로 약탈했고, 프랑스 영주들 사이에는 내전이 발발했다. 급기야 장 2세가 푸아티에 전투에서 포로로 잡히자 프랑스 왕국은 와해된 채 혼돈에 빠지고 말았다. 프랑스 및 잉글랜드 병사들로 구성된 '용병단'들은 지방을 헤집고 다니면서 농촌 마을을 공격·약탈했고 도시를 장악해 몸값을 받아냈는데, 그 무렵의 프랑스는 유럽 다른 지역과 마찬가지로 흑사병의 첫 번째 타격에서 벗어나고자 안간힘을 쓰고 있는 중이었다. 1358년에는 프랑스 왕과 귀족계급이 자신들을 보호해주지 못한 데 좌절한 농민들이 야만적인 자크리의 반란을 일으켰다.

1360년 브레티니 조약으로 전쟁의 첫 단계는 끝났다. 프랑스 왕위 요구를 포기하는 대가로 잉글랜드의 에드워드 3세는 영토가 크게 확대된 가스코뉴 공국에 대한 완전한 지배권(나중에 에드워드 3세의 아들이자 후계자인 흑태자[Black Prince]의 통치를 받게 되었다)과 포로로 잡힌 프랑스 왕의 막대한 몸값을 약속받았다. 그러나 어느 쪽도 조약의 협정을 존중하지 않았다. 프랑스 왕은 가스코뉴 공작을 여전히 봉신으로 대했고 잉글랜드 왕은 자신이 프랑스의 정당한 왕이라는 주장을 철회하지 않았다. 조약은 프랑스와 잉글랜드 사이에 16년간의 평화를 가져왔고 프랑스는 그 틈을 타서 전쟁 피해를 복구했다. 또한 조약 덕분에 잉글랜드는 장 2세의 몸값으로 거액의 현금을 확보했다. 그러나 조약은 전쟁의 원인이 된 근본 문제를 해결하지 못했다. 1360년대와 1370년대에는 대리전쟁이 벌어졌다. 즉, 잉글랜드 군대와 프랑스 군대는 카스티야 왕권을 주장하는 두 경쟁 세력을 지원해 서로 싸웠고, 교전 중이던 북부 이탈리아 도시 국가들을 위한 용병으로 고용되어 참전했다. 1376년 잉글랜드와 프랑스 사이에 전쟁이 재발하자 백년전쟁은 전 유럽적인 동란이 되었다.

1376년 이후 전세는 급속히 프랑스에게 유리해졌다. 잉글랜드에서는 흑태자가 사망했고 그의 아들 리처드 2세—당시 나이 겨우 10세였다—가 늙고 허약한 에드워드 3세를 계승했다. 한편 프랑스의 새로운 왕 샤를 5세는 브레티니 조약으로 조성된 평화를 유리하게 이용했다. 샤를 5세는 프랑스 평민에게 일련의 새로운 국세를 부과해 상비군을 갖추고, 지방을 용병단의 손아귀에서 풀려나게 함으로써 질서를 회복할 수 있었다. 그리고 용병단 지도자 중 한 사람인 베르트랑 뒤 게클랭을 군사령관으로 임명함으로써 샤를 5세는 훈련과 전술 면에서 잉글랜드 군대에 필적하는 직업 군대를 창설할 수 있었다. 1380년 샤를 5세가 죽었을 때 프랑스 내의 잉글랜드 영토는 보르도와 칼레 부근의 작은 영역으로 축소되어 있었다.

부친이나 조부와는 달리 잉글랜드의 새로운 왕 리처드 2세는 프랑스 전쟁에 별로 관심이 없었다. 1394년 그는 프랑스 왕의 딸과 결혼하기도 했다. 그러나 에드워드 3세 치세의 잉글랜드에서 전쟁은 지극히 대중적인 관심사가 되어 있었다. 전쟁은 국가적 명예의 문제일 뿐만 아니라, 나가서 싸우는 사람들에게는 신뢰할 만한 수익의 원천이었기 때문이다. 그러므로 리처드 2세의 전쟁 속행 불이행은 왕과 지방의 관계, 특히 귀족계급과의 관계를 손상시켰다. 1399년 리처드가 그의 사촌인 헨리 볼링브룩의 유산을 몰수하려 하자 볼링브룩은 이에 대한 보복으로 리처드를 폐위시키고 헨리 4세로서 왕위에 올랐다. 최초의 랭커스터 가문 출신 잉글랜드 왕이 등장한 것이다.

찬탈자인 헨리 4세는 일련의 반발에 맞서 싸우며 왕으로서의 권위를 유지하기 위해 안간힘을 썼다. 종종 병고에 시달리곤 했던 그는 프랑스와의 전쟁을 재개할 처지가 못 되었다. 그러나 1413년 그의 아들 헨리 5세는 즉각 프랑스와의 새로운 전쟁을 준비하기 시작했다. 탁월한 외교관인 헨리 5세는 독일 황제 지기스문트 및 부르고뉴 공작—프랑스 왕과 대립각을 세우고 있었다—과 동맹을 맺었다. 그 무렵 부르고뉴 공작은 프랑스 정부를 장악하기 위해 경쟁자들과의 싸움에 골몰하고 있었고, 프랑스 정부는 샤를 6세의 정신이상 증세가 심해져서 지도자 없이 표류하고 있었다. 그러므로 1415년 잉글랜드가 프랑스를 침공했을 때 헨리 5세는 프랑스 왕실의 주도권을 쥐고 있던 파벌에 소속된 군대만을 상대로 싸웠다. 부르고뉴 공작은 본국에 머물고 있었다. 마치 에드워드 3세가 크레시 전투에서 그리고 흑태자가 푸아티에 전투에서 승리를 거두었듯이, 헨리 5세는 아쟁쿠르에서 부대 규모는 훨씬 더 크면서도 훈련 상태는 형편없었던 프랑스 군대를 격파했다. 1420년 헨리 5세는 루아르 강 이북의 프랑스를 대부분 정복했다. 그해 조인된 트루아 조약에 의해 늙고 우유부단한 샤를 6세는 헨리 5세를 프랑스 왕위를 이어받을 후계자로 인정했고, '도팽(왕위 계승자)'으로 불리던 유일한 생존자 아들—미래의 프랑스 왕 샤를 7세—의 왕위 계승권을 박탈했다.

프랑스 왕권에 대한 주장을 가스코뉴에 대한 주권 확보를 위한 협상 카드로 활용했던 에드워드 3세와는 달리, 헨리 5세는 자신이 프랑스의 정당한 왕이라고 진지하게 믿었다. 헨리 5세가 프랑스 왕국 정복에서 보여준 놀라운 성공을 잉글랜드인은 그의 프랑스 왕권 주장에 대한 신적 승인으로 받아들였고, 그로 말미암아 잉글랜드 민족주의는 최고조로 치솟았다. 그러나 헨리 5세가 프랑스에서 거둔 성공은 전쟁의 성격을 수익성 좋은 '정복 전쟁'에서 전선이 확대되고 많은 비용이 소모되는 '군사적 점령'으로 바꾸어놓았다. 그것은 궁극적으로 잉글랜드 패배의 씨앗이 되었다.

헨리 5세는 사망하던 1422년(8월 31일)까지 루아르 강 건너 프랑스 남부에서의 잉글랜드 지배권 확대에 열심이었다. 샤를 6세는 몇 달 뒤 사망했다(1422년 10월 21일). 헨리 6세는 부왕 사망 시 아직 어린아이였다. 하지만 헨리 6세의 삼촌인 베드퍼드 공작의 지휘하에 잉글랜드 군대는 계속 남쪽으로 서서히 밀고 나아갔고, 그동안 동맹자인 부르고뉴 공작은 동북부를 지배했다. 한편 프랑스 왕세자는 프랑스 서남부 끝으로 밀려났다. 프랑스 왕권에 대한 '도팽'의 확신은 자신이 샤를 6세의 적출자가 아니라는 모친의 선언으로 인해 산산이 부서졌다. 그러나 시간이 흐르면서 잉글랜드 군대가 그를 루아르 이남의 영토에서 몰아낼 가능성이 낮다는 사실 또한 분명해졌다.

이 교착 상태를 깬 것은 잔 다르크였다. 1429년 무식한 농민의 딸인 잔 다르크는 도팽의 궁정에 나아가 천사가 그녀에게 들려준 말을 전했다. 즉, 도팽이야말로 프랑스의 정당한 왕이며 그녀가 잉글랜드 군대를 프랑스에서 몰아내야 한다고 천사가 말했다는 것이다. 샤를이 그녀의 말에 귀를 기울였다는 것은 그의 처지가 얼마나 절망적이었는지를 보여준다. 그는 잔 다르크에게 군대를 제공했고 잔 다르크는 병사를 이끌고 신속하게 잉글랜드 군대의 오를레앙 포위망을 풀었다. 일련의 승리가 뒤따랐다. 승리의 절정은 1430년이었다. 그해 잔 다르크는 샤를 7세를 프랑스 왕국의 전통적인 대관식 장소인 랭스의 노트르담 성당에 데려갔고 그는 그곳에서 프랑스 왕으로 즉위했다. 그러나 승리를 거두었음에도 불구하고 그녀는 골칫거리였다. 그녀는 귀족을 지휘하는 농민이자, 남성을 이끄는 여성이었고, 신의 위임을 받았다고 주장하는 평민이었던 것이다. 몇 달 뒤 부르고뉴인이 그녀를 전장에서 포로로 잡아 잉글랜드 군대에 넘겼을 때 샤를 7세는 그녀를 구하기 위해 아무런 조치도 취하지 않았다. 마녀로 고발되고 이단으로 심문당한 잔 다르크는 1431년 루앙의 시장 광장에서 화형에 처해졌다.

그러나 잔 다르크에 의해 사기가 높아진 프랑스 군은 공세를 계속 유지했다. 1435년 부르고뉴 공작이 잉글랜드와의 동맹에서 발을 뺐다. 이어서 잉글랜드 왕 헨리 6세가 무능을 드러내기 시작했고, 곧이어 정신이상임이 밝혀지자 1440년대에 프랑스 군대는 일련의 승리를 거두었으며, 마침내 1453년 보르도를 함락함으로써 전쟁을 종식시켰다. 잉글랜드 왕들은 16세기에 들어서도 전쟁을 재개하겠다고 위협을 가했으며, 잉글랜드와 프랑스 두 나라의 적대감은 1815년 나폴레옹이 패배할 때까지 지속되었다. 그러나 1453년 이후 프랑스 영토에 대한 잉글랜드의 지배권은 칼레 항에 국한되었고 그마저도 1558년에 잃고 말았다.

백년전쟁은 프랑스 왕국이 직면한 도전 가운데 가장 위태로운 것이었다. 프랑스 왕국의 분열—1350년대와 1360년대에 시작했고 1415년과 1435년에 재발했다—은 국왕과 귀족 사이, 그리고 파리와 변경 지역인 부르고뉴, 브르타뉴, 가스코뉴 사이의 결속력이 얼마나 취약한지를 여실히 보여주었다. 그러나 왕국은 놀라운 회복력을 보여주었고 궁극적으로 전쟁은 왕의 프랑스 지배권을 강화시켜주었다. 전쟁을 승리로 이끌기 위해 발루아 왕가의 왕들은 새로운 국세를 부과했는데, 그것은 향후 1789년까지 프랑스 왕실 재정의 대들보가 되었다. 새로이 유입된 세입으로 발루아 왕가는 상비군을 창설 및 유지할 수 있었는데, 상비군은 규모와 정교함, 그

백년전쟁, 1337~1453년	
발루아 왕조 시작	1328년
에드워드 3세의 프랑스 왕위 주장	1337년
크레시 전투	1346년
푸아티에 전투	1356년
아쟁쿠르 전투	1415년
프랑스 부르고뉴, 잉글랜드와 동맹	1419~1435년
잔 다르크의 프랑스 군 지휘	1429~1430년
보르도 함락으로 전쟁 종식	1453년

파리 대학의 잔 다르크 정죄, 1431년

잔 다르크는 부르고뉴인에게 생포된 후 잉글랜드인에게 넘겨졌고 잉글랜드는 그녀를 이단 혐의로 재판했다. 이 시기 파리는 잉글랜드인의 지배하에 있었으므로 파리 대학의 평결을 공정하다고는 볼 수 없다. 반면 이 평결이 강압에 의해 도출된 것이라는 증거도 없다. 학식 있는 신학자들은 천사의 음성을 들었다고 주장하면서 남자 옷을 입고 귀족을 전투에서 지휘한 농민 여성을 인정하려 들지 않았다. 잔 다르크는 이단으로 정죄 받고 화형에 처해졌다.

그대 잔은 13세 때부터 계시를 경험했으며 천사의 현현, 그리고 성 카트린과 성 마르가리타의 현현을 경험했다고 말했다. 그대는 종종 그대의 육안으로 그들을 목격했으며 그들이 그대에게 말을 걸었노라고 말했다. 먼저 파리 대학의 성직자들은 그대가 말한 계시와 현현의 양상을 고찰했다.……제반 사항을 고려한 결과……그들은 앞에서 언급한 모든 일이 허언이자 거짓말이고, 미혹케 하는 악성적인 일이며, 그러한 계시는 사악한 악령에서 비롯된 미신이라고 선포했다.

그대는 그대의 왕이 징표를 가지고 있었고, 그 징표에 의해 그대가 하느님에 의해 보냄 받은 자임을 알아보았다고 말했다. 그대는 성 미카엘이 여러 천사들—그들 중 일부는 날개가 달렸고, 일부는 왕관을 썼다—을 거느리고 성 카트린과 성 마르가리타와 함께 시농 성에서 그대에게 다가왔다고 했다. 일행 전원이 성의 아래층을 통과해 올라가 그대의 왕이 머물던 방에 이르렀는데, 왕관 쓴 천사들이 왕 앞에 절을 했다는 것이다.……이 문제로 대해 성직자들은 이렇게 말한다. 그것은 조금도 가능성이 없는 일이며, 오히려 주제넘은 허언이고, 미혹케 하는 악성적인 거짓 진술이며, 교회와 천사의 위엄을 손상시키는 짓이라고 ……

그대는 이렇게 말했다. 하느님의 명으로 남자 옷을 입었으며, 짧은 가운과 몸에 꼭 맞는 상의와 끈으로 조인 신발을 착용했으며, 귀가 드러나게 머리를 짧게 자르는 등 그대가 여자임을 드러낼 만한 아무런 표시도 하지 않았다고 말이다. 그대는 이런 차림으로 여러 번 영성체를 했다고 말했다. 누차에 걸쳐 이를 포기하라는 권고를 받았음에도 불구하고 그대는 따르지 않았다. 그대는 하느님의 명이 없이는 앞서 말한 옷차림을 포기하느니 차라리 죽고 말겠으며, 만일 그대가 그 옷을 그대로 입고 왕 및 아군과 함께한다면 프랑스 왕국에 큰 유익이 될 것이라고 말했다. 그대는 또 말했다. 앞서 말한 옷을 입지 않거나 무기를 더 이상 소지하지 않겠다는 서약을 결코 하지 않겠다고 말이다. 그리고 이 모든 것을 그대는 하느님을 위해 그리고 하느님의 명으로 행했다고 말했다. 이런 일들에 관해 성직자들은 그대가 하느님을 모독했으며 성사를 능멸한 것이라고 말한다. 그대는 거룩한 율법과 성경과 교회법을 위반했다. 그대의 신앙은 오류이다. 그대의 자랑은 헛된 것이다. 그대는 우상 숭배의 혐의가 있으며 여성에게 적합한 옷을 입으려 하지 않고 이교도와 사라센인의 관습을 따르고자 함으로써 스스로를 정죄한 것이다.

분석 문제

1. 잔 다르크는 왜 이단으로 정죄되었는가?

2. 잔 다르크는 중세 말기의 뜨거운 민중 신앙의 주요 특징을 어떻게 드러냈는가?

리고 장비의 성능(가장 중요한 대포를 포함해서) 면에서 왕에게 대립각을 세운 귀족(또는 지역)의 군대를 압도했다.

인간적인 매력을 찾아보기 힘든 인물이긴 했지만, 샤를 7세는 백년전쟁에서 승리를 거둠으로써 근대 초기 프랑스를 안정된 기반 위에 올려놓았다. 1453년 이후 프랑스 국왕의 권력은 급속히 커졌다. 1477년 샤를의 아들인 루이 11세(재위 1461~1483)는 부르고뉴의 마지막 공작이 전장에서 스위스인의 손에 쓰러진 뒤 부르고뉴 공국을 흡수했다. 1485년 프랑스 왕 루이 12세는 잉글랜드 왕 리처드 3세—그가 브르타뉴와 맺은 동맹은 잉글랜드와 프랑스 사이의 전쟁 재발을 위협했다—의 몰락을 도왔다. 몇 년 후 루이 12세가 결혼을 통해 브르타뉴를 얻어냄으로써 프랑스 왕실은 프랑스 국경 안에 남아 있던 최후의 독립 공국에 대한 지배권을 확보했다.

백년전쟁은 잉글랜드 왕국에도 극적인 영향을 미쳤다. 에드워드 3세와 헨리 5세 치세처럼 잉글랜드 군대가 프랑스에서 성공을 거두었을 경우, 잉글랜드 왕들은 엄청난 인기를 누렸고 국가는 약탈과 몸값으로 얻은 이익 덕분에 번영을 누렸다. 그러나 리처드 2세와 헨리 6세 치세처럼 잉글랜드가 수세에 몰렸을 경우, 국외에서의 패배는 본국에서 왕의 인기를 실추시켰다. 1307년부터 1485년 사이에 잉글랜드를 지배한 9명의 왕 가운데 5명이 신민에 의해 폐위 또는 살해되었다.

잉글랜드인 특유의 국왕 살해 성향(그것은 전 유럽의 화젯거리였다)은 잉글랜드가 지닌 독특한 정치 제도의 결과였다. 앞에서 보았듯이, 잉글랜드는 유럽에서 가장 빈틈없이 통치되

백년전쟁 시기의 프랑스

프랑스와 잉글랜드 사이에 벌어진 백년전쟁 시기 프랑스의 지정학적 상황을 볼 수 있다. 잉글랜드는 1360년 이전에 프랑스 어느 지역에서 가장 넓은 영토를 장악했는가? 이것은 1429년에 이르기까지 어떻게 그리고 왜 변화했는가? 프랑스 왕실은 1429년 이후 어떤 지정학적·전략적 이점을 누렸기에 잉글랜드로부터 프랑스 왕국을 되찾는 데 성공했는가?

던 왕국이었지만 그 정치 체제의 힘은, 의회를 통해 국왕 정책에 대한 대중의 지지를 이끌어내고, 다른 한편으로 웨일스, 스코틀랜드, 프랑스에서의 성공적인 전쟁 수행을 통해 귀족 계급의 지지를 확보하는 왕의 능력에 의존하고 있었다. 이것은 대단히 정교한 일이라서 무능하거나 전제적인 왕은 결코 제대로 수행할 수 없었다. 왕권을 성공적으로 행사하지 못한 잉글랜드의 군주는 유럽 다른 나라보다 왕의 지위가 훨씬 더 불안정해졌는데, 이는 잉글랜드 국가 자체의 권력구조 때문이었다. 프랑스의 귀족계급은 샤를 6세의 정신이상 증세를 참아낼 수 있었다. 샤를 6세의 정부는 귀족을 위협할 만큼 강력하지 않았기 때문이다. 그러나 잉글랜드의 귀족계급은 국왕 헨리 6세의 무능한 왕권이 지속되는 것을 용납할 여유가 없었다.

그리하여 헨리 6세 정부를 상대로 한 귀족의 반란이 일어났는데, 이 반란은 대립하던 두 파벌의 문장—국왕 헨리가 속한 랭커스터 가문의 붉은 장미와 헨리의 시촌이자 경쟁자인 요크 공작의 흰 장미—때문에 (19세기 작가 월터 스코트에 의해) 장미전쟁이라고 불렸다. 6년 동안의 투쟁 끝에 1461년 마침내 요크 공작 에드워드 4세가 헨리 6세를 몰아내는 데 성공했고, 그 후 1483년 죽을 때까지 성공적으로 통치했다. 그러나 에드워드 4세의 동생인 리처드가 에드워드의 어린 아들들에게서 왕권을 탈취하자 잉글랜드의 정치적 안정은 다시 한 번 무너졌다. 1485년 리처드 3세는 보즈워스 평야의 전투에서 랭커스터 가문의 왕위 주장자인 헨리 튜더에게 패배하고 살해되었다. 헨리 튜더는 국왕 에드워드 4세의 살아남은 유일한 혈육인 요크의 엘리자베스와 결혼함으로써 랭커스터 가와 요크 가 사이의 반목을 해소했다. 헨리 7세로서 즉위한 헨리 튜더는 왕권에 대한 잠재적 경쟁자를 조직적으로 제거했다. 그는 고비용의 대외 전쟁을 회피했고 과세 요구를 거의 하지 않았으며, 왕실 토지를 신중하게 경영함으로써 재정 이익을 도모했고 귀족계급에 대한 엄격한 지배권을 행사했다(그러나 전반적으로 환영받았다). 1509년 그가 죽었을 때 새로운 튜더 왕조의 왕권은 확고하게 수립되었고 잉글랜드 왕의 권력은 온전히 회복되었다.

전쟁과 반란으로 야기된 소용돌이에도 불구하고 중세 말기 잉글랜드의 정치 상황은 본질적으로 안정된 것이었다. 지방의 제도는 계속해서 기능을 유지했다. 의회는 왕, 귀족계급, 지방 사회를 결합시키는 접착제로서의 중요성이 점점 더 커졌다. 가장 중요한 것은 잉글랜드 국가의 권력 자체에 대해서는 근본적 도전이 없었다는 사실이다. 귀족에 의해서건 농민에 의해서건 반란이 일어나면 반란자들은 항상 중앙 권력의 장악을 시도했지만 중앙 권력 자체를 말살하려 하지는 않았다. 백년전쟁에서 잉글랜드가 궁극적으로 패배했지만, 이 전쟁은 민족 정체성과 국가 권력의 일치—잉글랜드 특유의 일치—를 강화시켰다. 14·15세기의 비등하는 반(反)프랑스 감정은 민족어인 영어의 승리를 가져왔고, 잉글랜드가 신의 의해 선택된 국가라고 하는 애국적 비전을 강화시켜주었다. 대륙의 영토를 잃은 잉글랜드는 1485년 이후 섬나라가 되어 바다를 방어 제일선으로 간주하게 되었다. 이 또한 결과적으로 유리한 것으로 판명되었다. 16·17세기의 잉글랜드는 콜럼버스의 아메리카 발견에 의해 활짝 열린 신세계—해외 무역과 식민주의—를 유리하게 활용할 수 있었다.

독일과 이탈리아

다른 지역에서는 중세 말기에 치러진 전쟁의 결과가 한결같이 파괴적으로 나타났다. 독일에서는 지방을 지배하는 제후들 사이의 무력 충돌, 그리고 이들 제후와 독일 황제 사이의 무력 충돌이 교전 당사자 모두를 심각하게 약화시켰다. 주기적으로 강력한 황제가 등장해 유럽 무대에서 중요한 역할을 수행했다. 그러나 큰 흐름은 독일의 중앙 권력이 지속적으로 붕괴되는 방향으로, 즉 제후들은 영지를 후계자들에게 분할 상속하고 자유도시와 지방 귀족은 제후들의 지배를 벗어나는 방향으로 나아갔다. 1350년과 1450년 사이에 독일의 여러 지역에서 무정부 상태가 확산되었다. 그러나 독일 동부에 위치한 바이에른, 오스트리아, 브란덴부르크 등지의 지배자들은 농민을 농노로 종속시키려는 지방 귀족의 노력을 지원함으로써, 그리고 프로이센과 리투아니아 사이의 변경 지역에서 새로운 영토를 정복하고 식민화함으로써 권력을 강화했다. 이 지배자들이 중세 말기에 축적한 재산 덕분에, 오스트리아의 합스부르크 지배자와 브란덴부르크-프로이센의 호엔촐레른 지배자가 근대 초기 독일의 주도 세력이 될 수 있었다.

북부와 중부 이탈리아에서도 14세기 후반 끊임없는 충돌이 있었다. 교황들이 1309년부터 1377년까지 아비뇽에 거주하면서 교황령 국가에 대한 지배권은 무너졌다. 이탈리아 반도 북부에서는 도시국가들 사이에 전쟁이 일어났고, 그것은 흑사병에 뒤이어 빈발한 도시 반란으로 인해 더욱 복잡한 양상을 띠었다. 그러나 1400년경에 이르러 베네치아, 밀라노, 피렌체 등은 그들 나름의 독자적 정부 형태를 안정화시키는 데 성공했다. 베네치아는 이제 상인 과두 세력의 지배를 받았다. 밀라노는 독재자 가문의 지배를 받았다. 그리고 피렌체는 특히 1434년 이후 메디치 금융 가문 같은 몇몇 부유한 가문의 영향력에 휘둘리기는 했지만 하나의 공화국으로서 다스려졌다. 국내 문제를 해결한 이들 세 도시국가는 영토를 팽창하기 시작했다. 1454년에 이르러 베네치아, 밀라노, 피렌체는 북부 이탈리아의 제노바를 제외한 거의 모든 도시를 종속시켰다. 제노바는 번영하고 독립적이었지만 새로운 땅을 늘리지는 못했다. 한편 교황은 이제 로마로 돌아와 중부 이탈리아에 대한 지배권을 재천명했다. 한편 남부의 나폴리 왕국은 지방의 만성적인 전쟁과 지속적인 실정에도 불구하고 다른 이탈리아 세력의 도전을 받지 않고 계속해서 지배권을 유지했다.

1454년의 조약은 이들 '5대 강국' 사이에 40년에 걸친 평화를 가져다주었다. 이 평화는 '세력균형 외교' 형식으로 유지되었는데, 5개국은 동맹을 수시로 이리저리 변경함으로써 각국이 더 이상 팽창하지 못하도록 견제했다. 그러나 1494년 프랑스의 대대적인 이탈리아 침공은 이탈리아 각국 사이의 외교적·군사적 균형을 무너뜨렸고, 그 과정에서 이탈리아 도시국가들은 15세기를 거치는 동안 알프스 이북에서 세력을 키운 막강한 국민적 군주국가 프랑스의 적수가 될 수 없음을 드러내고 말았다. 그러나 프랑스의 이탈리아 반도 장악 기간은 짧았다. 프랑스의 이탈리아 침략에서 궁극적으로 이득을 본 것은 에스파냐였다. 아라곤과 카스티야 두 왕국의 통합으로 새롭게 통일된 에스파냐 왕국이 등장한 것이다.

에스파냐의 등장

에스파냐는 중세 말기에 그야말로 쉴 새 없는 투쟁에 휘말렸다. 에스파냐의 양대 강국인 카스티야와 아라곤 사이의 전쟁은 양측을 모두 쇠약하게 만들었다. 카스티야는 14세기의 비참한 내전에 휩싸였다가, 뒤이어 15세기 중반에는 무력한 왕권과 경제적 어려움의 시대를 맞았다. 카스티야의 귀족 가문들은 왕의 권력이 허약해진 틈을 타 영지에서 농민에 대한 지배권을 강화했고, 왕으로부터는 더 큰 독립성을 얻어냈다. 1450년 이후, 귀족 가문들 간의 싸움으로 왕국이 분열되자 귀족 파벌들은 카스티야 궁정의 지배권을 놓고 투쟁을 벌였다.

아라곤 왕은 권력을 좀 더 잘 유지했다. 왕실은 카탈루냐 상인과의 동맹에서 이익을 얻었다(카탈루냐 상인은 지중해 세계 전역에서 상업적 영향력을 확대하느라 분주했다). 그러나 1458년 이후 아라곤 역시 왕위 계승 다툼으로 촉발된 내전에 휘말리게 되었는데, 이 내전에는 프랑스와 카스티야가 개입했다. 그러나 1469년 아라곤 왕 후안은 아들 페르난도를 아라곤의 확고한 왕위 계승권자로 세웠다. 그해에 페르난도는 카스티야의 상속녀인 이사벨과 결혼했고, 둘의 결합은 궁극적으로 통일 에스파냐 왕국 건설의 초석이 되었다.

1474년 이사벨은 카스티야 왕위에 올랐고, 1479년 페르난도는 부친이 사망하면서 아라곤 왕으로 즉위했다. 아라곤과 카스티야는 1714년까지 분리된 왕국으로 통치되었고, 오늘날에도 과거의 두 왕국 사이에는 긴장이 흐르고 있다. 그러나 페르난도와 이사벨의 결혼은 두 왕국 사이의 전쟁을 종식시켰고, 1479년 이후 '가톨릭 군주들(Catholic Monarchs)'—페르난도와 이사벨에게 붙여진 별칭—은 통일된 정책을 출발시킬 수 있었다. 그 후 국왕 세입은 엄청나게 늘어났다. 이 새로운 세입은 상당 부분 에스파냐의 군사력 강화에 사용되었고, 에스파냐는 1500년에 이르러 유럽 최강국이 되었다. 이 군사력은 맨 먼저 그라나다 정복에 사용되었다. 에스파냐에 남은 마지막 무슬림 공국 그라나다는 1492년에 함락되었다. 그로부터 10년 뒤 에스파냐 군대는 이탈리아에 진입해 마침내 이탈리아 전부를 에스파냐 보호령으로 만들었다. 그러나 이 군대는 에스파냐 내에서도 중요한 역할을 수행했다. 즉, 에스파냐 군대는 카스티야와 아라곤의 다루기 힘든 귀족에게 명예로운 일자리와 왕실에 대한 봉사의 기회를 제공하는 한편, '가톨릭 군주들'의 세력 증대를 바라보며 반란의 유혹을 느낄 가능성이 있는 귀족들을 압도해버린 것이다.

그라나다 정복은 신흥 왕국 에스파냐의 역사적 전환점이었다. 카스티야와 아라곤은 여러 세기에 걸쳐 이슬람 에스파냐의 레콩키스타(Reconquista)—재정복 또는 국토 회복 운동—에 참가함으로써 국가를 형성했다. 1492년의 승리는 십자군에 헌신하는 나라인 카스티야의 독특한 국가 정체성을 확인해주는 쾌거였다. 하지만 그라나다 정복 몇 달 뒤, 이사벨 여왕이 대서양을 서쪽으로 가로질러 인도에 도달하겠노라고 약속한 제노바 출신 모험가 크리스토퍼 콜럼버스에게 선박 세 척을 허락하지 않았더라면 카스티야의 세계 선교 비전은 공염불로 그치고 말았을 것이다. 물론 콜럼버스는 실패했다. 그러나 새로운 두 대륙에 상륙함으로써 콜럼버스는 카스티야의 십자군 전통을 신세계로 확대시켰고, 그 영향은 오늘날까지 이어지고 있다.

1492년은 에스파냐에서 유대인 공동체가 완전히 추방된 해이기도 했다. 그것은 그리스도교 유럽에서 일어난 유대인 추방 역사의 절정이었다. 유대인 추방은 13세기 말 남부 이탈리아와 잉글랜드에서 시작되어, 1306년에는 프랑스에서 유대인 추방이 행해졌고, 14세기와 15세기에는 라인란트의 도시들에서 일련의 유대인 추방이 있었다. 그러나 에스파냐의 유대인 추방은 추방된 유대인의 숫자(최소 10만 명이지만, 아마도 20만 명에 달할 것이다) 때문에, 그리고 에스파냐 유대인이 이베리아 반도에 1,000년 동안 정착하면서 발달시킨 문화적 유산 때문에 한층 도드라져 보인다.

역사가들은 페르난도와 이사벨이 왜 유대인 추방을 명했는지를 놓고 토론을 벌인다. 1391~1420년에 수만 명의 에스파냐 유대인이 가톨릭교로 개종했다. 많은 사람이 강요에 떠밀려 개종했지만, 일부는 진지한 종교적 확신 때문에 개종했다. 1450년까지만 해도 이 개종자들—콘베르소들(conversos)—이 에스파냐 그리스도교 사회에 성공적으로 동화할 수 있을 것처럼 보였다. 하지만 1450년 이후 콘베르소들은 차별적인 입법의 표적이 되었고, 겉으로는 개종했지만 실제로는 은밀한 유대교도로 남아 있다는 의심을 받게 되었다. 콘베르소들을 온전한 그리스도교도로 만들기 위해, '가톨릭 군주들'은 에스파냐 내의 유대인 공동체에서 스며나오는 '나쁜 영향력'을 뿌리 뽑을 필요가 있다고 작정한 것으로 보인다.

그러나 그와 같은 실제적인 고려 말고도, 페르난도와 이사벨은 자신들이 지배한 새로운 통일 국가에 새롭고 분명한 그리스도교적 정체성을 부여하려는 욕망도 가지고 있었던 것으로 보인다. 통일 국가 에스파냐는 1492년에는 존재하지 않았다. 에스파냐 통일 국가의 창출은 실로 수백 년이 걸린 사업이었고 그것은 지금도 계속되고 있다. 그러나 (갈리시아, 나바라, 발렌시아, 바스크, 무르시아는 말할 것도 없고) 카스티야, 아라곤, 카탈루냐의 대립적인 지역 정체성을 뛰어넘는 공통의 정체성이 에스파냐에는 오래전부터 절실하게 필요했다. 그것은 페르난도와 이사벨이 그들의 호칭을 '가톨릭 군주들'이라고 붙인 데서도 분명히 드러난다. 중세 말기 유럽의 다른 군주들이 그랬던 것처럼 페르난도와 이사벨은 명료하고 배타적인 그리스도교적 정체성을 수립하고, 그 새로운 정체성을 왕권에 결합시킴으로써 떠오르는 에스파냐 국민국가를 강화하고자 했을 것이다. 그와 같은 확고한 종교적 정체성을 가진 그리스도교 국가에서 유대인이나 무슬림은 설 자리를 찾을 수 없었다.

국민적 군주국가의 성장

중세 말기의 프랑스, 잉글랜드, 스코틀랜드, 포르투갈, 에스파냐에는 1300년에 비해 한층 강력한 국가가 등장했다. 전쟁과 흑사병이 유럽의 정치 지형을 재구성하는 데 많은 영향력을 미치기는 했지만, 중세 전성기에 형성된 기본적인 정치 형태는 상당 부분 그대로 남았다. 독일과 이탈리아는 1300년에 정치적으로 분열되어 있었고 1500년에도 분열된 채 남아 있었다. 중세 전성기의 가장 강력한 군주국이었던 잉글랜드와 프랑스는 1500년에도 강력한 국가였지만, 바야흐로 아라곤과 카스티야의 통합 왕국이 포르투갈 왕국과 더불어 두 나라의 강력한 경쟁 세력으로 떠오르고 있었다. 시칠리아의 위상은 근본적인 변화를 겪었다. 중세 전성기 지배자들의 강압에 의해 경제적으로 고갈된 시칠리아는 중세 말기에 메마르고 가난한 땅이 되었고 그 상태는 오늘날까지 이어지고 있다.

그러나 이러한 연속성의 배후에는 중세 말기의 가장 주목할 만한 정치적 발전인 국민국가의 세력 증대가 가로놓여 있었다. 1500년에 이르러 이베리아, 잉글랜드, 프랑스, 스코틀랜드의 왕들은 한결같이 국민적 정체성을 확고히 하고, 그 정체성의 중심에 왕을 위치시키려고 노력했다. 이와 같은 민족주의와 왕권의 융합은 중세 말기의 산물이었다. 민족주의와 왕권의 결합은 전쟁의 불길 속에서 형성되었고, 문화적 비중이 커진 각국어에 의해 추진력을 얻었다. 국민적 정체성과 왕권의 결합은 급기야 1500년에 이르러 국민적 군주국가라고 하는 새로운 형태의 정치 조직을 산출했다. 그것은 카롤링거 제국 전성기 이래 유럽에서 등장한 다른 어떤 정치 조직보다도 강력했다.

새로이 등장한 국민적 군주국가가 제국이나 도시국가 같은 과거의 정치 조직에 대해 갖는 비교 우위는 이탈리아에서 가장 분명히 볼 수 있다. 1494년까지 이탈리아의 도시국가들은 통치가 잘되고 강력한 것처럼 보였다. 그러나 프랑스와 에스파냐 군대가 이탈리아 반도를 침공했을 때 이탈리아의 정치 질서는 마치 카드로 만든 집처럼 무너지고 말았다. 독일도 몇 세대 뒤에 똑같은 운명을 맞이했다. 독일은 17세기 말까지 서로 대립하는 프랑스와 에스파냐 군대의 전쟁터로 남게 되었던 것이다.

새로운 국민적 군주국가가 무조건적인 축복이기만 했던 것은 아니다. 이들 국가는 한층 강력해졌지만 그와 동시에 중세 말기 유럽의 유대인(과 무슬림) 추방에서 보듯이 중세 전성기 국가보다 한층 불관용적이고 배타적이었다. 그러나 좋든 나쁘든 이들 새로운 강력한 국민적 군주국가는 향후 500년 동안 유럽과 그 바깥 세계를 지배하게 될 것이었다.

키예프 루스족과 모스크바 대공국의 흥기

♣ 러시아는 왜 중세 말기 유럽 국가들과 다르게 발전했는가?

14세기와 15세기는 장차 동유럽의 지배 세력이 될 러시아가 등장한 시기이기도 했다. 그러나 러시아는 서유럽의 국민적 군주국가와는 매우 다르게 발전했다. 에스파냐, 프랑스, 독일 등과 달리 러시아는 1500년경에 이르러 유라시아 최대의 다민족 제국으로 향하는 결정적 발걸음을 내디뎠다.

이런 발전이 불가피했던 것은 아니다. 중세 말기의 몇몇 상황이 복합적으로 작용하지 않았더라면, 서유럽의 국민적 군주국가들과 나란히, 하나 또는 여러 개의 동유럽 슬라브 국가들이 발달했을 것이다. 제8장에서 보았듯이, 스웨덴의 바이킹(루스족으로 알려져 있다)은 지금의 우크라이나에서 키예프 공국을 건설하는 데 핵심 역할을 했다. 10·11세기의 키예프는 서유럽 및 비잔티움과 외교적·상업적 관계를 유지했다. 그러나 1200년 이후 수많은 역사적 요인이 복합적으로 작용한 결과 러시아는 서유럽에서 분리되었다.

첫 번째 요인은 동부의 슬라브 국가들 대부분이 몽골에게 정복당했다는 점이다. 칭기즈 칸의 손자 바투의 지휘를 받은 몽골인은 러시아를 통과해 서쪽으로 진군하면서 어찌나 잔인한 파괴를 일삼았는지, 한 동시대인의 말에 따르면 "죽은 자를 위해 울어줄 눈을 가진 사람이 한 명도 없을 정도"였다. 1240년 몽골인은 키예프를 유린했고, 2년 후 볼가 강 하류에 킵차크한국—황금군단(Golden Horde) 또는 금장한국(金帳汗國)이라고도 함—을 건설했는데, 이 국가는 그 후 150년 동안 러시아 대부분의 지역에 대한 지배권을 장악했다. 13세기에 몽골은 인구 조사를 하고 직접 행정관을 임명했으며, 토착 귀족들에게 몽골을 방문할 것—귀족의 영지 지배에 대한 칸의 허락을 얻기 위해—을 요구하면서 러시아를 직접 지배했다. 그러나 1300년경 이후 몽골은 노선을 바꾸었다. 러시아를 직접 지배하는 대신 다양한 토착 슬라브 국가의 존재를 인정하고, 그들에게 복종과 정례적인 조공 납부를 요구한 것이다.

모스크바 공국의 흥기

키예프는 몽골 침략 이전에 누렸던 지배적 위치를 그 후 결코 되찾지 못했다. 궁극적으로 몽골을 물리치고 러시아 상당 부분을 통일한 토착 세력은 모스크바 대공국이었다. 모스크바는 14세기 초 몽골 한국(汗國)의 조공 징수 중심지 역할을 하면서 세력이 커졌다. 모스크바가 몽골과 동맹을 맺었다고 해서 반드시 몽골의 공격으로부터 보호를 보장받은 것은 아니었다. 이 도시는 몽골 침공 시기에 파괴된 적이 있었고, 1382년에 또 한 번 파괴되었다. 그러나 이런 좌절에도 불구하고 모스크바는 몽골의 지원으로 블라디미르 대공국 영지를 흡수하고, 점차 동북 러시아를 지배하는 정치 세력이 될 수 있었다.

모스크바는 또한 볼가 강 하류에 위치한 몽골 세력 근거지로부터 멀리 떨어져 있다는 지리적 이점을 누렸다. 멀리 떨어져 있었던 덕분에 모스크바는 몽골 한국의 귀중한 동맹국이 되었고, 모스크바 대공은 몽골의 간섭으로부터 자유를 확보한 가운데 세력을 강화할 수 있었다. 그러나 모스크바의 동떨어진 위치에도 불구하고, 대공국은 몽골 지배 전 시기를 통해 발트 해 및 흑해 지역과의 상업적 접촉은 유지하고 있었다. 그러므로 모스크바가 서유럽으로부터 멀어진 것은 몽골 지배 아래 놓여 있었기 때문은 아니었다. 둘 사이가 멀어진 것은 1204년 이후 모스크바가 속한 정교 그리스도교 세계와 유럽의 라틴 그리스도교 세계 사이에 끓어올랐던 엄청난 종교적 적대감 때문이었다. 그리스도교의 거대한 두 흐름 사이의 적대감은 깊은 역사적 뿌리를 갖고 있었지만, 그것이 노골적으로 표출된 계기는 제4차 십자군 원정에서 라틴 그리스도교 측이 정교 세계의 수도인 콘스탄티노플을 함락한 사건이었다. 하지만 14·15세기에 각별히 모스크바로 하여금 서유럽 그리스도교에 대해 종교적 증오심을 갖도록 자극한 두 사건이 있었다. 그것은 폴란드 가톨릭 왕국의 세력 증대와 1453년 오스만 튀르크에 의한 콘스탄티노플 함락이었다.

폴란드와의 대립

중세 전성기 동안 폴란드는 독일의 침공에 수세를 면치 못하던 이류 국가에 지나지 않았다. 그러나 14세기에 들어 폴란드의 상황은 극적으로 역전되었다. 그 이유는 부분적으로 독일의 세력이 약화되었기 때문이다. 그러나 무엇보다도 1386년 폴란드를 통치하던 여왕 야드비가와 리투아니아 대공 야길로가 결혼을 함으로써 폴란드의 영토가 두 배 이상 커졌고, 새로이 통합된 왕국이 팽창주의 국가로 변신할 수 있었기 때문이다. 리투아니아 대공국은 1386년 이전에도 이미 발트 해에서 벨라루스, 우크라이나에 이르는 광대한 영토를 개척한 바 있었다. 팽창주의적인 기세는 폴란드와의 통합 이후 더욱 강화되었다. 1410년 타넨베르크 전투에서 폴란드-리투아니아 연합군은 독일의 튜턴 기사단—인접한 프로이센을 지배하고 있었다—에게 경이적인 패배를 안겨주었다. 그런 다음 폴란드-리투아니아는 동쪽으로 러시아를 향해 국경을 확장했다. 리투아니아 귀족의 상당수는 정교 그리스도교도였지만, 리투아니아의 국교는 로마 가톨릭이었다. 그 점은 폴란드 왕국도 마찬가지였다. 그러므로 15세기 말 모스크바가 폴란드와 리투아니아를 상대로 공세를 취했을 때, 그들의 군사적 공격은 민족적 충성심은 물론 종교적 충성심에도 호소력을 가졌다. 장기간에 걸친 전쟁이 이어지면서, 모스크바 공국은 폴란드-리투아니아에 대한 적대감뿐만 아니라 라틴 그리스도교 전반에 대한 적대감도 키워나갔다. 모스크바 공국의 입장에서 볼 때 라틴 그리스도교는 폴란드-리투아니아를 대표하는 종교였기 때문이다.

모스크바와 비잔티움

모스크바와 라틴 그리스도교 유럽의 분열은 투르크의 1453년 콘스탄티노플 함락에 이르기까지 일어났던 여러 사건들로 말미암아 더욱 가속화되었다. 비잔티움과 루스족의 관계는 10세기까지 거슬러 올라간다. 그 무렵 비잔티움 선교사들은 키예프 슬라브족을 정교 그리스도교로 개종시켰다. 그 후 러시아 교회는 스스로를 정교의 수호자이자 콘스탄티노플의 특별한 동맹자라고 생각하게 되었고, 모스크바 교회 역시 그런 입장에 서 있었다. 그러나 1438년 콘스탄티노플 정교회 당국은 교황의 권위에 복종하기로 하고 라틴 그리스도교회와의 통합을 단행했다. 포위된 콘스탄티노플 성문을 두드려대고 있던 투르크인에 맞서 싸우던 비잔티움을 서유럽이 군사적으로 지원해주리라고 기대했기 때문이다. 러시아 교회는 이것을 정교 신앙에 대한 배신으로 간주하고, 비잔티움의 로마에 대한 종교적 굴복을 따르지 않았다. 급기야 콘스탄티노플이 서유럽 측의 아무런 도움도 얻지 못한 채 투르크에 함락되고 말자, 모스크바 교회는 투르크인의 승리를 콘스탄티노플의 종교적 불신에 대한 신의 징벌로 간주했다. 1453년 이후 모스크바 공국은 자국이 신에 의해 비잔티움의 계승자로 선택되었다고 선포했다. 그들은 그 과정에서 열광적인 반가톨릭 이데올로기를 채택했는데, 그들의 반가톨릭 성향은 폴란드-리투아니아의 군사적 위협 때문에 더욱 강화되었다. 모스크바 지배자는 '차르(tsar)'—'카이사르'를 뜻하는 러시아어—의 호칭을 취했고 러시아인은 모스크바를 '제2의 예루살렘'이자 '제3의 로마'라고 선언했다. 한 러시아인은 이렇게 말했다. "두 개의 로마는 멸망했고 세 번째 로마는 아직 건재하며 네 번째 로마는 나타나지 않을 것이다."

이반 대제의 치세(1462~1505)

비잔티움에서 이어받은 선민 이데올로기는 후대의 러시아 제국주의 성장에도 영향을 미쳤고, 모스크바 공국(그리고 후대의 러시아) 지배자들이 신성한 지위를 주장한 근거가 되기도 했다. 그러나 이러한 사태 진전의 이면에 모스크바 대공의 착실한 세력 강화가 있었다는 사실을 놓쳐서는 안 된다. 14세기 말 모스크바는 몽골로부터 실질적인 독립을 이룩했는데, 그 무렵 몽골 지배자 '절름발이 티무르'는 황금군단의 몽골한국을 분쇄했다. 그러나 모스크바를 진정한 제국 세력으로 변화시킨 인물은 모스크바 대공 이반 3세—이반 대제(재위 1462~1505)—였다. 자신을 '백색 차르'(이자 몽골 황금군단의 합법적인 계승자)라고 선언한 이반은 1468년과 1485년 사이에 일련의 정복 전쟁에 돌입, 모스크바와 폴란드-리투아니아 국경 사이에 있던 독립적 러시아 공국들을 하나씩 병합했다. 1492년과 1501년에 리투아니아를 침공한 후 이반 3세는 벨라루스와 우크라이나 일부 지역을 장악하는 데 성공했다. 러시아와 폴란드-리투아니아 사이의 전쟁은 그 후로도 수백 년간 지속되었다. 하지만 이반 3세가 사망한 1505년, 모스크바는 유럽 무대에서 강국으로 인정받았다.

이반 3세 치세에 모스크바는 신속히 전제주의와 제국주의의 길로 나아갔다. 1452년 이반 3세는 비잔티움의 마지막 황제의 조카와 결혼함으로써, 비잔티움 황제의 정통 계승자라는 그의 주장에 대한 근거를 마련했다. 그는 나중에 로마의 쌍두의 독수리를 제국의 기장(記章)으로 채택했다. 그는 황제의 위엄을 과시하기 위해 모스크바에 장엄한 이탈리아 르네상스 양식의 요새화된 궁전인 크렘린을 축조했다. 이반 3세는 차르로서 모스크바뿐만 아니라 모든 러시아인의 절대적 지배자요, 잠재적으로 벨라루스인과 우크라이나인의 지배자이기도 하다는 것을 천명했다.

이반 3세가 죽은 후 러시아의 팽창주의는 주로 남쪽과 동쪽—황금군단을 계승한 소국들—을 겨냥했다. 그러나 17세기 중반부터 모스크바의 우크라이나와 벨라루스에 대한 압박이 급격히 강화되었고, 그 흐름은 표트르 대제가 18세기 초에 창출한 거대한 러시아 제국으로 이어졌다. 표트르 대제는 이반 3세로부터 직접적인 영향을 받지는 않았다. 그러나 표

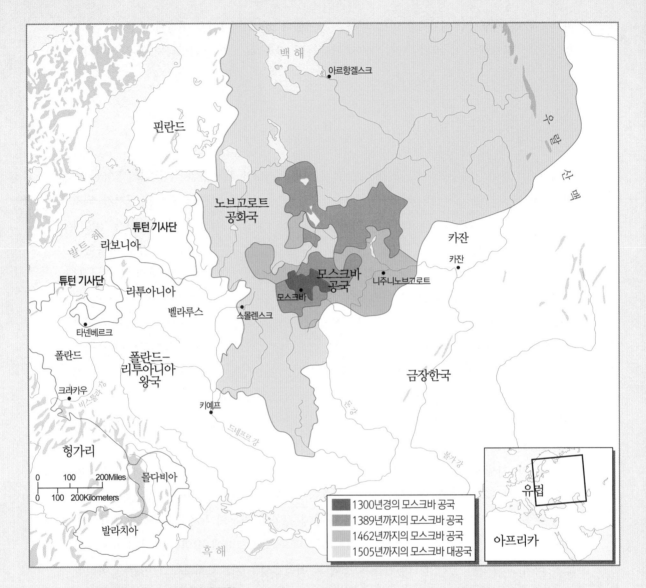

지도 내 표기:

백 해

아르항겔스크

핀란드

노브고로트
공화국

튜턴 기사단

리보니아

카잔

카잔

튜턴 기사단

리투아니아

모스크바
공국

니주니노브고로트

벨라루스

스몰렌스크

모스크바

타넨베르크

폴란드

폴란드-
리투아니아
왕국

크라카우

금장한국

키예프

비스툴라 강

드네프르 강

헝가리

0 100 200Miles
0 100 200Kilometers

몰다비아

발라치아

흑 해

발트 해

우랄 산맥

볼가 강

1300년경의 모스크바 공국
1389년까지의 모스크바 공국
1462년까지의 모스크바 공국
1505년까지의 모스크바 대공국

유럽

아프리카

1505년까지 모스크바 러시아의 팽창

모스크바 대공국은 러시아 제국의 핵심이었다. 모스크바가 키예프보다 상대적으로 고립되어 있었다는 사실은 어째서 한편으로는 모스크바의 세력 성장에 유리했고, 다른 한편으로는 모스크바로 하여금 현저히 비(非)서유럽적인 문화를 갖도록 만들었는가? 왜 모스크바 러시아인은 스스로를 비잔티움인과 동일시했는가? 왜 그들은 서유럽과 라틴 그리스도교에 대해 그토록 공공연한 적대감을 드러냈는가? 폴란드-리투아니아 왕국은 러시아가 이러한 태도를 갖게 되는 데 어떤 영향을 미쳤는가? 1505년에 이르기까지 모스크바 세력의 팽창은 어떻게 서유럽 문명과의 불화를 가속화시켰는가?

트르 대제는 러시아인을 다양한 비(非)러시아인과 통합시켜 유럽 최대 제국을 건설하고자 했던 자신의 포부를 정당화하기 위해 이반 3세가 구축한 토대를 십분 활용했다. 그러므로 중세 말기는 서유럽 각국에 중요한 시기였던 것처럼 러시아의 정치적 발전에도 결정적인 시기였다.

교회의 시련

♣ 가톨릭교회를 개혁하려는 중세 말기의 노력은 왜 실패했는가?

가톨릭교회의 입장에서 중세 말기는 힘든 시련의 나날이었다. 여느 대토지 소유자들과 마찬가지로 수도원은 흑사병이 초래한 경제적 변화로 어려움을 겪었다. 주교들도 세속 귀족 계급처럼 협상가격차(鋏狀價格差)[2]—즉, 수입 감소와 비용 상승—에 직면했다. 그러나 중세 말기에 교황청만큼 심각한 시련을 겪은 교회 조직은 찾아볼 수 없다. 교황은 거의 70년 동안이나 로마에서 추방되어 있었고 그 후 40년에 걸쳐 교황 분열이 있었다. 그러고 나서 교황의 교회 지배권을 축소하려는 개혁가들과의 지루한 싸움이 이어졌다.

중세 말기 교황과 공의회주의

프랑스의 필리프 4세에게 교황 보니파키우스 8세가 굴욕적인 죽음을 당한 이후 중세 말기의 교황권은 장기간의 위기 국면에 돌입했다. 4년 동안 로마에서 추방된 채 유랑하던 교황은 1309년부터 1378년까지 아비뇽—프랑스 서남부 국경 부근의 작은 교황령지—에 머물렀다. 여기에서 그는 이탈리아의 교황령 국가 회복에 소요될 자금 확보를 위해 대대적이고 효율적인 관료제를 구축했다.

맨 처음 아비뇽에 정착했을 때만 해도 교황들은 그곳에 계속 머물 생각이 없었다. 그러

---

2) 협상가격차(price scissors)란 농산물 가격지수와 공산품 가격지수의 간격이 마치 가위의 양날을 벌린 듯한 형태로 나타나는 것을 말한다.

나 그들은 곧 아비뇽이 로마에 비해 많은 이점이 있다는 것을 깨달았다. 아비뇽은 14세기 유럽의 세력 중심에 더 가까웠고, 로마와 교황령 국가의 소란스러운 지방 정치에서 멀리 벗어나 있었으며, 독일 황제들의 공격으로부터 안전했다. 아비뇽 시대에 선출된 교황들은 모두 남부 프랑스 출신이었다. 그들이 임명한 추기경들도 대부분 마찬가지였다. 그들에게 아비뇽은 고향과도 같은 느낌이었다. 교황청 관료정치의 규모가 커지자 아비뇽을 떠나기가 더욱 어려워졌다. 프랑스 왕의 요구도 무시할 수 없었다. 프랑스 왕은 아비뇽 교황의 주요 세속 후원자였다. 프랑스 왕은 교황을 프랑스 국경 부근에 두고 싶어 했다. 그곳에서 그는 필요할 때마다 교황을 겁박할 수 있었다.

그러나 아비뇽이 갖는 이점에도 불구하고 교황들은 로마로 복귀하겠다는 희망을 결코 포기하지 않았다. 이를 위해 교황들은 먼저 중부 이탈리아의 교황령 국가에 대한 군사적 지배권을 되찾아야만 했다. 이런 노력에는 수십 년이 소요되었다. 전쟁 비용을 마련하기 위해 아비뇽 교황들은 프랑스, 잉글랜드, 독일, 에스파냐 교회에 새로운 세금과 의무를 부과했다. 교회 법정의 재판도 교황의 금고에 많은 수입을 가져다주었다. 당시에 더 큰 논란이 되었던 것은, 아비뇽 교황들이 교회 직책에 공석이 생길 경우 교황이 직접 주교와 사제를 임명할 권리를 갖는다는 주장까지 했다는 점이다. 그러한 임명(교황 서임으로 불렸다)이 반드시 부패한 것은 아니었다. 교황은 지방 성직자의 지방 교회 관료 선임권을 묵살했지만, 교황이 임명한 사람 중에는 뛰어난 능력의 소유자가 많았다. 그러나 매번 임명이 있을 때마다 그 대가로 교황에게 거액의 수수료가 건네졌고, 비판자들은 이 수수료를 성직 매매(교회 직책을 돈 주고 사는 행위)에 해당한다고 선언했다.

이런저런 조치를 통해 아비뇽 교황들은 교회에 대한 행정적 지배권을 강화했다. 그러나 이로 인해 교황은 신도들의 사랑을 잃었다. 성직자와 평신도 모두가 교황의 탐욕스러운 금전 요구에 넌덜머리를 냈고, 교황청의 끝 간 데 없는 사치에 관한 소문이 무성했다. 사실 아비뇽 교황의 대부분은 도덕적으로 정직했고 개인적으로 절제할 줄 아는 인물이었다. 그들이 거둬들인 돈은 대부분 중부 이탈리아에서 전쟁 비용으로 충당되었다. 그러나 유독 교황 클레멘스 6세(재위 1342~1352)만은 부패와 부도덕으로 악명이 높았다. 클레멘스 6세는 돈만 받으면 어떤 영적 은사라도 공공연히 베풀었고, 정치적 상황이 허락하기만 하면 어떤 바보일지라도 주교로 임명할 수 있다고 자랑을 늘어놓았다. 그는 자신의 간통 행위가 의사의 처방에 따른 것이었다고 주장하면서 끊임없는 성적 방종에 대한 변명을 늘어놓았다. 그의 추기경들도 호화롭고 방종한 생활을 일삼았다. 그들은 외국에서 수입한 조류를 즐겨 먹었고 정교하게 조각된 분수에서 내뿜는 최고급 포도주를 받아 마셨다.

1367년 교황 우르바누스 5세가 로마에 복귀하려고 했지만 프랑스 왕 샤를 5세의 군대에 의해 봉쇄당했다. 그러나 1377년 교황 그레고리우스 11세는 교황청을 아비뇽에서 로마로 복귀시키는 데 성공했다. 그러나 이듬해 그가 사망하자 재앙이 밀어닥쳤다. 신임 교황으로 프랑스인이 선출될 경우 아비뇽으로 다시 돌아갈 것이라고 두려워한 로마인들이, 추기경들(그들은 대부분 남부 프랑스 출신이었다)에게 새 교황으로 로마인을 선출할 것을 요구하면서 폭동을 일으켰다. 목숨의 위협을 느낀 추기경들은 즉각 로마인의 요구에 따라 이탈리아인을 교황에 선출했고 그는 우르바누스 6세라는 이름을 갖게 되었다. 그러나 우르바누스 6세는 교황이 되자마자 피해망상적인 경향을 드러내며 추기경들과 다투기 시작했다. 다시 한 번 목숨의 위협을 느낀 추기경들은 로마에서 도망쳤고, 우르바누스 6세의 선출을 무효라고 선언했다. 그리고 프랑스인 추기경을 새 교황으로 선출했는데, 그는 클레멘스 7세라는 이름을 얻었다. 그러고 나서 클레멘스 7세와 추기경들은 군대와 함께 로마로 행군했다. 하지만 우르바누스 6세를 로마에서 쫓아내지는 못했다. 그러자 우르바누스 6세는 전원 이탈리아인으로 이루어진 새로운 추기경단을 임명했고, 클레멘스 7세와 그의 추기경들은 아비뇽으로 철수했다.

그 결과 대분열(Great Schism)이 일어났다. 거의 40년(1378~1417) 동안 교회는 처음에는 두 명, 나중에는 세 명의 대립 교황들에 의해 지배되었고, 각 교황은 자신이 성 베드로의 정당한 계승자라고 주장했다. 유럽의 종교적 충성심은 백년전쟁으로 초래된 정치적 균열을 따라 갈라졌다. 프랑스, 스코틀랜드, 카스티야, 아라곤, 나폴리는 아비뇽 교황을 인정했으나, 잉글랜드, 독일, 북부 이탈리아, 스칸디나비아, 보헤미아, 폴란드, 헝가리는 로마 교황을 인정했다. 이 당혹스러운 사태를 수습할 뾰족한 방안도 없었다. 양측 교황은 같은 파당 소속의 추기경들에 의해 선출되었고, 두 교황 중 하나가 죽을 때마다 지지자들은 재빨리 후계자를 선출했다. 그 결과 대분열의 기간은 길어졌다. 마침내 두 진영의 일부 추기경들이 1409년 피사에서 만났다. 그곳에서 그들은 두 교황을 모두 폐위하고 새로운 교황을 지명했다. 그러나 이탈리아 교황도 프랑스 교황도 공회의의 결정을 받아들이지 않았다. 그리하여 1409년 이후에는 두 명이 아닌 세 명의 교황 주창자들이 서로를 파문하게 되었다.

대분열은 1417년 콘스탄츠 공의회에서 종식되었다. 이 공의회는 중세 최대의 교회 회의였다. 공의회는 잉글랜드의 헨리 5세와 독일의 지기스문트 황제 등 유럽 여러 군주로부터 강력한 지원을 받았고, 모든 교황 주창자들을 물러나게 한 다음 이탈리아인 교황 마르티누스

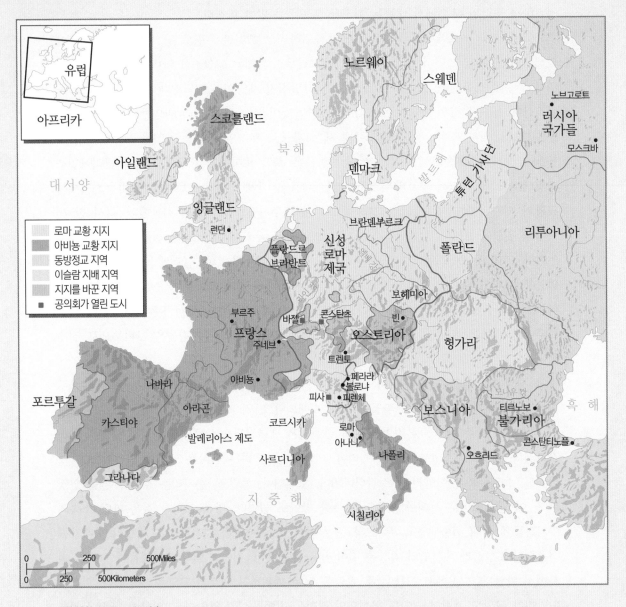

대분열, 1378~1417년

대분열 기간 동안 유럽은 종교적으로 분열되었다. 아비뇽 교황 지지자들을 단결시킨 공통의 이해관계는 무엇인가? 로마 교황 지지자들의 공통 이해관계는? 포르투갈과 오스트리아 같은 지역이 어느 편을 지지할지 선택하기 어려웠던 이유는 무엇이었는가?

5세를 새롭게 지명했다. 그러나 이 작업에 3년이라는 시일이 걸렸고, 따라서 공의회는 교회의 종교생활 개혁이라는 더 큰 목표는 이룰 수 없었다. 그 임무는 미래의 공의회에 넘겨졌다.

교황 마르티누스 5세의 선출은 유럽의 종교적 통일성을 회복시켰다. 그러나 그것은 장차 교회가 어떻게 다스려져야 하는가를 둘러싼 투쟁을 종식시키지는 못했다. 대분열을 종식시키기 위해 콘스탄츠 공의회는 교회 내의 최고권이 교황이 아니라 공의회에 있다고 선포했다. 콘스탄츠 공의회는 또한 향후 공의회가 정기적으로 소집되어 교회의 통치와 개혁을 감독해야 한다고 명령했다.

공의회의 법령은 교황 군주국가 전통에 대한 혁명적 도전이었다. 마르티누스 5세와 그 후계자들이 이 법령을 무효화하려고 한 것은 당연한 일이었다. 1423년 시에나에서 공의회가 열리자 마르티누스 5세는 참석한 대표자들을 즉시 되돌아 가도록 했다. 콘스탄츠 공의회는 공의회가 열려야 한다고 정하기는 했지만, 얼마나 오래 지속되어야 하는지는 정하지 않았던 것이다! 그러나 1431년 차기 공의회가 바젤에서 열리자마자 구성원들은 교황이 공의회를 해산할 수 없도록 하는 규정을 만들었다. 그 뒤 기나긴 권력 투쟁이 이어졌다. 교황과 공의회 주의자는 유럽의 왕과 제후의 지지를 얻기 위해 서로 경쟁했다. 결국 1449년 바젤 공의회는 참담한 실패로 끝난 채 해산되었다. 이로써 교회 내에 공의회 정부를 설치하려던 급진적 시도는 끝났고, 공의회가 '머리와 지체의' 종교생활을 전면적으로 개혁하리라 기대했던 사람들의 희망은 산산조각 나고 말았다.

공의회 수위설 논쟁

대분열은 교회 내 권위의 본질에 대한 근본적이고도 광범위한 논란을 야기했다. 교황 수위설의 논거는 교황이 성 베드로의 계승자라는 전통적 주장에 있었다. 예수 그리스도가 교회에 관한 모든 권위를 베드로에게 위임했다는 것이다. 한편 공의회 수위설 주장은 14세기에 파리 대학을 중심으로 제기되었다. 하지만 이 주장이 광범위한 지지를 얻은 것은 대분열 시기에 국한되었다. 다음 문헌들은 콘스탄츠 공의회의 공의회 수위설(헥 상타 시노두스[Haec Sancta Synodus]) 주장으로부터, 그 후의 정기적 공의회 개최 규정(프레쿠엔스[Frequens])을 거쳐, 공의회 개최 요구에 대한 교황의 1460년 비판(엑세크라빌리스[Execrabilis])에 이르기까지 논쟁의 역사를 추적한다. 그러나 교황의 비판(엑세크라빌리스)이 갖는 한계에 주목해야 한다. 그것은 실질적으로 공의회 수위설을 반박하지도 못했다. 단지 상소 대상을 교황 재판을 뛰어넘어, 아직 개최일도 확정되지 않은 미래의 공의회로 삼는 것을 규탄했을 뿐이다. 공의회주의는 15세기 말과 16·17세기에도 여전히 강력해서 유럽의 정치사상에 심대한 영향을 미치게 되었다.

헥 상타 시노두스(1415)

콘스탄츠의 이 거룩한 종교회의는……성령 안에서 적법하게 소집되어 공의회를 구성하고 가톨릭교회를 대표하거니와, 그 권위를 그리스도로부터 직접 받고 있음을 선포한다. 모든 위계의 사람들, 심지어 교황마저도 신앙의 문제, 분열의 종식에 관한 문제, 그리고 하느님의 교회의 머리와 지체를 개혁하는 문제에서 거룩한 공의회에 복종해야 한다.

나아가 공의회는 다음과 같이 선포한다. 어떤 지위, 신분, 위계에 있는 사람일지라도, 심지어 교황일지라도, 전술한 문제나 이에 관련된 다른 문제에 관해 이 거룩한 공의회 및 적법하게 소집된 다른 공의회가 제정했거나 제정하려 하는 명령, 규칙, 조례, 규정에 따르기를 불손하게 거부하는 자는 참회하지 않을 경우……정식으로 처벌될 것이다.

프레쿠엔스(1417)

공의회의 빈번한 회합은 주님의 밭을 가는 최선의 방법이다. 그것은 이단, 오류, 분열이라고 하는 찔레, 가시나무, 엉겅퀴를 뿌리 뽑으며 일탈을 바로잡고 굽은 것을 곧게 펴며 주님의 포도원에 가장 풍부하고 비옥한 과실을 맺게 한다. 공의회를 경시하는 것은 이런 악의 씨앗을 뿌리고 그 성장을 조장하는 일이다. 과거에 대한 기억과 현재에 대한 탐사는 이러한 진실을 우리에게 보여주고 있다.

그러므로 이 영속적인 포고에 의해 우리는……이제부터 공의회를 다음과 같이 개최할 것을 명한다. 첫 공의회는 현재의 공의회가 끝난 지 5년 뒤에 열린다. 두 번째 공의회는 그 공의회가 개최된 지 7년 뒤에 개최되며, 그 후로는 영구히 10년마다 개최된다.……그 결과 언제나 일정한 연속성이 유지될 것이다. 즉, 공의회가 개회 중이거나 또는 일정 기간 경과 후 공의회가 개최되리라는 것을 예측할 수 있는 상황이 이어진다.

엑세크라빌리스(1460)

일찍이 들어본 적이 없는 저주할 악폐가 우리 시대에 돋아났다. 반역 정신에 물들고 건전한 판결에 대한 욕구가 아닌, 죄에 대한 처벌을 모면하려는 의도로 행동하는 일부 사람들은 예수 그리스도의 대리인인 교황을 상소 대상으로 인정하지 않으려 한다. 그리스도께서는 축복 받은 베드로에게 "내 양을 먹이라"고 하셨고, "네가 땅에서 묶는 것은 하늘에서도 묶일 것"이라고 말씀하셨거니와, 교황은 베드로의 계승자이다. 그런데도 상소 대상을 교황이 아닌 장차 열릴 공의회로 삼겠다는 것이다. 이것이 그리스도교도 공동체에 얼마나 큰 해악을 끼칠 것이며 교회법에는 얼마나 위배될 것인가. 교회법에 무지하지 않은 누구라도 이것을 이해할 수 있다. 즉……현재 아무 곳에도 존재하지 않고 언제 존재할는지 아무도 알지 못하는 무언가에 상소한다는 것을 우스꽝스럽게 생각하지 않을 사람이 어디에 있는가? 가난한 자가 힘센 자에게 억압당하고, 범죄는 처벌을 받지 않고 있다. 교황에 대한 반란이 사주되고 있고, 죄악의 방종이 허용되고 있다. 교회의 모든 규율과 위계질서는 완전히 뒤집어졌다.

그러므로 이 치명적인 독을 그리스도의 교회에서 제거하려 하고, 우리에게 맡겨진 양떼의 구원을 염려하여……거룩한 로마 교회의 추기경들은, 우리의 존경할 만한 형제들의 조언 및 동의와 더불어, 우리의 법정에서 시행되는 교회법과 시민법에 숙련된 모든 고위 성직자의 조언 및 동의에 힘입어, 그리고 우리 자신의 확실한 지식으로 이런 유의 상소를 규탄한다. 그것을 그릇되고 가증한 것으로 여겨 거부하고 완전한 무효라고 선언한다. 그리고 우리는 이제부터 누구도 감히……그것이 법적 결정이건 신학적 결정이건 우리의 결정을 건너뛰거나 또는 우리 및 우리의 계승자들의 명령을 뛰어넘어 그와 같은 상소를 해서는 안 된다고 주장한다.……

분석 문제

1. 공의회 운동을 중세 교황의 권위에 대한 교묘한 도전으로 볼 수 있는가?

2. 교황은 왜 공의회의 결정을 두려워하는가?

3. 공의회의 정기적 개회 규정의 확립은 왜 중요했는가?

국가 교회의 성장

공의회주의자에 대한 교황권의 승리는 값비싼 대가를 치르고 얻어진 것이었다. 공의회주의자에 맞서 유럽의 왕과 제후의 지지를 얻기 위해 교황은 '협약'이라고 하는 일련의 조약을 맺었다. 그것은 왕과 제후에게 그들 영토 내에서 교회에 대한 권한을 폭넓게 허용하는 것이었다. 그 결과 교황은 실질적인 교회 지배권을 양보하는 대가로, 교회에 대한 이론적 지상권(至上權)을 확보했다. 이런 협약 조건 아래 왕들은 과거 교황에게 흘러갔던 지역 교회 세입을 상당 부분 취득하게 되었다. 그들은 왕국 내의 교회 직책에 원하는 후보를 지명할 수 있는 새로운 권력도 얻었다.

교황의 지역 교회에 대한 권한이 사라지고 교황의 영적 위신이 추락하자 왕과 제후의 지위가 부각되었다. 심지어 성직자들마저 신민의 종교적·도덕적 생활의 개혁과 관련해 왕과 제후에게 기대를 걸 정도였다. 많은 세속 지배자는 그와 같은 기대에 적극적으로 부응해 추문을 일으킨 수도원을 폐쇄하고 이단을 억압했으며, 마녀로 기소된 여성을 처벌하고 매춘을 규제하는가 하면, 하층민이 귀족의 옷을 입지 못하도록 조치했다. 이런저런 조치를 통해 지배자들은 도덕과 종교의 수호자로 자처하면서 동시에 영토에 대한 지배력을 강화했다. 그 결과 국가 지배자들과 그들이 통치하는 국가 교회 사이에는 긴밀한 유대관계가 형성되었다.

수입의 많은 부분을 양보한 15세기 말의 교황들은 과거의 교황들에 비해 중부 이탈리아 영토에 대한 의존도가 더 높아졌다. 그러나 교황령 국가를 건설하는 과정에서 교황들은 이탈리아의 여느 세속 군주와 다를 바 없는 방식으로 지배해야 했다. 그들은 군대를 통솔하고 다른 군주와의 동맹을 위해 술책을 쓰는가 하면 수단 방법을 가리지 않고 적을 음해했다. 세속적 견지에서 볼 때 그들의 노력은 결코 실패로 끝나지 않았다. 1520년에 이르러 교황령 국가는 이탈리아에서 통치가 잘되고 부유한 공국 중 하나였다. 그러나 교황들이 구사한 술책은 신앙적인 면에서 교황의 평판을 끌어올리는 데 아무런 역할도 하지 못했고, 종교의 철저한 개혁을 요구하는 성직자와 평신도의 기대에도 전혀 부응하지 못했다. 1500년에 이르러 많은 사람은 교황이 교회 내에서 영적·종교적 개혁 세력이 될 수 없다는 사실에 환멸을 느꼈다. 연기가 모락모락 나는 이 부싯깃은, 바야흐로 프로테스탄트 종교개혁을 통해 전 유럽을 휩쓰는 대화재로 번지게 되었다.

중세 말기의 신앙 운동

♣ 중세 말기의 사람들은 교회에 환멸을 느꼈는가?

제도 교회가 겪고 있던 곤란에도 불구하고 중세 말기 평신도의 종교적 헌신은 과거 어느 때보다도 광범하고 진지했다. 중세 전성기 설교의 근본 주제는 구하고자 애쓰는 모든 그리스도교도에게는 구원이 열려 있다는 것이었다. 이것은 중세 말기에 접어들어 신자 개개인이 신에게 나아가는 경로를 급격히 다양화하는 결과를 가져왔다. 그 경로들 중 일부는 교회가 이단이라고 선언한 방향으로 신자를 이끌었다. 그러나 중세 말기의 그리스도교도 대부분에게 이단은 호소력을 갖지 못했다. 교회와 지방 교구 사제가 거행하는 성사가 그들의 종교적 삶의 중심이었다. 그러므로 중세 말기 그리스도교를 이해하기 위해서는 교구에서 시작할 필요가 있다.

성사, 의식, 설교

1300년에 이르러 유럽의 거의 모든 지역에 지방 교구 교회 네트워크가 수립되었고, 사제는 평신도를 위해 교회의 성사를 주관했다. 성사—세례, 견진, 미사, 고해, 혼배, 신품, 종부—는 신의 은총과 권능을 개개의 신자에게 전하는 의식이었다. 중세 말기의 신앙생활은 성사를 중심으로 진행되었다. 세례는 그리스도교도를 교회생활에 입문시키는 것이었다. 중세 말기의 세례는 유아가 태어난 직후 베풀어졌는데, 세례가 없다면 구원은 기대할 수 없었다. 견진은 세례 성사에서 아이에게 했던 약속을 '확인'했다. 사제가 주관하는 미사(매주 일요일과 종교적 축일에 거행)에서 독실한 그리스도교신자가 먹고 마시는 빵과 포도주는 그리스도의 살과 피로 성변화를 이루었다. 사제 앞에서 하는 죄의 고해는 신의 용서를 보증해주었다. 그러나 지상에서 죄에 대한 완전한 참회가 이루어지지 않으면, 죽은 뒤 천국과 지옥 사이에 있는 연옥에서 고해가 이루어져야만 했다. 혼배 성사는 비교적 새로운 형태의 성사로서 중세 말기에 점점 강조되었다. 그러나 결혼식을 교회의 축복으로 엄숙하게 올린 그리스도교도는 소수에 지나지 않았다. 신품 성사는 성사를 통해 신의 은총을 지상에 가져다주는 특별한 권능을 사제에게 부여했는데, 이 권능은 부도덕한 삶을 산 사제일지라도 소멸되지 않는다. 종부 성사—또는 병자 성사—는 죽어가는 사람에게 베풀어졌다. 그것은 모든 죄에 대한 최종적인 고해를 확증하는 것으로, 구원의 확신 속에서 좋은 죽음을 맞이하는 데 필수적이었다. 세례와 마찬가지로 종부 성사는 비상 상황에서 모든 그리스도교도가 집전할 수 있었다. 그러나 그 밖의 성사는 서품된 사제만—견진과 신품의 경우 주교만—이 집전할 수 있었다.

성사 제도는 중세 말기의 다른 신앙적 관행의 토대가 되었다. 순례는 고해의 한 형태로서 연옥에 머무는 시간을 줄여줄 수 있었다. 십자군 참가는 극단적 순례로서 참가자에게는 그가 평생 지은 죄 때문에 바쳐야 할 모든 고해가 완벽하게 충족된다는 약속이 주어졌다. 다른 많은 경건한 행위—예를 들어 로사리오 기도(묵주 기도)나 빈민 구제—도 죄에 대한 고해 및 구원을 돕는 선행의 역할을 할 수 있었다.

　그러나 중세 말기 신앙에는 단순한 고해 이상의 것이 있었다. 모든 선행과 마찬가지로 기도에는 다른 목적이 있었다. 성인, 특히 동정녀 마리아는 신의 강력한 중재자로 간주되었다. 위험에 처하거나 병에 걸렸을 때 신자는 성인에게 기도했다. 몇몇 성인은 특별한 질병에 효능이 있는 것으로 알려졌다. 예를 들어 치질에 걸릴 경우 성 피아크르에게 기도하면 도움을 얻을 수 있었다. 성인에 대한 헌신은 성인의 유물—성인의 뼈나 옷 조각—과 접촉함으로써 더욱 커질 수 있었다. 그러나 중세 말기 신앙에서 미사에서의 빵과 포도주만큼 강력하고 핵심적인 것은 없었다. 빵과 포도주는 사제의 성별(聖別)을 거쳐 그리스도의 참된 몸과 피가 되었던 것이다. 신자들은 때로 미사 성찬용 빵에 엄청난 의미를 부여해서, 병든 가축에게 먹이는가 하면, 하루에 되도록 여러 차례 성별된 빵을 보기 위해 이 교회 저 교회를 몰려다니기도 했다. 당연한 일이지만, 이런 믿음과 관행 그리고 성인 유물에 대해 교회 개혁가들은 미신이라고 비판했다. 그러나 이런 관행은 사기꾼 성직자 집단이 무지하고 어리석은 평신도 모르게 슬쩍 끼워 넣은 것이 아니었다. 이런 현상이 등장하고 지속된 이유는, 평신도가 그것을 중단시키려는 교회 개혁가의 노력에 빈번히 거부 반응을 보이면서 그것에 깊이 헌신했기 때문이다.

종교와 사회 질서

　중세 말기 사람들은 종교를 사회의 핵심적인 부분으로 이해했다. 교회는 문자 그대로 삶의 중심이었다. 교회 마당은 공동체의 만남의 장소였고 때로는 시장 역할도 했다. 교회 건물은 외적의 공격 시 피난처였고, 마을 대소사를 위한 집회 장소였다. 건물의 유지, 보수는 마을의 공동 책임이었다. 교회의 축일은 한 해의 변화를 나타냈고, 교회의 종소리는 하루의 시간을 표시했다. 그러므로 교회의 축일은 교회가 속한 더욱 큰 단위의 지역 공동체 또는 국가 공동체의 축일처럼 간주되는 경향이 있었다.

　모든 사람이 중세 말기 종교의 인습적 관행에서 영적 만족감을 느낀 것은 아니다. 중세 말기 성인들은 죽은 후에 명예를 얻기는 했지만, 그들 중 상당수의 삶은 분명 논란거리였다. 잔 다르크의 경우에서 보듯이 성인과 마녀 사이의 구분선은 매우 흐릿했다. 시에나의 성녀 카타리나는 노동자 집안 출신으로 어린 시절 집안일 돕기를 거부하고, 자택에 있는 두 개의 방 가운데 하나를 기도실로 쓰면서, 부모와 12명의 형제자매를 한 방에 지내게 했다. 노르위치의 성녀 율리아나는 다니던 교회 곁에 지은 작은 암자에 들어가 세상에서 은둔한 채 여생을 기도와 명상에 바쳤다. 마저리 켐프는 십자가상의 예수의 고난에 너무나 감동한 나머지 여러 시간 동안 히스테릭하게 울부짖었고, 이로 인해 미사를 완전히 불가능하게 만들었기에 교구민과 심각한 불화를 겪었다.

개인 차원의 비범한 신앙심은 경외감을 자아내는 것이었지만, 교회의 종교적 통제권 및 개인과 공동체의 연결고리를 위협할 수도 있었다. 그러므로 그것은 위험한 것일 수 있었다. 예를 들면 일부 신자들은 엄격한 영적 수련을 통한 신과의 신비적 합일을 추구했는데, 그들 중 일부는 궁극적으로 이단으로 정죄되었다. 신비적 추구에 성공한 뒤, 더 이상 지상에 있는 신의 교회에 복종하지 않겠노라고 선언했기 때문이다. 그보다 한층 온건한 인물일지라도, 속어로 종교 서적을 저술해 평신도가 쉽게 읽을 수 있게 한다면 위험 지대에 발을 들여놓을 수 있었다. 예를 들면 독일의 도미니쿠스 수도사 마이스터 에크하르트(1260경~1327)는 신이 거하는 모든 인간 영혼의 내면 깊숙한 곳에는 어떤 힘 또는 '불꽃'이 있다고 라틴어와 독일어로 가르치기도 하고 글도 썼다. 인간은 모든 육체적 감각을 부인함으로써 자기 내면의 가장 깊은 곳으로 침잠할 수 있고, 그곳에서 신을 발견할 수 있다는 것이다. 에크하르트는 교회 출석을 그만두라고 권하지는 않았지만—그는 교회에서 설교를 했으므로 그렇게 하기 어려웠다—신을 찾고자 하는 사람들에게 내면으로의 여행이 성사보다 중요하다는 점을 분명히 했다. 그는 또한 평신도를 상대로 한 설교에서, 개개인의 의지에 의해 신성을 획득할 수 있다는 인상을 주었다. 교회 당국은 '무지하고 규율 없는 사람들에게 무모하고 위험한 극단적 행위'를 선동했다는 혐의로 그를 기소했다. 에크하르트는 자신의 교리적 정통성을 변명했지만 그의 가르침 중 일부는 이단으로 정죄되었다.

좀 더 안전한 정통의 길을 걸었던 사람은 15세기에 수도사와 평신도를 상대로 설교한 토마스 아 켐피스 같은 실천적 신비주의자였다. 토마스 아 켐피스의 『그리스도를 본받아(Imitatio Christi)』(1427경)는 신과의 완전한 몰아적 합일을 추구하기보다 일상생활에서 신의 임재를 느끼고자 했다. 『그리스도를 본받아』는 독자에게 이 세상에서 적극적으로 살면서 경건한 그리스도교도가 되라고 가르쳤다. 이 책은 미사의 중요성을 강조했지만, 외적 경건보다 내면의 경건을 강조했고, 신자에게 성경을 묵상할 것과 소박하고 도덕적인 삶을 살 것을 촉구했다. 『그리스도를 본받아』는 라틴어로 쓰였지만 신속히 유럽의 주요 속어로 번역되었다. 최근까지 거의 600년 동안 이 책은 성경을 제외한 다른 어떤 그리스도교 서적보다도 널리 읽혔다.

롤라드파와 후스파

중세 말기의 대중적 이단 운동은 12·13세기에 비해 더 널리 확산된 것도 아니었고, 교회에 더 위협적인 것도 아니었다. 그러나 잉글랜드와 보헤미아에서는 이단 운동이 교회와 국가 양쪽의 기존 권위에 심각한 도전장을 던졌다. 잉글랜드에서는 극단적 예정설을 주장한 옥스퍼드 대학의 신학 교수 존 위클리프(1330경~1384)에 의해 롤라드파[3] 이단 운동이 출발했는데, 그는 부패한 교회가 주관하는 성사는 아무도 구원할 수 없다고 결론지었다. 그러므로 위클리프는 잉글랜드 왕에게 교회 재산을 압류할 것, 부패한 사제와 주교를 사도적 청빈과 경건의 기준에 합당한 인물로 대치할 것 등을 촉구했다. 그의 추종자들은 한걸음 더 나아가 롤라드파가 유일한 참된 교회라고 주장하는가 하면, 교회의 성사를 교구민에게서 돈을 갈취하기 위한 기만적 관행이라며 거부했다. 부패한 제도 교회를 대신해 롤라드파 설교자들은 영어 번역 성경(성경의 영어 번역은 위클리프가 처음 시작한 것으로 알려져 있다) 및 그 밖의 속어 번역 종교 문헌을 지참하고 시골을 여행하면서 평신도가 직접 읽도록 권했다.

14세기 말 롤라드파 운동은 초기에 재정적 도움을 준 귀족 지지자를 포함해 수많은 추종자를 거느렸으나, 1414년의 봉기 실패 이후 귀족 지지자를 잃고 지하로 숨어들어갔다. 롤라드파는 16세기에도 살아남아 교회 당국자를 수시로 경악케 만들었지만, 중세 말기 종교생활에서 많은 사람이 만족스럽게 여겼던 거의 모든 것(순례, 성사, 성상 등)을 정면으로 반대하는 입장에 서면서 소수파 운동을 뛰어넘지 못했다.

위클리프의 사상은 보헤미아에서 더 깊이 뿌리를 내렸다. 위클리프의 사상을 받아들인 얀 후스(1373경~1415)는 프라하 샤를 대학의 카리스마 넘치는 설교자로서, 많은 청중을 상대

---

3) '롤라드(Lollard)'는 '중얼거리는 사람'을 뜻하는 중세 네덜란드어 롤라에르트(lollaert)에서 유래한 경멸적인 용어로, 경건한 체하지만 실은 이단 신앙을 가졌다는 의미이다.

로 '세상과 육신과 악마'를 통렬히 비난하는 설교를 행한 바 있었다. 그러나 성체 성사를 거부함으로써 많은 지지자를 잃었던 롤라드파와는 달리, 후스는 평신도가 미사의 성별된 빵(성체)뿐만 아니라 성별된 포도주(성혈)—중세 말기 교회에서 성혈은 사제만 받을 수 있었다—도 받아야 한다고 요구함으로써 그리스도교 신앙에서 성체가 중심임을 강조했다. 양형영성체론(兩形領聖体論, Utraquism)으로 알려진 후스의 이 요구 사항은 보헤미아 평신도들 사이에 폭넓은 지지를 얻었고 후스 운동의 상징이 되었다. 영향력 있는 귀족들도 후스를 지지했는데, 그들의 지지 이유는 부분적으로는 민족적 자부심 때문이었지만, 다른 한편으로는 후스가 요구한 교회 개혁이 지난 세기 동안 교회에 빼앗겼던 세입을 되찾게 해주리라는 희망을 주었기 때문이다. 그러므로 1415년 후스가 자기 주장을 옹호하고 고위 성직자들에게 전면적 교회 개혁을 설득하고자 콘스탄츠 공의회에 가기로 작정했을 즈음, 보헤미아인 대부분은 그를 지지하고 있었다. 공의회는 후스의 안전을 보장했다. 그러나 이 보장은 그가 도착하자마자 철회되었다. 공정한 청문의 기회를 제공받기는커녕 후스는 이단으로 선언되어 화형대에서 불태워지고 말았다.

보헤미아의 후스 지지자들은 즉시 반란의 깃발을 치켜들었다. 귀족은 그 틈에 교회 토지를 차지했고 사제, 직공, 농민 등은 후스가 추구했던 종교적 개혁과 사회 정의를 위해 집결했다. 1420년부터 1424년 사이에 타보르파[4]로 알려진 급진적인 후스파 군대는 탁월한 맹인 장군 얀 지슈카(1376경~1424)의 지휘 아래 교황이 보낸 십자군 침략자를 완벽하게 물리쳤다. 이 승리는 타보르파의 급진주의를 증폭시켜 종말론적 열정으로 치닫게 했다. 그러다 1434년 좀 더 보수적이고 귀족적인 후스파가 급진파를 압도했고 교회와의 타협안—보헤미아 교회 내에서 양형영성체론을 가톨릭 정통과 나란히 인정하는—을 이끌어냈다. 그러나 보헤미아는 17세기까지 온전히 가톨릭교회로 복귀하지 않았다.

롤라드파와 후스파는 여러 면에서 놀라운 유사성을 갖고 있었다. 양자는 모두 대학에서 시작해 지방으로 확산되었으며, 성직자에게 간소하고 청빈한 삶을 살 것을 요구했고, 특히 초기에 귀족계급의 지지를 얻어냈다. 두 운동은 또한 대단히 민족주의적이어서 라틴어 대신 그들의 속어(영어와 체크어)를 채택했으며, 스스로를 국제적인—따라서 외국풍의—제도 교회를 거부하는 잉글랜드인 또는 체크인으로 자리매김했다. 그들은 또한 평신도에 대한 속어

---

4) 타보르(Tábor)는 체크 프라하 남쪽 80킬로미터에 있는 도시 이름이다. 후스 운동의 과격파 근거지였다. 타보르파는 민족정신을 고취하고 체크어를 보존하고자 했다.

설교를 특히 강조했다. 그들이 확립한 모든 특징은 그 후 프로테스탄트 종교개혁이라는 한 층 거대한 흐름 속에서 다시 등장하게 되었다.

사상, 문학, 예술

◆ 중세 말기 문화의 놀라운 창조성은 무엇 때문이었는가?

중세 말기의 고난은 지적·예술적 생활을 정체시켰지만, 사실 이 시기는 사상, 문학, 예술 부문에서 지극히 창조적인 시대였다. 우리는 이탈리아 르네상스 초기 역사와 밀접하게 관련된 발전 양상을 잠시 뒤로 미루고, 14세기와 15세기의 다른 중요한 지적·예술적 성취를 살피기로 한다.

신학과 철학

12·13세기의 성 토마스 아퀴나스 같은 스콜라 철학자들은 이성적·체계적이고 이해 가능한 자연 세계의 이미지를 구축했다. 그 이미지는 인간 정신으로 하여금 신에 관한 지식과 그로 말미암은 구원으로 이끌도록 체계화되었다. 그러나 1300년 이후 이런 확신은 사라지기 시작했다. 잉글랜드의 프란체스코 수도사인 윌리엄 오컴(1285~1349) 같은 유명론(唯名論) 사상가는 인간의 이성이 신의 존재 같은 근본적인 신학적 진리를 증명할 수 없으며, 신에 관한, 즉 구원에 관한 인간의 지식은 신이 성경을 통해 계시한 것에 전적으로 의존한다고 주장했다. 인간은 자연계를 탐구할 수 있다. 다만 개별적인 실체와 상호작용의 집합체로서만 탐구할 수 있다. (식물이나 암석 등의) '범주(categories)'는 인간의 발명품에 불과하다. 엄밀히 말해 그것은 존재하지 않는다. 그리고 자연계에서 관찰 가능한 규칙성은 오로지 전지전능한 신의 적극적 의지가 그 모든 규칙성을 정연하게 유지하기 때문에 존재하는 것이다. 그러므로 자연계에서 관찰 가능한 규칙성과 신성의 불가해한 본질 사이에는 필연적 관계가 없으며, 자연법으로부터 신의 본질을 추론하는 것은 불가능하다. 신이 어떤 자연 법칙(중력 같은)에 따라 행동해야 한다거나, 이런 자연 법칙이 신에 대해 우리에게 무언가 알려준다고 주

장하는 것은 신의 절대적 권능과 위엄에 대한 모욕이었다.

유명론은 중세 말기 대학에서 대단히 영향력이 커졌고 유럽 사상에 지대한 영향을 미쳤다. 신이라면 (이런 경우) 어떻게 할 것인지에 대한 오컴의 관심은 그의 추종자들로 하여금 터무니없어 보이는 질문을 하도록 만들었고, 그 때문에 중세 신학은 종종 조롱거리가 되었다. 예를 들어 그들은 신은 과거 일을 되돌릴 수 있는지, 또는 무수히 많은 정령이 동시에 같은 공간에 있을 수 있는지를 질문했다(중세 사상가들은 뾰족한 바늘 끝에서 얼마나 많은 천사가 춤을 출 수 있는가를 질문하기도 했다). 그럼에도 불구하고 신의 전능에 대한 유명론자의 주장은 16세기 프로테스탄티즘의 기본 전제 중 하나가 되었다. 자연계에 대한 이성적 이해 가능성과 신의 불가해성 사이에 그어놓은 그들의 구분선은, 지식인들로 하여금 초자연적인 설명 없이도 자연계를 탐구할 수 있도록 격려했으니, 그것은 근대 과학 방법론의 가장 중요한 토대 중 하나였다. 추상적 범주가 아니라 오직 개별적 실체만이 실재하며 탐구할 수 있는 대상이라고 하는 유명론자의 주장은 또한 경험주의—세계의 지식은 추상적 이성이 아니라 감각적 경험에 기초해야 한다는 믿음—를 장려했다. 이것 역시 근대의 과학적 세계관이 등장하는 토대가 되었다.

속어 문학

오컴의 철학이 그랬듯이, 중세 말기의 문학은 있는 그대로의 세계를 묘사하는 데 강렬한 관심을 보였다. 그러한 자연주의는 새로운 것이 아니었다. 볼프람 폰 에셴바흐와 단테 같은 중세 전성기의 작가들은 중세 말기의 계승자들이 이룩하게 될 작품 세계의 기초를 닦았다. 그러나 중세 말기의 작가들은 인간의 결점과 실수를 묘사하는 데서 훨씬 앞서나갔다. 또한 그들은 속어를 위한 새로운 문학 형식—때로는 시, 하지만 주로 산문—의 발달을 선도했다. 중세 말기 저술가들 대부분은 여전히 라틴어로 저술했지만, 가장 혁신적이고 야심적인 문학작품은 점차 유럽 각국의 속어로 집필되었다. 이런 발달 배후에는 중세 말기의 세 가지 근본적 변화가 가로놓여 있었다. 즉, 속어와 민족주의가 점점 더 동일시되었고, 평신도 교육이 지속적으로 확산되었으며, 속어 문학을 읽는 대중이 등장했다는 점 등이다. 우리는 중세 말기 세 명의 주요 속어 작가—조반니 보카치오(1313~1375), 제프리 초서(1340경~1400), 크리스틴 드 피장(1365경~1435)—의 작품에서 이런 영향을 찾아볼 수 있다.

보카치오

보카치오는 궁정 로맨스, 전원 서정시, 학술 논고를 포함한 몇몇 소품만으로도 문학사에서 영예로운 지위를 누릴 자격이 있다. 그러나 그의 최대 걸작은 『데카메론』이다. 이것은 사랑, 성, 모험, 그리고 교묘한 속임수에 관한 100가지 이야기를 모은 것으로, 흑사병을 피해 일시적으로 피렌체 교외의 별장에 체류한 7명의 젊은 숙녀와 3명의 신사가 세련된 파티 석상에서 주고받은 이야기이다. 기존 자료에서 줄거리를 상당 부분 빌려왔지만, 보카치오는 특유의 풍성함과 재치로 그것들을 각색했다.

보카치오는 인물을 있는 그대로 그리기 위해 의도적으로 문학적 '우아함'을 피하고 꾸밈 없는 구어체로 글을 썼다. 작품에 등장하는 여성은 핏기 없는 노리개나 쌀쌀맞은 여신 또는 꼿꼿한 동정녀가 아니라 정신과 육체를 가진 살아 있는 인간으로서, 과거 서양 문학에 등장했던 어떤 여성보다도 편안하고 자연스럽게 남성과 어울린다. 그의 작품에 나오는 성직자들 역시 지상의 천사보다는 보통 남자에 훨씬 가까운 모습이다. 성 문제에 관한 보카치오의 묘사는 사실적이지만 결코 천박하지 않다. 『데카메론』은 모든 인간적인 것을 건강하고 유쾌하게 다룬 작품이다.

초서

자연주의 속어 문학의 창조자라는 점에서 보카치오와 여러모로 닮은 인물이 잉글랜드의 제프리 초서이다. 초서는 현대인도 비교적 적은 노력을 기울이면 그의 영어 문장을 읽어낼 수 있는 최초의 작가에 속한다. 특히 그는 잉글랜드의 위대한 문학적 전통을 확립한 인물이자 영문학사상 가장 위대한 작가 네다섯 명 가운데 포함된다. 대부분의 비평가들은 그를 셰익스피어 바로 다음가는 인물로 꼽으며, 밀턴, 워즈워스, 디킨즈와 동급에 속하는 문인으로 평가한다.

초서는 여러 편의 매우 인상적인 작품을 남겼지만, 그의 최대 걸작은 의심할 나위 없이 『캔터베리 이야기』이다. 『데카메론』과 마찬가지로 이 작품도 하나의 테두리 안에 통합된 이야기 모음집인데, 초서는 일군의 사람들이 런던에서 캔터베리로 순례 여행을 하면서 이야기를 들려주는 방식을 구사했다. 그러나 『데카메론』과 『캔터베리 이야기』 사이에는 차이점 또한 있다. 초서의 이야기는 산문이 아닌 현란한 운문으로 되어 있으며, 이야기하는 모든 사람은 제각기 다른 계급―기사도 정신이 충만한 기사, 성실한 대학생, 코에 사마귀가 있고 도 둑질 잘하는 방앗간 주인 등―에 속해 있다. 활기찬 여성도 등장하는데, 가장 중요한 여성 은 잇새가 벌어지고 결혼 경력이 많은 '바스의 여장부'로, 그녀는 '사랑의 치료법'을 알고 있 다. 각각의 등장인물은 자신의 직업과 세계관을 잘 드러내는 이야기들을 들려준다. 초서는 이 런 방식으로 대단히 다양한 인간 희극을 창조할 수 있었다. 그는 보카치오보다 시야가 넓다. 보카치오 못지않게 재치 있고 솔직하고 건강하면서도, 때로는 보카치오보다 한층 심원하다.

크리스틴 드 피장

중세 말기에는 글을 써서 생계를 유지하는 전업 저술가들이 등장했다. 의미심장하게도 최초의 직업 문필가 중에는 크리스틴 드 피장이라는 여성이 있었다. 크리스틴은 이탈리아 에서 태어나 프랑스에서 성년기를 보냈는데, 그녀의 남편은 프랑스 왕실의 궁정 서기관이었 다. 남편이 죽자 홀로 된 크리스틴은 자신과 아이들의 생계를 위해 글을 썼다. 그녀는 기사 도와 전쟁에 관한 논고―그녀의 후원자인 샤를 6세에게 바쳤다―를 포함해 매우 다양한 장르의 글을 썼다. 그러나 그녀는 훨씬 더 폭넓은 독자를 겨냥한 글도 썼다. 상상적인 논고 인 『부인들의 도시(Le Livre de la Cité des Dames)』는 남성 비방자에 맞서 여성의 성격, 본성, 능력을 폭넓게 옹호한 비유적인 작품이다. 그녀는 또한 『장미 이야기(Roman de la Rose)』[5]〈?〉에 나타난 여성혐오주의에 관해 격렬한 논쟁을 펼친 활기찬 팸플릿 문학에도 참여했다. 이 논 쟁은 수백 년간 지속되었는데, 어찌나 유명했던지 '여성 논쟁(the debate over women)'이란 이 름을 얻게 되었다. 크리스틴은 중세 최초의 여성 문필가는 아니었지만, 글을 써서 생계를 꾸린 최초의 속인 여성이었다.

조각과 회화

자연주의가 중세 말기 문학의 지배적인 특징이었듯이, 중세 말기 예술의 특징도 자연주

---

5) 궁정의 사랑 전통을 계승한 13세기 우의적 작품으로, 풍자적이고 조잡하며 당시의 폐습을 노골적으로 공 격했다. 여성에 대한 편견과 교회에 대한 비판을 강력히 표명했기 때문에 격렬한 분노를 불러일으켰다.

의였다. 13세기의 고딕 조각가들은 전 시대의 로마네스크 조각가들보다 동식물과 인간의 실제 모습에 대해 한층 더 큰 관심을 기울이고 있었다. 중세 초기의 미술이 추상적 디자인을 강조한 데 비해, 중세 전성기에는 사실주의가 더 강조되었다. 13세기에 조각된 나뭇잎과 꽃은 직접 관찰에 입각한 것이 분명해서, 현대의 식물학자들은 그것이 구체적으로 어떤 종에 속하는지를 정확하게 식별할 수 있다. 인체 조각 역시 얼굴 묘사와 신체 비례에서 점차 자연스럽고 사실적으로 변했다. 1290년경에 이르면 리얼리즘에 대한 관심이 어찌나 높아졌던지, 합스부르크가의 독일 황제 루돌프의 묘지 조각상 작업을 하던 한 조각가는 황제의 얼굴에 주름이 하나 더 생겼다는 소식을 듣고 실물을 확인하기 위해 급히 서둘러 황제를 찾아갔다고 한다.

자연주의적 경향은 그 후 200년 동안 조각 장르에서 지속되었고, 그 경향은 필사본 채색과 회화에까지 확대되었다. 필사본 채색과 회화는 어떤 면에서 전혀 새로운 예술이었다. 벽화는 중세는 물론 그 후로도 오랫동안 널리 애호되었는데, 특히 젖은 회반죽 위에 그림을 그리는 프레스코 형식이 일반적이었다. 그러나 13세기에 들어 이탈리아의 예술가들은 프레스코 화법에 더해 처음으로 나무나 캔버스에 그림을 그리기 시작했다. 화가들은 이러한 그림을 처음에는 템페라(물에 천연고무 또는 달걀흰자를 섞은 물감)로 그렸지만, 1400년경에는 북유럽 최초로 유화를 그리기 시작했다. 이 새로운 기법은 새로운 예술적 기회를 가져다주었다. 화가들은 이제 교회의 제단 뒤편에 종교화를 그릴 수 있게 되었다. 그들은 또한 놀랍도록 감각적이고 사실적인 필치로 후원자의 초상화를 그렸다.

중세 말기의 가장 선구적인 화가는 피렌체 출신의 조토(1267경~1337)였다. 그가 벽이나 화판에 그린 종교적 인물들에는 휴머니티가 깊숙이 배어들어 있다. 조토는 탁월한 자연의 모방자였다. 그가 그린 인물이나 동물은 과거의 화가들이 그린 그림에 비해 생동감이 있을 뿐만 아니라 훨씬 자연스러워 보인다. 그리스도가 성지(聖枝) 주일[6]에 예루살렘으로 입성할 때 소년들은 그 광경을 좀 더 잘 보기 위해 나무 위로 기어 올라간다. 성 프란체스코가 죽은 뒤 눕혀졌을 때 한 구경꾼은 그가 정말로 그리스도의 성흔을 가지고 있는지를 확인하려 한다. 그리고 동정녀 마리아의 부모인 요아킴과 안나가 오랫동안의 이별 끝에 재회했을 때 서로 포옹과 입맞춤을 하는데, 이것은 아마도 서양 미술사상 최초의 깊고 부드러운 키스일 것

---

6) 부활절 직전의 일요일. 그리스도가 수난 전에 예루살렘에 입성한 날. 후대의 신자들은 이날 축성된 나뭇가지를 들고 기념한다.

이다. 조토는 삼차원적으로 미술을 인식한 최초의 화가였다. 한 미술사가가 말했듯이, 조토의 프레스코화는 처음으로 "벽에 구멍을 뚫었다." 조토가 죽은 뒤 이탈리아 화단에는 그에 대한 반동이 나타났다. 14세기 중반의 화가들은 한동안 자연주의를 포기하고, 마치 공중에 떠도는 것처럼 보이는 피폐하고 무서운 종교적 인물들을 그렸다. 그러나 1400년경 화가들은 다시 땅으로 내려와 조토의 영향력을 바탕으로 위대한 이탈리아 르네상스 미술을 구축하기 시작했다.

15세기 초에 이르기까지 북유럽의 미술은 필사본 채색 수준을 벗어나지 못했다. 하지만 그 후 갑작스러운 발전이 있었다. 북유럽의 대표적인 화가로는 얀 반 아이크(1380경~1441), 로기어 반 데어 바이덴(1400경~1464), 한스 멤링(1430경~1494)—모두 플랑드르인이다—등을 꼽을 수 있다. 세 사람은 초기 유화의 가장 위대한 화가들이다. 그들은 유화를 매개로 현란한 색채와 선명한 사실주의를 표현할 수 있었다. 반 아이크와 반 데어 바이덴은 깊은 종교적 신앙심을 표현하고 익숙한 일상생활의 경험을 세세하게 묘사하는 데 뛰어났다. 신앙과 일상생활은 일견 양립이 불가능한 것처럼 보일지도 모른다. 그러나 동시대의 『그리스도를 본받아』 같은 실천적 신비주의 저서도 신앙과 일상생활의 연결을 추구했다는 사실을 기억할 필요가 있다. 그러므로 플랑드르의 화가들이 온화한 표정의 마돈나와 아기 예수의 배경 그림으로, 사람들이 일상 업무에 종사하는 모습—심지어 한 남자가 벽에 오줌 누는 장면—을 그려 넣은 것은 결코 신성모독이 아니었다. 이와 같은 성(聖)과 속(俗)의 결합은 멤링의 작품에서는 분리되는 경향이 있었다. 그는 종교화와 세속 초상화를 따로 분리해 그렸고, 두 분야에서 모두 탁월했다. 그러나 이 통합은 저지대 지방의 가장 위대한 화가인 브뤼헬과 렘브란트의 작품에서 다시 달성되었다.

기술의 발달

♣ 기술의 발달은 일상생활에 어떤 영향을 미쳤는가?

중세 말기에 이루어진 업적을 말하면서 몇몇 획기적인 기술 발달을 빠뜨리고 넘어간다면 그것은 완전한 설명이 못 된다. 이 주제를 다루면서 맨 먼저 대포와 총 같은 전쟁 무기의 발명을 다룬다는 것은 유감스러운 일이다. 빈번한 전쟁은 신무기의 발달을 재촉했다. 화약 자체는 중국에서 발명되었다. 그러나 그것을 파괴적인 군사적 용도로 처음 사용한 것은 중세 말기 서유럽에서였다. 대포는 1330년경 처음으로 사용되었다. 최초의 대포는 너무나도 원시적이어서 대포 앞쪽보다 뒤에 있는 것이 더 위험했다. 그러나 15세기 중반에 이르면 그 성능이 크게 개선되어 전쟁의 본질을 뒤바꾸기 시작했다. 1453년 한 해 동안 대포는 두 차례 중요한 전쟁의 결과를 결정짓는 데 핵심적 역할을 했다. 즉, 오스만튀르크는 독일 및 헝가리제 대포를 사용해 그때까지 유럽에서 가장 난공불락이었던 콘스탄티노플의 방어벽을 돌파했고, 프랑스군은 중포(重包)를 사용해 보르도 시를 함락함으로써 백년전쟁을 종식시켰다. 대포는 그 후 반란 귀족들이 돌로 쌓은 성 안에 은신하기 어렵게 만듦으로써 국민적 군주국가를 강화하는 데 기여했다. 또한 배에 설치된 대포는 유럽의 선박이 그 후 해외 팽창 시대에 제해권을 장악하는 데 결정적인 역할을 했다. 14세기에 처음 발명된 개인 화기도 그 후 점차 완성도가 높아졌다. 1500년 직후 새롭게 등장한 머스킷 총은 이제껏 군사적으로 비중이 컸던 중무장 기병을 일거에 보병으로 대치시켰다. 창을 든 기병대가 시대에 뒤떨어지게 되고 모든 병사가 좀 더 쉽게 전투를 수행할 수 있게 되자, 대규모 병력을 동원할 능력이 있는 군주국가는 내부 저항 세력을 완전히 제압할 수 있었을 뿐 아니라, 유럽의 여러 전투에서 승리를 거둘 수 있었다.

중세 말기의 다른 기술 발달은 무기와는 달리 삶의 가치를 고양시키는 데 기여했다. 안경은 1280년대에 처음 발명되어 14세기에 완성되었다. 이로 인해 원시(遠視)의 노인도 책을 읽을 수 있게 되었다. 14세기의 위대한 학자인 페트라르카는 젊은 시절 뛰어난 시력을 자랑했는데, 60대에 접어들어 안경에 의지해 그의 가장 중요한 몇몇 업적을 완성할 수 있었다. 1300년경 나침반이 사용됨으로써 선박들이 육지에서 멀리 떠나 대서양에서 모험을 할 수 있게 되었다. 이로써 얻어진 즉각적인 결과는 이탈리아와 북유럽 사이에 해상 직접 교역이 열리게 되었다는 것이다. 그 후 선박 건조, 지도 제작, 항해 장치 등에서 이루어진 수많은 개량에 힘입어 유럽은 해외 팽창을 시작할 수 있었다. 14세기에 유럽 선박들은 아조레스 제도와 카포베르데 제도에 도달했다. 그 후 흑사병과 전쟁으로 인한 기나긴 휴지기가 끝나자 유럽 선박들은 1488년에 아프리카의 희망봉을 돌았고, 1492년에 서인도 제도를 발견했으며, 1498년에 해로를 통해 인도에 도달했고, 1500년에 브라질을 발견했다. 기술 발달의 결과로 세계는 갑자기 좁아졌다.

중세 말기 유럽인이 발명해 현대인의 생활에 가장 친숙하게 된 발명품은 시계와 인쇄된 책이다. 기계식 시계는 1300년 직전에 발명되어 그 후 널리 사용되었다. 시계가 처음 나왔을 때는 개인이 구입하기에 값이 너무나 비쌌다. 그러나 도시들은 경쟁적으로 그 도시의 대표적인 공공건물에 매우 정교한 시계를 설치했다. 이 새로운 발명품은 궁극적으로 두 가지 의미심장한 결과를 가져다주었다. 첫째 유럽인으로 하여금 온갖 종류의 복잡한 기계 장치에 관심을 갖도록 했다. 사실 이러한 기계에 대한 관심은 이미 중세 전성기 방아의 보급을 통해 확산된 바 있었다. 그렇지만 시계는 1650년경 이후 값이 매우 저렴해지면서 사실상 유럽의 모든 가정에 비치되었던 까닭에, 방아 이상으로 어느 곳에서나 찾아볼 수 있는 흔한 물건이 되었다. 그리고 가정마다 비치된 시계는 신기한 기계 장치의 표본 역할을 했다. 둘째로, 더 중요한 것은 시계가 유럽인의 일상생활을 합리적으로 만들기 시작했다는 사실이다. 중세 말기에 시계가 등장하기 전까지 시간은 유동적인 것이었다. 사람들은 하루 중 때가 언제쯤인지에 대해 막연한 개념만을 가지고 있어서, 대개 해가 뜨면 일어나고 해가 지면 집에 들어가는 생활을 했다. 그러나 14세기에 접어들면서 시계가 밤낮 구분 없이 엄밀하게 똑같은 시간을 알려주었다. 그 결과 시계는 전에 없이 정확하게 작업을 규제하기 시작했다. 사람들은 '정시에' 작업을 시작하고 끝내야 했으며, 대부분은 '시간이 돈'이라고 믿게 되었다. 시간 엄수에 대한 이 같은 강조는 효율성을 높여주기는 했지만 동시에 새로운 긴장을 초래했다. 루이스 캐럴의 『이상한 나라의 앨리스』에 등장하는 흰 토끼는 항상 회중시계를 바라보면서 '얼마나 늦었을까' 하고 중얼거리곤 하는데, 그것은 시간에 집착하는 서유럽인의 특성을 잘 요약해준다.

활판 인쇄술의 발명 또한 획기적인 것이었다. 인쇄술 발명의 중요한 계기는 1200~1400년 사이에 책 만드는 재료가 양피지에서 종이로 바뀌었기 때문이다. 양이나 송아지 가죽으로 만든 양피지는 대단히 값이 비쌌다. 가축 한 마리에서 품질 좋은 양피지를 넉 장밖에 얻을 수 없었으므로 성경 한 권을 만들기 위해서는 200~300마리의 양이나 송아지를 도살해야만 했다! 펄프로부터 얻어지는 종이는 책값을 실로 극적으로 하락시켰다. 중세 말기의 기록에 따르면 종이는 양피지의 6분의 1 가격이었다. 그러므로 읽고 쓰는 법을 배우는 비용이 저렴해졌다. 문자해독률이 점차 높아지면서 저렴한 서적을 요구하는 시장 규모가 커지게 되었고, 1450년경의 활판 인쇄술 발명은 1454년 저 유명한 요한 구텐베르크가 제작한 성경으로 이어져 이러한 수요에 충실히 부응했다. 노동력을 크게 절감시켜준 이 발명 덕분에 불과 20년도 채 지나지 않아서 활판 인쇄본 가격은 필사본의 5분의 1로 하락했다.

책을 쉽게 구해볼 수 있게 되자마자 문자해독률은 더욱 치솟았고, 이제 책 문화는 유럽인의 생활방식에서 근간이 되었다. 1500년경 이후 유럽인은 모든 종류의 책—종교 팸플릿

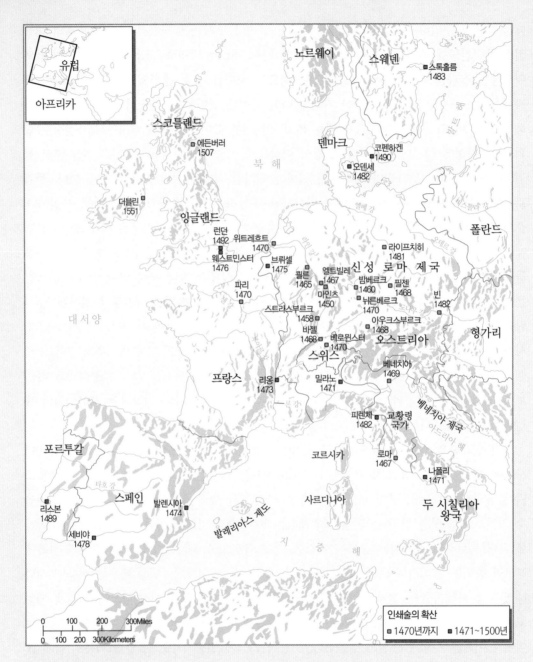

인쇄술의 확산
1470~1500년에 새로운 인쇄 기술이 얼마나 빨리 확산되었는지 주목하라. 인쇄기가 가장 밀집된 지역은 어디인가? 프랑스, 에스파냐, 잉글랜드에는 왜 저지대 지방, 북부 이탈리아, 독일에 비해 상대적으로 인쇄기가 적었는가? 수많은 인쇄 중심지는 왜 강가에 위치했는가?

뿐만 아니라 교본, 가벼운 읽을거리, 그리고 18세기에 이르면 신문까지—을 구입해서 읽을 수 있게 되었다. 인쇄술은 사상의 신속, 정확한 확산을 보장해주었다. 더욱이 혁명적 사상은 일단 그것이 수백 권의 책으로 출간되기만 하면 더 이상 쉽게 근절될 수 없었다. 16세기의 가장 위대한 종교 개혁자인 루터는 팸플릿을 인쇄함으로써 즉각 전 독일에서 추종자를 얻었다. 인쇄술이 없었더라면 루터는 후스처럼 죽임을 당하고 말았을 것이다.

책의 보급은 또한 문화적 민족주의의 성장을 자극했다. 인쇄술 발명 이전 대부분의 유럽 국가들은 지역 방언이 극심해 같은 언어로 말하는 국민 사이에서도 서로 말이 통하지 않을 정도였다. 그러나 인쇄술이 발명된 후 유럽 각국은 독자적으로 표준어를 발전시키기 시작했으니, 표준어가 책에 의해 균일하게 보급되었던 것이다. '표준 영어(King's English)'는 런던에서 인쇄되어 요크셔 또는 웨일스로 운반되었다. 그 결과 커뮤니케이션이 향상되었으며 정부 기능은 한층 효율적으로 수행될 수 있었다.

결론

경제적 혼란과 인구 붕괴에도 불구하고 중세 말기는 서유럽 역사상 가장 창조적이고 혁신적인 시대 중 하나였다. 그 이유가 무엇인지는 미래의 학자들이 인간의 창조성의 비밀을 규명하지 않는 한 언제까지나 미스터리로 남아 있을 것이다. 그러나 이 시기의 예술적·철학적·문학적·기술적 발전의 배후에서 우리가 볼 수 있는 것은, 자연계의 운행을 이해하고 통제하고 모방하려는 지속적인 욕구이다. 이 사실이 이런 발전의 원인을 설명하는 단서를 제공해줄 것이다.

아마도 가장 근본적인 것은 중세 말기의 지식인들이 자연을 신의 마음을 읽을 수 있는 책으로 간주하는 전통적·신플라톤적 관점과 결별했다는 점일 것이다. 대신 그들은 자연계를 그 자체의 법칙에 따라 작동하는 존재로, 즉 경험적으로는 입증할 수 있지만 그 배후에 가로놓여 있는 신에 관해서는 인간에게 아무것도 말해주지 않는, 그러한 존재로 바라보게 되었다. 그로 인해 얻게 된 자연계의 우연성과 독립성에 대한 의식은 과학적 세계관의 탄생으로 나아가는 중요한 발걸음이었다. 또한 그로 인해 유럽인은 자연계 자체를 인간의 목적을 위해 조작하고 관리할 수 있다고 믿게 되었다.

강력한 경제적·정치적 요인도 이 시기의 기술 발전을 자극했다. 흑사병과 전쟁의 파괴적 영향력에도 불구하고 상품 시장은 파괴되지 않았다. 노동력 부족 때문에 유럽의 기업가들은 노동력을 절감할 수 있는 기술의 개발 및 새로운 작물의 도입에 힘썼다. 끊임없는 전쟁은 놀라울 정도로 군사적 발명을 자극했다. 그것은 또한 강대국 정부로 하여금 신민의 재산에서 더 많은 세금을 뽑아낼 수 있도록 해주었고, 정부는 그 세금을 선박, 대포, 머스킷 총, 상비군 등에 투입했다. 개개인의 재산 증가는 방아, 공장, 시계, 책, 나침반 등에 투자하는 데 필요한 자본 형성에 기여했다. 그것은 또한 유럽 인구의 교육 수준을 눈부시게 향상시켰다. 1300~1500년에는 수백, 수천의 새로운 문법학교가 설립되었고, 수십 개의 대학이 탄생했다. 부모들은 그런 학교들을 자식의 사회적 성공을 위한 믿을 만한 경로라고 생각했다. 여성은 아직 학교 교육에서 배제되었으나 점점 더 많은 소녀가 가정에서 가르침을 받았다. 그 결과 여성은 중세 말기 유럽에 탄생한 독서 대중 가운데 지극히 중요한 (아마도 압도적인) 비중을 점하게 되었다.

끝으로 혼란은 그것이 삶의 궁극적인 개선 가능성에 대한 믿음을 파괴하지 않는 한 혁신을 촉진시켰다. 유럽인은 중세 말기에 전쟁, 흑사병, 경제 위기 등으로 엄청난 고통을 겪었다. 그러나 살아남은 자들은 신세계가 가져다준 기회를 잡았다. 그들이 중세 전성기에 발전시킨 자신감은 중세 말기의 고난에 의해 파괴되지 않았다. 1500년에 이르면 대부분의 유럽인은 200년 전의 선조들보다 안정된 삶을 살고 있었다. 그들은 팽창과 정복의 새로운 시대에 맞이했고, 유럽의 군대, 상인, 이주민은 전 지구를 누비게 되었다.

제11장

1300~1600년의 상업, 정복, 식민지

핵심 문제

- 몽골의 정복은 유럽에 어떤 영향을 미쳤는가?
- 오스만 사회에서 노예는 왜 그토록 중요했는가?
- 포르투갈은 어떻게 인도양 교역을 장악할 수 있었는가?
- 신세계의 은은 유럽 경제에 어떤 영향을 미쳤는가?

1300년에 이르러 중세 전성기 유럽의 팽창은 끝났다. 이베리아에서는 (그라나다가 페르난도와 이사벨에게 함락된) 1492년까지 더 이상 무슬림 영토에 대한 정복이 진행되지 않았다. 동쪽에서는 콘스탄티노플과 아크레의 십자군 왕국이 각각 1261년과 1291년에 붕괴되었다. 독일의 동유럽 팽창만이 꾸준히 계속되었지만, 이 역시 14세기 중반 리투아니아에 새로운 발트 국가가 등장하자 그 속도가 늦춰졌다. 유럽의 자원이 생태학적 한계에 도달하면서 대내적 팽창도 종식되었다. 자원 압박은 14세기에 발생한 기근, 흑사병, 전쟁 등의 복합적인 영향으로 인한 극적인 인구 감소 덕분에 가까스로 늦춰졌을 뿐이다.

그러나 이런 어려움에도 불구하고 중세 말기의 유럽인은 내부로 눈을 돌리지 않았다. 토지에 바탕을 둔 정복 사업은 늦춰졌지만, 새롭게 해양에 기반을 둔 제국이 14·15세기 지중해 세계에 등장해 흑해에서 카나리아 제도까지 수많은 식민지를 획득했다. 새로운 해양 교역로가 지브롤터 해협을 통해 열렸고, 그 결과 지중해와 대서양 사이에 거대한 경제적 통합이 이루어졌으며 아시아의 향료와 아프리카의 황금에 대한 서북유럽의 수요가 증대했다. 15세기 말 지중해의 선원과 식민지 개척자들은 지배 영역을 대서양—북으로 아조레스에서 남으로 아프리카 서해안에 이르는—으로 확대했다. 마침내 1498년 한 탐험대가 희망봉을 돌아 인도에 도달했다.

15세기의 '대서양 지중해(Atlantic Mediterranean)' 정복은 그 후에 전개된 수많은 극적인 사건의 예비 단계였다. 1492년 콜럼버스는 인도에 도달하고자 대서양을 가로질러 항해했고, 1600년에 이르러 에스파냐와 포르투갈은 아메리카 대륙을 정복했다. 우리는 이런 사건들에 너무나 익숙한 탓에 그 중요성을 과소평가하기 쉽다. 유럽인과의 접촉은 아메리카 원주민과 그들의 제국에 일대 격동을 가져왔다. 1600년까지 아메리카 원주민의 50~90퍼센트가 질병, 학살, 노예화 등으로 사망했다. 유럽인들에게는 정복의 결과가 그 정도로 치명적이지 않았지만 그들에게도 정복의 파장은 엄청난 것이었다. 1300년까지 유럽인은 지중해 세력으로서 비잔티움과 이슬람을 압도했지만, 지중해와 북대서양 바깥 해역에서 유럽의 세력은 아직 미미했다. 그러나 1600년에 이르러 유럽은 세계 역사상 최초의 진정한 강대 세력으로 떠올랐다. 그들의 선박이 항해할 수 있고 그들의 대포가 도달할 수 있는 모든 지역에서 유럽인은 제국주의적 야심과 상업적 이익을 추구했다. 유럽인은 아프리카, 아시아, 아메리카의 내륙 지역에 대해서는 19세기 말까지도 완전한 지배권을 장악하지 못했고, 그들의 지배권은 그 후 한 세기도 유지되지 못했다. 그러나 1600년의 시점에서 유럽의 해군은 바다를 제패했고 세계의 자원은 유럽인의 수중에 들어갔다. 이 시기에 만들어진 틀은 오늘날까지 이어지고 있다.

몽골

◆ 몽골의 정복은 유럽에 어떤 영향을 미쳤는가?

지중해 세계와 극동 간 교역의 역사는 고대까지 거슬러 올라가지만, 유럽인이 인도, 중국, 인도네시아 향료 제도 등과 직접적인 교역 관계를 수립하기 시작한 것은 13세기 말의 일이다. 유럽인에게 아시아와의 관계는 지극히 중요했다(물론 경제적 중요성보다는 유럽인의 상상력에 더 큰 영향을 미친 것이기는 했지만 말이다). 그러나 아시아인의 입장에서 중앙아시아와 중국을 잇는 실크로드에 출몰한 유럽 상인은 단순한 호기심의 대상일 뿐이었다. 몽골 제국의 등장은 이런 의미에서 중대한 사건이었다. 몽골이야말로 둘 사이에 진정한 관계 수립을 가능하도록 만들었던 것이다.

몽골 제국의 흥기

몽골인은 중앙아시아에 거주하는 수많은 스텝 유목민 중 하나였다. 투르크어 사용 민족과 밀접한 관련을 맺고 빈번히 통혼하기도 했지만, 몽골인은 고유의 언어를 사용했고 고비 사막 북부—오늘날 몽골에 위치—를 본거지로 삼고 있었다. 양은 그들에게 집(양모 천막의 형태로), 옷, 밀크, 고기 등을 제공했다. 역사상의 많은 유목민족이 그러했듯이, 몽골인은 고도의 숙달된 기마 전사로서, 남쪽의 정주민족에 대한 약탈을 통해 그들의 목축과 수공업 생산의 부족한 부분을 보충했다. (수백 년 전 중국이 저 유명한 만리장성을 쌓은 이유는 부분적으로 몽골인의 침입을 막기 위해서였다). 그러나 중국인은 몽골인을 내부 분열 상태에 놓이도록 만들고, 몽골인의 군사적 에너지를 부족 상호간의 싸움으로 전환시킴으로써 자국을 지켜냈다.

그러나 12세기 말 몽골의 통치자 테무친은 다양한 몽골 부족을 단일한 지배권 아래 통합하기 시작했다. 서로 다투는 부족들을 자신의 군대에 합병시킴으로써 테무친은 단기간에 막강한 군사력을 확보했다. 1206년 모든 몽골인은 그의 최고권을 인정했고 그는 칭기즈 칸—대양의 (또는 전 세계의) 군주—이란 호칭을 얻었다. 칭기즈 칸은 대군을 지휘해 비(非)몽골인 이웃 민족들을 상대로 싸웠다. 그 당시 중국은 적대적인 세 개의 국가로 분열되어 있었다. 1209년 칭기즈 칸은 서북 중국을 공격했고, 1211년 다시 북중국의 금을 침공했다. 이러한 공격 행위는 처음에는 계획적인 정복 시도라기보다는 약탈 원정이었을 것이다. 그러나 1230년대에 이르러 몽골은 중국 북부 및 서부에 대한 전면적인 정복 전쟁을 수행했다. 몽골의 정복활동은 1234년 금의 멸망으로 절정에 달했다. 1279년 칭기즈 칸의 손자 쿠빌라이 칸은 중국의 남송 정복을 완료했고 이로써 수백 년 만에 처음으로 중국을 재통일했다.

한편 칭기즈 칸은 군대를 서쪽으로 돌려 중앙아시아의 상당 부분을 정복하고 타슈켄트, 사마르칸트, 부하라 같은 중요 상업 도시를 제국에 편입시켰다. 1227년 칭기즈 칸이 사망하자 셋째아들 오고타이가 그 뒤를 이었다. 그는 금의 정복을 완료하고, 옥수스 강[1]과 카스피해 사이의 땅을 정복했으며, 서쪽을 향한 대대적인 침공 계획을 수립했다. 1237년과 1240년 사이에 몽골 군단(horde, '천막', '야영'을 뜻하는 투르크어 '오르두[ordu]'에서 온 말)은 남부 러시아를 정복한 다음, 서쪽을 향해 두 갈래 방향으로 습격하기 시작했다. 둘로 나뉜 몽골 군대 중 소부대는 폴란드를 휩쓸고 동부 독일로 향했으며, 대부대는 남서쪽의 헝가리로 진격했다. 1241년 4월 몽골 소부대는 레그니차 전투에서 독일, 헝가리 연합군과 맞닥뜨렸고, 양측은 피투성이의 교착 상태에 빠져들었다. 그로부터 이틀 후 몽골 대부대는 사요 강 전투에서 헝가리 군대를 궤멸시켰다.

몽골 군대가 서쪽으로 얼마나 더 밀고나갈 수 있었겠는가 하는 문제는 영원한 수수께끼로 남을 것이다. 왜냐하면 1241년 12월 오고디이 칸이 사망하자 몽골 군대가 동유럽에서 물러났기 때문이다. 새로운 칸이 옹립되는 데는 5년이 소요되었고, 1248년 새로운 칸마저 죽자 다시 3년간 공위 기간이 이어졌다. 몽골의 정복활동은 페르시아, 중동, 중국에서 계속되었다. 그러나 1241년 이후 몽골인은 유럽에 대한 공격을 재개하지 않았다. 1300년에 이르러 몽골의 팽창은 중단되었다.

그러나 몽골의 위협이 갑자기 사라진 것은 아니다. 칭기즈 칸의 후예들은 14세기 중반까지 거대한 육상 제국(세계사상 가장 큰 제국이었다)을 계속해서 지배했다. 그 후 절름발이 티무르(유럽에서는 타메를란[Tamerlane]으로 알려졌다)의 리더십 아래 몽골 제국은 짧은 기간이나마 재통일된 것처럼 보였다. 그러나 1405년 티무르는 중국을 침공하던 중 사망했고, 그 후 몽골 제국의 여러 지역이 (소아시아의) 오스만튀르크를 포함한 지방 지배자 수중에 들어갔다. 그러나 몽골의 문화적 영향력은 지속되었고, 그 영향력은 15·16세기 페르시아와 무굴 제국 인도에서 산출된 인상적인 예술작품에서 찾아볼 수 있다.

몽골의 성공은 기마부대의 규모, 속도, 훈련에 힘입은 것이었다. 저항하는 자들을 무시무시하게 야만적으로 죽인 것도 성공 요인이었다. 그들의 성공은 또한 신민의 행정적 전통을 자신들의 목적에 맞게 적용할 줄 아는 능력 덕분이기도 했다. 몽골인은 그들 고유의 샤머니즘 전통마저 대수롭지 않게 여겼으므로 다른 민족의 종교 신앙에 대해 놀랍도록 관용을 베풀었는데, 그것은 하나의 제국—불교, 그리스도교, 이슬람교 등 지극히 다양한 종교를 포괄했던—을 통치하는 데 뚜렷한 장점으로 작용했다. 그러나 제국을 다스린 방식에는 이렇

---

1) 아무다리야 강이라고도 한다. 중앙아시아에서 가장 긴 강으로 아랄 해 남해안으로 흐른다.

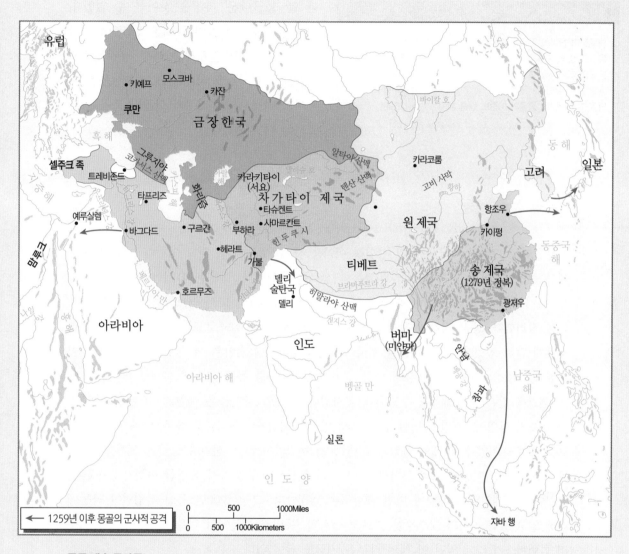

유럽

키예프　모스크바
　　　　카잔
쿠만
금장한국

흑해

그루지아
코카서스 산맥

셀주크 족

트레비존드

예루살렘

타프리즈

바그다드

구르간

카라키타이
(서요)

타슈켄트
사마르칸트
부하라

차가타이　제국

헤라트

가불

호르무즈

델리
술탄국
델리

아라비아

인도

아라비아 해

실론

인 도 양

알타이 산맥

텐산 산맥

바이칼 호

카라코룸

고비 사막

원 제국

티베트

브라마푸트라 강

히말라야 산맥

갠지스 강

벵골 만

버마
(미얀마)

동 해

고려

일본

항조우

카이펭

동중국
해

송 제국
(1279년 정복)

광저우

안남

참파

남중국
해

자바 행

황하

← 1259년 이후 몽골의 군사적 공격

| 0 | 500 | 1000Miles |
| 0 | 500 | 1000Kilometers |

몽골 계승 국가들

1259년 이후 칭기즈 칸 제국의 분열된 모습이다. 일시적이었지만 그것이 알렉산드로스 제국—이 제국 또한 유럽과 아시아 상당 지역을 단기간에 정복했다—의 해체 과정과 유사했음을 주목하라. 칭기즈 칸 제국은 왜 분열되었는가? 아랍 무슬림 세계의 여러 지역에 대한 몽골의 공격과 점령은 유럽의 문명과 교역이 지중해 일대로 확장하는 데 어떤 기여를 했는가? 동시에 그것은 성지에서의 십자군 운동을 어떻게 복잡하게 만들었는가?

몽골 제국의 흥기, 1206~1260년

테무친이 칭기즈 칸으로 즉위	1206년
몽골의 중국 북부 정복	1234년
몽골의 러시아 남부 정복	1237~1240년
몽골 세력 유럽에서 철수	1241년
맘루크 술탄국이 몽골의 이집트 진출 제지	1260년

다 할 '몽골다운' 특징을 찾아볼 수 없었다. 중국의 경우—몽골인이 세운 원(元)이 중국의 복잡한 행정 관료제를 계승·유지했다—를 제외하면, 몽골 지배는 정교하지 못한 것이어서 대개 신민으로부터 안정된 조공을 확보하는 데 치중했다.

유럽, 몽골, 극동

몽골인은 그들의 제국이 어떤 상업적 이익을 줄 수 있는지 잘 알고 있었다. 그들은 중국에서 중앙아시아를 거쳐 흑해에 이르는 대상로를 장악했다. 그들은 유럽인과의 상업적 교류, 특히 육로와 해로를 통해 중국에 도달할 수 있는 이란의 도시 타브리즈를 경유하는 교류를 장려했다. 몽골 정복 이전까지만 해도 중국으로 가는 실크로드는 서유럽 상인과 여행자에게 닫혀 있었다. 그러나 몽골 제국이 수립되자마자 유럽인은 이 대상로를 과감하게 이용했다. 최초의 여행자는 프랑스 국왕 루이 9세가 1253년 몽골 궁정에 사절로 파견한 기욤 드 뤼브룩 같은 프란체스코 수도회 선교사였다. 서유럽 상인들은 재빨리 그 뒤를 따랐다. 이들 초기 상인 중 가장 유명한 인물은 세 명의 베네치아인—니콜로 폴로, 마페오 폴로, 마르코 폴로—이었다. 마르코 폴로가 20년 동안 쿠빌라이 칸을 섬기며 중국에 체류한 뒤 향료 제도, 인도, 이란을 거쳐 고향에 돌아온 이야기는 역사상 가장 유명한 여행기에 속한다. 그것이 동시대인의 상상력에 미친 영향력은 엄청났다. 그 후 200년 동안 유럽인이 극동에 대해 알고 있던 지식의 대부분은 마르코 폴로의 『동방견문록』에서 얻은 것이었다. 크리스토퍼 콜럼버스가 갖고 있던 이 책의 사본은 지금도 남아 있다.

유럽인이 실크로드 서쪽 끝자락과 맺은 관계는 14세기 중반까지 계속되었다. 제노바인이 특히 이 교역에 적극적이었는데, 그것은 경쟁 세력인 베네치아가 알렉산드리아, 베이루트와의 지중해 교역—이 경로를 통해 유럽의 극동 사치품 대부분이 유입되었다—을 이미 장악하고 있었기 때문이었다. 그러나 14세기를 거치는 동안 이란의 몽골인은 점점 더 서유럽인에게 적대감을 드러냈다. 1344년에 이르러 서유럽인에 대한 몽골인의 습격으로 인해 더 이상 교역을 할 수 없게 되자 제노바인은 타브리즈를 포기하고 말았다. 1346년 몽골인은 흑해 연안의 제노바인 식민도시 카파를 포위 공격했다. 제노바인이 더 이상 흑해에서 상업활동을 할 수 없게 되었다는 사실과는 별개로, 이 포위 공격은 몽골군에게 저항하던 제노바인을 흑사병에 감염시켰다는 점 때문에 기억할 만하다(몽골인은 우연히 고비 사막에서 흑사병을 가져왔는데 이 질병은 고비 사막의 풍토병이었다). 제노바인은 흑사병에 감염된 채 서유럽에 돌아갔고, 그 후 흑사병은 유럽 전체 인구의 3분의 1 이상을 죽음으로 몰고 갔다.[2]

마르코 폴로의 여행이 만들어준 기회의 창은 이렇듯 단기간 내에 닫히고 말았다. 14세기 중반에 이르면 몽골 제국 여러 지역들 사이의 적대감 때문에 실크로드 여행이 위험해졌다. 원이 무너진 1368년 이후, 서유럽인은 중국에서 완전히 배척을 당했고, 몽골인은 명(明) 제국 군대에서 기병으로 복무하는 것으로 역할이 축소되었다. 중국에서 흑해에 이르는 육상 교역로는 계속 열려 있었지만, 유럽인은 더 이상 그 길을 따라 여행할 수 없었다. 그러나 몽골에 의해 창출된 새롭고도 통합된 상업 세계는—유럽인이 직접 참여한 기간이 짧기는 했지만—유럽에 지속적인 영향력을 미쳤다. 유럽인의 극동에 대한 기억은 보존되었다. 그리고 유럽과 중국 간의 직접적인 교류를 복원하려는 꿈은 계속 살아남아, 15세기 말부터 새롭게 전개된 유럽인의 상업적·제국적 팽창에 영향을 미쳤다.

오스만 제국의 흥기

👉 오스만 사회에서 노예는 왜 그토록 중요했는가?

몽골인과 마찬가지로 원래 유목민이었던 오스만튀르크인은 거대 제국을 정복한 후에도 약탈에 의존한 경제생활을 영위했다. 오스만인은 몽골인이 소아시아 서북부에 도달했을 때

---

2) 1346년 동서양 교역의 접점이던 크림 반도의 항구도시 카파. 3년이나 이곳을 포위했던 몽골 통치자 야니 벡이 아쉽게 발길을 돌리며 작별 선물을 남긴다. 느닷없이 병에 걸려 죽은 군사들의 시체를 투석기에 실어 성벽 안으로 던져 넣은 것이다. 치명적인 병원균이 그렇게 성 안으로 침투했다. 아시아에서 발생해 실크로드를 타고 날개 돋친 듯 퍼진 흑사병이 마침내 유럽에 발을 내디딘 순간이다. 성에 피신해 있던 제노바 상인들이 본의 아니게 세균의 전파자가 되었다. 이듬해 여름 이들이 고향으로 향하며 들른 지중해 항구마다 환자가 속출했다. 유럽 방방곡곡으로 번진 병은 1년 만에 잉글랜드와 아라비아 반도, 나일강 삼각주까지 미쳤다. 아노 카렌, 권복규 옮김, 『전염병의 문화사』(사이언스북스, 2001) 참조.

마르코 폴로가 묘사한 자바

베네치아 상인 니콜로 폴로와 마페오 폴로 형제는 1260~1269년 콘스탄티노플에서 쿠빌라이 칸의 궁정까지 육로로 여행을 했다. 1269년 본국에 돌아온 그들은 니콜로의 아들 마르코를 데려갔다. 언어 재능이 뛰어났던 마르코는 몽골 궁정에 남아 있다가 1290년대 초 몽골을 떠나 동남아시아, 향료 제도, 인도양을 거쳐 유럽에 돌아왔다. 마르코의 여행기는 향후 여러 세기 동안 유럽인의 극동에 대한 이미지를 형성했다.

참바를 출발해 남쪽과 동남쪽 사이로 1,500마일을 가면 자바라는 대단히 큰 섬에 도착하게 된다. 그곳을 잘 아는 경험 많은 선원들의 말에 의하면 그곳은 세상에서 가장 큰 섬이라고 하는데 정말 그 둘레가 3,000마일 이상이나 된다. 이 섬은 한 왕이 지배하고 있는데, 주민은 다른 어떤 권력자에게도 조공을 바치지 않는다. 그들은 우상 숭배자이다.

이 섬은 값진 상품들로 가득하다. 후추, 육두구, 감송(甘松), 양강근, 자바 후추, 정향 등 온갖 진기한 향료와 약재들이 이 섬의 산물이다. 상인들을 태운 수많은 선박이 이 섬에 와서 물건을 사고 상당한 수익을 올린다.

이 섬에서 채집되는 황금의 양은 상상을 초월할 정도로 많다. 그곳에서……상인들은 오늘날까지 그 금속을 다량 수입하며, 또한 막대한 양의 향료를 취득해 전 세계에 보급한다. 위대한 칸[쿠빌라이]이 그 섬을 종속시키지 못한 것은 항해하기가 너무 멀고 위험하기 때문이다.

분석 문제

1. 마르코 폴로의 『동방견문록』은 유럽인의 극동에 대한 이미지 형성에 어떤 영향을 미쳤는가?
2. 마르코 폴로는 왜 다양한 향료를 '값진 상품'이라고 표현했는가? 왜 유럽인은 향료에 그토록 높은 가치를 부여했는가?

이미 그곳에 터를 잡고 있었고, 적어도 명목상으로는 이미 무슬림이었다. 그러나 그 지역의 다른 무슬림 세력들이 몽골인에 의해 파멸된 것과는 달리, 오스만튀르크인은 몽골 정복의 수혜자였다. 셀주크 술탄국과 바그다드의 아바스 칼리프국을 무너뜨림으로써, 몽골인은 튀르크 변경의 오스만 추장들을 괴롭히던 두 전통 세력을 제거한 셈이었다. 이제 오스만인은

비잔티움에 접한 변경 지역을 아무런 방해도 받지 않고 마음껏 약탈할 수 있었다. 동시에 그들은 몽골 권력의 중심부에서 멀찌감치 떨어져 있었으므로 몽골에 의한 멸망을 피할 수 있었다.

콘스탄티노플 정복

13세기 말에 이르러 오스만 왕조는 소아시아 변경의 영주들 가운데 주도적인 가문으로 위치를 굳혔고, 14세기 중반에는 많은 도시들을 점령함으로써 우월성을 공고히 했다. 이런 성공으로 인해 오스만인은 비잔티움 황제의 주목을 받았고, 1345년 황제는 오스만 파견대를 용병으로 고용했다. 이렇게 해서 유럽에 진입한 오스만인은 신속히 새로운 상황에 적응했다. 1370년에 이르러 오스만인은 도나우 강에 이르기까지 지배권을 확장했고, 1389년에는 오스만 군대가 코소보 전투에서 막강한 세르비아 제국을 패퇴시키고, 그리스, 불가리아, 발칸 지역에 대한 지배권을 강화했다.

1396년 오스만인은 콘스탄티노플을 습격했지만 자국을 공격하기 위해 파송된 서유럽의 십자군을 물리치기 위해 뒤로 물러섰다. 1402년 그들은 다시 콘스탄티노플을 공격했지만 재차 물러나지 않을 수 없었는데, 이번에는 소아시아에서 몽골의 침략에 직면했던 것이다. 절름발이 티무르가 지휘한 몽골 군대는 오스만의 술탄을 사로잡고 그의 군대를 절멸시켰다. 그 후 한동안 오스만의 소아시아 장악은 불가능할 것처럼 보였다. 그러나 1413년 티무르가 사망하고 새로운 술탄이 등장했다. 그와 더불어 오스만인은 정복활동을 재개할 수 있었다. 오스만인의 콘스탄티노플에 대한 압박은 1420년대와 1430년대에 계속되었다. 이로 인해 비잔티움 난민들이 끊임없이 조국을 등지고 떠났는데, 이들 피난민은 그리스 고전 문학의 걸작들을 이탈리아로 가져갔다. 그러나 술탄 메흐메트 2세(재위 1451~1481)가 비잔티움 제국 수도를 정복하기로 작정한 것은 1451년에 이르러서의 일이었다. 1453년 눈부신 포위 공격 작전으로 마침내 그는 도시의 성벽을 돌파하는 데 성공했다. 비잔티움 황제는 살해되었고 도시는 철저히 약탈당했으며 주민은 노예로 팔려나갔다. 그런 다음 오스만인은 그곳에 정착해 비잔티움인과 흡사한 방식으로 새로운 수도를 지배했다.

오스만의 콘스탄티노플 정복은 그리스도교 유럽에 엄청난 심리적 충격을 주었지만, 서유럽에 끼친 경제적 영향은 미미했다. 비잔티움 제국에 대한 오스만의 지배는 유럽인의 흑해 접근성을 약화시켰으나, 당시 유럽의 극동 사치품 교역은 대부분 흑해 연안 항구를 거치지 않았다. 유럽인은 향료와 비단의 대부분을 베네치아를 통해 받아들였고, 베네치아는 알렉산드리아와 베이루트—두 도시는 1520년대까지 오스만에 함락되지 않았다—를 거쳐 물량을 수입했다. 그러므로 15세기 말에 유럽과 인도와 향료 제도 사이의 직항로를 확보하기 위해 노력했던 포르투갈인을 뒤에서 밀어붙인 세력이 오스만이었다고 생각해서는 안 된다. 오히려 그 반대였다. 포르투갈이 유럽과 인도 사이의 직항로를 확립한 후인 1520년대와 1530년대에 오스만인이 시리아, 이집트, 헝가리를 정복하지 않을 수 없었던 것은, 포르투갈이 인도양 향료 무역에서 무슬림을 축출하려 했기 때문이었다. 물론 오스만의 정복활동 배경에는 이집트 곡물 무역을 장악하려는 욕망도 있었다. 하지만 오스만인은 베이루트와 알렉산드리아를 경유하는 육상 향료 교역을 지배해왔던 유럽 상인을 제거함으로써, 이 교역로를 유리하게 변경—콘스탄티노플을 경유해 도나우 강 상류를 거쳐 서유럽 방면으로 향하도록—하고자 하는 욕망 또한 품고 있었다.

이처럼 오스만의 콘스탄티노플 정복이 서유럽에 미친 영향을 미미했지만, 오스만인에게 이 정복은 획기적인 것이었다. 엄청난 부가 오스만 사회로 흘러들어왔고, 오스만인은 새로운 수도의 산업적·상업적 이해관계를 신중하게 관리하여 그 부를 증대시켰다. 교역로는 수도권의 경제에 기여할 수 있도록 재조정되었고, 오스만은 동부 지중해와 흑해의 해상 강국이 되었다. 그 결과 콘스탄티노플의 인구는 1453년 10만 명에도 미치지 못하다가 1600년 50만 명 이상으로 불어났다. 중국의 경우를 제외하면 전 세계에서 가장 큰 도시가 된 것이다.

오스만 제국의 흥기, 1300~1571년	
오스만 가문이 아나톨리아의 지배 가문이 되다	1300년
비잔티움 황제의 오스만 용병 고용	1345년
오스만의 유럽 진입	1350년대
오스만이 세르비아 제국 물리치다	1389년
오스만의 콘스탄티노플 정복	1453년
오스만의 시리아, 이집트, 헝가리 정복	1520년대
레판토 전투	1571년

전쟁, 노예제, 사회 진보

오스만인은 상업에 각별한 관심을 보였지만 그들의 제국은 약탈과 정복에 근거하고 있었다. 그러므로 16세기 말까지 오스만 제국은 지속적인 전시 상태를 유지했다. 정복을 계속하기 위해 오스만 군대와 행정의 규모는 급속히 커졌다. 그러나 정복사업에는 점점 더 많은 제국 인력이 필요했다. 오스만의 군대와 행정부는 대체로 노예 인력으로 구성되었던 까닭에 더 많은 병사와 행정관을 확보하려면 정복을 통해 더 많은 포로를 노예로 삼아야만 했다. 하지만 정복을 하면 할수록 더 큰 규모의 군대가 필요했고, 그보다 훨씬 더 큰 규모의 관료 기구를 필요로 했다. 이런 식으로 악순환이 거듭되었다.

맘루크 이집트에서 그랬던 것처럼 노예는 오스만 군대와 행정의 근간을 이루었다. 노예는 또한 오스만 상층계급의 삶에서 지극히 중요한 존재였다. 오스만 사회에서 사회적 지위를 나타내는 중요한 잣대는 집 안에 거느리는 노예의 수였다. 1453년 이후 일부 오스만 귀족은 새로 획득한 재산 덕분에 수천 명의 노예를 거느릴 수 있었다. 16세기에는 술탄의 집안에 만 무려 2만 명의 노예가 시중을 들었는데, 이 숫자에는 술탄의 경호요원 및 엘리트 보병부대—이 또한 모두 노예로 구성되었다—는 포함되지 않는다.

특히 콘스탄티노플에서는 노예 인력 수요가 거의 감당할 수 없는 수준으로 커졌다. 이들 노예의 상당수는 전쟁포로였다. 일부 노예는 크림 반도의 노예 상인이 폴란드와 우크라이나를 습격해서 그곳 주민을 붙잡아 배에 태워 콘스탄티노플의 노예 시장으로 끌고 왔고, 또 다른 노예는 오스만 제국 변두리 지역에서 (자발적으로 또는 강제로) 충원되었다. 오스만 노예의 대부분은 노동자라기보다는 가사고용인이자 행정관이었으므로 일부는 기꺼이 노예 신분을 받아들였다. 시골에서 농민으로 비참하게 사느니 콘스탄티노플에서 노예로 사는 편이 더 낫다고 여겼기 때문이다. 각별히 발칸 반도에서는 많은 어린아이가 부모에 의해 노예로 넘겨졌다. 가난 때문에 돈으로 공납을 바칠 수 없는 농촌 주민들에게 아들을 대신 바치도록 한 오스만의 악명 높은 '어린이세(child tax)'를 납부하기 위해서였다. 의심할 나위 없이 가족에게는 쓰라린 경험이었지만, 이런 관행은 사회적 지위 상승의 기회를 열어주기도 했다. 콘스탄티노플에는 행정관과 병사 인력으로 충원하고자 노예 어린아이 가운데 가장 우수한 인력을 뽑아 훈련시키는 학교가 설립되었고, 그들 중 일부는 오스만 제국의 유력한 인물로 떠올랐다. 술탄마저도 노예 여성의 아들인 경우가 빈번했다.

무슬림은 다른 무슬림을 노예로 삼을 수 없었으므로 오스만 노예의 대부분은 그리스도교도 집안 출신이었다(물론 많은 노예들이 추후 이슬람교로 개종했다). 그러나 오스만 정부 내의 수많은 엘리트 지위를 노예가 차지한 까닭에 노예 행정관에게 과도하게 의존하게 되었고, 그 결과 역설적인 결과가 나타났다. 투르크인을 포함한 무슬림이 오스만 사회의 사회적·정치적 출세 가도에서 사실상 배제되고 만 것이다. 오스만 사회에는 동시대의 유럽 사회와 같은 강력한 세습 귀족계급이 없었다. 15세기와 16세기 오스만 제국 사회는 대단히 특이

오스만 근위병

다음 글은 한 세르비아인 그리스도교도가 기록한 것이다. 그는 어린 시절 정복자인 술탄 메흐메트 2세의 포로가 되어 이슬람교로 개종했고 그 후 8년 동안 오스만 근위대에서 복무했다. 그러나 1463년 그가 술탄을 위해 방어하던 요새가 헝가리인에 의해 함락되자 다시 그리스도교로 개종했다.

투르크 군대가 외국 땅을 침략해 그곳 주민을 생포할 때마다 황제의 서기 한 명이 군대를 따라나선다. 그는 어린 소년이 보이기만 하면 모조리 근위대에 편입시키고, 소년들에게 각기 금화 5개씩을 주어 바다 건너 아나톨리아로 보낸다. 그곳에는 이런 소년이 2,000명가량 있다. 하지만 적국 주민 중 이런 소년 인력이 충분치 않으면, 그는 자국 영토 내 소년이 있는 모든 촌락에서 그리스도교도 소년들을 징발한다. 모든 촌락에서 가능한 최대 인력을 제공하도록 되어 있으므로 할당량은 언제나 넉넉히 채워진다. 서기가 본국에서 징발한 소년은 칠릭(cilik)이라고 부른다. 그들은 죽은 뒤 원하는 사람에게 자기 재산을 물려줄 수 있다. 적의 주민 중에서 데려온 소년은 펜딕(pendik)이라고 부른다. 펜딕은 죽은 후 아무것도 남길 수 없으며 그 재산은 황제에게 돌아간다. 단, 처신을 제대로 하고 공을 세운 사람은 자유를 얻으며, 자신이 원하는 사람에게 재산을 물려줄 수도 있다. 황제는 바다 건너온 소년들에게는 아무런 비용도 쓰지 않는다. 오히려 소년을 위탁받은 자들이 부양책임을 지고 황제가 명하는 곳으로 소년들을 보내야 한다. 황제의 명에 적합한 소년들을 골라 배에 실으면 소년들은 그곳에서 전투에 필요한 교육과 훈련을 받는다. 그곳에서 황제는 그들을 부양하고 임금을 지불한다. 황제는 훈련받은 소년 중에서 궁정에서 쓸 인력을 선발한다. 그런 다음 임금을 올려준다.

분석 문제

1. 근위대는 오스만 제국에서 어떤 역할을 맡았는가?

2. 오스만의 서유럽 침입은 유럽의 세력균형에 심각한 위협이었는가?

하게도, 능력과 재능 있는 사람—노예 신분이라 할지라도, 그리고 무슬림으로 태어나지 않은 사람일지라도—에게 권력으로 나아가는 길이 활짝 열려 있었다. 무슬림이 배제되는 현상은 행정부와 군대에만 국한된 것이 아니었다. 상업과 기업 부문도 대체로 비(非)무슬림—

그리스인, 시리아인, 유대인이 많았다—이 장악했다. 유대인은 오스만 제국에서 특히 환영받은 난민이었다. 그들은 중세 말기 유럽을 특징지었던 박해와 추방의 희생자였다. 1492년 에스파냐에서 추방된 후 10만 명 이상의 에스파냐 유대인(세파르디 유대인)이 오스만 제국으로 이주했다.

종교 갈등

오스만 제국 술탄들은 철저한 정통 수니파 무슬림이었으며 이슬람 학자들의 종교적·율법적 견해를 강력히 지지했다. 1516년 오스만인은 메디나 시와 메카 시를 함락함으로써 성소의 수호자가 되었다. 그 일이 있은 직후 그들은 예루살렘과 카이로를 함락해 이집트의 맘루크 술탄국을 끝장냈다. 1538년 오스만 지배자는 공식적으로 칼리프 칭호를 채택하고 스스로를 예언자 무함마드의 적법한 계승자로 선포했다.

오스만인은 수니파 전통을 유지하면서도 각별히 15·16세기 동안에는 비무슬림에게도 종교적 관용을 보였다. 그들은 제국의 주요 종교 집단들을 밀레트(millets, 터키어로 '종교공동체' 또는 '민족'이라는 뜻)라는 법적 단위로 조직하고 그들에게 상당한 정도의 종교적 자치권을 허용했다. 1453년 이후 오스만인은 오스만 제국 내의 정교 그리스도교도에 대한 콘스탄티노플 그리스 정교 총대주교의 권위를 보호하는 데 각별한 주의를 기울였다. 그 결과 오스만인은 16세기에 서유럽 라틴 그리스도교도와 전쟁을 치를 때 정교 그리스도교 신민으로부터 확고한 지지를 얻었다. 그러므로 오스만 제국은 종교적으로 무척 다양하기는 했지만, 정작 오스만인의 종교 갈등은 신민들 사이에서보다는 주로 이웃 페르시아를 지배했던 시아파 무슬림 왕조와의 사이에서 벌어졌다. 16세기를 거치면서 오스만 제국은 오스만과 페르시아 사이에 적대감이 분출될 때마다 여러 차례 서유럽 원정을 포기해야만 했다.

오스만과 유럽

16세기를 거치면서 에스파냐, 독일, 오스트리아를 통치한 합스부르크 지배자들은 프랑스 국왕(오스만과 동맹을 맺었다)과의 갈등, 독일, 네덜란드, 잉글랜드 등 프로테스탄트 군주들과

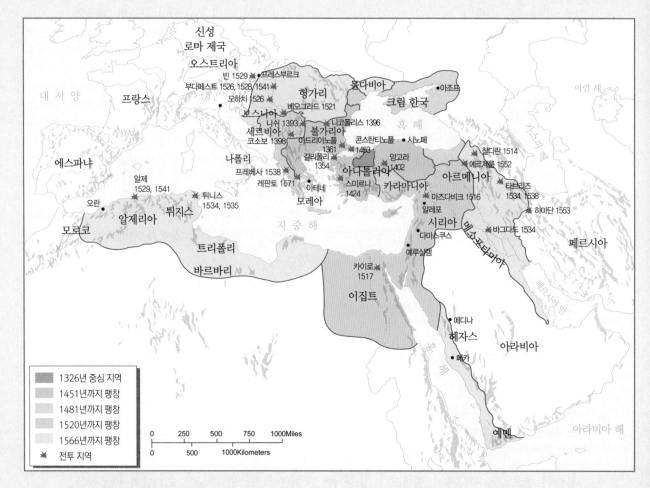

지도 범례:
- 1326년 중심 지역
- 1451년까지 팽창
- 1481년까지 팽창
- 1520년까지 팽창
- 1566년까지 팽창
- ✳ 전투 지역

오스만 제국의 성장

지도에 나타난 오스만 제국의 팽창 유형을 고찰하라. 1453년의 콘스탄티노플 함락은 즉각 다음 정복으로 이어졌는가? 왜 그렇게 되었다고 생각하는가? 1566년의 오스만 제국 영토와 유스티니아누스 치세의 비잔티움 제국 영토(349쪽 지도)를 비교하라. 이러한 유사성을 어떻게 설명할 수 있는가? 오스만 제국은 1566년 이후 급속한 팽창을 왜 이어가지 못했는가?

의 대립 등으로 관심이 분산되었다. 그 결과 오스만 제국과 서유럽 열강의 싸움은 양측이 구사했던 수사적 표현—성전(聖戰)—에 전혀 부합하지 않았다. 1396년 서유럽의 한 십자군 부대가 니코폴리스 전투에서 오스만인에게 전멸되었고, 16·17세기에는 오스만 군대가 여러 차례 빈을 포위 공격했다. 이런 식의 극적인 전쟁 상황이 더러 있기도 했지만, 오스만인과 서유럽 지배자들의 갈등은 주로 지중해에서의 사적 약탈과 해상 전투의 형태로 나타났다. 이러한 대립으로 나타난 중요한 결과는 해군의 규모와 비용이 꾸준히 늘어났다는 것이다. 1571년 합스부르크-베네치아 연합 세력이 오스만 함대를 물리친 레판토 전투에는 도합 400척 이상의 선박이 동원되었는데, 그것은 양측이 반세기 전에 보유했던 해군보다 무려 10배가 넘는 규모였다.

두말할 나위 없는 합스부르크-베네치아 연합군의 승리였지만, 레판토 전투는 흔히 알려진 것처럼 결정적인 중요성을 지닌 전투는 아니었다. 오스만 해군은 신속히 재건되었다. 레판토 전투는 결코 오스만의 동부 지중해에 대한 영향력을 차단시키지 못했다. 그러나 1571년 이후 오스만과 합스부르크의 관심은 양자 간 대립 국면에서 다른 국면으로 옮아갔다. 오스만인은 페르시아와 장기간에 걸친 고비용의 전쟁에 돌입했고, 오스트리아의 합스부르크가는 대서양의 새로운 제국에 관심을 돌렸다. 오스만과 유럽의 대결 구도에서 새로운 국면이 시작된 17세기 중반에 이르러, 오스만 제국의 세력은 나태하고 향락적인 술탄의 잇단 등장, 그리고 팽창이 멈춘 오스만 제국 내부의 고조된 긴장에 의해 서서히 쇠약해졌다. 오스만 제국은 1918년까지 존속했다. 그러나 17세기 중반 이후부터, 오스만 제국은 전 지구적 헤게모니를 장악한 유럽 열강의 맞수가 되지 못했다.

지중해 식민주의

◆ 포르투갈은 어떻게 인도양 교역을 장악할 수 있었는가?

15세기의 유럽은 서부 지중해와 대서양 세계 쪽으로 식민지 개척 및 상업적 야심의 방향을 돌리고 있었다. 일부 역사학자들이 상반된 의견을 피력하기도 했지만, 이러한 방향 전환은 오스만 제국 세력이 흥기한 결과가 아니었다. 오히려 이러한 서부 지향성은 두 가지 상호 연관된 역사적 상황의 산물이었다. 첫째, 중세 말기 유럽에서 아프리카 황금 무역의 중요성이 커졌다. 둘째, 서부 지중해에서 유럽의 식민 제국들이 성장했다.

은 부족 현상과 아프리카 황금 탐색

유럽인은 여러 세기에 걸쳐 무슬림 중간 상인을 통해 아프리카 황금을 거래했다. 무슬림 중간 상인은 이 귀금속을 원산지인 니제르 강 유역에서 카라반의 힘을 빌려 북아프리카 항구도시 알제와 튀니스로 운반했다. 카탈루냐와 제노바의 상인들은 13세기 이래로 튀니스에 식민지를 유지했는데, 그들은 튀니스에 가져간 모직물을 북아프리카 산 곡물 및 사하라 이남에서 생산된 금으로 교환했다.

중세 말기 유럽에서 금 수요가 급속히 늘어난 이유는 14·15세기 유럽 경제에 타격을 준 심각한 은 부족 현상 때문이었다. 유럽의 은 공급량은 1340년대에 현저하게 떨어졌고, 유럽인은 더 이상 깊은 갱도에서 은을 캐낼 수 없는 기술적 한계에 봉착했으므로 그 뒤로도 은 공급량은 계속 낮은 수준에 머물렀다. 은 생산량 감소는 심각한 수지 불균형 때문에 15세기에 들어 한층 심각해졌다. 즉, 기존 은광에서 당시의 광업 기술 수준으로 생산 가능한 한계치를 초과하는 은이 수입 향료 대금으로 유럽에서 동쪽으로 흘러간 것이다. 금화는 대규모 상거래에서 명백한 대안으로 떠올랐고, 13세기부터 금 생산이 가능한 유럽 지배자들은 금화를 주조했다. 그러나 유럽의 금 매장량은 매우 적었다. 금화 유통을 유지·확대하려면 다량의 금 공급이 새롭게 필요했다. 이러한 금의 가장 확실한 공급원이 바로 아프리카였다.

지중해 제국들: 카탈루냐, 베네치아, 제노바

아프리카 금 무역에 대한 유럽인의 관심이 증폭되던 무렵은 때마침 카탈루냐인, 베네치아인, 제노바인에 의한 해양 기반 지중해 제국이 형성되던 시기였다. 13세기에 카탈루냐인은 마요르카, 이비사, 미노르카, 시칠리아, 사르디니아를 포함한 서부 지중해의 섬들을 정복하고 식민지화했다. 시칠리아의 경우를 제외하면 카탈루냐의 개발 형태는 모든 섬에서 동일했다. 즉, 원주민(대개 무슬림)의 소유권을 박탈하거나 원주민을 아예 근절시켰고, 새로운 거주자를 끌어들이기 위해 경제적 특권을 부여했으며, 수출을 겨냥한 식량 및 원료 생산을 위해 노예 노동에 지나치게 의존했다.

왕의 특허장을 받은 개인에 의해 사적으로 수행된 카탈루냐인의 식민지 활동과 달리, 베네치아인의 식민지화 노력은 도시 지배자들에 의해 주도되었고 주로 동부 지중해—베네치아는 이 해역에서 향료와 비단 무역을 독점하고 있었다—에 초점을 맞추었다. 반면 제노바인은 서부 지중해 세계—그들은 이 해역에서 옷감, 가죽, 곡물, 목재, 설탕 등의 벌크 화물을 거래했다—에 폭넓은 관심을 가지고 있었다. 제노바인의 식민지는 베네치아나 카탈루냐 식민지와 달리, 주권 제국의 확장보다는 네트워크를 조직하는 가운데 비공식적이면서 가족 경영을 기반으로 삼는 경향을 보였다. 그들은 또한 베네치아나 카탈루냐 식민지와 달리 북아프리카, 에스파냐, 흑해의 토착 사회에 훨씬 친밀하게 융합했다. 제노바의 식민지는 서부 지중해—처음에는 시칠리아, 나중에는 아프리카 서해안의 대서양 섬들—에서 설탕 및 마데이라 스위트 와인(단 포도주) 생산을 선도했다. 이러한 벌크 화물을 운송하기 위해 제노바인은 베네치아인이 선호했던 노로 젓는 갤리선을 탈피해, 대규모 화물 운송이 가능한 대형 범선을 활용하기 시작했다. 이 선박들은 그 후 대서양의 거친 항해 조건에 맞춰 개량되었고, 16세기에는 유럽인이 전 세계를 누빌 수 있게 해주었다.

지중해에서 대서양으로

13세기 후반까지 유럽의 해상 교역은 지중해 세계와 북대서양 세계로 양분되어 있었다. 그러나 1270년경부터 이탈리아 상인은 지브롤터 해협을 통과해 양모 산지인 잉글랜드와 네덜란드로 항해했는데, 이것은 지중해식 상업 및 식민지화 패턴이 대서양으로 확대된 중요한 첫 단계였다. 두 번째 단계는 14세기에 제노바 선원들에 의해 카나리아 제도와 아조레스 제도 등 대서양의 섬들이 발견(또는 재발견)된 것이다. 카나리아 제도를 식민지화하기 위한 노력과 그 주민을 개종시키고 노예로 삼는 작업이 즉각 시작되었다. 그러나 카나리아 제도의 실질적인 정복은 아직 시작되지 않았다. 정복 사업은 15세기에 이르러 포르투갈에 의해 시작되었고 카스티야에 의해 완성되었다. 카나리아 제도는 포르투갈인이 남쪽의 아프리카 서해안으로 항해하기 위한 전진기지가 되었는데, 그곳은 크리스토퍼 콜럼버스가 아시아 도착의 희망을 품고 대서양을 가로질러 서쪽으로 항해한 출발점이기도 했다.

선박 건조 및 항해 기술

15·16세기 유럽의 제국들은 대양 정복에 희망을 걸고 있었다. 포르투갈의 카라벨—15세기의 아프리카 항해용 화물선—은 13세기 이래로 포르투갈 어부들이 사용하던 배와 돛을 기반으로 설계된 선박이었다. 1440년대부터 포르투갈 선박 제조공들은 두 개의 마스트에 삼각돛을 장착한 50톤 규모의 대형 카라벨을 건조하기 시작했다. 이 선박은 기존의 횡범선에 비해 훨씬 더 효과적으로 역풍에 맞서 항해할 수 있었고, 지중해에서 널리 쓰이던 노가 여러 개 달린 갤리선보다 훨씬 적은 수의 선원을 필요로 했다. 15세기 말에 이르러 약 200톤에 이르는 대형 카라벨이 건조되었는데, 세 개의 마스트에 사각돛과 삼각돛이 섞여 있었다. 콜럼버스의 '니냐 호'[3]가 바로 그런 설계였다. 니냐 호는 카나리아 제도에서 사각돛 두 개를 추가로 장착한 덕분에 대서양을 횡단하면서 바람을 좀 더 효과적으로 헤쳐 나갈 수 있었다.

15·16세기에 유럽인은 항해술에서 중대한 발전을 이룩했다. 수평선 위 북극성의 고도를 측정해 북반구에서 위도를 계산해주는 사분의는 1450년대에 널리 사용되고 있었다. 그러나 적도에 근접할수록 사분의는 점점 쓸모가 없어졌으므로, 그 대신 태양의 고도에 의해 위도를 계산하는 아스트롤라베(astrolabe)를 쓰지 않을 수 없었다. 사분의와 마찬가지로 아스트롤라베는 서유럽에 오래전부터 알려져 있었다. 그러나 아스트롤라베가 대양 항해에서 정말로 쓸모 있는 기구가 된 것은 포르투갈 왕의 후원으로 표준 목록표가 마련된 1480년대 이후의 일이었다. 나침반 역시 15세기에 좀 더 널리 사용되었다. 그러나 항해용 정밀 시계의 발명으로 해상에서 시간을 정확하게 측정할 수 있게 된 18세기에 이르기까지 경도는 정확한 계산이 불가능했다. 16세기에 대양의 동쪽과 서쪽을 오가며 항해한 유럽의 선원들은 그들이 지구상 어느 곳에 위치하고 있는지를 확인하기 위해 추측 항법에 의지해야만 했다.

지도와 해도에 대한 전에 없던 새로운 관심은 유럽 선원들에게 실질적인 도움을 주었다. 대서양을 항해하던 선원에게 특히 중요했던 것은 『라터(Rutter)』—또는 『루튀에(Routier)』—라는 책이었다. 이 책은 세부적인 항해 지침, 그리고 수로 안내인이 목적지로 항해하는 도중 마주치게 될 해안선의 랜드 마크 등을 담았다. 지중해의 선원들도 일찍이—늦어도 14세기 이후에는—『포르톨라니(Portolani)』로 알려진 비슷한 책을 활용하고 있었다. 15세기에 들어

---

3) 콜럼버스는 산타 마리아 호, 핀타 호, 니냐 호 등 세 척의 배를 이끌고 항해했다.

이러한 지식은 대서양으로 확대되었고, 16세기 말에 이르러 『라터』는 전 세계에 유포되었다.

포르투갈, 아프리카, 인도로 가는 해로

　아프리카 황금 무역과 대서양 식민지화라는 두 가지 관심사를 맨 먼저 하나로 묶어낸 것은 포르투갈인이었다. 1415년 포르투갈 원정대는 북아프리카의 항구도시 세우타를 함락했다. 포르투갈인은 1420년대에 마데이라 제도와 카나리아 제도를, 1430년대에 아조레스 제도를 식민지로 삼았으며, 1440년대에는 카보베르데 제도에 도달했다. 1444년 포르투갈 탐험가들은 아프리카 본토의 세네갈과 감비아 강 하구 사이 지역에 처음 상륙했고, 그곳에서 금과 노예를 수집해 포르투갈로 수출하기 시작했다. 1470년대에 포르투갈 선원들은 아프리카 서해안의 '툭 튀어나온 부분'을 돌아 기니 만을 탐험했고, 1483년 콩고 강 하구에 도달했다. 1488년 포르투갈 선장 바르톨로뮤 디아스는 아프리카 남단을 돌았다. 갑작스런 폭풍을 만난 디아스는 그 지점을 '폭풍우의 곶'이라고 이름 지었지만 포르투갈 왕은 디아스의 업적에 대해 좀 더 낙관적인 입장이었다. 그는 그곳을 희망봉이라고 이름 짓고 인도로 가는 해상 원정을 계획하기 시작했다. 마침내 1497~1498년에 바스코 다 가마가 희망봉을 돈 다음, 무슬림 항해사 이븐 마지드의 도움으로 인도양을 건너 인도 서남 해안의 캘리컷에 도달함으로써, 최초로 유럽과 극동 사이의 향료 무역 직항로를 열었다. 다 가마는 2년의 항해 기간에 선단의 절반과 선원의 3분의 1을 잃었지만, 그가 싣고 온 향료는 대단히 가치 있는 것이어서 그의 손실을 대수롭지 않은 것으로 만들었다. 그의 영웅적 업적은 전설이 되었고, 그의 이야기는 포르투갈의 국민 서사시 『루시아다스(Os Lusíadas)』의 토대가 되었다.

　세계의 부에 접근하기 위한 최단 경로를 장악한 포르투갈 왕은 재빨리 다 가마의 업적을 활용했다. 1500년 이후 포르투갈의 무역 선단은 정기적으로 인도를 향해 출항했다. 1509년 포르투갈인은 오스만 함대를 격파하고 홍해 입구를 봉쇄함으로써 알렉산드리아와 베이루트로 향료를 실어 나르는 전통적 교역로 중 하나를 차단했다. 1510년 포르투갈 군대는 인도 서해안을 따라 요새를 설치하고 그 본부를 고아에 두었다. 1511년 포르투갈 선박들은

포르투갈의 해상 팽창, 1420년대~1515년	
마데이라 및 카나리아 제도 식민지화	1420년대
아조레스 제도 식민지화	1430년대
디아스의 희망봉 회항	1488년
다 가마의 인도 도착	1497~1498년
포르투갈인 동남아시아 말라카 도달	1511년
포르투갈인 향료 제도 도달	1515년

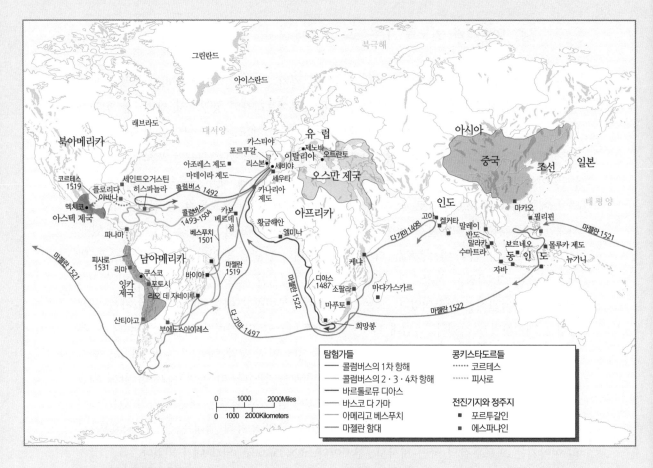

15·16세기의 해외 탐험

15·16세기 유럽의 주요 탐험가들이 택한 항로, 그리고 포르투갈과 에스파냐가 확립한 전진기지의 분포에 주목하라. 왜 포르투갈과 에스파냐는 탐험을 후원하고 격려한 최초의 유럽 국가가 되었는가? 어떤 경제적·문화적 요인이 그러한 노력을 촉진했는가? 그러한 항해의 동기는 무엇이었는가? 아프리카, 아메리카, 동인도 제도의 경제적 전진기지 수립은 구세계의 세력균형을 어떻게 그리고 왜 급속히 변경시켰는가? 바스코 다 가마가 아프리카 우회 항로를 일찍 찾아냈다면 유럽인의 아메리카 '발견'은 더 늦게 이루어졌을까?

말레이 반도의 향료 무역 중심인 말라카를 탈취했고, 1515년 향료 제도와 중국 해안에 도달했다. 포르투갈인은 향료 무역을 어찌나 확고하게 장악했는지, 1520년대에 이르면 베네치아인들마저도 포르투갈 수도인 리스본에 가서 후추를 구매해야 했을 정도였다.

대포와 제국

더 크고 다루기 쉬워진 선박과 향상된 항해 보조기구 덕분에, 포르투갈을 비롯한 유럽의 선원들은 해로를 통해 아프리카, 아시아, 아메리카에 도달할 수 있었다. 그러나 16세기 유럽의 상업 제국들이 이룩한 업적은 근본적으로 군사적인 것이었다. 유럽인은 14·15세기에 그들끼리 치렀던 전쟁에서 배운 것을 이 시기에 고스란히 써먹었다. 아마도 중세 말기의 가장 중요한 군사적 발달은 대포가 정교해졌다는 점일 것이다. 대포의 발달은 화약에 의해서뿐만 아니라, 대포 포신을 주조하기 위한 야금술의 향상 덕분에 가능했다. 15세기 중반에 이르면 대포 사용으로 인해 중세의 성과 도시 주변의 돌로 쌓은 성벽은 무용지물이 되었다. 대포의 위력은 1453년 프랑스군의 성공적인 보르도 포위 공격(백년전쟁을 종식시켰다)과 오스만인에 의한 콘스탄티노플 포위 공격(비잔티움 제국을 멸망시켰다)으로 실증되었다.

새로운 선박 설계(처음에는 카라벨, 나중에는 대형 갤레온 선)가 그토록 중요했던 이유 중 하나는, 거대한 크기로 말미암아 성능 좋은 대포를 배 위에 장착할 수 있었기 때문이다. 16세기에 유럽의 해군 선박은 점차 물위의 포좌로 간주되었다. 선박 측면의 고정된 위치에 수십 문의 대포가, 이물과 고물에는 회전식 대포가 장착되었다. 대포는 그것이 장착된 배와 마찬가지로 대단히 고가였지만, 대포를 소유할 능력이 있는 지배자는 그것을 이용해 전 세계에 군사력을 과시할 수 있었다. 1498년 바스코 다 가마는 인도양에 진출한 최초의 포르투갈 선장이 되었다. 그러나 포르투갈은 디우 전투에서 오스만-인도 연합군을 격퇴한 1509년에 이르러서야 비로소 인도양에 대한 지배권을 장악할 수 있었다. 포르투갈이 건설한 아프리카와 아시아의 무역 거점은 원주민의 습격뿐만 아니라 다른 유럽인의 공격도 능히 물리칠 수 있는 방어 요새였다. 이런 핵심적인 군사 시설과 장비가 없었다면 16세기 유럽의 해상 제국은 존립할 수 없었을 것이다.

항해 왕자 엔리케

15세기 포르투갈인의 아프리카 해안 탐험이 궁극적으로 인도와 극동으로 가는 항로를 열었다는 역사적 사실을 익히 알고 있기 때문에, 우리는 자칫 이것이 처음부터 그들의 목적이었던 것으로 생각하기 쉽다. 사실은 그렇지 않았다. 그 사건에 대한 전통적 설명—그들의 임무는 탐험이었고, 그들의 목적지는 인도였으며, 항해 왕자 엔리케(1394~1460)가 그들을 지도한 천재였다는 식의 설명—을 대부분의 역사가들은 더 이상 믿지 않는다. 인도가 그들의 항해 목적지로 분명히 떠오른 것은 1480년대에 이르러서의 일이었다. 1480년대 이전까지 포르투갈의 아프리카 진출은 오히려 한층 전통적인 목적, 즉 북아프리카 무슬림에 대한 십자군 원정의 야심, 사하라 사막 남부의 아프리카 금광과 직접 연결망을 수립하고자 하는 욕망, 대서양 섬들을 식민지화하려는 욕구, 유럽과 오스만 제국에서 새롭게 떠오르던 노예 시장 진출, 아프리카 어딘가에서 전설의 사제 요한—신비의 그리스도교 군주인 그를 찾아내기만 하면 무슬림에 맞서 유럽의 동맹군이 되리라 믿었다—을 찾아낼 수 있으리라는 희망 등을 추진 동력으로 삼고 있었다. 12·13세기에 그들은 사제 요한을 아시아에서 찾아내려 했다. 그러나 1340년대 이후로는 사제 요한이 에티오피아에 살고 있다고 믿었다. 그런데 그 당시 유럽인에게 에티오피아는 '아프리카 어딘가'를 의미하는 대단히 포괄적인 지명이었다.

엔리케 왕자('항해 왕자'란 칭호는 17세기에 붙여진 것이다)는 과거에 흔히 생각했던 것처럼 포르투갈인의 탐험에서 더 이상 중심인물로 간주되지 않는다. 실제로 그는 1419년부터 (그가 사망한) 1460년 사이에 포르투갈인이 수행한 도합 35회의 아프리카 항해 중 8회의 항해를 지휘했을 뿐이다. 그가 포르투갈의 대서양 바닷가에서 항해자와 지도 제작자의 모임을 주관했고, 선박과 항해 장비 개량에서 상당한 역할을 했으며, 과학 연구를 장려했다는 등의 이야기는 모두 사실이 아닌 것으로 보인다. 엔리케는 마데이라 제도, 카나리아 제도, 아조레스 제도에 대한 포르투갈의 식민지 개척을 조직화하는 데 중요한 역할을 했다. 그는 처음에는 카나리아 제도(이 섬에 거주하던 석기 시대 주민은 거의 다 노예가 되었다)에서, 그 후로는 아프리카의 세네-감비아 해안에서 포르투갈인의 노예 무역을 선도했다. 그러나 그의 주요 목적은 사하라 횡단 아프리카 황금 무역의 본거지를 가로챔으로써 무역 주도권을 장악하는 데 있었다. 그는 이를 위해 아프리카 해안을 따라 여러 곳에 요새를 건설했는데, 가장 유명한 것은 아르김 요새였다. 그는 사하라를 횡단하는 황금 카라반이 아르김을 거쳐 가기를 희망했다. 카나리아 제도를 식민지화한 것도 마찬가지 이유에서였는데, 그는 그곳을 아

프리카 내륙 진출의 발판으로 보았다. 그가 배로 아프리카를 돌아 인도에 도달하려는 꿈을 꾸었다는 증거는 없다. 실제는 그와 정반대였던 것으로 보인다. 희망봉을 향한 포르투갈인의 행보는 엔리케 생전보다는 사후에 빠르게 진행되었다. 엔리케는 이슬람을 상대로 싸운 십자군이자 왕국을 찾아 나선 왕자였으며, 추종자들을 부양할 재원을 찾아 나선 주군이었다. 그는 황금 무역에서 크게 재미 보기를 원했지만 실제로는 노예 무역으로 이득을 챙긴 야심찬 상인이었다. 이 모든 점을 고려할 때 그는 시대의 아들, 즉 전형적인 15세기의 아들이었다. 그는 16세기의 포르투갈 해상 제국을 설계한 적도 꿈을 꾼 적도 없었다.

사제 요한의 전설

14세기 전반에 한 잉글랜드인이 쓴 『존 맨더빌 경의 여행기(Travels of Sir John Mandeville)』는 동방의 경이로움에 대한 전적으로 허구적인 기술이다. 맨더빌(분명 필명일 것이다)은 자신이 서술한 지역에 관해 아는 것이 거의 없었지만, 그의 책은 남아시아 및 동아시아에 관한 유럽인의 개념을 형성하는 데 으뜸가는 자료가 되었다. 맨더빌은 전설적인 사제 요한이 페르시아나 인도 또는 중국에 있다고 주장했지만(그의 지리학적 지식은 모호하기 짝이 없다), 15세기의 유럽인은 아프리카에서 사제 요한을 찾고 있었다.

사제 요한 황제는 거대한 영토를 갖고 있고, 많은 웅대한 도시와 성읍을 영토 안에 거느리고 있으며, 수많은 거대한 섬을 소유하고 있다. 인도의 모든 국토는 낙원에서 밀려온 대홍수로 인해 여러 섬으로 분리되었으며, 이 때문에 나라가 여러 부분으로 나뉘어 있다. 그는 바다에도 많은 섬을 갖고 있다.

이 사제 요한은 많은 왕과 많은 섬, 그리고 다양한 조건의 수많은 민족을 거느리고 있다. 이 나라에는 온갖 좋은 것과 값비싼 것으로 가득하지만 위대한 칸의 나라만큼 부유하지는 않다. 상인은 물품을 구매하기 위해 위대한 칸의 나라에 가듯이 일상적으로 그곳에 갈 수가 없다. 여행하기에는 너무 멀기 때문이다……

[그런 다음 맨더빌은 바다를 통해 사제 요한의 나라에 도달하기가 어려움을 설명한다.]

이 사제 요한 황제는 언제나 위대한 칸의 딸을 아내로 맞이하며, 위대한 칸도 마찬가지로 사제 요한의 딸을 아내로 맞이한다. 두 사람은 하늘 아래 가장 위대한 군주이다.

사제 요한의 영토에는 수많은 다양한 것이 있으며, 값진 돌이 어찌나 많은지 사람들은 그것으로 접시도 만들고 컵도 만든다. 그 밖에도 수많은 놀라운 것이 어찌나 많은지 일일이 책으로 쓸 수 없을 정도이다. 하지만 주요 섬과 그의 영지, 그리고 그의 율법에 대해서는 일부나마 여러분에게 들려줄까 한다.

이 사제 요한 황제는 그리스도교도이며 그 나라 인구의 대부분도 그리스도교도이다. 비록 우리가 믿는 신앙 조항을 모두 똑같이 믿는 건 아니지만 말이다.……

그에게는 72개의 속주가 있으며 모든 속주에는 한 명의 왕이 있다. 그리고 이 왕들은 각기 왕을 휘하에 거느린다. 이들 모두는 사제 요한에게 공물을 바친다.

그의 영지에는 대단히 놀라운 일들이 많다. 그의 나라에는 자갈 바다라고 부르는 바다가 있는데, 여기에는 자갈과 모래뿐이어서 물이라곤 한 방울도 없다. 이 바다에는 물로 된 바다처럼 밀물과 썰물이 있어서 잠시도 가만히 있지 않는다.……그 바다에서 사흘길이면 거대한 산맥이 있어서 그곳에서 큰 강이 흘러나오는데, 그 물은 낙원에서 온 것이다. 그곳에는 보석이 가득하며 물이라고는 한 방울도 없다.……

그는 보통 [페르시아의] 도시 수사에 거주한다. 그곳에 왕궁이 있는데 어찌나 풍요롭고 고귀한지 직접 눈으로 보지 않고서는 아무리 들어도 믿지 못한다. 궁전의 주탑 위에는 칼자루 끝처럼 둥글게 생긴 황금 링이 있는데, 커다란 루비가 붙어 있어 밤이 되면 밝은 빛을 발한다. 궁전의 정문은 마노라는 보석으로 만들어졌으며 문틀과 빗장은 상아로 만들어졌다. 현관과 방의 창문은 수정으로 만들어졌다. 사람들이 식사할 때 쓰는 식탁은 어떤 것은 에메랄드로, 어떤 것은 자수정으로, 또 어떤 것은 온통 귀금속으로 장식된 황금으로 만들었다. 식탁을 받치고 있는 다리 역시 귀금속으로 만들었다.

분석 문제

1. 사제 요한의 신화는 얼마나 신빙성이 있는가? 이런 신화가 유럽인이 탐험에 나서는 주요 동기로 작용하기에 충분하다고 생각하는가?

대서양 식민지화와 노예제 성장

엔리케 왕자가 아프리카 황금 무역에서 기대했던 이익은 그의 생전에는 실현되지 않았다. 그러므로 그는 탐험 경비를 다른 수단을 통해 조달해야 했다. 그중 하나가 노예 무역이었다. 노예제는 서유럽 대부분의 지역에서 12세기 초에 사실상 소멸했지만, 이베리아에서는 (그리고 부분적으로 이탈리아에서는) 중세 전성기와 말기까지 지속되었다. 그러나 15세기 중반에 이르면 이베리아 본토와 이탈리아에서 노예제의 규모는 매우 작아졌다. 14세기와 15세기 초 지중해의 노예 시장은 주로 무슬림 지역 특히 오스만 제국에 몰려 있었다. 이들 시장을 거쳐 간 노예 중 아프리카인은 비교적 적었다. 대부분은 유럽의 그리스도교도, 특히 폴란드인, 우크라이나인, 그리스인, 불가리아인 등이었다. 그러므로 중세 말기 지중해 세계의 노예제—카나리아 제도와 사르디니아 원주민 같은 '원시' 민족이 노예화의 표적이 되기 쉬웠다는 점을 제외하면—는 인종차별적인 것이 아니었다.

15세기 중반부터 리스본은 아프리카 출신 노예를 취급하는 주요 시장으로 떠올랐다. 리스본에서는 약 1만 5,000~2만 명의 노예가 엔리케 왕자 생전에, 그것도 대부분 1440~1460년에 팔려나갔다. 엔리케 사망 후 뒤 반세기 동안 노예의 수는 점점 늘어나 1505년까지 약 15만 명의 아프리카 노예가 유럽으로 유입되었다. 대개의 경우 노예를 소유한다는 것은 지위의 상징처럼 여겨졌는데, 당시의 그림에 노예들이 빈번히 묘사된 것도 이 때문이었다. 대서양의 식민지—마데이라 제도, 카나리아 제도, 아조레스 제도—에서 토지를 경작한 것은 주로 유럽 이주민과 소작인이었다. 노예 노동은 설령 있었다 해도 대개 설탕 제조업에 국한되었다. 이것은 밀 경작 식민지였던 아조레스 제도에서 노예제가 사실상 자리를 잡지 못했음을 의미한다. 15세기 말 설탕을 유력한 환금작물로 생산하던 마데이라 제도와 카나리아 제도에 노예제가 일부 도입되기는 했다. 그러나 설탕 생산마저도 이 섬들에서 노예제가 광범하게 시행되는 결과를 가져오지는 않았다.

새로운 방식의 노예제를 기반으로 하는 사탕 재배 농장은 1460년대에 처음 등장했는데, 카포베르데 제도에서 출발해 남쪽의 기니 만으로 확대되었다. 포르투갈인이 정착하기 시작할 무렵 이 섬들에는 아직 사람이 살지 않았고, 유럽인이 대규모로 정착하기에는 기후 조건이 나빴다. 하지만 이 섬들은 인근의 서아프리카 해안을 따라 왕래하는 노예 상인들로부터 일꾼을 구입하기 알맞은 곳에 자리 잡고 있었다. 고대 로마 제국 이래로 유럽이나 아프리카에 이에 견줄만한 대규모 노예제 기반 농장 체제가 존재한 적이 없었다. 아프리카인 노예 노동력을 사용한 사탕 재배 농장 모델은 그 후 에스파냐 정복자들에 의해 아메리카 대륙의 카리브 해로 수출되었고, 이것은 아프리카와 아메리카와 유럽 모두에게 중대한 결과를 가져왔다.

신세계와 만난 유럽

♠ 신세계의 은은 유럽 경제에 어떤 영향을 미쳤는가?

에스파냐 지배자들이 저 유명한 콜럼버스의 항해 비용을 떠맡기로 결정한 것은 포르투갈 모험가들의 행보와 직접 관련되어 있었다. 디아스가 희망봉을 성공적으로 돌아간 1488년 이후, 포르투갈이 아시아로 가는 항로를 지배하리라는 것은 명약관화한 일이었다. 포르투갈과 경쟁관계에 있던 에스파냐가 선택할 수 있는 유일한 대안은 서쪽 방향으로 항해해서 아시아를 찾아낼 정도로 대담한 인물을 후원하는 일이었다. 크리스토퍼 콜럼버스(1451~1506)에 대한 대중적 이미지—무지한 자들에게 지구가 둥글다는 사실을 설득하기 위해 애썼던 몽상가의 이미지—는 사실이 아니다. 실제로 지구가 둥글다는 것은 늦어도 12세기 이후에는 유럽 사회 전반에 널리 알려져 있었다. 콜럼버스의 계획이 페르난도 왕과 이사벨 여왕에게 설득력 있게 들렸던 것은 두 가지 이유 때문이었다. 첫째, 카나리아 제도와 아조레스 제도의 정복과 식민지화로 말미암아, 대서양을 가로질러 일본에 이르기까지 섬들이 징검다리처럼 점점이 이어져 있다고 보는 견해가 널리 퍼졌다. 둘째로, 제노바 선원 콜럼버스는 지구의 실제 크기를 잘못 계산했다. 그 결과 그는 카나리아 제도에서 서쪽으로 항해를 하면 1개월 안에 일본과 중국에 도달할 수 있으리라고 확신했다. 아메리카는 어마어마한 계산착오 덕분에 15세기 말에 유럽인에 의해 발견—엄밀히 말하면 재발견—되었다. 콜럼버스는 자신의 오류를 전혀 깨닫지 못했다. 그는 1492년에 1개월의 항해 끝에 바하마와 히스파뇰라 섬에 도달했고, 에스파냐로 귀환해 자신이 아시아 변방의 섬들에 상륙했노라고 보고했다.

신세계 발견

콜럼버스는 아메리카 대륙에 발을 디딘 최초의 유럽인이 아니었다. 바이킹 선원들은 1000년경 오늘날의 뉴펀들랜드, 래브라도, 뉴잉글랜드에 도달해서 짧은 기간 정착한 적이 있었다. 그러나 바이킹이 아메리카에 상륙했다는 사실은 수백 년간 유럽인에게 망각 또는 무시되었다. 15세기에는 그린란드에 있던 스칸디나비아인의 정주지마저 방기되었다. 그러므로 콜럼버스의 업적을 부정하는 것은 부당한 일이다. 콜럼버스는 자신이 발견한 것이 신대륙이라는 사실을 전혀 몰랐지만 그를 따른 자들은 곧 현실을 받아들이고 신세계 개척에 착수했다.

　콜럼버스가 아시아의 향신료를 갖고 돌아가지 못한 것은 당연한 일이다. 그러나 그는 소량의 금과 몇 명의 원주민을 데리고 귀환했다. 그 원주민은 (그리스도교 개종을 통해) '구원되어야' 할 그리고 유럽인의 노예가 되어야 할 부족이 있음을 증명해주었다. 에스파냐 군주들의 입장에서 황금과 원주민의 존재는 콜럼버스의 세 차례의 추가 원정 및 다른 인물들의 추가 원정에 재정 지원을 제공할 충분한 동기가 되었다. 곧이어 신대륙의 본토와 다른 섬들이 발견되자 새로운 세계가 발견되었다고 결론을 내리지 않을 수 없었다. 새로운 세계에 대한 지식을 가장 널리 보급한 인물은 이탈리아 지리학자 아메리고 베스푸치(1454~1512)였다. 그 후 서반구의 대륙은 베스푸치—그는 이런 영예를 얻을 자격이 없었지만—의 이름을 따서 '아메리카'로 알려지게 되었다.

　신세계라는 것을 알고 난 에스파냐인은 처음에는 실망했다. 유럽과 아시아 사이에 거대한 땅덩어리가 가로놓여 있었기에 에스파냐는 아시아의 향료를 얻기 위한 경쟁에서 도저히 포르투갈을 앞지를 수 없다고 생각했다. 하나가 아닌 두 개의 대양이 유럽과 아시아를 갈라놓고 있는지 여부에 대해 여전히 남아 있던 의문은, 1513년 바스코 누녜스 데 발보아가 파나마 지협에서 태평양을 처음으로 관측함으로써 말끔히 사라졌다. 패배를 인정하기 싫었던 신성 로마 황제 카를 5세(페르난도와 이사벨의 손자)는 1519년에 페르디난드 마젤란의 제안을 받아들여 남아메리카를 돌아 아시아로 가는 항로를 찾아내도록 했다. 그러나 마젤란의 항해는, 지구가 예상했던 것보다 훨씬 커서, 남아메리카 남단을 경유하는 아시아 항로 개척이 현실적으로 불가능하다는 것을 의문의 여지없이 입증했다. 마젤란의 지휘 아래 에스파냐를 출발한 5척의 선박 중 오직 1척만이 3년 뒤 지구를 한 바퀴 돌고 귀환했다. 265명의 선원 중 18명만이 살아 돌아왔다. 대부분의 선원은 괴혈병 또는 굶주림으로 죽었다. 마젤란은 필리핀에서 원주민과의 전투 중 살해되었다. 이 재앙은 아시아로 가는 안전하고 편리한 서남 항로 발견의 희망을 산산조각 내버렸다. 그러나 아직 서북 항로를 향한 꿈은 살아 있었다. 19세기에 이르기까지 유럽의 북아메리카 탐험가들은 지속적으로 서북 항로 개척에 열을 올렸다.

에스파냐의 아메리카 정복

에스파냐인은 새로운 대륙을 발견한 것에 실망을 금치 못했으나 곧 신세계에 그 나름의 엄청난 이점이 있음을 발견했다. 콜럼버스가 가져온 얼마 안 되는 금은 그 자체로는 하찮은 것이었지만 아메리카 어딘가에 황금이 덩어리 형태로 쌓여 있으리라는 기대를 부풀게 했다. 소문은 꼬리에 꼬리를 물고 퍼져 나갔다. 마침내 몇몇 에스파냐 모험가들은 그들의 탐욕스러운 상상력을 훨씬 뛰어넘는 어마어마한 벼락부자가 되었다. 1519~1521년에 콘키스타도르(conquistador, 에스파냐어로 '정복자'라는 뜻) 에르난 코르테스는 불과 600명을 유럽인 병사를 거느리고—가련한 수천 명 아즈텍 신민의 지원을 받아—멕시코의 아즈텍 제국을 정복하고 그 지배자의 엄청난 부를 탈취했다. 1533년 또 다른 콘키스타도르 프란치스코 피사로가 고작 180명의 병력으로 고도의 중앙집권화된 잉카 제국을 전복하고 비축된 어마어마한 양의 금과 은을 약탈했다. 코르테스와 피사로는 대포와 말(둘 다 아메리카 원주민에게는 없었다)을

신세계와의 만남, 1000년경~1545년

바이킹의 뉴펀들랜드 정주	1000년경
콜럼버스의 히스파뇰라 도착	1492년
발보아의 태평양 도달	1513년
마젤란 선단의 세계 일주 항해	1519~1522년
코르테스의 아즈텍 정복	1521년
피사로의 잉카 정복	1533년
포토시 은광 발견	1545년

보유했다는 이점을 가지고 있긴 했지만, 그들이 거둔 성공은 무엇보다도 대담성, 용맹, 배신 등에 힘입은 것이었다. 그들은 아즈텍과 잉카의 압제자 편에 서서 싸우기를 내켜하지 않았던 원주민의 도움을 얻기도 했다. 에스파냐와 최초로 동맹을 맺었던 원주민들은 잉카 압제자보다 새로운 정복자가 훨씬 더 악랄하다는 사실을 미처 알지 못했던 것이다.

신세계에서 제국이 얻은 이익

코르테스와 피사로는 약탈자였다. 그들은 멕시코와 페루의 토착 문명이 수백 년 동안 축적한 금과 은을 순식간에 빼앗았다. 하지만 귀금속 광산 탐사는 일찌감치 시작되었다. 최초의 금광은 히스파뇰라에서 발견되었다. 원주민 노동력을 이용한 노천 광산이 신속히 자리잡았다. 엄청난 수의 원주민이 질병, 학대, 과로 등으로 죽었다. 1492년 히스파뇰라의 인구는 약 100만 명이었다. 하지만 1510년에는 10만 명만이 살아남았고, 1538년 그 지역의 인구는 겨우 500명이었다.

엄청난 수의 노동자가 사라지자 히스파뇰라 광산은 경제성이 없어졌고, 유럽 식민주의자들은 가축 사육과 설탕 생산에 눈을 돌렸다. 유럽인들은 카보베르데 제도와 기니 만의 상투메 섬에서 행해진 사탕수수 농장을 본떠, 아프리카 노예를 수입해 새로운 산업의 노동력으로 이용했다. 설탕 생산은 본질적으로 고도의 자본집약적 사업이었다. 노예 수입으로 인해 비용이 치솟자, 설탕 산업은 극소수의 부유한 농장주와 재력가만 경영할 수 있는 것이 되었다.

카리브 해역의 섬들에서는 설탕 생산이, 멕시코 본토에서는 가축 사육이 중요했지만, 중앙아메리카 및 남아메리카의 에스파냐 식민지에서 가장 근간이 되었던 산업은 광업이었다. 금은 맨 처음 에스파냐 정복자들을 신세계로 끌어들인 유혹물이었다. 그러나 가장 수지맞는 수출품이 된 것은 은이었다. 1543~1548년에 멕시코시티와 볼리비아의 포토시에서 은광이 발견되었다. 에스파냐 왕실은 이들 은광이 발견되기도 전에 일찌감치 중앙아메리카 및 남아메리카 식민지를 직접 통치하기 위한 조치를 취해놓았다. 그러므로 놀라우리만큼 생산성 높은 이 광산들에서 얻은 수익은 고스란히 에스파냐 왕실에 귀속되었다. 포토시는 단기간에 전 세계에서 가장 중요한 광산도시가 되었다. 해발고도가 무려 5,000미터에 달하고 기온이 연중 섭씨 15도 이상으로 올라가지 않는 곳이었음에도 불구하고 1570년경 포토시의 인구는 12만 명을 헤아렸다. 히스파뇰라에서 그랬듯이, 노예화된 원주민 노동자는 이들 광산에서 그리고 광산 인근의 질병이 만연한 인구 과밀 도시에서 수만 명씩 죽어갔다.

새로운 채광 기술(1555년 멕시코에, 1571년 포토시에 도입된 수은 아말감법)은 한층 더 많은 양의 은 생산을 가능케 했지만, 그 대가로 원주민 노동자의 사망률은 더욱 높아졌다. 1571년과 1586년 사이에 포토시의 은 생산량은 네 배로 늘어났고, 1590년대에는 그 절정에 도달해, 아메리카에서 에스파냐로 매년 약 283톤의 은이 반입되었다(1540년대에는 43톤에 불과했다). 유럽에서는 은 생산이 절정에 달했던 1525~1535년에 해마다 85톤이 생산되었지만, 1550년부터는 서서히 생산량이 줄어들었다. 유럽의 은 부족 현상은 16세기를 거치는 동안 말끔히 종식되었는데, 이 시기에 유럽에서 유통된 은은 대부분 신세계에서 온 것이었다.

유럽 경제에 아메리카의 은이 대량으로 유입되자 15세기 말에 이미 시작된 인플레이션이 더욱 가속화되었다. 이 인플레이션은 애당초 유럽의 인구 증가, 경제 확대, 한정된 식량 공급 등에 의해 나타난 것이었다. 그러나 1540년대 이후의 인플레이션은 유럽 경제에 유입된 막대한 양의 은에 기인한 것이었다. 그 결과 역사가들이 '가격혁명'이라 부른 현상이 나타났다. 인플레이션은 유럽 대륙 전역에서 발생했지만, 에스파냐는 특히 심각한 타격을 입었다.

1500년에서 1560년 사이에 에스파냐의 물가는 두 배로 올랐고, 1560년과 1600년 사이에 다시 두 배가 뛰었다. 이렇듯 이례적인 높은 물가는 에스파냐의 산업 경쟁력을 떨어뜨렸다. 그 결과 1620년대와 1630년대에 들어 신세계 은의 에스파냐 유입 속도가 완만해지자 에스파냐 경제는 붕괴하고 말았다.

1600년 이후, 유럽에 유입된 신세계 은의 양은 줄어들었지만, 그럼에도 물가는 계속 올랐다. 물론 이전보다 상승 속도가 줄어들기는 했지만 말이다. 1650년대에 이르러 유럽의 곡물 가격은 1500년보다 5~6배 올랐고, 그것은 사회적 혼란과 빈민의 고통을 초래했다. 잉글랜드의 경우 1590년과 1610년 사이의 20년은 이 나라가 최근 300년 동안 겪었던 가장 고통스러운 시기였다. 인구가 늘어나고 임금이 폭락하면서 생활수준은 극적으로 하락했다. 평균적인 식품 가격을 건축 노동지의 평균 일당으로 나누어 생활수준을 계산하면, 1600년 잉글랜드의 생활수준은 14세기 초의 비참했던 시기보다도 훨씬 낮았다. 그러므로 수많은 유럽인이 간절한 기대를 안고 아메리카 대륙으로 떠난 것은 이상한 일이 아니다. 만일 유럽의 늘어난 인구의 배출구로서 신세계 아메리카 대륙이 존재하지 않았다면 17세기에 과연 어떤 비극적 사태가 벌어졌을 것인지 궁금하다.

포토시 원주민의 노예 노동

에스파냐 왕실은 모든 광산 수입의 5분의 1을 거두었으므로(은광석을 은으로 정제하는 데 필요한 수은의 독점권도 유지했다) 광산의 생산성 향상에 지대한 관심을 갖고 있었다. 이 목적을 위해 왕실은 식민지 광산주들에게 원주민을 광산 노동에 징발할 권리를 부여했다. 1620년경에 작성된 다음 기록은 강제 노역에 시달렸던 원주민의 상태를 서술한다. 노동자의 사망률이 끔찍하게 높았던 것은 놀라운 일이 아니다.

황제 폐하의 허가증에 따르면 [포토시의] 이 광대한 구역에서 광산 소유주들은 광산 노역과 채굴을 위해 1만 3,300명의 인디언을 징발할 권리를 갖는다. 이 숫자는 이미 찾아낸 자, 지금 찾아내는 자, 그리고 향후 찾아낼 자를 모두 포함한다. 포토시의 코레히도르(Corregidor, 지방의 행정·사법 공무원)의 의무는 쿠스코로부터……타리자, 토미나 등지의 변경에 이르는 모든 지방에서 그들을 끌어 모으는 것이다.……

　　징집된 인디언은 매주 월요일 아침이면……산기슭에 올라간다. 코레히도르는 광산 또는 제련소 노역에 할당된 인디언들을 담당한 모든 지방 수령들과 함께 도착한다. 그는 그곳에서 오전 내내 분주하며, 오후 1시가 되면 인디언은 이들 광산 및 제련소 소유주들에게 배정된다.

　　인디언들은 식사를 마친 뒤 언덕에 있는 각자의 소속 광산으로 올라가서, 그 시간부터 토요일 저녁까지 광산에서 꼼짝 못한 채 토요일 저녁까지 머문다. 그들의 부인이 음식을 날라준다. 하지만 그들은 계속 땅속 갱도 안에 머물면서 은광석을 채굴해 운반한다. 그들은 모두 수지 양초로 밤낮 불을 밝히며, 그 불빛으로 작업을 한다. 지하에 있는 그들에게는 이 불이 항상 필요하다.……

　　인디언들은 은광석 처리 과정에서 각자 다른 역할을 수행한다. 어떤 사람은 뾰족한 쇠막대로 그것을 부수면서 광맥을 따라 안으로 파 들어간다. 다른 사람은 그것을 위로 밀어 올린다. 위에 있는 다른 사람은 광석 더미에서 함량이 높은 것과 낮은 것을 분리한다. 또 다른 사람은 그것을 산에서 야마(아메리카낙타) 무리가 있는 제분소로 옮기는 일에 종사한다. 그들은 날마다 이 작업을 수행할 8,000마리 이상의 토박이 짐승을 데려온다. 금속을 운반하는 작업반장은 징발된 인력이 아니라 고용된 인력이다.

분석 문제

포토시에서 사람들은 어떤 희생을 치렀는가?

결론

　　1600년에 이르러 식민지화와 해외 정복은 유럽과 세계를 근본적으로 변화시켰다. 16세기에 에스파냐와 포르투갈이 유럽 장거리 무역의 주도 세력으로 등장하면서, 유럽 경제의 무게 중심은 이탈리아와 지중해에서 대서양으로 영구히 옮겨졌다. 향료 무역의 도관 역할을 박탈당한 베네치아는 서서히 쇠락했다. 제노바인은 점차 금융 분야로 이동하면서 다른 지역, 특히 에스파냐에서 모험 상업을 지원했다. 이와는 대조적으로 에스파냐와 포르투갈의 대서양 항구들은 선박들로 북적댔으며 풍요가 넘쳐흘렀다. 그러나 17세기 중반에 이르면 경제적 주도권은 잉글랜드, 네덜란드, 프랑스 등 북대서양 국가로 넘어갔다. 에스파냐와 포르투갈은 19세기까지 아메리카 식민지를 보유했다. 그러나 17세기 이후 북아메리카, 아시아, 아프리카, 오스트레일리아 등지에서 새로운 제국을 건설한 것은 네덜란드인, 프랑스인, 특히 잉글랜드인이었다. 이 새로운 제국들은 대체로 제2차 세계대전까지 존속했다.

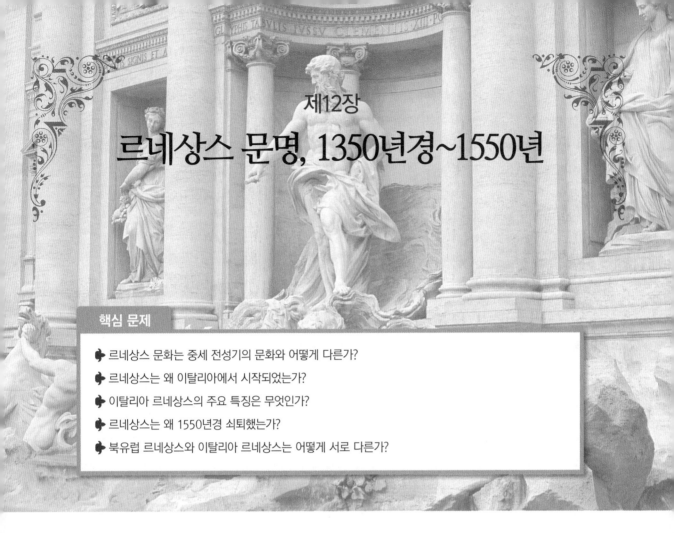

제12장
르네상스 문명, 1350년경~1550년

핵심 문제

♣ 르네상스 문화는 중세 전성기의 문화와 어떻게 다른가?

♣ 르네상스는 왜 이탈리아에서 시작되었는가?

♣ 이탈리아 르네상스의 주요 특징은 무엇인가?

♣ 르네상스는 왜 1550년경 쇠퇴했는가?

♣ 북유럽 르네상스와 이탈리아 르네상스는 어떻게 서로 다른가?

근대의 '르네상스' 개념은 1350~1550년에 이탈리아 저술가들이 처음으로 사용했다. 그들에 따르면 로마 시대와 그들 자신의 시대 사이에는 변화도 없고 단조로운 1,000년의 어둠의 시대가 끼어 있다는 것이다. 이 암흑시대 동안 예술과 문학의 뮤즈들은 야만과 무지에 쫓겨나 유럽을 떠났다. 그러나 거의 기적적으로 14세기에 들어 뮤즈들은 갑작스럽게 다시 돌아왔고 이탈리아인들은 위대한 '문예의 부흥'을 이루기 위해 뮤즈들과 더불어 기꺼이 협력했다.

이러한 시대 구분이 제시된 이래 역사가들은 중세와 근대 사이에 르네상스가 존재한다는 것을 당연하게 여겼다. 실제로 18세기 말에서 20세기 초까지 대다수 학자들은, 르네상스가 단지 학문과 문화의 역사에서 한 시대에 불과한 것이 아니라, 독특한 '르네상스 정신'이 삶의 모든 국면—즉, 지적·예술적 국면은 물론 정치·경제·종교적 국면까지—을 변화시켰다고 주장하기에 이르렀다. 그러나 오늘날 대부분의 전문가들은 이러한 성격 규정을 더 이상

받아들이지 않는다. 왜냐하면 딱히 '르네상스적'이라 할 만한 독특한 정치나 경제 또는 종교를 찾아볼 수 없기 때문이다. 오늘날의 학자들은 르네상스라는 용어가 1350~1550년에 이탈리아에서 등장해 그 후 16세기 전반기 동안 북유럽으로 확산된 사상과 문학과 예술 분야에서의 일정한 경향을 표현한 것이라는 데 대체로 동의하고 있다. 여기에서는 이와 같은 견해를 따르고자 한다. 그러므로 이 장에서 말하는 '르네상스 시기'는 지성사와 문화사의 한 시대를 지칭하는 의미로 국한된다.

르네상스와 중세

♣ 르네상스 문화는 중세 전성기의 문화와 어떻게 다른가?

이런 제약을 받아들인다 해도 몇 가지 제한 조건이 더 필요하다. '르네상스'는 말 그대로 '재생'이란 뜻이기 때문에, 사람들은 1350년경 이후 일부 이탈리아인이 오랜 세월 사실상 죽어 있었던 그리스와 로마의 문화적 업적을 새롭게 인식하고 고전 문화의 재생을 주도한 것으로 생각하곤 한다. 그러나 실제로 중세 전성기에 고전 학문은 '사망'하지 않았다. 성 토마스 아퀴나스는 아리스토텔레스를 '철학자'로 간주했으며 단테는 베르길리우스를 존경해 마지않았다. 비슷한 예는 끝도 없이 나온다. 마찬가지로 르네상스의 이교주의를 떠올리면서 이를 중세 신앙의 시대와 대비시키는 것도 잘못이다. 대부분의 르네상스인이 고전을 사랑했다고는 하지만 그들 중 누구도 고전주의가 그리스도교를 능가한다고 보지는 않았기 때문이다. 끝으로, 르네상스에 관한 모든 논의는 어떤 주제를 놓고도 단일한 르네상스가 존재하지 않았다는 사실을 전제해야만 한다. 르네상스 사상가와 예술가는 태도, 업적, 접근방법 등에서 지극히 다양했다. 그들의 업적을 평가하면서 그들을 너무 좁은 틀 속에 밀어 넣지 않도록 조심할 필요가 있다.

르네상스 고전주의

사상, 문학, 예술의 영역에서는 지성사·문화사적으로 '르네상스' 개념을 의미 있게 만드는 현저한 특징들을 분명히 찾을 수 있다. 첫째로 고전 지식의 측면에서 중세의 학문과 르네상스의 학문 사이에는 중대한 양적 차이가 있었다. 중세 학자들은 베르길리우스, 오비디우스, 키케로 같은 로마 저술가들을 알고 있었다. 그러나 르네상스 시대에는 그들 외에 리비우스, 타키투스, 루크레티우스 같은 로마 작가들의 작품이 재발견되고 친숙해졌다. 르네상스 시대에 비잔티움의 영향으로 고전 그리스 문헌들이 재발견된 것도 그에 버금가게 중요한 일이었다. 12세기와 13세기의 서유럽인은 그리스인의 과학 및 철학 논고를 이슬람을 통해 라틴어 번역으로 접할 수 있었지만, 그리스의 위대한 문학 걸작과 플라톤의 주요 저작은 전혀 접할 수 없었다. 또한 중세에는 극소수 사람만이 그리스어를 읽을 줄 알았다. 반면 르네상스 시대에는 수많은 서유럽 학자가 그리스어를 배웠고 오늘날 알려져 있는 그리스의 문학적 유산을 거의 다 섭렵했다.

둘째로 르네상스 사상가들은 중세 사상가들보다 더 많은 양의 고전 문헌을 알고 있었을 뿐만 아니라 이를 새로운 방식으로 활용했다. 중세 저술가는 고전 문헌이 자신이 이미 받아들인 그리스도교적 관념을 보완·확증해줄 것이라고 기대한 반면, 르네상스 시대의 저술가는 자신의 세계와 고전 문헌의 세계 사이를 갈라놓는 개념적·시간적 격차를 한층 예민하게 의식하고 있었다. 아울러 고대 도시국가와 르네상스 도시국가 사이의 구조적 유사성은 이탈리아 사상가들에게 각별히 고대 문헌에서 자기 시대에 직접 적용할 수 있는 사고와 행동의 모델을 찾도록 고무했다. 고전 고대로부터 배우고자 하는 단호한 결의는 건축과 예술 분야에서 한층 두드러졌다. 고전 양식은 건축과 예술 분야에서 전형적 르네상스 양식을 창조하는 데 크게 기여했다.

셋째로 르네상스 문화는 결코 이교적이라고는 말할 수 없지만, 분명 그 지향점에서 12·13세기의 문화보다 한층 더 세속적·물질주의적이었다. 이탈리아 도시국가의 발전은 도시의 정치와 현세적 행복의 중요성을 강조하는 분위기를 조성했다. 그리고 이런 분위기는 점차 교회와는 거리가 먼 문화를 만들어내는 데 기여했다. 이탈리아에서 교회가 상대적으로 약세를 면치 못했다는 점도 세속적 문화의 등장에 기여했다. 이탈리아의 주교단은 규모도 작고 성직록도 보잘것없었다. 이탈리아 대학들도 대체로 교회의 감독과 통제로부터 독립적이었다. 교황마저 이탈리아 도시 국가의 문화생활에 개입할 수 있는 여지가 극히 제한되어 있었다. 교황은 중부 이탈리아에서 각축하는 정치적 경쟁자들 중 한 명에 지나지 않았으므로 문화적·종교적 가치의 중재자로서 도덕적 권위를 제대로 행사할 수 없었다. 이런 모든 요인은 르네상스의 세속적·물질주의적 문화가 교회의 반대에 의해 사실상 아무런 구속도 받지 않고 등장할 수 있는 환경을 조성했다.

르네상스 휴머니즘

르네상스의 가장 보편적이고 근본적인 지적 이상을 압축해서 표현해주는 단어는 바로 '휴머니즘'이다. 르네상스 휴머니즘은 논리학과 형이상학을 강조한 중세 스콜라 철학을 문학, 수사학, 역사, 윤리학에 대한 연구로 대치시킬 것을 목표로 삼은 학문 프로그램이었다. 휴머니스트는 항상 고대 문학을 선호했다. 일부 휴머니스트(특히 프란체스코 페트라르카와 레온 바티스타 알베르티)는 라틴어와 속어를 함께 썼지만, 대부분의 휴머니스트는 속어 문학을 기껏해야 무식한 사람들의 오락거리로 간주했다. 진지한 학문과 문학은 오직 라틴어나 그리스어로만 써야 했다. 더욱이 라틴어는 키케로와 베르길리우스의 라틴어여야 했다. 르네상스 휴머니스트들은 자의식 강한 엘리트주의자로서 동시대 학자들이 쓰던 현대 라틴어를 고대적인 (따라서 올바른) 표준 라틴어 문체에서 벗어난 야만적 일탈이라고 비난했다. 고전 연구를 되살려낸다는 신념을 갖고 있었음에도 불구하고, 이렇듯 휴머니스트의 위치는 근본적으로 아이러니한 것이었다. 라틴어 문법, 구문, 어휘 선정에 대한 고대적 표준을 강조함으로써 르네상스 휴머니스트는 궁극적으로 라틴어를 발전이 정지된 화석화된 언어로 만드는 데 성공했다. 그 결과 그들은 뜻하지 않게 지적·문화적 생활의 중심 언어로서 유럽 각국어가 궁극적으로 승리하는 데 기여했다.

휴머니스트들은 자신들의 교육 프로그램—라틴어 문학 연구를 커리큘럼의 핵심에 두면서, 학생들에게 그리스어 공부를 장려했다—이 미덕을 지닌 시민과 유능한 공공 관료를 배출하는 최선의 길이라고 확신했다. 그들의 엘리트주의는 매우 실용적이었으며, 그들이 살던 도시국가의 정치적 삶과 직접 연관되어 있었다. 여성은 이탈리아의 정치적 삶에서 배제되어 있었기에 대부분의 휴머니스트는 여성 교육에 관심이 없었다. 물론 일부 귀족 여성이 휴머니즘적인 훈련을 받기는 했지만 말이다. 그러나 15세기에 도시국가가 군주의 수중에 장악되면서 휴머니즘의 교육 커리큘럼은 공화주의적 이상과의 직접적인 연관성을 잃고 말았다. 그렇지만 휴머니스트들은 '인문학(humanities, 휴머니즘 커리큘럼)' 연구가 유럽 사회의 지도자를 키우는 최선의 방법이라는 확신을 포기하지 않았다.

휴머니스트의 교육 프로그램

다음 세 편의 글은 베르게리우스(1370~1444), 브루니(1370경~1444), 알베르티(1404~1472) 같은 시민적 휴머니스트의 확신—그들이 제시한 엘리트 교육 프로그램이 국가는 물론 개별 학생에게 가장 값진 것이 되리라는 확신—을 보여주고 있다. 그러나 모든 사람이 휴머니스트들의 주장에 동의한 것은 아니다. 그들의 주장은 상당 부분 자기 과시적이다.

베르게리우스, 『자유학과에 대하여』

우리는 이들 학과를 자유인에게 어울리기에 '자유'학과라고 부른다. 이들 학과를 통해 우리는 미덕과 지혜를 획득하고 실천한다. 그 교육은 심신의 최고 재능을 일깨우고 훈련시키며 발달시킨다. 그것은 인간을 고상하게 만든다. 실로 자유학과는 존엄성과 미덕에 버금가는 위치를 차지한다.……그러므로 어릴 때부터 이런 목적과 이런 노력이 정신적 성장 과정에서 항상 활발해야 한다. 왜냐하면……어릴 때부터 지혜를 탐구하는 일에 진지하게 몰입하지 않는다면, 나이 든 다음에는 지혜를 얻을 수 없을 것이기 때문이다.

알베르티, 『문학의 중요성』

문학은 대단히 중요한 것이어서 그것이 없다면 제아무리 신사로 태어난 사람일지라도 시골뜨기에 불과하다. 나는 손에 송골매를 잡은 청년 귀족보다 책을 든 청년 귀족을 보고 싶다.……

그러므로 청년들이여 근면하게 공부하라. 기억할 가치 있는 과거의 모든 사건에 대해 최선을 다해 공부하라. 그대에게 전해진 모든 유용한 것을 이해하려고 노력하라. 그대의 정신에 훌륭한 격언을 공급하라. 그대의 영혼을 훌륭한 도덕성으로 아름답게 꾸미는 기쁨을 배우라. 시민적 업무를 수행할 때는 다른 사람에게 친절과 배려를 베풀도록 노력하라. 그대가 접하는 책을 통해 인간과 종교에 관한 일을 숙지한다는 것은 좋은 일이다. 그대는 다른 어디에서도……호메로스, 베르길리우스 같은 탁월한 시적 우아함을 찾을 수 없을 것이다. 그대는 데모스테네스, 키케로, 리비우스, 크세노폰 같은 유쾌하고 완벽한 웅변가의 화법처럼 즐겁고 화려한 영역을 찾지 못할 것이다. 다른 어떤 노력도……좋은 책을 꾸준히 읽고 또 읽는 것보다 더 큰 보상을 가져다주지는 않는다. 그런 독서를 통해 그대는 훌륭한 금언과 탁월한 논거로 충만할 것이며 탁월한 능력으로 다른 사람을 설득하고 그들로 하여금 그대의 말에 귀 기울이게 할 것이다. 시민은 그대의 말을 기꺼이 경청하고 찬양하고 칭송하고 사랑할 것이다.

브루니, 『휴머니즘 커리큘럼』

모든 참된 학문의 근본은 라틴어에 대한 확실하고도 철저한 지식에 입각해야 한다. 그것은 관대한 정신, 정확한 학식, 세부에 대한 주의력으로 특징지어지는 공부를 의미한다. 이러한 견고한 기초가 확보되지 않은 상태에서 영속적인 사상 체계를 구축하려 한다는 것은 부질없는 일이다. 그것이 없다면 위대한 문학의 금자탑은 이해 불가능한 것이 되고 글쓰기의 기법을 익히는 것도 불가능하다. 이런 핵심적 지식을 획득하기 위해 우리는 언어의 문법에 대한 신중한 주의를 게을리 해서는 안 되며, 온전히 내 것이 될 때까지 그에 대한 지식을 지속적으로 확인하고 확대시켜야 한다.……

그러나 우리는 더 큰 문제에 직면해 있다. 우리가 공부할 교과목을 정하는 문제이다. 나는 일찍이 그것이야말로 실체적인 사실이자 원칙이라고 말했다. 그것은 문학적 형태와는 별개의 문제이다.……그러한 과목 가운데 나는 역사를 첫 번째 자리에 둔다. 역사는 진정한 교양을 열망하는 사람이라면 어느 누구도 소홀히 해서는 안 되는 과목이다.……과거에 대한 신중한 연구는 현재의 문제에 대한 우리의 통찰력을 확대시켜주며 공공 정책의 규제에 관련해……시민과 군주에게 교훈을 베풀어준다.……

고대의 위대한 수사학자들은 어떤 경우에도 반드시 포함되어야 한다. 이보다 더 미덕을 열렬히 상찬하고 악덕을 그토록 규탄한 경우를 우리는 달리 어디에서도 찾을 수 없다. 또한 우리는 그들에게서 위로, 격려, 간언 또는 충고를 어떻게 표현해야 하는지를 배울 수 있다.……

고대의 위대한 시인들과 친근해지는 것 또한 참다운 공부에 필수적이다. 그들의 글을 통해 우리는 자연에 대한, 그리고 사물의 인과관계에 대한 깊은 성찰을 발견한다. 켜켜이 쌓인 세월과 권위를 통해 그들은 우리에게 무게를 더해준다.……

사실과 진실에 대한 폭넓은 섭렵이 수반되지 않은 채 이루어진 문학 형식에서의 숙달은 헛되고 무익하다. 그러나 제아무리 폭넓은 지식이라 할지라도 우아한 표현을 결여하고 있다면 그것은 쓰레기통 속에 처박히거나 내팽개쳐질 것이다.……하지만 이 두 가지 능력—폭넓은 학식과 우아한 문체—을 겸비한다면 우리는 최고의 명예와 영속적인 명성을 얻게 된다.

분석 문제

1. 이탈리아 르네상스는 왜 그토록 강렬한 시민적 휴머니즘의 정신을 산출했는가?

2. 소크라테스와 키케로의 미덕 개념이 베르게리우스와 브루니의 미덕 개념과 같다고 생각하는가? 르네상스 시대의 미덕과 고전 시대의 미덕은 동일한 것이었는가?

3. 레오나르도 브루니 같은 휴머니스트는 왜 역사 공부를 완전한 교육을 이루기 위한 핵심이라고 간주했는가?

르네상스 시대의 여성관

14·15세기 이탈리아 사회에는 특이한 결혼 유형이 있었다. 통상 20대 후반 또는 30대 남성이 10대 중·후반의 여성과 결혼하는 풍습이었다. 이런 인구학적 사실은 그 시대에 광범하게 유포된 믿음, 즉 아내는 본질적으로 어린아이여서 중요한 문제를 맡길 수도 없고 때려서 버릇을 가르쳐야 한다는 믿음을 형성하는 데 기여했을 것이다. 르네상스 휴머니즘은 이런 태도를 바꾸는 데 거의 영향을 미치지 못했다. 어떤 경우에는 오히려 이런 태도를 강화하기도 했다. 다음은 알베르티의 『가족론』에 서술된 내용이다.

아내가 내 집에 정착하고 나서 며칠 지난 뒤, 그리고 친정어머니와 가족에 대한 그리움으로 인한 고통이 사그라진 뒤, 나는 그녀의 손을 잡고 온 집 안을 보여주었다. 나는 다락이 곡식저장고이며 포도주와 땔감은 지하실에 저장되어 있다고 설명해주었다. 나는 온 집 안을 다니며 식탁에서 어떤 물건이 어떤 위치에 놓여야 하는지 등등을 알려주었다. 마침내 아내가 그 위치와 목적을 알지 못하는 집기가 더 이상 없게 되었다.……

나의 책과 기록물, 그리고 선조들에게 물려받은 물품만은 봉인해두기로 결정했다.…… 아내는 이런 물건을 읽는 것은 물론이고 손도 대어서는 안 되었다. 나는 기록물을 신성하고 종교적인 대상이라도 되는 양 항상 서재 안에 잠가두고 가지런히 정리해두었다. 나는 나와 함께든 홀로든 아내가 서재에 들어가는 것을 허락하지 않았다.……

아내에게 조언을 구하는 남편은……만일 여자의 머리 안에 진정한 신중함이나 훌륭한 조언이 있다고 생각한다면, 그는 미친 사람이다.……이런 이유로 나는 항상 신중하게 나의 비밀을 여자가 알지 못하게 하려 한다. 나는 아내가 가장 사랑스럽고 다른 누구보다 사려 깊고 겸손하다는 것을 의심치 않지만, 그녀가 나에게 해를 입힐 수 없도록, 나를 해코지할 생각조차 못하도록 해두는 편이 안전하다고 생각한다.…… 뿐만 아니라 나는 집안일이나 행실 문제 또는 아이들 문제 이외에는 아무것도 아내와 대화를 나누지 않는 것을 원칙으로 삼고 있다.

분석 문제

1. 알베르티는 무슨 이유로 아내가 자신의 책이나 기록물에 접근해서는 안 된다고 주장하는가?

2. 르네상스 시대의 여성에 대한 태도가 좀 더 자유롭고 근대적일 것이라고 생각하는가? 알베르티의 말은 이탈리아 사회 전체를 언급한 것인가, 아니면 그 작은 일부에만 국한된 것인가?

이탈리아 르네상스

♣ 르네상스는 왜 이탈리아에서 시작되었는가?

르네상스는 궁극적으로 전 유럽의 지적·예술적 운동이 되었지만, 14·15세기 이탈리아에서 가장 먼저 독특하게 발달했다. 어째서 이렇게 되었는지를 이해하는 것은 르네상스 운동의 기원을 설명하기 위해서뿐만 아니라 이 운동의 근본 성격을 이해하기 위해서도 중요하다.

이탈리아 르네상스의 기원

르네상스가 이탈리아에서 시작된 데는 몇 가지 이유가 있다. 가장 근본적인 이유는 중세 말기 유럽에서 이탈리아가 가장 도시화가 잘되어 있었기 때문이다. 알프스 이북의 귀족과는 달리 이탈리아의 귀족은 통상 시골의 성보다는 도시 중심지에 거주했으며, 따라서 도시의 공적 문제에 깊숙이 개입하고 있었다. 더욱이 이탈리아의 귀족계급은 도시에 궁을 짓고 살았기에 알프스 이북과는 달리 부유한 상인들과 거리가 멀지 않았다. 프랑스나 독일의 경우 귀족은 영지의 수입으로 생활했고, 부유한 도시 거주자(부르주아)는 상업을 통해 소득을 얻었다. 반면 이탈리아의 도시 거주 귀족은 금융업이나 상업에 종사했고, 부유한 상인 가문은 귀족계급의 예법을 모방했으므로, 14·15세기에 이르면 귀족계급과 상층 부르주아계급을 구분한다는 것이 사실상 불가능해졌다. 예를 들면 피렌체의 유명한 메디치 가문은 (그 이름이 보여주듯이) 원래 의사 집안으로 시작해 금융업과 상업으로 재력을 쌓고 15세기에 귀족의 반열에 올랐다. 이와 같은 발전이 교육의 역사에 미친 영향은 분명했다. 상인으로 성공하기 위해서는 읽고 셈하는 능력을 기르는 교육이 절실하게 필요했고, 부유한 명문가에서는 공공 영역에서 논쟁을 잘하는 데 필요한 지식과 기법을 자제에게 가르쳐줄 교사를 필요로 했다. 그 결과 이탈리아에 수많은 세속 교육자가 등장했다. 그들 중 상당수는 학생을 가르쳤을 뿐만 아니라 정치적·윤리적 논고 및 문학작품을 통해 자신의 학문적 성취를 과시했다. 이탈리아의 학교들은 전 유럽에서 가장 교육이 잘된 대중을 길렀고, 문학 및 예술 표현의 새로운 이념과 형식을 계발하는 데 기꺼이 투자할 준비가 되어 있는 수많은 부유한 후원자를 등장하게 했다.

　중세 말기의 이탈리아가 지적·예술적 르네상스의 발상지가 될 수 있었던 두 번째 이유는, 이탈리아가 서유럽의 다른 어떤 지역보다 고전 시대에 친밀감을 가지고 있었기 때문이다. 이탈리아 반도에는 고대 로마의 기념물이 산재해 있었고, 고전 라틴 문헌에는 르네상스 시대 이탈리아인이 자신들의 것이라고 간주하던 익숙한 도시와 지역 이름이 언급되어 있었다. 더욱이 이탈리아인은 14·15세기에 자신들의 고전 유산을 재평가하는 일에 매진하고 있었다. 당시 이탈리아인은 스콜라 철학—프랑스와 긴밀하게 연관되어 있었다—에 반발해 독자적인 문화적 정체성 확립을 추구하고 있었다. 교황이 14세기의 대부분을 아비뇽에 옮겨가 있었던 사건, 그리고 1378년에서 1415년까지의 장기간에 걸친 대분열은 이탈리아와 프랑스 사이에 적대감을 고조시켰다. 14세기 전 기간에 걸쳐 모든 부문에서 스콜라 철학에 대한 지적 반동이 일어났고, 그 결과 이탈리아인은 고전 문헌이 제공한 지적 대안을 선호하게 되었다. 일단 이탈리아에서 로마 문학과 학문이 뿌리를 내리자, 로마의 예술과 건축이 그 뒤를 이었다. 로마 학문이 프랑스의 스콜라 철학에 대한 지적 대안을 제공했듯이, 로마의 예술과 건축 또한 이탈리아인에게 프랑스 고딕 양식을 대신할 화려한 예술 양식을 창조하도록 고무했다.

　끝으로 이탈리아 르네상스는 이탈리아의 부가 뒷받침되지 않았다면 등장하지 못했을 것이다. 전체적으로 이탈리아의 경제는 14·15세기보다 13세기에 더 큰 번영을 구가했다. 그러나 중세 말기의 이탈리아는 유럽의 다른 지역에 비해 상대적으로 부유했다. 이것은 이탈리아의 저술가와 예술가가 외국에 나가 일자리를 구하기보다 고국에 머물기를 더 선호했음을 의미한다. 더욱이 중세 말기의 이탈리아에서는 도시민의 자부심이 커지고 일인당 소득의 증가로 문화에 대한 투자가 늘어났다. 14세기에는 도시들이 예술과 학문의 일차적 후원자였다. 그러나 15세기에 접어들면서 대부분의 이탈리아 도시가 귀족 가문의 세습 지배에 압도되었고 후원활동도 군주나 귀족이 독점하게 되었다. 군주 가운데는 로마의 교황도 있었는데, 교황의 권력은 교황령 국가에 대한 세속적 지배권에 기반하고 있었다. 르네상스 교황 가운데 가장 세속적인 교황들—알렉산데르 6세(재위 1492~1503), 율리우스 2세(재위 1503~1513), 피렌체의 지배자인 로렌초 데 메디치의 아들 레오 10세(재위 1513~1521)—은 당대 최고의 예술가들을 거느렸으며, 그 결과 수십 년 동안 로마는 서유럽 예술의 수도가 되었다.

이탈리아 르네상스의 문학과 사상

　이탈리아 르네상스의 학자와 저술가들의 업적을 살피려 한다면 '르네상스 휴머니즘의 아버지' 프란체스코 페트라르카(1304~1374)의 저작으로부터 시작하는 것이 자연스럽다. 페트라르카는 독실한 가톨릭 신자로서, 스콜라 철학이 사람들에게 유덕한 삶을 사는 방법과 구원에 이르는 방법을 가르치기보다 추상적인 사고에 치중함으로써 그릇된 길을 가고 있다고 믿었다. 페트라르카는 그리스도교도 저술가는 무엇보다도 문학적 수사법을 배양해 사람들로 하여금 선을 행하도록 고무할 수 있어야 한다고 생각했다. 페트라르카에 의하면 최고의 수사법은 고전 라틴 문학 작품에서 찾을 수 있고, 고전 라틴 문학은 윤리적 지혜로 가득 차 있기에 두 배의 가치를 갖는 것이었다. 그러므로 페트라르카는 아직 발견하지 못한 고대 라틴 문헌을 찾아내는 데, 그리고 고전 작가를 본받아 라틴어 문체로 시를 쓰고 도덕적 논고를 집필하는 데 헌신했다. 그러나 페트라르카는 탁월한 속어 시인이기도 했다. 그가 사랑한 여인 라우라를 위해 트루바두르(서정시인)의 기사도적인 문체로 쓴 이탈리아어 소네트—나중에 페트라르카풍의 소네트로 불렸다—는 르네상스 시기 전반에 걸쳐 그 형식과 내용이 널리 모방되었고 르네상스 전 기간에 걸쳐 찬양되었으며 오늘날에도 꾸준히 읽히고 있다.

　페트라르카는 매우 전통적인 그리스도교도였기 때문에 그가 생각한 인간의 궁극적 이상은 명상과 금욕의 고독한 생활이었다. 그러나 페트라르카에 뒤이어 1400~1450년 피렌체를 중심으로 활동한 이탈리아의 사상가와 학자들은 '시민적 휴머니즘'이라는 새로운 사조를 발전시켰다. 피렌체 사람 레오나르도 브루니와 레온 바티스타 알베르티 같은 시민적 휴머니스트는 수사학과 고전 문학 연구가 필요하다고 한 페트라르카의 견해에 공감했다. 그러나 또한 그들은 인간이 가족과 사회에 쓸모 있게 되기 위한, 행동을 하기 위한, 그리고 국가—여기서의 국가란 고전 모델 또는 동시대 피렌체를 모델로 한 공화적인 도시국가이다—에 봉사하기 위한 본성을 지니고 있다고 가르쳤다. 그들의 견해에 따르면 야심을 품고 명예를 추구하는 것은 고상한 충동이기에 마땅히 격려되어야만 했다. 그들은 물질적 소유를 위한 노력을 비난하지 않았는데, 인간 진보의 역사는 땅과 그 자원에 대한 성공적인 지배와 밀접한 관계에 놓여 있기 때문이었다.

　시민적 휴머니스트들의 저작 중 가장 유명한 것은 알베르티의 『가족론』(1443)이다. 이 책에서 알베르티는 핵가족이야말로 인간의 복리를 위해 자연이 제정한 제도라고 주장했다.

그러나 알베르티는 이 제도 속에서 가사를 여성에게만 전담시켰다. 그는 "남성은 본시 정력적이고 근면"하며 여성은 "자손을 번성시키고 자녀를 양육하기 위해" 창조되었다고 주장했다. 여성의 지적 능력에 대한 이런 폄하는 일부 저명한 여성 휴머니스트들로부터 거센 저항을 받았지만 이탈리아 르네상스 휴머니즘은 대부분 여성에 대한 모욕적 태도로 일관했다. 이러한 모욕은 휴머니스트들이 그토록 찬양한 고전 문학에서도 표현되고 있었던 것이다.

문헌 연구의 등장

시민적 휴머니스트들은 고전 문학과 철학—특히 그리스 문학과 철학—연구에서 페트라르카를 훨씬 능가했다. 이런 작업을 수행하면서 그들은 15세기 전반에 이탈리아로 이주해 온 수많은 비잔티움 학자의 도움을 받았다. 이탈리아 학자들은 서유럽에 알려지지 않은 그리스어 필사본을 찾아 콘스탄티노플을 비롯한 동방의 여러 도시를 여행하기도 했다. 1423년 조반니 아우리스파라는 이탈리아 휴머니스트는 혼자서 238권이나 되는 필사본을 갖고 돌아왔는데, 그중에는 소포클레스, 에우리피데스, 투키디데스 등의 저작이 포함되어 있었다. 이 저작들은 신속히 라틴어로 번역되었고, 원작의 문학적 힘을 고스란히 유지하기 위해 직역이 아닌 의역으로 번역되었다. 1500년에 이르면 플라톤을 비롯한 수많은 극작가와 역사가들이 쓴 그리스 고전의 대부분을 서유럽에서 구해볼 수 있었다.

시민적 휴머니스트들과 마찬가지로 고전 문헌에 대한 관심은 갖고 있되 결코 그들의 운동—시민적 휴머니즘—에는 전폭적으로 동조하지 않았던 로렌초 발라(1407~1457)는, 이례적인 인물이었지만 매우 큰 영향력을 행사한 르네상스 사상가였다. 로마 태생으로서 주로 나폴리 왕 밑에서 비서로 일했던 발라는 피렌체의 시민적 휴머니스트들과는 달리 공화정 이념에 그다지 집착하지 않았다. 그는 문법, 수사학의 기량과 그리스어, 라틴어 문헌에 대한 성실한 분석을 수행함으로써, 철저한 언어 연구를 통해 과거 한때 진실로 여겨졌던 문헌의 허위성을 드러낼 수 있음을 보여주었다. 발라가 이룩한 탁월한 업적은 '콘스탄티누스의 기증장(Donation of Constantine)'이 중세의 위조문서임을 폭로한 일이다. 교황청은 교황이 서유럽에서 행사하는 세속 지배권이 콘스탄티누스 황제가 4세기에 증여했다고 하는 문서에 입각한 것이라고 주장했다. 그러나 발라는 그 문서에 기록된 언어가 고전 라틴어가 아니며 시대착오적인 용어로 가득 차 있음을 입증했다. 그는 '기증장'이 중세의 한 위조자에 의해 작성되었으며, 그 위조자의 '가공할 뻔뻔스러움'은 '언어적 우매함'에 의해 드러났다고 결론지었다. 이러한 연구 성과는 비단 '중세의 무지'에 대한 불신을 증폭시키기만 한 것이 아니다. 그보다 더욱 중요한 것은 발라의 연구로 인해 향후 모든 고전 문헌 연구에 시대착오의 개념이 도입되었다는 사실이다. 그는 『신약성서 강해』에서 그리스어에 대한 전문지식을 활용해 성 바울의 서한이 지닌 진정한 의미—그는 그것이 라틴어 불가타[1] 번역에 의해 의미가 불투명해졌다고 믿었다—를 밝혔다. 이 저작은 이탈리아 르네상스의 학문과 그 후의 북유럽의 그리스도교적 휴머니즘 사이에 중요한 연결고리가 되었다.

르네상스 신플라톤주의

1450년경부터 1600년경까지 이탈리아 사상계를 압도한 것은 신플라톤주의학파였다. 신플라톤주의자들은 플라톤과 플로티노스의 사상, 그리고 다양한 고대 신비주의를 그리스도교와 혼합하고자 했다. 그들 중에서 가장 대표적인 인물은 마르실리오 피치노(1433~1499)와 조반니 피코 델라 미란돌라(1463~1494)였다. 두 사람은 모두 코시모 데 메디치가 설립한 피렌체 플라톤 학회의 회원이었다. 이 학회는 느슨하게 조직된 학자들의 모임으로 강독과 강의를 위해 모임을 가졌다. 그들의 영웅은 플라톤이었다. 그들은 플라톤의 생일을 축하하는 연회를 개최했고, 연회가 끝나면 모든 참석자는 마치 자신이 플라톤의 『대화』에 등장하는 인물인 양 연설을 했다. 후대의 관점에서 돌이켜볼 때 피치노의 최대 업적은 플라톤의 저작을 라틴어로 번역함으로써 서유럽인이 처음으로 플라톤의 저작을 널리 읽을 수 있도록 했다는 것이다. 그러나 피치노는 『헤르메스 전서(Hermetic Corpus)』—히브리 카발라(유대교 신비주의)를 포함한 수많은 고대 신비 문서에서 따온 인용문 선집—를 자신의 가장 큰 학문적 업적이라고 생각했다.

피치노의 철학이 과연 휴머니즘에 속하는 것인지에 대해서는 논란이 있을 수 있다. 왜냐하면 그의 관심사는 윤리학이 아닌 형이상학이었고, 개인은 마땅히 내세를 앙망해야 한다고 가르쳤기 때문이다. 피치노의 견해에 의하면, '불멸의 영혼은 유한한 육체 안에서는 항

---

1) 불가타는 라틴어의 Vulgata Editio의 약어로 '일반의, 공통의'를 뜻한다. 히에로니무스의 번역을 바탕으로 한 가톨릭교회의 공용 라틴어 성서를 지칭한다.

상 비참'하다. 그의 제자인 조반니 피코 델라 미란돌라에게도 같은 문제가 제기된다. 피코는 분명 시민적 휴머니스트는 아니었다. 그는 세속의 공적 문제에서 아무런 가치도 찾지 못했기 때문이다. 그 또한 스승과 똑같이 고대의 신비 문헌에서 뽑아낸 인용문을 맥락을 무시한 채 결합시키는 경향이 있었다. 그러나 그는 『인간의 존엄성에 대한 연설(Oration on the Dignity of Man)』에서 주장했듯이 '인간보다 뛰어난 존재는 없다'고 믿었다. 그는 인간이 원하기만 한다면 신과 합일할 수 있는 능력을 갖고 있다고 믿었다.

마키아벨리

페트라르카로부터 피코에 이르는 이탈리아 사상가 중에는 진정한 의미에서 독창성을 지닌 사상가를 찾아볼 수 없다. 그들의 위대성은 다만 표현방식과 학식에, 그리고 고대 사상의 여러 주제를 대중화시켰다는 데 있다. 그러나 이러한 평가는 르네상스 이탈리아 최고의 정치철학자였던 니콜로 마키아벨리(1469~1527)에게는 전혀 해당되지 않는다. 마키아벨리의 저술은 그 시대 이탈리아의 불안정한 여건을 반영하는 것이었다. 15세기 말의 이탈리아는 국제적 분쟁의 격전장이었다. 프랑스와 에스파냐는 이탈리아 반도를 침입해 이탈리아 도시국가들로부터 충성을 얻어내기 위한 경쟁을 벌였는데, 당시 이탈리아 도시국가들은 내부 갈등으로 인해 분열되어 있었다. 1498년 마키아벨리는 피렌체 공화국—피렌체 공화국은 그보다 4년 전 프랑스의 침공으로 메디치 가문이 축출되면서 수립되었다—정부의 고관이 되었다. 그는 이탈리아 다른 도시국가들을 상대로 외교 업무를 수행했다. 로마에 있을 때 그는 교황 알렉산데르 6세의 아들인 체사레 보르자가 중부 이탈리아에 자신의 공국을 창설하는 것을 보고 매료되었다. 그는 체사레의 잔인성과 교활함, 그리고 정치적 목적을 위해 개인의 도덕성을 철저히 포기한 그의 활동을 긍정적으로 바라보았다. 1512년 메디치 가문이 복귀해 피렌체 공화국을 전복하자 마키아벨리는 지위를 잃고 말았다. 좌절과 쓰라린 상처를 간직한 채 그는 남은 생애를 시골 영지에 살면서 대부분의 시간을 저술활동에 바쳤다.

마키아벨리는 오늘날에도 논란거리가 되고 있다. 현대의 일부 학자들에 따르면, 그는 도덕성과 그리스도교적 경건을 경멸하고 정치활동의 정당한 목적을 고려하지 않은 채 오로지 권력의 획득과 행사 자체만을 목적으로 삼았던 현실 정치(realpolitik)의 비도덕적 이론가였다. 다른 학자들에 따르면, 그는 군주 독재를 외국 정복자들에게서 이탈리아를 해방시키는 유일한 방법으로 간주한 이탈리아의 애국자였다. 또 다른 학자들에 의하면, 그는 히포의 아우구스티누스의 추종자로서, 죄인들의 타락한 세계에서 한 지배자의 선량한 의도가 그의 정책이 좋은 결과를 거둘 수 있다는 보증이 될 수 없음을 이해한 사상가였다. 오히려 마키아벨리는 군주의 행동은 내면적 도덕성이 아닌 결과에 의해 평가받아야 한다고 주장했다. 마키아벨리는 이렇게 주장했다. "인간 존재는 은혜를 모르고, 변덕스러우며, 기만적이고, 위험을 회피하고자 하며, 이익만을 추구한다." 그러므로 "군주는 국가를 유지할 필요성 때문에 빈번히 충절, 자비, 자애, 종교에 위배되는 행동을 하지 않을 수 없다. 군주는 그가 할 수 있는 한 선한 길을 걸어야 한다. 그러나 필요하다면 그는 악을 따를 줄도 알아야 한다."

마키아벨리의 대표적인 정치 분석 저술 두 권이 표면상 서로 모순되어 보이기 때문에 수수께끼를 풀기는 더욱 어려워진다. 『리비우스 논고(Discourse on Livy)』에서 그는 입헌 정부, 공화국 시민 사이의 평등, 도시국가의 정치적 독립, 종교의 국가에 대한 종속 등을 찬미하면서, 고대 로마 공화정을 자기 시대의 전범(典範)으로 칭송했다. 그러므로 마키아벨리가 헌신적인 공화주의자라는 사실에는 의문의 여지가 없다. 그는 자유로운 도시국가를 이상적 형태의 정부로 믿었다. 그러나 마키아벨리는 비판자들이 '독재자의 핸드북'이라고 부르는 책인 『군주론(The Prince)』의 저자이기도 하다. 그는 이 책을 피에로 데 메디치의 아들 로렌초에게 바쳤는데, 로렌초 가문은 마키아벨리가 섬긴 피렌체 공화국을 전복한 바로 그 집안이었다.

『군주론』이 『리비우스 논고』에 비해 훨씬 더 널리 읽혔던 까닭에 마키아벨리의 정치사상 연구자들은 그가 『군주론』에서 언급한 체사레 보르자에 대한 찬양을 군주 독재 자체에 대한 승인으로 오해하곤 했다. 그러나 마키아벨리의 실질적 입장은 그와는 사뭇 달랐다. 16세기 초의 정치적 혼돈 속에서 마키아벨리는 보르자 같은 무자비한 군주야말로 동시대 이탈리아 사람들에게 독립정신을 고취시키고, 나아가 이탈리아인을 다시 한 번 공화주의적 자치정부에 합당한 인간으로 만들어줄 유일한 인물이라고 생각했다. 인간관이 몹시 음울하긴 했지만, 마키아벨리는 동시대 이탈리아인이 궐기해 프랑스와 에스파냐의 정복자를 추방하고 공화주의적 자유와 평등의 오랜 전통을 회복시켜주기를 갈망했다. 보르자 같은 군주는 그런 목적을 위해 반드시 필요한 인물이었지만, 그렇다고 해서 마키아벨리가 그런 군주의 지배를 인간을 위한 이상적 지배 형태라고 생각한 것은 아니다. 그러나 이탈리아의 몰락한 정치 상황에서 군주국가는 마키아벨리 시대의 짓밟힌 이탈리아인이 기대할 수 있는 최선의 정부 형태였다.

마키아벨리의 이탈리아 애국주의

다음은 마키아벨리의 『군주론』 마지막 장에서 발췌한 글이다. 이 책 자체가 그러하듯이 이 글 또한 피에로 데 메디치의 아들 로렌초에게 바친 것이다.

　지금까지 논의한 모든 것을 고려하면서 저는 현재 이탈리아의 상황이 새로운 군주에게 영광을 가져다줄 만큼 무르익었는가, 그리고 여기에서 발견되는 질료가 신중하고 역량 있는 군주에게는 영광을, 그리고 모든 인민에게는 행복을 가져다줄 수 있는 형태로 빚어질 기회를 과연 확실하게 보장하고 있는가라는 문제에 대해서 곰곰이 생각해봅니다. 제게는 너무도 많은 요소가 결합해 새로운 군주에게 상서로운 기회를 제공하는 것처럼, 곧 제가 아는 한 과거에 이보다 더 적절한 시기가 결코 없었던 것처럼 보입니다. 제가 이미 주장한 것처럼, 모세의 출중한 역량을 보여주기 위해서 이스라엘 민족은 이집트에 예속되어야 했고, 키루스의 위대한 정신이 드러나기 위해서 페르시아인은 메디아인에게 억눌려 있어야 했으며, 테세우스의 탁월함을 과시하기 위해서 아테네인은 지리멸렬한 상태에 있어야 했습니다. 마찬가지로 한 출중한 이탈리아인의 역량이 드러나기 위해서 이탈리아는 현재처럼 절망적인 상황에 봉착해야 했습니다. 이탈리아인은 이스라엘인보다 더 예속되어 있고, 페르시아인보다 더 억압받고 있으며, 아테네인보다 더 지리멸렬해 있는 데다가 인정받는 지도자도 없고, 질서나 안정도 없으며, 짓밟히고, 약탈당하고, 갈기갈기 찢기고, 유린당하며, 한마디로 완전히 황폐한 상황에 있습니다.……그리고 나서 거의 활기를 잃은 이탈리아는 자신의 상처를 치유하고, 롬바르디아에서 자행되는 약탈 및 나폴리 왕국과 토스카나 왕국에서 일어나는 수탈에 종지부를 찍고, 그토록 오랫동안 당한 고통을 치유해줄 수 있는 누군가를 애타게 기다리고 있습니다. 지금 하느님에게 외세의 잔혹하고 오만한 지배로부터 자신을 구원해줄 수 있는 누군가를 보내달라고 이탈리아가 얼마나 간절히 기도 드리고 있는가를 살펴보십시오. 또한 깃발을 드는 자가 나타나기만 한다면, 이탈리아가 얼마나 기꺼이 그 뒤를 따라 나설 만반의 준비가 되어 있는가를 살펴보십시오. 이탈리아가 이제 희망을 걸 만한 대상은 오직 영광스러운 전하의 가문뿐입니다. 전하의 가문이야말로 행운과 역량을 갖추고 있으며 하느님과 (전하의 가문이 우두머리로 있는) 교회의 가호를 받고 있기 때문에 나라를 구원하는 데에 앞장설 수 있습니다.……

　이탈리아가 그토록 오랜 시일 동안 고대해온 구세주를 만나기 위해서 이 기회는 무슨 일이 있더라도 결코 놓칠 수 없습니다. 저는 이 모든 감정을 이루 말로 형언할 수 없습니다. 이들 이방인의 범람으로 고난을 겪던 이탈리아의 방방곡곡에서 사람들이 얼마나 많은 흠모의 정을 가지고, 얼마나 많은 복수의 열망을 가지고, 얼마나 강건한 믿음을 가지고, 그리고 얼마나 많은 충성심과 눈물을 가지고 구세주를 맞이하겠습니까? 그때 어떤 닫힌 문이 그의 앞을 가로막겠습니까? 어떤 백성이 그에게 복종하기를 거부하겠습니까? 어떤 시기심이 그를 막아서겠습니까? 어떤 이탈리아인이 그를 따르는 것을 거절하겠습니까? 야만족의 폭정의 냄새가 모든 사람의 코를 찌릅니다. 이제 영광스러운 전하의 가문이 모든 정당한 임무를 수행하는 데에 따르는 기백과 희망을 가지고 이 사명을 떠맡아야 합니다.

분석 문제

1. 마키아벨리는 왜 이탈리아가 자신의 『군주론』에서 서술한 유형의 지도자를 필요로 한다고 주장했는가?

2. 마키아벨리에 의하면 그 시대의 이탈리아는 무엇이 잘못되었는가?

3. 마키아벨리는 이탈리아 민족주의의 대의명분을 지지했는가, 아니면 로렌초 데 메디치 같은 강력한 군주의 깃발을 지지했는가? 또는 그의 애국주의 비전과 리더십 비전은 동시발생적인 것이었는가?

궁정인의 이상

마키아벨리의 충격적인 정치이론보다 동시대인의 취향에 더 잘 어울린 것은, 외교관이자 백작인 발다사레 카스틸리오네(1478~1529)가 『궁정인(The Book of the Courtier)』(1528)에서 묘사한 귀족의 올바른 행동지침이었다. 현대 에티켓 안내서의 선구 격으로 재치 있게 서술된 이 책은, 브루니와 알베르티가 쓴 종전의 시민적 휴머니즘에 입각한 논고들과 현저한 대조를 보였다. 브루니와 알베르티가 도시국가와 가정을 위한 근면한 봉사라는 건전한 공화주의적 미덕을 가르친 반면, 막강한 군주의 궁정이 지배한 이탈리아에서 저술활동을 한 카스틸리오네는, 진정한 신사로서 행동하는 데 필요한 우아하고 자연스러운 자질을 어떻게 함양할 수 있는지에 대해 가르쳤다. 카스틸리오네는 어느 누구보다도 '르네상스적 인간'의 이상을 대중화시켰다. 르네상스적 인간은 다양한 분야에 능통할 뿐만 아니라 멋지고 유머 감각이 있으며, '예의 바른', 즉 교양 있고 학식 있는 사람이라는 것이다. 알베르티와는 달리 카스틸리오네는 '가정과 가사'에서의 여성의 역할에 대해서는 아무 말도 하지 않았다. 대신 그는 궁정의 숙녀가 '우아한 접대자'가 될 수 있음을 강조했다. 이로써 그는 유럽의 남성 저술가로서는 처음으로 여성에게 가사 이외의 독립적인 역할을 인정한 인물이 되었다. 출간 후 장장 한 세기가 넘도록 전 유럽에서 널리 읽힌 카스틸리오네의 『궁정인』은 '세련'이라는 이탈리아의 이상을 알프스 이북의 궁정으로 확산시켰다. 그 결과 유럽 귀족계급은 예술과 문학을 한층 열렬하게 후원했다.

16세기의 이탈리아인은 상상력이 넘치는 산문과 운문을 창작했다. 마키아벨리는 경쾌한 단편 「벨파고르」를 썼으며, 『만드라골라』라는 음란한 희곡을 썼다. 위대한 예술가 미켈란젤로는 여러 편의 감동적인 소네트를 썼고, 16세기 이탈리아 서사시인 중 가장 뛰어난 루도비코 아리오스토(1474~1533)는 장편 이야기 시 『광란의 오를란도』를 썼다. 중세 샤를마뉴 전설에서 소재를 취하기는 했지만, 이 작품은 중세의 어떤 서사시와도 현격하게 달랐다. 왜냐하면 이 작품은 서정적 판타지의 요소를 도입했고, 무엇보다도 영웅적 이상주의를 전혀 포함하고 있지 않기 때문이다. 아리오스토가 글을 쓴 것은 독자를 웃기기 위해, 그리고 자연의 고요한 영광과 사랑의 열정을 멋들어지게 묘사함으로써 독자를 사로잡기 위함이었다. 그의 작품은 르네상스 말기의 환멸과 희망 그리고 신앙의 상실을 보여준다. 그것은 또한 쾌락과 심미적 기쁨의 추구에서 위안을 얻으려 하던 당시의 경향을 잘 드러내준다.

이탈리아의 르네상스: 회화, 조각, 건축

♦ 이탈리아 르네상스의 주요 특징은 무엇인가?

이탈리아 르네상스는 수많은 지적·문학적 진보를 이룩했지만, 가장 영속적인 업적으로 남은 것은 단연 예술 부문이었다. 그중에서도 특히 회화는 최고의 경지에 올랐다. 우리는 이미 1300년경의 천재 화가 조토의 예술적 천재성을 살펴본 바 있다. 그러나 이탈리아 미술이 활짝 꽃을 피운 것은 15세기에 이르러서였다. 그 이유는 15세기 초 선원근법(線遠近法)이 발견되어 온전한 삼차원 화상을 표현하는 데 처음으로 적용되었기 때문이다. 또한 15세기의 미술가들은 명암법을 시도했고 최초로 인체의 해부학과 신체 비례를 면밀하게 연구했다. 15세기에 사유재산이 늘어나고 평신도의 후원이 늘어나면서 예술은 비종교적인 다양한 주제들을 대폭 수용했다. 이제는 성경 이야기를 주제로 삼는 경우에도 비종교적인 주제가 뒤섞이는 경우가 빈번했다. 화가들은 영혼의 감추어진 신비를 드러내는 초상화를 그리고자 했다. 지성에 호소하기 위해 그려진 그림이 있는가 하면, 그와 더불어 현란한 색채와 아름다운 형태를 표현함으로써 눈을 즐겁게 하는 것을 주목적으로 하는 그림이 나란히 등장했다. 플랑드르에서 처음 사용된 것으로 보이는 유화는 15세기를 특징짓는 기법이었다. 이 새로운 기법의 사용은 의심할 나위 없이 그 시대의 예술적 진보와 관련이 있었다. 유화 물감은 프레스코 안료와는 달리 쉽게 마르지 않았으므로 화가들은 천천히 작업할 수 있었고, 시간 여유를 갖고 그림의 어려운 부분을 완성할 수 있었으며, 작업 도중 필요하다면 그림을 수정할 수도 있었다.

피렌체의 르네상스 미술

15세기의 위대한 화가들은 대부분 피렌체인이었다. 그들 중 첫 번째 인물은 동시대인에게 '조토의 환생'으로 알려졌던 조숙한 천재 마사초(1401~1428)였다. 비록 27세에 죽고 말았지만 마사초는 사후 100년 동안이나 이탈리아 화가들의 작업에 영감을 불어넣어주었다. 마사초가 지닌 화가로서의 위대성은 그가 르네상스 미술의 으뜸가는 특징이었던 '자연의 모방'에 성공했다는 사실에 기초하고 있다. 그는 자연을 모방하기 위해 원근법을 채택했는데, 그 기법이 가장 극적으로 나타난 작품은 프레스코화 〈삼위 일체〉였다. 또한 그는 독창적인 명암법을 사용해 놀랍도록 극적인 효과를 이끌어냈다.

마사초의 가장 잘 알려진 계승자는 피렌체인 산드로 보티첼리(1444~1510)로서, 그는 고전적 주제와 그리스도교적 주제를 표현했다. 보티첼리의 작품은 자연의 세부에 대한 선적(線的)인 리듬과 감각적 묘사에서 탁월하다. 그는 그리스도교와 직접적인 관련성이 없는 고전 신화의 등장인물을 그린 그림들로 유명하다. 그가 〈봄의 우화〉와 〈비너스의 탄생〉에서 채택한 기법은, 자연을 배경으로 우아하게 움직이는 신들, 여신들, 산들바람, 뮤즈 등에 대한 로마식 묘사에서 많은 영향을 받았다. 이로 인해 한때 이 작품들은 르네상스 이교주의의 표현이자 그리스도교적 금욕주의에 단호히 등을 돌린 세속적 쾌락의 찬미로 이해된 적이 있었다. 그러나 최근의 학자들은 이 작품들을 그리스도교의 가르침과 완벽하게 양립할 수 있는 알레고리로 해석하고자 한다. 이 해석에 따르면 보티첼리는 피치노의 신플라톤주의 이론—고대의 신과 여신들이 그리스도교의 다양한 미덕을 표현한다고 간주했다—에 정통한 학식 있는 귀족 관객을 의식했다는 것이다. 예를 들면 비너스는 순결한 사랑을 의미했다. 보티첼리의 위대한 '고전적' 작품들이 난해하긴 하지만, 두 가지 사실만은 분명하다. 첫째, 모든 관객이 그의 작품들을 자연스런 감각적 차원에서 즐길 수 있었다. 둘째, 보티첼리는 그리스도교와 결별하지 않은 것이 분명하다. 왜냐하면 그는 당시 로마에서 교황을 위해 프레스코화를 그리고 있었기 때문이다.

레오나르도 다 빈치

피렌체의 예술가 가운데 가장 위대한 인물은 레오나르도 다 빈치(1452~1519)일 것이다. 그는 역사상 가장 다재다능했던 천재 중 한 사람이다. 레오나르도는 말 그대로 '르네상스적 인간'이었다. 그는 화가이자 건축가였으며 음악가이자 수학자였고 공학자이자 발명가였다. 공증인과 시골 처녀 사이에 사생아로 태어난 레오나르도는 25세 되던 해 피렌체에 공방을 차리고 도시의 메디치 가문 출신 지배자인 로렌초 일 마그니피코(il Magnifico는 '위대한 자'라는 뜻)의 후원을 얻었다. 그러나 레오나르도에게도 인간적 약점이 있었으니 그는 작업속도가 느리고 무슨 작업이든 쉽게 끝맺질 못했다. 이런 점은 로렌초를 비롯한 피렌체 후원자들을 불편하게 만들었다. 그들이 보기에 예술가란 기술공과 전혀 다를 바 없는 존재여서 일정한 크기의 작품을 일정한 가격에 주문받아 정해진 기간 내에 납품만 하면 그만이었다. 그러나 레오나르도는 이러한 통념에 크게 반발했다. 그는 자신을 미천한 수공업자가 아니라 영감을 받은 창조적 예술가라고 생각했다. 그는 1482년 피렌체를 떠나 밀라노의 스포르차 가문 궁정으로 들어갔다. 그곳에서는 한층 자유롭게 시간을 활용하면서 작품활동을 할 수 있었다. 그는 1499년 프랑스가 밀라노를 침입하던 때까지 그곳에 머물렀다. 그 후 그는 이탈리아를 방랑하다가 마침내 프랑스 왕 프랑수아 1세의 후원을 받았고 그의 후원 아래 죽을 때까지 프랑스에 거주하며 작품활동을 했다.

레오나르도 다 빈치의 그림으로 이탈리아에는 이른바 '르네상스 전성기'가 시작되었다. 그의 화법은 자연을 가능한 한 세밀하게 모방하는 것이었다. 레오나르도는 마치 자연주의자처럼 풀잎, 새의 날개, 폭포수 물줄기 등을 세심하게 관찰해서 그렸다. 그는 인체 해부를 위해 사람의 시체를 입수해 지극히 세밀한 해부도를 그렸고, 이렇게 해서 얻은 해부학 지식을 그림에 응용했다. 레오나르도는 자연을 숭배했으며 모든 살아 있는 존재에 신성이 깃들어 있다고 확신했다. 따라서 그가 채식주의자인데다, 시장에서 새장에 갇힌 새를 사서 풀어주곤 했다는 것은 놀라운 일이 아니다.

대부분의 사람들은 레오나르도의 걸작으로 〈암굴의 성모〉(같은 주제로 그린 두 개의 작품이 있다)와 〈최후의 만찬〉, 그리고 〈모나리자〉와 〈지네브라 데 벤치〉 등의 초상화를 꼽는다. 〈암굴의 성모〉는 그의 놀라운 회화 기법뿐만 아니라, 과학에 대한 정열, 그리고 우주가 잘 질서 잡힌 곳이라는 그의 믿음을 드러내고 있다. 모든 인물은 기하학적 비례에 따라 그려졌고 모든 바위와 식물은 대단히 정밀하게 묘사되었다. 밀라노의 산타 마리아 델레 그라치에 성당의 식당 벽에 그린 〈최후의 만찬〉은 심리적 반응에 대한 연구이다. 자신에게 닥칠 참혹한 운명에 순종하며 평정을 견지하던 예수는 제자들에게 그들 중 하나가 자신을 배반할 것이라고 선언했다. 화가인 레오나르도는 스승인 예수가 한 말의 의미를 조금씩 이해하게 되면서 제자들의 얼굴에 감도는 놀라움, 두려움, 죄의식 등이 뒤섞인 복잡한 감정을 성공적으로 그려냈다. 레오나르도의 세 번째와 네 번째 걸작인 〈모나리자〉와 〈지네브라 데 벤치〉는 인간 내면의 다양한 분위기에 대한 그의 관심을 보여준다.

베네치아 화파

1490년경에 시작된 르네상스 전성기에 이른바 베네치아 화파가 등장했는데, 조반니 벨리니(1430경~1516), 조르조네(1478~1510), 티치아노(1490경~1576) 등이 포함되어 있었다. 그들의 작품은 번영하던 상업도시 베네치아의 사치스럽고 쾌락 지향적인 삶을 표현했다. 베네치아 화가 대부분은 피렌체 화파가 관심 갖고 있던 철학적·심리적 주제에는 거의 관심이 없었다. 그들은 목가적인 풍경과 부자나 권력자의 화려한 초상화를 그림으로써 감각에 호소하고자 했다. 그들은 형식과 의미를 색채와 우아함에 종속시킴으로써 그림의 주인공인 부유한 상인들의 화려한 취향을 드러냈다.

로마의 회화

르네상스 전성기의 회화는 16세기 전반에 절정에 달했다. 비록 피렌체 화파의 전통이 아직 강력한 영향력을 행사하고는 있었지만 이 시기에 로마는 이탈리아 반도의 중요한 예술 중심지 중 하나가 되었다.

라파엘로

이 시대의 가장 탁월한 화가 중 한 사람으로 우르비노 출신인 라파엘로(1483~1520)를 꼽지 않을 수 없다. 그는 아마도 르네상스 전 시기를 통해 가장 많은 사랑을 받은 인물일 것이다. 그의 작품이 오래도록 호소력을 가질 수 있었던 것은 주로 인간 존재를 온화하고 현명하고 존엄한 존재로 기품 있게 묘사했기 때문이다. 비록 레오나르도 다 빈치의 영향을 받기는 했지만 라파엘로는 한층 더 상징적이고 우화적인 화법을 구현했다. 그의 〈토론〉은 천상의 교회와 지상의 교회 사이의 관계를 보여주었다. 지상의 신학자들은 찬란한 하늘을 배경으로 앉아서 성찬의 의미에 관해 토론하고 있고, 구름 위에서는 성인들과 성삼위가 거룩한 신비 속에서 쉬고 있다. 라파엘로의 〈아테네 학원〉은 플라톤주의와 아리스토텔레스주의의 조화를 표현한 것이다. 플라톤(레오나르도의 모습으로 그렸다)은 하늘을 가리키며 이데아 세계의 정신적 원리를 강조하고 있고, 아리스토텔레스는 한 팔을 앞으로 뻗으며 피조 세계가 이러한 원리를 물리적 형태로 구체화하고 있노라고 설명하고 있다. 라파엘로는 수많은 초상화와 마돈나 그림으로도 유명하다. 특히 마돈나에 대한 묘사에서 그는 감미롭고도 경건한 느낌을 주는 부드러움과 따스함을 불어넣었는데, 이것은 레오나르도 다 빈치의 마돈나에서 풍기는 수수께끼 같고 초연한 분위기와는 사뭇 다른 것이었다.

미켈란젤로

르네상스 전성기의 마지막 위대한 인물은 피렌체의 미켈란젤로(1475~1564)였다. 레오나르도가 자연주의자라면 미켈란젤로는 이상주의자였다. 레오나르도가 덧없는 자연 현상을 포착하여 해석하는 데 주력한 반면, 신플라톤주의를 받아들인 미켈란젤로는 영속적이고도 추상적인 진리를 표현하는 데 더 큰 관심을 두었다. 미켈란젤로는 화가이자 조각가였고 건축가이자 시인이었다. 그는 이 모든 분야에서 동일한 능력과 방식으로 자신을 표현했다. 그가 그린 모든 그림은 그 중심에 남성이 있고 그 남성은 언제나 강력하고 거대하고 웅장했다. 이탈리아 르네상스 문화의 핵심에 (남성의 육체 안에 구현된) 휴머니티가 놓여 있다고 한다면, 끊임없이 남성을 그린 미켈란젤로야말로 최고의 르네상스 예술가였다.

미켈란젤로의 위대한 미술 작품들은 한 장소—로마의 시스티나 예배당—에 모여 있지만, 이들 작품은 그의 생애의 다른 두 시기에 만들어진 것으로, 상이한 두 가지 예술 양식과 서로 다른 두 가지 인간관을 보여준다. 둘 중 더 유명한 것은 미켈란젤로가 1508년에서 1512년까지 시스티나 예배당 천장에 창세기의 장면을 그린 장엄한 프레스코화이다. 〈빛과 어둠을 가르는 신〉, 〈아담의 창조〉, 〈홍수〉 등을 포함한 이 연작 그림은 조화, 위엄, 절제를 중시하는 고전 그리스의 심미적 원칙을 이 젊은 예술가가 얼마나 철저히 고수하고 있는지를 보여준다. 이 모든 그림에는 창조의 위대성과 인간의 영웅적인 면모가 장엄하게 배어 나온다. 하지만 그로부터 25년가량 지난 후 미켈란젤로가 시스티나 예배당에 다시 돌아왔을 때 그의 예술 양식과 화풍은 극적으로 변해 있었다. 〈최후의 심판〉은 1536년 시스티나 예배당의 제단 벽면에 그린 거대한 프레스코화인데, 이 그림에서 미켈란젤로는 고전적인 절제를 거부하고 긴장과 일그러짐을 강조했는데 이는 두려움과 죄의식에 찌든 늙은 예술가의 염세적 인간관을 표현하는 것이었다.

조각

이탈리아 르네상스는 조각 분야에서도 큰 발전을 이루었다. 조각가들은 더 이상 교회 건물의 기둥과 출입구에 장식물 또는 묘지의 석상을 조각하지 않았다. 그들은 고대 이래 처음으로 '어느 각도에서나 볼 수 있도록 만들어진' 조각상을 새겼다. 조각을 건축물에 종속된 지위에서 해방시킴으로써, 르네상스 전성기는 조각을 하나의 독자적이고도 세속적인 예술 형식으로 재확립했다.

도나텔로

르네상스 최초의 위대한 조각가는 도나텔로(1386경~1466)였다. 죽은 골리앗의 머리를 밟고 승리한 모습으로 서 있는 〈다윗〉 청동상은 고대 이래 처음 등장한 누드 입상으로, 누드를 표현했다는 점뿐만 아니라 주인공이 한쪽 다리에 무게 중심을 두고 있다는 점에서 고전 조각의 모방이라 할 수 있다. 그러나 이 〈다윗〉은 그리스의 운동선수처럼 근육미 넘치는 모습이라기보다는 나긋나긋한 사춘기 소년의 모습이다. 만년의 도나텔로는 전사 가타멜라타의 위풍당당한 모습—고대 로마 이후 서유럽에서 처음 만들어진 기마 청동상—을 표현하면서 고대의 조각 양식을 더욱 충실하게 모방했다.

미켈란젤로

이탈리아 르네상스 최고의 조각가, 아니 역사상 최고의 조각가는 누가 뭐래도 미켈란젤로이다. 레오나르도와 마찬가지로 예술가를 영감 받은 창조자라고 믿었던 미켈란젤로는 조각이야말로 최고의 예술이라고 간주했다. 왜냐하면 예술가는 조각을 통해 인간의 형상을 재창조함으로써 가장 완벽하게 신을 모방하기 때문이다. 미켈란젤로의 견해에 따르면, 신에 가장 근접한 조각가는 모방적인 자연주의를 혐오한다. 사람 모습의 석고상을 만드는 것은 아무나 할 수 있지만, 조각상에 생명을 불어넣는 것은 오직 영감에 찬 창조적 천재만이 할 수 있는 일이기 때문이다. 그러므로 미켈란젤로는 자신의 상상력에 자연주의를 종속시켰고 자신이 추구한 이상을 매혹적 형상으로 표현하기 위해 부단히 노력을 기울였다.

회화에서 그랬던 것처럼 미켈란젤로의 조각은 고전주의에서 매너리즘[2]으로, 즉 균형 잡힌 모습에서 극적인 왜곡으로의 경로를 밟았다. 미켈란젤로의 가장 유명한 초기 작품인 〈다윗〉은 그의 나이 불과 26세 때인 1501년에 제작되었는데, 그것은 가장 완벽한 고전적 조각상이다. 미켈란젤로는 도나텔로와 마찬가지로 남성 누드 조각상을 제작했지만, 다윗을 피렌체의 시민적 이상의 공적인 표상으로, 즉 우아한 모습보다는 영웅적 모습으로 표현했다. 이 목적을 이루기 위해 그는 대리석—'가장 고귀한' 조각 매체—으로 작업을 했고 실물보다 두 배나 큰 조각상을 만들었다. 육체적 조화의 절정에 이른 고요하고 확신에 찬 한 청년을 조각함으로써 미켈란젤로는 폭군에 저항해 시민적 정의의 이상을 견지한 피렌체 공화국의 불굴의 용기를 찬양했다. 〈다윗〉에 표현된 이러한 평온함은 미켈란젤로의 중기 작품에서는 더 이상 찾아보기 힘들다. 1515년경에 제작된 〈모세〉에서 미켈란젤로는 격렬한 감정—이 경우 성경에 나오는 예언자의 도덕적 분노—의 효과를 내기 위해 해부학적 왜곡의 기법을 탐색했다. 그의 조각들은 두렵고도 영웅적인 모습을 지니고 있었지만, 생애 말년에 접어들어 미켈란젤로는 우울한 고뇌 또는 솔직한 감정을 표현하기 위해 과장된 매너리즘을 점점 더 많이 시도했다. 미켈란젤로 조각의 이런 경향을 극단적으로 보여주는 작품은, 미완성으로 그쳤지만 격한 감동을 주는 〈십자가에서의 내림〉이다. 이 작품은 조각가를 닮은 늙은 남자가 죽은 예수의 뒤틀리고 구부정한 시신을 바라보며 비통해 하고 있는 모습을 표현했다.

---

2) 매너리즘(mannerism)은 1520년대 이탈리아 르네상스 전성기의 후기에서 시작해서 1600년대 바로크가 시작하기 전까지 지속되었다. 지적이면서, 자연적인 것과 반대되는 인공적인 특징이 두드러진다.

건축

르네상스의 건축은 조각이나 회화보다 훨씬 더 과거에 깊숙이 뿌리를 내리고 있었다. 새로운 건축 양식은 중세적 요소와 고대적 요소의 합성물이었다. 그러나 이탈리아 르네상스 건축에 영감을 불어넣은 것은, 이탈리아에 뿌리 내린 적 없는 고딕 양식이 아니라, 이탈리아의 로마네스크 양식이었다. 이탈리아의 로마네스크 양식은 이탈리아 르네상스 건축에 중세적 기초를 제공했다. 르네상스 시대의 위대한 건축가들은 대개 로마네스크 양식의 교회에서 건축 설계 아이디어를 얻었는데, 그들은 이들 교회가 중세가 아닌 로마 시대 건물인 줄로 착각하고 있었다. 또한 그들은 고대 로마의 폐허에서 건물 장식물을 베꼈다. 그리하여 좌우 익부와 본당의 십자형 바닥 평면에 바탕을 두되, 부속 장식물로 기둥과 아치 또는 기둥과 상인방, 주랑, 돔을 사용한 건축물이 등장했다. 르네상스 건축가들은 기하학적 비례를 강조했는데, 신플라톤주의의 영향을 받은 이탈리아 건축가들은 특정의 수학적 비율이 우주의 조화를 반영한다고 판단했기 때문이다. 르네상스 건축의 가장 좋은 예는 로마에 있는 성 베드로 바실리카 예배당이다. 교황 율리우스 2세와 레오 10세의 후원으로 건축된 이 건물은 도나토 브라만테(1444경~1514)와 미켈란젤로 같은 당대 최고의 건축가에 의해 설계되었다. 북부 이탈리아의 조각가 안드레아 팔라디오(1518~1580)가 건축한 예술적 균형감을 갖춘 귀족의 시골 별장도 인상적이다. 팔라디오는 로마의 판테온 같은 고대 신전 양식을 활용해 세속화된 축소판 건물을 지어 그 안에 사는 귀족의 영광을 더했다.

이탈리아 르네상스의 학자와 예술가	
페트라르카	1304~1374년
레온 바티스타 알베르티	1404~1472년
조반니 피코 델라 미란돌라	1463~1494년
니콜로 마키아벨리	1469~1527년
레오나르도 다 빈치	1452~1519년
티치아노	1490경~1576년
라파엘로	1483~1520년
미켈란젤로	1475~1564년

이탈리아 르네상스의 쇠퇴

♣ 르네상스는 왜 1550년경 쇠퇴했는가?

이탈리아의 르네상스는 1550년경부터 기울기 시작했다. 쇠퇴의 원인은 여러 가지이다. 1494년 프랑스의 침입과 그 후에 계속된 전쟁이 가장 중요한 요인이었다. 프랑스 왕 샤를 8

세는 이탈리아를 자기 왕조의 팽창 야망을 실현하기 위한 탐스러운 먹잇감으로 생각했다. 그는 1494년에 3만 명의 잘 훈련된 군대를 이끌고 알프스를 넘어와 밀라노 공국과 나폴리 왕국을 압박했다. 피렌체는 금세 항복했고, 프랑스 군대는 이탈리아 반도를 행진해 1년도 되지 않아 나폴리를 정복했다. 그러나 이런 행동은 자국 영토인 시칠리아에 대한 프랑스의 공격을 두려워한 에스파냐 지배자들의 의혹을 불러일으켰다. 에스파냐는 교황령 국가, 신성 로마 제국, 밀라노, 베네치아 등과 동맹을 결성해 마침내 샤를 8세를 퇴각시켰다. 그러나 휴지기는 짧았다. 샤를 8세의 뒤를 이은 루이 12세는 두 번째 침공에 나섰고, 1499년부터 1529년까지 이탈리아에서는 전쟁이 끊임없이 계속되었다. 동맹 세력과 반동맹 세력이 잇달아 어지럽게 등장했지만 그들 사이에는 적대감만 깊어질 뿐이었다. 프랑스군은 1515년 마리냐노에서 큰 승리를 거두었으나 1525년 파비아에서 에스파냐군에게 참패를 당했다. 가장 끔찍한 재앙은 1527년 에스파냐 지배자이자 신성 로마 황제인 카를 5세 지휘하의 미치광이 군대가 로마 시를 약탈해 어마어마한 파괴를 자행한 일이었다. 1529년에 이르러 카를 5세가 이탈리아 반도 대부분에 대한 지배권을 장악했고 전쟁은 일시 중단되었다. 일단 승리를 거둔 카를 5세는 이탈리아의 가장 큰 두 영토—밀라노 공국과 나폴리 왕국—를 에스파냐 몫으로 확보했고, 베네치아와 교황령 국가를 제외한 이탈리아 거의 모든 지역에 자기가 선호하는 군주를 앉혔다. 에스파냐 왕의 피보호자들은 종전과 다름없이 궁정의 주인 노릇을 하고 예술을 후원했으며 그들의 도시를 호화로운 건물들로 치장했다. 그러나 사실상 그들은 외세의 꼭두각시에 불과했고, 신민에게 활기찬 문화적 독립성을 고취시킬 수도 없었다.

이와 같은 정치적 재앙에 경제적 쇠퇴가 더해졌다. 이탈리아는 15세기에 아시아와의 무역을 사실상 독점하고 있었고, 그것은 이탈리아 르네상스 문화의 중요한 경제적 밑거름 중 하나였다. 그러나 1500년 전후의 지리상 발견으로 통상로가 지중해에서 대서양 지역으로 서서히 옮겨감에 따라 이탈리아는 유럽 무역 중심지로서의 우월한 지위를 천천히 그러나 확실히 빼앗겼다. 에스파냐가 밀라노와 나폴리의 재정을 고갈시킨 것에서도 볼 수 있듯이 전쟁 또한 이탈리아의 경제적 어려움을 가중시켰다. 이탈리아의 번영이 기울자 예술을 후원할 여유도 점점 줄어들었다.

이탈리아 르네상스 쇠퇴의 마지막 원인은 반종교개혁(Counter-Reformation)이었다. 16세기에 로마 교회는 세속주의와 프로테스탄티즘의 확산을 막아보려는 노력의 일환으로 사상과 예술에 대한 통제의 고삐를 바짝 조였다. 1542년 로마에 종교재판소가 설립되었고, 1564년에 최초의 금서 목록을 발표했다. 심지어 시스티나 예배당에 있는 미켈란젤로의 걸작 〈최

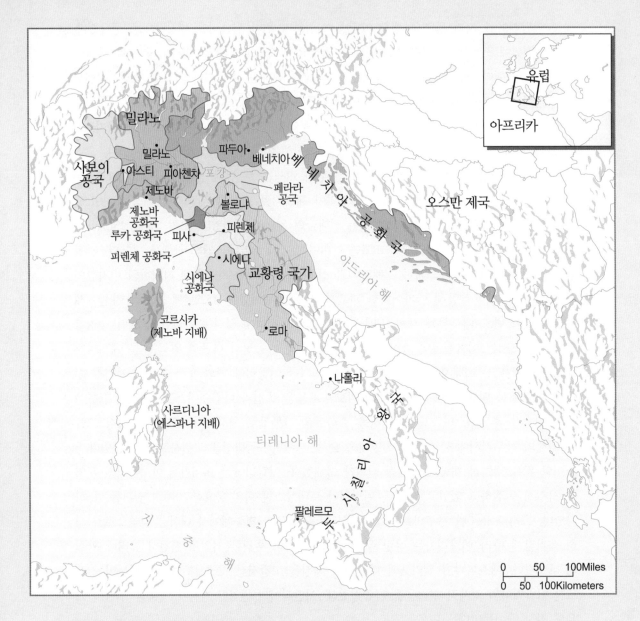

르네상스 시대의 이탈리아 국가들, 1494년경

1494년 프랑스가 침공하기 직전 이탈리아의 정치적 분열에 주목하라. 동시대인은 이탈리아가 5대 강국—밀라노, 베네치아, 피렌체, 교황령 국가, 나폴리 왕국—에 의해 분할되었다고 표현하곤 했다. 이들 강국 중 영토 확장에 가장 관심을 가졌던 나라는? 이런 영토 팽창 시도에 의해 가장 큰 위협을 받은 나라는? 피렌체와 교황령 국가는 왜 그토록 자주 충돌했는가?

후의 심판〉도 벌거벗은 사람들이 너무 많다는 이유로 비판을 받았고, 교황 파울루스 4세는 삼류 화가를 시켜 가능한 모든 곳에 옷을 그려 넣도록 했다(그 후 이 운 없는 화가는 '속옷 만드는 사람'으로 알려지게 되었다). 이 사건은 어처구니없는 우스갯소리처럼 들린다. 하지만 교리적 통일성을 강제하려는 교회 검열관의 결의는 대단한 것이어서 혐의자를 사형에 처할 수도 있었다. 예를 들어 신플라톤주의 철학자 지오르다노 브루노는 (창세기의 기사와는 달리) 지구가 하나 이상 있을 수도 있다고 주장했다는 이유로 1600년 로마 종교재판소에 의해 화형에 처해졌다.

지적 사고에 대한 종교재판소의 검열 중 가장 악명 높았던 것은 위대한 과학자 갈릴레이에게 가해진 징계였다(그의 업적은 제16장에서 자세히 다룬다). 1616년 로마의 교리성성(Holy Office)은 지구가 태양 주위를 돈다고 하는 새로운 천문학 이론을 '어리석고 터무니없으며 철학적으로 거짓된 이단'이라고 정죄했다. 1632년 갈릴레이가 태양 중심설을 옹호하는 탁월한 논문을 발표하자 종교재판소는 즉각 갈릴레이로 하여금 '오류'를 철회하도록 명령하고 종신 자택연금형을 내렸다. 갈릴레이는 자신의 신념 때문에 죽고 싶지는 않았다. 지구가 태양 주위를 돈다는 자신의 견해를 공개적으로 철회하고 나오면서 그는 "그래도 지구는 움직이는 걸"이라고 혼잣말을 했다고 한다. 다음 세대의 위대한 천문학적 발견이 이탈리아가 아닌 북유럽에서 이루어진 것은 놀라운 일이 아니다.

16세기 중반 이후 이탈리아에서 문화적·예술적 업적이 소멸된 적은 없었다. 오히려 인상적인 새로운 예술 양식이 1540년에서 1600년 사이에 등장했는데, 이 양식은 라파엘로와 미켈란젤로의 후기 작품의 특징을 모방한 화가들에 의해 발전되었다. 17세기에는 교회의 후원 아래 로마에서 현란한 바로크 양식이 탄생했다. 마찬가지로 이탈리아의 음악은 16세기에서 20세기까지 끊임없이 발전했다. 그러나 르네상스 문화가 이탈리아에서 유럽 다른 지역으로 확산되면서 이탈리아의 문화적 우위는 서서히 기울기 시작했다. 유럽 고급문화의 중심은 에스파냐, 프랑스, 잉글랜드, 독일, 폴란드 등의 궁정으로 옮아갔다.

북유럽의 르네상스

♦ 북유럽 르네상스와 이탈리아 르네상스는 어떻게 서로 다른가?

이탈리아와 북유럽의 접촉은 14·15세기 전 시기를 통해 지속되었다. 이탈리아 상인과 금융업자는 북유럽의 궁정에서 흔히 볼 수 있었고, 전 유럽에서 온 대학생이 볼로냐나 파두아 같은 이탈리아 대학에서 공부하고 있었다. 또한 (초서를 포함한) 저술가들은 이탈리아를 오고갔으며, 북유럽 병사들은 이탈리아에서 치러진 전쟁에 빈번히 참전했다. 하지만 이탈리아 르네상스의 새로운 학문적 흐름이 에스파냐와 북유럽에 확고하게 자리를 잡기 시작한 것은 15세기 말의 일이었다.

이렇듯 북유럽에서 르네상스가 지체된 이유에 대해서는 다양한 설명이 제시되었다. 중세 말기 북유럽의 지적 생활은 파리 대학, 옥스퍼드 대학, 샤를 대학(프라하) 같은 대학들이 주도하고 있었다. 이들 대학의 커리큘럼은 논리학과 그리스도교 신학에 초점을 맞추고 있었다. 이런 접근방식은 고전 문헌 연구의 여지를 거의 남기지 않았다. 이와는 대조적으로 이탈리아의 대학들은 법학, 의학을 위한 전문 교육기관인 경우가 많았고, 지적 생활에 대한 영향력이 훨씬 작았다. 그 결과 이탈리아에는 좀 더 세속적이고 도시 지향적인 교육 전통이 형성되었고, 그런 분위기 속에서 르네상스 휴머니즘이 발달할 수 있었다. (이탈리아 르네상스의 이상에 감화 받은 16세기 북유럽 학자들도 통상 대학 제도권 밖에서 군주의 후원 아래 활동했다.)

또한 16세기 이전의 북유럽 지배자들은 이탈리아 도시국가와 군주들에 비해 예술가와 지식인을 후원하는 데 관심을 덜 보였다. 이탈리아에서 그와 같은 후원활동은 정치적 라이벌들 사이에서 중요한 경쟁 영역이었다. 북유럽은 정치적 단위가 컸고 정치적 경쟁도 적었다. 그러므로 군주국가는 도시국가에 비해 예술을 정치적 목적으로 활용하기가 어려웠다. 이를테면 피렌체의 중앙 광장에 세워진 조각상은 거의 모든 도시민이 볼 수 있었지만, 파리에서 그와 같은 조각상은 프랑스 왕의 신민 중 극소수만이 볼 수 있었다. 16세기에 접어들어 북유럽 귀족이 왕의 궁정에 거주하는 시간이 많아지기 시작하자, 비로소 왕들은 예술가와 지식인에 대한 후원이 신민에 대한 영향력을 높이는 데 유용하다는 것을 깨닫게 되었다.

그리스도교 휴머니즘과 북유럽 르네상스

북유럽 르네상스는 기존의 북유럽 전통 위에 이탈리아 르네상스의 이상을 접목시킨 결과물이었다. 이것은 북유럽 르네상스의 가장 두드러진 지적 운동인 그리스도교 휴머니즘에서 분명히 볼 수 있다. 북유럽 휴머니스트들은 이탈리아 휴머니스트들과 마찬가지로 스콜라 철학을 경멸했지만 키케로나 베르길리우스보다는 성경과 종교적 가르침에서 윤리적 지침을 구했고, 이탈리아 휴머니스트들과 마찬가지로 고대로부터 지혜를 구했지만 그들이 염두에 둔 고대는 고전 고대가 아니라 그리스도교적 고대—『신약 성서』와 초대 교부들의 고대—였다. 마찬가지로 북유럽의 르네상스 예술가들은 이탈리아 르네상스 거장들의 업적에 감동 받아 고전 기법을 배우고 익혔다. 하지만 북유럽 예술가들은 이탈리아 예술가들에 비해 고전적 주제를 묘사한 경우가 훨씬 드물었고 완전히 벌거벗은 누드를 결코 그리지 않았다.

데시데리우스 에라스무스

사상과 문학의 영역에서 북유럽 르네상스가 이룩한 업적을 논의하려면 '그리스도교적 휴머니스트의 왕' 데시데리우스 에라스무스(1467경~1536)로부터 시작해야 한다. 에라스무스는 네덜란드의 로테르담에서 성직자의 사생아로 태어났지만 여러 지역을 폭넓게 여행함으로써 사실상 북유럽 전체의 시민이 되었다. 10대에 자신의 의지에 반해 수도원에 들어간 에라스무스는 그곳에서 종교 교육은 거의 받지 못했지만 원하는 것을 마음껏 읽을 수 있는 자유만은 충분히 누렸다. 그는 손에 잡히는 대로 모든 고전과 수많은 교부들의 저작을 게걸스럽게 읽었다. 30세가 되었을 때 그는 수도원을 떠나 파리 대학 입학 허가를 얻었으며 그곳에서 신학사 학위 과정을 마쳤다. 그러나 에라스무스는 그 후 파리 대학의 무미건조한 스콜라 철학에 반기를 들었다. 그는 사제로서 적극적으로 활동하지 않는 대신, 가르치는 일과 저술활동, 영적 의무의 부담이 없는 다양한 교회 업무로 생계를 꾸려나갔다. 늘 새로운 후원자를 찾아 나섰던 그는 종종 잉글랜드를 여행했으며 이탈리아에 약 3년간 머물렀고 독일과 네덜란드의 여러 도시에서 거주하다가 말년에는 스위스 바젤에서 지냈다. 각처에서 사귄 학식 있는 친구들과 나눈 방대한 양의 서신을 통해 에라스무스는 북유럽 휴머니스트 그룹의 지도자가 되었다. 그리고 자신이 출간한 방대한 저술을 통해 얻은 인기를 바탕으로 에라스무스는 평생 동안 북유럽의 문화적 흐름에 압도적 영향력을 행사했다.

에라스무스의 다방면에 걸친 지적 활동을 우리는 두 가지 상이한 관점—즉, 문학적 관점과 교리적 관점—에서 평가하는 것이 가장 좋을 듯싶다. 에라스무스는 키케로 이래 그 누구도 필적할 수 없는 라틴 산문 문장가였다. 박학과 기지를 겸비한 그는, 현란한 언어 효과를 창출해내는가 하면, 라틴어와 그리스어를 아는 독자가 읽을 경우 다른 의미를 연상할 수 있는 동음이의(同音異義)의 재담을 구사하면서, 자신의 설명방식을 주제에 맞추어 바꾸기를 즐겼다. 특히 에라스무스는 아이러니를 능수능란하게 구사함으로써 자신을 포함한 모든 사람을 웃음거리로 만들었다. 그는 『대화』에서 가공의 인물을 내세워 동시대의 죄악상을 다음과 같이 개탄했다. "왕들은 전쟁을 일삼고, 성직자들은 돈주머니를 채우기 위해 싸우고, 신학자들은 삼단논법을 발명하고, 수도사들은 수도원 밖을 배회하고, 평민은 반란을 일으키고, 에라스무스는 『대화』를 쓴다."

에라스무스의 세련된 라틴어 문장과 기지는 순수한 문학적 이유 때문에 광범한 독자를 끌어 모았지만, 그가 쓴 모든 글은 이른바 '그리스도의 철학'을 보급하기 위한 것이었다. 에라스무스는 당시의 사회 전체가 복음의 단순한 가르침에서 멀어져서 타락하고 부도덕해졌다고 믿었다. 그러므로 그는 동시대인에게 세 가지 다른 범주의 출판물—사람들의 생활방식의 오류를 일깨워주는 명쾌한 풍자문, 그리스도교도의 올바른 행동을 안내하기 위한 진지한 도덕적 논고, 기초적인 그리스도교 문헌의 학문적 편집물—을 제공했다.

에라스무스의 저작 중 첫 번째 범주에 속하는 글로는 오늘날에도 널리 읽히는 『우신 예찬』(1509)이 있다. 이 책에서 그는 스콜라적인 현학과 교조주의를 조롱하고 대중의 무지와 미신을 비웃었다. 그리고 『대화』(1518)에서 그는 좀 더 진지하지만 여전히 아이러니한 어조로 당대의 종교 관행을 조목조목 검증했다. 이 저작들에서 에라스무스는 가공의 인물로 하여금 말하도록 해서 자신의 의견을 단지 미루어 짐작할 수 있게 했다. 그러나 두 번째 범주의 글에서 에라스무스는 거침없이 자신의 목소리로 명료하게 말했다. 두 번째 범주에서 가장 두드러진 논고는 『그리스도교도 기사의 핸드북』(1503)과 『평화의 불평』(1517)이다. 그는 『그리스도교도 기사의 핸드북』에서는 평신도에게 고요한 내적 경건의 삶을 추구하라고 촉구했고, 『평화의 불평』에서는 그리스도교적 평화주의를 감동적인 필치로 서술했다.

문학적 저술이 성공했음에도 불구하고 에라스무스는 문헌 연구를 자신의 가장 큰 업적으로 간주했다. 아우구스티누스, 히에로니무스, 암브로시우스 등 초대 라틴 교부들의 권위를 존중한 그는 이들 교부의 모든 저작에 대한 믿을 만한 판본을 출간했다. 또한 그는 그리스어와 라틴어에 대한 탁월한 재능을 활용하여 『신약성서』의 좀 더 정확한 판본을 출간했다. 1504년 로렌초 발라의 『신약성서 강해』를 읽고 난 후 에라스무스는 중세 동안 누적된 필사와 번역 과정의 수많은 오류를 『신약성서』 본문에서 제거하는 일이 무엇보다도 시급하다고 확신하게 되었다. 그리스도의 메시지가 정확히 무엇인지 모르면서 훌륭한 그리스도교도가 될 수는 없기 때문이다. 그러므로 그는 권위 있는 성경 판본을 확립하기 위해, 10년이라는 세월을 바쳐 자신이 찾아낼 수 있는 최선의 그리스어 성경 필사본을 모조리 찾아내 연구하고 비교했다. 마침내 1516년에 출간된 에라스무스의 그리스어 『신약성서』—에라스무스의 주석과 새로운 라틴어 번역이 첨부되었다—는 성서 연구 역사상 가장 획기적인 이정표 중 하나였다. 마르틴 루터의 손에 들어간 이 성경은 프로테스탄트 종교개혁 첫 단계에서 결정적인 역할을 하게 되었다.

토머스 모어

에라스무스의 절친한 친구이자 그리스도교적 휴머니스트로서 에라스무스에 버금가는 인물은 잉글랜드인 토머스 모어(1478~1535)였다. 변호사와 하원 의장으로서 화려한 경력을 쌓은 모어는 1529년에 잉글랜드 대법관으로 임명되었다. 그러나 그는 그 자리에 있은 지 얼마 되지 않아 헨리 8세의 노여움을 샀다. 가톨릭 보편주의에 충실했던 모어는 국가 교회를 왕권에 종속시키려는 왕의 계획에 반기를 들었다. 결국 1534년 모어는 헨리 8세를 잉글랜드 교회의 수장으로 인정하는 서약을 거부했다는 이유로 런던탑에 투옥되었으며 이듬해 단두대에서 죽음을 맞이함으로써 가톨릭 순교자가 되었다. 하지만 그보다 훨씬 전 자신이 어떤 죽음을 맞이할지 아직 모르고 있던 1516년, 그는 자신의 이름을 후대에 길이 남길 『유토피아』를 출간했다. 상상의 섬에 건설된 이상사회를 묘사한 이 책은, 실제로는 당시에 팽배했던 부조리—터무니없는 빈곤, 불로소득, 가혹한 형벌, 종교 박해, 전쟁의 무분별한 학살—에 대한 고발이었다. 유토피아의 주민은 모든 재산을 공유하고, 하루에 6시간만 일하면 되므로 모든 사람이 지적인 활동에 필요한 여가를 누리며, 지혜, 중용, 인내, 정의의 자연적 미덕을 실천한다. 철은 '유용하기 때문에' 귀금속이다. 전쟁과 수도생활은 존재하지 않는다. 신의 존재와 영혼의 불멸을 인정하는 모든 사람에게 관용이 허용된다. 모어는 『유토피아』에서 그리스도교를 드러나게 옹호하지는 않았지만 그의 의도만은 분명히 읽을 수 있다. '유토피아 주민'은 그리스도교적 계시의 은사 없이도 사회를 잘 꾸려나갈 수 있는데, 하물며 복음을 안다는 유럽인은 마땅히 그들보다는 더 잘할 수 있어야 한다는 것이다.

울리히 폰 후텐

에라스무스와 모어는 기질상 근본적으로 타협적이었고 비꼬는 말투로 의사를 표현했다. 반면 그리스도교 휴머니즘 운동의 세 번째 대표적 인물인 에라스무스의 독일인 제자 울리히 폰 후텐(1488~1523)은 성향이 한층 호전적이었다. 독일의 문화적 민족주의에 헌신했던 폰 후텐은 외세에 저항하는 '자부심 강하고 자유로운' 게르만 민족을 적극적으로 옹호했다. 그러나 폰 후텐이 명성을 얻게 된 것은 또 다른 독일의 휴머니스트인 크로투스 루비아누스와 공동으로 집필한 『무명 인사의 서한』(1515) 덕분이다. 이 책은 문학사상 가장 신랄한 풍자 중 하나이다. 이 책은 히브리 문헌—특히 『탈무드』—을 연구하는 인문학자 요한 로이힐린(1455~1522)을 변호하기 위한 선전전(宣傳戰)의 일환으로 쓰였다. 스콜라 철학자들과 독일 종교재판소장이 독일 내에 있는 모든 히브리 문서를 없애려 하자 로이힐린과 그의 동료들은 강력히 반대했다. 얼마 후 직접적인 반대 의사 표명으로는 아무것도 얻을 수 없음이 분명해지자 로이힐린 지지자들은 전략을 바꿔 조롱하는 방법을 썼다. 폰 후텐과 루비아누스는 일부러 조악한 라틴어로 쓴 일련의 서한집을 출간했다. 이 서한집은 로이힐린을 반대하는 쾰른 대학의 스콜라 철학자들이 작성한 것으로 되어 있었다. 이 신학자들은 염소젖 짜는 사람, 대머리, 똥거름 주는 사람 등 해괴망측한 이름을 가졌으며, 터무니없는 종교적 형식주의나 괴상한 박학을 뽐내는 유식한 바보들로 등장했다. 예를 들어 이 서한집에 나오는 편지의 필자 중 하나인 하인리히 양 주둥이(Heinrich Sheep's-mouth)라는 학자는 금요일에 노른자위가 있는 달걀을 먹는 엄청난 죄를 지어서 고민 중이라고 고백했다. 또 다른 편지의 필자는 율리우스 카이사르가 군사활동에 너무 바쁜 나머지 결코 라틴어를 배울 수 없었다고 하는 '위대한 발견'을 했노라고 떠벌렸다. 이 서한집은 교회에 의해 즉각 금지되었지만 널리 유포되고 읽혔다. 그 결과 복음의 소박한 가르침에 따르기 위해 스콜라 철학이나 가톨릭 종교 의식은 배제되어야 한다고 한 에라스무스의 주장은 더욱 널리 확산되었다.

그리스도교 휴머니즘의 쇠퇴

열정적이고 설득력 있는 그리스도교 휴머니스트에는 에라스무스, 모어, 폰 후텐만이 있었던 것은 아니다. 그 외에도 잉글랜드인 존 콜레트(1467경~1519), 프랑스인 자크 르페브르 데

타플(1455경~1536), 에스파냐인 추기경 프란시스코 히메네스 데 시스네로스(1436~1517)와 후안 루이스 비베스(1492~1540) 등이 있었다. 그들은 성경과 초대 그리스도교 문헌을 편집하고 복음의 도덕성을 해설하는 작업에 중대한 기여를 했다. 그러나 그들의 지대한 업적에도 불구하고 그리스도교 휴머니즘 운동—1500년경에서 1525년경에 이르기까지 비범한 국제적 결속력과 활력을 지니고 있었다—은 프로테스탄티즘의 흥기로 말미암아 전열이 흐트러졌고 그 후 추진력을 잃었다. 이것은 아이러니가 아닐 수 없다. 왜냐하면 그리스도교 휴머니스트들은 복음이 문자 그대로의 진리임을 강조하고, 성직자의 부패와 종교적 의식주의(儀式主義)를 가차 없이 비판함으로써, 마르틴 루터가 1517년에 시작한 프로테스탄트 종교개혁으로 나아가는 길을 예비했기 때문이다. 그러나 제13장에서 보게 되듯이, 구세대에 속하는 그리스도교 휴머니스트들 가운데 루터와 함께 가톨릭 신앙의 근본 원리를 부정하는 노선에 기꺼이 동참한 사람은 거의 없었다. 그리고 설령 열렬한 프로테스탄트가 된 사람이 일부 있었다고 해도 그는 그리스도교 휴머니즘의 표현방식상의 특징인 아이러니 감각을 잃고 말았다. 대부분의 그리스도교 휴머니스트들은 의식을 반대하고 내적 경건의 이상을 추구하면서도 여전히 가톨릭의 울타리 안에 머물고자 했다. 그러나 시일이 흐르면서 가톨릭과 프로테스탄트 사이의 전쟁이 날로 격화되자 가톨릭 지도자들은 그들에게 더 이상 관용을 허락하지 않았다. 가톨릭 종교 관행에 대한 어떠한 내부적인 비판도 적을 돕는 행위로 비쳐졌기 때문이다. 가톨릭으로 남아 있었던 에라스무스는 치욕을 당하기 전에 일찌감치 죽어서 그나마 다행이었지만, 그보다 운이 나빴던 많은 추종자들은 오래 산 탓으로 에스파냐 종교재판소에 의해 고초를 겪게 되었다.

북유럽 르네상스의 문학과 음악

그리스도교 휴머니즘은 1525년 이후 급속히 쇠퇴했지만 북유럽 르네상스는 16세기 내내 문학과 예술 부문에서 화려한 꽃을 피웠다. 프랑스에서는 시인 피에르 드 롱사르(1524경~1585)와 요아킴 뒤 벨레(1525경~1560)가 페트라르카풍의 우아한 소네트를 썼으며, 잉글랜드에서는 필립 시드니(1554~1586)와 에드먼드 스펜서(1552경~1599)가 이탈리아의 문학적 혁신을 대폭 수용했다. 실제로 스펜서의 『요정 여왕』은 아리오스토의 『광란의 오를란도』풍으로 쓰인 장편의 기사 로망스로서, 어떤 이탈리아 작품 못지않게 이탈리아 르네상스 문화의 전형적 특징인 화려한 감각을 우리에게 전해준다.

라블레

　앞서 언급한 어떤 시인보다도 독창적인 인물이 있었으니, 그는 프랑스의 산문 풍자가인 프랑수아 라블레(1494경~1553)였다. 그는 아마도 16세기 유럽의 모든 위대한 창조적 작가들 가운데 가장 많은 사랑을 받은 인물일 것이다. 그가 존경한 에라스무스와 마찬가지로 라블레는 처음에 성직자였다. 그러나 서임을 받자마자 그는 의학 공부를 위해 수도원을 떠났다. 개업의로 일하면서 라블레는 의료활동과 문학활동을 병행했다. 그는 역서(曆書)를 집필했고 돌팔이 의사와 점성술사들을 풍자했으며 대중의 미신을 희화화했다. 그러나 그의 현존하는 가장 위대한 문학적 유산은 『가르강튀아와 팡타그뤼엘』이란 5권의 '연대기'이다.

　가르강튀아와 팡타그뤼엘—그들의 이름은 엄청난 체구와 식욕으로 유명한 중세 전설의 거인들 이름에서 따왔다—에 대한 라블레의 서술은 그의 질펀한 유머와 활기 넘치는 이야기, 그리고 자연주의 철학을 표현하는 수단으로서 기능했다. 라블레는 그리스도교 휴머니즘의 영향을 어느 정도 받았다. 따라서 그는 에라스무스처럼 종교적 의식주의를 풍자하고 스콜라 철학을 조롱했으며 미신을 비웃고 온갖 편협을 조소했다. 그러나 박식한 독자만 읽을 수 있는 매우 세련된 고전 라틴어 문체로 글을 썼던 에라스무스와는 달리, 라블레는 지극히 세속적인 때로는 저속한 프랑스어를 사용함으로써 훨씬 더 넓은 독자층을 포섭했다. 또한 라블레는 어떤 식으로든 설교조로 보이기를 싫어했으므로 도덕주의적인 태도를 회피했고 독자에게 즐거운 오락거리만을 제공하려 했다. 그러나 비판적 풍자를 별도로 하면, 『가르강튀아와 팡타그뤼엘』 작품 전체에는 인간과 자연에 대한 찬양이라는 공통된 주제가 일관되게 흐르고 있다. 라블레에게 건장한 거인들은 실제로는 삶을 사랑하는 인간을 표상하는 존재들이었으며, 인간의 모든 본능은 그것이 다른 사람에 대한 폭압으로 이어지지만 않는다면 건전한 것이었다. 그러므로 그의 이상향인 유토피아적인 '텔렘 수도원'에는 어떤 억압도 없었다. 그곳에는 다만 긍정적인 삶의 추구와 자연스러운 인간적 성취에 적합한 환경만이 있었고, 그곳을 지배하는 단 하나의 규칙은 "사랑하라. 그리고 하고 싶은 대로 하라"였다.

건축

라블레가 르네상스의 가치를 확인하기 위해 중세의 거인 이야기를 활용했듯이, 앙부아즈, 슈농소, 샹보르 같은 루아르 지방의 화려한 성들을 축조한 프랑스의 건축가들은, 중세 말기 프랑스의 화려한 고딕 양식을 고전적인 수평선을 강조한 최신 경향과 결합시켜 프랑스 건축사상 가장 인상적이고도 독특한 건축물들을 산출했다. 그러나 이탈리아 건축을 거의 모방하다시피 한 건축물도 있었다. 마치 롱사르와 벨레가 페트라르카를 모방한 시를 썼듯이, 1546년에 파리의 루브르 왕궁 신축에 참여했던 프랑스 건축가 피에르 레스코(1515경~1578)는 고전적인 붙임기둥과 박공을 강조한 전면(파사드[façade])을 축조하면서 이탈리아 르네상스 거장들의 고전주의를 고스란히 베꼈다.

회화

북유럽 르네상스의 회화는 사상과 예술의 연관성을 확인할 수 있는 또 하나의 분야이다. 그리스도교 휴머니즘의 이상을 회화로써 가장 감동적으로 구현한 인물은 북유럽 르네상스 최고의 화가인 독일의 알브레히트 뒤러(1471~1528)였다. 뒤러는 이탈리아 르네상스의 기법인 비례, 원근법, 입체 표현법 등을 완전히 습득한 최초의 북유럽 화가였다. 뒤러는 또한 당대의 이탈리아인과 마찬가지로 자연의 복잡한 작용을 지극히 미세한 부분까지 재현하는 일에 매료되었으며, 다양한 자세의 인체 누드를 그렸다. 그러나 미켈란젤로가 다윗이나 아담을 실오라기 하나 걸치지 않은 나체로 그린 반면, 뒤러의 누드화에는 좀 더 절제된 북유럽의 전통에 따라 무화과 잎을 반드시 덧붙였다. 더욱이 뒤러는 순수한 고전주의와 이탈리아 르네상스 예술의 화려함에 함몰되지 않도록 끊임없이 스스로를 경계했다. 왜냐하면 그는 무엇보다도 에라스무스의 전통적인 그리스도교적 이상으로부터 영감을 받았기 때문이다. 그러므로 고요한 가운데 빛을 발하고 있는 성 히에로니무스를 그린 판화는, 에라스무스나 동시대 그리스도교 휴머니스트들이 조용히 연구에 몰두하면서 느꼈음직한 성취감을 오롯이 표현해내고 있다. 〈네 명의 사도〉는 뒤러가 좋아했던 『신약성서』 저자들—바울, 요한, 베드로, 마가—의 존엄과 통찰력을 예찬하고 있다.

에라스무스의 초상화를 그릴 기회가 있었다면 뒤러는 그 무엇보다도 기뻐했을 것이다.

그러나 여건이 허락하지 않았다. 두 사람은 각자의 인생행로를 걷다가 딱 한 번 마주쳤다. 뒤러가 그 기회를 틈타 자신의 영웅을 막 스케치하기 시작했지만, 그 후 에라스무스가 일이 바빠지는 통에 뒤러는 미처 작품을 완성할 수 없었다. 에라스무스의 사색에 잠긴 모습을 유화로 그리는 작업은 또 다른 위대한 북유럽 르네상스 화가인 독일의 한스 홀바인(小, 1497~1543)의 손에 맡겨졌다. 운 좋게도 홀바인은 잉글랜드에 머무는 동안 에라스무스의 사상적 동료인 토머스 모어의 정밀한 초상화를 그리는 기회도 잡았다. 이 초상화를 통해 우리는 어째서 한 동시대인이 모어를 일컬어 '슬프고 엄숙한 사람, 사계절의 사나이'라고 불렀는지를 분명히 알 수 있다. 이 두 점의 초상화는 그 자체로서 중세 문화와 르네상스 문화의 중요한 차이점을 집어내고 있다. 중세에는 어떤 화가도 지식인의 초상을 자연주의적으로 정밀하게 그리지 않았다. 반면에 르네상스 문화는 한 인간의 본질을 포착하는 데 큰 관심을 쏟았고, 그러한 환경 속에서 홀바인은 에라스무스와 모어를 화폭에 살려낼 수 있었던 것이다.

음악

15·16세기 서유럽에서 음악은 대단히 발달했으며 회화·조각과 더불어 르네상스 문화의 가장 화려한 면모를 유감없이 보여주었다. 르네상스의 음악 이론은 휴머니즘에 의해 영감을 받은 것이지만, 대체로 고전 음악의 형식과 음계를 회복시켜 모방하려는 성과 없는 노력에 지나지 않았다. 그러나 연주 부문에서는 중세의 음악 전통과 연속성을 갖고 있었다. 동시에 르네상스 음악에는 꾸밈음과 정서적 특성을 강조한 새로운 표현법이 등장했다. 또한 류트, 비올, 바이올린 등의 새로운 악기가 발전했고, 하프시코드를 비롯한 다양한 목관악기와 건반악기가 발달했다. 새로운 음악 형식으로 마드리갈,[3] 모테트[4] 등이 등장했고, 16세기 말에는 새로운 이탈리아 형식 음악인 오페라가 발달했다. 초기에 음악은 교회 음악을 다루는 사람들에 의해 주도되었다. 그러나 교회 음악과 세속 음악 사이의 구분은 희미해졌고, 대부분의 음악가는 특정 분야에 국한해서 활동하지 않았다. 음악은 이제 더 이상 오락이나 예배의 부속물로 간주되지 않고 진지하고 독립적인 예술 형태로 자리 잡게 되었다.

---

3) 자유로운 형식의 짧막한 서정적 가요.
4) 성경의 문구 따위에 곡을 붙인 반주 없는 성악곡.

14세기—르네상스 초기 또는 이전—를 거치는 동안 '새로운 예술'이라 불리는 음악이 이탈리아와 프랑스에서 전개되었다. 이 분야의 뛰어난 작곡가로는 프란체스코 란디니(1325경~1397)와 기욤 드 마쇼(1300경~1377)가 있었다. '새로운 예술'에 참여한 음악가들이 작곡한 마드리갈, 발라드 등의 노래는 14세기에 윤택한 세속 예술이 존재했음을 입증한다. 그러나 이 시기에 이루어진 위대한 음악적 업적은 교회의 모테트를 위해 편곡된 지극히 복잡하고 섬세한 대위법이었다. 특히 마쇼는 미사곡을 다성 음악으로 만든 최초의 작곡가로 알려져 있다.

15세기는 프랑스적 요소, 플랑드르적 요소, 이탈리아적 요소가 종합된 시기였는데, 이러한 종합은 부르고뉴공의 궁정에서 이루어졌다. 이 음악은 가락이 아름답고 부드러웠다. 그러나 15세기 후반 북부 플랑드르적 요소가 강해짐에 따라 다소 경직되었다. 16세기가 시작되자 프랑스-플랑드르의 작곡가들이 유럽 전역의 모든 궁정과 성당에 등장했으며, 그들은 점차 지역적·국가적 유파를 형성했다. 그들은 대개 플랑드르적 요소에 독일, 에스파냐, 이탈리아의 음악 문화를 가미했다. 이렇게 해서 창출된 다양한 장르는 르네상스 예술 및 문학과 긴밀한 관계를 맺었다. 16세기 후반에 국민주의적인 프랑스-플랑드르 형식을 이끈 음악가로는 당대 최고의 작곡가인 플랑드르의 롤랑 드 라쉬스(1532~1594), 복잡한 다성 합창 음악에 뛰어났던 이탈리아의 지오반니 피에르루이지 다 팔레스트리나(1525경~1594)가 있었다. 팔레스트리나는 로마 교황의 후원을 받아 가톨릭교회를 위해 정교한 다성 합창곡을 썼다.

16세기 잉글랜드에서도 음악이 발전했다. 튜더가의 헨리 8세와 엘리자베스 1세는 예술 후원에 적극적이었다. 잉글랜드에서는 16세기 말경 이탈리아로부터 도입된 마드리갈이 새롭게 생명을 얻었다. 뿐만 아니라 잉글랜드에서 이룩된 독창적 형식의 성악과 기악곡은 장차 유럽 대륙에서 이루어질 음악적 발전을 예고하는 것이었다. 잉글랜드의 음악은 윌리엄 버드(1543~1623)에 이르러 르네상스 시대의 위대한 플랑드르, 이탈리아 작곡가들에 필적하는 수준에 도달했다. 전반적인 음악적 숙련도는 오늘날보다 엘리자베스 여왕 시대가 더 높았던 것으로 보인다. 합창곡은 가정이나 비공식적 모임에서 소일거리로 유행했고, 교양 있는 엘리트에게는 악보를 한눈에 읽을 수 있는 능력이 요구되었다.

르네상스 시기에는 대위법이 이미 상당한 수준으로 발달했지만, 오늘날 널리 이용되는 근대적인 화성법은 아직 초기 단계에 있었고 향후 좀 더 많은 시험을 거쳐야만 했다. 그와 동시에 우리는 르네상스 음악이 단지 음악 발달

북유럽 르네상스의 학자와 예술가들	
에라스무스	1469경~1536년
토머스 모어	1478~1535년
울리히 폰 후텐	1488~1523년
에드먼드 스펜서	1552경~1599년
프랑수아 라블레	1494경~1553년
알브레히트 뒤러	1471~1528년
한스 홀바인(小)	1497~1543년

과정의 한 단계일 뿐만 아니라, 역사상 가장 위대한 음악가들을 거느린, 그 자체로서 위대한 업적을 이룬 음악임을 인식해야 할 것이다. 라쉬스, 팔레스트리나, 버드 같은 작곡가는 레오나르도, 라파엘로, 미켈란젤로 같은 미술가와 마찬가지로 진정한 의미에서 르네상스 예술의 위대성을 대표하는 인물이었다. 오랫동안 경시되었던 그들의 유산은 근년에 들어 높이 평가되기 시작했으며, 깊은 관심을 가진 음악가 그룹이 그 재생을 위해 노력한 결과 대중성도 높아지고 있다.

결론

이탈리아 르네상스와 북유럽 르네상스 사이에는 차이점이 분명 존재한다. 그러나 그것을 너무 강조해서는 곤란하다. 르네상스 이탈리아의 지식인은 북유럽 지식인에 비해 좀 더 세속적이고 도시적인 교육 환경을 조성했다. 하지만 그들의 그리스도교 신앙 열정은 결코 식지 않았다. 페트라르카가 스콜라 철학을 비판한 것은 그것이 지나치게 그리스도교적이기 때문이 아니라 그리스도교의 수준에 미달하기 때문이었다. 페트라르카는 스콜라 철학의 정서적 무미건조와 조야한 취향을 반대했는데, 그런 점들이 그리스도교도의 구원을 위협한다고 믿었기 때문이다. 로렌초 발라에 대해서도 마찬가지로 말할 수 있다. 교황의 세속권 주장에 대한 비판은 그의 문헌 연구의 결론일 뿐만 아니라 확고한 그리스도교 신앙에 기인한 것이기도 했다. 플라톤 학회는 플라톤을 마치 교회의 성자처럼 숭앙했지만, 13세기의 스콜라 철학자가 아리스토텔레스 저작에 접근했던 것과 동일한 정신으로 플라톤 저작을 대했을 뿐이다. 헌신적 그리스도교도였던 그들은 고전 고대의 위대한 철학자들이 도달한 결론이 그리스도교 진리와 양립할 수 있다고 확신했다. 이렇듯 둘의 양립 가능성을 드러내고, 그렇게 함으로써 유일하고도 진실한 신앙을 강화하는 것이야말로 그리스도교 지식인의 임무였다.

'시민적' 휴머니즘과 '그리스도교적' 휴머니즘의 대비를 고찰하면서 우리는 르네상스 사상이 대단히 다양했다는 점 또한 유념해야 한다. 피치노, 알베르티, 브루노 등과 마찬가지로 마키아벨리는 르네상스를 대표하는 유일한 전형적 사상가는 아니었다. 그러므로 이탈리아 사상가를 북유럽 사상가와 비교할 경우 비슷한 부류를 비교한다는 사실에 유의해야 한다. 학자들은 종종 이탈리아 르네상스 사상가와 북유럽 르네상스 사상가의 차이를 지나치게 부각하곤 한다. 예를 들어 마키아벨리는 이탈리아 휴머니스트 모두를 대표하고, 에라스무스는 북유럽 휴머니즘 모두를 대표한다는 식이다. 물론 그들보다 더 상반된 두 사람을 상상하기란 불가능하다. 그러나 그들의 차이점은 인간 본성에 대한 그들의 상반된 전제와 관련된 것이지, 그들이 이탈리아 휴머니즘에 속했는가 아니면 북유럽 휴머니즘에 속했는가에 관련된 것은 아니다. 만일 존 콜레트를 북유럽 휴머니즘의 대표로 그리고 마르실리오 피치노를 이탈리아 휴머니즘의 대표로 비교한다면 또는 페트라르카를 토머스 모어와 비교한다면 전혀 다른 그림을 그릴 수 있을 것이다.

　르네상스와 중세 전성기의 차이를 과장해서도 안 된다. 이탈리아 휴머니스트들과 북유럽 휴머니스트들은 아담과 이브의 불복종과 원죄에도 불구하고 인간 본성의 개선 가능성에 대해 낙관적 관점을 공유했지만, 이 문제와 관련해 토마스 아퀴나스보다 더 낙관적인 인물은 없었다. 두 휴머니스트 집단은 인간의 자기반성의 중요성을 강조했지만, 12세기의 시토 수도회 사상가들 이상으로 그러한 권고를 진지하게 받아들인 사람도 없었다. 끝으로 두 집단은 지식인의 권면이 모든 사람의 도덕과 행동을 새롭고도 높은 미덕의 수준으로 끌어올릴 것이라는 믿음을 공유하고 있었다. 이런 점에서 르네상스 전성기의 지적 풍토는 순진한 낙관주의에 빠져 있었는데, 그것은 좀 더 어둡고 심리적으로 복잡한 중세 세계와도 달랐고 곧 다가오게 될 종교개혁 시대와도 현저하게 달랐다.

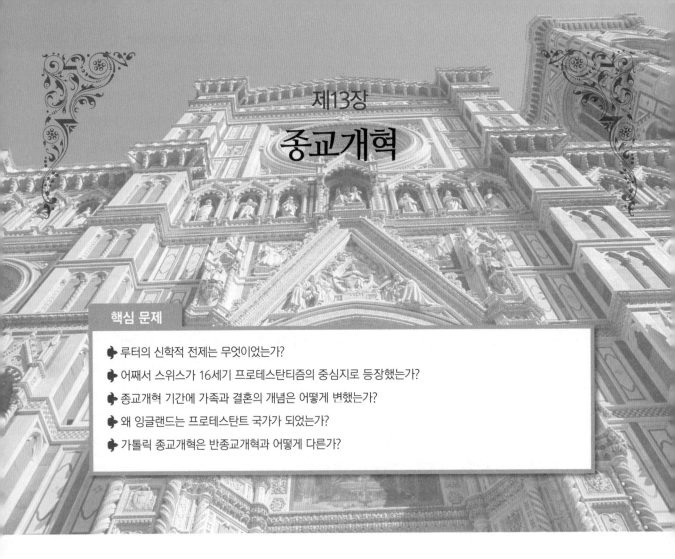

➥ 루터의 신학적 전제는 무엇이었는가?

➥ 어째서 스위스가 16세기 프로테스탄티즘의 중심지로 등장했는가?

➥ 종교개혁 기간에 가족과 결혼의 개념은 어떻게 변했는가?

➥ 왜 잉글랜드는 프로테스탄트 국가가 되었는가?

➥ 가톨릭 종교개혁은 반종교개혁과 어떻게 다른가?

　　200년 동안 경제적·사회적·정치적 소용돌이를 거친 유럽은 1500년에 접어들어 완연한 회복 추세에 있었다. 인구가 늘어나고 경제는 확대되었으며 도시는 성장했고 프랑스, 잉글랜드, 에스파냐, 스코틀랜드, 폴란드 등 국민적 군주국가의 왕권은 모두 확고해졌다. 유럽 각국의 정부는 신민의 삶에 대한 지배권을 확대, 강화하고 있었다. 14세기 말의 휴지기를 거친 후 유럽은 상업적 팽창과 식민지 확대를 다시 시작했다. 16세기가 밝아오면서 가톨릭교회의 세력도 나날이 커졌다. 교황청은 이탈리아에서 영토 전쟁의 흙탕물 속에 빠져 있었지만 교회 자체는 15세기 내내 교회를 휘감았던 폭풍우를 뚫고 나아갔다. 롤라드파는 진압되었고 후스파는 교회 안에 흡수되었다. 공의회 수위설을 둘러싼 투쟁에서 교황은 유럽의 모든 주요 지배자들의 지지를 얻는 데 성공했고, 공의회주의자를 파리 대학의 학문적 영역

660

안에 고립시켰다. 한편 교구 평신도의 신앙적 헌신은 전에 없이 드높았다. 물론 문제점도 있었다. 교구 성직자의 교육수준이 전에 비해 높아지기는 했지만, 개혁가들은 수많은 사제가 여전히 자리를 비우고 있으며 영적 의무에 무지하거나 소홀하다는 것을 눈치 챘다. 수도원 제도는 대체로 영적 활기를 잃은 것처럼 보였다. 대중적인 종교 열기는 신자들을 형편없는 미신과 교리적 오류로 이끌곤 했다. 그러나 이런 문제는 충분히 극복할 수 있는 것이었다. 전반적으로 '유럽의 전망'은 지난 수백 년에 비해 가장 밝아 보였다.

1500년의 그 누구도 향후 50년 이내에 유럽의 종교적 통합이 새롭고도 강력한 프로테스탄트 종교개혁에 의해 돌이킬 수 없을 정도로 파괴되리라고는 예상할 수 없었다. 다음 100년 동안 지독히 파괴적인 종교전쟁에 의해 유럽인의 정치적 삶의 기반이 송두리째 흔들릴 것이라고 예상한 사람도 없었다. 그러나 이 엄청나고도 비범한 사건은 놀랍게도 마르틴 루터(1483~1546)라고 하는 한 독일 수도사와 더불어 시작되었다. 죄, 은혜, 그리스도교적 구원에 대한 명확한 이해를 향한 루터의 개인적 추구는 전 유럽에 연쇄반응을 일으켰다. 그것은 수백만 유럽인을 로마 가톨릭교회에서 떨어져 나오게 했고, 가톨릭이나 프로테스탄트를 불문하고 유럽의 거의 모든 그리스도교도의 종교 관행에 영향을 미쳤다. 루터가 촉발한 종교 운동은 루터 한 개인보다 훨씬 거대했다. 마르틴 루터 개인의 영적 탐색 과정을 프로테스탄티즘 전체의 축도로 간주해서는 안 된다. 하지만 종교개혁 운동이 마르틴 루터와 더불어 시작했다는 점에는 의문의 여지가 없다. 그러므로 이 새로운 종교 운동이 초래한 비범한 격동을 이해하고자 한다면 먼저 루터에게 눈을 돌려야 한다.

루터의 봉기

♦ 루터의 신학적 전제는 무엇이었는가?

독일에서 루터의 반란이 성공한 이유를 설명하려면 세 가지 핵심 문제에 답변을 해야 한다. 첫째, 루터의 신학 사상은 왜 그로 하여금 로마와 단절하도록 만들었는가? 둘째, 왜 수많은 독일인이 그의 주장에 동조했는가? 셋째, 왜 그토록 많은 독일 군주와 도시가 자기 영지에 새로운 종교를 도입했는가? 앞으로 보게 되겠지만, 루터를 추종한 사람들에게 루터의 메시지는 각기 다른 이유로 호소력을 지녔다. 농민은 새로운 종교가 영주의 강탈로부터 자신을 해방시켜줄 것으로 기대했다. 도시와 군주는 새로운 종교가 자신의 정치적 독립성을 강화해줄 것으로 기대했다. 민족주의자는 새로운 종교가 중부 이탈리아에 똬리를 틀고 앉아 사복(私腹)을 채우는 외국인 교황의 요구로부터 독일을 자유롭게 해주리라고 생각했다.

그러나 모든 루터 추종자는 자신이 새롭게 받아들인 루터파 그리스도교가 자신을 천국으로 인도할 것이지만, 동시대 가톨릭은 구원으로 이끌지 못할 것이라는 믿음을 공통적으로 갖고 있었다. 이 점에서 '개혁'이란 말은 루터가 출발시킨 운동에 대해 잘못 붙인 이름이다. 루터는 동시대 그리스도교의 타락을 정화하고자 하는 개혁가로서 출발했지만, 즉각 가톨릭의 믿음과 관행의 근본 원리에 대한 단호한 반대자로 옮아갔다. 수많은 루터 추종자는 한층 더 급진적 성향을 띠었다. 그러므로 마르틴 루터가 시작한 종교 운동은 단순한 '개혁'이 아니었다. 그것은 중세 말기 종교생활의 근간을 겨냥한 전면적인 공격이었다.

루터의 종교적 확실성 추구

마르틴 루터는 궁극적으로 수백만의 사람들에게 영감의 원천이 되었지만, 젊은 시절 그는 부친에게 끔찍이도 실망을 안겨주었다. 루터의 부친은 독일 튀링겐의 농민 출신이었지만 광산을 임대해 재산을 모았다. 그는 똑똑한 아들이 출세하기를 희망해서 어린 루터를 에르푸르트 대학에 보내 법학을 공부시켰다. 그러나 1505년 마르틴은 아우구스티누스 수도회의 수도사가 됨으로써 부친의 기대를 산산조각내고 말았다. 그러나 어떤 의미에서 루터는 한미한 부친의 정체성에 부합하는 삶을 살았다. 전 생애를 통해 마르틴 루터는 소박하게 살았으며 독일 농민의 질박한 속어로 당당하게 자신을 표현했다.

종교사에 등장한 많은 위대한 인물처럼 루터는 극적인 개종 경험을 통해 종교적 진리에 대한 새로운 이해에 도달했다. 수도사 시절 젊은 루터는 갖가지 전통적 수단을 동원해 열정적으로 자신의 구원을 달성하고자 했다. 그는 꾸준히 금식과 기도를 실행하는가 하면, 어찌나 고해를 자주 했던지 고해 청취에 기진맥진한 고해 사제가 정말 고해다운 고해를 하려면 밖에 나가서 간음 같은 죄다운 죄를 저지르고 오라고 농담을 건넬 정도였다. 그러나 할 수 있는 모든 일을 했음에도 루터는 영적인 평안을 얻을 수 없었다. 그는 구원이라는 큰 은사를 얻을 만큼 충분한 선행을 결코 할 수 없다는 사실에 두려워 떨었다. 그러나 1513년 그는 내면에 큰 위로가 될뿐더러 그의 삶을 송두리째 변화시키게 될 깨달음을 얻었다.

루터를 통찰로 인도한 것은 신의 의(義)와 관련된 문제였다. 여러 해 동안 그는 신이 공정치 못하다는 생각으로 고민에 빠져 있었다. 루터가 보기에 신은 인간이 지킬 수 없는 줄을 뻔히 알면서도 계명을 내렸고, 그 계명을 지키지 않았다는 이유로 인간을 영원한 저주로 벌하는 존재로 여겨졌기 때문이다. 그러나 비텐베르크 대학에서 성서 신학 교수가 된 후(그가 속한 아우구스티누스 수도회의 수도사들 중 상당수가 이 대학에서 강의를 맡았다), 루터는 성경 연구를 통해 이 문제에 대한 새로운 이해에 도달했다. 특히 "주님의 의 가운데 나를 구원하소서"라는 「시편」 구절을 묵상하던 중, 그는 신의 의가 신의 징벌과는 아무런 상관이 없고 오히려 믿음을 통해 죄 많은 인간을 구원하려는 신의 긍휼과 관계된다는 생각에 이르게 되었다. 나중에 루터가 썼듯이, "마침내 신의 긍휼로 말미암아 나는 신의 의가 신의 긍휼 가운데 믿음을 통해 우리를 의롭게 하는 것임을 이해하기 시작했다.……그리고 여기에 이르자 나는 마치 새롭게 태어나 활짝 열린 천국의 문을 통과하는 느낌을 받았다." 루터가 이 운명적인 계시를 접한 곳이 수도원의 탑 꼭대기 방이었으므로 이 체험은 흔히 '탑의 체험'이라고 부른다.

그 후 모든 것이 제자리를 찾은 것처럼 보였다. 1513년 이후 몇 년 동안 비텐베르크에서 바울 서한을 강의하면서 루터는 성 바울의 「로마서」에 나오는 "의인은 믿음으로 살리라"(1:17)는 구절을 곰곰이 생각하다가 '신앙만에 의한 의인(義認)'이라는 그의 핵심 교리에 도달했다. 루터는 신의 의는 구원을 위해 끝없는 선행과 종교 의식을 요구하지 않는다고 결론 내렸다. 왜냐하면 인간은 누구도 자신의 선행에 의해 구원될 수 없기 때문이다. 오히려 인간은 구원받도록 예정된 자에게 공로 없이 주어지는 신의 은혜에 의해서만 구원을 얻는다. 이 은혜는 믿음의 은혜를 통해 인간에게 오기 때문에, 사람의 관점에서 보면 인간은 오직 신앙에 의해서만 '의롭게', 즉 구원에 합당하게 된다. 믿음을 통해 신에 의해 의롭게 여김을 받은 사람들은 경건과 자선을 행함으로써 그 사실(의롭게 되었음)을 입증하게 되지만, 그런 선행 자체가 그들을 구원하는 것은 아니다. 경건과 자선은 신자 개개인의 보이지 않는 영적 상태—오직 신만이 그것을 안다—의 가시적 표지일 뿐이다.

루터가 독창적으로 이 교리의 핵심을 생각해낸 것은 아니다. 그것은 400년경 성 아우구스티누스의 예정설로 되돌아간 것이었다(아우구스티누스는 루터가 속한 수도회의 수호성인이었다). 그러나 12·13세기를 거치는 동안 페트루스 롬바르두스와 성 토마스 아퀴나스 같은 신학자들은 (성사를 통한) 교회 자체의 역할과 신자 개인이 (경건과 자선의 행위를 통해) 구원 과정에서 행할 수 있는 역할을 강조하면서 매우 상이한 구원관을 발달시켰다. 이들 신학자 중

663

어느 누구도 인간이 선행만으로 천국에 이를 수 있다고 주장하지는 않았다. 그러나 중세 말기 교회는 구원 과정을 정량적으로 환산해 제시함으로써 본의 아니게 그와 같은 오해를 조장했다. 예를 들어 신자가 순례나 경건한 기부 같은 특정한 공덕을 실천함으로써 신에 대한 고해의 횟수를 정해진 만큼 줄일 수 있다고 주장하는 식이었다. 14세기부터 교황은 그러한 특별 은사를 '공덕의 창고'—천국의 그리스도와 성인들이 쌓아놓은 잉여 선행의 창고—에서 꺼내 산 사람들에게 나누어줄 수 있다고 주장했다. 1476년 이후 교황은 연옥을 신속히 빠져나가게 하기 위해 그런 여분의 은혜를 죽은 자에게도 나누어주기 시작했다. 대개의 경우 창고에서 꺼낸 은혜는 면벌부를 통해 필요한 죄인에게 배급되었는데, 그것은 사제가 고해성사의 일부로서 그리스도교도에게 부과한 참회 의무의 특별 면제를 의미했다. 11·12세기에 면벌부가 처음 시행되었을 때는, 십자군 같은 영적 훈련 참가에 의해서만 면벌부를 얻을 수 있었다. 그러나 15세기 말에 이르면 교황이 지지한 캠페인에 금전을 납부한 대가로 빈번히 면벌부가 허용되었다. 많은 개혁가에게 이것은 마치 성직 매매처럼 보였다. 그것은 은혜를 돈으로 판매하는 죄를 범하는 것이었다.

에라스무스 같은 16세기 초 교회 개혁가들은 이런 식의 악습을 폭넓게 비판했다. 그러나 면벌부 및 죽은 자를 위한 기도 등에 대한 루터의 반대는 한층 급진적 결과를 가져왔다. 왜냐하면 루터의 반대는 아우구스티누스의 신학적 전제—그것을 논리적 귀결까지 밀고 가면 동시대 가톨릭 종교 관행의 상당 부분이 폐기되어야 했다—에 근거하고 있었기 때문이다. 루터는 첫 걸음을 떼었을 때 그것이 로마와의 결별로 귀결되리라고는 생각하지 못했을 것이다. 그러나 자신이 지닌 사상의 함의가 명료하게 드러났을 때 루터는 뒤로 물러서지 않았다. 오히려 그는 앞으로 나아가면서 적들 앞에서 이렇게 선언했다. "내가 여기 서 있나이다. 하나님이시여 나를 도우소서. 나는 달리 할 수 없나이다."

종교개혁의 시작

루터는 자신의 신학 사상을 처음에는 대학 강의에서 설파했으나, 도저히 묵과할 수 없는 교회의 몇몇 관행에 분노를 금치 못하고 마침내 공격에 돌입했다. 1517년 독일에서 있었던 면벌부 판매는 매우 불미스러운 사건이었다. 지극히 세속적인 성직자인 호엔촐레른의 알브레히트(1490~1568)는 브란덴부르크 선제후의 동생이었다. 여러 가지 불미스러운 일로 엄청난 빚에 허덕이고 있던 그는, 1513년 마그데부르크와 할버슈타트 두 곳의 주교직을 유지—그는 당시 23세로 주교가 되기에는 나이가 턱없이 모자랐다—하는 데 필요한 교황의 허가를 얻기 위해 거액의 돈을 지불해야만 했다. 그는 여기에 만족하지 않았다. 이듬해 마인츠 대주교 자리가 공석이 되자 그 자리를 얻으려면 더 많은 돈을 로마에 납부해야 한다는 것을 잘 알면서도 알브레히트는 그 자리에 올랐다. 필요한 자금을 독일의 금융 재벌인 푸거 가문으로부터 대출받은 알브레히트는 교황 레오 10세(재위 1513~1521)와 흥정을 벌였고 교황은 그의 교구 내에서 면벌부 판매를 허용했다. 면벌부 판매 허락에는 조건이 붙어 있었다. 수입금의 절반은 성 베드로 바실리카 예배당 건립을 위해 로마에 지불하고, 나머지 절반은 푸거가의 빚을 갚기 위해 알브레히트의 몫이 된다는 것이었다.

루터는 알브레히트의 지저분한 거래 내막을 상세히 알지 못했다. 그러나 그는 도미니쿠스 수도사 테첼이 푸거가의 대리인을 데리고 다니며 북독일 전역에서 면벌부 행상을 하고 다닌다는 것, 그리고 면벌부를 사기만 하면 본인이나 이미 죽어 연옥에 있는 친지까지도 즉각 천국으로 오르게 할 수 있다고 사람들에게 설교한다는 것을 알았다. 루터가 보기에 이것은 이중으로 잘못이었다. 테첼의 설교는 행위가 아닌 믿음으로 구원된다는 루터의 확신을 거스를 뿐만 아니라, 돈 주고 면벌부를 사기만 하면 사제에게 죄를 고해할 필요도 없다는 식으로 사람들을 오도하고 있었기 때문이다. 테첼은 그렇게 함으로써 사람들의 구원 자체를 위기에 몰아넣고 있었다. 1517년 10월 31일 루터는 가톨릭의 면벌부 교리를 반박하는 95개조 논제를 대학 동료들에게 제시했다. 프로테스탄트 종교개혁은 루터의 이 행동에서 출발한 것으로 간주된다.

루터는 처음에는 테첼을 공개적으로 비판할 의사가 없었다. 그는 반박문을 독일어가 아닌 라틴어로 썼는데, 이것은 그가 비텐베르크 대학 내부에서의 학문적 토론만을 목표로 삼고 있었음을 의미한다. 그러나 누군가가 루터의 논제를 번역해 출간했고, 이로 인해 이름 없던 이 수도사는 일약 악명을 얻게 되었다. 대학 밖에 있던 테첼과 그의 동조자들은 루터에게 주장을 철회하거나 스스로를 방어하라고 요구했다. 그러나 루터는 물러서기는커녕 더욱 용감하게 교회 정부에 공격을 퍼부었다. 수많은 군중이 운집한 가운데 1519년에 벌어진 라이프치히 토론에서 루터는 대담하게도 교황과 성직자도 오류를 범할 수 있는 인간에 불과하며 한 개인의 양심을 지배하는 최고의 권위는 성경의 진리뿐이라고 주장했다. 레오 10세는 이 수도사를 이단자로 기소하는 것으로써 대응했다. 그 후 루터에게는 가톨릭교회와의 완전한 결별 이외에는 선택의 여지가 없었다.

루터의 생애에서 가장 창조적인 활동은 1520년에 있었다. 그해에 그는 자신의 세 가지 신학적 전제, 즉 신앙에 의한 의인(또는 칭의[稱義]), 성경의 수월성, '만인 사제주의' 등을 설파한 일련의 팸플릿을 작성했다. 우리는 앞에서 이미 첫 번째 전제—신앙에 의한 의인—의 의미에 관해 살펴본 바 있다. 두 번째 전제는 성경에 나와 있는 문자 그대로의 의미가 전승보다 중요하며 성경에 분명한 근거를 두지 않은 모든 믿음(연옥 등)과 관행(성인에 대한 기도 등)은 거부되어야 한다는 것을 의미했다. 세 번째 전제로서, 루터는 모든 그리스도교도가 신 앞에 영적으로 평등하다고 보았다. 그는 사제, 수도사, 수녀가 그 직분에 의해 특별한 영적 능력을 갖는다는 견해를 거부하고 '만인 사제주의'를 주장했다.

이러한 전제들로부터 여러 가지 실제적인 결과가 초래되었다. 선행은 구원으로 인도할 수 없었으므로 루터는 금식, 순례, 유물 경배가 영적으로 무가치하다고 선언했고, 모든 수도원과 수도회의 해체를 요청했다. 또한 그는 교회 의식의 비신비화에 착수했다. 그리하여 교회 예배의 라틴적 요소를 독일식으로 바꿀 것을 제안했고, 성사의 수를 일곱에서 둘(세례와 성찬, 1520년에는 고해도 성사에 포함시켰지만 나중에 생각을 바꿨다)로 줄였다. 루터는 그리스도가 성만찬의 성별된 빵과 포도주에 실제로 임재한다고 여전히 믿었지만, 미사가 그리스도의 십자가 고난을 재현한다는 주장에는 반대했다. 루터는 성사가 오직 신자 개개인의 믿음을 통해서만 사람들을 신에게 인도할 수 있다고 주장했다. 그리고 성직자에게 아무런 초자연적 권위도 없음을 강조하기 위해, 그들을 사제라 부르는 대신 목사 또는 목자라고 부를 것을 주장했다. 그는 또 교황, 주교, 부주교 등 교회의 계서제 전체를 폐지하자고 제안했다. 끝으로 성직자와 평신도 사이에 아무런 영적 구별도 없다는 굳은 확신을 품은 루터는 목사도 결혼할 수 있다고 주장했으며, 실제로 그 자신도 1525년에 아내를 얻었다.

로마와의 결별

인쇄술의 힘으로 널리 유포된 루터의 논쟁적인 1520년 팸플릿들은 많은 독일인을 흥분시켰고, 루터는 이 팸플릿들 때문에 대중의 광범하고도 열렬한 지지를 받았다. 그의 팸플릿들은 교황에 저항하는 국민적 종교 반란의 기폭제 역할을 했다. 매우 투박한 독일어 구어체로 루터는 이렇게 선언했다. "만일 교황청을 99퍼센트 축소시킨다 해도 신앙 문제를 결정하기에는 여전히 규모가 지나치게 크다." "추기경들은 이탈리아를 다 빨아먹더니 이제 독일을 빨아먹으려 한다." 로마의 부패에 대해서는 이렇게 말했다. "적그리스도의 권세라 해도 이보다 더 나쁠 수는 없다." 루터의 저항적 언사가 널리 확산되면서 그의 팸플릿들은 출판계에 일대 센세이션을 일으켰다. 1520년 이전에 간행된 출판물의 평균 발행부수는 1,000권 정도인 데 비해 『독일 그리스도교도 귀족에게 고함』은 초판이 4,000권이나 발행되어 불과 며칠 만에 모두 매진되었고 그 후 수천 권이 추가 인쇄되었다. 그보다 더 큰 인기를 끌었던 것은 교황을 조롱하고 루터를 추켜세운 목판화들이었다. 수만 장이 팔려나간 이 그림들은 무식한 사람도 그 내용을 쉽게 이해할 수 있었다.

　루터의 교황에 대한 신랄한 비난은 교황에 대한 대중의 광범한 불만을 반영해주는 것이었다. 교황 알렉산데르 6세(재위 1492~1503)는 추기경들을 매수해 교황이 되었고, 1500년의 성년(聖年)에 거두어들인 돈을 자기 아들인 체사레 보르자의 군사원정 지원 자금으로 사용했다. 도덕적으로 매우 타락한 그는 친딸인 루크레치아 보르자와의 근친상간 혐의를 받을 정도였다. 율리우스 2세(재위 1503~1513)는 재위 기간 내내 무력에 의한 교황령 국가의 확대에만 관심을 가졌다. 한 동시대인은 그가 세속 군주였다면 최고의 영예를 누렸을 것이라고 말했다. 그리고 루터와 대립했던 교황 레오 10세는 피렌체의 메디치 가문 출신으로, 유난히 타락하거나 부도덕하지는 않았지만 자기도취적인 탐미주의자로서, 현대의 한 가톨릭 역사가의 말을 빌리면 "사도 시대에 살았더라면 교회당의 문지기로도 적합지 않았을 인물"이었다. 교황에 대한 비판은 프로테스탄트 진영에 가담한 사람들에게만 국한되지 않았다. 1511년 초판이 간행되고 그 후 여러 차례 인쇄된 『우신 예찬』에서 에라스무스는, 만일 교황들에게 그리스도와 같은 삶을 살도록 요구한다면 그들보다 불쌍한 사람은 없을 것이라고 말했다. 그리고 1517년 바젤에서 익명으로 출간된 팸플릿 『추방된 율리우스』에서 에라스무스는 좀 더 대담한 어조로 천국의 문 앞에서 성 베드로와 교황 율리우스 2세가 나누는 대화 광경을 상상적으로 서술했다. 이 글에서 베드로는 율리우스의 천국 입장을 단호히 거부한다. 베드로는 자기 앞에 서 있는 갑옷을 걸친 허영심 많은 인물이 설마 교황이라고는 믿을 수 없었기 때문이다.

　독일에서는 교황에 대한 분노가 유독 강하게 표출되었다. 왜냐하면 15세기의 독일은 정치적으로 대단히 분열되어 있어서, 독일 내에서의 교황권 행사를 제한하는 교황과 황제 사이의 협정—종교 협약—이 없었기 때문이다(교황은 에스파냐, 프랑스, 잉글랜드의 지배자들과는 종교 협약을 맺었다). 1500년에 이르러 독일 군주들은 교황이 거두는 세금이 너무 많아서 독일 내의 동전을 죄다 싹쓸이해간다고 불평을 털어놓을 정도였다. 그러나 그토록 많은 돈을 로마에 납입했음에도 불구하고 독일인은 교황의 정책에 거의 영향력을 행사할 수 없었다. 프랑스인, 에스파냐인, 이탈리아인이 추기경단과 교황청 관료를 장악하고 있었고, 교황은 예외 없이 이탈리아인이었다(이런 현상은 1978년까지 지속되었다). 그리하여 그 당시 성장을 거듭하고 있던 독일 대학의 졸업생들은 로마에서 일자리를 구할 수 없었다. 그 대신 많은 사람들은 루터의 지지자 대열에 합류해 새로운 종교 운동의 지도자가 되었다.

보름스 국회

루터의 인생 드라마는 바야흐로 급속히 위기 국면으로 치닫고 있었다. 1520년 말 루터는 자신의 주장을 철회할 것을 명령하는 교황 레오 10세의 교서를 받자, 수많은 군중이 지켜보는 가운데 그 교서뿐만 아니라 교회법전 전부를 타오르는 불더미 속에 집어 던졌다. 교회의 입장에서 루터는 골칫거리 이단자였다. 교회는 루터의 처벌 문제를 그의 세속 주군인 선제후 프리드리히 현명공에게 정식으로 '이관'했다. 그러나 프리드리히는 이 교황 반대자의 입을 막고 싶지 않았다. 루터를 이단 죄로 화형시키기는커녕 프리드리히는 루터가 자신의 입장을 개진할 공정한 기회를 갖지 못했다고 선언했다. 그리하여 1521년 초 프리드리히는 루터를 보름스 시에서 개최되는 신성 로마 제국 제후들의 '국회'에서 심문받도록 조치했다.

보름스 국회의 주도권은 의장이자 새로 선출된 신성 로마 황제인 카를 5세가 쥐고 있었다. 카를 5세는 독일인이 아니었다. 사실 그가 국민적 정체성을 가져본 적이 있었는지조차 의심스럽다. 합스부르크가 출신인 그는 조상 대대로 지배했던 네덜란드에서 태어나 성장했다. 그러나 1521년 전혀 예기치 않게 왕가 상속, 결혼, 선거, 행운 등이 한꺼번에 겹쳤다. 그 결과 그는 네덜란드의 지배자일 뿐만 아니라 독일 왕, 신성 로마 황제, 오스트리아 공작, 밀라노 공작, 그리고 프랑슈콩테의 지배자가 되었다. 모계 혈통으로 페르난도와 이사벨의 손자였던 그는 에스파냐 왕, 나폴리·시칠리아·사르디니아의 왕이었고, 신세계에 있는 에스파냐 영토 전부의 지배자였다.

그토록 어마어마하고 다양한 영토를 통치한다는 것은 대단히 어려운 일이었다. 카를 5세의 제국에는 수도도 중앙집권적 행정기구도 없었다. 공통의 언어도 공통의 문화도 지리적으로 연속된 경계선도 없었다. 그러므로 카를 5세의 제국은 중세 말기 유럽에서 성장을 거듭하던 민족주의와는 완전히 동떨어진 국가였다. 카를 5세는 제국의 다양성을 인식하고 있었

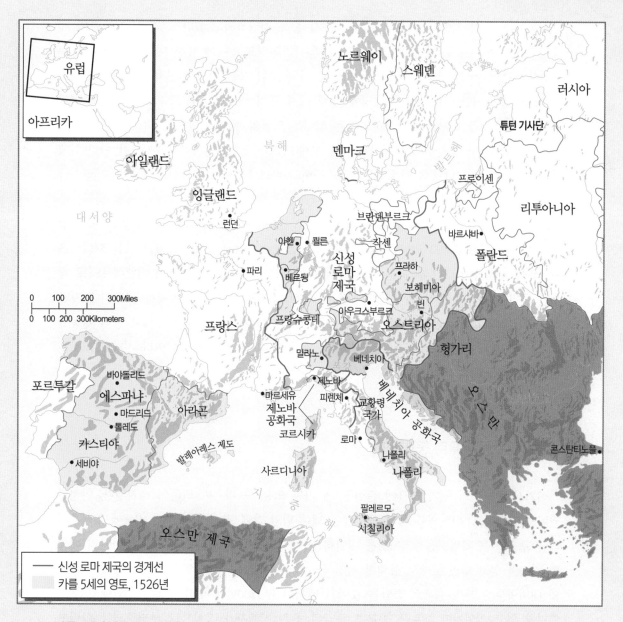

카를 5세의 제국, 1550년경

카를 5세가 상속과 결혼을 통해 직접 지배한 띄엄띄엄 떨어져 있는 영토에 주목하라. 그는 신성 로마 황제로 서 독일의 이름뿐인 지배자였다. 카를 5세의 엄청나게 광대한 영토로 말미암아 어떤 국가 또는 지배자들이 가장 크게 위협을 받았을까? 이렇게 위협 받은 지배자들과 국가들은 카를 5세에 대항하는 동맹 세력을 어 디에서 구했을까? 오스만 제국의 위협은 그리스도교 유럽의 정치적·종교적 투쟁을 어떻게 복잡하게 만들었 는가?

고, 가능한 한 각 지역의 토착 관료 및 제도를 통해 지배하려고 했다. 그러나 그는 그의 제국을 결속시켜주는 두 가지 핵심 요소—황제와 가톨릭교회—에 대한 위협만은 용납할 수 없었다. 또한 그러한 정치적 계산과는 별도로 카를 5세는 독실하고 헌신적인 가톨릭 신자로서 제국 내에 이단이 등장할 가능성에 대해 크게 우려하고 있었다. 그러므로 보름스 국회가 마르틴 루터를 이단으로 정죄하리라는 점에는 의심의 여지가 없었다. 그러나 루터가 감히 황제 앞에서조차 물러서기를 거부하자, 선제후 프리드리히 현명공이 다시 한 번 개입했다. 그는 이번에는 '납치'를 가장해 루터를 자신의 바르트부르크 성으로 감쪽같이 데려가 1년 동안 안전하게 숨겨주었다.

그 후 루터는 일생 동안 다시 위험에 빠지지 않았다. 보름스 국회는 루터가 법의 보호 밖에 있다고 선언했지만 그 법령은 결코 실행되지 않았다. 루터는 몸을 숨겼고 카를 5세는 프랑스와의 전쟁을 치르기 위해 곧 독일을 떠났다. 1522년 바르트부르크에서 비텐베르크로 개선한 루터는 자신이 주장했던 교회 행정 및 예식의 개혁이 대학 내 지지자들에 의해 자발적으로 실천되고 있음을 보았다. 그 후 독일의 여러 제후가 잇달아 루터주의로 공식 개종했고 그들의 영토 내에서 루터주의를 신봉하도록 했다. 1530년경 독일의 여러 지역이 새로운 신앙을 받아들이게 되었다.

독일 군주들과 루터 종교개혁

여기서 루터주의 초기 역사에 관련된 세 가지 의문 중 마지막 의문이 제기된다. 안정된 권력을 확립하고 있던 일부 독일 군주들은 왜 루터의 말에 귀 기울여 자기 영토에 루터주의의 종교 관행을 확립했을까? 이것은 대단히 중요한 질문이다. 왜냐하면 루터가 아무리 대중의 지지를 얻고 있었다 해도 강력한 독일 군주들과 자유도시들이 받아들이지 않았다면 그의 대의명분은 분명 실패로 끝났을 것이기 때문이다. 1520년에 루터는 독일 전역에서 두루 인기를 얻고 있었지만 새로운 종교가 보급된 곳은 지배자가 정식으로 루터주의를 확립한 영토(대개 독일 북부)뿐이었다. 그 밖의 지역에서 루터에 동조한 사람들은 도망치거나 죽음을 맞이하거나 아니면 가톨릭을 받아들여야만 했다.

자국 영토 내의 종교를 결정하는 군주의 권력은 유럽 사회 전역에서 일어나고 있던 변화를 반영하는 것이었다. 1500년경 유럽 전역의 정치적 기류는 세속과 종교를 망라한 삶의 모든 부문을 국가가 지배하는 방향으로 나아가고 있었다. 그러므로 지배자들은 자국 영토 내의 교회 성직자에 대한 임명권을 장악하려 했고, 로마로 흘러가는 돈의 흐름을 차단하려 했으며, 교회 법정의 독립성을 제한하려 했다. 서유럽의 가장 강력한 지배자들—프랑스 왕과 에스파냐의 왕들—은 교황과 공의회주의자 사이에 벌어진 끊임없는 투쟁을 틈타, 싸움에 골몰하던 교황들에게서 그와 같은 양보를 얻어냈다. 그 결과 1482년 식스투스 4세는 에스파냐 왕인 페르난도와 이사벨에게 주요 교회 성직 후보자 지명권을 양보했다. 1487년 인노켄티우스 8세는 에스파냐 지배자에게 종교 정책을 강제할 수 있는 특별한 권리를 부여하면서 왕이 통제하는 에스파냐 종교재판소의 설립에 동의했다. 그리고 1516년 볼로냐 협약에서 레오 10세는 프랑스의 주교 및 대수도원장 선임권을 프랑스 왕 프랑수아 1세에게 부여했고, 그 대가로 프랑스 왕은 제5차 라테란 공의회(1512~1517)에 참석한 공의회주의자들에 맞서 교황을 지지했다. 그러나 독일에서는 황제도 군주도 그런 양보를 얻어낼 만큼 강력하지 못했다. 그러므로 교황과의 협약을 통해 얻어내지 못한 것을 독일 일부 군주들은 무력으로 빼앗기로 결심했다.

루터의 위상은 이렇게 작심한 군주들을 선동하기에 충분했다. 이미 1520년 이 열정적 개혁가는 군주들의 강력한 지원 없이는 새로운 종교 관행을 확립할 수 없다는 사실을 깨달았다. 그러므로 그는 가톨릭교회의 재산을 몰수하라고 은근히 부추김으로써 새로운 질서의 창조를 유도했다. 군주들은 처음에는 눈치를 보면서 때가 오기만을 기다렸다. 그러나 루터가 이미 어마어마한 대중적 지지를 얻었고, 카를 5세가 가톨릭 신앙의 수호를 위해 신속한 조치를 취하지 않으리라는 것을 알아채자, 많은 군주들은 영토 내에 루터주의를 도입했다. 각각의 경우에서 군주 개인의 종교 성향이 작용한 것은 당연한 일이다. 그러나 전반적으로 정치·경제적 문제가 한층 더 중대한 고려 사항이었다. 영토 내에 루터주의를 확립함으로써, 프로테스탄트 군주들은 목사들을 임명하고, 로마로 가는 돈을 차단했으며, 교회 법정의 사법권을 박탈할 수 있었다. 그들은 이제 영토 내에서 정치와 종교의 일치를 보장받을 수 있었다. 그러므로 군주와 대립관계에 있던 주교 또는 대주교가 영적 권위를 기반으로 세속 군주의 영토 주권을 침범하는 일은 더 이상 불가능해졌다.

비슷한 이유에서 많은 자유도시(영방 군주의 지배를 받지 않았기에 그렇게 불렀다)가 루터주의를 받아들였다. 시 의회와 길드 장인들은 새로운 종교를 채택함으로써 도시 내에서 최고 통치권을 확립할 수 있었다. 루터주의를 채택한 지역에서는 세속 주권자가 수도원과 수녀원을 폐쇄하고 그 토지를 차지할 수 있었다는 점을 감안할 때, 새로운 신앙이 가져다준 실질적 이득은 뿌리치기 어려운 것이었다. 그것은 종교적 열정과는 전혀 별개의 문제였다.

군주권의 보호 아래 비텐베르크에 안전하게 은신한 루터는 정치·사회적 문제에 대한 보수적 입장을 한층 강력하게 천명하기 시작했다. 1523년에 발표한『세속 권력론』이란 논고에서 그는 '경건한' 통치자에게는 항상 복종해야 하며 사악한 통치자에게도 적극적으로 저항해서는 안 된다고 말했다. 왜냐하면 폭정은 '저항할 것이 아니라 견뎌내야' 하는 것이었기 때문이다. 그리고 1525년 독일 전역에서 농민이 영주에게 반란―어떤 지역에서는 토마스 뮌처 같은 종교 급진파가 반란을 부추겼는데, 뮌처는 '사악한' 권력자에 대항해 불과 칼을 쓰라고 촉구했다―을 일으켰을 때 루터는 맹렬한 적개심으로 대응했다. 그는 1525년『강도, 살인자 무리인 농민을 반박함』이라는 독설적인 팸플릿에서, 할 수만 있다면 반란자들을 미친개처럼 때려잡으라고 촉구했다. 그는 반란자들을 "비밀리에든 공개적으로든 두들기고 목 조르고 칼로 찌를 것이며, 반란 가담자보다 더 사악한 자는 없음을 잊지 말아야 한다"고 주장했다. 농민반란(10만 명이 목숨을 잃었다)을 무자비하게 진압한 후 루터주의와 국가 권력의 굳은 결속은 기존 사회 질서의 보존과 유지에 기여했다. 독일에서는 그 후 두 번 다시 대규모 민중봉기가 일어나지 않았다.

루터는 만년에 접어들어 젊고 좀 더 급진적인 종교개혁자들과의 토론에, 그리고 원하는 모든 이에게 영적인 조언을 베풀어주는 일에 전념했다. 놀라울 정도로 왕성한 문필활동을 한 그는 25년 동안 평균 2주일에 한 편 꼴로 팸플릿을 작성했다. 죽는 날까지 그는 자신의 신앙에 흔들림이 없었다. 1546년 임종하면서 "당신은 그리스도와 당신이 가르친 교리를 확고히 믿습니까"라는 물음에 그는 단호하게 "예"라고 대답했다.

종교개혁의 기원, 1450~1529년	
그리스도교 휴머니스트들의 개혁 요청	1400년대~1500년대
독일 대학의 성장	1450~1517년
루터, 95개조 논제 써 붙이다	1517년
루터가 이단 혐의를 받다	1519년
루터의 신학적 전제 출간	1520년
보름스 국회, 루터로부터 법의 보호를 빼앗다	1521년
농민반란 패배	1525년
루터, 츠빙글리와 결렬	1529년

프로테스탄티즘의 확산

♣ 어째서 스위스가 16세기 프로테스탄티즘의 중심지로 등장했는가?

'프로테스탄트(Protestant)'라는 말은 원래 1529년의 독일 제국 의회의 조치에 '항의(protest)'
한 루터파에게 적용된 용어였지만, 얼마 되지 않아 로마에 반란을 일으킨 유럽의 모든 그리
스도교도를 일컫는 말이 되었다. 루터주의는 북부 독일과 스칸디나비아—1520년대에 덴마
크, 노르웨이, 스웨덴의 국교가 되었다—에서만 영속적인 뿌리를 내렸다. 남부 독일, 폴란
드, 헝가리에서는 초기에 성공을 거두었지만 결국 물러나고 말았다. 그러나 유럽 다른 지역
에서는 루터가 뿌린 씨앗으로부터 다양한 형태의 프로테스탄티즘이 경쟁적으로 자라났다.
1550년대에 이르러 프로테스탄티즘은 진정한 의미에서 국제적 운동이 되었다. 그러나 그 과
정에서 수많은 대립 세력으로 분화되었다.

스위스의 종교개혁

16세기 초 스위스는 왕이나 막강한 권력을 지닌 영방 군주가 지배하지 않았다. 부유한 스
위스 도시들은 독립을 유지하거나 독립 상태에 근접해 있었다. 그러므로 스위스 도시의 저
명인사들이 프로테스탄트 종교개혁을 받아들였을 때 아무도 그들을 막을 수 없었다. 그러
므로 프로테스탄티즘은 스위스에서 독자적인 노선을 걸을 수 있었다. 스위스의 종교 상황
은 도시별로 다양했지만 스위스에서 1520~1550년 사이에 등장한 프로테스탄티즘은 크게
세 가지 형태, 즉 츠빙글리주의, 재세례주의, 칼뱅주의로 구분할 수 있다.

울리히 츠빙글리

울리히 츠빙글리(1484~1531)가 취리히에서 창시한 츠빙글리주의는 이들 셋 중 신학적으로
가장 온건했다. 평범한 가톨릭 사제였던 츠빙글리는 1516년경 휴머니즘의 영향 아래 성경을
면밀히 연구한 끝에 가톨릭 신학과 관행이 복음에 위배된다고 확신하게 되었고, 교회 내의
종교화(宗敎畵)와 계서제적 권위에 대해서도 정죄했다. 그러나 그는 루터가 종교개혁 활동

을 시작할 때까지 침묵을 지켰다. 1522년 츠빙글리는 취리히 가톨릭교회의 권위를 공격하기 시작했고, 곧 취리히 전체와 스위스 북부 지역 대부분이 그의 종교적 리더십을 받아들였다. 츠빙글리의 개혁은 독일의 루터파와 흡사한 것이었다. 그러나 츠빙글리는 성찬 신학에 관해서는 루터와 입장을 달리했다. 즉, 루터는 성찬 시에 그리스도의 몸이 실제로 임재한다고 믿었지만, 츠빙글리는 성사가 은혜를 전혀 부여하지 않으며, 다만 그리스도의 십자가 희생에 대한 기념 의식일 뿐이라고 믿었다. 루터파와 츠빙글리파는 이러한 근본적 불일치 때문에 프로테스탄트 공동 전선을 함께 구축할 수 없었다. 독자적으로 싸우던 츠빙글리는 1531년 가톨릭 군대를 상대로 전투를 치르던 중 전사했다. 츠빙글리 운동은 그 후 좀 더 조직화된 장 칼뱅의 프로테스탄티즘에 흡수되었다.

재세례주의

　칼뱅주의가 주도권을 잡기 이전 스위스와 독일에서는 한층 더 급진적인 재세례파 프로테스탄티즘이 흥기했다. 재세례파는 원래 취리히의 츠빙글리파에 속해 있었으나 유아 세례 문제로 1525년경 츠빙글리와 결별했다. 재세례파는 세례 성사가 그 의식의 의미를 아는 성인에게 베풀어질 때만 효과가 있다고 확신했으므로 유아 세례를 전면적으로 거부했고, 유아 시절 세례를 받은 추종자들에게 성인으로서 재차 세례를 받을 것을 요구했다(재세례주의[Anabaptism]는 '다시 세례를 받음[rebaptism]'이라는 뜻이다). 이 교리는 재세례파의 근본 믿음—참된 교회란 세상으로부터 떨어져 나온 신자들의 작은 공동체(사회학 용어로 '분파')이며, 그 구성원은 숙고 끝에 영감 받은 바에 따라 교회 가입 여부를 결정해야 한다—을 드러내는 것이었다. 재세례파 이외의 어떤 프로테스탄트 집단도 감히 중세의 그리스도교 교회관—모든 사회 구성원은 태어날 때부터 몸 된 교회에 속해 있다—을 거부하는 데까지는 나아가지 못했다. 모든 사람이 교회와 국가의 관계를 분리 불가능하다고 생각하던 시대에 재세례주의는 기성 권력자들—프로테스탄트이건 가톨릭이건 막론하고—에게 그야말로 저주일 수밖에 없었다. 초기 몇 해 동안 재세례파 운동은 스위스와 독일에서 수많은 추종자를 거느렸다. 그렇게 된 까닭은, 무엇보다도 이 운동이 지극히 간소한 예배 형식과 평화주의, 엄격한 개인적 도덕을 요구함으로써 진지한 신자들에게 호소력을 가졌기 때문이다.

　그러나 1534년 결코 재세례주의 전체를 대표한다고 할 수 없는 극단주의 집단이 독일의 뮌스터 시를 장악하는 일이 발생했다. 분파주의와 천년왕국사상을 받아들인 이들 광신자

집단은 세상의 종말이 오기 전에 신이 온 세상에 의롭고 영적인 새로운 질서를 수립할 것이라고 믿었다. 신적인 목적의 달성을 돕기 위해 극단주의자들은 뮌스터를 '새 예루살렘'으로 선포했다. 전직 재단사였던 레이덴의 얀은 '새로운 성전의 왕' 칭호를 취하더니 자신이 히브리 왕 다윗의 후계자라고 주장했다. 그의 지도 아래 재세례파의 종교 의식이 의무적으로 시행되었고 사유재산이 철폐되었다. 재산 공유제가 도입되는가 하면, 심지어 『구약성서』의 선례에 따라 일부다처제까지 허용되었다. 이런 행태는 프로테스탄트와 가톨릭 양측에 엄청난 충격을 안겨주었다. 재세례파가 점령한 지 1년도 못 되어 뮌스터는 가톨릭 세력에 의해 포위, 함락되었다. 새로운 다윗은 부하 두 명과 함께 혹독한 고문 끝에 죽었다. 그 후 재세례파는 유럽 전역에서 무자비한 박해를 당했다. 일부 살아남은 사람들은 메노파—창시자인 네덜란드인 메노 시몬스(1496경~1561)의 이름에서 유래—를 형성했다. 이 분파는 재세례주의 본연의 평화주의와 소박한 '심정적 종교'의 추구에 헌신했으며 오늘날에도 명맥이 이어지고 있다.

장 칼뱅의 개혁 신학

뮌스터 사건으로 재세례주의의 운명이 결판난 지 1년 후 26세의 프랑스인 프로테스탄트 장 칼뱅(1509~1564)은 종교 박해를 피해 스위스 바젤로 피신해 『그리스도교 강요(綱要)』 초판을 간행했다. 이 저작은 프로테스탄트 신학 저작 중 가장 체계적이고 영향력이 큰 것이었다. 북부 프랑스의 누아용에서 태어난 칼뱅은 원래 법학을 공부했고 1533년경 교회의 성직록으로 생활하면서 그리스·라틴 고전을 공부했다. 그러나 나중에 그가 술회했듯이, "교황쟁이(Popery)[1]의 미신에 집요하게 열중"하던 그 무렵 한줄기 빛이 내려오면서 신이 자신을 "더러움의 심연"으로부터 구해내는 것을 경험했다. 그 후 그는 프로테스탄트 신학자이자 설교자가 되었다.

이상의 이야기는 루터의 초기 경험과 비슷하다. 그러나 두 사람의 성격은 매우 달랐다. 루터는 감정의 기복이 크고 논쟁적인 성격이었다. 그는 신학적 문제가 제기되거나 마음이 내킬 때에만 대응을 보였을 뿐 결코 신학을 체계적으로 탐구하려고 한 적이 없었다. 그러나

---

1) 종교개혁 이후 프로테스탄트 진영에서 로마 가톨릭을 경멸적으로 불렀던 별명이다.

칼뱅은 냉철하고 분석적인 율법학자였고 『그리스도교 강요』를 통해 프로테스탄티즘의 모든 원리를 포괄적이고 논리적으로 그리고 일관성 있게 설명하고자 했다. 따라서 몇 번의 수정과 증보를 거친 뒤(결정판은 1559년에 나왔다) 칼뱅의 『그리스도교 강요』는 프로테스탄트의 기본 신조를 진술한 가장 권위 있는 저작이자 성 토마스 아퀴나스의 『신학 대전』에 대응하는 프로테스탄트 신학의 근간이 되었다.

칼뱅의 준엄한 신학은 신의 전지전능으로부터 출발해 아래로 향했다. 칼뱅에 의하면 전 우주는 자신의 보다 큰 영광을 위해 천지를 창조한 전능자의 의지에 철저히 의존하고 있다. 모든 인간은 원죄로 말미암아 신의 은혜로부터 떨어져 나온 존재이므로 태어날 때부터 죄인이며 사악한 유산에 손과 발이 결박되어 도저히 풀려날 수 없다. 그렇지만 신은 그만이 아는 이유로 어떤 사람에게는 영원한 구원을 예정했고 나머지 다른 사람에게는 지옥의 고통이 따르는 저주를 안겼다. 인간은 어떤 방법으로도 자신의 운명을 바꿀 수 없다. 태어나기도 전에 이미 그의 영혼에는 신의 축복 또는 저주의 낙인이 찍혀 있기 때문이다. 그러나 그리스도교도는 세상에서의 행위에 무관심할 수 없다. 만일 선택된 사람이라면 신은 그에게 율법에 따라 살고자 하는 욕망을 심어주실 것이다. 올바른 행위를 한다는 것은 그 사람이 영광의 보좌에 앉도록 선택받았음을 보여주는 징표이다. 개혁 교회(칼뱅주의 교회)에 소속되어 있다는 것은 구원받도록 선택되었음을 보여주는 또 다른 징표로 볼 수 있다. 무엇보다도 칼뱅은 그리스도교도가 스스로를 신의 도구로 선택되었다고 여기고 지상에서 신의 목적을 완수하기 위해 적극적으로 노력할 것을 요구했다. 죄는 신을 거스르는 것이므로 그리스도교도는 죄를 막아내기 위해 모든 가능한 일을 해야 한다. 그 행위가 인간을 구원으로 이끌기 때문이 아니라(그것은 불가능하다), 구원 받도록 선택된 자가 죄를 막아내기 위한 노력을 게을리해서 죄악이 창궐한다면 신의 영광이 위축되고 말 것이기 때문이다.

칼뱅은 언제나 자신이 신학적인 면에서 루터에게 크게 신세졌음을 인정했지만, 그의 종교적 가르침은 비텐베르크 개혁자의 가르침과 여러 면에서 본질적으로 달랐다. 첫째, 그리스도교도가 세상에서 마땅히 취해야 할 행동에 관련해 루터는 칼뱅보다 훨씬 소극적이었다. 루터는 훌륭한 그리스도교도라면 현세에서의 고난과 시련을 참고 견뎌야 한다고 주장한 반면, 칼뱅은 부단한 노력으로 신을 위해 이 세상을 정복해야 한다고 가르쳤다.

둘째, 칼뱅의 종교는 루터의 종교에 비해 한층 율법적이었다. 예를 들어 루터는 일요일에 신자가 교회에 출석해야 한다고 주장했지만 예배가 파한 뒤 나머지 시간에 일체의 오락이나 일을 삼가야 한다고 요구하지는 않았다. 반면에 칼뱅은 안식일에 어떤 세속적인 일도 해

선 안 된다고 엄격하게 금지했고 안식일이 아닌 날이라 할지라도 방종을 용납하지 않았다.

셋째, 두 사람은 교회 행정 및 예식의 근본 문제에서 현저한 입장 차이를 보였다. 루터는 가톨릭의 계서제적 교회 행정과 단절했지만, 루터교의 지역 감독은 교구 성직자에 대한 감독 업무를 포함해 많은 부분 가톨릭 주교와 다를 바 없는 권한을 행사했다. 루터는 또한 제단, 의식, 음악, 예복(성직자의 특수한 복장) 같은 전통적 예배의 많은 특징을 그대로 유지했다. 그러나 칼뱅은 '교황쟁이' 냄새를 풍기는 모든 것을 거부했다. 그러므로 그는 교회 행정에서 선출에 의거하지 않은 부분을 말끔히 제거하자고 주장했다. 개별 집회는 각기 목사를 선출하도록 했고 목사와 '장로'(신자의 올바른 신앙생활을 지도할 책임을 맡은 평신도)로 이루어진 평의회가 개혁 교회 전체를 다스리도록 했다. 또 칼뱅은 예배를 극도로 간소화할 것을 주장하며 예복과 행렬과 기악 연주 및 스테인드글라스를 포함한 일체의 종교적 형상을 금지시켰다. 또 그는 성체 성사를 개혁 교회 예식의 핵심인 설교로 대치함으로써 가톨릭 성사 신학의 흔적을 말끔히 씻어냈다. 이러한 가르침이 실천에 옮겨지자 칼뱅주의 신도들의 예배는 '네 개의 벽과 설교'만으로 이루어지게 되었다.

주네브의 칼뱅주의

신학적 확신에 투철했던 칼뱅은 자신의 가르침을 직접 실천에 옮기고자 했다. 스위스의 프랑스어 사용 도시로서 그 무렵 정치적·종교적 혼란에 휩싸여 있던 주네브(영어 이름은 제네바)에서 영향력을 행사할 수 있음을 간파한 그는 1536년 말 그곳으로 이주해 즉각 설교를 시작하고 교회를 조직했다. 그는 1538년 추방당했다가 1541년 다시 복귀했는데, 복귀한 후에는 그 도시의 정치와 종교를 완전히 장악했다. 칼뱅의 지도 아래 주네브 정부는 신정정치 체제를 갖추었다. 최고 권력은 12명의 평신도 장로와 10~20명의 목사로 구성된 '교회 회의'에 부여되었고 매주 열리는 회의는 칼뱅이 주도했다. 교회 회의의 주요 기능은 목사들의 회합에서 제안된 법안을 통과시키는 일이었고, 그밖에 공적·사적인 도덕생활을 감시하는 일도 포함되었다. 이를 위해 주네브를 여러 구역으로 나누었고, 교회 회의의 한 위원회가 불시에 모든 가정을 방문해 가족의 행동을 검열했다. 춤, 카드놀이, 극장 구경, 안식일에 일하거나 노는 행위 등은 악마의 소행으로 여겨져 법으로 금지되었다. 여관 주인은 식사 기도를 하지 않은 사람에게는 먹을 것이나 마실 것을 주어서는 안 되었고, 어떤 고객일지라도 9시

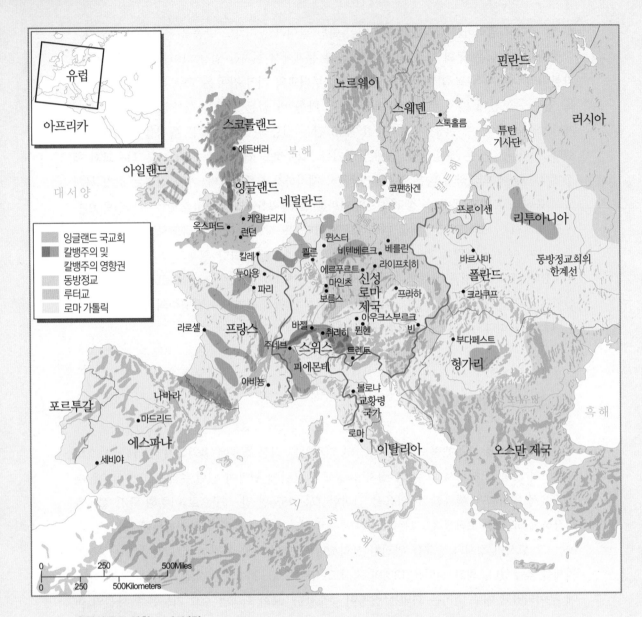

유럽

아프리카

범례
- 잉글랜드 국교회
- 칼뱅주의 및 칼뱅주의 영향권
- 동방정교
- 루터교
- 로마 가톨릭

노르웨이 핀란드

스웨덴 러시아

스코틀랜드 스톡홀름 튜턴 기사단

에든버러 북 해

아일랜드 코펜하겐 프로이센 리투아니아

대 서 양 잉글랜드 네덜란드

옥스퍼드 케임브리지 뮌스터 바르샤바 동방정교회의 한계선

런던 쾰른 비텐베르크 베를린 폴란드

칼레 에르푸르트 라이프치히 크라쿠프

누아용 마인츠 신성 프라하

파리 보름스 로마 제국 이우크스부르크

라로셸 프랑스 바젤 뮌헨 빈 부다페스트

주네브 스위스 취리히 트렌토 헝가리

피에몬테

아비뇽 볼로냐 흑 해

나바라 교황령 국가 오스만 제국

포르투갈 마드리드

에스파냐 로마 이탈리아

세비야 지 중 해

0 250 500Miles

0 250 500Kilometers

유럽의 종교 상황, 1560년경

마르틴 루터의 종교개혁이 시작된 지 약 30년 뒤인 1560년경 유럽의 종교적 경계선은 매우 복잡했다. 유럽의 종교적 분할은 정치적 경계선과 얼마나 비슷했는가? 칼뱅주의 우세 지역이 여기저기 흩어져 있는 현상은 어떻게 설명할 수 있는가? 루터주의는 왜 북쪽의 스칸디나비아로는 확산되었으면서, 남쪽의 바바리아나 서쪽의 라인 강 너머로는 전파되지 못했는가?

이후에는 잠자리에 들도록 해야만 했다. 살인, 반역, 간음, 마술, 신성모독, 이단 등은 모두 사형에 해당하는 중죄였다. 사소한 범죄에 대해서도 처벌은 엄격했다. 칼뱅이 주네브에서 지배권을 장악한 후 처음 4년 동안 집행된 사형 건수는 58건이나 되었다. 당시 주네브 시의 전체 인구는 1만 6,000명이었다.

오늘날 같으면 그와 같은 사생활에 대한 간섭은 비난받아 마땅한 일로 여겨졌을 것이다. 그러나 16세기 중반 칼뱅의 주네브는 전 유럽의 많은 사람들에게 하나의 횃불이었다. 칼뱅의 제자로서 스코틀랜드에 개혁 교회를 도입한 존 녹스는 칼뱅의 주네브야말로 "사도 시대 이래로 지상에 등장한 가장 완벽한 그리스도의 학교"라고 선언했다. 녹스를 비롯한 개종자들은 피난처를 찾아서 또는 가르침을 구하기 위해 '완벽한 학교'로 몰려왔다가 열렬한 칼뱅주의자가 되어 고향으로 돌아갔다. 이렇게 주네브는 조직적인 선교활동과 선전을 통해 프랑스와 유럽 전역에 칼뱅주의를 전파하는 국제 운동의 중심이 되었다.

칼뱅의 선교 노력은 매우 성공적이었다. 16세기 말 칼뱅주의자는 스코틀랜드(장로파로 불렸다), 네덜란드(네덜란드 개혁 교회를 설립했다), 잉글랜드(잉글랜드 교회는 개혁 신학을 채택했지만 개혁 예배 의식은 택하지 않았다. 예배 의식의 개혁을 추구한 칼뱅주의자는 청교도라 불렸다)에서 다수파가 되었고, 프랑스(위그노로 불렸다), 독일, 헝가리, 리투아니아, 폴란드 등지에서는 상당한 교세를 가진 소수파 세력이 되었다. '하나님 나라'는 아직 지상에 완전히 실현되지 않았다. 1564년 임종을 맞은 칼뱅은 주네브가 여전히 "완미하고 불행한 도시"라고 판단했다. 그렇지만 유럽의 종교적 삶과 관행에는 어마어마한 혁명이 일어났다.

길들여진 종교개혁, 1525~1560년

❧ 종교개혁 기간에 가족과 결혼의 개념은 어떻게 변했는가?

프로테스탄티즘은 하나의 혁명 이론으로서 출발했다. 이 이론은 모든 참된 그리스도교도의 영적 평등을 급진적으로 주장함으로써, 유럽 사회의 존립 기반이 되었던 사회적·정치적 계급제도, 나아가 성적 차별까지 무너뜨릴 수 있는 잠재력을 가지고 있었다. 루터는 자신의 사상이 그런 함의를 갖고 있으리라고는 미처 예상하지 못했던 것으로 보인다. 그는 반란을 일으킨 독일 농민과 뮌스터의 종교적 천년왕국 주창자가 자신의 가르침을 이런 식으로 해석하는 것을 보고 경악을 금치 못했다. 그러나 1525년 이후 프로테스탄트의 사회 이념이 보수화된 책임이 루터에게만 있었던 것은 결코 아니다. 재세례파를 제외하면 초기 프로테스탄트 지도자들 가운데 그 누구도 사회적·정치적으로 급진성을 띠지 않았다. 더욱이 종교개혁 메시지를 확산시키기 위해 프로테스탄트 개혁자들은 기존의 사회적·정치적 지도자들—제후와 독일·스위스 도시의 지배 엘리트—의 지원에 의존하고 있었다.[2] 그리하여 종교개혁 운동은 두 가지 의미에서 급속히 '길들여'졌다. 첫째로 프로테스탄티즘의 혁명적 잠재력은 억제되었고(루터는 1525년 이후 만인 사제주의에 대한 언급을 거의 하지 않았다), 둘째로 프로테스탄트 운동의 모든 분야에서 종교개혁적 삶의 핵심적인 관습으로서 가부장주의가 더욱 강조되었다.

개혁과 훈련

제11장에서 보았듯이, 유럽의 보통 사람들을 좀 더 경건하고 엄격한 삶으로 이끌기 위한 노력은 15세기의 종교적 개혁 운동에서 흔히 찾아볼 수 있었다. 이들 개혁 운동의 상당수는 제후와 시의회에 의해 적극적으로 수용되고 장려되었다. 가장 널리 알려진 사례는 피렌체에서 찾을 수 있다. 이 도시에서는 1494~1498년 도미니쿠스 설교사 지롤라모 사보나롤라가 비범한—그러나 단명한—청교도 운동 및 도덕 개혁 운동을 이끌었다. 그러나 사보나롤라 이전과 이후에도 정치 지배자들의 주도하에 죄악을 방지하는 입법활동이 이루어진 경우는 많았다. 1518년 데시데리우스 에라스무스는 정치 지배자들에게 스스로를 수도원장으로 간주하고 영지를 거대한 수도원으로 여겨달라고 요청했고, 세속 군주들에 대한 이런 요청을 통해 에라스무스는 15세기 유럽인에게 이미 익숙해져 있었던 풍조를 새로운 세기에 널리 확산하는 역할을 수행했다.

그러나 프로테스탄트 지배자들은 신민에게 경건한 규율을 진지하게 강제할 필요가 있었다. 인간 본성의 타락은 그들이 신봉한 프로테스탄트 신앙의 근본적 교의였기 때문이다. 4세기 말의 성 아우구스티누스와 마찬가지로 프로테스탄트는 인간이란 선을 강제당하지 않으면 악하게 될 수밖에 없다고 믿었다. 그러므로 목사와 행정관에게는 사람의 행동을 훈련

---

2) 루터주의와 칼뱅주의는 이 때문에 관주도적 종교개혁(Magisterial Reformation)이라고 불린다.

하고 통제해야 할 책무가 있었다. 그것은 그의 선행이 그를 천국으로 이끌기 때문이 아니라 그의 악행이 신을 진노케 하고 인간 사회를 파괴하기 때문이었다.

프로테스탄트의 경건 훈련은 어린이 교육부터 시작했다. 루터는 직접 교리문답 책을 썼다. 어린이에게 신앙의 교의와 신이 부여한 의무—부모, 교사, 지배자에 대한 의무—를 일깨워주기 위해서였다. 루터는 남녀 가리지 않고 모든 어린이가 모국어로 성경을 읽을 수 있도록 가르쳐야 한다고 주장했다. 그 결과 학교 교육은 프로테스탄트의 주요 관심사로 떠올랐다. 프로테스탄트 가정은 하나의 '경건한 학교'로 간주되었고, 한 집안의 아버지는 아내와 자녀는 물론이고 심지어 하인까지도 가르치고 훈도할 책임을 맡아야 했다.

그러나 프로테스탄트 개혁자들이 보기에 16세기 초의 가정생활은 아직 많은 점이 미흡했다. 술주정, 가정 폭력, 간통, 음란한 춤, 신성모독적인 서약 등이 경건한 종교개혁 가정에서조차 비일비재하게 벌어졌다. 프로테스탄트 집회에서는 거칠기 짝이 없는 신도를 훈련하기 위해 개인 상담, 공개적인 비행 고백, 공개 고해 및 망신 주기, 교회 예배 출석 금지, 감금 등 갖가지 방법을 동원했다. 이 모든 노력은 다양한 결과를 가져왔지만 그다지 큰 성공을 거두지 못했다. 경건한 프로테스탄트 가정을 만들고 공동체 전체에 경건 훈련을 실시하기 위해서는 교회와 국가 양측이 적극적인 협력을 해야만 했다.

프로테스탄티즘, 정부, 가정

종교개혁의 순치(馴致)는 주로 독일과 스위스의 자유 도시들에서 행해졌다. 수도원 제도와 성직자 독신주의에 대한 프로테스탄트 진영의 공격은 도시민 사이에서 호응을 얻었다. 그들은 수도원의 세금 납부 면제에 분개했고 성직자 독신주의를 시민의 아내와 딸들을 유혹하기 위한 구실로 간주했다. 프로테스탄트는 인간 의지의 타락을 강조하면서 인간 의지를 종교적 권위에 의해 훈육할 필요가 있다고 보았는데, 이 또한 길드와 도시 정부의 강력한 호응을 얻었다. 길드와 도시 정부는 도시 남성 인구의 대다수를 차지하는 도제와 직인에 대한 도시 엘리트(주로 상인 및 장인)의 지배권 유지 및 확대를 열망하고 있었기 때문이다. 또한 프로테스탄티즘은 가톨릭교회의 사법권을 철폐함으로써 도시 정부가 도시 내의 모든 권력을 장악하도록 허용했다.

프로테스탄티즘은 가정을 '경건의 학교'라고 새롭게 강조함으로써, 수공업자 개개인의 가정에서의 지배권을 강화시켰다. 가정에서 막강한 권력을 갖게 된 아버지는 개혁 종교의 가르침에 따라 가족을 가르치고 훈련시킬 의무를 갖게 되었다. 동시에 프로테스탄티즘은 새로운 이상적 여성상을 도입했다. 더 이상 독신의 수녀만이 경건한 여성의 표상이 될 수 없었다. 그 대신 순종적인 프로테스탄트 '양처(良妻)'가 등장했다. 한 루터파 제후는 1527년 이렇게 썼다. "자녀를 낳는 사람은 노래하고 기도하는 수도사와 수녀 이상으로 신을 기쁘시게 한다." 프로테스탄티즘은 결혼한 부부의 성생활의 신성성을 확고하게 지지함으로써 중세 말기 가톨릭교회를 특징지었던 경건과 성 사이의 긴장을 해소했다.

그러나 이것이 여성의 영적 잠재력을 새롭게 높이 평가했음을 의미하지는 않는다. 현실은 오히려 정반대였다. 루터는 중세 신학자들과 마찬가지로 여성이 남성보다 성적으로 더 충동적이며 성욕을 억제하는 능력이 부족하다고 보았다(물론 루터는 남성의 독신생활 능력에 대해 약간 더 높이 평가했을 뿐이다). 루터가 수녀원을 반대한 이유는 여성의 독신생활이란 예외적인 경우 말고는 불가능하며 따라서 수녀원은 간통을 불가피하게 만들 뿐이라고 믿었기 때문이다. 그러므로 여성을 통제하고 죄를 미연에 방지하려면 모든 여성이 결혼—되도록 어린 나이에—해서 경건한 남편의 관리 아래 들어가는 것이 바람직했다.

대부분의 프로테스탄트 도시 정부는 수녀원 폐쇄에 기꺼이 동참했다. 수녀원 재산은 도시에 귀속되었는데, 대부분의 수녀는 귀족 출신이었다. 그러나 프로테스탄트 개혁가들과 도시 거주 아버지들 사이에 결혼과 성 문제를 놓고—특히 개혁가들이 죄를 억제하기 위해 남녀가 어려서 결혼해야 한다고 주장한 것 때문에—갈등이 야기되었다. 아우크스부르크 같은 독일 도시의 길드 소속 남성들은 장인의 지위에 오르기 전까지 결혼을 미루는 것이 관례였기 때문이다(길드마다 직인에서 장인으로 승급하는 인원을 제한하려 했으므로 개혁가들의 조혼 요구를 실천하기가 갈수록 어려워졌다). 이론상 도제와 직인은 결혼하지 않는 것으로 되어 있었다. 그들은 매음굴이나 선술집에 출입하는 것이 보통이었는데, 그곳은 미혼 남성이 합법적으로 성욕을 해소할 수 있는 세계였다. 도시의 아버지들은 아내와 딸들을 유혹이나 강간으로부터 보호하기 위해 그런 장소가 필수적이라고 생각했지만, 프로테스탄트 개혁가는 그런 장소를 도덕적으로 용납할 수 없었고 따라서 철폐할 것을 요구했다.

도시들은 이 같은 상반된 압력에 다양한 방식으로 대응했다. 일부 도시는 공공도덕을 단속할 특별위원회—칼뱅의 주네브에서 이미 시행되었다—를 설치했고, 일부 도시는 아예 프로테스탄티즘을 포기했다. 한편 아우크스부르크 같은 몇몇 도시들은 프로테스탄티즘과 가톨리시즘 중 하나를 결정하기까지 수십 년 동안이나 갈팡질팡하며 양쪽을 오갔다. 그러나 도시가 궁극적으로 어떤 종교를 선택했는지에 상관없이 16세기 말에 이르면 도시 정부의 도덕적 태도에 혁명적 변화가 일어났다. 서로가 경쟁관계에 들어가게 되면서 가톨릭이건 프로테스탄트이건 어느 쪽도 죄의 문제에 대해 너그러운 태도를 취하는 것으로 비쳐지기를 원치 않았다. 그 결과 1600년경에는 전 유럽에서 공공연히 인정되던 매음굴이 일소되었고 매춘은 불법화되었다. 가톨릭과 프로테스탄트를 막론하고 도시 공동체에서 사생활에 대한 정부의 감독은 더욱 엄격해졌다.

결혼과 독신: 두 견해

두 편의 글은 프로테스탄트 및 가톨릭 당국자가 생각한 결혼과 독신의 정신적 가치에 대한 지극히 상반된 관점을 보여준다. 첫 번째 글은 수도원 제도에 대한 마르틴 루터의 총체적 공격이다. 그는 결혼이 모든 인간에게 자연스럽고 신적 섭리에 입각한 상태임을 강조한다. 두 번째 글은 트렌토 공의회(1545~1563)의 교령으로 결혼의 신성성에 대한 전통적인 가톨릭의 가르침을 되풀이하면서도 결혼에 대한 독신의 영적 우월성과 성직자 독신의 필요성을 강조하고 있다.

결혼에 대하여

들어보시오! 나는 평생 수녀의 고해성사를 들어본 적도 없지만 성경에 비추어 여자의 처지를 생각했고, 내가 그릇되지 않음을 알고 있습니다. 크고도 예외적인 은혜를 입지 않는 한 여자는 남자 없이는 살 수 없습니다. 그것은 먹고 마시고 잠자는 등 자연적 필요를 따르지 않을 수 없는 것과도 같은 이치입니다. 남자 역시 아내 없이는 살 수 없습니다. 자녀를 낳는 것은 먹고 마시는 것처럼 인간 본성에 깊숙이 뿌리내린 것이기 때문입니다. 하나님이 사람의 몸에 각종 장기와 동맥과 혈액, 그리고 그에 필요한 모든 것을 주신 이유는 바로 여기에 있습니다. 이 과정을 억제하고 본성이 욕구하고 의도하는 길로 나아가지 못하도록 하는 사람은 대체 무얼 하자는 것입니까? 그는 본성을 본성답지 못하게 하고, 불을 타지 못하게 하며, 물이 적시지 못하게 하고, 사람을 먹지도 마시지도 잠자지도 못하게 하는 것입니다.

혼인성사에 관한 교회법(1563)

교회법 제1조. 만일 혼인이 주 그리스도께서 제정하신 7성사 중 하나가 아닌, 교회 내의 인간이 만든 것이며 은총을 주지 못한다고 말한다면 그에게 저주가 있으리라.

......

교회법 제9조. 순결 서원을 바치고 거룩한 교단에 속해 있는 성직자가 혼인할 수 있다고 말한다면,……그리고 그런 서약을 했음에도 순결의 은총을 갖지 못했다고 여기고 혼인을 하는 모든 사람에게 저주가 있으리라. 하나님은 온전히 요청하는 자들에게 그 은사를 거부하지 않으시며 감당치 못할 시험에 들게 하시지도 않는다.

교회법 제10조. 혼인 상태가 동정이나 독신 상태보다 우월하다고 말하거나, 동정이나 독신으로 남는 것보다 혼인으로 결합되는 것이 더 낫고 행복하다고 말하는 자에게 저주가 있으리라.

......

분석 문제

1. 루터는 왜 수도원의 독신 요구에 부응할 수 없다고 믿었는가? 16세기 종교 대립의 맥락에서 독신은 얼마나 중요한 이슈였는가?

프로테스탄티즘과 결혼 통제

프로테스탄티즘은 자녀의 배우자 선택에 대한 부모의 통제권을 강화했다. 중세 가톨릭교회는 결혼을 사제의 개입을 필요로 하지 않는 성사로 규정지었다. 양측의 자유로운 상호 동의가 있으면 설령 부모의 동의가 없어도 교회는 그 결혼에 아무런 법적 문제가 없다는 입장을 취했다. 그와 동시에 어느 한쪽이 그 결혼에 자유롭게 동의하지 않았음을 입증한다면 교회는 그 결혼을 취소했다. 이 같은 교의에 대해 여러 곳에서 반발이 있었지만, 가장 반발이 컸던 쪽은 부모와 친척이었다. 결혼은 재산상속권을 포함하기 마련이었으므로 대부분의 가정에서는 이것을 결혼 당사자인 자녀의 자유로운 선택에 맡길 수 없는 중대 문제로 간주했다. 부모는 부적절하다고 여기는 결혼을 막을 권리를 원했고, 가문에 유리한 결혼을 자녀가 받아들이는 것을 최선으로 생각했다. 프로테스탄티즘은 그와 같은 통제권을 확보할 수 있는 기회를 제공했다. 루터는 결혼이 성사가 아닌 순수한 세속 문제이며 정치 지배자가 최선이라고 여기는 바에 따라 규제할 수 있다고 선언했다. 칼뱅은 대체로 루터와 같은 입장을

취하기는 했지만, 칼뱅주의
의 신정정치는 루터주의만큼
교회 권력과 국가 권력을 단
호하게 구별하지는 않았다.
가톨릭교회도 마침내 부모에
게 양보하지 않을 수 없었다.

프로테스탄티즘의 확산, 1520~1560년	
루터교가 덴마크, 노르웨이, 스웨덴의 국교가 되다	1520년대
잉글랜드가 로마와 결별하다	1534년
주네브가 칼뱅주의에 입각한 신정정치를 택하다	1541년
칼뱅주의가 스코틀랜드, 잉글랜드, 네덜란드, 프랑스에 확산되다	1540~1560년대
엘리자베스의 타협	1559년

결혼 당사자가 자유롭게 동의해야 한다는 종전 입장을 결코 포기하지 않았지만, 16세기 말에 이르러 가톨릭교회는 결혼 의사를 공식적으로 대중 앞에 알릴 것을 요구했고 결혼식에 사제가 참석해야 한다고 주장했다. 두 가지 조치는 남녀가 눈이 맞아 달아나는 것을 막기 위함이었다. 덕분에 가족은 부적절한 결혼이 성사되기 이전에 개입할 시간을 확보할 수 있었다. 어떤 가톨릭 국가는 자녀의 배우자 선택에 대한 부모의 통제권을 확보하기 위해 한걸음 더 나아가기도 했다. 예를 들어 프랑스에서는 한 쌍의 남녀가 부모의 동의 없이도 결혼할 수 있었지만 그렇게 할 경우 가족 재산의 상속권을 박탈당했다. 이렇듯 다소 다른 방식으로 프로테스탄티즘과 가톨리시즘은 부모의 자녀에 대한 통제권을 강화하는 방향으로 나아갔다. 각별히 프로테스탄티즘의 경우에는 남편의 아내에 대한 지배권을 강화하는 쪽으로 나아갔다.

잉글랜드 종교개혁

◆ 왜 잉글랜드는 프로테스탄트 국가가 되었는가?

잉글랜드에서는 종교개혁이 유럽 대륙과는 다른 과정을 거쳤다. 대중적인 롤라드 운동의 전통이 16세기에도 살아남기는 했지만, 롤라드파는 인구가 매우 적었고 그들의 영향력 또한 롤라드파에게 국한되었기 때문에 잉글랜드에서 프로테스탄티즘의 궁극적 승리를 준비하는 역할을 수행할 수 없었다. 게다가 잉글랜드는 독일을 들끓게 했던 교황청의 착취와 부패로 인한 피해를 입지도 않았다. 잉글랜드 왕들은 16세기 초에 이미 왕국 내의 성직 임명권을 장악하고 있었다. 그들은 또한 잉글랜드에서 거둬들이는 교황세의 가장 큰 몫을 챙기고 있었다. 교회 법정도 특별히 불만을 살 만한 일을 하지 않았다. 오히려 교회 법정은 프로테스탄트 잉글랜드에서 18세기까지 그 기능을 계속 유지하게 될 것이었다. 그렇다면 어째서 16세기 잉글랜드는 프로테스탄트 국가가 되었던 것일까?

헨리 8세와 로마의 결별

잉글랜드 역사에서 흔히 그러하듯이 이 문제에 대한 대답도 왕으로부터 시작한다. 1527년 전제적인 국왕 헨리 8세는 아라곤의 캐서린—페르난도와 이사벨 부부의 딸—과 결혼한 지 18년이 되었다. 하지만 이 결혼에서 태어난 아이들은 메리 공주를 제외하고는 모두 어려서 죽었다. 헨리 8세는 튜더 왕조를 유지하기 위해 아들이 필요했고, 캐서린은 이제 아이를 가질 나이가 지났다. 헨리 8세로서는 혼인관계를 끊을 좋은 핑계거리였다. 또한 그에게는 좀 더 개인적인 동기가 있었다. 당시 헨리 8세는 검은 눈의 궁녀 앤 불린에게 푹 빠져 있었다. 헨리 8세는 앤을 왕비로 맞이하기 위해 캐서린 왕비가 자신의 친형 아서와 결혼한 적이 있었으므로(그는 결혼식 직후 사망했다) 헨리와 캐서린의 결혼은 처음부터 무효였다고 주장하면서 캐서린과의 이혼을 허락해줄 것을 로마에 요청했다. 헨리 8세의 대변인이 지적했듯이 성경은 형제의 아내를 취하는 것이 '불결한 일'이며 그러한 결혼에서는 자녀가 없으리라고 선언하고 있었다(「레위기」 20:21). 헨리의 입장에서 볼 때 성경의 명백한 금지 규정—자식 없는 결혼이 그것을 입증해주었다—은 제아무리 교황의 특면장(dispensation, 헨리 8세와 캐서린이 그들의 결혼을 위해 얻어냈다)이라 해도 소멸시킬 수 없는 것이었다.

헨리 8세의 소송은 교황 클레멘스 7세(재위 1523~1534)를 곤경에 빠뜨렸다. 헨리 8세는 성경에서 말하는 저주로 인해 왕조가 끊기게 되었다고 굳게 믿고 있었다. 게다가 헨리 8세와 클레멘스 7세는 과거에 교황들이 헨리 8세가 주장한 것보다 취약한 근거로 재임 중의 왕들에게 결혼 무효를 허락했다는 것을 잘 알고 있었다. 그러나 만일 교황이 헨리 8세의 결혼 무효를 허락한다면 교황의 다른 모든 특면장의 타당성에 대해서도 의혹이 초래될 우려가 있었다. 더욱 심각한 것은 자칫하면 교황이 캐서린의 조카인 황제 카를 5세의 분노를 사게 될 수도 있었다는 사실이다. 당시 카를 5세의 군대는 로마를 완전히 장악했고 교황을 포로 상태로 휘어잡고 있었다. 클레멘스 7세는 진퇴양난의 곤경에 빠졌다. 그에게는 시간을 질질 끌면서 사태가 호전되기를 기다리는 것 말고는 다른 방도가 없었다. 그는 2년 동안 잉글랜드에서 소송이 진행되도록 허락했지만 그 기간에 아무런 결론도 도출되지 못했다. 그러다 교황은 느닷없이 사건을 로마로 이송했고 그곳에서 모든 법적 절차가 처음부터 다시 시작되었다.

기다리다 지친 헨리 8세는 교황에 대한 압박을 강화했다. 1531년 그는 잉글랜드 성직자 회의로 하여금 자신을 잉글랜드 교회의 '보호자이자 유일한 수장'으로 선언하도록 강요했다. 1532년 그는 의회를 부추겨 성직자에 대한 자못 선동적인 불평 목록을 작성토록 하고, 이를 이용해 모든 교회 입법을 승인 또는 취소할 수 있는 왕의 권리를 인정하라고 성직자들을 협박했다. 1533년 1월 헨리 8세는 아직 캐서린 왕비와의 결혼이 취소되지 않았음에도 불구하고 앤 불린(이미 임신 중이었다)과의 결혼을 강행했다(신임 캔터베리 대주교 토머스 크랜머는 5월에 캐서린과의 결혼 무효 조치를 취했다). 그리고 9월에 엘리자베스 공주가 태어났다. 아들을 바라던 헨리 8세는 실망한 나머지 아기의 세례식에도 참석하지 않았다. 그러나 의회는 1534년 초 왕위계승법으로 왕위계승권이 헨리 8세와 앤의 자녀에게 있음을 선언했고, 그해 말에는 수장법(首長法)으로 왕이 잉글랜드 교회의 최고 수장이며 모든 오류와 이단과 부패를 시정할 권한을 갖는다고 선언했다. 또한 의회는 잉글랜드로부터 교황에게로 가는 모든 세입을 왕에게로 돌리고 교황 법정에의 상고를 금지시켰다. 1536년 헨리 8세는 토머스 모어를 수장법 승인을 거부했다는 이유로 처형하고 수도원 해체를 위한 첫 단계 조치를 취했다. 1539년 말에 이르러 수도원과 수녀원은 사라졌고, 왕은 그 토지와 재산을 압류해 지지자들에게 나누어주었다.

이러한 조치로 잉글랜드 교회와 로마의 관계가 단절되었으나, 그렇다고 해서 잉글랜드를 프로테스탄트 국가로 만들지는 못했다. 일부 전통적 관행(순례와 유물 등)이 금지되었으나 잉글랜드 교회는 조직, 교리, 의식, 언어 등에서 압도적으로 가톨릭의 모습 그대로였다. 헨리 8세의 명령으로 1539년에 의회가 선포한 6개 조항은 공인 정통 교리와 관련해 의문의 여지를 남겨두지 않았다. 사제에게 구두로 하는 고해, 죽은 자를 위한 미사, 성직자의 독신 등이 모두 재확인되었다. 라틴어 미사가 지속되었고 성찬에 관한 가톨릭의 교리가 재확인되었을 뿐만 아니라 그것을 부정할 경우 사형에 처해질 수도 있었다. 대부분의 잉글랜드인에게는 수도원의 소멸과 왕의 계속되는 결혼 행각(그는 도합 여섯 차례 결혼했다)만이 그들의 교회가 더 이상 로마에 종속되지 않았음을 나타내는 증거로 비쳐졌다.

6개 조항

헨리 8세는 잉글랜드 교회를 교황에게서 분리시켰지만 여전히 프로테스탄트 신학보다는 가톨릭 신학에 기울어 있었다. 헨리 8세의 고문 중 몇몇—가장 유명한 인물은 토머스 크롬웰—은 열성적인 프로테스탄트였고, 왕은 아들이자 왕위 계승권자인 에드워드 6세를 프로테스탄트로 양육하도록 허용했다. 그러나 잉글랜드 교회 내의 급격한 (그리고 대부분 프로테스탄트적인) 변화가 여러 해에 걸쳐 진행된 뒤인 1539년 헨리 8세는 '6개 조항(the Six Articles)'을 발표하고 전통적인 가톨릭 교리를 재천명했다. '6개 조항'은 1547년 헨리 8세가 사망할 때까지 잉글랜드 교회에 대한 구속력을 가졌다.

첫째, 제단의 지극히 축복받은 성사에서 사제가 대신하는 그리스도의 말씀의 권능과 효력으로 말미암아 동정녀 마리아에게 잉태되신 우리 구주 예수 그리스도의 살과 피가 빵과 포도주의 형태로 나타난다. 축성이 있은 뒤에는 빵이건 포도주이건, 다른 아무런 실체도 남지 않으며 단지 하느님이자 인간이신 그리스도의 실체만이 남는다.

둘째, 하느님의 율법에 의해, 양종성찬 예식(빵과 포도주)은 모든 사람의 구원을 위해 반드시 필요한 것은 아니다.……빵의 형태 아래 있는 살 안에 피가 있고, 포도주의 형태 안에 있는 피와 더불어 살이 있다는 것을, 그리고 둘은 함께하면서도 분리되어 있다는 것을 믿어야 하며 의심해서는 안 된다.

셋째, 사제는 일단 서품을 받은 뒤에는 하느님의 율법에 의해 결혼할 수 없다.

넷째, 하느님 앞에서 숙고한 끝에 정결의 서원을 한 남녀는 하느님의 율법에 의해 그 서원을 준수해야 한다.

다섯째, 개인 미사가 왕의 잉글랜드 교회 및 회중 안에서 지속되고 승인되는 것은 올바르고 필요한 일이다.……이를 통해 선량한 그리스도교도는……경건하고도 순수한 위로와 은혜를 받으며, 그것은 하느님의 율법에도 합당하다.

여섯째, 말로 하는 사적인 고백은 지속하는 것이 적절하고 긴요하며, 하느님의 교회 내에서 자주 행해져야 한다.

분석 문제

가톨릭 신앙으로 기울었음에도 헨리 8세는 왜 아들을 프로테스탄트로 양육하는 것을 허용했는가? 이것은 잉글랜드 종교개혁에 대해 무엇을 말해주는가?

에드워드 6세

헌신적인 프로테스탄트—특히 칼뱅의 주네브를 방문한 프로테스탄트—의 입장에서 볼 때 헨리 8세가 잉글랜드 교회에 가져온 변화는 매우 미흡했다. 1547년 왕위를 계승한 9세의 에드워드 6세(헨리와 그의 세 번째 아내 제인 시무어 사이의 아들)는 그들에게 종교개혁 과업 완수의 기회를 제공했다. 어린 왕의 명백한 프로테스탄트 성향에 고무된 정부는 신속히 잉글랜드 교회의 신조와 의식을 개혁하는 일에 착수했다. 사제에게 결혼이 허용되었고 예배에서 라틴어 대신 영어가 사용되었다. 성상 숭배가 철폐되고 성상은 파괴되었다. 죽은 자를 위한 기도가 폐지되었고 그와 같은 기도를 위한 기부금은 몰수되었다. 세례와 성찬 이외의 모든 성사를 폐지하고 '신앙만에 의한 의인'의 프로테스탄트 교리를 확인하는 새로운 신앙 조항이 작성되었다. 가장 중요한 점은 교회의 새로운 영어 예배 진행방식을 규정한 기도서가 출간되었다는 사실이다. 교리와 예배에 관련해 많은 부분이 미해결인 채로 남았지만 1553년 에드워드가 어린 나이로 세상을 떠날 때 잉글랜드 교회는 프로테스탄티즘으로 확고히 방향을 튼 것처럼 보였다.

메리 튜더와 가톨릭의 복고

에드워드의 계승자는 헨리 8세와 캐서린의 딸이자 경건하고 독실한 가톨릭 신자인 메리(재위 1553~1558)였다. 메리는 신속하게 에드워드 6세의 종교정책을 뒤집어 라틴어 미사를 회복시키고 결혼한 사제에게 아내를 포기할 것을 요구했다. 메리는 의회로 하여금 가톨릭 복귀를 표결토록 하는 데도 성공했다. 수백 명의 프로테스탄트 지도자들이 해외로 도망쳤는데, 특히 주네브로 간 사람이 많았다. 대주교 토머스 크랜머 등은 프로테스탄티즘을 포기하지 않았다는 이유로 화형에 처해졌다. 순교자들의 고난 소식이 프로테스탄트 유럽에 들불처럼 퍼져나갔다. 그러나 메리의 정책은 잉글랜드 내부에서는 비교적 미미한 지방 차원의 저항을 촉발했을 뿐이다. 20년이나 종교적 격변을 겪고 난 끝인지라, 아마 대부분의 잉글랜드인은 메리의 통치가 종교생활에 얼마간 안정을 가져다주리라고 기대했을 것이다.

그러나 그것은 메리가 할 수 있는 일이 아니었다. 그녀의 사형 명령은 종교 저항을 일소하기에 충분치 않다. 오히려 '피의 메리(Bloody Mary)'와 '스미스필드 화형장'에 관련된 프로테스탄트 진영의 선동은 (전통적 종교 형식의 복귀를 환영한 사람 사이에서조차) 광범한 불만의 기류를 형성했다. 또한 메리는 수도원을 회복시킬 수도 없었다. 수많은 유력 가문이 헨리 8세의 수도원 해체를 통해 이익을 얻었던지라 이를 되돌린다는 것은 불가능했다. 메리가 카를 5세의 아들이자 에스파냐 왕위 계승권자인 펠리페 2세와 결혼한 것은 또 다른 계산착오였다. 결혼 조약에는 메리가 사망하더라도 펠리페 2세가 왕권을 계승할 수 없도록 명시되어 있었지만 잉글랜드인은 펠리페 2세를 믿지 않았다. 여왕이 펠리페 2세의 계략에 말려들어 에스파냐와 한편이 되어 프랑스를 상대로 전쟁을 치르다가, 유럽 대륙에 남아 있던 잉글랜드의 마지막 거점인 칼레마저 잃게 되자 잉글랜드인의 불만은 고조되었다. 그러나 궁극적으로 메리의 종교적 반혁명이 실패한 것은 단지 생물학적 이유 때문이었다. 메리는 후계자를 임신할 수 없었던 것이다. 겨우 6년간 통치한 뒤 메리가 사망하자 왕위는 프로테스탄트인 여동생 엘리자베스에게 넘어갔다.

엘리자베스 1세의 종교 타협

헨리 8세와 앤 불린 사이에서 태어난 딸이자 잉글랜드 역사상 가장 유능하고 인기 있는 왕 중 한 사람인 엘리자베스 1세(재위 1558~1603)는 부모의 결혼 배경과 자신의 성장 과정으로 말미암아 프로테스탄티즘을 선호하게끔 되어 있었다. 그러나 엘리자베스 1세는 종교적으로 그다지 열광적이지 않았고, 현명하게도 잉글랜드에서 급진적 프로테스탄티즘을 지원할 경우 격렬한 교파 내분을 야기할 수 있다는 점을 잘 알고 있었다. 그녀는 이른바 '엘리자베스의 종교 타협(Elizabethan settlement)'을 주도했다. 엘리자베스 1세는 새로운 수장법(1559)을 선포해 메리가 제정한 가톨릭 법령을 모조리 철회했고, 외국의 종교 세력(교황)이 잉글랜드 내에서 권력을 행사하는 것을 금지했으며, 스스로를 잉글랜드 교회의 '최고 통치자(supreme governor)'라고 칭했다. 엘리자베스가 택한 '최고 통치자'란 칭호는 헨리 8세가 취한 '최고 수장(supreme head)'이란 칭호보다 한층 프로테스탄트적인 것이었다. 왜냐하면 대부분의 프로테스탄트는 교회의 머리는 오직 그리스도뿐이라고 믿었기 때문이다. 또한 그녀는 에드워드 기도서 등 남동생의 치세에 이루어진 프로테스탄트적인 예식 개혁을 상당 부분 수용했다. 그러나 그녀는 주교, 교회 법정, 성직자의 제의(祭衣) 등의 가톨릭 관행을 그대로 유지했다. 예정설과 자유의지설을 포함한 대부분의 교리 문제에서 엘리자베스 1세의 '39개조 신앙고백'

(1562년 승인)은 분명히 프로테스탄트적인—심지어 칼뱅주의적인—것이었다. 그러나 기도서
는 좀 더 온건했고, 성찬 같은 결정적인 문제에서는 의도적으로 모호한 입장을 취했다. 가
톨릭과 프로테스탄트 양측의 해석을 하나의 선언으로 결합시킴으로써("이것은 나의 몸이니
……나를 기념하여 이것을 행하라") 기도서는 신도들 사이에 무성했던 예배에 관한 대립되는
해석들을 매우 융통성 있게 포용했다.

이와 같은 '광교회주의(廣敎會主義, latitudinarianism)'에도 불구하고 엘리자베스 1세 시대의
잉글랜드에는 종교적 긴장이 상존했다. 프로테스탄트와 가톨릭 사이뿐만 아니라 온건 프
로테스탄트와 급진 프로테스탄트 사이에도 긴장이 감돌았다. 여왕은 이런 다양성을 능란한
솜씨로 다루었지만 항상 성공이 보장되는 것은 아니었다. 엘리자베스 1세의 종교 타협이 유
지되고 궁극적으로 잉글랜드가 프로테스탄트 국가로 남을 수 있었던 이유는, 지극히 길었
던 엘리자베스 치세 동안 프로테스탄트 잉글랜드가 가톨릭 에스파냐와 전쟁 상태에 놓여
있었기 때문이다. 엘리자베스 1세 치세를 거치는 동안 프로테스탄티즘과 잉글랜드 민족주
의는 점차 하나로 결합해, 신이 잉글랜드를 선택했다는 강력한 확신으로 변했다. 잉글랜드
해군이 에스파냐의 무적함대를 격파해 승리를 거둔 1588년 이후 엘리자베스 1세의 신민들
은 프로테스탄티즘을 잉글랜드인의 타고난 기질로 간주하기에 이르렀다. 국교 기피 가톨릭
신자를 탄압하는 법률은 점차 엄해졌고, 가톨릭 전통이 일각에서 살아남기는 했지만 가톨
릭 신자는 박해받는 소수자 신세였다. 더욱 놀라운 것은 아일랜드의 상황이었다. 그곳에서
는 프로테스탄티즘을 신봉케 만들려는 정부의 노력에도 불구하고 인구의 대다수가 가톨릭
으로 남았다. 1603년에 이르면, 프로테스탄티즘이 잉글랜드 기질과 동일시된 것처럼 가톨리
시즘은 아일랜드 기질과 동일시되었다. 그러나 두 나라에서 상승세를 타고 있던 것은 프로
테스탄트 진영이었다.

변화된 가톨리시즘

🦊 가톨릭 종교개혁은 반종교개혁과 어떻게 다른가?

프로테스탄티즘은 역사적으로 전혀 새로운 사건이므로 우리의 관심이 루터와 칼뱅 같은
종교개혁가에게 쏠리는 것은 당연하다. 그러나 16세기 가톨릭교회 내부에도 강력한 개혁

운동이 있었다. 역사가들은 이 운동을 '가톨릭 종교개혁(Catholic Reformation)'이라 부를지 아니면 '반종교개혁(Counter-Reformation)'이라 부를지를 놓고 의견이 엇갈린다. 어떤 학자들은 가톨릭교회 내부의 개혁 시도가 루터의 95개조 논제 이전에 이미 있었고 그 후로도 오래 지속되었다고 주장하면서 '가톨릭 종교개혁'이라는 용어를 택한다. 그러나 다른 학자들은 16세기의 가톨릭 개혁자들이 무엇보다도 프로테스탄트 종교개혁에 맞서 싸워야 할 긴박한 필요성에 의해 고무되었다고 주장하면서 반종교개혁이란 용어를 선호한다. 우리는 양자를 가톨릭 개혁의 상호보완적인 두 국면—루터 이전의 가톨릭 종교개혁과 루터 이후의 반종교개혁—을 지칭하는 용어로 사용하고자 한다.

가톨릭 종교개혁

1490년경부터 시작된 가톨릭 종교개혁은 일차적으로 교단 내부에서의 도덕적·제도적 개혁이었다. 그 노력은 많은 세속 지배자의 강력한 지원을 받았지만 교황은 거의 관심을 갖지 않았다. 그 결과 가톨릭 종교개혁은 진정한 의미에서 국제적 운동이 되지 못했다. 에스파냐의 추기경 프란시스코 히메네스 데 시스네로스(1436~1517)가 주도하고 에스파냐 왕이 후원한 개혁 활동은 프란체스코 수도사에게 엄격한 행동규범을 부과하고 교구 성직자 사이에 만연된 부패를 일소했다. 히메네스는 에스파냐 교회의 영적 생명력을 되살리는 데도 기여했다. 이탈리아의 진지한 성직자들은 이탈리아 교회를 소명에 더욱 충실하게 하기 위해 노력을 기울였다. 교황청이 바람직한 모범을 보여주지 않았기 때문에 기존 수도회를 개혁하는 것은 어려운 일이었다. 그러나 이탈리아의 개혁가들은 경건과 사회봉사의 높은 이상에 헌신하는 수많은 새로운 수도회를 설립했다. 북유럽에서는 에라스무스와 토머스 모어 같은 그리스도교적 휴머니스트들이 가톨릭 개혁 운동의 일익을 담당했다. 그들은 부패를 비판하고 종교문서를 편찬했으며 평신도에게 소박하고도 진실한 종교생활을 해나가도록 격려했다.

그러나 프로테스탄티즘의 도전에 대한 응전이라는 측면에서 가톨릭 종교개혁은 전혀 적절치 못했다. 1530년대 이후 좀 더 공격적인 두 번째 단계의 개혁이 새로운 유형의 교황들 주도하에 정력적으로 추진되었다. 반종교개혁을 이끈 교황들—파울루스 3세(재위 1534~1549), 파울루스 4세(재위 1555~1559), 성 피우스 5세(재위 1566~1572), 식스투스 5세(재위 1585~1590)—은 중세 전성기 이래 가장 열정적인 개혁의 십자군이었다. 그들은 모두 고결한 삶을 살았다. 실제로 어떤 교황은 지나치게 금욕적이어서 동시대인은 교황이 지나치게 성스러운 것 아닌가 하고 의문을 품을 정도였다. 에스파냐의 한 공의회 의원은 1567년 피우스 5세에 대해 이렇게 썼다. "현 교황께서 더 이상 우리와 함께 하시지 않는다 해도, 그리고 그분의 성스러움이 말로 표현할 수 없을 만큼 위대하고 누구도 필적할 수 없을 만큼 비범하다 해도 우리는 그럴수록 그 상황을 반가워해야 한다." 하지만 프로테스탄트와 맞서고 있는 상황에서 지나치게 성스러운 교황은 방탕한 교황보다 훨씬 바람직했다. 그러나 반종교개혁 교황들은 단지 성스럽기만 했던 것은 아니다. 그들은 교황청의 재정을 쇄신하는가 하면 교황 자신들 못지않게 근엄하고 성스럽다는 평판을 얻은 주교 및 수도원장을 교회의 여러 직책에 임명했다.

교황의 개혁 노력은 트렌토 공의회에서 한층 강화되었다. 1545년 파울루스 3세에 의해 소집된 트렌토 공의회는 1563년까지 수시로 회합을 가졌다. 트렌토 공의회 결정 사항은 새로운 반종교개혁 가톨릭교회를 일으켜 세우는 토대가 되었다. 트렌토 공의회는 프로테스탄티즘과의 타협안을 논의하는 것으로 시작했지만, 궁극적으로 프로테스탄트 진영이 공격했던 모든 가톨릭 신조를 재확인하는 것으로 종결되었다. 선행은 구원을 위해 필요하다고 선언되었고, 7성사는 은혜를 얻기 위한 불가결의 수단으로 선포되었으며 그것 없이 구원은 불가능했다. 성변화, 연옥에 대한 믿음, 성인의 기도, 성직자 독신 규정 등은 가톨릭 제도의 본질적인 요소로서 확인되었고, 성경과 전승은 그리스도교 진리의 합당한 원천으로서 동등한 권위를 갖는 것으로 간주되었다. 주교와 사제에 대한 교황의 수월성이 명확히 옹호되었고 공의회에 대한 교황의 수월성도 당연한 것으로 간주되었다. 심지어 트렌토 공의회는 루터 반란의 기폭제가 되었던 면벌부의 교리마저 재확인했다. 물론 면벌부의 판매와 관련된 가장 고약한 폐습이 정죄되기는 했지만 말이다.

트렌토 공의회의 조치는 교리 문제에만 한정되지 않았다. 평신도 사목을 개선하기 위해 주교와 사제는 성직록을 하나만 받게 되었다. 무식한 사제 문제를 처리하기 위해 모든 교구에 신학교를 설립하도록 했다. 공의회는 또한 지역의 다양한 종교 관행 및 성인 숭배를 억누르고, 그것들을 로마가 공인한 새로운 의식으로 대치시켰다. 신자를 타락시키는 이단 사상을 막기 위해 공의회는 위험 서적을 탄압 또는 검열하기로 했다. 1564년 특별위원회가 구성되어 최초의 금서 목록을 발간했다. 이것은 신실한 가톨릭 신자가 읽어서는 안 될 서적을 나열한 공식 목록이었다. 에라스무스—불과 40년 전만 해도 마르틴 루터에 맞선 가톨릭 옹호자였다—의 저작 전부가 즉각 금서 목록에 올랐다. 그 후 금서위원회(Congregation of the

Index)로 알려진 상임기구가 설치되어 목록을 수시로 개정했다. 1966년에 금서위원회가 폐지될 때까지 개정 작업은 모두 40회 이상 행해졌다. 정죄된 책의 대부분은 신학 논저였으며, 아마도 그 목록은 학문의 진보를 가로막는 데 별 영향을 미치지 못했을 것이다. 그렇지만 금서 목록은 교리상의 불관용을 보여주는 싸늘한 상징물이었다. 이 같은 불관용은 16세기 그리스도교 전반을 특징짓는 것으로서 프로테스탄트도 가톨릭과 다를 바 없었다.

성 이그나티우스 로욜라와 예수회

교황들의 독립적 활동과 트렌토 공의회의 법령에 이어, 반종교개혁의 세 번째 주요 추진 세력으로 성 이그나티우스 로욜라(1491~1556)가 설립한 예수회를 들 수 있다. 에스파냐의 귀족 출신인 로욜라는 젊은 시절에는 세속적인 군인이었으며, 1521년 전투에서 부상을 당했다(루터가 보름스에서 카를 5세에게 도전하던 해였다). 병상에서 회복을 기다리는 동안 그는 진로를 바꾸어 그리스도의 영적 병사가 되기로 결심했다. 그 후 10개월 동안 그는 에스파냐의 소읍 만레사 근처 한 동굴에서 은둔자로 살았다. 이 시기에 그는 황홀경을 체험했고, 나중에 발표된 그의 명상 지침서 『영적 훈련』의 원리를 구상했다. 1535년에 완성되어 1541년에 처음 출간된 이 지침서는, 인간의 죄와 그리스도의 생애에 대한 체계적인 명상 프로그램을 통해, 어떻게 자신의 의지를 극복하고 신께 봉사해야 할 것인지에 대한 실질적인 조언을 제시했다. 이 책은 곧 모든 예수회 수도사의 기본 지침서가 되었고 가톨릭 평신도들도 이 책을 널리 학습했다. 로욜라의 『영적 훈련』은 16세기에 간행된 종교서적 가운데 칼뱅의 『그리스도교 강요』다음으로 큰 영향력을 미쳤다.

성 이그나티우스의 가장 큰 업적은 예수회 설립이었다. 예수회는 1534년 파리에서 로욜라 주변에 모여든 6명의 제자로 구성된 작은 무리로 시작했으며, 설립 목적은 청빈·순결·선교 사업을 통해 신을 섬기는 데 있었다. 1540년 예수회는 교황 파울루스 3세에 의해 가톨릭교회의 정식 교단이 되었고, 로욜라가 죽던 무렵에는 회원이 1,500명을 헤아리게 되었다. 예수회는 16세기의 가톨릭 개혁 운동 과정에서 성장한 교단 가운데 가장 전투적이었다. 단순한 수도회가 아니라, 신앙의 수호를 맹세한 병사들의 단체였다. 그들의 무기는 총과 창이 아니라 웅변과 설득, 그리고 올바른 교리의 가르침이었다. 그러나 예수회는 이내 세속적 영향력 행사에도 능란해졌다. 예수회의 조직은 군대 조직을 모방한 것이어서 총사령관격인 수장이 있었고 엄격한 규율이 모든 회원에게 강제되었다. 회원의 개성은 무시되었고 평회원은 수장에게 마치 군대의 사병처럼 복종해야 했다. 예수회의 수장은 '검은 교황'—교단의 복장 색깔에서 유래—으로도 불렸다. 그는 종신직으로 선출되었고 다른 회원의 조언을 받을 필요가 없었다. 그의 유일한 상급자는 교황 한 사람뿐이었고, 예수회의 모든 간부는 교황에 대한 엄격한 복종을 서약했다. 이 서약으로 인해 그들에 대한 처분권은 항시 교황의 재량에 맡겨졌다.

예수회는 이교도 및 그리스도교도의 개종에 주력했고 학교 설립에도 힘을 쏟았다. 애초에 해외 선교 사업을 목적으로 설립되었으므로 초기의 예수회 수도사들은 인도, 중국, 에스파냐령 아메리카 등지의 이방인에게 전도했다. 예를 들어 성 이그나티우스의 가장 가까운 초기 동료 중 한 사람인 성 프란시스코 사비에르(1506~1552)는 남아시아와 동아시아에서 원주민 수천 명에게 세례를 베풀고 수천 마일을 누비며 전도활동을 했다. 로욜라는 맨 처음에는 예수회를 프로테스탄티즘에 맞서는 돌격부대로 생각하지 않았다. 그러나 반종교개혁의 열기가 점점 고조되면서 예수회도 그러한 방향으로 나아가지 않을 수 없었다. 예수회는 16세기 후반 전 유럽에서 설교와 외교—때로는 목숨까지 무릅써가며—를 통해 칼뱅주의자들과 직접 대결했다. 많은 지역에서 예수회는 지배자와 그 신민을 가톨리시즘에 머물도록 하는 데 성공했고, 다른 지역에서는 순교를 당하기도 했으며, 또 다른 지역—특히 폴란드, 독일 일부 지역, 프랑스 등지—에서는 과거 프로테스탄트 진영에 빼앗겼던 영역을 되찾는 데 성공하기도 했다. 예수회는 정착이 허락된 모든 곳에 학교와 대학을 설립했다. 왜냐하면 그들은 가톨리시즘의 생명력은 폭넓은 학식과 교육에 달려 있다고 굳게 믿었기 때문이다. 실제로 그들이 설립한 학교는 대단히 훌륭하게 운영이 되어서, 종교적 증오의 불꽃이 사그라진 후에는 프로테스탄트 상류계층의 자제가 예수회 학교에서 교육을 받기도 했다.

복종은 예수회의 특징

성 베네딕투스의 계율이 제정된 이래로 수도사와 수녀의 영적 조직체에서 복종의 필요성은 가톨릭 종교사상의 핵심 주제였다. 그러나 예수회는 교황에 대한 복종을 각별히 강조함으로써 이 오래된 이상에 새로운 호전성을 부여했다.

교회와 더불어 생각하기 위한 계율

1. 모든 개인적인 판단을 내려놓고 마음과 정성을 다해 예수 그리스도의 배우자이자 우리의 거룩한 어머니이며 무오류의 정통 여주인인 가톨릭교회에 항상 기꺼이 복종하라. 교회의 권위는 계서에 의해 우리에게 행사된다.

2. 교회에서 행해지는 사제 앞에서의 죄의 고백을 권하노니, 거룩한 성체 성사를 1년에 한 차례 받으라. 매주 받는다면 좋겠지만 적어도 한 달에 한 번은 받도록 하라. 필요한 준비와 더불어.

......

4. 수도회에 큰 존경을 바칠 것이며, 혼인 상태보다 독신이나 동정을 우선하라.

......

6. 성물을 찬미하며 성인들을 숭앙하고 그들의 도움을 간구하라. 또한 기도처, 순례, 대사, 희년, 교회에서 촛불 밝히기 등 경건과 헌신을 돕는 보조물들을 존중하라.

......

9. 교회의 모든 가르침을 각별히 준수하고 어떤 식으로든 그 가르침을 비난하지 말라. 그리고 비판하는 자들에 맞서 모든 자료를 동원해 조리 있게 신속히 교회의 가르침을 옹호하라.

10. 신앙의 교부들과 상급자들의 교령, 명령, 전승, 의식과 관행을 열심히 옹호하라.

......

13. 모두가 교회와 한마음으로 일치할지니, 우리 눈에 희게 보이는 것을 교회가 검다고 정의한다 해도 우리는 다 같이 그것을 검다고 선언해야 한다. 우리는 우리 주 예수 그리스도의 성령과 그의 배우자 된 정통 교회의 성령이 하나임을 의심 없이 믿을지니, 우리는 그 성령에 의해 다스림을 받고 구원을 향하게 된다.

예수회 헌장

전심전력을 다해 극한의 노력으로 복종의 미덕을 발휘할지니, 첫째로 교황에게, 다음으로는 예수회의 상급자들에게 그리할 것이다. 그러므로 모든 문제에서……우리는 마치 그리스도의 음성을 듣듯이……하던 일을 모두 내려놓고 그의 음성에 복종해야 한다. 주 안에서 우리의 모든 힘과 의지를 이 목표에 집중함으로써 행동, 의지, 지성 등 모든 면에서 우리 안에 거룩한 복종이 완전해질 수 있을 것이다. 우리에게 요구된 것이 무엇이든 기꺼이 영적 기쁨과 인내심으로 복종함으로써, 우리가 명령받은 모든 것이 옳다는 것을 우리

스스로에게 설득함으로써, 그리고 우리의 견해와 판단에 거스르는 모든 것을 맹목적으로 거부함으로써……

분석 문제

1. 교회에 대한 전적인 복종은 르네상스 휴머니즘의 이상과 충돌하지 않는가?
2. 예수회는 가톨릭 종교개혁에서 어떤 역할을 했는가? 예수회의 설립은 교회에 대한 총체적 고발에 도움이 되었는가?

반종교개혁 그리스도교

프로테스탄트 종교개혁이 남긴 유산이 있듯이 '반종교개혁이 남긴 유산'도 분명히 있다. 16세기 가톨릭 개혁 운동의 가장 큰 업적은 신앙의 수호와 갱생이었다. 이 개혁자들의 헌신적 노력이 없었더라면 가톨리시즘은 17세기와 18세기에 전 세계를 휩쓸지도 못했을 것이고 유럽에서 오늘과 같은 활기찬 영적 세력으로 재등장할 수도 없었을 것이다. 그러나 반종교개혁으로부터 초래된 열매는 그것 말고도 있었다. 그 하나는 예수회의 교육활동 덕분에 가톨릭 국가에서 교육이 널리 보급되었다는 사실이다. 또 하나는 자선활동에 대한 관심이 매우 높아졌다는 점이다. 반종교개혁 가톨리시즘은 신앙과 더불어 선행을 꾸준히 강조했으므로, 활력을 되찾은 이 종교에서 자선활동은 지극히 중요한 역할을 했다. 반종교개혁의 지도자인 성 프랜시스 드 살(1567~1622)과 성 뱅생 드 폴(1576~1660)은 설교와 저술을 통해 자선을 권면했고, 고아원과 빈민구제소 설립의 물결이 전 유럽 가톨릭 국가를 휩쓸었다.

반종교개혁은 종교적 여성의 중요성을 새롭게 강조했다. 반종교개혁 가톨리시즘은 프로테스탄티즘과 같은 정도로 여성의 결혼을 성스러움에 이르는 길로 찬양하지는 않았지만, 종교적인 엘리트 여성에게 각별한 역할을 부여하기도 했다. 이를테면 아빌라의 성 테레사(1515~1582)의 신비주의를 묵인했고 우르술라회와 자선수녀회 같은 새로운 수녀회의 설립을 허용했는데, 이런 면모는 프로테스탄티즘에서도 찾아볼 수 없는 것이다. 프로테스탄트와 가톨릭은 모두 여성을 사제직에서 배제했지만, 가톨릭의 독신 여성은 어느 정도 독립적으로 종교적 삶을 추구할 수 있었다.

반종교개혁, 1534~1590년	
반종교개혁 교황들	1534~1590년
성 이그나티우스 로욜라의 예수회 설립	1534년
트렌토 공의회 소집	1545~1563년
금서 목록	1564년

그러나 반종교개혁은 에라스무스의 관용적인 그리스도교를 이어받지 못했다. 그리스도교 휴머니스트는 반종교개혁 교황들의 호의를 얻지 못했고 갈릴레오 같은 자연과학자는 의혹의 눈길을 감수해야만 했다(제16장 참조).

그러나 16세기의 프로테스탄티즘은 16세기의 가톨리시즘과 마찬가지로 관용과는 거리가 멀었고 합리주의에 대해서는 한층 더 적대적이었다. 실제로 반종교개혁 신학자들은 성 토마스 아퀴나스의 스콜라 철학으로 복귀했던 까닭에 프로테스탄트 신학자들에 비해 인간 이성의 존엄성을 훨씬 많이 인정했다. 이에 비해 프로테스탄트 신학자들은 성경의 권위와 무조건적인 믿음을 강조했다. 그러므로 17세기 이성주의의 선구자 중 한 사람인 르네 데카르트(그는 "나는 생각한다. 그러므로 나는 존재한다"는 유명한 말을 남겼다)가 젊은 시절 예수회의 가르침을 받았다는 것은 결코 우연이 아니다.

결론

프로테스탄티즘은 이탈리아 르네상스의 절정기 이후에 그리고 과학혁명과 계몽사상 이전에 등장했다. 그러므로 역사적 전개 과정이 필연적으로 르네상스에서 종교개혁과 계몽사상을 거쳐 '근대 세계의 승리'로 이어진 것처럼 생각하기 쉽다. 그러나 역사는 그렇게 간단치 않다. 학자들 간에 세부적인 면에서 계속 의견이 엇갈리고 있지만, 대다수 학자들은 프로테스탄트 종교개혁이 르네상스 문명으로부터 별반 영향을 받지 않은 것으로 간주한다. 사실 근본적 차원에서 볼 때 프로테스탄트의 원리는 르네상스 휴머니스트들의 사상과는 부합하지 않는 것이었다.

분명 르네상스는 프로테스탄트 종교개혁의 출발에 일정 부분 기여했다. 그리스도교 휴머니스트들의 종교 타락 비판은 독일에서 루터 반란에 기여했다. 성경 본문에 대한 치밀한 연구는 새롭고 좀 더 신뢰할 만한 성경 판본 출간으로 이어져 프로테스탄트 종교개혁에 활용되었다. 이 점에 있어서는 이탈리아 휴머니스트 로렌초 발라에서 에라스무스를 거쳐 루터에 이르는 직접적인 계보가 형성되어 있다. 발라의 『신약성서 주해』는 에라스무스가 1516년 그리스어 『신약성서』 및 라틴어 『신약성서』 번역본을 간행하는 데 영감을 주었다. 한편 에라스무스의 『신약성서』는 루터로 하여금 1518년에 '고해'의 정확한 성서적 의미에 대한 몇몇 중대한 결론에 이를 수 있도록 했고 1522년 루터가 번역한 독일어 성서의 기반이 되었다. 이런 이유로 루터는 1519년 에라스무스에게 쓴 편지에서 "우리의 자랑이자 우리의 희망"이라는 찬사를 보냈다.

그러나 에라스무스는 즉각 자신이 루터의 원리에 공감하지 않는다고 천명했다. 다른 대부분의 그리스도교적 휴머니스트도 그 선례를 따랐다. 그들은 루터를 비롯한 프로테스탄트 개혁자의 가르침이 분명히 드러나자마자 프로테스탄티즘을 회피했다. 이렇게 갈라서게 된 이유는 분명하다. 대부분의 휴머니스트가 자유의지를 믿었던 반면 프로테스탄트는 예정설을 믿었다. 휴머니스트들은 인간 본성을 근본적으로 선하다고 보았던 반면 프로테스탄트들은 인간 본성이 말할 수 없이 부패해 있다고 생각했다. 그리고 대부분의 휴머니스트들은 세련됨과 관용을 옹호했지만 루터와 칼뱅의 추종자들은 복종과 일치를 강조했다.

프로테스탄트 종교개혁은 르네상스 문명으로부터 자연스럽게 성장한 결과물이 아니었다. 그러나 프로테스탄티즘이 근대 유럽 역사의 두드러진 여러 특징을 형성하는 데 뚜렷하게 기여한 것만은 분명한 사실이다. 이러한 특징 중 가장 돋보이는 것은 유럽 주권 국가들의 세력이 점차 커졌다는 것이다. 앞서 보았듯이 독일 제후들이 프로테스탄티즘으로 개종한 주요 동기는 주권을 장악하려는 데 있었다. 덴마크, 스웨덴, 잉글랜드의 군주들도 같은 동기에서 프로테스탄티즘으로 개종했다. 루터와 칼뱅 같은 프로테스탄트 지도자들이 경건한 지배자에 대한 복종을 설교했으므로 그리고 프로테스탄트 국가에서 국가가 교회를 직접 통제했으므로 프로테스탄티즘의 확대는 필연적으로 국가 권력의 신장을 가져왔다. 그러나 국가 권력과 프로테스탄티즘을 간단하게 등식화해서는 안 된다. 국가 권력은 1500년에 이르러 프랑스와 에스파냐 같은 나라에서 이미 성장하고 있었다. 이들 가톨릭 국가의 왕들은 루터파 독일 제후들이나 헨리 8세가 종교개혁 과정에서 장악한 권력에 필적하는 권력을 교회에 대해 휘두르고 있었다.

루터가 1520년대에 작성한 각종 호소문에서 원용한 것을 보아도 알 수 있듯이, 민족주의는 그 무렵 이미 세계의 일부가 되어 있었다. 그러나 루터는 성경을 활기찬 구어체 독일어로 번역함으로써 독일의 문화적 민족주의를 확산하는 데 크게 기여했다. 16세기에 이르기까지 독일인은 다른 지방 사람의 말을 알아들을 수 없을 정도로 지역별로 언어의 차이가 심했다. 그러나 루터의 성경에 의해 널리 보급된 독일어는 그 후 곧 독일 전역의 표준어가 되었다. 종교는 독일을 정치적으로 통일시키지 못하고 오히려 프로테스탄트 진영과 가톨릭 진영으로 분열시켰다. 그러나 프로테스탄트가 외국인 가톨릭 군주에 대해 승리를 거둔 네덜란드 및 중부 유럽 몇몇 지역에서는 프로테스탄티즘이 국민적 일체감을 드높였다. 아마도 가장 잘 알려진 경우는 잉글랜드일 것이다. 잉글랜드는 프로테스탄티즘 등장 이전에도 국민 의식이 강했지만, 새로운 신앙은 그와 같은 민족주의에 새로운 확신—잉글랜드가 신의 특별한 사랑을 받는 나라라는 확신—을 부여해주었다.

프로테스탄티즘이 남녀 양성의 관계에 미친 영향에 대해서는 역사가들의 견해가 일치하지 않는다. 그러나 분명한 것은, 프로테스탄트 남성 개개인은 중세 가톨릭 남성과 마찬가지로 여성에 대해 양면적일 수 있었다는 사실이다. 예를 들어 존 녹스는『괴물 같은 여인들의 통치에 대한 첫 번째 나팔소리』라는 글에서 스코틀랜드의 가톨릭 섭정인 메리 스튜어트를 통렬히 비난했지만, 자신과 같은 신앙을 가진 여성들과는 깊은 존경심으로써 친분을 유지했다. 잉글랜드 여왕 메리 튜더가 프로테스탄트 사제였던 사람들에게 아내를 버리라고 요구했을 때 많은 사람은 실망스럽게도 재빨리 이를 실천에 옮겼다. 그러나 하나의 신념 체계로서의 프로테스탄티즘이 여성의 운명에 어떻게 영향을 미쳤는가를 묻는다면, 비록 여전히 종속적인 지위에 놓여 있기는 했지만 프로테스탄티즘 아래에서 여성이 조금은 더 평등하게 되었다고 대답할 수 있을 것이다. 프로테스탄티즘은 남성에게는 물론 여성에게도 진지하게 성경을 공부하라고 요구했기 때문에 남녀 모두를 대상으로 한 초등교육을 향상시켰다. 그러나 프로테스탄트 남성 지도자들은 여성이 남성보다 열등하며 따라서 가정과 사회에서 언제나 남성에게 경의를 표해야 한다고 주장했다. 칼뱅은 이렇게 말했다. "여성을 자신의 종속적 지위에 만족하도록 하라. 그리고 그녀가 남성에 비해 열등하게 태어났다는 것을 나쁘게 여기지 않도록 하라." 루터와 칼뱅은 모두 행복한 결혼생활을 한 것으로 보인다. 그러나 분명 그것은 '그들의 입장에서 볼 때' 행복한 결혼이었다.

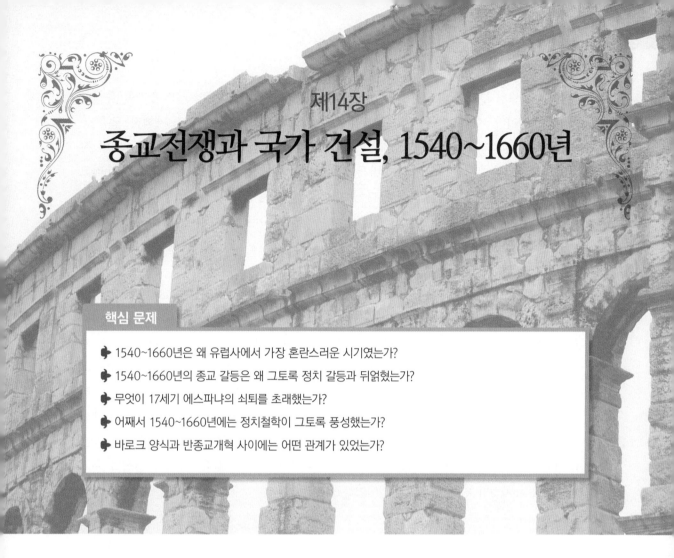

제14장
종교전쟁과 국가 건설, 1540~1660년

핵심 문제

🔸 1540~1660년은 왜 유럽사에서 가장 혼란스러운 시기였는가?

🔸 1540~1660년의 종교 갈등은 왜 그토록 정치 갈등과 뒤얽혔는가?

🔸 무엇이 17세기 에스파냐의 쇠퇴를 초래했는가?

🔸 어째서 1540~1660년에는 정치철학이 그토록 풍성했는가?

🔸 바로크 양식과 반종교개혁 사이에는 어떤 관계가 있었는가?

지금 돌이켜보면 신기한 일이지만, 마르틴 루터는 유럽의 종교적 통일성을 깨뜨릴 의도가 전혀 없었다. 그는 모든 사람이 성경을 정확한 각국어 번역으로 읽을 수 있게 된다면 성경을 읽는 모든 사람이 자신과 똑같은 방식으로 읽고 해석할 것이라고 믿었다. 물론 루터는 그 결과가 사뭇 다르다는 것을 츠빙글리 및 칼뱅과의 논쟁 과정에서 금방 깨달았다. 또한 루터가 믿었던 것과는 달리 가톨리시즘은 개혁자들의 가르침 앞에서 무너지지 않았다. 오히려 유럽의 종교 분열은 복잡해졌고 정치적 노선을 따라 급속히 결집했다. 1546년 루터가 사망하던 무렵에는 분명한 양상이 이미 드러났다. 몇몇 예외적인 경우를 제외하면 정치권력이 개혁자를 지원한 지역에서는 프로테스탄티즘이 승리를 거두었고, 지배자들이 가톨리시즘을 고수한 지역은 가톨릭으로 남았다.

이것은 마르틴 루터가 의도한 결과는 아니었으나 16세기 유럽인 삶의 기본 전제를 충실히 반영해준 것이다. 재세례파를 예외로 하면 프로테스탄트 개혁자와 가톨릭 개혁자 모두 종교와 정치의 상호의존성에 관한 중세의 일반적인 믿음에 도전하려 하지 않았다. 오히려 정반대였다. 16세기 유럽인은 국가의 올바른 역할은 신민에게 참된 종교를 강제하는 것이라고 믿었고, 16세기의 지배자들은 종교적 다원주의가 국가의 통합과 충성심을 해친다고 확신하고 있었다. 궁극적으로 가톨릭과 프로테스탄트 두 진영은 서유럽이 정치권력에 의해 강제된 단일한 종교 신앙으로 복귀해야 한다고 믿었다. 그들이 동의하지 못한 것은 그것이 어떤 신앙이며 어떤 권력인가였다.

그리하여 1540~1660년 사이에 잔인한 종교전쟁이 일어났고, 그 여진은 18세기까지 지속적으로 감지되었다. 엄청난 희생과 파괴를 가져온 이들 전쟁은 농민에서 군주에 이르기까지 유럽의 모든 사람에게 영향을 미쳤다. 전쟁의 원인이 종교 갈등에만 있었던 것은 아니다. 지역주의, 왕조주의, 민족주의 등도 유럽이 혼돈에 빠져드는 데 일조했다. 이러한 분열과 혼란은 13세기 이후 형성된 유럽 정치 질서가 과연 존속할 수 있을 것인지 여부를 의심스럽게 만들었다. 1660년에 이르러 정치적 붕괴의 전망에 직면한 유럽인은, 1540년이었다면 생각조차 할 수 없었던 개념—종교적 관용—을 점진적으로 그리고 마지못해 받아들이지 않을 수 없었다. 종교적 관용은 그 범위가 제한적인 것일지라도 유럽 세계의 정치적·사회적·경제적 질서를 유지하기 위한 유일한 방법이었다.

경제적·종교적·정치적 시련

♣ 1540~1660년은 왜 유럽사에서 가장 혼란스러운 시기였는가?

1540년부터 1660년까지 한 세기 동안 유럽인은 엄청난 고통에 휘말려들었다. 15세기 중반부터 유럽은 점진적인 경제 성장을 누렸고 신대륙의 발견은 더 큰 번영의 토대가 될 것처럼 보였다. 정치적 추세의 조짐도 좋았다. 대부분의 서유럽 정부는 효율성이 높아지고 있었고 신민에게 국내 평화를 제공하고 있었기 때문이다. 그러나 16세기 중반에 이르자 먹구름이 밀려와 가공할 폭풍우가 불어닥쳤다.

가격혁명

16세기 중반에 밀어닥친 폭풍의 여러 원인은 상호 연관되어 있었지만 각각의 원인을 분리해서 검토해보자. 먼저 가격혁명부터 살펴보자. 16세기 후반 서유럽에 휘몰아친 물가 상승 추세는 전례가 없는 일이었다. 플랑드르의 밀 가격은 1550년에서 1600년 사이에 3배나 올랐다. 파리의 곡물 가격은 4배로 뛰었으며, 같은 기간에 잉글랜드의 생활비는 2배 이상 올랐다. 물론 20세기에는 이보다 더한 인플레이션도 흔히 찾아볼 수 있다. 그러나 16세기 말의 물가 폭등은 당시로서는 전혀 새로운 현상이었다. 따라서 대부분의 역사가들은 이를 '가격혁명'이라 부른다.

치솟은 물가의 배후에는 두 가지 원인이 있었다. 첫 번째는 인구학적인 것이다. 페스트로 인한 인구 감소가 있은 후 15세기 말부터 유럽 인구는 다시 증가하기 시작했다. 1450년경 약 5,000만 명이었던 유럽의 인구는 1600년경 약 9,000만 명으로 늘었다. 농업 기술이 이렇다 할 발전을 보이지 못했기에 유럽의 식량 공급은 이전과 비슷한 수준을 유지했고, 수요 증가는 식량 가격의 급등으로 이어졌다. 동시에 임금은 정체되거나 심지어 하락했다. 그 결과 1600년경의 노동자는 종전보다 임금의 더 많은 부분을 식량 구입에 사용했음에도 불구하고 영양 상태는 더욱 나빠졌다.

인구의 증가 추세는 많은 것을 설명해준다. 그러나 16세기 후반 유럽의 인구 증가율은 가격 상승폭만큼 가파르게 치솟지는 않았다. 따라서 엄청난 인플레이션에 대해서는 또 다른 설명이 필요하다. 그 가운데 가장 설득력 있는 설명은 에스파냐령 아메리카에서 엄청난 양의 은이 유입되었다는 것이다. 1556년부터 1560년까지 5년 동안 약 1,000만 더컷[1] 상당의 은이 에스파냐의 관문인 세비야를 통해 유입되었다. 1576~1580년에는 은 유입량이 2배로 늘어났고, 1591~1595년에는 4배 이상이나 증가했다. 이 은의 대부분은 에스파냐 왕이 외국 채권자 및 휘하의 외국 군대에 지불하기 위해 사용되었다. 그 결과 에스파냐의 은은 빠른 속도로 유럽 전역에 유통되었고 그중 상당량이 화폐로 주조되었다. 이러한 통화량의 급격한 증가는 가격 상승의 소용돌이를 더욱 부채질했다. 1603년 에스파냐를 여행하던 한 프랑스인은 이렇게 말했다. "나는 여기 와서 한 가지 사실을 배웠다. 여기서는 은을 제외한 모든 것

---

1) 더컷(ducat)은 제1차 세계대전 이전 유럽 여러 나라에서 사용된 금화로, 이에 상응하는 28.25그램의 은으로 만든 은화를 함께 사용했다.

이 비싸다는 것을."

공격적인 사업가와 대지주는 변화된 경제 환경으로부터 이득을 얻은 반면, 노동자는 심각한 타격을 받았다. 지주는 농산물 가격의 상승으로 이득을 취했고 상인은 점증하는 사치품 수요에서 이득을 얻었다. 그러나 노동자의 처지는 정반대였다. 임금은 거북이보다 느린데 물가는 토끼처럼 뛰었다. 노동력의 공급이 적정 수준을 초과했기 때문이었다. 더욱이 식품 가격이 여타의 다른 소비재보다 한층 더 높은 비율로 상승했으므로 빈민은 몇 푼 되지 않는 수입의 대부분을 생필품 구입에 소비해야 했다. 전쟁이나 흉작 같은 재앙으로 곡물 가격이 천정부지로 치솟으면 빈민 중 일부는 말 그대로 굶어 죽고 말았다. 이러한 시대일수록 부익부 빈익빈의 현상—대부분의 사람이 끔찍한 고통을 겪는 와중에 일부는 호화판 잔치를 즐기는 모습—은 두드러지게 나타났다.

가격혁명은 유럽의 주권 국가들에 새로운 압력을 가했다. 인플레이션이 화폐의 실질가치를 하락시켰기 때문에 세금과 통행세로 들어오는 고정 수입이 점점 줄어들었다. 따라서 정부는 기존 수입을 유지하기 위해 강세로 세금을 올릴 수밖에 없었다. 그러나 문제를 더욱 심각하게 만드는 상황이 있었으니, 대부분의 국가가 전에 비해 더 많은 전쟁을 치르고 있었으므로 전보다 훨씬 더 많은 실질 수입이 필요했고, 언제나 그렇듯이 전쟁비용은 상승하는 추세였다. 그러므로 유일한 방법은 앞뒤 재지 않고 무작정 세금을 올리는 것이었다. 그러한 가혹한 방법은 격심한 분노를 불러일으켰다. 이제 각국 정부는 지속적인 저항과 무장 봉기의 위협에 시달려야 했다.

1600년 이후 인구 증가 추세가 진정되고 아메리카 은의 유입이 줄어들기 시작하면서 가격 상승 속도는 둔화되었다. 그러나 전반적으로 1600년부터 1660년까지의 기간은 성장기라기보다는 불황기였다. 이례적으로 몇몇 지역—특히 네덜란드—에서만 이런 추세를 거스를 수 있었다. 부자는 그래도 버텨낼 수 있었지만 빈민은 어떤 향상도 도모할 수 없었다. 물가와 임금의 상관관계는 여전히 그들에게 불이익을 안겨주었기 때문이다. 17세기 중반에는 각별히 고비용의 파괴적인 전쟁이 여러 차례 치러졌기 때문에 대부분의 지역에서 빈민의 운명은 더욱 나빠졌다. 전쟁으로 무력해진 평민들은 탐욕스러운 세금징수원이나 노략질하는 병사들에게 약탈을 당했다. 1660년대에는 흑사병이 다시 번져 런던 등지를 덮쳤다.

종교 갈등

이 어려운 시기에 전쟁 횟수라도 줄어들었더라면 사람들은 더 나은 삶을 누릴 수 있었을 것이다. 그러나 기왕에 있던 적개심에다 새롭게 움튼 종교 간의 대립까지 더해지자 전쟁은 피할 수 없는 것이 되고 말았다. 간단히 말하면 이 시기가 끝나갈 무렵—종교적 열정이 식기 시작할 무렵—까지 가톨릭과 프로테스탄트 양 진영은 서로를 불구대천 사탄의 앞잡이로 보았다. 설상가상으로 주권 국가들은 '왕권과 종교'가 서로 도움이 된다는 이유에서, 또는 다양한 신앙이 혼재하면 정부가 흔들리게 될 것이라는 믿음에서, 종교적 통일성을 강요했다. 양측 지배자들은 지배 영역 내에서 종교적 소수자를 용인하면 틀림없이 폭동이 일어날 것이라고 확신했다. 그들의 생각은 크게 틀리지 않았다. 실제로 호전적인 칼뱅주의자와 예수회 수도사는 자신들이 주도권을 장악하지 못한 지역에서 기득권 세력을 전복하는 데 골몰했다. 그러므로 유럽 각국에서는 모든 잠재적인 저항 종교 세력을 근절시키려고 했다. 그 과정에서 양측은 상대방을 절멸시키기 전까지 승리란 있을 수 없다고 믿고 내전으로 치닫곤 했다. 외국 세력이 교전 중인 특정 종교 세력을 지원하기로 결정할 경우 내전은 국제적 규모로 확대될 수도 있었다.

정치적 불안정

앞에서 설명한 여러 문제를 더욱 복잡하게 만든 것은 주요 유럽 군주국들의 생래적인 취약성이었다. 근대 초기 유럽 주요 국가들은 대부분 중세 말기에 전통적으로 자치권을 누리던 소규모 영토들을 때로는 정복으로, 좀 더 빈번하게는 결혼동맹이나 지배 가문 사이의 상속제도('왕조주의'로 알려진 정책)를 통해 흡수함으로써 성장했다. 흡수 초기에는 새로 편입된 영역에서 일정 정도의 지방 자치권이 유지되는 것이 보통이었다. 그러나 1540~1660년에는 각국 정부가 신민 전체에 대해 이전보다 강도 높은 재정적 요구를 하거나 종교적 통일성을 강제했고, 지방이 전통적으로 누리던 자치권을 짓밟곤 했다. 그 결과 또다시 내전이 벌어졌다. 이 내전에는 지역주의, 경제적 불만, 종교적 적대감 등이 복잡하고도 파멸적으로 뒤얽혀 있었다. 그뿐만이 아니었다. 대부분의 정부는 종전보다 더 강력한 지배권을 행사하고자 재정 확보와 종교 통일을 추구했으므로, 전통적 자유를 지켜내고자 하는 신민의 무장 저항을 불러일으키곤 했다. 이렇듯 지극히 다양한 반란의 동기를 생각한다면 1540년에서 1660년에 이르는 한 세기가 전 유럽사에서 가장 험난한 세기 가운데 하나였다는 것은 놀랄 일이 아니다.

종교전쟁의 세기

♣ 1540~1660년의 종교 갈등은 왜 그토록 정치 갈등과 뒤얽혔는가?

1540~1660년에 전쟁을 야기한 가장 큰 원인은 종교적 갈등이었다. 전쟁은 네 시기로 나눌 수 있다. 1540년대부터 1555년까지의 독일 전쟁, 1562~1598년 프랑스 종교전쟁, 1566~1609년 네덜란드와 에스파냐의 전쟁, 1618~1648년 독일의 30년 전쟁이 그것이다.

1555년까지의 독일 전쟁

독일에서 가톨릭과 프로테스탄트의 전쟁은, 독실한 가톨릭교도인 신성 로마 제국 황제 카를 5세가 루터교를 영토 내에 받아들인 여러 독일 제후들을 무력으로 응징하고 독일을 가톨릭으로 다시 통일시키려고 했던 1540년대에 시작되었다. 주목할 만한 승리를 몇 차례 거두었음에도 불구하고 카를 5세의 프로테스탄트 제후 진압 시도는 실패했다. 이것은 부분적으로 그가 동시에 프랑스와도 전쟁을 벌이고 있어서 독일 내부 문제에 전력을 기울일 수 없었기 때문이다. 그러나 카를 5세가 실패한 가장 중요한 원인은 그가 프로테스탄트 제후들을 패배시키는 데 성공할 경우 자신들의 독립성마저 억압할 것이라고 두려워 한 독일의 가톨릭 제후들 때문이었다. 따라서 외국 태생의 카를 5세에 대한 가톨릭 제후들의 지원은 매우 미온적이었다. 그들은 프로테스탄트 제후들과 한편이 되어 황제에 맞서 싸우기도 했다. 그러므로 종교전쟁은 아우크스부르크 화의(1555)에서 절충적 해결이 이루어질 때까지 때로는 격렬하게 때로는 지루하게 이어졌다. 아우크스부르크 화의는 "지배자에 따라 종교도 결정된다(cuius regio, eius religio)"는 원리에 입각한 것이었다. 그것은 루터교를 믿는 제후가 통치하는 공국에서는 루터교가 유일한 국교가 될 것이고 가톨릭교도 제후가 통치하는 공국에서는 가톨릭이 유일한 국교가 됨을 의미했다. 아우크스부르크 화의는 가톨릭 통치자들이 처음으로 프로테스탄티즘의 합법성을 인정했다는 점에서는 역사적인 사건이었지만, 자유도시(종교적 관용이 예외적으로 인정되었다)보다 큰 규모의 주권 국가는 종교적 다양성을 용인할 수 없다는 입장을 취함으로써 앞날의 불길한 사태를 예감케 했다. 더욱이 칼뱅주의를 철저히 소외시킴으로써 독일 칼뱅주의자들을 현상(status quo)에 대한 적극적인 반대자로 돌려놓았다.

프랑스 종교전쟁의 배경

　1560년 이후 유럽의 종교전쟁은 점점 더 잔인해져갔다. 이는 부분적으로는 전투에 참가한 양 진영이 한층 더 비타협적으로 변해갔기 때문이었고(통상 칼뱅주의자와 예수회 수도사가 양 진영을 이끌었다), 또 다른 이유는 지역적·정치적·왕조적 적대감으로 인해 종교전쟁의 양상이 후기에 접어들어 악화일로를 걸었기 때문이다. 주네브가 프랑스 접경 지역에 위치했고 칼뱅 자신이 조국의 개종을 갈망한 프랑스인이었기 때문에 유럽 종교전쟁의 비극이 연출될 다음 무대는 프랑스 땅이었다. 칼뱅주의 선교사들은 1541년(주네브에서 칼뱅이 집권한 해)부터 종교전쟁이 발발한 1562년 사이에 이미 프랑스에서 교두보를 확보해둔 상태였다. 1562년에 이르러 프랑스 인구의 10~20퍼센트가 칼뱅주의자(위그노)였고 그 수는 나날이 늘어났다. 프랑스의 칼뱅주의 확산에 가장 크게 기여한 것은 프랑스 귀족 여성의 칼뱅주의 개종이었다. 귀족 여성들은 빈번히 남편—그는 대규모 사병 집단을 거느리고 있었다—을 개종시켰다. 가장 대표적인 사례로는 피레네 산맥에 위치한 소왕국 나바라의 여왕이었던 잔 달브레를 들 수 있다. 그녀는 남편인 프랑스 대귀족 앙투안 드 부르봉과 형부인 콩데 공작 두 사람을 칼뱅주의로 개종시켰다. 콩데 공작은 1562년 내란이 발발했을 때 프랑스의 위그노를 통솔했고 그의 이러한 역량은 이후 잔 달브레의 아들인 나바라의 앙리에게 이어졌는데, 앙리는 16세기 말에 앙리 4세로 즉위해 프랑스 전역을 지배하게 되었다. 그러나 프랑스의 칼뱅주의는 프랑스 왕국 특히 남프랑스에서의 장기간에 걸친 지역적 적대감에 의해 성장한 것이기도 했다. 프랑스 남부는 13세기의 알비주아 십자군[2]으로 촉발된 상처가 낫지 않은 채 속으로

---

2) 알비주아파(Albigeois)를 토벌하기 위해 로마 교회가 파견한 십자군. 주로 북부·중부 프랑스의 귀족이

곪아가고 있었던 것이다.

　1562년까지 프랑스의 가톨릭 진영과 칼뱅주의 진영은 불안한 평화를 유지하고 있었다. 1562년 프랑스 왕은 예기치 않게 어린 아들을 후사로 남겨놓은 채 죽었다. 즉각 위그노인 콩데 공작과 극렬 가톨릭인 기즈 공작이 섭정 정부를 장악하기 위한 투쟁을 벌였다. 가톨릭과 프로테스탄트 양측은 공히 프랑스가 오직 하나의 왕과 신앙과 법을 가질 수 있다고 생각했다. 그러므로 정치 투쟁은 즉각 종교 투쟁의 양상을 띠었고 이내 프랑스 전체가 이글이글 불타올랐다. 미쳐 날뛰는 폭도들—종종 성직자의 선동에 넘어갔다—은 교회를 약탈하는가 하면, 혼란을 틈타 지방 차원의 원한을 해소하는 기회로 활용했다. 위그노는 승리를 거둘 만큼 막강하지도 않았고 수적으로 우세하지도 않았지만, 패배 당하기에는 너무나 막강했다. 특히 남부 프랑스의 거점에서는 난공불락이었다. 따라서 간헐적인 휴전에도 불구하고 전쟁은 상당한 인명을 희생시켜가면서 1572년까지 질질 끌었다. 1572년에 휴전이 성립되었고 프로테스탄트 지도자인 나바라의 앙리가 프랑스 왕의 여동생(가톨릭교도)과 결혼하기로 결정되었다. 그러나 바로 그 시점에서 평소 타협을 선호하던 교양 있는 여성인 대비(大妃) 카트린 드 메디시스가 변덕을 부렸다. 그녀는 휴전 협정을 무시하고 가톨릭인 기즈파와 결탁해 자신의 딸과 나바라의 앙리 결혼식 참석차 파리에 모여든 위그노 지도자들을 모조리 살해하려는 음모를 꾸몄다. 성 바르톨로메오 축일(8월 24일) 이른 새벽 위그노 지도자들 대부분은 침대에 누운 채 살해당했고, 2,000~3,000명에 달하는 프로테스탄트들은 가톨릭 폭도에 의해 거리에서 학살되거나 센 강에 던져졌다. 파리에서의 학살 소식이 지방으로 전해지자 프랑스 전역을 휩쓴 피에 굶주린 광란 속에서 1만 명 이상의 위그노가 죽었고, 나바라의 앙리는 갓 결혼한 신부와 함께 도피했다. 1572년 이후 갈등은 새롭고도 더욱 심각한 국면으로 빠져 들어갔다.

　용의주도한 정치력을 지닌 나바라의 앙리가 앙리 4세(재위 1589~1610)로서 프랑스 왕위를 계승해 부르봉 왕조—이 왕조는 1792년까지 프랑스를 지배하게 된다—를 창설하는 시점에 이르러서야 내전은 끝을 맺었다. 1593년 앙리는 "파리는 미사를 드릴 가치가 있다"고 선언하면서 인구 다수를 점유하던 프랑스 가톨릭을 회유하고자 자신의 프로테스탄트 신앙을 포기했다. 하지만 그는 1598년 낭트 칙령을 발표해 위그노에게 제한된 형태이나마 종교의 자유를 허용했다. 낭트 칙령에 따라 가톨릭은 왕국의 공식 종교로 인정받았고 가톨릭교도는 프

　참가했다.

랑스 전역에서 종교적 권리를 보장받았지만, 위그노 귀족은 자신의 성 안에서 개인적으로 프로테스탄트식으로 예배하는 것이 허용되었고, 그 밖의 위그노들도 (주교나 대주교가 거주하는 파리 및 모든 지방 도시를 제외한) 한정된 지역에서 예배 보는 것이 용인되었다. 그리고 위그노는 군사적 방어가 필요할 경우 남부 일부 소도시들에서 요새를 구축하는 것을 허용받았다. 위그노는 또한 모든 공직에 취임할 권리와 아무런 제한 없는 대학 입학 및 병원 출입의 권리를 보장받았다.

낭트 칙령은 절대적인 종교의 자유를 용인한 것은 아니었지만, 종교적 관용을 향한 중요한 진전이었다. 그러나 두 개의 신앙을 가진 하나의 왕국을 창출하려고 노력했음에도 불구하고 이 칙령은 프랑스 왕국을 두 개의 종교 문화권으로 분리시키는 결과를 가져왔다. 남부 및 서부 프랑스에서 위그노는 그들이 선임한 재판관이 주관하는 독자적 법정을 갖게 되었다. 또한 특정 종교 집단의 구성원은 대립적인 종교를 가진 신도 아래서는 공정한 통치를 받을 수 없다고 간주했기에 양측은 실질적인 자치권을 행사했다. 낭트는 그 지역적 특성으로 프랑스 왕국 내에서 지방자치 전통을 용인하는 대표적인 도시가 되었다. 위그노 거주 지역은 어떤 의미에서 국가 내의 국가가 되었고, 그 결과 파리에서는 왕국이 백년전쟁 때처럼 또다시 산산조각 날지도 모른다는 두려움이 계속해서 감돌았다. 그러나 낭트 칙령은 그 자체로서는 성공적이었다. 종교적 평화가 확립되자 프랑스는 수십 년에 걸친 전쟁의 참화로부터 신속히 회복해가기 시작했다. 비록 앙리 4세가 1610년 가톨릭 광신자의 단검에 쓰러지고 말았지만 말이다.

네덜란드의 반란

네덜란드에서 가톨릭과 프로테스탄트 사이에 벌어진 종교전쟁도 참혹하기는 마찬가지였다. 그곳에서는 민족적 원한이 종교적 적대감을 증폭시켰다. 오늘날의 홀란드(북쪽)와 벨기에(남쪽)로 이루어진 네덜란드(또는 저지대 지방)는 거의 1세기 동안 신성 로마 제국 황제 가문인 합스부르크가의 지배를 받아왔다. 그런데 남부 네덜란드는 무역과 제조업으로 크게 번영하고 있었고, 남부 네덜란드인은 전 유럽에서 가장 높은 일인당 소득을 누리고 있었다. 중심 도시인 안트웨르펜은 북유럽의 주도적인 상업 및 금융 중심지였다. 더욱이 합스부르크 황제 카를 5세의 반세기에 걸친 통치는 인기가 높았다. 왜냐하면 벨기에 도시 겐트에서 출생한 카를 5세는 신민에게 친밀감을 느꼈고 상당한 수준의 지방자치를 허용해주었기 때문이다.

네덜란드의 행운은 1560년경부터 기울기 시작했다. 카를 5세는 1556년(사망하기 2년 전) 수도원으로 들어가기 위해 왕좌를 물러나면서, 헝가리와 신성 로마 제국 외곽의 광대한 영토 전부—네덜란드, 에스파냐, 에스파냐령 아메리카, 이탈리아의 절반—를 아들 펠리페 2세(재위 1556~1598)에게 물려주었다. 펠리페 2세는 카를 5세와는 달리 에스파냐에서 태어났고 스스로를 에스파냐인으로 생각하고 있었다. 따라서 에스파냐를 자신의 거주지로 삼고 에스파냐 중심의 정책을 펼쳤다. 그는 기본적으로 네덜란드를 에스파냐 위주의 정책을 펼치는 데 필요한 손쉬운 수입원으로 간주했다. 네덜란드의 부를 더 많이 착취하기 위해 펠리페 2세는 네덜란드 정부에 대한 통제의 고삐를 바짝 죄려고 했다. 그러한 시도는 카를 5세 치세에 네덜란드 정부를 장악했던 지방 유력자들의 반감을 샀다. 게다가 종교 폭풍마저 불어 닥치고 있었다. 프랑스와 에스파냐 간의 기나긴 전쟁이 끝난 1559년 이후, 프랑스의 칼뱅주의자들은 가는 곳마다 개종자를 늘려가면서 네덜란드 국경 안으로 밀려들기 시작했다. 안트웨르펜에는 주네브보다 더 많은 칼뱅주의자가 머물게 되었다. 이런 사태는 반종교개혁 가톨리시즘을 열렬하게 지지하는 펠리페 2세로서는 도저히 묵과할 수 없는 일이었다. 실제로 그는 충돌 전야에 로마 교황에게 이렇게 선언했다. "나는 참된 종교와 신에 대한 예배에 지극히 작은 손해라도 닥치는 것보다는, 차라리 수백 번이라도 나라 전체와 심지어 내 생명까지라도 바치기를 원합니다. 왜냐하면 나는 이교도의 통치자가 아니며 그렇게 되지도 않을 것이기 때문입니다."

오라녜 공 빌렘(자신의 종교적·정치적 성향을 숨기는 데 매우 성공적이어서 침묵공 빌렘으로 알려져 있지만, 사실은 말수가 매우 많은 인물이었다)이 이끈 일단의 지방 가톨릭 귀족은 긴장이 고조되는 상황을 우려한 나머지 칼뱅주의자에게 관용을 허락해달라고 펠리페 2세에게 호소했다. 그러나 펠리페 2세가 답변을 주기도 전에 급진적인 프로테스탄트 폭도들이 갑자기 전국에서 가톨릭교회를 약탈하는 사태가 벌어졌다. 그들은 성체를 모독하고 성상을 파괴하는가 하면 스테인드글라스 창을 박살냈다. 지역 주둔군이 곧 사태를 수습했지만 펠리페 2세는 네덜란드에서 프로테스탄티즘을 영구히 말살하기 위해 알바 공작이 이끄는 1만 명의 에스파냐 병력을 파견하기로 결정했다. 알바의 지배는 곧 공포정치가 되었다. 군법으로 진행된 알바의 '피의 법정'은 즉각 약 1만 2,000명을 이단 또는 폭동 혐의로 조사했고, 그 가운데 9,000명이 기소되어 2,000~3,000명이 처형되었다. 침묵공 빌렘은 국외로 탈출했고 자

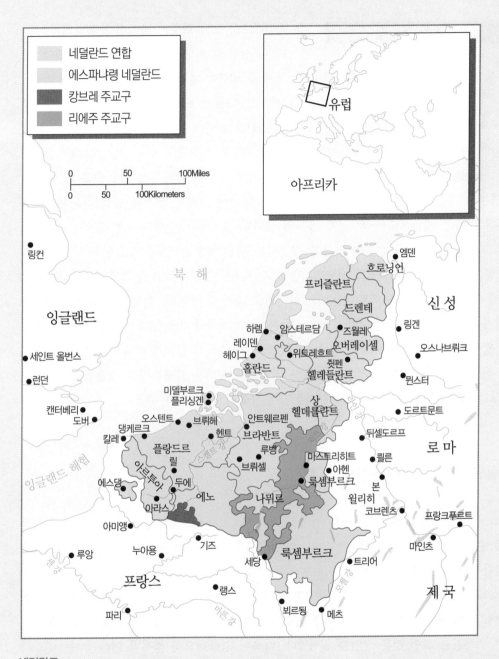

네덜란드

네덜란드 남부는 왜 북부보다 부유했는가? 침묵공 빌렘은 에스파냐 군대와 싸울 때 북부 네덜란드의 지형을 어떻게 유리하게 이용했는가? 왜 북부는 칼뱅주의 지역이 되고 남부는 가톨릭 지역으로 남게 되었는가?

종교전쟁, 1540년대~1648년

독일의 종교전쟁	1540년대~1555년
프랑스의 종교전쟁	1562~1598년
네덜란드와 에스파냐의 전쟁	1566~1609년
30년 전쟁	1618~1648년

유 네덜란드의 모든 희망은 사라진 듯했다.

그러나 상황은 두 가지 이유로 급속히 변했다. 첫째, 침묵공 빌렘이 투항하기는커녕 오히려 프로테스탄티즘으로 개종해 프랑스, 독일, 잉글랜드 등지의 프로테스탄트 진영에 원조를 요청했고, 에스파냐 선단의 네덜란드 해역 항해를 방해하기 위해 해적 선단을 조직했다. 둘째, 알바의 폭정은, 특히 이 가증스런 에스파냐인 총독이 강제로 10퍼센트의 판매세를 부과하려 했을 때 빌렘의 대의명분을 돕는 결과를 초래했다. 국내의 민심 이반이 커지자, 1572년 빌렘은 군사전술상의 이유로 북부 네덜란드—당시까지 가톨릭 세력이 압도적이었는데도—를 장악할 수 있었다. 그 후 지리적 요인이 전투의 결과를 결정하는 주된 역할을 했다. 에스파냐의 군대는 북부 네덜란드를 되찾으려고 거듭 시도했지만 강과 제방—침략자들은 물이 쏟아져 내릴 위험 때문에 건널 수 없었다—으로 인해 진격을 멈출 수밖에 없었다. 침묵공 빌렘은 1584년에 한 가톨릭교도에게 암살당했지만 그의 아들은 계속 저항을 이끌었고, 마침내 1609년 에스파냐 왕은 휴전에 동의함으로써 북부 네덜란드 공화국의 독립을 암묵적으로 승인했다. 그 사이 전쟁과 박해의 고통을 겪으면서 북부 네덜란드 전체는 칼뱅주의로 개종했고, 남부 네덜란드는 계속 에스파냐의 지배 아래 머물면서 가톨리시즘으로 복귀했다.

잉글랜드의 에스파냐 무적함대 격파

종교 투쟁은 프랑스에서처럼 내전 형태를 취하거나 네덜란드에서처럼 정치적 반란의 성격을 띨 수 있었다. 그러나 그것은 16세기 말 잉글랜드와 에스파냐 간에 벌어진 싸움처럼 주권 국가 사이의 전쟁으로 폭발할 수도 있었다. 가톨릭을 신봉하는 메리 여왕과 그녀의 남편인 에스파냐의 펠리페 2세에 의한 박해의 세월을 겪은 후, 잉글랜드 프로테스탄트들은 엘리자베스 1세(재위 1558~1603)의 통치를 반갑게 맞이했다. 그들이 펠리페 2세와 반종교개혁에 큰 적대감을 보인 것은 당연한 일이었다. 더욱이 잉글랜드의 경제적 이해관계는 에스파냐와 정면으로 충돌했다. 무역 및 해상 활동에 종사한 잉글랜드인은 16세기 말에 에스파냐의 해상 지배권 및 상업적 패권을 서서히 잠식해 들어가고 있었고, 잉글랜드와 저지대 지방 사이의 무역활동—상당히 수지맞는 사업이었다—을 봉쇄하려는 에스파냐의 시도에 저항했다. 그러나 적대감의 가장 큰 원인은 대서양에 있었다. 잉글랜드의 해적선들은 엘리자베스 1세의 암묵적 동의하에 은을 가득 실은 에스파냐의 보물수송선들을 습격하기 시작했다. 에스파냐가 네덜란드에서 프로테스탄트를 박해하는 것을 구실 삼아, 프랜시스 드레이크와 존 호킨스 같은 잉글랜드의 제독과 해적들(사실상 '제독'과 '해적'은 서로 바꿔 부를 수 있는 용어였다)은 공해상에서 에스파냐 선박들을 약탈했다. 약탈 항해는 특히 1577~1580년에 절정에 이르렀다. 드레이크는 유리한 풍향과 재물에 대한 탐욕을 추동력 삼아 세계 일주 항해를 하면서 엘리자베스 1세의 일 년 수입의 두 배에 해당하는 에스파냐 보물을 약탈해 귀국했다.

그것만으로도 펠리페 2세가 잉글랜드 응징에 나서기에 충분한 명분이 되었을 것이다. 그러나 당시 그는 네덜란드 문제에 몰두하고 있었기 때문에, 1585년에 잉글랜드가 네덜란드의 반란자들과 공공연한 동맹을 맺은 뒤에야 비로소 잉글랜드 침공을 결정했다. 그때까지만 해도 펠리페 2세는 느릿느릿 움직였고 조심스럽게 계획을 세웠다. 드디어 1588년에 그는 오만한 브리타니아인을 응징하기 위해 '무적함대'로 불린 대함대를 자신만만하게 파견했다. 그러나 잉글랜드 해협에서 최초의 무승부 전투를 치른 후, 길다란 포신의 대포를 장착한 잉글랜드 소형 전함들은 에스파냐의 갈레온 선 상당수를 불길에 휩싸이게 했고, 나머지 배들은 진형에서 이탈하도록 만들었다. 싸움의 마무리는 '프로테스탄트 강풍(Protestant gales)'이 했다. 엄청난 피해를 입은 채 브리튼 섬을 돌아 항해한 에스파냐 함대는 선박 중 거의 절반을 잃고 기가 꺾인 채 귀항했다.

에스파냐 무적함대의 패배로 끝난 이 해전은 서양 역사상 가장 결정적인 전투 가운데 하나였다. 만일 에스파냐가 잉글랜드를 정복했다면 에스파냐는 다음 차례로 네덜란드를 분쇄하러 갔을 것이고, 유럽 다른 지역에서도 프로테스탄티즘을 파괴했을 것이다. 유럽의 프로테스탄트는 구원을 얻었고, 머지않아 에스파냐의 국력은 기울기 시작했으며, 잉글랜드와 네덜란드 선박들은 해상권을 장악했다. 잉글랜드에서는 애국적 프로테스탄티즘의 열기가 더욱 뜨거워졌다. 그러지 않아도 인기가 많던 '훌륭한 여왕 베스(Good Queen Bess)'는 1603년 사망할 때까지 신민으로부터 진심에서 우러나는 존경을 받았고, 잉글랜드는 영문학의 황금기인 '엘리자베스 시대'를 열었다. 에스파냐와의 전쟁은 1604년까지 결말을 짓지 못한 채 질질 끌었지만, 이 전쟁은 잉글랜드에는 아무런 심각한 재해도 초래하지 않았다. 오히려 이 전쟁은 잉글랜드인으로 하여금 그들의 여왕, 그들의 조국, 그리고 프로테스탄티즘에 충성을 바치게 하는 자극제가 되었다.

30년 전쟁

1598년의 낭트 칙령 공포, 1604년 잉글랜드와 에스파냐의 강화, 1609년 에스파냐와 네덜란드의 휴전 등으로 서북 유럽의 종교전쟁은 일시적으로 끝났다. 그러나 1618년에 또다시 새로운 큰 전쟁이 발발했는데, 이번에는 독일이 그 무대였다. 이 전쟁은 1648년까지 거의 중단 없이 계속됐기 때문에 30년 전쟁으로 알려졌다. 에스파냐와 프랑스는 이 전쟁에 참전해 독일 땅에서 서로 싸웠다. 한편 1640년대에는 에스파냐, 프랑스, 잉글랜드의 국내에서 불만이 폭발해 내전이 동시다발적으로 벌어졌다. 1643년에 잉글랜드의 한 목사는 이렇게 말했다. "지금은 격동의 시기이며, 이 격동은 전 세계적이다."

30년 전쟁은 가톨릭과 프로테스탄트 간에 발발한 전쟁으로 처음에는 종교적 열정의 뒤범벅 속에서 시작되었지만 종국에는 국제적 투쟁으로 끝났는데, 투쟁 과정에서 애초의 종교적 동기는 거의 완전히 망각되었다. 1555년의 아우크스부르크 화의와 1618년의 전쟁 사이의 시기에 칼뱅주의자들이 독일의 몇몇 영방에서 루터파를 대체한 경우가 있기는 했지만, 신성 로마 제국 내에서 프로테스탄트와 가톨릭의 전반적인 균형은 그런대로 유지되고 있었다. 그러나 1618년 페르디난트 2세—폴란드, 오스트리아, 헝가리의 가톨릭교도 왕—가 프로테스탄트 영토인 보헤미아의 왕위에 오르자 전쟁이 터지고 말았다. 철저한 프로테스탄트인 보헤미아 귀족들은 페르디난트 2세를 거부했고, 그가 보헤미아 프로테스탄트를 탄압하자 반란을 일으켰다. 독일의 가톨릭 세력은 처음에는 보헤미아에서 나중에는 독일 전역에서 무자비한 반격을 감행했으며, 그들을 이끈 페르디난트 2세는 1619년에 신성 로마 제국의 황제가 되었다. 그들의 기세가 어찌나 대단했던지 10년도 못 가 독일 전역에서 프로테스탄티즘이 송두리째 뿌리 뽑힐 것만 같았다.

페르디난트 2세가 성공을 거두자 독일 제후들은 지나치게 강력해진 신성 로마 제국의 황제가 가톨릭과 프로테스탄트를 불문하고 제후들 모두의 정치적 자치권을 위협할지도 모른다는 예감을 다시 한 번 갖게 되었다. 그래서 1630년 루터파인 스웨덴 왕 구스타프 아돌프—'북방의 사자(Lion of the North)'—가 프로테스탄티즘의 대의를 옹호하기 위해 독일로 진군했을 때 독일의 많은 가톨릭 제후들은 그를 환영했다. 그들은 페르디난트 2세에게 주권을 양도하기보다는 차라리 기존의 종교적 균형이 회복되기를 원했다. 사태를 더욱 아이러니하게 만든 것은, 구스타프의 프로테스탄트 군대가 가톨릭 프랑스—당시 프랑스는 가톨릭교회의 리슐리외 추기경 지배하에 있었다—로부터 비밀리에 자금 지원을 받고 있었다는 사실

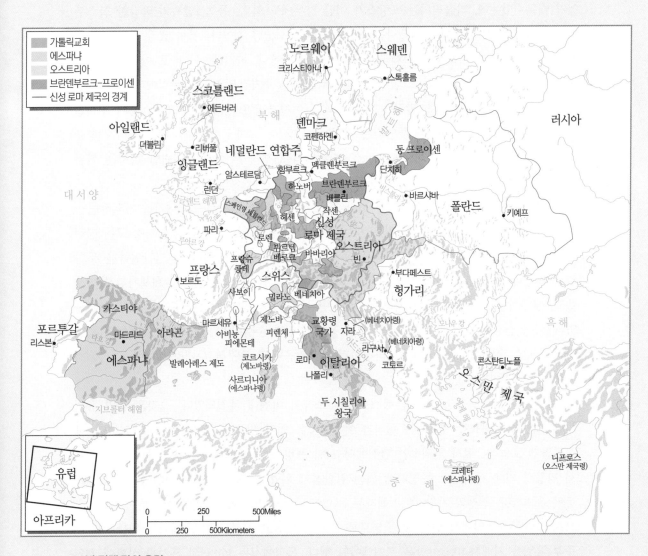

30년 전쟁 말의 유럽

30년 전쟁의 쟁점은 무엇이었는가? 가톨릭 프랑스는 왜 루터주의 스웨덴과 동맹을 맺어 독일 및 오스트리아 가톨릭과 대결했는가? 신성 로마 제국 내부의 종교적 갈등으로 시작된 이 전쟁은 왜 국제적 투쟁으로 번졌는가? 유럽 열강 중 어느 나라가 이 전쟁에 개입하지 않았는가? 그들은 왜 그랬는가?

이다. 이는 합스부르크 에스파냐가 독일에서 합스부르크 오스트리아 편에 서서 싸우고 있었기 때문이었는데, 리슐리외는 프랑스가 어떤 경우에도 북쪽, 동쪽, 남쪽의 막강한 합스부르크 동맹에 의해 포위되는 사태만은 막아내기로 결심했던 것이다. 어찌 됐건 군사적 천재 구스타프 아돌프는 합스부르크 제국을 물리치기 시작했다. 하지만 구스타프 아돌프는 1632년 전투 중 사망하고 말았다. 그런 상황에서 리슐리외 추기경은 1639년 독일에 남은 스웨덴 군대에 추가 지원을 하는 것 말고는 달리 선택의 여지가 없었다. 급기야 프랑스군이 스웨덴 군과 한편이 되어 직접 전쟁에 투입되는 지경에 이르렀다. 그때로부터 1648년까지 이 전쟁은 사실상 오스트리아·에스파냐 대 프랑스·스웨덴의 전쟁이 되었고, 무기력한 독일은 한낱 전쟁터로 전락하고 말았다.

독일은 1618~1648년의 끔찍한 전쟁 기간 동안 전무후무할 정도로—20세기를 제외하면—심각한 고통을 겪었다. 독일의 여러 도시는 9~10번 이상 포위, 약탈을 당했으며, 모든 참전국 병사는 약탈에 의해서라도 군사력을 유지해야 했기에 방어 능력 없는 민간인들을 무참히 살육했다. 공공연한 살육 행위로 인한 희생자에 더해 전염병과 질병의 희생자까지 발생했고, 상대적으로 피해가 덜한 지역도 있었지만 독일 몇몇 지역에서는 인구가 절반 이상 줄었다. 가장 끔찍했던 것은 전쟁 막바지 4년 동안의 인명 손실이었다. 평화 협상단에 의해 협약의 윤곽이 잡히고 부수 조항을 타결하던 시기였음에도 불구하고 대량 살육이 계속해서 자행되었던 것이다.

1648년 30년 전쟁을 종식시킬 베스트팔렌 조약이 마침내 체결되었다. 그것은 분명 유럽사에 불멸의 이정표를 세우기는 했지만 어마어마한 인명 희생을 정당화할 수는 없었다. 베스트팔렌 조약은, 먼저 국제적인 관점에서 보면 프랑스가 에스파냐를 대신해 유럽 대륙에서 막강한 지배 세력으로 등장하게 되는 전환점이 되었다. 프랑스는 그 지위를 향후 2세기 동안 유지했다. 전쟁의 가장 큰 피해자는 (독일인을 제외하면) 오스트리아 합스부르크가였다. 오스트리아는 독일에서 얻은 모든 영토를 포기해야 했고 신성 로마 황제의 지위를 이용해 중부 유럽을 지배하려던 야망을 포기해야만 했다. 독일에서는 1618년과 흡사한 상황이 재연되었다. 북부에는 프로테스탄트 공국들이 남부에는 가톨릭 공국들이 들어선 것이다. 독일은 너무도 가망 없이 산산조각으로 분열되어서 19세기에 이르기까지 유럽사에서 통합된 세력으로서 아무런 역할도 할 수 없었다.

30년 전쟁의 파괴성

한스 야콥 크리스토프 그리멜스하우젠(1621~1676)은 30년 전쟁의 공포 속에서 살았다. 부모는 그가 13세 되던 해 살해되었고 그는 이듬해 납치당했다. 불과 15세 나이에 그는 군인이었다. 아래 글은 그의 코믹한 소설 『짐플리치시무스(Simplicissimus)』의 일부인데, 이 소설은 전쟁 동안의 경험에 기반을 둔 것이다. 픽션에 속하지만 이 소설은 30년 전쟁의 잔인성과 파괴성을 대단히 정확하게 묘사하고 있다. 특히 농민 희생자에 대한 묘사가 그렇다.

평화를 사랑하는 독자에게 내 아버지의 집과 농장에 쳐들어온 이 기병들이 저지른 일에 주목하도록 만드는 것은 나의 의도가 아니다. 하지만 내가 살아온 생애는 이 독일 전쟁에서 누차에 걸쳐 저질러진 잔인한 만행에 대한 설명을 후대에 남길 것을 요구한다. 그렇다. 그러한 악행이 우리의 유익함을 위해 전능한 신의 선하심에 의해 우리에게 밀어닥쳐야만 했음을 나 자신의 사례를 통해 증언하리라. 고결한 독자여, 이 병사들이 내 아버지의 집을 파괴하지 않았더라면, 그리고 그들의 만행으로 인해 그 사건으로 말미암은 모든 가르침을 준 사람들 속으로 내가 떼밀려가지 않았다면, 하늘에 신이 계시다는 것을 누가 내게 가르쳤겠는가?

기병들은 먼저 말들을 마구간에 넣었다. 그런 다음 각자 주어진 임무를 수행했다. 그들이 맡은 임무란 파괴 이상도 이하도 아니었다. 일부는 가축을 도살해 고기를 삶고 굽기 시작했는데 마치 즐거운 잔치라도 시작하는 듯했다. 다른 병사들은 집 안의 위와 아래를 샅샅이 뒤졌다. 다른 병사들은 옷감과 의복 등 온갖 세간을 긁어모아 마치 직물 시장이라도 차리려는 것 같았다. 그들은 천을 여러 조각으로 자르는 일에 여념이 없었다. 어떤 병사는 도살할 양과 돼지가 아직도 부족하다는 듯 건초와 밀짚 사이로 칼을 쑤셔댔다. 일부 병사는 침대에서 깃털을 털어내고 그 대신 베이컨 따위의 육포를 쑤셔 넣었다. 마치 그런 것을 넣으면 잠자리가 더 편안하고 푹신해지기라도 하듯이 말이다. 다른 병사들은 난로와 창문을 부쉈다. 마치 여름이 끝없이 계속되기라도 할 것처럼 말이다. 구리와 주석으로 만든 집기들은 두들겨 평평하게 만들었고, 그 용기들을 모조리 찌그려 망가뜨린 다음 나머지들과 함께 쑤셔 담았다. 침대 틀, 식탁, 의자, 벤치 등은 태워버렸다. 마당에 새끼줄로 묶은 마른 장작이 잔뜩 쌓여 있는데도 그랬다. 항아리와 옹기는 모조리 깨부쉈다. 그들의 목적은 고기를 구워먹거나 또는 그날 한 끼니를 해결하는 데만 있었기 때문이다.

우리 집 하녀는 마구간에서 붙잡힌 채 나올 수 없었다. 그 안에 벌어진 일을 말하기조차 부끄럽다. 그들은 우리 집 하인을 데려다가 바닥에 묶어놓고 재갈을 입에 물렸다. 그런 다음 양동이 하나 가득 더러운 물을 그의 몸에 쏟아 부었다. 그들은 이 더러운 물을 스웨덴 술이라고 불렀다. 그리고 그를 윽박질러 사람들과 가축들을 붙잡아둔 다른 장소로 옮겨 파티를 벌이게 했다. 그 사람들을 다시 우리 농장으로 데려왔는데, 그들 중에는 나의 아버지, 어머니, 그리고 우리의 우르술라가 있었다.

그러고 나서 그들은 시작했다. 먼저 권총에서 부싯돌을 빼낸 뒤 그 자리에 농부의 엄지손가락을 쑤셔 넣고 마치 마녀를 불에 태우기라도 하듯이 그 가련한 친구를 고문했다. 그들 중 한 사람을 골라내 빵 굽는 화덕에 밀어 넣고는 그 사람 아래쪽에 불을 지폈다. 아직 아무런 죄도 자백하지 않았는데도 말이다. 또 다른 사람을 골라서 그의 머리 둘레에 밧줄을 동여매고 막대기로 비틀어 조이니 그의 입과 코와 귀에서 피가 뿜어져 나왔다. 한마디로 병사들 각자 나름의 농민 고문 방법을 터득하고 있었고, 농민 개개인은 여러 번에 걸쳐 혹독한 고문을 당했다.

분석 문제

30년 전쟁이 최초의 근대 전쟁이었으며, 베스트팔렌 조약이 최초의 근대 조약이라고 하는 진술을 옹호해보라.

에스파냐, 프랑스, 잉글랜드의 서로 다른 경로, 1600~1660년

➡ 무엇이 17세기 에스파냐의 쇠퇴를 초래했는가?

1540년부터 1660년까지 한 세기에 걸친 전쟁은 서유럽 주요 왕국들 사이의 세력균형을 결정적으로 변화시켰다. 30년 전쟁에서 빠져나온 독일은 황폐하고 고갈되었다. 에스파냐는 1600년 이후 끊임없는 군사 작전 때문에 무기력해졌다. 반면 프랑스 왕국은 착실하게 힘을 키웠다. 1660년에 이르러 프랑스는 에스파냐를 확실하게 능가함으로써 유럽 본토에서 가장 강력한 국가로 떠올랐다. 한편 잉글랜드에서는 왕과 의회 사이에 유혈 내전이 벌어졌다. 그러나 짧은 공화정 실험 끝에 잉글랜드는 1660년에 왕과 의회가 권력을 공유하는 '혼합' 군주정으로 헌정에 복귀했다.

에스파냐의 쇠퇴

　17세기에 에스파냐가 영광스러운 지위에서 급속히 몰락한 사건은 그 냉혹한 전개 과정이 마치 그리스 비극을 연상케 한다. 1588년의 무적함대 패배에도 불구하고 1600년경의 에스파냐 제국은 유럽뿐만 아니라 전 세계에서 가장 부강한 나라였으니, 영토만 해도 이베리아 반도 전체(1580년 펠리페 2세가 병합한 포르투갈 포함), 이탈리아의 절반, 네덜란드의 절반, 중앙 및 남아메리카 전체, 그리고 필리핀 제도를 포괄하고 있었다. 그러나 해가 지지 않던 에스파냐 제국은 이로부터 반세기도 채 지나지 않아 산산조각 나기 시작했다.

　에스파냐의 근본적인 취약점은 경제였다. 1600년경에도 그보다 30~40년 전과 마찬가지로 엄청난 양의 아메리카산 은이 세비야의 부두에 계속 하역되고 있었다는 점을 감안하면 이는 매우 이상하게 들릴지도 모른다. 그렇지만 동시대인들 스스로가 인정했듯이 "에스파냐가 정복한 신세계가 오히려 거꾸로 에스파냐를 정복하고 있었다." 에스파냐는 농업, 광물 자원이 부족했기 때문에 대서양 연안의 경쟁국들이 달성한 것과 같은 수준의 산업 발전 및 무역수지 균형이 절실하게 필요했다. 그러나 에스파냐의 귀족계급은 무슬림으로부터 그리스도교 영토를 수복하는 전쟁에 참전했던 중세 이래로, 실용적 사업보다는 기사도의 이상을 더 높이 평가했다. 따라서 에스파냐의 지배계급은 아메리카산 은을 유럽 다른 지역에서 공산품을 수입해 사치스런 생활을 즐기고 군사적 위업을 달성하는 데 흥청망청 써버렸다. 그 결과 새로운 산업은 거의 발전되지 못했다. 마침내 은의 유입이 줄어들기 시작하자 에스파냐의 경제는 늘어나는 부채 이외에는 아무것도 남는 것이 없게 되었다.

　그러나 에스파냐 왕실은 반종교개혁 지원과 국제적 패권 유지에 골몰한 나머지 대외 전쟁을 멈출 수 없었다. 비교적 평화로운 시기였던 1608년에도 700만 더컷의 전체 세입 중에서 400만 더컷이 군사비로 지출되었다. 에스파냐가 30년 전쟁에서 프랑스와 전쟁을 벌이게 되자, 전비 지출은 감당 못할 정도로 확대되었다. 1643년 프랑스군은 로크로와에서 용맹을 자랑하던 에스파냐 보병에게 간담이 서늘할 정도의 패배를 안겨주었는데, 이는 페르난도와 이사벨 치세 이후 에스파냐 군대가 전투에서 패배한 최초의 사례였다. 더욱 나빴던 것은 그 무렵 에스파냐 제국의 유럽에 속한 두 지역에서 반란이 일어났다는 사실이다.

　이들 반란의 원인을 이해하려면 17세기에 에스파냐의 정부 권력이 실질적으로 미친 곳이 카스티야뿐이었다는 사실을 인식해야 한다. 1469년에 카스티야의 이사벨과 아라곤의 페르난도가 결혼한 후 카스티야는 에스파냐 연합의 지배 세력으로 등장했고, 1580년 포르투갈을 병합한 뒤에는 더욱 막강해졌다. 반자치 상태의 카탈루냐(아라곤 내에서 가장 독립성이 강한 지역)는 재정적 어려움이 크지 않았던 시기에는 카스티야의 지배권을 참아낼 수 있었다. 그러나 1640년 전쟁의 압박에 시달리던 카스티야가 더 많은 돈과 인력을 끌어내기 위해 카탈루냐의 자유를 제한하려 하자 카탈루냐는 반란을 일으켜 카스티야 총독을 내쫓아버렸다. 포르투갈 또한 카탈루냐에서 반란이 일어났다는 소식을 전해 듣자마자 반란을 일으켰다. 뒤이어 남부 이탈리아인도 카스티야 총독에 저항해 1647년 나폴리와 시칠리아에서 반란을 일으켰다. 에스파냐 제국은 주적인 프랑스와 잉글랜드가 이 절호의 기회를 제대로 이용할 수 없었던 덕분에 그나마 완전한 파멸을 모면할 수 있었다. 이 틈을 타 카스티야 정부는 신속히 이탈리아인의 반란을 진압했고, 1652년경 카탈루냐 역시 굴복시켰다. 그러나 포르투갈은 독립을 지켜냈다. 1659년 프랑스와 체결한 피레네 평화조약으로 에스파냐는 사실상 유럽 지배의 야심을 포기했다.

프랑스의 성장

17세기 전반기 에스파냐와 프랑스를 비교해보면 두 나라 사이에는 몇 가지 놀라운 유사점이 있었다. 하지만 두 나라의 차이점이 결정적으로 두 나라의 운명을 갈랐다. 에스파냐와 프랑스 두 나라는 영토의 크기가 거의 같았고, 다 같이 영토 확장 과정을 통해 성립되었다. 카스티야 왕실이 아라곤, 카탈루냐, 그라나다, 포르투갈을 획득했던 것과 마찬가지로, 프랑스 왕국도 랑그도크, 도피네, 프로방스, 부르고뉴, 브르타뉴 같은 여러 영토를 하나씩 추가하면서 성장했으며, 다양한 영토의 주민들은 카탈루냐인이나 포르투갈인만큼이나 지방적 독립의 전통을 소중히 여겼다. 프랑스의 통치자들은 에스파냐 통치자들처럼 지방을 전보다 더욱 강력하게 지배하기로 작정했으므로—특히 30년 전쟁으로 인한 절박한 재정 압박으로 무자비한 세금 징수가 절실했을 때 그렇게 했다—에스파냐처럼 프랑스에서도 중앙 정부와 지방 사이의 직접적인 대결이 불가피해졌다. 에스파냐는 폭풍우를 이겨내지 못했지만, 프랑스는 그 고비를 무사히 넘기면서 더욱 많은 부를, 프랑스 왕실은 더욱 막강한 위신을 얻게 되었다.

호황기의 프랑스인 대부분—변경 지방에 사는 주민까지 포함해서—은 왕을 존경했다. 앙리 4세 치세의 프랑스인이 그런 태도를 갖게 된 데는 충분한 이유가 있었다. 붙임성 좋은 앙리 4세는 1598년 낭트 칙령 공포로 종교적 평화를 이룩한 후, 일요일마다 모든 프랑스 가정의 식탁에 닭고기 요리가 오르도록 하겠노라고 선언하고, 40년에 걸친 내란으로 황폐해진 프랑스의 원상 복구 과업에 착수했다. 다행히 프랑스는 대단히 풍부하고 다양한 농업자원 덕분에 놀라운 경제 회복 능력을 보였다. 식량을 수입해야 했던 에스파냐와 달리 프랑스는 정상적인 자급자족 능력을 갖고 있었다. 앙리 4세의 재무장관 쉴리 공작은 프랑스를 다시금 자급자족 농업국가로 일어설 수 있게 만들었다. 쉴리는 농업 기술 안내서를 프랑스 전역에 무료로 배포했고, 상품 유통을 원활히 하기 위해 도로·교량·운하의 보수·신축에 적극적으로 재정을 투입했다. 또한 앙리 4세는 크리스털, 유리, 태피스트리 같은 사치품 제조를 위한 왕립 공장의 건설을 명했으며, 전국 각지에 비단, 리넨, 모직 산업이 성장할 수 있도록 지원했다. 앙리 4세는 탐험가 사무엘 드 샹플랭을 후원함으로써 캐나다 일부 지역을 신세계 최초의 프랑스 세력 거점으로 확보할 수 있었다. 그러므로 앙리 4세의 치세는 프랑스 전 역사에서 가장 자애로운 시대 중 하나로 간주된다.

리슐리외 추기경

앙리 4세의 '실질적인' 후계자로 프랑스를 통치했던 리슐리외(1585~1642) 추기경은 앙리보다 훨씬 덜 자애로웠다. 물론 리슐리외 추기경이 프랑스의 진정한 왕은 결코 아니었다. 왕좌에는 앙리 4세의 무능한 아들인 루이 13세가 1610년부터 1643년까지 앉아 있었다. 그러나 리슐리외는 1624년부터 1642년 사망할 때까지 재상 자리에 있으면서 마음대로 통치했다. 그는 국내에서는 중앙집권적인 왕권을 강화하고, 대외적으로는 유럽에서 프랑스의 영향력을 확대시키고자 했다. 따라서 위그노가 낭트 칙령에 규정된 제약에 저항하며 반기를 들었을 때 리슐리외는 혹독하게 그들을 진압했으며, 1629년에는 낭트 칙령을 수정해 위그노의 모든 정치적·군사적 권리를 박탈했다. 위그노에 대한 무력 진압에 꽤 많은 비용이 소요되었기 때문에, 추기경은 부르고뉴, 도피네, 프로방스의 반자치권을 폐지함으로써 왕실 수입의 증대를 꾀했고, 세 지역 모두에서 왕실의 직접세를 징수할 수 있었다. 나중에 리슐리외는 세금의 효과적 징수를 위해 앵탕당(intendant)이라는 왕실 행정관을 파견함으로써 지방 정부 운영의 새로운 체제를 수립했다. 앵탕당들은 지방의 어떠한 저항도 마구 짓밟을 수 있는 권한을 특별히 위임받았다. 이러한 방법으로 리슐리외는 프랑스 정부의 중앙집권화를 공고히 했으며 왕실 수입도 두 배로 늘렸다. 그러나 그 역시 오스트리아·에스파냐의 합스부르크가를 겨냥한 야심찬 대외 정책에 끌려들어가지 않을 수 없었다. 그 결과 프랑스는 30년 전쟁 참전이라는 커다란 대가를 치러야 했고, 그의 사망 후에는 국내의 반발 압력이 높아졌다.

프롱드의 난

프랑스 정부의 중앙집권화에 대한 반발은 1648~1653년에 발생한 일련의 반란으로 표출되었다. 이 반란들을 한데 묶어 '새총 폭동(slingshot tumults)' 또는 프랑스어로 프롱드의 난이라고 일컫는다. 그 무렵 루이 13세의 왕위는 어린 아들 루이 14세에게 계승되었다. 그래서 어린 왕을 대신해 루이 14세의 어머니인 오스트리아 출신의 안 도트리슈와 그녀의 정부 마자랭 추기경이 섭정을 맡았다. 두 사람 모두 외국인—안은 합스부르크가 출신이었고, 본명이 귈리오 마자리니(Giulio Mazarini)인 마자랭은 이탈리아 출신 협잡꾼이었다—이라는 점을 감안한다면 유력 귀족들을 포함한 대다수의 프랑스인이 두 사람을 증오했다는 것은 그리 놀라운 일이 아니다. 대중의 불만이 더 클 수밖에 없었던 것은, 막대한 전쟁비용에다 여러 해에 걸친 흉작까지 겹쳐 프랑스가 일시적으로 심각한 경제적 위기에 빠졌기 때문이다. 따라서 귀족 파벌이 (근본적으로 이기적인 동기에서) 마자랭에 대한 혐오감을 표출하자 그들은 전국에 걸쳐 상당한 지지를 얻었고, 섭정 정부에 대한 반란의 불길은 여러 해에 걸쳐 간헐적으로 타올랐다.

그러나 프랑스는 분열로 치닫지 않았다. 무엇보다 프랑스 왕은 확고히 정립된 국민적 전통 덕분에, 그리고 앙리 4세와 리슐리외가 쌓아올린 탄탄한 업적 덕분에 커다란 위엄을 간직하고 있었고, 따라서 왕실 자체가 공격받는 일은 결코 없었다. 프롱드의 난을 이끈 귀족 지도자들도, 그들과 함께 반란에 가담한 평민들도, 어린 왕에 대해서가 아니라 마자랭의 부패와 실정에 항거한다고 주장했다. 물론 반란자 중 일부는 마자랭의 실책이 리슐리외의 중앙집권적이고도 반(反)지방적인 정책을 답습한 데 있다고 주장하기도 했다. 그러나 프롱드의 난을 이끌었던 귀족 대부분은 '권력 내부'에 들어가고 싶어 한 '주변인'일 뿐이었다. 그러므로 그들끼리도 종종 다툼을 벌였고—섭정과 편의적 협정을 체결하는가 하면, 놀랍게도 프랑스의 적인 에스파냐와 동맹을 맺기도 했다—공동 계획을 위한 통일된 지원책도 이끌어낼 수 없었다. 따라서 1651년 루이 14세가 직접 통치를 시작하자 부패한 각료들에 대한 반란이라는 구실은 더 이상 성립할 수 없게 되었고, 모든 반대는 이내 잠잠해졌다. 언제나 그러하듯이, 이상주의자와 빈민이 반란의 가장 큰 대가를 치렀다. 1653년 보르도에서 발

리슐리외 추기경이 본 프랑스 평민

리슐리외 공작이자 로마 가톨릭교회 추기경인 아르망 뒤 플레시는 1624년부터 사망하던 1642년까지 프랑스의 실질적인 지배자였다. 『정치 논고』는 그가 섬긴 무능한 국왕 루이 13세를 위해 작성한 역사 서술과 자문 비망록을 그의 사후 한데 묶은 것이다. 이 책은 1688년이 되어서야 출간되었지만 그 안에 담긴 내용이 리슐리외 자신의 사상이라는 점에는 의심의 여지가 없다.

모든 정치학도는 평민이 너무 유복할 경우 그들을 평화롭게 다스리기가 불가능하다는 점에 동의한다. 이에 대한 설명은 다음과 같다. 그들은 국가 내의 한층 더 교양 있고 계몽된 다른 계급 구성원보다 지식이 적다. 그러므로 그들이 온통 생계 문제에 급급하지 않을 경우 상식과 법률이 요구하는 범주 안에 머물게 하기가 어렵다.

그들에게 온갖 세금 등 부과금을 면제해주는 것은 옳지 않다. 이럴 경우 그들은 종속된 신분임을 망각하고 자신의 처지를 망각한다. 그 결과 조세 납부를 면제받을 경우 그들은 자신이 복종의 의무로부터 해방된 줄로 여긴다. 그들은 노새와 흡사하다. 노새는 일에 익숙해져 있으며 바쁘게 일하는 것보다 장시간 게으름 피우는 것을 더 못 견딘다. 하지만 동물을 부릴 때 힘에 맞춰 짐을 싣는 등 작업량을 적절히 배분하듯이, 사람에게 지우는 부담도 적절해야 한다. 선량한 공적 목적에서조차도 고분고분하지 않다면 분명 그들은 부당하다. 나는 왕이 공공 사업 프로그램에 착수할 경우 인민이 그로부터 얻는 이익을 타유(taille, 프랑스 농민계급이 국왕에게 납부하는 가장 중요한 세금) 납부로 보답하는 것이 옳다고 생각한다. 마찬가지로 이렇게 주장할 수 있다. 왕이 백성에게서 취하는 세금은 백성에게 되돌아간다. 그들이 왕에게 갖다 바치는 세금은 그것을 기반으로 여가를 즐기고 영리를 도모하기 위함인데, 그와 같은 여가와 영리 도모는 그들이 국가 재정에 기여를 하지 않는다면 불가능해질 것이다.

분석 문제

1. 리슐리외에 따르면 국가는 교육 받은 대중에게서 무엇을 두려워할 필요가 있는가?

2. 리슐리외의 『정치 논고』에서 어떤 국가 이론을 제시할 수 있는가?

생한 민중봉기가 실패하자 봉기의 지도자는 바퀴에 묶인 채 망치로 뼈를 부러뜨려 죽이는 형벌을 당했고, 그로부터 얼마 지나지 않아 엄청난 규모의 새로운 세금 징수가 공청되었다. 루이 14세는 남은 생애 동안 두고두고 프롱드의 난이 몰고 왔던 혼란을 곱씹으면서 귀족계급과 지방 세력이 또다시 그의 손아귀에서 벗어나는 일이 없도록 하겠다고 결심했고, 급기야 프랑스 역사상 가장 막강한 권력을 지닌 절대 군주로서 다스렸다.

잉글랜드 내전

17세기 중반 유럽을 뒤흔들었던 모든 반란 가운데 가장 급진적인 결과를 가져온 것은 잉글랜드 내전이었다. 그 갈등의 원인은 에스파냐와 프랑스에서 일어났던 반란의 원인과 비슷하다. 즉, 왕국 내 다양한 구성 요소들 사이의 적대감, 가톨릭과 프로테스탄트 사이의 적대감, 권력을 장악한 (프로테스탄트) 진영 내부에서 싹튼 적대감, 궁정 안의 대립하는 귀족 파벌들 사이의 권력 투쟁, 늘어나는 전쟁비용은 고사하고 정부 지출도 따라잡지 못한 재무 제도 등이 그 원인이었다. 그러나 오직 잉글랜드에서만 그러한 대립이 왕의 폐위와 처형(1649)으로 귀결되었다. 11년의 '공위 기간'(1649~1660) 중 잉글랜드는 공식적으로 공화국이었다. 하지만 결국 정부 내에서 의회의 지위를 보장하고, 모든 프로테스탄트에게 제한된 종교적 관용을 보장하는 조건 아래 왕정이 복고되었다.

잉글랜드 내전의 기원

1642년 왕과 의회 사이에 벌어진 무력 충돌의 씨앗은 엘리자베스 1세 말년에 뿌려졌다. 1590년대에 여왕의 정부는 에스파냐와의 전쟁 및 아일랜드 반란에 소요된 비용, 엄청난 곡물 흉작, 잉글랜드의 불합리한 낡은 조세 제도 등으로 인해 심각한 채무에 시달렸다. 늙은 여왕의 죽음을 예감한 신료들이 왕위 계승자로 예상되는 스코틀랜드 왕 제임스 스튜어트 밑에서 권력을 얻으려고 갖가지 술수를 쓰면서, 궁정을 둘러싼 파벌 다툼도 점점 심해졌다. 그러나 여왕은 임종의 자리에서야 비로소 왕위가 스코틀랜드의 사촌에게 계승될 것임을 확인해주었다. 그리하여 1603년 제임스 1세가 왕위에 올랐을 때, 왕과 그를 왕으로 맞이하게 된 잉글랜드 신민은 서로가 상대방을 잘 알지 못했다.

왕과 신민의 관계는 순조롭게 시작되지 않았다. 제임스 1세의 잉글랜드 신민들은 제임스 1세가 왕위에 오르면서 런던에 데려온 스코틀랜드인들을 얕잡아보았다. 잉글랜드 신료들은 새로운 왕이 그들에게 손 크게 베푼 특전은 기꺼이 받았지만, 왕이 스코틀랜드인 지지자들에게 준 하사금은 불쾌하게 생각했다. 신료들은 그 하사금 때문에 왕실 채무가 생겨났다고 비난했지만 이는 터무니없는 말이었다. 한편 제임스 1세는 채무 문제를 해결하기 위해 세금을 더 거둬야한다는 점을 분명히 인식했다. 그러나 그는 의회 대표들과 세금 인상을 위한 협상을 하는 대신, 왕을 지상의 신에 견주면서 의원들에게 왕의 대권에 관한 설교를 늘어놓았다. 그러고는 이렇게 선언했다. "하느님이 하시는 일에 왈가왈부하는 것이 무신론이자 신성모독인 것처럼, 왕이 무엇을 할 수 있는가에 대해 신민이 이러쿵저러쿵하는 것은 주제넘은 짓이자 건방진 모독이다." 이런 접근방법으로 필요한 세금을 거둬들이는 데 실패하자, 제임스 1세는 에스파냐와 강화를 맺고 의회의 승인 없이 다짜고짜 세금을 올렸다. 그리고 교역에 새로운 통행세를 물리는가 하면, 총애하는 일부 신료들에게 무역독점권을 팔았다. 그런 조치는 왕에 대한 분노를 증폭시켰고 의회의 자발적인 과세 승인을 불가능하게 만들었다. 그 결과 왕의 재정 상황은 끊임없이 악화되었다.

제임스 1세는 종교 정책에 관해서는 좀 더 노회했다. 스코틀랜드는 1560년대 이후 확고한 칼뱅주의 국가였다. 그러나 잉글랜드는 엘리자베스 1세의 종교 타협으로 신학적 선명성이 한층 떨어졌다. 1603년에 이르러 잉글랜드는 분명 프로테스탄트 국가였지만, 잉글랜드 프로테스탄트 중 상당수는 그들의 교회를 좀 더 확고한 칼뱅주의 원칙에 맞추기 위해 제2, 제3의 종교개혁을 계속해서 요구했다. 하지만 여타의 프로테스탄트들은 그런 노력을 거부하면서, 칼뱅주의를 고집하는 그들에게 '청교도(Puritans)'라는 딱지를 붙였다. 제임스 1세는 왕으로서 그런 갈등을 조정해야 하는 부담을 감수해야 했다. 대체로 그는 성공적이었다. 그는 스코틀랜드 개혁교회가 주교들을 계속 유지해야 한다고 확신했고, 잉글랜드에서는 칼뱅주의 교리를 권장하되 기도서나 39개조 신앙고백의 변경만은 단호히 거부했다. 제임스 1세는 가톨릭이 압도했던 아일랜드에서는 미래의 화근을 남겨두었다. 8,000명이 넘는 스코틀랜드 칼뱅주의자를 북부의 얼스터 지방에 이주하도록 장려함으로써 아일랜드 가톨릭교도의 재산권을 침범했고, 그때 생겨난 종교적 증오감은 오늘날까지 이어지고 있다.

제임스 1세 치세에 유지되던 미묘한 종교적 균형은 1625년 그의 아들 찰스 1세가 즉위하면서 무너지고 말았다. 부왕의 몸에 밴 조심성을 대담하게 내던진 찰스 1세는 즉각 에스파냐와의 새로운 전쟁에 돌입함으로써 재정 문제를 악화시켰고, 독일에서 복무할 병력의 충원을 위해 아일랜드 가톨릭 군대를 모집할 것을 제안함으로써 프로테스탄트 신민들을 놀라게 했다. 프로테스탄트의 놀라움은 찰스 1세가 프랑스 루이 13세의 딸인 가톨릭교도 앙리에타 마리아와 결혼했을 때 더욱 커졌다. 찰스 1세가 신임 캔터베리 대주교 윌리엄 로드의 도움으로 잉글랜드 교회에 지극히 반(反)칼뱅주의적인 요소를 도입하고, 나아가 이 종교 정책—철저히 주교가 장악하는 교회 정부 및 새로운 기도서 채택이 포함되었다—을 스코틀랜드의 칼뱅주의 교회에 강요했을 때, 상황은 대단히 위태로워졌다. 스코틀랜드인은 반란을 일으켰고, 1640년 스코틀랜드 군대가 남쪽 잉글랜드에 행군해 들어와 찰스 1세의 가톨릭 종교정책 철회를 요구했다.

스코틀랜드의 위협에 직면한 찰스 1세는 11년 만에 처음으로 잉글랜드 의회를 소집하지 않을 수 없었다. 왕과 의회의 관계는 1620년대 말에 이미 깨진 상태였다. 이 무렵 찰스 1세는 추가 자금 지원을 거부한 의회에 맞서 신민에게 강제 대출을 요구하는가 하면, 병사의 자택 숙박을 거부한 자들을 처벌하거나 재판 없이 투옥했다. 그에 맞서 의회는 1628년 왕에게 권리청원(Petition of Right)을 받아들일 것을 요구했다. 이 문서는 의회에서 표결되지 않은 모든 세금은 불법이라고 선언했고, 군인이 민가에서 숙영하는 것을 규탄했으며, 자의적 투옥 및 평화 시 계엄령 선포를 금지시켰다. 찰스 1세는 의회의 권리청원으로 위축되기는커녕 오히려 분노를 폭발시켰고, 아예 의회 없이 통치하기로 결심했다. 그는 1630년대를 지내는 동안 의회 동의 없이 부과된 각종 세금과 벌과금으로 정부 자금을 충당했다.

찰스 1세가 새로이 의회를 소집한 단 하나의 이유는 스코틀랜드인의 침공이었다. 그러나 일단 의회가 소집되자, 의원들은 스코틀랜드인에 맞서 싸울 병사를 모집할 자금을 왕에게 허락할지 여부를 논의하기에 앞서, 왕의 급진적 개혁 조치를 요구했다. 찰스 1세는 처음에는 개혁에 협조적이었다. 의회가 재상 스트래퍼드(1593~1641) 백작을 처형하는 것마저 용인할 정도였다. 그러나 얼마 지나지 않아 의회 지도자들이 스코틀랜드인과 싸울 의사가 없다는 것이 분명해졌다. 오히려 양자 간에는 사실상의 동맹관계가 수립되었는데, 그 동맹은 그들의 종교적 공통분모인 칼뱅주의에 의해 더욱 강화되었다. 1642년 찰스 1세는 할 만큼 다해봤지만 아무런 성과도 거두지 못했다. 그는 호위병을 하원에 난입시켜 하원 지도자 5명을 체포하려고 했으나 실패했다. 그러자 찰스 1세는 런던에서 빠져나와 자신의 군대를 모집했다. 의회는 자체 병력을 소집하고 그 경비를 조달하기 위한 과세를 표결하는 것으로써 응수했다. 1642년에 이르러 왕과 의회 사이에는 공공연한 전쟁이 벌어졌다.

내전과 공화국

국왕 편에 선 사람들은 잉글랜드 귀족과 대지주들로서 대부분 '고교회파(high-church)' 국교도였다. 의회군은 소지주, 상인, 제조업자 등으로 대다수는 청교도였다. 왕당파는 보통 기사당(Cavaliers)이라는 귀족적 명칭으로 알려져 있었고, 의회파는 곱슬머리 가발 착용 관습을 경멸하는 뜻에서 머리를 짧게 깎았기 때문에 조롱조로 원두당(Roundheads)이라 불렸다. 내전 초기에는 왕당파가 풍부한 군사적 경험의 이점을 살려 대부분의 전투를 승리로 이끌었다. 그러나 1644년 의회군이 재조직된 후 전투 양상이 바뀌었다. 기사당 군대는 심각한 타격을 입었고, 1646년 왕은 항복하지 않을 수 없었다. 주교제는 즉각 폐지되고 칼뱅주의 교회가 잉글랜드 전역에 수립되었다.

만약 의회파 내에서 불화만 생기지 않았다면 싸움은 그때 끝났을 것이다. 의원 대다수는 획일적인 칼뱅주의 신앙을 스코틀랜드와 잉글랜드의 국교로 삼기로 합의하고, 찰스 1세를 제한군주로서 왕위에 복귀시킬 준비를 하고 있었다. 그러나 독립파로 알려진 소수의 급진적 청교도는 찰스 1세를 불신했고, 독립파를 포함한 모든 프로테스탄트 분파에 대한 종교적 관용을 주장했다. 그들의 지도자는 원두당 군대의 지휘를 맡았던 올리버 크롬웰(1599~1658)이었다.

찰스 1세는 반대자들이 서로 다투는 틈을 타 1648년 전쟁을 재개했지만, 단기간의 전투를 치른 후 다시 항복하지 않을 수 없었다. 크롬웰은 이제 '그 피비린내 나는 살인자'를 제거하기로 결심했고, 이를 위해 무력을 동원해 모든 온건한 프로테스탄트를 의회에서 쫓아내고 남은 잔부 의회(Rump Parliament)에서 군주제를 끝장내기 위한 투표를 하도록 했다. 결국 1649년 1월 30일 찰스 1세는 처형되었고, 곧이어 세습적인 상원이 폐지되면서 잉글랜드는 공화국(Commonwealth)이 되었다.

그러나 공화정은 건설하기보다 유지하기가 훨씬 힘들었다. 공화국이라 불렸던 새로운 정부 형태는 그리 오래가지 못했다. 형식상 잔부 의회가 입법기구로서 존속했지만 실권은 군대를 장악한 크롬웰에게 있었고, 그는 의원들이 반대파의 재산을 몰수해 사복을 채우려는 행태에 이내 분노를 느꼈다. 1653년 그는 군대를 이끌고 잔부 의회에 진입했다. "이봐, 나는 당신들의 수다를 끝장내겠어!"라는 선언으로 그는 의회 해산을 명했다. 그로써 공화국은 종말을 고했고 이내 '호국경 체제(Protectorate)'로 대치되었다. 이 체제는 군 장교들이 기초한 헌법—'통치 헌장(Instrument of Government)'으로 불린 이 문서는 잉글랜드 역사상 성문 헌

민주정과 잉글랜드 내전

잉글랜드 내전은 잉글랜드인의 정치적 권리와 책임에 대한 근본적인 문제를 제기했다. 1647년 10월 퍼트니에서 있었던 크롬웰의 신형군(新型軍) 총회에서 있었던 장시간의 토론에서는 수많은 쟁점이 오갔다. 이 토론에 참가한 사람들 중 누구도 그들의 주장이 장차 여성의 정치적 권리 신장에 영향을 미치리라는 점을 깨닫지 못했다는 것은 흥미롭다. 오직 국왕 찰스 1세만이 1649년 처형 직전의 발언에서 의회군이 착수한 헌정 실험이 내포한 급진적 의미를 알아챘다. 하지만 아이러니하게도 국왕 타도의 반란을 촉발시킨 것은 왕권에 대한 그의 급진적 주장이었다.

군대 토론, 1647년

레인즈버러 대령: 나는 잉글랜드의 가장 하찮은 사람일지라도 가장 위대한 인간으로서 살아갈 생명을 지니고 있다고 생각합니다. 그러므로 각하, 내가 생각하기에 이것은 명백합니다. 하나의 통치권 아래 살아갈 모든 사람은 먼저 자신의 동의에 의해 그 통치권 아래로 들어가야 합니다. 잉글랜드에서는 아무리 하찮은 사람일지라도 엄밀한 의미에서 자신이 발언권을 갖지 못한 통치권에 구속되지 않습니다.……내가 과연 잉글랜드인인지를 의심해야 한다면 이런 문제들에 대해서도 의심해야 합니다.

아이어튼 장군: 내게 발언권을 달라. 그대가 이것을 규칙으로 삼는다면 내 생각에 그대는 절대적 자연권이라는 도피처로 비약해야 한다. 그대는 모든 시민적 권리를 거부해야 한다. 내가 확신하건대 궁극적으로 그렇게 귀결되고 말 것이다.……나로 말하면, 그것은 전혀 권리가 아니라고 생각한다. 나는 어떤 사람도 이 왕국의 업무를 처리하는 일에 대해, 그리고 우리가 적용 받게 될 법률의 입법자를 결정하거나 선택하는 일에 대해 관심을 갖거나 참여할 권리가 없다고 생각한다. 이 왕국에 영속적인 관심을 갖지 않은 그 누구도 이 문제에 대한 권리가 없다. 종합적으로 그리고 결론적으로, 이 왕국의 대표성을 갖는 사람들이야말로 이 왕국을 정당하게 대표한다.……

우리는 생득권을 말한다. 사실 생득권이란 있다.……인간은 생득권을 가질 수 있으며, 잉글랜드에 태어났다는 사실만으로도 우리는 그들 잉글랜드에서 쫓아낼 수 없다. 우리는 그들에게 공기와 장소와 생활기반, 그리고 도로 통행의 자유를 거부할 수 없다. 우리는 이 땅에서 태어난 어떤 사람에 대해서도 우리와 함께 사는 것을 거부해서는 안 된다. 하지만 그가 이 땅에서 태어났다는 이유만으로 이 왕국에 영속적 관심을 가질 자격이 생기는 것은 아니다. 내 생각에 그것은 혈통 좋은 사람들의 몫이다. 한 인간이 이 땅에서 태어났다는 사실 때문에 이 나라의 문제를 처리하게 될 권리의 일부분을 갖는다는 주장은 내가 보기에 충분한 근거가 없다.

처형대 위의 찰스 1세, 1649년

나는 한 정직한 사람으로서, 선량한 왕으로서, 동시에 선량한 그리스도교도로서, 나 자신을 해명하는 것이 먼저 하느님에 대한, 다음으로 조국에 대한 나의 의무라고 생각한다.

나는 나의 무죄에 관해 먼저 시작하려 한다. 나는 이 문제에 대해 길게 주장할 필요조차 없다. 내가 의회 양원과의 전쟁을 시작하지 않았다는 것은 온 세상이 아는 일이다. 나는 하느님께 증언을 요청하며, 그분께 간략히 설명 드려야 한다. 내가 그들의 특권을 결코 침범하지 않았다고 말이다.……

인민에 관하여 말하자면, 나는 진정 누구 못지않게 그들의 자유를 원한다. 그러나 내가 그대들에게 말하노니, 인민의 자유는 정부를 갖는 데서 나오며, 그 정부의 법률에 의해 인민의 생명과 재산은 그들 자신의 것이 된다. 인민의 자유는 정부에서 일정한 역할을 갖는 것이 아니다. 그것은 그들에게 속한 것이 아니다. 신민과 주권자는 명백히 다른 존재이며, 그러므로 그대들이 인민을 내가 말한 바의 자유 안에 두지 않는 한 그들은 결코 행복할 수 없을 것이다.

여러분, 내가 지금 이 자리에 있는 것은 이 때문이다. 만일 내가 모든 법률이 폭력에 의해 제멋대로 변질되고 마는 무원칙에 양보를 했다면 나는 이 자리까지 올 필요도 없었다. 그러므로 여러분에게 말하노니(그리고 나는 하느님께서 여러분을 비난하지 않으시길 기도한다), 나는 인민의 순교자이다.

분석 문제

1. 잉글랜드 내전은 잉글랜드 자유민의 권리에 관해 어떤 문제를 제기했는가? 인간의 자연권이란 무엇인가? 시민적 권리란 무엇인가?

2. 무슨 이유로 찰스 1세는 재판을 받고 궁극적으로 참수형에 처해졌는가? 찰스는 진정 '인민의 순교자'였는가?

법에 가장 가까운 것이었다—에 기반을 둔 전제주의였다. 크롬웰에게는 종신 호국경이라는 막강한 권력이 주어졌으며 그 직위는 세습되었다. 새로 구성된 의회는 처음에는 법률 제정과 세금 부과에서 제한적이나마 권력을 행사했지만, 1655년 크롬웰은 그마저도 갑자기 해산시켰다. 이후 정부는 사실상의 독재정이 되었고, 크롬웰은 스튜어트 왕조의 어느 왕도 감히 꿈꾸지 못했던 절대적 주권을 휘두르게 되었다.

왕정복고

청교도의 군사 독재와 과거의 왕정 체제 가운데 하나를 선택하라고 한다면 과연 잉글랜드는 어느 쪽을 택했을까? 실제로 그 상황이 닥치자 잉글랜드인은 망설임 없이 후자를 택했다. 일요일에 공개적인 오락 행위를 금지하는 칼뱅주의의 인기 없는 엄격성은 청교도의 평판을 떨어뜨렸고, 대부분의 사람은 엘리자베스 1세 시대의 좀 더 온건한 형태의 교회를 원했다. 따라서 1658년 크롬웰이 사망한 뒤 얼마 되지 않아, 호국경의 휘하 장군 중 한 명이 권력을 장악하고 새로운 의회의 선거를 요청했다. 1660년 봄에 소집된 의회는 망명 중인 찰스 1세의 아들 찰스 2세를 왕으로 선포했다. 단, 좋은 정부를 만들겠다는 약속과 모든 프로테스탄트에게 제한적 종교 관용을 허용하겠다는 약속을 한다는 전제하에서였다.

찰스 2세(재위 1660~1685)는 잉글랜드 교회에 주교제를 회복시켰지만, 부왕이 시행했던 도발적인 종교 정책으로는 되돌아가지 않았다. 찰스 2세는 "여행을 다시 떠나고 싶지 않다"는 특유의 재치 있는 유머와 함께, 의회를 존중하고 권리청원을 준수하겠노라고 동의했다. 그는 또한 1642년 내전 발발 직전에 의회에서 통과된 모든 입법 조치—의회가 최소한 3년에 한 번은 열려야 한다는 요구를 포함—를 받아들였다. 17세기 말 또 한 차례의 짧은 시련을 겪은 후 잉글랜드는 내전 상태에서 빠져나와 제한군주정을 구현했다. 이제 권력은 '의회 안의 왕'에 의해 행사되었다.

잉글랜드 내전, 1603~1660년	
스튜어트 왕조 시작	1603년
찰스 1세 치세	1625~1649년
의회 없는 지배	1629~1640년
잉글랜드 내전	1642~1649년
찰스 1세 처형	1649년
공화정	1649~1653년
호국경 체제	1653~1658년
왕정복고	1660년

종교적 회의와 확실성의 추구

♣ 어째서 1540~1660년에는 정치철학이 그토록 풍성했는가?

1540~1660년 많은 유럽인은 한때 당연한 것으로 간주했던 모든 것이 갑자기 의혹 속에 내던져지는 상황에 직면했다. 전적으로 새로운 세계가 아메리카 대륙에서 발견되었는데, 그곳에 살고 있는 수백만 인류의 존재는 유럽인에게 인간과 인간 본성에 관한 근본 개념을 부분적으로 다시 생각하지 않을 수 없도록 만들었다. 마찬가지로 유럽인을 어리둥절하게 만든 것은, 유럽의 종교적 통일성—비록 완벽한 통일성은 아니었지만—이 종교개혁 및 그로 인해 벌어진 종교전쟁으로 말미암아 유례없을 정도로 파괴되었다는 사실이다. 1540년까지만 해도 종교적 분열은 일시적인 것이라고 생각할 수 있었으나, 1660년에 이르면 분열이 영속적이라는 것이 분명해졌다. 그러므로 유럽인은 더 이상 계시 종교를 보편적인 철학적 결론을 도출하기에 적합한 기반으로 간주할 수 없었다. 그리스도교도 사이에서도 신앙의 근본 진리에 관해 의견이 일치하지 않았기 때문이다. 정치적 의무 또한 위협에 직면했다. 지식인과 평민들이 종교적 견해를 달리하는 군주에 대한 저항권을 주장했기 때문이다. 심지어 도덕과 관습마저 자연적 세계 질서와 동떨어진 임의적인 것으로 비쳐지기 시작했다.

이렇듯 만연된 회의적 풍토에 직면한 유럽인은, 급진적 회의주의에서 무조건적 신앙과 정치적 절대주의의 주장에 이르기까지, 실로 다양한 방식으로 대응했다. 그러나 그들의 반응에는 하나의 공통분모가 있었다. 유럽에 밀어닥친 새로운 지적·종교적·정치적 도전 앞에서 확실성을 재구축하기 위한 새로운 기초를 찾아내기 위해 필사적으로 모색했다는 사실이다.

마녀 사냥과 국가 권력

유럽인의 두려움을 더욱 증폭시킨 것은 마녀가 인간 사회에 도덕적 위협을 가하고 있다는 확신이었다. 물론 중세에도 대부분의 유럽인은 특정 개인—대개 여성—이 마술을 통해 병을 고치거나 해를 끼칠 수 있다고 믿고 있었다. 하지만 일반인이 아닌 권위 있는 지식인들이, 마녀가 악마와 모종의 계약을 맺음으로써만 그와 같은 능력을 행할 수 있다고 믿기 시작한 것은 15세기에 이르러서의 일이다. 일단 이런 믿음이 받아들여지자 사법재판관들은 마녀로 의심되는 사람들을 적발해 박해하기 위해 더욱 적극적으로 나서게 되었다. 1484년 교황 인노켄티우스 8세는 교황청 종교재판관에게 (마녀 혐의자에 대한 고문을 포함해) 수단과 방법을 가리지 말고 마녀를 찾아내 제거하라고 명령했다. 충분히 예측할 수 있는 일이지만, 고문을 하면 할수록 자신에게 씌워진 혐의를 사실이라고 자백한 마녀의 수는 늘어났다. 고발당한 마녀가 자백을 하면 할수록 더 많은 마녀가 '발견'되고 고발되고 처형되었다. 잉글랜드의 경우처럼 고문을 행하지 않고 종교재판소가 활동하지 않았던 지역에서도 사정은 다르지 않았다.

근대 초기 유럽을 휩쓸었던 마녀 박해 열풍에 대해 우리는 두 가지 사실을 염두에 둘 필요가 있다. 첫째로, 마녀 재판은 가톨릭 국가에 한정된 것이 아니었다. 프로테스탄트 개혁가들은 가톨릭과 마찬가지로 사탄의 교활한 힘을 믿었다. 루터와 칼뱅은 마녀로 의심되는 사람에게 더욱 엄격한 재판을 시행하고 일반 범죄자보다 중형을 선고하라고 촉구했고, 추종자들은 기꺼이 개혁가의 권고를 따랐다. 둘째로, 마녀에 대한 공포가 살인적인 수준으로 변한 것은 종교 당국이 세속 정부의 공권력을 등에 업고 마녀를 처형하려 했을 때였다. 1580~1660년에는 마녀를 잡아 죽이려는 열정이 전 유럽에 걸쳐 그야말로 광적인 수준에 이르렀다. 수만 명의 희생자가 발생했으며 그중 적어도 4분의 3은 여성이었다. 정확한 사망자 수는 알 수 없지만, 1620년대 뷔르츠부르크와 밤베르크 같은 독일 도시에서는 1년에 평균 100건의 화형이 있었으며 같은 무렵 볼펜뷔텔 시의 광장은 "화형대가 너무도 많이 세워져 있어 마치 작은 숲처럼 보였다"고 전해진다. 1660년 이후 마술에 대한 고발이 점차 줄어들었다. 그러나 매사추세츠 세일럼의 마녀 재판(1692) 같은 사건이 그 후 반세기 동안 계속해서 간헐적으로 터졌다.

이렇듯 광적인 마녀 사냥은 근대 초기 유럽인이 악마에 대해서뿐만 아니라, 악을 물리치기 위한 전통적 처방—기도, 부적, 성수(聖水) 등—의 효험에 대해서도 두려움을 갖고 있었음을 보여준다. 마녀 사냥 광풍의 가장 놀라운 국면 중 하나는, 가톨릭 국가와 프로테스탄트 국가를 막론하고 영적·세속적 악의 공격으로부터 사회를 보호한다는 명분 아래 세속 당국이 기소의 주체로 나섰다는 점이다. 마녀 재판이 교회 법정에서 시작되었던 가톨릭 국가에서조차, 최종 재판과 처벌을 위해 국가 법정으로 사건이 이송되었다. 왜냐하면 교회 법정에서는 사형 판결이 금지되어 있었기 때문이다. 교회 법정이 폐지된 프로테스탄트 국가들(유럽에서 잉글랜드만이 교회 법정을 유지했다)에서는 수사, 기소, 처벌의 전 과정이 국가 감독 아래 진행되었다. 가톨릭 국가와 프로테스탄트 국가 모두에서 이러한 마녀 재판은 신민의 삶을 규제하는 국가의 권력과 책임의 범위를 확장시키는 결과를 가져왔다.

권위의 추구

'철의 세기'—동시대 사람들은 1540~1660년을 종종 이렇게 불렀다—에 밀어닥친 유럽의 위기는 근본적으로 권위의 위기였다. 권위의 기초를 재확립하려는 시도는 여러 가지 모습을 취했다. 프랑스 종교 전쟁의 절정기 동안에 저술활동을 했던 프랑스 사람 미셸 드 몽테뉴(1533~1592)가 제시한 결론은, 확실한 지식의 가능성에 대한 엄격한 회의주의였다. 유복한 가톨릭인 아버지와 유대계이면서 위그노였던 어머니 사이에 태어난 몽테뉴는 38세에 여유로운 명상의 삶에 전념하기 위해 법률가직에서 물러났다. 그 결과물로서 탄생한 『에세(Essais)』는 원래는 '실험'으로 여겨지던 하나의 새로운 문학 형식이었다(프랑스어의 essai는 '시도'를 의미한다). 몽테뉴의 『에세』는 날카로운 성찰을 담고 있을 뿐 아니라 놀라울 정도로 잘 씌어졌기 때문에, 이후 프랑스 문학사 및 사상사에서 영원한 고전의 반열에 올랐다.

『에세』가 다루고 있는 주제의 범위는 광범위하지만, 두 가지 주제가 핵심이다. 그 하나는 회의주의이다. 몽테뉴는 '나는 무엇을 아는가(Que sais-je?)'를 좌우명으로 삼으며, 자신이 확실히 아는 것은 거의 없다고 단정했다. 그에 의하면 "우리 자신의 능력으로 진리와 오류를 측정하려고 하는 것은 어리석은 일"이다. 왜냐하면 인간의 능력이란 극히 제한적이기 때문이다. 따라서 그의 가장 유명한 에세이 중 하나인 「식인종에 관하여」에서 주장한 대로, 한 나라에서는 의심의 여지없이 진실 되고 완전해 보일 수 있는 것이 다른 나라에서는 완전히 그릇된 것으로 여겨질 수 있다. 왜냐하면 "모든 사람은 자신의 관습이 아닌 모든 것에 대해 야만이라는 명칭을 부여"하기 때문이다. 여기에서 몽테뉴의 두 번째 주요 원리, 즉 관용의 필요성이 뒤따른다. 모든 사람은 자신이 완전한 종교와 완전한 정부가 무엇인지 잘 알고 있다고 생각하지만, 그 완전이 무엇인지에 대해서는 거의 의견이 일치하지 않는다. 그러므로 몽테뉴는 어떤 종교나 정부도 실제로는 완전하지 않으며, 따라서 죽을 때까지 싸워야 할 가치가 있는 믿음이란 없다고 결론지었다. 사람은 신앙에 관하여 종교의 가르침을 받아들이고 그를 다스리는 정부에 복종해야 한다. 단 어떤 영역이든 광신주의에는 빠지지 말아야 한다.

몽테뉴가 근대적 인물처럼 보일는지도 모른다. 하지만 그는 전형적인 16세기 사람이었다. 그는 "이성이란 모든 부문에서 길을 잃고 만다"고 믿었으며, "우리로 하여금 모든 것에 코를 들이대게 만드는" 지적 호기심은 "영혼의 천벌"이라고 생각했다. 또한 실제적인 문제와 관련하여 몽테뉴는 숙명론자였다. 그는 예측할 수 없는 '운명'에 의해 지배되는 세계에서 인간이 취할 수 있는 최선의 전략은 의연하고 위엄 있게 선과 악에 직면하는 것이라고 생각했다. 그러나 소박하고 지극히 사사로운 논조에도 불구하고 몽테뉴의 『에세』는 독자들에게 매우 널리 읽혔고, 향후 광신주의 및 종교적 불관용에 맞서는 싸움에 기여했다.

몽테뉴는 당대의 시련으로부터의 도피처를 회의주의, 거리두기, 체념적 위엄에서 구했다. 한편 동시대인인 프랑스 법률가 장 보댕(1530~1596)은 국가 권력을 새롭고 더 안정된 기초 위에 재확립하는 것이 당시의 혼란에 대한 해결책이라고 생각했다. 보댕도 몽테뉴처럼 프랑스 종교 전쟁의 혼란으로 인해 큰 고통을 당했다. 그는 심지어 1572년 파리에서 벌어진 그 끔찍한 성 바르톨로메오 축일의 학살을 직접 목격하기도 했다. 그러나 그는 학살 사태를 냉소적으로 바라보는 대신 혼란을 확실하게 종식시키기 위한 정치적 계획을 제시하기로 마음먹었다. 그는 자신의 기념비적 저작이자 서양 정치사상사에서 절대주의 정부 주권에 관한 최초의 논저인 『공화국에 관한 6권의 책(Les Six livres de la République)』(1576)에서 그 작업을 해냈다. 보댕에 의하면, 국가란 가족들의 결합으로 발생한 것이지만, 일단 국가가 구성되면 질서 유지가 최고의 의무이기 때문에 어떤 반대도 허용되어서는 안 된다. 보댕에게 주권이란 "모든 신민 위에 군림하는 지고의 절대적인 영속 권력"으로서 "신민의 동의 없이도 법을 부과할 수 있는" 권력이었다. 보댕은 귀족정 또는 민주정의 가능성을 이론적으로는 인정했지만, 국민 국가는 군주에 의해 통치되어야 하며 군주는 어떠한 방법에 의해서도―즉, 입법부나 사법부 어느 쪽에 의해서도, 전임자나 군주 본인이 만든 법률에 의해서도―제한될 수 없다고 주장했다. 보댕은 모든 신민이 통치자의 '단순하고 명백한 선의'를 신뢰해야 한다고 주장했다. 보댕은 통치자가 폭군임이 입증되더라도 신민은 저항할 권리가 없다고 주장했는데, 이는 모든 저항은 "세상에서 가장 혹독한 폭정보다 더 나쁜 방종한 무정부 상태"로 나아가는 길을 열 것이기 때문이었다.

성 바르톨로메오 축일 사건에 자극받아 정치적 절대주의 이론을 주장한 보댕과 마찬가지로 토머스 홉스(1588~1679)는 잉글랜드 내전이 야기한 혼란에 영향 받아 정치 이론의 고전으로 알려진 『리바이어던(Leviathan)』(1651)을 저술했다. 그러나 홉스는 여러 면에서 보댕과 달랐다. 보댕은 절대적 주권자가 왕이라는 것을 당연시했지만, 홉스는 그런 가정을 하지 않았다. 신민의 생명과 재산을 보호할 수 있는 어떤 형태의 정부도 주권적인 (그러므로 전능한) 리바이어던으로서 행동할 수 있었다. 또 보댕이 국가를 '가족들로 구성된 합법적인 정부'로

몽테뉴의 회의주의와 신앙

『에세』는 몽테뉴 사상의 기이한 모순을 보여주고 있다. 그것은 한편으로 그가 살았던 세기를 특징지은 불확실성과 신앙의 고통스러운 결합을 반영한다. 여기에서 그는 인간 지식의 한계를 주장하는 것으로 시작하지만, 그는 바로 이런 한계 때문에 인간은 교회의 모든 종교적 가르침을 철저히 받아들일 의무가 있다고 결론짓고 있다.

아마도 우리가 가벼운 믿음과 확신을 단순성과 무지의 탓으로 돌리는 데는 이유가 없지 않을 것이다.……정신이 공허하고 균형감이 없을수록 최초의 설득력 있는 주장에 더욱 쉽사리 넘어가기 쉽다. 어린아이, 평민, 여자, 병자가 남의 말에 넘어가기 쉬운 것은 이런 이유에서이다. 하지만 반면 그럴듯하게 보이지 않는 것은 무엇이든 거짓이라고 멸시하고 비난하는 것은 어리석은 추측이다. 그것은 보통 이상의 능력을 갖고 있다고 생각하는 사람들에게 흔히 보이는 악덕이다. 나도 한때 그랬다.……그러나 이성은 내게 이렇게 가르쳤다. 한 사물을 그렇게 단정적으로 거짓이며 불가능하다고 비난하는 것은, 마치 하느님의 뜻과 우리의 어머니 자연의 권능의 범위와 한계를 아는 특별한 능력이라도 있는 체하는 것과 다를 바 없다고. 이런 일들을 우리의 능력과 재능으로 측정할 수 있다고 생각하는 것보다 더 어리석은 일도 없다.……

우리가 이해하지 못하는 것을 경멸하는 것은 터무니없는 만용일뿐더러 위험하고도 치명적인 주제넘음이다. 당신이 뛰어난 이해력에 따라 진실과 거짓의 경계를 확립해놓은 뒤, 당신이 부인했던 것보다 한층 기이한 일을 믿어야 하는 상황이 오면, 당신은 이런 경계를 포기해야만 한다. 우리 시대의 종교적 불화 속에서 우리의 양심에 혼란을 가져다주는 것은 가톨릭 신도들의 이러한 부분적인 신앙적 양보이다. 논란이 되는 조항들 중 일부를 반대파에게 양보하는 것을 그들은 온건하고 이해심 많은 것으로 여기는 모양이다.……그러나 그들이 가장 사소하다고 여긴 조항들이 때로는 매우 중요하다. 우리는 우리 교회 정부의 권위에 철저히 복종하거나 또는 철저히 무시해야 한다. 얼마만큼의 복종을 우리가 바쳐야 하는지를 결정하는 것은 우리의 일이 아니다.

분석 문제

몽테뉴는 회의주의와 신앙의 양립하지 않는 본질을 어떻게 화해시키려 했는가? 인간은 어떻게 회의적이면서 동시에 신앙을 유지할 수 있는가?

정의하고, 가족은 재산 없이는 존속할 수 없기에 국가는 사유재산권을 축소할 수 없다고 믿은 것과는 달리, 홉스는 국가가 원자 같은 개인을 통치하기 위해 존재하며 따라서 정부 자체의 생존이 위협 받을 경우 자유와 재산권을 짓밟을 수 있다고 믿었다.

그러나 보댕과 홉스 사이의 가장 근본적인 차이점은, 홉스의 철저한 비관론적 인간관에서 찾아볼 수 있다. 홉스는 시민 정부가 등장하기 이전에 존재했던 '자연 상태'는 '만인에 대한 만인의 투쟁' 상태라고 단정했다. 홉스가 보기에 인간은 천성적으로 다른 인간에 대해 '늑대'처럼 행동하는 존재였고, 정부 없는 인간의 삶이란 필연적으로 "외롭고, 가난하고, 불쾌하고, 야비하고, 단명한" 것이었다. 그와 같은 결말을 피하기 위해, 사람들은 평화를 유지해주는 대가로 주권적 지배자에게 그들의 자유를 양도했다. 그들의 자유를 줘버렸기 때문에 신민은 그것을 다시 돌려받을 권리가 없다. 주권자는 임의로 폭정을 할 수 있었다. 다시 말해 주권자는 죽이는 것 말고는 모든 방법으로 신민을 마음대로 억압할 수 있었다. 신민을 살해하는 행위는 주권자의 지배 목적 그 자체—신민의 생명을 보존하는 것—를 부인하는 것이기 때문이다.

아마도 17세기 문화에서 의심의 문제에 대해 가장 치열한 대응을 시도한 인물은 프랑스의 도덕 및 종교 철학자인 블레즈 파스칼(1623~1662)일 것이다. 파스칼은 수학자이자 과학적 이성주의자로서 생애를 시작했다. 그러나 파스칼은 30세 되던 해에 종교적 회심 체험을 한 뒤 과학을 버리고 장세니즘(Jansenism)—프랑스 가톨리시즘 내의 청교도적 분파—의 확고한 추종자가 되었다. 그때로부터 죽는 날까지 파스칼은 지성과 감성 모두에 호소하는 방법으로 종교적 회의주의자에게 그리스도교의 진리를 설득하는 대단히 야심찬 종교적·철학적 계획을 추진했다. 불행히도 너무 빨리 찾아온 죽음 탓에 그의 모든 노력은 『팡세(Pensées)』—탁월한 문학적 역량으로 서술된, 자유로운 형식의 종교적 단편 모음집—에 수록되었다. 이 책에서 그는 신앙만이 구원의 길을 보여줄 수 있으며 "마음은 이성이 알지 못하는 자신만의 이성을 갖고 있다"고 주장했다. 파스칼은 『팡세』에서 악과 영원 앞에 선 자신의 공포, 고뇌, 두려움을 표현했지만, 그는 그 두려움 자체가 신의 존재를 증명하는 것이라고 말했다. 파스칼은 이런 바탕 위에서 인간성 및 인간의 자기 인식 능력에 대한—17세기 유럽에 팽배한 교조주의와 극단적 회의주의를 모두 피할 수 있는—낙관적 전망을 재건할 수 있으리라고 보았다.

권위를 찾아서, 1572~1670년	
몽테뉴의 『에세』	1572~1580년
보댕의 『공화국에 관한 6권의 책』	1576년
홉스의 『리바이어던』	1651년
파스칼의 『팡세』	1670년

문학과 예술

♠ 바로크 양식과 반종교개혁 사이에는 어떤 관계가 있었는가?

회의와 인간 지식의 불확실성은 철의 세기에 서유럽이 낳은 수많은 문학, 예술의 주요 주제였다. 물론 그 시대의 모든 시, 희곡, 회화 등이 모두 같은 메시지를 전한 것은 아니다. 비범한 문학적·예술적 창조성을 보였던 120년 동안, 천박한 익살극에서 암울한 비극에 이르기까지, 평온한 정적인 삶에서 지극히 격렬한 종교적 순교 장면에 이르기까지, 서유럽에서는 실로 온갖 장르와 경향의 작품이 산출되었다. 그 시기의 위대한 작가와 화가는 인간 존재의 양면성과 아이러니—몽테뉴와 파스칼은 각기 다른 방식으로 그것을 표현했다—의 실상을 깨닫고 이에 고무되었다. 그들 모두는 당대에 만연했던 전쟁의 공포와 인간의 고통을 충분히 인지하고 있었다. 하지만 그들은 또한 잔인하기 그지없는 세계 속에 붙잡혀 있는 인간의 구원을 위한 방안을 모색했다. 이러한 비극적 균형으로부터 서유럽 문학사와 예술사에서 가장 위대한 작품들이 산출되었다.

미겔 데 세르반테스

세르반테스(1547~1616)의 걸작이자 풍자 로망스인 『돈키호테』는 에스파냐 젠틀맨인 라만차의 돈키호테의 모험을 서술한다. 돈키호테는 기사 무용담을 하도 많이 읽어서 약간 정신이 오락가락하게 되었다. 그의 정신은 온갖 환상적인 모험으로 가득 차 있다. 나이 오십에 기사 수업 편력을 떠난 그는, 풍차를 무시무시한 거인으로 착각하기도 하고 양떼를 이교도의 군대로 혼동하기도 하면서, 그것들을 창으로 물리치는 것이 자신의 의무라고 생각한다. 그는 왜곡된 환상에 사로잡혀 여인숙을 성(城)으로 잘못 보고 화덕 옆에서 일하는 하녀를 우아한 귀부인으로 착각해 사랑에 빠진다. 기사 편력자 돈키호테와 대조적인 인물은 그의 충직한 종자 산초 판사이다. 산초는 두 발을 땅에 딛고 서 있는 실제적인 인간을 대변한다. 그는 먹고 마시고 자는 것과 같은 소박하고도 실질적인 즐거움에 만족하는 인물이다. 그러나 세르반테스는 산초 판사의 현실주의가 그의 주인인 돈키호테의 '몽상적인' 이상주의보다 바람직하다고는 말하지 않는다. 오히려 두 인물은 인간 본성의 다른 측면을 나타낸다. 『돈키호테』는 일찍이 에스파냐의 쇠퇴를 가속시킨 바 있는 시대착오적인 기사도 정신에 대한 날카로운 풍자임이 분명하다. 그러나 이 모든 것에도 불구하고 독자는 소설의 주인공, 즉 '이룰 수 없는 꿈'을 꾸었던 라만차의 돈키호테에게 공감을 느낄 것이다.

엘리자베스와 제임스 시대의 희곡

에스파냐 무적함대에 대한 잉글랜드의 승리 이후 국민적 자부심이 절정에 달했을 때 저술활동을 한 이른바 잉글랜드 르네상스 시대의 희곡 작가들은 경박한 낙관론에 함몰되는 일 없이 대단히 풍요롭고 생기 넘치는 작품들을 남겼다. 이들의 대표작에는 성찰적 진지함이 가득 차 있다. '살갗 밑의 해골을 보았던' 비극 작가 존 웹스터(1580경~1625경)를 비롯한 몇몇 작가들은 병적인 비관론자였다. 엘리자베스 1세 시대와 제임스 1세 시대의 위대한 희곡 작가들 가운데서 가장 탁월한 인물은 크리스토퍼 말로위(1564~1593), 벤 존슨(1572경~1637), 윌리엄 셰익스피어(1564~1616) 등이었다. 세 사람 중에서 30세가 되기도 전에 선술집에서의 말다툼 끝에 생을 마감한 열정적인 말로위가 당대에는 가장 인기가 높았다. 『탬버린』과 『파우스투스 박사』 등의 희곡에서 말로위는 인간보다 몸집이 큰 거인들을 창조했다. 그 거인들은 닥치는 대로 모든 것을 정복하고 가능한 모든 감동을 느끼고자 했으며, 또 그것에 거의 근접했다. 그러나 결국 그 거인들은 불행한 종말을 맞고 만다. 왜냐하면 말로위가 볼 때 인간의 노력에는 한계가 있고, 인간의 운명에는 위대함뿐만 아니라 비참함도 놓여 있기 때문이다. 따라서 파우스투스가 사탄의 주술로 환생한 트로이의 헬레네에게 '불멸의 키스'를 해달라고 부탁하지만, 그는 결국 저주를 받아 죽게 된다. 불멸이란 악마가 주는 것도 아니고 현세의 키스로 얻을 수 있는 것도 아니었기 때문이다.

영웅적인 비극 작가 말로위와는 대조적으로 벤 존슨은 인간의 사악함과 결점을 폭로하는 신랄한 희곡을 썼다. 특히 음산한 분위기를 풍기는 『볼포네』에서 존슨은 기만적이고 탐욕스런 동물처럼 처신하는 사람들을 그렸지만, 후기의 『연금술사』에서는 부자에게서 영악스럽게 이득을 취하는 재치 있는 하층계급에 갈채를 보냄으로써 기만과 경신(輕信)에 대한 초기의 공격과 균형을 이루었다.

엘리자베스 1세 시대의 희곡 작가 가운데 가장 위대한 인물은 스트랫퍼드어폰에이번이라는 지방 도시의 상인 집안에서 태어난 윌리엄 셰익스피어이다. 그의 초기 생애에 대해서는 알려진 것이 거의 없다. 그는 약간의 교육을 받고 20세 때 고향을 떠나 런던으로 흘러들어가 극장에서 일자리를 얻었다. 그가 어떻게 해서 배우가 되고 그 후 어떻게 희곡 작가가 되었는지는 확실치 않다. 그러나 28세에 이르러 경쟁자들이 시기할 정도로 작가적 명성을 얻었음은 분명하다. 1610년경 여생을 편히 보내고자 고향인 스트랫퍼드로 은퇴할 때까지 그는 약 40편에 달하는 희곡, 150편 이상의 소네트, 두 편의 장편 이야기 시를 썼다.

셰익스피어 사후 그의 희곡은 영어권 전역에서 세속적 성경이 되었다. 그 이유는 작가의 비할 데 없는 천부적 표현 능력과 번뜩이는 기지에도 있겠지만, 무엇보다도 중요한 것은 열정에 사로잡히고 운명에 부대끼며 고통을 겪는 인간 성격에 대한 심오한 분석 때문이다. 셰익스피어의 희곡은 주제별로 세 갈래로 나눌 수 있다. 우선 초기 작품들의 특징은 자신감이라고 할 수 있는데, 인간은 어리석을지라도 세계는 근본적으로 질서 있고 정의롭다는 것이다. 이에 해당하는 작품으로는 튜더 왕조의 승리에 이르기까지 잉글랜드의 투쟁과 영광을 서술한 다수의 사극이 있다. 서정적이면서도 로맨틱한 비극인 『로미오와 줄리엣』, 마법과도 같은 『한여름 밤의 꿈』, 『십이야』, 『뜻대로 하세요』, 『헛소동』 등도 여기에 포함된다. 『헛소동(Much Ado About Nothing)』이란 희곡 제목은 야릇한 뉘앙스를 풍긴다. 하지만 셰익스피어 초기의 가장 가벼운 희곡 작품마저도 결코 헛소동은 아니었다. 오히려 이 시기 대부분의 작품은 명예와 야망, 사랑과 우정 등 인간의 심리적 정체성에 관련된 근본 문제를 탐구했다. 『뜻대로 하세요』처럼 심오한 측면을 지닌 작품도 있다. 이 작품에서 셰익스피어는 작중 인물을 통해 이렇게 성찰한다. "온 세상은 무대이고, 모든 남녀는 인생 7막을 거쳐 가는 연기자일 뿐이다."

두 번째 시기 셰익스피어의 희곡들은 슬픔, 연민, 인간 존재의 신비에 대한 고통스러운 탐색 등이 주조를 이루면서 분위기가 한층 더 어두워진다. 『햄릿』으로 대표되는 우유부단한 이상주의자의 비극에서 시작해 『자(尺)에는 자로』와 『끝이 좋으면 다 좋아』의 냉소주의로 이어지며, 『맥베스』와 『리어 왕』 같은 혹독한 비극에서 절정에 이른다. 이 작품들에서 등장인물들은 이렇게 절규한다. "인생이란 걸어 다니는 그림자일 뿐이다.……무의미한 소리와 분노로 가득 찬 백치의 이야기일 뿐이다." "개구쟁이 아이 앞에 놓인 파리 꼴이라니 신들 앞에 놓인 우리가 그렇구나. 그들은 심심풀이로 우리를 죽이는도다." 그러나 이 모든 음산함에도 불구하고, 우리는 셰익스피어의 두 번째 시기 희곡들에서 작가의 시적인 장엄함이 솟구쳐 날아오르고 있음을 볼 수 있다.

셰익스피어는 작가로서의 세 번째 시기를 화해와 평화의 심원한 정신으로 마감한다. 이 마지막 시기에 집필한 세 편의 희곡(모두 목가적인 로망스이다) 가운데 최후의 작품인 『템페스트』는 인간의 본성과 예술의 힘에 대한 폭넓은 성찰을 보여주고 있다. 예전의 적의는 묻혀버리고 그릇된 것은 자연적·초자연적 수단이 결합해 바로잡는다. 순진하고 젊은 여주인공은 한꺼번에 많은 남자들을 처음 보고 기쁜 나머지 이렇게 말한다. "오 찬란한 신세계여, 이렇게 멋진 사람들이 많이 있다니!" 셰익스피어는 인간이 겪는 온갖 시련에도 불구하고 인생이란 종국에는 쓰라리기만 한 것은 아니며, 우주의 신성한 계획은 궁극적으로 자비롭고 정의로운 것이라고 말하고 있는 듯하다.

셰익스피어보다 다예다재하지는 않았지만 웅변적인 장엄함에서는 그에 못지않은 인물이 청교도 시인 존 밀턴(1608~1674)이다. 올리버 크롬웰 체제하의 대표적 정치평론가였던 밀턴은 당대의 사건에서 청교도의 입장을 정당화하는 여러 편의 논설을 썼고 찰스 1세의 처형을 공식적으로 옹호하는 글도 썼다. 그러나 그는 성경만큼이나 그리스 및 라틴 고전을 애호했다. 그는 순수한 고전적 시각에서 절친한 친구의 죽음을 애도하는 『리시다스(Lycidas)』라는 완벽한 목가적 애가를 썼다. 그 후 찰스 2세의 즉위와 더불어 물러나 은둔하던 시절, 시력을 잃었음에도 불구하고 밀턴은 「창세기」의 천지 창조와 인간의 타락에 관한 이야기를 소재로 고전적 서사시 『실낙원』의 집필에 착수했다. '인간에 대한 신의 섭리를 정당화'한 서사시 『실낙원』에서 밀턴은 대담하고 교활하게 신에 도전하는, 사탄이라는 강력한 매력을 지닌 캐릭터를 창조함으로써 처음에는 '악마의 옹호자' 역할을 한다. 그러나 사탄은 결국 『실낙원』의 진정한 '서사시적 영웅'인 아담에게 압도당한다. 인간이 지닌 도덕적 책무와 고난의 운명을 받아들인 아담은 결국 이브와 함께 낙원을 떠나 '온통 그들 앞에 전개된' 세계로 나아간다.

매너리즘

인간 존재에 내재된 역설과 긴장은 소란스러운 세기에 활동했던 수많은 불멸의 거장 화가들에 의해 장엄하고 심원하게 묘사되었다. 이 시기 전반기—1540년에서 1600년 사이—에 이탈리아, 에스파냐 회화의 목표는 특수 효과로 관람객을 매혹하는 것이었다. 그러나 이 목표는 두 가지 전혀 상이한 방식으로 달성되었다(혼란스럽지만 때로 두 양식을 모두 '매너리즘[Mannerism]'이라 부르곤 한다). 첫 번째 방식은 애당초 르네상스 시대의 거장 라파엘로의 스타일에 기초한 것이지만, 라파엘로의 단아함에서 자의식이 고양된 우아함—현란하고 초현실적이기까지 한—으로 옮아갔다. 이런 접근법의 대표 화가는 피렌체 화가 폰토르모 (1494~1557)와 브론치노(1503~1572)였다. 선예도 높은 그들의 초상화는 평면적이고 차갑지만 황홀하다.

그들과 반대편에 선 화가들은 전통적 의미에서 연극적인—지극히 드라마틱하고 정서적 호소력이 있는—노선을 걸었다. 이 접근법을 따르는 화가들은 본래 미켈란젤로의 영향을 받았지만 암부 콘트라스트, 역동성, 왜곡 등에서 그보다 한걸음 더 나아갔다. 두 번째 집 단의 가장 대표적인 화가는 베네치아 화가 틴토레토(1518~1594)와 에스파냐 화가 엘 그레코 (1541경~1614)였다. 미켈란젤로 양식의 특징에 색감이 풍부한 전통적인 베네치아 취향을 결합 시킨 틴토레토는 수많은 기념비적인 대형 그림—종교적 주제를 다루었다—을 남겼는데, 이 작품들은 고요히 뿜어내는 어렴풋한 빛과 시선을 사로잡는 극적인 장면 등으로 지금도 보 는 이의 경외감을 불러일으킨다. 틴토레토의 제자인 엘 그레코의 작품은 스승의 작품보다 한층 더 감성적이었다. 본명이 도메니코스 테오토코풀로스인 이 비범한 화가는 그리스의 크 레타 섬에서 태어났다. 그는 이탈리아에 건너가 틴토레토에게 색감과 극적 효과를 배우기 이전에 이미 그리스-비잔티움 성상 회화의 특징인 늘이기 기법을 습득했다. 그는 최종적으 로 에스파냐에 정착했고 그곳에서 '엘 그레코'(에스파냐어로 '그리스인'이라는 뜻)로 불렸다. 엘 그레코의 그림은 너무도 기괴해서 당대에는 위대하다는 평가를 받지 못했다. 오늘날에 보아 도 그의 그림은 너무도 불안정해 마치 정신이상자의 작품 같다. 그러나 이런 시각은 엘 그 레코의 가톨릭 신비주의에 대한 심오한 열정과 그가 성취한 기법을 간과하는 것이다. 오늘 날 가장 잘 알려진 그의 작품으로는 이상화된 풍경화인 〈톨레도 풍경〉이 있다. 태양이 비치 지 않는 가운데 음산하면서도 위엄 있는 빛이 구름 사이로 내비치는 풍경이다. 그에 못지않 게 감동을 주는 작품으로는, 소용돌이치는 종교적 풍경화와 수많은 훌륭한 초상화들—금 욕주의와 영적 통찰력이 절묘하게 뒤섞인 깡마르고 근엄한 표정의 에스파냐인들을 보여준 다—이 있다.

바로크 예술과 건축

1600년경에서 1700년대 초까지 남부 유럽의 주도적 예술 유파는 바로크 양식이었다. 이

유파는 회화뿐만 아니라 건축 및 조각 분야까지 포함하고 있었다. 바로크 양식에는 드라마 틱하고 불규칙적인 측면이 있었지만, 기괴하거나 지나치게 흥분돼 보이는 것을 피했고 무엇 보다도 긍정적인 감각을 심어주고자 했다. 로마에서 출발해 반종교개혁 교황청과 예수회의 이상을 표현한 바로크 건축은 가톨릭 세계관의 선전을 목표로 했다. 바로크 회화 역시 반 종교개혁에 기여했다. 가톨릭교회는 반종교개혁의 절정기였던 1620년경 도처에서 공세를 취 하고 있었다. 반종교개혁의 이상에 동조하지 않은 바로크 화가들은 대부분 자기 영광을 드 높이려고 했던 군주들을 위해 봉사했다.

로마 바로크 양식에서 가장 상상력 풍부하고 영향력이 컸던 인물은 건축가이자 조각가인 잔 로렌초 베르니니(1598~1680)였다. 교황의 부름을 자주 받은 베르니니는 성 베드로 성당에 이르는 빽빽이 들어선 열주에서 교황의 권위를 장엄하게 표현했다. 팔라디오의 평온한 르네 상스 고전주의와 결별한 베르니니의 건축은, 기둥과 돔 등에서는 고전적 요소들을 계승했 지만, 그 요소들을 다양한 방식으로 결합시켜 과감한 활동성과 거대한 힘을 함께 표현하고 자 했다. 또한 베르니니는 교회의 정면을 '입체적으로' 건축하는—즉, 건물 정면을 평평하게 만드는 것이 아니라, 기이한 각도로 불룩하게 돌출시켜 앞쪽 허공으로 솟구친 것처럼 보이 게 하는—실험을 한 최초의 인물이었다. 이런 혁신은 관람자의 정서를 예술 작품 속에 끌 어들이기 위한 것이었는데, 베르니니가 조각 작품에서 추구한 목적도 동일한 것이었다. 베 르니니는 헬레니즘 시대 조각의 역동적 동작—특히 〈라오콘〉 군상—을 재현하는 동시에 미켈란젤로의 후기 조각에서 나타났던 경향을 받아들여 조각 작품을 제작했다. 그의 조각 은 극적 효과를 강조하는 가운데 관람자로 하여금 조용히 관조하기보다 작품에 대해 반응 하지 않을 수 없도록 고무하는 것이었다.

이탈리아의 바로크 화가들 대부분은 베르니니 같은 예술적 천재성을 갖지 못했다. 그러 므로 남유럽 바로크 회화의 위대한 걸작을 보기 위해서는 에스파냐 화가 디에고 벨라스케 스(1599~1660)의 작품에 눈길을 돌려야 한다. 에스파냐가 몰락하기 직전 마드리드에서 궁정 화가로 일했던 벨라스케스는 베르니니와는 달리 바로크 양식의 전형적인 예술가는 아니었 다. 벨라스케스의 그림들은 바로크 양식 특유의 쾌활함을 보여주기는 하지만, 그의 최고의 걸작은 절제된 사색을 특징으로 하고 있다는 점에서 바로크 양식과 차별화된 모습을 보여 준다. 따라서 그의 유명한 〈브레다에서의 항복〉은 한편으로는 근육질의 말과 에스파냐 대 공의 근사한 모습을 보여주지만, 다른 한편으로는 패배당한 채 대열이 흐트러진 군대에 대 한 비(非)바로크적 동정심을 보여주고 있다. 벨라스케스의 최대 걸작—에스파냐 몰락 이후인 1656년경 완성되었다—인 〈지조 있는 시녀들〉는 환상과 현실에 대한 가장 사려 깊고 면밀한 예술적 분석으로 꼽힌다.

황금시대 네덜란드의 회화

남부 유럽의 예술적 영광에 맞선 북부 유럽의 경쟁자는 네덜란드였다. 그곳에서는 대단히 이질적인 세 명의 화가가 인간의 위대함과 비참함이라는 주제를 철저히 탐구했다. 그중 첫 번째 화가는 피테르 브뤼헐(1525경~1569)이다. 그는 네덜란드 초기 사실주의의 분위기 속에서 작품활동을 했다. 그러나 조용한 도시 풍경을 선호했던 선배 화가들과 달리 브뤼헐은 농민의 분주하면서도 거친 삶을 즐겨 묘사했다. 그의 가장 유명한 작품으로는 흥겨운 〈농민의 결혼식〉과 〈농민 결혼식의 무도회〉, 드넓은 화폭의 〈추수하는 사람들〉—농민이 정오의 태양 아래에서 힘든 노동 끝에 얻어진 응분의 보상으로 휴식을 취하며 게걸스럽게 술 마시고 코 고는 모습을 그렸다—이 있다. 이런 풍경은 무엇으로부터도 방해받지 않는 생명의 리듬을 느끼게 해준다. 그러나 후기에 이르러 브뤼헐은 네덜란드에서 일어난 칼뱅주의자의 폭동과 에스파냐의 탄압에서 나타난 종교적 불관용과 유혈 사태에 염증을 느꼈고, 이에 대해 억제되면서도 도발적인 방식으로 그림을 통해 비판적 입장을 표현했다. 예를 들면 〈소경을 인도하는 소경〉에서는 무지한 광신도가 서로에게 길을 안내하려 할 때 어떤 일이 발생하는지를 보여준다. 이보다 더욱 강렬한 것은 브뤼헐의 〈죄 없는 자들의 대학살〉이다. 이 작품은 마치 저 멀리 눈 속에 파묻힌 플랑드르 마을의 고즈넉한 정경처럼 보인다. 그러나 자세히 들여다보면 무자비한 군인들이 조직적으로 농민의 주택에 난입해 갓난아기를 살해하고, 소박한 농민이 병사들의 처분에 목숨을 내맡기는 광경이 생생하게 그려져 있다. 화가는 서로 치열하게 싸우고 있는 가톨릭과 프로테스탄트가 다 함께 망각하고 있는 복음서의 한 구절을 암시하며 그리스도 탄생 직후에 있었던 일이 지금 다시 일어나고 있다고 말하는 듯하다.

브뤼헐과 매우 다른 화풍을 지닌 네덜란드의 바로크 화가는 페테르 파울 루벤스(1577~1640)였다. 바로크 양식은 매너리즘과는 달리 반종교개혁의 확산과 긴밀하게 연결된 국제적 운동이었으므로, 오랜 전쟁이 끝난 후 에스파냐가 장악했던 네덜란드의 바로 그 지역에서 바로크 양식이 지극히 훌륭한 모습으로 등장한 것은 그다지 놀라운 일이 아니다.

사실 안트웨르펜의 루벤스는 마드리드의 벨라스케스 이상으로 전형적인 바로크 예술가였다. 그는 수천 점에 달하는 활력이 넘치는 그림을 그렸는데, 이 그림들은 부흥된 가톨릭의 영광을 드높이거나, 하급 귀족의 모습을 곰 가죽을 걸친 서사시의 영웅처럼 묘사했다. 루벤스는 노골적인 선동을 의도하지 않을 때에도 습관적으로 바로크 수법을 현란할 정도로 과도하게 구사했다. 그래선지 그는 오늘날 분홍빛의 풍만한 육체를 묘사한 누드화들로 유명하다. 그러나 수준 낮은 여타의 바로크 예술가들과 달리 루벤스는 결코 정묘함을 결여하지 않았으며 다양한 분위기를 표현한 화가였다. 아들 니콜라스의 온화한 모습을 그린 초상화는 순수한 어린이의 평온한 순간을 기가 막히게 포착하고 있다. 루벤스는 생애 대부분 군인다운 용기를 추앙했지만, 그의 후기 작품인 〈전쟁의 공포〉에서는 그 자신이 "이제껏 너무나 오랫동안 약탈당하고, 능욕당하고, 고난당해온 불행한 유럽의 슬픔"이라고 지칭한 내용을 감동적으로 묘사하고 있다.

렘브란트 반 린(1606~1669)은 어떤 면에서 브뢰헬과 루벤스가 한데 섞여 있다고 할 수 있는—그리고 네덜란드 화가 중 가장 위대한—인물이다. 그는 안이한 성격 묘사를 단호히 거부했다. 에스파냐령 네덜란드의 국경 너머 독실한 칼뱅주의가 압도한 홀란드에 살았던 렘브란트는 브뢰헬의 무제한적인 사실주의나 루벤스의 풍성한 바로크적 과장을 용인하기에는 너무나 엄격한 사회에 속해 있었다. 하지만 렘브란트는 사실주의적 경향과 바로크적 특징 모두를 새롭게 활용했다. 초기에 그는 성경의 주제들을 잘 그리는 화가로서 부와 명성을 얻었다. 그의 그림은 바로크의 풍만한 육체를 결여하긴 했지만, 빛을 머금은 현란한 형태와 매혹적인 실험으로 바로크적 장엄함을 간직하고 있다. 초기의 렘브란트는 고객의 비위를 맞추는 그림을 그려—모델이 된 고객의 확고한 칼뱅주의 신앙을 강조함으로써—돈벌이를 할 줄 알았던 활동적인 초상화가였다. 그러나 그의 행운은 점차 시들해졌다. 이는 부분적으로 그가 아부하는 데 진력났기 때문이기도 하지만, 결정적인 이유는 몇 차례의 투자에서 실패했기 때문이다. 중·노년에 이르렀을 때 그의 개인적 비극은 절정에 달했고 그의 예술도 불가피하게 시름에 잠긴 우울한 것이 되었다. 이 시기의 작품에는 위엄과 은은한 서정성, 두려운 신비감 등이 드러난다. 그리하여 그의 후기 초상화—자화상을 포함해서—는 자기 성찰적 특성이 두드러졌으며, 대상의 절반만 표현하고 나머지는 어렴풋이 암시만 하는 방식으로 그려졌다. 그의 〈호메로스의 흉상을 응시하는 아리스토텔레스〉와 같은 철학적인 회화는 매우 감동적이다. 이 작품에서 철학자는 마치 서사 시인이 발산하는 빛에 넋을 잃은 것처럼 보인다. 그리고 〈폴란드 기수〉는 사실주의적 요소와 바로크적 요소를 높은 차원으로 종합하여, 우수에 잠긴 젊은이가 험난한 세상을 향해 힘차게 출발하는 모습을 그렸다. 렘브란트는 셰익스피어처럼 인생의 여정이 위험으로 가득 차 있음을 알았다. 그러나 그의 완숙기 회화는 인간 결점을 용기 있게 직시함으로써 그것을 극복할 수 있다고 말해준다.

결론

1540년에서 1660년 사이의 유럽은 전통적인 사회적·종교적·정치적 권위 구조에 대한 확신을 뒤흔드는 종교 전쟁, 정치 반란, 경제 위기에 한꺼번에 노출되어 고통을 받았다. 사람들은 공포와 회의주의에 빠졌고 유럽의 사회적·정치적·종교적 질서를 재확립할 새롭고 좀더 확고한 토대를 탐색했다. 예술가와 지식인에게 그 시대는 유럽 역사상 가장 창조적인 시기였다. 그러나 평민에게 그 세기는 실로 고통스럽기 그지없던 시기였다.

전쟁 수단을 통해 종교적 통일성을 회복하려는 파괴적 노력으로 100여 년을 지낸 뒤인 1660년에 이르러서야 유럽에서는 정치 질서를 확보하기 위한 방편으로서 국가와 국가 사이에 실질적인 종교적 관용이 등장하기 시작했다. 하지만 그 가공할 세기가 끝났을 때도 국내에서의 관용은 아직 매우 제한적이었다. 그러나 지배자들은 국가에 대한 충성심이 신민 사이의 종교적 분열마저도 극복할 정도로 쓸모가 많다는 사실을 알아채기 시작했다. 그러므로 위기의 세기는 궁극적으로 신민의 상처를 치유하고 잘못을 바로잡는 주체로서 국가가 갖는 권능에 대한 확신이 강화되는 쪽으로 귀결되었다. 그와 더불어 종교는 점점 더 개인의 양심이라고 하는 사적 영역으로 물러나게 되었다. 다음 세기에 이르러 하나의 자율적인 도덕적 행위자로서의 국가—고유의 '국가 이성'과 독자적 목적을 가지고 행동하는 국가—에 대한 새로운 확신은 중세에 등장했던 제한된 합의 정부 전통에 대한 강력한 도전임이 입증되었다.

참고문헌

1장

Aldred, Cyril. *The Egyptians.* 3d ed., London, 1998.

Baines, J. and J. M□lek. *Atlas of Ancient Egypt.* Rev. ed., New York, 2000.

Bott□ro, Jean. *Everyday Life in Ancient Mesopotamia.* Trans. Antonia Nevill. Baltimore, Md., 2001.

Bott□ro, Jean. *Religion in Ancient Mesopotamia.* Chicago, 2001.

George, Andrew., trans. *The Epic of Gilgamesh: A New Translation. The Babylonian Epic Poem and Other Texts in Akkadian and Sumerian.* New York and London, 1999.

Hodder, Ian. *The Leopard's Tale: Revealing the Mysteries of Çatalhöyük.* London and New York, 2006.

Hornung, Erik. *History of Ancient Egypt: An Introduction.* Ithaca, N.Y., 1999.

Kemp, Barry J. *Ancient Egypt: Anatomy of a Civilization.* London, 1989.

Leick, Gwendolyn. *The Babylonians: An Introduction.* London and New York, 2002.

Lichteim, Miriam. *Ancient Egyptian Literature: A Book of Readings.* 3 vols., Berkeley, Calif., 1973~1980.

McDowell, A.G. *Village Life in Ancient Egypt: Laundry Lists and Love Songs.* Oxford, 1999.

Mertz, Barbara. *Red Land, Black Land: Daily Life in Ancient Egypt.* Rev. ed., New York, 1990.

Pollock, Susan. *Ancient Mesopotamia.* Cambridge, 1999.

Redford, Donald B., ed. *The Oxford Encyclopedia of Ancient Egypt.* 3 vols., New York, 2001.

Roaf, Michael. *Cultural Atlas of Mesopotamia and the Ancient Near East.* New York, 1990.

Robins, Gay. *The Art of Ancient Egypt.* London, 1997.

Shafer, Byron E., ed. *Religion in Ancient Egypt: Gods, Myths, and Personal Practice.* London, 1991.

Shaw, Ian., ed. *The Oxford History of Ancient Egypt.* Oxford, 2000.

Snell, Daniel C., ed. *A Companion to the Ancient Near East.* Oxford, 2005.

2장

On New Kingdom Egypt, see also the readings listed in Chapter One.

Aubet, Maria Eugenia. *Phoenicia and the West: Politics, Colonies, and Trade.* Trans. Mary Turton. Cambridge, 1993.

Boardman, John. *Assyrian and Babylonian Empires and Other States of the Near East from the Eighth to the Sixth Centuries B.C.* New York, 1991.

Boardman, John. *Persia and the West.* London, 2000.

Boyce, Mary. *Textual Sources for the Study of Zoroastrianism.* Totowa, N.J., 1984.

Bryce, Trevor. *The Kingdom of the Hittites.* Oxford, 1998. And *Life and Society in the Hittite World.* Oxford, 2002.

Curtis, John. *Ancient Persia.* Cambridge, Mass., 1990.

Dever, William. *Who Were the Early Israelites and Where Did They Come From?* Grand Rapids, Mich., 2003.

Dickinson, O. T. P. K. *The Aegean Bronze Age.* Cambridge, 1994.

Dothan, Trude. and Moshe Dothan. *Peoples of the Sea: The Search for the Philistines.* New York, 1992.

Drews, Robert. *The End of the Bronze Age: Changes in Warfare and the Catastrophe ca. 1200 B.C.* Princeton, N.J., 1993.

Finkelstein, Israel. and Nadav Na'aman., eds. *From Nomadism to Monarchy: Archaeological and Historical Aspects of Early Israel.* Jerusalem, 1994.

Fitton, J. Lesley. *Minoans: Peoples of the Past* (British Museum Publications). London, 2002.

Kamm, Antony. *The Israelites: An Introduction.* New York, 1999.

Kuhrt, Am□lie. *The Ancient Near East, c. 3000~330 B. C.* 2 vols., London and New York, 1995.

Luckenbill, Daniel David., ed. and trans. *Ancient Records of Assyria and Babylonia.* 2 vols., Chicago, 1926~1927.

Metzger, Bruce M. and Michael D. Coogan., eds. *The Oxford Companion to the Bible.* New York, 1993.

Niditch, Susan. *Ancient Israelite Religion.* New York, 1997.

Redford, Donald B. *Egypt, Canaan, and Israel in Ancient Times.* Princeton, N.J., 1992.

Renfrew, Colin. *Archaeology and Language: The Puzzle of Indo-European Origins.* Cambridge, 1987.

Saggs, H. W. F. *The Might That Was Assyria.* London, 1984.

Sandars, Nancy K. *The Sea Peoples: Warriors of the Ancient Mediterranean.* Rev. ed., London, 1985.

Tubb, Jonathan N. and Rupert L. Chapman. *Archaeology and the Bible.* London, 1990.

Wood, Michael. *In Search of the Trojan War.* New York, 1985.

3장

Penguin Classics and the Loeb Classical Library both offer reliable translations of Greek literary, philosophical, and historical texts.

Boardman, John. Jaspar Griffin. and Oswyn Murray., eds. *Greece and the Hellenistic World.* Oxford, 1988. A reprint of the Greek and Hellenistic chapters from *The Oxford History of the Classical World*, originally published in 1986.

Brunschwig, Jacques. and Geoffrey E. R. Lloyd. *Greek Thought: A Guide to Classical Knowledge.* Translated by Catherine Porter. Cambridge, Mass., 2000.

Buckley, Terry., ed. *Aspects of Greek History, 750~323 B.C.: A Source-Based Approach.* London, 1999.

Cartledge, Paul A. *The Spartans: An Epic History.* New York, 2003.

Dover, Kenneth J. *Greek Homosexuality.* Cambridge, Mass., 1978.

Fantham, Elaine. Helene Foley. Natalie Kampen. Sarah B. Pomeroy. and H. A. Shapiro. *Women in the Classical World: Image and Text.* Oxford, 1994.

Fornara, Charles W. and Loren J. Samons II. *Athens from Cleisthenes to Pericles.* Berkeley, 1991.

Freeman, Charles. *The Greek Achievement: The Foundation of the Western World.* New York, 1999.

Garlan, Yvon. *Slavery in Ancient Greece.* Ithaca, N.Y., 1988.

Hanson, Victor Davis. *The Other Greeks: The Family Farm and the Agrarian Roots of Western Civilization*. New York, 1995.

Jones, Nicholas F. *Ancient Greece: State and Society*. Upper Saddle River, N.J., 1997.

Lefkowitz, Mary. and Maureen Fant. *Women's Life in Greece and Rome: A Source Book in Translation*. 3rd ed., Baltimore, Md., 2005.

Levi, Peter. *Atlas of the Greek World*. New York, 1984.

Morris, Ian. and Barry Powell., eds. *A New Companion to Homer*. Leiden, 1997.

Pomeroy, Sarah B. Stanley M. Burstein. Walter Donlan. and Jennifer Tolbert Roberts. *Ancient Greece: A Political, Social, and Cultural History*. Oxford, 1999.

Price, Simon. *Religions of the Ancient Greeks*. Cambridge, 1999.

Strassler, Robert B., ed. *The Landmark Thucydides*. New York, 1996.

Thomas, Carol G. and Craig Conant. *Citadel to City-State: The Transformation of Greece, 1200~700 B.C.E.* Bloomington, Ind., 1999.

4장

Penguin Classics and the Loeb Classical Library both offer reliable translations of scores of literary and historical texts from this period. Particularly important are historical works by Arrian *(Anabasis of Alexander)* and Plutarch *(Lives)*.

Adcock, F. E. *The Greek and Macedonian Art of War*. Berkeley, 1957.

Austin, M. M. *The Hellenistic World from Alexander to the Roman Conquest: A Selection of Ancient Sources in Translation*. Cambridge, 1981.

Bagnall, R. S. and P. Derow. *Greek Historical Documents: The Hellenistic Period*. Chico, Calif., 1981.

Borza, Eugene N. *In the Shadow of Olympus: The Emergence of Macedon*. Princeton, N. J., 1990.

Bosworth, A. B. *Conquest and Empire: The Reign of Alexander the Great*. Cambridge, 1988.

Bosworth, A. B. *The Legacy of Alexander: Politics, Warfare, and Propaganda under the Successors*. Oxford, 2002.

Burstein, Stanley M., ed. and trans. *The Hellenistic Age from the Battle of Ipsos to the Death of Kleopatria VII*. Cambridge, 1985.

Cartledge, Paul A. *Agesilaus and the Crisis of Sparta*. Baltimore, Md., 1987.

Green, Peter. *Alexander to Actium: The Historical Evolution of the Hellenistic Age*. Berkeley, Calif., 1990.

Green, Peter. *Alexander of Macedon, 356—323 B.C.* Berkeley, Calif., 1991.

Hammond, Nicholas G. L. *The Genius of Alexander the Great*. Chapel Hill, N. C., 1998.

Hansen, Mogens H. *The Athenian Democracy in the Age of Demosthenes*. Oxford, 1991.

Lloyd, Geoffrey. and Nathan Sivin. *The Way and the Word: Science and Medicine in early China and Greece*. New Haven, Conn., 2002.

Ober, Josiah. *Mass and Elite in Democratic Athens: Rhetoric, Ideology, and the Power of the People*. Princeton, N. J., 1989.

Pollitt, Jerome J. *Art in the Hellenistic Age*. New York, 1986.

Sherwin-White, Susan. and Am□lie Kuhrt. *From Samarkhand to Sardis: A New Approach to the Seleucid Empire*. London, 1993.

Shipley, Graham. *The Greek World after Alexander, 323~30 B.C.* New York and London, 2000.

Thomas, Carol G. *Alexander the Great in His World*. Oxford and Malden, Mass., 2007.

Tritle, Lawrence A., ed. *The Greek World in the Fourth Century: From the Fall of the Athenian Empire to the Successors of Alexander*. New York, 1997.

Worthington, Ian. *Alexander the Great: A Reader*. London and New York, 2002.

5장

Translations of Roman authors are available in the Penguin Classics series and in the Loeb Classical Library.

Barker, Graeme. and Tom Rasmussen. *The Etruscans*. Oxford and Malden, Mass., 1998. A fine survey, from the Blackwell *Peoples of Europe* series.

Beard, Mary. John North. and Simon Price. *Religions of Rome*. vol. 1: *A History*. Cambridge, 1998.

Beard, Mary. John North. and Simon Price. *Religions of Rome*. vol. 2: *A Sourcebook*. Cambridge, 1998.

Boardman, John. Jasper Griffin. and Oswyn Murray. *The Oxford History of the Roman World*. Oxford, 1990. Reprint of relevant portions of the excellent *Oxford History of the Classical World*. 1986.

Cornell, T. J. *The Beginnings of Rome: Italy and Rome from the Bronze Age to the Punic Wars (c. 1000~264 B.C.)*. London, 1995.

Crawford, Michael. *The Roman Republic*. 2d ed., Cambridge, Mass., 1993.

Fantham Elaine. Helene Peet Foley. Natalie Boymel Kampen. Sarah B. Pomeroy. and H. Alan Shapiro. *Women in the Classical World*. Oxford, 1994.

Garnsey, Peter. and Richard Saller. *The Roman Empire: Economy, Society, and Culture*. Berkeley, Calif., 1987.

Gruen, Erich S. *The Hellenistic World and the Coming of Rome*. 2 vols., Berkeley, Calif., 1984.

Harris, William V. *War and Imperialism in Republican Rome, 327~70 B.C.* Oxford, 1979.

Lancel Serge. *Carthage: A History*. Trans. Antonia Nevill. Oxford, 1995.

Lewis, Naphtali. and M. Reinhold. *Roman Civilization: Selected Readings*. 2 vols., New York, 1951~1955.

Millar, Fergus G. B. *The Emperor in the Roman World, 31 B.C.~A.D. 337*. London, 1977.

Millar, Fergus G. B. *The Crowd in Rome in the Late Republic*. Ann Arbor, Mich., 1999.

Ward, Allen M. Fritz Heichelheim. and Cedric A. Yeo. *A History of the Roman People*. 3d ed., Upper Saddle River, N.J., 1999.

Wells, Colin. *The Roman Empire*. 2d ed., Cambridge, Mass., 1992.

6장

Saint Augustine. *The City of God*. Trans. Henry Bettenson. Baltimore, Md., 1972.

Saint Augustine. *Confessions*. Trans. Henry M. Chadwick. Oxford, 1991.

Saint Augustine. *The Enchiridion on Faith, Hope and Love.* Trans. H. Paolucci. Chicago, 1961.

Saint Augustine. *On Christian Doctrine.* Trans. D. W. Robertson Jr. New York, 1958.

Boethius. *The Consolation of Philosophy.* Trans. R. Green. Indianapolis, Ind., 1962.

Bowersock, G. W. Peter Brown. and Oleg Grabar. *Late Antiquity: A Guide to the Postclassical World.* Cambridge, Mass., 1999.

Brown, Peter. *Augustine of Hippo.* Berkeley, Calif., 1967.

Brown, Peter. *The Body and Society: Men, Women and Sexual Renunciation in Early Christianity.* New York, 1988.

Brown, Peter. *Power and Persuasion in Late Antiquity: Toward a Christian Empire.* Madison, Wis., 1992.

Brown, Peter. *The Rise of Western Christendom: Triumph and Diversity, A.D. 200~1000.* 2d ed., Oxford, 2002.

Brown, Peter. *The World of Late Antiquity.* New York, 1971.

Cameron, Averil. *The Later Roman Empire, A.D. 284~430.* London, 1993.

Cameron, Averil. *The Mediterranean World in Late Antiquity, A.D. 395~600.* London, 1993.

Cassiodorus. *An Introduction to Divine and Human Readings.* Trans. L. W. Jones. New York, 1946.

Chadwick, Henry M. *Augustine.* Oxford, 1986.

Chadwick, Henry M. *Boethius.* Oxford, 1981.

Clark, Gillian. *Christianity and Roman Society.* Cambridge, 2004.

Clark, Gillian. *Women in Late Antiquity.* Oxford, 1993.

Coogan, Michael., ed. *The Oxford History of the Biblical World.* Oxford, 1998.

Eusebius. *The History of the Church.* Trans. G. A. Williamson. Baltimore, Md., 1965.

Eusebius. *Eusebius' Life of Constantine.* Trans. Averil Cameron. and Stuart Hall. Oxford, 1999.

Heather, Peter. *The Fall of the Roman Empire. A New History of Rome and the Barbarians.* Oxford, 2006.

Lane Fox, Robin. *Pagans and Christians.* New York, 1987.

Lawrence, Clifford Hugh. *Medieval Monasticism,* 3d ed., London, 2000.

Markus, R. A. *The End of Ancient Christianity.* New York, 1990.

Moorhead, John. *Justinian.* New York, 1994.

Pelikan, Jaroslav. *The Christian Tradition.* Volume I: *The Emergence of the Catholic Tradition.* Chicago, 1971.

Potter, David. *The Roman Empire at Bay, A.D. 180~395.* London and New York, 2004.

Procopius. *The Secret History.* Trans. G. A. Williamson. Baltimore, Md., 1966.

Sanders, E. P. *The Historical Figure of Jesus.* London and New York, 1993.

Shanks, Hershel., ed. *Christianity and Rabbinic Judaism: A Parallel History of Their Origins and Early Development.* Washington, D.C., 1992.

Wallace-Hadrill, J. M. *The Barbarian West.* 3d ed., London, 1966.

Whittaker, C. R. *Frontiers of the Roman Empire: A Social and Economic Study.* Baltimore, Md., 1994.

Williams, Stephen. *Diocletian and the Roman Recovery.* New York, 1997.

7장

Bede. *A History of the English Church and People.* Trans. Leo Sherley-Price. Baltimore, Md., 1955.

Bloom, Jonathan M. *Paper before Print: The Impact and History of Paper in the Islamic World.* New Haven, Conn., 2001.

Saint Boniface. *Letters of Saint Boniface.* Trans. Ephraim Emerton. New York, 1972.

Campbell, James., ed. *The Anglo-Saxons.* Oxford, 1982.

Collins, Roger. *Early Medieval Europe, 300~1000.* 2d ed., New York, 1999.

Donner, Fred. *The Early Islamic Conquests.* Princeton, N.J., 1981.

Einhard. and Notker the Stammerer. *Two Lives of Charlemagne.* Trans. Lewis Thorpe. Baltimore, Md., 1969.

Fletcher, Richard A. *The Barbarian Conversion: From Paganism to Christianity.* Berkeley, Calif., 1999.

Fletcher, Richard A. *Moorish Spain.* Berkeley, Calif., 1993.

Geanakoplos, Deno John., ed. *Byzantium: Church, Society and Civilization Seen through Contemporary Eyes.* Chicago, 1984.

Geary, Patrick J. *Before France and Germany: The Origins and Transformation of the Merovingian World.* New York, 1988.

Gregory of Tours. *History of the Franks.* Trans. Lewis Thorpe. Baltimore, Md., 1974.

Gregory, Timothy E. *A History of Byzantium.* Malden, Mass. and Oxford, 2005.

Herrin, Judith. *The Formation of Christendom.* Princeton, N.J., 1987.

Hodges, Richard. and David Whitehouse. *Mohammed, Charlemagne and the Origins of Europe.* London, 1983.

Hourani, Albert. *A History of the Arab Peoples.* New York, 1992.

Kazhdan, Alexander P., ed. *The Oxford Dictionary of Byzantium.* 3 vols., Oxford, 1991.

Kennedy, Hugh. *The Prophet and the Age of the Caliphates.* 2d ed., Harlow, UK., 2004.

Krautheimer, Richard. *Early Christian and Byzantine Architecture.* 4th ed., New York, 1986.

Leyser, Karl. *Rule and Conflict in an Early Medieval Society: Ottonian Saxony.* Oxford, 1979.

Loyn, Henry R. and John Percival., eds. and trans. *The Reign of Charlemagne.* London, 1975.

Mango, Cyril., ed. *The Oxford History of Byzantium.* Oxford and New York, 2002.

McKitterick, Rosamond. *The Frankish Kingdoms under the Carolingians, 751~987.* New York, 1983.

McKitterick, Rosamond., ed. *The Uses of Literacy in Early Medieval Europe.* New York, 1990.

McNamara, Jo Ann. and John E. Halborg., eds. *Sainted Women of the Dark Ages.* Durham., N.C., 1992.

Pelikan, Jaroslav. *The Christian Tradition.* Vol. II: *The Spirit of Eastern Christendom.* Chicago, 1974.

Peters, F. E. *Aristotle and the Arabs.* New York, 1968.

Reuter, Timothy. *Germany in the Early Middle Ages*, 800~1056. New York, 1991.

Sawyer, Peter., ed. *The Oxford Illustrated History of the Vikings.* Oxford, 1997.

Stillman, Norman A. *The Jews of Arab Lands: A History and Source Book.* Philadelphia, Pa., 1979.

Todd, Malcolm. *The Early Germans.* Oxford, 1992.

Treadgold, Warren. *A History of the Byzantine State and Society.* Stanford, Calf., 1997.

Wallace-Hadrill, J. M. *Early Germanic Kingship in England and on the Continent.* Oxford, 1971.

Wallace-Hadrill, J. M. *The Frankish Church.* Oxford, 1983.

Watt, W. Montgomery. *Islamic Philosophy and Theology.* 2d ed., Edinburgh, UK., 1985.

Wemple, Suzanne Fonay. *Women in Frankish Society: Marriage and the Cloister, 500~900.* Philadelphia, Pa., 1981.

Whittow, Mark. *The Making of Orthodox Byzantium, 600~1025.* London, 1996.

Wood, Ian. *The Merovingian Kingdoms, 450~751.* New York, 1994.

8장

Abulafia, David. *Frederick II: A Medieval Emperor.* London and New York, 1988.

Abulafia, David., ed. *The New Cambridge Medieval History.* Vol. 5: *c. 1198~c. 1300.* Cambridge, 1999.

Amt, Emily., ed. *Women's Lives in Medieval Europe: A Sourcebook.* New York, 1993.

Arnold, Benjamin. *Princes and Territories in Medieval Germany.* Cambridge and New York, 1991.

Baldwin, John W. *The Government of Philip Augustus.* Berkeley, Calif., and Los Angeles, 1986.

Bartlett, Robert. *The Making of Europe: Conquest, Colonization and Cultural Change, 950~1350.* Princeton, N.J., 1993.

Clanchy, Michael. *England and Its Rulers, 1066~1307.* 3d ed., Oxford and Malden, Mass., 2006.

Dunbabin, Jean. *France in the Making, 843~1180.* 2d ed., Oxford and New York, 2000.

Dyer, Christopher. *Making a Living in the Middle Ages: The People of Britain 850~1520.* New Haven, 2002.

Fuhrmann, Horst. *Germany in the High Middle Ages, c. 1050~1200.* Cambridge, 1986.

Gillingham, John. *The Angevin Empire.* 2d ed., Oxford and New York, 2001.

Hallam, Elizabeth. and Judith Everard. *Capetian France, 987~1328.* 2d ed., New York, 2001.

Herlihy, David., ed. *The History of Feudalism.* New York, 1970.

Hyde, J. Kenneth. *Society and Politics in Medieval Italy.* New York, 1973.

Jones, P. J. *The Italian City-State: From Commune to Signoria.* Oxford and New York, 1997.

Jordan, William C. *Europe in the High Middle Ages.* Vol. III: *The Penguin History of Europe.* New York and London, 2003.

Kaeuper, Richard W. *Chivalry and Violence in Medieval Europe.* Oxford and New York, 1999.

Keen, Maurice. *Chivalry.* New Haven, Conn., 1984.

Lambert of Ardres. *The History of the Counts of Guines and Lords of Ardres.* Trans. Leah Shopkow. Philadelphia, 2000.

Leyser, Henrietta. *Medieval Women: A Social History of Women in England, 440~1500.* New York, 1995.

Lopez, Robert S. and Irving W. Raymond., eds. *Medieval Trade in the Mediterranean World.* New York, 1990.

Moore, Robert I. *The First European Revolution, c. 970~1215.* Oxford and Cambridge, Mass., 2000.

Otto, Bishop of Freising. *The Deeds of Frederick Barbarossa.* Trans. C. C. Mierow. New York, 1953.

Reilly, Bernard F. *The Medieval Spains.* New York, 1993.

Reynolds, Susan. *Fiefs and Vassals: The Medieval Evidence Reinterpreted.* Oxford and New York, 1994.

Richard, Jean. *Saint Louis: Crusader King of France.* Cambridge, 1992.

Southern, Richard W. *The Making of the Middle Ages.* New Haven, Conn., 1992.

Stow, Kenneth R. *Alienated Minority: The Jews of Medieval Latin Europe.* Cambridge, Mass., 1992.

Suger, Abbot of Saint Denis. *The Deeds of Louis the Fat.* Trans. R. Cusimano. and J. Moorhead. Washington, D.C., 1992.

Waley, Daniel. *The Italian City-Republics.* New York, 1969.

9장

Baldwin, John W. *The Scholastic Culture of the Middle Ages: 1000~1300.* Lexington, Mass., 1971.

Blumenthal, Uta-Renate. *The Investiture Controversy.* Philadelphia, 1988.

Boswell, John E. *Christianity, Social Tolerance, and Homosexuality: Gay People in Western Europe from the Beginning of the Christian Era to the Fourteenth Century.* Chicago, 1980.

Chr□tien de Troyes. *Arthurian Romances.* Trans. W. W. Kibler. New York, 1991.

Clanchy, Michael T. *Abelard: A Medieval Life.* Oxford and Cambridge, Mass., 1997.

Cobban, Alan B. *The Medieval Universities.* London, 1975.

Colish, Marcia. *Medieval Foundations of the Western Intellectual Tradition, 400~1400.* New Haven, Conn., 1997.

Dante Alighieri. *The Divine Comedy.* 3 vols., Trans. Mark Musa. Baltimore, Md., 1984~1986.

Dronke, Peter. *Women Writers of the Middle Ages.* New York, 1984.

Gottfried von Strassburg. *Tristan.* Trans. A. T. Hatto. Baltimore, Md., 1960.

Knowles, David. *The Evolution of Medieval Thought.* 2d ed., London, 1988.

Lambert, Malcolm. *Medieval Heresy.* 3d ed., Oxford and Cambridge, 2002.

Lawrence, Clifford Hugh. *The Friars: The Impact of the Early Mendicant Movement on Western Society.* London and New York, 1994.

Lawrence, Clifford Hugh. *Medieval Monasticism: Forms of Religious Life in Western Europe in the Middle Ages.* 3d ed., London and New York, 2000.

Leclerq, Jean. *Bernard of Clairvaux and the Cistercian Spirit.* Kalamazoo, Mich., 1976.

Leclerq, Jean. *The Love of Learning and the Desire for God.* 3d ed., New York, 1982.

The Letters of Abelard and Heloise. Trans. Betty Radice. London and New York, 1974. Includes Abelard's autobiographical *Story of My Misfortunes.*

Miller, Maureen C. *Power and the Holy in the Age of the Investiture Conflict. A Brief History with Documents.* Boston, 2005.

Morris, Colin. *The Papal Monarchy: The Western Church from 1050 to 1250.* Oxford, 1989.

Newman, Barbara., ed. *Voice of the Living Light: Hildegard of Bingen and Her World.* Berkeley, Calif. and Los Angeles, 1998.

Sheingorn, Pamela., trans. *The Book of Sainte Foy*. Philadelphia, 1995.

Smalley, Beryl. *The Study of the Bible in the Middle Ages*. 3d ed., Oxford, 1983.

Southern, Richard W. *Scholastic Humanism and the Unification of Europe*. Vol. 1: *Foundations*. Oxford and Cambridge, Mass., 1995.

Southern, Richard W. *Western Society and the Church in the Middle Ages*. Baltimore, Md., 1970.

Swanson, R. N. *The Twelfth-Century Renaissance*. Manchester, UK., 1999.

Tierney, Brian. *The Crisis of Church and State, 1050~1300*. Toronto, 1988.

Wakefield, Walter. and Austin P. Evans., eds. and trans. *Heresies of the High Middle Ages*. New York, 1969, 1991.

Wilhelm, James J., ed. and trans. *Medieval Song: An Anthology of Hymns and Lyrics*. New York, 1971.

Wolfram von Eschenbach. *Parzival*. Trans. H. M. Mustard. and C. E. Passage. New York, 1961.

10장

Allmand, Christopher T. *The Hundred Years' War: England and France at War, c. 1300~c. 1450*. Cambridge and New York, 1988.

Allmand, Christopher T., ed. *Society at War: The Experience of England and France During the Hundred Years' War*. Edinburgh, 1973.

Boccaccio, Giovanni. *The Decameron*. Trans. Mark Musa. and P. E. Bondanella. New York, 1977.

Chaucer, Geoffrey. *The Canterbury Tales*. Trans. Nevill Coghill. New York, 1951.

Cohn, Samuel K, Jr. *Lust for Liberty: The Politics of Social Revolt in Medieval Europe, 1200~1425. Italy, France, and Flanders*. Cambridge, Mass., 2006.

Cole, Bruce. *Giotto and Florentine Painting, 1280~1375*. New York, 1976.

Crummey, Robert O. *The Formation of Muscovy, 1304~1613*. New York, 1987.

Dobson, R. Barrie. *The Peasants' Revolt of 1381*. 2d ed., London, 1983.

Duffy, Eamon. *The Stripping of the Altars: Traditional Religion in England, 1400~1580*. New Haven, Conn., 1992.

Dyer, Christopher. *Standards of Living in the Later Middle Ages: Social Change in England, c. 1200~1520*. Cambridge and New York, 1989.

Froissart, Jean. *Chronicles*. Trans. Geoffrey Brereton. Baltimore, Md., 1968.

Horrox, Rosemary., ed. *The Black Death*. New York, 1994.

Huizinga, Johan. *The Waning of the Middle Ages: A Study of the Forms of Life, Thought, and Art in France and the Netherlands in the Dawn of the Renaissance*, New York, 1924. Frequently republished, the most recent translation of this work is titled *The Autumn of the Middle Ages*. Trans. Rodney J. Payton. and Ulrich Mammitzsch. Chicago, 1996.

John Hus at the Council of Constance. Trans. M. Spinka. New York, 1965.

Jordan, William Chester. *The Great Famine: Northern Europe in the Early Fourteenth Century*. Princeton, N.J., 1996.

Keen, Maurice., ed. *Medieval Warfare: A History*. Oxford and New York, 1999.

Kempe, Margery. *The Book of Margery Kempe*. Trans. Barry Windeatt. New York, 1985.

Lerner, Robert E. *The Heresy of the Free Spirit in the Later Middle Ages*. 2d ed., Notre Dame, Ind., 1991.

Lewis, Peter S. *Later Medieval France: The Polity*. London, 1968.

Memoirs of a Renaissance Pope: The Commentaries of Pius II. Abridged ed., and Trans. F. A. Gragg. New York, 1959.

Nicholas, David. *The Transformation of Europe, 1300~1600*. Oxford and New York, 1999.

Oakley, Francis C. *The Western Church in the Later Middle Ages*. Ithaca, N.Y., 1979.

Pernoud, R□gine., ed. *Joan of Arc, by Herself and Her Witnesses*. New York, 1966.

Shirley, Janet., trans. *A Parisian Journal, 1405~1449*. Oxford, 1968.

Swanson, R. N. *Religion and Devotion in Europe, c. 1215~c. 1515*. Cambridge and New York, 1995.

Sumption, Jonathan. *The Hundred Years' War*. Vol. 1: *Trial by Battle*. Vol. 2: *Trial by Fire*. Philadelphia, 1999.

Vaughan, Richard. *Valois Burgundy*. London, 1975.

Ziegler, Philip. *The Black Death*. New York, 1969.

11장

Abu-Lughod, Janet L. *Before European Hegemony: The World System A.D. 1250~1350*. Oxford and New York, 1989.

Allsen, Thomas T. *Culture and Conquest in Mongol Eurasia*. Cambridge and New York, 2001.

Amitai-Preiss, Reuven. and David O. Morgan., eds. *The Mongol Empire and Its Legacy*. Leiden, 1999.

The Book of Prophecies, Edited by Christopher Columbus. Trans. Blair Sullivan. Ed. Roberto Rusconi. Berkeley and Los Angeles, 1996.

Christian, David. *A History of Russia, Central Asia and Mongolia*. Vol. 1: *Inner Eurasia from Prehistory to the Mongol Empire*. Oxford, 1998.

Coles, Paul. *The Ottoman Impact on Europe*. London, 1968.

Fern□ndez-Armesto, Felipe. *Before Columbus: Exploration and Colonisation from the Mediterranean to the Atlantic, 1229~1492*. London, 1987

Fern□ndez-Armesto, Felipe. *Columbus*. Oxford and New York, 1991.

Flint, Valerie I. J. *The Imaginative Landscape of Christopher Columbus*. Princeton, N.J., 1992.

The Four Voyages: Christopher Columbus. Trans. J. M. Cohen, New York, 1992.

Goffman, Daniel. *The Ottoman Empire and Early Modern Europe*. Cambridge and New York, 2002.

The History and the Life of Chinggis Khan: The Secret History of the Mongols. Trans. Urgunge Onon. Leiden, 1997.

Inalcik, Halil. *The Ottoman Empire: The Classical Age, 1300~1600*. London, 1973.

Inalcik, Halil., ed. *An Economic and Social History of the Ottoman Empire, 1300~1914*. Cambridge, 1994.

Jackson, Peter. *The Mongols and the West, 1221~1410*. Harlow, UK., 2005.

Kafadar, Cemal. *Between Two Worlds: The Construction of the Ottoman State*. Berkeley, Calif., and Los

Angeles, 1995.

Larner, John. *Marco Polo and the Discovery of the World.* New Haven, Conn., 1999.

Morgan, David. *The Mongols.* 2d ed., Oxford, 2007.

Parker, Geoffrey. *The Military Revolution: Military Innovation and the Rise of the West (1500~1800).* 2d ed., Cambridge and New York, 1996.

Phillips, J. R. S. *The Medieval Expansion of Europe.* 2d ed., Oxford, 1998.

Phillips, William D. Jr. and Carla R. Phillips. *The Worlds of Christopher Columbus.* Cambridge and New York, 1991.

Ratchnevsky, Paul. *Genghis Khan: His Life and Legacy.* Trans. Thomas Nivison Haining. Oxford, 1991.

Rossabi, M. *Khubilai Khan: His Life and Times.* Berkeley, Calif., 1988.

Russell, Peter. *Prince Henry "The Navigator": A Life.* New Haven, Conn., 2000.

Saunders, J. J. *The History of the Mongol Conquests.* London, 1971.

Scammell, Geoffrey V. *The First Imperial Age: European Overseas Expansion, 1400~1715.* London, 1989.

The Secret History of the Mongols. Trans. F. W. Cleaves. Cambridge, Mass., 1982.

The Secret History of the Mongols and Other Pieces. Trans. Arthur Waley. London, 1963.

The Travels of Marco Polo, trans. R. E. Latham. Baltimore, Md., 1958.

12장

Alberti, Leon Battista. *The Family in Renaissance Florence (Della Famiglia).* Trans. Ren□e Neu Watkins. Columbia, S.C., 1969.

Baxandall, Michael. *Painting and Experience in Fifteenth Century Italy.* Oxford, 1972.

Brucker, Gene. *Florence, the Golden Age, 1138~1737.* Berkeley and Los Angeles, 1998.

Bruni, Leonardo. *The Humanism of Leonardo Bruni: Selected Texts.* Trans. Gordon Griffiths, James Hankins, and David Thompson. Binghamton, N.Y., 1987.

Burke, Peter. *The Renaissance.* New York, 1997.

Burkhardt, Jacob. *The Civilization of the Renaissance in Italy.* Many editions.

Cassirer, Ernst, et al., eds. *The Renaissance Philosophy of Man.* Chicago, 1948.

Castiglione, Baldassare. *The Book of the Courtier.* Many editions. The translations by C. S. Singleton (New York, 1959) and by George Bull (New York, 1967) are both excellent.

Cellini, Benvenuto. *Autobiography.* Trans. George Bull. Baltimore, 1956.

Cochrane, Eric. and Julius Kirshner., eds. *The Renaissance.* Chicago, 1986.

Erasmus, Desiderius. *The Praise of Folly.* Trans. J. Wilson. Ann Arbor, Mich., 1958.

Fox, Alistair. *Thomas More: History and Providence.* Oxford, 1982.

Grafton, Anthony. and Lisa Jardine. *From Humanism to the Humanities: Education and the Liberal Arts in Fifteenth—and Sixteenth—Century Europe.* London, 1986.

Grendler, Paul., ed. *Encyclopedia of the Renaissance.* New York, 1999.

Hale, John R. *The Civilization of Europe in the Renaissance.* New York, 1993.

Hankins, James. *Plato in the Italian Renaissance*. Leiden and New York, 1990.

Hankins, James., ed. *Renaissance Civic Humanism: Reappraisals and Reflections*. Cambridge and New York, 2000.

Jardine, Lisa. *Worldly Goods*. London, 1996.

Kanter, Laurence. Hilliard T. Goldfarb. and James Hankins. *Botticelli's Witness: Changing Style in a Changing Florence*. Boston, 1997.

King, Margaret L. *Women of the Renaissance*. Chicago, 1991.

Kristeller, Paul O. *Eipht Philosophers of the Italian Renaissance*. Stanford, 1964.

Kristeller, Paul O. *Renaissance Thought: The Classic, Scholastic, and Humanistic Strains*. New York, 1961.

Lane, Frederic C. *Venice: A Maritime Republic*. Baltimore, Md., 1973.

Machiavelli, Niccol□. *The Discourses and The Prince*. Many editions.

Martines, Lauro. *Power and Imagination: City-States in Renaissance Italy*. New York, 1979.

More, Thomas. *Utopia*. Many editions.

Murray, Linda. *High Renaissance and Mannerism*. London, 1985.

Olson, Roberta, *Italian Renaissance Sculpture*, New York, 1992.

Perkins, Leeman L. *Music in the Age of the Renaissance*. New York, 1999.

Rabelais, Fran□ois. *Gargantua and Pantagruel*. Trans. J. M. Cohen. Baltimore, Md., 1955.

Reese, Gustave. *Music in the Renaissance*, rev. ed., New York, 1959.

Rice, Eugene F. Jr. and Anthony Grafton. *The Foundations of Early Modern Europe, 1460~1559*. 2d ed., New York, 1994.

Rowland, Ingrid D. *The Culture of the High Renaissance: Ancients and Moderns in Sixteenth-Century Rome*. Cambridge and New York, 2000.

13장

Bainton, Roland. *Erasmus of Christendom*. New York, 1969.

Bainton, Roland. *Here I Stand: A Life of Martin Luther*. Nashville, Tenn., 1950.

Benedict, Philip. *Christ's Churches Purely Reformed: A Social History of Calvinism*. New Haven, Conn., 2002.

Bossy, John. *Christianity in the West, 1400~1700*. Oxford and New York, 1985.

Bouwsma, William J. *John Calvin: A Sixteenth-Century Portrait*. Oxford and New York, 1988.

Collinson, Patrick. *The Religion of Protestants: The Church in English Society, 1559~1625*. Oxford, 1982.

Dillenberger, John. *John Calvin: Selections from His Writings*, Garden City, N.Y., 1971. A judicious selection, drawn mainly from Calvin's *Institutes*.

Dillenberger, John., ed. *Martin Luther: Selections from His Writings*. Garden City, N.Y., 1961.

Dixon, C. Scott., ed. *The German Reformation: The Essential Readings*. Oxford, 1999.

Duffy, Eamon. *The Stripping of the Altars: Traditional Religion in England, c. 1400~c. 1550*. New Haven,

Conn., 2005.

Hillerbrand, Hans J., ed. *The Protestant Reformation.* New York, 1967.

Loyola, Ignatius. *Personal Writings.* Trans. Joseph A. Munitiz. and Philip Endean. London and New York, 1996.

Luebke, David., ed. *The Counter-Reformation: The Essential Readings.* Oxford, 1999.

MacCulloch, Diarmaid. *Reformation: Europe's House Divided, 1490~1700.* London and New York, 2003.

McGrath, Alister E. *Reformation Thought: An Introduction.* Oxford, 1993.

Mullett, Michael A. *The Catholic Reformation.* London, 2000.

Oberman, Heiko A. *Luther: Man between God and the Devil.* Trans. Eileen Walliser–Schwarzbart. New Haven, Conn., 1989.

O'Malley, John W. *The First Jesuits.* Cambridge, Mass., 1993.

O'Malley, John W. *Trent and All That: Renaming Catholicism in the Early Modern Era.* Cambridge, Mass., 2000.

Pettegree, Andrew., ed. *The Reformation World.* New York, 2000.

Pelikan, Jaroslav. *Reformation of Church and Dogma, 1300~1700.* Vol. 4: *A History of Christian Dogma.* Chicago, 1984.

Roper, Lyndal. *The Holy Household: Women and Morals in Reformation Augsburg.* Oxford, 1989.

Shagan, Ethan H. *Popular Politics and the English Reformation.* Cambridge, 2002.

Tracy, James D. *Europe's Reformations, 1450~1650.* 2d ed., Lanham, Md., 2006.

Williams, George H. *The Radical Reformation.* 3d ed., Kirksville, Mo., 1992. Originally published in 1962.

14장

Bonney, Richard. *The European Dynastic States, 1494~1660.* Oxford and New York, 1991.

Briggs, Robin. *Early Modern France, 1560~1715.* 2d ed., Oxford and New York, 1997.

Briggs, Robin. *Witches and Neighbors: The Social and Cultural Context of European Witchcraft.* New York, 1996.

Cervantes, Miguel de. *Don Quixote.* Trans. Edith Grossman. New York, 2003.

Clarke, Stuart. *Thinking with Demons: The Idea of Witchcraft in Early Modern Europe.* Oxford and New York, 1999.

Cochrane, Eric. Charles M. Gray. and Mark A. Kishlansky. *Early Modern Europe: Crisis of Authority.* Chicago, 1987.

Held, Julius S. and Donald Posner. *Seventeenth—and Eighteenth—Century Art: Baroque Painting, Sculpture, Architecture.* New York, 1971.

Hibbard, Howard. *Bernini.* Baltimore, Md., 1965.

Hirst, Derek. *England in Conflict, 1603~1660: Kingdom, Community, Commonwealth.* Oxford and New York, 1999. A complete revision of the author's *Authority and Conflict.* 1986.

Hobbes, Thomas. *Leviathan.* Ed. Richard Tuck. 2d ed., Cambridge and New York, 1996. The most recent edition, containing the entirety of *Leviathan*, not just the first two parts.

Holt, Mack P. *The French Wars of Religion, 1562~1629.* Cambridge and New York, 1995.

Kors, Alan Charles. and Edward Peters. *Witchcraft in Europe, 400~1700: A Documentary History.* 2d ed., Philadelphia, 2000.

Kingdon, Robert. *Myths about the St. Bartholomew's Day Massacres, 1572~1576.* Cambridge, Mass., 1988.

Levack, Brian P. *The Witch-Hunt in Early Modern Europe.* 2d ed., London and New York, 1995.

Levin, Carole. *The Heart and Stomach of a King: Elizabeth I and the Politics of Sex and Power.* Philadelphia, 1994.

Limm, Peter., ed. *The Thirty Years' War.* London, 1984.

Lynch, John. *Spain, 1516~1598: From Nation-State to World Empire.* Oxford and Cambridge, Mass., 1991.

MacCaffrey, Wallace. *Elizabeth I.* New York, 1993.

Martin, Colin. and Geoffrey Parker. *The Spanish Armada.* London, 1988.

Martin, John Rupert. *Baroque.* New York, 1977.

Mattingly, Garrett. *The Armada.* Boston, 1959.

Parker, Geoffrey. *The Dutch Revolt.* 2d ed., Ithaca, N.Y., 1989.

Parker, Geoffrey. *Philip II.* Boston, 1978.

Parker, Geoffrey., ed. *The Thirty Years' War.* rev. ed., London and New York, 1987.

Pascal, Blaise. *Pensées* (French–English edition). Ed. H. F. Stewart. London, 1950.

Quint, David. *Montaigne and the Quality of Mercy: Ethical and Political Themes in the "Essais."* Princeton, N.J., 1999.

Roberts, Michael. *Gustavus Adolphus and the Rise of Sweden.* London, 1973.

Russell, Conrad. *The Causes of the English Civil War.* Oxford, 1990.

Tracy, James D. *Holland under Habsburg Rule, 1506~1566: The Formation of a Body Politic.* Berkeley, Calif., and Los Angeles, 1990.

Van Gelderen, Martin. *Political Theory of the Dutch Revolt.* Cambridge, 1995.

찾아보기

ㅁ

지은이

주디스 코핀(Judith G. Coffin)은 예일 대학교에서 프랑스 근대사 연구로 박사학위를 받았다. 하버드 대학교, 캘리포니아 대학교(리버사이드)에서 강의했고, 현재 텍사스 대학교(오스틴) 역사학과 교수로 있다. 그녀의 연구 관심 분야는 성, 대중문화, 노예제, 인종관계, 식민주의 등에 관련된 사회·문화사에 집중되어 있다. 저서로는 『여성 노동의 정치학 : 파리 의류업 1750~1915』 등이 있다.

로버트 스테이시(Robert C. Stacey)는 워싱턴 대학교(시애틀) 인문대학 학장으로 있으면서 역사학 및 유대인 문제를 연구, 강의하고 있다. 오랫동안 서양 문명의 역사와 중세 유럽사를 가르쳐온 그는 워싱턴 대학교와 예일 대학교에서 최우수 강의 교수로 선정되기도 했다(1984~1988). 그의 최근 연구 관심 분야는 중세 잉글랜드의 유대인 역사이다.

옮긴이

박상익(朴相益)은 우석대학교 역사교육과에서 서양사를 강의하고 있으며, 인문사회과학대학 학장을 역임했다. 대학생 시절부터 역사·문학·종교의 학제적 연구에 관심을 가졌고, 그 연장선상에서 17세기 영국의 청교도 시인 존 밀턴의 대표 산문 『아레오파기티카』 연구로 문학박사 학위(경희대)를 받았다. 그 후 박사논문에 『아레오파기티카』의 완역과 주석을 덧붙여 『언론 자유의 경전 아레오파기티카』(소나무, 1999)를 출간했다. 밀턴 탄생 400주년에 즈음하여 『밀턴 평전 : 불굴의 이상주의자』(푸른역사, 2008)를 출간했다. 서양사학자의 시각에서 구약성서를 풀어 쓴 『어느 무교회주의자의 구약성서 읽기』(부키, 2000)를 펴냈다. 번역을 통한 한글 콘텐츠 확충의 중요성에 대한 우리 사회의 무관심과 몰이해가 21세기 한국의 앞날에 걸림돌이 되리라는 암울한 전망과 대안을 담은 저서 『번역은 반역인가』(푸른역사, 2006)로 한국출판평론상을 수상했다. 옮긴 책으로는 『서양문명의 역사 1·2』(소나무, 1994), 『나는 신비주의자입니다 : 헬렌 켈러의 신앙 고백』(옛오늘, 2001), 『호메로스에서 돈키호테까지』(푸른역사, 2001), 『뉴턴에서 조지 오웰까지』(푸른역사, 2004), 토머스 칼라일의 『영웅숭배론』(한길사, 2003)과 『의상철학』(한길사, 2008), 『러셀의 시선으로 세계사를 즐기다』(푸른역사, 2011) 등이 있다.